Nach der Kulturgeschichte

Nach der Kulturgeschichte

Perspektiven einer neuen Ideen- und Sozialgeschichte der deutschen Literatur

Herausgegeben von
Maximilian Benz, Gideon Stiening

DE GRUYTER

Die freie Verfügbarkeit der E-Book-Ausgabe dieser Publikation wurde durch 39 wissenschaftliche Bibliotheken ermöglicht, die die Open-Access-Transformation in der Deutschen Literaturwissenschaft fördern.

Free access to the e-book version of this publication was made possible by the 39 academic libraries that supported the open access transformation project in German Studies.

ISBN 978-3-11-135329-6
e-ISBN (PDF) 978-3-11-066700-4
e-ISBN (EPUB) 978-3-11-066739-4
DOI https://doi.org/10.1515/9783110667004

Dieses Werk ist lizenziert unter einer Creative Commons Namensnennung 4.0 International Lizenz. Weitere Informationen finden Sie unter https://creativecommons.org/licenses/by/4.0/

Library of Congress Control Number: 2021943983

Bibliografische Information der Deutschen Nationalbibliothek
Die Deutsche Nationalbibliothek verzeichnet diese Publikation in der Deutschen Nationalbibliografie; detaillierte bibliografische Daten sind im Internet über http://dnb.dnb.de abrufbar.

© 2023 bei den Autoren, Zusammenstellung © 2022 Maximilian Benz, Gideon Stiening, publiziert von Walter de Gruyter GmbH, Berlin/Boston
Dieser Band ist text- und seitenidentisch mit der 2022 erschienenen gebundenen Ausgabe.
Dieses Buch ist als Open-Access-Publikation verfügbar über www.degruyter.com

Satz: Integra Software Services Pvt. Ltd.
Druck und Bindung: CPI books GmbH, Leck

www.degruyter.com

Open-Access-Transformation
in der Literaturwissenschaft

Open Access für exzellente Publikationen aus der Deutschen Literaturwissenschaft: Dank der Unterstützung von 39 wissenschaftlichen Bibliotheken können 2021 insgesamt neun literaturwissenschaftliche Neuerscheinungen transformiert und unmittelbar im Open Access veröffentlicht werden, ohne dass für Autorinnen und Autoren Publikationskosten entstehen.

Open Access for excellent academic publications in the field of German Literary Studies: Thanks to the support of 39 academic libraries, 9 frontlist publications from 2021 can be published as gold open access, without any costs to the authors.

Folgende Einrichtungen haben durch ihren Beitrag die Open-Access-Veröffentlichung dieses Titels ermöglicht:

The following institutions have contributed to the funding and thus promote the open access transformation in German Literary Studies and ensure free availability for everyone:

Universitätsbibliothek Augsburg
Universitätsbibliothek Bayreuth
University of California, Berkeley Library
Staatsbibliothek zu Berlin – Preußischer Kulturbesitz
Universitätsbibliothek der Freien Universität Berlin
Universitätsbibliothek der Humboldt-Universität zu Berlin
Universitätsbibliothek Bielefeld
Universitäts- und Landesbibliothek Bonn
Universitätsbibliothek Braunschweig
Staats- und Universitätsbibliothek Bremen
Universitätsbibliothek der Technischen Universität Chemnitz
Universitäts- und Landesbibliothek Darmstadt
Sächsische Landesbibliothek – Staats- und Universitätsbibliothek Dresden
Universitätsbibliothek Duisburg-Essen
Universitäts- und Landesbibliothek Düsseldorf
Universitätsbibliothek Johann Christian Senckenberg, Frankfurt a. M.
Bibliothek der Pädagogischen Hochschule Freiburg
Niedersächsische Staats- und Universitätsbibliothek Göttingen
Universitätsbibliothek Greifswald
Universitätsbibliothek der FernUniversität in Hagen
Universitäts- und Landesbibliothek Sachsen-Anhalt, Halle (Saale)
Staats- und Universitätsbibliothek Hamburg Carl von Ossietzky
Gottfried Wilhelm Leibniz Bibliothek – Niedersächsische Landesbibliothek, Hannover
Universitäts- und Landesbibliothek Tirol, Innsbruck
Universitätsbibliothek Kassel – Landesbibliothek und Murhardsche Bibliothek der Stadt Kassel
Universitätsbibliothek der Universität Koblenz-Landau
Zentral- und Hochschulbibliothek Luzern

Open Access. © 2022 Maximilian Benz, Gideon Stiening, publiziert von De Gruyter. Dieses Werk ist lizenziert unter einer Creative Commons Namensnennung 4.0 International Lizenz.
https://doi.org/10.1515/9783110667004-202

Universitätsbibliothek Marburg
Universitätsbibliothek der Ludwig-Maximilians-Universität München
Universitäts- und Landesbibliothek Münster
Bibliotheks- und Informationssystem der Carl von Ossietzky Universität Oldenburg
Landesbibliothek Oldenburg
Universitätsbibliothek Osnabrück
Universitätsbibliothek Trier
Universitätsbibliothek Vechta
Herzogin Anna Amalia Bibliothek, Weimar
Herzog August Bibliothek Wolfenbüttel
Universitätsbibliothek Wuppertal
Zentralbibliothek Zürich

Inhaltsverzeichnis

Maximilian Benz, Gideon Stiening
Nach der Kulturgeschichte. Einleitende Perspektiven —— 1

I Grundlegung

Andreas Kablitz
**Die Geburt der Kulturwissenschaft aus dem Geist des *linguistic turn*.
Überlegungen zu ihrem genealogischen Zusammenhang —— 23**

II Fallstudien

12. Jahrhundert

Stephan Müller
**Evidenzen, Indizien und Beweise. Der Alltag im *himelrîche* zwischen
Philologie und Kulturwissenschaft —— 69**

Timo Felber
**Sozialgeschichte und Hermeneutik. Ein Vorschlag zur Lösung der
Vermittlungsproblematik zwischen Text und Kontext am Beispiel der
hofbezogenen Literatur im Umkreis der Ludowinger —— 89**

13. Jahrhundert

Norbert Kössinger
**Text und Kontext. Das Papsttum in der Sangspruchdichtung des
13. Jahrhunderts —— 109**

Christiane Witthöft
**Zur Ideengeschichte eines ›höfischen Skeptizismus‹. Petitcreiu und der
literarische Zweifel im *Tristan* Gottfrieds von Straßburg —— 125**

14. Jahrhundert

Elke Koch
Die Heiligen und die ›Geburt des ewigen Wortes in der Seele‹. Hermanns von Fritzlar *Heiligenleben* als Zeugnis einer ideengeschichtlichen Gemengelage des 14. Jahrhunderts —— 161

Julia Frick
Der Kommentar als Modellfall sozialhistorischer Differenzierung. Lateinisch-deutsche Sprachlogiken in der Überlieferung des *Granum sinapis* —— 177

15. Jahrhundert

Johannes Traulsen
Idee und Poetik strategischer Herrschaft in Elisabeths von Nassau-Saarbrücken *Huge Scheppel* —— 207

Nina Nowakowski
Nürnberger Stadtpolitik im Zeichen von Gouvernementalität und Propaganda bei Hans Rosenplüt —— 225

16. Jahrhundert

Volkhard Wels
Leonhard Thurneyssers *Archidoxa* (1569/75) und *Quinta essentia* (1570/74) —— 249

Klaus Ridder
Theatrale Repräsentation religiösen und sozialen Wandels. Schauspiele in Nürnberg, Bern und Wittenberg – vor und nach der Reformation —— 299

17. JAHRHUNDERT

Dirk Werle
Gattungsgeschichte als Problemgeschichte. Am Beispiel des *carmen heroicum* des 17. Jahrhunderts im Allgemeinen und von Christian Ulrich Illenhöfers *Poetischer Beschreibung* über die zweite Schlacht bei Breitenfeld (1643) im Besonderen —— 321

Kai Bremer
Konfessionalisierung – Konfessionskultur – Konversionalisierung. Thesen zum interdisziplinären Dialog am Beispiel von Gryphius' *Leo Armenius* —— 341

18. JAHRHUNDERT

Gideon Stiening
»Wo für Alle Einer nur Entschlüsse faßt«. Ideengeschichtliche Anmerkungen zu Friedrich Heinrich Jacobis *Etwas das Leßing gesagt hat* —— 367

Friedrich Vollhardt
Friedrich Heinrich Jacobis *Etwas das Leßing gesagt hat* (1782). Aspekte einer sozialhistorisch-ideengeschichtlichen Interpretation (nebst einer Vorbemerkung zur Theoriegeschichte) —— 401

19. JAHRHUNDERT

Matthias Löwe
Moderne als Décadence. Konfigurationen einer Idee beim jungen Hugo von Hofmannsthal (insbesondere in *Elektra*) —— 429

Jens Ole Schneider
Bürgerlichkeit. Zur Ästhetisierung eines modernen Sozialdeutungsmusters in Gustav Freytags *Soll und Haben* —— 457

20. Jahrhundert

Joachim Jacob
Text und Kontext. Bertolt Brechts *Buckower Elegien* als Provokation einer Ideen- und Sozialgeschichte der Literatur —— 485

Helmuth Kiesel
Die Politisierung der Literatur zur Zeit der Weimarer Republik als Problem der literaturgeschichtlichen Darstellung und Wertung —— 509

21. Jahrhundert

Oliver Bach
Sozial- oder Ideengeschichte? Thomas Lehrs *42* —— 553

Personenregister —— 583

Werkregister —— 587

Maximilian Benz, Gideon Stiening
Nach der Kulturgeschichte
Einleitende Perspektiven

1 Ausgangslage

Mit dem Titel *Nach der Kulturgeschichte* nehmen wir offensichtlich Bezug auf den Band *Nach der Sozialgeschichte*, der – herausgegeben von Martin Huber und Gerhard Lauer – im Jahr 2000 nach »Konzepten für eine Literaturwissenschaft zwischen Historischer Anthropologie, Kulturgeschichte und Medientheorie« suchte. Der Band ging von einer Gegenwartsdiagnose aus:

> Das Projekt einer ›Sozialgeschichte der Literatur‹ gilt allgemein als erschöpft. Bände, die ›Sozialgeschichte‹ in ihrem Titel mitführen, tun dies mittlerweile mit erkennbar schlechtem Gewissen. Die Gründe für den rapiden Ansehensverlust seit dem Ausgang der achtziger Jahre dürften in einer Gemengelage von außerwissenschaftlichen wie innerdisziplinären Entwicklungen zu vermuten sein. Als deren äußere Komponenten wird man vor allem den Geltungsverlust neomarxistisch und allgemein sozialwissenschaftlich orientierter Modelle der gesellschaftlichen Selbstbeschreibung und die damit verbundene Entwertung der Ideologiekritik anführen müssen. Mit der Auratisierung der Literaturwissenschaft durch poststrukturalistische Theorien scheinen sozialgeschichtliche Ansätze nicht mehr konkurrieren zu können.[1]

Neben der Medientheorie war es vor allem die Kulturwissenschaft, die um die Jahrtausendwende ein besonderes Verheißungspotential entfaltete. Was unter ›Kulturwissenschaft‹ zu verstehen ist, lässt sich allerdings nicht einfach bestimmen – zu vielfältig sind die Arbeiten, die unter diesem Rubrum verfasst, zu uneinheitlich auch die Studiengänge, die mit Blick auf eine ›neue‹ Disziplin entwickelt, zu unterschiedlich schließlich die Polemiken und Abrechnungen, die gegen Methoden und Modi entwickelt wurden, die weiland womöglich nur das einte, dass sie sich auf überkommene philologische Standards nicht verpflichten lassen und von deutschen geistesgeschichtlichen Traditionen absetzen wollten. Allerdings übersetzte das Gros kulturwissenschaftlicher Modelle

---

[1] Martin Huber, Gerhard Lauer: Neue Sozialgeschichte? Poetik, Kultur und Gesellschaft – zum Forschungsprogramm der Literaturwissenschaft. In: Dies. (Hg.): Nach der Sozialgeschichte. Konzepte für eine Literaturwissenschaft zwischen Historischer Anthropologie, Kulturgeschichte und Medientheorie. Tübingen 2000, S. 1–11, hier S. 1.

Maximilian Benz, Bielefeld
Gideon Stiening, Münster

Open Access. © 2022 Maximilian Benz, Gideon Stiening, publiziert von De Gruyter. Dieses Werk ist lizenziert unter einer Creative Commons Namensnennung 4.0 International Lizenz.
https://doi.org/10.1515/9783110667004-001

das skeptizistische Programm poststrukturalistischer Kritik in doktrinale Konzepte zur Neuordnung der Fächer, Methoden sowie der konkreten Gegenstandsbehandlungen[2] und setzt dies auch immer noch fort.[3]

In dem Maße, in dem deutlich wurde, dass es ›Kulturwissenschaft‹ als eigenes *Fach* wohl kaum geben kann, sondern dass mit nun häufig im Plural gefassten ›Kulturwissenschaften‹ ein suprafachlicher, tendenziell interdisziplinärer und häufig theorieaffiner Zusammenschluss gemeint ist, wurde ›Kulturwissenschaft‹ zu einem mehr oder minder beliebigen Etikett, das sich für programmatische Auseinandersetzungen kaum mehr eignet, wenn es denn je dazu geeignet war. Von den Altertumswissenschaften her kommend, in denen Philologie, Philosophiegeschichte, Geschichtswissenschaft und Archäologie seit jeher in engem Zusammenhang stehen, oder auch aus dem Blickwinkel der Germanistik, in der seit den 1960er Jahren in verschiedenen literarhistorischen Zusammenhängen sowohl eine Abkehr von der ausschließlichen Beschäftigung mit dem ›Höhenkamm‹ vollzogen wurde als auch bestimmte, für die jeweilige Literatur wesentliche Kontexte erschlossen wurden, mag man ›Kulturwissenschaft‹ auch schon vor ihrer institutionellen Inaugurierung umgesetzt sehen, ohne dass fachliche Identitäten preisgegeben worden wären. *Definitio fiat per genus proximum et differentiam specificam*: Sowohl nächsthöhere Gattung als auch wesentlicher Unterschied lassen sich nicht recht feststellen, weswegen eine Auseinandersetzung mit der Kulturwissenschaft zum jetzigen Zeitpunkt kaum lohnend zu sein scheint, wenn man nicht nur die alten Beißreflexe auf beiden Seiten reaktivieren will.

Wir setzen also bei der Kultur*geschichte* an, deren Attraktivität und Verheißungspotential gegenüber einer Sozial*geschichte* in der Zeit um 2000 besonders groß war. Es ist signifikant, dass die Kulturgeschichte zu einem Zeitpunkt attraktiv wurde, zu dem nicht nur auf der einen Seite im Anschluss an Hayden White jede Form der Geschichtsschreibung mit dem Ruch illegitimer Kohärenzherstellung verbunden war, sondern zu dem auf der anderen Seite auch mit großem Aufwand und beträchtlichem Ertrag das *Reallexikon der deutschen Literaturgeschichte* grundlegend neu erarbeitet wurde als *Reallexikon der deutschen Literaturwissenschaft*, da Wissenschaft und Gegenstandsbereich zu unterscheiden sind. Kulturgeschichte und Kulturwissenschaft verhalten sich aber nicht so zueinander wie Literaturgeschichte und Literaturwissenschaft. Denn deren

---

2 Siehe hierzu Gideon Stiening: »Glücklicher Positivismus«? Michel Foucaults Beitrag zur Begründung der Kulturwissenschaften. In: http://www.germanistik.ch/publikation.php?id= Gluecklicher_Positivismus.
3 Siehe hierzu u. a. das Hamburger Forschungskolleg *Imaginarien der Kraft* (www.imaginarien-der-kraft.uni-hamburg.de).

(neben der Editorik) vornehmliche Aufgabe ist die Literaturgeschichtsschreibung, über die eine differenzierte Methodendiskussion vorliegt.⁴

›Kulturgeschichtsschreibung‹ ist in ähnlicher Weise nicht methodologisch ausdifferenziert, wie entsprechende Überblicksbeiträge zur ›Kulturgeschichte‹ – so etwa der von Ute Daniel im Band *Konzepte der Kulturwissenschaften* – deutlich zeigen. In mancherlei Hinsicht konvergieren etwa in den Geschichtswissenschaften sogar sozial- und kulturgeschichtliche Tendenzen. Die Verständigung über ›Methoden‹ in Abhängigkeit von ›Gegenständen‹ verliert an Bedeutung, Einheitlichkeit zeigt sich allenfalls in der Einebnung kategorialer Unterscheidungen von Kontexten. Eine in dieser Hinsicht gerade mit Blick auf die wesentlichen Fragen der hermeneutischen Verknüpfungsleistungen unterbestimmte Kulturgeschichte tendiert zur Heuristik:

> Diese Überlegungen, über die derzeit rege und nicht immer ohne schrille Obertöne gestritten wird, machen Wissenschaft nicht weniger wissenschaftlich, entwerten das Bemühen um Objektivität nicht – allerdings entwerten sie die Vorstellung, es gebe eine vom Wissenschaftler durch Verfahren herstellbare Objektivität – und sie machen Theorie- und Methodendebatten nicht überflüssig. Sie verändern allerdings für diejenigen, denen sie einleuchten, die Funktion von theoretischen Angeboten und methodologischen Reflexionen: Diese verlieren an legitimierender Bedeutung und gewinnen demgegenüber – vorausgesetzt, es gerät aus der Übung, an prinzipiell bessere, geschweige denn prinzipiell richtige Theorien und Methoden zu glauben – an Bedeutung für das wichtigste Geschäft wissenschaftlich arbeitender Menschen: für die Aufgabe nämlich, gute Fragen zu stellen.⁵

›Kulturgeschichte‹ wäre in diesem Sinne ein vor allem *heuristischer Lizenzterminus*, der diverse Anschlussoperationen erlaubt und *durch Evidenzen* gefüllt wird. Diese Form der Evidenzbasierung lässt sich methodologisch kaum einholen, erfährt aber durch den Anschluss an theoretische Entwürfe Plausibilisierungsgewinne. In systematischer Perspektive heißt dies: In dem Ausgreifen auf ganz unterschiedliche Quellen, deren Zusammenhang mit Blick auf den Gegenstand intuitiv ebenso plausibel erscheint, wie deren methodologisch gesicherte Verknüpfung programmatisch hintangestellt wird, zeigt sich weniger eine Methode als vielmehr eine theorieinduzierte Präsupposition, nämlich die Eskamotierung des Text-Kontext-Problems durch Aufhebung der Differenz nicht nur zwischen Kontextkategorien, sondern zwischen Text und Kontext

---

4 Vgl. neben den wichtigen Arbeiten von Jürgen Fohrmann, Rainer Rosenberg und Klaus Weimar in jüngerer Zeit Matthias Buschmeier, Walter Erhart, Kai Kauffmann (Hg.): Literaturgeschichte. Theorien – Modelle – Praktiken. Berlin, Boston 2014.
5 Ute Daniel: Kulturgeschichte. In: Ansgar Nünning, Vera Nünning (Hg.): Konzepte der Kulturwissenschaften. Theoretische Grundlagen – Ansätze – Perspektiven. Stuttgart u. a. 2003, S. 186–204, hier S. 200.

selbst, für die die Omnipräsenz des schillernden Diskursbegriffs steht.[6] Es ist bezeichnend, dass die intensive Auseinandersetzung mit einem spezifischen Diskursbegriff nun schon Jahrzehnte zurückliegt[7] und der Diskursbegriff zunehmend unspezifisch und losgelöst von den spezifischen Voraussetzungen etwa auch der Diskursanalyse Foucault'scher Prägung gebraucht wird. Der Kultur- wie der Diskursbegriff bilden eine zumindest genealogische Korrelation aus, beide wurden gegen die systematischen Unterscheidungen zwischen Text und Kontext sowie ideen- und realgeschichtliche Kontexte in Stellung gebracht.

2 Gegenwärtige Situation

Ohne jeden Zweifel haben kulturgeschichtliche Vorhaben auch die genuin literaturwissenschaftliche Forschung bereichert. Zu denken ist an die Erweiterung von Wissensbeständen, die für die Deutung auch literarischer Texte herangezogen wurden, auch an die Sensibilität für Aspekte der Analyse (Materialität, Performativität, *gender*, *race* usf.), die zuvor nicht immer im notwendigen Maße bedacht worden waren. Damit geht einher, dass neue Fragestellungen stimuliert wurden, die die germanistische Forschung in vielen Hinsichten für Verbundforschungsprojekte anschlussfähig gemacht haben. Negativ zu verzeichnen ist allerdings in der Bilanz, dass die Fragen einer methodologischen Grundlegung, gerade wenn es auch um die Untersuchung von Literatur beziehungsweise von Formen ›historischer Textualität‹ gehen soll, nicht recht beantwortet wurden. Abgeschreckt von bestimmten Erscheinungen und Konsequenzen der ›Theoriedebatte‹,[8] der Flut kulturwissenschaftlicher Selbstverständigungsreader und im Einklang mit einem gegenwärtig weitgehend geforderten irenischen Habitus, der auch zu

---

6 Vgl. hierzu programmatisch Roland Borgards, Harald Neumeyer: Der Ort der Literatur in einer Geschichte des Wissens. Plädoyer für eine entgrenzte Philologie. In: Walter Erhart (Hg.): Grenzen der Germanistik. Rephilologisierung oder Erweiterung? Stuttgart, Weimar 2004, S. 210–222.
7 Vgl. etwa Michael Titzmann: Kulturelles Wissen – Diskurs – Denksystem. Zu einigen Grundbegriffen der Literaturgeschichtsschreibung. In: Zeitschrift für französische Sprache und Literatur 99 (1989), S. 47–61; Jürgen Fohrmann, Harro Müller (Hg.): Diskurstheorien und Literaturwissenschaft. Frankfurt a.M. 1988; Friederike Meyer: Diskurstheorie und Literaturgeschichte. Eine systematische Reformulierung des Diskursbegriffs von Foucault. In: Lutz Danneberg, Friedrich Vollhardt, Hartmut Böhme, Jörg Schönert (Hg.): Vom Umgang mit Literatur und Literaturgeschichte. Positionen und Perspektiven nach der ›Theoriedebatte‹. Stuttgart 1992, S. 389–408.
8 Vgl. hierzu u. a. Lutz Danneberg u. a. (Hg.): Vom Umgang mit Literatur und Literaturgeschichte (s. Anm. 7).

einem merklichen Niedergang des Rezensionswesens geführt hat, sind Literaturwissenschaftlerinnen und Literaturwissenschaftler an einer vertieften Selbstverständigung eher wenig interessiert.[9]

Die Lage ist in vielfältiger Hinsicht uneindeutig und übersichtlich geworden. Dabei lassen die methodologischen Umakzentuierungen der vergangenen zehn Jahre durchaus ein Interesse an einer neuen Szientifizierung beobachten, die mehrere Ausprägungen erfährt: Zum einen werden in immer größerem Maße Methoden der *Digital Humanities* erprobt, die wahrscheinlich nicht zuletzt aufgrund der hohen Hürden corpusbasierten Arbeitens nur sektorspezifisch als ›Zukunftsweg‹ angesehen werden, auch wenn zunehmend *mixed methods* zwischen quantitativen und qualitativen Verfahren vermitteln. Zum anderen haben sich Formen einer sogenannten ›analytischen Literaturwissenschaft‹ bzw. einer Literaturanthropologie etabliert, die ausgehend von der empirischen Psychologie (zumeist des Leserverhaltens)[10] oder der Biologie[11] ›harte‹ empirische Fakten zum Telos ihrer Literaturwissenschaft erhoben haben. Beiden Formen von Literaturtheorie ist zu eigen, dass sie weder ein Konzept von Literaturgeschichte noch eines des hermeneutischen Umgangs mit literarischen Texten entwickelt haben bzw. verfolgen.

Letztlich beginnt sich mit der sogenannten Praxeologie ein neuer Ansatz durchzusetzen, der zunächst einmal fachgeschichtliche Aufschlüsse verspricht;[12] allerdings ist ›Praxeologie‹ in dem Maße auch ein methodologisches Konzept, in dem sich philologisches Arbeiten als Set impliziter, habitualisiert ausgeführter, je spezifischer Anschlusspraktiken erweist,[13] also als *ars* begriffen wird. Es ist angesichts der immer noch phobisch besetzten sozialgeschichtlichen Zugänge

---

9 Eine letzte Diskussion gab es im Anschluss an den polemischen *Spiegel*-Artikel von Martin Doerry im Jahr 2017, die aber über das Feuilleton nicht recht hinauskam.
10 Vgl. hierzu u. a. Tilmann Köppe, Simone Winko: Methoden der analytischen Literaturwissenschaft. In: Vera Nünning, Ansgar Nünning (Hg.): Methoden der literatur- und kulturwissenschaftlichen Textanalyse. Ansätze – Grundlagen – Modellanalysen. Stuttgart, Weimar 2010, S. 133–154.
11 Hier vor allem Karl Eibl: Animal poeta. Bausteine zur biologischen Kultur- und Literaturtheorie. Paderborn 2004.
12 Vgl. Carlos Spoerhase, Steffen Martus: Die Quellen der Praxis. Probleme einer historischen Praxeologie der Philologie. Einleitung. In: Zeitschrift für Germanistik 23 (2013), S. 221–225 [in diesem Heft der Schwerpunkt: »Historische Praxeologie. Quellen zur Geschichte philologischer Praxisformen, 1800–2000«].
13 Vgl. Andreas Kablitz: Kunst des Möglichen. Theorie der Literatur. Freiburg i.Br. 2013.

interessant, dass der praxeologische Zugang vor allem in der Soziologie diskutiert wurde.[14]

Praxeologie ist somit nicht nur ein metareflexives Konzept, sondern dient auch der historischen Erkenntnis, wobei sich die Untersuchung von Praktiken und Diskursen durchaus verbinden lässt, methodisch aber auf die vom *New Historicism* übersprungene Frage nach der Relationierung von Text und Kontext zuläuft.[15] An diesen Punkt können wir anschließen.

3 Text und Kontext (Realien – Ideen – Formen)

Mit dem Begriff der ›Kulturgeschichte‹ beziehen wir uns nicht auf ein allgemein geschichtswissenschaftliches Konzept,[16] sondern auf eine genuin literaturwissenschaftliche Umsetzung eines als ›kulturwissenschaftlich‹ bezeichneten Vorgehens, das – wie ANDREAS KABLITZ in diesem Band prägnant herausarbeitet – im Anschluss an den *linguistic turn* Sprache gegenüber Wirklichkeit aufwertet, also auf der Konstitution von Wirklichkeit durch Sprache beharrt und mit einem entgrenzten Textbegriff die Möglichkeit der Unterscheidung von Text und Kontext verunmöglicht, weswegen Fragen der spezifischen Verknüpfung in der literarhistorisch konkreten Untersuchung gar nicht mehr gestellt werden können.

Ansatzpunkt der kritischen Revision ist demnach zum einen der Zweifel gegenüber einem Textbegriff, der die qualitativen Differenzen nicht allein zwischen begrifflichen und literarischen Reflexionsformen, sondern gar zwischen getrockneten Blumen und Goethes *Römischen Elegien* nicht mehr zu fassen vermag. Zum anderen aber ist auch die Konzeption dessen, was als ›Kontext‹ gelten kann, weiter zu differenzieren; gerade angesichts der gegenwärtigen Konjunktur des ›Realen‹ ist zu fragen, in welcher Weise die Literaturwissenschaft auf den Unterschied zwischen Realien und Ideen reagiert, auch wenn Text-Kontext-Modellierungen immer fallbezogen vorgenommen werden müssen. Wie dringend nötig eine Klärung dieser Fragen ist, zeigen avancierte Theoriebildungen der jüngeren Zeit.

---

14 Vgl. Andreas Reckwitz: Grundelemente einer Theorie sozialer Praktiken. Eine sozialtheoretische Perspektive. In: Zeitschrift für Soziologie 32 (2003), S. 282–301.
15 Vgl. Andreas Reckwitz: Praktiken und Diskurse. Zur Logik von Praxis-/Diskursformationen. In: Ders.: Kreativität und soziale Praxis. Studien zur Sozial- und Gesellschaftstheorie. Bielefeld 2016, S. 49–66, hier S. 59f.
16 Vgl. etwa Philipp Sarasin: Subjekte, Diskurse, Körper. Überlegungen zu einer diskursanalytischen Kulturgeschichte. In: Geschichte und Gesellschaft. Sonderheft 16 (1996), S. 131–164.

Für die germanistische Mediävistik hat sich Jan-Dirk Müller mit seiner Monographie *Höfische Kompromisse* vorgenommen, »das abgebrochene Projekt einer Sozialgeschichte der Literatur unter neuen Prämissen und mit erweitertem Fragehorizont«[17] fortzusetzen, dann aber den Bezug zwischen eher vagen »übergreifenden kulturellen Konstellationen«[18] und den ›Erzählkernen‹, die in den Texten ausgemacht werden können, von Cornelius Castoriadis' Konzept des Imaginären her entwickelt. Müllers Analysen gehen entsprechend der diffusen, zwischen Realien und Ideen nicht hinreichend unterscheidenden, ganz allgemeinen Konzeption schließlich von den Textoberflächen aus, ohne dass eine befriedigende sozial- oder ideengeschichtliche Verankerung von Fragestellungen wie Befunden erreicht würde. Vergleichbares gilt für die in der neugermanistischen Aufklärungsforschung prominenten methodischen Ansätze zu den ›Sachen der Aufklärung‹. Ausdrücklich soll in diesem auf Bruno Latour fußenden Ansatz ein entscheidendes Verknüpfungsproblem der Geistes- und Sozialwissenschaften, die Vermittlung nämlich von »Geistigem und Materialem, Kunst und Gesellschaft, Theorie und Praxis«[19] gelöst werden. Auch hier aber geht vor dem Hintergrund eines universalisierten Diskursbegriffes nicht allein der Unterschied zwischen Ding und Begriff verloren; der Begriff der Sache als *res* ist derart allgemein, dass keine präzise Frage aus dieser Perspektive zu entwickeln ist.

Die uns nötig erscheinende Revision geschieht natürlich nicht voraussetzungslos, sondern kann an vieles anschließen. Zu den innovativen methodischen Perspektiven auf Literatur im engeren Sinne gehörten vor dem *cultural turn* zum einen die bereits erwähnte *Sozialgeschichte*, der bis zum Ausruf des *cultural turn* gar nicht genug Zeit geblieben war, das eigene Paradigma zu entwickeln. Allerdings tendierte die von Jörg Schönert, Michael Titzmann oder Claus-Michael Ort entworfene, an die Soziologie von Parsons anknüpfende Sozialgeschichte der Literatur in hohem Maße zu einem Formalismus, der weder in die Germanistik noch in andere Philologien zu vermitteln war; auch der interdisziplinäre Austausch selbst mit der Geschichte blieb ein Randphänomen; kurz: *diese* Sozialgeschichte der Literatur kam – bei aller Verwissenschaftlichung gegenüber den Tendenzen der 1970er und 1980er Jahre – über einen Außenseiterstatus, betrieben von einigen wenigen Experten, nicht hinaus. Eine sozio- und politikhistorische Perspektive auf Literatur muss aber nicht nur für andere, vor allem realhistorische Fächer, sondern auch für andere Kunstfächer

---

17 Jan-Dirk Müller: Höfische Kompromisse. Acht Kapitel zur höfischen Epik. Tübingen 2007, S. 2.
18 Müller: Höfische Kompromisse (Anm. 17), S. 22.
19 Daniel Fulda: Sache und Sachen der Aufklärung. Versuch einer Antwort auf die Frage, wie sich Programm und Praxis der Aufklärung erforschen lassen. In: Stefanie Stockhorst (Hg.): Epoche und Projekt. Perspektiven der Aufklärungsforschung. Göttingen 2013, S. 241–262.

und Reflexionsfelder in Frage stehender Epochen anschlussfähig bleiben und daher jenes formalisierte Expertentum durch die strenge Ableitung der Kategorien aus einer spezialisierten Soziologie vermeiden. Eine erneut mögliche und erforderliche gesellschaftsgeschichtliche Interpretation von Literatur könnte diese Einengungen der bisherigen Sozialgeschichten hinter sich lassen, gerade indem sie sich *nicht* zu einem neuen, anderes ausschließenden Paradigma erklärt, sondern ihre Notwendigkeit für den hermeneutischen Prozess ebenso begründet und belegt, wie sie um ihre Ergänzungsbedürftigkeit durch eine ideengeschichtliche Hermeneutik je schon weiß.

Vergleichbares gilt für die *ideengeschichtlichen* Kontextualisierungsbemühungen der letzten Jahrzehnte. Entweder unterwarf man sich als Formationen der Wissensgeschichte den sie begründenden zumeist skeptizistischen Kategorien, erweiterte damit aber den Idee- bzw. Diskurs- oder Wissensbegriff (zumeist Synonyma für ein und dasselbe) bis ins Unspezifische.[20] Damit wurden die literarischen Gegenstände der Analyse und Interpretation allerdings lediglich zu *einer* Erscheinungsform des ›Wissens‹, deren Besonderheiten gegenüber anderen, wissenschaftlichen oder populären Diskursen ohne Berücksichtigung bleiben konnten und mussten. Wie für die bisherigen Formationen der Sozialgeschichte wird für eine kulturwissenschaftliche Wissensgeschichte – ebenso wie für eine sogenannte analytische Literaturanthropologie – der literarische Gegenstand zu einem Instrument von Nachweisinteressen herabgestimmt, die jenseits der Literatur und ihrer Geschichte zu finden sind. Dies gilt selbst für eine an ältere Traditionen anknüpfende ideengeschichtliche Hermeneutik, die dezidiert gegen jede Form von Sozialgeschichtsschreibung auftritt, gleichwohl vor allem weltanschauliche – zumeist theologische – Interessen kultiviert vertritt. Diese Tendenz war in der Mediävistik gerade der Nachkriegszeit recht dominant, die Abkehr von ihr führte im kompensatorischen Pendelschlag zur Forcierung poetologischer Lektüren, die sich jeglicher ideen- (wie sozial-)geschichtlicher Anbindung verweigern.

Demgegenüber soll in der hier anvisierten Konzeption und ganz entsprechend des praxeologischen Fokus auf dem *knowing how* mit der Vermittlung von ideen- *und* sozialgeschichtlicher Kontextualisierung literarischer Texte im Prozess der Analyse und Interpretation einzelner Texte
1. deren spezifisch literarische Formierung nicht nur Berücksichtigung erfahren, sondern im Zentrum stehen – dabei ist fallbezogen ein historisch adäquater Literaturbegriff anzusetzen: Es geht jedenfalls um eine Absetzung von rein

---

20 Zu Kritik hieran vgl. Gideon Stiening: Am »Ungrund«. Was sind und zu welchem Ende studiert man ›Poetologien des Wissens‹? In: KulturPoetik 7, H. 2 (2007), S. 234–248.

pragmatischer (schriftlicher) Kommunikation, also um eine besondere Gestaltung der Rede, womit aber kein eigenständiger Kunstcharakter impliziert ist. Dies führt zwangsläufig dazu, dass
2. zugleich die Bedingungen historischer Veränderungen von Dichtung reflektiert werden, um die in der historischen Wissenschaft allmählich wieder möglichen Betrachtungen und Erörterungen von spezifischen Verlaufsformen der literarischen Kunst in den Blick zu nehmen. Das kann und muss vorerst an kleineren Abschnitten erfolgen, wie den 1770er Jahren, deren Eigentümlichkeit keineswegs ausschließlich durch das Erscheinen, das kontroverse Entwickeln und plötzliche Verscheiden des *Sturm und Drang* markiert wird, sondern zugleich und in merklicher Konkurrenz die Fortentwicklung der Empfindsamkeit zeitigte wie die Entstehung einer spezifisch spätaufklärerischen Literatur. Dabei sind die Interaktionen zwischen diesen Literaturformen und anderen Künsten oder Wissenschaften wie der Philosophie und der Naturforschung, aber auch der Theologie zu berücksichtigen.
3. Zugleich müssen die besonderen realhistorischen Veränderungen und deren Auswirkungen auf literarische Prozesse angemessen berücksichtigt werden, und d. h. nicht nur dann, wenn alle anderen Verstehensmuster versagen. Dabei müssen diese Prozesse oder Ereignisse je und je als Kontext des einzelnen Kunstwerks wie spezifischer Verlaufsformen so interpretiert werden, dass deren Vermittlung zum ideengeschichtlichen Kontext möglich bleibt.
4. Es kann und soll in dieser Vermittlung von Sozial- und Ideengeschichte der Literatur weder um eine Rückbindung oder gar Grundlegung des Literarischen in Sozialgeschichte (auch nicht in deren Variante als Mediengeschichte) gleichsam als Erdung eines artistischen Überbaus, noch darf es um die Einebnung der literarischen Besonderheiten und damit Einhegung der Literaturgeschichte in übergreifende ideengeschichtliche Prozesse gehen, sondern umgekehrt sollen jene Kontexte und deren Entwicklung dem Proprium der Literatur und ihrer Geschichte Interpretationsmöglichkeiten verschaffen.

Gegenüber zweigliedrigen Modellen, wie sie etwa auch der Differenzierung in Sozial- und Symbolsystem Literatur zugrundelagen, soll so diesseits der Ausrufung neuer Paradigmen gefragt werden, wie in konkreten historischen Situationen literarische Texte mit ihren je eigenen Formvoraussetzungen zu korrelieren sind mit außerliterarischen Kontexten. Form ist dabei nicht als sprachliche Einkleidung eines propositionalen Gehalts, sondern als Ermöglichungsbedingung von Ausdruck bzw. gar Aussage zu begreifen.[21] Zugleich sollen die *fallbezogenen* Möglichkeiten der Modellierung von Kontexten und der jeweils spezifischen Verknüpfung zwischen literarischem Text und außerliterarischem Text diskutiert werden, wobei es uns systematisch erforderlich und heuristisch sinnvoll scheint, dass zwischen Ideen und Realien differenziert wird.

Die Differenzierung in Ideen und Realien, mentale Prozesse und soziale, politische oder auch individualpsychologische Wirklichkeit hat zum einen systematische Valenz, weil sich Vorgänge, Prozesse und Entwicklungen auf beiden Ebenen nicht aufeinander reduzieren lassen und doch in je unterschiedlicher Weise zu unterschiedlichen Zeiten aufeinander zu beziehen sind; diese Distinktion scheint uns – im Wortsinne – unhintergehbar.[22] Sie hat vor diesem Hintergrund aber auch methodische Auswirkungen auf eine hermeneutisch fundierte Literaturgeschichtsschreibung, insofern beide notwendig zu unterscheidenden Felder ebenso notwendig als Kontexte je und je zu korrelieren sind, die sowohl für eine Interpretation des einzelnen Textes als auch für eine solche von Entwicklungsbewegungen der Literatur berücksichtigt werden müssen.

Neben dieser theoretischen Begründung, die erkennbar auf epistemologischen Prämissen beruht, gibt es interpretationspraktische Evidenzen, die an folgendem Beispiel erläutert werden können: Es macht einen erheblichen Unterschied aus, ob literarische Texte, die sich mit Verhaltensweisen beschäftigen, die als Verbrechen gelten, mit der Strafrechtstheorie der Zeit korreliert werden oder mit der je geltenden Strafrechtsordnung. Beide Kontexte können in solcherart Texten literarisch reflektiert werden – auch gemeinsam in kritischer Abwägung der Unterschiede; ihre Differenz ist aber bisweilen eine um Leben oder Tod oder auch nur um unterschiedlich grausame Strafweisen, und allein das ist entschieden zu berücksichtigen.[23]

Entscheidend ist zudem, dass sich aus der korrelativen Unterscheidung von ideengeschichtlichen Kontexten und den als Kontext zu modellierenden sozialen Praktiken eine Analyse und Interpretation von Literatur ergibt, die entgegen der in bestimmten Literaturtheorien entwickelten Auffassung einer nur

---

21 In dieser Hinsicht sind die Überlegungen Clemens Lugowskis (Die Form der Individualität im Roman. Mit einer Einleitung von Heinz Schlaffer. 2. Aufl. Frankfurt a.M. 1994) immer noch anschlussfähig.
22 Zumindest in methodischer Hinsicht steht diese Unterscheidung – nicht allein im Zeichen des »Diskurses«, sondern auch des »Wissens« oder des »Problems« – in der Kritik; vgl. hierzu u. a. den Beitrag von DIRK WERLE in diesem Band.
23 Vgl. hierzu demnächst: Eric Achermann, Gideon Stiening (Hg.): Vom »Theater des Schreckens« zum »peinlichen Rechte nach der Vernunft«. Literatur und Strafrecht im 17. und 18. Jahrhundert. Berlin, Heidelberg [i.D.].

kontingenten, letztlich äußerlichen Bedeutung des Historischen – und das gilt ebenso für eine ereignisorientierte Kulturwissenschaft wie eine analytische oder anthropologische Literaturtheorie – die historische Bedingtheit literarischer Texte bearbeitet. Eine angemessene Berücksichtigung der unterschiedlichen Konstitutionsbedingungen und Verlaufsformen von Ideen- und Sozialgeschichte führt mithin zu der Erkenntnis einer notwendigen Fundierung von Literatur in Geschichte.

Es ist dieses – dezidiert nicht historistische – Verständnis von Literaturgeschichte, das die Versuchsanordnung des vorliegenden Bandes initiierte, in einem ersten Schritt eine Ideen- und Sozialgeschichte der Literatur zu konturieren und dabei bewusst das Risiko einzugehen, noch vorläufige Konzeptualisierungen zu erproben. Ebenso bewusst wurde aber die Geschichte der deutschsprachigen Literatur vom 12. bis 21. Jahrhundert in den Blick genommen, um den Geltungsanspruch dieser Literaturgeschichtsschreibung zu dokumentieren. Daher wurde für jedes Jahrhundert je eine Expertin/ein Experte für eine ideen- und eine sozialgeschichtliche Perspektive eingeladen, um an konkreten Beispielen die jeweilige Kontextualisierung vorzustellen. Es geht dabei vor allem darum, mögliche Schnitt- und Übergangsstellen zu prüfen, um Konzepte für eine methodisch abgefederte Korrelation beider Kontexte zu entwickeln.

4 Zur Anlage des Bands

Wer sich für eine methodologische Neuorientierung ›nach der Kulturgeschichte‹ interessiert, tut gut daran, die Implikationen zu verstehen, die zu einer Nivellierung der Text-Kontext-Unterscheidung führten. Der Band beginnt mit einer Grundlegung, in der ANDREAS KABLITZ (Köln) die im *linguistic turn* wurzelnden Grundlagen der genuin literaturwissenschaftlichen ›Kulturgeschichte‹ herausarbeitet. Dabei wird auch deutlich, dass trotz des ubiquitär gebrauchten Diskursbegriffs diese Variante der historischen Analyse eher an Derrida als an Foucault anschließt. KABLITZ grenzt die Notwendigkeit der Text-Kontext-Korrelierung auch vom *New Historicism* ab und mahnt eine kritische Revision postmoderner Sprach- und Literaturtheorie an.

Es ist für das Verständnis unseres Anliegens und für die Rezeption des Bands von entscheidender Bedeutung, dass wir eine – durchaus kontroverse – Diskussion der Möglichkeiten der Relationierung von Form, Realien und Ideen zur historischen Untersuchung literarischer Texte in Gang bringen möchten. Dabei geht es dezidiert nicht darum, bestimmte Verknüpfungen, Hierarchisierungen oder auch theoretische Zugänge zu privilegieren und andere zu deklassieren. Auch eine

Kritik an der von uns heuristisch vorgeschlagenen Unterscheidung von Realien und Ideen trägt zur Klärung der Voraussetzungen historischen Interpretierens bei. Kontroverse und Kritik sollten durch die in diesem Band beibehaltene Anlage der Tagung, die vom 26. bis 28. März 2019 in der Villa Vigoni stattfand, angeregt werden: Vom 12. bis ins 20. Jahrhundert sollte je ein Beitrag einen ideen- und je ein Beitrag eine sozialhistorisch interessierte Kontextmodellierung vornehmen.

Für das noch junge 21. Jahrhundert hat OLIVER BACH (München) dankenswerterweise einen zusammenführenden Beitrag geschrieben. Aber auch in den jeweils durch zwei Beiträge behandelten Jahrhunderten stand es den Beiträgerinnen und Beiträgern frei, ausgehend von ihren konkreten Gegenständen spezifische Modellierungen zu wählen. Dabei wurde auch die Anlage der Tagung selbst modifiziert und kritisiert. Im Folgenden wollen wir die Erträge der Diskussion in wenigen Zügen darstellen.

STEPHAN MÜLLER (Wien) untersucht den in der Forschung als *Daz himelrîche* bezeichneten Text und setzt bei der Beschreibung von Auffälligkeiten an, die er als ›Evidenzen‹ bezeichnet: Dabei stehen das Material (also die Handschrift und der Schreiber), die Sprache (die Engführung von Wortschatzarbeit und Exegese), der Alltag (als Referenzrahmen), die Quellen (in Relation zur eigenen Erfahrung), die Form (unregelmäßige Langverse) und die Kommunikationssituation im Fokus, um schließlich die ›*Evidenz* der Baustelle‹ herauszustellen, die zur historischen Konkretion führt. Für den Weg von der Evidenz zum Argument unterscheidet er abschließend zwischen Indizien (die eher für eine kulturwissenschaftliche Literaturwissenschaft von Bedeutung sind) und (tendenziell philologischen) Beweisen, was zu einer ertragreichen Differenzierung von Text- und Kulturwissenschaft führt.

Am Beispiel von Heinrichs von Veldeke *Eneasroman* untersucht TIMO FELBER (Kiel) die Darstellung von Herrschaft und Genealogie in der Romanhandlung. Die Darstellung verbindet er mit dem im Epilog dargebotenen dynastischen Tableau, in dem alle Brüder des thüringischen Landgrafengeschlechts genannt werden. Das auf kollektiver Verantwortung fußende Herrschaftsverständnis der Ludowinger lässt sich in verschiedenen Hinsichten mit Aspekten des Romans in Verbindung bringen (Figurenzeichnung, Evaluation von Handlungselementen wie adligem Freizeitvergnügen). Damit liefert ein im Text explizit referierter Kontext den Hinweis auf eine Verknüpfungsleistung; die an sie anschließenden hermeneutischen Prozesse legen *eine* der vielen Bedeutungsschichten des Romans offen.

NORBERT KÖSSINGER (Magdeburg) plädiert für eine Orientierung an philologischen Verfahren, indem er am literarischen Potential von Texten der Sangspruchdichtung ansetzt. Mit Blick auf die zweite Strophe aus Ton XII des Marners und einen Spruch Reinmars von Zweter im Frau-Ehre-Ton – beide erlauben keine historisch konkrete Zuordnung zu einem ›politischen Ereignis‹, spielen aber mit geistlichen und weltlichen Machtinsignien – kann durch eine ideengeschichtliche Perspektive auf die spezifische Argumentation bei der Papstkritik gerade die Möglichkeit des Wiedergebrauchs fundiert werden. Für einen Spruch Bruder Wernhers (Ton I,4), der auf die Erlösungsbedürftigkeit selbst der Mächtigsten abzielt, lassen sich zwar konkrete Anspielungshorizonte identifizieren, jedoch ist auch hier gegenüber Hyperkonkretion die Möglichkeit des Wiedergebrauchs ins Kalkül zu ziehen: Die grundsätzliche ›Anlässlichkeit‹ der mittelhochdeutschen Literatur fordert nicht die Identifizierung konkreter historischer Anlässe.

Ausgehend vom topischen Wissen einer literaturschaffenden Elite fragt CHRISTIANE WITTHÖFT (Erlangen-Nürnberg) nach den textuellen Phänomenen eines ›literarischen Zweifels‹. Die in der Forschung hervorgehobene Ambiguität des *Tristan* Gottfrieds von Straßburg wird mit Blick auf einen im Text evozierten ›höfischen Skeptizismus‹ konkretisiert: Bereits der Prolog lässt einen Zusammenhang von zweifelschürenden Erzählverfahren und philosophischer Idee erkennen, der es erlaubt, die Konzeption des ›offenen Kunstwerks‹ zu historisieren, und der eine spezifische Rezeptionshaltung hervortreibt. In diesem Sinne wird der Hund Petitcreiu als Schlüsselsymbol gedeutet, das poetologisch weiterführend ist. Der aus der Perspektivengebundenheit der Wahrnehmung abgeleitete Zwang zur Urteilsenthaltung führt zur Beschreibung eines literarisch-philosophischen Topos. Die skeptische Einstellung gegenüber der Sinnhaftigkeit, Eindeutigkeit herstellen zu wollen, zeigt sich deutlich mit Blick auf das im Roman erzählte und kommentierte Gottesurteil.

ELKE KOCH (Berlin) fokussiert auf konzeptuell idiosynkratische Gemengelagen, um forschungsgeschichtlich kaum beachtete Texte in ihrer historischen Prägnanz beschreiben zu können. Hermanns von Fritzlar *Heiligenleben* enthält eine Eigenmischung aus Prosalegenden und Predigten, die Gegensätze zwischen religiösen Denkformen zu verbinden versucht. Die Spannung zwischen der mystischen Heilsteilhabe in der *unio* und der Figuration, Historisierung und Materialisierung von Heilsmittlerschaft in der Heiligenverehrung wird in der Lesepredigtsammlung in eine eigene Formsprache überführt, die Gegensätze engführt, aber als unterschiedene ausstellt: Gerade hinsichtlich der ›Geburt des ewigen Wortes in der Seele‹ wird die historische Existenz der Heiligen (in Zeit und Raum) funktional, wie die Untersuchung der Einbindung der Adventsheiligen zeigt. In methodischer Hinsicht lässt sich von diesem Befund ausgehend die Besonderheit einer literaturgeschichtlichen Ideengeschichte beschreiben, die die Vielfalt der Überlieferung nicht nach Maßgabe einer vorgängigen Ideengeschichte zu sortieren, sondern aus der Überlieferung heraus die Formung spezifischer Ideenkomplexe zu beobachten hat.

JULIA FRICK (Zürich) setzt beim Funktionstyp des Kommentars an, der strukturell zwischen dem (kommentierten) Text und den (den Kommentar prägenden) Kontexten steht. Konkretes Beispiel ist das deutsche Gedicht *Granum sinapis*, das in der ältesten Basler Handschrift in einen lateinischen Kommentar inkorporiert ist, der die durch die *locutio emphatica* des Gedichts eröffnete Sinnpluralität terminologisch und argumentativ zu vereindeutigen sucht. Das Gedicht kreist um die mystische Einheitsspekulation und thematisiert von der Einheit Gottes ausgehend den Weg zur Vereinigung der Seele mit Gott. In vielen Hinsichten kann es mit der Theologie Meister Eckharts in Verbindung gebracht werden, dessen Verurteilung Anlass zur dogmatischen ›Korrektur‹ durch den Kommentar gegeben haben dürfte. Mit Blick auf die Überlieferungssituation im Ganzen eröffnet sich die Möglichkeit einer sozialhistorisch informierten Interpretation von Text und Kontext: Das *Granum sinapis* als Teil des lateinischen Kommentars lässt sich institutionell männlichen Ordensgemeinschaften zuordnen. Diesem gelehrten Rezeptionsinteresse ist die Überlieferung des Gedichts mit einem deutschen Paratext, der die Aspekte von *meditatio* und *aedificatio* hervorhebt, in süddeutschen observanten Frauenkonventen gegenüberzustellen – eine Aneignungsform, die mit wachsendem historischem Abstand zum Eckhart-Prozess möglich wird.

Die Darstellung einer spezifischen Idee von Herrschaft in Elisabeths von Nassau-Saarbrücken *Huge Scheppel* untersucht JOHANNES TRAULSEN (Berlin). Durch die – gerade im Vergleich mit anderen *Chansons de geste* deutlich hervortretende – Entkopplung von Figur (Huges Eigenschaften, insbesondere seine Kampfkraft) und Ereignisfolge (der Weg vom Metzger zum Thronfolger) im Prosaroman treten die bestimmenden Faktoren der Reichspolitik deutlich hervor. Den Text zeichnet somit ein analytisches Interesse aus, das letztlich die Kontingenz der Ereignisse hervorhebt, die zu Huges Thronbesteigung führen. Indem Herrschaft als Produkt der Aushandlung zwischen verschiedenen politischen Akteuren dargestellt wird, wobei Tugend und Herrschaft entkoppelt werden, lässt sich in Elisabeths Roman eine signifikante Neuerung entdecken, die auf Niccolò Machiavellis *Il Principe* vorausdeutet.

NINA NOWAKOWSKI (Magdeburg) untersucht die Darstellung des Nürnberger Stadtrats in den Fastnachtspielen Hans Rosenplüts mit Blick auf die konkrete funktionale Ausrichtung literarischer Texte. Da Texte hier als Teil reichsstädtischer Kommunikation gelten, ist ein Rückgriff auf die sozialwissenschaftlichen Kategorien ›Gouvernementalität‹ und ›Propaganda‹ nötig. Im Widerspruch zu den autokratischen Tendenzen des Nürnberger Rats wird in den Texten darauf hingewiesen, dass das konsiliarische Handeln für das Wohlergehen der Nürnberger Bevölkerung Sorge trägt. Ausgehend vom *Lobspruch auf Nürnberg*, in dem der Rat als Hirte dargestellt einer gefährlichen Partikularisierung der Herde gegensteuert, wird im Spiel *Der vastnacht und der vasten recht* eine Einheitsfiktion beobachtbar, die die Hintanstellung der juridischen Thematik (Urteilsfindung) zugunsten einer politischen Profilierung erkennen lässt. In den Spielen *Der wittwen und tochter vasnacht* und *Der jüngling, der ain weip nemen wil* wird der Rat als nah- und erreichbarer Berater inszeniert: Die Beratung wird als kommunikativer Modus gouvernementalen Handelns erwiesen. Die Überlegenheit des Nürnberger Rats zeigt sich schließlich auch in Spielen, die feudale Herrschaftsgefüge – insbesondere das Reich – thematisieren (*Des Turken vastnachtspil* und *Des Entkrist Vasnacht*).

VOLKHARD WELS (Berlin) dokumentiert mit seinem Beitrag über Leonhard Thurneyssers ungewöhnliche Texte *Archidoxa* und *Quinta essentia*, die im letzten Drittel des 16. Jahrhunderts entstanden, dass man für ein hinreichendes Verständnis solch historisch exzeptioneller, aber methodisch paradigmatischer Publikationen zum einen eine wissensgeschichtliche Perspektive einnehmen muss, um die historisch abgesunkenen Wissensbestände der Alchemie und der Astrologie verstehen zu können. Zum anderen erfordert diese Text- und Bildelemente verbindende Gelehrsamkeit eine mediengeschichtliche Kontextualisierung, weil sie ohne die Möglichkeiten des fortentwickelten Buchdrucks undenkbar ist. Letztlich bedürfen sie eines genuin literaturwissenschaftlichen Zugriffs, weil sich die zentralen Textelemente der gebundenen Sprache bedienen, deren Bedeutung und Funktion für die ausgebreiteten Wissensbestände zu reflektieren seien.

KLAUS RIDDER (Tübingen) untersucht religiös akzentuierte Bedrohungsszenarien (›jüdische Verschwörung‹, die in soziohistorischer Sicht politisch und ökonomisch motiviert erscheint, und ›konfessionelle Verketzerung‹, die gerade in Hinsicht auf die Konsequenzen für das Gemeinwesen thematisiert wird) als Ausdrucksformen und Deutungen übergreifender sozial-ökonomischer und politisch-gesellschaftlicher Wandlungsprozesse anhand der Fastnachtspiele *Der Herzog von Burgund* von Hans Folz und *Vom Papst und seiner Priesterschaft* des Niklaus Manuel sowie des lateinischen *Pammachius*-Dramas des Thomas Naogeorg. Mit dem Konzept der ›Bedrohten Ordnungen‹ kann die Wechselseitigkeit von Sozialhistorie, Kommunikations- und Theatergeschichte beschrieben werden: Dabei werden Differenzierungen zwischen dem Bezugsraum der städtischen Kommune (Folz, Manuel) und einem größeren territorial-politischen, protestantisch-geprägten Raum (Naogeorg) greifbar.

Mit den Beiträgen von Kai Bremer und DIRK WERLE (Heidelberg) wird das 17. Jahrhundert betreten. Dabei macht Werle im Anschluss an eine eingehende Analyse Christian Ulrich Illenhöfers *Poetischer Beschreibung* der zweiten Schlacht bei Breitenfeld deutlich, dass weder Ideen- noch Sozialgeschichte eine angemessene Interpretation des Textes ermöglicht. Werle betont zudem, dass er eine konfrontative Gegenüberstellung von Kulturwissenschaft einerseits und

Sozial- und Ideengeschichte andererseits für ein verfehltes wissenschaftsgeschichtliches »Narrativ« hält, das die enormen Leistungen des *cultural turns* verkenne. Zu leisten ist nach Werle vielmehr eine verschiedene Methoden übergreifende Konzeption einer Problemgeschichte, die der Komplexität literarischer Texte und deren spezifischer Kontexte gewachsen sei.

KAI BREMER (Osnabrück) hingegen sieht für die aus seiner Sicht zentrale theologiegeschichtliche, näherhin konfessionshistorische Perspektive auf die Literatur der frühen Neuzeit durchaus produktive Anschlüsse an sozial- und ideengeschichtliche Kontextualisierungen. Vor allem die Entwicklungen der Konfessionalisierungsforschung der letzten Jahre, die von der Annahme starrer Entgegensetzungen der Konfessionen abgerückt sei, und zwar zugunsten der Erforschung konkreter Konfessionskulturen (Thomas Kaufmann), die durchaus auf Vermittlungen abzielten, drängten in diese Richtung. Am Beispiel von Andreas Gryphius' *Leo Armenius* kann Bremer jene ideen- und religionspolitischen Kontexte rekonstruieren, die zu der in diesem Drama erkennbaren konfessionsvermittelnden Haltung führen.

FRIEDRICH VOLLHARDT (München) und Gideon Stiening modifizieren die Versuchsanordnung des Bandes dadurch, dass sie ihre je ideen- und sozialgeschichtlichen Perspektiven auf ein und denselben Text, Friedrich Heinrich Jacobis *Etwas das Leßing gesagt hat* (1782), anwenden. Dabei beginnt Vollhardt seine Interpretation des Textes mit theoriegeschichtlichen Vorbemerkungen, die den Bogen von den Versuchen einer *Sozialgeschichte der deutschen Literatur* in den 1980er Jahren über deren kulturwissenschaftliche Todeserklärung bis in die Gegenwart spannen, die eine Agonie der Kulturgeschichte erlebe. In Anknüpfung an die Konzepte einer Praxeolologie, die er als erweiterte Fortsetzung einer Sozialgeschichte der Literatur begreift, stellt Vollhardt die popularphilosophische Broschüre Jacobis in den Kontext der religionspolitischen Kontroverse um den jansenistischen Theologen Johann Nikolaus von Hontheim, der seit den 1760er Jahren einmal mehr die Jurisdiktionsgewalt des Papstes in Frage gestellt hatte. Erst vor diesem Hintergrund werde die scharfe Kritik Jacobis an den seit den 1760er Jahren prominent werdenden Formen materialistischer Aufklärung deutlich.

GIDEON STIENING (Münster) versucht in seinem Beitrag sowohl unterschiedliche ideen- als auch sozialgeschichtliche Kontexte und deren durch den Text Jacobis hergestellten Zusammenhang zu rekonstruieren. Stiening unterscheidet dafür Ideen und Realien, die die unmittelbare epistemische Situation um 1780 beherrschen, wie beispielsweise eine Debatte über die Volkssouveränität sowie die seit 1780 zu beobachtenden Reformprozesse Josephs II., die von europäischen Intellektuellen aufs genauste beobachtet wurden, von strukturgeschichtlichen Bedingungen, die längerfristige Entwicklungen in der politischen

Theorie und der soziopolitischen Realität betreffen. Erst diese Zusammenhänge erlaubten zu erkennen, dass Jacobi die säkulare Aufklärung für den als aufklärerischen Despotismus interpretierten Josephinismus verantwortlich macht.

JENS OLE SCHNEIDER (Jena) und Matthias Löwe gestalten die übergreifende Fragestellung an ausgewählten Beispielen des 19. Jahrhunderts. So zeigt Schneider in einer minutiösen Interpretation von Gustav Freytags *Soll und Haben*, dass die in dem Roman kultivierte und propagierte Vorstellung von Bürgerlichkeit keineswegs eine soziale Realität abbildet, sondern »eine semantische Größe, die den Versuch der Bewältigung der Moderne darstellt«, mithin weltanschaulichen Charakter hat. Dabei zeigt sich allerdings, dass dieses Bewältigungskonzept vielfältige Realisationsmöglichkeiten enthält und zudem Erosionsprozessen in psychologischer und ethischer Hinsicht ausgesetzt ist, die zu neuen Bewältigungsformen drängen.

Wie viele andere Beiträger des Bandes verwahrt sich auch MATTHIAS LÖWE (Jena) zu Beginn seiner Überlegungen gegen Insinuationen, die mit dem Titel *Nach der Kulturgeschichte* verbunden werden könnten, nach dem die Kulturwissenschaften ihrem Ende zugingen oder auch nur gehen sollten. Gegen diese Anmutung hält Löwe vielmehr fest, dass es bei aller kulturwissenschaftlichen Praxis literarische Texte gibt, für die eine ideengeschichtliche Kontextualisierung unerlässlich sei. Zum Nachweis dieser These entscheidet sich Löwe für ein bestimmtes Konzept von Ideengeschichte, nämlich für die *intellectual history*, die es ermögliche, spezifische ›Ideen‹ als Denkmotive, theoretische Gesten oder sedimentierte Grundannahmen zu formulieren und deren literarische Reflexion zu erkunden. Am Beispiel der *Elektra* Hugo von Hofmannsthals und deren Gestaltung der Idee ›Décadence‹ wird diese ambitionierte methodische Anordnung differenziert durchgeführt.

HELMUTH KIESEL (Heidelberg) dokumentiert und begründet in seinem fulminanten Überblick über die Prozesse der Politisierung der Literatur während der Weimarer Republik, dass es Phasen in der Geschichte der deutschen Literatur gibt, die ohne gesellschaftsgeschichtliche Kontextualisierung nicht auskommen. Dabei macht Kiesel jedoch deutlich, dass die dominanten Vorgänge jener Politisierung der Literatur seit der Jahrhundertwende nicht verdecken können, dass es auch dezidierte Gegenbewegungen gab, die sich einer soziopolitischen Funktionalisierung ihrer Dichtung verweigerten. An Kurt Tucholskys *Schloß Gripsholm*, Ernst Jüngers *Arbeiter*, Hans Grimms *Volk ohne Raum*, Thomas Manns *Zauberberg* sowie René Schickeles *Witwe Bosca* zeigt Kiesel anschaulich, welche Formen und Inhalte jene spezifische Politisierung auszeichneten, die dann ab 1933 weitgehend zerstört wurden. Kiesel legt zudem großen Wert auf die Beantwortung der Frage, dass und wie die Geschichtsschreibung politischer Literatur mit dem Wertungsproblem umzugehen habe. Abschließend kann Kiesel folglich festhalten:

»Alles in allem sah und sehe ich zu einer gesellschaftsgeschichtlich fundierten Literaturgeschichte, zu welcher geistes- und kulturgeschichtliche Aspekte *per se* gehören, keine Alternative.«

JOACHIM JACOB (Gießen) ist dieser Position gegenüber skeptisch. Nach einer eingehenden Auseinandersetzung mit dem Begriff des Kontextes bzw. der Prozesse der Kontextbildung, die zu dem Ergebnis kommt, dass die Suche nach plausiblen Kontexten eine Aufgabe der interpretierenden Praxis sei, die sich letztlich nicht systematisieren lasse, dokumentiert Jacob in einer differenzierten Interpretation der *Buckower Elegien* Bertolt Brechts, dass es literarische Texte gibt, die sich sowohl einer ideen- als auch einer sozialgeschichtlichen Kontextualisierung entziehen. Alle Versuche nämlich beispielsweise das Gedicht *Der Rauch* an sozioökonomische Entwicklungen oder politsituative Ereignisse (17. Juni) zu binden, müssten scheitern, so dass sich eine literarische Interpretation auch durch unplausible Kontextzurückweisungen realisieren könne und müsse – unbenommen der Prämisse einer grundsätzlichen Unendlichkeit möglicher Kontextualisierungen.

OLIVER BACH (München) zeigt demgegenüber an einer eingehenden Interpretation von Thomas Lehrs Roman *42*, dass es auch Texte der Gegenwartsliteratur gibt, für deren Verständnis einerseits ideen- und andererseits sozialgeschichtliche Kontexte dergestalt zu berücksichtigen sind, dass sie zunächst je unabhängig voneinander zu rekonstruieren sind, um sie anschließend in ihrem durch den Text hergestellten Zusammenhang zu erfassen. So zeigt Bach, dass Lehrs Roman sowohl wissenschaftspolitische als auch politiktheoriegeschichtliche Gehalte reflektiert, deren diskursiver Zusammenhang allererst hergestellt werden muss. Resümierend hält Bach fest: »Es bedarf beider Perspektiven, weil eine literarische Handlung ohne sozialgeschichtlichen Kontext gegenstandslos, ohne ideengeschichtlichen Kontext ziellos wäre.«

***

Abschließend danken wir herzlich den vielen Kolleginnen und Kollegen sowie den Institutionen, die die Tagung und den Band ermöglicht haben. Die Fritz Thyssen Stiftung hat die Tagung in der Villa Vigoni großzügig gefördert – durch die Pandemie und die mit ihr verbundenen Einschränkungen wirkt die Erinnerung an den intensiven und konzentrierten Austausch in Loveno di Menaggio besonders deutlich nach. Die Planung und Abrechnung der Tagung wurde an der Universität Bielefeld umsichtig von Gabriela Strob betreut. Bei der Einrichtung des Bands und der Korrektur der Fahnen waren uns die Adleraugen von Pia Werner eine unverzichtbare Unterstützung. Pia Werner hat gemeinsam mit Ruben Herrmann auch das Register erstellt. Der Verlag de Gruyter und in ihm besonders Julie Miess und Robert Forke haben unser Vorhaben unterstützt, im erforderlichen Maße auf die Einhaltung von Fristen gedrängt und die *open access*-Stellung ermöglicht. Von den ersten Gesprächen bis zur Vertragsunterzeichnung hat Jacob Klingner das Projekt betreut, dessen Abschluss er – wie soviel anderes Wichtigeres mehr – nicht mehr erleben konnte. Der Erinnerung an ihn sei dieser Band gewidmet.

Bielefeld und Münster, im Juli 2021
Maximilian Benz und Gideon Stiening

I Grundlegung

Andreas Kablitz
Die Geburt der Kulturwissenschaft aus dem Geist des *linguistic turn*
Überlegungen zu ihrem genealogischen Zusammenhang

Hans-Martin Gauger zum 85. Geburtstag

Das Anliegen dieses Artikels besteht darin, die allgemeinen Implikationen dessen zu rekonstruieren, was der Terminus *Kulturwissenschaft* besagt. Ich werde mich deshalb sehr viel weniger um ihre durchaus vielfältigen Erscheinungsformen kümmern, sondern meine Aufmerksamkeit vor allem auf das richten, was ihre Varianten miteinander verbindet. Aus diesem Grund werde ich mich im Besonderen um eine Erklärung bemühen, warum es aufgrund der Entwicklung der Geisteswissenschaften – und vornehmlich derjenigen der Literaturwissenschaft(en) – zur Entstehung einer Kulturwissenschaft überhaupt kam.

Zunächst jedoch seien ein paar Bemerkungen zum vieldeutigen Begriff der Kulturwissenschaft selbst – genauer gesagt zu seinem Numerus – vorausgeschickt.[1] Setzt man ihn in den Plural und spricht von *Kulturwissenschaften*, dann tritt dieser Terminus an die Stelle der traditionellen Bezeichnung *Geisteswissenschaften*. So trägt die Sektion 28 der *Deutschen Nationalakademie Leopoldina*, die neben den Theologien, der Jurisprudenz und einigen Sozialwissenschaften den gesamten Fächerkanon der ehemaligen Philosophischen Fakultäten versammelt, die Denomination *Kulturwissenschaften*. Im Fall eines solchen Begriffsgebrauchs in der Mehrzahl signalisiert der Terminus vor allem ein verändertes methodisches Bewußtsein. Die mit ihm verbundene Abgrenzung gegenüber der herkömmlichen Nomenklatur und gleichzeitige Annäherung von Kultur- und Naturwissenschaften hat nicht zuletzt eine methodische Affinität zwischen den traditionell eher zueinander in einen Gegensatz gestellten Wissenschaftskulturen zu signalisieren. Sie gibt im Besonderen zu verstehen, daß auch die wissenschaftliche Beschäftigung mit den Erzeugnissen des Menschen eines empirischen Zugangs zu ihnen bedarf.

Die herkömmliche Auffassung der Geisteswissenschaften und ihre Abgrenzung gegenüber den Naturwissenschaften läßt sich noch immer recht genau

---

1 Vgl. hierzu auch Hartmut Böhme: Was ist Kulturwissenschaft? (https://www.kuwi.europa-uni.de/de/lehrstuhl/sw/sw2/lehre/0809/Einfuehrung_in_die_Kulturwissenschaften/tutorium/Literatur1/boehme.pdf).

Andreas Kablitz, Köln

Open Access. © 2022 Andreas Kablitz, publiziert von De Gruyter. Dieses Werk ist lizenziert unter einer Creative Commons Namensnennung 4.0 International Lizenz.
https://doi.org/10.1515/9783110667004-002

mit Diltheys berühmt gewordener Unterscheidung zwischen zwei verschiedenen Formen des Zugriffs auf ihren jeweiligen Gegenstand der Erkenntnis, vermittels seiner Differenzierung zwischen ›Erklären‹ und ›Verstehen‹ erfassen. Den Geisteswissenschaften ist, folgt man den konzeptuellen Implikationen dieses deutlich hegelianisch konnotierten Begriffs im strengeren Sinne seiner Semantik, eine kategoriale Trennung zwischen dem Subjekt der Erkenntnis und seinem Gegenstand fremd. Wo von den entsprechenden Disziplinen in einem so verstandenen Sinn die Rede ist, begreift man ihr Geschäft wesentlich als eine Selbsterkundung des Geistes: Er hat – und weiß – sich in seinen verschiedenen kulturellen Entäußerungen stets wiederzuentdecken. (Wollte man ein theoretisches Modell für diese Selbstentäußerung des Geistes in der Tradition der Philosophie aufsuchen, so gibt es eine Reihe von Gemeinsamkeiten mit einem neuplatonischen Emanationsmodell zu bemerken.) Erkenntnis bedeutet unter diesen Voraussetzungen einen sympathetischen Nachvollzug fremden Erlebnisses, eben ein *Verstehen* (wobei der Wortsinn dieses Begriffs seiner geläufigen Bedeutung fast entgegenzustehen scheint):

> Es gibt da keine hypothetischen Annahmen, welche dem Gegebenen etwas unterlegen. Denn das Verstehen dringt in die fremden Lebensäußerungen durch eine Transposition aus der Fülle eigener Erlebnisse.[2]

Es lohnt sich, einen Augenblick bei der durchaus suggestiven Wortwahl, die Dilthey zum Zweck dieser Abgrenzung der Geistes- gegenüber den Naturwissenschaften vornimmt, zu verweilen. Sie stellt sich bei genauerer Betrachtung nämlich als ein ziemlich genaues Gegenstück zur weithin verbreiteten naturwissenschaftlichen Skepsis gegenüber der Verläßlichkeit geisteswissenschaftlicher Forschungsergebnisse dar. Diltheys Formulierungen ziehen durch ihre Konnotationen im Gegenzug stattdessen die Vertrauenswürdigkeit naturwissenschaftlicher Erkenntnisse ein Stück weit in Zweifel. Die Suggestion einer solchen Skepsis beginnt in den zitierten Zeilen mit seiner Charakteristik des Verfahrens wissenschaftlicher Hypothesenbildung. Dilthey spricht von »hypothetischen Annahmen«. Schon diese Wortfügung ist sprechend. Hypothesen sind – aus dem Griechischen ins Deutsche übersetzt – nichts anderes als Unterstellungen, und eben diesen Wortsinn bringt der Relativsatz zum Ausdruck, der besagt, daß derlei Annahmen, die »dem Gegebenen etwas *unterlegen*« (Hervorhebung A. K.), auch wenn er das semantisch freilich nicht sonderlich entfernte – aber mit einem moralischen Unterton behaftete – Verb ›unterstellen‹ vermeidet. Ebenso unterstreicht die Rede von einer – bloßen – Annahme, die die zur Unterlegung mutierte Un-

---

[2] Wilhelm Dilthey: Der Aufbau der geschichtlichen Welt in den Geisteswissenschaften. Frankfurt a.M. 1970, S. 140.

terstellung begleitet, den hypothetischen Charakter solcher Aussagen, indem sie sie ganz in die Perspektive des Erkenntnissubjekts hineinholt. Der stillschweigende Vorwurf, der daraus zu lesen ist, steckt mithin in einer Zuschreibung von Äußerlichkeit (und damit Unverbindlichkeit), die jeglicher Hypothese gegenüber dem, was sie erklären soll, zu eignen scheint. Im Unterschied dazu kennzeichnet Dilthey das Verstehen gerade durch die Betonung seines Eindringens in seinen Gegenstand. Bis in die Details seiner raffinierten Formulierungen arbeitet Dilthey an einer unausdrücklichen Abwertung naturwissenschaftlicher Aussagen. Ihrem Unverbindlichkeit signalisierenden Plural (»Es gibt da keine hypothetischen Annahmen«, was in etwa besagt: ›Es gibt nicht irgendwelche Annahmen‹), stellt er die Zuverlässigkeit eines mit dem bestimmten Artikel versehenen Verstehens gegenüber, bei dem der Vorgang der damit bezeichneten Erkenntnis vom Subjekt dieser Erkenntnis gar nicht mehr zu unterscheiden zu sein scheint. Denn logisch deutet die Erwähnung »eigener Erlebnisse« auf dieses Subjekt, grammatisch aber beziehen sie sich auf das Verstehen; und diese Überblendung von Logik und Grammatik läßt das Ich in seinem Verständnis des Anderen gleichsam aufgehen.

Eine Stütze findet Diltheys heimliche Absicherung des solchermaßen geschilderten kognitiven Vorgangs zudem im Rückgriff auf das Leben als dem allen gemeinsamen Urgrund jeglichen Verstehens. Dabei sollte man nicht übersehen, daß das Leben zugleich in Gestalt von Lebensäußerungen in Erscheinung tritt. Es arbeitet dem Verstehen schon vor, ja scheint im Verständnis durch einen Anderen nachgerade seine Bestimmung zu finden; denn Äußerungen sind stets an jemanden gerichtet. In Diltheys Rekurs auf das Leben steckt darüber hinaus eine implizite Beschreibung des Mechanismus, wie das Verstehen als ein »Sich in die Position des Anderen Begebens« funktionieren soll (und kann). Es ist im Grunde die Fülle eigener Erlebnisse, also letztlich die Fülle des Lebens selbst, die für eine solche »Transposition« die erforderlichen Voraussetzungen schafft. Im Reichtum des Lebens, in der Vielfalt seiner Manifestationen, scheint sich die Distanz zwischen dem Eigenen und dem Fremden, die ja auch Diltheys Worte keineswegs leugnen, überwinden zu lassen, als hielte dieses Leben eine Mannigfaltigkeit bereit, in der stets ein Ort der Begegnung mit dem Andersartigen zu finden wäre. Vermittels seiner zweifellos äußerst geschickt arrangierten Formulierungen spielt Dilthey auf die beschriebene Weise ein in den Wurzeln des Lebens selbst verankertes Verstehen gegen eine Erklärung aus, die an der bloßen Oberfläche verbleibt, ja mit von außen kommenden Unterstellungen operiert, die auch in der unschuldigeren sprachlichen Variante von Unterlegungen ihren pejorativen Duktus kaum einbüßen.

Die Literaturwissenschaftler kennen die Konsequenzen eines solchen methodischen Programms zur Genüge. Seine reinste Ausprägung hat es in ihrer Disziplin – die diesen Namen an dieser Stelle gewissermaßen programmatisch unterläuft – vermutlich im Postulat der *Einfühlung* – das man eine Methode nicht recht nennen mag – gefunden. Für lange Zeit schien es einen privilegierten Zugang zum Text der Lyrik zu garantieren. Seinen Kern bildet die Vorstellung von einer Aufhebung der epistemologischen Grenze zwischen Erkenntnissubjekt und -objekt, die auf eine Verschmelzung zwischen dem Produzenten und dem Rezipienten des Textes zielt. Mit seiner ostentativ antirationalen Stoßrichtung verspricht schon der Begriff der *Einfühlung*, durch emotionale Einstimmung die Grenzen überwinden zu können, die die Vernunft – der Epistemologie der Moderne zufolge – zwischen dem Ich und seiner Welt unweigerlich errichtet. Die solchermaßen verstandene Einfühlung bleibt übrigens keineswegs auf Artefakte begrenzt. Im Fall der Ereignisgeschichte etwa nimmt sie die Gestalt einer imaginären Verwandlung in den Akteur des historischen Geschehens an.

Ein entsprechendes Verfahren, das Objekterkenntnis mit dem imaginären Nachvollzug fremden Verhaltens identifiziert, ist uns allerdings längst fragwürdig geworden.

Im Grunde hat schon der Historismus gehörige Zweifel daran geweckt, daß sich die kulturelle Welt so bruchlos als die Selbstentfaltung des einen und mit sich selbst identischen Geistes über die Zeiten hinweg begreifen läßt – ganz zu schweigen von der Skepsis, die ein ethnologischer Blick auf die Kultur gegenüber einer solchen Konzeption zur Folge haben muß.[3] Und auch die Verschiebung der Möglichkeiten, Einsicht durch Einfühlung zu gewinnen, auf eine emotionale Basis hat mit dieser Verwandlung ihrer Voraussetzungen das Vertrauen in die Leistungsfähigkeit unvermittelter Erkenntnis kaum dauerhaft erhöhen können.

Die Relativierung der von Dilthey formulierten kognitiven Differenz zwischen Geistes- und Naturwissenschaften ist bekanntlich von verschiedenen Seiten betrieben worden. Gewirkt in diesem Sinn hat nicht zuletzt die wissenschaftstheoretische Diskussion, die – etwa im Gefolge Karl Poppers – die Theorieabhängigkeit jeder Empirie herausgestellt hat. Ebenso mehren sich in den Geisteswissenschaften selbst vor allem in der zweiten Hälfte des 20. Jahr-

---

[3] Wenn ich an dieser Stelle so vorsichtig formuliere, dann deshalb, weil auch ethnologische Konzeptionen keineswegs zwangsläufig eine gleichsam kommunitaristische Methodologie mit sich führen müssen. Eines der prominentesten Gegenbeispiele im 20. Jahrhundert bieten zweifellos Claude Lévi-Strauss' *Mythologiques*, die – aller strukturalistischen Ausdehnung zum Trotz – einen ausgesprochen hegelianischen Geist atmen.

hunderts kritische Stimmen gegen Diltheys methodologisches Programm, am entschiedensten vielleicht in der Konsequenz des Strukturalismus.

Aber auch innerhalb der Entwicklung der Hermeneutik läßt sich eine kritische Revision von Diltheys Position beobachten. Hans-Georg Gadamers lange einflußreiches Buch *Wahrheit und Methode* wird man in diesem Sinn als eine Umbesetzung des Verhältnisses zwischen dem Erkenntnissubjekt und seinem Gegenstand innerhalb der Koordinaten von Diltheys Epistemologie beschreiben können. Gadamers Begriff der Tradition nimmt sich nämlich wie eine Instanz der Vermittlung zwischen den beiden an jedem Erkenntnisprozeß beteiligten Entitäten aus: Tradition ist bei ihm zum einen das, was sie im wörtlichen Sinn bedeutet: Sie ist *Weitergabe* – Weitergabe dessen, was sich für eine Überlieferung lohnt (wobei er einen untrüglichen Sinn für eine stets gelingende Identifizierung des dafür Tauglichen vorauszusetzen und sogar die Selbstbezüglichkeit von solchen Verstetigungen auszuschließen scheint. Aber tradiert man nicht auch deshalb etwas, weil man es immer schon tradiert hat, obwohl der Gegenstand dieser Weitergabe inzwischen längst an Belang eingebüßt hat?).

Tradition aber meint zum anderen nicht allein den Vorgang, den das Verb *tradere* namhaft macht; sie schließt ebenso das Tradierte ein. Dieser doppelte Bezug des Traditionsbegriffs macht sie im gleichen Zug zu einem Instrument wie zu dem Ort der Vermittlung zwischen dem Erkenntnissubjekt und seinem Objekt. Deren Zusammenhang wird nicht mehr, wie bei Dilthey, durch eine imaginäre Verwandlung des Erkennenden in den Urheber des zu erkennenden Gegenstands bewerkstelligt. Sie wird vielmehr durch die Modalitäten einer Aneignung bewirkt. Mit einer solchen Aneignung aber kehrt sich die Perspektive gegenüber dem Verstehen um und markiert den Anteil des Subjekts an der Weitergabe des zu Tradierenden. Dabei ist der Begriff der Tradition selbst dazu geeignet, dieses Moment der Appropriation zu verdecken, erweckt er doch den Eindruck, als beschränke sich die Weitergabe durch das Subjekt auf den bloßen Vorgang eines Weiterreichens, das das Weitergegebene intakt beläßt. *De facto* aber setzt Gadamers Tradition die jeweilige Aneignung des Weiterzugebenden voraus, die eine stets erneute Anpassung an sich beständig wandelnde Voraussetzungen seiner Rezeption mit sich führt. Hier gibt es nicht mehr einen gemeinsamen Fundus von Erfahrungen, den die Fülle des Lebens bei Dilthey als Ermöglichungsgrund eines gelingenden Verstehens voraussetzt. Gadamer sieht sich im Gegenteil gerade mit dem Problem eines unablässigen Wandels von Verstehensvoraussetzungen konfrontiert. Deshalb stellt er auch die Prozeßhaftigkeit der Tradition heraus, die sie vom Vorgang des Verstehens bei Dilthey unterscheidet. Bei ihm spielt ein jedes Verstehen allein zwischen dem einen Subjekt und seiner Erkenntnis des Gegenstands. Jedes Verstehen setzt deshalb kein vorgängiges Verstehen desselben Objekts durch ein anderes Subjekt dieser Erkenntnis voraus. Alle Tradition spielt stattdessen immer schon in einer Serie von Weitergaben, die einer Folge von Veränderungen gleichkommt, die durch die sich ändernden Bedingungen des Verstehens erzwungen werden. Diltheys Eindringen in das Objekt des Verstehens ist deshalb in *Wahrheit und Methode* die Angleichung des zu verstehenden Objekts an die sich wandelnden Lebensumstände des Verstehenden gegenübergestellt.

Die Vermittlungsleistung der Tradition aber verlangt ihre Preise; denn sie verwischt die Grenze zwischen Aneignung und Angeeignetem. Da die Weitergabe des Tradierten zur Aufrechterhaltung der Tradition stets nach den Maßgaben des Subjekts dieser Weitergabe erfolgt, ändert sich Zug um Zug auch das Weitergegebene. (Dabei steckt in jedem Akt der Tradition im Grunde ein leises Paradox. Denn er betreibt die Aneignung in der Gegenwart im Blick auf die Weitergabe an eine Zukunft, in der sich die Bedingungen des Verständnisses – und möglicherweise sogar der Belang dessen, was sich überhaupt verstehen läßt – bereits wieder geändert haben werden. Alle Tradition kommt insoweit einem ungedeckten Wechsel auf die Zukunft gleich.) Die Überwindung der epistemologischen Grenze zwischen dem Erkenntnissubjekt und seinem Gegenstand ist in Gadamers *Wahrheit und Methode* um den Preis der Relativierung ihrer differentiellen Identität erkauft. Verständnis aber droht in der Konsequenz dieser Grenzverwischung letztlich durch eine Usurpation ersetzt zu werden, die jegliches Urteil über die Angemessenheit einer Aneignung in Zweifel zieht.[4]

So wird man fairerweise konzedieren müssen, daß sich der geläufige Gebrauch des Begriffs *Geisteswissenschaften* längst von den theoretischen Implikationen gelöst hat, die sein Wortsinn transportiert, und im Grunde kaum mehr betreibt, als den Gegenstandsbereich der mit ihm bezeichneten Disziplinen abzugrenzen.[5]

---

[4] Im Grunde fragt sich natürlich bereits im Blick auf Diltheys ›Einfühlung‹, ob sie nicht ihrerseits ein bloßes Programm bleibt, das *de facto* stets in das Postulat eines Nachvollzugs fremden Erlebnisses mündet. Da es an jedweder Kontrolle über den Erfolg der Einfühlung fehlt, bleibt nur die Behauptung ihres Gelingens übrig, die auf einem subjektiven Eindruck fußt.

[5] Auch dies gelingt freilich nicht in der wünschenswerten Trennschärfe. Fragen der Zuordnung bleiben im Blick auf bestimmte Disziplinen vor allem für das Verhältnis zu den Sozialwissenschaften offen. Solche Schwierigkeiten scheint der Begriff der Kulturwissenschaften vermeiden zu können. Aber ob sich die Ökonomen, die äußerst bedacht auf die empirische Basis ihrer Untersuchungen sind, sonderlich wohl in einem solchen Verbund fühlen, steht doch recht entschieden dahin. (Ganz abgesehen davon, ob sich in strengem Sinn dann nicht auch die Naturwissenschaften als Kulturwissenschaften zu begreifen hätten; denn schließlich ist auch ihr Konzept von Natur stets ein Produkt kultureller [Vor-]Entscheidungen.) Wie man sieht, eignet der Nomenklatur der Wissenschaften stets ein Moment des Aleatorischen. Völlige Kohärenz scheint hier, mit welcher Begrifflichkeit auch immer, kaum herzustellen zu sein.

In diesem Sinn verstanden, bildet das Aufkommen des Begriffs einer Kulturwissenschaft weit eher ein Symptom eines generellen Prozesses der Transformation der Geisteswissenschaften im 20. Jahrhundert, statt eine Revolution anzuzeigen und macht vor allem ein anti-hermeneutisches Konzept geltend. Ihr Anliegen ist es, das im Begriff der Geisteswissenschaften benannte Programm einer *Selbst*erkundung des menschlichen Geistes zu verabschieden. An die Stelle einer Selbstdeutung habe Objekterklärung zu treten. Das alte diltheysche Begriffspaar von *Verstehen* und *Erklären* erfaßt auch diesen Unterschied recht präzise. Nur dient es nun nicht mehr zur systematischen Differenzierung zwischen Geistes- und Naturwissenschaften, sondern zu einer historischen Unterscheidung von Geistes- und Kulturwissenschaften.

Ich will mich auf die Beziehung zwischen diesen beiden Begriffen hier nicht weitergehend einlassen. Allerdings scheinen sie mir weit weniger geeignet, jene methodologischen Differenzen angemessen zum Ausdruck zu bringen, für deren Gegenüberstellung Dilthey sie gewählt hat. Sie stellen, vom Wortsinn der beiden Begriffe her gedacht, ein kognitives Verfahren (›verstehen‹), einer kommunikativen Praxis (›erklären‹) gegenüber. Doch beides korreliert keineswegs eindeutig mit den von Dilthey Natur- und Geisteswissenschaften jeweils verordneten methodischen Programmen. Denn auch eine Deutung, sagen wir eines Gedichtes, ist eine Erklärung desselben, wie sich umgekehrt ein Kausalmechanismus eines natürlichen Vorgangs durchaus auch verstehen läßt. Der entscheidende Unter-

---

Ich beschränke mich darum bei meinen Überlegungen auch auf das Verhältnis zwischen den Begriffen »Kultur-« und »Geisteswissenschaften« und den mit ihnen verbundenen methodischen Implikationen. Dabei bleiben viele Fragen offen. So gälte es etwa zu klären, warum die Sozialwissenschaften, die sich mit überindividuellen kulturellen Formationen, aber gleichwohl kulturellen Hervorbringungen des Menschen beschäftigen, eine größere Affinität zu empirischen Verfahren als die hermeneutisch operierenden Geisteswissenschaften zu besitzen scheinen. Wären kollektive Institutionen, die sich nicht mehr einem letztlich dialogischen Verhältnis zwischen zwei Individuen subsumieren lassen, grundsätzlich für ein anderes methodisches Prozedere disponiert? Die Geschichte der Sozialwissenschaften spricht dagegen; denn eine empirisch basierte Soziologie ist, unter einem historischen Gesichtspunkt betrachtet, keineswegs alternativlos. Und wie verhält sich die vor allem im Französischen gebräuchliche, aber auch hierzulande keineswegs unvertraute Terminologie der *sciences humaines* oder Humanwissenschaften zu den hier aufgeworfenen Fragen? Sie weist gleichermaßen ihre Unschärfen auf. Denn vermittels ihres Gegenstands bestimmt, werden ihre Grenzen dort undeutlich, wo der Mensch selbst ins Zentrum des Erkenntnisses rückt. In welchem Maße wird man die Medizin zu ihrem Geltungsbereich ziehen müssen, und verläuft nicht gerade mitten durch die Psychologie eine solche Grenze? (Wie stünde es im Übrigen um die angelsächsischen *humanities*, die sich in jedenfalls terminologisch irritierender Weise als *arts and humanities* präsentieren und damit einen Wissenschaftsbereich bezeichnen so wie eine kulturelle Praxis, die zu dessen privilegierten Erkenntnisobjekten zählen darf.)

schied scheint sich deshalb zwischen einer Deutung und einer Messung abzuspielen, der maßgeblichen Einfluß auf die Zuverlässigkeit ihrer Ergebnisse, im Besonderen ihrer Regelmäßigkeitsannahmen hat. Verstehen wie Erklären, Deuten wie Messen aber stellen einen Rationalitätsgewinn dar. Und eben darin, in ihrer Rationalisierungsleistung, scheinen mir die Gemeinsamkeiten der verschiedenen wissenschaftlichen Verfahren zu bestehen.

Neben *den* Kulturwissenschaften gibt es die Kulturwissenschaft im Singular. *Sie* versteht sich zunächst als eine Überwindung der überkommenen disziplinären Aufteilung wissenschaftlicher Beschäftigung mit der Kultur in eine (zudem beständig zunehmende) Reihe verschiedener Fächer, deren erkenntnisbehindernde Grenzen sie beklagt. Indessen läßt sich in diesem Zusammenhang eine institutionelle Beobachtung machen, die in konzeptueller Hinsicht äußerst lehrreich ist. Wo sich nämlich ein Fach ›Kulturwissenschaft‹ mit eigenem Institut und eigenem Studiengang etabliert, befindet es sich vielfach in einem disziplinären Verbund mit vorzugsweise der Literaturwissenschaft und siedelt sich in Deutschland gern im Umfeld der Germanistik an.

Damit sind wir auch schon beim Kernanliegen dieses Beitrags angekommen. Ich möchte zu erklären versuchen, warum gerade die Philologien, die solche immer weniger sein möchten, ein vorrangiges Interesse an einer Kulturwissenschaft bekunden. Wenn denn die Überwindung tradierter Disziplinengrenzen bei der akademischen Erschließung der Kultur die eigentliche (oder zumindest primäre) Zielsetzung ihrer Begründung bildet (oder bildete), so wäre ein verhältnismäßig *gleichmäßig* verteilter Enthusiasmus für sie in den dereinst geisteswissenschaftlichen Fächern zu erwarten. Doch dem ist nicht so. Allen voran die Philologien und im Besonderen die verschiedenen Literaturwissenschaften haben sich zu inzwischen erheblichen disziplinären Anteilen einer kulturwissenschaftlichen Ausrichtung verschrieben, die sich längst auch institutionell etabliert hat und etwa in der Denomination von Professuren zum Ausdruck kommt. Warum aber ist das so?

Um meine zentrale These schon an dieser Stelle vorwegzunehmen: Die Ursache der kulturwissenschaftlichen Wende in der Literaturwissenschaft scheint mir eine Folge des sog. *linguistic turns* darzustellen;[6] und die daraus resultierende Kulturwissenschaft verwaltet in der Konsequenz ihres konzeptuellen Ursprungs das durchaus zwiespältige Erbe der mit diesem Begriff bezeichneten Veränderungen in den

---

[6] Das Aufkommen einer Kulturwissenschaft scheint mir insofern eher rezente Ursachen zu haben, Böhme: Was ist Kulturwissenschaft? (s. Anm. 1) verfolgt stattdessen die *longue durée* einer Kulturwissenschaft, deren Wurzeln er in einer semantischen Entwicklung des Kulturbegriffs angelegt sieht, den er seit der griechischen und römischen Antike zu rekonstruieren unternimmt.

Grundlagen unseres Denkens im 20. Jahrhundert ausgesprochen schlüssig. (Nur um einem Mißverständnis vorzubeugen: Ich beziehe mich mit meiner These ausschließlich auf jene Formen von Kulturwissenschaft, die eine erkennbare konzeptuelle Veränderung gegenüber der herkömmlichen Literaturwissenschaft mit sich führen. Nicht selten wird dieses Etikett durchaus überkommenen Verfahren aufgeklebt. Dies gilt etwa für motivgeschichtlich angelegte Arbeiten zur *gender*-Thematik oder welchem kulturwissenschaftlich relevanten Gegenstand auch immer. Und dies gilt ebenso für Applikationen von Kulturtheorien auf literarische Texte – also etwa der horrend mißverstandenen *thick description* von Clifford Geertz.[7] Eine solche Praxis schreibt nichts anderes als ein wohletabliertes hermeneutisches Verfahren fort, das freilich als ein solches nur zu gern verkannt wird, weil das thematische Interesse für die Kultur die Sicht für das methodische Procedere zu verstellen scheint. Doch ob man eine Kulturtheorie, Freuds Psychoanalyse oder Foucaults Diskursarchäologie auf einen Text in hermeneutischer Absicht anwendet, macht, wissenschaftssystematisch betrachtet, keinerlei Unterschied).

Worin aber besteht die angedeutete fundamentale Ambivalenz im zwiespältigen Erbe des *linguistic turns*?[8]

Sie läßt sich gleichsam als ein Pyrrhussieg der Sprache beschreiben. Wenn denn gilt, daß unser Zugang zur Wirklichkeit wesentlich, wo nicht ausschließlich, von der Sprache bestimmt ist, dann erfährt die Sprache zweifellos eine beträchtliche, ja immense Bedeutungssteigerung. Doch ein solcher Relevanzgewinn hat seine alles andere als nebensächlichen Preise. Denn er ist erkauft um einen *Substanz*verlust der Sprache. Wenn es sich nämlich so verhält, daß *sie* maßgeblich den Zugriff auf die Welt regelt, wer garantiert dann, daß die Sprache diese Welt nicht allererst formiert, wo nicht konstituiert – und damit unwiederbringlich das verspielt, was man traditionell als *die Wirklichkeit* verstanden hat? In den Prämissen des *linguistic turns* steckt insofern der Keim ontologischer Skepsis. *Hier* hat die gar nicht mehr enden wollende, ja sich stetig fortzeugende Rede von der Selbstreferenz der Sprache – einer Autoreflexivität, die in der Literatur

---

[7] Dieses fundamentale Mißverständnis seines Ansatzes gründet zu erheblichen Teilen darauf, daß man *thick description* für einen un-, wo nicht anti-hermeneutischen Zugriff auf literarische Texte in Anspruch hat nehmen wollen, während diese Formel bei Geertz selbst als Gegenbegriff zu einer *thin description* gerade den hermeneutischen Zusatz gegenüber einer *bloßen* Beschreibung markiert. Schon der Wortlaut der einschlägigen Kapitelüberschrift *Thick Description. Toward an Interpretive Theory of Culture* (Clifford Geertz: The Interpretation of Cultures. Selected Essays. With a foreword by Robert Darnton. New York 2017, S. 3) sollte in dieser Hinsicht allerdings hellhörig machen (vgl. hierzu des Näheren Kablitz: Die Sprachlichkeit des Textes. Vom Nutzen und Nachteil seiner Metaphorisierung und von deren Ursachen. In: POETICA 48 (2016), S. 169–200).
[8] Zum Verständnis dieses Begriffs siehe unten Anm. 19.

ihre Selbstoffenbarung (wie -vollendung) betreibe – einen wesentlichen Ursprung. Denn wo die Sprache auf keine ihr äußerliche Größe verweisen kann, bleibt ihr letztlich nur noch die Selbstbezüglichkeit.

Die Bestimmung literarischer Rede zur Aufklärungsarbeit, ihre Beanspruchung für eine Aufdeckung der realistischen Illusionen, die die Sprache produziert, ist vor allem ein Anliegen Paul de Mans. Bei ihm läßt sich sehr präzise verfolgen, wie das Prinzip der Selbstreflexivität mit dem Postulat ontologischer Grundlosigkeit der Sprache einhergeht.

Seinen Ausgangspunkt bildet der Befund einer grundsätzlichen Unzulänglichkeit der Grammatik für die Dekodierung sprachlicher Äußerungen, die ihr eine nicht aufzulösende Marge der Unbestimmtheit *(indetermination)* belasse:

> [...] the grammatical decoding of a text leaves a residue of indetermination that has to be, but cannot be, resolved by grammatical means, however extensively conceived.[9]

Diese Unbestimmtheit, alias Polysemie, aller Rede trete nun in besonderer Weise in der Literatur zutage:

> [...] literature is not a transparent message in which it can be taken for granted that the distinction between the message and the means of communication is clearly established.[10]

Es ist eine Beschreibung literarischer Selbstreflexivität, die auch mit diesen Worten stattfindet. Denn die dabei diagnostizierte mangelnde Unterscheidbarkeit von Botschaft und Medium besagt genau dies: Wenn die Botschaft der Rede sich nicht recht von den medialen Verfahren ihrer Produktion separieren läßt, dann wird sie unweigerlich selbstbezüglich.

Für die weiteren Folgerungen, die de Man daraus ableiten wird, ist es nicht unerheblich, daß sich *sein* Konzept literarischer Selbstbezüglichkeit in einem wesentlichen Punkt von Roman Jakobsons berühmter Definition poetischer Autoreflexivität, die die Karriere dieses Begriffs in der Literaturwissenschaft weithin begründet hat, deutlich unterscheidet. In seinem epochemachenden Aufsatz *Linguistics and Poetics* bestimmt er die *poetic function* der Sprache bekanntlich wie folgt:

> The set *(Einstellung)* toward the message as such, focus on the message as such, is the POETIC function of language.[11]

---

9 Paul de Man: The Resistance to Theory. In: Ders.: The Resistance to Theory. Foreword by Wlad Godzich. Manchester 1986, S. 3–20, hier S. 15.
10 Ebd., S. 15.
11 Roman Jakobson: Linguistics and Poetics. In: Style and Language. Hg. von Thomas A. Sebeok. Cambridge 1960, S. 350–377, hier S. 356.

Während Jakobson die Selbstbezüglichkeit der Botschaft zum fundierenden Merkmal poetischer Autoreflexivität erklärt, ist es bei de Man die Unmöglichkeit einer Unterscheidung zwischen Botschaft und Medium. Dieser Unterschied ist durchaus folgenreich. Der von de Man reklamierte Verweis literarischer Rede auf das Medium als solches amalgamiert nämlich zwei der Sprachfunktionen, zwischen denen Jakobson deutlich unterschieden hatte: die poetische und die metasprachliche Funktion. Wenn de Man sie hingegen bis zur Ununterscheidbarkeit miteinander vermischt, so scheint ihre Verquickung ihm einen bestimmten und offensichtlich durchaus erwünschten argumentativen Vorteil zu verschaffen: Sie bereitet seiner ontologischen Inanspruchnahme der Literatur das Terrain:

> Literature is fiction not because it somehow refuses to acknowledge ›reality‹, but because it is not *a priori* certain that language functions according to principles which are those, or which are *like* those, of the phenomenal world.[12]

Genau dies benennt die ontologische Wende der Argumentation: Wenn Literatur fiktiv ist, dann deshalb, weil nicht gewiß sein kann, daß die Prinzipien der Sprache denjenigen der Wirklichkeit korrespondieren.

Wir sollten nicht übersehen, welcher sprachlichen Mittel es bedarf, um diese Wende auf den Weg zu bringen. Sie stecken in de Mans Darstellung – oder besser: in seiner Aufbereitung – des üblichen Verständnisses von literarischer Fiktion. Denn er sagt ja nicht etwa, diese Auffassung bestünde darin, daß Literatur etwas Nicht-Wirkliches zum Gegenstand habe. Vielmehr erscheint das betreffende Verständnis bei ihm als eine Verweigerung der Anerkenntnis von Realität *(it somehow refuses to acknowledge ›reality‹)*. Auf diese Weise wird eine zeichenhafte Relation in eine kognitive Beziehung, präziser noch gesagt: in eine ontologische Haltung umgedeutet. Der Verweis auf etwas nicht Faktisches wandelt sich unter der Hand zu einer Zurückweisung der Wirklichkeit, und diese Transformation ermöglicht es de Man im Anschluß, *sein* Konzept literarischer Fiktion im Gegenzug als eine Aufdeckung der Illusionen sprachlich generierter Wirklichkeitsvorstellungen zu präsentieren.

Um sein Ziel erreichen zu können, um die semiotische Selbstreflexivität in ontologische Aufklärung umwidmen zu können, braucht de Man mithin einige sprachliche Winkelzüge, die die Voraussetzungen dafür erst schaffen, aber dessen Plausibilität nicht unbedingt erhöhen. Denn eben dies *ist* sein Vorhaben: Die Literatur soll zum Herold einer ontologischen Grundlosigkeit avancieren, die andernorts – in anthropologischer Zurichtung – ein noch drastischeres Profil gewinnt:

---

12 De Man: Resistance to Theory (s. Anm. 9), S. 11.

> Here the human self has experienced the void within itself and the invented fiction, far from filling the void, asserts itself as pure nothingness, our nothingness stated and restated by a subject, that is the agent of its own instability.[13]

Steht der ontologische Vorbehalt in *Resistance to Theory* noch im Zeichen der Ungewißheit über eine ontologische Grundlage sprachlicher Verfahren, so scheint hier die Gewißheit aller metaphysischen Gewißheit ganz ungebrochen zu sein.

Mobilisiert Paul de Man die Selbstreflexivität poetischer Rede also für einen Feldzug gegen alle der Sprache unterstellten ontologischen Ansprüche, so scheint Jakobsons Bestimmung der poetischen Funktion frei von derlei anti-metaphysischen Prätentionen zu sein. Indessen scheint sich in seinem Fall die Autoreflexivität der Literatur im Zeichen einer anderen Kategorie zu formieren: Sie nimmt sich wie eine semiotische Reinterpretation der aus der philosophischen Ästhetik stammenden Kategorie der Autonomie aus – einer ästhetiktheoretischen Variante der Kategorie der Freiheit. Sie hält gleichsam die Wirklichkeit auf Distanz zum Zweck einer ästhetischen Selbstverwirklichung des Subjekts (der Kunst), das sich durch sie von den Notwendigkeiten der Natur zu lösen vermag. Paul de Man also überführt mit seiner Umwidmung der Selbstbezüglichkeit der Literatur ästhetische Distanzierung von der Wirklichkeit in eine kognitive Funktion: in das aufklärerische Programm einer Entlarvung der Nichtigkeit aller Wirklichkeit. Allerdings wird man vielleicht nicht fehlgehen, auch diese ontologische Umdeutung poetischer Selbstbezüglichkeit als eine Vollendung ästhetischer Freiheitsansprüche des Menschen zu begreifen.

Aus disziplinengeschichtlicher Sicht betrachtet, bildet die Kulturwissenschaft m. E. übrigens so etwas wie das Gegenstück zur Stilistik der ersten Hälfte des 20. Jahrhunderts. Bei Auerbach wie bei Spitzer, um zwei der Großen meines eigenen Faches zu nennen, bildet die Besonderheit, die sich in einem bestimmten Stil des Sprachgebrauchs manifestiert, die Abweichung vom Üblichen. Der *écart*, wie die französische stiltheoretische Bezeichnung lautet, liefert den Schlüssel zum Verständnis des Textes. Er gewährt Einblick in die Weltanschauung, die ihm zugrunde liegt,[14] wie in die Umstände, die ihn hervorgebracht haben.[15] Bezeichnenderweise – und ganz unaristotelisch, aber zugleich zutiefst

---

13 Paul de Man: Blindness and Insight. Essays in the Rhetoric of Contemporary Criticism. Introduction by Wlad Godzich. Minneapolis ²1983, S. 18.

14 Das Paradebeispiel dafür bietet noch immer Erich Auerbach: Mimesis. Dargestellte Wirklichkeit in der abendländischen Literatur. Bern 1946.

15 Siehe etwa Spitzers Studie zu Rabelais, die aus seiner Kölner Antrittsvorlesung von 1930 hervorgegangen ist und in der er aus dem Stil dieses Autors die Merkmale von dessen Kreativität herausliest: Leo Spitzer: Zur Auffassung Rabelais'. In: Ders.: Romanische Stil- und Literaturstudien I. Marburg 1931, S. 109–134.

romantisch – eröffnet dort das Individuelle und nicht etwa das Allgemeine den Zugang zur eigentlichen Wirklichkeit. Aber eben zu *ihr* – und nicht etwa nur zu ihrer bloß sprachlich hervorgebrachten Schimäre – führt die signifikante, weil deviante Sprache.

Es wäre wissenschaftshistorisch womöglich ein aussichts- und aufschlußreiches Unternehmen, der Frage nachzugehen, ob ein solches Verständnis des vom Üblichen abweichenden Sprachgebrauchs als eines Schlüssels zur Welt womöglich schon jener generellen Sprachskepsis vorarbeitet, die sich dann im späteren 20. Jahrhundert der Philologien – und vor allem ihres literaturwissenschaftlichen Teils – bemächtigen wird. (Es liegt auf der Hand, daß dieser Spur des Näheren nachzugehen sich im Rahmen des vorliegenden Artikels verbietet.)

Eine solche Untersuchung hätte selbstredend über die Stilistik hinaus weitere theoretische Modelle einzubeziehen, die Momente der Negativität zum zentralen Merkmal literarischer Rede machen, im Besonderen das von den *Russischen Formalisten* entwickelte Konzept der *Verfremdung*. Im Rahmen ihrer Theoriebildung erscheint die Verfremdung wesentlich als ein literarisches *Verfahren* (приём), wie der *terminus technicus* lautet: als ein technisches Mittel der Aufmerksamkeitslenkung, die das *Gemachtsein* des literarischen Werkes als dessen Essenz zu erkennen geben soll:

> Ziel der Kunst ist es, ein Empfinden des Gegenstands zu vermitteln, als Sehen, und nicht als Wiedererkennen; das Verfahren der Kunst ist das Verfahren der ›Verfremdung‹ der Dinge und das Verfahren der erschwerten Form, ein Verfahren, das die Schwierigkeit und Länge der Wahrnehmung steigert, denn der Wahrnehmungsprozeß ist in der Kunst Selbstzweck und muß verlängert werden; die Kunst ist ein Mittel, das Machen einer Sache zu erleben; das Gemachte hingegen ist in der Kunst unwichtig.[16]

So überraschend die Übereinstimmung auf den ersten Blick erscheinen mag, hält man die betreffenden Paradigmen jedoch gemeinhin für Antipoden, aber in dieser Betonung des Prozesses der Wahrnehmung, die zu erwecken das Ziel der Rezeption eines literarischen Werkes darstellt und die den Sinn für das Gemachtsein des literarischen Werkes befördern soll, steckt durchaus eine Gemeinsamkeit mit Diltheys Hermeneutik, die das Erlebnis des Kunstwerks als

---

[16] Viktor Šklovskij: Die Kunst als Verfahren. In: Texte der russischen Formalisten, Band I, Texte zur allgemeinen Literaturtheorie und zur Theorie der Prosa. Hg. von Jurij Striedter. München 1969, S. 2–35, hier S. 15. »Целью искусства является дать ощущение вещи как видение, а не как узнавание; приемом искусства является прием «остранения» вещей и прием затрудненной формы, увеличивающий трудность и долготу восприятия, так как воспринимательный процесс в искусстве самоцелен и должен быть продлен; искусство есть способ пережить деланье вещи, а сделанное в искусстве не важно« (Viktor Shklovskii, »Iskustvo, kak priem«. In: O teorii prozy. Moskau 1929, S. 5–23, hier S. 13).

einen Nachvollzug der Umstände seiner Entstehung begreifen lehrt: Hier wie dort ist eine Marginalisierung des Produkts – des Werkes – zugunsten seiner Produktion zu beobachten.

Im Unterschied zu Dilthey aber fassen die *Russischen Formalisten* diese Akzentuierung der Produktion in Kategorien der Negativität (während Dilthey sie im *transcendentale* des Lebens und seiner Fülle aufzuheben versucht). Erkenntnisfördernd ist für die Formalisten hingegen die Abweichung selbst – die Differenz gegenüber dem Vertrauten, die auf keine Fixierung dieses Unterschieds hinausläuft. Denn die Kunst ist für sie *als solche* eine Einrichtung permanenter Verfremdung, die insofern nur den unabschließbaren Prozeß der Verfremdung selbst zur Voraussetzung wie zum Ziel hat. Diese Verfremdung aber zielt über die Kunst hinaus, betreibt sie doch die Verfremdung der *Dinge*. Im ästhetiktheoretischen Konzept der Verfremdung steckt insofern insgeheim eine negative Ontologie, die von poststrukturaler Sprach- wie Literaturtheorie letztlich nicht sehr weit entfernt ist.

Es lohnt, für einen Augenblick die epistemologischen Voraussetzungen des *linguistic turns* selbst etwas näher zu bedenken. Denn sie können helfen, die Bedeutung zu verstehen, die er für das Verständnis der Sprache im Denken der Moderne besitzt. Im Grunde bringt er nämlich etwas zu Bewußtsein, was je schon im Nachdenken über das Denken, anders gesagt, in der Philosophie angelegt war. Auch Platons Ideen basieren im Grunde ja auf Begriffen – auf Begriffen, die durch die Aufnahme ins Reich der Ideen, gleichsam einer metaphysischen Himmelfahrt, mit ontologischer Substanz ausgestattet werden. Aber geboren sind sie aus der Sprache, an deren Leitfaden sich die Selbstreflexion des Denkens entwickelt.

Seinem Selbstverständnis nach erklärt das Denken die Sprache zu seinem Instrument und begreift sie als ein bloßes Hilfsmittel seiner Selbstverständigung. Der Logos selbst ist insofern als sprachunabhängig gedacht; er bedient sich der Sprache nur für diese Selbstverständigung wie gleichermaßen für die Mitteilung seiner Einsichten an andere. Und wie eng beides zusammengehört, belegt ja schon der Rang der Gattung des Dialogs für Platons philosophische Schriften, in dem Gespräch und Selbstreflexion bis zur Ununterscheidbarkeit ineinander verwoben sind.[17] Insofern besteht der sog. *linguistic turn* auch in

---

17 Ein besonders prägnanter Beleg für die Annahme einer grundsätzlichen Vorgängigkeit des Logos gegenüber aller Sprache findet sich in der christlichen Aneignung wie Umdeutung des antiken Logos. Augustinus hat ihr im letzten Buch seines Werks *De trinitate* mit der Unterscheidung zwischen dem inneren und dem äußeren Wort nicht nur eine präzise begriffliche Gestalt gegeben, er hat die Relation zwischen beiden Erscheinungsformen des Wortes zudem theologisch ausspekuliert und macht gerade dadurch den ontologischen Status des Logos der

einem Stück Selbstaufklärung der Philosophie. (Der Begriff der ›Selbstaufklärung‹ ist womöglich dazu angetan Verwirrung zu stiften, könnte er doch den

---

Sprache kenntlich. Die Sprachunabhängigkeit des Denkens ergibt sich für den Kirchenvater schon allein aufgrund seiner Auffassung, daß das innere Wort nicht nur jeder Einzelsprache vorauflicge, sondern auch durch die Zuordnung wechselnder Lautkörper (oder anderer als akustischer Zeichen) seine stets gleiche Identität bewahre. Einzig die Umstände einer Mitteilung scheinen dazu zu zwingen, dem inneren Wort einen materiellen Träger hinzuzufügen: »Necesse est enim cum verum loquimur, id est quod scimus loquimur, ex ipsa scientia quam memoria tenemus nascatur verbum quod eiusmodi sit omnino cuiusmodi est illa scientia de qua nascitur. Formata quippe cogitatio ab ea re quam scimus verbum est quo in corde dicimus, quod nec graecum est, nec latinum, nec linguae alicuius alterius; sed cum id opus est in eorum quibus loquimur perferre notitiam, aliquod signum quo significetur assumitur. Et plerumque sonus, aliquando etiam nutus, ille auribus, ille oculis exhibetur, ut per signa corporalia etiam corporis sensibus verbum quod mente gerimus innotescat. Nam et innuere quid est, nisi quodam modo visibiliter dicere? (Augustinus: De trinitate, XV, 10, 19, hier zitiert nach: CCSL 50A, S. 486)« [»Wenn wir etwas Wahres sagen, d. h. etwas, das wir wissen, dann ist es notwendig, daß ein Wort aus dem Wissen, das wir im Gedächtnis festhalten, entsteht, das gänzlich von derselben Art ist wie das Wissen, aus dem es stammt. Das Denken der Sache, die wir wissen, ist nämlich das Wort, das wir im Herzen sprechen, das weder griechisch noch lateinisch ist und auch keiner anderen Sprache angehört. Aber weil es erforderlich ist, denen, zu denen wir sprechen, Kenntnis davon zu geben, greifen wir auf (irgend)ein Zeichen zurück, mit dessen Hilfe es bezeichnet wird. Zumeist ist dieses Zeichen ein Laut, mitunter auch eine Geste, ersterer richtet sich an die Ohren, letztere an die Augen, damit durch körperliche Zeichen auch den körperlichen Sinnen kundgetan werde, was wir in unserem Geist tragen. Denn was anderes ist es denn, eine Geste auszuführen, als in sichtbarer Weise etwas zu sagen?«] Augustins luzide Erkenntnis, daß die Sprache nicht des Lautes bedarf, sondern sich ebenso optischer Zeichen bedienen kann, markiert die Arbitrarität der *signifiants*, die für ihn freilich eine ganz andere Ursache als im *Cours de linguistique générale* besitzt. Bei Saussure resultiert die Arbitrarität des sprachlichen Zeichens aus der bloßen Funktionalität des Zusammenhangs von Signifikant und Signifikat, deren Begrifflichkeit allein schon ihre Interdependenz markiert. Für Augustinus ist die Arbitrarität der *signifiants* – eine doppelte Arbitrarität, die sich sowohl auf die einzelsprachliche Unterschiedlichkeit der Laute wie die mediale Variabilität des materiellen Zeichenträgers bezieht – hingegen eine Konsequenz der metaphysischen Stabilität des inneren Wortes, das allein um der Umstände einer Kommunikation willen nach einem körperlichen Ausdruck verlangt. Nur ein solchermaßen ontologisch stabiles inneres Wort aber erlaubt es, seine Beziehung zum körperlichen Wort der materiellen Kommunikation in Kategorien der Inkarnation zu denken: »Proinde verbum quod foris sonat, signum est verbi quod intus lucet, cui magis verbi competit nomen. nam illud quod profertur carnis ore, vox verbi est: verbumque et ipsum dicitur, propter illud a quo ut foris appareret assumptum est. Ita enim verbum nostrum vox quodam modo corporis fit, assumendo eam in qua manifestetur sensibus hominum; sicut Verbum Dei caro factum est, assumendo eam in qua et ipsum manifestaretur sensibus hominum. Et sicut verbum nostrum fit vox, nec mutatur in vocem: ita Verbum Dei caro quidem factum est, sed absit ut mutaretur in carnem. Assumendo quippe illam, non in eam se consumendo, et hoc nostrum vox fit, et illud caro factum est« (Augustinus: De trinitate, XV,11.20; CCSL 50A, S. 486f.). [»Deshalb ist das Wort, das außen erklingt, ein Zeichen des Wortes,

Eindruck erwecken, als sei die im Zuge der Postulate des *linguistic turns* gewachsene metaphysische Skepsis ontologisch *wahrer* als die überkommene Metaphysik. Doch dem ist nicht so. Die Einsicht in einen intrinsischen Zusammenhang von Sprache und Denken sagt über die ontologische Qualität des Denkens nichts aus. Die Überzeugung von der Verwurzelung des Logos in der Welt unabhängig von unserem Denken wie die Annahme seiner bloßen – medial generierten – Selbstbezüglichkeit sind ontologisch gleichermaßen wahrscheinlich resp. unwahrscheinlich.) Die mit dem *linguistic turn* verbundene Palastrevolution findet deshalb erst statt, als die überkommene Metaphysik radikale Veränderungen erfahren hat. Erst das auf sich selbst verwiesene Bewußtsein, das spätestens mit Kants Erkenntnistheorie sein ontologisches Fundament eingebüßt hat und in seiner Selbstbezüglichkeit gleichsam ortlos geworden ist, besinnt sich auf das Medium der Sprache als seinen angestammten Partner. Doch die unter diesen Voraussetzungen stattfindende Erneuerung des Bündnisses von Sprache und Denken[18] kehrt die angestammte Beziehung zwischen ihnen um; und eben diese Inversion hat den sog. *linguistic turn* in die Welt gebracht.[19]

---

das drinnen leuchtet, dem die Bezeichnung als Wort weit mehr zukommt. Denn das, was mit dem fleischlichen Mund ausgesprochen wird, ist die Stimme des Wortes. Ein Wort wird auch dieses nur wegen des Wortes genannt, von dem es genommen ist, damit es draußen in Erscheinung treten kann. Solchermaßen nämlich wird unser Wort in gewisser Weise zur Stimme des Körpers, indem es die Gestalt annimmt, in der es den Sinnen der Menschen kundgetan werden kann. So ist auch das Wort Gottes Fleisch geworden, das er annahm, damit es darin sich selbst den Sinnen der Menschen offenbare. ›Und wie unser Wort zur Stimme wird, ohne sich in Stimme zu verwandeln, so ist auch das Wort Gottes Fleisch geworden, doch keineswegs hat es sich in Fleisch verwandelt. Denn als es das Fleisch annahm, ist es darin nicht aufgegangen; und in diesem Sinn wird unser Wort zur Stimme wie das göttliche zu Fleisch geworden ist.«] Vielleicht findet die Differenz zwischen dem kontingenten materiellen Zeichen und dem inneren Wort seinen sinnfälligsten Ausdruck im Gegensatz der beiden Verben, mit denen ihre jeweilige Erscheinungsweise hier gekennzeichnet wird: Das äußerliche Wort *klingt* (*sonat*), das innere *leuchtet* (*lucet*): Es strahlt in jenem Licht, das aller Körperlichkeit entzogen bleibt und in dem auch Gott seine ewige Wohnstatt hat.

18 Die progredierende Mathematisierung der Naturerkenntnis ist nur eines der Symptome der Aufkündigung des überkommen Bündnisses von Sprache und Denken bei und seit Descartes. Kants Einsicht, daß die Erkenntnis urteilsförmig ist, befördert gerade seine ontologischen Reserven.

19 Ich benutze den Begriff in diesem Artikel in einem weiteren Sinn, als ihn Richard Rorty verwendet, durch den er bekanntlich – im Anschluß an Gustav Bergmann – zu einem *terminus technicus* der Charakteristik einer der wesentlichen Veränderungen der Philosophie im 20. Jahrhundert geworden ist (vgl. R. M. Rorty: Metaphilosophical Difficulties of Linguistic Philosophy. In: The Linguistic Turn. Essays in Philosophical Method, edited by Richard M. Rorty. Chicago University Press 1992, S. 1–39). Im engeren Sinn seines Begriffsgebrauchs ist darunter die Wendung zu einer Konzeption von Philosophie verstanden, die auf der An-

Sie zieht zugleich höchst riskante Folgen für das Denken nach sich. Denn die Sprache, die sozusagen vom Status einer Hilfskraft des Denkens in die Position des Lehrstuhlinhabers wechselt, vermag dem Bewußtsein letztlich keine Stütze, sondern nur ein Instrument seiner Selbstartikulation an die Hand zu geben. Aus diesem Grund mündet die Reflexion über das Verhältnis des Denkens zur Sprache im Zeichen des *linguistic turns* weithin in eine Erläuterung seiner eigenen Grundlosigkeit. Zu deren Erkundung wie Bezeichnung hat das Sprachdenken des 20. Jahrhunderts eine Reihe von sehr prägnanten – und nicht zuletzt darum wohl prominent gewordenen – Formeln entwickelt. Sie reichen von Wittgensteins *Sprachspiel* bis zu Derridas Neologismus der *différance* mit ihrer unorthodoxen Graphie eines *a* in der Wortendung.

Kennzeichnend für diese Formeln ist es, daß sie die Analyse der Sprache und ihrer Mechanismen mit einer Demonstration ihrer mangelnden metaphysischen Deckung verbinden. Beides scheint in der Perspektive der mit ihnen verbundenen Sprachkonzeptionen zusammenzugehören, ja die beiden Seiten derselben Sache zu bilden. In der Konsequenz der Verbindung beider theoretischer Anliegen aber gerät die Sprache letztlich selbst zu einem Organ der Demonstration ihrer ontologischen Grundlosigkeit.

Bei aller Unterschiedlichkeit der Konzeptionen, denen die Begriffe Sprachspiel und *différance*[20] jeweils entstammen, weisen sie einige bemerkenswerte

---

nahme beruht, ihre überkommenen Problemstellungen als Probleme der Sprache beschreiben zu können. Der Ausdruck *linguistic turn* bleibt in dieser Bedeutung also vor allem auf eine bestimmte Form von Sprachphilosophie bezogen. Ich verstehe darunter hingegen eine allgemeine Tendenz im Denken des 20. Jahrhunderts, (zunächst) die Sprache (und in ihrem Gefolge weitere Medien) als maßgebliche Determinante der Wirklichkeitserkenntnis zu begreifen. Der *linguistic turn* erweist sich insofern als Einstieg in eine Bewegung des Denkens, die jegliche Rationalität als medienabhängig denkt. Sie erfaßt in diesem Sinn auch weitere Bereiche der Philosophie als die Sprachphilosophie. So lassen sich in Heideggers Fundamentalontologie durchaus Elemente einer solchen ›medialen‹ Wende des Denkens bemerken, etwa bei seiner Charakteristik des *Daseins* als eines *Verstehens*, das auf *Auslegung* gründet: Die Explikation eines Kernkonzepts von Heideggers Denken, des *Daseins*, erfolgt mithin im Rückgriff auf eine textuelle Praxis (vgl. hierzu des Näheren meinen in Anm. 7 zitierten Artikel). Das hier skizzierte allgemeinere Verständnis des *linguistic turns* lädt auch dazu ein, die Konsequenzen seiner Rückwirkung auf das Konzept der Sprache selbst intensiver zu reflektieren.
20 Ich verwende auch im Deutschen die französische Form des Begriffs, da ich mich zum orthographischen Barbarismus der »Differänz«, die mancherorts üblich geworden ist, nicht bereitfinden kann – und dies umso weniger, als Substantive mit der Endung *-ance* im Französischen völlig geläufig sind, im Deutschen hingegen nicht. Da müßte kann schon auf dialektale Vorbilder wie die »Pänz« zurückgreifen – eine im Rheinland übliche Bezeichnung für Kinder. (Der Ausdruck kann sogar auf eine lateinische Etymologie [*pantex*] zurückblicken,

Gemeinsamkeiten auf. Dies betrifft zunächst eine strukturelle Analogie zwischen ihnen. Wittgenstein wie Derrida unterlaufen eine kategoriale Opposition, die andernorts für die Reflexion über die Sprache im 20. Jahrhundert eine enorme Bedeutung gewonnen hat: Saussures Unterscheidung zwischen *langue* und *parole*. Derrida tut dies sehr bewußt in Kenntnis von und im Rahmen einer ausdrücklichen Auseinandersetzung mit dem *Cours de linguistique générale*. Bei Wittgenstein bleibt es bei einer konzeptuellen Korrespondenz mit Saussures Kategorien, deren Zuordnung in den *Philosophischen Untersuchungen* indessen gerade anders als im *Cours* angelegt ist. Schon die erste Verwendung des Begriffs *Sprachspiel* in Wittgensteins Schrift vermag diesen Unterschied plastisch zu belegen:

> 7. In der Praxis des Gebrauchs der Sprache (2) ruft der eine Teil die Wörter, der andere handelt nach ihnen; im Unterricht der Sprache aber wird sich *dieser* Vorgang finden: Der Lernende *benennt* die Gegenstände. D. h. er spricht das Wort, wenn der Lehrer auf den Stein zeigt. – Ja, es wird sich hier die noch einfachere Übung finden: der Schüler spricht die Worte nach, die der Lehrer ihm vorsagt – beides sprachähnliche Vorgänge.
>
> Wir können uns auch denken, daß der ganze Vorgang des Gebrauchs der Worte in (2) eines jener Spiele ist, mittels welcher Kinder ihre Muttersprache erlernen. Ich will diese Spiele »*Sprachspiele*« nennen, und von einer primitiven Sprache manchmal als einem Sprachspiel reden.
>
> Und man könnte die Vorgänge des Benennens der Steine und des Nachsprechens des vorgesagten Wortes auch Sprachspiele nennen. Denke an manchen Gebrauch, der von Worten in Reigenspielen gemacht wird.
>
> Ich werde auch das Ganze: der Sprache und der Tätigkeiten, mit denen sie verwoben ist, das »Sprachspiel« nennen.[21]

Man wird über die Konsequenzen der Vorentscheidungen gewiß streiten können, die bereits mit Wittgensteins Ausgangshypothese, mit seinem Postulat einer weitgehenden (wo nicht grundsätzlichen) Analogie (wo nicht Identität) von Spracherwerb und Sprachgebrauch, für sein Konzept von Sprache getroffen werden. Aber wie immer es um die Angemessenheit dieser Prämissen bestellt sein mag, der zitierte Paragraph aus den *Philosophischen Untersuchungen* ist durch eine beständige Erweiterung des Begriffs des *Sprachspiels* gekennzeichnet.

---

deren Semantik ihn allerdings kaum adelt.) Zu Derridas Begriff der *différance* vgl. Kablitz: Vom Nutzen und Nachteil eines Neologismus: Derridas *différance*. In: Sprache und Literatur 49 (2020), Heft 122, S. 297–332.

21 Ludwig Wittgenstein: Philosophische Untersuchungen. Hier zitiert nach: Ders.: Tractatus logico philosophicus. Tagebücher 1914–1916. Philosophische Untersuchungen (Werkausgabe, Band I). Frankfurt a.M. 2006, hier S. 241.

Genauer betrachtet, beruht die Bestimmung dieses Begriffs auf einer gegenläufigen Bewegung von Eingrenzung und Erweiterung. Denn zunächst nimmt sich das Sprachspiel, mit dessen Hilfe Kinder eine Sprache erlernen, wie eine Variante jener Spiele aus, die für ihr Lebensalter schlechthin charakteristisch sind.[22] Diese erste Zuordnung des Sprachspiel-Begriffs mit seiner doppelten Lesbarkeit ist im Übrigen alles andere als nebensächlich. Sie sorgt vielmehr dafür, daß er keine metaphorische Basis hat, sondern als ein Spiel im – letztlich anthropologisch begründeten – wörtlichen Sinn zu verstehen ist.

Das solchermaßen eingeführte Sprachspiel aber wird sodann konsequent mit neuen Anwendungsmöglichkeiten seiner Bezeichnung versehen: Von »einer primitiven Sprache« möchte Wittgenstein »manchmal als einem Sprachspiel reden«. Sodann wird der Begriff auf bestimmte Praktiken des Sprechens ausgeweitet, bis im Schlußsatz »das Ganze der Sprache und der Tätigkeiten, mit denen sie verwoben ist« zum Sprachspiel erklärt wird. Dieses Ganze aber weist eine deutliche Nähe zu Saussures Begriff der *langue* auf, der die Tätigkeiten der *parole* gegenübergestellt sind. Sprachsystem und Sprachgebrauch aber gehen solchermaßen – und darin liegt der Unterschied gegenüber dem *Cours de linguistique générale* – in demselben Begriff eine Synthese ein, in der sie schwer auseinanderzuhalten sind.

Wenn ich hier von einem System im Blick auf das Spiel spreche, dann scheint dies insofern berechtigt, als ja auch jedes Spiel Regeln unterliegt – Regeln, die jeder Spieler zu beachten hat, wenn er es spielt. Aber aus diesem Zusammenhang die Schlußfolgerung zu ziehen, daß das Spiel und das Spielen von gleicher Art sind – und eben dies suggeriert ja Wittgensteins auf beides zu applizierender Begriff des Sprachspiels – bleibt eine riskante Conclusio. Denn Interdependenz bedeutet etwas anderes als (semantische) Identität. Daß die Praxis des Spielens (wie der Sprache) eine Veränderung ihrer Regeln zur Folge haben kann (und hat), steht außer Frage, wie ebenso kaum zu bestreiten sein wird, daß die Spielregeln das Spielen eines Spiels maßgeblich bestimmen und Abweichungen nur innerhalb gewisser Grenzen zulassen. Doch eben diese Interdependenz setzt auch die sachliche (wie konzeptuelle) Differenz zwischen dem, was sich in wechselseitiger Abhängigkeit befindet und aus genau diesem

---

22 In diesem Sinne scheint mir von Belang zu sein, daß die Wendung »eines jener Spiele« sich im Grunde in doppelter Weise – gleichsam in einem analytischen wie in einem synthetischen Verständnis – lesen läßt. Sie kann besagen: ›Jene Spiele, von denen wir ja wissen, daß Kinder mit ihrer Hilfe die Sprache erlernen‹. Sie kann sich aber ebenso auf ›diejenigen unter den Spielen der Kinder, mit denen sie die Sprache erlernen‹ beziehen und damit diese Sprachspiele unter das allgemeine kindliche Spielverhalten subsumieren. Die metonymische Nähe von Kind und Spiel jedenfalls ist auffällig.

Grund die Möglichkeit besitzt, einander zu beeinflussen, voraus. Gerade sie aber wird durch eine Subsumtion von beidem unter denselben Begriff nivelliert (wo nicht negiert).

Indessen besitzt der Begriff des Spiels neben seiner Implikation einer bestimmten Regelhaftigkeit eine weitere semantische Facette. Sie beruht auf dem Gegensatz zwischen *Ernst* und *Spiel*: ›Es ist ja nur ein Spiel!‹.[23] Wird auch diese Dimension seiner Bedeutung bei Wittgenstein relevant?

Die Antwort auf diese Frage fällt im Blick auf die *Philosophischen Untersuchungen* nicht leicht, da ein solcher Gegensatz für den Sprachspielbegriff nicht ausdrücklich hergestellt wird. Indessen gehört dessen Verwendung bei Wittgenstein zur Charakteristik der Sprache zugleich zu seinem Feldzug gegen ein Konzept der Sprache, das dem Begriff der Bedeutung mehr als nur das semantische Potential eines Wortgebrauchs zubilligen möchte. *Spiel* meint in diesem Sinn gleichsam emphatisch den *bloßen* Gebrauch, dem jede Vorgängigkeit irgendeiner Entität, die ihn determinierte, fehlt – dem vor allem jede metaphysische Stabilität fremd ist.[24] In *diesem* Sinn gehört auch das bloße Spiel, dem der Ernst (der – ontologisch verstandenen – Wirklichkeit) nachgerade programmatisch fehlt (und zu fehlen hat) zum Bedeutungsspektrum von Wittgensteins Sprachspiel. Es ist auch ein Remedium gegen alle Ontologie. Insofern gehören in den *Philosophischen Untersuchungen* die Analyse der Mechanismen der Sprache und die Zurückweisung aller metaphysischen Ansprüche für sie zueinander.

Wittgensteins antimetaphysische Kampagne zielt bekanntermaßen nicht zuletzt auf seine eigene Vergangenheit:

> 114. *Logisch-Philosophische Abhandlung* 4.5 »Die allgemeine Form des Satzes ist: Es verhält sich so und so«. – Das ist ein Satz von jener Art, die man sich unzählige Male wiederholt.

---

[23] Es scheint, als besitze der Spielbegriff diese Implikation der Regelhaftigkeit nicht grundsätzlich, sondern dort, wo man ihn zum Objekt des Verbs *spielen* machen kann. Wird er absolut gesetzt (›Die Kinder spielen‹), gilt dies hingegen nicht. Dort markiert er den Gegensatz zum Ernst.

[24] »116. Wenn die Philosophen ein Wort gebrauchen – »Wissen«, »Sein«, »Gegenstand«, »Ich«, »Satz«, »Name« – und das *Wesen* des Dings zu erfassen trachten, muß man sich immer fragen: Wird denn dieses Wort in der Sprache, in der es seine Heimat hat, je tatsächlich so gebraucht? – *Wir* führen die Wörter von ihrer metaphysischen, wieder auf ihre alltägliche Verwendung zurück« (Wittgenstein: Philosophische Untersuchungen (s. Anm. 21), S. 300). Wer auch immer sich hinter dem (betonten) *Wir* – einer gleichsam nietzscheanischen Geste der Abgrenzung gegenüber *den* Philosophen – verbergen mag, er spielt den (Sprach-)Gebrauch gegen jedwede Ontologie aus (oder soll es zumindest tun, sofern das Personalpronomen keinen *Pluralis Majestatis* bedeutet, sondern eine Gruppe von Einvernehmlichen bezeichnet – oder beschwört).

> Man glaubt, wieder und wieder der Natur nachzufahren, und fährt nur der Form entlang, durch die wir sie betrachten.[25]

Gegen den Verfasser des *Tractatus logico-philosophicus* aber hatte der Autor der *Philosophischen Untersuchungen* schon zuvor Klage geführt.[26] Und bereits im Vorwort heißt es:

> Vor zwei Jahren aber hatte ich Veranlassung, mein erstes Buch (die »Logisch-Philosophische Abhandlung«) wieder zu lesen und seine Gedanken zu erklären. Da schien es mir plötzlich, daß ich jene alten Gedanken und die neuen zusammen veröffentlichen sollte: daß diese nur durch den Gegensatz und auf dem Hintergrund meiner älteren Denkweise ihre rechte Beleuchtung erhalten könne. Seit ich nämlich vor 16 Jahren mich wieder mit Philosophie zu beschäftigen begann, mußte ich schwere Irrtümer in dem erkennen, was ich in jenem ersten Buch niedergelegt hatte.[27]

Es ist hier nicht der Ort im Einzelnen darüber nachzudenken, inwieweit die *Philosophischen Untersuchungen* als Palinodie des *Tractatus* diesem Text zumal in ihrem dezidiert antimetaphysischen Gestus *e negativo* noch immer verhaftet bleiben. Eine Konsequenz dieses nicht zuletzt dadurch motivierten Feldzugs gegen alle Ontologie könnte sich allerdings in einer Blindstelle der mit ihm verbundenen Strategie, präziser gesagt: in einem performativen Widerspruch äußern, in den er mündet. Denn, wenn gilt, daß Sprache *schlechthin* aus Sprachspielen besteht, mit welchem Recht läßt sich unter diesen Bedingungen das Sprachspiel der Metaphysik als ein minderwertiges begründen, ja ihm womöglich seine Berechtigung absprechen?

Als Maßstab der Akzeptabilität eines Wortes führt Wittgenstein selbst die Frage an: »Wird denn dieses Wort in der Sprache, in der es seine Heimat hat, je tatsächlich so gebraucht?« Beachtung verdient vor allem das Adverb »je«. Die Bedingungen dafür, daß ein Sprachspiel als ein solches gelten kann, sind auffällig niedrig gehalten. Im vorliegenden Fall muß man die betreffende Frage also sehr entschieden mit *Ja* beantworten. Denn »die Philosophen«, zumindest etliche unter ihnen, haben die zitierten Wörter »tatsächlich so gebraucht«. Den *Philosophischen Untersuchungen* liegt eine antimetaphysische Inbrunst zugrunde, für deren Befriedigung das in dieser Schrift beschriebene Sprachkonzept nicht nur keine Voraussetzungen bereitstellt, es stellt sie vielmehr gerade in Frage.

Wenn das Sprachspiel als Waffe gegen den metaphysischen Ernst wirken soll, so stellt es doch ein ausgesprochen zweischneidiges Schwert dar. Sein relati-

---

25 Wittgenstein: Philosophische Untersuchungen (s. Anm. 21), S. 300.
26 Vgl. § 23.
27 Wittgenstein: Philosophische Untersuchungen (s. Anm. 21), S. 232.

vierender Universalismus macht nämlich insgeheim wieder möglich, was er gerade verhindern soll. Die Metaphysik ist – aus Sicht dieses Begriffs betrachtet – eben *auch* ein Sprachspiel – eines unter anderen. Und weil dem so ist, ist es nicht weniger wahr – freilich auch nicht wahrer – als andere Sprachspiele, sondern – eben – ein Spiel. Und dieser Befund gilt selbstredend auch für das Sprachspiel der *Philosophischen Untersuchungen*. Sogar die Beschwörung des Sprachgebrauchs als Instanz einer Überlegenheit alltäglicher gegenüber metaphysischer Rede verliert in der Konsequenz dieser Gegebenheiten ihre Grundlage. Vor allem dann, wenn auch das »Ganze der Sprache« ein Sprachspiel ist. Die Frage nach der Wahrheit stellt sich im Grunde gar nicht mehr. Jedenfalls nicht mehr *für* ein Sprachspiel. Sie stellt sich allenfalls noch *innerhalb* eines Sprachspiels.

Wenn auch Derridas Begriff der *différance* die Opposition von *langue* und *parole* aufhebt, dann tut er dies jedoch im gegenteiligen Sinn dessen, was sich in den *Philosophischen Untersuchungen* beobachten läßt: In seinem Fall wird nicht das Regelsystem der Sprache auf den Sprachgebrauch reduziert, vielmehr wird umgekehrt die *parole* zum ausführenden Organ der *langue* erklärt. Es ist dies eine Konsequenz der Relation des Neologismus *différance* zu dem von Saussure übernommenen Begriff der *différence*, den Derrida mit seiner Wortprägung nicht nur zu transformieren, sondern letztlich zu ersetzen anstrebt.

Die *différence* besitzt bekanntlich eine wesentliche Rolle für Saussures Konzept des Sprachsystems, stellt sie doch nichts weniger als das konstitutive Merkmal der *langue* schlechthin dar: »[D]ans la langue il n'y a que des différences«.[28] Ein wesentliches Anliegen von Derridas Sprachtheorie besteht darin, diesem Konzept der *différence* die Stabilität und damit zugleich seine Konsistenz streitig zu machen. Dies aber geht nicht ohne eine gehörige Bearbeitung

---

28 Ferdinand de Saussure: Cours de linguistique générale. Édition critique préparée par Tullio de Mauro. Paris 1974, S. 166. [»In der Sprache gibt es nur Unterschiede.«] Die Zuordnung des Autors Ferdinand de Saussure zum *Cours de linguistique générale* läßt sich allerdings im Lichte der jüngeren Forschung nicht mehr so einfach vornehmen, wie dies lange Zeit üblich war. Seit jeher ist bekannt, daß es sich bei diesem Band nicht um eine von Saussure selbst verfaßte Monographie handelt, sondern um ein auf der Grundlage von Vorlesungsmitschriften von seinen Schülern Charles Bally und Albert Sechehaye zusammengestelltes Buch. Sie selbst haben diese Vorlesungen allerdings gar nicht besucht. Vor allem den Forschungen von Ludwig Jäger ist es zu danken, daß inzwischen erhebliche Diskrepanzen zwischen der nachweislich von Saussure stammenden und vornehmlich aus seinen *Notes* zu rekonstruierenden Theorie der Sprache und der im *Cours* nachzulesenden Sprachtheorie bemerkt worden sind. Vgl. hierzu die grundlegenden Untersuchungen L. J.: F. de Saussures historisch-hermeneutische Idee der Sprache. Ein Plädoyer für die Rekonstruktion des saussureschen Denkens in seiner authentischen Gestalt. In: Linguistik und Didaktik 27 (1976), S. 210–244 sowie ders.: Ferdinand de Saussure. Zur

von Saussures Begriff vonstatten, den Derrida recht entschieden für seine Zwecke präpariert:

> On en tirera cette première conséquence que le concept signifié n'est jamais présent en lui-même, dans une présence suffisante qui ne renverrait qu'à elle-même. Tout concept est en droit et essentiellement inscrit dans une chaîne ou dans un système à l'intérieur duquel il renvoie à l'autre, aux autres concepts, par jeu systématique de différences. Un tel jeu, la différance, n'est plus alors simplement un concept mais la possibilité de la conceptualité, du procès et du système conceptuels en général.[29]

Mit dem Auftritt der *différance* in den zitierten Worten ist Derrida augenscheinlich dort angelangt, wohin es bei seiner Charakteristik der saussureschen *différence* gehen soll. Auf welchem Weg aber kommt er dorthin?

Einen entscheidenden Schritt in Richtung auf dieses Ziel bietet die Übersetzung von Saussures Konzept des *signifié* in Derridas eigene Begrifflichkeit der Präsenz. In diesem Sinn heißt es dazu bei ihm: »[D]aß das bezeichnete Konzept niemals in sich selbst anwesend ist« (*que le concept signifié n'est jamais présent en lui-même*). Diese Charakteristik des *signifié* geht zugleich mit einer nicht unerheblichen Reinterpretation der *différence* einher, heißt es doch von ihr, sie befinde sich nicht »in einer hinreichenden Anwesenheit, die nur auf sich selbst verweise« (*dans une présence suffisante qui ne renverrait qu'à elle-même*). Auch wenn sich die betreffende Reinterpretation sozusagen ›unter der Hand‹ vollzieht und gleichsam im Schutzraum einer als solcher vorausgesetzten Selbstverständlichkeit stattfindet, die konzeptuelle Verschiebung, die sich vollzieht, ist folgenreich. Denn die der Differenz zugrundeliegende *logische* Relation einer Opposition wird von Derrida ohne Umschweife als eine *zeichenhafte* Beziehung gedeutet, präziser gesagt: in eine semiotische Relation umgedeutet.

Doch diese Gleichsetzung der beiden Typen von Relationen entbehrt einer jeglichen sachlichen Grundlage. Logische Beziehungen gründen auf Verhältnissen

---

Einführung. Hamburg 2010. Ohne in diesem Zusammenhang auf die von Jäger aufgezeigten Unterscheidungen im Einzelnen eingehen zu können, werde ich deshalb vom *Cours de linguistique générale* (meist abgekürzt als *Cours*) als einem Werk Saussures nur unter jenem Vorbehalt sprechen, den Jägers Untersuchungen erforderlich gemacht haben, und seine Bezeichnung als ein Buch von Saussure weitgehend vermeiden.

29 Jacques Derrida: La différance. In: ders.: Marges de la philosophie. Paris 1972, S. 1–29, hier S. 11. [»Man wird daraus als erste Konsequenz ableiten, daß das bezeichnete Konzept niemals in sich selbst anwesend ist, in einer hinreichenden Anwesenheit, die nur auf sich selbst verwiese. Jedes Konzept ist in der Tat und seinem Wesen entsprechend einer Kette eingeschrieben oder einem System, innerhalb dessen es auf das andere, auf die anderen Konzepte durch ein systematisches Spiel von Unterschieden verweist. Ein solches Spiel, die *différance*, ist deshalb nicht einfach ein Konzept, sondern die Möglichkeit eines Konzeptes, des Prozesses und Systems des Konzepts im Allgemeinen.«].

der Implikation, die von Zeichenbeziehungen grundsätzlich zu unterscheiden sind: Die Glieder einer Opposition *verweisen* nicht aufeinander, der sie konstituierende Unterschied zwischen ihren Gliedern wird vielmehr *vorausgesetzt*.

Nur um den Preis dieser prekären Identifikation von Logik und Semiotik scheint es Derrida jedoch zu gelingen, die *différence* Saussures mit seiner *différance* zu amalgamieren, ja letztere als die Grundlage aller *différences* zu postulieren. Denn erst unter dieser Voraussetzung erscheint es möglich, die einzelnen Terme einer Opposition als mit sich selbst nicht identische Größen auszuweisen, sie deshalb in eine unendliche Kette von Verweisen hineinzuholen und damit semantischer Dispersion den Weg zu bahnen. Erst auf diese Weise kommt auch die Zeitstruktur eines Aufschubs zustande, der die *différance* von der *différence* unterscheidet und die Auflösung aller semantischen Stabilität betreibt. Auch an dieser Verzeitlichung des *signifié* ist noch einmal die semiotische Reinterpretation der logischen Oppositionsrelation beteiligt. Denn ein implikatives Verhältnis ist gleichsam zeitlos. Ein wechselseitiger Verweis aufeinander bildet hingegen einen unabschließbaren Prozeß, auf dessen Grundlage sich dann die unaufhaltsame Verschiebung der Semantik eines Lexems vollziehen kann.

Es lohnt, etwas genauer darüber nachzudenken, was *différance*, in Sinne eines Aufschubs, an dieser Stelle genau besagen will. *Was* nämlich wird im Falle des *signifié* eigentlich verschoben? Folgt man Derridas Argumentation konsequent, dann wäre dies im Grunde doch wohl etwas, das es nie gegeben hat, nämlich eine mit sich selbst identische Bedeutung. Der Aufschub von etwas nie Existentem aber kommt im Grunde einer Suche gleich. Im Blick auf das *signifié* nimmt die *différance* folglich die Gestalt einer *quête* an; denn der Aufschub von etwas Unbekanntem kann letztlich nur eine Suche nach seiner Bestimmung als solcher sein. Dadurch aber gerät der Sprachgebrauch zu einem Annex der Theorie, als hätte er seinen heimlichen Antrieb in einer Leerstelle des Systems (sofern von einem solchen überhaupt noch die Rede sein kann) – als stellte er sich der (freilich stets schon zum Scheitern verurteilten) Aufgabe, das einzuholen, was sich nicht einholen läßt.

Der Aufschub, für den der Neologismus der *différance* im Wortsinn steht, verwandelt sich insofern konsequent in semantische Dispersion: in eine Zerstreuung aller Bedeutung, die umso erfolgreicher ihre, wenn auch aussichtslose, Suche zum Erfolg führen zu können scheint, je breiter sie angelegt ist – je größer also die Variation der Bedeutung(en) ausfällt. Denn Erfolg wird sie gerade haben, wenn ihr derselbe im Sinn eines erreichbaren Endziels versagt bleibt. Aufschub verwandelt sich folglich in einen Prozeß *bloßer* Dispersion. Aber vermag ein solches Konzept, das den Sprachgebrauch gleichsam als eine Summe von Ausführungsbestimmungen zu den Verwerfungen des Systems begreifen läßt, wirklich den Erfordernissen von Sprechsituationen und ihren jeweiligen Informationsbedürfnissen gerecht zu werden?

Hier bestätigt sich, was wir eingangs unseres Blicks auf Derrida postuliert hatten: Wenn Derrida – in umgekehrter Richtung wie Wittgenstein – die Opposition zwischen *langue* und *parole* aufhebt, dann ebnet er sie nicht von der Seite des Sprachgebrauchs herkommend ein, vielmehr wird die *parole* gleichsam zu einer Agentin der Verwerfungen einer *langue*, die um ihrer mangelnden Konsistenz willen den Anspruch auf einen solchen Begriff letztlich verliert. Deutlicher noch als in Wittgensteins *Philosophischen Untersuchungen* läßt ein Konzept der Sprache im Zeichen der *différance* ihre Mechanismen mit dem ihr zugedachten antimetaphysischen Impetus zusammenfallen. Diesmal verschwindet das System der *langue* nicht in einer *parole*, die im Grunde nichts anderes mehr zur Grundlage hat als die schlechthin unabsehbare Empirie ihres Gebrauchs und deshalb alle Regeln der Sprachspiele auf ein bloßes Postulat ihrer Existenz verschieben muß (ohne sie doch beschreiben zu können – als stünde eine beschreibbare Regelhaftigkeit im Ruch einer ontologieverdächtigen Stabilität, einer Entität, die doch dem Gebrauch vorausläge). Bei Derrida steht Wittgensteins Abdikation der Theorie vor dem Sprachgebrauch hingegen die Vereinnahmung der *parole* für ein Anliegen der Theorie gegenüber, zu deren Ausführungsorgan sie gerät.

Die literaturwissenschaftlich zentrierte Kulturwissenschaft setzt sehr konsequent die beiden skizzierten Konsequenzen des *linguistic turns* um, der ebenso ein Ermächtigungsgesetz mit sich führt, wie er zu ontologischer Demission nötigt. Beides aber gehört, wie wir sahen, zusammen. So scheint sich die Wissenschaft von der Literatur in der jüngeren Vergangenheit dazu ermächtigt zu fühlen, von letztlich jedwedem Gegenstand zu handeln. Und wenn denn gilt, oder gälte, daß die Sprache den Zugang zur Welt bestimmt, was scheint da näher zu liegen als die Annahme der universellen Zuständigkeit einer sprachbasierten Wissenschaft? Allerdings begibt sie sich auf diese Weise in eine gefährliche Nähe zu Ionescos *doctorat total*. (Streng genommen gehört zu einer solchermaßen verstandenen Kulturwissenschaft auch der Anspruch auf die Objekte der Naturwissenschaft, denn schließlich ist auch der Zugang zu ihnen kulturell geprägt.)

Aber nicht nur die Entgrenzung des überkommenen Fundus philologischer Gegenstände läßt sich als eine Konsequenz des *linguistic turns* begreifen. Gleiches gilt für die ebenso unverkennbare Tendenz zu einer Entsubstantialisierung, in der sich das Postulat ontologischer Grundlosigkeit spiegelt. Vielleicht kommt diese Tendenz nirgends deutlicher als in den *Gender Studies* zum Ausdruck, die sich ja zum Kernbereich der *Cultural Studies* zählen dürfen.

Ihre Stoßrichtung ist wohl bekannt. Zu ihren zentralen Anliegen gehört der Nachweis, daß das biologische Geschlecht zu weiten Teilen ein kulturelles – und deshalb auch zur Disposition stehendes – Konstrukt darstellt, mithin nur vermeintlich natürlich begründet sei.[30] Womöglich bieten deshalb die *Gender Studies* ein besonders geeignetes Exempel, um zu studieren, wie sich der sprachbasierte ontologische Skeptizismus zu einem generellen methodischen Prinzip wandelt und ausweitet. Denn in und mit den in ihrem Rahmen betriebenen Forschungen wird der sprachliche Umgang mit der Welt auf den praktischen Umgang mit ihr ausgedehnt. In ihrem Fall steht weit mehr als die bloße Rede über die Wirklichkeit zur Diskussion *wie* zur Disposition. Auch das (überkommene) Handeln ist in Frage gestellt. Es scheint der Mühe wert zu sein, sowohl die Schlüssigkeit wie die Risiken dieses Anspruchs genauer zu prüfen.

Beginnen wir mit ersterem. Wenn denn gilt, daß die Sprache allen Zugang zur Wirklichkeit bestimmt, ist auch die Geschlechterdifferenzierung, so lautet die entsprechende Schlußfolgerung, sprachlichen Ursprungs. Aber diese Conclusio zielt über ihr Ziel hinaus. Denn sie verwandelt skeptischen Gewißheitsverzicht in rebellische Gewißheit. Alles, was sich zulässigerweise sagen läßt, beschränkt sich auf die Feststellung, daß es ungewiß ist, *ob* die Unterscheidung der Geschlechter eine andere als sprachliche – und damit kulturelle – Grundlage hat. Und dies aus einem naheliegenden Grund: Denn auch die Überprüfung der These vom grundsätzlichen Konstruktcharakter des Geschlechts ist ihrerseits von der Sprache abhängig. Hier lauert also ein *circulus vitiosus*. Auch die kulturelle Vielfalt der Geschlechterrollen ist kein notwendiges Gegenargument gegen biologische Konditionierung. Denn was spricht dagegen, daß biologische Prämissen in kultureller unterschiedlicher Weise wirksam werden? Und so bleibt im Grunde kaum mehr als die Zuverlässigkeit der Skepsis, daß eine biologische Grundlage der gender-Differenzierung keinesfalls gewiß ist. Das Postulat der Konstruktionsgewißheit stellt hingegen eine von der Logik der Prämisse nicht gedeckte Schlußfolgerung dar. Es mündet im Grunde in einen Substantialismus, der sich gerade anti-substantialistisch versteht.

Nun ist der Bereich der *Gender Studies* für die Analyse der Kulturwissenschaft ein in mehrfacher Hinsicht höchst aufschlußreiches Terrain, und dies vor

---

30 Judith Butler hat die wesentlich normative diskursive Basis der kulturellen Produktion der Kategorie des Geschlechtes sehr deutlich benannt: »Sexual difference, however, is never simply a function of material differences which are not in some way both marked and formed by discursive practices. Further, to claim that sexual differences are indissociable from discursive demarcations is not the same as claiming that discourse causes sexual difference. The category of ›sex‹ is, from the start, normative, it is what Foucault has called a ›regulatory ideal‹« (Judith Butler: Bodies that Matter. On the Discursive Limits of »Sex«. New York, London 1993, S. 1).

allem deshalb, weil die These vom Konstruktcharakter des biologischen Geschlechtes zugleich an offenkundige Grenzen stößt. Denn es läßt sich schwerlich bestreiten, daß *bestimmte* biologische Funktionen an den Unterschied der Geschlechter gebunden sind. Dieser Umstand bietet deshalb zum einen so etwas wie eine konzeptuelle Herausforderung, verlangt er doch (und ermuntert zugleich dazu), die Grenzen des Konstruktivismus auszutesten und seinen zumindest partiellen Belang auch und gerade dort unter Beweis zu stellen, wo seine Plausibilität sich besonders heftigen Widerständen ausgesetzt findet.

Was sich hier vollzieht, ist augenscheinlich ein Kampf um Zuständigkeiten, der indessen weiteren Aufschluß über das zugrunde liegende Programm gestattet. Die für die *Gender Studies* charakteristische Überführung des theoretischen in ein praktisches Postulat, dessen Ansprüche auf logisch, wie gesehen, eher tönernen Füßen stehen, sofern sie sich auf die Gewißheit einer ausschließlich diskursiv-kulturellen Grundlage berufen, geben zu erkennen, daß dieses praktische Postulat keine *bloße* Resultante der Theorie ist, sondern die Theorie selbst ein Stück weit dem praktischen Ziel angepaßt wird. Gerade hier tritt jener Konnex von Episteme und Macht zutage, der bekanntlich niemand anderen intensiver als Michel Foucault beschäftigt hat. Augenscheinlich ist er auch der Kulturwissenschaft, ungeachtet ihres emanzipatorischen Anspruchs (ja vielleicht gerade um dessentwillen) keineswegs fremd.

Daß die Zumutungen des Patriarchats längst jegliche Berechtigung verloren haben, dürfte inzwischen in unserem Kulturkreis bei jedem, der nur halbwegs bei Verstand ist, angekommen sein. Ob indessen eine ein Stück weit erschlichene, zumindest aber in ihrer Geltung prekäre Theorie eine besonders glückliche Stütze für legitime Machtinteressen darstellt, steht dahin. Das Risiko, das in einer solchen Verquickung, wo nicht Permutation von Erkenntnis und Interesse steckt, besteht nicht zuletzt darin, daß die Defizite des theoretischen Anspruchs die Legitimität des sozialen Anspruchs nachhaltig beschädigen können.

Wenn ich Entgrenzung und Entsubstantialisierung als die beiden aus dem *linguistic turn* stammenden Grundtendenzen der Kulturwissenschaft beschrieben habe, dann ist freilich zu bedenken, daß sie nicht unabhängig voneinander sind, sondern unmittelbar miteinander zusammenhängen. Wir haben dies anhand der Sprachtheorie bemerken können. Und dieser Zusammenhang ist evident. Fehlt nämlich den Eigenschaften der Dinge eine substantielle Grundlage, so scheinen sie auf das Medium zu verweisen, dem die Bestimmung ihrer Merkmale entstammt. Ebenso aber gilt, daß alles, was die Sprache bezeichnet und bezeichenbar macht, auf nichts anderem als eben ihrer Zuschreibung beruht und damit letztlich im Ruch der Fiktion steht.

In dieser Hinsicht scheint mir Joseph Vogls Formel von der *Poetologie des Wissens*[31] besonders aufschlußreich für die Kulturwissenschaft im Allgemeinen zu sein, verbindet sie doch in signifikanter Weise die beiden von uns diagnostizierten Tendenzen der Entgrenzung und Entsubstantialisierung.

Der Begriff einer *Poetologie des Wissens* lehnt sich, wie kaum zu übersehen ist und wohl auch nicht übersehen werden soll, an Stephen Greenblatts Konzept einer *poetics of culture*[32] an. Aber er unterscheidet sich zugleich von seinem Modell. Die *Poetologie des Wissens* verschiebt gegenüber einer *Poetik der Kultur* das Dichterische vom Gegenstand auf den epistemischen Umgang *mit* diesem Gegenstand. Nicht die Kultur selbst, sondern das Wissen von ihr ist poetisch. Ganz konsequent auf der Grundlage der zitierten Prämissen gedacht, läßt sich dieser Unterschied freilich nicht mehr so recht begründen.

Dabei wandelt sich allerdings auch der Begriff des Poetischen selbst nicht unerheblich. Bei Greenblatt ist sein Akzent auf die *poiesis* im etymologischen Sinne gelegt, auf das *Machen* und *Gestalten* als das *tertium comparationis* von Dichtung und Kultur. Diese Gleichschaltung beider Operationen schafft nicht zuletzt die Voraussetzung dafür, um sie im hermeneutischen Umgang mit dem literarischen Text kurzzuschließen und die Literatur selbst als einen Seismographen historischer kultureller (und sozialer) Konstellationen zu deuten.

Dieser seiner Natur nach hermeneutische Zugriff auf den literarischen Text aber ist als solcher im *New Historicism* zum Verschwinden gebracht. Verantwortlich dafür ist ein bestimmtes terminologisches Kunststück, das sich mit dem allseits Verwendung findenden, überhaupt ziemlich beliebt gewordenen Begriff der *negotiations* verbindet. Vermutlich verdankt sich seine Popularität nicht zuletzt seiner Unschärfe. Denn was eigentlich besagt die Metapher der *negotiations*[33], der unweigerlich metaphorisch werdenden Verhandlungen, wenn sie denn nicht eine faktische Gesprächssituation zum Inhalt haben?

In methodologischer Hinsicht stellen diese *negotiations* indessen die auf den Gegenstand der Interpretation, nämlich den literarischen Text selbst, verschobenen Operationen einer literarischen Hermeneutik dar. Die *negotiations* erklären den Text selbst zum Ort dessen, was *de facto* ein Interpret betreibt. Rhetorisch läßt sich auf diese Weise der unbeliebten Hermeneutik womöglich

---

[31] Vgl. Joseph Vogl: Robuste und idiosynkratische Theorie. In: KulturPoetik 7 (2007), S. 249–258, hier S. 254.
[32] Vgl. Stephen Greenblatt: Introduction. In: Ders.: The Forms of Power and the Power of Forms in the Renaissance (Genre 15 [1982]), S. 3–6, hier S. 6.
[33] Stephen Greenblatt: Shakespearean Negotiations. The Circulation of Social Energy in Renaissance England. Berkeley, Los Angeles 1988.

ein Mäntelchen umhängen; bei näherem Zusehen aber stammt es vermutlich aus der Werkstatt, in der auch der König seine neuen Kleider schneidern läßt.

Aber kommen wir zu Vogls *Poetologie des Wissens* zurück. Sie legt im Unterschied zu Greenblatts *poetics of culture* als eine *Poetologie* den Akzent nicht auf das Gemachte, auf das Gestaltende der *poiesis*, sondern auf den wahrheitssemantischen Status der Rede *über* die Dinge, anders gesagt auf den Wahrheitswert des *Diskurses*. Damit tritt ein zweites Modell von Vogls terminologischer Formel in den Blick, nämlich Michel Foucaults *Archéologie du savoir*, seine *Archäologie des Wissens*.[34] Aber auch von diesem Modell unterscheidet sich die *Poetologie des Wissens* wiederum. Was aber ändert sich im Wechsel von der *Archäologie* zur *Poetologie*?

Die Archäologie in ihrer gewohnten disziplinären Form ist an der Rekonstruktion der in der Tiefe versteckten Fundamente interessiert. Eben dies ist in gewohnt metaphorischer Transposition auch das Anliegen Foucaults, möchte er doch die allen tatsächlichen Äußerungen zugrunde liegenden Regeln, die sie allererst ermöglichen und ihre Verfaßtheit determinieren, ans Tageslicht bringen.

Diese Eigenheit von Foucaults Konzept einer Archäologie des Wissens wirft im Übrigen eine Frage im Blick auf sein drei Jahre zuvor erschienenes Werk *Les Mots et les choses, (Die Ordnung der Dinge)* auf.[35] Sie liegt umso näher, als der Untertitel dieses Buches ja bereits auf die *Archéologie du savoir* vorausdeutet, beide Bände also in einem unverkennbaren sachlichen Zusammenhang stehen. Das Problem, das sich im Blick auf die Beziehung zwischen ihnen stellt, betrifft die historische Reichweite, die eine Archäologie *des* Wissens unter den Voraussetzungen einer Konzeption von Wissensordnungen besitzen kann, wie sie in *Les Mots et les choses* entwickelt wird. Geht Foucault dort nämlich von radikalen Brüchen zwischen den einzelnen epistemologischen Formationen, die ohne einen erkennbaren Zusammenhang in historischer Reihe aufeinander folgen, aus, so erscheint es alles andere als evident, daß sie sich auch einem gleichen Konzept des Wissens fügen, wie es mit einer Unterscheidung zwischen Tiefe und Oberfläche zweifellos vorgezeichnet wird. Denn eben dieser Gegensatz macht ja gleichsam eine Prämisse aller archäologischen Tätigkeit aus. Er weist denn auch eine bemerkenswerte Ähnlichkeit mit einer der *epistemai*, die Foucault entwirft, auf: mit der sog. Tiefenepisteme der Moderne, die die Ordnung der Repräsentation ablöst, welche für das (aus französischer Sicht) klassische Zeitalter kennzeichnend war:

---

[34] Michel Foucault: L'Archéologie du savoir. Paris 1969. (Deutsche Übersetzung: Archäologie des Wissens. Frankfurt a.M. 1984).
[35] Michel Foucault: Les Mots et les choses. Une archéologie des sciences humaines. Paris 1966 (deutsche Übersetzung: Die Ordnung der Dinge. Frankfurt a.M. 1974).

> Désormais le tableau, cessant d'être le lieu de tous les ordres possibles, la matrice de tous les rapports, la forme de distribution de tous les êtres en leur individualité singulière, ne forme plus pour le savoir qu'une mince pellicule de surface; [...]. L'ordre qui se donne au regard, avec le quadrillage permanent de ses distinctions, n'est plus qu'un scintillement superficiel au-dessus d'une profondeur.[36]

Wäre das Konzept einer ›Archäologie des Wissens‹ also insgeheim ein Produkt der Episteme der Moderne, die sich in diesem theoretischen Modell selbst spiegelte – ihre Pertinenz gleichsam durch einen Anspruch historischer Universalität zu befestigen trachtete?

Die Zielrichtung einer *Poetologie des Wissens* weist stattdessen im Grunde in die genau entgegengesetzte Richtung von Foucaults Archäologie des Wissens. Auch für sie spielen die Konstruktionsregeln zweifellos eine nicht unwesentliche Rolle, aber sie setzt den Akzent auf die Konstruiertheit, das *Poetische* meint aus ihrer Sicht vor allem das *Fiktive*. Während Foucault agnostisch bleibt gegenüber dem ontologischen Status der Phänomene, die er beschreibt, richtet Vogl sein Augenmerk gerade auf ihren *fiktiven* Charakter. Seine Ausführungen zur Finanzwelt geben darüber beredte Auskunft. In seiner Studie *Das Gespenst des Kapitals* heißt es:

> Die Kreditzirkulation basiert auf der Paradoxie eines ›sich selbst garantierenden Geldes' und erweist sich als Schauplatz effektiver Fiktionen oder ‚Dichtung', auf dem der Umlauf des Scheinhaften tatsächlich zur Determinante ökonomischer Relationen gerät.[37]

Ich will mich auf Vogls Einlassungen zur Finanzwirtschaft meinerseits nicht weiter einlassen, und dies schon allein deshalb nicht, weil ich mir für meinen Teil ziemlich sicher bin, davon nicht viel zu verstehen. Allerdings kann man sich des Eindrucks nicht erwehren, daß die zitierten Worte zwischen einer Theorie des Kapitals und einer Theorie des Romans oszillieren. Und sprach nicht schon Greenblatt im Blick auf die Literatur von einer *circulation of social energy*? Triebe hier am Ende womöglich eine *Poetologie des Wissens* ihren finanzpolitischen Zins ein? Aber wie immer es bei dieser Poetologie der Ökonomie um die Zuständigkeiten stehen mag, an Vogls *Poetologie des Wissens* läßt sich paradigmatisch der Unterschied zwischen einer Diskursarchäologie und der Kulturwissenschaft ablesen.

---

36 Foucault: Les Mots et les choses (s. Anm 35), S. 199. [»Von nun an bildet das *tableau*, das aufhört der Ort aller möglichen Ordnungen, die Matrix aller Beziehungen und die Form der Verteilung aller Wesen in ihrer besonderen Individualität zu sein, für das Wissen nur noch einen dünnen Film an seiner Oberfläche; { ... }. Die Ordnung, die sich mit einer dauerhaften Einteilung ihrer Unterscheidungen dem Blick darbietet, ist nur noch ein oberflächliches Schillern über einer Tiefe.«] .

37 Joseph Vogl: Das Gespenst des Kapitals. Zürich 2010, S. 81.

Auch Foucaults Diskurshistorie ist zweifelsohne nicht aus dem Taufbad der Metaphysik gehoben. Doch *sein* ontologischer Agnostizismus äußert sich in der kontingenten Abfolge unterschiedlicher historischer Formationen der Konditionierung aller Rede und Erkenntnis. Gerade das Bruchhafte des Übergangs von einer Formation zur nächsten erweist sich dabei als das Symptom ihrer metaphysischen Grundlosigkeit.[38] Vermutlich hat Foucault dabei sogar ein wenig übertrieben. Es bedarf keiner sonderlichen Mühe, um die epochale Gliederung in Les Mots et les choses als den Spiegel einer Periodisierung der überkommenen Philosophiegeschichte zu lesen.

Die erste der beiden epistemologischen Schwellen, die Ablösung des Zeitalters der Ähnlichkeiten durch die Ordnung der Repräsentation, fällt ziemlich genau mit dem Aufkommen der cartesianischen Skepsis zusammen. Die *Méditations métaphysiques* erscheinen in lateinischer Sprache erstmals 1641. Für sie aber läßt sich durchaus nicht sagen, daß sie keine Kontinuität gegenüber dem vorausgehenden Denken aufweisen, wiewohl sie sich als ein absoluter Neuanfang begreifen – eine Diagnose, die in der Rezeption dieser Schrift durchaus bestätigt worden ist. Gleichwohl ergibt sich der Ansatz des radikalen Zweifels von René Descartes durchaus schlüssig aus der Entwicklung des europäischen Denkens. Die Gemeinsamkeit zwischen den *Méditations métaphysiques* und dem Ende des Zeitalters der Ähnlichkeiten besteht im Abbau des ontologischen Fundaments von Denken und Sprechen. Denn eben dies besagt es, daß mit der Ablösung der Ähnlichkeiten durch die Repräsentation das Band zwischen den Zeichen und der Welt aufgelöst wird, daß zwischen Zeichen und Bezeichnetem keine andere als die (bloße) Funktion der Bezeichnung selbst existiert, hingegen nicht mehr irgendeine Eigenschaft, die sie verbände (und damit motivierte), zu bemerken ist. Ein solcher Befund aber führt unweigerlich dazu, daß Sprechen und Denken auf sich selbst gestellt erscheinen, daß sie keine Garantie mehr für ihre Wahrheit in sich selbst tragen und so eine zutiefst nominalistische *episteme* auf den Weg bringen.

---

38 Foucault insistiert seit dem Vorwort von *Les Mots et les choses* auf dem bruchartigen Charakter der beiden epistemologischen Wechsel, die er um 1650 und um 1800 stattfinden läßt: »Or, cette enquête archéologique a montré deux grandes discontinuités dans l'épistémè de la culture occidentale: celle qui inaugure l'âge classique (vers le milieu du XVIIe siècle) et celle qui, au début du XIXe marque le seuil de notre modernité« (Foucault: Les Mots et les choses (s. Anm. 35), S. 9). [»Nun hat unsere archäologische Untersuchung zwei große Diskontinuitäten in der Episteme der westlichen Kultur aufgezeigt: diejenige, die {gegen Mitte des 17. Jahrhunderts} und diejenige, die am Beginn des 19. Jahrhunderts die Schwelle zu unserer Moderne einleitet.«].

Die Schlüssigkeit dieses Perspektivwechsels aber ergibt sich aus dem Ausfall einer als solcher unbefragten Prämisse des mittelalterlichen Denkens: aus dem Wegfall der theoretischen Leistung der Instanz Gottes. Galt der Schöpfer des Universums etwa ein Jahrtausend lang als Ursprung und Garant allen Seins, so verliert er diese Position am Beginn der Neuzeit. Sein Rollenwechsel tritt deutlich bei Descartes zutage: Weil die Selbstreflexivität des *Cogito ergo sum* keine Gewißheit für die Möglichkeit einer Erkenntnis der dem Denken des Ichs äußerlichen Gegenstände bietet, greift Descartes noch einmal auf den transzendenten Gott zurück, dessen Vollkommenheit es ausschließt, daß er seine Geschöpfe mit täuschenden Erkenntnismitteln ausgestattet habe. Diese Sicherung der Gegenstandserkenntnis aber bedarf nun einer aufwendigen Begründung prekärer Plausibilität, weshalb das neuzeitliche Denken sich von ihr auch bald distanziert hat. Die Existenz Gottes aber hat sich mithin bei Descartes vor der Logik zu rechtfertigen, weil dieser Gott nicht mehr umgekehrt als selbstverständlicher Begründer von Logos und Sein fungiert. Gott und Logos fallen auseinander. Der einstige Begründer des Logos bedarf nun selbst einer rationalen Rechtfertigung seiner Existenz.

Gerade an diesem Seitenwechsel der Rolle Gottes wird ersichtlich, daß die Absage an die metaphysische Deckung von Denken und Sprechen durchaus ihre Logik besitzt. Die Ablösung der Ähnlichkeit durch die Repräsentation bildet insofern die diskursgeschichtliche Facette einer allgemeinen Entwicklung des europäischen Denkens auf dem Weg in die Neuzeit, der es durchaus nicht an einer gewissen Schlüssigkeit mangelt. Ihr den Charakter einer bloßen, sich jeder Erklärung entziehenden *discontinuité* zuzusprechen, kann darum nicht wirklich überzeugen.

Ähnliches gilt für den zweiten epistemologischen Wechsel, den Foucault beschreibt: die Ablösung der Repräsentation durch die Tiefenepisteme der Moderne. Sie läßt sich durchaus konsequent als ein Effekt jener Selbstkritik der Vernunft beschreiben, die gegen Ende der Aufklärung einsetzt und die paradigmatisch im Werk Immanuel Kants zu Wort kommt.

Strukturell betrachtet sind die beiden epistemologischen Veränderungen übrigens von recht unterschiedlicher Natur. Während die alteuropäische, bis zur Renaissance Geltung besitzende Episteme auf der Ähnlichkeit beruht, rückt das Zeitalter der Repräsentation für Foucault stattdessen ihr Gegenteil, die Differenz, ins Zentrum einer diskursiven Ordnung, die hinfort wesentlich durch die differentiellen Merkmale eines *tableau* begründet wird. Die sich um 1800 ereignende Veränderung ist insofern von anderer Art, als die diskursbegründende Zeichenkonfiguration nicht durch einen Wechsel zum logischen Gegenteil zustande kommt, sondern durch die Integration der alten Zeichenordnung in eine neue erfolgt, wobei diese Ergänzung mit einer Entmächtigung einhergeht: Das *tableau* der Klassik sinkt herab zur bloßen Oberfläche einer Tiefe, in der sich die bestimmenden Kräfte des Seins regen.³⁹

Genau dies aber entspricht den Konsequenzen der »Kopernikanischen Wende« Kants – und vor allem denen, die die Philosophie des 19. Jahrhunderts daraus gezogen hat. Man denke nur an Schopenhauers Metaphysik und ihre Umbesetzung des »Dings an sich« zum »Willen«, während Kants »Erscheinung« zur bloßen »Vorstellung« herabsinkt. Doch wäre es abwegig, der kantischen Wende selbst ihre Schlüssigkeit abzusprechen. Sie folgt sehr schlüssig aus einer aufklärerischen Anwendung der Vernunftkritik auf diese selbst. Die von Foucault reklamierten Eigenschaften der *rupture* und *discontinuité* treffen insoweit kaum zu. Aber just diese Diskrepanz zeigt ihre Funktion an, die es nun zu erörtern gilt.

Die Geschichte scheint in *Les mots et les choses* noch immer – gleichsam als ein Hegelianischer Rest *e negativo* – metaphysisch verdächtig zu sein. Zumal ihre Kontinuität noch immer zu suggerieren scheint, daß sie mehr als chronologischer Natur ist. Deshalb muß die radikale Kontingenz des Übergangs von einer Episteme zur nächsten her, um allen Fallstricken der Ontologie zu entkommen. Allerdings – und hier zeigt sich ein entscheidender Unterschied zur Kulturwissenschaft – bestimmt diese Abwehr aller Metaphysik nicht die *Merkmale* einer jeden epochalen Konfiguration. Die Ähnlichkeit, das Prinzip der Repräsentation oder die Tiefenepisteme, wie sie als wechselnde epochale Signaturen allen Sprechens und Denkens in *Les Mots et les choses* beschrieben werden, sind nicht notwendigerweise aufgrund ihrer *Merkmalsbestimmtheit*, sondern nur in ihrem *Status* von Foucaults elementarer ontologischer Skepsis geprägt. Sie unterscheiden sich, was ihre jeweiligen Eigenschaften angeht, in ontologischer Hinsicht durchaus voneinander: Die Ähnlichkeit verbindet die Zeichen mit den Dingen, die Repräsentation löst ihren sachlichen Zusammenhang auf, die Tiefenepisteme restituiert ihn als einen spekulativen Verbund. Die jeweiligen Regeln, die den Diskurs bestimmen, sind zugleich von so abstrakter Natur, daß sie einzelnen Gegenstandsbereichen durchaus ihre relative objektspezifische Autonomie belassen.

An genau diesem Punkt scheint mir der wesentliche Unterschied zwischen Kulturwissenschaft und Diskursarchäologie zutage zu treten. Die sprachzentrierte Kulturwissenschaft greift auf ein bestimmtes Medium zurück, eben die Sprache, der eine doppelte Aufgabe zufällt: Sie bietet ein Modell für die Strukturierung der Dinge an, die nach dem Vorbild sprachlicher Muster vermessen werden; und sie hat zugleich die Abwehr metaphysischer Ansprüche

---

39 Vgl. das Zitat auf S. 52 dieses Aufsatzes.

zu sichern. Nicht zuletzt von hierher stammt die oben diskutierte, für die Kulturwissenschaft charakteristische, inflationäre Beteuerung von Selbstreferenzen aller Art.

Die Diskursarchäologie definiert stattdessen Konditionierungen des Denkens und Sprechens, die der Sprache vorausliegen, auch wenn sie sich in sprachlichen Entitäten wie bestimmten Zeichenkonzeptionen materialisieren. Nirgends wird dies vielleicht so deutlich wie in Foucaults Bestimmung der Tiefenepisteme der Moderne, für die er drei Transzendentalien ansetzt: das Leben, die Arbeit und eben die Sprache.[40] Kulturwissenschaft und Diskursarchäologie teilen eine dezidiert anti-substantialistische Position für den Umgang mit kulturellen Phänomenen. Sie unterscheiden sich indessen maßgeblich in der Art und Weise, wie diese ontologische Skepsis jeweils zum Tragen kommt.

Die Diskursarchäologie, die sich als eine Diskurshistorie präsentiert, sichert die Autonomie gegenüber allen substantialistischen Ansprüchen durch eine radikale Historisierung von Formationsregeln für den Diskurs. Die Kulturwissenschaft überträgt diese Aufgabe stattdessen der Sprache selbst, die als das Medium aller Wirklichkeitskonstitution fungiert. In der Konsequenz dieser ihr zugedachten Funktion werden die Eigenschaften der Dinge ununterscheidbar von ihrer sprachlichen Charakteristik und damit haben sie notwendigerweise keinen anderen Grund als ihre Beschreibung mit den Mitteln der Sprache.

Die literaturwissenschaftliche Kulturwissenschaft steht deshalb Derrida deutlich näher als Foucault. Sie exekutiert gleichsam Derridas Postulat *il n'y a*

---

40 Die Beziehung der foucaultschen Diskursarchäologie zum *linguistic turn* erweist sich insofern als ein durchaus komplexes Verhältnis. Eine Affinität zu dessen Konsequenzen scheint darin zu bestehen, daß die drei epistemologischen Ordnungen, die Foucault in *Les Mots et les choses* entwirft, die Ordnungen der Ähnlichkeiten, der Repräsentation und der Tiefe, sich jeweils an einem bestimmten Verständnis des (sprachlichen) Zeichens ausrichten. Aber schon ihre als kontingent betrachtete Variation deutet an, daß die Geltung der jeweiligen Zeichenkonzeption sich nicht aus der Sprache und ihrem *Wesen* selbst heraus ableiten läßt. In diesem Sinn ist in der Tat das Zeichen der Tiefenepisteme besonders sprechend, weil es sich sozusagen selbst bereits in seiner Begrenztheit darbietet und den Blick auf Voraussetzungen des Denkens öffnet, die sich seiner Reichweite entziehen. Womöglich liegt deshalb in Foucaults Konzept einer Archäologie des Wissens auch schon der Ansatz zu jener Wende seines Denkens, die es mit und seit seiner Antrittsrede am *Collège de France* nehmen wird und die man als den Wechsel von der *Archäologie* zur *Genealogie* beschrieben hat (vgl. etwa Angèle Kremer-Marietti: Michel Foucault. Archéologie et généalogie. Paris 1985). Dem sprachlichen Zeichen und den Regeln ihres Gebrauchs liegt letztlich schon in *Les Mots et les choses* eine dort nicht reflektierte Konditionierung voraus, die im Postulat der schieren *discontinuité* als eine solche eher versteckt als thematisiert wird, deren Identität sich Foucault in seinem späteren Werk jedoch intensiv widmen und die er vor allem in der Kategorie einer anonymen Macht entdecken wird.

pas de hors-texte,[41] indem sie an anderen als sprachlichen Objekten die Prinzipien von dessen Sprachanalyse zur Anwendung bringt. So sehr sich die literaturwissenschaftliche Kulturwissenschaft ihrem forschungsgeschichtlichen Selbstverständnis nach als eine Ablösung des Immanentismus der Dekonstruktion versteht, sie bleibt dessen konzeptuellen Prinzipien in beträchtlichem Maße verhaftet; nur dehnt sie deren Verfahren auf andere als nur sprachliche Phänomene aus.

Kommen wir indessen noch einmal auf die *Gender Studies* zurück, an denen sich noch ein weiteres Kennzeichen der Kulturwissenschaft beobachten läßt. Wenn für die Geschlechterforschung ein wesentliches Anliegen in der Demonstration, wo nicht Entlarvung der vermeintlichen Natürlichkeit von kulturell (und vor allem diskursiv) begründeten Geschlechterkonstruktionen besteht, so ist damit nämlich nur die eine Hälfte ihrer Zielvorgaben angesprochen. Der Feldzug gegen alle vermeintlichen Substantialismen geht dort auch mit einem besonderen Interesse für den Körper, für den aus aller kulturellen Überformung entlassenen, ja befreiten Körper, also dem Interesse für die *bloße* Körperlichkeit einher. Im Falle der Geschlechterforschung artikuliert sich dieses Anliegen vorzugsweise im Zeichen eines emanzipatorischen Programms, der Zurückweisung aller sozioethischen Restriktionen des Umgangs mit dem Körper.

Doch die Fokussierung auf den Körper ist keineswegs den besonderen Umständen der *Gender Studies* geschuldet. Sie bildet eine generelle Tendenz der Kulturwissenschaft. Signifikant in dieser Hinsicht ist, daß sie sich auch dort geltend

---

41 Jacques Derrida: De la grammatologie. Paris 1967, S. 220. Der Kontext dieses Satzes gibt zu erkennen, wie die Universalisierung der sprachlichen Verfaßtheit aller Gegenstände und ihre ontologische Grundlosigkeit auch in Derridas vielzitiertem Diktum unmittelbar miteinander zusammenhängen: »Et pourtant, si la lecture ne doit pas se contenter de redoubler le texte, elle ne peut légitimement transgresser le texte vers autre chose que lui, vers un référent (réalité métaphysique, historique, psycho-biographique, etc.) ou vers un signifié hors texte dont le contenu pourrait avoir lieu, aurait pu avoir lieu hors de la langue, c'est-à-dire, au sens que nous donnons ici à ce mot, hors de l'écriture en général. C'est pourquoi les considérations méthodologiques que nous risquons ici sur un exemple sont étroitement dépendantes des propositions générales que nous avons élaborées plus haut, quant à l'absence du référent ou du signifié transcendantal. *Il n'y a pas de hors-texte*« (ibid.). [»Und dennoch, wenn die Lektüre sich nicht damit begnügen soll, den Text zu doppeln, kann sie ihn legitimerweise zu etwas anderem als ihm selbst auch nicht überschreiten, zu einem Referenten (einer metaphysischen, historischen oder psycho-biographischen etc. Wirklichkeit) oder zu einem Signifikat außerhalb des Textes, dessen Inhalt sich ereignen könnte, sich außerhalb der Sprache hätte ereignen können, d. h. außerhalb der – in dem Sinn, den wir diesem Wort hier geben – *écriture* im Allgemeinen.«]. Deshalb hängen die methodologischen Erörterungen, die wir hier an einem Beispiel erproben, unmittelbar von den allgemeinen Aussagen, die wir oben bezüglich der Abwesenheit des Referenten oder des transzendentalen Signifikats entwickelt haben, ab. Es gibt kein Außerhalb des Textes.

macht, wo man es nicht unbedingt erwarten würde. Ich erwähne als Beispiel nur die Arbeiten der Philosophin Sybille Krämer, die in einer ganzen Reihe von Studien den Belang des Körperlichen für die Sprache herausgestrichen hat und Deixis wie Metapher auf körperliche Phänomene zurückführen möchte.[42]

Daß eine kritische, wo nicht radikal skeptische Position gegenüber der Substanz alles Intelligiblen oder Konzeptuellen der anderen Seite dieser uralten Dichotomie ein größeres Gewicht zusprechen möchte, liegt auf der Hand. Das *signifiant* gewinnt gegenüber dem *signifié* unter solchen Voraussetzungen unweigerlich an Gewicht, ja die Oberhand. Und so kommt es zu den vielzitierten ›frei flottierenden Signifikanten‹. Doch gerade an dieser Formulierung zeigt sich das Dilemma einer solchen *mission impossible*. Denn wenn es so wäre, daß sich in ihnen das Körperliche in seinem Eigenrecht behaupte, ist doch zum anderen nicht zu übersehen, daß es *als* ein solches im Grunde gar nicht zum Vorschein kommt. Genau genommen, ist deshalb schon der Begriff der frei flottierenden Signifikanten irreführend. Denn das, was flottiert, sind die Signifikate. Sie – und nicht etwa deren körperliche Träger – sind instabil. Körperlichkeit aber wird auf diese Weise zum bloßen Effekt einer Aufhebung von stabiler Semantik. Der Körper bleibt im Grunde das Andere des Intelligiblen, dem keine weitere Bestimmtheit als dessen (*bloße*) Negation zukommt.

Und damit sind wir auch schon beim Kern des Problems dieser *quête du corps* angekommen. Wo immer der Diskurs sich des Körpers zu bemächtigen bemüht, macht er es nach dem Gesetz, nach dem *er* angetreten. Er kann es nicht anders als vermittels eines Bezugs zur Semantik tun. Noch der Dadaismus fußt auf diesem Prinzip. Denn erst die Abwesenheit von Sinn macht den Laut-Körper belang-, um nicht zu sagen: bedeutungsvoll. Angemessener wäre es wohl zu sagen: bedeutsam. Auch in einer solchen poetischen Praxis tritt der Körper (erst) im Modus der Negation von Sinn in den Fokus der Aufmerksamkeit. Übrigens läßt sich gerade anhand des Dadaismus die tiefe Verwurzelung der Semantik in der Sprache studieren. Während das abstrakte Bild seinen Siegeszug in der Kunst der Moderne angetreten hat, ist dadaistische Dichtung kaum mehr als eine Episode geblieben.

Das Faszinosum, ja das Phantasma des Körperlichen in der Kulturwissenschaft erweist sich solchermaßen als eine Wirkung von dessen Unerreichbarkeit. Das Unzulängliche aber wird – auch mit den ihr zur Verfügung stehenden Mitteln –

---

42 Vgl. etwa: Sybille Krämer: Sagen und Zeigen. Sechs Perspektiven, in denen das Diskursive und das Ikonische in der Sprache konvergieren. In: Zeitschrift für Germanistik N.F. 3 (2003), S. 509–519. Ich will an dieser Stelle gegen ihre These einer grundsätzlichen Affinität von Metaphorik und Körperlichkeit nur eine durchaus geläufige Metapher nennen, in der diese Beziehung kaum eine Rolle spielt: ›etwas auf einen Nenner bringen‹.

gerade *nicht* Ereignis.⁴³ Zum *lieu de désir* der Moderne gerät der Körper vielmehr als ein Quell einer elementaren Paradoxie ihres Denkens.

Vielleicht nirgends deutlicher als in Kants Erkenntnistheorie kommt dessen basales Paradoxon zum Vorschein. Das Körperliche, das mit den Sinnen Erfaßbare, markiert die Grenze der Erkenntnisfähigkeit des Menschen. Doch dieses Körperliche wird der Vernunft nur auf dem Umweg der Kategorien, die sie selbst vorgibt, zugänglich. Es bleibt insofern die große Leerstelle dieser epistemologischen Konstellation. Der Vernunft ihre Grenze setzend, bleibt der Körper derselben Vernunft doch entzogen. So gerät der Körper letztlich in die Rolle *eines*, wo nicht *des Dings an sich*, um noch einmal einen Begriff der *Kritik der reinen Vernunft* zu verwenden. *Hier* scheint mir die Ursache seines immensen wissenschaftlichen Attraktionspotentials zu liegen, dessen Intensität mit dem *bloßen* Aufstand gegen alle sozialen ›staatlichen oder religiösen Restriktionen von Körperlichkeit trotz seines Freiheitspathos‹ keine rechte Plausibilität gewinnt.

Auch die kulturwissenschaftliche Fixierung auf den Körper gründet mithin auf der benannten epistemologischen Paradoxie, aber sie gründet darin im doppelten Sinne des Wortes. Denn sie verkennt, daß sie auf diese Weise selbst zu einer paradoxen Unternehmung gerät. Sie ist im Grunde nicht die Lösung, sondern ein Symptom der Verwerfungen des Denkens der Moderne.

Nun ist es, wie dem ausführlichen und sehr pointierten Prospekt des Kolloquiums, dem dieser Beitrag entstammt, zu entnehmen ist, sein erklärtes Anliegen die Erkundung der Möglichkeiten einer Neubegründung von Sozial- und Ideengeschichte der Literatur. So verlockend ein solches Vorhaben angesichts der nicht zu leugnenden Blindstellen einer literaturwissenschaftlichen Kulturwissenschaft erscheint, gilt es doch der Gefahr zu wehren, daß auch die ins Auge gefaßte Reorientierung als nichts anderes denn ein weiteres Glied in der schier endlosen Kette immer neuer *turns* endet. Um dies zu vermeiden, sollten m. E. vor allem zwei Voraussetzungen erfüllt sein:

---

43 Sprechend in dieser Hinsicht scheint mir übrigens Judith Butlers intelligente Wendung zu sein, die sie der Frage nach der Körperlichkeit des Geschlechts gibt. Nachdem sie hellsichtig die Widersprüche aufgezeigt hat, die der herkömmliche Konstruktivismus der Geschlechterforschung in seinen verschiedenen Varianten für die Unterscheidung zwischen *sex* und *gender* mit sich bringt, schlägt sie als Lösung vor, die *materiality of sex* wie folgt in die Perspektive zu rücken: »Thus, the question is no longer, How is gender constituted as and through a certain interpretation of sex? (a question that leaves the 'matter' of sex untheorized), but rather, Through what regulatory norms is sex itself materialized?« (Butler: Bodies that Matter [s. Anm. 30], S. 10).

1) *Perspektiven einer neuen Ideen- und Sozialgeschichte der Literatur* – um den Untertitel unseres Symposiums zu zitieren – wird es nur geben können, wenn sie sich *auch* vom Genitiv »der Literatur« in diesem Programm zu lösen vermag. Erfolg wird sie nämlich dauerhaft nur gewinnen können, wenn sie sich ebenso als *literarische Ideen- und Sozialgeschichte* zu etablieren vermag. Hinter diesem grammatischen Postulat verbirgt sich durchaus mehr als nur rhetorisches Paradeexerzieren. Gemeint ist damit die Notwendigkeit, den medialen Belang einer solchen Geschichte aus den konstitutiven Eigenheiten der Literatur selbst zu begründen. Und dies wird nur in einer doppelten Perspektive gelingen. Zum einen gilt es, die Funktion der Literatur innerhalb einer Ideen- und Sozialgeschichte zu erforschen, in der die Literatur einen Teil bildet. Zum anderen gilt es umgekehrt, den Belang von Ideen- und Sozialgeschichte *für* die Literatur zu erweisen. Beide Perspektiven bedürfen vor allem ihrer Verknüpfung. Erst vermittels ihrer wechselseitigen Spiegelung werden sich tragbare Ergebnisse einstellen. Forschungsgeschichtlich gesprochen: Es muß das Kunststück her, Werkinterpretation und Literatursoziologie miteinander zu verkoppeln. Man könnte auch, ein wenig grundsätzlicher, sagen: Hermeneutik und Geschichte harren ihrer literaturwissenschaftlichen Versöhnung. Der *New Historicism*, dem ein solches Anliegen ja keineswegs fremd ist, hat diese Verbindung gleichwohl nicht wirklich geleistet. Er hat, wie bereits diskutiert, unter der Hand eine literarische Hermeneutik auf ihren Gegenstand verschoben und die Literatur als solche in das Medium einer solchen Vermittlung zwischen ihr selbst und ihrer kulturellen Umgebung verwandelt – als sei zwischen beidem gar nicht zu unterscheiden. Auch in *diesem* Sinne ist die Formel der *poetics of culture* im *New Historicism* sprechend: Wenn die Kultur nach dem Modell der Dichtung gebaut ist, dann deshalb, weil die Literatur ihrerseits die Kultur in den Zusammenhang bringt. Das – zutiefst metaphorische – Zauberwort dafür heißt, wir haben es besprochen: *negotiations*. Auf diese Weise aber wird die Arbeit des Interpreten in dem von ihm bearbeiteten Gegenstand gleichsam aufgehoben (um nicht zu sagen: versteckt). Stattdessen gilt es, die wechselseitige Durchdringung von Literatur und (anderweitiger) Kultur nicht zum literarischen Verfahren als solchem zu erklären, sondern ihre wechselseitigen Korrelationen empirisch zu beobachten.

2) Eine Reorientierung, wie sie der Prospekt unseres Kolloquiums vorschlägt, schließt auch eine gründliche Auseinandersetzung mit den epistemologischen Voraussetzungen der Kulturwissenschaft ein. Und dazu gehört vor allem eine kritische Revision postmoderner Sprach- und Literaturtheorie. Wenn ich gerade ihren Belang so heraustelle, dann nicht nur, weil sie sich

subkutan in vielen Ansätzen verbirgt, die vordergründig ganz anderen Zielsetzungen verpflichtet sind. Vielmehr ist diese latente Ubiquität nur ein Symptom der Ursache, die die postmoderne Theorie in der Literaturwissenschaft so populär macht.

Es ist in dieser Hinsicht äußerst aufschlußreich, daß die strukturale Theorie der *poetischen Sprache* in beträchtlichem Maße der poststrukturalen Theorie der *Sprache* entspricht. Roman Jakobsons poetische Funktion mit der für sie kennzeichnenden Autoreferentialität entspricht nämlich sehr weitgehend dem generellen Modell der Sprache, das der Poststrukturalismus entwickelt hat. Sie schafft im Grunde den Gegensatz zwischen Referentialität und Autoreferentialität (zugunsten letzterer) ab. Diese Affinität aber enthält einen latenten Hinweis auf die Gründe der Beliebtheit dekonstruktiver Theorie in der Literaturwissenschaft (und hält dabei zugleich eine Erklärung dafür bereit, warum sie hier – und nicht dort, wo es von ihrem Gegenstand her zu erwarten wäre, nämlich in Philosophie und Sprachwissenschaft – ihren *eigentlichen* Erfolg gefeiert hat): Die Dekonstruktion bietet in letzter Konsequenz eine theoretische und terminologische Neuformulierung wesentlicher Aspekte romantischer Poetik. Der Vorteil, den sie bietet, ist die Fundamentierung dieser Poetik in einer Theorie der Sprache selbst.

Um nur einige Hinweise zur Begründung dieser These zu geben: Als sich die Philologien im 19. Jahrhundert konstituierten, bestimmte die romantische Konzeption der Literatur weithin die Vorstellung vom Wesen des Poetischen. Es ist dieses ihren Anfängen geschuldete Erbe, das die Literaturwissenschaft bis auf den heutigen Tag nachhaltig prägt.

Die romantische Poetik richtete sich bekanntlich gegen die Präzepte des in beträchtlichem Maße von der Rezeption der aristotelischen *Poetik* bestimmten Klassizismus, der vom 16.–18. Jahrhundert die dominante poetologische Referenz darstellte. Die Regeln klassizistischer Poetik beruhten auf rationalen Prinzipien: Klarheit, Wahrscheinlichkeit und Schlüssigkeit galten als Richtschnur literarischer Produktion. Die *Poetik* der Romantik gründet stattdessen wesentlich auf einer Rebellion gegen diese Prinzipien. Dieser Widerstand – und dies bildet eine wesentliche Voraussetzung romantischer Poetik – wird weithin angeregt durch das Denken der späten Aufklärung mit ihrer Selbstkritik der Vernunft, die vor allem die Grenzen dieser Vernunft aufgezeigt hat. So bringt Kants Denken die Einsicht mit sich, daß die unhintergehbare Rationalität des menschlichen Zugriffs auf die Welt keineswegs verbürgt, daß die Welt selbst nach rationalen Prinzipien organisiert ist. Auf diese Weise ergibt sich ein Hiat zwischen dem Denken und der Wirklichkeit, und genau dieser Lücke, die das aufklärerische Denken produziert hat, bemächtigt sich die Romantik. Sie versucht dort Einsichten zu gewinnen, wo rationale Verfahren an das Ende ihrer Möglichkeiten gelangen. Romantik ist insofern durchaus nicht, jedenfalls nicht nur eine Gegenbewegung gegen die Aufklärung, als welche man sie gern versteht: Sie ist zunächst ihre durchaus konsequente Folgeerscheinung.

Das hier skizzierte Verhältnis von Romantik und Aufklärung kann erklären, warum die romantische Poetik die Prinzipien des Klassizismus so grundsätzlich in Frage stellt. Nicht Wahrscheinlichkeit, Schlüssigkeit und rationale Transparenz bestimmen das poetische Werk, sondern gerade deren Gegenteil. Wenn der rationale Zugriff auf die Welt das Sein der Dinge verfehlt, eröffnet dann nicht vielleicht ihr Gegenteil den Zugang zu ihrem Wesen? Nicht Klarheit, sondern Vagheit, nicht Eindeutigkeit, sondern Vieldeutigkeit haben sich deshalb dort zu bewähren, wo ihr der Vernunft verpflichtetes Gegenprogramm scheitert. Das Mysteriöse und Unheimliche und nicht mehr das Schlüssige und Wahrscheinliche ist die Domäne romantischer Literatur.

Genau diesen anti-rationalistischen Zug aber teilt die Poetik der Romantik mit der Theorie der Dekonstruktion. Keine stabilen, auf logischen Beziehungen gegründete Bedeutungen sind aus post-strukturalistischer Sicht das Merkmal der Sprache, sondern semantische Dispersion, ein nie ans Ende kommender Prozeß des Aufschubs von Bedeutung macht ihr Wesen aus. Und diese Skepsis gegenüber aller Rationalität, den die Romantik mit dem Dekonstruktivismus teilt, macht sie so populär in der Literaturwissenschaft. Sie scheint eine avancierte Theorie für eine überkommene Position anzubieten und damit zugleich ein Dilemma zu lösen, das die Literaturwissenschaft vielleicht seit jeher umtreibt: den schwer auszuhaltenden Konflikt zwischen einem Gegenstand, dem weitgehend ein irrationaler Charakter zugesprochen wird, und den Ansprüchen einer unvermeidlich rationalen Unternehmung, als welche sich eine Wissenschaft nun einmal präsentiert.

Übrigens läßt sich auch eine gewisse Parallele in der Genese von Romantik und Dekonstruktivismus bemerken: So wie die Romantik aus der Selbstkritik der Aufklärung folgt, versteht sich auch Derridas Sprachtheorie als eine Fortentwicklung des Strukturalismus, dessen Blindstellen er beheben möchte.[44]

---

[44] Diese Gemeinsamkeit gründet freilich weit mehr auf dem Anspruch, den der Post-Strukturalismus erhebt, als auf wirklich vergleichbaren Verhältnissen der Theorieentwicklung. Kants *Kritik der reinen Vernunft* artikuliert ein ontologisches Defizit der Vernunft, das seit Descartes das neuzeitliche Denken beschäftigt. Derrida muß hingegen, wie gesehen (vgl. S. 44ff.), Saussures Sprachtheorie und ihre Begriffe erheblich transformieren, um sie für seine ontologische Kritik allererst aufzubereiten.

Der durchaus prekären Affinität von Literaturwissenschaft und Dekonstruktion aber wird man nur Herr werden können, wenn man die Grundlagen postmoderner Sprachtheorie kritisch befragt. Es führt mithin kein Weg vorbei an der *Kritik der unreinen Vernunft*, die sich in der postmodernen Sprachtheorie eingenistet hat.

Soll der Titel unserer Tagung – *Nach der Kulturgeschichte* – von einem Programm, ich will von Utopie ja gar nicht sprechen – zur Empirie wechseln, dann scheint mir eine kritische Auseinandersetzung mit den theoretischen *Prämissen* der Kulturwissenschaft unerläßlich zu sein. So begründet die Warnung vor der Entgrenzung des Literaturbegriffs ist und so berechtigt die Klage über den Verlust einer distinktiven Kompetenz erscheint, alle Rufe nach einer Rephilologisierung werden weitgehend wirkungslos verhallen, wenn dabei nur die Konsequenzen der Kulturwissenschaft kritisch in den Blick genommen werden, ihre theoretischen Voraussetzungen, die ihre Entstehung allererst zu erklären vermögen, aber unbefragt bleiben.

Deshalb gilt es, Kritik und Konstruktion miteinander zu verbinden und aus der Analyse der Defizite poststrukturaler Theorie den Ansatz für die Formulierung einer Alternative zu entwickeln. Übrigens scheint sich mir hier auch eine sinnvolle Zusammenarbeit zwischen Sprach- und Literaturwissenschaften abzuzeichnen, die sich zum wechselseitigen Schaden bis an die Grenze der Sprachlosigkeit voneinander entfernt haben. Ihre zerrüttete Ehe könnte in der gemeinsamen Diskussion postmoderner Sprachtheorie durchaus neuen Schwung bekommen.

II **Fallstudien**

12. Jahrhundert

Stephan Müller
Evidenzen, Indizien und Beweise

Der Alltag im *himelrîche* zwischen Philologie und Kulturwissenschaft

Das Problem an den *Turns* in den Geisteswissenschaften ist, dass sie keine wirklichen *Turns* sind. Sie reagieren nicht auf neue Fakten, sie sind keine *Kopernikanischen Wenden*. Sie eröffnen neue Perspektiven, ohne die alten wirklich außer Kraft zu setzen. Sie sind ›Wendungen‹, keine ›Wenden‹. Die Reaktionen auf die *Turns* sind entsprechend. Die Vertreter der *Turns* sind euphorisch und sie müssen es sein, denn eigentlich macht erst diese Euphorie den *Turn* aus. Man tut so, als habe sich die Wissenschaft und das Wissen um die Welt substantiell verändert, und radikalisiert damit die Geltung einer neuen Perspektive, auch wenn sie die alten nicht ablöst. Das Problem dabei ist, dass sich Euphorie nicht auf Dauer stellen lässt, bzw. nur mit größten Glaubwürdigkeitsverlusten; wer es trotzdem versucht, wird zwangsläufig unglaubwürdig und man kennt ja die Veteranen in die Jahre gekommener Innovationen. Aber auch die Skeptiker gegenüber den *Turns* können nicht uneingeschränkt agieren: So recht eigentlich kann man ja nicht »Nein« zu deren Anliegen sagen: ›Sprache‹, ›Raum‹, ›Zeit‹ – aber auch Dimensionen wie ›Geschlecht‹, ›Materialität‹, etc. kann man ja nicht für bedeutungslos erklären. Deshalb kommt statt einem »Nein« oft ein »Ja, aber«. Die Gegner der *New Philology* etwa reagierten mit dem Hinweis, dass sie die Materialität ohnehin schon immer für zentral gehalten haben, »Ja«, aber neu sei die Sache wirklich nicht, jetzt nur irgendwie amerikanisch.[1] ›Kulturwissenschaft‹, »Ja«, das sei die Germanistik natürlich schon seit den Grimms, doch irgendwie anders.

Weil die *Turns* also die Welt nicht verändern, aber auch nicht an der Welt vorbeigehen, werden sie weder radikal verifiziert noch falsifiziert, sondern ebben ab. Sie hinterlassen dabei aber doch die Aspekte, die sie ins Zentrum

---

[1] Vgl. etwa Freimut Löser: Postmodernes Mittelalter? ›New Philology‹ und Überlieferungsgeschichte. In: Jochen Conzelmann u. a. (Hg.): Kulturen des Manuskriptzeitalters. Ergebnisse der Amerikanisch-Deutschen Arbeitstagung an der Georg-August-Universität Göttingen vom 17. bis 20. Oktober 2002. Göttingen 2004, S. 215–236.

Stephan Müller, Wien

stellten. Die Fragen nach diesen Aspekten liegen dann in der Werkzeugkiste der Textarbeiterinnen und Textarbeiter und können mit Gewinn zur Anwendung kommen: ›Raum‹, ›Zeit‹, ›Materialität‹, ›Geschlecht‹, ›Kultur‹ – es lohnt sich, danach zu fragen. Das Problem ist nur, dass damit recht unterschiedliche Instrumente im Werkzeugkasten liegen: Skalpell liegt neben Kettensäge – mit beiden kann man sinnvoll Schnitte setzen, aber eben nicht in allen Situationen gleich sinnvoll.

Ich lasse dieses Bild im Raum stehen und wende mich in diesem Sinn meinem Text zu. Ich will dabei versuchen, auf verschiedenen Ebenen und mit verschiedenen Methoden auf diesen Text zuzugreifen und zu fragen, wie die Ergebnisse dieser Zugriffe miteinander in Bezug zu setzen sein könnten. Ansetzen werde ich dabei mit der Beschreibung von Auffälligkeiten, die den Text prägen und ich will diese Auffälligkeiten versuchsweise in einem ersten Schritt als *Evidenzen* bezeichnen, um diese dann sukzessive zusammenzusehen. Unter dem Begriff *Text* wird selbstverständlich seine Materialität bedeutungshaft mit verstanden, ohne dass ich meine, das begründen zu müssen – was ein Beispiel dafür sein mag, wie eine vergangene rege Debatte (um Überlieferungsgeschichte und *New Philology*) als Teil wissenschaftlicher Praxis inventarisiert wurde. Die Leitfrage wird sein, ob und wie diese *Evidenzen* in verschiedenen Zusammenhängen zum *Argument* werden können. Es geht also dabei zunächst um nicht mehr, als um das Benennen von Auffälligkeiten in der Befundlage und das ohne gleich schon in den Prozess einer *Deutung* überzugehen (um das alte Paradigma von »Befund und Deutung« hier aufzurufen und im selben Atemzug zu dispensieren). Erst resümierend will ich dann fragen, was die Voraussetzungen dafür sind, dass *Evidenzen* zu *Argumenten* werden und ob diese Voraussetzungen etwas darüber aussagen, wie sich philologische Befunde zu kulturwissenschaftlichen Analysen verhalten.

Bei meinem Gegenstand handelt es sich um einen Text, der die Themen ›Himmlisches Jerusalem‹, ›Jüngstes Gericht‹ und in diesem Kontext eine Allegorese des Regenbogens behandelt. Er umfasst in der gängigen Edition[2] 378 Langverse, firmiert in der Forschung unter dem Titel *Daz himelrîche* und entstand zwischen 1140 und 1180, wobei einiges für eine späte Datierung in diesem Zeitraum spricht.[3]

---

[2] Vgl. Vom Himmelreich. In: Die religiösen Dichtungen des 11. und 12. Jahrhunderts. Nach ihren Formen besprochen und hg. von Friedrich Maurer, Band 1. Tübingen 1964, S. 374–395.
[3] Vgl. Wiebke Freytag: ›Daz himelrîche‹. In: ²VL 4 (1983), Sp. 18–21.

Literaturgeschichtlich bewertete man den Text mal als stümperhaft,[4] mal ist der Autor »wirklicher Dichter«[5] und ordnet ihn im Sinne einer etablierten, aber seltsamen Asynchronie ein: Die Texte der zweiten Hälfte des 12. Jahrhunderts sind frühe Texte, wenn sie ›weltlich‹ sind, sie sind späte Texte, wenn sie ›geistlich‹ sind. Veldekes *Eneit* ist ›frühhöfisch‹, die weltlichen Texte streben der Zeit um 1200 zu. Unser Text ist dagegen etwa nach Helmut de Boor »spätcluniazensisch«[6] – also Ausläufer einer Tradition, die für de Boor im 11. Jahrhundert begann. In meiner Versuchsanordnung will ich den Text aber aus solchen literarhistorischen Kontinuen herausnehmen und einfach in meinen Werkzeugkasten greifen, um ihn für sich selbst genommen zu beschreiben.

1 Die *Evidenz* des Materials

Damit zu meiner ersten *Evidenz*, der *Evidenz* des Materials: *Daz himelrîche* steht im Clm 9513 der Bayerischen Staatsbibliothek, einem Codex aus Oberaltaich, am Blattrand von folio 1 recto bis 7 recto neben dem elften Buch von Gregors des Großen *Moralia in Iob*. Die Eintragung ist geplant, wie eine Bildlinierung auf den Rändern der Handschrift zeigt. Sie ist aber auch gestört. Am Ende werden Textteile mit Verweiszeichen nachgetragen.[7]

Nun kann man die Hand des deutschen Textes eindeutig identifizieren, und zwar als jene, die auch die berühmte Interlinearversion des *Windberger Psalters*

---

4 Vgl. Rudolf Hävemeier: Daz himilriche. Ein bairisches Gedicht aus dem 12. Jahrhundert. Bückeburg 1891, S. 18–20 fasst die Urteile von Scherer und Steinmeyer zusammen. Scherer ist ganz ungnädig. Steinmeyer entschuldigt immerhin die Qualität mit der offensichtlichen Jugend des Dichters, was Hävemeier nicht für angemessen hält, weil er im Autor einen »gereisten Mann« (S. 19) vermutet.
5 Helmut de Boor: Die deutsche Literatur von Karl dem Großen bis zum Beginn der höfischen Dichtung 770–1170. 6. Aufl. München 1964 (Geschichte der deutschen Literatur von den Anfängen bis zur Gegenwart 1), S. 192.
6 Bei de Boor: Die deutsche Literatur (s. Anm. 5) steht *Daz himelrîche* im Kapitel »Cluniazensische Spätzeit« (S. 172–199).
7 Zur Überlieferungssituation vgl. Stephan Müller: Willkomm und Abschied. Zum problematischen Verhältnis von ›Entstehung‹ und ›Überlieferung‹ der deutschen Literatur des Mittelalters am Beispiel von »Ezzolied«, »himelrîche« und »Vorauer Handschrift«. In: Jens Haustein, Helmut Tervooren (Hg.): Regionale Literaturgeschichtsschreibung. ZfdPh Sonderheft zum Band 122 (2003), S. 230–245 und Christine Stridde: Verbalpräsenz und göttlicher Sprechakt. Zur Pragmatik spiritueller Kommunikation ›zwischen‹ St. Trudperter Hohelied und Mechthilds von Magdeburg *Das fließende Licht der Gottheit*. Stuttgart 2009, S. 90–92.

im Cgm 17 geschrieben hat.[8] Diesen eindeutigen Befund verdanken wir Karin Schneider, die für die Paläographie vor allem auch deutschsprachiger Schriften des Hochmittelalters die aktuellen Standards gesetzt hat.[9] Das führt aber zu der Frage, was eine Windberger Hand in einem Oberaltaicher Codex zu suchen hat? Es gibt mehrere Antwortmöglichkeiten: Entweder schrieb ein Windberger Prämonstratenser im Benediktinerkloster Oberaltaich, oder der Codex war nach Windberg ausgeliehen, wo man den Text der *Moralia* abschrieb und dann das deutsche *himelrîche* – vielleicht als Geschenk für die Oberaltaicher – eintrug. Als Produkt dieser Abschrift der *Moralia* kämen nur der Clm 22202 und 22203 in Frage, die in Windberg den Text der *Moralia* überliefern. Seitdem die Untersuchungen von Brigitte Pfeil zeigen konnten,[10] dass nur der Oberaltaicher Clm 9513 Vorlage für die Windberger *Moralia* war, nicht dagegen der erste Band der Oberaltaicher *Moralia*, der Clm 9512, ist besser erklärbar, warum das *himelrîche* nicht am Anfang der *Moralia* eingetragen wurde, sondern neben dem elften Buch und man weiß nun auch, dass man in Windberg zwei Vorlagen verwendete, woraus man folgern kann, dass der Oberaltaicher Codex erst später ausgeliehen wurde und man wohl länger an der Abschrift arbeitete und vielleicht das *himelrîche* als kleines Dankeschön »wahrscheinlich auf Bitten der Oberaltaicher«[11] in die Oberaltaicher Handschrift eintrug.

Wie genau der Austausch auch immer vor sich ging, sicher ist Folgendes: Der Codex und damit auch unser *himelrîche* wird im Kontext der Benediktiner und Prämonstratenser gebraucht. Und: Der Text hat eine kalkulierte Überlieferungsqualität. Es ist keine spontane Niederschrift vor Ort und zwar eine Niederschrift eines Schreibers, der nicht nur diesen deutschen Text schrieb, sondern auch den *Windberger Psalter*. Diese eindeutige paläographische Zuschreibung verlangte also nach Erklärungen, bei denen eindeutige Befunde der Textkritik (nämlich der Vorlagenverhältnisse der Windberger *Moralia*) und der Kunstgeschichte herangezogen wurden, um dann daraus einen möglichen Schluss zu

---

[8] Ich zitiere den Text nach Klaus Kirchert: Der Windberger Psalter, Bd. II: Textausgabe. Zürich 1979.

[9] Vgl. Karin Schneider: Gotische Schriften in deutscher Sprache: Vom späten 12. Jahrhundert bis um 1300; Bd. 1: Textband; Bd. 2: Tafelband. Wiesbaden 1987, hier Bd. 1, S. 34. Schon Johann Andreas Schmeller hat in seiner Erstausgabe von 1851 (in ZfdA, Bd. 8, S. 145–155) eine Schreiberidentität als »höchst wahrscheinlich« (S. 145) angesehen.

[10] Vgl. Brigitte Pfeil: Die ›Vision des Tnugdalus‹ Albers von Windberg. Literatur- und Frömmigkeitsgeschichte im ausgehenden 12. Jahrhundert. Mit einer Edition der lateinischen ›Visio Tnugdali‹ aus Clm 22254. Frankfurt a.M. u. a. 1999, S. 55 f. Der Clm 9513 ist nach Ausweis der ikonographischen Untersuchungen von Elisabeth Klemm auch teilweise Vorlage für den Clm 22203. Vgl. Stridde (Anm. 7), S. 74, Anm. 286.

[11] So Klaus Kirchert: Der Windberger Psalter, Bd. I: Untersuchungen. Zürich 1979, S. 63.

ziehen. Wie die Verbindung zwischen Windberg und Oberaltaich genau aussah und in welchen Kontexten die eindeutige Kenntnis dieser Verbindung zum Argument werden könnte, ist damit nicht gesagt. Aber man kann sich entsprechende ordensgeschichtliche Untersuchungen gut vorstellen, in denen dieser Befund zum Argument werden könnte. Für den vorliegenden Versuch reicht es, auf die *Evidenz* der Schreiberindentität zu setzen. Sie belegt, dass ein und dieselbe Person zwei Mal deutsche Texte schrieb und dass einer dieser Texte kein spontanes Autograph ist, sondern Produkt einer geplanten Überlieferung und Weitergabe.

2 Die *Evidenz* der Sprache

Damit zu einer daraus folgenden *Evidenz* – zur Evidenz der Sprache: Der Text des *himelrîche* beginnt mit dem Eingang von Psalm 47: *Mihil bis du herro got unde loebelich harte* (1,1) (Groß bist Du, Herr, und sehr lobenswert) übersetzt: *Magnus dominus et laudabilis nimis*. Im *Windberger Psalter* (S. 88) schreibt dieselbe Hand das so: *Michil herro unde loblih harte* – also fast wortgleich. Aufgerufen wird am Anfang des *himelrîche* also Psalm 47, doch die Übersetzung weicht einer Paraphrase: *michil ist din chraft uf dere himilisken warte* (1,2) (Groß ist deine Kraft auf der himmlischen Warte). Die ›himmlische Warte‹, das Reich, das über allen anderen Reichen steht, ist im folgenden Text dann das ›Himmlische Jerusalem‹. Das Psalmenzitat mündet also sofort in das zentrale Motiv des *himelrîche*, ins ›Himmlische Jerusalem‹, von dem allerdings im Psalm 47 nicht die Rede ist! Und auch die exegetische Tradition legt den Psalm 47 nicht Richtung ›Himmlisches Jerusalem‹ aus.[12]

Die Verbindung stellt indes eine *Oratio* zum Psalm her.[13] Solche *Orationes* sind im *Windberger Psalter* jedem Psalm beigegeben und werden ebenfalls interlinear ins Deutsche übersetzt. Für Psalm 47 beginnt sie wie folgt: *Amabilis atque laudabilis deus, qui in caelesti hierusalem princeps magnificus inveneris.* (S. 90) Für uns ist nun wichtig, dass dieser Satz der *Oratio* im *Windberger Psalter* wie folgt übersetzt wird: *Minnichlih iouh lobelih got du der in der himilisken frideburge furste ein michillih funden wirdis.* (S. 90) (Liebenswert und auch lobenswert bist Du Gott, der du in der himmlischen Friedensstadt – also im Himmlischen Jerusalem – als ein großer Herrscher angetroffen wirst).

---

12 Als Auslegungstraditionen kämen die Kommentare des Cassiodor und Augustin in Frage, die beide das Himmlische Jerusalem nicht erwähnen.
13 Zu den *Orationes* vgl. Kirchert: Untersuchungen (s. Anm. 11), S. 79–81.

Das ›Himmlische Jerusalem‹ heißt hier, wie es oft heißt: *himilisike frideburge*. In den Eingangsversen des *himelrîche* ist dagegen von der *himilisken warte* die Rede. Das sticht besonders ins Auge, wenn man sieht, dass *warte* im Kontext des 47. Psalms den expliziten Bezug zu einem anderen Ort herstellt, der im *Windberger Psalter* immer mit »Warte« wiedergegeben wird: Mit dem Berg Zion, der im zweiten Vers des Psalm 47 als die Stadt des größten Königs gepriesen wird. Der *Mons Sion* wird mit *berg warte* übersetzt und in der *Oratio* dann mit dem *Jerusalem Caelestis* gleichgesetzt. Das *himelrîche* kombiniert also eine Bezeichnung, die den Namen des Bergs Zion aufgreift (*warte*) und fügt die Deutung der *Oratio* hinzu: So entsteht aus *des berges warte* und der *himilisken frideburge* die *himiliske warte* – also eine aus der Psalmenexegese der *Oratio* abgeleitete Form für das »Himmlische Jerusalem«.

Eine solche Engführung von Wortschatzarbeit und Exegese ist die Regel auch im *Windberger Psalter*. Oft wird sie durch das einfache Nebeneinander mehrerer Lexeme geleistet, die im *Windberger Psalter* bis zum Exzess praktiziert wird. Ein beliebiges Beispiel: In Psalm 17,16 wird *fontes aquarum* zweimal übersetzt und von diesen Übersetzungen dann eine durchgestrichen: Einmal als *ursprinch der wazzere*, einmal als *brunnen der wazzere*. (S. 31) Es handelt sich im Text um eine große Theophanie, mit der David schildert, wie Gott ihm gegen seine Feinde zu Hilfe kommt. Man kann die *fontes* wörtlich natürlich als ›Quelle‹ lesen – wie in der Übersetzung *brunnen*, was die Drastik des Bildes aber unterschlägt. Die Übersetzung mit ›Ursprung‹ ist abstrakter und korrespondiert mit der Auslegung des Psalms durch Cassiodor, der die *fontes* als Begründung für die Heiligkeit des ewigen Lebens liest, weshalb Notker der Deutsche, der hier Cassiodor benutzt, das *fontes* – wie in Windberg – mit *urspringa* übersetzt.[14] In Windberg ist diese Übersetzung zwar durchgestrichen, aber eben nicht getilgt. Sie bleibt gut lesbar, sodass eine Abwägung von Deutungs- und Übersetzungsalternativen (und die Entscheidung, die auf diesen Prozess folgt) nachvollziehbar bleibt. Wortsinn und exegetische Deutung sind kopräsent. Solche Synonymnester können bis zu fünf Lexeme vereinen und auch im *himelrîche* stehen in exzessiver Häufigkeit Synonyme nebeneinander. Schon im vierten Vers heißt es etwa: *dinen gewalt mach niemen enphliehen noch entwichen*. (1,4) (Deiner Macht kann niemand entfliehen noch entweichen). In Vers sechs folgt dann als Reimwort noch das synonyme *entrinnen*. (1,6) Auch im *Windberger Psalter* wird ein Naturbild in Psalm 74,7 erklärt mit: *maget ir entrinnen. oder daz gerihte enphliehen* (S. 138) (könnt ihr dem Gericht nicht entrinnen noch entweichen).

---

14 Vgl. Notker der Deutsche: Der Psalter. Psalm 1–50. Hg. von Petrus W. Tax. Tübingen 1979 (Die Werke Notkers des Deutschen. Neue Ausgabe 8, ATB 84), S. 50, Zeile 12.

Die Synonymnester sind dabei mehr als nur eine Marotte, sie prägen einen repetitiven Stil, der in der »Interpretationstechnik des Psalters« seine »Entsprechung« hat[15] und sind also auch ein Medium von Sprach- und Weltreflexion, was bewirkt, dass im *himelrîche*, wie im *Windberger Psalter* zahllose Frühst- und Einzelbelege mittelhochdeutscher Lexeme zu finden sind. Auch das nur kurz: Über *Butyrum* (im 'Canticum Moisi' [Deut. 32,14], Cgm 17, fol. 213r, Z. 5–7;) stehen die Übersetzungen *Die cigeren. buttiren. anchsmere. Butyrum* wird mit dem ab dem 11. Jahrhundert belegten Lehnwort *buttir*, mit dem Erstbeleg des Wortes *ciger* und mit einem sehr frühen Beleg des erst im 12. Jahrhundert überlieferten *anchsmere* übersetzt. Wie benennt man Dinge des Alltags? Die Frage stellt man, aber entscheidet sich nicht, sondern stellt Alternativen vor. Die so entstehenden Synonymnester integrieren eine (hier lexikalische) Reflexion des Alltags in die Welt monastischer Spiritualität. Dies alles, um daran zu erinnern, aus der Hand desselben Schreibers und als Text, der nicht nur einmal aufgeschrieben wird, sondern den man weitergibt.

3 Die *Evidenz* des Alltags

Damit zur nächsten *Evidenz*, der Evidenz des Alltags: Der Zustand des ›Himmlischen Jerusalem‹ wird im *himelrîche* durch die Abwesenheit von Alltagsnotwendigkeiten beschrieben. Als »Schilderung durch Negation« hat man das wiederholt bezeichnet.[16] Das ist ein oft belegtes Muster und keine Besonderheit. Im Falle des *himelrîche* aber ist dieses Muster ein Einfallstor für eine sprachliche Abbildung des Alltags, über den sonst nicht geschrieben würde und dies – wie in der Evidenz der Sprache gezeigt – im Modus sprachlicher Reflexion. Ein Beispiel (9,1f.):

Ire gewaete, die da sint, ist das ewige lieht,
vone diu nebedurfen si dere badegwante alanch nieht.

(Ihre Gewänder sind dort das ewige Licht,
deshalb brauchen sie keine Badegewänder.)

---

15 Gisela Vollmann-Profe: Wiederbeginn volkssprachlicher Schriftlichkeit im hohen Mittelalter (1050/60–1160/70). Königstein im Taunus 1986 (Geschichte der deutschen Literatur von den Anfängen bis zum Beginn der Neuzeit. Band I: Von den Anfängen bis zum hohen Mittelalter. Teil 2), S. 146. Vgl. auch Freytag (Anm. 3), Sp. 19f.
16 So etwa Hävemeier: Daz himilriche (s. Anm. 4), S. 19.

Weil die Seligen im ›Himmlischen Jerusalem‹ als Kleidung das ewige Licht tragen, brauchen sie keine Badehosen. Auch hier neigt der Text zum Exzess und auch wieder zur Bildung der Synonymnester (9,12 ff.):

> *durh ezzen nebedarf man daz brot bachen noch baen,*
> *durh zuomuose fleisc und(e) viske sieden noch sulzen,*
> *durh trinchen haberen noch gersten ze bíerè mulzen.*
> *sí negerent durh den durst iemer metes noch wines*
> *oder ze wollibe morates noch trinchenes deheines.*

(Man muss das Brot zum Essen nicht backen oder rösten,
Fleisch und Fische als Zuspeise weder kochen noch sülzen,
zum Trinken den Hafer noch die Gerste zu Bier malzen.
Sie begehren aus Durst weder Met noch Wein
noch für ihr Wohlbefinden Maulbeerwein oder irgendein Getränk.)

und 9,22 ff:

> *ane strælære unde bursten wirdit in daz har geslihtit.*
> *si ruowent da ane vederbete, bolstære unde chusse,*
> *nehein wert hat der choze da also vile so diu zusse.*
> *undurft ist in lichlachen jouch dere bedelachen,*
> *si sint is alles vervángèn mit geistlichen sachen.*

(Ohne Kämme und Bürsten wird ihnen das Haar geglättet.
Sie ruhen dort ohne Federbetten, Polster und Kissen,
der Lodenkotzen hat dort so wenig Funktion wie der Lodenumhang.
Unnötig sind für sie Leinentücher und Bettlaken,
sie sind ganz mit geistlichen Dingen umfangen)

Hier hagelt es förmlich Frühstbelege und Sonderwortschatz: *baen* (»in Scheiben geschnittenes Brot leicht rösten«) – *sulzen* (»einsülzen«) – *mulzen* (»malzen«) – der *Morat*, der »Maulbeerwein« – *zusse* und *chozze*, zwei Wörter für den »Lodenkotzen«, *strælær* der »Kamm« oder »Kammmacher« – »Bettlaken« – »Federbett« – »Polster« – »Kissen«. Die Beispiele ließen sich vermehren. Solche Thematisierungen des Alltags gehen auch über die Ebene des Einzelwortes hinaus. Als Beispiel dafür ein *Scholion* – also ein erläuternder Randeintrag zu *Jubilare* im *Windberger Psalter* (zu Psalm 94,2 [S. 177]). Dort wird der Jubel wie gewöhnlich als Form der Sprache ohne Wortsinn erklärt. Mit den Worten des *Scholions* als ein *sang ane wort*. Aber das wird in Windberg nun zusätzlich rückgebunden an die Alltagserfahrung der Rezipienten: *so ir ofte uernomen habet. uon den geburen. iouh uone den chindelinen die dennoh dere worte. gebiliden neweder nemagen. nohne chunnen.* (S. 177) (Das habt ihr oft bei den Bauern und Kindern gehört, die keinen rechten Wortsinn zu bilden vermögen und können). Die Alltagserfahrung ist also Gegenstand der exegetischen Textpraxis, soweit die *Evi-*

denz, aber nicht nur der Alltag ist Gegenstand der Exegese. Der Windberger Text operiert so mit exegetischen Quellen, wie das in der Zeit üblich ist.

4 Die *Evidenz* der Quellen

Damit zur *Evidenz* der Quellen. Wir sahen bereits im Eingangsvers, dass *himelrîche* und *Oratio* zum Psalter interagieren. Darüber hinaus hat die Forschung eine Reihe von Quellen namhaft gemacht.[17] Deutlich und sehr üblich ist dabei die Verwendung des Honorius Augustodunensis. Man bezeichnet Isidors *Etymologien* oft als ›Brockhaus des Mittelalters‹. In der Logik eines solchen Vergleichs könnte man Honorius ›Wikipedia des Mittelalters‹ nennen. Seine Schriften sind meist nicht originell, sondern oft eine wilde Zusammenschau zahlreicher Quellen. Werke wie *De imago mundi* oder, noch breiter, seine *Summa totius de omnimoda historia* stellen diesen Anspruch schon im Titel aus. In Windberg wurden seine Werke im 12. Jahrhundert geschrieben und auch im *himelrîche* aktiv benutzt. Besonders prägend war dabei sein *Elucidarium*, ein fingierter Dialog zwischen Lehrer und Schüler, in dem nach dem Wissen um Gott und die Welt gefragt wird. Das *himelrîche* entnimmt ihm etwa die Differenzierung von drei Reichen – von *driu riche* (2,5) – und auch bei der Allegorese des Regenbogens, die ich jetzt besprechen will, hat der Text Pate gestanden.

Es kommt mir darauf an zu zeigen, dass im Text zwar Quellen aufgerufen, diese aber dann auch in Relation zur eigenen Erfahrung gesetzt werden. *Textpraxis* und *Lebenspraxis* interagieren. Die Regenbogenallegorese beginnt dabei betont defensiv: Das ›Ich‹ beteuert, dass es nicht wage, seinem eigenen Geist gemäß zu deuten und thematisiert die Gefahr, *daz ich verliese die arbeite minere anedæhte* (5,9) (dass ich die Mühen meiner Andacht verliere). Also den Gewinn seines kontemplativen Lebens – der *anedæhte* – zu verspielen. Diese Gefahr ist wichtig und schwingt im Text immer mit. In dieser Situation zieht sich das ›Ich‹ auf Quellen zurück: Auf das Wissen der *buochmeister* (4,26), das man als gegeben hinnimmt, aber auch auf die Aussagen des Lehrers:

doch sage ich, daz mich g(e)leret hat min magezoge,
von gehilwe unde heitere wirt der regenboge
(5,11f.)

(Doch ich sage, was mich mein Lehrer gelehrt hat:
Aus Wolken und heiterem Himmel entsteht der Regenbogen).

---

17 So detailliert schon in der Arbeit von Hävemeier: Daz himilriche (s. Anm. 4), S. 31f.

Das zweifelnde ›Ich‹ setzt sich über die Gefahren der *Unwahrheit* hinweg (*doch*) und privilegiert dabei den eigenen Lehrer als Quelle. Die Aussage des Lehrers steht in einer breiten Tradition: Wolken (*gehilwe*) und Sonne (*heitere*) erzeugen den Regenbogen. Zwei Elemente also – *sunnen wirmen* und *wolchen fiuhte* (die Wärme der Sonne und die Feuchtigkeit der Wolken), *fiure* und *wazzer* (Feuer und Wasser) (5,12–14) – lassen den Regenbogen entstehen. Diese beiden Phänomene lässt das ›Ich‹ des Textes dann mit einem dritten korrespondieren:

> *daz dritte dar unter ist des himiles varwe gluche,*
> *ich wæne, in diu erde an ietwederem orte zuo sich luche.*
> (5,15f.)
>
> (als Drittes kommt die glänzende Farbe des Himmels dazu,
> ich glaube die Erde zieht ihn an jedem Ort an sich.)

Hier meldet sich die vorher so bescheidene ›Ich‹-Instanz selbst zu Wort und bezeichnet die leuchtende Himmelsfarbe als ein Drittes, das aus den beiden ersten Phänomenen hervorgehe. Dem fügt das ›Ich‹ eine Vermutung hinzu (*ich wæne*, 5,16), die ich mit Lexer so verstehe: ›Ich vermute, dass die Erde ihn (den Regenbogen) an jedem Ort an sich zieht‹. Diese Spekulationen zum Himmelslicht und den Orten auf der Erde bindet das Phänomen des Regenbogens an die vier Elemente. Feuer (der Sonne), Wasser (der Wolken), Luft (des Himmels) und Erde stehen zwar eher assoziativ nebeneinander, sind aber doch im Text dem Regenbogen zugeordnet: *da gestet der boge von vier furstlichen elementis,* (5,17) (Der Regenbogen entsteht also aus den vier fürstlichen Elementen).

Die vier Elemente werden dann auf das ›Uns‹ des Textes projiziert: Die Elemente sind es, *dei uns temperent die atemzuht* (5,18), die uns also die Atemzüge ermöglichen (oder erleichtern). Diese Überleitung bereitet eine weitere numerische Steigerung vor: Die fünf Sinne begreifen den Regenbogen – und zwar zuerst die fünf Sinne des Leibes (5,21), die aber vermögen nicht *die tieffe allere dinge gruntes* (5,20) (die Tiefe des Grundes aller Dinge) zu begreifen, erst die fünf Sinne der Seele vermögen das Wunder Gottes zu umfassen. Der Text entwickelt also eine aufsteigende Reihe: Ein Regenbogen besteht aus zwei Elementen, zu dem ein drittes kommt und ein viertes die Zahl der Elemente komplettiert. Diese vier führen dann zur Fünf der Sinne, die alle in dem einen Wunder zusammenfallen.

Kombiniert und neuorganisiert wird hier allgemeines Wissen der Quellen – im *Lucidarius*, der mittelhochdeutschen Übersetzung des Honorius, entstehen die Farben des Regenbogens durch die vier Elemente[18] – und dies wird koordiniert

---

[18] Vgl. Der deutsche ›Lucidarius‹. Hg. von Dagmar Gottschall und Georg Steer. Tübingen 1994, S. 58, 9–15.

mit der eigenen Welterfahrung, die dezent, aber doch explizit eingebaut wird: *ich waene* (5,16).

Auf dieser Grundlage wird ein zweiter exegetischer Ansatz eröffnet: Wasser und Feuer seien Mittel des Gerichts: Das Wasser der Sintflut, das Feuer des Weltendes (6,7). Der Regenbogen wird dadurch temporalisiert. Er verweist zurück auf die Sintflut und voraus auf das Jüngste Gericht. Das ›Ich‹ positioniert sich dazwischen, – *daz ergangene wizze wir, des chúmftigen g(e)warte wir* (6,17) (das Vergangene kennen wir, das Künftige erwarten wir) – positioniert sich im zeitlichen Gefüge der Heilsgeschichte, gleichsam nach augustinischem Zeitverständnis zwischen ›Erinnern‹ und ›Warten‹ – das aber kann ich hier nur andeuten.

Was passiert hier? Das Weltwissen um den Regenbogen, die vorsichtige Spekulation des ›Ich‹ wird im Text mit dem Wissen des *magezoge* und der *buochmeister* enggeführt. So entsteht ein Text, der in der Logik der aufsteigenden Zahl eine Form sucht und findet und so die Stimme des ›Ich‹ mit den pergamentenen Instanzen monastischer Glaubenspraxis vereint.

Meine Versuchsanordnung, von *Evidenzen* auszugehen, ließe sich noch weiter fortsetzen und das über eine materielle und inhaltliche Ebene hinaus. Ich will hier nur auf zwei weitere *Evidenzen* hinweisen, denen nachzugehen sich lohnen könnte. Es ist die Evidenz der Form und die Evidenz der Kommunikationssituation.

5 Die *Evidenz* der Form

Daz himelrîche ist in einem ganz einmaligen Metrum geschrieben. Es sind unregelmäßige Langverse, deren Anverse in der Regel einen Überschuss an Hebungen gegenüber den Abversen haben. Die Binnenzäsur wird oft pointiert durch Binnenreim. Die kürzeren Abverse lassen an die Langverse des Kürenbergers oder an die Nibelungenstrophen denken, die raumzeitlich in direkter Nachbarschaft mit dem *himelrîche* verwendet wurden.

Dieter Kartschoke verwies aber auch auf Parallelen zur lateinischen Metrik und konkret auf Formen der Hymnik.[19] Man kann die Genese des Metrums nicht eindeutig klären, fest steht nur seine Besonderheit. Der Text gibt der Arbeit am Wortschatz, der Thematisierung des eigenen Weltwissens und der daraus entstehenden exegetischen Textpraxis eine spezifische Form, die lateinische

---

19 Vgl. Dieter Kartschoke: Die Metrik des Gedichts ›Vom Himmelreich‹ im Urteil der Forschung. In: Karl-Friedrich Kraft, Eva-Maria Lill, Ute Schwab (Hg.): triuwe. Studien zur Sprach- und Literaturwissenschaft. Gedächtnisbuch für Elfriede Stutz. Heidelberg 1992, S. 159–174.

Metrik und volkssprachige Verse in einen Horizont stellt. Die repetitive Syntax, die die Synonymhäufung erzeugt, bekommt ihren eigenen Ton.

6 Die *Evidenz* der Kommunikationssituation

Gleiches gilt für die Kommunikationssituation: In den Literaturgeschichten wird das *himelrîche* als »gebetshaft« bezeichnet: Ein ›Ich‹ wende sich direkt an Gott: *Michil bist du herro got*. Aber das stimmt nicht durchgehend. Es spricht auch ein ›Wir‹ und ein ›Uns‹ und Gott wird auch in der dritten Person thematisiert. An einer zentralen Passage beobachtet das sprechende ›Ich‹ seine Seele – und sagt: *daz si mit ire gote so unde sus lantrehten muozze.* (3,7f.) (Dass sie mit ihrem Gott so oder anders verhandeln muss). Die Verbalableitung von *lantreht*, *lantrehten*, begegnet uns hier zum ersten Mal.[20] Die Seele muss in der Konsequenz dessen, was das ›Ich‹ sagt, mit Gott gleichsam *prozessieren*. Der Text ist also kein Gebet, auch wenn er so beginnt. Das ›Ich‹ positioniert sich nicht souverän, sondern relativiert seine Aussagen stets und das in Relation zu anderen Instanzen, wie dem Lehrer und den Gelehrten. Es entsteht ein *lantrehten* – ein prozesshaftes Verhandeln auch mit Gott, in der das ›Ich‹, wie gesagt, etwas riskiert. Es riskiert: *daz ich verliese die arbeite minere anedæhte* (5,9).

Die Textpraxis, die wir hier greifen, ist keine literarische, sondern eine spirituelle Praxis. *anedæhte*, wie der Text sagt und das in Form eines Prozesses, in der sich das ›Ich‹ im Konzert bekannter Instanzen positioniert und dafür spezifische Formen findet. Diese kennen wir durchaus auch aus der Literatur. Weltbewältigung in Textform ist eben beides. Dies aber mehr als Exkurs und als Überleitung zu meiner letzten Evidenz.

7 Die *Evidenz* der Baustelle

Evidenz der Baustelle, das klingt vielleicht etwas schräg und ich muss zugeben, dass ich damit nun endgültig zur Kettensäge greife. Aber ich bleibe doch erst einmal am Text: Architektonische Details spielen im *himelrîche* eine besondere Rolle. Auch hier tauchen viele Begriffe zum ersten Mal auf: Beschrieben wird etwa der »Estrich« im »Himmlischen Jerusalem« (4,9): *des sales estrich ist mit vehen steinen gestrowet* (Der Estrich des Saales ist bestreut mit bunten, *vehen*,

---

20 Ausführlich dazu Stridde: Verbalpräsenz (s. Anm. 7), S. 80 f.

Steinen). Die Seligen lehnen an *lineberge* (8,8) – im Althochdeutschen übersetzt das Wort meist *cancellos* – »Zinnen« sind das also oder auch eine Form von »Erker« – also ein Architekturdetail, das die Vorstellung von ›Lehnen‹ und ›Bergen‹ (Komfort und Sicherheit) vereint.[21] Überhaupt sind Innenräume gut: Warm, sicher, sauber. Das ist natürlich eine allgemeine Alltagserfahrung, aber im Falle der Windberger Verbindung von Exegese der Alltagserfahrung eben vielleicht auch mehr.

Die Windberger Baukunst geht konkret auf Otto von Bamberg zurück – neben Biburg und Prüfening war Windberg sein drittes Projekt, dessen Fertigstellung er aber nicht erlebte: Er starb 1139.[22] Die Altarweihe, die der Olmützer Bischof Heinrich Zdik am 21. und 22. Mai 1142 vollzog, hätte ihm auch kaum gefallen. Sie fand nämlich unter einem Notdach statt, denn außer dem Presbyterium und den Apsiden war der Bau noch nicht fertiggestellt. Es sollte bis 1167 dauern, bis die Ostteile einschließlich der Gewölbe vollendet waren. Am 28. November 1167 erfolgte durch Bischof Johannes von Olmütz eine zweite Weihe, die als eigentliche Kirchweihe gilt. In dieser Bauphase entstand eine Kirche für den Nonnenkonvent, die am 21. April 1158 geweiht wurde.[23] Die große Klosterkirche selbst harrte aber weiter ihrer Vollendung. Deutlich ist eine Baunaht zwischen den Mauern des Lang- und Querhauses. Die neuere Forschung zeigt zusätzlich, dass der Anschluss des Langhauses durch versetzte »Wartesteine«[24] vorbereitet wurde. Erst um 1230 war das Langhaus dann fertiggestellt.

Wie auch immer diese Verzögerungen zustande kamen, Kloster Windberg war von seiner Gründung an nicht nur der Ort spiritueller Kontemplation, sondern auch eine Baustelle: Schmutz, Lärm, Messfeiern unter Notdächern, ohne vollendeten Kirchenraum. Im Text des *himelrîche* dagegen erträumt man sich eine Sicherheit und einen Komfort von Innenräumen: Greift das die Alltagserfahrung der Baustelle auf? Stattet das die Zumutungen des täglichen Baubetriebs

---

[21] Dazu ausführlich Stephan Müller: Minnesang im Himmelreich? Über Örtlichkeiten literarischer Kommunikation an den Grenzen des Höfischen beim Kürenberger, in der ›Kudrun‹, im ›Dukus Horant‹ und im ›himelrîche‹. In: Beate Kellner, Ludger Lieb, Peter Strohschneider (Hg.): Literarische Kommunikation – soziale Interaktion. Frankfurt a.M. u. a. 2001, S. 51–71.
[22] Vgl. Alexandra Fink: Romanische Klosterkirchen des hl. Bischofs Otto von Bamberg (1102–1139): Studien zu Bauherr und Architektur. Petersberg 2001, S. 175.
[23] Vgl. Norbert Backmund: Windberger Kirchen und Kapellen. In: Verhandlungen des Historischen Vereins für Niederbayern 98 (1972), S. 5–20, hier S. 11. Diese Kapelle wurde 1849 wieder abgebrochen.
[24] Fink: Romanische Klosterkirchen (s. Anm. 22), S. 175. Abgebildet sind Baunaht und Wartesteine bei Peter Schwarzmann: Die Hirsauer Reform und die Kirchenbauten Bischof Ottos I. für die Klöster Windberg, Biburg und Prüfening. In: 850 Jahre Prämonstratenserabtei Windberg. München, Zürich 1993, S. 40–62, hier Abb. 43–45.

nicht mit einer spirituellen Dimension der *Hoffnung* aus? Geht mit ihm nicht auch ein Stück weit das in Erfüllung, was uns das ›Himmlische Jerusalem‹ verspricht?

Fassen wir die Sache noch etwas weiter: Die 50 Kilometer entfernte Bischofsstadt Regensburg müssen wir uns zur Zeit der Entstehung des *himelrîche* so vorstellen, wie weiland das Konzert der Kräne am Potsdamer Platz. Nach der extremen Trockenheit von 1135 war bis 1146 die Steinerne Brücke entstanden, ein architektonisches Wunderwerk, das die Stadt bis in die Neuzeit zu einem Verkehrsknoten machte: Schon 1149 versammelte man sich dort zum zweiten Kreuzzug, Napoleons Armeen marschierten tagelang über die Brücke, die Nazis versuchten sie zu sprengen. Am 22. und 23. April 1945 wurden auf Befehl des Gauleiters Ludwig Ruckdeschel zwei Pfeiler der Brücke gesprengt, um den Vormarsch der Amerikaner zu verzögern. In Regensburg formierte sich eine Versammlung, die den Unmut darüber zum Ausdruck brachte. Domprediger Johann Maier versuchte zu schlichten. Der anwesende Gauleiter Ruckdeschel forderte seine sofortige Erhängung im Angesicht der Menge, aber immerhin kam es zum Standgericht. Johann Maier wurde noch am gleichen Abend verurteilt und am nächsten Morgen gehenkt. Am Abend dieses Tages zogen die Amerikaner über die Brücke. Der Regensburger Bischof Michael Buchberger hielt sich bei der Verurteilung Maiers verdächtig still und zog sich dezent in einen Keller zurück, in dem er sich versteckte. Gauleiter Ludwig Ruckdeschel starb 1986 – wegen der etwas übermotivierten Hinrichtung wurde er zu 8 Jahren Haft verurteilt. Nach seiner sehr vorzeitigen Entlassung war er als Führer für prominente Gäste bei Volkswagen in Wolfsburg tätig. 1959 erhielt Bischof Michael Buchberger den Bayerischen Verdienstorden und starb 1961 in Straubing (wenige Kilometer von Windberg, wo unser *himelrîche* entstand). 2005 wurde Johann Maier die Ehre eines Grabes in der Domkrypta zuteil – dort liegt er jetzt neben den Regensburger Bischöfen.

Aber nach diesem kurzen Exzess von Assoziationen, die die Baugeschichte der Steinernen Brücke bis in die Moderne perspektivierte und andeuten sollte, welche kulturhistorische Dimension der Blick auf ein Bauwerk freisetzen und auf welche Wege und vielleicht auch Abwege das eigentliche Thema führen kann, zurück ins Mittelalter und zum *himelrîche*. Der Bau der Steinernen Brücke war ein komplexes Großprojekt. Das Regensburger Donauufer musste völlig umgebaut werden. Die römische *via praetoria* wurde überbaut, sodass die *porta praetoria* verschwand. Und mehr noch: 1156 und 1172 brannte der romanische Dom in Regensburg ab und wurde jeweils wiederaufgebaut. 1166 brannte das Langhaus von St. Emmeram und man begann mit einer Neugestaltung des Kirchenraums. Und: In Regensburg steht mit Prüfening der Vorbildbau für Windberg.

Architektur wird im Mittelalter in der Regel als Ganzes gedeutet: »Die Kathedrale als Zeitenraum«.[25] Tatsächlich aber begegneten die Kathedralen den Menschen als Baustellen, die sie meist bis in die Moderne blieben. Bauen ist Gottesdienst und prägende Erfahrung des Alltags zugleich. Baut das *himelrîche* auch diese Alltagserfahrung in die Formen traditioneller Exegese ein? Diese Frage ergibt sich für mich aus der Beschreibung einer Textpraxis, die Alltagserfahrung auf eine spezifische Weise integriert – nur gebunden an diese Beobachtung ergab sich für mich eine *Evidenz*. Das sagt zunächst nichts über das Verhältnis von Architektur und Literatur, aber bringt eine neue Perspektive für die Beschreibung der Textpraxis des *himelrîche* bei.

8 Schluss

Zum Schluss nun nochmal ein Blick über meine *Evidenzen* und zur Frage nach den Möglichkeiten, sie miteinander in Bezug zu setzen. Hervorheben möchte ich dabei eine Differenz, die ich versuchsweise einmal (mit Anleihe aus der Sprache des Rechts), als die Differenz zwischen ›Indizien‹ und ›Beweisen‹ beschreiben will. Ein ›Beweis‹ ist das positive Ergebnis einer Feststellung von Tatsachen. Das positive Ende eines Beweisverfahrens, wobei entscheidend ist, dass die ›Beweise‹ zulässig sind und dass der Sachverhalt beweisbedürftig ist. Ein ›Indiz‹ dagegen zeigt an, dass ein Sachverhalt mit einer hohen Wahrscheinlichkeit zutrifft. Es handelt sich um Aussagen, die nur mittelbar auf einen Sachverhalt verweisen. ›Indizien‹ sind Anzeichen für ›Beweise‹, aber keine eigentlichen ›Beweise‹. Das ›Indiz‹ ist also mehr als nur eine reine Behauptung, aber weniger als ein positiver ›Beweis‹.

Lege ich diese Differenz auf meine *Evidenzen* um, dann scheint es mir, als ob auch hier ›Beweise‹ von ›Indizien‹ zu unterscheiden sein könnten. Die *Evidenz* etwa des Materials ergab sich nur aus dem ›Beweis‹ der Schreiberidentität, der Austausch mit Oberaltaich aus dem Lesartenvergleich der *Moralia*-Handschriften, die Untersuchung zu den Quellen operiert mit inhaltlichen Identitäten. Ähnlichkeiten würden hier keine belastbare Aussage ergeben und kein Argument begründen. Solche ›Beweise‹ können nur solche sein, wenn man sie an etwas Normativem messen kann: An Vorstellungen von richtig und falsch, von möglich und unmöglich. Diese Normen sind verhandelbar und variieren im Zuge der Forschung (sie sind sozusagen die Grundlagen für die Beweisanträge),

---

25 So der Titel des zum Klassiker gewordenen Aufsatzes von Friedrich Ohly: Die Kathedrale als Zeitenraum. Zum Dom von Siena. In: Frühmittelalterliche Studien 6 (1972), S. 94–158.

aber man braucht sie, sonst werden philologische Argumente zur Plauderei. Man muss also immer auch überprüfen, was die Basis philologischer Argumente war: Die Paläographie hat sich weiterentwickelt, die historische Sprachforschung hat ihre Aussagen modifiziert (und tut das weiterhin), etc.

Natürlich werden diese ›Beweise‹ nur als Teil von hermeneutischen Prozessen aussagekräftig. Eine Schreiberidentität besagt so wenig wie identische Lesarten und Quellennachweise. Erst im Zuge der Interpretation wird daraus ein Bild der Text- und Schreibpraxis in Windberg, wird daraus eine Deutung des *himelrîche*.

Es gab aber auch ›Indizien‹ etwa für die *Evidenz* des Alltags oder der Baustelle. Die Nennung von architektonischen Details in einem Text besagt erst einmal gar nichts. Erst die Untersuchung, wie der Text *Alltag* thematisiert und welches Konzept von theologischer Text- und Lebenspraxis er damit verfolgt, macht aus dem Hinweis auf die Nennung von architektonischen Details ein mögliches Argument. Dabei konnte ich mich nicht auf eine gegebene Relevanz zurückziehen (wie für die Metrik, die Überlieferung, etc.), sondern musste im Zuge der Interpretation eine Relevanz der architektonischen Details, eine Relevanz des Bauens und der Baustelle auch mit Blick auf die Realhistorie erst begründen.

Überblicke ich den Alltag unserer Forschung, würde ich sagen, dass die, die sich als Philologen bezeichnen, stärker mit ›Beweisen‹ operieren. Die philologischen ›Beweise‹ können an und für sich und getrennt voneinander erhoben werden. Paläographie, Textkritik, metrische Untersuchungen, das kann man für sich genommen betreiben und die Ergebnisse dann in hermeneutische Prozesse einbauen. Das heißt nicht, dass die ›Beweise‹ der Philologie nicht hinterfragbar und unveränderbar sind oder, vom empirischen Wert her gesehen, eine engere Verbindung zur *Welt*, oder sagen wir ruhig euphorisch *Wahrheit* aufweisen. Vielmehr sind es die Konventionen und die Formen der Akzeptanz der Philologie, die sie zu für sich selbst stehenden ›Beweisen‹ machen. Diese Konventionen und Fragen der Akzeptanz können sich aber natürlich ändern, so wie aus den ehernen Beweisen der Konjekturalkritik teilweise unlautere, aus ahistorischen Idealvorstellungen (etwas von Stil und Metrik) hergeleitete Setzungen wurden – um nur ein Beispiel zu nennen. ›Indizien‹ dagegen können nicht für sich stehen, sie werden nicht um ihrer selbst willen erhoben, sondern sie ergeben erst im Zuge hermeneutischer Prozesse Sinn. Mir scheint, als ob eine kulturwissenschaftliche Literaturwissenschaft stärker mit solchen ›Indizien‹ arbeitet. Die Beobachtung der Nennung von architektonischen Details wird erst im Zuge der Interpretation zum Argument. Es würde Sinn machen, Wortschatz der Architektur zu sammeln, wenn man eine Wortschatz-Untersuchung machen will, aber texthermeneutisch wäre das blind, solange man nicht sagen kann, warum die architektonischen Details für das Verständnis des Textes wichtig sind. Jede Rechnung, jedes Abgabenverzeichnis könnte die gleichen Gegenstandsbereiche wie das *himelrîche* adressieren, ohne dass man sinnvoll nach einer Hermeneutik der Baustelle fragen könnte.

Es geht bei meiner Differenzierung von ›Beweisen‹ und ›Indizien‹ übrigens nicht darum, das eine vor dem anderen zu würdigen, etwa ›Beweise‹ vor ›Indizien‹. Beides führt am Ende zu einer Verurteilung und Indizienprozesse sind viel faszinierender als Beweisverurteilungen (die dafür aber weniger anfällig für Fehlentscheidungen sind und die Richter besser schlafen lassen). Wenn ich die ›Indizien‹ stärker auf der Seite einer kulturwissenschaftlichen Philologie sehe, dann bedeutet das, dass diese ihre Gegenstände als solche erst plausibel und zum Gegenstand einer wie auch immer gearteten Hermeneutik machen muss. Die ›Beweise‹ der Philologie können für sich stehen. Sie können immer belastet werden. Sie entspringen hergebrachten Formen der Text- und Spracharbeit und sind in ihrer Relevanz eingeführt, was natürlich nicht heißt, dass diese Relevanz nicht modifizierbar ist. Man denke nur an alte ›Beweise‹ der Konjekturalkritik, die auf einer Basis solche waren, die inzwischen gründlich demontiert ist. Ein kulturwissenschaftlicher Indizienbeweis ist indes voraussetzungsreicher. Man muss begründen, warum etwas für das Verständnis eines Textes relevant ist, welche Rolle Motive des Alltags im *himelrîche* für das Verständnis des Textes spielen.

Ähnliches hat Hartmut Böhme für die Kulturwissenschaft ganz allgemein beschrieben – und zwar am Beispiel der »Baustelle«.[26] Ein Student hatte in einem Seminar »Stadt-Räume« ein Referat zum Thema »Die Baustelle« geplant und bemerkt, dass es die ›Baustelle‹ als Gegenstand der Kulturwissenschaft noch nicht gibt. Jeder weiß, was eine Baustelle ist, in vielen Disziplinen wird mit Baustellen operiert und werden Baustellen thematisiert, aber um die Baustelle zum Gegenstand der Kulturwissenschaft zu machen, muss der bekannte Gegenstand neu perspektiviert werden. Böhme nennt »rhapsodisch« eine Reihe von Punkten, die dabei eine Rolle spielen könnten. Baustellen sind ephemere Institutionen, die sich von einer alltäglichen Kultur abheben. Sie bilden spezifische (oft multikulturelle) Vergemeinschaftungen aus und eigene Symbolsysteme (wie *Feste*). Baustellen werden von außen als Besonderheit wahrgenommen und das mit einem durchaus ästhetischen Potential (Stichwort *Schaustelle*). Baustellen haben eine eigene sich wandelnde Faszinationsgeschichte und potentiell drastische soziale und kulturelle Auswirkungen, wenn in ihnen etwa technische Innovatio-

---

26 Hartmut Böhme: Zur Gegenstandsfrage der Germanistik und Kulturwissenschaft. In: Jahrbuch der deutschen Schillergesellschaft XLII (1998), S. 476–485. Ich fasse die Argumentation Böhmes im folgenden Abschnitt zusammen.

nen auf die sozialen Hintergrundstrukturen, die die Baustelle herausbilden, einwirken.

In diesem Verständnis ist die Kulturwissenschaft eine Wissenschaft der Welterklärung, die natürlich ihren Reiz und ihre Berechtigung hat. Als germanistischer Mediävist würde ich mich gerne daran beteiligen, aber muss eben einschränken, dass (1) schon die genannten Aspekte der Baustelle historisch extrem variabel sind und dass (2) ich natürlich nur über Texte sprechen kann, die historischen Objekte entziehen sich dagegen meinem Zugriff. Böhme sieht das anders und betont, dass sich die Kulturwissenschaft nicht auf textuelle Objekte beschränken darf. Das ist für sein Verständnis von Kulturwissenschaft richtig und ebenso ist richtig, dass sich auch die Literaturwissenschaft nicht auf die Beschreibung von Texten beschränken muss (sie kann aber, wenn sie will). Der Unterschied ist der Ausgangspunkt. Ich meine stets vom Text ausgehen zu müssen. Die darin behandelten Objektbereiche sind natürlich auch Gegenstand anderer Disziplinen, mit denen man zusammenarbeiten kann. Für den Objektbereich ›Baustelle‹ gibt es Bauhistoriker, Archäologen, Kunsthistoriker, Philosophen, Theologen, die sich aber sinnvoll nur unterhalten können, wenn sie eine gemeinsame Fragestellung verbindet. Kulturgeschichtlich weiter gefasst kann die *Evidenz der Baustelle* nur im Gespräch mit anderen Disziplinen Sinn abwerfen: Die Architekturgeschichte muss die Realien bewerten, die Kunstgeschichte kann sagen, ob und wie die Baustelle als ikonographisches Motiv verwendet wird, die Religions- oder Philosophiegeschichte kann fragen, ob die Baustelle als Denk- oder Argumentationsmuster wirksam wird, usw. Und dann muss man sich fragen, was man daraus macht: Arbeitet man an einer Diskursgeschichte des Phänomens? Dann hilft Foucault. Geht es darum, wie unbelebte Dinge mit geistigen und sozialen Prozessen vernetzt sind, dann wird man bei Bruno Latour eine methodische Klammer suchen. Ohne solche Klammern jedoch führt die Evidenz ins Nichts.

Eine kulturgeschichtliche Untersuchung kann durchaus mit Ähnlichkeiten operieren, mit ›Indizien‹ also, wie die Beobachtungen zur Baustelle: Man muss nur deutlich machen, welchen Status diese ›Indizien‹ haben und in welchen Kontexten sie zu ›Beweisen‹ werden: Ist die Baustelle ein Motiv? Steht sie für einen Diskurs? Bringt sie Objekte in einem Netzwerk hervor? All das kann man legitimer Weise fragen. Aber man muss eben damit auch die Reichweite der Antworten bedenken. Die Philologie ist da (auch wenn ihr Ruf ein anderer ist) offener, denn natürlich kann ein Kulturwissenschaftler mit philologischen ›Beweisen‹ operieren – aber die Frage, wie und wann ein Philologe mit kulturwissenschaftlichen ›Indizien‹ argumentieren kann, ist restriktiver zu beantworten.

Vor allem aber ist immer mit zu bedenken, wie man die Ebene der historischen Objekte und die Ebene der Texte und Bilder aufeinander bezieht. Das ist natürlich das Grundproblem der Literaturwissenschaft schlechthin – die gute alte Vermittlungsproblematik. Man kann sie nicht lösen, aber man kann versuchen, auf das Problem zu reagieren, etwa indem man klarstellt, dass historische Objekte mit Vorstellungen von denselben verbunden sind und Texte Vorstellungen historischer Objekte generieren. Dann arbeitet man an einer Geschichte des Imaginären, in der Texte und Objekte friedlich nebeneinander existieren können – solange man nicht in die Vorstellung abgleitet, das eine sei mit dem anderen identisch, so sehr die Literatur uns auch dazu einlädt. Das sind natürlich Trivialitäten auf Einführungsniveau, die man voraussetzen sollte (ohne laufend Roland Barthes und Co. in die Fußnoten setzen zu müssen – weshalb ich hier darauf verzichte), aber mir scheint, dass im Kontext einer kulturwissenschaftlichen Herangehensweise an die Texte oft vergessen wird, dass es sich um Texte handelt. Wenn man Assoziationen, Implizites, Eindrücke radikal zu Argumenten macht, ist es schon geschehen. Aber das gilt auch für die Erhebung philologischer ›Beweise‹, wenn man sich nicht klarmacht, dass sie nicht für sich selbst sprechen, sondern nur im Kontext einer wie auch immer gearteten Methodik Sinn abwerfen.

Damit abschließend doch noch zum Thema: Was kommt nach der Kulturgeschichte? Es kommt natürlich die Kulturgeschichte! Wenn ich es richtig sehe, war das schon immer so, so wie nach der Sozialgeschichte (um die Frage in der Terminologie von Martin Huber und Gerhard Lauer zu stellen) eine neue Form der Sozialgeschichte kam[27] und wiederkommen wird – unterbrochen von Ruhepausen aller möglicher Formen der Textimmanenz. Oder: So wie psychologische Ansätze, die mal erlaubt, mal verboten sind, mal mit Freud dann mit Lacan – und natürlich hatten die Menschen des Mittelalters eine Psyche und natürlich kann man versuchen, diese Ebene fruchtbar zu machen, aber die Versuche sind eben jeweils voraussetzungsreich und erfordern eine (oft vielleicht dann doch nicht mögliche) Historisierung und eine methodische Positionierung, wie man sich das Verhältnis zwischen Text und Welt (und Theorie) vorstellt. Die Fragen der Kulturgeschichte sind wie Schlaghosen – sie kommen immer wieder (und selig der, der immer eine Schlaghose im Schrank hat – nicht um sie zu tragen, sondern um sich daran zu erinnern, dass man sie einst trug). Es kommen immer neue kulturgeschichtliche Fragestellungen und Instrumente, die für sich genommen immer ihre Berechtigung haben, deren Ergebnisse nur nicht unhinterfragt in allen Kontexten als Ar-

---

27 Als Beispiel dafür sehe ich die Arbeiten von Jan-Dirk Müller, die an den möglichen Verbindungen von Kulturmustern und Textmustern laborieren, also auf einer neuen methodischen Ebene an der Vermittlungsproblematik als altem Kernproblem der Sozialgeschichte weiterarbeiten und monographisch in seine »höfischen Kompromisse« gemündet sind. Jan-Dirk Müller: Höfische Kompromisse. Acht Kapitel zur höfischen Epik. Tübingen 2007.

gumente genommen werden dürfen. Es kommt darauf an, Kulturgeschichte nicht um ihrer selbst willen zu betreiben; zumindest Philologen sollten das nicht tun, Kulturwissenschaftlerinnen und Kulturwissenschaftler müssen das tun. Die philologische Objektebene muss der Text bleiben, solange das so ist, kann man mit ihm machen, was man will. Solange man vom Text ausgeht und offenlegt, was man mit ihm tut, ist alles erlaubt. Nicht mehr, aber auch nicht weniger versuchte ich anhand meines Beispiels vorzuführen. Die Kulturwissenschaft hat dabei viele neue Perspektiven eingebracht und wird weitere einbringen, aber Textwissenschaftler dürfen dabei nicht die Kultur selbst auf der Objektebene behandeln, auch wenn die Literatur alles daransetzt, uns dazu zu verleiten.

Timo Felber
Sozialgeschichte und Hermeneutik. Ein Vorschlag zur Lösung der Vermittlungsproblematik zwischen Text und Kontext am Beispiel der hofbezogenen Literatur im Umkreis der Ludowinger

Für Claus-Michael Ort

Seit mittlerweile mehr als 30 Jahren ist der literaturwissenschaftliche Rückgriff auf sozialgeschichtliche Forschungsparadigmen und Methoden mehr oder weniger aus der Mode gekommen. Nach ihrem forschungsgeschichtlichen Höhepunkt in den 60er und 70er Jahren des 20. Jahrhunderts wurde die auf mimetische Relationen hin ausgerichtete Sozialgeschichte etwa ab dem Ende der 80er Jahre durch den *cultural turn* und damit durch ganz heterogene Vermittlungsmodelle von Literatur und Gesellschaft weitestgehend abgelöst. Inzwischen werden in der *scientific community* an verschiedenen Stellen jedoch Bemühungen einer Rückbesinnung deutlich, die ihren Ausgangspunkt am Ungenügen eines kulturwissenschaftlichen Theoriedesigns und daraus resultierender Überblendung des Konzepts der ›Gesellschaft‹ durch das der ›Kultur‹ nehmen.[1] An diese neuen Bemühungen schließt der vorliegende Band an, scheint er doch 20 Jahre nach dem programmatischen, von Martin Huber sowie

---

[1] Vgl. z. B. Jörg Schönert: Perspektiven zur Sozialgeschichte der Literatur. Beiträge zu Theorie und Praxis, Tübingen 2007; Gerhard Sauder: Sozialgeschichte der Literatur: ein gescheitertes Experiment? In: KulturPoetik 10, Heft 2 (2010), S. 250–263; aus mediävistischer Perspektive vgl. die Arbeiten von Ursula Peters im Sammelband Von der Sozialgeschichte zur Kulturwissenschaft. Aufsätze 1973–2000. Hg. von Susanne Bürkle, Lorenz Deutsch u. Timo Reuvekamp-Felber, Tübingen, Basel 2004 sowie dies.: Die ›Gesellschaft‹ der höfischen Dichtung im Spiegel der Forschungsgeschichte. In: ZfdPh, 128 (2009), S. 3–28; zuletzt dies.: Ursula Peters: Die Rückkehr der ›Gesellschaft‹ in die Kulturwissenschaft. Zur gesellschaftsgeschichtlichen Neuorientierung der Mittelalterphilologie. In: Scientia Poetica 22 (2018), S. 1–52. Neuerdings vor allem aber Maximilian Benz: Volkssprachige Literatur und höfische Kultur um 1200. Pasticcio über eine hofklerikale Perspektive. In: DVjs 95 (2021), S. 1–21; ders.: Heteronomien und Eigensinn. Die Werke Rudolfs von Ems im Spannungsfeld von Politik, Religion und Kunst. In: Bernd Bastert, Andreas Bihrer, Timo Reuvekamp-Felber (Hg.): Mäzenaten im Mittelalter aus europäischer Perspektive. Von historischen Akteuren zu literarischen Textkonzepten. Göttingen 2017, S. 105–124.

Timo Felber, Kiel

Gerhard Lauer verantworteten Band *Nach der Sozialgeschichte* seinerseits nun das Ende der Kulturgeschichte ausrufen zu wollen.² In dieser Rückorientierung werden der Literatur erneut die Funktionen zugeschrieben, die bereits für die sozialgeschichtlich orientierte Literaturwissenschaft des letzten Jahrhunderts bestimmend gewesen sind, nämlich »Seismograph wie Chronist gesellschaftlicher Entwicklungen und Veränderungen« zu sein.³

Allerdings blieb und bleibt auch noch aktuell in den funktionsgeschichtlichen Text-Kontext-Diskussionen der sozialgeschichtlich orientierten Literaturwissenschaft das Zentralproblem die methodisch scheinbar nicht einzuholende Kluft zwischen literarischen Formationen und gesellschaftlichen Faktoren. Diese Vermittlungsproblematik zwischen Text und Kontext hat sich weder durch die Applikation ganz unterschiedlicher marxistischer noch kulturwissenschaftlicher Theorie-Modelle lösen lassen. Und sie wird sich auch in Zukunft nicht durch theoretische Modelle lösen lassen, die diesen *gap* zwischen Text und Kontext mit einem generalisierenden Anspruch erklären wollen.⁴ Die Kluft erklärt sich nämlich aus der Eigenart unseres Gegenstands, der einen Sonderdiskurs im Rahmen gesellschaftlicher Zusammenhänge bildet und daher schlicht nicht bruchlos mit diesem Rahmen vermittelt werden kann.⁵ Dies gilt es, als erstes einmal anzuerkennen und dann auch theoretisch zu reflektieren. Erst wenn man die Eigenart des literarischen Gegenstands erfasst hat, lassen sich jenseits üblicher Überlegungen zum »Interdependenzverhältnis von ästhetischen und sozialen Funktionen«⁶ ein angemessener methodischer Umgang mit dem *gap*

---

2 Vgl. Martin Huber, Gerhard Lauer (Hg.): Nach der Sozialgeschichte. Konzepte für eine Literaturwissenschaft zwischen historischer Anthropologie, Kulturgeschichte und Medientheorie. Tübingen 2000.
3 Vgl. Michael Horvath: Das ökonomische Wissen der Literatur. Studien zu Shakespeare, Kleist und Kaiser. Tübingen 2016, S. 5.
4 Vgl. aber neuerdings den überlegenswerten Vorschlag von Benz: Volkssprachige Literatur (s. Anm. 1), der die volkssprachige Literatur vor und um 1200 durch die Normhorizonte von Hofgeistlichen und adligen Damen maßgeblich bestimmt sieht.
5 Auf einer metaphorischen Ebene bietet sich zur Beschreibung des komplexen Wechselverhältnisses zwischen Literatur und Gesellschaft möglicherweise die Figur der Schleife an, die bei Bourdieu, »bei dem einerseits der literarische Text gesellschaftliche Zusammenhänge zu lesen gibt, andererseits aber auch selbst ein Erzeugnis dieser Zusammenhänge ist, die Form des Möbiusbands annimmt« (Martina Wagner-Egelhaaf: Literaturtheorie als Theorie der Gesellschaft? In: Promotionskolleg Literaturtheorie als Theorie der Gesellschaft (Hg.): Literatur – Macht – Gesellschaft. Neue Beiträge zur theoretischen Modellierung des Verhältnisses von Literatur und Gesellschaft. Heidelberg 2015, S. 17–38, hier S. 36).
6 Vgl. Marion Gymnich, Ansgar Nünning (Hg.): Funktionen von Literatur: Theoretische Grundlagen und Modellinterpretationen. Trier 2005, S. 12.

zwischen Text und Kontext begründen sowie darauf fußende Fallstudien validieren. Beides sei im Folgenden unternommen.

Andreas Kablitz ist es zu verdanken, dass wir erstmals über eine Theorie der Literatur verfügen, die aus dem Gegenstand selbst und dem literaturwissenschaftlichen Umgang mit dem einzelnen literarischen Text heraus entwickelt worden ist:

> Denn in dieser Praxis stecken [...] implizite theoretische Annahmen über die spezifischen Merkmale der Literatur, [...] die sich [...] als entschieden langlebiger und für den Umgang mit dem literarischen Text im [sic!] mancher Sicht sehr viel pertinenter erweisen als viele explizit begründete Paradigmen.[7]

Kablitz zielt dabei auf die Praxis der Interpretation. Anhand dieser Praxis, die unser Hauptgeschäft im Umgang mit unserem Gegenstand darstellt, arbeitet er präzise die Merkmale des literarischen Textes heraus, auf die diese Praxis seit der Homer-Allegorese im alten Griechenland oder der Vergil-Deutung im antiken Rom reagiert. Es fragt sich nämlich, warum der literarische Text im Unterschied zu anderen Texttypen als besonders interpretationsbedürftig erscheint und wodurch sich die spezifische Form der poetischen Kohärenzbildung von anderen Formen unterscheidet. Eine erste Antwort lautet, dass die zentrale Funktion der Interpretation die Herstellung semantischer Kohärenz an den Stellen ist, wo diese brüchig scheint. Am Beispiel der Verwendung von Tropen zeigt Kablitz, dass der literarische Text Kohärenzprinzipien sprachlicher Äußerungen, wie sie nach Paul Grice allgemein in Geltung sind, systematisch verletzt. Diese kalkulierte Kohärenzverletzung mündet für den Rezipienten in der Suche nach impliziten Kohärenzfaktoren, die in der Lage sind, die Störung aufzuheben. Das heißt: Kohärenz ist »nicht als eine erfüllte Voraussetzung der Informationsvermittlung [wie in Alltagsrede; T.F.] *gegeben* [...], sondern dem Adressaten *aufgegeben*.«[8] Kalkulierte Kohärenzbrüche des literarischen Textes bewirken eine Entautomatisierung des Verstehens, die man seit der Prager Schule als eine Folge von Über- oder auch Unterstrukturierung des literarischen Textes verstanden hat:

> By foregrounding [...] we mean the use of the devices of the language in such a way that this use itself attracts attention and is perceived as uncommon, as deprived of automatization, as deautomatized, such as a live poetic metaphor (as opposed to a lexicalized one, which is automatized).[9]

---

[7] Andreas Kablitz: Kunst des Möglichen. Theorie der Literatur. Freiburg i.Br., Berlin, Wien 2013, S. 12.
[8] Ebd., S. 152.
[9] Bohuslav Havránek: The Functional Differentiation of the Standard Language. In: A Prague School Reader on Esthetics, Literary Structure, and Style. Übers. u. Hg. von Paul L. Gravin. Washington D.C. 1964, S. 3–16, hier S. 10.

Die Interpretation als Aufhebung der Störung in poetischer Rede führt nicht nur zu einer Behebung eines Mangels, sondern zugleich zu einer Kohärenzsteigerung. Das Moment der Kohärenzstörung hat nämlich im literarischen Text die Funktion, durch die erforderliche Interpretation ein Mehr an Kohärenz zu generieren. Diese besondere Interpretationsbedürftigkeit gegenüber anderen Formen der Rede ist Konsequenz der Fiktionalität von Literatur. Weil »es die Eigenheit fiktionaler Rede ausmacht, Sachverhalte zum Inhalt haben zu können, die nicht den Tatsachen entsprechen«[10], stellt sich implizit die Frage nach dem Informationswert des dort Ausgesagten. Dem Rezipienten ist also die Suche nach etwas Impliziertem aufgegeben, das die eigentliche Bedeutung des Gesagten ausmacht. Einzelne Kohärenzstörungen sind okkasionell und können im unmittelbaren Kontext durch Textinterpretation aufgehoben werden. Die fiktionale Verletzung der Kohärenzmaxime ist jedoch strukturell: Sie gilt daher für alles im Text Gesagte und lässt sich nur im Zusammenhang mit dem gesamten Text beheben. Kontexte, die die Ergänzung dessen ermöglichen, was der Text zu implizieren scheint, sind nicht gegeben, sondern müssen vom Rezipienten erst identifiziert werden. Die Kontexte, die das Verständnis des literarischen Textes befördern, sind also nicht evident, sondern müssen hermeneutisch erwogen und sich in der Praxis der Interpretation als valide erweisen.

Oftmals sind es neben werkimmanenten Merkmalen, Gattungstraditionen oder intertextuellen Verweisen Kontexte der referentiellen Welt, die den Bezugspunkt der impliziten Kohärenzbildung des Textes herstellen. Aus dieser Doppelgebundenheit an das literarische System einerseits und die referentielle Welt andererseits ergeben sich letzten Endes die methodischen Schwierigkeiten, den literarischen Text mit seinen gesellschaftlichen Kontexten zu vermitteln. Literatur ist nämlich immer schon beides: selbstbezüglich, artistisch, eigenen Regularien gehorchend, traditionell ausgeprägten Redeweisen sowie Strukturmustern verpflichtet und zugleich gesellschaftsbezüglich, referentiell, soziale Regularien inkorporierend, sozialen Verhältnissen und kulturellen Wissensformationen verpflichtet. Dieses Zusammenwirken beider Eigenarten von Literatur bei der Modellierung von Welt macht die Bezugnahme auf Gesellschaft deutlich komplexer als in anderen textuellen Äußerungsformen und ist der Grund für die Vermittlungsproblematik zwischen Text und Kontext. Aber diese durch die Eigenart des literarischen Gegenstandes begründete Schwierigkeit kann uns nicht der Aufgabe entheben, die gesellschaftsbezogene Dimension von Literatur zu reflektieren und funktionsgeschichtliche Deutungen zu avisieren. Genau diese fordert Literatur nämlich in der Regel heraus.

---

10 Kablitz: Kunst des Möglichen (s. Anm. 7), S. 157.

John Searle hat ganz richtig bemerkt, dass literarische Texte, zumal vormoderne, zumeist eine oder mehrere Botschaften enthalten: »Almost any important work of fiction conveys a ›message‹ or ›messages‹ which are conveyed ***by*** the text but are not ***in*** the text.«[11] Es ist dem jeweiligen Rezipienten aufgegeben, diese ›Botschaften‹ zu identifizieren. Nach Kablitz leistet genau dies die Interpretation, die eine Beziehung zwischen den einzelnen Textelementen und der allgemeinen Aussage des literarischen Textes herzustellen hat.[12] Um das Verhältnis literarischer ›Botschaften‹ zu ihrer Doppelgebundenheit an den Gegenstand selbst sowie der Gesellschaft einmal zu konkretisieren: Das Figurenhandeln in literarischen Texten z. B. partizipiert an den allgemeinen Aussagen des literarischen Textes, insofern seine Logik diesem Allgemeinen entspringt und zu dessen Wahrnehmung durch den Rezipienten beiträgt. Als Folge dessen gibt es den Rezipienten Wertorientierung und normative Anschauung, ermöglicht Identifikation und Distanz, Projektion und ein Einüben in Empathie usw. Aber Figuren sind nicht einfach nur mentale Projektionen von Personen: Für ihre Interpretation spielen intertextuelle Bezugnahmen, also die Bindung an die Tradition des literarischen Feldes, sowie Funktionen innerhalb der Diegese eine ebenso bedeutende Rolle.[13]

Von allgemeinen Aussagen, die einzelne Handlungsepisoden und Motive übersteigen, nehmen funktionsgeschichtliche Deutungen ihren Ausgang, weil dieses Allgemeine gesellschaftlich bedingt als auch gesellschaftlich wirksam ist.[14] Dies gilt gerade für die volkssprachige Literatur am Ausgang des 12. Jahrhunderts, deren Erscheinungsformen in den allermeisten Fällen durch Retex-

---

11 John R. Searle: The Logical Status of Fictional Discourse. In: New Literary History 6 (1975), S. 319–332, hier S. 332.
12 Vgl. Kablitz: Kunst des Möglichen (s. Anm. 7), S. 119.
13 Vgl. dazu demnächst Silvia Reuvekamp: Hölzerne Bilder? Narratologie und Anthropologie mittelalterlicher und frühneuzeitlicher Figurendarstellung (unveröffentlichte Habilitationsschrift Düsseldorf 2015). Vgl. zur narratologischen Figurenforschung Jens Eder, Fotis Jannidis, Ralf Schneider (Hg.): Characters in Fictional Worlds. Understanding Imaginary Beings in Literature, Film, and Other Media. Berlin 2010; Fotis Jannidis: Figur und Person. Beitrag zu einer historischen Narratologie. Berlin, New York 2004; Ralf Schneider: Grundriß zur kognitiven Theorie der Figurenrezeption am Beispiel des viktorianischen Romans, Tübingen 2000; Herbert Grabes: Wie aus Sätzen Personen werden ... Über die Erforschung literarischer Figuren. In: Poetica 10 (1978), S. 405–428.
14 Vgl. auch Dieter Pfau, Jörg Schönert: Probleme und Perspektiven einer theoretisch-systematischen Grundlegung für eine ›Sozialgeschichte der Literatur‹. In: Renate von Heydebrand, Dieter Pfau, Jörg Schönert (Hg.): Zur theoretischen Grundlegung einer Sozialgeschichte der Literatur. Ein struktural-funktionaler Entwurf. Tübingen 1988, S. 1–26, hier S. 5.

tualisierungen von Prätexten geprägt sind, die ein adliger Gönner veranlasst hat.[15] Mittelalterliche Kunst reagiert in der Regel auf die Interessen sowie Bedürfnisse einer kleinen Gruppe von Rezipienten und Förderern, deren kulturelles Selbstverständnis sie formuliert und prägt.[16] Und hier ist das Reaktionspotential literarischer Texte groß. Sie können als Idealisierung oder Utopie Phantasmata der Wunscherfüllung sein, sie können bestehende Zustände kritisieren, Alternativen einspielen, Experimente anstellen und auch Fluchtwege aus gesellschaftlichen Verhältnissen anbieten.

Ein Regelwerk zur Bestimmung der Bedeutungen eines literarischen Textes existiert nicht. D. h. wir sind in Interpretationen immer mit der Unsicherheit konfrontiert, ob unsere Bedeutungsproduktion als Rezipient dem Text und seinen Bedeutungen gerecht wird. Diese Unsicherheit lässt sich dadurch minimieren, dass es sehr wohl einen Bewertungsmaßstab für Interpretationen gibt, diese also weder beliebig noch alle gleichermaßen wertvoll sind. Die Bewertung der Angemessenheit einer Interpretation bemisst sich nämlich an ihrer Kohärenzleistung für den Text: Je mehr Daten des Textes sie zu integrieren vermag, je größere Plausibilität kommt ihr also zu. Daraus folgt aber auch, dass es keine

---

15 Vgl. zur mittelalterlichen Gönnerschaft Bernd Bastert: Der Beginn der deutschen Literatur? Gönnernennungen in deutschen Texten des 11. bis 13. Jahrhunderts. In: ZfdPh 152 (2019), S. 317–342; Bernd Bastert, Andreas Bihrer, Timo Reuvekamp-Felber (Hg.): Mäzenaten im Mittelalter aus europäischer Perspektive. Von historischen Akteuren zu literarischen Textkonzepten. Göttingen 2017; Joachim Bumke: Mäzene im Mittelalter. Die Gönner und Auftraggeber der höfischen Literatur in Deutschland 1150–1300, München 1979.
16 Vgl. Joachim Heinzle (Hg.): Literarische Interessenbildung im Mittelalter. DFG-Symposion 1991. Stuttgart 1993; Joachim Heinzle: Literarische Interessenbildung im Mittelalter. Kleiner Kommentar zu einer Forschungsperspektive. In: Eckart Conrad Lutz (Hg.): Mittelalterliche Literatur im Lebenszusammenhang. Ergebnisse des Troisième Cycle Romand. Freiburg i.Ue. 1997, S. 79–93; Aus dem Konzept der *literarischen Interessenbildung* speist sich auch die groß angelegte, mehrbändige Literaturgeschichte Geschichte der deutschen Literatur von den Anfängen bis zum Beginn der Neuzeit. Hg. von Joachim Heinzle. Kritik an diesem Konzept formulierte Peter Strohschneider: Literarische Ligaturen. Philipp Colin über Paradoxien höfischer Kunstaufträge im Mittelalter. In: Joachim Fischer, Hans Joas (Hg.): Kunst, Macht und Institution. Studien zur Philosophischen Anthropologie, Soziologischen Theorie und Kultursoziologie der Moderne. Fs. Karl-Siegbert Rehberg. Frankfurt a.M., New York 2003, S. 537–556, der befürchtet, dass mit einer Perspektivierung der sozialen und politischen Funktionen von Literatur deren spezifische Ästhetik aus dem Blick gerät. Ich hoffe, mit meinem Beitrag zeigen zu können, dass dies bei sozialgeschichtlichen Interpretationen nicht zwangsläufig der Fall sein muss. Gemeinsam mit Beate Kellner und Franziska Wenzel hat Strohschneider mit dem Begriff der Geltung versucht, »die Frage nach der Einbindung der Literatur in ihre zeitgenössischen Kontexte mit jener nach innerliterarischen Inszenierungen zu verklammern« (Beate Kellner, Peter Strohschneider, Franziska Wenzel [Hg.]: Geltung der Literatur. Formen ihrer Autorisierung und Legitimierung im Mittelalter. Berlin 2005, S. VIII).

zweifelsfreien Interpretationen gibt, sondern nur unterschiedliche Grade der Wahrscheinlichkeit, die diesen zukommen. »Die Geltung von Interpretationen hängt deshalb in hohem Maße von den disziplinären Konventionen ihrer Akzeptanz« ab.[17] Entscheidend für uns ist, »daß das Prinzip, das Interpretationen generiert, und der Maßstab, an dem sie sich messen lassen müssen, identisch sind: Hier wie dort handelt es sich um eine Erwartung von Kohärenzbildung«.[18]

In jedem Fall ist es, folgt man Kablitz, nötig, Literaturtheorie und Praxis der Textinterpretation strikt voneinander zu trennen. Keine Theorie vermag es nämlich, die Bedeutung eines bestimmten Textes zu präjudizieren; komplementär gilt, dass man mit einer Interpretation nicht die Geltung einer Theorie bestätigen kann. Theorien versuchen immer, nur *bestimmte* Interpretationen abzusichern. »Sie bemühen sich darum, eine theoretische Begründung für etwas zu liefern, das eben nicht theoretisch, sondern nur operationabel zu haben ist: für die Angemessenheit der *betreffenden* Interpretation.«[19] Ein sozialgeschichtlicher Zugriff auf Literatur scheint mir hingegen sinnvoll, da er eine historisch adäquate Fragestellung profiliert. Es ist nämlich in der Regel durchaus so, dass literarische Rede politische, sozioökonomische oder zwischenmenschliche Verhältnisse der Zeit widerspiegelt, zur Grundlage hat, kommentiert, kritisiert, unterminiert usw. Allerdings muss man sich von der oftmals in der Literaturwissenschaft geltenden Vorstellung lösen, dass man das Allgemeine des einzelnen literarischen Textes mit dem Allgemeinen der sozialen Strukturen methodisch immer gleich vermitteln könnte. Diese ›ewige Debatte der Literaturwissenschaft‹[20] lässt sich vielleicht beenden, wenn man in Rechnung stellt, dass es bei der Beseitigung des *gaps* zwischen Text und Kontext schlicht um ein plausibles Interpretationsverfahren geht, das nicht auf Wahrheit, sondern nur auf Wahrscheinlichkeit zielen kann und für verschiedene Texte verschieden aussehen wird.

Anschließend an Kablitz' Theorie der Interpretation werde ich in der Folge im Sinne des Bourdieu'schen Möbiusbands, wo Anfang und Ende unendlich ineinander verschränkt sind, *eine* Botschaft aus dem Spektrum aller möglichen Botschaften des *Eneasromans* untersuchen, nämlich wie Herrschaft und Genealogie konzipiert sowie aufeinander bezogen sind und die Ergebnisse der literarischen Analyse auf die politische Situation der Ludowinger in den 80er Jahren des 12. Jahrhunderts beziehen. Dabei bin ich mir bewusst, dass ich die Lücke zwischen faktischer Bedeutung der Genealogie und literarischer Geltungsbehauptung

---

17 Kablitz: Kunst des Möglichen (s. Anm. 7), S. 201.
18 Ebd.
19 Ebd., S. 265.
20 Vgl. Wilfried Barner: Kommt der Literaturwissenschaft ihr Gegenstand abhanden? In: Jahrbuch der Deutschen Schillergesellschaft 41 (1997), S. 1–8, hier S. 4.

genealogischer Strukturen sowie historischem und fiktionalem Herrschaftsverständnis nur mithilfe von Plausibilitätsargumenten schließen kann.²¹

Die Ludowinger als Landgrafen von Thüringen und seit 1180 auch Pfalzgrafen von Sachsen gehören zu den mächtigsten reichsfürstlichen Geschlechtern der Stauferzeit.

> Erst im 11. Jahrhundert aus dem mainfränkischen Raum nach Thüringen gekommen, wurden sie bereits 1131 vom König Lothar von Süpplingenburg mit der Landgrafschaft, der herzogsähnlichen gerichtlichen Oberhoheit über die thüringischen Grafen und Herren belehnt. Sie befanden sich daher in der besonderen Situation, ihre Territorialherrschaft nicht auf ererbtem Allodialbesitz gründen zu können, sondern in einem zunächst fremden Gebiet, das von anderen Herren besessen und beherrscht wurde, nach und nach Rechte und Besitzungen zu erwerben und diese zu einer stabilen Herrschaftsgrundlage auszubauen.²²

Der Landgraf »war formeller Herr über alle Gebiete, ließ aber zur Zeit Veldekes seine Brüder in die Herrschaftspraxis einbinden, indem er ihnen relativ selbständige Machtbereiche zuwies mit einem garantierten Rückfallrecht«.²³

Volkssprachige Literatur wird erstmals mit Heinrichs von Veldeke *Eneasroman* mit den Ludowingern in Verbindung gebracht.²⁴ Ein Interesse am Vergilschen Epos, das als Lektüre in Kloster- und Domschulen obligatorisch war, liegt nahe. Im Mittelalter sah man in Troja ja den Vorläufer des Römischen Reichs

---

21 Dies unternehme ich im Wissen um die beiden Gefahren einer sozialhistorisch geleiteten Interpretation, die Joachim Heinzle postuliert hat. Man laufe nämlich zum einen Gefahr, die Produktion von Texten auf plausible, aber historisch nicht abzusichernde Beweggründe zurückzuführen. Demgegenüber hoffe ich, mit Kablitz gezeigt zu haben, dass es im Umgang mit Literatur (auch hinsichtlich ihres Entstehungskontextes in einer so quellenarmen Zeit des 12. Jahrhunderts) immer nur um Plausibilitätsargumente gehen kann. Zum anderen müsse man sich laut Heinzle: Literarische Interessenbildung im Mittelalter. Kleiner Kommentar zu einer Forschungsperspektive (s. Anm. 15), S. 83 f., davor hüten, historisch belegbare Interessen in die Textinterpretation hineinzutragen. Im Folgenden wird hoffentlich deutlich, dass die belegbaren Interessen der Ludowinger nicht von mir in den Text hineingelesen, sondern aus dem Text herausgelesen werden.
22 Christine Müller: Landgräfliche Städte in Thüringen. Die Städtepolitik der Ludowinger im 12. und 13. Jahrhundert. Köln, Weimar, Wien 2003, S. 11.
23 Reinhardt Butz: Herrschaft und Macht – Grundkomponenten eines Hofmodells? Überlegungen zur Funktion und Wirkungsweise früher Fürstenhöfe am Beispiel der Landgrafen von Thüringen aus dem ludowingischen Haus. In: Ernst Hellgardt, Stephan Müller, Peter Strohschneider (Hg.): Literatur und Macht im mittelalterlichen Thüringen. Mediävistisches Kolloquium auf Gut Willershausen, 11. bis 13. Oktober 1998. Köln 2002, S. 45–84, hier S. 61.
24 Zur literaturgeschichtlichen Stellung des Thüringer Hofes unter Hermann I. vgl. Joachim Bumke: Mäzene im Mittelalter (s. Anm. 15), S. 159–168 u. 378–383, und Ursula Peters: Fürstenhof und höfische Dichtung. Der Hof Hermanns von Thüringen als literarisches Zentrum. Konstanz 1981.

und damit letztlich den Ursprung der eigenen Gegenwart.[25] Neben der Attraktivität und dem Renommee des Stoffes muss das Narrativ »eine Paßförmigkeit für die Interessen am Hof haben, er muß auf ein bestimmtes Problem antworten, das der literarische Text wohl nicht unbedingt ›lösen‹ kann, zu dem er aber eine Anschlußkommunikation darstellt und eventuell reflexive Freiräume öffnet.«[26] Dieses ›Problem‹ scheint mir in der Fremdherrschaft der Ludowinger in Thüringen zu gründen. ›Eneas‹ Attraktivität resultierte dabei zugleich auch daraus, einerseits als personifizierte Ursprungsfigur der Reichsgeschichte und andererseits auch als Vorbild fürstlicher Selbstdeutung zu fungieren.[27] Diese Vorbildwirkung zeigt sich im weitestgehend identischen Lob des Protagonisten im *Eneasroman* und Hermanns I. in den *Reinhardsbrunner Historien*, der dort als *princeps serenissimus* bezeichnet wird, der in seiner Person Tapferkeit, Freigebigkeit, Beständigkeit, *pietas* und die Größe seiner Vorfahren vereinigt und nicht nur in der Gunst der *fortuna*, sondern auch unter dem Schutz Gottes steht.[28] Zwar scheint die Topik des Herrscherlobs keine Signifikanz aufzuweisen, doch gehören die Verweise auf die Vorfahren, den Schutz Gottes, vor allem aber die für Vergils Aeneas charakteristische Bezeichnung *pietas* keineswegs zwangsläufig zur Tradition des Herrscherpreises. Wichtiger als diese Überblendungen in den Charakterisierungen einer fiktiven und einer historischen Herrscherpersönlichkeit scheinen mir die durchaus vorhandenen Parallelen in der machtpolitischen Situation des Eneas und des Urahns der Ludowinger, Ludwig mit dem Barte: Beide bauen in einem fremden und tendenziell feindseligen Territorium durch die Inbesitznahme eines kleinen Stück Landes nach und nach ihre Herrschaft auf, die durch Burgenbau, geschickte Heiratspolitik sowie auch erfolgreiche kriegerische Auseinandersetzungen gesichert und ausgebaut wird.[29] Worauf es mir im Folgenden ankommt, ist die potentielle Funktion des Eneas, eine Projektionsfläche für das geschichtliche Herkommen der Ludowinger darzustellen, was sich als spezifisch genealogisches Konstrukt im Epilog des Veldeke'schen Textes niederschlägt, das das Allgemeine des Romans mit der Herrschaftssituation der Ludowinger am Ende des 12. Jahrhunderts verbindet.

---

25 Vgl. Beate Kellner: Ursprung und Kontinuität. Studien zum genealogischen Wissen im Mittelalter. München 2004, v. a. S. 131–137.
26 Benz: Volkssprachliche Literatur (s. Anm. 1), S. 5.
27 Vgl. Reinhard Hahn: Geschichte der mittelalterlichen deutschen Literatur Thüringens. Wien, Köln, Weimar 2012, S. 88.
28 Vgl. Stefan Tebruck: Die Reinhardsbrunner Geschichtsschreibung im Hochmittelalter. Klösterliche Traditionsbildung zwischen Fürstenhof, Kirche und Reich. Frankfurt a.M. u. a. 2001, S. 268.
29 Vgl. Matthias Werner: Art. »Ludowinger«. In: Werner Paravicini (Hg.), Jan Hirschbiegel, Jörg Wettlaufer (Bearb.): Höfe und Residenzen im spätmittelalterlichen Reich. Ein dynastisch-topographisches Handbuch, Teilband 1: Dynastien und Höfe. Filderstadt 2003, S. 149–154.

Der Epilog ist bekanntlich schon seit den Anfängen der Veldeke-Philologie in der Diskussion.[30] Standen zuerst Fragen zum einen nach Verfasserschaft sowie damit verbunden der Authentizität und zum anderen zur Textentstehung, Mäzenatentum und Datierung im Vordergrund der wissenschaftlichen Auseinandersetzung,[31] hat sich die Diskussion in den letzten Jahren doch merklich verschoben. Der Epilog interessiert nicht mehr allein nur als sozialgeschichtliche Quelle und vermeintlicher Einblick in den mittelalterlichen Literaturbetrieb, sondern wird auf seine literarischen Funktionen bzw. auf seine Geltungsbehauptungen hin befragt.[32] Kritisch mit einem Großteil der Forschung, der die Angaben des Epilogs bezüglich des Buchdiebstahls, der Gönnerschaft und der Eheverbindung des Landgrafen Ludwig III. mit einer Gräfin von Kleve als historische Quelle auswertet, haben sich vor allem Bernd Bastert und Tina Sabine Weicker auseinandergesetzt.[33] Während Bastert deutlich machen konnte, dass die Hochzeit Margarethes von Kleve und Landgraf Ludwigs III. wohl weder in Kleve noch im Jahr 1174 stattgefunden habe, stellte Weicker aufgrund der Fragwürdigkeit der Angaben des Epilogs den historischen Zeugniswert der Angaben gänzlich in Frage: »Es könnte sich hier um eine Verflechtung, eine jener Symbiosen von Historizität und Fiktionalität handeln, wie sie

---

30 Vgl. zum Folgenden Timo Reuvekamp-Felber: Genealogische Strukturprinzipien als Schnittstelle zwischen Antike und Mittelalter. Dynastische Tableaus in Vergils »Aeneis«, dem »Roman d'Eneas« und Veldekes »Eneasroman«. In: Manfred Eikelmann, Udo Friedrich (Hg.): Praktiken europäischer Traditionsbildung im Mittelalter. Wissen – Literatur – Mythos. Berlin 2013, S. 57–74, hier S. 66f. u. 69–74.
31 Vgl. den Überblick über die frühe Forschungsgeschichte bei Wolfgang Brandt: Die Erzählkonzeption Heinrichs von Veldeke in der »Eneide«. Ein Vergleich mit Vergils »Aeneis«. Marburg 1969, S. 49–53, und Silvia Schmitz: Die Poetik der Adaptation. Literarische inventio im »Eneas« Heinrichs von Veldeke. Tübingen 2007, S. 85.
32 Vgl. Schmitz: Die Poetik (Anm. 30), S. 19. Dort findet sich auch eine vorzügliche Analyse des Epilogs (S. 76–90).
33 Zuletzt Bastert: Der Beginn der deutschen Literatur? (s. Anm. 12), S. 333–335; ders.: *dô si der lantgrave nam.* Zur ›Klever Hochzeit‹ und der Genese des Eneas-Romans. In: ZfdA 123 (1994), S. 253–273; Tina Sabine Weicker: *Dô wart daz bûch ze Cleve verstolen.* Neue Überlegungen zur Entstehung von Veldekes »Eneas«. In: ZfdA 130 (2001), S. 1–18; vgl. auch die Diskussion zusammenfassend Hahn: Geschichte der mittelalterlichen deutschen Literatur (s. Anm. 26), S. 63–79. Aktuell plädiert Peter Andersen: *vil tugentleich waz ir leben.* Zur Gräfin von Kleve und Datierung des Eneas. Erscheint in: Euphorion 115, Heft 3 (2021) mit überzeugenden Argumenten dafür, die im Epilog erwähnte Gräfin von Kleve als Adelheid von Sulzbach, die Witwe des klevischen Grafen Dietrichs II., zu identifizieren. Diese Hypothese geht zurück auf Remco Sleiderink: De stem van de meester. De hertogen van Brabant en hun rol in het literaire leven (1106–1430). Amsterdam 2003, S. 32.

in der mittelalterlichen Literatur immer wieder zu beobachten sind.«[34] Als zusätzliches Argument verweist sie auf eine Reihe von antiken Buchdiebstahlsgeschichten, die Veldeke als Vorbild habe nehmen können, um die Dignität und den Wert seines Textes für das Thüringische Landgrafengeschlecht und damit für die adlige Gesellschaft insgesamt spielerisch-ironisch zu unterstreichen. Daher – so schließt Weicker – sei »ernsthaft damit zu rechnen, daß der Bericht über den Diebstahl des ›Eneas‹-Manuskripts literarische Fiktion ist«.[35]

Jenseits der nicht zu entscheidenden Frage nach Realitäts- oder Fiktivitätsstatus der Textpassage scheint es mir indes möglich zu sein, ihre narrativen Funktionen im Kontext der genealogischen Sinnsetzungen des Romans aufzuschließen, und zwar über die seitens der Forschung reklamierte Nobilitierung des Textes und seines Urhebers hinaus. Wesentliche Voraussetzung eines textfunktionalen Verständnisses des Epilogs ist die Beobachtung, dass eine große Anzahl von Gönnernennungen – und gerade die wenigen des 12. Jahrhunderts – sich den Strukturen, Inhalten oder Motiven der Erzählungen anpassen. Dies ist im *Eneasroman* nicht anders, dessen Epilog an die genealogischen Konstrukte des Textes anknüpft, die auf die Aeneadendynastie zielen. Bekanntermaßen befindet sich vor dem Epilog als Abschluss der Handlung das sog. zweite Geschlechtsregister, das Veldeke seiner Vorlage, dem anonymen *Roman d'Eneas*, hinzugefügt hat, und das die Nachfahren des Eneas bis zu Kaiser Augustus auflistet und charakterisiert. Im Epilog nun wird diesem vertikalen Konstrukt der Aeneadengenealogie ein horizontales dynastisches Tableau der Brüdergeneration des Thüringischen Landgrafengeschlechtes entgegengestellt, das alle männlichen Nachkommen Ludwigs II. umfasst (Ludwig III., Heinrich Raspe III.[36], Pfalzgraf Hermann und Friedrich).[37] Wie die antiken Vorgänger und vor allem deren

---

34 Weicker: *Dô wart daz bûch* (s. Anm. 32), S. 15.
35 Ebd., S. 17.
36 Der im Text erwähnte Handschriftendieb Heinrich wird in der Forschung meist mit Graf Heinrich Raspe III. identifiziert, dem zweiten Sohn des Thüringer Landgrafen Ludwig II. Während die oberdeutschen Handschriften sich mit dem unspezifischen Vornamen ›Heinrich‹ begnügen, erweitern die drei mitteldeutschen Codices E, G und H aus dem 14. und 15. Jahrhundert den Namen zu ›Heinrich von Schwarzburg‹ (+1184), einem erklärten Gegner der ludowingischen Territorialisierungsbestrebungen. Der durch diesen Zusatz hervorgerufene gravierende metrische Verstoß deutet m. E. darauf hin, dass es sich um eine sekundäre Lesart handelt, die die möglicherweise mit der Lokalgeschichte des Thüringer Raums vertrauten mitteldeutschen Schreiber verantwortet haben. Eine solch scheinbare Plausibilisierung des Manuskriptraubs durch einen Gegner der Ludowinger geht zu Lasten des raffinierten genealogischen Konstrukts. Dagegen argumentiert Andersen: *vil tugentleich* (s. Anm. 32), der sein Plädoyer für den Schwarzburger stemmatologisch begründet.
37 Dieses erstaunliche Bild einer Beteiligung der gesamten engeren Familie des thüringischen Landgrafenhauses ist ein nahezu einmaliges Dokument einer Adelsfamilie als Förderer eines

Stammvater Eneas in der Romanhandlung zeichnet sich dieses mittelalterliche Adelsgeschlecht in der Darstellung des Epilogs durch seine vortrefflichen Eheschließungen (Ludwig mit der *tugentlichen, milten* und *guoten* Gräfin von Kleve vs. Eneas mit Lavinia), ihre Bindung an ein Herrschaftsgebiet (Thüringen findet gleich zweimal Erwähnung) sowie ihren Bau neuer Burgen aus (erwähnt ist die Neuenburg an der Unstrut als Herrschaftssitz des Pfalzgrafen Hermann ›so wie Eneas‹ erste Handlung in Italien darin besteht, die Burg Montalbane errichten zu lassen).[38] Diese durch analoge Taten und Eigenschaften konstruierte Verbindung von Aeneadengenealogie und dynastischem Tableau der Ludowingischen Brüdergeneration wird nicht zuletzt dadurch evident, dass der Text Veldekes unmittelbar nach der Gönnernennung erneut das antike Geschlechtsregister einspielt und an die weltgeschichtliche Funktion der Nachkommen des Eneas erinnert:

daz was der phalzgrâve Herman,	Das war der Pfalzgraf Hermann
des lantgrâven Lodewîges brûder	der Bruder des Landgrafen Ludwig
von vater unde von mûder,	von Vater- und Mutterseite,
und der grâve Friderîch,	und der Graf Friedrich,
dem diende gerne Heinrîch.	dem Heinrich gerne diente.
Ich hân gesaget rehte	Ich habe wahrheitsgemäß
dez hêren Enêê geslehte	von der Sippe des Eneas gesprochen
und daz kunne lobesam,	und dem rühmenswerten Geschlecht
daz sint von ime quam,	das von ihm abstammte
gewaldech unde rîche.	und stark und mächtig war.
si lebeten hêrlîche	Sie lebten sowohl in der Jugend
beidiu junk unde alt	als auch im Alter herrlich
und heten grôzen gewalt	und verfügten über große Macht
in der werlde wîten. (...)	weithin in der Welt. (...)
daz is genûgen kuntlîch,	Das wissen viele,
als ez dâ tihte Heinrîch	so wie es Heinrich geschrieben hat.
	(Eneasroman, Vv. 13487–13506)[39]

---

volkssprachig-epischen Textes. Eine weitere Ausnahme stellt der *Willehalm von Österreich* Johanns von Würzburg dar, der den Herzögen Leopold I. (+1326) und seinem Bruder Friedrich dem Schönen (+1330) gewidmet ist.

38 Die besondere Hervorhebung der Neuenburg an der Unstrut ist möglicherweise dem Umstand zu verdanken, dass sie die Grenze zwischen Sachsen und Thüringen markiert und damit als Symbol für den Doppelbesitz der Landgrafschaft Thüringen und der Pfalzgrafschaft Sachsen fungiert.

39 Zitiert wird nach der Ausgabe Heinrich von Veldeke: Eneasroman. Die Berliner Bilderhandschrift mit Übersetzung und Kommentar. Hg. von Hans Fromm. Frankfurt am Main 1992.

Die beiden vorgestellten Geschlechter rücken textuell wie inhaltlich nah zusammen.[40] Erst dem Einsatz der Ludowingischen Brüdergeneration – so suggeriert es der Epilog – ist es zu verdanken, dass die Vorgeschichte des Römischen Reiches *genûgen kuntlîch*, also vielen bekannt, wurde. Dennoch wurde in der sozialgeschichtlich ausgerichteten Forschung eine genealogische Funktion der Gönnernennung bestritten. Ursula Peters formulierte in ihrer grundlegenden Studie zur Adelsfamilie in der volkssprachigen Literatur des Mittelalters einen negativen Befund:

> Die Ludowinger finden nicht als berühmtes Landgrafengeschlecht, sondern über einzelne literaturinteressierte Familienangehörige Eingang in den Epilog. Dementsprechend fehlt auch in der Ludowinger-Partie des Epilogs wie im gesamten Text der Gedanke einer Verherrlichung der Ludowinger als Geschlecht.[41]

Eine solche Ausblendung des dynastischen Prinzips übergeht allerdings die Anbindung der Gönnernennung an die Aeneadengenealogie, die durchaus eine Verherrlichung der Ludowinger als Geschlecht markiert. Anders als in lateinischer Hofgeschichtsschreibung, die mit Themen wie agnatischer Geschlechterfolge und Ahnenstolz ein ausgeprägtes fürstliches Familienbewusstsein dokumentiert sowie eine legitimatorische Funktion für die Stabilität der Landesherrschaft

---

40 Eine unmittelbare genealogische Verknüpfung findet allerdings nicht statt, obwohl die Anbindung adliger Familien an einen trojanischen Spitzenahn im lateinischen Schrifttum des 12. Jahrhunderts durchaus begegnet. So z. B. bei Gottfried von Viterbo, der ein verwandtschaftliches Verhältnis zwischen Staufern und den römischen Cäsaren bzw. den trojanischen und griechischen Königen sowie auch euhemeristisch modifizierend zu den römischen Göttern Saturn und Jupiter propagiert (vgl. Gottfried von Viterbo: Speculum regum, lib. 1, c.8, V. 187–198, oder auch Memoria seculorum. In: Gotifredi Viterbiensis opera. Hg. von Georg Waitz. In: MGH SS 22, Hannover 1872, S. 1–338, hier S. 100). Erstmals zu Gottfried, seiner ursprungsmythischen Konstruktion und dem Verhältnis zu Veldeke: Heinz Thomas: Matière de rome – matière de Bretagne. Zu den politischen Implikationen von Veldekes »Eneide« und Hartmanns »Erec«. In: ZfdPh 198 (1989), Sonderheft, S. 65–104, hier S. 76–80. Auch im Umfeld der Ludowinger existiert eine ursprungsmythische Konstruktion im lateinischen Schrifttum: In dem aus der *Chronica Reinhardsbrunnensis* des 14. Jahrhunderts erschlossenen lateinischen Text *De ortu principum Thuringie*, der eine stark gekürzte Fassung der aus den letzten beiden Jahrzehnten des 12. Jahrhunderts stammenden *Reinhardsbrunner Gründungsgeschichte* darstellt, wird die ludowingische Dynastie auf Ludwig mit dem Barte zurückgeführt, der aus dem Geschlecht der Frankenkönige Karl und Ludwig stamme. *De ortu principum Thuringie* ist neu ediert bei Tebruck: Die Reinhardsbrunner (Anm. 27).
41 Ursula Peters: Dynastengeschichte und Verwandtschaftsbilder. Die Adelsfamilie in der volkssprachigen Literatur des Mittelalters. Tübingen 1999, S. 264.

erfüllt,[42] zeigt sich die Dynastie hier in einem horizontalen Tableau aufgefächert. Dies scheint nicht weiter verwunderlich, wenn man bedenkt, dass die mittelalterliche Adelsfamilie in den unterschiedlichen Quellen nicht immer als agnatisch organisierter, auf den Herrscher perspektivierter Familienverband entgegentrat, sondern in ganz unterschiedlichen Funktionen und divergierenden Formationen[43]; diese Variabilität der Familienformation in historischen Zeugnissen kann dann eben auch – wie in unserem Fall – die vier männlichen Exponenten der Ludowingischen Kernfamilie einschließen. Die Erwähnung aller vier Brüder der aktuellen Ludowingischen Herrschaftsgeneration dokumentiert dabei gerade ein Interesse an der vollständigen Inventarisierung der dynastischen Verästelungen und ihrer Besitzungen in Thüringen (Landgraf Ludwig), Sachsen (Pfalzgraf Hermann) und Hessen (Friedrich). Solche nicht den Herrscher in den Mittelpunkt stellende Familienkonstrukte in Gönnerzeugnissen begegnen vor allem in Gedächtnisstiftungen. Kürzlich konnte Bernd Bastert zeigen, dass die Nennung aller Brüder auch sehr genau den Intitulationen in den Urkunden der Ludowinger entspricht, »in denen mit einiger Regelmäßigkeit die unterschiedlichen Machtbereiche der *familia* und deren jeweilige Inhaber angeführt werden«.[44] Diese brüderliche Teilhabe an der Herrschaftsausübung und deren Dokumentation in Urkunden diente wohl der »Stabilität der Herrschaft der Ludowinger in den drei genannten Herrschaftsräumen (Thüringen, Hessen und Sachsen)«.[45] Die relativ selbstständigen Machtbereiche der Brüder waren mit einem garantierten Rückfallrecht an den Landgrafen gebunden, sodass dieses Konstrukt einerseits dem Erhalt des Herrschaftsraums diente und andererseits mögliche Konfliktfelder in der *familia* von vornherein zu entschärfen in der Lage war. Der sich der antiken Geschlechtermythologie verdankende genealogische Entwurf im Epilog des *Eneasromans* ist Teil dieses auf das herrschaftliche Selbstverständnis zielenden Konstrukts. Er steht im Zusammenhang mit einem ab der Mitte des Jahrhunderts sich ausprägenden und zurzeit der Abfassung des *Eneasromans*

---

42 Vgl. Birgit Studt: Art. »Hofgeschichtsschreibung«. In: Werner Paravicini (Hg.), Jan Hirschbiegel, Jörg Wettlaufer (Bearb.): Höfe und Residenzen im spätmittelalterlichen Reich. Hof und Schrift. Ostfildern 2007, S. 373–390, hier S. 373, sowie Peters: Dynastengeschichte (Anm. 40), S. 4.
43 Für die Ludowinger sei beispielhaft auf eine Urkunde von Ludwig dem Springer aus dem Jahr 1110 verwiesen, die dokumentiert, dass dieser gemeinsam mit seiner Ehefrau Adelheid von Stade und seinen Söhnen Hermann, Ludwig, Heinrich und Konrad dem Kloster Reinhardsbrunn die Kirche zu Sangerhausen schenkte. Vgl. Jürgen Petersohn: Die Ludowinger. Selbstverständnis und Memoria eines hochmittelalterlichen Reichsfürstengeschlechts. In: Blätter für deutsche Landesgeschichte 129 (1993), S. 1–39, hier S. 8.
44 Bastert: Der Beginn (s. Anm. 15), S. 334.
45 Butz: Herrschaft und Macht (Anm. 23), S. 61.

immer noch in Geltung befindlichen Selbstverständnis der Ludowinger, demzufolge man nur gemeinsam als Brüderkollektiv der Tradition und der Herrschaft der Dynastie gerecht werden könne. Auf dieses Selbstverständnis deutet u. a. auch ein Brief hin, den Landgraf Ludwig II. zwischen 1140 und 1155 an seinen jüngeren Bruder Heinrich Raspe II. geschrieben hat, in dem er diesen ermahnt, sich nicht mit unnützen Waffenspielen zu gefährden, sondern seine Kräfte den Reichsangelegenheiten zu widmen und sich der dynastischen Tradition verpflichtet zu sehen, wie es für einen Fürsten billig ist:

> Bezüglich unseres Geschlechts ist es angebracht, sich zu erinnern, wie seine Sache unter einem günstigen Geschick kraft seiner Tüchtigkeit mit Gotte Hilfe bis dahin zunahm, sodass es unter den vornehmsten Fürsten des Reichs gleichberechtigt Rang, Titel und Ruhm empfing. Daher ziemt es sich für uns, die wir Titel und Rang von den Vorfahren zu erblichem Recht übernommen haben, mit ganzer Kraft danach zu streben, dass wir von ihnen nicht durch Taten geringeren Ruhmes abfallen.[46]

Der Erwerb der Fürstenwürde durch *virtus* der Vorfahren verpflichtet alle Brüder zu einem Verhalten, das dem Herkommen bzw. genealogischen Bindungen gerecht wird und sich in einer verantwortungsvollen Haltung gegenüber reichspolitischen Angelegenheiten dokumentiert. Eine analoge Denkfigur bietet auch durchgehend der *Eneasroman*, dessen Protagonist sich durch nichts von seiner (reichspolitischen) Aufgabe, die ihm die Götter aufgetragen haben, abbringen lassen darf. Entsprechend wird an adligem Freizeitvergnügen, das das reichspolitische Schicksal des Eneas erschwert und damit dem Wunsch der Götter entgegensteht, Kritik geübt. Im fiktionalen Roman sind es nicht unnütze Waffenspiele, sondern das Freizeitvergnügen der Jagd, deren Auswirkungen die italische Herrschaft des Trojaflüchtlings gefährdet: Ascanius, der Sohn des Eneas, reitet eines Tages zum Vergnügen (*an dem spile* [V. 4562]) auf die Jagd. Auf dieser tötet er einen zahmen Hirsch, der von dem benachbarten adligen Burgherrn Tyrrhus und seiner Tochter Silvia domestiziert worden war und am Hof eine Sonderstellung genießt, weil er bei Tisch (nicht als Mahlzeit, sondern als Beleuchter – man befestigt Kerzen an den Geweihspitzen – und als Huldigender des Fürsten – der Hirsch richtet sich immer auf, wenn der Burgherr trinkt) dient. Nach der Tötung des ungewöhnlichen Höflings kommt es zum Kampf mit den Gefolgsleuten des Tyrrhus, in dessen Verlauf Ascanius, der Erbsohn des Protagonisten, um sein Leben fürchten muss, womit die ganze Dynastie potentiell gefährdet wäre. Eneas weiß im Nachhinein, dass es ein Fehler gewesen war, dem Sohn das Vergnügen der Jagd zu gestatten: *dô clagete hêre Ênêas, / daz her in dâ hin rîten liez* (V. 4740 f.). Erst durch die sofortige militärische Aktion kann der Erbsohn zwar aus der Notlage

---

46 Vgl. zum Brief: Petersohn: Die Ludowinger (Anm. 42), S. 17 f.

gerettet werden, aber die für den Erfolg der Dynastiebildung notwendige italische Bündnispolitik des Trojaflüchtlings ist durch die Jagd und ihre Auswirkungen erheblich zurückgeworfen sowie gefährdet worden.[47] Um die dezidierte Kritik an adligem Freizeitvergnügen als spezifische Problemartikulation des deutschsprachigen *Eneasromans* zu identifizieren, muss ein Abgleich mit dem französischen Prätext, also dem *Roman d'Eneas*, erfolgen. Dieser kann hier nicht im Detail erfolgen. Bei einem ersten Blick auf die unterschiedlichen Bearbeitungen wird aber deutlich, dass Veldeke die negativen Wertungen der Episode gegenüber dem Prätext deutlich verstärkt. So ist z. B. eine Passage (V. 4798–4805), die mitleidsvoll auf das Schicksal des Tyrrhus verweist, der seinen ältesten Sohn bei den Kampfhandlungen verliert, eine Hinzufügung Veldekes.[48]

Schließlich greift der *plot* des *Eneasromans* auch noch die im Geschlechtsregister des Epilogs hervorgehobene Verantwortlichkeit aller Söhne des Herrschers für das Wohl der Dynastie auf. Dies zeigt sich an den beiden Söhnen des Eneas: Der eine, Silvius, den der Protagonist mit Lavinia zeugt, wird Ausgangspunkt des Geschlechts, aus dem Romulus sowie Remus hervorgehen und damit das Römische Reich. Aber dessen Halbbruder Ascanius Julius, der Sohn aus der ersten Ehe des Eneas, spielt eine nahezu ebenso wichtige Rolle für die weltgeschichtliche Bedeutung der Aeneadendynastie ›weil aus seinem und Romulus‹ Geschlecht Julius Caesar und Augustus hervorgehen, die am Beginn der kaiserlichen Friedensherrschaft stehen, die noch die Gegenwart der staufischen Regenten prägt.

Ich ziehe ein kurzes Fazit: Gegenwärtig scheint es mir in Abgrenzung zu manchen unbefriedigenden, auf z. T. beliebig erscheinenden kulturwissenschaftlichen Theoriediskussionen ausgerichteten Forschungsarbeiten dringend geboten, dass sich die germanistische Mediävistik »einen innovativen, von älteren sozialgeschichtlichen Prämissen befreiten Blick für die Konnotationspotentiale und Symbolisierungsebenen«[49] der gesellschaftsbezogenen Aspekte der volkssprachigen Literatur des Mittelalters erlaubt. Dabei gilt es, an die Ergebnisse der historischen Forschung anzuschließen und die gesellschaftsgeschichtliche Funktion gerade der höfischen Literatur und damit

---

47 Zweimal gefährdet die Jagdleidenschaft des Menschen den gottgewollten Weg des Eneas; neben der Ascanius-Episode ist dies auch noch in der Dido-Episode der Fall.
48 Vgl. auch die detaillierte Analyse der Episode bei Christoph Schanze: Kampfzorn, Gewalteskalationen und Gemeinschaftshandeln im *Eneas* Heinrichs von Veldeke. In: Claudia Ansorge, Cora Dietl, Titus Knäpper (Hg.): Gewaltgenuss, Zorn und Gelächter. Die emotionale Seite der Gewalt in Literatur und Historiographie des Mittelalters und der Frühen Neuzeit. Göttingen 2015, S. 45–88.
49 Peters: Die Rückkehr der ›Gesellschaft‹ in die Kulturwissenschaft (Anm. 1), S. 50.

deren Einbettung in ihre sozialen Kontexte zu rekonstruieren. Dies kann nur gelingen, wenn man neben der notwendigen wissenschaftlichen Kooperation mit der Geschichtswissenschaft die von Andreas Kablitz präzise herausgearbeitete Spezifik des literarischen Gegenstandes sowie seine adäquate methodische Erschließung durch die Textinterpretation reflektiert und als Grundlage funktionsgeschichtlicher Deutungen anerkennt. Am Beispiel eines literarischen Textes, der im Umkreis des ludowingischen Herrschaftshauses unter dem kinderlosen Ludwig III. entstanden ist, habe ich zu zeigen versucht, wie sich das Herrschaftsverständnis der Dynastie, das sich durch eine kollektive Verantwortung der Brüdergeneration und aller männlichen Nachkommen für den Erfolg politischen Handelns auszeichnet, in der Fiktion niederschlägt: In der Auswahl des Stoffes, der Darstellung des Protagonisten sowie der Ausgestaltung von Handlungsepisoden und reflexiven Passagen lässt sich der *Eneasroman* plausibel und wahrscheinlich seinem gesellschaftspolitischen Entstehungskontext zuordnen, aus dem heraus sich wiederum die Ascanius-Episode und das genealogische Tableau erklären lassen. Ein hermeneutischer Zirkel, der m. E. für den Umgang mit Literatur und ihrer gesellschaftsbezogenen Dimension paradigmatisch ist.

13. Jahrhundert

Norbert Kössinger
Text und Kontext
Das Papsttum in der Sangspruchdichtung des 13. Jahrhunderts

1 Einleitendes

Bei der Beschäftigung mit Sangspruchdichtung hat man schon immer das Verhältnis von Text und Kontext stark mit ins Kalkül gezogen. Diese Gattung der mittelalterlich-volkssprachigen Literatur eignet sich schon von daher gut als Beispiel, um der Frage nach dem Verhältnis von ideen- und sozialgeschichtlichen Perspektiven nachzugehen. Bei ›Sangspruchdichtung‹ als literarischer Gattung handelt es sich um eine Setzung der Germanistik des 19. Jahrhunderts, unter deren Label man im Lauf der vergangenen 150 Jahre praktisch alles subsumiert hat, was nicht dem Minnesang (oder dem formal eigenständigen Leich) zuzuordnen ist.[1] Mit dem Begriff dieses Genres waren früh auch recht eindeutige ästhetische Urteile verbunden, um nicht zu sagen ziemlich heftige Verurteilungen oder Verdikte, die den didaktischen Grundzug solcher Texte in einen scharfen Gegensatz zu ihren literarisch-poetischen Potentialen gestellt haben. Didaktische Lyrik, so hat man gesagt, sei eben nichts anderes als eine »*contradictio in adiecto*«.[2] In einer weit gefassten Definition hat Helmut Tervooren im Anschluss an Karl Stackmann Sangspruchdichtung als »konstatierende Poesie«[3] charakterisiert, und ihr konkret eine Vielfalt von thematischen Gegenstandsbereichen zugeschrieben:

> [C]hristliche Glaubenslehre und allgemeine Weisheitslehre, Stände-, Herren- und Jugendlehre, allgemeine und spezielle Fragen einer Laienmoral, Ethik des höfischen Lebens, Reflexionen über den Zustand der Welt (meist als Klagen, in denen die miserable Gegenwart

---

[1] Zum Gegenstand im Ganzen vgl. Dorothea Klein, Jens Haustein, Horst Brunner, Holger Runow (Hg.): Sangspruch / Spruchsang. Ein Handbuch. Berlin, Boston 2019, speziell zur Gattungsfrage Holger Runow: Sangspruchdichtung als Gattung (statt einer Einleitung). In: ebd., S. 1–19, zu Gattungsinterferenzen und literarischen Kontexten, ebd., Kap. IV, S. 119–203, speziell zur Forschungsgeschichte Jens Haustein: Forschungsgeschichte. In: ebd., S. 27–37. Ich bleibe hier und im Folgenden beim eingeführten Begriff *Sangspruch*, ohne damit eine Entscheidung hinsichtlich potentieller Rezeptionsweisen vorwegzunehmen.
[2] Helmut Tervooren: Sangspruchdichtung. Stuttgart, Weimar 1995, S. 2.
[3] Ebd., S. 49.

Norbert Kössinger, Magdeburg

Open Access. © 2022 Norbert Kössinger, publiziert von De Gruyter. Dieses Werk ist lizenziert unter einer Creative Commons Namensnennung 4.0 International Lizenz.
https://doi.org/10.1515/9783110667004-005

mit der Vergangenheit verglichen wird), gelegentlich Kunstkritik und -reflexion (d. h. auch Reflexion des eigenen künstlerischen Standpunkts), Naturbetrachtungen, Kosmologisches, Eschatologisches, zumindest bei einigen Dichtern, Politisches im engeren Sinne und immer wieder: Klagen über das Los der Fahrenden.[4]

Dass bei den genannten Stichworten sowohl den Freunden der Ideengeschichte als auch denen der Sozialgeschichte schon immer die Ohren geklingelt haben, liegt auf der Hand: Höfische Kultur, Kunst, Politik und Religion sind sehr große, vielleicht allzu große ›Formationen‹ einer Wissensgeschichte, die natürlich einen hohen Reiz und starke Anziehungskraft besitzen, konzeptionell und methodisch jedoch auch schnell verwässern und unspezifisch werden können, was sich gerade am Beispiel des bereits genannten Stichworts ›Politik‹ für die Forschungsgeschichte der Sangspruchdichtung, das immer wieder Anlass für größere Untersuchungen gegeben hat, anschaulich nachvollziehen lässt. Nur zu diesem Aspekt nochmals Tervooren mit seinem eindeutigen Plädoyer:

> Man sollte den Begriff des Politischen aber wieder als inhaltliche Kategorie mit Bezug auf identifizierbare politische Ereignisse verwenden. Gebraucht man ihn nämlich als Oberbegriff für die Fülle der Themen, die etwa Walther in seinen Sangsprüchen anreißt (so ist er ja bei Maurer zu verstehen), wird er nichtssagend und man verfährt zudem noch anachronistisch.[5]

So weit, so gut, ein wesentliches Problem dieser Aussage liegt dann in der Konsequenz darin, Sangsprüche inhaltlich, in ihren Bezügen auf »politische Ereignisse« konkret und mit einiger Sicherheit zu identifizieren,[6] wie Tervooren es nun gerade einfordert, ganz abgesehen von den noch unberührten Fragen, was genau unter ›politisch‹ und was unter ›Ereignis‹ zu fassen sei.[7]

Damit sind wir auf der realhistorischen Seite der Forschung zur Sangspruchdichtung angekommen, die solche Referenzen eben meist auch nur zu einem bestimmten Grad wahrscheinlich machen konnte und kann. Ausnahmen bestätigen die Regel, aber Zuschreibungsunsicherheiten und zum Teil ganz erhebliche Spielräume für Interpretationen bleiben bekanntlich auch hier in aller Regel, wie die

---

[4] Ebd., S. 49. Der zuletzt genannte Punkt spielt auf die Tatsache an, dass viele Sangspruchdichter zu mobilen, sozial inferioren und randständigen Gruppen gehörten.
[5] Ebd., S. 50 sowie bereits S. 3. Die Aussage hat ihr Fundament im Kontext der Diskussion um Friedrich Maurers Untersuchung und Ausgabe der Sangsprüche Walthers von der Vogelweide mit dem Titel »politische Lieder« (Tübingen 1954 und Tübingen 1955).
[6] S. dazu die unten behandelten Beispiele.
[7] Zu letzterem Begriff nun aus einer erzähltheoretischen Perspektive: Hartmut Bleumer: Ereignis. Eine narratologische Spurensuche im historischen Feld der Literatur. Würzburg 2020. Zu dem ersten Begriff vgl. Ulrich Müller: Untersuchungen zur politischen Lyrik des deutschen Mittelalters. Göppingen 1974.

im Folgenden zu behandelnden Beispiele zeigen werden. Mit Robert Musils *Reisen vom Hundertsten ins Tausendste* könnte man – den Bogen sicher leicht überspannend – im Blick auf historische Rekonstruktionen auch für dieses Feld festhalten: »Die berühmte historische Distanz besteht darin, dass von 100 Tatsachen 95 verlorengegangen sind, weshalb sich die verbliebenen ordnen lassen, wie man will.«[8]

Dass der Königsweg einer gegenwärtigen und zukünftigen Literaturwissenschaft nicht darin bestehen kann, sich auf die eine – ideengeschichtliche – oder auf die andere – sozialgeschichtliche – Seite zu schlagen, um die methodischen Ansätze gegeneinander auszuspielen, erscheint dabei als absolut einsichtig und nachvollziehbar.[9] Natürlich werden sich immer Konstellationen ergeben, bei denen Lektüren, Analysen und Interpretationen aus einer bestimmten Perspektive besonders weit führen und mehr überzeugen als andere. Es sei an dieser Stelle zumindest aber auch die Frage gestellt, ob Literaturwissenschaftler dem hohen Anspruch einer Vermittlungsleistung mit Kontextualisierung literarischer Texte immer voll gerecht werden können und wie die Relationierung von Text und Kontext überhaupt geleistet werden kann.[10] Müssen dafür nicht laufend Kompetenzen in einem kaum vertretbaren Maß überschritten werden? Sollte man als Interpret nicht am besten gleichzeitig Literaturwissenschaftler, Historiker, Rechtshistoriker, Theologe etc. sein, um Texte angemessen zum Sprechen bringen zu können? Anders – und wieder einigermaßen überspitzt – gesagt: Sollten wir uns nicht eher darauf konzentrieren, Texte zu erklären als immer gleich die ganze Welt?[11] Wofür ich – wiederum ins Positive gewendet – plädieren möchte, ist eine Rückkehr zu einem heute aus der Mode gekommenen Stichwort, das im Übrigen auch in der Einleitung zum Band nur am Rande (und in einem recht engen Sinne) vorkommt und meiner Meinung nach eine

---

8 Robert Musil: Reisen vom Hundertsten ins Tausendste, Gesammelte Werke II, S. 622f., zitiert nach Aleida Assmann: Formen des Vergessens. Göttingen 2016, S. 195. Sucht man nach modernen Beispielen für solche Textsorten, die stark an tagesaktuelle Themen gebunden sind und deren berühmter ›Witz‹ sich schnell verliert und im Nachhinein oft nur mehr bruchstückhaft rekonstruiert werden kann, dürfte man an dieser Stelle etwa an Zeitungskolumnen wie das *Streiflicht* der Süddeutschen Zeitung oder Sigi Sommers in der Abendzeitung erschienene Kolumne *Blasius, der Spaziergänger* erinnern.
9 Zu Begriff und Konzept von ›Kontext‹ vgl. Lutz Danneberg: Kontext. In: Harald Fricke, Klaus Grubmüller, Jan-Dirk Müller, Klaus Weimar (Hg.): Reallexikon der deutschen Literaturwissenschaft. Neubearbeitung des Reallexikons der deutschen Literaturgeschichte. Bd. II. Berlin u. a. 2000, S. 333–337.
10 Vgl. dazu die Einleitung, S. 6–11.
11 Vgl. mit einem Plädoyer, das in eine ähnliche Stoßrichtung geht, den Beitrag von Stephan Müller im vorliegenden Band.

Neubewertung und Neueinschätzung verdient hätte, nämlich eine Rückkehr zur *Philologie*, verstanden als »Wissenschaft, die Texte der Vergangenheit verfügbar macht und ihr Verständnis erschließt«[12]. Angesprochen war und ist mit der zitierten Kurzdefinition von Karl Stackmann unter dem Lemma ›Philologie‹ aus dem *Reallexikon der deutschen Literaturwissenschaft* jedenfalls ein denkbar weites Spektrum an »Fertigkeiten, die der historischen Textpflege dienlich sein sollen«[13] und die selbstverständlich ideen- und sozialgeschichtliche Ansätze immer miteinschließt. Das ›Erschließen von Verständnis‹ ist eben ohne Kontext(e) nicht möglich. Es ist nur die Frage, welchen Stellenwert letztere(r) jeweils einnehmen soll (en). In den Mittelpunkt rückt bei einer philologischen Herangehensweise jedenfalls als Ausgangspunkt und zentraler Gegenstand der literarische Text selbst, der aus einer fachdisziplinär fundierten Perspektive auf außer- und innerliterarische Kontexte hin befragbar wird.[14]

Versuchsweise möchte ich das eben Skizzierte an drei Beispielen aus dem Bereich der Sangspruchdichtung des 13. Jahrhunderts zur Diskussion stellen, wobei es bei den folgenden exemplarischen Lektüren einerseits gerade nicht darum gehen soll, historische bzw. theologische Konzepte des hochmittelalterlichen Papsttums zwischen Innozenz III. (Papat 1198–1216) und Bonifatius VIII. (Papat 1294–1303) an die Sangspruchdichtung heranzutragen.[15] Es geht mir andererseits

---

[12] Karl Stackmann: Philologie. In: Harald Fricke, Klaus Grubmüller, Jan-Dirk Müller, Klaus Weimar (Hg.): Reallexikon der deutschen Literaturwissenschaft. Neubearbeitung des Reallexikons der deutschen Literaturgeschichte. Bd. III. Berlin u. a. 2003, S. 74–79, hier S. 74. Vgl. auch die Einleitung zum Band, S. 5f.

[13] Hans Ulrich Gumbrecht: Die Macht der Philologie. Über einen verborgenen Impuls im wissenschaftlichen Umgang mit Texten. Aus dem Amerikanischen von Joachim Schulte. Frankfurt a.M. 2003, S. 11. Skeptisch zur gegenwärtigen Karriere des Begriffs ›Philologie‹ bereits Stackmann (s. Anm. 12), S. 78.

[14] Vgl. in diesem Sinne Jan-Dirk Müller: Überlegungen zu einer mediävistischen Kulturwissenschaft. In: Ders.: Mediävistische Kulturwissenschaft. Ausgewählte Studien. Berlin, New York 2010, S. 1–8. Die Debatte um die sogenannte ›New Philology‹ bleibt an dieser Stelle bewusst ausgeklammert.

[15] Eine Geschichte des Verhältnisses von mittelalterlichem (vorreformatorischem) Papsttum und deutschsprachiger Literatur (sowie der anderen europäischen Volkssprachen) ist noch zu schreiben. Eine solche müsste ansetzen bei der *Altsächsischen Allerheiligenhomilie* (2. Hälfte 10. Jahrhundert) und bei Notkers des Deutschen († 1022) Prolog zu seiner Bearbeitung der *Consolatio Philosophiae* des Boethius. An einschlägiger Literatur sei genannt: Helga Schüppert: Kirchenkritik in der lateinischen Lyrik des 12. und 13. Jahrhunderts. München 1972. Alois M. Haas: Civitas ruinae. Heinrich Seuses Kirchenkritik. In: Johannes Janota (Hg.): Festschrift Walter Haug und Burghart Wachinger. Bd. 1. Tübingen 1992, S. 389–406. Hans-Jürgen Becker: Das Spannungsfeld Kaisertum – Papsttum – Konzil aus der Sicht des Konrad von Megenberg. In: Edith Feistner (Hg.): Konrad von Megenberg (1309–1374). Ein spätmittelalterlicher »Enzyklopädist« im europäischen Kontext. Wiesbaden 2011, S. 329–344. Mit konziliengeschichtlichem

auch nicht darum, sozial- und ideengeschichtliche Interpretationsversuche, wie sie zu den Texten teilweise bereits vorliegen, zu harmonisieren, gegeneinanderzustellen oder gar gegeneinander auszuspielen. Ich gehe vielmehr jeweils von Lektüren der Texte aus und versuche von dort aus nach dem spezifisch literarischen Potential der Texte zu fragen. Dabei wird sich dann zeigen, dass ideen- und sozialgeschichtliche Konstrukte eine interpretatorisch zentrale Rolle einnehmen können, freilich in jeweils unterschiedlichem Maße. Ich gehe dabei bewusst nicht von der Spruchdichtung Walthers von der Vogelweide aus, die in vielfacher Hinsicht eine Sonderstellung einnimmt und aus dieser Untersuchung ausgeklammert bleiben soll.[16] Die Textauswahl ist abgesehen von dieser Entscheidung – zugegebenermaßen – einigermaßen willkürlich und durch eigene Lektüreinteressen geleitet zustande gekommen. Anspruch auf systematische oder thematische Vollständigkeit erhebt sie selbstverständlich nicht.[17]

2 Exemplarische Lektüren

2.1 Der Marner, Ton XII,2

Das erste Beispiel ist die zweite Strophe aus Ton XII des Marners, eines oberdeutschen Spruchdichters, der Texte in deutscher und in lateinischer Sprache produziert hat. Er ist über Gönnernennungen von den 1230er bis zu den 1260er Jahren für uns fassbar.[18] Die ausschließlich in der Großen Heidelberger Lieder-

---

Fokus Michele C. Ferrari, Klaus Herbers, Christiane Witthöft (Hg.): Europa 1215. Politik, Kultur und Literatur zur Zeit des IV. Laterankonzils. Wien, Köln, Weimar 2018.
16 Vgl. Walther von der Vogelweide: Werke. Gesamtausgabe. Bd. 1: Spruchlyrik. Mhd. / Nhd. Hg., übersetzt und kommentiert von Günther Schweikle. 3., verbesserte und erweiterte Auflage. Hg. von Ricarda Bauschke-Hartung. Stuttgart 2009. Speziell zum Unmutston vgl. Susanne Padberg: *Ahî wie kristenlîche nû der bâbest lachet*. Walthers Kirchenkritik im Unmutston (Edition, Kommentar, Untersuchungen). Herne 1997.
17 Das könnte nur eine Untersuchung größeren Stils leisten, die dann u. a. auch Walther von der Vogelweide den angemessenen Platz einzuräumen und zunächst eine heuristisch verlässliche Textgrundlage zu erarbeiten hätte.
18 Zum Autor vgl. Burghart Wachinger: Der Marner. In: ²VL 6 (1987), Sp. 70–79 und Bd. 11 (2004), Sp. 978 sowie Eva Willms: Der Marner. In: Wilhelm Kühlmann u. a. (Hg.): Killy Literaturlexikon. Autoren und Werke des deutschsprachigen Kulturraumes. 2. vollständig überarbeitete Aufl. Berlin, Boston 2010, Bd. 7, S. 697 f.

handschrift (C, um 1300) überlieferte Strophe, die »ohne Zweifel zu den anschaulichsten und in ihrer Bauweise überzeugendsten des Marner-Œuvres gehört«[19] und die eine sogenannte Alment[20] darstellt, lässt sich gut nachvollziehbar entlang ihres Aufbaus als Kanzone beschreiben. Der erste Stollen lautet:[21]

> Got helfe mir daz mîniu kinder niemer werden alt,
> sît daz ez in der werlte ist sô jæmerlîch gestalt:
> wie stât ez über drîzec jâr,
> sît man die pfaffen siht sô sêre strîten?

(Gott helfe mir, dass meine Kinder nicht alt werden,/ da es auf der Welt so elendiglich zugeht!/ Wie wird das in dreißig Jahren sein,/ da man die Pfaffen sich so sehr bekämpfen sieht?)

Gezeichnet wird hier eine negative Welt, deren Grundübel daher rührt, dass die *pfaffen* [...] *sô sêre strîten* (V. 4). Verbunden ist diese momentane Situation und sind die Erwartungen für die kommenden Generationen mit der »scheinbar persönliche[n] Bitte«, »in der es ein Vater seinen Kindern nicht wünschen kann, *alt* zu werden.«[22] Es erscheint fast überflüssig, zu erwähnen, dass die ältere Forschung den ersten Vers wörtlich-biographisch gelesen hat, so etwa Philipp Strauch 1876: »Was sein [sc. des Marners] Privatleben betrifft, so sehen wir aus XII,2, dass er [sc. der Marner] verheiratet war und Kinder besass.«[23] Ob das nun

---

19 Vgl. Jens Haustein: Marner-Studien. Tübingen 1995, S. 168, dessen Analyse und Interpretation meine Lektüre im Kern hier folgt. Die Strophe ist in der Handschrift gerahmt von zwei Marienpreis-Strophen (XII,1 und XIII,1). Die Vaterunser- und Ave Maria-Versifizierung in XII,3, die thematisch eine schöne Rahmung darstellen würde, findet sich nicht in C, sondern nur in Handschrift E. Vgl. dazu Haustein (ebd.), S. 96–100.
20 D. h. einen Ton, der einem Sangspruchdichter namens Stolle zugeschrieben wird und von mehr als einem Autor genutzt wurde. Vgl. dazu Gisela Kornrumpf, Burghart Wachinger: Alment. Formentlehnung und Tönegebrauch in der mhd. Spruchdichtung. In: Christoph Cormeau (Hg.): Deutsche Literatur im Mittelalter. Kontakte und Perspektiven. Hugo Kuhn zum Gedenken. Stuttgart 1979, S. 336–411, hier insbes. S. 366. Vgl. auch Volker Zapf: Stolle und die Alment. Einführung – Edition – Kommentar. Göttingen 2010, S. 9–33, mit Abdruck der behandelten Marner-Strophe auf S. 118.
21 Der Text folgt Haustein: Marner-Studien (s. Anm. 19), S. 167f. Vgl. auch Philipp Strauch (Hg.): Der Marner. Strassburg 1876, S. 98, sowie Eva Willms (Hg.): Der Marner. Lieder und Sangsprüche aus dem 13. Jahrhundert und ihr Weiterleben im Meistersang. Berlin, New York 2008, S. 152–154. Die nhd. Übersetzung nach: Mittelhochdeutsche Sangspruchdichtung des 13. Jahrhunderts. Mittelhochdeutsch/Neuhochdeutsch. Hg., übersetzt und kommentiert von Theodor Nolte und Volker Schupp. Stuttgart 2011, S. 51.
22 Beide Zitate aus Haustein: Marner-Studien (s. Anm. 19), S. 168.
23 Strauch: Der Marner (s. Anm. 21), S. 22.

stimmt oder nicht, lässt sich nicht mehr zeigen. Es geht in der Apostrophe des einleitenden »Hilferufs« an Gott jedenfalls um die »Dramatik einer Situation«[24], nicht um eine autobiographische Aussage. Der zweite Stollen richtet sich unmittelbar an den *bâbst von Rôme* und benennt mit Krummstab, Stola und Infula zentrale päpstliche Machtinsignien:

> Sagt mir, der bâbst von Rôme, waz sol iu der krumbe stap,   5
> den got dem guoten Sante Pêter uns zenbinden gap?
> stôl und infel gab er dar,
> *daz'r* uns erlôst von sünden zallen zîten.

(Sagt mir, Ihr Papst von Rom, was soll Euch der Krummstab,/ den Gott dem lieben Sankt Peter um uns zu lösen gegeben hat?/ Stola und Mitra gab er dazu,/ dass er uns nun allzeit von Sünden erlöse.)

Diese äußeren Zeichen sind Ausdruck der dem Papst von Gott verliehenen geistlichen Gewalt über den Menschen:

> »Dem Hilferuf am Beginn, mit dem warnenden, persönliche Betroffenheit suggerierenden Blick in die Zukunft, folgt eine die apostolische Tradition aufnehmende Beschreibung des Papstes in seinem die geistlichen Funktionen symbolisierenden Äußeren.«[25]

Konkreter biblischer Anknüpfungspunkt dafür ist – auch wenn im mittelhochdeutschen Text andere Insignien genannt werden[26] – Mt 16,18f. Dort ist die Rede von den Schlüsseln zum Himmelreich, die Petrus erhalten wird mit der Macht zu binden und zu lösen:

> et ego dico tibi quia tu es Petrus et super hanc petram aedificabo ecclesiam meam et portae inferi non praevalebunt adversum eam et tibi dabo claves regni caelorum et quodcumque ligaveris super terram erit ligatum in caelis et quodcumque solveris super terram erit solutum in caelis.[27]

(Und ich sage dir: Denn du bist Petrus, und auf diesem Felsen werde ich bauen meine Kirche und die Tore der Hölle werden sie nicht überwinden und geben werde ich dir die Schlüssel des Königtums der Himmel, und was immer du binden mögest auf der Erde, wird gebunden sein in den Himmeln, und was immer du lösest auf der Erde, wird gelöst sein in den Himmeln.)

---

24 Haustein: Marner-Studien (s. Anm. 19), S. 168.
25 Ebd., S. 167 f.
26 Vgl. Nolte/Schupp: Mittelhochdeutsche Sangspruchdichtung (s. Anm. 21), S. 382.
27 Biblia Sacra Iuxta Vulgatam Versionem. Hg. von Roger Gryson. 4. Auflage, Stuttgart 1994. Die Übersetzung richtet sich – leicht modifiziert – nach dem Münchener Neuen Testament (3. Auflage, Düsseldorf 1991).

Der Abgesang thematisiert nun die »gegenwärtige Pervertierung« (*nû*, V. 9) der päpstlichen (und bischöflichen) Insignien und der mit ihnen verbundenen geistlichen Werte:

> nû sint die stôle worden swert
> die vehtent niht nâch sêlen wan nâch golde.   10
> wer hât iuch bischof daz gelêrt,
> daz ir under helme rîtent, dâ diu infel süenen solde?
> iur krumber stap, der ist gewachsen zeinem langen sper,
> die werlt habt ir betwungen gar,
> iur muot stât anders niht wan: »gib eht her!«   15

(Jetzt sind die Stolen zu Schwertern geworden,/ sie kämpfen nicht um die Seelen, sondern um Gold./ Wer hat Euch, Bischof, gelehrt, unter dem Helm zu reiten, wo doch die Mitra lossprechen sollte?/ Euer Krummstab hat sich zu einer langen Lanze ausgewachsen,/ Ihr habt die Welt ganz bezwungen./ Euer Sinn ist auf nichts anderes gerichtet als: »Gib bloß her!«)

An die Stelle der *stôle* tritt das *swert*, an die der *infel* der *helm*, der *krumbe stap* ist zum *langen sper* gewachsen. »Am Ende steht das Bild eines Ritters mit Schwert, Helm und Speer, eines Raubritters, vor Augen«[28], wie Jens Haustein festgehalten hat. Die geistlichen Attribute – nicht nur diejenigen des Papstes, sondern auch die der Bischöfe als höchste kirchliche Amtsträger und die der Geistlichkeit im Allgemeinen, die bereits in V. 4 adressiert wird – werden weltlich umgedeutet wie auch das Handeln, die Ziele des Handelns und die Motivation des Handelns selbst: *temporalia* anstelle von *spiritualia*, *vehten* (V. 10) statt *enbinden* (V. 6), Gold statt Seelen (V. 10), Unterwerfung (V. 14) statt Sündenvergebung (V. 8), imperativisches Einfordern (V. 15) statt verantwortungsvolle Petrusnachfolge (V. 6). Diejenigen, die der Idee nach Hirten sein sollten, werden zu Raubrittern gemacht, also zu Figuren, die in der Vorstellung genau auf der anderen Seite der Werteskala stehen.

Lassen sich Text und Kontext dieser Papstkritik noch weiter engführen? Eine genaue historische Einordnung der Strophe ist nicht möglich und soweit ich sehe, hat man das auch – abgesehen von Strauchs Ansatz zu einer biographischen Lesart – gar nicht weiter versucht.[29] Es fehlt einfach jeder inhaltliche Anhaltspunkt für Aussagen darüber, wann, über wen, zu wem und in welche

---

[28] Haustein: Marner-Studien (s. Anm. 19), S. 169.
[29] Vgl. aber den Hinweis von Willms: Der Marner (s. Anm. 21), S. 153 auf Hohmann, der das Interregnum (1245–1273) als Entstehungszeitraum ansetzt. Stefan Hohmann: Friedenskonzepte. Die Thematik des Friedens in der deutschsprachigen politischen Lyrik des Mittelalters. Köln u. a. 1992, S. 99.

konkrete Situation vom Autor hineingesprochen wird. Die Zeitangabe in V. 3 darf man sicher hyperbolisch als einen generationenumgreifenden Zeitraum lesen.[30] Welcher Papst gemeint ist, welche Bischöfe angesprochen werden, bleibt im Nachhinein offen. Klar ist nur, dass der Text ganz allgemein und topisch das »Streben der Geistlichkeit nach Geld und – damit verbunden – ihr Teilnehmen an weltlich-kriegerischen Auseinandersetzungen«[31] kritisiert. Verantwortlich dafür ist der Papst als höchster kirchlicher Würdenträger überhaupt, wobei – und das ist für einen ideengeschichtlichen Zugriff durchaus relevant – sich der Marner auf die Anfänge der Tradition des Papstamtes mit seinem ersten Vertreter beruft und literarisch mit symbolisch höchst signifikanten Zeichen gegenwärtiger Macht spielt. Von daher gesehen war dieser Text sicher für den Wiedergebrauch zu verschiedenen Zeiten geeignet und die Verwendung eines Tons, den der Marner sonst für eine geistliche Thematik verwendet, mag ein besonderes Spiel mit bestimmten Erwartungshaltungen darstellen.

2.2 Reinmar von Zweter, Frau-Ehre-Ton 214

Das zweite Beispiel stammt von Reinmar von Zweter, einem fahrenden Berufsdichter, der in die erste Hälfte des 13. Jahrhunderts gehört. Archivalische Evidenz gibt es wie zum Marner auch zu ihm nicht.[32] Biographische Spuren und historische Kontexte können allein aus seinen Sprüchen rekonstruiert werden, was für den folgenden, nur in der Großen Heidelberger Liederhandschrift überlieferten Spruch im Frau-Ehre-Ton ebenfalls nicht mit Gewissheit möglich ist. Der erste Stollen lautet:[33]

> Daz eine daz gehœret an
> dem bâbest, der mit dem buoche sêre twingen kan:
> mit im unt mit dem banne sol er vaste dröuwen zaller zît.

(Das eine das gehört/ dem Papst, der mit dem Buch stark bedrängen kann:/ Mit ihm und mit dem Kirchenbann soll er mit Nachdruck zu aller Zeit drohen.)

---

30 Haustein: Marner-Studien (s. Anm. 19), S. 168.
31 Ebd.
32 Zum Autor vgl. Horst Brunner: Reinmar von Zweter. In: ²VL 7 (1989), Sp. 1198–1207 und 11 (2004), Sp. 1298, sowie Christoph Huber, Michael Baldzuhn: Der Marner. In: Killy Literaturlexikon (Anm. 18) 9 (2010), S. 538–540.
33 Gustav Roethe (Hg.): Die Gedichte Reinmars von Zweter. Mit einer Notenbeilage. Leipzig 1887, S. 516. Die nhd. Übersetzung stammt von mir. Die Strophe ist in C gerahmt von einer Strophe mit Aufforderung zur Buße (Roethe 219) und einer Rätselstrophe (Roethe 220).

Angesprochen werden die päpstlichen Amtspflichten, die dieser mit *buoch* und mit *banne* gegebenenfalls durchsetzen kann. *buoch* kann sich dabei sowohl konkret auf die Bibel als auch auf jede andere schriftlich niedergelegte Form von Wahrheit und Recht beziehen. *ban* ist der rechtlich wirksame kirchliche Ausschluss eines Sünders aus der Gemeinschaft des gläubigen Gottesvolkes, entweder als irreversible Exkommunikation (*excommunicatio maior*) oder als temporärer Ausschluss (*excommunicatio minor*) vom Empfang der Sakramente.[34] Der zweite Stollen:

> Daz ander sol ein keiser nemen:
> stuol unde swert unt ouch daz rîche mac im wol gezemen: 5
> sol er gerihtes walten, sô mac er niht belîben âne strît.

(Das andere soll ein Kaiser empfangen:/ Thron und Schwert und auch das Reich können ihm gut anstehen:/ Muss er der Rechtsprechung obwalten, kann er nicht ohne Streit bleiben.)

Reinmar schwenkt zu den kaiserlichen Amtspflichten, die ihren Ausdruck in Thron (*stuol*)[35], Schwert und der Sorge um das Reich finden sowie in der Durchsetzung von Recht, das allerdings nicht *âne strît* (V. 6) zu haben sei. Angeknüpft wird wiederum explizit an die Tradition des hl. Petrus (V. 8):

> Ir fullemunt der edeln Cristenheite,
> Sent Pêters kemphe, des sît ir guot geleite,
> daz die gerehten überwinden,
> die rehtes widersachen sint,   10
> des bitet manger muoter kint:
> hilf, hêrre Got, daz wir gerihte vinden!

(Ihr Fundament der edlen Christenheit,/ Mitstreiter Sankt Peters, dafür sollt ihr ein guter Begleiter sein,/ dass die Gerechten diejenigen überwinden mögen,/ die Gegner des Rechts sind,/ darum bitten die Kinder vieler Mütter:/ »Hilf, Herrgott, auf dass wir Gerechtigkeit finden!«)

---

34 Wackernagel konjiziert *buoche* zu *vluoche* (vgl. Roethe: Die Gedichte Reinmars von Zweter [s. Anm. 33], S. 516, Apparat zu V. 2), was aber im Blick auf *ban* als redundant erscheint. Zur Semantik der beiden Begriffe *buoch* und *ban* im Mhd. vgl. die entsprechenden Artikel des neuen Mittelhochdeutschen Wörterbuchs in der Onlineversion: http://www.mhdwb-online.de (7.10.2020). Vgl. zu *ban* und *buoch* auch bereits ähnlich die Position Roethes (s. Anm. 33), S. 623.

35 Die Große Heidelberger Liederhandschrift liest an dieser Stelle *stole*. Roethe und vor ihm bereits Wackernagel konjizieren zu *stuol*. Ich folge beiden, da eine Zuschreibung der Stola als einem zentralen geistlichen Symbol an den Kaiser nicht mit guten Gründen anzunehmen ist. Vgl. auch dazu Roethe: Die Gedichte Reinmars von Zweter (s. Anm. 33), S. 623.

Für die Durchsetzung von Recht und Gerechtigkeit ist aber nun ausschließlich der Kaiser zuständig[36], der als Kämpfer für das *patrimonium Petri*, gewissermaßen in der Tradition seit Konstantin dem Großen, als Fundament der Christenheit für den Papst streitet. Der Hilferuf an Gott um angemessenes Recht und ordentliche Gerichtsbarkeit als Wunschzustand im Kontrast zur realen Situation wird hier gegenläufig zur Marner-Strophe an das Ende verlegt und den *kint* (V. 11) als Bitte in den Mund gelegt. Die Aufgabenverteilung zwischen Papst und Kaiser wird wieder über Symbole – *buoch*, *stuol* und *swert* – strukturiert, wobei in beiden Fällen auch Formen der rechtlichen ›Exekutive‹ – *ban* und *strît* – benannt werden. Beide Mächte werden dabei in ihrer Verwiesenheit aufeinander dargestellt, mit Präferenz für den Papst, der zuerst genannt wird und dem seine Macht ›angehört‹ (V. 1), wohingegen der Kaiser seine Aufgaben *nemen* (V. 4) muss und diese ihm ggf. gut anstehen (*wol gezemen*, V. 5).

Eine konkrete Möglichkeit der historischen Kontextualisierung besteht auch hier nicht: Die Strophe beschreibt ganz generell und ohne kritische Untertöne das Verhältnis von *sacerdotium* (*Daz eine*, V. 1) und das in Gestalt des Kaisers in die Pflicht genommene *imperium* (*Daz ander*, V. 4) mit der performativ raffiniert ans Ende gesetzten Bitte, in die sich der Autor in der Art eines Gebets selbst miteinschließt (*wir*, V. 12).

2.3 Bruder Wernher, Ton I, 4

Das dritte und letzte Beispiel stammt aus dem Corpus eines Spruchdichters namens Bruder Wernher, wieder ein fahrender, äußerst produktiver Berufsdichter, wieder aus der ersten Hälfte des 13. Jahrhunderts, über den wir – bei aller Vorsicht – biographisches Wissen nur aus seinen Texten selbst erschließen können.[37] Auch in der Strophe, auf die ich näher eingehen möchte (Ton I, 4), werden »anhand des Changierens zwischen Idealzustand und Realität«[38] zunächst Aufgaben und – hier noch konkreter als bei den bereits analysierten Strophen Reinmars von Zweter und des Marner – Fehlverhalten von Kaiser und vor allem von Seiten des Papstes in den Blick genommen. Eingangs wer-

---

[36] In der Handschrift steht nicht *Ir*, sondern *Er*, also eigentlich eine Anredeform in der dritten Person. Vgl. dazu die Überlegung (*Her?*) Roethes (s. Anm. 33), S. 623.
[37] Vgl. zum Autor v. a. Horst Brunner: Bruder Wernher. In: ²VL 10 (1999), Sp. 897–903, Claudia Händl: Bruder Wernher. In: Killy Literaturlexikon (s. Anm. 18) 12 (2011), S. 325 f. sowie die Neuausgabe von Ulrike Zuckschwerdt: Bruder Wernher: Sangsprüche. Transliteriert, normalisiert, übersetzt und kommentiert, Berlin, Boston 2014, zum Autor insbes. S. 6–26.
[38] Zuckschwerdt: Bruder Wernher (s. Anm. 37), S. 87.

den barmherzige Sündenvergebung und das Sprechen von Recht unter Maßgabe von Objektivität als zentrale Amtspflichten genannt:[39]

> Ein rehter bâbes, der solde vergeben
> dem sündære sîne missetât.
> ein rehter kaiser solde rihten gar ân allen haz.
> sît daz ir reht niht rehte anstât,
> des krenket sich ir beider leben.   5
>
> (Ein gerechter Papst sollte/ dem Sünder sein Vergehen vergeben./ Ein gerechter Kaiser sollte ganz und gar unvoreingenommen Recht sprechen./ Da ihr Recht nicht gerecht ist,/ wird ihr beider Leben zunichtegemacht.)

Da aber beiderlei Rechte in der momentanen Situation offensichtlich nicht in idealer Weise realisiert sind (man vergleiche das konjunktivische *solde* in V. 1 und 3), schwächen sich Kaiser und Papst gegenseitig.[40] Der Rest der Strophe formuliert praktisch ausschließlich und in recht expliziter Weise Kritik am Papst. Zuckschwerdt fasst zusammen:

> Person A kritisiert also nicht aus persönlichen Gründen Person B, sondern das offensichtliche Fehlverhalten des Papstes wird »lediglich« benannt, die Diskrepanz zwischen Gottes Vorgaben und päpstlichem Verhalten ausformuliert. Und dafür braucht es keine konkrete Sprecher-Instanz, da nur wiedergegeben wird, was ohnehin allgemein ersichtlich ist.[41]

Der Spruch fährt fort:

> daz zimet dem bâbese niht. got selbe gebôt ime daz,
> daz er tete wider übele guot.
>
> (Das ist dem Papst nicht angemessen. Gott selbst befahl ihm,/ dass er gegen Böses Gutes tun solle.)

Appelliert wird hier wie zuvor an das, was einen *rehten* (weltlichen wie geistlichen) Herrscher auszeichnet, nämlich Gut und Böse nicht miteinander zu vermischen. Im Unterschied zum Textbeginn wird das Auseinandertreten von Ideal und Wirklichkeit aber nicht einfach nur generell konstatiert, sondern es

---

39 Mhd. Text und nhd. Übersetzung folgen Zuckschwerdt (ebd.), S. 87 und S. 89. Die Strophe ist nur in der Jenaer Liederhandschrift (J) überliefert.
40 Ebd., S. 87 und S. 90 fasst *krenken* (V. 5) sehr stark im Sinne von »zunichtemachen« auf. Ich würde etwas anders akzentuieren, bleibe aber oben bei der Übersetzung von Zuckschwerdt.
41 Ebd., S. 90.

scheinen »konkretere Ereignisse«[42] als Anknüpfungspunkte dahinter zu stehen, die *nû*, also aktuell relevant sind:

> nû wil die übele mit der güete diu kristenheit versnîten.
> ein rehter bâbes, der lieze dem keisere valschen muot,
> er lieze ouch niht durch in die armen kristen überrîten.   10
> wil er volenden sînen zorn, sô wirt ir beider schulde grôz.
> suln wir dâ under sîn verlorn, sô werdent sie dâ umbe Lûzifers genôz.

(Jetzt möchte die Christenheit das Böse mit dem Guten vermischen.[43]/ Ein gerechter Papst würde dem Kaiser die schlechte Gesinnung verzeihen,/ er ließe auch nicht seinetwegen die armen Christen mit Krieg überziehen./ Wenn er seinen Zorn [jedoch] ausleben will, wird die Schuld von beiden groß./ Wenn wir deswegen verloren sein sollen, werden sie dadurch Luzifer ebenbürtig.)

Im letzten Vers, der in der Tat – wie bereits von Zuckschwerdt festgehalten – den Charakter eines »Paukenschlag[s]«[44] hat, treten nun die Instanzen klar auseinander. Zum einen das kollektive *wir*, dem der Sprecher selbst zugehört – die Gemeinschaft der Gläubigen, die dem Untergang geweiht ist, wenn sich die Situation nicht verändert und wenn er, d. h. der Papst, *sînen zorn volenden wil*. Auf der anderen Seite stehen *sie* – also Kaiser und Papst – die sich beide im Fall des definitiven Untergangs zu Gleichgesinnten Luzifers machen. Die Opposition von *sie* und *wir* in V. 12 ist aus sozialhistorischer Perspektive genauer zu differenzieren: Der Autor/Sprecher stellt sich nicht gegen den Papst auf die Seite des Kaisers, sondern mit dem gemeinschaftlichen *wir* auf die Seite der Christenheit, der seine ganze Sorge gelte.[45]

Dadurch schlägt der Autor/Sprecher den Papst dem antagonistischen Lager nicht einfach deterministisch zu, sondern überlässt dem Pontifex selbst die Verantwortung, auf welcher Seite er sich positionieren will: Mit dem *wir* der Christenheit oder mit Luzifer. Die so geäußerte Kritik ist einerseits scharf, da geradezu hyperbolisch und maximal binär formuliert (der Petrusnachfolger als Höllenfürst), andererseits wird sie aber durch die Substitution von ›Papsttum vs. Kaisertum‹ durch ›Himmel und Hölle‹ entschärft und uneindeutig gemacht. Auf diese Weise wird ein eigentlich hochpolitischer Diskurs (so unspezifisch die in der Strophe bekundeten Details auch ausgeführt sein mögen) in eine pasto-

---

42 Ebd., S. 90.
43 Zur Diskussion des Textverständnisses vgl. die Hinweise ebd., S. 87 f.
44 Ebd., S. 91.
45 Vgl. ebd. Damit wird auch die Frage obsolet, für wen der Autor in diesem Spruch Partei ergreift. Vgl. ebd., S. 91 mit Bezug auf Udo Gerdes: Zeitgeschichte in der Spruchdichtung. Beobachtungen an der Lyrik Bruder Wernhers. In: Euphorion 67 (1973), S. 117–156, hier insbes. S. 154.

rale, d. h. seelsorgerische Rahmung transponiert, die dem Autor/Sprecher die infernal aufgeladene Rhetorik seiner Kritik überhaupt erst ermöglicht. Dies zeigt, wie die sprachlich spezifisch gebundene literarische Darstellung mit realhistorischen Kontexten nicht nur thematisch zusammenhängt, sondern dass die Diskurse auch nicht ohne Weiteres aus ihrer poetischen Form entnommen werden können. Wenn auf die oben gezeigte Weise Politik zu Religion und Religion zu Politik wird, kommt es zu einer (hier) unauflöslichen Verschmelzung, die einerseits reale Komplexitäten abbildet, andererseits nur im Medium der Literatur in dieser polyvalenten Form existieren kann: Der politische Gehalt lässt sich nicht einfach ›herauslösen‹. Insofern ist es nicht falsch, vom Vorhandensein bestimmter Diskurse in den Texten zu sprechen, allerdings muss immer mit reflektiert werden, dass hier nicht *die* Religion oder *die* Politik zutage tritt (die es *eo ipso* so natürlich auch gar nicht gibt), sondern eine spezifisch kodierte Darstellung von Religion und Politik.

Bleibt die Frage, ob sich der Inhalt historisch in konkreter Weise an ein ›Ereignis‹ anbinden lässt. Anders als bei den beiden Sprüchen des Marner und Reinmars von Zweter hat die Forschung im vorliegenden Fall Erwägungen für historische Kontextualisierungen angestellt, der Spruch zählt bei Zuckschwerdt zu den »eventuell datierbare[n]«[46]. Woher also rührt der *valsche muot* des Kaisers (welcher?), von welchem Papst ist die Rede und was führt zur Auseinandersetzung mit den *armen kristen*? In der Forschung wird *grosso modo* ein Zeitfenster von immerhin mehr als 14 Jahren benannt und man hat entweder für die Zeit nach Friedrichs II. zweiter Bannung im März 1239 durch Gregor IX., zum anderen für die Phase kurz vor Friedrichs Absetzung durch Innozenz IV. im Sommer 1245 plädiert. Weiter wagt sich auch Zuckschwerdt in der genannten Arbeit nicht vor:

> Welche der beiden Phasen eher wahrscheinlich [Unterstreichung N.K.] ist, wage ich nicht zu entscheiden. Für den früheren Zeitpunkt spräche, dass in der Zeit unmittelbar nach der Bannung des Kaisers die Aussicht auf eine Versöhnung der gegnerischen Parteien noch realistischer ist als zum späteren Zeitpunkt, als sich die Fronten zwischen Friedrich II. und (jetzt) Innozenz IV. bereits stark verhärtet haben. [...] Dennoch wäre es falsch anzunehmen, dass zwischen Friedrich II. und Innozenz IV. die Bemühungen um Versöhnung später völlig zum Erliegen gekommen wären. Ganz im Gegenteil [...] Vor diesem Hintergrund erscheint es m. E. nicht ohne Weiteres möglich, einem der beiden oben genannten Zeiträume den Vorzug zu geben.[47]

---

46 Ebd., S. 12. Im Korpus der insgesamt 76 Sprüche Bruder Wernhers finden sich nach Zuckschwerdt immerhin 11 datierbare.
47 Ebd., S. 92.

Vielleicht muss und sollte man sich aber auch nicht entscheiden. Der Text passt gut zu beiden Kontexten und er konnte durch den Autor (oder einen anderen Vortragenden) zu beiden ›Anlässen‹ vorgetragen werden und somit eine längere Zeit zum Repertoire eines Sängers gehören. Das Bild, auf den der Sangspruch als programmatischer Höhepunkt zuläuft und aus dem er seine poetische Energie bezieht, ist ohne Zweifel die Luzifer-Parallele im letzten Vers und als letzte Worte: Auch Papst und Kaiser verfügen nicht über Heils- und Erlösungsgewissheit.

3 Resümee

Ich komme zum Schluss und versuche ein kurzes Resümee. Zugegeben: Die gewählten Textbeispiele sind sicher nicht die ›klassischen‹ Fälle, an die man denkt, wenn von Sangspruchdichtung und Papsttum in der deutschsprachigen Literatur des Mittelalters die Rede ist. Walthers von der Vogelweide Unmutston und die berühmte Reaktion Thomasins von Zerklære darauf, das sind vielleicht doch die exzeptionellen Sonderfälle, die oft genug (und sicher zu Recht) im Rampenlicht standen.[48] Und natürlich würde sich das Gesamtbild vom Papsttum in der Sangspruchdichtung nochmals anders darstellen, wenn man den Rahmen gesamteuropäisch setzen würde.[49] Mir kam es an den dargestellten Beispielen darauf an zu zeigen, dass sich auch in solchen Texten literarische Potentiale erschließen lassen, deren ›tagesaktuelle‹ Bezüge und eventuelle mündliche Kontexte für uns nicht mehr zugänglich sind. Für sie sind immer auch ideen- und sozialgeschichtliche Konstellationen relevant, die sich aber nicht ›enzyklopädisch‹ aus ihrer in Dichtung gegossenen Form lösen lassen; ›Text‹ und ›Kontexte‹ bedingen sich also gegenseitig.

Was lässt sich an den drei Sangsprüchen im Einzelnen nochmals festhalten? Dass die Zwei-Schwerter-Lehre, die Binde- und Lösegewalt, die Berufung auf die historische Tradition des Papsttums in der Tradition Petri in den Texten vorkommen, ist sicher keine Sensation. Für die Texte ist dieser topische Rückbezug auf konstitutive Ideen des Papsttums im Modus der Kritik jedoch ein wichtiges Merkmal zur Markierung der Diskrepanz von Ideal und Realität. Die

---

48 S. oben Anm. 16.
49 Ulrich Müller: Sirventes und Sangspruch. Interkulturelle und anti-päpstliche Polemik. Beobachtungen und Überlegungen zur Wirksamkeit politischer Lyrik (nicht nur im Mittelalter). In: Dorothea Klein (Hg.): Sangspruchdichtung. Gattungskonstitution und Gattungsinterferenzen im europäischen Kontext. Internationales Symposium Würzburg, 15.–18. Februar 2006. Tübingen 2007, S. 95–128.

hier relevante Frage, die die Literaturwissenschaft zu stellen hat, zielt folglich stärker auf das ›Wie?‹ als auf das ›Was?‹: In den Beispielen 2.1 (Marner) und 2.2 (Reinmar von Zweter) war vor allem das Spiel mit geistlichen und weltlichen Machtinsignien herauszustellen, in Beispiel 2.3 (Bruder Wernher) die Erlösungsbedürftigkeit selbst der Mächtigsten, die in sprachlich radikaler Weise auf das Ende der Spruchstrophen hin konzipiert und klimaktisch performiert wird. Mindestens in diesen Aspekten gehen die Texte meiner Ansicht nach über rein ›Konstatierendes‹ hinaus. Die Sprüche vertreten eine Position, die sie anlassgebunden entfalten, die aber offen war für situative Anpassungen. Man wird von daher die grundsätzliche ›Anlässlichkeit‹ von Literatur im Mittelalter von der Beschreibung konkreter historischer Anlässe trennen müssen, die sich nur in seltenen Fällen eindeutig nachweisen lassen. Dass sich im Prozess der Literaturgeschichte »ästhetische Valenz [...] durch Unwiederholbarkeit«[50] konstituiert, kann unberührt davon gelten. Ich schließe mit einem Zitat von Michael Curschmann, das mir als ein nötig offenes, aber dennoch immer bei den Gegenständen selbst ansetzendes methodisches Credo für eine philologisch fundierte Kulturwissenschaft *in concreto* in seiner Einfachheit und Konsequenz besonders eingeleuchtet hat und immer noch einleuchtet. Curschmann schreibt:

> Theorie ist doch das, was wir praktizieren – jedenfalls solange und soweit sie sich auf die Erhellung historischer Phänomene beziehen soll. Diese Phänomene aber fordern dem Interpreten gerade auf dem hier begangenen Gebiet [d. h. hier dem weiten Interferenzbereich von Wort, Bild und Text, N. K.] hohe methodische Flexibilität ab und zugleich versagen sie ihm meist die Gewißheit, die sich getrost nach Hause tragen läßt. Was möglich ist und was natürlich nicht nur ich immer wieder versucht habe, ist dies: Aus dem durch Anschauung und Lektüre Eruierten Modelle zu bauen, die im jeweiligen historischen Zusammenhang eine gewisse Wahrscheinlichkeit für sich haben. Daß wir die Bedingungen unserer eigenen Existenz dabei nicht ausschalten können, ist klar, aber mit einiger Vorsicht in dieser Hinsicht sieht man dann doch wenigstens, wie es allem gegenwärtigen Anschein nach gewesen sein könnte. Wichtig ist deshalb aber auch, daß diese Modelle transparent und offen bleiben, so daß neue Erkenntnisse und neue Perspektiven sowie die Ergebnisse angrenzender Forschung inseriert werden können, ohne das Konstrukt gleich wieder zum Einsturz zu bringen.[51]

---

50 Jan-Dirk Müller: Literaturgeschichte/Literaturgeschichtsschreibung. In: Dietrich Harth, Peter Gebhardt (Hg.): Erkenntnis der Literatur. Theorien, Konzepte, Methoden der Literaturwissenschaft. Stuttgart 1982, S. 195–227, hier S. 204.
51 Michael Curschmann: Vorwort. In: Ders.: Wort – Bild – Text. Studien zur Medialität des Literarischen in Hochmittelalter und früher Neuzeit. 2 Bde. Baden-Baden 2007 (Saecvla Spiritalia 43), Bd. 1, S. ix–xx, hier S. xvii.

Christiane Witthöft
Zur Ideengeschichte eines ›höfischen Skeptizismus‹

Petitcreiu und der literarische Zweifel im *Tristan* Gottfrieds von Straßburg

Im Jahr 1923 soll der belgische Surrealist René Magritte den recht eigenwilligen Gedanken formuliert haben, kein Künstler sein zu wollen, sondern ein »denkender Mensch«:[1] »Die Form interessiert mich nicht, ich male Ideen«.[2] Tatsächlich manipulieren Magrittes Bilder Wahrnehmungsgewohnheiten und lassen sich als Zeugnis eines ›Skeptikers‹ verstehen, der den Zweifel mittels Ästhetik evoziert und »den Relativismus der Blickwinkel anstelle der einen Wahrheit« wählt.[3] Die Ideenwelt dieses bildschaffenden Skeptikers legte den Grundstein für die Genese dieses Beitrages, obgleich sich dieser weder mit der Moderne noch mit der bildenden Kunst auseinandersetzt. Im Mittelpunkt stehen vielmehr das 13. Jahrhundert und das ästhetische Medium der höfischen Literatur, die auf eine eigene Art und Weise eine Rolle für eine skeptische Ideenwelt und den ›Relativismus der Perspektiven‹ spielt. Gerade in der höfischen Epik des 13. Jahrhunderts lassen sich ästhetische Reflexionsformen bestimmter Wissensdiskurse und Vorstellungswelten greifen, die mitunter erst den philosophischen, historischen oder auch mentalitätsgeschichtlichen Strömungen späterer Jahrhunderte zugeschrieben werden.

---

1 Christopher Schmidt: Schinken mit Melone. Die Ausstellung »René Magritte – Der Verrat der Bilder« in der Frankfurter Kunsthalle Schirn […]. In: Süddeutsche Zeitung. Feuilleton Nr. 35 (12.2.2017), S. 20; sowie Didier Ottinger: Vorwort. In: Ders. (Hg.): Magritte. Der Verrat der Bilder. München 2017, o. A.
2 Jacqueline Lichtenstein: Schönheit ist ein bildnerisches Problem. In: Ottinger: Magritte (s. Anm. 1), S. 160–169, hier S. 160, in kritischer Reflexion des bekannten Zitats: »Die Kunst des Malens ist eine Kunst des Denkens«. René Magritte: Die wahre Kunst des Malens. In: Ders.: Sämtliche Schriften. Hg. von André Blavier. München, Wien 1981, S. 219–223, hier S. 219.
3 Barbara Cassin: Der Maler-König. In: Ottinger: Magritte (s. Anm. 1), S. 114–123, bes. S. 114–118 (Zitat S. 118), zu Platons Höhlengleichnis als Ursprungsszenerie für den Wahrnehmungszweifel. Vgl. Didier Ottinger: *Ut pictura philosophia*. In: Ders. (s. Anm. 1), S. 15–27, hier S. 19, zum »Ausdrucksmittel des Denkens und des Wissens«; sowie Schmidt: Schinken mit Melone (s. Anm. 1).

Christiane Witthöft, Erlangen-Nürnberg

Open Access. © 2022 Christiane Witthöft, publiziert von De Gruyter. Dieses Werk ist lizenziert unter einer Creative Commons Namensnennung 4.0 International Lizenz.
https://doi.org/10.1515/9783110667004-006

Nähert man sich aus mediävistischer Sicht einer Ideengeschichte des Skeptizismus, geschieht dies zum einen unter Berücksichtigung der treffenden Feststellung von Fritz Jürß, dass in »Ismen fruchtbare Ideenentwürfe« oftmals systematisch und verfälschend vereinheitlicht werden.[4] Zum anderen scheint die Akzeptanz eines gewissen Anachronismus vorausgesetzt, da der Skeptizismus für das Mittelalter eine begriffsgeschichtlich unsichere Kategorie ist und folglich auch in den einschlägigen Überblicksdarstellungen zwischen Antike und Früher Neuzeit ›beredte‹ Lücken hinterlässt.[5] Dieser Beitrag zielt nun aber gerade auf die literarhistorischen Zusammenhänge eines skeptischen Denkens lange vor Montaigne und Descartes im »Zeitalter des Glaubens«.[6] Eingebettet ist er in den Kontext eines Forschungsansatzes, der skeptischen Dimensionen in den eher säkularen und rationalen Imaginationsfeldern der mittelalterlichen Literatur nachspürt,[7] um über das Literarische ein Bewusstsein für skeptische Ideen zwischen Antike und Früher Neuzeit zu schärfen. Für die Philosophiegeschichte verweist Dominik Perler auf die Annahme skeptischer Argumente im Mittelalter, ohne dass immer zugleich »von Skeptikern (d. h. von *academici* oder gar von *skeptici*) die Rede war«; es sei daher unangemessen, »eine Problemgeschichte mit einer Terminologiegeschichte gleichzusetzen«.[8] In diesem

---

4 Sextus Empiricus: Gegen die Wissenschaftler 1–6. Aus dem Griechischen übersetzt, eingeleitet und kommentiert von Fritz Jürß. Würzburg 2001, S. 7.
5 Vgl. Michael Albrecht: Skepsis; Skeptizismus. In: Historisches Wörterbuch der Philosophie. Hg. von Joachim Ritter u. a. Bd. 9. Basel 1995, Sp. 938–974; Stefan Lorenz: Zweifel. In: Historisches Wörterbuch der Philosophie. Hg. von Joachim Ritter u. a. Bd. 12. Berlin 2004, Sp. 1520–1527; Andreas Urs Sommer: Die Kunst des Zweifelns. Anleitung zum skeptischen Denken. 2. Aufl. München 2007.
6 Peter Dinzelbacher: Unglaube im »Zeitalter des Glaubens«. Atheismus und Skeptizismus im Mittelalter. Badenweiler 2009. Vgl. auch Max Horkheimer: Über den Zweifel. In: Gerhard Rein (Hg.): Dialog mit dem Zweifel. Stuttgart, Berlin 1969, S. 7–13, bes. S. 7f. Zu »Montaignes kompromißlose[r] Absage an alle Verläßlichkeit und seine Vorliebe für das Paradoxe« s. Andreas Kablitz: Montaignes ›Skeptizismus‹. Zur *Apologie de Raimond Sebond* (*Essais*: II, 12). In: Gerhard Neumann (Hg.): Poststrukturalismus. Herausforderung an die Literaturwissenschaft. Stuttgart, Weimar 1997, S. 504–539, hier S. 504.
7 Vgl. etwa Susanne Köbele, Bruno Quast (Hg.): Literarische Säkularisierung im Mittelalter. Berlin 2014; Klaus Ridder (Hg.): Reflexion und Inszenierung von Rationalität in der mittelalterlichen Literatur. Blaubeurer Kolloquium 2006. Berlin 2008 (Wolfram-Studien XX); Ders.: Rationalisierungsprozesse und höfischer Roman im 12. Jahrhundert. In: DVjs 78 (2004), S. 175–199; sowie Walter Haug: Kulturtheorie und Literaturgeschichte. In: Ders.: Die Wahrheit der Fiktion. Studien zur weltlichen und geistlichen Literatur des Mittelalters und der frühen Neuzeit. Tübingen 2003, S. 616–627.
8 Dominik Perler: Zweifel und Gewissheit. Skeptische Debatten im Mittelalter. 2., durchges. Aufl. Frankfurt a.M. 2012, S. 27f. Zu einem vergleichbaren Phänomen im Kontext des Gewissens s. Uta Störmer-Caysa: Gewissen und Buch. Über den Weg eines Begriffes in die

Sinne scheinen gerade auch die Ideen eines höfischen Skeptizismus in der Literatur ihren Wirkungsraum gefunden zu haben. Ziel ist es daher, mit einem ideengeschichtlichen Ansatz die narrative, semantische und poetologische Dimension eines genuin literarischen Skeptizismus zu erfassen.[9]

In der neueren Literaturwissenschaft fand die ästhetische Bedeutsamkeit des Themas Aufmerksamkeit, und dies insbesondere hinsichtlich der Affinität zwischen Skepsis und frühneuzeitlicher Literatur in einer Arbeit zur »Skeptische[n] Phantasie«[10] und in den beiden Sammelbänden »Skepsis und literarische Imagination« beziehungsweise »Unsicheres Wissen. Skeptizismus und Wahrscheinlichkeit 1550–1850«.[11] Für die mittelhochdeutsche Literatur aber wurden bislang weder der Stellenwert des skeptischen Denkens noch die möglichen Einflüsse des philosophischen Zweifeldiskurses systematisch verfolgt. Anzunehmen ist, dass der Einfluss starrer teleologischer Epochenvorstellungen über ein vermeintlich rein ›vorrationales, vorsäkulares‹ Mittelalter der Suche nach den Ansätzen eines im weitesten Sinne skeptischen Denkens oder eines ›erkenntniskritischen‹ Zweifels kaum Platz bot.[12] Während die ganz grundlegende Frage, inwiefern sich »literarische Werke *in* ihren ästhetischen Strukturen philosophisch-theologischen Ideen [...] verschreiben«, zum fruchtbaren

---

deutsche Literatur des Mittelalters. Berlin, New York 1998, bes. S. 1–26. Für das ›vorbegriffliche‹ oder »begriffsgeschichtlich prekäre« Phänomen der Fokalisierung ist Gert Hübner: Erzählform im höfischen Roman. Studien zur Fokalisierung im ›Eneas‹, im ›Iwein‹ und im ›Tristan‹. Tübingen, Basel 2003, S. 75 und S. 46, kritischer gegenüber der Relevanz ideengeschichtlicher Ansätze.
9 Zu den Leitfragen des DFG-Projektes »Literarischer Zweifel. Skeptizismus und das Dilemma der Wahrheitsfindung in der mittelhochdeutschen Epik (12. bis 14. Jahrhundert)« vgl. Christiane Witthöft: Zweifel, Skeptizismus und das Dilemma der Wahrheitsfindung in der höfischen Epik des Mittelalters – Skizze eines Forschungsfeldes. In: Literaturwissenschaftliches Jahrbuch N.F. 62 (2021), S. 33–66.
10 S. das Kapitel »Strukturen der Skepsis – strukturelle Skepsis« in Verena Olejniczak Lobsien: Skeptische Phantasie. Eine andere Geschichte der frühneuzeitlichen Literatur; Nikolaus von Kues, Montaigne, Shakespeare, Cervantes, Burton, Herbert, Milton, Marvell, Margaret Cavendish, Aphra Behn, Anne Conway. München 1999, S. 9–49.
11 Bernd Hüppauf, Klaus Vieweg (Hg.): Skepsis und literarische Imagination. München 2003; Carlos Spoerhase, Dirk Werle, Markus Wild (Hg.): Unsicheres Wissen. Skeptizismus und Wahrscheinlichkeit 1550–1850. Berlin 2009; Jens Mittelbach: Die Kunst des Widerspruchs. Ambiguität als Darstellungsprinzip in Shakespeares *Henry V* und *Julius Caesar*. Trier 2003.
12 Vgl. aber für die höfischen Werke Hartmanns und die konkrete Funktion des Zweifels in Erkenntnisprozessen Sabine Seelbach: *Concordia discordantium*. Zur Methodisierung des Zweifels bei Hartmann von Aue am Beispiel des ›Gregorius‹. In: Mlat. Jb. 39 (2004), S. 71–85; Dies.: Kontingenz. Zur produktiven Aufnahme literarischer Erfahrung im ›Wigalois‹ Wirnts von Grafenberg. In: ZfdA 136 (2007), S. 162–177; Dies.: Calculus Minervae. Zum prudentiellen Experiment im *Iwein* Hartmanns von Aue. In: Euphorion 95 (2001), S. 263–285.

»Ausgangspunkt des Verständnisses mittellateinischer Literatur« wurde, ist die im weiteren Sinne »philosophische[] Dimensionierung« der volkssprachigen Literatur bislang nicht ausreichend berücksichtigt worden.[13] An dieser Stelle kommt die Relevanz des ideengeschichtlichen Ansatzes zum Tragen, der es unter anderem ermöglicht, »Gedankenfiliationen« zwischen Texten und wissensvermittelnden Diskursen über die Jahrhunderte hinweg semasiologisch oder auch onomasiologisch zu verfolgen.[14] So soll natürlich kein philosophischer »Zeitgeist« oder gar ein »Weltbild« heraufbeschworen werden – ganz im Gegenteil.[15] Das Thema zielt nicht auf kollektive Einstellungen, gesellschaftliche Normen oder gar sozialhistorische Mentalitäten, im Mittelpunkt steht vielmehr das topische Wissen einer kleinen literaturschaffenden Wissenselite.[16] In diesem Sinne ist auch der Ansatz der Ideengeschichte keinem »ehrgeizigen Drang zum Ganzen« verpflichtet.[17] Vielmehr bietet ihre Hermeneutik die Möglichkeit, die Transformationsprozesse der abstrakten Vorstellungswelt des Skeptizismus im Sinne einer wissensgeschichtlichen Narratologie über die textuellen Phänomene eines ›literarischen Zweifels‹ zu verfolgen. Die Grenzen zwischen Ideen- und Wissensgeschichte sind dabei fließend.[18] Der Eigenwert des

---

13 Frank Bezner: Wissensmythen. Lateinische Literatur und Rationalisierung im 12. Jahrhundert. In: Wolfram-Studien XX (2008), S. 41–71, hier S. 44 und S. 70; zu einer »aufgeklärte[n] Ideengeschichte« s. ebd., S. 69. Vgl. auch Ders.: Vela Veritatis. Hermeneutik, Wissen und Sprache in der *Intellectual History* des 12. Jahrhunderts. Leiden, Boston 2005. Zum Aspekt ›Literatur als Philosophie‹ s. Bettine Menke, Christoph Menke, Eva Horn (Hg.): Literatur als Philosophie – Philosophie als Literatur. Paderborn, München 2006; zur »Literatur *als* Erkenntnisform« Anne-Kathrin Reulecke: Der Thesaurus der Literatur. ›Semiotropische‹ Perspektiven auf das Verhältnis von Literatur und Wissen. In: Dies. (Hg.): Von null bis unendlich. Literarische Inszenierungen naturwissenschaftlichen Wissens. Köln u. a. 2008, S. 7–16, hier S. 11.
14 Bernhard Jussen: Ordo zwischen Ideengeschichte und Lexikometrie. Vorarbeiten an einem Hilfsmittel mediävistischer Begriffsgeschichte. In: Bernd Schneidmüller, Stefan Weinfurter (Hg.): Ordnungskonfigurationen im Hohen Mittelalter. Ostfildern 2006, S. 227–256, hier S. 239. Vgl. auch Klaus Ridder: Literaturwissenschaftliche Ideen- und Problemgeschichte. Der Sündenfall im höfischen Roman am Beginn des 13. Jahrhunderts. In: ZfdA 140 (2011), S. 442–463, bes. S. 444–448.
15 Stefan Matuschek: Über das Staunen. Eine ideengeschichtliche Analyse. Tübingen 1991, S. 2f. Matuschek beginnt mit einem Zitat von Peter Szondi, um der Gefahr der Generalisierung zu entgehen.
16 »Ideen begründen keine ›Mentalitäten‹ und keine Handlungen, aber sie ermöglichen sie immerhin, sie bilden den Korridor, der die Handlungsmöglichkeiten einschränkt und innerhalb dessen ›Mentalitäten‹ generiert werden können.« Jussen: Ordo zwischen Ideengeschichte und Lexikometrie (s. Anm. 14), S. 239.
17 Matuschek: Über das Staunen (s. Anm. 15), S. 3.
18 Vgl. Jussen: Ordo zwischen Ideengeschichte und Lexikometrie (s. Anm. 14), S. 229; sowie Ridder: Literaturwissenschaftliche Ideen- und Problemgeschichte (s. Anm. 14), S. 461f. Zur Re-

Literarischen wiederum wird mit diesem Ansatz nicht ab-, sondern aufgewertet.[19] Folglich unterliegt dieser Beitrag weniger der Gefahr, die Literatur »zu einem Instrument von Nachweisinteressen« zu degradieren, wie warnend im Exposé formuliert, als vielmehr der Gefahr, dieser im Sinne einer *Poetik des Wissens*, eine »Allzuständigkeit« aufzubürden, so Andreas Kablitz.[20]

Daher gilt es weiter zu differenzieren: Skeptizismus soll nicht im Sinne einer philosophischen »Strömung« oder gar ›philosophischen Schule‹ (des Pyrrhonismus) verstanden werden, aber doch hinsichtlich einer Faszination an skeptischen Argumentationen,[21] die wiederum auf einen ›erkenntniskritischen‹ Zweifel rekurrieren. Insbesondere die Studien von Dominik Perler beinhalten ein beeindruckendes Quellenmaterial für skeptische Debatten der Theologie und Philosophie im 13. und 14. Jahrhundert, welches nicht nur die potentielle Antikenrezeption berücksichtigt, sondern explizit mittelalterliche Ansätze.[22] Mit Perler ließe sich argumentieren, dass es genuine Ansätze eines skeptischen Denkens gab, ohne dass feste skeptische Positionen zu erwarten seien; skeptische Argumente konnten etwa dazu dienen, »Wissensansprüche zu testen und gegebenenfalls zu revidieren«.[23] Er verweist auf (dialektische) Diskussionen skeptischer Probleme, deren »Ziel [...] nicht im Einnehmen und Verteidigen einer skeptischen Position [bestand], sondern im Ausleuchten der skeptischen

---

levanz einer »›neuen Ideengeschichte‹ oder *Intellectual History*«, die neben den »Einsichten, Ideen, Argumenten« auch »mediale[] Faktoren, kulturelle[] Praktiken, kontextuelle[] Bedingtheiten« berücksichtigt, s. Bezner: Wissensmythen (s. Anm. 13), S. 48.
19 Ohne aber den Begriff der Idee mit dem des Wissens und des Diskurses zu verwässern – s. dazu die Ausführungen der beiden Herausgeber in der Einleitung des Tagungsbandes; sowie Matuschek: Über das Staunen (s. Anm. 15), S. 4f.
20 Andreas Kablitz: Theorie der Literatur und Kunst der Interpretation. Zu einigen Blindstellen literaturwissenschaftlicher Theoriebildung. In: Poetica 41 (2009), S. 219–231, hier S. 228.
21 Perler: Zweifel und Gewissheit (s. Anm. 8), S. 16. Zu relevanten Überlegungen, welchen Mehrwert der Blick auf antike Wissenskulturen für das Verständnis moderner Formen der Meinungsbildungen haben kann, vgl. Gyburg Uhlmann: Wie kommt man zu einer begründeten Meinung? Über Filterblasen und Echokammern in einer Zeit des Postfaktischen aus der Perspektive der antiken Wissenskultur. In: Forschung & Lehre 24,6 (2017), S. 508–510; sowie Dies.: Rhetorik und Wahrheit. Ein prekäres Verhältnis von Sokrates bis Trup. Berlin 2019. Vgl. auch Horkheimer: Über den Zweifel (s. Anm. 6).
22 Vgl. Perler: Zweifel und Gewissheit (s. Anm. 8), bes. S. 8 mit Anm. 15; Ders.: Wie ist ein globaler Zweifel möglich? Zu den Voraussetzungen des frühneuzeitlichen Außenwelt-Skeptizismus. In: Zeitschrift für philosophische Forschung 57 (2003), S. 481–512. Vgl. zudem Henrik Lagerlund (Hg.): Rethinking the History of Skepticism. The Missing Medieval Background. Leiden, Boston 2010; sowie Dallas G. Denery II, Kantik Ghosh, Nicolette Zeeman (Hg.): Uncertain Knowledge: Scepticism, Relativism, and Doubt in the Middle Ages. Turnhout 2014.
23 Perler: Zweifel und Gewissheit (s. Anm. 8), S. XIV.

Frage und im differenzierten Umgang mit dieser Frage.«[24] Peter von Moos verweist in seiner *Geschichte als Topik* auf die »dialektisch-rhetorische« Arbeitsweise von Johann von Salisbury und öffnet den Blick für weitere Felder einer »›akademische[n] Skepsis‹«,[25] in denen seit dem 12. Jahrhundert agonale Argumentationsstrukturen, Theorien des Widerspruchs oder der doppelten Wahrheit zu greifen sind.[26] Hier darf auch der Hinweis auf die programmatische Schrift *Sic et non* von Petrus Abaelard nicht fehlen, in deren Prolog sich das bekannte Diktum findet: »*Dubitando enim ad inquisitionem venimus; inquirendo veritatem percimus.*«[27] Diese »*inquirierende* (forschende) Funktion des Zweifels [ist wiederum] auch im *Begriff* der Skepsis angelegt«.[28]

Angesichts dieses Wissenshorizontes ist es verwunderlich, dass gerade die konkrete Quellenbegrifflichkeit von mittelhochdeutsch *zwîvel* in der volkssprachigen Literatur des hohen Mittelalters bislang nicht in ihren möglichen (philosophischen) Implikationen wahrgenommen wurde. Noch 2010 konstatierte Dorothea Weltecke in einer gewichtigen Studie, dass der Zweifel »historisch und bedeutungsgeschichtlich« kaum erforscht und auch nicht als eine »methodische Kategorie geschichtswissenschaftlicher Forschung« erfasst wurde.[29] Diese Kritik trifft insbesondere auch auf die Altgermanistik zu. Denn obgleich in den innerliterarischen Auseinandersetzungen um die Deutungshoheit widersprüchlicher Normen und Wahrheitsansprüche gerade der Zweifel – mit kognitiver, rationaler oder

---

24 Ebd., S. 8f.: »Die Antwort, die ganz am Ende einer ausführlichen Disputation gegeben wurde, fiel in den allermeisten Fällen antiskeptisch aus.«
25 Peter von Moos: Geschichte als Topik. Das rhetorische Exemplum von der Antike zur Neuzeit und die *historiae* im »*Policraticus*« Johanns von Salisbury. 2. Aufl. Hildesheim u. a. 1996, Zitat S. 346; sowie Stefan Seit: Einleitung. In: Johannes von Salisbury: Policraticus. Eine Textauswahl. Ausgewählt, übersetzt und eingeleitet von Stefan Seit. Freiburg i.Br. u. a. 2008, S. 11–54, hier S. 36.
26 Vgl. zu den genannten Aspekten Andreas Speer: Doppelte Wahrheit? Zum epistemischen Status theologischer Argumente. In: Günther Mensching (Hg.): De usu rationis. Vernunft und Offenbarung im Mittelalter. Würzburg 2007, S. 73–90; Kurt Flasch: Aufklärung im Mittelalter? Die Verurteilung von 1277. Das Dokument des Bischofs von Paris, eingeleitet, übersetzt und erklärt von Dems. Mainz 1989; sowie Reinhold Rieger: *Contradictio*. Theorien und Bewertungen des Widerspruchs in der Theologie des Mittelalters. Tübingen 2005, zu den theologisch-philosophischen Theorien des Widerspruchs in Bezug auf die dialektische Theologie, Bibelexegese oder das Kirchenrecht.
27 Petri Abaelardi: Sic et non. Hg. von Ernst L. Th. Henke, Georg S. Lindenkohl. Magdeburg 1951, S. 17. Vgl. Sabina Flanagan: Doubt in an Age of Faith: Uncertainty in the Long Twelfth Century. Turnhout 2008, S. 13 und S. 139–146.
28 Walter Dietz: Wahrheit – Gewißheit – Zweifel. Theologie und Skepsis. Studien zur theologischen Auseinandersetzung mit der philosophischen Skepsis. Frankfurt a.M. 2013, S. 39.
29 Dorothea Weltecke: »Der Narr spricht: Es ist kein Gott«. Atheismus, Unglauben und Glaubenszweifel vom 12. Jahrhundert bis zur Neuzeit. Frankfurt a.M. 2010, S. 20 und S. 296. Vgl. auch den Exkurs zum Zweifeln, ebd., S. 296–308.

emotionaler Wirksamkeit – einprägsame Metaphern, Sinnbilder, (poetologische) Figuren und Narrative evoziert, wurden diese bislang nicht in einem Sinnzusammenhang gesehen. Sicherlich ist der Zweifel als *desperatio* in religiös-legendenhaften Erzählkontexten vorherrschend,[30] in denen es evident ist, dass mhd. *zwîvel* (*zwîvel-heit*) in negativer semantischer Konnotation von ›Haltlosigkeit‹ oder ›Angst‹ beziehungsweise in Verbindung mit pejorativen Synonymen, wie etwa *arcwân, unstæte* oder *untriuwe*, zu verstehen ist. In Hartmanns *Gregorius* wird der Zweifel pointiert als *mortgalle* (V. 167), als tödliche Galle, bezeichnet, als eine »Sünde wider den Heiligen Geist«.[31] Sucht man in diesen Erzählkontexten weiter, findet sich vornehmlich ein biblisch bezeugtes, nautisches Metaphernfeld, in dem die Substanz des Wassers für negative Vergleiche sorgt, um die Haltlosigkeit des Zweifelnden zu konnotieren (*sweben, wanken, entwenken*; s. Jakobusbrief I, 5–8).[32]

Versteht man nun aber den Zweifel viel grundlegender als einen »Zustand der Ungewißheit« und einen »Akt des Infragestellens«[33] oder als eine »Haltung der Unterscheidung und Beurteilung«,[34] also als Bestandteil eines »intellektuellen Habitus« etwa im Sinne von Johann von Salisbury[35] oder auch Abaelard, dann öffnet sich der Blick auf den etymologischen Bedeutungskern des »Schwankens zwischen der Verwirklichung von (mindestens) zwei Möglichkeiten des Urteilens oder Handelns«,[36] der im Fokus meines Interesses steht und auf den bislang eher *en passant* verwiesen wurde. In diesem Sinne lassen sich Metaphern und Sinnbilder erkennen, die angesichts alternativer Argumente und Perspektiven ein

---

30 Vgl. ebd., S. 300–308, mit Hinweisen auf Forschungsliteratur; s. auch die Literaturangaben in Anm. 37.
31 Hartmann von Aue: Gregorius. Hg. und übersetzt von Volker Mertens. 3. Aufl. Frankfurt a.M. 2014, S. 830. Vgl. Friedrich Ohly: Desperatio und Praesumptio. Zur theologischen Verzweiflung und Vermessenheit. In: Ders.: Ausgewählte und neue Schriften zur Literaturgeschichte und zur Bedeutungsforschung. Hg. von Uwe Ruberg, Dietmar Peil. Stuttgart, Leipzig 1995, S. 177–216.
32 Vgl. Franziska Wessel: Probleme der Metaphorik und die Minnemetaphorik in Gottfrieds von Strassburg ›Tristan und Isolde‹. München 1984, bes. S. 268–273.
33 Lorenz: Zweifel (s. Anm. 5), Sp. 1520.
34 Hans-Georg Gradl: Glaubwürdiger Zweifel. Neutestamentliche Portraits. In: Ders. u. a. (Hg.): Glaube und Zweifel. Das Dilemma des Menschseins. Würzburg 2016, S. 55–94, hier S. 57; vgl. auch Melanie Beiner: Zweifel. I. Systematisch-theologisch. In: Theologische Realenzyklopädie. Hg. von Gerhard Krause und Gerhard Müller. Berlin, New York 2004, Bd. 36, S. 767–772.
35 Seit: Einleitung (s. Anm. 25), S. 15.
36 Jakob Amstutz: Zweifel und Mystik, besonders bei Augustin. Eine philosophiegeschichtliche Studie. Bern 1950, S. 13; sowie Deutsches Wörterbuch von Jacob Grimm und Wilhelm Grimm, digitalisierte Fassung im Wörterbuchnetz des Trier Center for Digital Humanities, Version 01/21, Bd. 32, hier Sp. 996. https://www.woerterbuchnetz.de/DWB (Stand 30.03.2021); vgl. auch die Hinweise in Anm. 37; sowie Sommer: Die Kunst des Zweifelns (s. Anm. 5), S. 12.

abwägendes Denken veranschaulichen, die den Zweifel als Bestandteil eines kognitiven Erkenntnisprozesses im Vorgang des Abwägens umfassen. Für diese semantische Minorität des Zweifelns erschließen sich andere Metaphernfelder als die bereits genannten, etwa der bislang kaum wahrgenommene ›metrologische‹ Bildspenderbereich des Wiegens, Vermessens und Vergleichens. Da der Zweifel immer etwas in Relation setzt, ist es nur folgerichtig, dass die Waage als Sinnbild für ein argumentatives Abwägen von Argumenten dient. Für die Episteme einer »wägenden und erwägenden Geistesbeschäftigung« erschließen sich also (historische) Wissenskonstellationen jenseits religiöser Kontexte.[37] Neben den abwägenden Erzählverfahren gibt es die irisierenden oder auch irritierenden, durch die eindeutige Standpunkte bezweifelt und relationale Argumentationen gesucht werden.[38] Dies gilt insbesondere für Wolframs *Parzival* und den *Tristan* Gottfrieds. Für Letzteren pointierte zuletzt Susanne Köbele, dass »Poetologie und Problemgeschichte« eng verwoben seien.[39] Die Ideengeschichte eines genuin höfischen Skeptizismus und die Methodik des Zweifels scheinen hier einen weiteren Zugriff zu ermöglichen.

---

[37] André Jolles: Einfache Formen. Legende, Sage, Mythe, Rätsel, Spruch, Kasus, Memorabile, Märchen, Witz. Studienausgabe der 5., unv. Aufl. Tübingen 1974, S. 191; vgl. dazu auch Coralie Rippl: Erzählen als Argumentationsspiel. Heinrich Kaufringers Fallkonstruktionen zwischen Rhetorik, Recht und literarischer Stofftradition. Tübingen 2014, S. 20. Vgl. auch Helmut Brackert: *Zwîvel*. Zur Übersetzung und Interpretation der Eingangsverse von Wolframs von Eschenbach ›Parzival‹. In: Marc Chinca, Joachim Heinzle, Christopher Young (Hg.): Blütezeit. Festschrift für L. Peter Johnson zum 70. Geburtstag. Tübingen 2000, S. 335–347, bes. S. 345–347; Friedrich Maurer: Zur Vorgeschichte des mittelhochdeutschen *zwivel*. In: Ders.: Dichtung und Sprache des Mittelalters. Gesammelte Aufsätze. Bern, München 1963, S. 346–349, bes. S. 346 f. und S. 349; Werner J. Schröder: Der Ritter zwischen Welt und Gott. Idee und Problem des Parzivalromans Wolframs von Eschenbach. Weimar 1952, S. 226 f.; Heinrich Hempel: Der *zwivel* bei Wolfram und anderweit (1951). In: Ders.: Kleine Schriften. Zur Vollendung seines 80. Lebensjahres am 27. August 1965. Hg. von Heinrich M. Heinrichs. Heidelberg 1966, S. 277–298, bes. S. 278–281; Sabina Flanagan: Lexicographic and syntactic explorations of doubt in twelfth-century Latin texts. In: Journal of Medieval History 27 (2001), S. 219–240, zu mittellateinischen Texten, *dubito*, *dubitatio* u. a.

[38] Vgl. dazu die Hinweise auf Lienert und Brüggen in Anm. 105 und 106. Zum »relationalen Analogieverstehen« in Gottfrieds *Tristan* s. Dietmar Mieth: Dichtung, Glaube und Moral. Studien zur Begründung einer narrativen Ethik. Mit einer Interpretation zum Tristanroman Gottfrieds von Strassburg. Mainz 1976, bes. S. 217–219, Zitat S. 219.

[39] Vgl. Susanne Köbele: *iemer niuwe*. Wiederholung in Gottfrieds »Tristan«. In: Christoph Huber, Victor Millet (Hg.): Der »Tristan« Gottfrieds von Straßburg. Symposion Santiago de Compostela, 5. bis 8. April 2000. Tübingen 2002, S. 97–115, hier S. 98 und S. 112. Bei Christoph Huber: Gottfried von Straßburg: Tristan. 3., neu bearb. und erw. Aufl. Berlin 2013, S. 36, liest man: »Auch nach dem Scheitern der geistesgeschichtlichen Panoramen blieben form- und denkgeschichtliche Bezugsfelder relevant.«.

Ein Schlüsseltext für einen höfischen Skeptizismus im frühen 13. Jahrhundert ist Gottfrieds *Tristan*. Eine geradezu zwingende Auseinandersetzung erfährt die zweifelgenerierende Vieldeutigkeit des Werkes, sobald das ambivalente Changieren zwischen *nein unde jâ* als zentrales Thema beziehungsweise als »Schlüssel zum Verständnis des Werkes« verstanden wird.[40] Die intendierten Gegensätze und Widersprüche wurden folglich nicht nur im Zusammenhang mit dem *zwîvel* und *arcwân*-Exkurs diskutiert, sondern auch in Bezug auf Gottfrieds Sprachstil und Sprachskepsis[41] oder hinsichtlich grundlegender Erzählverfahren, Figurengestaltungen und Erzählmotive.[42] Die genannten Phänomene, die in dieser Dichte für das 13. Jahrhundert sicherlich singulär sind, führten in der Forschung vereinzelt zu einer bewusst anachronistischen Zuordnung des Werkes als ›offenes Kunstwerk‹. Treffender ließen sich diese Beobachtungen unter dem poetologischen Stichwort der ›Ambiguität‹ bündeln,[43] um die intendierte ›Offenheit‹

---

40 Walter Haug: Gottfrieds von Straßburg ›Tristan‹. Sexueller Sündenfall oder erotische Utopie. In: Ders.: Strukturen als Schlüssel zur Welt. Kleine Schriften zur Erzählliteratur des Mittelalters. Tübingen 1989, S. 600–611, hier S. 600. Vgl. auch Irene Lanz-Hubmann: »*Nein unde jâ*«. Mehrdeutigkeit im »Tristan« Gottfrieds von Strassburg: Ein Rezipientenproblem. Bern 1989. Zur Ambivalenz vgl. bereits Hans Fromm: Gottfried von Strassburg und Abaelard. In: Ders.: Arbeiten zur Deutschen Literatur des Mittelalters. Tübingen 1989 [Erstabdruck 1973], S. 173–190, hier S. 180 f. In kritischer Reflexion Rüdiger Schnell: Suche nach Wahrheit. Gottfrieds »Tristan und Isold« als erkenntniskritischer Roman. Tübingen 1992, bes. S. 230–262, zur »Wahrheit und Eindeutigkeit« in der *triuwe* der Liebenden (ebd., S. 230) und in der Rezeption durch die *edelen herzen*, die auch um die »tiefsten Gegensätze« der *minne* wissen (ebd., S. 242).
41 Vgl. Volker Mertens: Wahrheit und Kontingenz in Gottfrieds *Tristan*. In: Cornelia Herberichs, Susanne Reichlin (Hg.): Kein Zufall. Konzeptionen von Kontingenz in der mittelalterlichen Literatur. Göttingen 2010, S. 186–205, hier bes. S. 186–193; Winfried Christ: Rhetorik und Roman. Untersuchungen zu Gottfrieds von Straßburg ›Tristan und Isold‹. Meisenheim am Glan 1977; sowie Wiebke Freytag: Das Oxymoron bei Wolfram, Gottfried und anderen Dichtern des Mittelalters. München 1972, bes. S. 143–250.
42 Zu einer pointierten Zusammenfassung der heterogenen Forschung vgl. Tomas Tomasek: Gottfried von Straßburg. Stuttgart 2007, bes. S. 246–248. Vgl. zudem Florian Kragl: Gottfrieds Ironie. Sieben Kapitel zum figurenpsychologischen Realismus im ›Tristan‹. Mit einem Nachspruch zum ›Rosenkavalier‹. Berlin 2019; Susanne Köbele: Mythos und Metapher. Die Kunst der Anspielung in Gottfrieds *Tristan*. In: Udo Friedrich, Bruno Quast (Hg.): Präsenz des Mythos. Konfigurationen einer Denkform in Mittelalter und Früher Neuzeit. Berlin, New York 2004, S. 219–246; Jens Pfeiffer: Satz und Gegensatz. Narrative Strategie und Leserirritation im Prolog des ›Tristan‹ Gottfrieds von Straßburg. In: Wolfram-Studien XVIII (2004), S. 151–169; sowie Harald Haferland: Gottfrieds Erzählprogramm. In: PBB 122 (2000), S. 230–258.
43 »Poetik der Ambiguität und des offenen Textes«, Ursula Liebertz-Grün: Selbstreflexivität und Mythologie. Gottfrieds *Tristan* als Metaroman. In: GRM N. F. 51 (2001), S. 1–20, hier S. 2 und S. 10 mit Anm. 40 mit weiterer Literatur zur Ambiguität und Vieldeutigkeit. Vgl. auch Dorothea Klein: Gottfried von Straßburg: Tristan. In: Dies., Sabine M. Schneider (Hg.): Lektüren

weniger im Sinne einer postmodernen Dekonstruktion als vielmehr im Sinne einer mittelalterlichen Poetologie zu verstehen, wenn Gottfrieds Tristan mittels Erzählformen und -verfahren sowie rhetorischer Prinzipien auf die Entsagung von Eindeutigkeit zielt (*perplexio, ambiguitas*).[44] Die methodische Verweigerung von Ein-Sinnigkeit schafft »Verständnishürden«, die den Rezipienten zu einer Reflexionsleistung führen; allerdings mündet die ›heilsame‹ Wirkungskraft der Uneindeutigkeit nicht abschließend in die Eindeutigkeit der einen Wahrheit, der einen Norm oder des einen Dogmas (s. *obscuritas*).[45] Vielmehr scheint Gottfried die Unsicherheit ganz gezielt zu suchen: »Er fühlt sich einer Welt- und Lebensauffassung verbunden, die die Gegensätzlich- und Widrigkeiten des Lebensverlaufs bestehen läßt und nicht einebnet.«[46] Die ältere Forschung hat diese Beobachtung mit dem Hinweis auf den »›schwebenden‹ Charakter« der Gottfried'schen Sprache verbunden[47] und darauf verwiesen, dass gerade »durch Pers-

---

für das 21. Jahrhundert. Schlüsseltexte der deutschen Literatur von 1200 bis 1990. Würzburg 2000, S. 67–85, bes. S. 80f. Für rezeptionsgeschichtliche und wirkungsästhetische Perspektiven vgl. die Beiträge in Oliver Auge, Christiane Witthöft (Hg.): Ambiguität im Mittelalter. Formen zeitgenössischer Reflexion und wissenschaftlicher Rezeption. Berlin 2016; sowie Frauke Berndt, Stephan Kammer (Hg.): Amphibolie – Ambiguität – Ambivalenz. Würzburg 2009.

44 Zur Zusammenfassung dieser Ansätze s. Huber: Gottfried von Straßburg (s. Anm. 39), S. 37; sowie Tomasek: Gottfried von Straßburg (s. Anm. 42), S. 247. Vgl. pointiert Pfeiffer: Satz und Gegensatz (s. Anm. 42), bes. S. 151f. Zum ironischen (?) Lob der *perspicuitas* in Gottfrieds Literaturexkurs, der seine eigene Vorliebe für das Ambige und die Widersprüchlichkeit kontrastiere, s. Manfred Günter Scholz: Perspicuitas – Gottfrieds Stilideal? In: Thordis Hennings u. a. (Hg.): Mittelalterliche Poetik in Theorie und Praxis. Festschrift für Fritz Peter Knapp zum 65. Geburtstag. Berlin 2009, S. 257–272, hier S. 261f. und S. 267f. Zum »Scheinlob Bliggers von Steinach« s. auch Liebertz-Grün: Selbstreflexivität (s. Anm. 43), S. 9. Anders argumentiert Schnell: Suche nach Wahrheit (s. Anm. 40), bes. S. 229–249.

45 Von Moos: Geschichte als Topik (s. Anm. 25), S. 316. Zum *stilus obscurus* vgl. auch Jens Pfeiffer: Dunkelheit und Licht. ›Obscuritas‹ als hermeneutisches Problem und poetische Chance. In: Literaturwissenschaftliches Jahrbuch. N. F. 50 (2009), S. 9–42, bes. S. 19–25; sowie Susanne Köbele, Julia Frick (Hg.): »wildekeit«. Spielräume literarischer *obscuritas* im Mittelalter. Zürcher Kolloquium 2016. Berlin 2018 (Wolfram-Studien XXV). Zum »christlichen Stilprinzip« der *obscuritas* seit der Spätantike s. zudem Scholz: Perspicuitas (s. Anm. 44), S. 259.

46 Haferland: Gottfrieds Erzählprogramm (s. Anm. 42), S. 245, der dies aber nicht in Verbindung mit dem scholastischen Lehrsatz ›sic et non‹ verstehen möchte (S. 246). »Gottfrieds Erzählprogramm ist ein intellektuelles und kein moralisches Programm«. Ebd., S. 254.

47 Mieth: Dichtung, Glaube und Moral (s. Anm. 38), S. 213. Er verweist zudem auf den Gegensatz von »glasklare[r] Lexik« und »dunkle[r] ›Semantik‹« im *Tristan* (ebd.). Vgl. dazu Lanz-Hubmann: »*Nein unde jâ*« (s. Anm. 40), S. 163f.

pektivenwechsel Werturteile in der Schwebe« gehalten würden.⁴⁸ Ein konkreter Hinweis auf einen gewissen Skeptizismus Gottfrieds findet sich in einem Beitrag von Kuhn, der 1952 eher *en passant* auf dessen skeptische Ansichten verwiesen hat, die keine ›ästhetische Amoralität‹ nach sich zögen, sondern eher eine »höfische Resignation«.⁴⁹ Dieser Gedanke aber, so der Hinweis bei Fromm, wurde in der Forschung der darauffolgenden Jahrzehnte nicht weiter verfolgt.⁵⁰

Ich greife diese Überlegungen und Forschungsansätze auf, da der höfische Skeptizismus, den ich nun als Leitkategorie verstehe, gerade die Sinnsuche selbst problematisiert. Gottfrieds *Tristan*, der den Zweifel beständig lobt und die Eindeutigkeit jenseits des Minnemotivs vornehmlich negiert, bringt derart abwägende Erzählverfahren hervor, die eher das (antike) Ideal einer Urteilsenthaltung zur Konsequenz haben und nicht eine Deutungsgewissheit.⁵¹ Dieser vorläufig unterstellte Zusammenhang zwischen zweifelschürenden Erzählverfahren und philosophischer Idee bietet somit die Möglichkeit, die Textbeobachtungen ideengeschichtlich zu bündeln und zugleich zu historisieren.

Das Interesse an dilemmatischen Strukturen und irritierenden Erzählverfahren zeigt sich rhetorisch bereits in der ersten Strophe des Prologs, die den Rezipienten regelrecht zu einer kritischen Haltung aufzufordern scheint. Die fehlende Eindeutigkeit wird über den Leitbegriff *guot* beziehungsweise über eine *insinuatio* herbeigeführt.⁵²

---

48 Lanz-Hubmann: »*Nein unde jâ*« (s. Anm. 40), S. 46. Lanz-Hubmann verweist auf den Stellenwert von Abaelards Argumentationstechnik für intendierte Rezeptionsvorgänge. Ebd., bes. S. 159–174.
49 Hugo Kuhn: Die Klassiker des Rittertums in der Stauferzeit. In: Annalen der Deutschen Literatur. Hg. von Heinz Otto Burger. 2., überarb. Aufl. Stuttgart 1981, S. 99–179, hier S. 170.
50 »Ohne rechten Kontext blieb eine erste Äußerung Hugo Kuhns aus dem Jahre 1952 über Gotfrids Skeptizismus. Hätte er ihn auf die Zeit zu beziehen versucht, wäre hier, meine ich, die Möglichkeit gewesen weiterzukommen.« Fromm: Gottfried von Strassburg (s. Anm. 40), S. 173.
51 Zum ›kognitive[n] Zweifel als Reflexion der Deutungsalternativen« in der *minne*-Entstehung vgl. Albrecht Dröse: Scham und Zweifel. Die Konstitution von Heimlichkeit und die Dissimulation des Begehrens in Gottfrieds *Tristan*. In: Katja Gvozdeva, Hans Rudolf Velten (Hg.): Scham und Schamlosigkeit. Grenzverletzungen in Literatur und Kultur der Vormoderne. Berlin, Boston 2011, S. 159–193, hier S. 171.
52 Vgl. Gerd-Dietmar Peschel: Prolog-Programm und Fragment-Schluß in Gotfrits Tristanroman. Erlangen 1976, bes. S. 9 f., S. 28–34 und S. 46–49, zum »poetologische[n] Programm« und den »kunsttheoretischen« Aspekten des Prologs [ebd., S. 9]. Vgl. auch Albrecht Schöne: Zu Gottfrieds »Tristan«-Prolog. In: DVjs 29 (1955), S. 447–474; Hennig Brinkmann: Der Prolog im Mittelalter als literarische Erscheinung. Bau und Aussage. In: Wirkendes Wort 14 (1964), S. 1–21, hier S. 14 f. Vgl. zudem Gottfried von Straßburg: Tristan und Isold. Mit dem Text des Thomas

> *Gedenkt man ir ze guote niht,*
> *von den der werlde guot geschiht,*
> *sô wære ez allez alse niht,*
> *swaz guotes in der werlde geschiht.*[53]
> (V. 1–4)

Die mehrdeutige Semantik ermöglicht es, wie in der Forschung bereits intensiv diskutiert, *guot* als einen ethischen und/oder ästhetischen Wert zu verstehen.[54] Das Schwanken zwischen diversen Möglichkeiten der Bedeutung ist angesichts weiterer, stilistischer und rhetorischer Setzungen (Antithesen, Paradoxien etc.) konstitutiver Bestandteil des Erzählanfangs[55] und bietet einen ersten Hinweis auf die argumentativen Strategien des Textes, die mit dem (philosophischen) Prinzip der Isosthenie in Verbindung gesetzt werden können. Dieses beruht auf dem beständigen Austarieren von gleichwertigen und zugleich entgegengesetzten Argumenten, als eine Methode der Konfrontation und Gleichsetzung einander widersprechender Aussagen und Grundlage skeptischer Argumentationen.[56] Für die literarische Umsetzung finden sich neben den bereits genannten Stilmitteln auch das der variierenden Wiederholung, wie gerade die erste Strophe zeigt. Obgleich es sich hier zunächst nur um ein Wort handelt, wird deutlich, dass Gottfried dem Rezipienten zumutet, »etwas Gleiches als etwas Unterschiedenes wahrnehmen zu müssen«.[57] Angesichts doppelter Sinnzuschreibungen, doppelter Normkontexte und doppelter Wahrheiten lässt sich das Stilmittel der Wieder-

---

herausgegeben, übersetzt und kommentiert von Walter Haug. Hg. von Dems., Manfred Günter Scholz. Bd. II. Berlin 2011, S. 239–244.

53 Hier und im Folgenden zitiert nach der Münchener Handschrift M. Gottfried von Straßburg: Tristan. Hg. von Karl Marold. Bd. 1: Text. Unveränderter fünfter Abdruck nach dem dritten, mit einem auf Grund von Friedrich Rankes Kollationen verbesserten kritischen Apparat besorgt und mit einem Nachwort versehen von Werner Schröder. 5. Aufl. Berlin 2004. Hinzugezogen werden zudem die Kommentare der Ausgaben von Walter Haug, Rüdiger Krohn und Reinhold Bechstein. Zur Uneindeutigkeit der handschriftlichen Überlieferung hinsichtlich des Numerus des Pronomens in V. 2 (*dem/den*) vgl. Peschel: Prolog-Programm (s. Anm. 52), S. 26 f.

54 Vgl. dazu Walter Haug: Ethik und Ästhetik in Gottfrieds von Straßburg Literaturtheorie. In: Ders.: Literaturtheorie im Deutschen Mittelalter. Von den Anfängen bis zum Ende des 13. Jahrhunderts. Darmstadt 1992, S. 197–227, bes. S. 201–205; Fromm: Gottfried von Strassburg (s. Anm. 40), S. 184–188; sowie Peschel: Prolog-Programm (s. Anm. 52), S. 33 f.

55 Vgl. die Hinweise in Anm. 40 bis 45.

56 Vgl. grundlegend das Kapitel »Die Isosthenie als Begründung der pyrrhonischen Skepsis« in Sextus Empiricus: Grundriß der pyrrhonischen Skepsis. Eingeleitet und übersetzt von Malte Hossenfelder. 8. Aufl. Frankfurt a.M. 2017, S. 42–51; sowie Beiner: Zweifel (s. Anm. 34), S. 768.

57 Köbele: *iemer niuwe* (s. Anm. 39), S. 98. Zum Stilmittel der *traductio* s. auch Schöne: Gottfrieds »Tristan«-Prolog (s. Anm. 52), S. 451.

holung mit Köbele, Flecken-Büttner und Wenzel als grundlegende »textbestimmende[] Organisationsform« proklamieren.[58] Das beständige Spiel mit Perspektivenvielfalt setzt einiges in Relation, und so wird das unbestimmte ›Gute‹ im Prolog nur wenige Strophen später im semantischen Umfeld des Abwägens erneut aufgegriffen:

> *Ir ist sô vil, die des nu pflegent,*
> *daz si daz guote ze übele wegent,*
> *daz übel wider ze guote wegent:*
> *die pflegent niht, si widerpflegent.*
> (V. 29–32)

Das Verb *wegen* (V. 30 f.; V. 40) kann auch als Ausdruck für einen allgemeinen Vorgang des Abwägens im Sinne einer reflektierenden Gedankenbewegung oder eines »gerechten Urteilens« verstanden werden.[59] Insbesondere das Lexem *wâge* (*wæge, wegen, widerwëgen* u. a.) wird produktiv, um kognitive Vorgänge des Abwägens von Alternativen oder aber um Diskussionen über ein gleichwertiges ›Zweierlei‹ darzustellen, wenn es unmöglich erscheint, »über die wahrheit zu entscheiden«.[60] Die Metaphorik der Waage für ein argumentatives Abwägen von Argumenten wird als topisches Wissen auch in den philosophischen Traktaten – von Cicero über Cusanus bis Montaigne – aufgegriffen, um Vorgänge eines Erkenntnisgewinns in der Gewichtung gleicher oder gegensätzlicher Argumente zu versinnbildlichen.[61]

---

58 Köbele: *iemer niuwe* (s. Anm. 39), S. 98; Susanne Flecken-Büttner: Wiederholung und Variation als poetisches Prinzip. Exemplarität, Identität und Exzeptionalität in Gottfrieds ›Tristan‹. Berlin, New York 2011; Horst Wenzel: Negation und Doppelung. Poetische Experimentalformen von Individualgeschichte im ›Tristan‹ Gottfrieds von Straßburg. In: Thomas Cramer (Hg.): Wege in die Neuzeit. München 1988, S. 229–251. Vgl. auch Haug: Ethik und Ästhetik (s. Anm. 54), S. 208, der in Bezug auf den Prolog formuliert: »Die Denk- und Darstellungstechnik ist die der variierenden Wiederholung«.
59 Haug: Ethik und Ästhetik (s. Anm. 54), S. 208 (und S. 206); Ders.: Kommentar (s. Anm. 52), S. 251.
60 »[U]ngewisheit, unfähigkeit die in dem zweifelnden, oder unmöglichkeit die in der sache liegt, über die wahrheit zu entscheiden«. Zwîvel. In: BMZ 3 (1861 / 1990), Sp. 959–963, hier Sp. 959.
61 Vgl. Lobsien: Skeptische Phantasie (s. Anm. 10), bes. S. 38 f. und S. 57 f., S. 86 und S. 96 f.; Michael Stadler: Zum Begriff der Mensuratio bei Cusanus. Ein Beitrag zur Ortung der cusanischen Erkenntnislehre. In: Albrecht Zimmermann (Hg.): Mensura. Maß, Zahl, Zahlensymbolik im Mittelalter. 1. Halbband. Berlin, New York 1983, S. 118–131, bes. S. 130 f. Vgl. auch Christiane Witthöft: Sinnbilder der Ambiguität in der Literatur des Mittelalters: Der Paradiesstein in der Alexandertradition und die Personifikation der Frau Welt. In: Auge, Dies. (s. Anm. 43), S. 179–202, hier S. 181–192.

Gottfried scheint in der genannten Strophe gerade auf das falsche Urteilsvermögen zu zielen, das Gute als minderwertig und das Minderwertige als gut einzuschätzen.[62] Vergleichbare kognitive Vorgänge finden erneut Ausdruck in den Wortfeldern von ›Weg‹ und ›Waage‹ in der zehnten Strophe. Mittels der rhetorischen Figur der Paronomasie (*figura etymologica*) findet hier Ausdruck, dass derjenige gelobt sei, der die *tugent* angemessen *wege unde stege* (V. 37, V. 40), wobei *wegen* im zweifachen Wortsinn von ›betreten‹ oder ›abwägen‹ verstanden werden kann.[63]

> *Hei, tugent, wie smal sint dîne stege,*
> *wie kumberlîch sint dîne wege!*
> *die dîne stege, die dîne wege,*
> *wol ime, der sî wege unde stege!*
> (V. 37–40)

Sowohl der Weg als auch die Waage sind Metaphern, die nicht nur im legendarischen und biblischen Kontext mit (ethischen) Erkenntnisprozessen in Verbindung gesetzt werden (Mt 7,14), sondern vielmehr auch in philosophischen: Die Wegmetaphorik steht für »Denkbewegung[en]«, »Gedankengänge«[64] oder für »die Wahl der richtigen Methode«, die auch »mit tugendhaftem Handeln konnotiert« werden kann.[65]

Der Prolog des *Tristan* wiederum fokussiert beständig auf die Urteilsfähigkeit des ›wahren‹ Rezipienten, der *guot und übel betrahten kan* (V. 18) und auch den Autor beziehungsweise *ieglîchen man / nâch sînem werde erkennen kan* (V. 19 f.). Zu Recht haben daher insbesondere Lanz-Hubmann und Eifler auf die rhetorische Finesse des Publikumslobes in Form einer »Huldigung an den Urteilsfähigen« verwiesen, das die Bedeutsamkeit der Entscheidungsfindung seitens des

---

62 Vgl. auch die Übersetzung von Peter Knecht. Gottfried von Straßburg: Tristan. Bd. 2: Übersetzung. Berlin 2004.
63 Vgl. Gottfried von Straßburg: Tristan. Nach der Ausgabe von Reinhold Bechstein, hg. von Peter Ganz. 2 Bde. Bd. 1. Wiesbaden 1978, S. 6; sowie Lanz-Hubmann: »*Nein unde jâ*« (s. Anm. 40), S. 51 f., zu Aspekten des Urteilens und Abwägens.
64 Dirk Westerkamp: Weg. In: Ralf Konersmann (Hg.): Wörterbuch der philosophischen Metaphern. Darmstadt 2007, S. 518–545, hier S. 519. »Vermutlich finden sich bei Heraklit die ersten philosophisch relevanten Belege einer Übertragung des Bildspenders ›Weg‹ auf den Bildempfänger ›Denken‹.« Ebd., S. 521. Zur Weg-Bildlichkeit vgl. grundlegend Wolfgang Harms: Homo viator in bivio. Studien zur Bildlichkeit des Weges. München 1970, auch zum Motiv ›Herakles am Scheideweg‹.
65 Dirk Werle: Methodenmetaphern. Metaphorologie und ihre Nützlichkeit für die philologisch-historische Methodologie. In: Lutz Danneberg, Carlos Spoerhase, Dirk Werle (Hg.): Begriffe, Metaphern und Imaginationen in Philosophie und Wissenschaftsgeschichte. Wiesbaden 2009, S. 101–123, hier S. 104.

Rezipienten betont.[66] Das falsche Verhalten in einem Erkenntnisvorgang wiederum, neologistisch mit *widerpflegen* ausgedrückt,[67] wird zu Beginn der neunten Strophe näher erläutert. Dort wird pointiert, dass sich Kunst und ein prüfender Geist nicht ausschließen, sondern gegenseitig be- oder erleuchten:[68]

Chunst unde nâhe sehender sin,
swie wol diu schînen under in,
geherberget nît zuo zin,
er leschet kunst unde sin.
(V. 33–36)

Kunst und kritischer Verstand bereichern einander, aber nur, wenn die innere Einstellung stimmt, ansonsten wird die Kunst und die Urteilskraft durch die Eigenschaften des *nît* ausgelöscht.[69] Ein *nâhe sehender sin*, ein »genau zusehender Sinn«, umschreibt eine genaue Wahrnehmungsfähigkeit oder aber ein »genau

---

66 Günter Eifler: Publikumsbeeinflussung im strophischen Prolog zum Tristan Gottfrieds von Strassburg. In: Günter Bellmann, Günter Eifler, Wolfgang Kleiber (Hg.): Festschrift für Karl Bischoff zum 70. Geburtstag. Köln, Wien 1975, S. 357–389, hier S. 377; vgl. auch S. 364f. und S. 374f. In der Fokussierung auf Gottfrieds »rhetorische[] Persuasionskunst« (ebd., S. 388) zieht er daraus aber eine andere Konsequenz: »[E]in alternativlos wohlwollendes Antwortverhalten« des Rezipienten für den beginnenden Text. Ebd., S. 376. Vgl. zum »Appell an die Urteilskraft des Lesers im Prolog« Lanz-Hubmann: »*Nein unde jâ*« (s. Anm. 40), S. 50; sowie bereits Fromm: Gottfried von Strassburg (s. Anm. 40), S. 185.
67 Vgl. zu diesem Neologismus auch Gottfried von Straßburg: Tristan. Bd. 3: Kommentar, Nachwort und Register von Rüdiger Krohn. 5. Aufl. Stuttgart 1998, S. 23. Vgl. auch Schöne: Gottfrieds »Tristan«-Prolog (s. Anm. 52), S. 456: »*Wegen*, das Verbum *determinatio*, bezeichnet jetzt die uneinsichtige und negative Möglichkeit von *betrahten* und *erkennen*«.
68 Zum Tristan als »erkenntniskritischer Roman« s. Liebertz-Grün: Selbstreflexivität (s. Anm. 43), S. 2; sowie Schnell: Suche nach Wahrheit (s. Anm. 40), bes. S. 122–165 und S. 238. Zum Appell an das »Unterscheidungsvermögen« seiner Rezipienten s. bereits Maria Bindschedler: Gottfried von Straßburg und die höfische Ethik. Halle a. d. S. 1955, S. 40. Zum »säkulare[n] Erzählen« s. Huber: Gottfried von Straßburg (s. Anm. 39), S. 46.
69 Die heterogenen Übersetzungen von *nît* sind aufschlussreich: Haug: Kommentar (s. Anm. 52), S. 250, übersetzt mit ethischer Perspektive ›Bosheit‹; Bechstein, Ganz: Tristan (s. Anm. 63), S. 5, mit »negative[r] Kritik«. In der Bechstein-Ausgabe von 1923 findet man »Verkleinerungssucht« (S. 6); bei Peschel: Prolog-Programm (s. Anm. 52), S. 43, »unreflektierte Polemik«. Zur Funktion des Neids in der Prologkunst s. auch C. Stephen Jaeger: The ›Strophic‹ Prologue to Gottfried's Tristan. In: Germanic Review 47 (1972), S. 5–19, hier S. 12: »The attack on enviers is one of the most common motifs in medieval prologues.« Die destruktiven, kritischen Neider »turn values upside down« (ebd., S. 14).

betrachtendes Urteil« im Sinne eines prüfenden Verstandes.[70] Hier eröffnet sich eine Assoziation mit der ursprünglichen Wortbedeutung von griechisch ›Skepsis‹ (*sképtesthai*) im Sinne eines »›Umherspähen‹ mit den Augen«:[71] »Die skeptische Schule wird auch die ›suchende‹ genannt nach ihrer Tätigkeit im Suchen und Spähen.«[72] Derjenige also, der kritisch umherspähend sucht, stößt unweigerlich auf Aporien, so auch in Gottfrieds *Tristan*.[73]

Eine kritische Urteilskraft wird angesichts des beginnenden Werkes zu Recht gefordert, denn Gottfrieds *Tristan* deutet »von der Wortebene bis zur Diskursebene aporetisch« und ist den Spannungen zwischen der »extradiegetischen Position des Erzählers und den intradiegetischen Ereignissen« verpflichtet.[74] Die beständigen Aporien sind sicherlich Folge der Kernthematik der Ehebruchsminne, die je nach Normkontext zugleich als legitimes Gut oder als illegitime Sünde erscheint.[75] Durch die wechselnden Perspektiven wiederum entsteht ein

---

70 Bechstein, Ganz: Tristan (s. Anm. 63), S. 5; Eifler: Publikumsbeeinflussung (s. Anm. 66), S. 383. Bindschedler: Gottfried (s. Anm. 68), S. 41: »[d]ie Fähigkeit zu einem wohl abgewogenen Urteil«. Zu *sin* vgl. die weiteren Hinweise bei Krohn: Tristan (s. Anm. 67), S. 23; Peschel: Prolog-Programm (s. Anm. 52), S. 36–41, zur Bedeutungsvielfalt von *nahe*, auch in pejorativer Hinsicht der »Enge, Beengtheit, Bedrängnis« und zu dem »genau hinsehende[n] Verstand«. Ebd., S. 41. Vgl. auch Schöne: Gottfrieds »Tristan«-Prolog (s. Anm. 52), S. 457.
71 »Von hier wurde das Wort auf die entsprechende geistige Tätigkeit übertragen, so daß ›Skepsis‹ so viel bedeutet wie ›geistiges Spähen, Suchen, Betrachten, Prüfen‹«. Hossenfelder: Anmerkungen (s. Anm. 56), S. 301. Vgl. auch Hansueli Flückiger: Sextus Empiricus. Grundriss der pyrrhonischen Skepsis. Buch I – Selektiver Kommentar. Bern, Stuttgart 1990, S. 89; Jürß: Sextus Empiricus (s. Anm. 4), S. 7; sowie Lobsien: Skeptische Phantasie (s. Anm. 10), S. 9; Markus Gabriel: Antike und moderne Skepsis zur Einführung. Hamburg 2008, S. 12.
72 Sextus Empiricus. Ed. Hossenfelder (s. Anm. 56), I, 7, S. 94. Hossenfelder verweist zudem auf Gellius' *Noctes Atticae* (XI,5,2), wo »›Skeptiker‹ als *quaesitores* und *consideratores*« bezeichnet werden. Ebd., S. 301.
73 »Ferner wird sie [die skeptische Schule, C.W.] die ›aporetische‹ genannt, und zwar entweder, weil sie in allem Aporien und Fragwürdigkeiten findet, wie einige sagen, oder, weil sie kein Mittel sieht zur Zustimmung oder Verneinung.« Sextus Empiricus (s. Anm. 56), I, 7, S. 94.
74 Gertrud Grünkorn: Die Fiktionalität des höfischen Romans um 1200. Berlin 1994, S. 149f., Zitat S. 150. Hinweis bei Scholz: *Perspicuitas* (s. Anm. 44), S. 269. Zudem Hübner: Erzählform im höfischen Roman (s. Anm. 8), S. 41. Interessant sind die Hinweise von Till Dembeck: Der *wintschaffene* (wetterwendische) Christus und die Transparenz der Dichtung in Gottfrieds »Tristan«. In: Zeitschrift für Germanistik N.F. X (2000), S. 493–507, hier S. 500, dass »die Problematik des Urteilens […] im strophischen Prolog auf die Anwendung allgemeiner ›Präferenzcodes‹ bezogen« werde.
75 Vgl. zur »vierfach[] thematische[n] Relation der Rechtfertigungsverhältnisse« Ralf Simon: Thematisches Programm und narrative Muster im Tristan Gottfrieds von Straßburg. In: ZfdPh 109 (1990), S. 354–380, hier S. 357.

eigenes Modell an Relationen, in dem selbst die Wahrheit relativierbar erscheint – je nach Perspektive, Standpunkt und Normkontext.[76] Hier ließen sich Überlegungen der historischen Narratologie anschließen, die sich mit einem »ethischen Relativismus« und der »Abhängigkeit normativer Urteile von Standpunkten« kritisch auseinandersetzen,[77] und die sich mit gebotener Vorsicht um die abstrakte Idee eines höfischen Skeptizismus im Mittelalter ergänzen ließen. Es erscheint fast aussichtslos, hinter den aporetischen Bewertungen eine Eindeutigkeit zu suchen oder festlegen zu wollen, welche Normwelt höher wägt[78] – und diese Lesart wird durch ein Schlüsselsymbol bestärkt.

Es handelt sich dabei um den Hund namens Petitcreiu [*hundelîn Petitcriû / Petitcreiu* (V. 15801)],[79] der aus dem Feenreich von Avalon stammt, einst dem walisischen Herzog Gilan aus Liebe von einer Göttin geschenkt wurde und unter anderem die leidtilgende Eigenschaft eines magischen Glöckchens besitzt.[80] Als sich Tristan an Gilans Hof aufhält und aus Sehnsucht und Liebesleid tief aufseufzt, lässt der Herzog das farbenprächtige, tierische Kunstwerk vor seinen Augen auf einem purpurfarbenen Stoff drapiert im wahrsten Sinne des Wortes *auftischen*. Diesem Hund ist alles Hündische ausgetrieben, weder frisst

---

76 Köbele: *iemer niuwe* (s. Anm. 39), S. 101f., spricht von zwei »grundsätzlich verschiedene[n] Relationalisierungsmodelle[n]«, die auch »eine Wahrheit innerhalb von Lüge, und umgekehrt« denkbar werden lassen. Ebd., S. 102. Vgl. auch Gerd Dicke: Das belauschte Stelldichein. Eine Stoffgeschichte. In: Der »Tristan« (s. Anm. 39), S. 199–220, hier S. 218f. Zur ›höfischen Wahrheit‹ vgl. Kucuba (s. u.); sowie Alois Wolf: Gottfried von Strassburg und die Mythe von Tristan und Isolde. Darmstadt 1989, S. 198. Zu den erkenntniskritischen Beobachtungen über die »Relationierung von Wirklichkeit und Sprache« in Gottfrieds *Tristan* vgl. Schnell: Suche nach Wahrheit (s. Anm. 40), S. 237f.
77 Hübner: Erzählform im höfischen Roman (s. Anm. 8), S. 76, formuliert angemessen kritisch: »[...] das Richtige und das Falsche werden nicht einfach relativiert. Aber er [der höfische Roman, C.W.] bringt dem Rezipienten [...] doch zur Erfahrung, daß das Urteil über richtig und falsch manchmal von der Situation der Person in einer Welt abhängt, in der es verschiedene Erlebens- und Handlungsfelder mit divergierenden Prinzipien gibt«.
78 Schnell: Suche nach Wahrheit (s. Anm. 40), S. 10 mit Anm. 27, pointiert hinsichtlich der Erkenntniskritik des Werkes auf Gottfrieds »Standpunkt des ›kritischen Offenlassens‹«; »die Kriterien der Wahrheit [lassen sich evtl.] nur in Abhängigkeit vom menschlichen Erkenntnisvermögen explizieren« (ebd., S. 12).
79 Vgl. zu diversen Schreibweisen Haug: Kommentar (s. Anm. 52), S. 621.
80 [A]*n sorge und an triure / ledic und âne gesaz / und des leides gâr vergaz* (V. 15856–15858). Vgl. auch Louise Gnädinger: Hiudan und Petitcreiu. Gestalt und Figur des Hundes in der mittelalterlichen Tristandichtung. Zürich 1971, S. 42; Aaron E. Wright: Petitcreiu. A Text-Critical Note to the *Tristan* of Gottfried von Strassburg. In: Colloquia Germanica 25 (1992), S. 112–121, hier S. 114f. Zu vergleichbaren keltischen Erzähltraditionen vgl. Andreas Hammer: Tradierung und Transformation. Mythische Erzählelemente im »Tristan« Gottfrieds von Straßburg und im »Iwein« Hartmanns von Aue. Stuttgart 2007, S. 133–135.

noch bellt er, sodass er sich durch ein ›stoisches‹ Verhalten auszeichnet (V. 15886–15888). Sobald Tristan zum Zeugen seiner akustischen (Heil-)Kraft avanciert, möchte er Petitcreiu für Isolde erwerben, um auch ihr Seelenruhe zu verschaffen. Thematisch wird die Bedeutung des hündischen Kunstwerks im Minnekontext verortet, unter anderem als »Beleg für die Selbstlosigkeit und Opferbereitschaft der Liebe«:[81] Tristan erkämpft den Hund unter Einsatz seines Lebens, um ihn dann an Isolde zu verschenken, die wiederum selbstlos auf die leidmindernde Wirkung verzichtet, um nicht ohne Tristan Glück erfahren zu müssen. Sie reißt das Glöckchen ab und setzt sich dem Anblick des Hundes aus: *ze niuwenne ir senede leit* (V. 16358).[82] Petitcreiu wurde in der Forschung den »Themenkreise[n] ›Kunst‹ und ›Freude-Leid‹« zugeordnet,[83] er avancierte zum Sinnbild der Schönheit,[84] der »bloßen Freude«[85] oder aber der unkonventionellen »Leidbedingtheit dieser Minne«.[86] Ungeachtet dieser leicht divergierenden Ausdeutungen sind sich zahlreiche Kommentatoren über die »retardierende Funktion« der Petitcreiu-Episode einig, die nicht so recht in den Erzählzusammen-

---

81 Silke Philipowski: Mittelbare und unmittelbare Gegenwärtigkeit oder: Erinnern und Vergessen in der Petitcriu-Episode des ›Tristan‹ Gottfrieds von Straßburg. In: PBB 120 (1998), S. 29–35, hier S. 29; als ein »mythische[s] Präsenz-Ereignis« (ebd., S. 31). Vgl. zu altruistischen Aspekten bereits Werner Schröder: Das Hündchen Petitcreiu im *Tristan* Gotfrids von Strassburg. In: Rainer Schönhaar (Hg.): Dialog. Festschrift für Josef Kunz. Berlin 1973, S. 32–42, hier S. 34; Gnädinger: Hiudan und Petitcreiu (s. Anm. 80), S. 26 f. Anders argumentiert Ludger Lieb: Ein neuer doppelter Kursus in Hartmanns *Erec* und seine Kontrafaktur in Gottfrieds *Tristan*. In: DVjs 83 (2009), S. 193–217, hier S. 212.
82 Vgl. Gnädinger: Hiudan und Petitcreiu (s. Anm. 80), S. 40; Philipowski: Mittelbare und unmittelbare Gegenwärtigkeit (s. Anm. 81), S. 30, und bereits Schröder: Das Hündchen Petitcreiu (s. Anm. 81), S. 34 f., deuten dies als Bekämpfung des Vergessens.
83 Tomas Tomasek: Einführung. In: Gottfried von Straßburg: Tristan. Bd. 2: Übersetzung von Peter Knecht. Berlin 2004, S. VII–XLIV, hier S. XXVII. Vgl. auch die zahlreichen Hinweise bei Dirk R. Glogau: Untersuchungen zu einer konstruktiven Mediävistik. Tiere und Pflanzen im »Tristan« Gottfrieds von Straßburg und im »Nibelungenlied«. Essen 1993, S. 129–136; weitere Überlegungen bei Wessel: Probleme der Metaphorik (s. Anm. 32), S. 444–453.
84 Vgl. C. Stephen Jaeger: Medieval Humanism in Gottfried von Strassburg's Tristan und Isolde. Heidelberg 1977, S. 175: »Hence he contains in himself all colors separately, and at the same time all blend into a single color, white. In other words, beauty in its manifold variety of forms derives from a single source, and as white is the source of all other colors, so archetypal beauty is the source of all beautiful objects.« Vgl. dazu auch Haug: Kommentar (s. Anm. 52), S. 626.
85 Petrus W. Tax: Wort, Sinnbild, Zahl im Tristanroman. Studien zum Denken und Werten Gottfrieds von Strassburg. 2., durchges. Aufl. Berlin 1971, S. 115 f.
86 Ingrid Hahn: Raum und Landschaft in Gottfrieds Tristan. Ein Beitrag zur Werkdeutung. München 1964, S. 92. Vgl. auch die Hinweise in Anm. 103.

hang zu passen scheint.[87] Kurz zuvor ist das erlistete Gottesurteil geschildert, welches die ›Unschuld‹ des ehebrecherischen Paares beweist, kurz danach kehrt Tristan an den Markehof zurück, um die heimliche Liebesbeziehung fortzusetzen. Der Hund wird nur noch einmal abschließend erwähnt, da er das Liebespaar nicht in die Minnegrotte begleitet. Auf Handlungsebene liegt letztlich ein blindes Motiv vor.[88] In eher strukturalistischen Lesarten wurde die Episode in der Logik des doppelten Kursus situiert,[89] oder mit Hinweisen auf »kompositorische[] Mängel« und eine eher schwache Motivierung im Handlungszusammenhang versehen.[90]

Angesichts der ausgefeilten Darlegung der optisch changierenden Farbphänomene Petitcreius möchte ich einer anderen Fährte folgen, indem ich das Kunstobjekt im Zusammenhang mit der Idee eines höfischen Skeptizismus nicht als Mittel zum Zweck, sondern als Selbstzweck verstehe.[91] Für diesen Ansatz halte ich es mit dem Protagonisten Tristan, der angesichts dieses akustischen und optischen Wunders die *fremede hût* (V. 15869), das Fell, als bedeutsamer einschätzt.[92] Dessen Farbenspiel widmet Gottfried überraschend exakte und gut konstruierte hundert Verse, während die nordische Saga den

---

[87] Krohn: Tristan (s. Anm. 67), S. 223. Vgl. zusammenfassend Haug: Kommentar (s. Anm. 52), S. 619 f.
[88] Vgl. etwa Viola Wittmann: Bunte Hunde. Zur narrativen Funktion tierischer Farbexoten im höfischen Roman. In: Ingrid Bennewitz, Andrea Schindler (Hg.): Farbe im Mittelalter. Materialität – Medialität – Semantik. Band II. Akten des 13. Symposiums des Mediävistenverbandes. Berlin 2011, S. 505–519, hier S. 506 und S. 512–515.
[89] Vgl. Lieb: Ein neuer doppelter Kursus (s. Anm. 81), S. 217; sowie ebd., S. 211, zur Petitcreiu-Episode als Bestandteil eines ersten Kursus' im Sinne einer Kontrafaktur: »Die Episode müsste aus der Reihe fallen. Dies ist zweifellos – Worstbrock hat zuletzt darauf hingewiesen – in der Petitcriu-Episode (C) der Fall.« Die Isolde Weißhand-Episode wäre dann eine Steigerung der Episode (ebd., S. 215).
[90] Schröder: Das Hündchen Petitcreiu (s. Anm. 81), S. 39–41, Zitat S. 41, in Anlehnung an Bédier. Vgl. auch Klaus Morsch: *schœne daz ist hœne*. Studien zum Tristan Gottfrieds von Straßburg. Erlangen 1984, S. 186 f., unter Verweis auf Ruh. Zum Aspekt der »Präfiguration des Minnegrottenereignisses« s. Gnädinger: Hiudan und Petitcreiu (s. Anm. 80), S. 43; Wolf: Gottfried (s. Anm. 76), S. 206.
[91] Vgl. auch Hans Jürgen Scheuer: Farben. In: Günter Butzer, Joachim Jacob (Hg.): Metzler Lexikon literarischer Symbole. Stuttgart, Weimar 2008, S. 95–98, hier S. 96, in Verweis auf Petitcreiu, dessen »Aussehen zwischen Farbtotalität und völliger Farblosigkeit schwankt, das Corpus des Romans und seine schillernden Moduswechsel *en miniature* dar[stellt]«. Die Wahrnehmung soll aber nicht getäuscht werden, so u. a. Liebertz-Grün: Selbstreflexivität (s. Anm. 43), S. 10.
[92] Vgl. zu Aspekten der Wahrnehmung, Perspektivität und Visualität auch Jutta Eming: Emotionen im ›Tristan‹. Untersuchungen zu ihrer Paradigmatik. Göttingen 2015, bes. S. 158–171; sowie Kathryn Starkey: From Enslavement to Discernment: Learning to See in Gottfrieds's Tristan. In: Andrew James Johnston u. a. (Hg.): The Art of Vision. Ekphrasis in Medieval Literature and Culture. Columbus 2015, S. 124–146, hier S. 138–142.

Hund in seiner hündischen Natur unangetastet lässt und für das Fell nur weniger Worte bedarf:[93] »*Seide war nicht so weich, er war roth, grün und blau, die welche ihn oft sahen, hatten von ihm gewiß lust und freude, sein name war Peticrewe, von ihm erscholl viel lob.*«[94] Im *Tristan* Gottfrieds beginnt die textinterne Beschreibung dieses magischen Kunstgegenstandes, der für seinen betrachtenden Besitzer ein *herzen spil* und ein *ougen gemach* ist (V. 15803 f.), mit einem Unsagbarkeitstopos, da seine *schœne und sîne art* (V. 15820) sich jedweder Beschreibungsmöglichkeit entzieht.[95] Nicht beschreibbar seien insbesondere seine *varwe* und *kraft* (V. 15817), die auf *wîsheit* (V. 15815) beruhen. Anlass für diese rhetorische Einführung ist die Farbbeschaffenheit des Fells, die so vermischt ist (*inein getragen*, V. 15822), dass niemand recht weiß, welche Farbe eigentlich vorliegt.[96] Sie sei *missehære* (V. 15826), also verschiedenhaarig schillernd wie ein »Vexierspiel von Farben«, so die treffende Übersetzung von Knecht.[97] Ein Zusammenhang mit Wolframs Vorstellungen über das ›Zusammenspiel heterogener Gegensätze‹ im Vorgang des *parrieren* (*Parzival* I,4) wurde in der Forschung schon mehrfach gesehen.[98]

---

[93] Vgl. zur Komposition auch William C. Crossgrove: Numerical Composition in Gottfried's *Tristan*. The Petitcreiu Episode. In: Modern Language Quarterly 30 (1969), S. 20–32. Zur Auseinandersetzung mit der Wahrnehmbarkeit von Farben vgl. Monika Schausten: Die Farben imaginierter Welten in Literatur und Kunst der Vormoderne und der Neuzeit. In: Dies. (Hg.): Die Farben imaginierter Welten. Zur Kulturgeschichte ihrer Codierung in Literatur und Kunst vom Mittelalter bis zur Gegenwart. Berlin 2012, S. 11–30; Christel Meier, Rudolf Suntrup (Hg.): Lexikon der Farbenbedeutungen im Mittelalter. Köln u. a. 2011. Vgl. zur Idee einer in sich geschlossenen Szene Wolf: Gottfried (s. Anm. 76), S. 205.
[94] Sir Tristrem. Mit Einleitung, Anmerkung und Glossar. Hg. von Eugen Kölbing. Heilbronn 1882, S. 270. Tristrams saga ok Ísondar. Mit einer literarhistorischen Einleitung, deutscher Uebersetzung und Anmerkungen. Hg. von Eugen Kölbing. Heilbronn 1878, S. 75.
[95] Vgl. Wolf: Gottfried (s. Anm. 76), S. 205; zur Urteilsenthaltung s. auch Philipowski: Mittelbare und unmittelbare Gegenwärtigkeit (s. Anm. 81), S. 31.
[96] [S]*în varwe was inein getragen / mit alsô fremedem liste, / daz nieman rehte enwiste, / von welher varwe ez wære; / ez was sô missehære* (V. 15822–15826).
[97] Knecht: Tristan (s. Anm. 62), S. 185. Vgl. misse-hære. In: Der große Lexer 1 (1872), Sp. 2165: »verschiedenhaarig, schillernd«. Gnädinger: Hiudan und Petitcreiu (s. Anm. 80), S. 35, verweist auf einen »negative[n] oder doch defektive[n] Sinn«.
[98] Vgl. Harold Bernard Willson: ›Vicissitudes‹ in Gottfried's ›Tristan‹. In: The Modern Language Review 51/2 (1956), S. 203–213, hier S. 205 und S. 210: »This ›mixture‹ of colours symbolizes constancy in inconstancy, just as Wolfram's *parrieren*«; hier schließt sich eine mystische Auslegung an: a »sacramental mystery of Petitcriu«. Vgl. auch Ulrich Ernst: Polychromie als literarästhetisches Programm. Von der Buntschriftstellerei der Antike zur Farbtektonik des modernen Romans. In: Die Farben imaginierter Welten (s. Anm. 93), S. 33–64, hier S. 38; sowie Beatrice Trînca: *Parrieren* und *undersnîden*. Wolframs Poetik des Heterogenen. Heidelberg 2008, bes. S. 13–21; sowie Haug: Kommentar (s. Anm. 52), S. 624.

Im *Tristan* erfährt dieses vermeintlich unbeschreibliche Farbkonglomerat eine äußerst differenzierte Darstellung,[99] denn je nach Standpunkt im Raum nimmt man Anderes wahr. Schaut man das Tier von vorne an, *als man ez gegen der brust an sach* (V. 15827), dann sieht man, dass Teile des Felles weißer als Schnee sind, andere grüner als Klee, wieder andere gelber als Safran usw.[100] Im oberen Bereich sieht man eine *mixtûre* an Farben, so fein miteinander vermischt, *daz sich ir aller dekein / ûz vür daz ander dâ bôt* (V. 15836 f.). Diese optischen Eindrücke ändern sich nach Standortwechsel erneut: Gegen den Strich gesehen, umschrieben mit dem adverbialen Neologismus *widerhæres*,[101] vermag selbst ein erfahrener, gelehrter Mensch seine Farbe nicht zu erkennen:

> *daz fremede werc von Avalûn,*
> *sach man ez widerhæres an,*
> *sone wart nie kein sô wîse man,*
> *der sîne varwe erkande;*
> *si was sô maneger hande*
> *und sô gâr irrebære,*
> *als dâ kein varwe wære.*
>   (V. 15843–15848)

Dieses vermeintlich trügerisch changierende Wahrnehmungsphänomen (*irrebære*) erscheint Tristan abenteuerlich, da »er mit ungetrübten Augen lauter Farben erblickte, die seine Augen Lügen straften, denn er erkannte keine, obwohl er doch so viele sah«.[102] Das Irritationen auslösende Kunstwerk lässt sich natürlich als Sinnbild für die unkonventionelle Minne verstehen, in der Gegensätze undeutlich werden:[103]

---

99 Vgl. zur Vorstellung der *colores rhetorici* und zur Geschichte der Polychromie Ernst: Polychromie (s. Anm. 102), bes. S. 34 f. Vgl. auch Marie-Sophie Masse: Von der Neugeburt einer abgenutzten Praxis: die *descriptio* in Gottfrieds *Tristan*. In: Germanisch-Romanische Monatsschrift 55 (2005), S. 133–156.
100 [A]*ls man ez gegen der brust an sach / daz nieman anders niht enjach, / ez enwære wîzer danne snê, / zen lanken grüener danne klê, / ein sîte rôter danne grân, / diu ander gelwer dan safrân; / unden gelîch lazûre, / oben was ein mixtûre / gemischet alsô schône inein, / daz sich ir aller dekein / ûz vür daz ander dâ bôt: / dane was grüene noch rôt / noch wîz noch swarz noch gel noch blâ / und doch ein teil ir aller dâ, / ich meine rehte purperbrûn* (V. 15827–15841).
101 [W]ider-hæres. In: Der große Lexer 3 (1878), Sp. 838: »wider das haar, gegen den strich.«.
102 [D]*iz dûhte in* [Tristan] *âventiure, / daz er mit liehten ougen / sîner ougen lougen / an allen disen varwen vant / wan ime ir keiniu was bekant, / swie vil er ir genæme war* (V. 15878–15883). Übersetzung Knecht: Tristan (s. Anm. 62), S. 186. Anders konnotiert Haug: Kommentar (s. Anm. 52).
103 Vgl. Gnädinger: Hiudan und Petitcreiu (s. Anm. 80), S. 27; sowie zusammenfassend Haug: Kommentar (s. Anm. 52), S. 623 f. und S. 626; Krohn: Tristan (s. Anm. 67), S. 223 f. Vgl. auch Hahn: Raum und Landschaft (s. Anm. 86), S. 91; sowie Schröder: Das Hündchen Petitcreiu (s. Anm. 81), S. 39.

> Die Ununterscheidbarkeit von Schein und Wesen, ja das Neben- und Ineinander von Täuschung und Echtheit in den Farben und ihrer Rotation zur Farblosigkeit ist als visuelles Phänomen wohl das gelungenste Bild der Liebe zwischen Tristan und Isolde, einer Liebe, die aus dem Zugleich von Echtheit und Täuschung lebt. Im Hündchen Petitcriu macht Gottfried das Dilemma des Ausdrucks auch zu dem des Eindrucks, das gleichursprünglich ist.[104]

Darüber hinaus lässt sich die Erscheinung Petitcreius aber insbesondere auch als ein Symbol für die ›irisierenden Erzählverfahren‹ des Werkes lesen. Diesen Begriff, darauf verwies bereits Elisabeth Lienert,[105] hat Elke Brüggen treffend für die schillernde Semantik im Bereich der Figurendarstellung des Wolfram'schen *Parzival* geprägt. Abgeleitet ist er »von dem optischen Phänomen eines durch Lichtbrechung evozierten, schimmernd-instabilen Farbspiels, das mittels eines wechselnden Standpunktes des Betrachters erfahrbar wird«.[106] Der optische Begriff des *irisierenden Erzählens* trifft den Kern des Gottfried'schen *Tristan*, dem wechselnde Perspektiven zugrunde liegen. Diese evozieren, wie die ununterscheidbaren Farben, gleichwertige, mitunter widersprüchliche Argumente (Isosthenien, Paradoxien). Ganz gezielt wird also anhand der »textual ›scin‹«[107] von Petitcreiu vorgeführt, wie die Wahrnehmung vom Standpunkt des Betrachters abhängt, wie die Perspektive das Sehen beeinflusst, wie ein (ästhetischer) Gegenstand über die Sinne nicht eindeutig zu erfassen ist. Eine eindeutige Sinnsuche beziehungsweise eine Suche nach

---

104 Harald Haferland: Höfische Interaktion. Interpretationen zur höfischen Epik und Didaktik um 1200. München 1989, S. 251. »In den ununterscheidbar schillernden Farben des Hündchens Petitcriu ist Unentscheidbarkeit des Ausdrucks zweifellos symbolisch angedeutet.« Ebd., S. 293. Zur »oszillierende[n], irisierende[n] Farbenpracht des Tieres, die den Betrachter in fundamentale Unsicherheit […] stürzt« und als »Kommentierung eben dieser Minnekonzeption« zu verstehen ist, s. Wittmann: Bunte Hunde (s. Anm. 88), S. 511. Zur Farbsymbolik vgl. auch die Hinweise bei Haug: Kommentar (s. Anm. 52), S. 623.
105 Vgl. zum Hinweis auf Petitcreiu als ›Bild‹ für ein »irisierendes Erzählen« Elisabeth Lienert: Einleitung. In: Dies. (Hg.): Poetiken des Widerspruchs in vormoderner Erzählliteratur. Wiesbaden 2019, S. 1–20, hier S. 7; sowie Dies.: Widerspruch als Erzählprinzip in der Vormoderne? Eine Projektskizze. In: PBB 139 (2017), 69–90, hier S. 88 f.
106 Elke Brüggen: Irisierendes Erzählen. Zur Figurendarstellung in Wolframs ›Parzival‹. In: Wolfram-Studien XXIII (2014), S. 333–357, hier S. 335; der Beitrag fokussiert u. a. auf die »Relation von Perspektivierung«. Vgl. dazu auch Eming: Emotionen im ›Tristan‹ (s. Anm. 92), S. 159; sowie zur »Poetik der Polychromie« im Mittelalter Ernst: Polychromie (s. Anm. 102), S. 34 u. a.
107 Wright: Petitcreiu (s. Anm. 80), S. 116.

spannungs- und widerspruchsfreier Eindeutigkeit scheinen daher sinnlos.[108] Bereits bei Bertau findet man den fragenden Hinweis darauf, ob Petitcreiu als »eine Allegorie der Poesie (?)« zu verstehen sei, und die Forschungsüberlegungen einer poetologischen Lesart, die das Wunder als ein Schlüsselsymbol für die (ambige) Poetologie des Werkes ansehen, sind überzeugend:[109] »Für seine Ästhetik der Mehrdeutigkeit hat Gottfried ein eigenes Symbol geschaffen: es ist das Hündchen Petitcriu«.[110] Eine poetologische Sicht rechtfertigt auch die Gottfried'sche Benennung des Hundes als *werc* (*daz fremede werc von Avalûn*, V. 15842),[111] so dass bereits Wright feststellte: Petitcreiu »is described in terms that correspond precisely to those Gottfried uses for the discussion of literary texts.«[112] Dass die *descriptiones* von Dingobjekten und Tieren, und insbesondere ihre farblichen Setzungen, in der höfischen Literatur wiederum dem »poetologische[n] Programm« eines Textes verpflichtet sein können und zur »poetologischen Situierung« beitragen, lässt sich exemplarisch mit einem Hinweis auf die kontrastive und Oppositionen verdeutlichende Farbkonstruktion von Enites Pferd in Hartmanns *Erec* bekräftigen.[113] Auch wurde bereits auf das Interesse Konrads von Würzburg an dem »Schillern und Changieren, dem Prinzip der *mixtûre* verschiedener Farben« im *Trojanerkrieg* aufmerksam gemacht, welches sich im Apfel der Concordia bün-

---

108 Schließlich pointiert Gottfried auch in seinem Prolog, dass der Sinn des dichterischen Schaffens seiner *mære* darin läge, *ir nâhe gênde swære / ze halber senfte bringe* (V. 74 f.). Vgl. auch Wright: Petitcreiu (s. Anm. 80), S. 118.
109 Karl Bertau: Deutsche Literatur im europäischen Mittelalter. Bd. II: 1195–1220. München 1973, S. 950. Vgl. auch Krohn: Tristan (s. Anm. 67), S. 223 f.; sowie Haug: Kommentar (s. Anm. 52), S. 623–625, mit Verweis auf Wright: Petitcreiu (s. Anm. 80), S. 116: Petitcreiu »is a poem«, und auf Liebertz-Grün: Selbstreflexivität (s. Anm. 43), S. 9 f.: »Gottfried hat sein mit den *colores rhetorici* vielfältig gefärbtes Werk intermedial im Sinnbild des bunten Hundes Petitcreiu dargestellt [...]«.
110 Klein: Gottfried von Straßburg (s. Anm. 43), S. 81: »Die Ambiguisierung macht nicht einmal vor dem kommentierenden Erzähler halt. Das bedeutet die Demontage jeder Autorität, das Infragestellen aller festgefügt scheinenden Positionen und jeder scheinbar sicheren Wahrheit«.
111 Vgl. zum Hinweis auf *werc* im Sinne einer Annäherung an die bildende Kunst Wolf: Gottfried (s. Anm. 76), S. 205 f.; sowie Wessel: Probleme der Metaphorik (s. Anm. 32), S. 447 f.
112 Wright: Petitcreiu (s. Anm. 80), S. 115. Bereits in Gottfrieds Literaturexkurs wird auf den Dichter als Färber verwiesen (*verwære*, V. 4689), vgl. dazu u. a. Scholz: Perspicuitas (s. Anm. 44), S. 267 f.; sowie Masse: Von der Neugeburt (s. Anm. 99), S. 149 f., mit anderer Gewichtung.
113 Udo Friedrich: Bunte Pferde. Zur kulturellen Semantik der Farben in der höfischen Literatur. In: Die Farben imaginierter Welten (s. Anm. 93), S. 65–88, hier S. 79 f. Zum changierenden Farbspiel der Kleidung Camillas im *Roman d'Eeneas* und zur »Farbhybride« ihres Pferdes (»Kontraste, Symmetrien und Synthesen«) s. ebd., S. 74 f. Vgl. auch Wittmann: Bunte Hunde (s. Anm. 88), S. 507 f., zur Farbigkeit des Pferds der Camilla; sowie Haferland: Höfische Interaktionen (s. Anm. 104), S. 251.

dele, der als »Chiffre für den ›Trojanerkrieg‹« zu verstehen sei: »Kunst existiert nur relativ zur Perspektive des Betrachters«.[114]

Für den *Tristan* lässt sich diese poetologische Setzung angesichts des changierenden Farbspiels des Fells in einer philosophisch-poetologischen Lesart weiter vertiefen. Das Taubengefieder dient zum einen in der aristotelischen Abhandlung über die Farben als Beispiel für unbestimmbare Farbmischungen und die Relevanz äußerer Einflüsse auf die Wahrnehmung: »Das läßt sich auch beim Gefieder [von Vögeln] beobachten, das irgendwie gegen das Licht gehalten eine violette Farbe erhält« (II 792a 24 f.; s. in Gottfrieds *Tristan*, V. 15841: *ich meine rehte purperbrûn*).[115] Das Gefieder des Taubenhalses findet sich auch bei Lukrez zitiert, allerdings im Zusammenhang mit der Beweisführung »für die prinzipielle Farblosigkeit« (s. Tristan V. 15848: *als dâ kein varwe wære*) der Urelemente (*particulas*):[116]

> Farben ändern sich im Licht, denn wie sie zurückgestrahlt werden, ist abhängig davon, ob der Lichtstrahl sie senkrecht trifft oder schräg. Das zeigt im Sonnenlicht das Gefieder, wie es sich bei den Tauben um Hals und Nacken legt: Mal schimmert es leuchtend granatrot, dann wieder, mit anderem Blick, mischen sich Smaragdgrün und Blau des Türkis. Ganz ähnlich ändert der Pfauenschwanz, in volles Licht getaucht, seine Farben.[117]

---

114 Elisabeth Lienert: Geschichte und Erzählen. Studien zu Konrads von Würzburg ›Trojanerkrieg‹. Wiesbaden 1996, S. 277 und S. 1; sowie Dies.: Widerspruch als Erzählprinzip (s. Anm. 105), S. 89. Vgl. auch den Hinweis bei Liebertz-Grün: Selbstreflexivität (s. Anm. 43), S. 11.
115 Aristoteles: *De coloribus*. Übersetzt und erläutert von Georg Wöhrle: Aristoteles Werke in deutscher Übersetzung. Hg. von Helmut Flashar. Bd. 18. Teil V. Berlin 1999: »Deshalb scheinen auch Nacken von Tauben und Wassertropfen goldfarben, wenn das Licht reflektiert wird« (III 793a 14–16); »Bei den anderen Dingen [weisen diejenigen die meisten Farbveränderungen auf], die dunkel gefärbt und glatt sind, wie Wasser, Wolken und das Gefieder von Vögeln« (III 793b 7–10). Zu dem Hinweis auf die veränderbare Wahrnehmung changierender Farben als Denkfigur in Aristoteles' Farblehre vgl. Corinna Virchow: ›Partonopier und Meliur‹ im Zauberlicht. Farbe im Schatten auf der Liebe. In: Farbe im Mittelalter (s. Anm. 92), S. 521–535, hier S. 526. Zur Taube als »Mayronis' Paradebeispiel« für Sinnestäuschung s. Perler: Zweifel und Gewissheit (s. Anm. 8), S. 283 f. [Zitat S. 283].
116 Wöhrle: Aristoteles Werke (s. Anm. 115), S. 102. Er verweist zudem auf Philo von Alexandrien, der den Taubenhals mit »einem grundsätzlichen Skeptizismus gegenüber der menschlichen Sinneswahrnehmung anführt«. Ebd.
117 Lukrez: Über die Natur der Dinge/De rerum natura. Lateinisch/Deutsch. In deutsche Prosa übertragen und kommentiert von Klaus Binder. Bd. 1: Texte. Darmstadt 2014, II, 799–807, S. 114/115: »*lumine quin ipso mutatur propterea quod / recta aut obliqua percussus luce refulget; / pluma columbarum quo pacto in sole videtur; / quae sita cervices circum collumque coronat; / namque alias fit uti claro sit rubra pyropo, / interdum quodam sensu fit uti videatur / inter caeruleum viridis miscere zmaragdos. / caudaque pavonis, larga cum luce repleta est, / consimili mutat ratione obversa colores.*«

Kurz darauf folgt ein ganz grundlegender, wahrnehmungsskeptischer Hinweis (II, 836–841).

Darüber hinaus aber wird interessanterweise das mehrfarbige Gefieder von Tauben von antiken Skeptikern zitiert, um die Relativität jeder Erkenntnis (über die Sinnesorgane) zu referieren.[118] Das changierende Farbspiel von Tierhäuten und -fellen spielt im philosophischen Diskurs der antiken Skeptiker und Stoiker eine nicht unwesentliche Rolle:

> Die Stoiker und Skeptiker haben sich über solche Dinge gestritten wie darum, ob denn die je nach Perspektive des Betrachters changierenden Farben eines Taubenhalses dazu zwingen würden, sich eines Urteils darüber völlig zu enthalten, welche Farbe der Taubenhals *wirklich* besitze, ob die Sinne hier also verlässliche Daten lieferten oder ob es gleichberechtigte, unentscheidbare alternative Interpretationen dieser Daten gebe.[119]

Obgleich der pyrrhonische Skeptizismus im Mittelalter angesichts der Quellenlage kaum oder nicht bekannt war, und es daher unangemessen wäre, in scholastischen Texten »nach einer Diskussion der zehn Tropen zu fahnden«,[120] ermöglicht das Sinnbild farblich changierender Tierhäute, -felle und -gefieder in literarischen Reflexionshorizonten auf einen philosophisch-literarischen Topos aufmerksam zu machen.[121]

---

118 Zur »Relativität aller Wahrnehmung«, die die »Wahrheit relativ zum Wahrnehmungssubjekt« mache, s. Sommer: Die Kunst des Zweifelns (s. Anm. 5), S. 21.
119 Uhlmann: Rhetorik und Wahrheit (s. Anm. 21), S. 312: Das Problem liegt also »nicht bei den Fakten [...], sondern bei der Interpretation durch den Betrachter [...]. Je nach Lichteinfall hat der Taubenhals tatsächlich einmal die Farbe Blau, einmal die Farbe Grün und einmal die Farbe Violett. Schwierigkeiten bereitet nur die Meinung, der Hals sei sowohl und zugleich blau und violett und damit in sich widersprüchlich.« Zu Gottfrieds ›Antikenrezeption‹ in ganz anderer Hinsicht vgl. Reiner Dietz: Der ›Tristan‹ Gottfrieds von Straßburg. Probleme der Forschung (1902–1970). Göppingen 1974, S. 33–39; sowie Alois Wolf: Zur Frage des antiken Geistesgutes im »Tristan« Gottfrieds von Strassburg. In: Robert Muth (Hg.): Natalicum Corolo Jax Septuagenario a. d. VII. Teil 2. Innsbruck 1956, S. 45–53.
120 Perler: Zweifel und Gewissheit (s. Anm. 8), S. 15–27, Zitat S. 16 f.: »Es wäre daher unangemessen, in den scholastischen Texten nach einer Methode der Gegenüberstellung von Phänomenen zu suchen, die zunächst zu einer Feststellung der Gleichwertigkeit der Phänomene, dann zu einer Urteilsenthaltung und schließlich zur berühmten Seelenruhe führt.« Ebd. Vgl. zu den lateinischen Handschriften Roland Wittwer: Zur lateinischen Überlieferung von Sextus Empiricus' ΠΥΡΡΩΝΕΙΟΙ ΥΠΟΤΥΠΩΣΕΙΣ. In: Rheinisches Museum für Philologie 145 (2002), S. 366–373.
121 Zur Affinität zwischen pyrrhonischer Skepsis und frühneuzeitlicher Literatur vgl. Lobsien: Skeptische Phantasie (s. Anm. 10), bes. S. 44–46; sowie Hüppauf, Vieweg (Hg.): Skepsis und literarische Imagination (s. Anm. 10).

In den zehn Tropen des Sextus Empiricus, die nur in drei Handschriften des späten Mittelalters zu finden sind,[122] wird einprägsam dargelegt, wie jeder Sinneseindruck von so vielen Faktoren abhängig ist, dass eine eindeutige Aussage über eine ›wahre Beschaffenheit‹ nicht möglich sei. Am Ende eines jeden Argumentes steht daher eine erforderliche Zurückhaltung (*epoché*) in allgemeinen Aussagen über die »Natur der äußeren Gegenstände«, über die sich nichts »Absolutes« aussagen lasse.[123] So lautet beispielsweise ein Argument, dass die Wahrnehmung eines Gegenstandes abhängig davon sei, ob ein bestimmtes Säugetier, ein Insekt oder aber ein Mensch diese tätigt.[124] Einfluss üben auch die Dispositionen der inneren (und äußeren) Verfasstheit des Wahrnehmenden aus, denn Dinge werden in Hass oder Liebe, in Ruhe oder Bewegung, hungrig oder gesättigt, traurig oder fröhlich anders wahrgenommen (vgl. 4. Tropus, S. 116–120). Das heißt: »Die skeptische Ontologie ist immer relativ auf eine urteilende Instanz«.[125] Im fünften Argument (5. Tropus) wird dann der Standpunkt im Raum für die Sehwahrnehmung zur Disposition gestellt.[126] Dieser bezieht sich sowohl auf den Urteilenden als auch auf das zu Beurteilende, denn: »An den Orten liegt es, daß das Lampenlicht in der Sonne blaß erscheint, im Dunkeln hell, und dasselbe Ruder im Wasser gebrochen, außerhalb des Wassers gerade« erscheint.[127] Abschließend heißt es: »An den Stellungen schließlich liegt es, [...] daß der Hals der Tauben entsprechend den verschiedenen Neigungen verschieden in der Farbe erscheint.« (I, 120, S. 121)[128]

---

122 Perler: Zweifel und Gewissheit (s. Anm. 8), S. 15, verweist auf drei Handschriften einer lateinischen Übersetzung aus dem späten 13. und frühen 14. Jahrhundert.
123 »Wir können über die Natur der äußeren Gegenstände nichts Absolutes aussagen«. Flückiger: Sextus Empiricus (s. Anm. 71), S. 70. Vgl. zusammenfassend Jürß: Sextus Empiricus (s. Anm. 4), S. 14.
124 »Wenn aber dieselben Dinge entsprechend der Verschiedenheit der Lebewesen ungleichartig erscheinen, dann werden wir zwar imstande sein zu sagen, wie der zugrundeliegende Gegenstand von uns angesehen wird, wie er aber seiner Natur nach ist, darüber werden wir uns zurückhalten.« Sextus Empiricus (s. Anm. 56), I, 59, S. 107.
125 Flückiger: Sextus Empiricus (s. Anm. 71), S. 65–67 [Zitat S. 65]; vgl. auch ebd., S. 69 und S. 72. »Daß alles relativ ist, habe ich oben schon nachgewiesen: hinsichtlich der urteilenden Instanz [...].« Sextus Empiricus (s. Anm. 56), I, 136, S. 125.
126 »Das *fünfte* Argument bezieht sich auf die Stellungen, die Entfernungen und die Orte«. Sextus Empiricus (s. Anm. 56), I, 118, S. 120 f.
127 Sextus Empiricus (s. Anm. 56), I, 119, S. 121. Vgl. auch ebd., S. 103. Vgl. zum Realitäts- und Erkenntnisgehalt Flückiger: Sextus Empiricus (s. Anm. 71), S. 68.
128 Zur Zurückhaltung angesichts des uneindeutigen Urteils über die wahre Beschaffenheit eines Gegenstandes vgl. Flückiger: Sextus Empiricus (s. Anm. 71), S. 89–92. Vgl. auch Des Sextus Empiricus Pyrrhoneische Grundzüge. Aus dem Griechischen übersetzt und mit einer Einleitung und Erläuterungen versehen von Eugen Pappenheim. Leipzig 1877, S. 236–242. »Auch das

So wie also die Wahrnehmung der changierenden Farben eines Taubenhalses von der Perspektive des Betrachters abhängt, so ändern sich die Farben des Felles Petitcreius je nach Standpunkt der Betrachtung.[129] Angesichts dieser Erkenntnis einer Erkenntnisunfähigkeit (*epoché*) folgt in den pyrrhonischen Diskussionen das Ideal der Urteilsenthaltung, welches seelisch glücklich mache (Ataraxie).[130] Aufgrund der Gleichwertigkeit von Argumenten bedarf es einer wertenden »Zurückhaltung«, die eine »Seelenruhe« zur Folge hat.[131] Im übertragenen Sinne wird diese glücklich machende Unmöglichkeit einer Urteilsfindung beziehungsweise der positive Zwang zur Urteilsenthaltung im *Tristan* durch den magischen Glockenklang angedeutet:[132] Gottfried lässt Isolde das Glöckchen gezielt zerstören; ihre Seelenruhe bleibt angesichts (konträrer) Ehr- und Minnevorstellungen des Hofes im Bereich der Utopie.

Eingebettet ist die Petitcreiu-Erzählung in weitere Szenen, die Fragen einer angemessenen Urteilsfindung in Wahrnehmungsvorgängen aufgreifen. Voraus geht das Gottesurteil der Isolde, das die Relativität des wahrsprechenden Urteils aufzeigt (*valscheit*-Exkurs/Gottesurteil, V. 15047–15764), nachfolgend kommt es zur Diskussion der *samblanze*, der scheinbaren Ehre, anhand derer die eindeutige, höfische Norm der Ehre in ihrer Allgemeingültigkeit angezweifelt wird: *nein unde jâ sint beidiu dâ* [...] *ez ist êre âne êre* (V. 16330–16336).[133] Weder ist

---

Bild nimmt sich immer verschieden aus je nach Art der Stellung, und der Hals der Taube je nach der Wendung.« Diogenes Laertius: Leben und Meinungen berühmter Philosophen. Übersetzt und erläutert von Otto Apelt. Bd. 2. Leipzig 1921, S. 174.
129 Gnädinger: Hiudan und Petitcreiu (s. Anm. 80), greift den Vergleich mit dem »Schillern von Vogelfedern« auf (S. 35), spricht von »schillernde[r] Ungewißheit« (S. 41), ohne aber den philosophischen Kontext zu nennen: »Es genügt, den optischen Standpunkt zu wechseln, das Fell Petitcreius wider den Strich anzublicken, um in vollständige farbliche Verwirrung zu geraten« (ebd., S. 37).
130 Vgl. Sommer: Die Kunst des Zweifelns (s. Anm. 5), S. 19; sowie Malte Hossenfelder: Ungewissheit und Seelenruhe. Die Funktion der Skepsis im Pyrrhonismus. Gießen 1964, S. 33 f.; Ders.: Einleitung (s. Anm. 56), S. 43 und S. 51–59.
131 Sextus Empiricus (s. Anm. 56), I, 8, S. 94. Vgl. auch Jürß: Sextus Empiricus (s. Anm. 4), S. 11 f. Zur Urteilsenthaltung, die kein Ergebnis eines aktiven Strebens sei, sondern vielmehr ein »Erlebnis«, das dem Skeptiker »widerfährt«, s. auch Rosario La Sala: Die Züge des Skeptikers. Der dialektische Charakter von Sextus Empiricus' Werk. Göttingen 2005, S. 13; sowie Hossenfelder: Einleitung (s. Anm. 56), S. 80–88.
132 [A]*n sorge unde an triure / ledic und âne gesaz / und des leides gâr vergaz* (V. 15856–15858).
133 Vgl. zu den Exkursen Lore Peiffer: Zur Funktion der Exkurse im ›Tristan‹ Gottfrieds von Straßburg. Göppingen 1971, S. 154–166. Horst Wenzel: Repräsentation und schöner Schein am Hof und in der höfischen Literatur. In: Hedda Ragotzky, Ders. (Hg.): Höfische Repräsentation. Das Zeremoniell und die Zeichen. Tübingen 1990, S. 171–209, hier S. 205: Die *samblanze* bringt »zwar nicht die Wahrheit selbst zur Erscheinung« entspricht aber »dem öffentlichen Konsens über das Gültige«. Hinweis bei Haug: Kommentar (s. Anm. 52), S. 630.

êre gleich *êre* noch ist das göttliche Urteil etwas Absolutes; in einer Welt des Zweifels wird Ungewöhnliches in Relation gesetzt. Eingeführt wird diese thematische ›Trinität‹ in Gottfrieds *Tristan* durch den intertextuellen Verweis auf den *zwîvel*-Prolog des *Parzival*:[134] So bezeichnet der *sûre nâhgebûr* (V. 15054) in Anspielung auf die Wolfram'sche Eingangssentenz (*Ist zwîvel herzen nâchgebûr / daz muoz der sêle werden sûr*, 1,1f.) den bösen Heuchler, von dem eine große Gefahr ausgehe: *wan der treit alle stunde / daz honec in dem munde, / daz eiter, dâ der angel lît* (V. 15061–15063). Mit diesen Worten warnt Gottfried nicht vor Lügnern, sondern vor den ›Wahrheitsträgern‹, die die faktische und alternativlose Wahrheit im Minnekontext suchen.[135] Diese Heuchler seien mit *eiterîne nît* (V. 15064) ausgestattet, also genau mit der Eigenschaft, die bereits im Prolog genannt wurde, um auf die Gefahr einer falschen Urteilskraft zu verweisen, die sowohl das ethische als auch das ästhetische ›Gute‹ gefährde. *Nît* lässt sich im Minnekontext als »die unreflektierte Polemik gegen die gute Absicht des zu Beurteilenden und seine guten Eigenschaften« verstehen[136] und bezeichnet somit einen Vorgang der Reduktion und des Vereindeutigens. Genau dies wird den *zwêne eiterslangen / in tûben bilde* (V. 15092f.), Melot und Marjodo, unterstellt.[137] Die eindeutige und absolute Wahrheit richtet sich gegen die *minne*, und so ist es gerade Marjodo, der als Lügner erscheint (V. 14233–14238),[138] obgleich er die Wahrheit sagt, und auch Melots Handlungen stehen »im Dienst der Wahrheitsfin-

---

134 Zum Zweifel als Schlüsselbegriff vgl. in Auswahl Brackert: *Zwîvel* (s. Anm. 37). Zu Aspekten der Uneindeutigkeit, Zweideutigkeit und des Gegensatzes in Wolframs Erzählverfahren vgl. zusammenfassend: Heiko Hartmann: Darstellungsmittel und Darstellungsformen in den erzählenden Werken. In: Wolfram von Eschenbach. Ein Handbuch. Bd. 1: Autor, Werk, Wirkung. Hg. von Joachim Heinzle. Berlin, Boston 2011, S. 145–220; sowie Trînca: *Parrieren* (s. Anm. 98).
135 Vgl. Lieb: Ein neuer doppelter Kursus (s. Anm. 81), S. 204.
136 Peschel: Prolog-Programm (s. Anm. 52), S. 43. Vgl. auch die Hinweise in Anm. 69 dieses Beitrages.
137 [G]*eantlützet alse der tûben kint / und alse des slangen kint gezagel* (V. 15098f.). Der Wahrheitsbegriff ist für Gottfried mit der ›Richtigkeit‹ und nicht mit der Wirklichkeit verbunden. Bindschedler: Gottfried (s. Anm. 68), S. 98f. Klaus Grubmüller: *ir unwarheit warbæren*. Über den Beitrag des Gottesurteils zur Sinnkonstitution in Gotfrieds ›Tristan‹. In: Ludger Grenzmann (Hg.): Philologie als Kulturwissenschaft. Studien zur Literatur und Geschichte des Mittelalters. Festschrift für Karl Stackmann zum 65. Geburtstag. Göttingen 1987, S. 149–163, hier S. 151f., verweist auf die Denunziation der »faktische[n] Wahrheit«: eine »Anschauung von Wahrheit [lasse sich] nur noch im Vexierbild erkennen«. Ebd., S. 152.
138 [D]*en truhsæzen Marjodô, / den hete er* [König Marke, C.W.] *aber mitalle dô / ze einem lügenære, / doch er ime diu wâren mære / und die rehten wârheit / von ir hete geseit* (V. 14233–14238).

dung« und werden zugleich der Lüge bezichtigt: *Dâ kêrte ouch ez spâte unde fruo / sîne lüge und sîne lage zuo* (V. 14265 f.).[139]

Die nächste wahrheitssprechende Instanz, die in Zweifel gezogen wird, ist Gott; auch im anschließenden Gottesurteil interessiert paradoxerweise nicht die eindeutige Wahrheit. Vielmehr steht das Dilemma im Fokus, wie es Isolde gelingen kann, eine Unwahrheit wahrzumachen – *daz si ir unwârheit / solte wârbæren* (V. 15544 f.) –, um den Gerüchten am Hofe ein Ende zu setzen.[140] Bekanntlich gelingt es ihr das formale Ritual mittels eines »sophistisch formulierten, vergifteten«[141] Eides zu überlisten beziehungsweise Gott und dessen *höfschheit* auf die eigene Seite zu ziehen.[142] Das Überstehen der Eisenprobe mit unverletzten Händen und die Auslegung des Rituals offenbaren daher nicht in erster Linie Isoldes Unschuld, sondern die Anpassungsfähigkeit des göttlichen Urteils, also nicht die Leistung der Angeklagten, sondern die des Urteilenden:[143]

> *dâ wart wol goffenbæret*
> *und al der werlt bewæret,*
> *daz der vil tugenthafte Krist*
> *wintschaffen alse ein ermel ist.*
> (V. 15737–15740)

---

139 Wolf: Gottfried (s. Anm. 76), S. 198.
140 Vgl. auch Kelley Kucaba: Höfisch inszenierte Wahrheiten. Zu Isolds Gottesurteil bei Gottfried von Straßburg. In: Wolfgang Harms, C. Stephen Jaeger (Hg.): Fremdes wahrnehmen – fremdes Wahrnehmen. Studien zur Geschichte der Wahrnehmung und zur Begegnung von Kulturen in Mittelalter und früher Neuzeit. Stuttgart, Leipzig 1997, S. 73–93, hier S. 75–77.
141 Bertau: Deutsche Literatur (s. Anm. 109), S. 959.
142 [I]*n disen dingen hete Îsôt / einen list ir herzen vür geleit / vil verre ûf gotes höfscheit* (V. 15554–15556). Wolf: Zur Frage (s. Anm. 119), S. 47, verweist auf die Ironie Gottfrieds im Umgang mit der *höveschcit* Gottes, dies im Unterschied zu Hartmann. Vgl. auch Albrecht Hausmann: Erzählen diesseits göttlicher Autorisierung: *Tristan* und *Erec*. In: Köbele, Quast (s. Anm. 7), S. 66–86, hier S. 82–85. Hausmann geht für den *Tristan* davon aus, dass im Roman die »narrative Funktionsstelle« Gottes (ebd., S. 68) durch die Liebe ersetzt sei. Noch dezidierter formuliert Maximilian Benz: Volkssprachige Literatur und höfische Kultur um 1200. Pasticcio über eine hofklerikale Perspektive. In: DVjs 95 (2021), S. 1–21, hier S. 17, aus einer hofklerikalen Perspektive, »daß diese erzählte Welt gottlos« sei.
143 Vgl. Rosemary Norah Combridge: Das Recht im ›Tristan‹ Gottfrieds von Straßburg. 2. Aufl. Berlin 1964, S. 104 f., die darauf verweist, dass an dieser Stelle in den (Gottesurteil-)Legenden die »Verkündigung der unzweifelhaft gemachten Unschuld« stehe. Vgl. zu diesem Hinweis Freytag: Das Oxymoron (s. Anm. 41), S. 180 mit Anm. 21. In der Saga findet man den Hinweis auf Gottes Barmherzigkeit, vgl. dazu Tax: Wort, Sinnbild, Zahl (s. Anm. 85), S. 107.

Die Auslegungen dieses Erzählerkommentars hinsichtlich Gottfrieds Verständnisses einer höfischen Ethik, kirchlichen Gnadenlehre[144] oder auch häretischen Blasphemie sind immens.[145] Die zeitgenössische Kritik an den Ordalen, die sich in den Beschlüssen des IV. Laterankonzils widerspiegelt, legitimiert zudem einen sozialgeschichtlichen Zugriff.[146] Der ideengeschichtliche Ansatz aber versteht die Darstellung Gottes im Kontext eines höfischen Skeptizismus, in dem das Abwägen von Urteilen im Mittelpunkt steht und Gott zugleich tugendhaft und wendig ist. Die Wortneuschöpfung *wintschaffen* lässt sich gerade nicht mit ›Flatterhaftigkeit‹ in Verbindung setzen, sondern mit Haug als ein von *winden* abgeleitetes Kompositum verstehen.[147] Eine positiv verstandene ›Anpassungsfähigkeit‹ differenziert die Eigenschaften des urteilenden und zugleich gnädigen Gottes weiter aus, der jedem hilft, *ze durnehte und ze trügeheit* (V. 15746).[148] Der höfische Gott wird folglich nicht wie eine dogmatische Urteilsinstanz geschildert, sondern verdeutlicht vielmehr im Sinne der Gnade die Fähigkeit zur Kompromiss-

---

144 Vgl. bes. Freytag: Das Oxymoron (s. Anm. 41), S. 181–185; sowie Tax: Wort, Sinnbild, Zahl (s. Anm. 85), S. 109, zu einem nicht ›höfischen‹ Gott. Zum Aspekt, dass Gottes (unmanipulierbare) Gnade alle Logik übersteige vgl. Grubmüller: *ir unwarheit warbæren* (s. Anm. 137), S. 157. Einen Schritt weiter geht Dembeck: Der *wintschaffene* (wetterwendische) Christus (s. Anm. 74), S. 501, in seiner Analyse des Erzählerkommentars, da keinerlei »Metainstanz im Text waltet, die im ›Besitz‹ des Positiven wäre.«.
145 Vgl. pointiert bereits Willson: ›Vicissitudes‹ (s. Anm. 98), S. 203; sowie zusammenfassend Krohn: Tristan (s. Anm. 67), S. 217–220; Haug: Kommentar (s. Anm. 52), S. 603–618. Für die ältere Forschung s. Peiffer: Zur Funktion der Exkurse (s. Anm. 137), S. 160–163.
146 Zu den Quellen vgl. insbesondere Combridge: Das Recht im ›Tristan‹ (s. Anm. 143), S. 109f. Vgl. auch die umfassenden Hinweise bei Schnell: Suche nach Wahrheit (s. Anm. 40), S. 62–80; Tomasek: Gottfried von Straßburg (s. Anm. 42), S. 178–182. Vgl. zur sozialgeschichtlichen Einbettung dieser Szene in den Kontext der Häretikerprozesse und als klerikale Kritik Bertau: Deutsche Literatur (s. Anm. 109), S. 960f.; Wolf: Gottfried (s. Anm. 76), S. 203. Zu Wechselwirkungen zwischen Konzilsbeschlüssen und Literatur vgl. Klaus Herbers, Michele C. Ferrari, Christiane Witthöft (Hg.): Europa 1215. Politik, Kultur und Literatur zur Zeit des IV. Laterankonzils. Köln 2018.
147 Haug: Kommentar (s. Anm. 52), S. 612, »als eine Ableitung von *winden*« und ohne negativen Wortsinn (ebd., S. 616); vgl. ebd., S. 613–616, zu detaillierten Hinweisen auf (volksetymologische) Übersetzungsvariationen. Freytag: Das Oxymoron (s. Anm. 41), S. 177, sieht dies als »paradoxe Aussage«. Vgl. auch Krohn: Tristan (s. Anm. 67), S. 221.
148 Zum Aspekt eines ›höfischen Gottes‹, der »Schlangenklugheit fordert und sinnvolle Listen beschützt« s. bereits Bindschedler: Gottfried (s. Anm. 68), S. 35f.; Willson: ›Vicissitudes‹ (s. Anm. 98), S. 205: »form of flexibility, or lack of rigidity«; vgl. auch Kragl: Gottfrieds Ironie (s. Anm. 42), S. 136f.; Haug: Kommentar (s. Anm. 52), S. 616; Kucaba: Höfisch inszenierte Wahrheiten (s. Anm. 140), S. 92.

bereitschaft angesichts zu starrer Normen: *er ist ie, swie sô man wil* (V. 15748).¹⁴⁹ Das bedeutet aber auch, dass die Evidenz des sichtbaren Gottesurteils durch ein positives Wirken Gottes hinterfragt wird.¹⁵⁰ Diese Sichtweise lässt sich durch rechtshistorische Beobachtungen untermauern, denn das angemessene Urteil des Gottesurteils kämpft mit den Aspekten von ›Fug und Recht‹. Das Recht im Sinne von *ius* müsste zu einer Verurteilung führen, Isolde ist des Ehebruches schuldig. Die formale Seite des Gottesurteils aber ermöglicht es paradoxerweise, dass die Angemessenheit (*vuoge; aequitatis iudicium*) berücksichtigt wird.¹⁵¹ Es geht also nicht um Recht, sondern um Gerechtigkeit. Während die anwesenden Hofleute der *unfuoge* verfallen sind (V. 15686), ist Isolde die *gefüege*[] Königin (V. 15750) und Gott verhält sich ebenfalls (im rechtlichen Sinne) angemessen:¹⁵² *er füeget unde suochet an, / dâ manz an in gesuochen kan, / alse gefüege und alse wol, / als er von allem rehte sol* (V. 15741–15744). Angesichts der wortspielerischen Wiederholungen lässt sich *wintschaffen* im Sinne von gerechter Anpassungsfähigkeit verstehen, so auch Schmidt-Wiegand.¹⁵³

---

149 Hier lässt sich an das Prolog-Programm erinnern, das es ermöglicht, »darin zu finden, was man darin sucht«. Peschel: Prolog-Programm (s. Anm. 52), S. 45. Vgl. auch Hübner: Erzählform im höfischen Roman (s. Anm. 8), 373–375, der das Gottesurteil als »Thematisierung der Erzählmechanismen« versteht, also »autoreflexiv« (ebd., S. 373).
150 Vgl. Bertau: Deutsche Literatur (s. Anm. 109), S. 961. Vgl. auch den Ansatz von Kragl: Gottfrieds Ironie (s. Anm. 42), S. 128, der formuliert, dass Gott »keine Wahl« habe, da »Tristan Gott [im Moroldkampf] funktionalisiere[]«. »Gott [erscheint] nur noch als eine Funktion von Tristans Willen«. Ebd., S. 129, S. 130–138. Vgl. auch Huber: Gottfried von Straßburg (s. Anm. 39), S. 94 f. Zur rechtshistorischen Vorstellung, »Gott ist in seinen Entscheidungen frei« (»*God ist selve recht*«), s. Ruth Schmidt-Wiegand: Dichtung und Recht im Blickfeld von Literaturwissenschaft und Rechtsgeschichte. Zu Gottfried von Straßburg, *Tristan* (V. 15.278 f.). In: Nine Miedema, Rudolf Suntrup (Hg.): Literatur – Geschichte – Literaturgeschichte. Beiträge zur mediävistischen Literaturwissenschaft. Festschrift für Volker Honemann zum 60. Geburtstag. Frankfurt a.M. 2003, S. 167–174, hier S. 170.
151 *Fug* versteht sich historisch als »freie[] Entscheidung«, s. Schmidt-Wiegand: Dichtung und Recht (s. Anm. 150), S. 173 f. Zu »billig und recht« respektive »*aequitas* und *ius*« s. Harun Maye: Die Paradoxie der Billigkeit in Recht und Hermeneutik. In: Cornelia Vismann, Thomas Weitin (Hg.): Urteilen / Entscheiden. München 2006, S. 56–71, hier S. 58–60; sowie Haug: Kommentar (s. Anm. 52), S. 617; Mieth: Dichtung, Glaube und Moral (s. Anm. 38), S. 205: »[E]r [gemeint ist Gott, C.W.] verhält sich nach dem Gutdünken«.
152 Vgl. Jan-Dirk Müller: Höfische Kompromisse. Acht Kapitel zur höfischen Epik. Tübingen 2007, S. 313–315: Das Gottesurteil führt in »ethische Aporien«; »Es gibt kein konsistentes Beurteilungsraster«. Ebd., S. 315.
153 »Gott macht passend und läßt zu oder verfolgt und bestraft so angemessen, wie dies von der Gerechtigkeit aus sein muß«. Schmidt-Wiegand: Dichtung und Recht (s. Anm. 150), S. 173 und S. 171 f., mit Hinweis auf die Häufung des Wortes *billich* im Sinne von »angemessen« oder »höhere[r] Gerechtigkeit«. Vgl. auch Combridge: Das Recht im ›Tristan‹ (s. Anm. 143), S. 144 f.

Das Gottesurteil, welches motivgeschichtlich zu den ›Wahrheitstechnologien‹ zählt und angesichts alternativer Wahrheiten die absolute Wahrheit aufzeigen soll, mündet also letztlich für den Rezipienten erneut in der Ungewissheit und der Relativität des Urteils.[154] Das heißt, hier werden nicht die Evidenz des Sichtbaren oder die Urteilsinstanz blasphemisch in Zweifel gezogen, sondern eine ganz grundlegende skeptische Einstellung gegenüber der Sinnhaftigkeit offenbart, das Eindeutige (in der erzählten Welt) überhaupt zu suchen, und dies kann die »Verfügbarkeit Gottes für den Dichter«[155] mitumfassen. Die eine Wahrheit gibt es – jenseits der *minne* – einfach nicht; weder im göttlichen Recht und schon gar nicht in gesellschaftlichen Werten.[156] Und in diesem Sinne formulierte Lore Peiffer bereits in den 70er Jahren des letzten Jahrhunderts, dass der höfische Gott dem »Streben nach Gefälligkeit und Harmonie« zugetan sei und Widersprüche negiere.[157] Die Suche nach Eindeutigkeit ist somit nicht nur ein sinnloses, sondern gar ein unhöfisches Unterfangen.[158] König Markes Mitwirken an der Eidesleistung Isoldes ließe sich dann als ein kluges Verhalten eines kompromissbereiten höfischen Herrschers verstehen, der seine Ehre bewahren will.[159] Und so endet dieser Themenkomplex im *Tristan* mit einem abschließenden Exkurs über die Mehrdeutigkeit der Ehre. Nachfolgend beginnt die *samblanze*-Diskussion, die eine Urteilsenthaltung in Fragen der *êre* anregt, indem die Rezipienten umgehend selbst zum Urteilen aufgefordert werden: *hie sprechet alle, wie dem sî: / dâ diu samblanze geschiht* (V. 16326f.). Der äußere ›Anschein der Ehrerbietung‹[160] ist in seinem Verständnis für den textinternen Ehrdiskurs uneindeutig: *nein unde jâ sint beidiu dâ [...] man vindet dâ jâ unde nein* (V. 16330, 16334). Erneut wird hier die Frage des Standpunktes der Betrachtung ausdifferenziert: Je nach Perspektive ist die Ehre da

---

154 Vgl. Grubmüller: *ir unwarheit warbæren* (s. Anm. 137), S. 149–163; sowie Mertens: Wahrheit und Kontingenz (s. Anm. 41), S. 203.
155 So formulierte fragend Christoph Huber: Gottfried von Straßburg, Tristan und Isolde. Eine Einführung. München, Zürich 1986, S. 94. Dazu kritisch Grubmüller: *ir unwarheit warbæren* (s. Anm. 137), S. 159; sowie Schnell: Suche nach Wahrheit (s. Anm. 40), S. 65–70. Zur »Instrumentalisierung Gottes durch den Autor«, ja zum »höfischen Gott als Konstrukt des Autors« s. Hausmann: Erzählen (s. Anm. 146), S. 86.
156 Vgl. Grubmüller: *ir unwarheit warbæren* (s. Anm. 137), S. 163.
157 Peiffer: Zur Funktion der Exkurse (s. Anm. 137), S. 164.
158 *Höfscheit* bedeutet im *Tristan* immer auch die Wirklichkeit »selektiv« wahrzunehmen und Alternativen gelten zu lassen, so Kucaba: Höfisch inszenierte Wahrheiten (s. Anm. 140), S. 79, S. 87 und S. 89.
159 Marke fungiert als »ordnende Kraft« entgegen den affektischen Leidenschaften. Kucaba: Höfisch inszenierte Wahrheiten (s. Anm. 140), S. 88.
160 Übersetzung nach Haug (s. Anm. 52).

und auch wieder nicht.¹⁶¹ Schließlich lautet der Kompromiss: *ez ist êre âne êre* (V. 16336).

Die ideengeschichtlich begründeten Textbeobachtungen ließen sich von einem philosophisch-literarischen Toposwissen leiten. Die Suche nach dem verborgenen kulturellen Wissen eines höfischen Skeptizismus in der Verbindung von zweifelschürenden Erzählverfahren und philosophischer Idee bot die Möglichkeit, den Begriff des *offenen Kunstwerkes* zu historisieren. Um auf die Relationen und Urteilsenthaltungen in Gottfrieds *Tristan* aufmerksam zu machen, erfolgte eine Auseinandersetzung sowohl mit der Zweifel-Semantik des (Ab-)Wägens als auch mit dem philosophischen Topos farblich changierender Tierfelle und -gefieder im literarischen Reflexionshorizont. Die Petitcreiu-Episode ist in Szenen eingebettet, die auf die Idee einer positiv konnotierten Urteilsenthaltung beziehungsweise auf eine »poetische Bestreitung der einen Wahrheit« anspielen.¹⁶² Diese münden in der Wahrnehmung von Alternativen, sei es in Hinblick auf die ›eine‹ Wahrheit oder auf die ›eine‹ êre. Die absolute Eindeutigkeit gibt es eben weder im Rechts- noch im gesellschaftlichen Normkontext, vielleicht aber in der Liebe. Am Ende des Fragments, das sich per se einem abschließenden Urteil verweigert, steht daher kein epistemischer Relativismus, denn die *minne* kann mitunter als eindeutiges »Beurteilungskriterium« zählen (*jâ unde jâ, nein unde nein*, V. 13016).¹⁶³ Vielleicht ließe sich die skeptische Idee in Gottfrieds Sinne als eine »Intervention gegen Absolutes« verstehen;¹⁶⁴ gegen die eine Wahrheit wird die Vielfalt und Unentschiedenheit beziehungsweise die ›Gleich-Wertigkeit‹ kontroverser Positionen gesetzt. In der Vorstellungswelt eines positiven Zweifels ist weder *êre* gleich *êre* noch ist das göttliche Urteil etwas Absolutes. Abaelards Diktum, dass wir allererst durch den Zweifel anfangen zu fragen, ist also ein ganz grundlegender Begleiter des Literarischen und insbesondere des *Tristan*, denn nicht nur für die *minne* Markes gilt: *so ist aber noch sêrer missetân, / swer sô den zwîvel und den wân / ûf die gewisheit bringet* (V. 13801–13803).

---

161 Vgl. zu weiteren Differenzierungen Schnell: Suche nach Wahrheit (s. Anm. 40), S. 255: »So bündeln sich in dieser Textpassage sprachlogische, erkenntniskritische und gesinnungsethische Aspekte«. Zur Diskrepanz zwischen Innen und Außen oder Fragen der Authentizität vgl. Müller: Höfische Kompromisse (s. Anm. 152), S. 310 f. mit Anm. 83. Vgl. zudem Lanz-Hubmann: »*Nein unde jâ*« (s. Anm. 40), S. 169–173.
162 Sommer: Die Kunst des Zweifelns (s. Anm. 5), S. 18, über die Perspektivenvielfalt seit Homer.
163 Fromm: Gottfried von Strassburg (s. Anm. 40), S. 184; sowie Schnell: Suche nach Wahrheit (s. Anm. 40), S. 203.
164 Odo Marquard: Skeptiker. In: Archiv für Begriffsgeschichte 26 (1982), S. 218–221, hier S. 219.

14. Jahrhundert

Elke Koch
Die Heiligen und die ›Geburt des ewigen Wortes in der Seele‹

Hermanns von Fritzlar *Heiligenleben* als Zeugnis einer ideengeschichtlichen Gemengelage des 14. Jahrhunderts

Ein ideengeschichtlicher Zugang geht Verbreitungs- und Transformationsprozessen von Konzepten nach. Solche Prozesse können dort besonders interessant werden, wo sie nicht reibungslos verlaufen, sondern wo es zu Kollisionen kommt, die sich in Idiosynkrasien, Irritationen und Brüchen bemerkbar machen. Unter einer solchen Perspektive können auch forschungsgeschichtlich wenig beachtete oder missachtete Texte Aufmerksamkeit beanspruchen. Der vorliegende Beitrag soll dies an Hermanns von Fritzlar *Heiligenleben* exemplifizieren.[1]

Das nicht mit dem namensähnlichen Prosalegendar zu verwechselnde *Heiligenleben* Hermanns von Fritzlar ist eine Kompilation von Prosalegenden und Predigten, die teilweise mystisch geprägt sind. Der in einer Handschrift vollständig überlieferte Text[2] wurde bereits in der Mitte des 19. Jahrhunderts herausgegeben und galt den Literaturhistorikern des 19. und beginnenden 20. Jahrhunderts als bedeutendes Zeugnis der deutschen Mystik.[3] Diese Hochschätzung ebbte jedoch im 20. Jahrhundert deutlich ab.[4] Seither hat die Samm-

---

1 Das Heiligenleben des Hermann von Fritzlar. Deutsche Mystiker des 14. Jahrhunderts. Hg. von Franz Pfeiffer. Bd. 1: Hermann von Fritzlar, Nikolaus von Straßburg, David von Augsburg. Leipzig 1845 [Nachdr. Ahlen 1962], S. 1–258.
2 In zwei Teilbänden: Heidelberg, Universitätsbibliothek, Cod. pal. germ. 113 und 114.
3 Vgl. Wilhelm Preger: Geschichte der deutschen Mystik im Mittelalter. Nach den Quellen untersucht und dargestellt. Bd. 2: Aeltere und neuere Mystik in der ersten Hälfte des XIV. Jahrhunderts. Heinrich Suso. Leipzig 1881; Josef Haupt: Beiträge zur Literatur der deutschen Mystiker. In: Sitzungsberichte der kaiserlichen Akademie der Wissenschaften, Philosophisch-historische Classe 76 (1874), S. 51–104.
4 Nach den Dissertationen von Adolf Spamer: Ueber die Zersetzung und Vererbung in den deutschen Mystikertexten. Diss.: Gießen. Halle a.d.S. 1910, und Gertrud Lichenheim: Studien zum Heiligenleben Hermanns von Fritzlar. Diss. Halle-Wittenberg. Halle a.d.S. 1916, der einzigen Monographie zum Werk. Schon einige Jahre früher bemerkte Friedrich Wilhelm: Deutsche Legenden und Legendare. Texte und Untersuchungen zu ihrer Geschichte im Mittelalter. Leipzig 1907, S. 146: »[I]n den Literaturgeschichten ist er meist schon gestrichen.«

Elke Koch, Berlin

lung nur noch selten die Aufmerksamkeit der Forschung auf sich gezogen.[5] Die Randständigkeit des *Heiligenlebens* ist möglicherweise dadurch zu erklären, dass das sperrige Werk sowohl für die Legendenforschung als auch für die Mystikforschung zu wenig zu bieten scheint. Überlieferung und Wirkung sind im Vergleich zu anderen spätmittelalterlichen Legendaren gering.[6] Die Prosalegenden werden oft stark gekürzt und mit wenig erzählerischem Aufwand dargeboten. Durch die Kombination mit Predigten und Predigtabschnitten unterschiedlichen Typs entsteht ein heterogener und im Vergleich mit anderen Legendensammlungen literarisch wenig ansprechender Eindruck. Doch auch für die Mystikforschung scheint das *Heiligenleben* kein lohnender Gegenstand mehr zu sein.[7] Mystische Passagen begegnen versprengt, es gibt keine eindeutigen Eckhart-Zitate, die Quellen sind teils ungeklärt.

Gerade die ungewöhnliche und scheinbar unausgewogene Faktur kann jedoch ein Interesse an dieser Kompilation begründen, denn darin werden ideengeschichtliche Gegensätze zwischen religiösen Denkformen greifbar, die im 14. Jahrhundert im Dominikanerorden und seinem Umfeld in Spannung treten. Hermanns *Heiligenleben* zeigt, so meine These, die Bemühung darum, die Verehrung der Heiligen an mystische Vorstellungen anzupassen, und erweist sich so als Kronzeuge für einen literatur- und kulturgeschichtlich folgenreichen Prozess.

---

5 Außer der Erwähnung in Handbüchern und Überblicksdarstellungen ist als Ausnahme eine Reihe von Beiträgen von Sibylle Jefferis zu nennen; ich beschränke mich hier auf die jüngste Publikation: Sibylle Jefferis: Die mittelniederdeutschen Übertragungen aus dem ›Heiligenleben‹ Hermanns von Fritzlar. ›Alexius‹ und ›Von den Aposteln‹. In: Dies. (Hg.): Medieval German Textrelations. Translations, Editions, and Studies (Kalamazoo Papers 2010–2011). Göppingen 2012, S. 41–62. Die Hypothesen von Jefferis zur Verfasserschaft, Überlieferungs- und Wirkungsgeschichte, gebündelt in: dies.: Hermann von Fritzlar. In: Richard K. Emmerson, Sandra Clayton-Emmerson (Hg.): Key Figures in Medieval Europe. An Encyclopedia. New York, London 2006, S. 327, sind bislang ungeprüft geblieben.
6 Parallelüberlieferung findet sich auszugsweise oder in Fragmenten; vgl. Wilfried Werner: Hermann von Fritzlar. 1., 3.: ›Heiligenleben‹. In: ²VL 3 (1981), Sp. 1055–1056, 1058–1059; hier Sp. 1058; Werner Williams-Krapp: Die deutschen und niederländischen Legendare des Mittelalters. Studien zu ihrer Überlieferungs-, Text- und Wirkungsgeschichte. Tübingen 1986, S. 17.
7 Eine Passage, die den Kontext für eine frühe Belegstelle von *ûztruc* bildet, behandelt Susanne Köbele: ›Ausdruck‹ im Mittelalter? Zur Geschichte eines übersehenen Begriffs. Mit Überlegungen zu einer ›emphatischen Ästhetik‹ der Mystik. In: Manuel Braun, Christopher Young (Hg.): Das fremde Schöne. Dimensionen des Ästhetischen in der Literatur des Mittelalters. Berlin, New York 2007, S. 61–90.

1 Ideengeschichtlicher Horizont

Im 14. Jahrhundert üben die Ideen, die von den sogenannten ›Deutschen Mystikern‹ entwickelt werden, einen erheblichen Einfluss aus. Mir geht es im Folgenden nicht um eine philosophiegeschichtliche Einordnung, vielmehr möchte ich den Blick darauf lenken, wie diese Theologie, die nicht im gelehrten Diskurs verbleibt, sondern auch einen frömmigkeitsgeschichtlichen Neuansatz bildet, auf die seit Jahrhunderten gewachsene Heiligenverehrung trifft. Diese sperrt sich als Frömmigkeitspraxis zwar einem ideengeschichtlichen Zugriff im strengen Sinne; als Denkform lässt sie sich aber durchaus konturieren.

Die christliche Heiligenverehrung gibt wandelbaren Vorstellungen der Erreichbarkeit von Heil und der Teilhabe an ihm Gestalt und praktische Form. Die ihr zugrunde liegenden Vorstellungen werden weniger theologisch expliziert als in den hergebrachten Formen liturgischer *memoria*, Pilgerschaft, Stiftungswesen und Patronat von jeher vorausgesetzt. Dazu gehört die Existenz der Heiligen in einer entzogenen Heilssphäre, also Himmels- und Jenseitsvorstellungen, näherhin die *communio sanctorum*, die Heilige und Engel verbindet und in der sie eine privilegierte Nähe zu Christus genießen. Damit ist die Interzession der Heiligen als Helfer und Patrone verbunden, für die ihr heiligmäßiges Leben auf Erden Voraussetzung ist. Heilige sind in diesem Komplex nicht nur Vorbilder eines richtigen, heilsförderlichen Lebens, sondern Mittelsmänner und -frauen, von denen oder mit deren Hilfe man sich Heilskontakt erhofft.

Vor diesem Hintergrund bilden die Ideen, die ausgehend von der Theologie Meister Eckharts entwickelt werden, einen Neuansatz. Die Dominikaner haben selbst kanonisierte Ordensheilige, darunter den Ordensgründer. Meister Eckhart und seine Nachfolger predigen auch in Kirchen und Konventen, in denen Maria, der Apostel Paulus, Maria Magdalena, Johannes der Täufer und Katharina von Alexandrien besonders verehrt werden.[8] Allerdings scheinen die Heiligen für Eckhart selbst keine wichtige Größe zu sein, sondern eher ein Faktum, dessen Relevanz für seine Adressaten er nicht ganz außer Acht lassen kann. Die Heiligen Maria und Martha von Bethanien zieht er dort prominent herbei, wo aus der biblischen Deutungstradition heraus Prinzipien geistlichen Lebens im

---

[8] Vgl. Klaus-Bernward Springer: Paulus, Maria, Johannes, Maria Magdalena und Katharina von Alexandrien. Vorbilder für Kontemplation und Apostolat. In: Ders., Sabine von Heusinger, Elias H. Füllenbach OP, Walter Senner OP (Hg.): Die deutschen Dominikaner und Dominikanerinnen im Mittelalter. Berlin, Boston 2016, S. 443–480.

Sinne der neuen Konzepte weiterentwickelt werden können.[9] Für die Kerngedanken mystischer Theologie sind Heilige jedoch verzichtbar. Wenn Heilsteilhabe als *unio* mit Gott gedacht wird, welche auf kognitiven und affektiven, in jedem Fall innerseelischen Prozessen des einzelnen Gläubigen beruht, tritt der Komplex aus Figuration, Historisierung und Materialisierung von Heilsmittlerschaft, den die Heiligenverehrung bildet, an den Rand.

Diese Verdrängungsbewegung lässt sich bei Meister Eckhart in der Predigt 49 beobachten, in der ausgehend von Lukas 11, 27–28 die Gottesgeburt in der Seele thematisiert wird.[10] Die biblische Passage lautet in Eckharts Übersetzung:

> *Man liset hiute in dem êwangeliô, daz ›ein vrouwe, ein wîp, sprach ze unserm herren: »saelic ist der lîp, der dich truoc, und saelic sind die brüste, di dû gesogen hast«. Dô sprach unser herre: »dû sprichest wâr. saelic ist der lîp, der mich truoc und saelic sind die brüste, di ich gesogen hân. Aber noch saeliger ist der mensche, der mîn wort hœret und ez beheltet«.* (510, 1–9)

In dieser Predigt räumt Eckhart Marias Funktion als Interzessorin zwar ein: *Diu heilige kristenheit bitet sie umbe gnâde, und die mac sie erwerben, und daz ist billich.* (514, 1–2) Doch bietet die Lukasstelle ihm die Rechtfertigung, um diesen Aspekt mit der göttlichen Geburt des Wortes zu überschreiben, welche er als einen spirituellen Vorgang fasst, der Gott und die Seele eines jeden Menschen einbegreift: *Der vater selber der enhœret niht dan diz selbe wort [...] er ensprichet niht dan diz selbe wort, er engebirt niht dan diz selbe wort.* (514, 23–26). Und im Folgenden: *In disem worte spricht der vater mînen geist und dînen geist und eines ieglîchen menschen geist glîch dem selben worte.* (516, 10–12) Diese Geburt versteht Eckhart als ein Geschehen *âne underlâz* (516, 6). Dahinter verblasst das historische Geschehen und die individuelle Rolle Marias. Wichtiger ist, dass die Geburt durch Maria die ewige Geburt offenbart, einen nicht zeitgebundenen Vorgang, der sich in jeder Seele vollzieht. Diese spirituelle Gottgeburt bedingt

---

9 Einschlägig ist die Predigt 86. Meister Eckhart: Predigten. Sämtliche deutschen Predigten und Traktate sowie eine Auswahl aus den lateinischen Werken. Kommentierte zweisprachige Ausgabe. Hg. von Niklaus Largier. Bd. II. Frankfurt a.M. 1993, S. 208–229. Vgl. hierzu Martina Wehrli-Johns: Maria und Martha in der religiösen Frauenbewegung. In: Kurt Ruh (Hg.): Abendländische Mystik im Mittelalter. Symposion Kloster Engelberg 1984. Stuttgart 1986, S. 354–367, sowie den Diskussionsbericht zum Beitrag, verfasst von Klaus Kirchert, ebd. S. 466–468. Die Thematisierung der Heiligen in Eckharts Predigten wäre über die skizzenhaften Überlegungen im vorliegenden Beitrag hinaus zu untersuchen. Mögliche Ausgangspunkte hierfür wären Predigt 8 (Märtyrer), Predigt 25 (Werke der Menschen), Predigt 32 (Elisabeth von Thüringen) und 74 (Franziskus), kontrastiv etwa Predigt 52; für den Zusammenhang relevant ist Joachim Theisen: Predigt und Gottesdienst. Liturgische Strukturen in den Predigten Meister Eckharts. Frankfurt a.M. u. a. 1990.
10 Meister Eckhart: Predigten. Hg. von Niklaus Largier (s. Anm. 9), S. 510–531.

eine Heiligkeit, die etwas anderes ist und meint als die Heiligkeit, die die Heiligen als Vorbilder und Mittler im traditionellen Verständnis verkörpern.

Susanne Köbele hat herausgearbeitet, wie Meister Eckhart in der Predigt 49 den Begriff der *heilicheit* umbesetzt.[11] Dafür ist eine Passage relevant, die sich nicht auf Maria, sondern – ausgehend von einer Matthäus-Stelle (Mt 11, 11) – auf Johannes den Täufer bezieht. Eckhart lehrt hier, dass die Heiligen weder als *ende, dem wir volgen süln* (528, 17–18), noch als *zil, dar under wir blîben süln* (528, 18–19), also weder als Selbstzweck noch als idealer Maßstab behandelt werden sollen. Das Argument lautet, mit Köbele gelesen: Die Heiligkeit des Johannes, wie die aller Heiligen, hat stets ein Maß der Tugend, einen Grad und eine Weise.[12] Die Heiligkeit aber, die Eckhart in der Einung der Seele mit Gott als gegeben sieht, übersteigt die Heiligkeit der Heiligen nicht einfach in Grad und Maß, sondern durchbricht sie gleichsam durch eine Heiligkeit »aus dem ›Sein‹ aller Tugenden heraus, nicht nach dem ›Maß‹ einzelner Tugenden.«[13] Somit steht die Heiligkeit der gottgeeinten Seele der Verehrung von Heiligen zwar nicht entgegen. Sie kann sie als *billich* stehenlassen, sie kann den Zugriff auf die Heiligen aber auch erübrigen. Denn Heiligkeit findet der Mensch in sich:

> *ez enist kein heilige in dem himel sô volkomen, dû enmügest die wîse sîner heilicheit durchbrechen mit heilicheit und mit lebenne und enmügest über in komen in dem himel und êwiclîche blîben.* (528, 33–530, 1)

Die intensive Rezeption der Theologie Eckharts in der spätmittelalterlichen Frömmigkeit lässt die Heiligen gleichwohl nicht obsolet werden. In der Mystikforschung ist das Verhältnis zur Heiligenverehrung aus unterschiedlichen Perspektiven betrachtet worden, zumal in diesem Punkt Meister Eckhart, Nachfolger wie Tauler und Seuse und die dominikanischen Nonnen, die diese Theologie rezipierten, voneinander abweichen.[14] Auf die Polarität von Heiligenverehrung und mystischen Vorstellungen hat Köbele hingewiesen:

---

11 Vgl. Susanne Köbele: *heilicheit durchbrechen*. Grenzfälle von Heiligkeit in der mittelalterlichen Mystik. In: Berndt Hamm, Klaus Herbers, Heidrun Stein-Kecks (Hg.): Sakralität zwischen Antike und Neuzeit. Stuttgart 2007, S. 147–169.
12 Ebd., S. 159.
13 Ebd., S. 160.
14 Zur Einbindung von Viten und Schriften dominikanischer Nonnen in den Kontext der Hagiographie vgl. Siegfried Ringler: Viten- und Offenbarungsliteratur in Frauenklöstern des Mittelalters. Quellen und Studien. München 1980; Susanne Bürkle: Literatur im Kloster. Historische Funktion und rhetorische Legitimation frauenmystischer Texte des 14. Jahrhunderts. Tübingen, Basel 1999.

Sprach-, literatur- und denkgeschichtlich von nachhaltiger Wirkung, hat die mittelalterliche Mystik alle traditionellen Vermittlungsmodelle, alle hierarchisch gestuften Teilhabe-, Analogie- und Imitatio-Modelle so weitgehend transformiert, dass sogar die religiöse Leitdifferenz ›heilig-profan‹ unsichtbar wird.[15]

Köbeles Analyse zielt darauf, wie bei Mechthild von Magdeburg, Meister Eckhart und Heinrich Seuse Heiligkeit jeweils gefasst wird. Im *Heiligenleben* Hermanns von Fritzlar tritt die andere Seite der Polarität hervor. An diesem Text lässt sich verfolgen, wie die Aufnahme mystischer Vorstellungen sich in einem Texttyp auswirkt, der durch den Kontext der Heiligenverehrung bestimmt ist.

2 Formale Heterogenität in Hermanns *Heiligenleben*

Das *Heiligenleben* ist nach Aussage der Vorrede zwischen 1343 und 1349 entstanden. Die Meinungen darüber, ob Hermann von Fritzlar, nach Wilfried Werner »vermutlich ein wohlhabender Laie«,[16] als Verfasser oder Kompilator der Sammlung zu betrachten ist, oder ob er nur als Auftraggeber fungierte, sind nicht einhellig.[17] Der Werktitel *Heiligenleben* ist seit dem Erstherausgeber Franz Pfeiffer eingeführt, er ist jedoch insofern irreführend, als es sich nicht um ein Legendar, sondern um eine Predigtsammlung handelt, die zudem nicht ausschließlich Heiligenpredigten enthält. Einschließlich Vor- und Nachrede besteht die kalendarisch geordnete Sammlung aus 87 Texten, von denen nur 28 Texte reine Legendenerzählungen darstellen. Über die Hälfte der Texte sind entweder stark predigthaft überformt oder bestehen nur teilweise aus legendarischen Erzählungen, teilweise aus nicht-narrativen Predigtpassagen unterschiedlichen Charakters. Etwas mehr als ein Fünftel der Texte ist mystisch geprägt, wobei die Vorstellung der ›Geburt des ewigen Wortes in der Seele‹ eine besondere Rolle spielt. Darüber hinaus enthält die Sammlung einen Block von Predigten zum Weihnachtsfestkreis, die auch in der *Postille*

---

15 Köbele: *heilicheit durchbrechen* (s. Anm. 11), S. 150. Köbele macht auch die Differenzen im Umgang mit Heiligkeit deutlich, die innerhalb des Komplexes der Mystik bestehen, etwa zwischen Eckhart und Seuse.
16 Werner: Hermann von Fritzlar, 2.: ›Heiligenleben‹ (s. Anm. 6), Sp. 1055.
17 Dies hängt unter anderem am Verständnis der abschließenden Gebetsbitte für Hermann und den *schrîber* des Buches (vgl. 258, 31–34). Werner, ebd., bezeichnet Hermann als Verfasser bzw. Kompilator; Williams-Krapp: Die deutschen und niederländischen Legendare des Mittelalters (s. Anm. 6), S. 17, geht davon aus, dass Hermann das Werk in Auftrag gegeben hat.

Hartwigs von Erfurt überliefert sind, einer weiteren Sammlung aus dem Bereich der Deutschen Mystik.[18] Dieser Block enthält nicht nur die Homilien zu den Festen des Stephanus, Johannes des Evangelisten und der Unschuldigen Kinder, sondern auch sieben Temporalpredigten. Zum entsprechenden Tag ist eine Silvesterpredigt eingeschoben.

Hermanns Sammlung weist damit eine formale Heterogenität auf, die nicht nur durch die legendentypische Sedimentierung und Adaptation hagiographischer Muster zu erklären ist.[19] Sie wird durch die Aufnahme mystischer Predigt(-teile) verschärft. Für die genuine Heiligenpredigt ist im 14. Jahrhundert ein formales Spektrum vorhanden, das von einer rein erzählenden Wiedergabe der Legende der Tagesheiligen bis zu stark kürzenden oder nach Maßgabe der *ars praedicandi* zergliedernden, auslegenden und moralisierenden Rückgriffen auf das hagiographische Material reicht. Demgegenüber weisen mystische Predigten eine andere Charakteristik auf. Auch wenn sie nach Ausweis der Zuordnung oder des Initiums an einem Heiligentag gehalten werden, steht die Vermittlung der theologischen Konzepte im Vordergrund und erfolgt im Modus geistlicher Rede ohne narrative Partien. Am Beispiel des *Paradisus anime intelligentis*, einer Sammlung, die ebenfalls Mitte des 14. Jahrhunderts im dominikanischen Kontext entstanden ist und die eine Predigt parallel zum *Heiligenleben* überliefert,[20] lässt sich illustrieren, wie in mystischen Predigten der Bezug zum Heiligentag bis zur Unkenntlichkeit gelockert wird. Der »liturgisch geordnete[] Predigtjahrgang«[21] ist zwar aufgeteilt in Temporal- und Sanctoralpredigten. Dies spiegelt sich aber nicht in den Inhalten wider, die – mit anti-franziskanischer Stoßrichtung – vorrangig um die Bedeutung der Vernunft in der Gottesbeziehung kreisen. Die Sanctoralpredigten werden bis auf wenige Ausnahmen auch nur pauschal mit *De sanctis* bezeichnet, ohne den oder die Tagesheilige überhaupt zu nennen.

Hermanns Sammlung integriert auf eigentümliche Weise die unterschiedlichen Formen. Sie bietet unter den Namen der Tagesheiligen legendarisch erzählende Predigten, Predigten, die legendarische Inhalte sowohl erzählen als auch

---

18 Zur *Postille* vgl. Volker Mertens: Hartwig von Erfurt. In: ²VL 3 (1981), Sp. 532–535.
19 Vgl. dazu Julia Weitbrecht u. a.: Legendarisches Erzählen. Optionen und Modelle in Spätantike und Mittelalter. Berlin 2019.
20 Zu Text und Überlieferung vgl. Georg Steer: Die dominikanische Predigtsammlung ›Paradisus anime intelligentis‹. Überlieferung, Werkform und Textgestalt. In: Burkhard Hasebrink, Nigel F. Palmer, Hans-Jochen Schiewer (Hg.): ›Paradisus anime intelligentis‹. Studien zu einer dominikanischen Predigtsammlung aus dem Umkreis Meister Eckharts. Tübingen 2009, S. 17–67.
21 Nigel F. Palmer: *In kaffin in got*. Zur Rezeption des ›Paradisus anime intelligentis‹ in der Oxforder Handschrift MS. Laud. Misc. 479. In: ›Paradisus anime intelligentis‹ (Anm. 20), S. 69–131, hier S. 72f.

durch *divisio* aufbereiten, thematisch-scholastische Predigten bzw. Predigtteile und Kombinationen von narrativen und mystisch-diskursiven Passagen. Dennoch kann sie aufgrund des laikalen Kontextes nicht als Kompendium von Musterpredigten verstanden werden, sondern bildet eine Lesepredigtsammlung, die ein vertieftes religiöses Interesse anspricht.

Literaturgeschichtlich betrachtet gehören Predigt, Mystik und Legenden im 14. Jahrhundert zu einem gemeinsamen Komplex, den Johannes Janota wie folgt umrissen hat:

> In der religiösen Praxis des 14. Jahrhunderts müssen das Schrifttum im Umkreis der dominikanischen Mystik, Teile der geistlichen Rede, aber auch der religiösen Groß- und Kleinepik [...] als eine gewaltige Einheit gesehen werden, aus der ein unstillbares Verlangen nach geistlicher Orientierung spricht, das in der Schriftform Verläßlichkeit sucht.[22]

In Hermanns Kompilation erweist sich allerdings, dass die ›gewaltige Einheit‹ nicht ohne innere Spannung ist, und dies nicht nur in formaler Hinsicht. Die Uneinheitlichkeit der Kompilation deutet vielmehr auf widerstrebende Ideen hin, die als gleichsam tektonisch wirksame Kräfte auf die Ebene der Form ausstrahlen.

3 Historizität der Heiligen und mystische Entzeitlichung: Die Vorrede

Die ideengeschichtliche Gemengelage, in der die neuen theologischen Konzepte auf eine seit Jahrhunderten gewachsene Praxis der Heiligenverehrung treffen, lässt sich in Bezug auf den Aspekt der Zeitlichkeit pointieren. Meister Eckhart und seine Nachfolger predigen, dass die Einung mit Gott in der Seele ein Geschehen ist, welches das Zeitliche übersteigt: *Daz ist ein nôtwârheit: alliu zît muoz dâ abe sîn, dâ sich disiu geburt hebet, wan niht enist, daz dise geburt alsô sêre hinder als zît und crêatûre.* (408, 1–3)[23] Damit die Seele dieses

---

[22] Johannes Janota: Orientierung durch volkssprachige Schriftlichkeit. Geschichte der deutschen Literatur von den Anfängen bis zum Beginn der Neuzeit III.1. Tübingen 2004, S. 426.
[23] Meister Eckhart: Predigten [Predigt 38]. Hg. von Niklaus Largier (s. Anm. 9), S. 406–419. Zeit ist eine so zentrale Dimension der Eckhartschen Theologie, dass schon seit den 1970er Jahren einschlägige Monographien und eine Vielzahl von Arbeiten dazu publiziert wurden. Ich verweise daher nur auf die Bibliographie der Meister-Eckhart-Gesellschaft (1995–2018), URL: http://www.meister-eckhart-gesellschaft.de/bibliographie.htm (22.08.2020); ergänzend: Niklaus Largier: Zeit, Zeitlichkeit, Ewigkeit. Ein Aufriss des Zeitproblems bei Dietrich von Freiberg und Meister Eckhart. Bern u. a. 1989.

Geschehens gewahr werden kann, muss sie selbst von allem Zeitlichen absehen: *der suochet got obe zît, der dâ suochet sunder zît.* (378, 31–32)[24] Auch Hermanns *Heiligenleben* nimmt diese Idee auf: *Von dirre ubunge gotes kumet ein mensche in ein vergezzen dirre zît. Zu dem anderen mâle vergizzit her der dinge di dâ sint in der zît. Zu dem dritten mâle vorgizzit her sînes selbes unde gedenket alleine sîner* [Gottes, E.K.] *vornunftigen wirkunge.* (225, 17–20) Anders als in der mystischen Predigt ist in Hermanns Sammlung jedoch das Leben der Heiligen in seiner Geschichtlichkeit von großer Bedeutung. Schon der Prolog stellt die Heiligen dezidiert in einen (heils-)geschichtlichen Kontext. Ihr Sein in der Zeit ist Gegenstand der meisten Predigten und bildet zudem das Ordnungsprinzip der Sammlung. Wenn der Text aber zugleich lehrt, dass die *dinge di dâ sint in der zît* zu vergessen sind, dann macht er das Erzählen von Heiligenleben selbst auf neue Weise begründungsbedürftig.

An der *vorrede* lässt sich zeigen, wie diese Spannung sich in einer Struktur abzeichnet, deren ›unorganische‹ Gestalt zur Sperrigkeit des Textes beiträgt. Sie besteht aus zwei deutlich separierten Teilen mit unterschiedlichen Kommunikationssituationen. Der erste Teil, der explizit als Prolog bezeichnet wird, wendet sich direkt an die Adressaten des Textes: *Ir sult wizzen* […]. (3, 2) Er endet mit einer Datierung, einem pauschalen Quellenverweis sowie dem Appell des Verfassers: *Bitet got vor mich in Kristo.* (4, 17) Der zweite Teil stellt eine Vision oder Audition dar und besteht beinahe ausschließlich aus direkter Rede, die Christus an einen *Gottesfreund* richtet. Die beiden Teile, die durch die schlussformelhafte Bitte deutlich geschieden sind, führen zwei unterschiedliche Zeitbezüge in den Text ein.

Der Prolog erläutert, dass die Heilsgeschichte in Weltalter aufgeteilt ist und wie dies in der Liturgie kommemoriert wird: Von Adam zu Noah, von Noah zu Abraham haben drei Ereignisse, nämlich Sündenfall, Sintflut und der Untergang der fünf Städte den Gang der Geschichte zäsuriert. Dies begründet, dass man an drei Sonntagen auf Gesang in der Kirche verzichtet. Das vierte Zeitalter, von Moses bis Christus, beinhaltet Ereignisse aus Jesu Leben und Passion, die zur Memorierung aufgezählt werden. Das fünfte Zeitalter ist jenes, *dâ wir nu inne sîn.* (3, 30) Es wird noch einmal in drei Epochen untergliedert: die Zeit der Apostel mit den vierhundert Jahren danach, die Gegenwart, und schließlich die Zeit, in welcher der *endekrist kumet und sîne botin.* (4, 8) In diesem zeitlichen Horizont erscheint die Zeit der Apostel als Blüte der Heiligkeit: *dâ wôrin di lûte lûtir und reine, und wâren arm und innik und andêchtig, und daz lebin unses herren daz grunete und wuchs in der*

---

24 Meister Eckhart: Predigten [Predigt 35]. Hg. von Niklaus Largier (s. Anm. 9), S. 376–383, hier S. 378, 31f.

lûte herze. (3, 31–4, 2) Diesem Florieren steht die Gegenwart kontrastiv gegenüber, in der die Menschen kalt und gottvergessen sind. Die Vorrede verortet ihre Entstehung genau in dieser Weltgeschichte: *Diser prologe wart gemaht dô irgangen wâren nâch Kristes geburte tûsint jâr drî hundert jâr und in deme drî und virzigesteme jâre, in der lesten wochin des merzin.* (4, 13–15)

Der zweite Teil der Vorrede erzählt demgegenüber ein visionäres Erlebnis, das zwar in Verbindung mit der Liturgie steht, aber ohne nähere historische Verortung bleibt, wobei die Episode durch das Personal zusätzlich mystischen Signalcharakter erhält: *Ein heimlich vrunt gotis der hate zu einer zît inphangen gotis lîcham, und bat unsen herren, ab her icht wolde gebetet sîn von ime, daz her ime daz offenbârte.* (4, 18–20) In der Vision oder Audition erläutert Christus dem Gottesfreund, wie er beten soll, um die *einunge* (4, 23) mit ihm nicht zu verlieren. Den Abschluss bildet der Hinweis, dieses Gespräch mit Christus habe sich als *innewendige zuspráche in di vornunft* zugetragen, *alsô got kôsit zu der sêle und di sêle kôsit zu gote.* (5, 9–11) Im Unterschied zum historischen Abriss und der Datierung des Prologs bleibt das *kôsen* von Gott und Seele zeitlich in der Schwebe.

Zur Faktur von Hermanns Sammlung bemerkt Gertrud Lichenheim, dass sie durch die »Merkmale der mechanischen Kompilation« gekennzeichnet sei.[25] ›Mechanisch‹ meint unter anderem, dass keine Anstrengungen unternommen werden, zwischen den zusammengestellten Teilen zu vermitteln. Dies macht Lichenheim an Schlussformeln geltend, die mit übernommen werden und bei der Zusammenfügung einer Legende mit einem Predigtteil anderer Herkunft in der Mitte der Heiligenpredigt stehen bleiben. Auch in der Vorrede sieht Lichenheim ein Indiz für dieses ›mechanische‹ Vorgehen.[26] Man kann die Konstruktion der Vorrede jedoch auch als Exposition für die Sammlung verstehen. Die blockhafte Präsentation bis hin zum Erhalt der Schlussformeln würde dann eine eigene Formsprache für die Verbindung von Heiligenverehrung und Mystik bilden. Die Komposition überbrückt oder vereinheitlicht diese Bereiche nicht, sondern führt sie eng und erhält zugleich ihre Geschiedenheit.

Dabei lassen historischer Prolog und mystische Episode durchaus auch Korrelationen erkennen. Im Prolog werden als heilsgeschichtliche Stationen die Verkündigung an Maria sowie die Leiden der Passion aufgezählt, die man sich einprägen soll: *Dise ding sol man merken: wie der heilige engel gesant wart zu unser vrowen* [...] (3, 14–15); [*z*]*u deme sesten mâle, dô her tôt was, dô tet man ime sîne sîten ûf mit eime sper* [...]. (3, 22–23) In der Visionsepisode trägt Christus dem Gottesfreund ebenfalls auf, seine Leiden zu *merken*, nun in

---

[25] Lichenheim: Studien zum Heiligenleben Hermanns von Fritzlar (s. Anm. 4), S.19 f.
[26] Vgl. ebd., S. 29.

ihrer christologischen Bedeutung. (vgl. 4, 31–32) Dabei wird die Menschwerdung zum Thema: [d]*az andere salt du merken di grôzin unsprechelîche libe dar inne ich mensche wart und der mensche got wart*. (4, 33–35) Der Gedanke der Einung wird in der Gottwerdung des Menschen artikuliert. Somit setzt die Sammlung den mystischen Akzent vorab, jedoch nicht im Modus abstrahierenden Sprechens von der ›Geburt des ewigen Wortes in der Seele‹, der an späterer Stelle den Diskurs prägt. Vielmehr konkretisiert die Episode das Wort als figurierten und historisierten Gesprächspartner Christus, in dessen Rede auch die heilsgeschichtliche Rolle Marias zur Sprache kommt: *Zu deme sibenden mâle saltu merken daz vordinen daz allen menschin dâ vone wart, daz mîne sêle got schowete in mîner muter lîbe*. (5, 4–5) Die Episode legt auf diese Weise einen Assoziationsraum an, in dem vertraute, heilsgeschichtlich verankerte, christologische und mariologische Konzepte aufgerufen werden, um sich der Idee der Einung als ›Geburt des ewigen Wortes in der Seele‹ zu nähern.

4 Mystisches Propädeutikum: Fragen und Antworten zur Rolle der Heiligen

Schaut man auf die Verteilung mystischer Passagen in der Sammlung insgesamt, zeigt sich, dass diese nicht gleichmäßig verstreut, sondern am Anfang dichter platziert sind. Nach der Vorrede finden sich Passagen, die alle dem thematischen Komplex der ›Geburt des ewigen Wortes in der Seele‹[27] zugehören, gehäuft in den Predigten bis zum 18. Tag nach Weihnachten. Die Reihe beginnt mit dem ersten Adventsheiligen, dem Apostel Andreas. Bis zum Weihnachtstag folgen sechs Predigten, von denen fünf mit einer mystischen Passage versehen sind. Stets folgt der mystische Abschnitt auf den narrativen Teil, der mal länger, mal sehr kurz ausfällt. Der Block der Weihnachtspredigten aus der *Postille*, einschließlich der Predigten auf Stephanus, Johannes und die Unschuldigen Kinder, thematisiert hingegen die ›Geburt des ewigen Wortes‹ bis auf die Predigt zum 18. Tag nur punktuell. Die eingeschobene Predigt zum Silvestertag enthält wiederum nach einem legendarischen Teil einen Abschnitt mit Fragen zur ›Geburt des ewigen Wortes‹. Nach dieser hohen Dichte wird der mystische Diskurs deutlich ausgedünnt. Auf die verbleibenden 71 Predigten verteilen sich etwa ein Dutzend mystische Einschübe und Blöcke ungleichmäßig.

---

27 Zum Verhältnis mit dem Traktat ›Von der geburt des êwigen wortes in der sêle‹ vgl. Peter Schmitt: ›Von der geburt des êwigen wortes in der sêle‹. In: ²VL 2 (1980), Sp. 1134.

Für die Dichte des mystischen Diskurses am Anfang der Sammlung könnte der liturgische Zusammenhang des Advents eine Rolle spielen. Die Zeit der Vorbereitung auf die Geburt Christi wird im *Heiligenleben* mit der Belehrung über die ›Geburt des ewigen Wortes‹ verbunden. Die erste Frage, mit der der mystische Diskurs nach der Vorrede in der Barbarapredigt wieder einsetzt, zeigt diese Verknüpfung an: *Ez ist ein vrâge von deme nûwen kunge der nu kunftig ist, ob der vater sîn êwig wort muge gesprechen in der sêle.* (14, 22–23) Der Verweis auf die Ankunft des Königs markiert den Bezug zur Adventsliturgie, in der die Verheißung der Propheten aktualisiert wird. Ebenso wie die Figuration des Christusgesprächs konkretisiert dieser liturgische Bezug die abstrakte theologische Idee der Gottesgeburt in der Seele und holt sie in eine vertraute religiöse Zeitordnung zurück, die nicht von der Heilsgeschichte entkoppelt ist. Auch entsteht durch die Konzentration am Anfang eine Art mystisches Propädeutikum, vorausgesetzt, der Verfasser antizipiert trotz der am Jahreskreis orientierten Ordnung eine lineare Lektüre der Sammlung.

Das beherrschende Thema der ›Geburt des ewigen Wortes in der Seele‹ wird anhand einer Reihe von Fragen entfaltet. Eine Übersicht über die Disposition der Fragen auf die Adventsheiligen gibt die folgende Tabelle, die in der ersten Spalte die Position der Predigt angibt:

Nr. 3	Barbara	– *Ez ist ein vrâge von deme nûwen kunge der nu kunftig ist, ob der vater sîn êwig wort muge gesprechen in der sêle* (14, 22–23);
		– *ob di sêle daz êwige wort moge enphân in ir* (14, 24);
		– *weliche kraft in der sêle iz zu aller êrsten geware werde oder gefule.* (15, 16–17)
Nr. 4	Nikolaus	– *welich die geiste sîn oder di sêle di der vater von himelrîche hir zu nemen wil, daz si sîn wort geistlîchen mit ime gebern sullen* (16, 5);
		– *ob kein krêature sî in himel oder in erden, di der sêle gehelfen muge oder si bereiten muge daz daz êwige wort in ir geborn werde.* (17, 11–13)
Nr. 6	Lucia	– *wie di sêle gebern sulle daz êwige wort geistlîchen* (22, 6–7);
		– *ab daz bezzer sî, daz der vater von himelrîche sîn êwigen wort gebere in der sêle, ader ob daz bezzer sî, daz iz di sêle gebere in ir selber* (22, 26–28);
		– *ab di sêle in eime gemeinen grâde der gnâden daz êwige wort gebern muge, oder ab si bedorfe eines sunderlîchen grâtis dar zu* (22, 34–36);
		– *ab daz êwige wort eigenlîcher geborn werde in eime entsinkende der sêle, ader in einer geistlîcher vroude, ader in eime heimelîchen gekôse mit gote, ader dô ein mensche sîne sunde weinet.* (23, 8–11)

Nr. 7	Thomas	– *weder di sêle daz êwige wort eigentlîcher gebere in bildern oder sunder bilde* (26, 1–3);
		– *in welichen bildern di sêle daz êwige wort aller eigens gebere* (26, 10–11);
		– *ab di geburt des êwigen wortis in der sêle fluzig sî ader wesenlîch* (26, 23–24);
		– *in welcher stat di sêle daz êwige wort aller eigens weder geberen sulle ader suchen.* (26, 28–29)
Nr. 14	Silvester	– *war umme got nit ê mensche wurde dan er tet* (44, 4);
		– *ab die êwige geburt des êwigen wortis in der sêle keine krêatûre zu grunde verstên muge* (44, 15–16);
		– *ab der vater von himelrîche sîn êwigen wort muge gesprechen in der sêle, daz is di sêle nit enpfinde oder wisse* (44, 20–21);
		– *ab ein mensche immer in diseme lebene alsô vollekomen moge werden, daz her âne underlâz gefule der êwigen geburt und si verstê.* (44, 30–32)

Sucht man nach konkreten thematischen Bezügen zwischen den Legenden und den Fragen und Antworten zur ›Geburt des ewigen Wortes in der Seele‹, so sind diese kaum dingfest zu machen. Betrachtet man den Komplex allerdings insgesamt, lässt sich feststellen, dass nach der Barbarapredigt mit der Einführung in jeder der vier folgenden Predigten mindestens eine der Fragen die Rolle berührt, die den Heiligen bei der ›Geburt des ewigen Wortes‹ zukommt.

Die Nikolauspredigt eröffnet dieses Feld. Mit der zweiten Frage wird die Rolle der Heiligen sogar ins Zentrum gerückt – können ›Kreaturen im Himmel‹ als Helfer agieren? Die Antwort lautet: Die Engel, die Heilige Schrift und die heiligen Lehrer können die Seele ermuntern, beleben und ermahnen, sich auf die Empfängnis des Wortes vorzubereiten (vgl. 17, 13–16). Aber wenn Gott in der Seele geboren werden soll, muss er sich selbst *die stat* bereiten, die Kreaturen können nur ein dienendes, kein bereitendes Werk dazu tun (vgl. 17, 16–19).

In der Luciapredigt richtet die zweite Frage sich darauf, wie Heiligkeit als Voraussetzung für die Geburt des Wortes in der Seele zu denken ist – braucht es einen besonderen Grad der Gnade dazu? Die Antwort ist nicht eindeutig – alle Seelen in der Gnade Gottes können das ewige Wort gebären, doch in der höchsten Weise gebären es die *lûtern geiste* (23, 6), die in einem besonderen Grad der Gnade stehen. Für die zuvor beantwortete Frage nach den *kreatûren* formuliert aber die Antwort auf die dritte Frage der Luciapredigt ein Problem. Denn hier wird gelehrt, dass die Seele sich von ihnen und ihren inneren Bildern lösen soll: *Wan si aber di krêaturen ûz gejaget hât und ir bilde der krêatûren in ir entwesent hât, sô kummet si zu gote rechte.* (23, 22–24) Was bedeutet dies für den Umgang mit den Heiligen? Die Thomaspredigt holt dieses Problem wieder ein. Das Thema der Bilder wird hier fortgeführt und ausdifferenziert. Je mehr die Seele ohne Bilder und Formen gebiert, desto mehr ist die Geburt göttlich (vgl. 26, 3–10). Doch auch das Denken in Bildern lässt sich als Gottesgeburt in der Seele bezeichnen, wenn die Bilder aus der inneren Betrachtung der Kindheit Jesu und der Passion genommen und wenn sie direkt von Gott eingegeben sind (vgl. 26, 12–17). Damit wird zu den *merke*-Anleitungen der Vorrede eine Brücke geschlagen; mit der Kindheit Jesu tritt auch Maria in den Bildkreis hinein.

Die Thomaspredigt beinhaltet außerdem die Frage danach, *in welcher stat*, an welcher Stelle also, die Seele die Geburt des Wortes suchen solle. Hier kommen die Heiligen durch die Antwort ins Spiel: Sie ist nicht nur in Gott und bei Gott, in der Seele und in allen Kreaturen, sondern auch, an dritter Stelle: *Iz ist in den heiligen als ein ubirfluzig rîchtum irre êwigen gnugede.* (26, 34). Die Silvesterpredigt kommt auf die Heiligung zurück – kann man im Diesseits so vollkommen sein, dass man der ›Geburt des Ewigen Wortes‹ dauerhaft gewahr wird? Die Antwort ist für die Sammlung von programmatischer Bedeutung:

> *Wizzit, daz vil vollekomenheit ist di got der sêle wol gebin mochte und gerne gêbe; aber di sêle enhêldet sich dar zu nicht und ubit sich dar zu nicht. Dar umme enlîdet menslîche krancheit nit daz der mensche stêteclîche gefule unde bekenne dise geburt. Got mochte ez aber wol der sêle geben zu einer sunderlîchen gâbe, als man hoffen mag von unser vrowen und von den aposteln daz si einen stêten vorworf heten in irre vernunft.* (44, 32–38)

Damit ist die Rolle der Heiligen und das Verhältnis zu ihnen so bestimmt, dass eine Sammlung wie die Hermanns ihre Begründung auch unter dem Eindruck mystischer Vorstellungen finden kann. Die Heiligen verbürgen mit ihrer historischen Existenz, dass die ›Geburt des ewigen Wortes in der Seele‹ stattfindet und Heilsteilhabe ermöglicht. Die hergebrachte Hierarchie, in der Maria an der Spitze steht und nach ihr die Apostel folgen, bleibt intakt. Jedoch leitet sie sich nicht von einem exklusiven Kontakt mit Christus her, auf Erden wie im Himmel, sondern von der umfassenden Teilhabe an der ›Geburt des ewigen Wortes in der Seele‹, einer Nähebeziehung also, die allen Seelen im Prinzip in Aussicht steht. Dies kann man nicht wissen, aber hoffen und glauben, und insofern ist die geistige Beschäftigung mit den Heiligen nicht obsolet. Als Gewährsmänner und -frauen für eine allen erreichbare Form der Heiligung werden sie radikal anschlussfähig.

5 Ausblick: Legendarisches Erzählen in Hermanns Sammlung

Es ist für den hier verfolgten Problemzusammenhang nicht relevant, ob die Fragen und Antworten zur ›Geburt des ewigen Wortes‹ in einem zusammenhängenden Traktat (mit ungeklärter Verfasserschaft) bereits vorlagen und in der Kompilation des *Heiligenlebens* nur verstreut aufgenommen worden sind.[28] Nicht die bloße Aufzeichnung der Fragen und Antworten, sondern die Zusammenstellung mit den Legenden(-passagen) führt zu einer Vergewisserung über die Rolle der Heiligen im Verhältnis zu den neuen Vorstellungen. So bleibt legendarisches Erzählen auch weiterhin berechtigt und sinnvoll. Auch Bezüge zum Komplex der Heilsmittlerschaft, zu Pilgerschaft, Reliquien, Ablass und Interzession bleiben erhalten. Hier wäre ein Ansatzpunkt, um die Frage weiterzuverfolgen, ob und wie das legendarische Erzählen sich unter dem Eindruck mystischer Vorstellungen verändert. Denn das *Heiligenleben* nimmt nicht nur Predigtpassagen auf, sondern integriert auch Berichte von Apostelgräbern und Pilgerstätten unter Behauptung von Augenzeugenschaft; es enthält eine Vielzahl von Ortsangaben mit teils lokalem Bezug.[29] Während die ältere Forschung versucht hat, aus diesen Angaben Indizien für die Verfasserfrage zu gewinnen, wäre demgegenüber zu fragen, welche Bedeutung die Verortung der Heiligen im erfahrbaren Raum und die Spurensuche ihrer historischen Existenz in Hermanns Sammlung gewinnt.

Eine nähere Untersuchung einzelner Legenden in Stichproben und Vergleiche mit anderen Legendenfassungen wären notwendig, um den vorläufigen Eindruck zu untermauern, dass Hermanns *Heiligenleben* sich bei der Gewichtung und Ausgestaltung hagiographischer Muster öfter nicht bruchlos in die Tradition fügt.[30] Der irritierende Eindruck, der sich bei der Lektüre vieler Legendenversionen einstellt, lässt sich tentativ so beschreiben, dass es scheint, als ob die Möglichkeiten legendarischen Erzählens kaum genutzt würden, um Prägnanz zu erzeugen. Dies stünde jedoch im Einklang mit dem skizzierten Programm: Seien es Wunder, Martyrien oder Exorzismen, letztlich sind die *historischen* Ausdrucksformen von Heiligkeit beliebig, wenn diese in jeder Seele gefunden werden kann.

---

28 In zwei späteren Handschriften mit Devotionstexten und mystischen Predigten sind ›Fragen von der Geburt des ewigen Wortes in der Seele‹ parallel zu Hermann von Fritzlar, aber zusammenhängend überliefert (Augsburg, Universitätsbibliothek, Cod. III.1.8° 22, f. 222^r–231^v und Cod III.1.8° 42, f. 38^r–42^v); vgl. Werner: Hermann von Fritzlar, 2.: ›Heiligenleben‹ (s. Anm. 6), dort unter Harburg (olim Maihingen), Sp. 1058; Sibylle Jefferis: Die Überlieferung und Rezeption des ›Heiligenlebens‹ Hermanns von Fritzlar, einschließlich des niederdeutschen ›Alexius‹. In: Jahrbuch der Oswald von Wolkenstein-Gesellschaft 10 (1998), S. 191–209, hier S. 203f.
29 Vgl. Wilhelm: Deutsche Legenden und Legendare (s. Anm. 4), S. 152–162.
30 Zur Thomas-Legende vgl. ebd., S. 169–174; zum Problem der Quellen für die Legenden des *Heiligenlebens* vgl. ebd. S. 163–169. Zur Kilian-Legende vgl. Karl Firsching: Die deutschen Bearbeitungen der Kilianslegende unter besonderer Berücksichtigung deutscher Legendarhandschriften des Mittelalters. Würzburg 1973, S. 19–25.

Im Rückblick auf den partiellen Durchgang durch Hermanns Heiligenmemoria lässt sich eine letzte, selbstkritische Überlegung zur Produktivität der Ideengeschichte anschließen, die im vorliegenden Band interessiert. Wenn Hermanns *Heiligenleben* als brüchige, sperrige Kompilation erscheint, ist dies vorgängigen, literaturwissenschaftlich geformten Erwartungen geschuldet, die auf formale, gattungstypologische sowie auch theologische Stringenz hin orientiert sind. Diese Stringenzerwartungen werden an das Textmaterial wieder herangetragen, nachdem sie unter Aussonderung des Wildwuchses und der Ungleichzeitigkeit der Überlieferung gebildet worden sind. Einer literaturwissenschaftlichen Ideengeschichte müsste es gelingen, mit der Bildung solcher Stringenzerwartungen reflektiert umzugehen, während sie selbst doch notwendig rekonstruierend und bei der Identifikation von Ideenkomplexen stringenzbildend verfährt und verfahren muss. Wenn das *Heiligenleben* als repräsentative Momentaufnahme gelten kann, in der die heterogene Textproduktion in einer lebendigen Dynamik von theologischen Konzepten, geistlichen sowie laikal-frommen Denkweisen und Praktiken greifbar wird, wie sie insbesondere die notorisch ›zersetzende‹ Mystiküberlieferung prägt, wäre Ideengeschichte nicht darauf festgelegt, eine ›Rezeptions-‹ oder ›Entwicklungsgeschichte‹ von Vorstellungen zu erzählen. Sie würde sich dann in dem Maße als produktiv erweisen, in dem es ihr gelänge, die Konstitution ihrer Gegenstände durch die Gemengelagen der Überlieferungsgeschichte im Blick zu behalten.

Julia Frick
Der Kommentar als Modellfall sozialhistorischer Differenzierung

Lateinisch-deutsche Sprachlogiken in der Überlieferung des *Granum sinapis*

1 Nach der Sozialgeschichte – nach der Kulturgeschichte? Der Kommentar als Modellfall sozialhistorischer Differenzierung

Das vielfach konstatierte ›Ende‹ sozialgeschichtlich orientierter Fragestellungen in der Literaturwissenschaft[1] scheint aktuell demjenigen des einst ›neuen‹ Forschungsparadigmas ›Kultur‹ zu korrespondieren, welches den gesellschaftshistorischen Ansatz – unter veränderten Prämissen – in ein aufgrund des interdisziplinären Zugriffs notwendig allgemeiner gefasstes Modell überführt hatte.[2] Auch wenn dieses auf eine Loslösung vom engeren, mit Funktionszuweisungen operierenden Frageinteresse sozialhistorischer Konzepte zielte, blieb das Phänomen der »Überblendung des Konzepts der ›Gesellschaft‹ durch das der ›Kultur‹«[3]

---

[1] Vgl. (mit weiterführenden Angaben) Martin Huber, Gerhard Lauer (Hg.): Nach der Sozialgeschichte. Konzepte für eine Literaturwissenschaft zwischen historischer Anthropologie, Kulturgeschichte und Medientheorie. Tübingen 2000. Siehe in spezifisch germanistischer Perspektive Martina Wagner-Egelhaaf: Literaturtheorie als Theorie der Gesellschaft. In: Promotionskolleg ›Literaturtheorie als Theorie der Gesellschaft‹ (Hg.): Literatur. Macht. Gesellschaft. Neue Beiträge zur theoretischen Modellierung des Verhältnisses von Literatur und Gesellschaft. Heidelberg 2015, S. 17–38.
[2] Vgl. aus germanistisch-mediävistischer Sicht den Überblick bei Ursula Peters: Text und Kontext. Die Mittelalterphilologie zwischen Gesellschaftsgeschichte und Kulturanthropologie. In: Ursula Peters: Von der Sozialgeschichte zur Kulturwissenschaft. Aufsätze 1973–2000. Hg. von Susanne Bürkle, Lorenz Deutsch, Timo Reuvekamp-Felber. Tübingen, Basel 2004, S. 301–334. Eine Auswahl kulturwissenschaftlich orientierter Einzelstudien bietet Jan-Dirk Müller: Mediävistische Kulturwissenschaft. Ausgewählte Studien. Berlin 2010.
[3] Ursula Peters: Die Rückkehr der ›Gesellschaft‹ in die Kulturwissenschaft. Zur gesellschaftsgeschichtlichen Neuorientierung der Mittelalterphilologie. In: Scientia Poetica 22 (2018), S. 1–52. Peters verweist in diesem Zusammenhang auf das durch den ›neuen‹ Ansatz gleichfalls ungelöst gebliebene ›Text-Kontext-Problem‹. Vgl. Dominic Büker: Intertextualität und Distinktion. Grundzüge einer kultursoziologischen Text-Kontext-Theorie. In: Promotionskolleg ›Literaturtheorie als

---

Julia Frick, Zürich

Open Access. © 2022 Julia Frick, publiziert von De Gruyter. Dieses Werk ist lizenziert unter einer Creative Commons Namensnennung 4.0 International Lizenz.
https://doi.org/10.1515/9783110667004-008

seinerseits von nachhaltigem Irritationspotential:[4] Die Fokussierung auf abstraktere Konstruktionen von gesellschaftsgeschichtlicher Relevanz (wie Mentalitäts-, Ideen-, Diskurs-, Medien-, Wissensgeschichte etc.) brachte mit einer zunehmenden Spezialisierung im Bereich der einzelnen Forschungsansätze gerade keine – oder allenfalls nur eine punktuell zu beobachtende – Präzisierung der infrage stehenden Relation von Text und Kultur,[5] sondern vielmehr eine signifikante Verengung des Blickwinkels, indem sie den literarischen Text auf jeweils einen, aus der Breite kulturhistorischer Modellbildungen separierten theoretischen Aspekt verpflichtete – ein Vorgang, der sich, zumal aus historischer Perspektive, mit dem Verdacht der ›bloßen‹ Applikation eines vorgegebenen Sinnhorizonts auseinandersetzen muss.[6] Umso gravierender erscheint dieses Phänomen angesichts der evidenten Komplexisierung des sich ausdifferenzierenden Feldes der Kulturwissenschaften, insofern mit dessen Aufsplitterung eine gewisse ›Entgrenzung‹ der Forschungsdisziplin einhergeht, die die traditionellen Kategorien von ›Text‹ und ›Kontext‹ einer klar definierten, dem Spezialdiskurs übergeordneten literaturwissenschaftlichen Operationalisierbarkeit entzieht.[7] Dass damit eine »trennscharfe, ›sozialgeschichtliche‹ Perspektive«[8] nicht erfasst, ja mit der Pluralisierung in geistes-, mentalitäts-, medialitäts-, wissensgeschichtliche etc. Kategorien gar nicht erst anvisiert ist, liegt auf der Hand.

Theorie der Gesellschaft‹ (Hg.): Neue Beiträge zur theoretischen Modellierung des Verhältnisses von Literatur und Gesellschaft. Heidelberg 2015, S. 41–78.

4 Vgl. hierzu Claus-Michael Ort: ›Sozialgeschichte‹ als Herausforderung der Literaturwissenschaft. Zur Aktualität eines Projekts. In: Martin Huber, Gerhard Lauer (Hg.): Nach der Sozialgeschichte. Konzepte für eine Literaturwissenschaft zwischen historischer Anthropologie, Kulturgeschichte und Medientheorie. Tübingen 2000, S. 113–128.

5 Zum Problemfeld ›Text als Kultur‹ und der spezifisch ›kulturellen Poetik‹ (*cultural poetics*) vgl. im Kontext des New Historicism einschlägig Catherine Gallgher, Stephen Greenblatt: Practicing New Historicism. Chicago 2000. Siehe dazu auch Moritz Baßler (Hg.): New Historicism. Literaturgeschichte als Poetik der Kultur. Mit Beiträgen von Stephen Greenblatt, Louis Monrose u. a. Frankfurt a.M. 1995; Bachmann-Medick (Hg.): Kultur als Text. Die anthropologische Wende in der Literaturwissenschaft. Frankfurt a.M. 1996.

6 Vgl. dazu die einzelnen Artikel im Band von Christiane Ackermann, Michael Egerding (Hg.): Literatur und Kulturtheorien in der Germanistischen Mediävistik. Ein Handbuch. Berlin 2015, sowie die Rezension von Rüdiger Schnell: Kulturtheorien und Lektürepraxis in der Germanistischen Mediävistik. In: ZfdA 145 (2016), S. 421–458. Schnell insistiert insbesondere auf dem Monitum, dass sich die Germanistische Mediävistik als »Anhäufung von Forschungsansätzen [präsentiert], die aufgrund ihrer enormen Komplexitätssteigerung immer weiter auseinanderdriften« (ebd., S. 457). Zur ›dilemmatischen‹ Beziehung der Literatur- und Kulturwissenschaft vgl. auch Walter Haug: Literaturwissenschaft als Kulturwissenschaft? In: DVjs 73 (1999), S. 69–93.

7 Zu diesem Problemfeld vgl. eingehend die Einleitung des Bandes.

8 Ort: ›Sozialgeschichte‹ als Herausforderung der Literaturwissenschaft (s. Anm. 4), S. 116.

Die germanistisch-mediävistische Forschung hat immer wieder mit Vehemenz auf die kulturwissenschaftliche Tradition des Faches, die eine adäquate Verortung der Texte »in weitgespannte[n] kulturgeschichtliche[n] Kontexten« notwendig mache, hingewiesen.[9] Insbesondere durch die Stilisierung der Kulturwissenschaft zur »universale[n] Textwissenschaft«[10] schien die Spezifizität literarischer Ausdrucksformen, wie sie sich in Texten manifestieren, in einem kulturhistorischen Kontinuum unterzugehen, das sich aus den unterschiedlichsten Repräsentationsformen gleichermaßen lesbarer ›Texte‹ konstituierte. Auch der Versuch, den Verlust an Differenzierung durch eine gewissermaßen charakteristisch mediävistische Ausprägung der Kulturgeschichte – forciert durch die Forderungen der ›New Philology‹[11] – als Medien- bzw. Überlieferungsgeschichte zu kompensieren,[12] offenbart in der Verschiebung des Blickwinkels auf die Manuskriptkultur symptomatische ›Leerstellen‹. Denn das überlieferte Material lässt aufgrund der zum Teil nicht unerheblichen zeitlichen Distanz zur Entstehung der darin fixierten Texte deren sozialen und kulturellen Hintergrund allenfalls erahnen und spiegelt damit einen differenten, auf einer anderen Ebene anzusiedelnden Status »historische[r] Realität«,[13] nämlich eine rezeptionsorientierte Perspektive aus der Überlieferung rekonstruierbarer Gebrauchs- und Funktionszusammenhänge der erhaltenen Codices.[14] Neuere kulturgeschichtliche Ansätze in der Germanistischen Mediävistik hingegen arbeiten mit dezidiert offeneren Deutungshorizonten,

---

9 Peters: Text und Kontext (s. Anm. 2), S. 307. Vgl. dazu auch Jan-Dirk Müller: Der Widerspenstigen Zähmung. Anmerkungen zu einer mediävistischen Kulturwissenschaft. In: Martin Huber, Gerhard Lauer (Hg.): Nach der Sozialgeschichte. Konzepte für eine Literaturwissenschaft zwischen historischer Anthropologie, Kulturgeschichte und Medientheorie. Tübingen 2000, S. 461–481, bes. S. 461.
10 Haug: Literaturwissenschaft als Kulturwissenschaft (s. Anm. 6), S. 82.
11 Vgl. die Revision des Forschungsfeldes in Markus Stock, A. E. Christa Canitz (Hg.): Rethinking Philology. Twenty-Five Years after The New Philology. Ottawa 2015, darin bes. den Beitrag von Stephen G. Nichols: Dynamic Reading of Medieval Manuscripts, S. 19–57, der die Überlegungen aus der seinerzeit wirkmächtigen Speculum-Ausgabe reflektiert: Stephen G. Nichols: Introduction. Philology in a Manuscript Culture. In: Speculum 65 (1990), S. 1–10.
12 Vgl. (mit Diskussion des Forschungsstandes) die ›theoretischen und kulturhistorischen Vorbemerkungen‹ bei Jürgen Wolf: Buch und Text. Literatur- und kulturhistorische Untersuchungen zur volkssprachigen Schriftlichkeit im 12. und 13. Jahrhundert. Tübingen 2008.
13 Wolf: Buch und Text (s. Anm. 12), S. 54.
14 Damit verschiebt sich der Blickwinkel von den sozial- und kulturhistorischen Entstehungsbedingungen der Texte auf den Gebrauchscharakter der Manuskripte selbst. Vgl. exemplarisch Felix Heinzer: Über das Wort hinaus lesen? Der Psalter als Erstlesebuch und die Folgen für das mittelalterliche Verhältnis zum Text. In: Wolfgang Haubrichs, Eckart Conrad Lutz (Hg.): Text und Text in lateinischer und volkssprachiger Überlieferung des Mittelalters. Freiburger Kolloquium 2004. Berlin 2006, S. 147–168.

indem sie die Aspekte des ›Kulturellen‹ auf die Sphäre von imaginären Bedeutungsstrukturen verschieben, die in den literarischen Texten als Produkten jeweils konkreter historischer Konstellationen beobachtbar werden.[15] Gleichwohl ist auch hier eine gewisse Prägnanz »kulturspezifische[r] Interessen und Impulse«[16] zugunsten eines stärker mentalitätsgeschichtlichen, abstrakteren Modells einer ›imaginären (Wissens-)Ordnung‹ der historischen Kultur zurückgestellt,[17] das zwar als Anschlusskommunikation an »das – inzwischen aufgegebene – Projekt einer Sozialgeschichte der Literatur« konzipiert ist,[18] das gleichwohl ohne dezidierte Anbindung an sozialhistorische Fragen auskommt.[19]

Angesichts dieser Sachlage dokumentieren die von den Herausgebern des vorliegenden Bandes zurecht kritisch hinterfragten, ins Unspezifische tendierenden Kontextualisierungsbemühungen offensichtlich eine Art Kompensationsmodell scheinbar obsolet gewordener Fragehorizonte.[20] Das gilt umso mehr, als einige neuere »Überlegungen zur Verbindung von kulturwissenschaftlicher Literatur- und Gesellschaftstheorie, der ›traditionellen‹ Text-Kontext-Diskussion und ihrer Vermittlungsproblematik« durchaus,[21] insbesondere im Hinblick auf die textanalytische Realisierung, auf ›klassische‹ Paradigmen sozialgeschichtlicher Forschung rekurrieren.[22] Diese Ansätze reflektieren eine Defizienz des kulturgeschichtlichen Ansatzes, der die sozialhistorische Bedingtheit der Literatur – und das gilt in besonderem Maße für die mittelalterliche Literatur in der Volkssprache – nur unzureichend erfasst. Ursula Peters votiert in ihrem Plädoyer insofern ganz folgerichtig »für eine detailhistorisch basierte gesellschaftsgeschichtlich orientierte Mittelalterphilologie«, um unter einem veränderten Blickwinkel »neue Antworten auf ›alte‹ literarhistorische Fragen« herauszuarbeiten.[23]

---

15 Vgl. Jan-Dirk Müller: Höfische Kompromisse. Acht Kapitel zur höfischen Epik. Tübingen 2007.
16 Ebd., S. 9.
17 Vgl. Müllers Ausführungen in der zur Textanalyse hinführenden Einleitung, ebd., S. 6–41, sowie die kritische Diskussion des Konzepts bei Hartmut Bleumer: Oblique Lektüren. Ein Versuch zu: Jan-Dirk Müller, Höfische Kompromisse. Acht Kapitel zur höfischen Epik. Niemeyer, Tübingen 2007. In: ZfdPh 131 (2012), S. 103–115.
18 Müller: Höfische Kompromisse (s. Anm. 15), S. 40.
19 Vgl. dazu die differenzierte Darstellung in der Einleitung des Bandes (bes. S. 7f.).
20 Vgl. Ursula Peters: Literaturgeschichte als Mentalitätsgeschichte? Überlegungen zur Problematik einer neueren Forschungsrichtung. In: Ursula Peters: Von der Sozialgeschichte zur Kulturwissenschaft. Aufsätze 1973–2000. Hg. von Susanne Bürkle, Lorenz Deutsch, Timo Reuvekamp-Felber. Tübingen, Basel 2004, S. 75–106, bes. S. 79.
21 Peters: Die Rückkehr der ›Gesellschaft‹ in die Kulturwissenschaft (s. Anm. 3), S. 5f.
22 Ebd., S. 29. Peters analysiert die Zugriffe der *postcolonial studies*, der Ökokritik und Ökonomie auf ihre Valenz im Hinblick auf gesellschaftsgeschichtliche Fragestellungen.
23 Peters: Die Rückkehr der ›Gesellschaft‹ in die Kulturwissenschaft (s. Anm. 3), S. 49 u. 52.

Als eine solche Antwort versteht sich der folgende Beitrag. Ziel ist es zu eruieren, inwiefern sich der Problematik kultur- und sozialgeschichtlicher Referentialisierung methodisch kontrolliert und historisch adäquat begegnen lässt, um die Differenzqualität realhistorischer Konstanten und kultureller Konstellationen zu erfassen, auf die literarische Texte in der ihnen je eigenen Art der Konstruktion symbolischer Ordnung begegnen.[24] Als exemplarischer Modellfall dient dabei der Funktionstypus des Kommentars.[25]

Als Medium der Wissenssicherung und Wissensvermittlung repräsentiert der Kommentar eine ›Sammlung‹ von Sinngebungsprozeduren,[26] die das jeweils kommentierte Einzelwerk in universale epistemische Dimensionen und damit in ein Symbolsystem von thematischer Markiertheit integriert.[27] Die solchermaßen durchaus hierarchisch gegliederte Ordnung des vorliegenden Materials generiert einen ›Wissensraum‹, der als Referenzgröße für die Identitätsbildung eines Kollektivs wirkt, in dessen Umfeld sie zu verorten ist. Das ist insofern von entscheidender Bedeutung, weil nur diejenigen Werke als kommentierungsbedürftig erscheinen, die im Rahmen kultureller Distinktionen kanonische bzw. ›klassische‹ Geltung erlangt haben[28] und denen insofern eine gewisse gesellschaftliche Verbindlichkeit – sei es in rechtlich-fundierender Hinsicht, sei es im bildungsgeschichtlichen Kontext – eignet.[29] Was natürlich auch umgekehrt gilt,

---

24 Zu möglichen Zugängen zu Text-Kontext-Relationen vgl. in literaturwissenschaftlicher Perspektive Christian Kiening: Zwischen Körper und Schrift. Texte vor dem Zeitalter der Literatur. Frankfurt a.M. 2003, bes. S. 8–28.
25 Vgl. grundlegend Glenn W. Most (Hg.): Commentaries – Kommentare. Göttingen 1999. In historischer Perspektive siehe Frank Bezner: Vela veritatis. Hermeneutik, Wissen und Sprache in der *Intellectual History* des 12. Jahrhunderts. Leiden, Köln 2005.
26 Zum Sammeln in systematischer Hinsicht vgl. Aleida Assmann, Monika Gomille, Gabriele Rippl (Hg.): Sammler – Bibliophile – Exzentriker. Tübingen 1998. Vgl. auch die theoretische Grundlegung in Jan Assmann, Burkhard Bladigow (Hg.): Text und Kommentar. Archäologie der literarischen Kommunikation IV. München 1995, sowie grundlegend Jan Assmann: Das kulturelle Gedächtnis. Schrift, Erinnerung und politische Identität in frühen Hochkulturen. München [8]2018.
27 Vgl. Walter Haug: Der Kommentar und sein Subjekt. Grundpositionen exegetischer Kommentierung in Spätantike und Mittelalter. In: Walter Haug: Die Wahrheit der Fiktion. Studien zur weltlichen und geistlichen Literatur des Mittelalters und der frühen Neuzeit. Tübingen 2003, S. 426–445.
28 Zu diesem Aspekt vgl. Jan Assmann: Text und Kommentar. Einführung. In: Jan Assmann, Burkhard Bladigow (Hg.): Text und Kommentar. Archäologie der literarischen Kommunikation IV. München 1995, S. 9–33, bes. S. 19f.
29 Für die mittelalterliche Literatur in der Volkssprache vgl. Nikolaus Henkel: Wann werden die Klassiker klassisch? Überlegungen zur Wirkungsweise und zum Geltungsbereich literarisch-ästhetischer Innovation im deutschen Hochmittelalter. In: Hans-Joachim Schmidt (Hg.): Tradition, Innovation, Invention. Fortschrittsverweigerung und Fortschrittsbewusstsein im

indem der Kommentar als »auratische[s] Moment[ ]«[30] den in der Überlieferung in der Regel (strukturell) herausgehobenen (Original-)Text erst als *textus classicus* inszeniert.[31]

In diesem Sinne repräsentiert der Kommentar eine kulturelle Konstante im Umgang mit der Tradierung gelehrter Bildungsinhalte und wird zum Signum einer »exegetische[n] Akkomodation des Textes«[32] an veränderte gesellschaftliche Anforderungen und Institutionalisierungsprozesse. Er sichert die Geltung und Autorität des kommentierten Textes, indem er diesen sowohl in einem ordnenden, wissenssoziologisch perspektivierten Zugriff an gewandelte Verstehensbedingungen anpasst als auch die darin fixierten Wissensstrukturen über die Zeit konserviert in der Form eines »materialisierte[n] Gedächtnisse[s]«.[33] In dieser Funktion markiert der Kommentar einen Speicheraspekt des verfügbaren Wissens, an dem ein markantes, synchron wie diachron produktives Spannungsverhältnis historisch beobachtbar wird: Als sprachlich-formale, inhaltlich-thematische Explikation des als erklärungsbedürftig angesehenen Ausgangstextes fixiert er ein historisches ›Wissensstadium‹, das dem Fundus kulturellen Wissens abhanden gekommene Kontexte durch eine simultane Amalgamierung mit den je zeitgenössischen Vermittlungsmodalitäten aktualisiert. In zeitlicher Retrospektive wird der Kommentar selbst kommentierungs- bzw. revisionsbedürftig, insofern er eine kontinuierliche Perpetuierung gemäß des je aktuell geltenden Wissensstandards und der Gebrauchsmodalitäten des (kommentierten) Textes erfordert.[34]

Mittelalter. Berlin, New York 2005, S. 441–467; Nikolaus Henkel: Wertevermittlung und Wissen in der Hand des Gelehrten. Sebastian Brant und sein Werk. In: Elke Brüggen u. a. (Hg.): Text und Normativität im deutschen Mittelalter. XX. Anglo-German Colloquium. Berlin, Boston 2012, S. 13–48.
30 Peter Strohschneider: Faszinationskraft der Dinge. Über Sammlung, Forschung und Universität. In: Denkströme 8 (2012), S. 9–26, hier: S. 20.
31 Vgl. Assmann: Text und Kommentar (s. Anm. 28), S. 19. Zur Indienstnahme dieser Funktion zur Eigenstilisierung siehe Aleida Assmann: Der Eigen-Kommentar als Mittel literarischer Traditionsstiftung. Zu Edmund Spensers *The Shepheardes Calender*. In: Aleida Assmann, Monika Gomille, Gabriele Rippl (Hg.): Sammler – Bibliophile – Exzentriker. Tübingen 1998, S. 355–373.
32 Assmann: Text und Kommentar (s. Anm. 28), S. 11.
33 Justin Stagl: *Homo collector*. Zur Anthropologie und Soziologie des Sammelns. In: Aleida Assmann, Monika Gomille, Gabriele Rippl (Hg.): Sammler – Bibliophile – Exzentriker. Tübingen 1998, S. 37–54, hier: S. 41.
34 Vgl. mit Blick auf die Frühe Neuzeit Julia Frick: Pluralisierung von Sinn. *obscuritas* als textinterpretative Kategorie in Kommentar und Übersetzung der Frühen Neuzeit. In: Susanne Köbele, Julia Frick (Hg.): *wildekeit*. Spielräume literarischer *obscuritas* im Mittelalter. Zürcher Kolloquium 2016. Berlin 2018, S. 413–435.

Diese ›Archivfunktion‹[35] zeichnet sich durch eine symptomatische Ambivalenz aus: Indem der Kommentar im Text vorhandene, aber nicht explizit gemachte Sinnschichten erschließt, produziert er selbst beständig Mehrdeutigkeiten, die wiederum Versuche der Vereindeutigung der ›obskuren‹ Sinnpluralität provozieren.[36] Damit erscheint der Kommentar als Spiegel historischer Wissensformationen und zeitgenössisch virulenter Diskurse, die Auskunft geben können über die kultur- und sozialhistorischen Bedingtheiten ihrer jeweiligen Entstehungs- und Rezeptionskontexte. Weil Kommentare gerade innerhalb von Institutionen zu den traditionellen Formen intellektuell-diskursiver Kommunikation und Verständigung über kulturelle ›Leit-Texte‹ gehören,[37] bieten sie einen Reflex der (Bildungs-)Interessen einer Gemeinschaft.

Der Funktionstypus Kommentar reagiert also nicht nur auf innerliterarische Diskursverschiebungen und Akzentuierungen oder poetologische Diskussionen, sondern auch auf Veränderungen hinsichtlich der Funktionszusammenhänge und Benutzungskontexte, in die ein literarisches Werk Eingang findet. Sein Sinnzentrum lässt sich als das eines »Zeitspeicher[s]«[38] beschreiben, das vergangene intellektuelle Formationen dokumentiert und ein angemessenes Instrument zur Rekonstruktion kollektiver Geschichte bietet.[39] Die Spielräume divergierender Bedeutungskonstitution sollen im Folgenden an einem exemplarischen Modellfall aufgezeigt werden: Grundlage ist ein exzeptionelles Beispiel mittelalterlicher Kommentierung des 14. Jahrhunderts, das aufgrund seines Status als ›Gegenpol‹ zu den traditionellen Paradigmen differenziertere Einblicke in die sozialhistorische Bedingtheit der jeweils getroffenen Aussagen erlaubt.

---

35 Zum Funktionstypus des Archivs vgl. Moritz Baßler: Die kulturpoetische Funktion und das Archiv. Eine literaturwissenschaftliche Text-Kontext-Theorie. Tübingen 2005; Markus Friedrich: Die Geburt des Archivs. Eine Wissensgeschichte. München 2013.
36 Zur *obscuritas* in interdisziplinär-historischer Perspektive vgl. Susanne Köbele, Julia Frick (Hg.): *wildekeit*. Spielräume literarischer *obscuritas* im Mittelalter. Zürcher Kolloquium 2016. Berlin 2018.
37 Zur Bedeutung der Kommentierung im Rahmen mittelalterlicher Schullektüre vgl. in germanistisch-mediävistischer Hinsicht Nikolaus Henkel: Deutsche Übersetzungen lateinischer Schultexte. Ihre Verbreitung und Funktion im Mittelalter und in der frühen Neuzeit. Mit einem Verzeichnis der Texte. München 1988.
38 Christine Blättler, Ulrike Vedder: Dynamik und Ordnung der Sammlung – Strategie, Spiel und Verlust. Zur Einleitung. In: Sarah Schmidt (Hg.): Sprachen des Sammelns. Literatur als Medium und Reflexionsform des Sammelns. Paderborn 2016, S. 199–204, hier: S. 203.
39 Vgl. in anderem Zusammenhang Adrian Stähli: Sammlungen ohne Sammler. Sammlungen als Archive des kulturellen Gedächtnisses im antiken Rom. In: Aleida Assmann, Monika Gomille, Gabriele Rippl (Hg.): Sammler – Bibliophile – Exzentriker. Tübingen 1998, S. 55–86.

2 Erwartungsbrüche in der Mystik: Lateinisch-deutsche Sprachlogiken in der Kommentierung zum *Granum sinapis*

Das *Granum sinapis* gilt in der Forschung »als Höhepunkt der volkssprachlichen geistlichen Lyrik des Mittelalters«.[40] Diese Sonderstellung beruht einerseits auf formalen Kriterien, andererseits resultiert sie aus überlieferungspraktischen Befunden. Das deutsche Gedicht, das die germanistisch-mediävistische Forschung seit den wegweisenden Arbeiten Kurt Ruhs in der Regel als Kontrafaktur betrachtet,[41] weist nämlich in metrischer Hinsicht eine Bauform auf, die einigen Sequenzentypen des 12. Jahrhunderts nahekommt, die Adam von St. Victor zugeschrieben werden.[42] Aufgrund dieses Umstands wird das *Granum sinapis* auch als ›deutsche Sequenz‹[43] oder ›deutsches Lied‹[44] verhandelt – Gattungsbegriffe, die infolge des ihnen zugrundeliegenden Merkmals der Sangbarkeit spezifische Gebrauchskontexte des deutschen Gedichts implizieren, die, wie musikologische Studien gezeigt haben, kritisch stimmen dürften,[45] die aber auch angesichts der Überlieferung zum mindesten bedenkenswert sind. Darauf komme ich weiter unten zurück.

---

40 Susanne Köbele: Vom ›Schrumpfen‹ der Rede auf dem Weg zu Gott. Aporien christlicher Ästhetik (Meister Eckhart und das *Granum sinapis* – Michel Beheim – Sebastian Franck. In: Poetica 36 (2004), S. 119–147, hier: S. 121.
41 Vgl. Kurt Ruh: Textkritik zum Mystikerlied *Granum sinapis*. In: Kurt Ruh: Kleine Schriften. Bd. 2: Scholastik und Mystik im Spätmittelalter. Hg. von Volker Mertens. Berlin, New York 1984, S. 77–93 (zuerst erschienen in: Festschrift Josef Quint anläßlich seines 65. Geburtstages überreicht. Hg. von Hugo Moser, Rudolf Schützeichel, Karl Stackmann. Bonn 1964, S. 169–185); Kurt Ruh: *Granum sinapis*. In: ²VL 3 (1981), Sp. 220–224; Kurt Ruh: Meister Eckhart. Theologe, Prediger, Mystiker. München ²1989, S. 47–59 (Kap. 4: Dionysische Mystik: *Granum sinapis*).
42 Vgl. Markus Steffen: Das *Granum sinapis* und die Sequenzen Adams von St. Victor. In: PBB 129 (2007), S. 402–418. Zur Zuschreibungsproblematik der Sequenzen an Adam von St. Viktor siehe Margot E. Fassler: Who was Adam of St. Victor? The evidence of the sequence manuscripts. In: Journal of the American Musicological Society 37 (1984), S. 233–269.
43 So bei Ruh: Meister Eckhart. Theologe, Prediger, Mystiker (s. Anm. 41), S. 47; Köbele: Vom ›Schrumpfen‹ der Rede auf dem Weg zu Gott (s. Anm. 40), S. 121.
44 Walter Haug: Meister Eckhart und das *Granum sinapis*. In: Horst Brunner, Werner Williams-Krapp (Hg.): Forschungen zur deutschen Literatur des Spätmittelalters. Festschrift Johannes Janota. Tübingen 2003, S. 73–94, hier: S. 73.
45 Steffen (Das *Granum sinapis* und die Sequenzen Adams von St. Victor [s. Anm. 42], S. 402) fragt danach, »ob es tatsächlich möglich ist, die eine Melodie aus den Adam zugeschriebenen [...] Sequenzen herauszufiltern.«

Das *Granum sinapis* ist in zehn Handschriften des 14. und 15. Jahrhunderts erhalten.[46] Die weitaus älteste ist eine um 1400 zusammengefügte Komposithandschrift (Basel, Universitätsbibliothek, Cod. B IX 24),[47] die eine sekundär hergestellte Buchbindersynthese repräsentiert. Es handelt sich dabei um drei ursprünglich als Einzelteile konzipierte, im 14. Jahrhundert verfasste Faszikel überwiegend lateinisch-theologischen Gehalts, die wohl erst in der Basler Kartause (nach der Gründung 1401) in einem Band zusammengefasst worden sind.[48] Der zweite Faszikel (fol. 27^r–40^v), der das *Granum sinapis* enthält, wird in die Jahre 1320/30 datiert[49] – eine Konkretheit, die im Hinblick auf den sozialhistorischen Kontext eine zentrale Rolle spielt. Wie Kurt Ruh gezeigt hat, führt die Basler Überlieferung des Textes »unmittelbar an das Original heran[ ]«;[50] er verortete das Gedicht aufgrund der charakteristischen Schreibsprache sowie seiner mystisch-spekulativen Ausrichtung im mitteldeutsch-thüringischen Raum, also der »Wirkungsstätte des jüngeren Eckhart«, und zog dessen Verfasserschaft in Betracht.[51] Diese Zuschreibung wird von der Forschung mittlerweile skeptisch gesehen und auf der Basis inhaltlicher, auf die Übereinstimmung mit Eckharts Lehrsätzen zielender Plausibilitätskriterien zurückgewiesen.[52] Der Überlieferungsbefund zum *Granum sinapis* lässt allerdings die Frage auf-

---

46 Der jüngst aufgefundene Textzeuge T (Torún, Universitätsbibliothek, Rps. 75) ist beschrieben bei Ralf G. Päsler: Ein neuer Textzeuge des *Granum sinapis* aus der ehem. Königsberger Dombibliothek. In: ZfdA 136 (2007), S. 58–67. Dort ist auch die Zusammenstellung der weiteren Überlieferungszeugen verzeichnet (ebd., S. 61f.). Vgl. auch Ruh: Textkritik zum Mystikerlied *Granum sinapis* (s. Anm. 41), S. 78f., sowie Bruno Jahn: *Granum sinapis*. In: Deutsches Literatur-Lexikon. Das Mittelalter. Autoren und Werke nach Themenkreisen und Gattungen. Bd. 2: Das geistliche Schrifttum des Spätmittelalters. 1. Hälfte 14. Jh. Hg. von Wolfgang Achnitz. Berlin, Boston 2011, Sp. 1–4.
47 Zur Beschreibung vgl. Max Burckhardt, Gustav Meyer: Die mittelalterlichen Handschriften der Universitätsbibliothek Basel. Beschreibendes Verzeichnis. Abteilung B: Theologische Pergamenthandschriften. Bd. 2. Signaturen B VIII 11–B XI 26. Basel 1966, S. 336–348.
48 Dazu Judith Theben: Die mystische Lyrik des 14. und 15. Jahrhunderts. Untersuchungen – Texte – Repertorium. Berlin, New York 2010, S. 189.
49 Vgl. Ruh: *Granum sinapis* (s. Anm. 41), Sp. 222.
50 Ruh: Textkritik zum Mystikerlied *Granum sinapis* (s. Anm. 41), S. 88f.
51 »Ich habe heute kaum mehr Bedenken, in ihm [sc. Meister Eckhart] nicht nur den geistigen Anreger, sondern den wirklichen Verfasser zu sehen.« Ruh: Meister Eckhart. Theologe, Prediger, Mystiker (s. Anm. 41), S. 49f.
52 So schon Bindschedler in ihrer Edition des *Granum sinapis* und dessen lateinischem Kommentar: Maria Bindschedler: Der lateinische Kommentar zum *Granum sinapis*. Basel 1949, S. 12f. – In jüngerer Zeit hat vor allem Walter Haug die Verfasserfrage vehement mit »Nein« (gegen eine Zuschreibung an Meister Eckhart) beantwortet, das *Granum sinapis* aber dennoch in Eckharts Umkreis gestellt. Haug: Meister Eckhart und das *Granum sinapis* (s. Anm. 44), S. 74. Einen ähnlichen Standpunkt vertritt Köbele: Vom ›Schrumpfen‹ der Rede auf dem Weg zu Gott (s. Anm. 40), S. 131.

kommen, ob unsere Erwartungen an eine konzeptuelle Homogenität eines ›Werkganzen‹, wie sie in diesem Zusammenhang immer wieder als Argument in Anschlag gebracht wird, angesichts der Alterität der mittelalterlichen Literaturproduktion mit ihren evidenten Spannungen und Überlagerungen heterogener Elemente als historisch adäquat gelten können.[53]

Bemerkenswert ist das *Granum sinapis* insbesondere aufgrund der außergewöhnlichen Konstellation in der ältesten Basler Handschrift. Denn darin tritt es nicht als eigenständiger, geschlossener Text in Erscheinung, sondern ist in einen lateinischen Kommentar dergestalt inkorporiert, dass sich die jeweils ausführlich besprochenen Einzelverse erst in einem mentalen Prozess des Abschreitens und Zusammenfügens bei der Lektüre zu einer Einheit formieren. Dieser Prozess wird in den modernen Editionen,[54] die Text und Kontext separieren, im Sinne einer (selbstverständlich notwendigen) leichteren Rezipierbarkeit des deutschen Gedichts aufgelöst – leider mit einem auch in anderen Bereichen oftmals zu beobachtenden Effekt, dass im Rahmen der Interpretationsbemühungen der Forschung der lateinische Text weit hinter den volkssprachigen zurücktritt, obwohl in der ältesten erhaltenen Form zumindest von einer konzeptionellen Einheit auszugehen ist, wenn nicht gar die Priorität auf dem lateinischen ›Rahmen‹ liegt. Dass ein volkssprachiger Text einen lateinischen Kommentar im gelehrten Duktus erhält, ist im Mittelalter an sich schon ein exzeptioneller Fall und insofern ein veritabler Erwartungsbruch.[55] Dass der Kommentar aber geradezu den ihm traditionel-

---

Dass sich »[ü]ber den Verfasser [...] Genaueres nicht sagen« lasse, betont Alois M. Haas: Sermo Mysticus. Studien zu Theologie und Sprache der deutschen Mystik, Freiburg i.Üe. 1979, S. 305.

53 Vgl. in einem kontextorientierten Ansatz Niklaus Largier: Von Hadewijch, Mechthild und Dietrich zu Eckhart und Seuse? Zur Historiographie der ›deutschen Mystik‹ und der ›deutschen Dominikanerschule‹. In: Walter Haug, Wolfram Schneider Lastin (Hg.): Deutsche Mystik im abendländischen Zusammenhang. Neu erschlossene Texte, neue methodische Ansätze, neue theoretische Konzepte. Kolloquium Kloster Fischingen. Tübingen 2000, S. 93–117.

54 Vgl. Bindschedler: Der lateinische Kommentar zum *Granum sinapis* (s. Anm. 52), und die modifizierte Ausgabe des deutschen Textes durch Ruh: Textkritik zum Mystikerlied *Granum sinapis* (s. Anm. 41).

55 Siehe zum traditionellen Diskurs des latein-deutschen Sprachtransfers exemplarisch Britta Bußmann, Albrecht Hausmann, Annelie Kreft, Cornelia Logemann (Hg.): Übertragungen. Formen und Konzepte von Reproduktion in Mittelalter und Früher Neuzeit. Berlin, New York 2005; Joachim Heinzle (Hg.): Übersetzen im Mittelalter. Cambridger Kolloquium 1994. Berlin 1996; Nikolaus Henkel, Nigel F. Palmer (Hg.): Latein und Volkssprache im deutschen Mittelalter. 1100–1500. Regensburger Colloquium 21.–24. September 1988. Tübingen 1992. – Im europäischen Kontext vgl. Michael Baldzuhn, Christine Putzo (Hg.): Mehrsprachigkeit im Mittelalter. Kulturelle, literarische, sprachliche und didaktische Konstellationen in europäischer Perspektive. Mit Fallstudien zu den *Disticha Catonis*. Berlin 2011. – Zum weitaus seltener zu beobachtenden Phänomen des Transfers aus dem Lateinischen in die Volkssprachen vgl. Françoise Fery-Hue (Hg.):

lerweise auch graphisch übergeordneten *textus* dominiert,[56] ist ein Überlieferungsbefund, der auf eine historische Problemkonstellation verweist, welcher sich mit einer ausschließlich literaturwissenschaftlich operierenden Analyse nur in begrenztem Maße begegnen lässt.[57]

Ausgangspunkt der Überlegungen ist zunächst die Thematik, um die das *Granum sinapis* kreist:[58] das »Repräsentationsparadox«[59] einer ontologischen Grundkonstante, deren Sinnzentrum die Problematik um den anwesend-verborgenen Gott bildet. In extremer sprachlicher Verknappung bieten die acht Strophen des Gedichts den Versuch, »die Immanenz und Transzendenz Gottes zusammenzudenken«.[60] Der mystischen Einheitsspekulation, die der Text durchspielt, liegt die Kernbestimmung der negativen Theologie in der Tradition des Dionysius Areopagita zugrunde,[61] nach der alles Sprechen über die Transzendenz aufgrund der naturgemäßen Insuffizienz zuschreibender Aussagen nur über den negativ-affirmativen Modus möglich ist: In einer »transgressive[n] Aussageweise«,[62] die sprachlich-gedanklich über einfache Gegensätze und Kontraste hinausführt und in einem dynamischen Prozess der Sinnaufhebung Sinn produziert. Die ersten drei Strophen thematisieren die Einheit Gottes, während die Strophen vier bis acht in zunehmender Hinwendung zum Rezipienten den Weg zur Vereinigung der Seele mit Gott beschreiben.[63] In charakteristischen Strukturparadoxien modelliert das Gedicht eine Enthobenheit von Zeit und Raum, sowohl im Hinblick auf die als unveränderliche Einheit konzipierte Gottesgeburt (*processio sine variatione*) als auch in Bezug auf die progressive Selbstentäußerung der Seele, die im Heraustreten aus der Zeit und

---

Habiller en latin. La traduction de vernaculaire en latin entre Moyen Âge et Renaissance. Paris 2018.
56 Zu den ›klassischen‹ Typen der hoch- und spätmittelalterlichen Text-Kommentar-Arrangements vgl. Gerhard Powitz: Textus cum commento. In: Codices manuscripti 5 (1979), S. 80–89.
57 Das ist mit dem Hinweis auf »die grundsätzliche Ambiguität historischer Befunde und Wertungen« im hermeneutischen Prozess angedeutet bei Köbele: Vom ›Schrumpfen‹ der Rede auf dem Weg zu Gott (s. Anm. 40), S. 133f.
58 Im Folgenden zitiert nach Ruh: Meister Eckhart. Theologe, Prediger, Mystiker (s. Anm. 41), S. 47–49. Vgl. auch Ruh: Textkritik zum Mystikerlied *Granum sinapis* (s. Anm. 41), S. 80f. u. 91–93.
59 Köbele: Vom ›Schrumpfen‹ der Rede auf dem Weg zu Gott (s. Anm. 40), S. 121.
60 Ebd., S. 123.
61 Vgl. Kurt Ruh: Geschichte der abendländischen Mystik. Bd. 1: Die Grundlegung durch die Kirchenväter und die Mönchstheologie des 12. Jahrhunderts. München 1990, bes. S. 31–82.
62 Köbele: Vom ›Schrumpfen‹ der Rede auf dem Weg zu Gott (s. Anm. 40), S. 124.
63 Zur Analyse der einzelnen Strophen unter mystagogischen bzw. poetischen Gesichtspunkten vgl. Haas: Sermo Mysticus (s. Anm. 52), S. 301–329, sowie Haug: Meister Eckhart und das *Granum sinapis* (s. Anm. 44), S. 73–94.

Zeitlichkeit eine Vernunftlogik ausschließt. Dabei wird der durative Aspekt einer andauernden Vergangenheit und damit je aktuell-gegenwärtigen Heilsgeschichte durch entsprechende Tempusmarker geleistet (*In dem begin / hô uber sin / ist ie daz wort* I,1–3),[64] die die Zeitebenen dynamisieren (*dâ ie begin begin gebar* I,5). Die spezifische Bildsprache operiert mit ›Sprengmetaphern‹,[65] die den Spielraum prädikativer Attribution jenseits der Vorstellungskraft ins Unmögliche steigern. Sie zielen, wie z. B. das Paradox des ewigen Beginns (I,5) oder des weglosen Weges (*genk âne wek / den smalen stek* VII,8 f.), statt einer Differenz auf eine Integration des Gegensätzlichen und streben über jeden Vorgang (sprachlicher) Relationierung hinaus. Das *Granum sinapis* reflektiert die »grundsätzliche Ineffabilität Gottes«, indem es diesen in der Form einer *negatio negationis* »dem objektsprachlichen Bereich systematisch entzieht«.[66] Die letzte Strophe setzt mit einer expliziten Appellstruktur den Vorgang permanenter Selbstaufgabe, der in der Vereinigung der Seele mit *gotis nicht* mündet, in den Bereich exklusiver Erfahrung um:

> Ô sêle mîn
> genk ûz, got în!
> sink al mîn icht
> in gotis nicht,
> sink in dî grundelôze vlût!
> vlî ich von dir,
> du kumst zu mir.
> vorlîs ich mich,
> sô vind ich dich,
> ô uberweselîches gût!
> (VIII)

Das deutsche Gedicht führt in einer parataktisch intensivierten Dichte in die Aporien aller menschlichen Reflexion über das Erkennen des *Deus superignotus* hinein. Die ihnen auf der sprachlichen Ebene korrespondierende paradoxe Metaphorik weist das »traditionell verräumlicht gedacht[e]«[67] Einheitskonzept von Immanenz und Transzendenz ab und überführt es in die Vorstellung einer Erfahrung der mystischen Unio durch Erfahrung der »Inadäquatheit« des Spre-

---

64 Vgl. die Diskussion zum Zitat aus Io 1,1 (*In principio erat verbum*) der ersten Strophe bei Haug: Meister Eckhart und das *Granum sinapis* (s. Anm. 44), bes. S. 75–77, und Ruh: Meister Eckhart. Theologe, Prediger, Mystiker (s. Anm. 41), S. 50.
65 Zu Blumenbergs Konzept der ›Sprengmetaphorik‹ in Bezug auf die deutschsprachige Mystik des Mittelalters vgl. Susanne Köbele: Bilder der unbegriffenen Wahrheit. Zur Struktur mystischer Rede im Spannungsfeld von Latein und Volkssprache. Tübingen, Basel 1993, bes. S. 67.
66 Haas: Sermo Mysticus (s. Anm. 52), S. 319 u. 321.
67 Köbele: Vom ›Schrumpfen‹ der Rede auf dem Weg zu Gott (s. Anm. 40), S. 130.

chens von Gott.[68] Damit ist zugleich die Grenze zum zeitgenössisch geltenden orthodox-theologischen Diskurs überschritten – sie gehört zu denjenigen Grenzen, die im Spätmittelalter »auch inquisitorisch durchgesetzt werden«.[69] Diesen Aspekt gilt es gleich zu bedenken.

Die Forschung hat mit Nachdruck darauf hingewiesen, dass sich der überwiegende Teil der im *Granum sinapis* enthaltenen Vorstellungen und Bildkomplexe »mit Eckhartschen Ausführungen paraphrasieren« lasse,[70] ein Befund, der auch für das sprachlich-begriffliche Material des Textes ganz grundsätzlich gilt: »Man kann das *Granum sinapis* in seinen Vorstellungen und Formulierungen so gut wie vollständig in der Tradition mystischen Denkens und Darstellens verorten.«[71] Einzig die Tatsache, dass die Vorstellung der Gottesgeburt in der Seele als ontologische Grundkategorie der Eckhartschen Mystik ausgespart sei, sowie der Tenor der letzten Strophe, die die bis dahin im Gedicht herausgestellte Paradoxie durch die implizierte Möglichkeit der Gotteserkenntnis unterlaufe, erschienen im Hinblick auf eine mögliche Autorschaft Eckharts, für die Ruh aus plausiblen Gründen plädiert hatte, geradezu als ›Zumutung‹.[72] Als problematisch an dieser Argumentation erweist sich die fehlende Berücksichtigung des medialen Charakters des *Granum sinapis*: erstens der Volkssprache gegenüber der Latinität als derjenigen Sphäre, in der traditionellerweise systematische Aussagen verhandelt werden; zweitens der potentiell sangbaren Form, die das diskursiv verfügbare Material in prägnanter Kürze präsentiert; drittens der besonderen Überlieferungssituation von Text und Kommentar sowohl in der ältesten, als originalnah eingestuften Basler Handschrift als auch in den restlichen Überlieferungszeugen.[73] Jedenfalls prekär an einem solchen Nachweis, der allein mit Kohärenzerwartungen an ein systematisch ausgearbeitetes ›Theoriekonzept‹ argumentiert, ist darüber hinaus die einseitige Verpflichtung des Textes auf eine widerspruchsfreie Konformität mit der spezifischen Theologie Eckharts, deren unter-

---

68 Haas: Sermo Mysticus (s. Anm. 52), S. 328. Siehe dazu auch Burkhard Hasebrink: Diesseits? Eucharistie bei Meister Eckhart im Kontext der Debatte um ›Präsenzkultur‹. In: Christian Kiening (Hg.): Mediale Gegenwärtigkeit. Zürich 2007, S. 193–205.
69 Köbele: Vom ›Schrumpfen‹ der Rede auf dem Weg zu Gott (s. Anm. 40), S. 122.
70 Haas: Sermo Mysticus (s. Anm. 52), S. 314. Grundlegend Ruh: Meister Eckhart. Theologe, Prediger, Mystiker (s. Anm. 41), S. 54, der aus dem *Granum sinapis* »religiöse Zentralaussage[n] Eckharts« destilliert.
71 Haug: Meister Eckhart und das *Granum sinapis* (s. Anm. 44), S. 84.
72 Das *Granum sinapis* könne nicht »Eckhart selbst zugemutet werden«. Ebd., S. 91. Denn die letzte Strophe dokumentiere die »Vereinseitigung des Eckhartschen Konzepts« und sei in diesem Sinne als »völlig anti-eckhartisch« einzustufen. Ebd., S. 92.
73 Vgl. dazu unten S. 198f.

schiedliche Aspekte das *Granum sinapis* bruchlos abbilden müsse.[74] Dass dies »eher ein Postulat der neuzeitlichen Erwartung als der mittelalterlichen Arbeitsweise« darstellt, hat Niklaus Largier zu bedenken gegeben.[75] Vor diesem Hintergrund wäre zu überlegen, ob eine von den genannten medialen Kriterien separierte Betrachtung des deutschen Gedichts den von der Forschung getroffenen Rückschluss und dessen umfassenden Geltungsanspruch ausreichend rechtfertigt.

Die Entstehung des *Granum sinapis* wird in der Regel um 1300 im thüringischen Raum situiert, möglicherweise in einem monastischen Umfeld – »eines unter dominikanischem Einfluss stehenden Nonnenklosters«.[76] Doch sowohl diese Datierung als auch die Zuweisung des Gedichts an einen »begabte[n] Lyriker und hochgebildete[n] Theologen«[77] aus dem engeren Umfeld Meister Eckharts bleiben rein hypothetischer Natur. Es fehlt auch jegliche Evidenz dafür, dass das deutsche Gedicht »ursprünglich auf einen Kommentar nicht angewiesen war«[78] – die Überlieferung lehrt vielmehr das Gegenteil: Die integrale Konzeption aus Text und Kommentar bildet eine dermaßen stabile Konstante in der handschriftlichen Tradierung,[79] dass sie die Annahme einer sehr zeitnahen, wenn nicht gar simultanen Entstehung des deutschen Gedichts und lateinischen Kommentars nahelegt.[80] Gerade der Aspekt der tendentiellen Sangbarkeit, der als Argument für die Entstehung des Textes im Umfeld dominikanischer Frauenkonvente diente,[81] erscheint angesichts neuerer musikologischer Studien als diskutabel: Markus Steffen hat das von der germanistisch-mediävistischen Forschung für die metrische Form des *Granum sinapis* in Anschlag gebrachte »autochthone[ ]

---

74 »Was mich veranlaßt, den Text auf der Basis des bislang interpretatorisch Geleisteten nochmals durchzugehen, ist die Frage, ob das Konzept des *Granum sinapis* tatsächlich mit Eckharts Theologie zur Deckung zu bringen ist«. Haug: Meister Eckhart und das *Granum sinapis* (s. Anm. 44), S. 74.
75 Largier: Von Hadewijch, Mechthild und Dietrich zu Eckhart zu Seuse (s. Anm. 53), S. 96.
76 Haas: Sermo Mysticus (s. Anm. 52), S. 306.
77 Haug: Meister Eckhart und das *Granum sinapis* (s. Anm. 44), S. 90.
78 Ebd., S. 85.
79 In der Überlieferung ist das *Granum sinapis* – bis auf eine einzige Ausnahme – ausschließlich mit einem Paratext verbunden, entweder dem lateinischen Kommentar oder mit der deutschsprachigen *andechtige[n] betrachtunge*. Vgl. die Übersicht bei Theben: Die mystische Lyrik des 14. und 15. Jahrhunderts (s. Anm. 48), S. 187 f. Zwei fragmentarisch erhaltenen Textzeugen ist nicht mehr zu entnehmen, ob dem deutschen Gedicht ein Kommentar beigegeben gewesen ist.
80 So schon Ruh (*Granum sinapis* [s. Anm. 41], Sp. 222): Der Kommentar »muß fast so alt sein wie das Lied«.
81 Haas: Sermo Mysticus (s. Anm. 52), S. 306, sieht als Verfasser »am ehesten wohl ein[en] Spiritual eines unter dominikanischem Einfluß stehenden Nonnenklosters« an.

Modell« aus dem Adam von St. Victor zugeschriebenen Sequenzrepertoire einer korrigierenden Einschätzung zugeführt.[82] Anhand eines Abgleichs der formalen Charakteristika der mit dem *Granum sinapis* in Verbindung gebrachten Paradigmen kann er zeigen, dass alle Sequenzen dieses Typus in den Pariser Zentren und in St. Victor jeweils mit unterschiedlichen Melodien überliefert sind.[83] Angesichts dieses Befundes erweise sich die Rekonstruktion »der einen Melodie [...], nach der das *Granum sinapis* gesungen wurde« als aporetisch.[84] Daher könne es zurecht weder als Kontrafaktur noch als ›deutsche Sequenz‹ gelten, setze doch diese Zuweisung eine musikalische Realisierung des Textes voraus. Auf einen solchen liturgischen oder paraliturgischen Gebrauch bietet allerdings die »handschriftliche Überlieferung des *Granum sinapis* keinerlei Hinweise.«[85] Die enge Verknüpfung von Text und Kommentar dokumentiert vielmehr, dass das *Granum sinapis* nicht in habitualisierter Performanz in der monastischen Gemeinschaft rezipiert worden sein dürfte, sondern primär als Gegenstand gelehrter Reflexion.[86]

Die Erkenntnis dieser alternativen Funktionalisierung führt zu Kurt Ruhs Hypothese zurück. Sein Argument, demnach Meister Eckhart »nicht nur als geistiger Anreger, sondern wirklicher Verfasser«[87] des *Granum sinapis* infrage komme, ging davon aus, dass Eckhart die unterschiedlichen, in Paris und St. Victor gebräuchlichen Sequenztypen und deren »heterogene[n] melodische[n] Gebrauch«[88] während seiner Aufenthalte in Paris kennengelernt und für einen deutschen Text adaptiert hatte.[89] Dafür spricht die Anbindung des Textes nicht an die *eine* spezifische Melodie, sondern die Möglichkeit unterschiedlicher gesanglicher Umsetzung, wie sie auch in den Pariser Zentren für

---

82 Steffen: Das *Granum sinapis* und die Sequenzen Adams von St. Victor (s. Anm. 42), S. 409.
83 Ebd., S. 406.
84 Ebd., S. 417.
85 Ebd. Siehe zur Überlieferung deutscher geistlicher Lyrik einschlägig Johannes Janota: Studien zu Funktion und Typus des deutschen geistlichen Liedes im Mittelalter. München 1968.
86 »Was die melodische Komponente angeht, stellt sich allerdings die Frage, ob man sich den Text allein in Anbetracht seiner metrischen Form (die im Bereich mittelhochdeutscher Dichtung wohl eine singuläre Erscheinung ist) zwingend als gesungenes Lied vorzustellen hat.« Steffen: Das *Granum sinapis* und die Sequenzen Adams von St. Victor (s. Anm. 42), S. 417. Siehe dazu auch unten, S. 199 u. 202.
87 Ruh: Meister Eckhart. Theologe, Prediger, Mystiker (s. Anm. 41), S. 50.
88 Steffen: Das *Granum sinapis* und die Sequenzen Adams von St. Victor (s. Anm. 42), S. 417.
89 Zu Eckharts Wirkungsstätten vgl. einschlägig Kurt Flasch: Meister Eckhart. Philosoph des Christentums. München 2010. Auffällig ist allemal, dass es sich beim *Granum sinapis* um das einzige mystische ›Lied‹ in der Volkssprache handelt, das einem solchen Schema liturgischen oder paraliturgischen Charakters jedenfalls nachgebildet zu sein scheint. Vgl. dazu Theben: Die mystische Lyrik des 14. und 15. Jahrhunderts (s. Anm. 48), S. 186–191.

ähnliche metrische Muster nachweisbar ist.[90] Der Transfer der formal als sangbar konzipierten volkssprachigen mystischen Einheitsspekulationen in einen gelehrt-theologischen, lateinisch grundierten Kontext dürfte sich in den 1320er Jahren, in die auch die Niederschrift des entsprechenden Faszikels des Basler Manuskripts datiert wird,[91] vollzogen haben: Hier erscheint das deutsche Gedicht in seiner ältesten Gestalt als in den lateinischen Kommentar eingelagert. Damit hat es, was die anhand der handschriftlichen Überlieferung rekonstruierbaren Gebrauchskontexte betrifft, die Sphäre gruppenspezifischer gesanglicher Rezeption verlassen. Gerade die Überlieferung mit bzw. korrekter: innerhalb des lateinischen Kommentars sowie dessen spezifische apologetische Tendenz bieten plausible Anhaltspunkte dafür, das Zustandekommen dieser Symbiose im Gefolge des gegen Meister Eckhart geführten Inquisitionsprozesses in Betracht zu ziehen.[92]

In den drei zwischen 1325 und 1326 zusammengestellten Listen,[93] die als Basis für die Anklage des Kölner Inquisitionsgerichts dienten, wurden rund 108 Irrtümer aus Eckharts lateinischen und volkssprachigen Schriften sowie Predigten als häretisch bzw. häresieverdächtig inkriminiert.[94] Das Verfahren, in dessen Zuge Eckhart in der Dominikanerkirche zu Köln »eventuelle Irrtümer [widerrief] und mögliche Missverständnisse [beklagte]«,[95] wurde 1327 nach Avignon verlagert; nach Eckharts Tod erschien am 27. März 1329 die päpstliche Bulle *In Agro Dominico*, worin 17 Sätze als ›häretisch‹, 11 als ›häresieverdächtig‹ verurteilt wurden.[96] In seiner Verteidigungsschrift, die Eckhart als Grundlage für

---

90 Vgl. Steffen: Das *Granum sinapis* und die Sequenzen Adams von St. Victor (s. Anm. 42), S. 409–417.
91 Vgl. oben, S. 185.
92 Siehe dazu Flasch: Meister Eckhart (s. Anm. 89), S. 276–321. Zu den Prozessakten vgl. Loris Sturlese (Hg.): Acta Echardiana. LW V, 3–4 Lieferung (S. 196–240); 5–8 Lieferung (S. 241–520). Stuttgart 1988 u. 2000. Dazu Loris Sturlese: Die Kölner Eckhartisten. Das Studium generale der deutschen Dominikaner und die Verurteilung der Thesen Meister Eckharts. In: Albert Zimmermann (Hg.): Die Kölner Universität im Mittelalter. Geistige Wurzeln und soziale Wirklichkeit. Berlin, New York 1989, S. 192–211.
93 Vgl. dazu Susanne Köbele: *Emphasis, überswanc, underscheit*. Zur literarischen Produktivität spätmittelalterlicher Irrtumslisten (Eckhart und Seuse). In: Peter Strohschneider (Hg.): Literarische und religiöse Kommunikation in Mittelalter und Früher Neuzeit. DFG-Symposion 2006. Berlin, New York 2009, S. 969–1002.
94 Vgl. Flasch: Meister Eckhart (s. Anm. 89), S. 277.
95 Ebd.
96 Vgl. die Ausgabe von Heinrich Denzinger, Peter Hünermann (Hg.): Enchiridion symbolorum definitionum et declarationum de rebus fidei et morum. Freiburg i. Br. [37]1991, S. 399–404. Zur deutschen Übersetzung siehe Meister Eckhart. Deutsche Predigten und Traktate. Hg. und übers. von Josef Quint. München 1979, S. 449–455.

seine Rede vor den Kölner Richtern am 26. September 1326 diente,[97] verweist er immer wieder auf die *locutio emphatica* als Richtschnur seines sprachlich-gedanklichen Handelns.[98] Die emphatische Redeweise knüpft er dabei an den Modus des Hymnischen; wie dieser habe sie »das Ziel, Gottes Güte und Liebe zu preisen«, und repräsentiere insofern eine »unmittelbare Wahrheit von absoluter Reichweite«.[99] Gerade diese *locutio emphatica* wird im *Granum sinapis* auf engstem Raum realisiert, sodass sie den Text einem hymnisch-poetischen Sprechakt annähert, der mit einer effektvollen Klanglichkeit arbeitet. Zugleich generiert sie einen – zumal durch die Mehrdeutigkeit der volkssprachigen Formulierungen bedingten – »Unbestimmtheitsspielraum«,[100] aufgrund dessen das Gesagte, nach dem Muster der inkriminierten Sätze, unter »offensichtliche[n] Legitimierungsdruck« gerät.[101] Und hier kommt die »apologetische Funktion«[102] des lateinischen Kommentars zum *Granum sinapis* ins Spiel.

Der Kommentar zeichnet sich durch einige Spezifika im Hinblick auf sprachlich-formale Operationen der Exegese aus. In der Tradition der Quaestio-Kommentare, der scholastischen Form einer wissenschaftlichen Diskussion,[103] entfaltet er eine dialektische Methode der Textauslegung, die auf der Basis einer hypothetisch vorausgesetzten Dissonanz mögliche Perspektiven hinsichtlich der Sinnkonstitution diskutiert. Richtschnur ist ein den Strukturprinzipien der Logik verpflichtetes Verifikationsprinzip, nach dem die vorgebrachten gegensätzlichen Thesen plausibilisiert und damit einer Entscheidung zugeführt werden. Das heißt, dass die Grundausrichtung des Kommentars zum *Granum sinapis* darauf zielt, den mehrdeutigen, weil begrifflich nicht strikt festgelegten Charakter der volkssprachigen Lexeme, Syntagmen oder syntaktischen Kohäsionsmechanismen, die Ansatzpunkte für eine Pluralisierung von Sinn eröffnen, durch Anwendung eines methodisch kontrollierten Verfahrens hermeneutischer Auslegung und definitorischen Anspruchs auf die *eine* ›richtige‹ Lesart zu verpflichten und in einem ganz bestimmten Sinn zu vereindeutigen. Die lateinische Sprache als Mittel gelehrt-wissenschaftlicher Erörterung speist

---

97 Dazu Flasch: Meister Eckhart (s. Anm. 89), S. 282.
98 Vgl. grundlegend Köbele: *Emphasis, überswanc, underscheit* (s. Anm. 93), S. 969–1002.
99 Ebd., S. 988 u. 991.
100 Ebd., S. 991.
101 Köbele: Vom ›Schrumpfen‹ der Rede auf dem Weg zu Gott (s. Anm. 40), S. 126.
102 Haug: Meister Eckhart und das *Granum sinapis* (s. Anm. 44), S. 84.
103 Vgl. Matthias Hammerle: Das Bild der Juden im Johannes-Kommentar des Thomas von Aquin. Ein Beitrag zu Bibelhermeneutik und Wissenschaftsgeschichte im 13. Jahrhundert. Stuttgart 2011, S. 65–72. Zur Typisierung scholastischer Vermittlungsmethoden vgl. Carmen Cardelle de Hartmann: Lateinische Dialoge 1200–1400. Literarhistorische Studien und Repertorium. Leiden 2007.

den deutschen Text in einen terminologisch eindeutig differenzierten Diskurs scholastischer »Problementscheidungsverfahren« ein.[104]

Dieser Gestus des Kommentars, der sich grundlegend von dem im Rahmen der ›klassischen‹ *lectio* etwa antiker Autoren praktizierten Verfahren unterscheidet,[105] gewinnt seine historische Signifikanz im Kontext der Inkriminierung der zentralen Lehrsätze Meister Eckharts, zeichnet sich doch das *Granum sinapis* in konzeptueller Hinsicht durch grundlegende Übereinstimmungen mit den häretisierten ›Irrlehren‹ aus.[106] Ziel ist eine dogmatische ›Korrektur‹ der semantischen Vielschichtigkeit des deutschen Textes und seines spekulativen Sinnpotentials, die das Gedicht einem stärker orthodox ausgerichteten Modell annähert. Das geschieht auf der Diskursebene durch eine enge Rückbindung der Aussagen an zentrale Autoritäten der christlich-theologischen Tradition. Schon der allegorische Titel,[107] mit dem der Kommentar den deutschen Text versieht (*granum sinapis, parvum in substantia, magnum in virtute* 2,1; ›Das Senfkorn, klein in der ›Substanz‹, groß in der Wirkkraft‹),[108] rekurriert programmatisch auf ein biblisches Gleichnis, das ein Vergleichsmoment mit dem *regnum Dei* (Mc 4,30) fokussiert:

> *sicut granum sinapis quod cum seminatum fuerit in terra minus est omnibus seminibus quae sunt in terra et cum seminatum fuerit ascendit et fit maius omnibus holeribus et facit ramos magnos ita ut possint sub umbra eius aves caeli habitare.* (Mc 4,31f.)
>
> ›Wie das Senfkorn, das, wenn es in die Erde gesät wird, kleiner ist als alle Samen, die es auf der Erde gibt; und nachdem es gesät ist, wächst es und wird größer als alle Gewächse und entwickelt so seine großen Zweige, dass die Vögel des Himmels unter seinem Schatten wohnen können.‹

---

104 Köbele: Vom ›Schrumpfen‹ der Rede auf dem Weg zu Gott (s. Anm. 40), S. 127.
105 Dabei gehört die Erklärung einzelner Wörter und Formulierungen im Kontext der jeweils ausgelegten Stellen zu den Basisinstrumenten der Arbeit am Text. Vgl. einschlägig Henkel: Deutsche Übersetzungen lateinischer Schultexte (s. Anm. 37).
106 Zahlreiche im *Granum sinapis* enthaltene Motive und Metaphern weisen »unmissverständlich auf die Lehre Eckharts«. Haas: Sermo Mysticus (s. Anm. 52), S. 315. Zu dieser Frage oben, S. 189. Die inkriminierten ›Irrlehren‹ diskutiert Flasch: Meister Eckhart (s. Anm. 89), S. 283–296.
107 Die Überschrift, die den Text des Kommentars im Faszikel der Basler Handschrift eröffnet (*Granum sinapis de divinitate pulcherrima in vulgari*), stammt indes nicht, wie Haug angenommen hatte (Meister Eckhart und das *Granum sinapis* [s. Anm. 44], S. 74) vom Kommentator selbst, sondern ist nachträglich vom Bibliothekar der Basler Kartause eingetragen worden. Vgl. Bindschedler: Der lateinische Kommentar zum *Granum sinapis* (s. Anm. 52), S. 165.
108 Lateinischer Text und Übersetzung im Folgenden nach Bindschedler: Der lateinische Kommentar zum *Granum sinapis* (s. Anm. 52).

Das Christuswort dient dem Kommentator dazu, den deutschen Text über das »dialektische Verhältnis von minimaler Gestalt und maximaler Auswirkung«[109] als göttlich legitimiertes ›Heilmittel gegen die Laster‹ (*remedium vitiorum* 2,2) zu inszenieren, das ›frommen Seelen‹ (*devotis mentibus* 2,2) den Weg zum Reich Gottes weisen soll. Mit dieser didaktischen Funktionalisierung des Textes korrespondiert die in der Einleitung vorgenommene Stilisierung als göttlich inspiriert, die auch dem Psalmvers zugrunde liegt, mit dem der Kommentar einsetzt: *abissus abissum invocat in voce cataractarum tuarum* (1,1; Ps 41,8; ›Der Abgrund ruft dem Abgrund mit der Stimme Deiner Wasserfluten‹). Nicht die Tiefe (*profunditas* 1,1) des Textes im eigentlichen Sinne ist es, die eine gelehrt-kommentierende *expositio* erfordert, sondern die Tiefe des *sermo divinus* (1,1). Damit weist der Kommentar dem deutschen Gedicht einen geradezu sakralen Stellenwert zu, dem auf der hermeneutischen Ebene – so die Auslegung des zweiten Teils des Psalmzitats (*in voce cataractarum tuarum*) – als Gewährsmänner die *viri divini* bzw. *caelestes* (1,2) entsprechen. Das zielt einerseits auf die im Prozess der Auslegung beigebrachten *auctoritates*,[110] die den Anschluss an die biblische sowie patristische Tradition markieren und in diesem Sinne als ›Wasserfluten‹ (*caractae*) den *ostia caeli* (1,4) verglichen werden, durch die ihnen der Himmel das Geheimnis der *individuae trinitatis* (1,4) erschlossen habe. Andererseits reiht sich das Subjekt des Kommentars selbst im Modus der *expositio* göttlich fundierter Rede implizit in diese illustre Reihe ein.[111] Damit wird eine Gleichrangigkeit von Text und Kommentar modelliert: Wie das Senfkorn entwickelt das in höchster Komprimierung gefasste Sinnpotential des volkssprachigen Gedichts erst durch die Vermittlungsleistung des Kommentars seine volle Wirkkraft. Das ist nicht nur im Sinne einer theologischen Tiefendimension zu verstehen, sondern durchaus auch als Teil einer Legitimationstopik, die den im epilogartigen Gebetsteil des Kommentars als *hymnus divinus* (81) bezeichneten deutschen Text dem ›korrekten‹, weil biblisch-theologisch grundierten Verständnis zuführt.

Die Vereindeutigung des mystischen Abstraktionsprozesses vollzieht sich im lateinischen Kommentar sowohl auf der Ebene der terminologischen als auch argumentativen Festlegung. So diskutiert er zum Beispiel in Bezug auf die erste Strophe des deutschen Gedichts ausführlich die auf Io 1,1 rekurrierende, gleichwohl heikle Lesart ›ist‹: *In dem begin / [...] / ist ie daz wort* (1,1–3). Das

---

109 Haas: Sermo Mysticus (s. Anm. 52), S. 307.
110 Zu den Quellentexten des Kommentars (Dionysius Areopagita, Scotus Eriugena, Johannes Sarazenus, Thomas von Aquin) vgl. Haas: Sermo Mysticus (s. Anm. 52), S. 306.
111 Diesen Prozess analysiert Haug: Der Kommentar und sein Subjekt (s. Anm. 27), S. 426–445.

Abwägen unterschiedlicher Pro- und Contra-Argumente[112] dient dem Zweck, den Wahrheitsgehalt des vorliegenden tempus praesens zu plausibilisieren und auf diese Weise den Vorwurf einer ›Verfälschung‹ des tempus imperfectum (*erat*) in der zugrunde liegenden Bibelstelle zu entkräften.[113] Die Rechtfertigung legt sich auf das Präsens fest, »da es dem Begriff der Ewigkeit am nächsten komme« (*quia ad rationem arternitatis maxime competit praesens tempus* 9,3).[114] Analog verfährt der Kommentar auch an anderen Stellen, besonders dort, wo die volkssprachigen Formulierungen mehrdeutig zu werden drohen, so z. B. bei emphatischen Ausrufen (*ô rîcher hort* I,4). Hier bemüht sich der Kommentator um eine biblische Fundierung des Wortlauts (vgl. 13,1 f.), um eine größtmögliche Verbindlichkeit der Sinnzuschreibung zu erreichen. Ähnliches lässt sich etwa auch im Hinblick auf den Umgang mit den charakteristischen Paradoxien des deutschen Gedichts beobachten: Das Bild des weglosen Weges (vgl. oben, S. 188) verliert durch die Überführung in ein Vergleichsmoment (*tamquam*) seine metaphorische Qualität; es wird in einer räumlichen und zugleich auch dogmatischen Perspektive differenziert, indem ein ›unten‹ befindlicher Fußpfad der Gnade die Aussage erweitert (*semita subiecta tamquam inter ea, quae sunt et quae non sunt, duce gratia* 69,3).[115] In einer gleichgerichteten Tendenz wird auch die »dogmatisch brisante Unio der Seele mit Gott [...] ausdrücklich in eine eschatologische Zukunft ausgelagert (›quod solum in futura vita possibile est‹, 75,2 [...])«.[116] Damit führt der Kommentar mit den Mitteln der dialektisch argumentierenden Quaestio, die den Gesetzen der Logik folgt, aus der im Text bewusst kalkulierten Paradoxie, die ein Vernunftdenken gerade hinter sich zu lassen intendiert, heraus und repräsentiert eine »Orthodoxie-nähere Position«, die das »traditionelle Teilhabe- und Ähnlichkeitsmodell weit nach vorn [rückt]«.[117]

Was die Frage nach einem funktionalen Aspekt der Koppelung des deutschen Gedichts mit dem lateinischen Kommentar betrifft, so legen die bisher diskutierten Befunde folgende Antwort nahe: Der Kommentar ist Garant für die

---

112 Eingehend dargestellt bei Köbele: Vom ›Schrumpfen‹ der Rede auf dem Weg zu Gott (s. Anm. 40), S. 127.
113 Zur Diskussion der beiden Lesarten in der Forschung siehe Anm. 64.
114 Köbele: Vom ›Schrumpfen‹ der Rede auf dem Weg zu Gott (s. Anm. 40), S. 127. Die Lesart *ist* wird bezeichnenderweise in der restlichen Überlieferung durch das biblisch abgesicherte Präteritum ersetzt. Dazu Ruh: Textkritik zum Mystikerlied *Granum sinapis* (s. Anm. 41), S. 85 f.: »Die Schreiber entschieden sich für die ›Johannes‹-Lesart.«
115 Zu diesem Aspekt vgl. Köbele: Vom ›Schrumpfen‹ der Rede auf dem Weg zu Gott (s. Anm. 40), S. 129.
116 Ebd., S. 130.
117 Ebd., S. 132.

Dignität des Textes wie zugleich »Indiz seiner besonderen Wertschätzung«[118] – dies aber in einem ganz spezifischen historischen Kontext: Er kann als Reflex der Inkriminierung der von den orthodoxen Konventionen abweichenden Thesen Eckharts gelten,[119] in deren Zuge offenbar auch das spekulative, zumal in der Volkssprache verfasste mystische Gedicht gewiss risikobehaftet erschien.[120] Die ›dogmatische Korrektur‹, die der lateinische Kommentar vornimmt, korrespondiert mit der Vereindeutigung von Eckharts Thesen durch die Zensoren mittels »Häretisierung [...] qua Auflistung«.[121] Darin liegt die eigentliche Leistung des lateinischen Kommentars: Es geht nicht um einen Akt ›bloßer‹ Verständnissicherung des zugrundeliegenden deutschen Textes, sondern um eine auf Autoritäten gestützte Legitimierung und Festlegung, für die der Quaestio-Kommentar das geeignete (wissenschaftliche) Instrument bereitstellt. Zumal er den lyrisch-poetischen, tendenziell sangbaren deutschen Text mit Hilfe einer scholastischen Auslegeordnung in ein terminologisch abgesichertes Modell und damit zu einem ausgesprochenen ›Lesetext‹ transformiert.[122] Nur in diesem Sinne ›brauchte‹ das *Granum sinapis* offenbar einen Kommentar.

Mit diesen Beobachtungen ist die Diskussion der Verfasserfrage tangiert. Bereits Kurt Ruh hatte die ›ist‹-Lesart der ersten Strophe als »spezifische Eckhart-Aussage« identifiziert, die er als »Identitätsbrücke vom Kommentar zu Eckhart« interpretierte.[123] Einen gewichtigen Anhaltspunkt bietet in jedem Fall die Überlieferung:

---

118 Ebd.
119 Die inkriminierten »Sätze [siedeln] die gottmenschliche Unio in einem Bereich jenseits von Gnadenvermittlung und heilsgeschichtlichem Verlauf an[ ], in einem gegenwärtigen ›nû‹, in jener Abgeschiedenheit und weglosen Wüste, von der durchaus auch das *Granum sinapis*-Lied spricht.« Köbele: Vom ›Schrumpfen‹ der Rede auf dem Weg zu Gott (s. Anm. 40), S. 131. Vgl. dazu Burkhard Hasebrink: Die Anthropologie der Abgeschiedenheit. Urbane Ortlosigkeit bei Meister Eckhart. In: Freimut Löser, Dietmar Mieth (Hg.): Meister Eckhart im Original. Stuttgart 2013, S. 139–154.
120 So auch Haug: Meister Eckhart und das *Granum sinapis* (s. Anm. 44), S. 84: Der Kommentar »hätte dann das Ziel gehabt, das Gedicht und die volkssprachige mystische Theologie, für die es stand, dadurch in Schutz zu nehmen, daß man jeden Gedanken und jedes Bild durch Autoritäten absicherte.«.
121 Köbele: Vom ›Schrumpfen‹ der Rede auf dem Weg zu Gott (s. Anm. 40), S. 1001.
122 Zum ›Gefahrenpotential‹ mystischer Poesie in der Volkssprache vgl. Haug: Meister Eckhart und das *Granum sinapis* (s. Anm. 44), S. 84: »Die Übernahme theologisch-gelehrter Mystik in die Volkssprache war an sich schon ein Wagnis, vor allem, wenn es nicht einmal um eine Predigt ging – und das war bekanntlich schon risikobeladen –, sondern um Poesie.«
123 Ruh: Meister Eckhart. Theologe, Prediger, Mystiker (s. Anm. 41), S. 50. Ein wichtiges Argument bildet der Johannes-Kommentar als »exegetisches Hauptwerk Eckharts« (ebd.), worin die entsprechende Passage (Io 1,1) mit ähnlichen Implikationen wie im *Granum sinapis* diskutiert wird.

Dieser Befund, der Kommentar als früheste Existenzform des Gedichts in der Überlieferung, läßt sich zwanglos, wenn nicht durch Personengleichheit, so doch nur durch die Personenverbindung von Dichter und Kommentator erklären.[124]

Es ist fraglich, was mit der von der jüngeren Forschung favorisierten unspezifischen Annahme eines anonymen Verfassers, der die theologisch-mystische Sinndimension des deutschen Textes sehr genau kennen musste und an der lateinischen Gelehrtenkultur der Zeit partizipierte, in diesem Kontext eigentlich gewonnen ist. Daher wäre vielleicht neu zu überlegen, ob die Zuschreibung an Eckhart selbst, wie Ruh sie im Sinn hatte, – gerade vor dem Hintergrund der evidenten sprachlichen und konzeptuellen Übereinstimmungen, aber besonders der historischen Konstellation – nicht doch bedenkenswert wäre.[125]

3 Sozialhistorische Perspektiven auf die Überlieferung des *Granum sinapis*

Die Notwendigkeit einer sozialhistorischen Rückbindung des Tradierten tritt in der Überlieferung des *Granum sinapis* zutage, die zwei distinkte Filiationen ausbildet:[126] Neben vier Handschriften, die den Text mit dem lateinischen Kommentar enthalten, ist das deutsche Gedicht in drei Handschriften des 15. Jahrhunderts mit einem volkssprachigen Paratext verbunden,[127] der weniger einen ›Kommentar‹ im eigentlichen Sinne bietet als vielmehr »freie Meditationen« von gebetsartigem Charakter, was auch der handschriftlich überlieferte Titel impliziert: *ein andechtige betrachtunge*.[128] Bemerkenswert ist, dass der deutsche Paratext – das dokumentiert

---

124 Ebd., S. 50.
125 Dass Eckharts Name bzw. Referenzen auf seine Schriften im Kommentar nicht explizit genannt werden, wäre im Hinblick auf die historische Konstellation nur als folgerichtig zu betrachten. Vgl. Ruh: Granum sinapis (s. Anm. 41), Sp. 222f.: »Was Meister Eckhart betrifft, so scheint ihn der Kommentator zu kennen, zitiert ihn indes nicht«.
126 Im Folgenden ist nur die Verzweigung der Überlieferung im Hinblick auf die Kombination mit unterschiedlichen Paratexten relevant, nicht die spezifischen Befunde zum deutschen Text. Vgl. Ruh: Textkritik zum Mystikerlied *Granum sinapis* (s. Anm. 41), S. 78f.; Päsler: Ein neuer Textzeuge des *Granum sinapis* (s. Anm. 46), S. 61f.
127 Eine Übersicht bietet Theben: Die mystische Lyrik des 14. und 15. Jahrhunderts (s. Anm. 48), S. 187f.
128 Edition des deutschen Textes bei Ernst Hellgardt: Ein *andechtige betrachtunge*. Der deutsche ›Kommentar‹ zum *Granum sinapis*. In: Impulse und Resonanzen. Tübinger mediävistische Beiträge zum 80. Geburtstag von Walter Haug. Hg. von Gisela Vollmann-Profe, Walter Haug. Tübingen 2007, S. 301–322 (Edition S. 304–318); dort auch das Zitat S. 322.

die handschriftliche Überlieferung – offenbar im süddeutschen Raum entstand, nicht aber auf der Grundlage des ältesten Basler Manuskripts; denn die beiden Filiationen haben sich offenbar schon früh unabhängig voneinander entwickelt.[129] Es müssen also Transferprozesse im 14. Jahrhundert angesetzt werden, die mit dem Wechsel des regionalen Umfelds auch Veränderungen der Gebrauchssituation des Textes zeitigen.[130] Beide Filiationen lassen sich vor dem Hintergrund der Überlieferungsorte an unterschiedliche sozialhistorisch differenzierte Kontexte rückbinden. Ausgehend von der Annahme, dass der Kommentar der Verhandlung und schriftlichen Fixierung von gruppenspezifisch ›systemrelevantem‹ Wissen der Selbstvergewisserung eines Kollektivs dient, soll im Folgenden eine überlieferungsgeschichtlich grundierte, sozialhistorisch perspektivierte Interpretation von ›Text‹ und ›Kontext‹ vorgeschlagen werden.

Es fällt auf, dass diejenigen Handschriften, die das *Granum sinapis* als Teil des lateinischen Kommentars überliefern, soweit die mittelalterlichen Besitzverhältnisse rekonstruierbar sind, sich institutionell männlichen Ordensgemeinschaften zuordnen lassen.[131] Diese Provenienzen weisen in die Sphäre eines primär gelehrt-wissenschaftlich orientierten Rezeptionsinteresses, bei dem offenbar nicht eine performative Realisierung des *Granum sinapis* als ›geistliches Lied‹, sondern eher eine nach scholastischen Kategorien verfahrende, auf hohem Abstraktionsniveau geführte theologische Reflexion im Vordergrund gestanden hat. Diesen Aspekt dokumentiert z. B. der von Päsler beschriebene, der Deutschordensbibliothek des samländischen Domkapitels zugeordnete Textzeuge T, der das *Granum sinapis* in einem Überlieferungskontext mit lateinischen theologischen Werken präsentiert (z. B. Petrus Comestor, Petrus de Riga u. a.) und dieses an eine Kurzfassung des lateinischen Kommentars anbindet[132] – es bestand wohl

---

129 Das hat Ruh auf der Grundlage von Leitvarianten des deutschen Gedichts herausgearbeitet und in einem Stemma festgehalten. Vgl. Ruh: Textkritik zum Mystikerlied *Granum sinapis* (s. Anm. 41), 88.
130 Dass mit solchen Transferprozessen im Zusammenhang mit mystischen Liedern grundsätzlich zu rechnen ist, argumentiert Theben: Die mystische Lyrik des 14. und 15. Jahrhunderts (s. Anm. 48), S. 189.
131 Basel, Universitätsbibliothek, Cod. B IX 24; Thorún, Universitätsbibliothek, Rps. 75/III; Wien, Österreichische Nationalbibliothek, Cod. 4868; Zeitz, Bücherei der St. Michaeliskirche, Nr. 347 (verschollen). Vgl. Theben: Die mystische Lyrik des 14. und 15. Jahrhunderts (s. Anm. 48), S. 187f. Die älteste Basler Handschrift ist ab 1401 in der Basler Kartause nachweisbar. Der von Päsler (Ein neuer Textzeuge des *Granum sinapis* [s. Anm. 46], S. 58–67) beschriebene Neufund: das Fragment T, dürfte aus dem ostmitteldeutschen Raum ab 1430 in die Deutschordensbibliothek des samländischen Domkapitels gelangt sein.
132 Päsler: Ein neuer Textzeuge des *Granum sinapis* (s. Anm. 46), S. 60. Dieser Befund ist mit der Zusammenstellung der Texte in der Basler Handschrift vergleichbar. Vgl. Burckhardt,

das Bedürfnis, die Kernpunkte der diffizilen scholastischen Diskussion in Form einer pointierten ›Summa‹ zu erfassen.

Daneben erscheint das *Granum sinapis* überwiegend in Handschriften aus dem Besitz süddeutscher Frauenkonvente (v. a. in Straßburg und Nürnberg) mit einem deutschen Paratext kombiniert,[133] der anstelle der scholastischen Auslegeordnung einen meditativen Gestus mit dem Ziel geistiger *aedificatio* aufweist.[134] Diese *andechtige betrachtunge*[135] bietet einen vom lateinischen Kommentar völlig unabhängigen Zugriff auf das deutsche Gedicht. Signifikant ist der eigenständige Titel, der das lateinische Lehnwort *conclusion* mit der deutschen Entsprechung *slosrede* versieht: *Dis sint acht conclusion und slos rede von der heiligen drivaltikeit als sie genomen sint us den worten Sancti Dyonisii in dem bůche de mistica theologia* (S. 304). Nach Hellgardt weist die verwendete Terminologie auf einen »(vulgär?)- theologisch gelehrten Hintergrund«,[136] auf dessen Basis sich die *betrachtunge* im Kontext eines Sprach- und Wissenstransfers aus dem gelehrt-lateinischen Milieu in die volkssprachig dominierte Frömmigkeitspraxis gerade süddeutscher Frauenkonvente verorten lässt, ein Prozess, der auch sonst vielfach zu beobachten ist.[137] Der deutsche Paratext selbst hat, auch wenn die mediale Präsentation an ein kommentarartiges Verfahren erinnert, bei dem ein oder mehrere Verse des Primärtextes mit erklärenden Notaten versehen sind, »nach Inhalt und Stil über weite Strecken hin nicht den Charakter einer Erläuterung oder wissenschaftlichen Diskussion«.[138] Vielmehr zeichnet er sich an zahlreichen Stellen durch einen ausgesprochenen Ge-

---

Meyer: Die mittelalterlichen Handschriften der Universitätsbibliothek Basel (s. Anm. 47), S. 336–348.
133 Karlsruhe, Badische Landesbibliothek, Cod. K 1222; Berlin, Staatsbibliothek Preußischer Kulturbesitz, Ms. germ. quart. 192; Nürnberg, Stadtbibliothek, Cent. VI, 54. Vgl. Theben: Die mystische Lyrik des 14. und 15. Jahrhunderts (s. Anm. 48), S. 187.
134 Dazu Susanne Köbele: ›Erbauung‹ – und darüber hinaus. Spannungen im volkssprachlich-lateinischen Spätmittelalter. Mit Überlegungen zu Gertruds von Helfta *Exercitia spiritualia*. In: PBB 137 (2015), S. 420–445; Susanne Köbele: aedificatio. Erbauungssemantiken und Erbauungsästhetiken im Mittelalter. Versuch einer historischen Modellierung. In: Susanne Köbele, Claudio Notz (Hg.): Die Versuchung der schönen Form. Spannungen in ›Erbauungs‹-Konzepten des Mittelalters. Göttingen 2019, S. 9–37.
135 Im Folgenden zitiert nach Hellgardt: Ein *andechtige betrachtunge* (s. Anm. 128), S. 304–318.
136 Ebd., S. 321.
137 Die »Überlieferung mystischer Lyrik im 14. Jahrhundert [hat] im deutschsprachigen Südwesten einen ersten Höhepunkt erlebt und sich von dort auch in andere Gebiete bewegt«. Theben: Die mystische Lyrik des 14. und 15. Jahrhunderts (s. Anm. 48), S. 111. Zu diesem Phänomen vgl. auch Barbara Fleith, René Wetzel (Hg.): Kulturtopographie des deutschsprachigen Südwestens im späteren Mittelalter. Studien und Texte. Berlin 2009.
138 Hellgardt: Ein *andechtige betrachtunge* (s. Anm. 128), S. 322.

betsgestus aus, der den deutschen Text als Medium einer andächtigen Übung präsentiert, »die mit den sprachlichen Mitteln des Bitt-, Lob- und Dankgebetes formuliert« ist.[139] Dies dokumentieren z. B. die Ausführungen zum bereits besprochenen Zitat nach Io 1,1 (allerdings ohne die ›spektakuläre‹ präsentische Lesart):

Hoch uber sinn

was ye das wort

O herre · so du der bist · der do allein gibt verstentnisse dem glöben · gib auch mir als vil als du bekennest · das es mir nucze ist · das ich dich verstan mu̇ge. O ewige warheit · wie gar verre bist du von miner angesicht · so ich doch alle zit · gegenwurtig ston vor dinen ögen! Du bist an allen steten gegenbürtig · gantz und gar · und ich sich dich doch nicht. Ich wirt alle zit in dir beweget · ich bin in dir · ich leb in dir · und mag doch niht zu̇ dir komen · noch gan. Dar umb min sele · erwache nu von dinem slaffe · und richt uf alle din verstentnisse! Vach an ze gedencken als vil du macht · was · und wie · das gu̇t sig · das got selber ist! O wie süsse · wie begirlich · wie gros · wie ungemessen · ist das ewige gu̇t! [...] O ungemesne gu̇te · die do alle verstentnisse der herczen ubertriffet · erluchte nu min ögen · das ich nimer entslaffe des ewigen todes [...] O liber herre · ich bit dich · das öch din erbermde ku̇me nu uber mich [...] Min herre und min got · los och nu flissen · din gnad in mich · als sie us gat von dir! [...]. **Amen.**

(S. 307, Z. 13–28)

Die *betrachtunge* arbeitet mit Anrufen, Exklamationen und Anredewechseln (Gott, Seele), die keiner strikten scholastischen Logik folgen, sondern die Rezipientinnen durch die sprachliche Intensivierung im Register liturgiehaften Sprechens[140] in einen Zustand geistiger Andacht versetzen wollen, das mit der Bitte um Erkenntnisfähigkeit die grundsätzliche Erlösungsbedürftigkeit des Menschen gegenüber der Gefahr des ›ewigen Todes‹ fokussiert. Dabei wächst die *betrachtunge* über das deutsche Gedicht hinaus, indem sie allenfalls in loser Assoziation zu den jeweils anzitierten Textpartien steht.

Diese evidente Andersheit des deutschen Paratextes gegenüber dem lateinischen Kommentar dokumentiert eine Loslösung des *Granum sinapis* von seinem ursprünglichen Überlieferungskontext. Mit zunehmendem historischem Abstand erscheint der im Prozesskontext gebotene apologetische Charakter und die diesen tragende scholastische Form der (schriftlichen) wissenschaftlichen Quaestio als obsolet. Damit geht eine Verschiebung des Gebrauchskontextes einer, der nun im Bereich geistiger Meditation »beim Anlaß des gegebenen

---

139 Ebd.
140 Dazu Hellgardt: Ein *andechtige betrachtunge* (s. Anm. 128), S. 322: »Dabei erreichen diese Gebetsmeditationen mit ihren reichen Formen liturgiehafter (Symbolum ›Quicumque‹!) und biblizistischer Salbungsfülle das Niveau einer anspruchsvollen Kunstprosa«.

Textes« zu situieren ist.[141] Dass gerade diese Art der volkssprachigen Frömmigkeitspraxis historisch insbesondere im 14. und 15. Jahrhundert im Umfeld süddeutscher Klöster belegt ist,[142] verweist auf einen Transfer des geistigen und sozialhistorischen Umfelds. Dabei kommt gerade observanten Frauenkonventen eine tragende Rolle als führenden Institutionen im Hinblick auf die Überlieferung mystischer Lyrik zu.[143] Hauptzentren sind das Gebiet am Oberrhein sowie die Städte Nürnberg und Augsburg[144] – ein Befund, in den sich auch die Handschriften, die das *Granum sinapis* mit der *betrachtunge* tradieren, einordnen lassen. Die meditative Lektüre des Textes als geistige Kontemplationsübung fügt sich in ein historisch fassbares Interesse dieser monastischen Institutionen an »mystischen Texten und mystischem Erleben« als »insbesondere für Frauen geeignete Form der religiösen Aktivität« ein.[145] Dabei scheint das deutsche Gedicht, so legt es die Überlieferung nahe, wiederum nicht als sangbarer Text existiert zu haben; sein poetisches Potential stellt vielmehr eine Memorierhilfe und eine Art ›geistige Gebetsformel‹ bereit, die – angeleitet durch die *andechtige betrachtunge* – als ein »in stiller Kontemplation nach innen gewendete[r] Gesang« vorzustellen ist,

> bei dem der Strophentypus dann nicht als Melodiegerüst fungiert, sondern als formale Stütze auf dem Weg durch die ambivalente Metaphorik und die Paradoxa mystischen Sprechens, die das *Granum sinapis* von Vers zu Vers generiert.[146]

4 Konklusion: Der Kommentar als Reflexionsmedium sozialgeschichtlicher Formationen

Es hat sich gezeigt, dass der Kommentar Einblicke bietet in eine epistemische Ordnung, die die Interessen eines Kollektivs und damit eines historischen Wis-

---

141 Ebd.
142 Vgl. Theben: Die mystische Lyrik des 14. und 15. Jahrhunderts (s. Anm. 48), S. 112: »Die Überlieferung mystischer Lieder im Kontext observanter Frauenklöster im 14. und 15. Jahrhundert ist mit Sicherheit im Zusammenhang der wachsenden Bedeutung der privaten und außerliturgischen Frömmigkeit zu sehen.«.
143 »Für mystische Lieder erweisen sich dabei observante Frauenklöster als Hauptüberlieferungsorte«. Ebd., S. 64 f.
144 Vgl. ebd., S. 111.
145 Ebd., S. 111 u. 112.
146 Steffen: Das *Granum sinapis* und die Sequenzen Adams von St. Victor (s. Anm. 42), S. 417.

sensdiskurses reflektiert. Der Funktionalisierung des *Granum sinapis* durch den lateinischen Kommentar und die deutsche *betrachtunge* liegen durch die Überlieferung dokumentierte, kontextspezifisch organisierte und insofern sozialgeschichtlich differenzierte Prinzipien zugrunde: Die integrale Einheit aus Text und Kommentar in der ältesten Basler Handschrift semantisiert das deutsche Gedicht als Element einer gelehrt-theologischen Auseinandersetzung apologetischen Charakters, die darauf zielt, die volkssprachigen (im Rahmen des gegen Eckhart geführten Inquisitionsprozesses inkriminierten) Konzepte mit der terminologischen Präzision der lateinischen Diskurssprache zu vereindeutigen. Der Kommentar leistet zweierlei: Er verbirgt, indem er den deutschen Text im wahrsten Sinne des Wortes ›inkorporiert‹; zugleich entbirgt er zwar den Sinngehalt des zugrundeliegenden Gedichts, aber dogmatisch ›korrigiert‹, und überdies in einer Form, die den deutschen Text nicht als kohärente Einheit präsentiert, sondern mittels eines wissenschaftlich-scholastisch abgesicherten autoritativen Rahmens ›geschützt‹, d. h. zugleich legitimiert. Die Überführung des *Granum sinapis* aus dem gelehrt-lateinischen Milieu in eine volkssprachig orientierte Frömmigkeitspraxis, wie sie die *andechtige betrachtunge* indiziert, weist in die Observanzbewegung des deutschen Südwestens, in deren Rahmen sich insbesondere Frauenkonvente als bevorzugte Rezeptionsorte mystischer Lyrik herauskristallisieren.[147] Damit erweist sich der Kommentar als Inbegriff der geistig konzipierten und durch spirituelle Lektüre rezipierbaren Welt und lässt sich als Reflexionsmedium sozialgeschichtlicher Formationen beschreiben. Die vorgeschlagene Lektüre bildet den Versuch, unterschiedliche Parameter hinsichtlich der »Existenzform«[148] des *Granum sinapis* (literaturwissenschaftliche Analyse, Überlieferungsbefunde, gesellschaftsgeschichtliche Kontexte) zusammenzudenken. Die gewählte Fokussierung kann dabei helfen, den Blick zu schärfen für eine literatur- und sozialhistorische Differenzierung des Problemzusammenhangs von ›Text‹ und ›Kontext‹.

---

147 Vgl. Theben: Die mystische Lyrik des 14. und 15. Jahrhunderts (s. Anm. 48), S. 64 f.
148 Ruh: Meister Eckhart. Theologe, Prediger, Mystiker (s. Anm. 41), S. 50.

15. Jahrhundert

Johannes Traulsen
Idee und Poetik strategischer Herrschaft in Elisabeths von Nassau-Saarbrücken *Huge Scheppel*

1 Literatur und die Idee der Herrschaft

Volkssprachliche Literatur und Herrschaft sind im Mittelalter eng miteinander verflochten. Herrscher und die Ausübung von Herrschaft[1] sind Gegenstand der literarischen Darstellung und die Texte sind in propositionaler und materialer Hinsicht Teil der Herrschaftsperformanz. Die Literatur thematisiert Herrschaft, indem sie ideale Herrscher vor Augen stellt (z. B. Karl den Großen), historische Linien zieht (z. B. von den antiken zu den mittelalterlichen Reichen) und kritische politische Konstellationen darstellt. Dabei kommt immer auch eine bestimmte Idee von Herrschaft zum Ausdruck und so lässt sich die Literatur des Mittelalters als Teil einer Ideengeschichte der Herrschaft betrachten.

Ein beachtenswerter Fall im Hinblick auf die Auseinandersetzung mit Herrschaft ist das im 15. Jahrhundert verfasste Prosaepos *Huge Scheppel*[2] Elisabeths von Nassau-Saarbrücken, denn dieser Text stellt Herrschaft nicht nur dar, sondern nimmt Formen, Prinzipien und Mechanismen des Herrschens in den Blick. Im Gegensatz zu früheren Epen aus der Tradition der *Chanson de geste* führt der *Huge Scheppel* Herrschaft nicht auf göttliche Gnade oder besondere Virtuosität zurück, sondern stellt sie als Produkt politischer Prozesse und als Zustand temporärer Konstellationen aus. Diese strategische Dimension von Herrschaft erweist sich insbesondere am Protagonisten der Erzählung, denn mit ihm wird eine Figur zum König von Frankreich gemacht, die aus ethischen, genealogischen oder reichspolitischen Gründen weder dazu bestimmt wäre noch auch

---

[1] Eine knappe Einführung in einige Aspekte mittelalterlicher Herrschaft bietet Fritz Peter Knapp: Grundlagen der europäischen Literatur des Mittelalters. Eine sozial-, kultur-, sprach-, ideen- und formgeschichtliche Einführung. Graz 2011, S. 18–29.
[2] Königin Sibille – Huge Scheppel. Editionen, Kommentare und Erschließungen. Hg. von Bernd Bastert, Ute von Bloh. Berlin 2018.

Johannes Traulsen, Berlin

nur geeignet erschiene.³ Im Gegenteil ist die Thronbesteigung unter den am Anfang des Textes gegebenen Umständen extrem unwahrscheinlich. Durch diese Dissonanz von Amt und Amtsträger wird der Blick auf die von der Figur unabhängigen politisch-strategischen Prozesse gelenkt, die zum Gewinn der Herrschaft führen, und damit eine spezifische Idee von Herrschaft entfaltet.⁴ Im Folgenden werden diese politischen Dimensionen des Textes und die damit einhergehenden Darstellungsstrategien beleuchtet. Damit soll auch ein Beitrag zu der Frage geleistet werden, ob und wie ideengeschichtliche Ansätze jüngere kulturwissenschaftlich fundierte Auseinandersetzungen mit der mittelalterlichen Literatur ergänzen können.

2 *Huge Scheppel* im Kontext

1412 wurde die gerade erwachsene Elisabeth von Lothringen mit dem dreißig Jahre älteren Graf Philipp von Nassau-Saarbrücken, einem der mächtigsten Territorialfürsten der Region, verheiratet.⁵ Philipp war über seinen eigenen Herrschaftsbereich hinaus politisch tätig und Mitglied des Großen Rats Karls VI.⁶ Nach Philipps Tod 1429 übernahm Elisabeth wahrscheinlich die Vormundschaft ihres Sohns, des Thronfolgers Philipp, und bestimmte für einige Zeit die Verwaltung und Regierung der Grafschaft.⁷

---

3 Mit Gerd Althoff könnte man diese Anlage als Spiel mit den Spielregeln der Gesellschaft bezeichnen. Vgl. Gerd Althoff: Spielen Dichter mit den Spielregeln der Gesellschaft? In: Ders. (Hg.): Inszenierte Herrschaft. Geschichtsschreibung und politisches Handeln im Mittelalter. Stuttgart 2003 [1999], S. 251–273.
4 Allgemeiner auf den sozialen Kontext des Werkes bezogen formuliert Ute von Bloh: Ausgerenkte Ordnung. Vier Prosaepen aus dem Umkreis der Gräfin Elisabeth von Nassau-Saarbrücken: »Herzog Herpin«, »Loher und Maller«, »Hugo Scheppel«, »Königin Sibille«. Tübingen 2002, S. 435: »Die vier [von Elisabeth übersetzten; J. T.] Epen partizipieren folglich an unterschiedlichen Diskursen, an literarischen wie an den historischen ihrer Referenzwelt, wobei sie sich die Lizenz nehmen können, mehr die Spiel-Räume auszuloten als die Grenzen der sozialen Praxis erzählerisch zu entfalten.«.
5 Elisabeths Geburtsdatum und -ort sind unbekannt. Vgl. zu biographischen Aspekten Hans-Walter Herrmann: Lebensraum und Wirkungsfeld der Elisabeth von Nassau-Saarbrücken. In: Ders., Wolfgang Haubrichs (Hg.): Zwischen Deutschland und Frankreich. Elisabeth von Lothringen, Gräfin von Nassau-Saarbrücken. St. Ingbert 2002, S. 49–154.
6 Vgl. ebd., S. 56.
7 Vgl. zu den nicht ganz eindeutig rekonstruierbaren politischen Verhältnissen ebd., S. 62–82.

Elisabeth stand unter anderem im Kontakt mit ihrem Onkel Karl II. von Lothringen.[8] Karl pflegte in seiner Residenz in Nancy eine große Bibliothek, die auch literarische Werke, aber vor allem pragmatische Literatur enthielt.[9] Elisabeth und ihre Kinder bewegten sich also in einem Zusammenhang, in dem literarische Werke ihre Bedeutung im Rahmen pragmatisch-politischer Bildung gewinnen konnten.[10]

Hans-Walter Herrmann deutet die verfügbaren Quellen so, »daß Elisabeth ein aktiver Anteil an den Regierungsgeschäften zuerkannt werden muß.«[11] Herrmann zufolge war ihre Politik von vier Zielen geprägt: Wahrung des Gebietsbesitzes, Stärkung der Landesherrschaft, Neutralität in politischen Konflikten, Vermeidung von Überschuldung.[12] Sie können unter dem Begriff der Herrschaftskonsolidierung zusammengefasst werden und lassen ein Bemühen um die Vermittlung der im Herrschaftsbereich konkurrierenden Interessen erkennen.[13] In den Zeitraum ihrer politischen Aktivität fällt auch die von Elisabeth initiierte[14] Übertragung[15] von vier französischen *Chansons de geste* in deutsche Prosa, zu denen auch der *Huge Scheppel* zählt. Die Texte befassen sich alle mit historischen Figuren oder Ereignissen, setzen aber je eigene thematische Schwerpunkte, die die

---

8 Vgl. ebd., S. 65.
9 Vgl. Ulrike Gaebel: Chansons de geste in Deutschland. Tradition und Destruktion in Elisabeths von Nassau-Saarbrücken Prosaadaptationen. Diss. masch. Berlin 2002, S. 28.
10 Ohne dass damit der *Huge Scheppel* zum ›Bildungsroman‹ erklärt werden muss, wie es in der Forschung teilweise geschehen ist. Vgl. etwa Ralf Schlechtweg-Jahn: Kultur und Natur im ‚Huge Scheppel' der Elisabeth von Nassau-Saarbrücken. In: Alan Robertshaw (Hg.): Natur und Kultur in der deutschen Literatur des Mittelalters. Colloquium Exeter 1997. Tübingen 1999, S. 231–241, hier S. 239.
11 Herrmann: Lebensraum und Wirkungsfeld der Elisabeth von Nassau-Saarbrücken (s. Anm. 5), S. 90.
12 Vgl. ebd., S. 66.
13 Vgl. Bernhard Burchert: Die Anfänge des Prosaromans in Deutschland. Die Prosaerzählungen Elisabeths von Nassau-Saarbrücken. Frankfurt am Main u. a. 1987, S. 30–38.
14 Ob Elisabeth die Texte selbst verfasst hat, ist nicht abschließend geklärt. Vgl. zu dieser Frage den Überblick bei Wolfgang Haubrichs: Kurze Forschungsgeschichte zum literarischen Werk Elisabeths. In: Ders., Hans-Walter Herrmann (Hg.): Zwischen Deutschland und Frankreich. Elisabeth von Lothringen, Gräfin von Nassau-Saarbrücken. St. Ingbert 2002, S. 17–40; aus geschichtswissenschaftlicher Perspektive Herrmann: Lebensraum und Wirkungsfeld der Elisabeth von Nassau-Saarbrücken (s. Anm. 5), S. 115–118.
15 Zu den Quellen vgl. Wolf-Dieter Lange: Entgrenzte Gesänge. Späte französische Heldenepik als Inspirationsquelle für Elisabeth von Nassau-Saarbrücken. In: Wolfgang Haubrichs, Hans-Walter Herrmann (Hg.): Zwischen Deutschland und Frankreich. Elisabeth von Lothringen, Gräfin von Nassau-Saarbrücken. St. Ingbert 2002, S. 411–426, hier S. 419–425.

Handlungsdarstellung bestimmen.[16] Elisabeths Sohn Johann ließ von den vier Prosaepen aufwendige Handschriften anfertigen und setzte damit das Werk seiner Mutter fort.[17]

Historischer Gegenstand des *Huge Scheppel* ist der Dynastiewechsel von den Karolingern zu den Karpetingern im Jahr 987. Die Handlung beginnt mit der Darstellung des jungen Huge, der illegitimer Sohn einer Metzgerstochter und eines Adligen ist. Huge verprasst das Vermögen seines verstorbenen Vaters, indem er sich als fahrender Ritter betätigt und verschiedene Liebschaften beginnt, aus denen zehn Söhne hervorgehen. Er gerät nach Paris, wo die Königin von Frankreich, die Witwe Ludwigs des Frommen, von mehreren französischen Grafen zur Ehe gedrängt wird. Huge kämpft erfolgreich für die Thronerbin und ihre Tochter, die er schließlich heiratet, wodurch er fränkischer König wird. Im folgenden zweiten Teil der Handlung konsolidiert Huge seine Herrschaft, indem er seine wichtigsten Widersacher unter den Grafen besiegt und hinrichtet.

Der Topos vom Metzger als Thronerbe war seit dem 13. Jahrhundert verbreitet, doch die unmittelbare französische Vorlage des *Huge Scheppel* ist verloren. Der Text teilt wohl mit der französischen Chanson *Hugues Carpet* (14. Jahrhundert) eine Quelle, unterscheidet sich aber gerade im zweiten Teil auch deutlich von dieser.[18] Walter Haug hat im Hinblick auf den *Huge Scheppel* betont, dass es sich in erster Linie um einen ironischen Text handle, der aber deshalb nicht ohne Aussagegehalt sei. Sein »Unernst verdeckt ein Ethos«, dessen »Wahrheit im Spiel mit dem offenen Zwiespalt liegt.«[19] Unernst ist der *Huge Scheppel* zweifelsohne, wenn er von den vielfachen Verwerfungen und Verwicklungen erzählt, durch die der Metzgersohn auf den französischen Thron gelangt. Gerade in diesem Unernst liegt ein Erkenntnispotential, denn durch die spezifische narrative Konstruktion eines unwahrscheinlichen und in Teilen komischen

---

16 Vgl. zur Einführung in die Werke: Wolfgang Haubrichs: Die vier Prosahistorien Elisabeths – Skizzierung ihres Inhalts. In: Ders., Hans-Walter Herrmann (Hg.): Zwischen Deutschland und Frankreich. Elisabeth von Lothringen, Gräfin von Nassau-Saarbrücken. St. Ingbert 2002, S. 11–16. Vgl. außerdem die grundlegende Studie von Ute von Bloh: Ausgerenkte Ordnung (s. Anm. 4). Einen allgemeinen Überblick der neueren Forschung zu den Prosaepen Elisabeths bieten Wolfgang Haubrichs: Kurze Forschungsgeschichte (s. Anm. 14) sowie von Bloh: Ausgerenkte Ordnung (s. Anm. 4), S. 2–15.
17 Vgl. Herrmann: Lebensraum und Wirkungsfeld (s. Anm. 5), S. 120.
18 Vgl. dazu Burchert: Die Anfänge des Prosaromans; eine Zusammenfassung der Handlung des *Hugues Carpet* findet sich bei Lange: Entgrenzte Gesänge (s. Anm. 15), S. 422f.
19 Walter Haug: Huge Scheppel – der sexbesessene Metzger auf dem Lilienthron. Mit einem kleinen Organon einer alternativen Ästhetik für das spätere Mittelalter. In: Joachim Heinzle (Hg.): Chansons de geste in Deutschland. Schweinfurter Kolloquium 1988. Berlin 1989 (Wolfram-Studien XI), S. 185–205, hier S. 204.

politischen Vorgangs, werden die Mechanismen sichtbar, die in diesem Vorgang wirken. Damit treten das Erzählen und die Verhandlung von Herrschaft in ein Wechselverhältnis, und es lassen sich Erkenntnisse über die historische Idee der Herrschaft und die Poetik des Textes gleichermaßen gewinnen.

3 Unmögliche Herkunft: Ein adliger Metzger

Da im *Huge Scheppel* ein Kind von Eltern ungleichen Standes zum König wird, ist vorgeschlagen worden, die Handlung als eine Durchsetzung der adligen Art des Vaters gegen den bürgerlichen Stand der Mutter zu begreifen.[20] Es ist allerdings bedenkenswert, dass Huge nicht durch ein Sowohl-als-auch, sowohl reicher Metzger als auch adliger Spross, sondern durch ein Weder-noch, weder Metzger noch Ritter, ausgezeichnet ist. So beginnt die Erzählung damit, zu betonen, was ihr Protagonist nicht ist: Er übt sein Handwerk nicht aus (S. 83, Z. 10) und das von seinem Vater hinterlassene Vermögen gibt er schnell aus. Der verschuldete Huge schwört daraufhin, das Land zu verlassen (S. 84, Z. 7), aber nicht etwa, wie man vielleicht erwarten möchte, um sich in der Fremde zu bewähren oder gute Werke zu tun, sondern er flieht, um dem Gefängnis zu entgehen (S. 84, Z. 10). In Paris angekommen lehnt Huge eine Lehre als Metzger und die in Aussicht gestellte Übernahme des Geschäfts eines Vetters ab, und zwar mit dem Argument, ein anderes Handwerk zu beherrschen, nämlich das des Knappen und Kämpfers (S. 87, Z. 19–23). Daraufhin gibt er wiederum alles ihm zur Verfügung stehende Geld aus.[21] Der Protagonist erscheint als eine Figur, die keine klaren Zuordnungen erlaubt: Huge ist ein Bürger ohne Geld und Handwerk, ein Ritter ohne Herkunft, Titel, Besitz und Ehre auf der Flucht vor seinen Gläubigern. Eine spätere Erhebung zum französischen König ist nach dieser Handlungsexposition höchst unwahrscheinlich.[22]

---

20 Vgl. z. B. Carmen Stange: Aufsteiger und Bankrotteure: Herkunft, Leistung und Glück im Hug Schapler und im Fortunatus. In: Catherine Drittenbass, André Schnyder (Hg.): Eulenspiegel trifft Melusine. Der frühneuhochdeutsche Prosaroman im Licht neuer Forschungen und Methoden. Amsterdam 2010, S. 217–255, hier S. 226–229.
21 Vgl. dazu auch Dieter Seitz: Der Held als feudales Wunschbild. Zur historischen Bewertung des Typus Hug Schapler. In: Horst Wenzel (Hg.): Typus und Individualität im Mittelalter. München 1983, S. 122–139, hier S. 124 f.
22 Anders deutet diesen Ausgangspunkt der Erzählung: Stange: Aufsteiger und Bankrotteure (s. Anm. 20), S. 227–230. Stange versteht den *Huge Scheppel* bzw. (da sie den Erstdruck in den Blick nimmt) den *Hug Schapler* als Aufstiegserzählung.

Es wäre denkbar, dass sich Huge trotz seiner uneindeutigen Herkunft durch seine besondere Kampffähigkeit als Figur von Adel mit der Fähigkeit zur Herrschaft erweist. Doch wird Huge trotz seiner außergewöhnlichen Kampfkraft auch von den Adligen nicht als Ihresgleichen wahrgenommen. So antwortet ein alter Graf der Königin von Frankreich auf ihre Frage nach Huge:

> »Gnedige frowe, ich weiß des iungelings namen wol. Er hat hute by tage manich hirnen affter diesen palas zurspreidet. Es ist Huge, metzelers geschlechte. Er wenet, er sy vnder den fleysch bencken, er verschrodet sy als man das swinen fleysch düt.«[23] (S. 110, Z. 17–19)

Wenngleich diese Antwort vielleicht einen ironischen Ton hat, so wird doch auch nachdrücklich eine ständische Differenz markiert: Der Graf und Berater der Königin erkennt in Huges erfolgreichen Kämpfen nicht die adlige Qualität eines Ritters,[24] sondern das Handwerk des Metzgers.

Huges Kampffähigkeit und sein adliger Habitus wecken die Bewunderung seiner Umgebung, doch ist seine Attraktivität nicht standesspezifisch, sondern er zieht sowohl die Blicke der adligen wie auch der bürgerlichen Frauen auf sich.[25] Er pflegt vielfältige Liebschaften, unternimmt aber keine ernsthafte Brautwerbung. Daran hat Huge, wie er selbst betont (S. 98, Z. 13–16), kein Interesse. Die zehn Söhne, die aus Huges amourösen Verbindungen hervorgehen, erweisen sich in einer eigenen Episode (S. 163, Z. 15–S. 181, Z. 8) als ebenso ›unpassend‹ wie ihr Vater, schließen sich später aber Huge an und tragen zum militärischen Erfolg seiner Unternehmungen bei.

---

23 »Gnädige Herrin, ich kenne des Jünglings Namen genau. Er hat am heutigen Tag hinter diesem Palast viel Hirn verspritzt. Es ist Huge, vom Geschlecht eines Metzgers. Er meint, er sei bei den Fleischbänken, er zerhaut sie, wie man es mit dem Fleisch der Schweine tut.« Die Übersetzungen stammen hier und im Folgenden vom Verfasser.
24 Vgl. Jan-Dirk Müller: Held und Gemeinschaftserfahrung. Aspekte der Gattungstransformation im frühen deutschen Prosaroman am Beispiel des »Hug Schapler«. In: Daphnis 9 (1980), S. 393–426, hier S. 412: »Hug verkörpert den Typus des adligen Haudegens, der seit den Anfängen des Territorialisierungsprozesses zunehmend in Konflikt mit den Zwängen der werdenden Staatlichkeit gerät, ein Wunschbild eher, das sozial (im Metzger) und historisch (im König der Frühzeit) distanziert wird.« Vgl. auch Jan-Dirk Müller: Späte Chanson de geste-Rezeption und Landesgeschichte. Zu den Übersetzungen der Elisabeth von Nassau-Saarbrücken. In: Joachim Heinzle, Peter Johnson, Gisela Vollmann-Profe (Hg.): Chansons de geste in Deutschland. Schweinfurter Kolloquium 1988. Berlin 1989 (Wolfram-Studien XI), S. 206–226, hier S. 222, demzufolge die Wappendarstellungen in den Elisabeth-Handschriften ein *Gruppenbewusstsein* der regionalen Territorialfürsten erkennen lässt.
25 Er »was so herlich vnd hoffelich erzuget vnd als kostelich gewappent, das er vff die selbe zijt von manicher iongfrauwen vnd schöner burgerssen heymlich gewonschet vnd begert wart.« (S. 220, Z. 9–11).

Zwar ist auch die Königin von Frankreich von Huges Schönheit affiziert (S. 111, Z. 10–12) und macht ihn zum Ritter, doch damit gewinnt er keine eigene politische Handlungsfähigkeit, sondern wird zum Spielball in der Reichspolitik: Den Reichsfürsten ist er ein Dorn im Auge, weil diese die Macht vereinnahmen wollen. Für die Königin selbst und ihre Verbündeten ist er eine willkommene Marionette ohne eigenes politisches Programm. Ohne Huge bereits zu kennen, formuliert der König von Ungarn dies gegenüber einem mit ihm verbündeten Neffen der Königin namens Drogue:

> »Woltent ir mir volgen, wir zůgent in Franckrich vnd kement der küngin zehilff wider ir vinde, so vns gott hilfft, das wir gesigen. Dan gebent wir der iungen küniginn eynen fürsten, der das künigrich in eren und stadt gehalten mag und üch ouch hilff zů nöten gethůn möge. Wan wir die sachenn also geendet haben und zů gůtem gebracht haben, so wöllent wir sie dann ouch widerumb zů unsern nöten an rüeffen mit dem soldan zů kriegen.«[26]
> (S. 118, Z. 9–14)

Das politische Kalkül des ungarischen Königs liegt klar zutage: Herkunft, Verdienste oder Fähigkeiten des zukünftigen französischen Königs sind ohne Belang, was umso bemerkenswerter ist, als der Passage unmittelbar eine für den *Huge Scheppel* ungewöhnlich lange Darstellung von Familienverhältnissen vorangegangen ist (S. 115, Z. 3–26). Allein die Fähigkeit, das Reich *in eren und stadt* zu halten, spielt eine gewisse Rolle, während das Hauptaugenmerk auf der Möglichkeit zur Einflussnahme liegt, welche die spätere militärische Unterstützung im Kampf gegen den Sultan von Babylon sichert.

Selbst wenn frühere Fassungen des Textes das Ziel gehabt haben sollten, den Protagonisten der Handlung als heldenhaft darzustellen und auf diese Weise die Dynastie der Karpetinger, deren Stammvater Huge ist, auszuzeichnen oder sich gar selbst in deren Zusammenhang zu stellen, so verstellt der deutsche Text diese Deutung doch nachdrücklich, indem er Huges Eigenschaften als bedeutungslos für den Throngewinn ausweist und diesen stattdessen auf das strategische politische Handeln anderer Akteure zurückführt. In diesem Sinn lässt sich auch die Darstellung der Eheschließung zwischen Huge und der Königstochter verstehen: Die Königin und ihre Tochter begehren Huge gleichermaßen, ihm scheint es egal zu sein (S. 224, Z. 10–12)[27] und das Argument für die

---

[26] »Wenn ihr mir folgen wollt, ziehen wir nach Frankreich und kommen der Königin zuhilfe gegen ihre Feinde, sodass wir, wenn Gott uns hilft, siegen. Dann geben wir der jungen Königin einen Fürsten zum Ehemann, der das Königreich in Ordnung halten kann und der seinerseits auch Euch Hilfe in der Not leisten kann. Wenn wir die Angelegenheit so geregelt und zum Guten gewendet haben, dann wollen wir sie wiederum uns zu Hilfe rufen, um den Sultan zu bekriegen.«.
[27] Vgl. zu dieser Textstelle auch Manuel Braun: Ehe, Liebe, Freundschaft. Semantik der Vergesellschaftung im frühneuhochdeutschen Prosaroman. Tübingen 2001, S. 125.

Hochzeit mit der Tochter ist schließlich wiederum ein politisches und wird von besagtem Drogue vorgetragen, der unmittelbar nach der folgenden Hochzeit den Plan des Königs von Ungarn in die Tat umsetzt und den nun zum König gekrönten Huge um Beistand gegen seinen eigentlichen Feind, den Sultan von Babylon, bittet (S. 227, Z. 10).

Huge erweist sich also für die Königin und ihre Verbündeten als optimaler Thronfolger, weil er keine eigene Agenda verfolgt und an niemanden qua Verwandtschaft oder Gefolgschaft gebunden ist. Da Huges Eigenschaften vernachlässigbar sind, treten in der Erzählung die bestimmenden Faktoren der Reichspolitik umso schärfer hervor. Herrschaft erweist sich als ein Produkt der außen- und innenpolitischen Lage, der Überlagerung unterschiedlicher Machtinteressen und der mehr oder weniger aufgehenden Strategien verschiedener Akteure.

4 Unmögliche Bewährung: Der fehlgeleitete Held

Die Marginalisierung der Eigenschaften des Helden unterscheidet den *Huge Scheppel* von anderen Texten der *Chanson de geste*. Die Spannung, die sich aus diesem Gegensatz zwischen dem Text und seiner Tradition ergibt, wird in einer Passage besonders deutlich, die ein aus anderen Erzählungen bekanntes Motiv aufgreift: Huge hat erstmals vor Paris gesiegt und ist daraufhin vom Hofmarschall der Königin mit Roland, Olivier, Willehalm von Oranje, Oger von Dänemark, Judas Makkabäus und Alexander dem Großen verglichen worden. Nun wird ihm zu Ehren ein Fest ausgerichtet. Im Rahmen dieses Festes lässt die Königin Huge einen gebratenen Pfau bringen, um ihn als den besten Kämpfer auszuzeichnen (S. 128, Z. 13).[28] Huge erinnert sich in diesem Zusammenhang an eine Geschichte, die er über den gebratenen Pfau gehört hat und in der die Helden auf den gebratenen Vogel Schwüre für zukünftige Taten leisten. Gemeint ist das *Voeux de Paon* des Jacques de Longuyon.[29] Huge beschließt daraufhin, seinerseits einen Schwur zu leisten, nämlich am nächsten Tag allein Paris zu verlassen, um im Lager der Feinde ›ein oder zwei Fürsten‹ zu erschlagen. Bei

---
28 Vgl. dazu auch Susanne Knaeble: »Do mit viel sie von leyd in onmach nyder zů der erden« – Narrative Formen der Inszenierung weiblichen Machthandelns zwischen Mittelalter und Früher Neuzeit im *Hug Schapler* (1500). In: Ingrid Bennewitz, Jutta Eming, Johannes Traulsen (Hg.): Gender Studies – Queer Studies – Intersektionalität. Eine Zwischenbilanz aus mediävistischer Perspektive. Göttingen 2019, S. 187–203, hier S. 200–203.
29 Vgl. Bernd Bastert: Helden als Heilige. *Chanson de geste*-Rezeption im deutschsprachigen Raum. Tübingen, Basel 2010, S. 397 f.

der Verkündung seines Entschlusses greift Huge nachdrücklich auf das Motiv der Bewährung durch die heldenhafte Tat zurück: Er will ein Gelübde (S. 129, Z. 19) ablegen und verkündet, *als ein abenturer* (S. 130, Z. 3 f.) aufbrechen zu wollen.[30] Das nun ist für die Königin, die auf Huge als militärischen Faktor und zukünftigen König setzt und keinerlei Interesse an einer unmittelbaren Umsetzung literarischer Ideale durch ihren ›Helden‹ hat, ein Problem, und sie verbietet Huge den Ausritt, weshalb er sich heimlich aus der Königsburg stehlen muss (S. 130, Z. 21–23).

Das nun folgende ›Abenteuer‹ kann nur misslingen: Huge schafft es zwar, den unbewaffneten König Huguon von Vavenise in dessen Zelt zu erschlagen (S. 139 f.), wird aber hinterher von allen Seiten von den Gefolgsleuten Huguons angegriffen und hat keinerlei Chance, allein und lebend aus dieser Situation wieder herauszukommen. Nur mit der Unterstützung eines Grafen, dessen Tochter er einst gerettet hat, mit schweren Verlusten auf Seiten der zu Hilfe kommenden Pariser Bürger[31] und durch eine List kommt Huge davon.

In dem Augenblick, in dem Huge sich mit seinen literarischen Vorbildern, den Helden der *Chanson de geste* wie Roland und Willehalm identifiziert und entsprechend handelt, wird er selbst zum Problem für seine Umgebung, die auf die literarischen Figuren zwar im Gestus der Auszeichnung rekurriert, aber keinesfalls ein Interesse an leibhaftigen ›echten Helden als Herrscher hat. Huges literarische Bildung, das heißt die Kenntnis der entsprechenden Geschichten und der daraus gewonnene Wunsch nach Bewährung im Abenteuer stellt eine Störung der strategischen Planung dar. Es geht hier also keineswegs um Bewährung, einen Entwicklungsprozess oder um eine ethische Selbstverständigung des Adels. Nicht von ungefähr erweisen sich in dieser Situation auch die Bürger von Paris als entscheidender Faktor im Ringen um die Macht.[32] Im Zen-

---

30 Das Motiv des Suchens nach Abenteuern kehrt noch einmal bei der Darstellung von Huges Söhnen wieder, deren Auftritt eine eigene Analyse wert wäre. Vgl. S. 170, Z. 30.
31 Die relativ große Bedeutung, die der Pariser Bürgerschaft in der Handlung zukommt, ist zum Anlass genommen worden, den *Huge Scheppel* als einen Text zu betrachten, dessen Rezeptionszusammenhang im städtisch-bürgerlichen Kontext zu suchen ist. Dem hat Jan-Dirk Müller bereits 1980 widersprochen und darauf hingewiesen, dass der Text im Gegenteil seinen festen Ort in rein adligen Produktions- und Rezeptionszusammenhängen hatte. Vgl. Müller: Held und Gemeinschaftserfahrung (s. Anm. 24), S. 398; ähnlich argumentierte auf der Grundlage der Handschriften bereits Wolfgang Liepe: Elisabeth von Nassau-Saarbrücken. Entstehung und Anfänge des Prosaromans in Deutschland. Halle a.d.S. 1920.
32 Entsprechendes beobachtet bereits Seitz: Der Held als feudales Wunschbild (s. Anm. 21), S. 129. Anders als Seitz sehe ich keine Anhaltspunkte für die These, dass der Text das Eingreifen der Bürger nur als »geschichtliche Gegebenheiten« integrieren muss, während »er sie der bewussten Anlage nach überspielen möchte.«.

trum der Erzählung steht, was Huge durch seine Abenteuerlust stört: Das strategisch sinnvolle Handeln und der politische Prozess der Etablierung eines neuen Herrschers, bei dem, wie die Königin zum Ausdruck bringt, Heldentaten nur wenig eintragen.

5 Unmögliche Erhöhung: Das Lilienwappen

Den Höhepunkt der Handlung des *Huge Scheppel* bilden die Verlobung des Protagonisten mit der französischen Königstochter und die Übergabe der französischen Wappen an Huge bevor die große Schlacht gegen die aus dem französischen Adel stammenden Widersacher der Königin beginnt.

Die Königin lässt sich vor dem Gefecht von Huge ein Blankoversprechen auf seinen Gehorsam geben (S. 196, Z. 24 f.). Dann erst formuliert sie ihren Wunsch: Sie will, dass er in der Schlacht das Lilienwappen des Königs trägt:

> »Huge, ich bidden uch vnd begern vnd befellen uch auch da myde, das ir uch hude zu tage das wappen vnd schilt, dar inn des konnygrichs lilyen stant, entphollen lassen syn wollet vnd das zu stryde furent.«[33]

Huge soll, ohne bereits durch Heirat die Königsherrschaft übernommen zu haben, die Lilienwappen tragen und damit das Reich verkörpern. Bei dem Gedanken, mit dem Lilienwappen auf das Schlachtfeld zu reiten, wir ihm angst und bange, weshalb er versucht, der Königin ihren Plan auszureden. Erstens gäbe es andere, die dieser Ehre viel würdiger seien (S. 197, Z. 23 f.). Zweitens würde man es ihm für Übermut auslegen, wenn er die Wappen trüge und er würde deswegen vom Volk gehasst werden (S. 198, Z. 10 f.). Nur unter der Maßgabe, dass die Königin die Verantwortung auf sich nimmt, sollte es Streit um den Kasus geben, lässt Huge sich auf das Ansinnen ein. Zuvor zählt er, der bereits als anachronistischer Held aufgefallen ist, die Qualitäten auf, die ihm seines Erachtens zur Heerführerschaft und damit auch zur Herrschaft fehlen: Geburt und Besitz:

---

[33] »Huge, ich bitte und verlange von Euch und befehle Euch auf diese Weise, dass Ihr Euch am heutigen Tag Wappen und Schild, in denen die Lilie des Königreichs steht, anvertrauen lasst und diese im Kampf tragt.« (S. 197, Z. 4–7) Es handelt sich bei dieser Darstellung um einen Anachronismus, denn das Lilienwappen wurde erst unter Ludwig VIII. im 13. Jahrhundert endgültig etabliert.

»Es ist der connestable vnd noch me andern mehtige grauen, dye von hoher geburt sint, dar zu riche, viel landes, lude, gelt vnt guttes gnug. Habent yre eyme die ere, vmb gottes willen, dann ich endarre mich so hoher sache nit vnderwinden.«[34] (197. Z. 23–27)

Die Königin zeigt sich davon unbeeindruckt: Huge wird mit den Wappen ausgestattet, obwohl er all die von ihm selbst aufgeführten Kriterien nicht erfüllt, und reitet damit auf das Schlachtfeld.

Huges Bedenken sind berechtigt, denn genau das, was er befürchtet hat, denkt zumindest ein Teil der Pariser Bevölkerung (S. 201, Z. 7–11). Und natürlich lehnen die mächtigsten Fürsten des Reichs, die aufgrund der Wappen annehmen, Huge wäre gekrönt worden, eine Königswahl ohne ihr Zutun rundheraus ab (S. 209, Z. 15–27). Dass die Wappen tatsächlich, wie die Königin es vorhergesagt hat, Angst und Schrecken bei ihren Feinden auslösen, hat weniger mit einer magischen Wirkung als mehr mit politischen Konstellationen zu tun: Die Burgunder und Normannen, die gegen Huge kämpfen, halten diesen aufgrund der Ausstattung für den neuen König. Der Feldzug ihres Anführers Friedrich, der seinerseits König werden möchte, scheint ihnen deshalb aussichtslos zu sein, was ihre Moral erschüttert (S. 207, Z. 9–15). Selbst Drogue, der im gesamten Handlungsverlauf immer zur Königin und Huge steht, ist irritiert und fragt, wer Huge zum König gemacht habe. Erst dessen Beteuerung, die Herrschaftszeichen nach der Schlacht wieder ablegen zu wollen, beruhigt den Neffen der Königin (S. 210, V. 14–21). Gleichzeitig relativiert das Wappen aber auch die Vorteile Huges als Kämpfer, wie er gegenüber der Königin zugibt. Nicht die Hälfte seiner eigentlichen Leistung hätte er erbringen können, weil niemand ihn aus Respekt vor den Wappen hätte angreifen wollen (S. 222, V. 12–16), sagt Huge, und:

> »[V]mb das ich so hohe herschafft hatte vnd mir die franckrich wappen mit den lylien befolhen warent, so fochte mich yederman vnd wolten zu male wenig mit mir strijden, wann is beduchte sij nit wol getan syn.«[35] (S. 222, V. 12–16)

Damit ist nicht zuletzt klargestellt, dass Huges Kampfkraft, die immer wieder im Text als seine besondere Qualität ausgestellt wurde, für das ihm zugedachte Amt bedeutungslos ist. Er verschwindet hinter den Abzeichen, durch sie ist sein kämpferischer Einsatz in der Schlacht überflüssig geworden. Mit dieser Einsicht

---

34 »Es gibt den Heerführer und noch viele andere mächtige Grafen, die von hoher Geburt sind, dazu reich an Land, Leuten, Geld und Besitz. Gebt doch einem von denen die Ehre, um Gottes Willen, denn ich vermag mich eines so hohen Gutes nicht zu bemächtigen.«.
35 »Weil ich so große Herrschaft besaß und mir die französischen Wappen mit den Lilien anvertraut waren, mied mich jeder und sie wollten nicht mit mir kämpfen, weil es ihnen falsch zu sein schien.«.

in seine eigene Degradierung zum Fahnenträger ist der Metzgerheld endgültig königswürdig geworden. Kurz und knapp rät Drogue der Königin nach der siegreichen Schlacht, Huge ihre Tochter zur Frau zu geben und der nur durch seine Bedeutungslosigkeit Ausgezeichnete wird zum König von Frankreich gekrönt (S. 223, Z. 9–21). Damit zeigt der Text einmal mehr, dass es für die Herrschaft nicht auf Herkunft oder Fähigkeit, sondern darauf ankommt, ob und von wem einem die entsprechenden Wappen an die Brust geheftet werden. Nicht die Bewährung, sondern die Erwählung macht Huge zum Herrscher. Unmittelbar nach der Krönung wird er von den Fürsten dahingehend beraten, die Möglichkeit der weiblichen Erbfolge abzuschaffen und für den Fall des Fehlens eines Erben ein Wahlverfahren für einen Thronfolger einzuführen (S. 226, Z. 7–13), womit eine Wiederholung der Vorgänge, die zu Huges eigener Krönung geführt haben, unmöglich gemacht wird.

6 Poetik der Aushandlung

»Als politisch handelnde, vorausschauend planende Figur gewinnt Hug nicht Profil«[36], doch der *Huge Scheppel* betont nicht nur das Fehlen von charakteristischen Eigenschaften seines Protagonisten, sondern stellt ihm auch mehrere Alternativfiguren gegenüber, die auf den französischen Thron spekulieren. So begehrt schon früh im Text ein einflussreicher französischer Graf die Heirat mit der Königstochter und den Thron.[37] Doch die Königin betont vor den Bürgern von Paris, dass Frankreich mit diesem Herrscher schlecht beraten wäre (S. 105, Z. 4–8), und lehnt diesen und weitere Bewerber ab, bevor Huge überhaupt auf den Plan getreten ist. Sie stellt sich gegen die Anwärter, die mit der Werbung ein eigenes politisches Interesse verfolgen. Huge hingegen wird im Verlauf der Handlung immer wieder als unterbestimmt gezeigt. Er eignet sich für die Königin gerade deshalb besonders gut zum Herrscher, weil er kein eigenes Programm verfolgt.[38] Dazu passt auch, dass er im letzten Teil der Handlung nach

---

36 Seitz: Der Held als feudales Wunschbild (s. Anm. 21), 129.
37 Vgl. dazu auch die Ausführungen von Ute von Bloh: Ausgerenkte Ordnung (s. Anm. 4), S. 247 f., die darauf hinweist, dass die Brautwerbung im *Huge Scheppel* nicht der Tradition entsprechend der Stabilisierung von Herrschaft dient, sondern vielmehr einen Auslöser von Gewalt darstellt. So geschieht es bei den Brautwerbungen der Grafen Savarie und Friedrich.
38 Die Rolle und Bedeutung der weiblichen Figuren für das politische Ränkespiel im *Hug Schapler* hat jüngst Susanne Knaeble herausgearbeitet. Vgl. Knaeble: »Do mit viel sie« (s. Anm. 28).

seiner Krönung als Figur zunehmend gegenüber anderen Protagonisten in den Hintergrund gerät.[39]

Die Konstellation aus potenten, aber ungewollten Aspiranten und einer betont unbedeutenden Figur, die zum König gemacht wird, lässt sich im Hinblick auf die dem Text unterliegende Idee von Herrschaft deuten: In narrativer Form stellt der *Huge Scheppel* die Besetzung einer Herrschaftsposition als Effekt strategischer und kommunikativer Prozesse dar. Es wird nicht das Ziel verfolgt, bestimmte Eigenschaften – Geburt, Verwandtschaft, militärische Fähigkeit, Begnadung – als Bedingung von Herrschaft zu propagieren. Der Text verfährt vielmehr analytisch: Er stellt dar, wie diese Merkmale zu Aspekten im Ringen um die Macht werden[40] und dabei sowohl positive als auch negative Bedeutung haben können. So greift die Königin etwa auf Verwandtschaft als politisches Element zurück, wenn sie ihren Neffen Drogue als Verbündeten verpflichtet, doch es ist eben jener Drogue, der Huge am Ende des Textes rät, seine Gegner noch im Feld einen Kopf kürzer zu machen, um bei der Rückkehr nach Paris den Zorn (S. 291, Z. 6) von deren Verwandten zu vermeiden. Verwandtschaft wird also als politischer Faktor und potentielles Problem markiert. Der *Huge Scheppel* antwortet daher nicht auf die Frage, was ein guter Herrscher sei. Als solcher ist Huge nämlich denkbar ungeeignet. Genealogie[41], Erwählung, Bewährung, Ansippung, Verehrung, die Schaffung eines »Spitzenahns«[42] – alle diese Aspekte, die frühere *Chansons de geste* noch bestimmten, sind im *Huge Scheppel* bedeutungslos. Nicht zuletzt wird auch die göttliche Begnadung als hinreichende Bedingung von Herrschaft infrage gestellt, indem Gott und die Heiligen von allen Seiten gleichermaßen für sich in Anspruch genommen werden. Nicht die Providenz, sondern die Kontingenz der Ereignisse, die zu Huges Thronbesteigung führen, werden so betont. Der Text durchdringt die gesellschaftliche Ordnung, indem er den Fall der Inthronisation eines völlig unwahrscheinlichen Herrschers literarisch inszeniert und damit eine Idee von Herrschaft entfaltet, die nicht von der Person, sondern

---

39 Insofern entspricht der Text auch nicht einer klassischen Dreiteilung in Jugenderzählung, Throngewinn und Bewährung, was die Forschung angenommen hat, um ihre Entwicklungsthesen zu stützen. Vgl. Gaebel: Chansons de geste in Deutschland (s. Anm. 9), S. 62f.
40 So schon von Bloh: Ausgerenkte Ordnung (s. Anm. 4), S. 256 hat im *Huge Scheppel* ein exemplarisches Durchspielen problematischer Konstellationen im »sozialen Miteinander« gesehen.
41 Die genealogischen Bezugssysteme sind mehrfach Thema der Forschung gewesen. Vgl. dazu die Darstellung im Hinblick auf den Erstdruck *Hug Schapler* bei Stange: Aufsteiger und Bankrotteure (s. Anm. 20), S. 224–230.
42 Vgl. Wolfgang Haubrichs: Die Kraft von franckrichs wappen. Königsgeschichte und genealogische Motivik in den Prosahistorien der Elisabeth von Lothringen und Nassau-Saarbrücken. In: DU 43,4 (1991), S. 4–19, hier S. 17.

von Konstellationen und strategischen Erwägungen abhängt. Im Gegensatz zu früheren deutschen *Chanson de geste*-Texten entfaltet der *Huge Scheppel* Herrschaft als etwas, das nicht auf Adel und Herkunft, sondern auf differenzierten politischen Prozessen und Strukturen beruht. Dieser Ansatz drückt sich nicht zuletzt in der spezifischen Poetik des Textes, insbesondere seiner Anlage und seines Umgangs mit dem Protagonisten aus, der eben kein proaktiv politisch Handelnder, sondern eine ganz und gar kontingente Erscheinung ist.

7 Kulturwissenschaft und Ideengeschichte

Folgt man Jan-Dirk Müller, dann haben sich spezifisch sozial- oder ideengeschichtliche Ansätze in den historischen Disziplinen mit dem Aufkommen der Kulturwissenschaft erledigt (Ideengeschichte)[43] oder sie wurden in diese überführt (Sozialgeschichte)[44]. Seit den 1980er Jahren, so Müller,

> verbreitete sich die Einsicht, dass ‚Kultur' nicht ein Sektor ‚neben' der Gesellschaft ist, so wenig wie Kulturgeschichtsschreibung einen begrenzten Ausschnitt der ‚eigentlichen' Geschichtsschreibung behandelt, sondern dass Geschichte insgesamt ein kulturelles Phänomen darstellt und Kulturgeschichtsschreibung sich mithin auf dieses Phänomen insgesamt zu beziehen hat, nicht als Spezialdisziplin von Fall zu Fall ergänzend zur politischen, militärischen oder sonstigen Geschichte hinzutritt.[45]

Müller stellt auch fest, dass im Jahr 2010 »das kulturwissenschaftliche Paradigma bereits wieder zu verblassen beginnt«[46] und er versucht dieser Tendenz sein Verständnis von Kulturwissenschaft entgegenzusetzen: Sie gilt ihm weniger als methodischer Ansatz, denn als integrales Prinzip. Demnach kann insbesondere historische Literaturwissenschaft nicht betrieben werden, ohne stets den kulturellen Kontext im Blick zu behalten. Das setze interdisziplinäre Zusammenarbeit voraus, doch Müller verlangt auch mit Nachdruck, dass dies weder die Aufhebung der disziplinären Grenzen noch eine Abwertung der traditionellen Methoden der Literaturwissenschaft bedeuten dürfe.[47] Und auch für die mediävistische Literaturwissenschaft seien die pragmatischen Dimensionen

---

[43] Vgl. Jan-Dirk Müller: Mediävistische Kulturwissenschaft. Ausgewählte Studien. Berlin, Boston 2010, S. 2.
[44] Vgl. ebd., S. V.
[45] Ebd., S. 2.
[46] Ebd., S. V.
[47] Vgl. ebd., S. 3 f.

der Texte als »nur *eine* Leistung«⁴⁸ zu verstehen. Dieser Definition der historisch-kulturwissenschaftlichen Philologie als kontextsensible Wissenschaft, die in einen interdisziplinären Diskurs eingebettet ist, wird man kaum widersprechen können oder wollen, und kulturwissenschaftliche Paradigmen haben zweifelsohne neue Perspektiven auf die Gegenstände der Altgermanistik erlaubt und Möglichkeiten zur interdisziplinären Zusammenarbeit eröffnet. Die Vielzahl der in den letzten Jahren vollzogenen *cultural turns*⁴⁹ und die von Müller formulierte Unverbindlichkeit der pragmatischen Dimension der Texte⁵⁰ brachte jedoch auch die Gefahr der Verunklarung und Beliebigkeit mit sich. Wenn daher die Kulturwissenschaft ein *Beobachtungsinstrumentarium* darstellt, »mit dessen Hilfe es gelingen kann, die Bedeutungsvielfalt von Texten zu erschließen«⁵¹, muss es auch ein Ziel sein, diese Vielfalt in der einzelnen Analyse zu reduzieren, um zur Deutung eines Textes in seiner spezifischen Bezogenheit auf den Kontext und seiner Poetizität zu gelangen. Dazu kann auch die Ideengeschichte etwas beitragen, die sich ihren Gegenständen nähert, indem sie ihr Augenmerk auf »die immer wiederkehrenden bewegenden Kräfte, die geschichtlich wirksam gewordenen Gedanken und Begriffe«⁵² richtet. In ihrem interdisziplinären Ansatz und ihrer Konzentration auf die Analyse verschiedener Ausprägungen übergeordneter Konstrukte verfahren kulturwissenschaftliche und ideengeschichtliche Ansätze analog. Letztere nehmen insbesondere die jeweilige Auseinandersetzung mit bestimmten prägenden Prinzipien⁵³ in den Blick und zwar in allen möglichen diskursiven Zusammenhängen.⁵⁴ Das (Wieder-)Aufgreifen ideengeschichtlicher Ansätze für literaturwissenschaftliche Fragestellungen ist insofern nicht als Gegenentwurf zur Kulturwissenschaft zu verstehen, sondern es ist

---

48 Ebd., S. 7 (Herv. i. Orig.).
49 Vgl. Doris Bachmann-Medick: Cultural Turns. New Orientations in the Study of Culture. English translation by Adam Blauhut after a completely revised and updated German edition. Berlin, Boston 2016, S. 1.
50 Müller: Mediävistische Kulturwissenschaft (s. Anm. 43), S. 7: »Die pragmatische Dimension mittelalterlicher Literatur darf also nicht verabsolutiert werden.«.
51 Christiane Ackermann, Michael Egerding: Vorwort. In: Dies. (Hg.): Literatur- und Kulturtheorien der Germanistischen Mediävistik. Ein Handbuch. Berlin, Boston 2019, S. 1–6, hier S. 3.
52 »[T]he persistent dynamic factors, the ideas that produce effects in the history of thoughts [...].« Arthur O. Lovejoy: The Great Chain of Being. A study of the History of an Idea. Cambridge, London 1976 [1933], S. 5. Übersetzung: Arthur O. Lovejoy: Die große Kette der Wesen. Geschichte eines Gedankens. Übersetzt von Dieter Turck. Frankfurt a.M. 1985, S. 13.
53 Vgl. Lovejoy: The Great Chain of Being (s. Anm. 52), S. 14.
54 Vgl. Ebd., S. 15: »[A]ny unit-idea which the historian thus isolates he next seeks to trace through more than one – ultimately, indeed, through all – of the provinces of history in which it figures in any important degree, whether those provinces are called philosophy, science, literature, art, religion or politics.«.

dem Wunsch nach einer nicht nur allgemeinen Bestimmung des Verhältnisses von Text und Kontext geschuldet. Wie kulturwissenschaftliche müssen sich auch ideengeschichtliche Ansätze der Herausforderung stellen, beides in einen fruchtbaren Zusammenhang zu bringen. Bereits Quentin Skinner hat mit Nachdruck darauf hingewiesen, dass nur der spezifische Gehalt einer Äußerung, der sich aus dem Text und dessen Kontextbezug erschließen lässt, Gegenstand einer Geschichte der Ideen sein kann:

> Wer sich entweder ausschließlich auf den Text oder auf den sozialen Kontext konzentriert, um die Bedeutung eines Textes zu bestimmen, wird nicht in der Lage sein, einige der schwierigsten Probleme bezüglich der Verstehensbedingungen von Texten zu erkennen – geschweige denn, sie zu lösen.[55]

Auch für den *Huge Scheppel* gilt, dass die Erschließung der im Text entfalteten Idee von Herrschaft *und* der spezifischen narrativen Anlage zentrale Bedingungen für das Textverständnis sind. Diese Aussage gilt auch für andere Herrschergesten, denn dieses Genre bringt einerseits eine enge Anbindung an das herrscherliche Handeln und andererseits spezifische literarische Formen mit sich. Herrschaft ist zweifelsohne das Thema vieler Texte, doch sie lassen sich keineswegs immer in dem hier im Hinblick auf den *Huge Scheppel* skizzierten Sinn als Auseinandersetzungen mit den Prinzipien von Herrschaft beschreiben. Natürlich gibt es schon früher Texte beziehungsweise Textgattungen, die sich ausschließlich mit politischen Prozessen befassen und die Funktion haben, Politik zu beeinflussen. Das trifft etwa auf paränetische Texte wie Fürstenspiegel[56] zu. Die Entkoppelung von Tugend und Herrschaft und die analytische Entfaltung von Praktiken der Macht, wie sie an der Figur des Huge erkennbar werden, deuten aber auf einen Text voraus, der erst knapp ein Zentennium später abgefasst wurde

---

[55] »To concentrate either on studying the text in itself, or on studying its social context as a means of determining the meaning of the text, is to make it impossible to recognize – let alone to solve – some of the most difficult issues about the conditions for understanding texts.« Quentin Skinner: Meaning and Understanding in the History of Ideas. In: James Tully (Hg.): Meaning and Context. Quentin Skinner and his Critics. Cambridge 1988, S. 29–67, hier S. 63; Übersetzung: Quentin Skinner: Bedeutung und Verstehen in der Ideengeschichte (1969). In: Andreas Mahler, Martin Mulsow (Hg.): Texte zu Theorie der Ideengeschichte. Stuttgart 2014, S. 143–173, hier S. 164.
[56] Zur Einführung in Form und Funktion der Fürstenspiegel vgl. Hans Hubert Anton: Einleitung. In: Dies. (Hg.): Fürstenspiegel des frühen und hohen Mittelalters. Darmstadt 2006, S. 3–37, hier S. 3–6.

und wie kein anderer einen Meilenstein in der Ideengeschichte der Herrschaft darstellt: Niccolò Machiavellis *Il Principe*.[57]

Die Idee der Herrschaft als Produkt der Aushandlung zwischen verschiedenen politischen Akteuren, die sich im *Huge Scheppel* abzeichnet, unterscheidet sich von älteren Texten in der Tradition der *Chanson de geste*, die zum Beispiel die Idealisierung oder Spiritualisierung von Herrschaft betreiben. Vielleicht war dieser besondere Charakter[58] des Textes auch der Grund dafür, dass Elisabeth die *neue* Prosaform für die Übersetzungen wählte, wodurch eine auch unmittelbar erkennbare formale Differenz zu der literarischen Tradition hergestellt wurde, aus der die verarbeiteten Stoffe stammen.[59] Die neue Idee von Herrschaft, die sich in den Texten zum Ausdruck bringt, und die literarische Form stünden dann auch in dieser Hinsicht in einem unmittelbaren Zusammenhang.

---

57 Vgl. zu diesem Aspekt bei Machiavelli Andreas Kablitz: Der Fürst als Figur der Selbstinszenierung. Machiavellis Principe und der Verfall mittelalterlicher Legitimationen der Macht. In: Jan-Dirk Müller (Hg.): »Aufführung« und »Schrift« in Mittelalter und Früher Neuzeit. Stuttgart 1996, S. 530–561, hier S. 537–539.
58 Eine ebenfalls signifikant von den inneren Logiken der *Chanson de geste*-Tradition abweichende Tendenz im Werk Elisabeths beschreibt auch Silke Winst, die im *Loher und Maller* eine Auseinandersetzung mit der religiösen Differenz und eine Dialogisierung der christlichen Hegemonie identifiziert. Vgl. Silke Winst: Vom christlichen Ritter zum muslimischen Kämpfer. Konkurrierende Glaubens- und Handlungsmodelle im spätmittelalterlichen Prosaepos *Loher und Maller*. In: Elisabeth Vavra (Hg.): Die Welt und Gott – Gott und die Welt? Zum Verhältnis von Religiosität und Profanität im »christlichen Mittelalter«. Heidelberg 2019, S. 257–281, bes. S. 279–281.
59 Anders deutet Haug: Huge Scheppel (s. Anm. 19), S. 203 die Prosaform: »Weshalb schreibt sie eigentlich Prosa? Die Antwort ist so einfach, daß noch niemand darauf gekommen ist. Sie lautet: Weil es weniger Mühe machte. Ein müheloses Vergnügen sollte dieses neue Erzählen sein.«.

Nina Nowakowski
Nürnberger Stadtpolitik im Zeichen von Gouvernementalität und Propaganda bei Hans Rosenplüt

1 Einleitung

Der vorliegende Beitrag unternimmt den Versuch, die Darstellung des Nürnberger Stadtrats in Fastnachtspielen Hans Rosenplüts zu analysieren und damit eine für die Reichsstadt im 15. Jahrhundert charakteristische Relation zwischen Literatur und Politik nachzuzeichnen. In methodischer Hinsicht geht es dabei weniger um eine allgemeine, d. h. auf einer mittleren Ebene angesiedelte, Wechselwirkung literarischer Texte mit kulturellen Kontexten[1] als vielmehr um die konkrete funktionale Ausrichtung literarischer Texte auf spezifische Kontexte. Auf der Grundlage eines differenzierten Kontext-Begriffs[2] werden die untersuchten Texte als Bestandteile der politischen Sphäre verstanden, die einen Teilbereich der reichsstädtischen Kommunikation im 15. Jahrhundert darstellen. Der Fokus liegt dabei auf der ideologischen Ausrichtung bzw. Funktionalisierung,[3] die – so lautet die These dieses Beitrags – in der Idealisierung der Nürnberger Regierung besteht.

In methodischer Hinsicht lässt sich die Beschreibung einer funktionalen Ausrichtung literarischer Texte auf einen konkreten Diskurszusammenhang nicht allein durch ein literaturwissenschaftliches Begriffsrepertoire im engeren Sinne leisten, sondern erfordert den Rückgriff auf sozialwissenschaftliche Kategorien und Begriffe. Durch Rekurs auf diese können die Formen der kontextuellen Einbindung der Texte differenziert beschrieben werden. Entsprechend rekurrieren die folgenden Überlegungen auf die sozialwissenschaftlichen

---
[1] Auf eine mittlere Ebene des kulturwissenschaftlichen Kontextverständnisses zielen etwa die Überlegungen von Jan-Dirk Müller: Einleitung. In: Ders. (Hg.): Text und Kontext. Fallstudien und theoretische Begründungen einer kulturwissenschaftlich angeleiteten Mediävistik. München 2007, S. VII–XI.
[2] Vgl. die genaue Differenzierung des Kontextbegriffs bei Katja Mellmann: Kontext ›Gesellschaft‹. Literarische Kommunikation – Semantik – Strukturgeschichte. In: Journal of Literary Theory 8 (2014), S. 87–117, hier S. 108–110.
[3] Dabei geht es hier vor allem um die Ebene des historischen Problembezugs. Vgl. ebd., S. 109–110.

Nina Nowakowski, Magdeburg

∂ Open Access. © 2022 Nina Nowakowski, publiziert von De Gruyter. [(cc) BY] Dieses Werk ist lizenziert unter einer Creative Commons Namensnennung 4.0 International Lizenz.
https://doi.org/10.1515/9783110667004-010

Begriffe der Gouvernementalität und Propaganda, wobei die Frage, inwiefern diese Begrifflichkeiten das Kriterium der historischen Adäquatheit erfüllen, ausgeblendet bleibt. Im Sinne einer Heuristik sollen die folgenden Überlegungen einen exemplarischen Beitrag zur Suche nach einer Beschreibungssprache leisten, mit der die Funktionalität literarischer Texte im Hinblick auf ihren ›Sitz im Leben‹ möglichst präzis charakterisiert werden kann.

Im Fokus der Untersuchung stehen die literarischen Darstellungen des städtischen Rats Nürnbergs, da dieser im 15. Jahrhundert als Regierungsinstitution, d. h. als »normativ geregelte, mit gesellschaftlichem Geltungsanspruch dauerhaft strukturierte und über Sinnbezüge legitimierte Wirklichkeit sozialen Handelns«,[4] das auf die Herrschaftsausübung ausgerichtet war, in der Reichsstadt »die politische Macht allein in den Händen hielt«.[5] Die Untersuchung soll zeigen, dass Rosenplüt durch eine spezifische Darstellung des Regierungshandelns auf die Legitimation der Ratsherrschaft hinwirkt: Nürnbergs Regierung, die in einem hohen Maße von autokratischen Tendenzen geprägt war,[6] wird in den Texten als politische Institution dargestellt, die sich um das Wohlergehen der Nürnberger Bevölkerung bemüht. Das politische Handeln des Rats bzw. der Ratsherren wird gerade nicht als autoritär-herrschaftliches Regierungshandeln, sondern in je unterschiedlichen Formierungen der Unterstützung für die Stadtbewohner entworfen.

Der Beitrag knüpft damit an Untersuchungen zur Verbindung zwischen Politik und Literatur in Nürnberg für das 15. Jahrhundert an, die bereits die Relevanz des Rats als einflussreichen politischen Akteur akzentuiert haben.[7] Insofern der Rat als Gegenstand literarischer Texte bislang allerdings kaum explizit in den Blick genommen wurde, können die folgenden Überlegungen die Perspektive erweitern: Die Fastnachtspiele Rosenplüts, in denen Mitglieder des städtischen Rats auftreten, werden von der Forschung nämlich zumeist nicht

---

4 Roger Häußling: Institution. In: Johannes Kopp, Anja Steinbach (Hg.): Grundbegriffe der Soziologie. 11. Aufl. Wiesbaden 2016, S. 140–143, hier S. 140.
5 Jörn Reichel: Der Spruchdichter Hans Rosenplüt. Literatur und Leben im spätmittelalterlichen Nürnberg. Stuttgart 1985, S. 113. Die Geschichte des Nürnberger Rats arbeitet detailliert auf Peter Fleischmann: Rat und Patriziat in Nürnberg. Die Herrschaft der Ratsgeschlechter in der Reichsstadt Nürnberg vom 13. bis zum 18. Jahrhundert. Neustadt an der Aisch 2008.
6 Dies beschreibt aus literaturwissenschaftlicher Sicht etwa Werner Williams-Krapp: Literatur in der Stadt: Nürnberg und Augsburg im 15. Jahrhundert. In: Ders. (Hg.): Geistliche Literatur des späten Mittelalters. Kleine Schriften. Tübingen 2012, S. 35–48, hier S. 37–38.
7 Vgl. Eckehard Simon: Die Anfänge des weltlichen deutschen Schauspiels 1370–1530. Untersuchung und Dokumentation. Tübingen 2003, S. 291–348.

den Fastnachtspielen mit politischer Thematik zugeordnet,[8] sondern als Spiele mit juridischer Thematik verstanden und als ›Gerichtsspiele‹ klassifiziert.[9] Allerdings lässt sich im Hinblick auf die Darstellung des Stadtrats zeigen, dass dieser nicht nur als juridische, sondern durchaus auch als politische Instanz in den Fastnachtspielen thematisch wird. Dabei sind die von Rosenplüt gewählten Register bei der Darstellung der Regierung von besonderem Interesse, denn der Stadtrat wird mit Regierungsverfahren in Verbindung gebracht, die mit Michel Foucault als Formen gouvernementalen Handelns beschrieben werden können:

> Mit diesem Wort ›Gouvernementalität‹ ist dreierlei gemeint. Unter Gouvernementalität verstehe ich die Gesamtheit, gebildet aus den Institutionen, den Verfahren, Analysen und Reflexionen, den Berechnungen und den Taktiken, die es gestatten, diese recht spezifische und doch komplexe Form der Macht auszuüben, die als Hauptzielscheibe die Bevölkerung, als Hauptwissensform die politische Ökonomie und als wesentliches technisches Instrument die Sicherheitsdispositive hat. Zweitens verstehe ich unter ›Gouvernementalität‹ die Tendenz oder die Kraftlinie, die im gesamten Abendland unablässig und seit sehr langer Zeit zur Vorrangstellung dieses Machttypus, den man als ›Regierung‹ bezeichnen kann, gegenüber allen anderen – Souveränität, Disziplin – geführt und die Entwicklung einer ganzen Reihe spezifischer Regierungsapparate einerseits und einer ganzen Reihe von Wissensformen andererseits zur Folge gehabt hat. Schließlich glaube ich, dass man unter Gouvernementalität den Vorgang oder eher das Ergebnis des Vorgangs verstehen sollte, durch den der Gerechtigkeitsstaat des Mittelalters, der im 15. und 16. Jahrhundert zum Verwaltungsstaat geworden ist, sich Schritt für Schritt ›gouvernementalisiert‹ hat.[10]

---

8 Vgl. die Aufzählung der politischen Fastnachtspiele Rosenplüts bei Brigitte Stuplich: *Das ist dem adel ain große schant*. Zu Rosenplüts politischen Fastnachtspielen. In: Jürgen Jaehrling, Uwe Meves, Erika Timm (Hg.): Röllwagenbüchlein. FS Walter Röll. Tübingen 2002, S. 165–186, hier S. 166 (Anm. 7). Eine Ausnahme bildet *Des Turken vastnachtspil* (K 39).
9 Ingeborg Glier: Rosenplütsche Fastnachtspiele. In: ²VL 8 (1990), Sp. 211–232, hier Sp. 220–222. Grundlegendes zu den Gerichtsspielen erarbeitet Rebekka Nöcker: Zur Darstellung von Juristen im frühen Nürnberger Fastnachtspiel. In: Klaus Ridder (Hg.): Fastnachtspiele. Weltliches Schauspiel in kulturellen Kontexten. Tübingen 2009, S. 239–283. Eine sinnvolle Differenzierung zwischen Prozessspielen und Spielen der Rat-Erfragungen schlägt vor Hansjürgen Linke: Aspekte der Wirklichkeits-Wahrnehmung im weltlichen deutschen Schauspiel des Mittelalters. In: Klaus Ridder (Hg.): Fastnachtspiele. Weltliches Schauspiel in literarischen und kulturellen Kontexten. Tübingen 2009, S. 11–61, hier S. 43–44.
10 Michel Foucault: Dits et Écrits. Schriften. Bd III. Frankfurt a.M. 2003, S. 820–821. Dass die spätmittelalterlichen Städte Entwicklungen des modernen Verwaltungsstaats vorweggenommen haben, wurde vielfach beschrieben. Die differenzierten Verwaltungsstrukturen Nürnbergs im 15. Jahrhundert sind maßgeblich an die Institution des Rats gebunden. Vgl. zusammenfassend Eberhard Isenmann: Die deutsche Stadt im Mittelalter 1150–1550. Stadtgestalt, Recht, Verfassung, Stadtregiment, Kirche, Gesellschaft, Wirtschaft. Köln 2012, S. 448–449.

Es geht Foucault bei der Beschreibung der Gouvernementalität um Praktiken bzw. Denk- und Handlungsweisen des Regierens,[11] die sich aus verschiedenen Techniken speisen und eher keinen direktiv-autoritären, sondern einen appellativ-solidarischen Charakter aufweisen, um Menschen und menschliche Gesellschaften ›indirekt‹ zu leiten und zu lenken (vgl. lat. *gubernare*).

Herausgearbeitet werden soll im Folgenden mit Blick auf Fastnachtspiele Rosenplüts, dass das politische Handeln des Nürnberger Rats vornehmlich nicht durch Praktiken und Maßnahmen der Disziplinierung geprägt ist, sondern als konsiliarisches Handeln erscheint, das an den Bedürfnissen der Bevölkerung orientiert ist. Insofern er als nahbarer Ansprechpartner gezeichnet wird, wirken die Texte auf ein positives Image des Rats hin. Dabei wird ein vermeintlicher Einblick in den Ablauf der Regierungsarbeit gewährt, wobei das entworfene Vorgehen des Rats kaum der historischen Realität entspricht: Die Nürnberger Bevölkerung hatte im 15. Jahrhundert keine Möglichkeit, mit den Regierungsgeschäften der oligarchischen Oberschicht[12] in Berührung zu kommen, denn es gab z. B. keine persönlichen Vorsprachen beim Rat.[13] Die Ratsgänge basierten allein auf schriftlichen Eingaben. Die Bevölkerung war »gänzlich von Meinungsfindung und Entscheidungsbildung ausgeschlossen«.[14] Neben den Mitgliedern des Rats, die sich aus einem sehr engen, durch das Tanzstatut von 1521 festgelegten,[15] elitären Kreis von Nürnberger Bürgerfamilien rekrutierten, hatten nur ausgewählte Personen Zugang zur Ratsstube. Die personale und räumliche Abschottung der Regierung trug dazu bei, dass die Ratsfamilien bzw. -geschlechter eine Herrschaftsschicht ausbilden konnten, die unter sich blieb.[16] Die Beteiligung an politischen Prozessen war aufgrund der Ratsverfassung nur wenigen Familien möglich und die Ratsmitglieder wurden durch die jährlichen Ratswahlen fast immer bestätigt, sodass die patrizische Regierung durch Exklusivität und Kontinuität geprägt war. Durch die Organisation des

---

11 Vgl. Thomas Lemke: Gouvernementalität. In: Clemens Kammler, Rolf Parr, Ulrich Johannes Schneider (Hg.): Foucault-Handbuch. Leben – Werk – Wirkung. Berlin, Heidelberg 2014, S. 260–263, hier S. 261–262.
12 Vgl. Peter Fleischmann: Professionalisierung oder Ausschluß von Führungsschichten in der Reichsstadt Nürnberg? In: Günther Schulz (Hg.): Sozialer Aufstieg. Funktionseliten im Spätmittelalter und in der frühen Neuzeit. München 2002, S. 49–71, hier S. 50.
13 Vgl. Fleischmann: Rat und Patriziat (s. Anm. 5), S. 180.
14 Ebd., S. 307.
15 Vgl. ebd., S. 222–225; und Simon: Die Anfänge (s. Anm. 7), S. 293.
16 Vgl. Reichel: Der Spruchdichter (s. Anm. 5), S. 113.

Rats wurde die Macht zusätzlich ›verdichtet‹: Die Regierungsgeschäfte oblagen dem Kleineren Rat.[17] Alle wichtigen politischen Entscheidungen wurden ab Ende des 14. Jahrhunderts aber von den sieben Älteren Herren bzw. Septemvirn getroffen, die bis ins 18. Jahrhundert »die eigentlichen Regenten Nürnbergs«[18] darstellten. Unter ihnen wurden auch im Geheimen Absprachen getroffen, bevor der Kleinere Rat verständigt wurde.[19] Nürnbergs Regierung konnte gerade auch durch diese Konzentration der politischen Macht auf wenige Akteure das »Stadtleben mit einer an Kontrollsucht grenzenden Beflissenheit«[20] überwachen.

In der literaturwissenschaftlichen Forschung wurde beschrieben, dass die Nürnberger Fastnachtspiele sich mit der Ordnungspolitik des städtischen Rats bevorzugt im Modus der Verkehrung auseinandersetzen.[21] Nicht abschließend geklärt ist, wie fastnächtliche Verkehrungen im Hinblick auf die Text-Kontext-Relationen genau zu denken sind, d. h. ob mit diesen eine grundlegende, die Herrschaftsstrukturen destabilisierende Perspektive einhergeht oder aber in der Begrenztheit der fastnächtlichen Aktivitäten zielgerichtete Transgressionen in einem rituellen Rahmen stattfinden, denen letztlich eine stabilisierende Funktion zukommt.[22] Mit der Verkehrung ist, darin scheint sich die Forschung weitgehend einig, allerdings die Möglichkeit zur Subversion bestehender Machtverhältnisse und Ordnungsmuster verbunden. Der vorliegende Beitrag setzt an einer anderen Stelle an, indem er im Hinblick auf die Darstellung des Rats zeigt, dass Politik in den Fastnachtspielen keineswegs nur im Modus der Verkehrung thematisiert

---

17 Zu den Geschäftsgängen im Kleineren Rat vgl. Fleischmann: Rat und Patriziat (s. Anm. 5), S. 175–186.
18 Ebd., S. 62.
19 Vgl. ebd.
20 Simon: Die Anfänge (s. Anm. 7), S. 293.
21 Vgl. Klaus Ridder: Fastnachtstheater. Städtische Ordnung und fastnächtliche Verkehrung. In: Ders. (Hg.): Fastnachtspiele. Weltliches Schauspiel in literarischen und kulturellen Kontexten. Tübingen 2009, S. 65 81, hier S. 71.
22 Dieses Problem erörtert ausführlich, wobei er zu einem vorsichtigen Umgang mit dem Begriff der Verkehrung rät, Gerhard Wolf: Komische Inszenierung und Diskursvielfalt im geistlichen und im weltlichen Spiel (Das ›Erlauer Osterspiel‹ und die Nürnberger Arztspiele K 82 und K 6). In: Klaus Ridder (Hg.): Fastnachtspiele. Weltliches Schauspiel in literarischen und kulturellen Kontexten. Tübingen 2009, S. 301–326, hier S. 325. Grundlegende Überlegungen zur fastnächtlichen Verkehrung finden sich bei Hedda Ragotzky: Der Bauer in der Narrenrolle. Zur Funktion ›verkehrter Welt‹ im frühen Nürnberger Fastnachtspiel. In: Horst Wenzel (Hg.): Typus und Individualität im Mittelalter. München 1983, S. 77–101; und Werner Röcke: Literarische Gegenwelten. Fastnachtspiele und karnevaleske Festkultur. In: Werner Röcke, Marina Münkler (Hg.): Die Literatur im Übergang vom Mittelalter zur Neuzeit. München, Wien 2004 (Hansers Sozialgeschichte der deutschen Literatur 1), S. 420–445.

worden ist.[23] Bei der Darstellung des Nürnberger Rats und auch von Ratgebergremien anderer Regierungen in Rosenplüts Fastnachtspielen wird vielmehr eine ratskonforme Haltung[24] zum Ausdruck gebracht und aktiv politische Meinungsbildung betrieben. Rosenplüts Haltung der Nürnberger Regierung gegenüber soll dabei nicht pauschal als reaktionär charakterisiert werden,[25] sondern die Darstellungen des Rats sollen im Hinblick auf Funktionslogiken vielmehr möglichst differenziert beschrieben werden. Dabei wird zu zeigen sein, dass das Regierungshandeln des städtischen Rats in den Spielen als am Wohlergehen der Stadtbewohner orientiert, als persönliche Auseinandersetzung mit der Bevölkerung und als anderen Regierungsformen überlegen dargestellt wird.

Die Texte erscheinen in recht unmittelbarer Weise in den politischen Kommunikationszusammenhang der Reichsstadt eingebunden, insofern sie sich im Sinne einer PR-Kampagne für den Stadtrat bzw. als literarische Propaganda verstehen lassen, mit der versucht wird, »einen bestimmten Adressatenkreis durch Informationslenkung für eigennützige Zwecke zu gewinnen und diese Zwecke zugleich zu verschleiern«.[26] Ziel der literarischen Darstellung des Rats ist es, die Relation der Bevölkerung zur Institution zu beeinflussen.[27] Rosenplüt stellt das Regierungshandeln des Stadtrats in einer bestimmten Weise dar und wirkt in seinen Texten damit auf die Legitimation, den Erhalt und die Ausbreitung (vgl. lat. *propagare*) der Macht des Rats hin.[28] Doch indem die Vorteile akzentuiert werden, die sich durch das gouvernementale Handeln der Regierung für die Nürnberger Bevölkerung ergeben, wird diese Ausrichtung verschleiert.

---

23 Dies deutet Ridder: Fastnachtstheater (s. Anm. 21), S. 72, an.
24 Inwiefern Rosenplüts Texte die Politik des Rats distanziert-kritisch oder aber konformistisch darstellen, diskutiert Reichel: Der Spruchdichter (s. Anm. 5), S. 211–220.
25 Dies kritisiert Carla Meyer: Wie und warum wird städtische Identität zum Thema? Nürnberg im Städtelob um 1500. In: Dies., Christoph Hartmann (Hg.): Identität und Krise? Zur Deutung vormoderner Selbst-, Welt- und Fremderfahrungen. Münster 2007, S. 119–136, hier S. 134. Etwas differenzierter sieht das Reichel: Der Spruchdichter (s. Anm. 5), S. 158–168 und S. 211–220.
26 Sabine Doering-Manteuffel: Propaganda. In: Gerd Ueding (Hg.): Historisches Wörterbuch der Rhetorik. Bd. 7. Tübingen 2005, Sp. 266–283, hier Sp. 267. Jörn Reichel hingegen geht davon aus, dass Rosenplüts Texte von einem kritischeren Verhältnis zum Rat geprägt sind. Vgl. Reichel: Der Spruchdichter (s. Anm. 5), S. 193.
27 Vgl. Edward L. Bernays: Propaganda. New York 1928, S. 25.
28 Vgl. Fleischmann: Rat und Patriziat (s. Anm. 5), S. 311.

2 Der Nürnberger Rat als guter Hirte: Wider die Partikularisierung

Die folgenden Überlegungen werden sich vor allem auf die Fastnachtspiele Rosenplüts konzentrieren, doch vorangestellt ist ihnen die Analyse eines Textausschnitts aus Rosenplüts *Lobspruch auf Nürnberg*[29] von 1447, der als Städtelob einer rhetorisch-politischen Textsorte zuzuordnen ist und deshalb programmatische Aussagen macht, wobei auch der reichsstädtische Rat bedacht wird:

> Noch vind ich ein dingk in Nurmberg,
> Das ist das allerweißlichst wergk,
> Das ich in keiner stat nie vant:
> Gesetz und ordenung wirt oft zutrant,
> Wo man mer hirten hat dann ein.
> [...]
> In Nurmberg ist newr ein hirt,
> Der nie mit dem vihe hat gestolzirt
> Und also getreulich zugehutt hat
> Der großen hert, der ganzen stat,
> Das sie kein unziffer nie mocht vergiften,
> Das oft geschicht auf hohen stiften
> Und auch wo einfeltig zunft sein.
> Do sehet der teufel seinen samen ein,
> Das mordt und jamer oft wirt awßgebrütt.
> Bei vil hirten wirt oft ubel gehutt.
> Der hirte ist der weise, fursichtig rat,
> Der nacht und tag, fru und spat
> Getreulich hut aller gelerten und leien.
> Wo einer sich mit dem andern wil zweien,
> So hutt der hirte so weißlich zu,
> Das sie noch bleiben bei sollicher ru,
> Das sie keins hirten mer begern.
>   (V. 347–V. 371)

Der Rat wird im *Lobspruch auf Nürnberg*, der so breit wie kein anderer Text Rosenplüts überliefert ist,[30] als guter Hirte entworfen und damit nicht als eine

---

[29] Im Folgenden zitiert nach: Hans Rosenplüt: Reimpaarsprüche und Lieder. Hg. von Jörn Reichel. Tübingen 1990, S. 220–234.
[30] Zur Überlieferung vgl. Reichel: Der Spruchdichter (s. Anm. 5), S. 253–254. Die Frage, ob Rosenplüt den Text aus persönlichem Kalkül geschrieben hat, um eine Verlängerung seines Vertrags als Büchsenmeister beim Rat zu erreichen, ist umstritten. Vgl. ebd., S. 201; und Matthias Kirchhoff: Gedächtnis in Nürnberger Texten des 15. Jahrhunderts. Gedenkbücher – Brüderbücher – Städtelob – Chroniken. Nürnberg 2009, S. 226.

herrschende Institution, sondern als Instanz gezeigt, die ihrer Herde – der Nürnberger Bevölkerung – ein friedvolles, sicheres und gutes Leben garantiert. Die Aufgabe des Hirten ist das Hüten, also das Zusammenhalten und Schützen der Herde. Insofern hier das »Heil der Herde [...] das wesentliche Zielobjekt«[31] des Handelns des Rats darstellt, impliziert Rosenplüt eine pastoral-gouvernementale Idee des Regierens. Indem *der weise, fursichtig rat* als Hirte entworfen wird, wird ihm eine Souveränität zugesprochen, die sich von anderen Formen der Souveränität durch ihre Funktion und ihre Alleinstellung unterscheidet.[32] Der Hirte kontrolliert die Herde nicht, um Kontrolle auszuüben, sondern um diese zu schützen. Dabei kann es nur einen Hirten geben,[33] denn dort, wo *vil hirten* wirken, d. h. wo die Macht dezentralisiert ist, *wirt oft ubel gehutt*. Partikularisierung wird als Bedrohung entworfen,[34] Einheitlichkeit und Geschlossenheit bei Hirte und Herde werden als Garanten für Sicherheit und sozialen Frieden dargestellt:[35] Der Rat, der in der Realität aus einer Gruppe verschiedener Vertreter besteht, wird hier als eine im christlichen Verständnis durchweg positiv besetzte Instanz[36] personifiziert und damit als ein einzelner politischer Akteur entworfen, der Verantwortung für das Heil der Bevölkerung übernimmt.[37] Zugleich wird der Rat als Instanz dargestellt, die einer Partikularisierung entgegensteht: Erwähnt wird, dass der Rat als Hirte *hut aller gelerten und leien*, d. h. seine Aufgabe richtet sich auf alle Schäflein. Auch die Verantwortung des christlichen *pastor*, der hier als Modell dient, erstreckt sich, das sagen schon die Kirchväter, auf das Heil aller.[38] Als Herde bilden die Nürnberger eine Einheit, entsprechend sollen sie sich nicht *zweien*. Dass der Rat seine Herde besonders gut ruhig halten kann (vgl. V. 370), hängt damit zusammen, dass Partikularisierung nicht nur ein Ausschlusskriterium für die Regierten, sondern auch das Regieren

---

31 Michel Foucault: Geschichte der Gouvernementalität I. Sicherheit, Territorium, Bevölkerung. Frankfurt a.M. 2004, S. 189.
32 Vgl. Kirchhoff: Gedächtnis (s. Anm. 30), S. 224.
33 Vgl. Foucault: Geschichte der Gouvernementalität (s. Anm. 31), S. 211–212.
34 Rosenplüts antipartikulares Interesse betont Reichel: Der Spruchdichter (s. Anm. 5), S. 223.
35 Vgl. zur Akzentuierung, dass Übereinstimmung zwischen Rat und Bevölkerung herrsche, Meyer: Städtische Identität (s. Anm. 25), S. 127–128.
36 Zum Pastorat als christlicher Matrix vgl. Foucault: Geschichte der Gouvernementalität (s. Anm. 31), S. 217–277.
37 Zum Prinzip der Verantwortlichkeit, das die pastorale Machtausübung prägt, vgl. Michael Ruoff: Foucault-Lexikon. Entwicklung – Kernbegriffe – Zusammenhänge. Paderborn 2007, S. 162.
38 Zu diesem Aspekt u. a. bei Johannes Chrysostomos, in der Benediktsregel und in der *regula pastoralis* von Gregor d. Gr. vgl. Foucault: Geschichte der Gouvernementalität (s. Anm. 31), S. 246–247.

darstellt. So bündeln sich beim Rat etwa Legislative und Exekutive bzw. *Gesetz und ordenung*. Die Dimensionen der Wohltätigkeit und der Sorge um die Herde lenken nicht nur vom Beunruhigenden der zentralistisch organisierten Machtausübung ab,[39] sondern basieren, so wird hier nahegelegt, gerade auf der Zentralisierung und Monopolisierung der Macht des Rats: Aufgrund seiner Alleinstellung kann der Hirte seine pflegerische Verantwortung übernehmen, dem Gedeihen, der Versorgung und der Gesundheit der Herde dienen. Der Gehorsam[40] gegenüber dieser Institution erscheint angebracht, weil ihr Handeln am Gemeinwohl ausgerichtet ist.[41] Im *Lobspruch auf Nürnberg* wird akzentuiert, wie wichtig und politisch sinnvoll die Bündelung der Macht beim Rat ist, indem diese mit der Übernahme von pastoraler Verantwortung kurzgeschlossen wird.

Dass der Rat, der sich aus verschiedenen Mitgliedern bzw. Ratsherren zusammensetzt, tatsächlich im Sinne eines Ideals der Einheit agiert, wie die Hirten-Personifikation im *Lobspruch* nahelegt, wird von Rosenplüt im Kontext des Fastnachtspiels *Der vastnacht und vasten recht* (K 72)[42] ausgestellt. In diesem Spiel wird die Fastnacht von der Fastenzeit verklagt, weil diese sie verdrängt habe, wodurch sie *großen schaden genumen* (S. 624, V. 9) habe. In dem Reihenspiel äußern sich zunächst die Klägerin, die Fastenzeit, dann die Beklagte, die Fastnacht, und schließlich kommen nacheinander neun Ratsherren zu Wort. Die Ratsherren verhandeln nicht darüber, ob nun die Fastnacht oder aber die Fastenzeit im Recht sei, denn obwohl sie in einem juridischen *setting* agieren, wollen sie gar kein Urteil fällen.[43] Dies wird schon durch die Rede des ersten Ratsherrn verdeutlicht:

Der erst ratherr:
Ich hab die Fasnacht und die Fast wol vernumen,
Wie sie paide für recht sein kumen.
Wir können in hart sprechen ain recht,
Das sie paide bedunkt schlecht.

---

39 Vgl. ebd., S. 191.
40 Dass mit dem Pastorat im Christentum eine besondere Form der Machtausübung durch Gehorsam entsteht, wird betont ebd., S. 254–267.
41 Dass hier das Ideal des gemeinen Nutzens zugrunde liegt, betont Kirchhoff: Gedächtnis (s. Anm. 30), S. 227.
42 Im Folgenden zitiert nach: Fastnachtspiele aus dem fünfzehnten Jahrhundert. Bd. 2. Hg. von Adelbert von Keller. Stuttgart 1853, S. 624–627. Die Zählung nach von Keller (K 1, K 2 etc.) wird in Klammern hinter den Titeln der berücksichtigten Spiele angegeben.
43 Schon Eckehard Catholy bemerkt, dass die Gerichtsspiele eine Tendenz zur »Entscheidungslosigkeit« (Eckehard Catholy: Das Fastnachtspiel des Spätmittelalters. Gestalt und Funktion. Tübingen 1961, S. 198) aufweisen.

> Es muß ie ir ains unterligen.
> Mich dunkt das pest der urteil iezund geswigen.
> (S. 625, V. 13–19)

Der erste Ratsherr will das *urtail sechs wochen* (S. 625, V. 20) aufschieben und auch die anderen Ratsherren wollen *des meien damit erpeiten* (S. 626, V. 3), also die Entscheidung auf einen Zeitpunkt vertagen, zu dem die Fastenzeit definitiv vorbei ist. Der letzte Ratsherr äußert sich entsprechend salomonisch:

> Der neunt ratherr:
> Ich hab gelernt in meiner jugent,
> Auß einer not mach ich ain tugent.
> Wir wollen die Fasten gern ern,
> Die kan uns von narrhait kern
> Und damit die Fasnacht nit übergeben,
> Sie möcht uns wider kumen eben.
> (S. 627, V. 5–11)

In der Forschung wurde vor allem die Komik betont, die aus der Unfähigkeit der Ratsherren erwachse, ein Urteil zu fällen.[44] Indem die Ratsherren nicht urteilen und damit den »Rechtsstreit aus den Angeln«[45] heben, umgehen sie eine klare Positionierung, was politisches Geschick im Hinblick auf unterschiedliche Interessensgruppen nahelegt. Diese werden hier durch die Personifikationen in besonders deutlichem Kontrast gezeichnet. Doch der Rat vermeidet bei allen prinzipiellen Gegensätzen, die mit der Fastenzeit und der Fastnacht verbunden sind, dass eine Partei unterliegt. Es geht darum, die Integration unterschiedlicher Interessen als Ziel des Rats zu verdeutlichen. So rückt die juridische Thematik gegenüber der Darstellung des Rats als politischem Akteur, der einvernehmlich darauf zielt, diplomatisch zu vermitteln, in den Hintergrund. Das Spiel entwirft den Rat als im Meinen und im Handeln homogene Gruppe von Ratsherren, die in der Rolle von Mediatoren auch bei gegenläufigen Interessen für Ruhe bzw. sozialen Frieden in der Stadt sorgen.[46]

---

44 Vgl. Nöcker: Darstellung von Juristen (s. Anm. 9), S. 264–265 und 270–271.
45 Hedda Ragotzky und Christa Ortmann: *Itlicher zeit tut man ir recht*. Zu Recht und Funktion der Fastnacht aus der Sicht Nürnberger Spiele des 15. Jahrhunderts. In: Hans-Joachim Ziegeler (Hg.): Ritual und Inszenierung. Geistliches und weltliches Drama des Mittelalters und der Frühen Neuzeit. Tübingen 2004, S. 207–218, hier S. 212. Die Analyse bezieht sich allerdings auf *Das spil von der vasnacht und vasten recht* (K 73), das thematisch jedoch eng mit *Der vastnacht und vasten recht* (K 72) verwandt ist.
46 Dass der soziale Frieden im *Lobspruch auf Nürnberg* besonders akzentuiert wird, betont Kirchhoff: Gedächtnis (s. Anm. 30), S. 227.

3 Von der Rechtsprechung zur Beratung: Bürgernähe statt *law and order*

Besonders an den Bedürfnissen der reichsstädtischen Bevölkerung interessiert erscheinen die Vertreter des Nürnberger Rats im Fastnachtspiel *Der wittwen und tochter vasnacht* (K 97).[47] Hier treten die titelgebenden Figuren vor einem Richter zusammen und erläutern ihre Absicht, beide heiraten zu wollen. Man wolle herausfinden, welche dies vor der anderen tun solle bzw. dürfe. Der Text ist vor dem Hintergrund der vielfältigen Regelungen rund um die Eheschließung zu verorten, die der Nürnberger Rat vornahm. Diese liegen in Form von Hochzeitsverordnungen vor,[48] die eine große Anzahl von Aspekten rund um Heiratsanbahnung, Hochzeitsfestivitäten usw. sehr detailliert festlegen. Die darin sich ausdrückende »exzessive Ordnungspolitik«[49] der reichsstädtischen Regierung wird von Rosenplüt in *Der wittwen und tochter vasnacht* entschärft, indem die Ratsherren als bürgernahe Ansprechpartner in Fragen der Eheschließung dargestellt werden. Die Ausgangssituation der Spielhandlung scheint eine parodistische Verkehrung des ›Kontrollwahns‹ der Regierung im Hinblick auf Eheschließungen nahezulegen, denn der dargestellte Fall offenbart, dass bei allen Bemühungen, genau zu regeln, wer unter welchen Umständen wie heiraten darf, dennoch keine lückenlose Kontrolle möglich ist. Auch wenn genau festgelegt ist, wann eine junge Frau heiratsfähig ist und wann eine Witwe erneut heiraten kann, wird durch die Koinzidenz des heiratswilligen Mutter-Tochter-Paares deutlich, dass in der Praxis durchaus Unklarheiten auftreten können. Im vorliegenden Fall ist nicht klar, wer das Vorrecht auf eine Eheschließung besitzt. Im Gegensatz zu den abstrakt-überindividuellen Vorschriften, durch die eherechtliche Belange in Nürnberg geregelt werden, wird der Rat im Spiel als zugängliche Instanz präsentiert, die für die Lücke im Eherecht ohne viel Aufhebens und ganz ›unbürokratisch‹ eine Lösung findet. Der Stadtrat tritt dabei nicht als Behörde in Erscheinung, sondern als Gremium, das beratend agiert.

Nachdem die Frauen – explizit ohne *fürsprechen* (S. 746, V. 10)[50] – ihr Anliegen vorgebracht haben, ergeht vom Bürgermeister, der hier entsprechend des

---

[47] Im Folgenden zitiert nach: Fastnachtspiele aus dem fünfzehnten Jahrhundert. Bd. 2. Hg. von Adelbert von Keller. Stuttgart 1853, S. 746–750.
[48] Vgl. August Jegel: Altnürnberger Hochzeitsbrauch und Eherecht, besonders bis zum Ausgang des 16. Jahrhunderts. In: Mitteilungen des Vereins für Geschichte der Stadt Nürnberg 44 (1953), S. 238–274.
[49] Ridder: Fastnachtstheater (s. Anm. 21), S. 71.
[50] Vgl. Nöcker: Darstellung von Juristen (s. Anm. 9), S. 277.

juridischen *settings* die Funktion des Richters übernimmt,[51] folgende Aufforderung an den städtischen Rat:

> Der richter:
> Ir herrn, ir habt sie paid wol vernumen,
> Warüm sie für ainn rat sein kumen.
> Die muter ist nach mannen geitig,
> So maint di tochter, sie sei auch zeitig.
> Nu gebt in paiden ain unterscheid,
> Welche an dem letzten peit,
> Wann sie paid heten gern man.
> (S. 747, V. 16–23)

In einer Ratssitzung[52] äußern nun die Ratsherren der Reihe nach ihre Meinung zu dem Fall, wobei immerhin acht der zehn Ratsherren dazu raten, zunächst die Tochter zu verheiraten.[53] Von der Forschung wurden die Obszönitäten akzentuiert,[54] welche die Redepartien prägen. Die verschiedenen topisch-misogynen Verweise auf die weibliche Unersättlichkeit sollen die Notwendigkeit der Eheschließung für beide Frauen verdeutlichen. So scheint diese als Ziel, die Frage der Reihenfolge ist hingegen nicht entscheidend. Die Witwe erkennt das an und zeigt sich als gut beratene Städterin:

> Di witwe:
> Herr der bürgermaister, ich dank euch allen.
> Ir habt uns paiden wol gevallen
> Und habt uns recht und wol enschaiden.
> Nu wil ich trachten umb ainn aiden
> Und wil meiner tochter ainn jungen man geben.
> (S. 750, V. 13–18)

Hier kommt es nicht auf fastnächtliche Verkehrung, sondern auf die Lösungsorientiertheit des Rats an, der den Streit durch Beratung in Einigkeit überführt.

Das Spiel weist thematische Parallelen zum Spiel *Der jüngling, der ain weip nemen wil* (K 41)[55] auf, in dem die Frage verhandelt wird, wann ein Mann sich im heiratsfähigen Alter befindet. Durch einen jungen und heiratswilligen Mann

---

51 Vgl. ebd., S. 276–278; und Linke: Aspekte der Wirklichkeits-Wahrnehmung (s. Anm. 9), S. 43.
52 Vgl. Nöcker: Darstellung von Juristen (s. Anm. 9), S. 277.
53 Vgl. Linke: Aspekte der Wirklichkeits-Wahrnehmung (s. Anm. 9), S. 43.
54 Vgl. ebd., S. 43–44; und Elisabeth Keller: Die Darstellung der Frau in Fastnachtspiel und Spruchdichtung von Hans Rosenplüt und Hans Folz. Frankfurt a.M. u. a. 1992, S. 61–62.
55 Im Folgenden zitiert nach: Fastnachtspiele aus dem fünfzehnten Jahrhundert. Bd. 1. Hg. von Adelbert von Keller. Stuttgart 1853, S. 314–319.

veranlasst, stellt diese Frage ein *richter* (S. 315, V. 3) nach Auskunft der Edition Kellers einer Reihe von *juristen* (S. 315, V. 4) bzw. *doctores*, die sie ringsum erörtern.[56] Aber in einer Handschrift werden diese als *ratherrn* (vgl. Cgm 714, fol. 417v–420v[57]) bezeichnet. Und wie in *Der wittwen und tochter vasnacht* kommt es auch hier gerade auf die individuelle und persönliche Beratung des jungen Mannes durch den Rat an,[58] durch die der Jüngling letztlich zu dem Schluss kommt, dass es für ihn *noch nit zeit* (S. 319, V. 11) sei, sich eine Ehefrau zu suchen. Der reichsstädtische Rat, so scheinen diese beiden »Spiele der Rat-Erfragungen«[59] nahezulegen, kümmert sich nicht nur mittels abstrakter Vorschriften um Fragen der Eheschließung, sondern hilft der Stadtbevölkerung, indem er ihr beratend zur Seite steht. Im Rahmen der Rechtsprechung, die in Nürnberg auch in den Händen des Rats lag,[60] ist anders als bei den Ratssitzungen die Begegnung und Kommunikation zwischen der Bevölkerung und Ratsmitgliedern möglich. Vielleicht erweisen sich auch deshalb Gerichtsspiele als erfolgreicher Typus des Nürnberger Fastnachtspiels:[61] Hier kann der Rat als nah- und erreichbarer Berater, der den Bewohnerinnen und Bewohnern in Fragen der Lebensführung unterstützend zur Seite steht, entworfen werden. Der dramatische Modus und das juridische *setting* erlauben es, die unzugänglich-autokratisch agierende Regierungsinstitution als persönlichen Kommunikationspartner zu inszenieren, der nicht an der Durchsetzung von Recht und Ordnung, sondern an einer individuellen und unkomplizierten Lösungsfindung interessiert ist und auf konsiliarische Weise seine Regierungsverantwortung wahrnimmt.[62] Insofern lässt sich die Entscheidungsunwilligkeit, die viele Gerichtsspiele auszeichnet,[63] funktional auf eine gouvernementale Darstellung der Regierung beziehen. Der Rat erscheint nicht als Souverän, sondern als konsiliarische Instanz. Dabei lässt sich die Beratung als kommunikativer Modus

---

56 Vgl. Nöcker: Darstellung von Juristen (s. Anm. 9), S. 256–257.
57 München, Staatsbibliothek, Cgm 714. Vgl. das Digitalisat: https://daten.digitale-sammlungen.de/~db/0002/bsb00024106/images/ (Zugriff am 01.02.2020).
58 Nöcker zufolge handelt es sich um eine »Ratgebersituation« (Nöcker: Darstellung von Juristen [s. Anm. 9], S. 278).
59 Linke: Aspekte der Wirklichkeits-Wahrnehmung (s. Anm. 9), S. 43.
60 Vgl. Rebekka Nöcker: Überlegungen zur Rechtswirklichkeit im frühen Nürnberger Fastnachtspiel. In: LiLi 163 (2011), S. 66–87, hier S. 79–80.
61 Vgl. Ridder: Fastnachtstheater (s. Anm. 21), S. 71.
62 Nöcker sieht richtig, dass *Der wittwen und tochter vasnacht* (K 97) auf das »Erteilen von Ratschlägen (hier: Eheunterweisung)« (Nöcker: Darstellung von Juristen [s. Anm. 9], S. 252) hinausläuft.
63 Vgl. Catholy: Das Fastnachtspiel (s. Anm. 43), S. 198–205; und Nöcker: Darstellung von Juristen (s. Anm. 9), S. 271.

des gouvernementalen Handelns verstehen, der nicht auf Disziplinierung, sondern auf Unterstützung setzt.

Die Entwürfe des Stadtrats in den beiden Spielen weisen Ähnlichkeiten mit der in der literaturwissenschaftlichen Mediävistik beschriebenen Funktion von feudalen Beratungsszenen in höfischen Erzählungen auf. Beratungsszenarien gelten aus geschichtswissenschaftlicher Perspektive als zentraler Bestandteil politischer Prozesse in der Vormoderne.[64] Als Grundmuster mittelalterlicher Herrschaftskommunikation und als Funktionsstellen politischer Entscheidungsprozesse fanden diese auch Eingang in die Literatur.[65] Beratungen bilden vor allem »Kristallisationspunkte für Handlung und Situationsmuster feudaler Epik«.[66] Dabei hat das Motiv der Beratung eine klare Funktion: Wenn etwa eine Herrscherfigur wie Karl der Große seine Lehnsmänner zum Rat zusammenruft, dient dieser meist dazu, funktionierende Herrschaft zu illustrieren. Der Rat erscheint dabei als topisches Motiv, das die gemeinschaftliche Absicherung von Herrscherhandeln sichtbar macht. Die Darstellung einer Beratung qualifiziert den Herrscher als guten Herrscher. Entsprechend selten wird Beratungshandeln in detaillierter Form dargestellt: »[N]icht der Inhalt des Rats zählt, sondern daß er in öffentlicher Versammlung erteilt wird.«[67] Für diese Funktionalisierung von Rat sind differenzierte Darstellungen von Beratungsabläufen nicht erforderlich. Eine legitimatorische Funktionalisierung ist auch für die beiden hier untersuchten Fastnachtspiele erkennbar, doch sind die historischen Voraussetzungen dabei andere als in feudalen Kontexten: Der Nürnberger Stadtrat ist eine politische Institution, die nicht das Regierungshandeln eines feudalen Herrschers als »beratende versammlung«[68] konsiliarisch begleitet, sondern dieses selbst verantwortet. Entsprechend ist die legitimierende Funktion nicht auf eine Herrscherfigur, sondern auf die Institution des Rats selbst gerichtet. Dabei geht es nicht nur um einen Ausweis richtigen Regierens, sondern zudem um die Etablierung einer spezifischen Idealvorstellung von der reichsstädtischen Regierung, die nicht direktiv und autoritär, sondern appellativ und konsiliarisch agiert.

---

64 Vgl. Gerd Althoff: Colloquium familiare – colloquium secretum – colloquium publicum. Beratung im politischen Leben des früheren Mittelalters. In: Frühmittelalterliche Studien 24 (1990), S. 145–167 (wieder in: Ders.: Spielregeln der Politik im Mittelalter. Kommunikation in Frieden und Fehde. Darmstadt 1997, S. 157–184).
65 Vgl. Doris Ruhe: Ratgeber. Hierarchie und Strategien der Kommunikation. In: Karl-Heinz Spieß (Hg.): Medien der Kommunikation im Mittelalter. Wiesbaden 2003, S. 63–82.
66 Jan-Dirk Müller: Ratgeber und Wissende in heroischer Epik. In: Frühmittelalterliche Studien 27 (1993), S. 124–146, hier S. 124.
67 Müller: Ratgeber (s. Anm. 66), S. 126.
68 Matthias Lexer: Mittelhochdeutsches Handwörterbuch. Bd. 2. Leipzig 1876, Sp. 347.

4 Fremde Regierungen: Die Nürnberger Ratsherrschaft als Heilsbringer

Dass Regierung und Rat wie bei der Nürnberger Ratsherrschaft zusammenfallen, ist nicht in jedem Herrschaftsgefüge gegeben. Allerdings spielt der Rat in Rosenplüts Spielen auch in Bezug auf andere Formen der Herrschaftsausübung eine Rolle. Im Hinblick auf feudal-herrschaftliche Kontexte verdeutlicht Rosenplüt, dass die Beratung von Herrschern entscheidenden Einfluss auf deren politischen Erfolg hat. Im Spiegel anderer Herrschaftsformen wird dabei die Überlegenheit der Nürnberger Ratsherrschaft gegenüber feudalen Herrschaftsordnungen und vor allem dem Reich verdeutlicht. Dies wird in den im Folgenden betrachteten Spielen zum einen durch eine positiv-affirmierende Darstellung eines fremden feudalen Konzils und zum anderen im Modus der Abgrenzung von negativ-dysfunktionalem Regierungshandeln des Kaisers unter Beteiligung eines beratenden Gremiums illustriert.

Inwiefern feudale Herrscher von ihren Ratgebern unterstützt werden können, macht *Des Turken vastnachtspil* (K 39)[69] deutlich. Es handelt sich um das am häufigsten überlieferte Spiel Rosenplüts und ist wenige Jahre nach der Eroberung Konstantinopels im Jahr 1453 entstanden, kann also in einem konkreten politischen Kontext verortet werden. Im Rahmen der Handlung ist der Sultan bzw. Kaiser der Türken *mit seinem weisen rat* (S. 288, V. 8) der Kritik von Vertretern des Reichs ausgesetzt: Kaiser, Papst und Fürsten sowie deren Boten äußern dem Sultan gegenüber sehr unflätig Beschimpfungen, Vorwürfe und Drohungen.[70] Dieser und seine Räte setzen sich allerdings zur Wehr und zeigen sich dabei nicht nur rhetorisch überlegen,[71] sondern üben ihrerseits Kritik an den Missständen im Reich:[72]

---

[69] Im Folgenden zitiert nach: Fastnachtspiele aus dem fünfzehnten Jahrhundert. Bd. 1. Hg. von Adelbert von Keller. Stuttgart 1853, S. 288–304.
[70] Vgl. Christiane Ackermann: Dimensionen der Medialität: Die Osmanen im Rosenplütschen ›Turken Vasnachtspil‹ sowie in den Dramen des Hans Sachs und Jakob Ayrer. In: Klaus Ridder (Hg.): Fastnachtspiele. Weltliches Schauspiel in literarischen und kulturellen Kontexten. Tübingen 2009, S. 189–220, hier S. 204–206; und Glenn Ehrstine: Fastnachtsrhetorik. Adelskritik und Alterität in ›Des Turken Vasnachtspil‹. In: Werkstatt Geschichte 37 (2004), S. 7–23, hier S. 13–15.
[71] Vgl. Sebastian Coxon: Weltliches Spiel und Lachen. Überlegungen zur Literarizität, Theatralität und Performativität des Nürnberger Fastnachtspiels des 15. Jahrhunderts. In: Klaus Ridder (Hg.): Fastnachtspiele. Weltliches Schauspiel in literarischen und kulturellen Kontexten. Tübingen 2009, S. 221–238, hier S. 224–225.
[72] Vgl. Ridder: Fastnachtstheater (s. Anm. 21), S. 69.

> Der dritt raut des dürgen:
> [...]
> Ir seit all ungetreu ainander
> Und habt bös münz, das ist das ander,
> Und falsch richter und ungetreu amptleut.
> Wo lebt einer, der ein solchs außreut?
> [...]
> Und habt pfaffen, die hohe ross reiten,
> Die da sölten umb den glauben streiten,
> Und böse gericht und untreu herren,
> Die müest ir mit eur arbeit neren,
> Und habt groß beschwarung und klein frid.
> Wo ist einer, der das als abschnid?
> Das sol unser fürst als reformirn,
> Das hat man gesechen an dem gestirn,
> Das eur got in darzuo wil haben,
> Das er die übel all sol ab graben,
> Und sol euch machen ein rechte reformatzen,
> Dar um sült ir in als gering niht schatzen.
> (S. 296, V. 4 – S. 297, V. 6)

Die Darstellung der Türken ist in der Forschung treffend als Form der polemischen Idealisierung charakterisiert worden, die im Sinne einer Instrumentalisierung für Nürnberger Belange genutzt werde.[73] Das Verhältnis zwischen Reichsstädtern und Türken in diesem Text wurde auch als Zweckbündnis beschrieben[74] und es wurde konstatiert, dass »das Türkenthema als Staffage dient, innere politische und gesellschaftliche Fragen aus reichsstädtischer Perspektive abzuhandeln«.[75] Der Sultan und seine Ratgeber nehmen eine Stellvertreterfunktion für die Nürnberger ein, insofern ihnen die Kritik der Reichsstädter in den Mund gelegt wird.[76] Der Zustand des Reichs wird als in verschiedener Hinsicht korrumpiert dargestellt:[77] Die Richter seien falsch, die Geistlichen wenig am Glauben interessiert, die Lehnsmänner untreu. Die Situation sei von

---

73 Vgl. Ackermann: Dimensionen der Medialität (s. Anm. 70), S. 209.
74 Vgl. Ehrstine: Fastnachtsrhetorik (s. Anm. 70), S. 22.
75 Michael Schilling: Aspekte des Türkenbildes in Literatur und Publizistik der frühen Neuzeit. In: Wolfgang Harms, Michael Schilling (Hg.): Das illustrierte Flugblatt der frühen Neuzeit. Traditionen, Wirkungen, Kontexte. Stuttgart 2008, S. 227–244, hier S. 236. Vgl. Christiane Ackermann: *Von pösen haiden und mahumetischen bluthunden*. Die Politisierung des Monsters in der Vormoderne. In: Sabine Kyora, Uwe Schwagmeier (Hg.): How To Make A Monster. Konstruktionen des Monströsen. Würzburg 2011, S. 41–60, hier S. 49–50.
76 Vgl. Ehrstine: Fastnachtsrhetorik (s. Anm. 70), S. 11.
77 Vgl. Ackermann: Dimensionen der Medialität (s. Anm. 70), S. 208; Ragotzky: Der Bauer (s. Anm. 22), S. 95–97.

Unfrieden geprägt. Zudem wird mit *bös münz* die problematische Finanzsituation des Kaisers thematisiert.[78] Dass etwa zur Zeit der Entstehung des Spiels die Nürnberger bei Friedrich III. um finanzielle Unterstützung für die Reichsstädte angefragt hatten (1458), ihnen aber eine Absage erteilt wurde, könnte hierfür eine Erklärung liefern. Der Kaiser hatte finanzielle Probleme und wollte nicht zahlen.[79] Auf der Handlungsebene verbünden sich die Nürnberger mit den türkischen Besuchern, denen der Stadtrat Geleit zusichert, d. h. Schutz vor Kaiser, Fürsten und Papst gewährt. Anders als die Nürnberger sind die Türken keine Christen und ihr feudales Herrschaftssystem entspricht eher dem des Reichs als dem der Reichsstadt, doch im Gegensatz zum Reich sind die Türken, so soll deutlich werden, nicht von einer inneren Zersetzung ihres Systems betroffen. Rosenplüt ermöglicht in diesem Spiel, »das Heimische durch die Augen und aus der Perspektive des Fremden zu sehen«.[80] Dabei geht es um eine Nobilitierung der heimischen Nürnberger Herrschaftsverhältnisse. Dies zeigt sich u. a. in der Inszenierung des türkischen Rats: Der Sultan und seine Ratgeber erscheinen als vereinte und homogen agierende Gruppe, während das Reich partikularisiert wirkt,[81] denn dort ist man *ungetreu ainander*. Die Herrschaftsorganisation der Türken und der Reichsstadt werden parallelisiert und dem als korrumpiert und dysfunktional entworfenen Reich, für das eine *rechte reformatzen* notwendig erscheint,[82] gegenübergestellt. Die Türken werden als Bedrohung für das Reich entworfen, die dieses aufgrund eigener Verfehlungen fürchten muss. Die Herrschaft der Türken funktioniert zwar besser als die des Reichs, aber sie ist, so macht das Spiel deutlich, indem es an der Vorstellung einer grundsätzlichen Überlegenheit des christlichen Glaubens festhält,[83] einer funktionalen christlichen Regierung wie der in Nürnberg schon aus religiösen Gründen unterlegen.

Anders als dem türkischen Herrscher sind dem Kaiser im Spiel *Des Entkrift Vaſnacht* (K 68)[84] keine guten Ratgeber vergönnt. Der Text dramatisiert nach einer deutlich älteren alemannischen Vorlage[85] in episodischer Reihung »wie

---

78 Die Finanzthematik ordnet Ehrstine: Fastnachtsrhetorik (s. Anm. 70), S. 16 17, anders ein.
79 Vgl. Isenmann: Die deutsche Stadt (s. Anm. 10), S. 325.
80 Linke: Aspekte der Wirklichkeits-Wahrnehmung (s. Anm. 9), S. 20.
81 Vgl. ebd., S. 25.
82 Vgl. Ragotzky: Der Bauer (s. Anm. 22), S. 97.
83 Vgl. Ackermann: Dimensionen der Medialität (s. Anm. 70), S. 206–207.
84 Im Folgenden zitiert nach: Frühe Schweizerspiele. Hg. von Friederike Christ-Kutter. Bern 1963, S. 30–61.
85 Vgl. Simon: Die Anfänge (s. Anm. 7), S. 36–38; Eckehard Simon: Geistliche Fastnachtspiele. Zum Grenzbereich zwischen geistlichem und weltlichem Spiel. In: Ingrid Kasten, Erika Fischer-Lichte (Hg.): Transformationen des Religiösen. Performativität und Textualität im geistlichen Spiel. Berlin u. a. 2007, S. 18–45, hier S. 20.

der Antichrist nacheinander die Propheten Enoch und Elias, die Juden, den Kaiser, einen Bischof, Kaplan, schließlich einen widerstandleistenden Pilger töten lässt und/oder für sich gewinnt«.[86] Im Hinblick auf den Zusammenhang von Rat und Regierung ist vor allem die Kaiser-Episode von Interesse: Der Antichrist wendet sich an den Kaiser und verspricht diesem Macht und Reichtum. Der davon verlockte Herrscher fragt daraufhin seine Ritter um Rat. Diese antworten nun ausführlich nach dem Prinzip der Rat-Erfragung:[87]

> Der Mangolt
> Herr ich rat/ als ich kan
> Ir habt/ verlorn manchen man
> Ritter knecht vnd auch diener
> Die feckel find euch worden ler
> Möcht ir haben filber und golt
> Das ir gebet groffen folt,
> So gewünt ir ritter vnd knecht
> Vnd würd ewr dink gar schlecht
> Vnd gewunt lewt/ vnd gut on zil
> Vnd darztu fchöner frawen vil
> Vnd wein und koft in iren kragen
> Das wir nÿmer ümb gut sorg haben
> Das dünckt mich gar ain gut fpil
> Nu ich euch raten wil
> Vnd rat auff die trewe mein
> Ir fchült dem Entkrift/ glawbig/ fein
> Das er vnß geb pfenning vil
> Golt und filber one zil.
> (V. 258–276)

Zunächst raten drei Ritter dem Kaiser zu, das Angebot anzunehmen. Nur der letzte und vierte der befragten Ratgeber warnt seinen Herrn davor, seinen Glauben zu kompromittieren:

> Der Degenhart
> Da rat ich auff dÿ trewe mein
> Ir fchüllent vefft vnd ftēt fein
> An vnferm herrn Jhufu Crift
> Der von einer magt geporn ift
> Vnd habent Criftenlichen gelawben
> Des fchült ir nit verlawgen
> Wann ich offt/ gehört han

---

86 Glier: Rosenplütsche Fastnachtspiele (s. Anm. 9), Sp. 223.
87 Vgl. Linke: Aspekte der Wirklichkeits-Wahrnehmung (s. Anm. 9), S. 43.

> Das es nit wol ift gethan
> Wer glawbet an den Entkrift
> Wann er ain falfcher man ift
> Der Kaÿfer
> Dem merern taÿl ich volgen fchol
> Wann es tzÿmpt dem weifen wol.
> (V. 282–295)

Der Kaiser folgt der Mehrheitsmeinung und nicht dem richtigen und weisen Rat Degenharts.[88] Damit erweist er sich als schlecht beratener und somit auch als schlechter Herrscher. Ausschlaggebend ist dafür zum einen die Unfähigkeit des Kaisers, auf den richtigen Rat zu hören, und zum anderen die Tatsache, dass ihm mehrheitlich schlechte Ratschläge erteilt werden. Der falsche Rat und der falsche Umgang mit den Ratschlägen werden zum Ausweis für die politischen Unzulänglichkeiten des Reichs, die hier religiös rückgebunden erscheinen und an die Dimension des Heils herangeführt werden. Der Antichrist wird, anders als für diesen geistlichen Spieltypen üblich, am Ende nicht gestürzt.[89] Vor dem Hintergrund des bedrohlich-apokalyptischen Szenarios wird im Hinblick auf die Figur des Kaisers illustriert, dass schlechter Rat Unheil bedeutet. Dabei spielt die Verkehrung des Glaubens[90] in doppelter Hinsicht eine entscheidende Rolle: Der Kaiser schenkt den falschen Ratgebern Glauben und er verleugnet seinen christlichen Glauben, indem er dem Antichrist folgt. So wird die politische Dimension im Sinne der Eschatologie erweitert. Damit wird ex negativo deutlich gemacht, dass die Bevölkerung der Reichsstadt im Hinblick auf das politische und religiöse Heil gut beraten ist, wenn sie an ihre Regierung glaubt bzw. ihrem Rat Glauben schenkt.

---

88 Vgl. Hedda Ragotzky: Fastnacht und Endzeit. Zur Funktion der Antichrist-Figur im Nürnberger Fastnachtspiel des 15. Jahrhunderts. In: ZfdPh 121 (2002), S. 54–71, hier S. 59–60.
89 Vgl. Klaus Ridder und Ulrich Barton: Die Antichrist-Figur im mittelalterlichen Schauspiel. In: Wolfram Brandes, Felicitas Schmieder (Hg.): Antichrist. Konstruktionen von Feindbildern. Berlin 2010, S. 179–195, hier S. 187–190.
90 Zum Antichrist als Figur der vollkommenen Verkehrung vgl. Robert W. Scribner: Reformation, Karneval und die ›verkehrte Welt‹. In: Richard van Dülmen, Norbert Schindler (Hg.): Volkskultur. Zur Wiederentdeckung des vergessenen Alltags (16.–20. Jahrhundert). Frankfurt a.M. 1984, S. 117–152, hier S. 150.

5 Fazit

Literarische Darstellungen der Nürnberger Regierung sind im Spätmittelalter nicht ohne die reichsstädtische Zensurpolitik zu erklären, deren Geschichte sich

> von der Mitte des 15. Jahrhunderts an als eine ständig weiter ausgreifende und immer perfekter werdende Kontrolle, als zunehmende Verschärfung der Auflagen und Restriktionen und als sich permanent vergrößernde Empfindlichkeit und Angst des Rats in allen von der Literatur berührten politischen und sozialen Fragen[91]

charakterisieren lässt. Für Rosenplüts Schaffenszeitraum war diese zwar noch deutlich weniger restriktiv als zur Zeit von Hans Folz und Hans Sachs.[92] Dennoch scheint wie für seine ›Nachfolger‹ auch für Rosenplüt eine positive Darstellung des Rats kaum verwunderlich. Allerdings ist damit über deren besondere Form noch nicht viel gesagt. Diese im Sinne einer funktionsorientierten Analyse des Text-Kontext-Verhältnisses genauer zu erfassen, war deshalb Ziel dieses Beitrags. Verdeutlicht werden sollte, dass Rosenplüts literarische Darstellungen des Rats an gouvernementale Vorstellungen angelehnt sind, bei denen der Rat nicht als Souverän, sondern als Vertrauter erscheint, der nicht auf die Disziplinierung der Bevölkerung, sondern auf deren Beratung setzt. Indem die Texte dem Rat einen gouvernementalen Regierungsstil zusprechen, wirken sie auf die Steigerung seiner Popularität hin und lassen sich im Hinblick auf ihren Gehalt als ideologisch und im Hinblick auf ihre funktionale Ausrichtung als propagandistisch verstehen. Im *Lobspruch auf Nürnberg* wird diese gouvernementale Propaganda Rosenplüts durch den Entwurf des Stadtrats als Hirte in programmatischer Form greifbar. Der Rat erscheint dabei nicht als autokratische Institution, die auf Durchsetzung von Gesetz und Ordnung zielt, sondern als eine um Schutz und Zusammenhalt der Herde bemühte pastorale Instanz. In seinen Spielen nutzt Rosenplüt den dramatischen Modus, um den Rat über die Dimension der Kommunikation als unterstützend-solidarisch handelnde Instanz darzustellen. Der Nürnberger Rat erscheint dabei nicht als Behörde, Institution oder statische Systemstelle der politischen Ordnung oder des Rechtssystems, sondern wird als Ansprechpartner dargestellt, der um Ausgleich zwischen verschiedenen Interessensgruppen in der Stadt ebenso bemüht ist wie um unbürokratische Lösungsorientiertheit im Hinblick auf Anliegen der Bevölkerung. Die Kompetenz des Rats wird nicht durch die

---

[91] Reichel: Der Spruchdichter (s. Anm. 5), S. 161.
[92] Vgl. ebd., S. 161–165.

Inszenierung eines autoritativen Regierungsstils illustriert, sondern über seine Nähe zu den Nürnbergerinnen und Nürnbergern, für die er als Ratgeber fungiert. Mittels der Darstellung fremder Regierungen verweist Rosenplüt zudem auf die Qualität der eigenen Regierung, wobei religiöse Dimensionen relevant werden. Die Idealität des Nürnberger Rats wird damit letztlich auch über eine Logik des Heils propagiert.

16. Jahrhundert

Volkhard Wels

Leonhard Thurneyssers *Archidoxa* (1569/75) und *Quinta essentia* (1570/74)

1 Methodische Vorbemerkung

Der folgende Beitrag gilt zwei in Versen abgefassten und deshalb hier als Dichtung bezeichneten Texten von Leonhard Thurneysser, die bisher in der Literaturwissenschaft, aber auch in der Medizin- und Wissenschaftsgeschichte keinerlei Aufmerksamkeit erfahren haben. Ursache ist offensichtlich, dass diese Texte den Erwartungen an das, was ›Literatur‹ (und damit Gegenstand der Literaturwissenschaft) ist, genauso wenig entsprechen, wie sie mit ihrer Verbindung von Astrologie und Alchemie (in Versform) für die Medizin- und Wissenschaftsgeschichte von Interesse schienen. Die Frage, die ich im Folgenden – aus der methodischen Perspektive, wie sie dieser Band insgesamt formuliert – stellen möchte, lautet deshalb: Unter welchen disziplinären und methodischen Voraussetzungen ist es möglich, diese beiden Dichtungen zu ›verstehen‹, das heißt die Rekonstruktion welcher sozial-, ideen- und literaturgeschichtlichen, welcher medien- und kulturgeschichtlichen Kontexte ist notwendig, um die konkrete Form und die Inhalte dieser beiden Dichtungen verständlich zu machen? – Dieser Fragestellung entsprechend geht es mir im Folgenden also nicht nur um das Verständnis dieser beiden Dichtungen als solcher, sondern immer auch um den methodischen Horizont.

2 Die *Archidoxa* von 1569

1569 erscheint die *Archidoxa* Leonhard Thurneyssers in Münster zum ersten Mal, schon hier im Selbstverlag, gedruckt von Johan Ossenbrug (»Gedruckt zu Munster in Westphalen durch Johan Osenbrug auff Verlegung H. Herr Leonhart Turneyssers zum Thurn.«). Der vollständige Titel lautet:

> Archidoxa. Dorin der recht war Motus, Lauff vnd Gang/ auch heymlikait wirkung vnd krafft/ der Planeten/ Gstirns/ vnd gantzen Firmaments, Mutierung, vnd ausziechung aller Suptilitetten, vnd das Finfte wesen/ auss den Metallen/ Mineralia, Kreyter/ Wurtzen/ Seften/ Steinen vnd aller andren wesenlichen dingen. Heimlikait des Buchs aller naturlichen Elementischen, und Menschlichen sachen/ Hantierung/ Könst/ Gwerb/ Arten/ Eygen-

Volkhard Wels, Berlin

schafften/ vnd in suma/ alle verborgne Misteria, der Medicina, Alchemeya, vnnd anderen Freyen Könsten. [...] Durch Leonhart Thurneysser zum Turn/ Reymensweyss an Tag gebn.[1]

Das Buch, das mit diesem Titel beansprucht, das gesamte Naturwissen der Zeit und der menschlichen Künste ›reimenweis‹ zu vereinigen, zählt 252 Seiten in Quarto. Davon entfallen auf den Verstext ca. 170 Seiten, jeweils mit 30 Versen pro Seite, was der gesamten Dichtung einen Umfang von ca. 5100 Versen gibt. Es handelt sich bei diesen Versen um äußerst prätentiöse, achtsilbige Knittelreime.

Der Anfang des Textes konfrontiert den Leser mit einem Ich-Erzähler, der erwachend auf dem Bett liegt und über den Sinn seines mühevollen Lebens und die Undankbarkeit der Menschen nachdenkt. Als er die Sonne über den schneebedeckten Gipfeln Tirols aufgehen sieht, macht er jedoch seinen Frieden mit der Welt:

> Als ich einsmols Lag auff dem betth/
> Wachent vnd gnueg geschloffen hett.
> Bedacht mein leben hin vnd her.
> Was angst mir zhnaden gangen wer/
> Auff Wasser/ Landt/ Mer/ Pruck vnd steg
> Was trübsall/ kummer not elend/
> Mir je sy gstossen vnder dhendt.
> Was vnglucks/ gferlickkayt vnd nott/
> Wie mir so offt noch gewest der Tott.
> Wie souil Menschen von mir generdt/
> Den ich gedient hab/ vnd die geerdt.

---

1 Die beste bio-bibliographische Darstellung bietet Tobias Bulang: Leonhard Thurneysser. In: Wilhelm Kühlmann u. a. (Hg.): Frühe Neuzeit in Deutschland 1520–1620. Literaturwissenschaftliches Verfasserlexikon. Berlin, Boston 2017, Bd. 6, S. 283–298. Die Studien von Bulang (vgl. unten die entsprechenden Anm. 9, 28 und 44) waren grundlegend für diesen Beitrag. Aufgrund seiner Kenntnis des handschriftlichen Nachlasses ist zur Biographie nach wie vor unersetzlich Johann Karl Wilhelm Moehsen: Leben Leonhard Thurneissers zum Thurn, Churfürstl. Brandenburgischen Leibarztes. Ein Beitrag zur Geschichte der Alchymie, wie auch der Wissenschaften und Künste in der Mark Brandenburg gegen Ende des sechzehnten Jahrhunderts. In: Ders.: Beiträge zur Geschichte der Wissenschaften in der Mark Brandenburg von den ältesten Zeiten an bis zu Ende des sechzehnten Jahrhunderts. Berlin, Leipzig 1783, S. 1–198. Auch als Nachdruck München 1976. Die einzigen Hinweise auf die *Archidoxa* aus germanistischer Perspektive stammen von Joachim Telle: Thurneissers *Archidoxa* – medico-alchemische »Heimlichkeiten« in Form eines Traumberichts, und ebendort: Thurneissers *Deß Menschen Circkel vnd Lauff* – ein Hilfsmittel für Astrologen. In: Bibliotheca Palatina. Katalog zur Ausstellung. Textband. Hg. von Elmar Mittler. Heidelberg 1986, hier S. 351–353 und S. 353–354. Joachim Telle: Bemerkungen zum *Viatorium spagyricum* von Herbrandt Jamsthaler und seinen Quellen. In: Herbert Anton, Bernhard Gajek, Peter Pfaff (Hg.): Geist und Zeichen. Festschrift für Arthur Henkel. Heidelberg 1977, S. 427–442 weist Übernahmen Jamsthalers aus der *Archidoxa* und *Quinta essentia* nach.

Die souil guttat von mir Je/
Entphangen hettent do vnd hie.
Auch wie die so vndanckbarlich/
Vmb vnschult neydten hasten mich.
Als ich bey mir solchs hertzlich betracht/
Solch grosser schmach vnd vnbill gedacht.
Mit ainem sufzen teiff auß grund/
Meinß hertzen gemyetz vnd Sell zu stund.
Sach ich auff in ein schnellen blick/
Den Himel an gar offt vnd tick.
Sagt Gott mein Schöpffer lob vnd tanck
Das ich solch alter hatt erlangt.
Jn dem sach ichs durchs venster glas/
Wie schön vn klar der Himel was.
Dem Turckys glich zuer selber zait/
So schön blaw wie der hemateit.
Stuendt auff mich yn das fenster legt/
Das Houpt ich hin vnd her bewegt.
Zu sehen wo das Fogel geschrey/
Her kem das ich so mancherley.
Hort hin vnd wyder vberall/
Van Trostlen/ Styglitz vnd Nachgall.
Darauß ich merckt des Morgens zait/
Hub auff vnd sach von feren weit.
Die hochen Alp spitz in Tyrol/
Die noch mit schne vnd eyss gantz wol.
Warent bedeckt den Wolcken gelich/
Auch sach ich wie von Osterricht/
Apollo mit seinm wagen reist.
Welchs glast am spitz der pergen gleist/
Die hele Sonn/ dem golt gelich.
Aurora schon lost sechen sich. (f. D1^r f.)

Der Erzähler macht einen Spaziergang in den Wald und begegnet dort drei Frauen. Die erste ist sehr schön und reich gekleidet und bietet ihm einen köstlichen Wein an, den er jedoch ablehnt, da er vor dem Frühstück keinen Alkohol trinkt. Sie stellt sich als »glick [Glück] Reichtum ehr vnd gewalt« vor und verspricht, wenn er zu ihrem Diener werde, würde es ihm an diesen Dingen nicht mangeln. Der Erzähler lehnt jedoch mit Verweis auf eine lange Reihe historischer Exempel ab: Geld macht nicht glücklich, genauso wenig wie weltliche Macht. Die zweite Frau ist ärmlich gekleidet, bleich, gebeugt und von zahlreichen Krankheiten gezeichnet. Sie bietet ihm Armut und Unglück. Auch in ihren Dienst will der Erzähler nicht treten, er kennt ihn schon zu gut. Die dritte Frau – später wird sie »Frau Art« genannt, also die Kunst und Wissenschaft – tritt zu ihm,

»hett füß gleich wie ein elephant/ | Bedeut Ehr/ Dapferkait vnd bstandt.« Sie ist weder besonders schön noch besonders reich, aber züchtig und angemessen gekleidet. Sie gibt nichts auf äußerliche Werte, dafür ist sie treu. Sie redet wenig, aber das Wenige ist vernünftig. Sie kennt die Bahnen der Planeten, kann lesen und rechnen, Instrumente spielen, kennt die Kräfte der Pflanzen und Kräuter, den menschlichen Organismus und was ihm nützt und schadet, kennt die chemisch-pharmazeutischen Praktiken (augmentieren, solvieren, fixieren usw.) und welche Kräfte die Mineralien haben. Sie kennt aber auch die Geographie, womit sie sich den Fürsten empfiehlt. Sie kann Geheimnisse für sich behalten, kennt die Gesetze der Architektur und der Ingenieurskunst genauso wie der Chirurgie und Medizin. All dieses Wissen bietet sie dem Erzähler an, wenn er ihr dienen wolle. Obwohl sie ihm gleichzeitig voraussagt, dass er viel Angst, Not, Trübsal, Spott und Schmach ertragen, zudem auf weiten Reisen viel erleiden werden müsse, nimmt der Erzähler das Angebot an. Die Frau führt ihn daraufhin zu einem Brunnen, mit dessen Wasser er sich die Augen auswaschen muss. Daraufhin erblickt er ein »schönes hauß«, »eim Kayserlichen hoff« gleich. Die Frau führt ihn in dieses Haus, das sich jedoch nur als eine Art Tor in eine andere Welt herausstellt.

Zu Beginn des zweiten Buchs der *Archidoxa* befindet sich der Erzähler jenseits des Tors auf einem Feld, ihm gegenüber sieben Städte. Die Führerin erklärt, dass den sieben Städten sieben Planeten, sieben Metalle, sieben Zeiten, sieben Orte, sieben Edelsteine usw. entsprechen und führt ihn sogleich in die erste Stadt, die Stadt Saturns. Sie ist aus Blei gebaut, also jenem Metall, das Saturn als Planet zugeordnet ist. Schon vor dem Stadttor begegnet ihnen in Gestalt eines alten, bärtigen und an Krücken gehenden Manns eine Personifikation dieses Planeten. Im Inneren der Stadt wird der Erzähler mit dem saturnischen Wissen bekannt gemacht, angefangen von den Gesetzen seiner Planetenbahn, über die ihm entsprechenden Körperteile, Gesteine, Kräuter, Metalle, seinen Wochentag und die Berufe, Werke und Tätigkeiten, die ihm zugeordnet sind. Es folgen dann nach demselben Schema Besuche in den anderen Städten, entsprechend den einzelnen Büchern der *Archidoxa*: Jupiter (Zinn), Mars (Eisen), Sonne (Gold), Venus (Kupfer), Merkur (Quecksilber), Mond (Silber).

Innerhalb der einzelnen Bücher treten die narrativen Teile gegenüber der Belehrung, die der Erzähler durch »Frau Art« erfährt, weitestgehend zurück. Es handelt sich dabei – gemessen am Stand der Zeit – nicht um neues oder ungewöhnliches Wissen, sondern um gängige Überzeugungen, so dass dem gesamten Werk eher der Status einer gereimten, von Exkursen durchzogenen Enzyklopädie zukommt. Entferntes Vorbild könnte der *Zodiacus vitae* (1536) von Marcellus Palingenius Stellatus gewesen sein. Dieser Text lag seit 1564 in einer deutschen Übersetzung von Johannes Spreng vor, Thurneysser (der zu diesem Zeitpunkt noch kein Latein kann, wie er selbst am Ende des Textes mitteilt: »in dem Latein/ Jn dem ich nit erfahren bin«, f. Aa3ʳ) könnte ihn also gekannt haben.² Beide Texte orientieren sich in ihrer Gliederung an astrologischen Modellen (Tierkreis und Planeten), die zum Anlass werden, die gesamte menschliche Welt zu durchlaufen. Beide Texte verflechten moralische Betrachtungen mit Naturwissen. Ähnlich wie der *Zodiacus* gewinnt die *Archidoxa* gelegentlich satirische Qualitäten, etwa bei der Aufzählung der Sekten, die sich im Gefolge der Reformation bildeten (f. T4ʳ). Allerdings ist der *Zodiacus vitae* ein typisch humanistischer Text, der seine Bildungsvoraussetzungen überall offensiv zur Schau stellt. Eine Verwechslung von Demosthenes und Diogenes, wie sie Thurneysser im ersten Buch unterläuft (»Wie Demosthenes beweyset das/ | Der was viel reicher in seim vaß.«, f. D4ᵛ), wird man beim Verfasser des *Zodiacus* wohl kaum finden. Dennoch: Abgesehen von diesem Text lassen sich wenig mögliche Vorbilder bestimmen. Mit der alchemischen Dichtung des Mittelalters und der Frühen Neuzeit, wie sie Joachim Telle untersucht hat, hat die *Archidoxa* jedenfalls wenig gemein.³ Auch mit der gleichnamigen, Paracelsus zugeschriebenen Schrift, die zeitgleich 1569 erschienen ist, gibt es (im Unterschied allerdings zur *Quinta essentia*) keine Gemeinsamkeiten, obwohl Thurneysser seinen Titel sicherlich von dieser übernommen hat.⁴

Das interessanteste an diesem Text ist damit jedoch noch gar nicht erwähnt. Die *Archidoxa* besteht nämlich nicht nur aus einem gereimten Text, der die Attribute der sieben Planeten entwickelt, sondern aus einem insgesamt dreispaltigen Text, in dem diese Beschreibung nur den Mittelteil bildet. Links davon stehen Quellen- und Referenzangaben, Belegstellen und Querverweise. Rechts

---

2 Zu dieser Übersetzung sowie zur Lehrdichtung der Zeit allgemein vgl. Wilhelm Kühlmann: Wissen als Poesie. Zu Formen und Funktionen der frühneuzeitlichen Lehrdichtung im deutschen Kulturraum des 16. und 17. Jahrhunderts. In: Joachim Telle (Hg.): Alchemie und Poesie. Deutsche Alchemikerdichtungen des 15. bis 17. Jahrhunderts. Berlin, Boston 2013, S. 1–84, hier S. 26 ff. sowie Wilhelm Kühlmann: Wissen als Poesie (s. Anm. 2), S. 61–77.
3 Vgl. stellvertretend die gesammelten Studien in Joachim Telle: Alchemie und Poesie (s. Anm. 2) sowie dort den Beitrag von Didier Kahn: La poésie alchimique dans l'Europe médiévale et moderne, S. 85–148. Allgemein zum Verhältnis von Astrologie und Alchemie vgl. Telle: Von der Meisterschaft der sieben Planeten. Zu einer astroalchemischen Lehrdichtung im Basilius-Valentinus-Corpus. In: Ders.: Alchemie und Poesie (s. Anm. 2), S. 689–723. Telle bestreitet dort (ebd., S. 698) Thurneyssers *Archidoxa* den Charakter einer astroalchemischen Dichtung, weil er die alchemischen Inhalte vermisst. Vgl. dagegen unten mein Argument, dass die *Archidoxa* und die *Quinta essentia* komplementär angelegt sind.
4 Die (pseudo-)paracelsische *Archidoxa* erschien 1569 lateinisch in Krakau, 1570 deutsch in München. Thurneysser stand mit wichtigen Frühparacelsisten in brieflichem Kontakt (vgl. die Angaben in Wilhelm Kühlmann, Joachim Telle (Hg.): Corpus Paracelsisticum. Bd. II. Tübingen 2004, bes. S. 436 ff.) und dürfte von der Edition zumindest gehört haben.

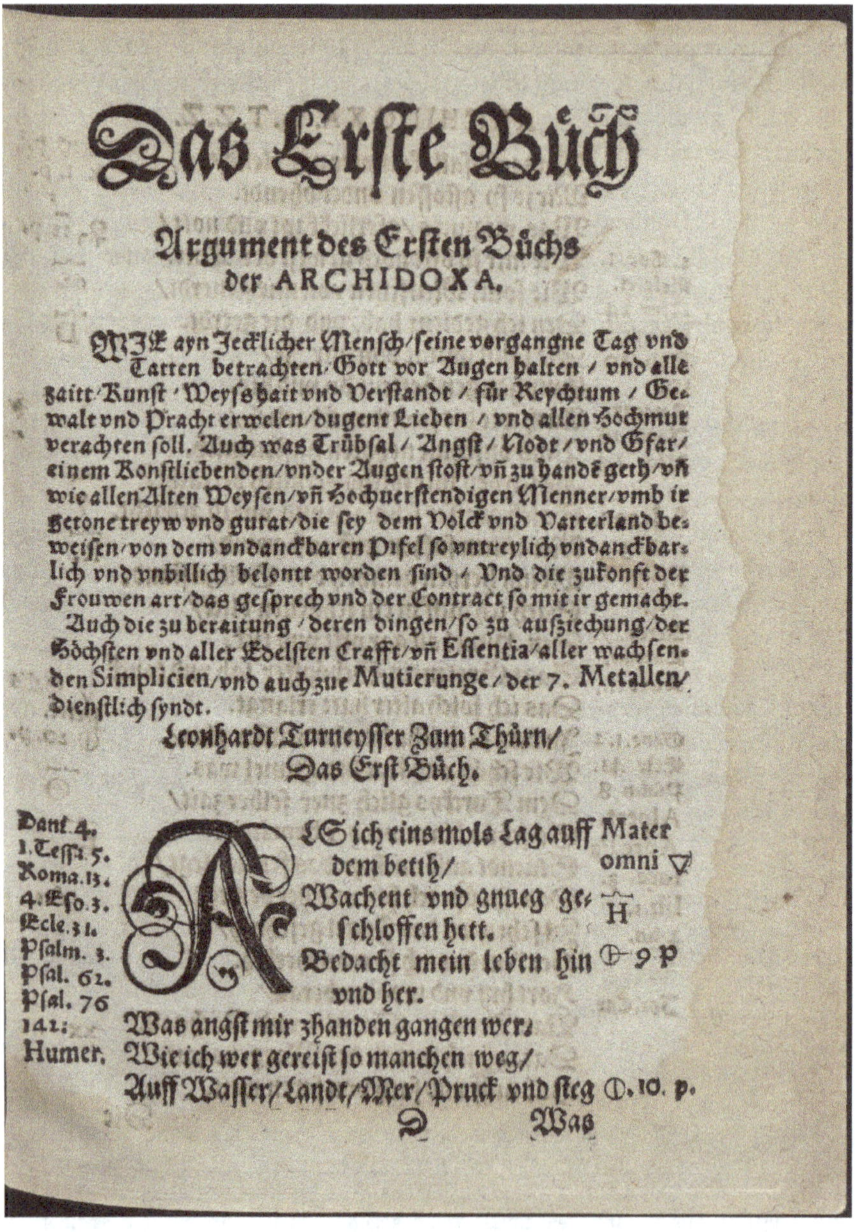
Das Erste Büch

Argument des Ersten Büchs
der ARCHIDOXA.

WIE ayn Jecklicher Mensch/seine vergangne Tag vnd
Tatten betrachten/Gott vor Augen halten / vnd alle
zaitt/Kunst/Weyßhait vnd Verstandt / für Reychtum / Gewalt vnd Pracht erwelen/dugent Lieben / vnd allen Hochmut
verachten soll. Auch was Trübsal / Angst / Nodt / vnd Gfar/
einem Konstliebenden/vnder Augen stost/vñ zu handẽ geth/vñ
wie allen Alten Weysen/vñ Hochuerstendigen Menner/vmb ir
getone treyw vnd gutat/die sey dem Volck vnd Vatterland be-
weisen/von dem vndanckbaren Pifel so vntreylich vndanckbar-
lich vnd vnbillich belontt worden sind / Vnd die zukonft der
Frouwen art/das gesprech vnd der Contract so mit ir gemacht.
Auch die zu beraitung / deren dingen/so zu außziechung/der
Höchsten vnd aller Edelsten Crafft/vñ Essentia/aller wachsenden Simplicien/vnd auch zue Mutierunge/der 7. Metallen/
dienstlich syndt.

Leonhardt Turneysser Zum Thürn/
Das Erst Büch.

Dant. 4.
1. Tessa. 5.
Roma. 13.
4. Esd. 3.
Eccle. 31.
Psalm. 3.
Psal. 62.
Psal. 76
141.
Humer.

ALS ich eins mols Lag auff
dem betth/ Mater omni ▽
Wachent vnd gnueg ge-
schloffen hett. H
Bedacht mein leben hin ⊕ 9 p
vnd her.
Was angst mir zhanden gangen wer/
Wie ich wer gereist so manchen weg/
Auff Wasser/Landt/Mer/Pruck vnd steg D. 10. p.
D Was

Abb. 1 und 2: Leonhard Thurneysser: *Archidoxa*. Münster 1569, f. D[r] und D[v]. Abbildungen aus dem Exemplar der Staatsbibliothek Berlin, Sign. Mu 1991.

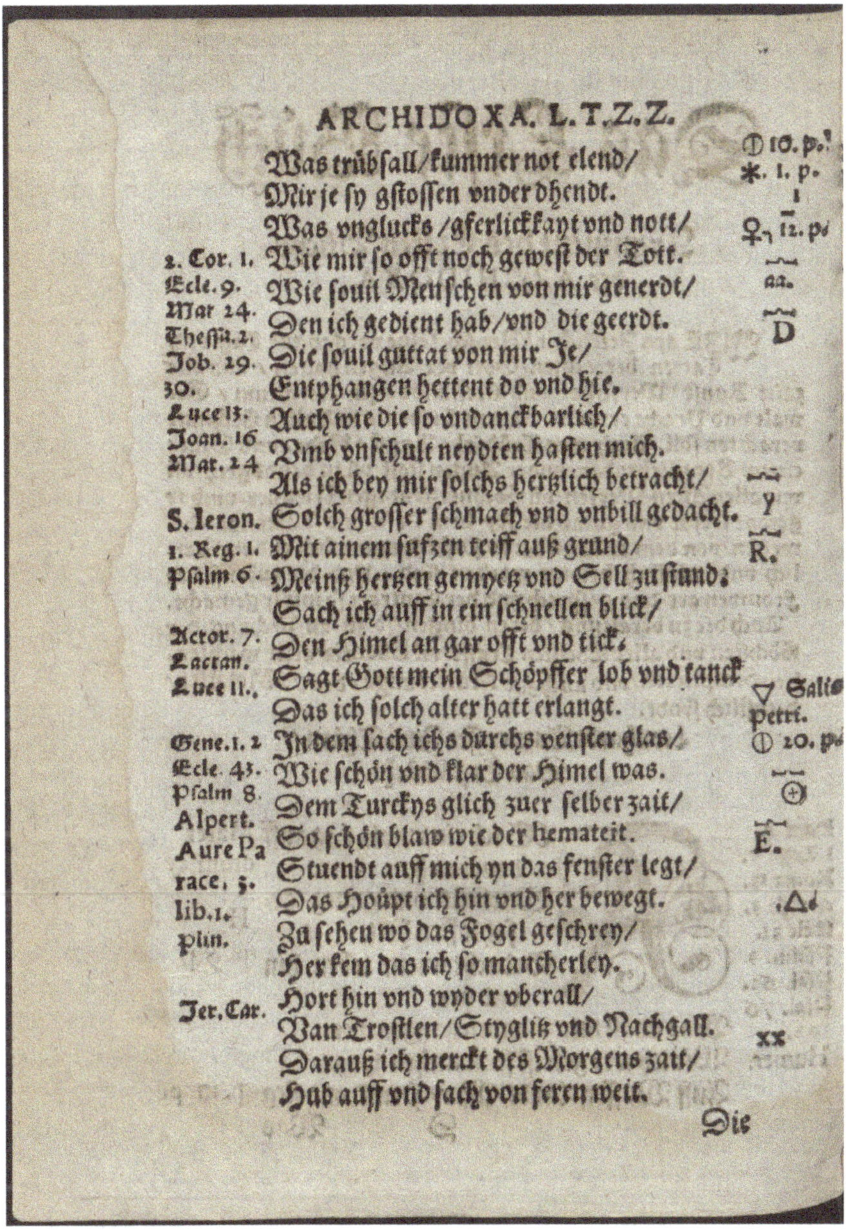
ARCHIDOXA. L.T.Z.Z.
Was trübsall/kummer not elend/ ⏀ 10. p.
Mir je sy gstossen vnder dhendt. *. 1. p.
Was vnglucks/gferlickkayt vnd nott/ ♀ 12. p.
2. Cor. 1. Wie mir so offt noch gewest der Tott.
Ecle. 9. Wie souil Menschen von mir generdt/ aa.
Mat 24. Den ich gedient hab/vnd die geerdt. D
Thessa. 2. Die souil guttat von mir Je/
Job. 29. 30. Entphangen hettent do vnd hie.
Luce 13. Auch wie die so vndanckbarlich/
Joan. 16 Vmb vnschult neydten hasten mich.
Mat. 24 Als ich bey mir solchs hertzlich betracht/
S. Ieron. Solch grosser schmach vnd vnbill gedacht. Y
1. Reg. 1. Mit ainem sufzen teiff auß grund/ R.
Psalm 6. Meinß hertzen gemyetz vnd Sell zu stund:
Sach ich auff in ein schnellen blick/
Actor. 7. Den Himel an gar offt vnd tick.
Lactan. Sagt Gott mein Schöpffer lob vnd danck ▽ Salis
Luce 11. Das ich solch alter hatt erlangt. petri.
Gene. 1. 2 Jn dem sach ichs durchs venster glas/ ⏀ 20. p.
Ecle. 43. Wie schön vnd klar der Himel was.
Psalm 8. Dem Turckys glich zuer selber zait/ ⊕
Alpert. So schön blaw wie der hemateit. E.
Aure Pa race. 5. Stuendt auff mich yn das fenster legt/
lib. 1. Das Houpt ich hin vnd her bewegt. .△.
plin. Za sehen wo das Fogel geschrey/
Her kem das ich so mancherley.
Jer. Car. Hort hin vnd wyder vberall/
Van Trostlen/Styglitz vnd Nachgall. xx
Darauß ich merckt des Morgens zait/
Hub auff vnd sach von feren weit.
Die

Abb. 1 und 2 (fortgesetzt)

davon stehen chemische Rezepte, in der Symbolsprache der Zeit verschlüsselt, und zwar ohne, dass der Gegenstand des Rezepts genannt werden würde oder die einzelnen Rezepte voneinander abgesetzt wären. Die acht Bücher der *Archidoxa* sind solcherart in der rechten Textspalte von einer beständigen und nicht abreißenden Reihe chemischer Symbole und Arbeitsanweisungen begleitet.

Dieses äußerst ungewöhnliche Verfahren begründet Thurneysser in seiner Vorrede. Nach dem Verlust des vollständigen Wissens im Sündenfall Adams hätte durch die Güte Gottes eine partielle und allmähliche Rückgewinnung des präadamitischen Wissens eingesetzt. Dieses Wissen konnte nach Thurneysser auf drei Arten vermittelt werden:

> Erstlich in Carmen/ Reymen/ auß Metrischem grund/ zierlich vnd Könstlich/ als die Poeten/ die den lauff der Welt/ vnd alten vergangnen geschichten vnd tatten/ sampt den fabeln/ gesetzt vnnd int feder verfast haben. (f. B^r f.)

Neben Moses, David und Salomon nennt Thurneysser Orpheus, Homer, Hesiod, Ovid, Vergil u. a. als Beispiele für diese Wissensvermittlung in Versform.[5] Wenn Thurneysser in der *Quinta essentia* schreibt, er hätte das Buch in »Reimen« verfasst, weil diese »kurtzweilig zu lesen« seien,[6] dürfte das denselben Sachverhalt bezeichnen: die poetische Form gilt vor allem als Erleichterung des Lesens, wie sie in den Anfangsstadien der Menschheit wichtig war. Damit würde Thurneysser eine Überzeugung vertreten, die in der Frühen Neuzeit unhinterfragt und allgegenwärtig ist: dass die Versform älter ist als die Sachprosa und diese sich durchsetzte, als die Menschheit dem Stadium der Kindheit entwachsen war. Wenn Thurneysser für die *Archidoxa* und die *Quinta essentia* die Versform wählt, dürfte er damit an der Anciennität partizipieren wollen, die diesen Verstexten zukommt: es ginge nicht um poetische Verfahrensweisen im engeren Sinne, sondern um die ›Patina‹ uralter Weisheitslehren.

Zweitens hätten die großen Gelehrten der Antike und des Mittelalters zwar das Fundament gelegt, auf dem die Nachwelt bauen könne, jedoch hätten sie sich auch oft geirrt. So hätte sich Aristoteles in der Anatomie geirrt, Galen und Hippokrates in ihren astronomischen Berechnungen und in ihrem Wissen über die Wirkkräfte der Pflanzen, Platon und Strabo in der Geographie, andere in der Astronomie, vor allem aber in der Astrologie.

---

5 Thurneyssers Desinteresse an der Poetik spiegelt sich in seiner Aufzählung der Gedichtformen, wenn es dort heißt, etliche von diesen Dichtern hätten sich des »Heroicum« bedient, etliche des »Hexametrum, etliche Asclepiadum etliche Iampicum [sic] etliche Pentametrum, oder Elegiacum vnd das Bucolicum«. Die Unterschiede zwischen Gattungen und Versmaßen sind Thurneysser offenbar nicht klar und dürften ihn auch nicht interessiert haben.
6 Leonhard Thurneysser: Quinta essentia. Leipzig 1574, S. 201 (Marginalie).

Während all diese Gelehrten ihr Wissen offen und unverschlüsselt dargestellt hätten, gäbe es drittens mit der Alchemie eine Kategorie von Gelehrten, die ihr Wissen nur verschlüsselt dargestellt hätten: Entweder, indem sie einzelne Wörter gegenteilig verwendet hätten (›Schwarz‹ statt ›Weiß‹, ›Feuer‹ statt ›Wasser‹), oder durch Buchstabenveränderungen (»Beyl« statt »Leyb«) oder indem sie Symbole statt Wörtern benutzt hätten (wofür die chemischen Zeichen das Beispiel sind) oder schließlich, indem sie sich »vertunckelter reden« bedient hätten. Damit ist die Arkansprache der Alchemie gemeint, in der etwa das Quecksilber als Drache figuriert, weil es »schlipferig vnbleyblich vnd nit zu behalten« (f. B3^v) sei.[7]

Diese Techniken der Verschlüsselung seien erfunden worden, um die großen Geheimnisse der Natur einerseits vermitteln zu können, andererseits aber sie angesichts der »grosse[n] lasterhafftige[n] vndanckbarkait des menschlichen geschlechts« nicht zu profanieren und »die Perlen nit fur die schwein vnd das Heyligtum nit fur die hund« zu werfen, wie es mit einem (für die alchemische Arkansprache klassischen) Zitat von Matth. 7.6 heißt. Das alchemische Wissen sollte transferiert, aber nicht profaniert werden (B4^r, falsch paginiert als B3). Die »Heimlichkeit« der Alchemie, der geheimnisvolle Charakter eines Wissens, das nicht in aperter, verständlicher Form verfasst ist, macht allerdings auch einen nicht unwesentlichen Reiz dieses Wissens aus. Thurneysser verwendet es als verkaufsförderndes Element, wenn es auf der Rückseite des Titelblatts heißt:

> Far hin/ du Buch voll heimlikait/
> Erzaig dein krafft/ vnd biss bereit.
> Alen denen/ die Konst weissheit ler/
> Suchen/ lieben/ dornoch trachten ser.
> Der selben loss kein scheiden ab/
> Der nit vor von dir etwas hab.

In die Tradition dieser ›Heimlichkeit‹ stellt sich Thurneysser mit seiner *Archidoxa*, wenn er drei Arten des Verständnisses in Anspruch nimmt. Erstens habe er in den »Reymen«, also in der Mittelspalte des Textes, die Wirkungen der Planeten auf alle Geschehnisse und menschlichen Zustände und Krankheiten sowie die entsprechenden pharmazeutischen Kuren aufzeigen wollen (f. B4^v). Zweitens habe er

> auserthalben des sententzes/ den die reymen fur sich selber geben [...] in denselbigen Reymen etliche wörter/ die zu den (ad Marginem) verzaichneten Caracteres dienen/ die do mit sampt den zaichen/ so dargegen stand/ auch einen besonderen sententz machen/ vnd geben etc.

---

[7] Stellvertretend zur Tradition der Verrätselung alchemischen Wissens vgl. Lawrence M. Principe: The Secrets of Alchemy. Chicago 2013.

Diese Bedeutung sei die alchemisch bewirkte Veränderung der Metalle und Mineralien sowie die Destillation der Kräuter und Wurzeln, durch die deren Kräfte als das »Finfte Wesen« – also die *Quinta essentia* – ›ausgezogen‹ und therapeutisch nutzbar gemacht werde (f. B4^v f.). Drittens seien in den »Reymen« alle großen Krankheiten sowie die alchemischen »arcana«, mit denen sie therapiert werden könnten, enthalten, allerdings »nit gar außtruckenlich/ sonder alein verborgenlich/ doch warhafftig vnd der massen beschrieben/ das der recht sententz durch nachsinnen/ wol kan vnd mag verstanden werden.« Um dieses »nachsinnen« zu erleichtern, stünden »ad marginem« die »zeichen«, die die alchemischen Prozesse bedeuteten (f. B5^r).

Was der Unterschied zwischen der zweiten und dritten Lesart des Buches sein soll, ist schwer zu erkennen, genauso wie die behauptete Verbindung der »Reymen« mit »den (ad Marginem) verzaichneten Caracteres«. Mir ist es nicht gelungen, die »etlichen wörter« innerhalb der »Reymen«, die mit »den (ad Marginem) verzaichneten Caracteres [...] einen besonderen sententz machen« sollen, herauszufinden – wenn das überhaupt so zu verstehen ist, dass die am Rand mitgeteilten Rezepte in einer inhaltlichen (oder auch nur mnemotechnischen) Verbindung zum narrativen Gehalt der mittleren Textspalte stehen.

Die Symbole und Abkürzungen, die Thurneysser in den Marginalien verwendet, werden in einem eigenen Kapitel zu Beginn des Textes unter dem Titel »Bedeutnus der Caracter vnd Zeichen« (f. C3^r) aufgeschlüsselt.

Es handelt sich allerdings um die in der chemischen Praxis gängigen Zeichen und Abkürzungen, wie sie insbesondere in handschriftlichen Aufzeichnungen und Laborbüchern verwendet wurden. Diese Zeichen waren nie wirklich geheim gewesen. Interessanter ist diese Aufschlüsselung eher deshalb, weil sie die von Thurneysser in der Vorrede propagierte Praxis der Geheimhaltung doch scheinbar konterkariert. Die chemische Symbolsprache der rechten Textspalte erscheint als bloße Notationstechnik, nicht mehr als kryptographische Chiffrierung. Thurneysser – dieser Verdacht drängt sich auf – bedient sich eher des änigmatischen Charakters der alchemischen Symbolsprache, als tatsächlich alchemisches Wissen zu verbergen. Damit soll allerdings nicht gesagt sein, dass die chemischen Anweisungen nicht ernst zu nehmen wären. Dass dem nicht so ist, belegt schon der »Index« (f. Bb^r ff.), mit dem Thurneysser die *Archidoxa* versehen hat und der ausschließlich die chemischen Prozesse und Substanzen erfasst, die die linke Spalte des Textes bilden. Das Buch ist also dafür angelegt, die entsprechenden Rezepte und Substanzen unabhängig von einer linearen Lektüre auffindbar zu machen. Wie wichtig die linke Spalte Thurneysser war, zeigt außerdem die eigene »Errata«-Liste (f. Bb^r ff., doppelt paginiert), die Thurneysser dem Druck anfügen musste. Der Setzer hatte offensichtlich Probleme gehabt, die Symbole auseinanderzuhalten, so dass diese Liste relativ lang geraten ist. Auch diese Liste zeigt,

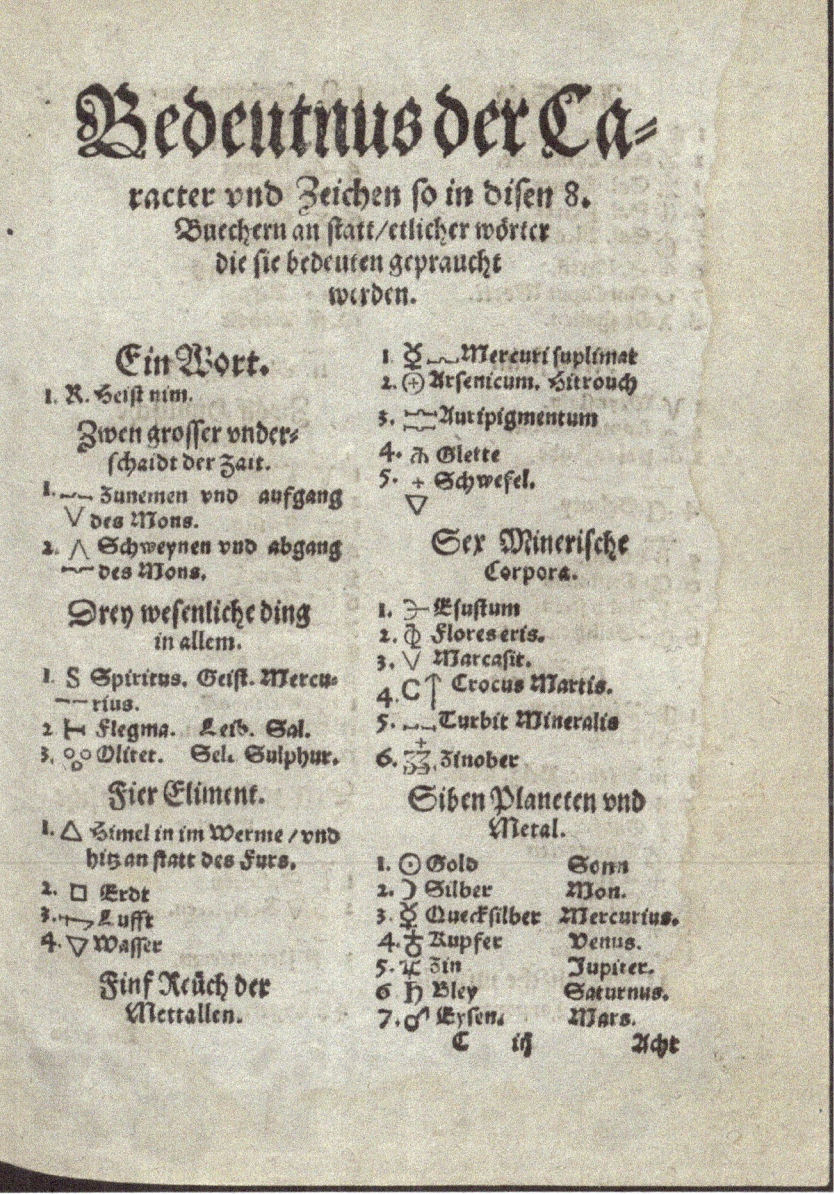

Abb. 3: Leonhard Thurneysser: *Archidoxa*. Münster 1569, f. C iij[r]. Abbildung aus dem Exemplar der Staatsbibliothek Berlin, Sign. Mu 1991.

dass die Rezepte ernst gemeint sind und die *Archidoxa* damit als Rezeptbuch gedacht sind.

Auf der anderen Seite – und damit partizipiert Thurneysser wiederum am änigmatischen, geheimnisvollen Charakter der Alchemie – ist der *Archidoxa* nach der Vorrede eine ausfaltbare Tafel beigebunden, die den Titel *Sechs vnd zweintzig Houptstuck* trägt.

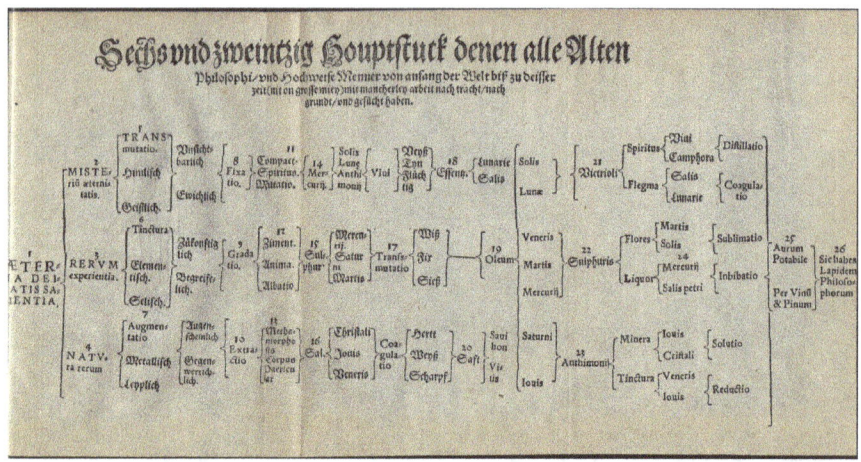

Abb. 4: Leonhard Thurneysser: *Archidoxa*. Münster 1569, »Sechs vnd zweintzig Houptstuck«, unpag., nach der Widmung eingebunden. Abbildung aus dem Exemplar der Staatsbibliothek Berlin, Sign. Mu 1991.

In dieser Tafel werden auf ramistische Weise alchemische Prozesse und Substanzen gegliedert, wobei an erster Stelle »die ewige Weisheit der Gottheit« steht, am anderen Ende der Stein der Weisen. Das Prinzip der dazwischen geschalteten Gliederung ist (zumindest mir) nicht erkenntlich. Auch hier übernimmt Thurneysser mit der ramistischen Darstellung vielleicht nur eine Modeerscheinung der Zeit.

Relativ konservativ erscheint dagegen auf den ersten Blick die Praxis der Quellenverweise in den Marginalien der linken Textspalte. Allerdings nimmt diese in der Frühen Neuzeit ubiquitäre Technik auf den zweiten Blick bei Thurneysser ebenfalls merkwürdige Formen an. Warum etwa bei dem oben zitierten Textanfang, wenn der Erzähler aufwacht und auf seinem Bett liegt, in den Marginalien auf Dan. 4, 1. Thess. 5 und Röm. 13 verwiesen wird, ist nicht ersichtlich. Wenn etwas später, als die Sonne aufgeht (»Auch sach ich wie von Osterrich/ | Apollo mit seim wagen reist«), in der Marginalie auf Vergil verwiesen wird, ohne weitere Stellenangabe, scheint der einzige Bezug zum Text die Nennung des antiken Sonnengottes zu sein, die die Nennung eines antiken Autors in der Marginalie nach sich zieht. Auch weitere Stichproben ergeben keinen anderen Befund: Die Quellenverweise in den Marginalien machen einen derartig willkürlichen Eindruck, dass man gelegentlich geneigt ist, Thurneyssers Praxis für eine Satire auf die Gepflogenheiten der späthumanistischen Gelehrtenkultur zu halten.

Dieser Eindruck dürfte allerdings täuschen: Thurneysser ist seine dreispaltige Technik der Wissensvermittlung so wichtig, dass er sie als Grund für die Wahl des Titels nennt. *Archidoxa* habe er das Buch genannt, weil in ihm das ganze Wissen der Welt gelehrt werde und ein solches Buch bisher nicht existiert habe. Diese Einmaligkeit des Buchs steht allerdings wiederum in einem merkwürdigen Verhältnis zu der unmittelbar folgenden Entstehungsgeschichte. Entstanden sei das Buch nämlich während einer Schiffsreise, auf der er sonst nichts zu tun gehabt hätte (f. B5^v). Ähnlich heißt es am Ende des Buchs unter dem Titel *Beschluß vnd Entschuldigung des Tichters*, er, Thurneysser, habe dieses Buch verfasst, »domit zu kurtzen mir die zait«. Merkwürdig ist das, weil man ja nicht erwarten würde, dass ein solcherart einmaliges Buch aus Langeweile entsteht.

Noch merkwürdiger wird der Text, wenn man die bisher noch nicht erwähnten Abbildungen betrachtet, die dem Buch beigegeben sind.[8] Jedem der acht Kapitel sind je zwei Abbildungen vorangestellt, wobei die Positionierung der Abbildungen de facto dem jeweiligen Buchbinder anheimgestellt war, der diesbezüglich auch von Thurneysser auf den ersten Seiten des Buches angesprochen wird (»An den Buchbinder«), selbstverständlich ebenfalls in Versen. Acht »Figuren«, schreibt Thurneysser, fänden sich in diesem »buchlein«, und diese acht »Figuren« sollten jeweils dort eingebunden werden, wo der entsprechende Planet behandelt würde. Jede »Figur« besteht aus zwei Tafeln, einer »Motus«-Tafel und einem »Ast«.

Die »Motus«-Tafeln bestimmen die Bewegung des jeweiligen Planeten durch die Dekane (den Tierkreis). Für jeden einzelnen Tag (die schwarzen und weißen Punkte unterhalb der Monatsnamen stehen für die Tage jedes Monats) lässt sich auf diese Weise bestimmen, in welchem ›Haus‹ (im Einfluss welches Tierkreiszeichens) er steht. Die zweite Art von Tafeln beschreibt Thurneysser als »Zirckel«, »radt« und »Ast«. Es handelt sich jeweils um einen Ast, der spiralförmig um einen Mittelpunkt gewunden ist und auf dessen Blättern bestimmte Begriffe ste-

---

[8] Die Tafeln fehlen in einigen Exemplaren, so in einem der beiden Exemplare der Staatsbibliothek zu Berlin (Sign.: Mu 2007) und in dem Exemplar der Herzog August Bibliothek Wolfenbüttel (Sign.: Nd 775). Ich zitiere im Folgenden nach dem zweiten, vollständigen Exemplar der Staatsbibliothek zu Berlin (Sign.: Mu 1991).

VERVS MOTVS SATVRNI.

der Hebreer	5524.
Mirandule	5073.
Euſebii	6769.
Auguſtini	6923.
Alphonſi	5554.

So Man wirt zelen von anbegin vnnd Erſter Erſchaffůnge der Welt / nach der Rechnunge iſt noch geine iner Aſtronomiſcher rechnung 5532. Warhafftig aber noch Probierter erfarunge 6003. Vnd auff das jar von der Geburt CHRISTI 1570. auff den Erſten Tag Januarij/ſo ſoll (noch Ptolomeiſcher/vnd ſeß ſchwebender Aſtronomiſcher Rechnung/der Planet Saturnus am Himel ſteu/in dem 22. Gradt/vnnd 5 Minuten der Wag.

Warhafftig aber/ſo ſei der Planet auff die zukonfftige Kalendas/das iſt der erſt Tag des Monats Januarij/in bemeltem jar CHRISTI vnſers erlöſers auf den Rechten Mitag/vnd ſo die Son den Puncten deß Mitago erreicht vñ antrit/in den 7. Hauß am Himel/in dem Tritten winckel zeichen/der wag in jren 22. Gradt 2. Minuten / vnd jrt ſeine Ptolomei zeiten namlich ſeint dem 140.jar von der Geburt CHRISTI 7. Tag 13. ſtund 36. Minuten.

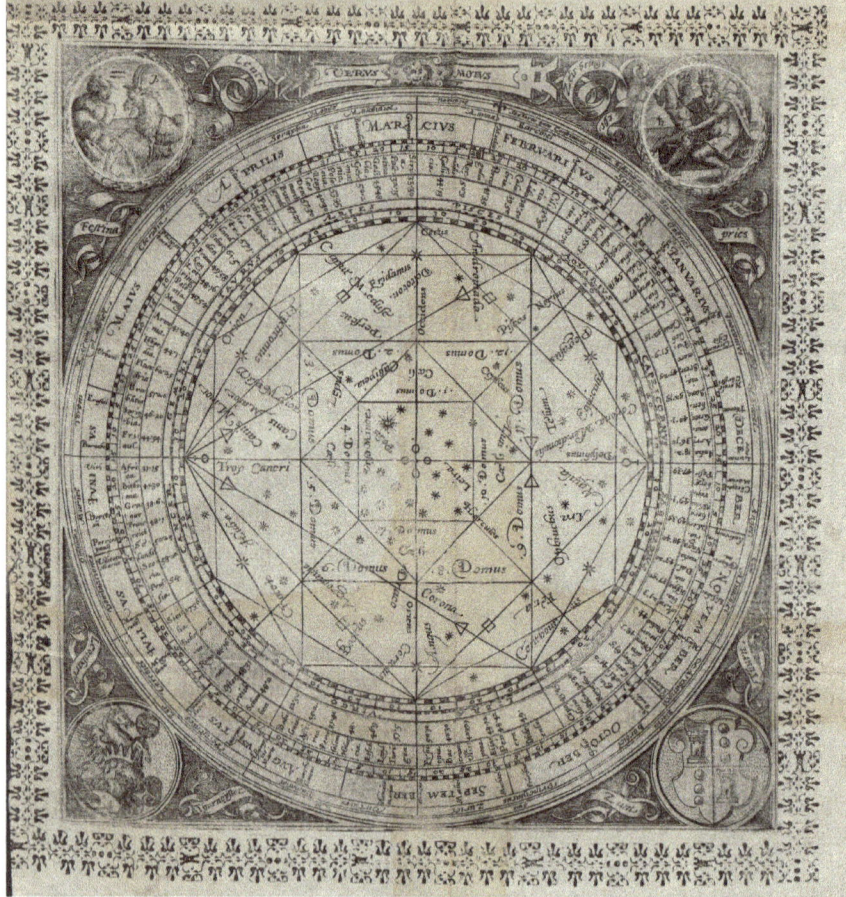

Abb. 5 und 6: Leonhard Thurneysser: *Archidoxa*. Münster 1569: »Motus«-Tafel und »Ast« zu Saturn, unpag., eingebunden vor f. F3ʳ. Abbildung aus dem Exemplar der Staatsbibliothek Berlin, Sign. Mu 1991.

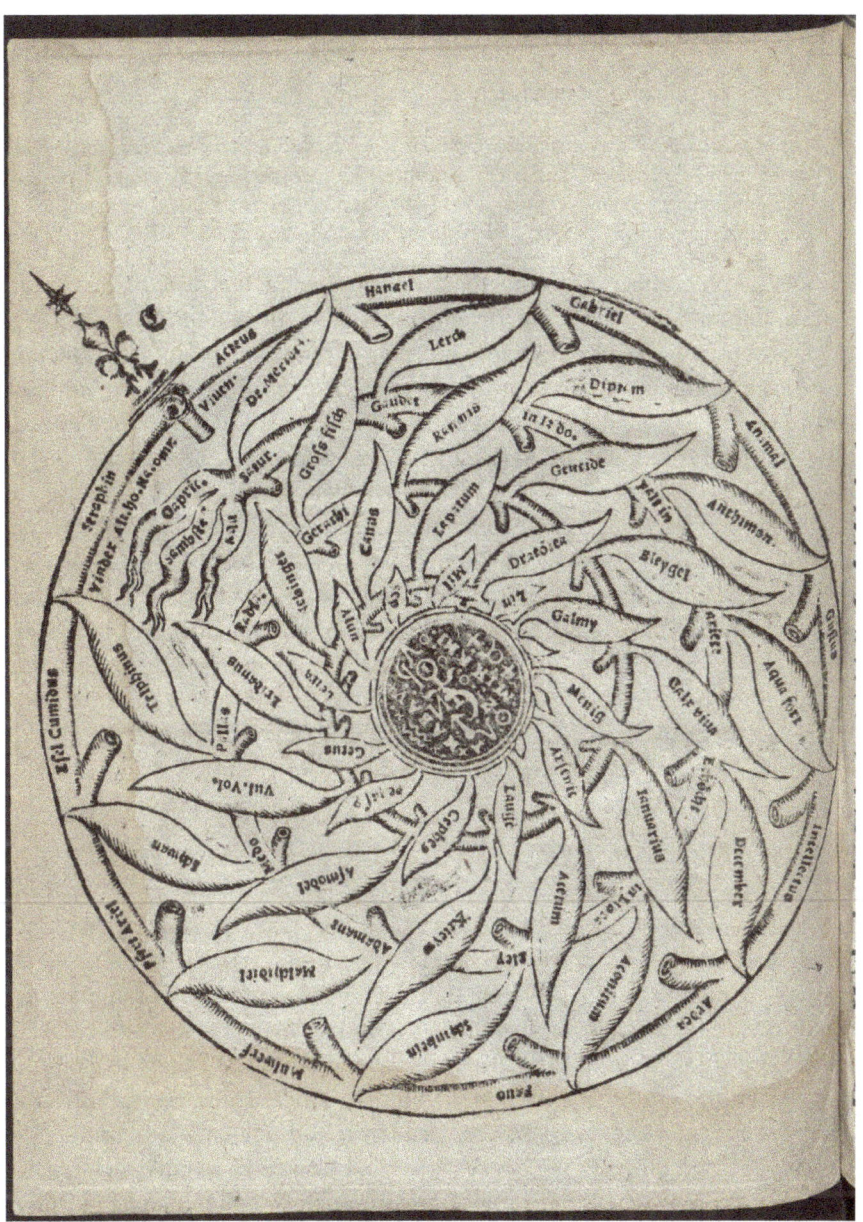

Abb. 5 und 6 (fortgesetzt)

hen. Diese ›Ast‹-Abbildungen waren wohl mit »A«, »B«, »C« usw. markiert, so dass der Buchbinder sie den jeweiligen Kapiteln und »Motus«-Tafeln zuordnen konnte. Die Anweisung an den Buchbinder lautet:

> Leyms auff papir/ das es vmge. | Schneydt zwischen blettern/ vnnd dem stam | Die feldung durch/ hinweg all sam. | Domit ein jeder sechen kan/ | Wo/ wie/ vnd in waß gradus stan. | Alle Planeten/ auff jeden tag/ | Leyms wol/ das sich nicht verrucken mag. | Wers vmt reybt/ der wirt sechen drinen/ | Figuren/ wunderlicher sinnen.   (unpag., »An den Buchbinder«)

Die »Ast«-Abbildungen waren demnach dazu bestimmt, ausgeschnitten zu werden, so dass der »Ast« als eine Vovelle (wie solche drehbaren Elemente in der Buchwissenschaft genannt werden) auf die »Motus«-Tafeln aufgelegt und gedreht werden konnte. Damit konnte man dann für jeden Tag sehen, in welchem Grad die Planeten standen. Deshalb findet sich links oben auf jeder »Ast«-Abbildung ein Pfeil: der Rand um den Ast herum sollte weggeschnitten werden, so dass man den Pfeil jeweils auf der darunterliegenden »Motus«-Abbildung auf den entsprechenden Tag einstellen konnte. Die »wunderlichen sinnen«, die man durch das »umtreiben« des Astes sehen konnte, waren dann die auf den Blättern des Astes verzeichneten Gemütszustände, Körperteile, Krankheiten, chemischen Substanzen, Affekte, Engel, Tiere, Pflanzen, Säfte usw. Es handelt sich mithin bei diesen Tafeln um die Elemente, aus denen sich jeder Käufer des Buchs sein medizinisches Horoskop selbst erstellen konnte, für jeden Tag aufs Neue. Zumindest buch- und mediengeschichtlich ist das eine äußerst innovative Idee.

3 Die *Archidoxa* von 1575

1575 erscheint die *Archidoxa* ein zweites Mal, diesmal von Thurneysser nicht nur verlegt, sondern auch gedruckt. 1575 ist Thurneysser nämlich bereits »Churfürstlich Brandenburgisch Bestalter Leibs Medicus«, wie auf dem Titelblatt vermerkt ist. Als solcher verfügt er jetzt im Grauen Kloster in Berlin über eine eigene Druckerei (darauf wird zurückzukommen sein). Das ist der Ausstattung des gesamten Bandes (nicht mehr in Quarto, sondern im repräsentativeren Folio-Format) anzumerken, von dem zweifarbig gedruckten Titelblatt über die Drucktypen und die Initialen bis zu den Abbildungen. Es handelt sich bei der Ausgabe von 1575 ohne Zweifel um einen äußerst aufwändig gestalteten Druck, ohne Vergleich zu der Ausgabe von 1569. Ebenfalls schon auf dem Titelblatt wird eine weitere Neuerung gegenüber der Ausgabe von 1569 vermerkt: »Zum andern mal vnd jetzt von newen gemert/ vnd sampt dem verstand der Caracter an tag geben«.

Was damit gemeint ist, zeigt schon der erste Blick auf den Text.

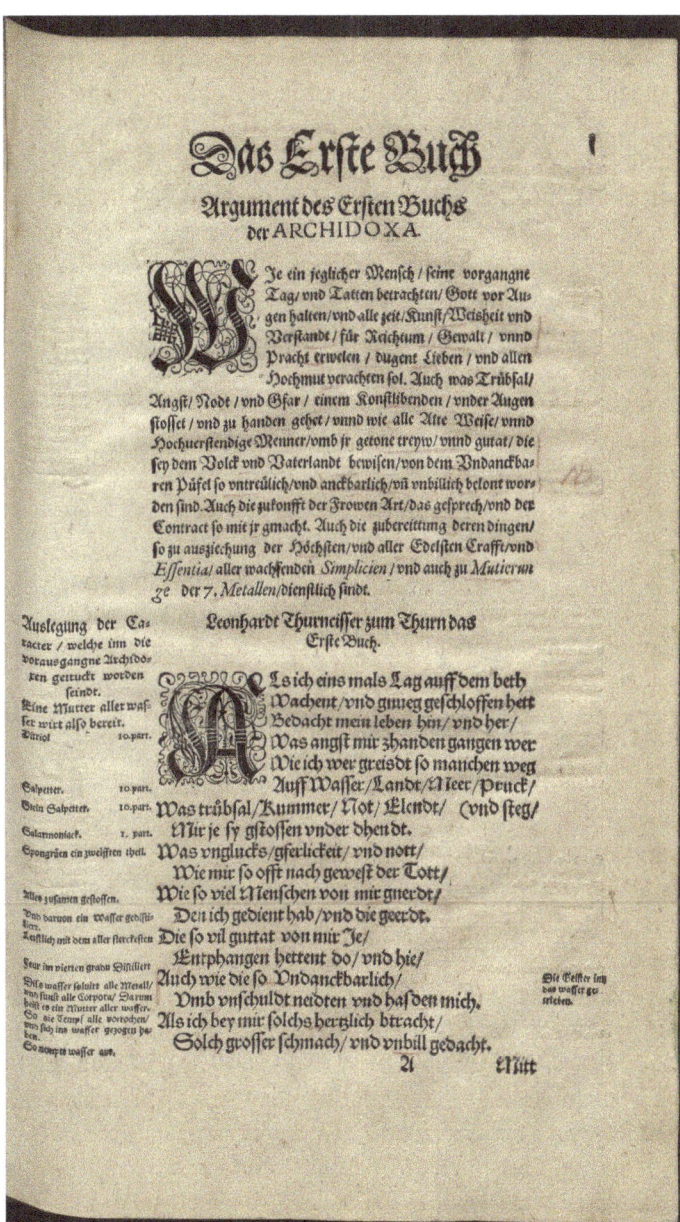

Abb. 7: Leonhard Thurneysser: *Archidoxa*. Berlin 1575, f. A^r (= S. 1^r). Abbildung aus dem Exemplar der Staatsbibliothek zu Berlin, Sign. 4° Mu 1999b.

Dieser ist zwar immer noch dreispaltig gedruckt, aber in der linken Spalte finden sich jetzt nicht mehr Quellenverweise und Belegstellen (oder, wie man vielleicht besser sagen müsste, Listen von Autoritäten), sondern ausgeschriebene, das heißt nicht in Symbolsprache formulierte, chemische Rezepte. Über der linken Textspalte steht gleich zu Beginn: »Auslegung der Caracter/ welche inn die vorausgangne Archidoxen getruckt worden seindt.« Darauf folgt sogleich das erste Rezept, ein »Wasser«, das jeweils zu 10 % aus Vitriol, Salpeter und Steinsalpeter, zu 1 % aus »Salarmoniack« und zu 12 % aus »Spongrüen« besteht. Diese Bestandteile werden »zusamen gestossen«, »darvon ein Wasser gedistilliert« und »letstlich mit dem aller sterckesten Feur im vierten gradu Distiliert«. »Diss wasser soluirt alle Metall/ vnd sunst alle Corpora/ Darum heist es ein Mutter aller wasser. So die Tempf alle vorrochen/ vnd sich ins wasser gezogen haben. So nempts wasser aus.« Das ist offensichtlich ein präzises und im Labor umsetzbares Rezept für ein Lösungsmittel, vermutlich Salpetersäure. In der rechten Textspalte finden sich noch weitere, laborpraktische Präzisierungen oder Beschreibungen dessen, was die hergestellten Produkte können.

In welchem Verhältnis die beiden Marginalspalten zu den »Reymen« in der Mitte stehen, ist auch in dieser zweiten Ausgabe noch nicht klar. Die entsprechende Leseanweisung in der Vorrede hat Thurneysser kaum geändert, sondern lediglich dort, wo es nötig war, ins Präteritum gesetzt. Was in der ersten Fassung noch »verborgenlich durch Caracter vnd Zeichen« ausgedrückt und deshalb erst »durch langs nach sinnen« verständlich geworden sei, könne man jetzt einfach lesen. Wo »ad marginem« die »zeichen« gestanden seien, stünden jetzt »die Heitern ausstruckten wort«, aus denen man die Anweisungen für die konkreten Rezepte »der grund Konst Alchemiae« entnehmen könne (f. 4^v). Eine Begründung, warum die Rezepte jetzt »austruckenlich« formuliert werden und das »lange Nachsinnen« wegfällt, sucht man vergebens. Weder wird klar, was der Mehrwert der »heimlichkeit« in der ersten Fassung war, noch, warum diese »heimlichkeit« jetzt aufgegeben wird. Was aber durch diese zweite Fassung unbezweifelbar wird: Die Rezepte sind labortechnisch umsetzbare Anweisungen.

Es gibt jedoch noch weitere Änderungen. Weggefallen (und damit offensichtlich also auch verzichtbar gewesen) ist die Tafel mit den *Sechs vnd zweintzig Houptstuck* der Alchemie, die von der Weisheit Gottes zum Stein der Weisen führte. Weggefallen ist natürlich auch die nicht mehr nötige Aufschlüsselung der chemischen Symbolsprache. Stattdessen findet sich gleich am Anfang des Buchs ein »Register aller Kunstück wo die hierin ad Margine zufinden«, aufgeschlüsselt nach den einzelnen Büchern. Die wichtigste Änderung aber betrifft die Planetentafeln und die ›Äste‹, die es in der ersten Fassung jedem Käufer ermöglicht hatten, sein eigenes Horoskop zu erstellen. Diese Tafeln fehlen in der zweiten Fassung – und das, obwohl sie auf dem Titelblatt (im Gegensatz zur

Ausgabe von 1569) eigens vermerkt sind: »sampt dem auszug/ vnd Verstandt des Astrolabij/ vnd aller Zircklen Caracter/ vnd Zeichen.« Da die Vorrede an den Buchbinder mit ihrer Arbeitsanweisung sich jedoch noch an derselben Stelle findet, scheint es, als seien die Tafeln ursprünglich geplant gewesen, dann aber – während des Drucks – weggefallen.

Diese Vermutung bestätigt sich, denn im selben Jahr erscheint – ebenfalls in Thurneyssers eigener Druckerei – die *ἐυποραδήλωσις*, die in ihrem Untertitel heißt:

> Das ist ein gnügsame vberflussige vnd ausfierliche erklerunge/ oder erleuterunge/ vnd verstandt der Archidoxen/ Leonhart Thurneissers zum Thurn/ [...] Darin mancherley Dieffsinniger explicationes/ vnd eröffnungen vieler streittiger sachen/ von Göttern/ Engeln/ Teuffeln/ Menschen/ Tieren/ Caracteren/ Siglen/ Zabereyen/ Gespensten/ Kreutteren/ Metallen/ Mineren/ vnd Gesteinen eröffnet. Sunderlich aber von den Himlen/ Gestirn/ Planeten/ Zeichen/ vnd Bilderen/ Item von den Elementen/ Commetten/ vnd deren Krefften/ Faculteten/ Wirckungen/ Betriben/ Arten/ vnd Aigenschafften/ sambt dem Astrolabio/ vnd dem gebrauch desselbigen/ durch welches Natiuiteten gestellt/ Gluck/ Unglück/ Kranckheitten/ Tod/ vnd Leben/ Krieg/ Tewrung/ vnd anders/ nach Astronomischer weis/ vnd Mathematischer Rechnung ordentlich/ vnd baldt kan Calculirt/ vnd beschrieben/ vnd ohne sunderliche müeh erkandt werden.

Thurneysser kommentiert damit sein eigenes Werk und druckt diesen Kommentar gleichzeitig mit diesem Werk selbst – eine durchaus singuläre Erscheinung in der Frühen Neuzeit (soweit ich sehe), die man mit einigem Recht als ›Überbietung‹ charakterisieren kann.[9] Den griechischen Titel der *ἐυποραδήλωσις* erklärt Thurneysser in der Vorrede, als »vberflüssige föllige erklerung/ oder erleüterung vnd verstandt/ meiner vor ausgangnen Archidoxen«, zusammengesetzt aus den griechischen Begriffen »ἔυπορος« und »δήλωσις«, was er als ›vollständige Erklärung‹ verstanden haben möchte (f. ᴎᴎ3ᵛ).

Auch hier ist man im ersten Moment geneigt, eine Satire auf den späthumanistischen Kult um die griechischen Sprachkenntnisse zu vermuten. Aber Thurneysser meint seine Sprachschöpfung ernst. Ähnlich sind nämlich die Namen der Personen entworfen, die als Gesprächsteilnehmer auftreten. ›Frau Art‹ aus dem ersten Teil der *Archidoxa* heißt jetzt »τεχνηραὰβ«, was Thurneysser auf die Begriffe ›τέχνη‹ (»welches wierdt ein Kunst geheissen«) und ›ραᾱβ‹ (was im Hebräischen das Fruchtbare und ›wohl Gedeihende‹ bedeute) zurückführt (f. B2ʳ). Warum der aus dem Hebräischen abgeleitete Begriff »ραᾱβ« griechisch transkribiert wird, ist nicht klar. Der zweite Gesprächsteilnehmer heißt »φιλολόρασις«,

---

9 Vgl. in diesem Sinne die Studie von Tobias Bulang: Überbietungsstrategien und Selbstautorisierung im »Onomasticon« Leonhard Thurneyssers zum Thurn. In: Jan-Dirk Müller u. a. (Hg.): Aemulatio. Kulturen des Wettstreits in Text und Bild (1450–1620). Berlin, Boston 2011, S. 699–729.

was – so Thurneysser – jemanden bezeichnen würde, der viele Sprachen beherrsche und im Geheimen bleibe (f. B2ʳ). Bei einigen weiteren Gesprächsteilnehmern, die keine tragende Rolle spielen, scheint Thurneysser persönlichen Bekannten ein Denkmal gesetzt zu haben, wie die in den Marginalien vermerkten Anfangsbuchstaben nahelegen (vgl. zum Beispiel f. B2ᵛ).

Laut einer Vorbemerkung »an den Guthertzigen Leser« hätte Thurneysser den Text eigentlich in Szenen und Akte einteilen wollen, »[n]ach Attischer weis/ wie die Poeten | Jr gdicht vor zeit beschrieben thetten«. (f. Aᵛ) Zumindest der erste Teil des folgenden »Colloquium« (der gleichzeitig als neuntes Buch der *Archidoxa* figuriert) hat tatsächlich dramatische Qualitäten, indem τεχνηραάβ es auf der Suche nach φιλολόρασις mit einigen Bediensteten zu tun bekommt. Die folgende *Erklerung vber die acht Bücher der Archidoxen* (die gleichzeitig als zehntes Buch dieser *Archidoxa* figuriert) ist dann im Kern aber ein Gespräch zwischen τεχνηραάβ und φιλολόρασις, wobei erstere zweiteren belehrt. Anders, als es der Titel erwarten lässt, wird jedoch keine Erklärung der *Archidoxa* geboten, sondern eine detaillierte, sich über ca. 280 Seiten und mehr als zehntausend Verse erstreckende Erklärung des *Astrolabiums*.

Dieses »Astrolabium« ist dem Buch selbst nicht mehr beigegeben, sondern wurde – gedruckt im sogenannten Supergroßfolio-Format –, separat ausgeliefert und deshalb auch heute in den Katalogen separat katalogisiert, obwohl es offensichtlich den eigentlichen Gegenstand der *ἐυποραδήλωσις* bildet. Wie gesagt: das gesamte zehnte Buch mit seinen über zehntausend Versen ist der Erklärung dieses »Astrolabiums« gewidmet.[10] Nachweisbar sind von diesem Buch nur noch sehr wenige Exemplare.[11]

Thurneysser hat die Grundidee, die schon den Tafeln in der Ausgabe von 1569 zugrunde lag, weiter ausgebaut. Die Tafel, die den »Motus« des jeweiligen Planeten anzeigt, dient als Grundlage für sechs Volvellen, die auf ihr zu befesti-

---

10 Da das Astrolabium separat gedruckt wurde, wird es in den Bibliothekskatalogen auch separat katalogisiert – und da es kein eigenes Titelblatt hat, unter dem Titel der ersten Tafel, nämlich *Dess Menschen Circkel vnd Lauff*. Auf die Zusammengehörigkeit der Bände hat bereits Giovanni Mazzini: L'»Astrolabium« di Leonard Thurneisser zum Thurn. In: Miscellanea Giovanni Mercati 6 (1946), S. 414–431 hingewiesen. Zur Geschichte der Volvelle, ebenfalls mit einer Rekonstruktion von Thurneyssers Astrolabium, vgl. Gianfranco Crupi: Volvelles of Knowledge. Origin and Development of an Instrument of Scientific Imagination (13th-17th centuries). In: JLIS.it 10,2 (2019), S. 1–27.

11 Susan Karr Schmidt: Sternenglaube und Alchemie. Thurneissers Papierastrolabien. In: Christian Heitzmann (Hg.): Die Sterne lügen nicht. Astrologie und Astronomie im Mittelalter und in der Frühen Neuzeit. Wolfenbüttel 2008, S. 106–110 spricht S. 107 von ca. zwölf Exemplaren. Karr Schmidt weist (ebd., S. 107) auch darauf hin, dass die Astrolabien nur bis 1583 benutzbar waren. Sie konnten schwarz-weiß oder handkoloriert erworben werden.

gen waren. Dazu gehören Darstellungen des Fixsternhimmels, der aus dem Exemplar von 1569 bekannte ›Ast‹ (interessanterweise hier anders beschriftet, was ja eigentlich Zweifel an dem vermittelten Wissen wecken könnte) sowie ein schlangenförmiger ›Lebenspfeil‹. Die Staatsbibliothek Berlin hat die Bauweise dieses Astrolabiums an einem ihrer Exemplare anschaulich vorgeführt und Susan Karr Schmidt anhand des Wolfenbütteler Exemplars beschrieben.[12] Die Funktionsweise dieses »Astrolabiums« wird im zehnten Buch der εὐποραδήλωσις ausführlich erklärt, wobei sich elf Kapitel jeweils den einzelnen »Zirckeln« widmen und ein abschließendes Kapitel dem »Usus Jebung/ vnd gebrauch des Astrolabiums mit klaren exempeln welcher massen dormit gepracticiert« gilt.

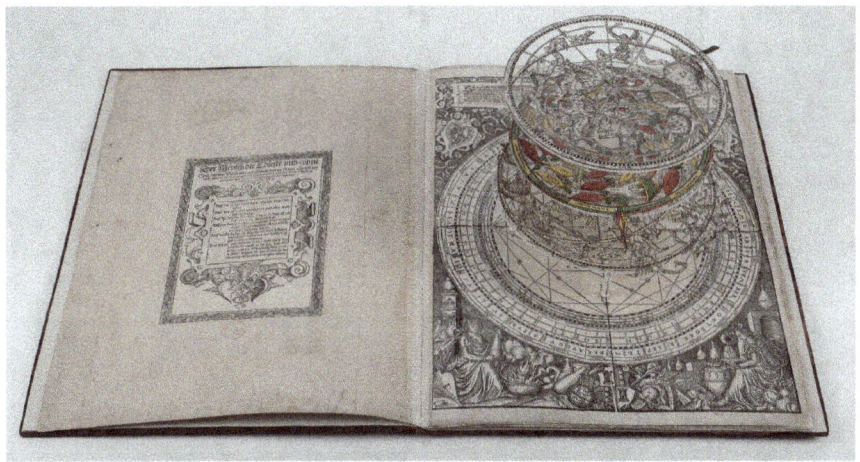

Abb. 8: Leonhard Thurneysser: *Astrolabium*. Berlin 1575. Konstruktionsweise, vorgeführt am Exemplar der Staatsbibliothek Berlin, Sign. Libri impr. rari fol. 641 (unter dem Titel *Dess Menschen Circkel vnd Lauff* katalogisiert).

Die gesamte *Archidoxa*, so scheint es, ist damit im Grunde nur ein Beiwerk zu dem »Astrolabium«, mit dem sich jeder Käufer sein eigenes Horoskop erstellen und die entsprechende pharmazeutische Medikation bestimmen konnte. Die Versform der *Archidoxa* ist ein Element, das zum repräsentativen Charakter des gesamten Werkes beitragen sollte, genauso wie auch die (gängigen und bekannten) Inhalte der *Archidoxa* – so paradox das klingen mag – nicht der eigentliche Zweck dieses Werkes sind. Der eigentliche Zweck der *Archidoxa* ist die Idee eines Buchs, das das arkane Wissen der Alchemie und das bis zu diesem

---

12 Vgl. ebd., S. 108 f.

Abb. 9: Leonhard Thurneysser: *Astrolabium*. Berlin 1575. Konstruktionsweise, vorgeführt am Exemplar der Staatsbibliothek Berlin, Sign. Libri impr. rari fol. 641 (unter dem Titel *Dess Menschen Circkel vnd Lauff* katalogisiert).

Zeitpunkt nur Spezialisten verfügbare Wissen der Astrologie allgemein auf dem Buchmarkt verfügbar macht. Es ginge Thurneysser um die Erschließung eines ökonomisch relevanten Marktsegments: Statt ein teures Horoskop bei einem Astrologen bestellen zu müssen, kann sich der Käufer der *Archidoxa* sein Horoskop selbst erstellen, seine astrologisch bedingten, physiologischen Schwächen herausfinden und sich dann auch (nach Konsultation der *Quinta essentia*) die entsprechende Diät oder Medikation verschreiben.

Die These lautet also, dass es sich bei der *Archidoxa* nicht um ein ›literarisches‹ Werk im Sinne des 18. Jahrhunderts handelt, sondern um ein höchst innovatives Druckerzeugnis, das die neuen technischen Möglichkeiten des Buchdrucks mit der Versform als Ausweis eines uralten, gelehrten und unvergänglichen Wissens und einer pseudo-arkanen, von der älteren Alchemie inspirierten Verrätselung verbindet. Diese These möchte ich im folgenden Abschnitt mit einem Blick auf Thurneyssers zweiten großen Verstext von alchemischer Seite bestätigen. In einem dritten Schritt möchte ich dann aus Thurneyssers Tätigkeit als Autor, Drucker und Verleger in Personalunion dieses damit schon skizzierte, medienhistorische Argument ableiten.

4 Thurneyssers *Quinta essentia* (1570 und 1574)

Neben der *Archidoxa* publiziert Thurneysser 1570 bei Ossenbrug in Münster noch eine zweite Dichtung, die *Quinta essentia*.[13] Auch hier ist er mit der Qualität des Drucks (und insbesondere wieder der Abbildungen) unzufrieden, denn 1574 lässt er auch diesen Text ein zweites Mal erscheinen, in neuem Layout und mit neuen Holzschnitten, in Folio statt in Quarto. Diese Ausgabe druckt er allerdings nicht selbst im Grauen Kloster, sondern lässt sie bei Steinmann in Leipzig drucken – vermutlich, weil die eigene Presse im Grauen Kloster ausgelastet war. Auch bei der *Quinta essentia* handelt es sich um ein aufwändig hergestelltes Buch, vom Papier über das Layout bis hin zu den Abbildungen, die jedes Kapitel einleiten.

Wie die *Archidoxa* den Anspruch erhebt, das astrologische Wissen, das durch seine Komplexität nur Spezialisten zugänglich war, öffentlich verfügbar und leicht zugänglich zu machen, so tritt die *Quinta essentia* mit dem Anspruch auf, das geheime Wissen der Alchemie zu enthüllen. Das erste Kapitel trägt den Titel »Die Ewige Heimligkeit redet«.

---

13 Vgl. die (leider allerdings nicht kritische, sprachlich modernisierte) Neuausgabe von Hofmeier: Leonhard Thurneysser. Quinta essentia 1574. Ein alchemisches Lehrbuch in Versen. Hg. von Thomas Hofmeier. Berlin, Basel 2007.

Abb. 10: Leonhard Thurneysser: *Quinta essentia*. Leipzig 1574, S. 26: *Die Ewige Heimligkeit redet*. Abbildung aus dem Exemplar der Staatsbibliothek Berlin, Sign. 4 Mu 2011a.

Der Holzschnitt zeigt die Heimlichkeit personifiziert als weibliche Figur mit einem Schloss vor dem Mund, auf einer Truhe sitzend, zu der sie den Schlüssel in der rechten Hand hält. »Azot« und »Thoh« steht auf der Truhe, wobei es sich bei »Azot« um jenes Allheilmittel des Paracelsus handelt, das langes Leben und Gesundheit verspricht. »Laudanus« steht auf dem Schrank links oben, womit auf das später »Laudanum« genannte Opiumderivat verwiesen ist, das ebenfalls als eine Erfindung von Paracelsus galt und in der Folge zu einem der bekanntesten Pharmaka der paracelsischen Apotheke wurde.[14] Unter den Füßen der »Heimligkeit« liegen *De natura rerum* von Paracelsus und die *Archidoxa*,[15] links daneben die *Quinta essentia*, unter ihrem linken Arm das *Herbarium*, also die Bücher von Thurneysser selbst. Außerdem finden sich abgebildet die Bibel, ein der »Mutatio« gewidmetes Werk, eine *Astronomia* und ein *Misterium Aeternitatis*. Oberhalb der »Heimligkeit« hängt an der Wand das Wappen Thurneyssers.

Was die »Heimligkeit« im ersten Kapitel in knapp dreihundert Versen verkündet, ist (analog zur *Archidoxa*) der Verlust der adamitischen Weisheit mit der Vertreibung aus dem Paradies sowie deren zumindest partielle Wiederentdeckung in den folgenden Jahrhunderten. Diese Weisheit war überwiegend astro-alchemischer und pharmazeutischer Natur und wurde vor allem von einem Mann wiederentdeckt: Paracelsus. Er wurde zwar früh von Gott abberufen, aber »[s]eine schrifften ligen hie vnd dar/ | Denen man teglich starck nachtracht« (S. 34), was ein deutlicher Verweis auf die zeitgleichen Bemühungen um eine Paracelsus-Ausgabe darstellt, wie sie dann ab 1589 von Johann Huser in Basel herausgebracht wurde.[16]

Im zweiten Kapitel spricht die Alchemie selbst. Nach einem mehrseitigen Autorenkatalog (auch er endet mit Paracelsus als Höhepunkt) erklärt sie die verrätselte, arkansprachliche Darstellungsform des alchemischen Wissens mit der Notwendigkeit der Geheimhaltung (S. 41). Diese ist aber offensichtlich jetzt

---

14 Zu den Legenden, die sich nach dem Tod des Paracelsus um dieses Wundermittel zu ranken begangen vgl. Kühlmann/Telle: Corpus Paracelsisticum (s. Anm. 4), Bd. II.2, S. 478–483 (dort übrigens erwähnt in einem Brief von Michael Toxites an Thurneysser), sowie Joachim Telle: Theophrastus von Hohenheim – Irrlehrer oder Leitgestalt einer Alternativmedizin des 21. Jahrhunderts? In: Nova Acta Paracelsica N.F. 24/25 (2010/11), S. 17–62, hier S. 48–51. Das Titelblatt der *Quinta essentia* dürfte ein relativ früher Beleg für den wachsenden Ruhm dieses Medikaments sein.
15 Dabei könnte es sich sowohl um Thurneyssers Buch wie um das gleichnamige, 1569 zuerst erschienene, Paracelsus zugeschriebene Werk handeln, vgl. oben s. Anm. 4.
16 Grundlegend zur Entstehung des frühneuzeitlichen Paracelsismus ist das Corpus Paracelsisticum (s. Anm. 4). Dokumente frühneuzeitlicher Naturphilosophie in Deutschland. Hg. u. erl. v. Wilhelm Kühlmann, Joachim Telle. Tübingen 2001ff. Vgl. insb. dort die Einleitung zum ersten Band zur Entstehung der Paracelsus-Ausgabe Husers.

nicht mehr gegeben, denn gleich in den folgenden Versen führt die Alchemie die Erfolglosigkeit der meisten Alchemiker auf technische Fehler zurück (falsche Mengenangaben, falsche Ausgangsmaterialien, unsaubere Durchführung der Prozesse usw.). Gefordert wird damit genau die Aufhebung der »Heimligkeit«, die die *Quinta essentia* selbst zu leisten verspricht. Die restlichen drei Kapitel des ersten Buchs sind einer schematischen Gegenüberstellung der alten und neuen Medikamente gewidmet. Auf der einen Seite stehen die ›alten‹, galenischen Medikamente (also die akademische ›Schulmedizin‹), auf der anderen Seite die ›neuen‹, chemisch präparierten Medikamente, jeweils gegliedert nach Anwendungsgebieten. Indem Thurneysser keine Angaben zur Herstellung dieser Medikamente macht,[17] geht es ihm wohl eher darum, einen Index zu erstellen, der aufzeigt, über welche Therapiemöglichkeiten die neue, paracelsische Medizin verfügt.

Das zweite Buch der *Quinta essentia* entwickelt eine Art anthropologische Grundlage für die Behandlung mit den neuen Medikamenten, indem es die vier Teile des Menschen erläutert: Geist, Seele, Körper und Gemüt.[18] Das dritte Buch führt in die (al)chemische Praxis, indem es lehrt, wie die vier Elemente – Wasser, Erde, Feuer, Luft – im Labor getrennt werden können. Das vierte Buch ist Quecksilber-Produkten gewidmet, das fünfte Buch metallischen Turbiten, das sechste Buch mineralischen Tinkturen, das siebte Buch den Schwefeln, das achte Buch den Salzen, das neunte den Ölen und Essenzen, das zehnte Buch den Qualitäten der Mineralien und Metallen (Quecksilber, Vitriol, Arsen, Salz usw.). Das elfte und zwölfte Buch gelten der Zubereitung des Steins der Weisen, wobei Thurneysser signifikanter Weise an diesem Punkt der *Quinta essentia* die verrätselte (Zahlen- und Buchstabenrätsel), arkansprachliche Darstellungsform der älteren Alchemie aufgreift, sowohl im Text, wie in den Abbildungen. Während die Abbildungen bis zu diesem Punkt sachlich-illustrativen Charakter hatten, sind die Abbildungen zu den letzten drei Kapiteln emblematisch-rätselhafte Darstellungen bestimmter Verfahren, wie z. B. der getötete Drache, dessen Blut in ein Grab läuft.

Die Überzeugung von der Existenz und Möglichkeit eines Steins der Weisen sollte allerdings nicht dazu verführen, Thurneysser wahlweise zu einem Betrüger, Scharlatan oder Spiritualisten zu erklären. Interessanterweise sind das elfte und zwölfte Buch der *Quinta essentia* nämlich nicht die einzigen Schriften, in der Thurneysser die Herstellung des Steins der Weisen beschreibt. An der

---

[17] Im Unterschied zur späteren *Magna Alchymia*, vgl. den Befund von Bosch und Morys, unten s. Anm. 25.
[18] Diese Vierteilung ist eine Abweichung von der paracelsischen Medizin, die nur die ersten drei Teile kennt.

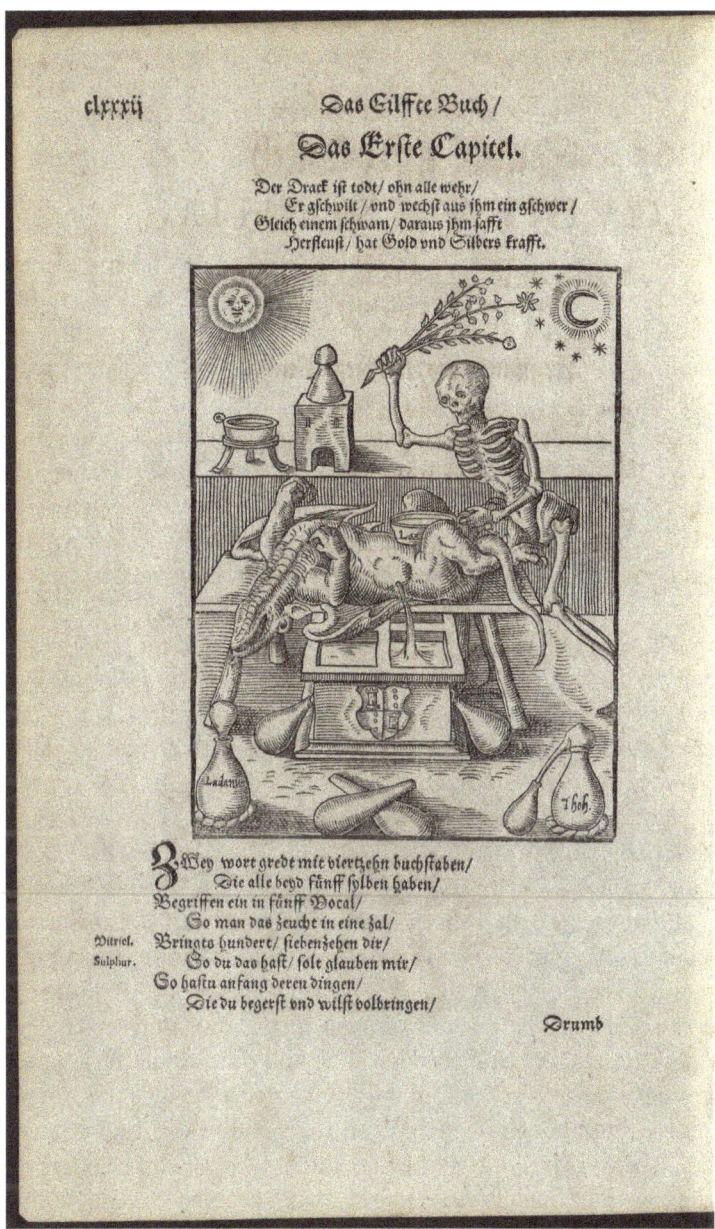

Abb. 11: Leonhard Thurneysser: *Quinta essentia*. Leipzig 1674, S. 128. Abbildung aus dem Exemplar der Staatsbibliothek Berlin, Sign. 4° Mu 2011a.

Staatsbibliothek Berlin ist ein Manuskript mit dem Titel *De transmutatione veneris in solem* erhalten, in dem Thurneysser einen sehr konkreten, labortechnisch umsetzbaren Prozess zur Herstellung des Steins der Weisen beschreibt.[19] Anders als in der *Quinta essentia* bedient Thurneysser sich hier auch nicht der Arkansprache, sondern beschreibt den Prozess aperte, inklusive illustrierender Abbildungen. Zumindest dieser letzte Punkt dürfte darauf zurückzuführen sein, dass die Handschrift unmittelbar an den brandenburgischen Kurfürsten gerichtet ist, den Thurneysser im Grunde aber eher vor dem Versuch warnt, den beschriebenen Prozess tatsächlich zu erproben. Thurneysser äußert sich nämlich gleich zu Beginn kritisch über die Möglichkeit, den Stein herzustellen – und zwar nicht, weil es unmöglich sei, sondern weil der Prozess sehr aufwändig, kostspielig und kompliziert sei (er zieht sich insgesamt über ein Jahr hin). Da das Ergebnis außerdem vor allem von dem Zustand der verwendeten Erze abhängig sei, warnt Thurneysser den Kurfürsten vor größeren finanziellen Einbußen. Er selbst könne dieses unternehmerische Risiko nicht tragen und fordert deshalb – wenn der Kurfürst auf der Durchführung des Versuchs bestünde – eine Verzinsung von jährlich 500 Thalern auf die von ihm für den Prozess aufzuwendende Summe, die er konkret mit 10 000 Thalern angibt.

Wenn man will, kann man auch hier wieder den Scharlatan und Betrüger Thurneysser am Werk sehen, der aus allem Geld macht – wie so viele (Al)Chemiker der Frühen Neuzeit, die wahlweise reich geworden oder ihr Leben verloren haben, indem sie den Fürsten versprachen, Gold machen zu können. Man könnte aber gerade aus den konkreten, sowohl finanziellen wie metallurgischen Angaben der Handschrift auch den Schluss ziehen, dass Thurneysser von der theoretischen Möglichkeit, den Stein der Weisen herzustellen, überzeugt war, genauso aber eben von der technischen Schwierigkeit. Auch etwa Andreas Libavius, der in seiner *Alchemia* eine durchaus technische (Al)Chemie beschreibt und über den Vorwurf der Betrügerei und Scharlatanerie erhaben ist, ist fest von der Möglichkeit eines solchen Steins überzeugt. In der Tat dürfte die grundlegende, chemische Erfahrung, dass es möglich war, aus Kupfer und Zinn die höherwertige Bronze herzustellen oder aus Sand und Pottasche Glas zu schmelzen, die Möglichkeit einer Transmutation als solcher gerade für die Praktiker außer Frage gestellt haben – jedenfalls für jeden, der, wie Thurneysser, jahrelang in den Bergwerken Tirols gearbeitet hatte, der am Schmelzoffen gestanden und die Verwandlung der Elemente hatte beobachten können. In die-

---

19 Ich stütze mich im Folgenden ausschließlich auf die Darstellung von Peter Morys: Leonhard Thurneissers *De transmutatione veneris in solem*. In: Christoph Meinel (Hg.): Die Alchemie in der europäischen Kultur- und Wissenschaftsgeschichte. Wiesbaden 1986, S. 85–98.

sem Sinne dürfte es auch zu verstehen sein, wenn Thurneysser gleichzeitig in der *Magna Alchymia* schreibt,[20] er hätte noch niemanden gesehen, der Gold herstellen könne. Denn auch das kann eben heißen, dass der Prozess so aufwändig und kompliziert ist, dass er in der Praxis nicht gelingt. Vor allem aber distanziert sich Thurneysser an dieser Stelle von allen, die die (Al)Chemie auf die Herstellung von Gold und Silber beschränken wollen. Auch in diesem Punkt schließt er eng an Paracelsus an, der das ›Goldmachen‹ scharf abgelehnt hat, ohne seine Möglichkeit zu bestreiten.[21]

Auf der anderen Seite muss man im Blick behalten, dass Thurneysser als junger Mann Basel hatte verlassen müssen, weil er einem Juden, bei dem er verschuldet war, mit Gold überzogenes Blei verpfändet hatte, wofür er sich noch 1584 in seinem *Notgedrungenen Ausschreiben* rechtfertigen zu müssen glaubt.[22] Und noch 1586 hat er in Rom einen Nagel in Gold verwandelt, was – außer dem Großherzog von Florenz, der den Nagel in seiner Kunstkammer ausstellte – schon in der Zeit niemand geglaubt hat.[23] Thurneysser ist ohne Frage eine höchst ambivalente, schwierig zu fassende Persönlichkeit.

Das letzte, dreizehnte Buch der *Quinta essentia* bietet schließlich eine Selbstreflexion Thurneyssers, »warumb diese Bücher gschrieben« (S. 199). Ein Grund dafür ist die – auf den ersten Blick für das Jahr 1570 vielleicht erstauliche – Behauptung, dass gerade jeder ein Paracelsist sein wolle, »ohn allen verstand« (S. 202). Paracelsus selbst sei »alles lobs würdig«, aber was derzeit unter seinem Namen verkauft werde, habe nicht viel mit ihm zu tun. Paracelsus habe das Handwerk der Destillation (also die grundlegende chemische Technik in der Zubereitung von Pharmaka) zu einem unerreichten Höhepunkt geführt. »Ohn einige andere substantz/ | Rein/ durchleucht/ klar/ vnd subtil gantz« habe er seine Essenzen extrahiert und »durch solche krafft« »wunder« geschaffen (S. 203). Seine Jünger dagegen würden seinem Namen Schande machen, weil sie nicht ordentlich »ausziehen« und »scheiden« könnten, also eben die chemischen Techniken nicht beherrschten.

---

20 Leonhard Thurneysser zum Thurn: Magna Alchymia. Cölln 1587, S. 2.
21 Vgl. Joachim Telle: Paracelsus als Alchemiker. In: Heinz Dopsch, Peter F. Kramml (Hg.): Paracelsus und Salzburg. Salzburg 1994, S. 157–192. Vgl. allerdings jetzt die Präzisierungen von Andrew Sparling: Paracelsus, a Transmutational Alchemist. In: Ambix 67,1 (2020), S. 62–87.
22 Leonhard Thurneysser: Ein Durch Noth gedrungens Außschreiben. Berlin 1584 (Erster Teil: Protestatio), S. VIII f., Marginalie.
23 Vgl. den für diese Art von Legenden grundlegenden Artikel von Didier Kahn: The Significance of Transmutation in Early Modern Alchemy. The Case of Thurneysser's Half-Gold Nail. In: Marco Beretta, Maria Conforti (Hg.): Fakes!? Hoaxes, Counterfeits and Deception in Early Modern Science. Sagamore Beach 2014, S. 35–68.

Ein weiterer Grund für die Abfassung der *Quinta essentia* sei der »jemmerliche« Zustand der Pharmazie. Damit meint Thurneysser sowohl die Apotheken, die »visitiert« – also überprüft – werden müssten, weil sie einem alles Mögliche verkauften, ohne dass man sich auf die Qualität und behauptete Herkunft der Stoffe verlassen könne (S. 204). Die Ärzte ihrerseits würden ihren Patienten die aus diesen Stoffen hergestellten Pharmaka dann einflößen, ohne sie vorher kontrolliert zu haben. Die pharmazeutischen Substanzen dürften nicht einfach nach Rezepten zusammengemischt werden, die man seit der Antike immer wieder abgeschrieben habe. Rezepte müssen empirisch überprüft werden, schon, weil es einen erheblichen Unterschied mache, aus welcher geographischen Region die jeweiligen Kräuter und Pflanzen stammten. Grundsätzlich sei die »alte Artzeney«, also die aus der Antike stammenden, aus pflanzlichen Stoffen hergestellten Pharmazeutika, weitaus weniger wirksam als die neuen, »aus Minerischen sachen« hergestellten Pharmazeutika (S. 209). Die Kräuterheilkunde der Antike sei zwar nicht zu verachten, leide aber darunter, dass sie nicht einfach auf eine andere Zeit, eine andere Region und andere Menschen übertragbar sei. Metalle dagegen seien »aller orten gleich« und hätten eine »grösser würckung« »denn alle andre ding auff Erdt« (S. 209).

Nach der Lektüre der *Quinta essentia* sollte jedem zeitgenössischen Leser klar gewesen sein, dass es sich bei Thurneysser um einen überzeugten Paracelsisten handelte. Anders aber als etwa bei Alexander von Suchten, Benedict Figulus[24] oder Heinrich Khunrath, deren Paracelsismus viel stärker ein metaphysisches, theoalchemisch-spiritualistisches Konstrukt darstellt, äußert sich der Paracelsismus Thurneyssers sehr konkret in der Berufung auf bestimmte pharmazeutische Substanzen und (al)chemische Herstellungsprozesse. Zumindest in diesem Punkt nimmt er Oswald Crolls *Basilica chymica* (1609) vorweg, bei der es sich im Kern um eine Rezeptsammlung handelt, also um einen weiteren Versuch, die praktische Relevanz des Paracelsismus, seine medizinisch-pharmazeutische Bedeutung für die ärztliche Praxis zu erweisen. Das Urteil über die Qualität der Rezepte Thurneyssers, zu dem der Pharmaziehistoriker Klaus Bosch gekommen ist, bestätigt diese Behauptung:

---

24 Von Benedict Figulus wurde Thurneysser seine ›Vermarktung‹ der paracelsistischen Alchemie zum Vorwurf gemacht. Im Vorwort zu seiner *Pandora magnalium naturalium aurea et benedicta*, Straßburg 1608, f. **6^v, bezichtigt Figulus Thurneysser einer »falschen Alchymey« und wirft ihm »Mercketenterey/ vnnd Kauffmanschafft« mit den paracelsischen Geheimnissen vor. Vgl. den Hinweis auf diese Stelle von Joachim Telle in Corpus Paracelsisticum (s. Anm. 4), S. 438.

Obwohl Thurneysser seine medizinischen Schriften teilweise schwer verständlich, durchzogen von Gleichnissen aus Astrologie und Alchemie, abfaßte, sind die darin enthaltenen Vorschriften erstaunlich gut: 21 der 26 untersuchten Rezepte sind deutlich, 5 Vorschriften sind z. T. deutlich. Wohl auf Grund seiner eigenen Erfahrung auf dem Gebiet der Chemie war er bemüht, seine Rezepte praktischen Erfordernissen anzupassen.[25]

In der Zahl der Rezepte, die erstmalig bei Thurneysser nachzuweisen sind, übertreffe Thurneysser alle seine Vorgänger, ausgenommen Paracelsus. Diesem Urteil hat sich auch Peter Morys angeschlossen. Er charakterisiert die pharmazeutischen Anweisungen Thurneyssers geradezu als vorbildlich für ihre Zeit:

> Die von ihm verwendeten Substanzen sind zwar weitgehend die auch in der Alchemie seiner Zeit gebräuchlichen Stoffe, die beschriebenen Verfahren sowie die Mengenangaben lassen jedoch den Stil klarer, gut verständlicher Laboranleitungen erkennen. Vorschriften, die in einer schwer verständlichen Sprache und verschlüsselt gehalten sind, werden durch Marginalien erklärt, so daß Thurneisser damit nicht den Zweck der alchemistischen Arkansprache beabsichtigt haben kann, er will vielmehr den Leser lediglich zum Nachdenken anregen.[26]

Die alchemische Bildwelt diene, wo sie zur Anwendung komme, ausschließlich zur Beschreibung chemischer Vorgänge. »Die deutliche Diktion der Rezepte, die durchaus mit neuzeitlichen chemischen Vorschriften verglichen werden können, zeigt, daß Thurneisser an deren praktischer Verwendbarkeit viel gelegen war.«[27]

Unabhängig von den konkreten Rezepten bietet Thurneysser 1570 mit der *Quinta essentia* aber auch den frühen Versuch einer Systematisierung der paracelsischen Lehren. Gerhard Dorns *Clavis totius Philosophiae Chymisticae*, der als erster Versuch einer solchen Systematisierung gilt, war erst 1567 im Druck erschienen, die deutsche Fassung erst 1602, so dass Thurneysser ihn nicht gekannt haben dürfte.[28] Die eigentliche Welle des Paracelsismus hebt erst nach

---

[25] Klaus Bosch: Zur Vorgeschichte chemiatrischer Pharmakopöepräparate im 16./17. Jahrhundert. Braunschweig 1980, S. 28.
[26] Peter Morys: Medizin und Pharmazie in der Kosmologie Leonhard Thurneyssers zum Thurn (1531–1596). Husum 1982, S. 47, der sich dort seinerseits auf die Studie von Bosch bezieht. Die folgende Zusammenfassung der (al)chemischen Grundlagen von Thurneyssers Denken ist der Darstellung von Morys verpflichtet. Rudolf Schmitz: Medizin und Pharmazie in der Kosmologie Leonhard Thurneyssers zum Thurn. In: Zwischen Wahn, Glaube und Wissenschaft. Magie, Astrologie, Alchemie und Wissenschaftsgeschichte. Hg. von Jean-Francois Bergier. Zürich 1988, S. 141–166 bietet eine präzise Zusammenfassung der Ergebnisse von Morys.
[27] Morys: Medizin und Pharmazie (s. Anm. 26), S. 53.
[28] Didier Kahn: Le debuts de Gerard Dorn d'apres le manuscrit autographe de sa »Clavis totius Philosophiae Chymisticae« (1565). In: Joachim Telle (Hg.): Analecta Paracelsica. Stuttgart 1994, S. 59–126, umfassend ders.: Alchimie et paracelsisme en France à la fin de la Renaissance (1567–1625). Genf 2007. Außerdem natürlich die Dokumentation im »Corpus Paracelsisticum«, Teil 1: Der Frühparacelsismus (s. Anm. 4).

1570 an. Thurneysser jedoch formuliert die ›chemische Philosophie‹ des Paracelsismus in der *Quinta essentia* schon sehr präzise, wenn *Sulphur*, *Mercurius* und *Sal* (die ›tria prima‹) mit den Prinzipien *Spiritus*, *Anima* und *Corpus* identifiziert werden. *Sulphur* und *Spiritus* vertreten dabei das Brennbar-Ölige, *Mercurius* und *Anima* das Flüssige und Verdampfende oder Rauchende; *Sal* und *Corpus* das Körperlich-Feste. Diese drei Prinzipien sind nicht nur in jedem chemischen Prozess vertreten, sondern bilden grundsätzlich die Prinzipien der Natur. Diese chemische Deutung der Schöpfung, des Makrokosmos wie des Mikrokosmos des menschlichen Körpers, bildet den Kerngedanken des Paracelsismus überhaupt. Die chemisch verfahrende Pharmazeutik des Paracelsismus erklärt sich aus diesem Kern, insofern jede Therapie mit diesen drei Elementen rechnen muss. Der *Spiritus* als das selbst formlose, aber formgebende Prinzip kann durch (al)chemische Prozesse (vor allem Destillation) aus allen Dingen extrahiert und dann in der Gestalt von Pharmaka auf den menschlichen Körper übertragen werden. Die ›Kräfte‹ eines Minerals oder einer Pflanze, ihr *Arkanum*, kann ›spirituell‹ gelöst werden und dann seine Wirkung im menschlichen Körper entfalten. Der *Anima* dagegen kommt bei Prozessen des Verflüssigens und Auflösens entscheidende Bedeutung zu, dem *Corpus* bei Prozessen der Verfestigung und ›Verkörperung‹. Analog dazu entstehen Krankheiten, indem sich die natürliche Feuchte im Körper erhöht, Dünste entstehen oder sich Stoffe ablagern, also verfestigen. Physiologische Prozesse werden damit chemisch gedacht. Was der Magen innerhalb des Körpers leistet, wenn er Substanzen in ihre Bestandteile zerlegt, leistet das Feuer bei der Zubereitung von Speisen oder der Apotheker, wenn er aus Substanzen ihre ›Subtilitäten‹ extrahiert. Erkrankungen, die durch das Prinzip des *Sal* verursacht sind, müssen deshalb durch Pharmaka kuriert werden, die dieses Prinzip wieder ins Gleichgewicht bringen, etwa indem Nierensteine (die als salische Ablagerungen gedacht wurden) wieder aufgelöst und verflüssigt werden.

5 Thurneysser als (al)chemisch-pharmazeutischer Unternehmer

Die damit implizierte, grundsätzliche Analogie von organischen und anorganischen Prozessen, von Mikro- und Makrokosmos spiegelt sich im Werk Thurneyssers insofern, als der *Quinta essentia* 1583 als zweite große (al)chemische Schrift die *Magna Alchymia* an die Seite tritt. Ihr Titel lautet:

ΜΕΓΑΛΗ ΧΥΜΙΑ, vel Magna Alchymia. Das ist ein Lehr vnd vnterweisung von den offenbaren vnd verborgenlichen Naturen/ Arten vnd Eigenschafften/ allerhandt wunderlicher Erdtgewechssen/ als Ertzen/ Metallen/ Mineren/ Erdsäfften/ Schwefeln/ Mercurien, Saltzen vnd Gesteinen.

Thurneysser geht in diesem (nun in Prosa verfassten) Werk noch erheblich systematischer vor. Das erste Buch ist dem Schwefel gewidmet, das zweite den Salzen, das dritte dem Salarmoniac (Salmiak), das vierte dem Alaun, das fünfte dem Salpeter, das sechste dem Quecksilber. Mit dem siebten Buch wendet sich Thurneysser den astrologischen Einflüssen auf diese Stoffe zu, mit dem achten den geographischen. Auch hier werden astrologische Einflüsse wieder selbstverständlich als natürliche Einflüsse behandelt. Das neunte Buch gilt den Schmelztechniken und Metallarbeiten. Die Herkunftsbeschreibungen, die Rezepte und Anweisungen sind höchst präzise und immer wieder mit empirischen Beobachtungen durchsetzt. Wir haben es mit einem Werk zu tun, das zwar im Titel noch »Alchemie« heißt, von seinen Inhalten her aber in die Geschichte der Metallurgie, der Ingenieurwissenschaft, der Materialkunde und der Geologie gehört. Die Tatsache, dass der gelernte Goldschmied Thurneysser in der ersten Hälfte seines Lebens ein Bergwerk in Tirol geleitet hatte – wo er unter anderem eine Schmelz- und Schwefelhütte angelegt hatte – und dann von Erzherzog Ferdinand II. von Österreich ausdrücklich auf Reisen geschickt worden war, um seine Kenntnisse in Bergbau und Metallverarbeitung zu verbessern, macht sich hier deutlich bemerkbar. Die *Magna Alchymia* kündet von den praktischen Erfahrungen, die Thurneysser auf diesen Reisen gesammelt hat.[29]

Einen ähnlichen Befund ergibt der Blick in das Werk, mit dem 1572 die Karriere Thurneyssers am Brandenburger Hof begann: *Pison, Das erst Theil. Von Kalten/ Warmen/ Minerischen vnd Metallischen Wassern/ sampt der vergleichung der Plantarum vnd Erdgewechsen*. Das Werk – ursprünglich auf vier, ganz Europa umspannende Bände angelegt, die allerdings nie erschienen sind – bietet auf 420 Seiten eine detaillierte Beschreibung der deutschen Gewässer und ihres jeweiligen Mineralgehalts sowie deren pharmazeutischer Wirkung, durch umfangreiche Register erschlossen. Es handelt sich um eine ungeheure Masse von geographischem, mineralogischem, limnologischem, botanischem und allgemein naturkundlichem Wissen, das Thurneysser zum Teil tatsächlich auf seinen eigenen, ausgedehnten Reisen gesammelt hat, zum Teil wohl sich hat berichten lassen, zum Teil aus Reiseberichten und älterer Literatur zusammengeschrieben hat.

---

29 Zu Thurneyssers Selbststilisierung als Reisender und seinen behaupteten Sprachkenntnissen vgl. allerdings die Vorbehalte von Tobias Bulang: Die Welterfahrung des Autodidakten. Fremde Länder und Sprachen in den Büchern Leonhard Thurneyssers zum Thurn. In: Daphnis 45 (2017), S. 510–537.

Das erste Buch formuliert eine Theorie, »woher die Wasser ihr Metallische vnd Minerische krafft empfahen«, im zweiten Buch stellt Thurneysser die Instrumente vor, die er zum »Probieren« des Wassers – für die chemische Analyse – entwickelt hat, das dritte Buch behandelt Möglichkeiten, künstliche Mineralwässer herzustellen (also Wasser mineralisch anzureichern), im vierten Buch gibt Thurneysser Anweisungen für die Einrichtung »künstlicher Bäder« und die pharmazeutische Wirkung der jeweiligen Mineralien, mit denen diese Bäder angereichert werden können. Mit dem fünften, der Donau und ihren Zuflüssen gewidmeten Buch wendet Thurneysser sich dann der Geographie und Limnologie zu. Das sechste Buch gilt dem Rhein und seinen Zuflüssen, das siebte der Elbe, das achte der Ems, das neunte der Weser und das zehnte der Oder.

Das Prinzip, das Thurneysser in diesem Werk für die Analyse des mineralischen Gehaltes von Wasser entwickelt, ist im Kern noch heute gültig: Thurneysser lässt eine Wasserprobe verdampfen, glüht die Rückstände und zieht aus der Färbung der Flamme Rückschlüsse auf die vorhandenen Substanzen. Detailliert werden die dafür notwendigen Instrumente beschrieben und abgebildet. Im zweiten Teil des Buchs, der den deutschen Gewässern gewidmet ist, werden die Ergebnisse dieser Mineralanalyse für jeden Fluss einzeln dargestellt.[30] Diese Ergebnisse setzt Thurneysser dann wiederum in Bezug zu den Pflanzen, die an diesen Flüssen wachsen, was natürlich Einfluss auf deren pharmazeutische Wirkung hat.[31] Auch das ist eine Beobachtung, deren Bedeutung heute niemand mehr in Frage stellen kann: Die mineralische Zusammensetzung von Gewässern und Böden ist dafür verantwortlich, welche Pflanzen dort jeweils wachsen und wie sie sich entwickeln.

Ihre praktische Anwendbarkeit hat auch eine Destilliermethode für Erdöl bewiesen, die Thurneysser entwickelt hat. Als Johann Theophil Hoeffel 1734 anlässlich der Erdölquelle im elsässischen Pechelsbronn die erste wissenschaftliche Abhandlung über den therapeutischen Nutzen von Erdöl verfasste, stellte er fest, dass sich die von Thurneysser beschriebene Methode zur Verbesserung

---

30 Gernot Rath: Die Anfänge der Mineralquellenanalyse. In: Medizinische Monatsschrift 3 (1949), S. 539–541 sieht in Thurneysser den Begründer einer quantitativen, chemischen Analyse, während Paracelsus über »spekulative Ausdeutungen« nicht hinausgekommen sei (ebd., S. 540). Während Rath zu einem äußerst positiven Urteil über das von Thurneysser entwickelte Verfahren kommt, bezeichnet er die konkreten Resultate einzelner Analysen als »nicht haltbar« und »reine Hypothesen« (ebd., S. 540). Gernot Rath: Die Mineralquellenanalyse im 17. Jahrhundert. In: Sudhoffs Archiv 41 (1957), S. 1–9 zeigt, dass Andreas Libavius das Verfahren Thurneyssers übernimmt. Allen G. Debus: The Chemical Philosophy. New York 1977, Bd. 1, S. 109–112 fasst die Ergebnisse Raths zusammen.
31 Leonhard Thurneysser: Pison. Frankfurt a.d.O. 1572, f. xx^r.

der Eigenschaften von Bitumen am besten eignete.[32] Auch das soll hier wieder nur belegen, dass es sich zu einfach macht, wer Thurneysser als Scharlatan abtut. Aber selbst wenn man von solchen Einzelbefunden absieht: Im Grunde zeigt schon der flüchtige Blick in *Pison*, dass es sich um den Erfahrungsbericht eines Forschungsreisenden und Praktikers handelt, eines analytischen Chemikers und Limnologen avant la lettre. Es ist in der Tat nur als Rufschädigung zu bezeichnen,[33] wenn ausgerechnet die Tatsache, dass Thurneysser in diesem Werk auch behauptet hat, dass die Spree Gold führe, immer wieder in den populären Darstellungen zitiert wird, um Thurneysser als Scharlatan darstellen zu können – während der ganze Rest dieses umfangreichen Werkes, das immerhin Thurneyssers Karriere begründet hat, praktisch keine Beachtung gefunden hat.

In der Vorrede zu diesem Werk wird außerdem schon deutlich, worin die Verbindung zu zwei anderen, ebenfalls äußerst erfolgreichen Werken Thurneyssers besteht, nämlich der fast zeitgleich gedruckten Προκατάληψις *Oder Praeoccupatio, Durch zwölff verscheidenlicher Tractaten gemachter Harm* [sic!] *Proben* (Frankfurt/Oder 1571) und der

> Βεβαίωσις ἀγωνίσμοῦ. Das ist Confirmatio Concertationis/ oder ein Bestettigung deß Jenigen so Streittig/ häderig/ oder Zenckisch ist/ wie dann auß unverstandt die Neuwe und vor unerhörte erfindung der aller Nützlichesten und Menschlichem geschlecht der Notturftigesten kunst deß Harnprobirens ein zeitlang gewest ist. (Berlin 1576)

Die »unerhörte Erfindung«, deren sich Thurneysser hier im Titel rühmt, ist eine neue Technik der Harnprobenanalyse. Ihre Verbindung zur Mineralwasseranalyse stellt Thurneysser in der Vorrede zu *Pison* selbst her. Wie es nämlich »augenscheinlich« sei, dass man an den »wasserflüßlein/ so aus dem aller tiefesten gebirg« entsprängen, erkennen könne, aus welchen Metallen und Gesteinen dieses Gebirge gebildet sei, so könne man am Harn des Menschen »die Wurtzel der gründ vnd vrsprüng/ aller im geblüt liegenden gepresten« erkennen. »Dann dis ist einmal gewis/ das die wasser der Metallen/ die Harn aber der Morborum arten in jnen subtiler weis/ vnd geistlich in sich füren/ von denen sie (wie hernach folgt) ihren vrsprung nemen.« Dass ausgerechnet ihm diese Entdeckung gelungen sei, führt Thurneysser auf seine mehrfache Qualifikation sowohl als Bergwerksingenieur wie als Anatom und Chemiker zurück, wobei seine anato-

---

[32] Jean Theophile Hoeffel: Historica Balsami Mineralis Alsatici sev Petrolei Vallis Sancti Lamperti. Der Hanauische Erdbalsam/ Lampertslocher Oel- oder Bächelbrunn. Straßburg 1734. Teilabdruck in Alfred Scheld: Erdöl im Elsass. Die Anfänge der Ölquellen von Pechelbronn. Ubstadt-Weiher 2012. Zu Thurneyssers Methode dort S. 60.
[33] So der Titel des Büchleins von Thomas Hofmeier: Rufschädigung. Leonhard Thurneysser. 1531–1596. Berlin, Basel 2012.

mische Erfahrung auf den Leichen beruhe, die er in seiner Zeit als Soldat auf den Schlachtfeldern »anathomieret vnd durchsehen« (Vorrede f. x5^v) habe.

Während die Προκατάληψις Oder Praeoccupatio Thurneyssers Technik der Harnprobenanalyse an zwölf Beispielen exemplarisch vorführt, liefert die Βεβαίωσις ἀγωνισμοῦ. Das ist Confirmatio Concertationis eine technisch-theoretische Erklärung dieser Methode, auch hier wieder mit einer detaillierten Beschreibung der zur Anwendung kommenden Instrumente, einschließlich der Darstellung eines von Thurneysser selbst entworfenen, ausschließlich der Harnprobenanalyse dienenden Ofens (drucktechnisch innovativ dargestellt durch aufklappbare Abbildungen, die das Innere des Ofens zeigen). Thurneyssers Technik der Harnprobenanalyse beruht dabei auf derselben Methode wie seine Analyse des mineralischen Gehaltes von Gewässern – was voraussetzt, dass der menschliche Körper analog zur anorganischen Natur gedacht wird: Wie die Gewässer durch ihren Mineralgehalt die Zusammensetzung des Erdinneren zu erkennen geben, so kann man am mineralischen Gehalt des Urins den Zustand des menschlichen Körpers erkennen. Zwar begründet Thurneysser seine neue Analysemethode spekulativ (mit der tria prima-Lehre des Paracelsus, der Analogie von Mikro- und Makrokosmos usw.), aber mit dem Grundgedanken, die Harnschau nicht nur auf Geruch- und Geschmacksproben zu beschränken (wie seit der Antike praktiziert), sondern den Harn einer chemischen Analyse zu unterziehen, betritt Thurneysser Neuland. Thurneysser unternimmt »als erster den Versuch, mit Hilfe eines chemischen Destillationsverfahrens die ›chemisch‹ gedachten Krankheitsursachen qualitativ und quantitativ zu bestimmen.«[34] Thurneysser ist damit auch »ein frühes Beispiel für die erfolgreiche Einführung eines technischen, apparativen Verfahrens in die medizinische Diagnostik.«[35]

Allerdings beschränkt sich Thurneyssers Methode nicht auf diesen analytischen Aspekt, sondern greift in einem zweiten Schritt wieder auf analogische Denkmodelle zurück. Aus den Stellen des Destillationsgefäßes, an denen sich die Rückstände ablagern, schließt Thurneysser zurück auf die Stellen des menschlichen Körpers, an denen die Krankheit zu lokalisieren ist. Das Harnglas wird in 24 Abschnitte untergliedert, die in Parallelität zum menschlichen Körper stehen, so dass am Harnglas der Ort der Krankheit abzulesen ist. – Eine merkwürdige Verknüpfung von Innovation und Tradition, die allerdings für den Paracelsismus durchaus typisch ist.

---

[34] Morys: Medizin und Pharmazie (s. Anm. 25), S. 77. Ähnlich auch die Einschätzung von Johanna Bleker: Chemiatrische Vorstellungen und Analogiedenken in der Harndiagnostik Leonhart Thurneyssers (1571 und 1576). In: Sudhoffs Archiv 60 (1976), S. 66–75.

[35] Michael Stolberg: Die Harnschau. Eine Kultur- und Alltagsgeschichte. Köln u. a. 2009, S. 92. Dort S. 89–92 auch grundsätzlich zur historischen Einordnung von Thurneyssers Methoden.

Thurneyssers neue Technik der Harnprobenanalyse ist aber nicht nur deshalb von Interesse, weil sie den praktisch-technischen Charakter von Thurneyssers Innovationen zeigt, sondern weil auch diese Harnprobenanalyse wiederum eine eminent ökonomische Dimension hat. Neben der Druckerei hat Thurneysser nämlich im Grauen Kloster auch ein chemisches Labor eingerichtet, in dem er Harnproben analysiert. Der Erfolg seiner neuen Analysemethode war so groß, dass ihm diese Harnproben teilweise über weite Entfernungen zugeschickt wurden. Die Kosten für eine Analyse richteten sich dabei nach den finanziellen Möglichkeiten des Auftraggebers, so dass dieselbe Analyse einen regierenden Fürsten erheblich mehr kosten konnte als einen einfachen Bürger: Thurneysser wollte also offensichtlich alle Marktsegmente bedienen. Wer Thurneysser seinen Urin zur Analyse schickte, bekam von diesem dann nicht nur eine ausführliche Analyse dieses Urins, sondern – so gewünscht – auch gleich die entsprechende Medikation aus Thurneyssers eigener Apotheke. Teilweise hatten die Boten, die Thurneysser den Urin brachten, auch gleich das Geld dabei, das die entsprechenden Medikamente kosten würden, die Thurneysser ihnen mit auf den Rückweg gab. Moehsen, der auch in diesem Punkt den Briefwechsel Thurneyssers ausgewertet hat, schreibt, der Urin sei ihm täglich

> nicht allein aus der Mark, sondern auch aus Hamburg, Bremen, Lübeck, Strasburg, Basel, Kassel, Augsburg, München, Wien, und aus dem ganzen römischen Reiche, vornemlich aber aus Böhmen, Mähren, Schlesien, Polen und Preussen mit eignen Boten in versiegelten Gefässen zugeschikt, mit 40, 50 und mehr Talern an Gelde, um die Arzneien zu bezahlen, die er verordnen würde.[36]

Fürsten schicken ihm ihre Diener zur Ausbildung, wofür Thurneysser wiederum Lehrgeld verlangte.[37]

Thurneysser bot damit im Grauen Kloster das komplette Programm an, von der chemischen Analyse über die Diagnose bis zu Herstellung und Vertrieb der Medikamente. Neben und parallel zur Harnanalyse erstellte Thurneysser selbstverständlich astro-medizinische Horoskope, insofern die astrologische Diagnose immer parallel zur (al)chemischen verlief – wie es Thurneysser in der *Archidoxa* und *Quinta essentia* vorgeführt hatte. Wer also diese Bücher nicht lesen wollte, konnte immer noch beim Meister selbst seine Diagnose und die entsprechenden Medikamente bestellen.

Nicht nur Harnanalysen und Pharmaka bot Thurneysser an, sondern auch das, was man heute »Schönheits-« oder »Pflegeprodukte« nennen würde, wozu

---

36 Moehsen: Leben Leonhard Thurneissers (s. Anm. 1), S. 128.
37 Ebd., S. 127.

Öle und Essenzen gehörten, künstliche Perlen und Edelsteine, aber auch Talismane.

> Dergleichen Dinge, als die Verfertigung der Perlen, die Nachahmung der Rubine, Smaragde, Saphire, Amethysten usw. in Glas, die Destillazion der Kräuterwasser, das Bernsteinöl; welches man für seine Erfindung hielt, die Tinktur aus Spiesglas, und viele andere jezt bekante Tinkturen, Oele, Essenzen und dergleichen, wurden zu der Zeit als Geheimnisse hochgeschätzt: und es waren nur sehr wenige fürstliche Personen, denen er so wichtige Sachen abschreiben ließ. Die Mitteilung einer solchen Kopie von Handschriften, wurde aus Erkäntlichkeit mit hundert und mehr Talern bezahlt.[38]

Dazu kamen die Einkünfte aus dem Verkauf der Bücher, in denen die Herstellung und Anwendung genau dieser astro-(al)chemischen Wirkstoffe erklärt wurde. Das gesamte Universum von Thurneysser war ein sich vernetztes System astro-(al)chemischen Wissens, das als Ganzes ökonomisch nutzbar gemacht worden war. Es war kein bloß gelehrtes Wissen, sondern ein praktisches und finanziell verwertbares Wissen, ein Geschäftsmodell.[39] Thurneysser war nicht nur (Al)Chemiker, Apotheker und Astrologe, nicht nur Limnologe, Mineraloge, Geologe und Ingenieur, nicht nur Schriftsteller, Verleger und Drucker, sondern in allen diesen Interessen auch Unternehmer, der eine sehr erfolgreiche Firma geführt hat. Thurneysser war ein Markenname, der – für einen kurzen Zeitraum – sehr viel wert war.

6 Thurneysser als Autor, Drucker, Verleger und Prophet

Moehsen und Kaiser haben Thurneyssers Tätigkeit als Autor, Drucker und Verleger aus seinem an der Staatsbibliothek Berlin gelagerten Nachlass heraus dargestellt, so dass ich die für meine These wichtigen Punkte nur zusammenfassen muss.[40] Schon bei der ersten, in Münster von Ossenbrug gedruckten Fassung

---

38 Ebd., S. 124.
39 Eine gewisse Parallele zu Thurneysser könnte in diesem Sinne Georg am Wald darstellen, der um 1590 ein »Panacea-Imperium« aufgebaut hatte. Vgl. Wolf-Dieter Müller-Jahncke: Georg am Wald (1544–1616). Arzt und Unternehmer. In: Joachim Telle (Hg.): Analecta Paracelsica. Studien zum Nachleben Theophrast von Hohenheims im deutschen Kulturgebiet der frühen Neuzeit. Stuttgart 1994, S. 213–304, dort S. 231.
40 Gabriele Spitzer: ... und die Spree führt Gold. Leonhard Thurneysser zum Thurn. Astrologe, Alchemist, Arzt und Drucker im Berlin des 16. Jahrhunderts. Ausstellungskatalog der Staatsbibliothek zu Berlin. 2. Aufl. Wiesbaden 2001. Zu Moehsen vgl. oben s. Anm. 1. Eine Bibliographie der Drucke von Thurneyssers Werken bieten Diethelm Eikermann und Gabriele Kaiser:

der *Archidoxa* verwendet Thurneysser enorme Energien auf die Drucklegung. Persönlich überwacht er diese in Münster, wobei sein größtes Interesse der Gestaltung und dem Druck der Abbildungen gilt. Weil die Druckerpresse Ossenbruges sich für die Kupferstiche als nicht geeignet erweist, müssen die Bögen erst nach Dortmund gebracht und dort gedruckt werden.[41] Trotz all der Mühe ist Thurneysser mit dem Ergebnis höchst unzufrieden. In einer der Vorreden zur εὐποραδήλωσις macht er seinem Unmut über die Bemühungen Ossenbruges Luft, wenn es dort heißt: »Wardts doch so schlechtlich gmacht dahin | Ob mir gleich vnkost drüber gieng/ | Darfür ich wenig gnueg empfieng/« (f. A4^v).

1570 macht Thurneysser in Frankfurt an der Oder – wo er sich aufhält, um die Drucklegung von *Pison* zu überwachen – die Bekanntschaft des Kurfürsten Johann Georg von Brandenburg. Nachdem er dessen Gattin erfolgreich einer medizinischen Kur unterzogen hatte, macht dieser ihn (der nie studiert hat, weder Medizin noch ein anderes Fach und nicht einmal Latein, die Sprache der Medizin, beherrscht) zum Leibarzt und stattet ihn mit einem exorbitanten Gehalt aus. In Berlin überlässt er ihm ein ehemaliges Franziskanerkloster, das Graue Kloster. Hier errichtet Thurneysser in den nächsten Jahren ein ökonomisch höchst erfolgreiches Unternehmen, das ihn zu einem reichen, sehr reichen Mann macht. Der Kern dieses Unternehmens sind die Druckerei und das chemische Labor.

Zu den ersten Büchern, die Thurneysser selbst druckt, gehört die *Archidoxa* in der bereits beschriebenen, drucktechnisch höchst aufwändigen Gestalt von 1575, zusammen mit der εὐποραδήλωσις und dem *Astrolabium*. Thurneysser ist jetzt unabhängig von Druckern und Verlegern, die gesamte Herstellung des Buches liegt in seinen Händen. Damit dürfte auch zu erklären sein, dass auf dem Titelblatt der *Archidoxa* von 1575 die Tafeln noch vermerkt sind, obwohl sie in dem Band selbst gar nicht mehr enthalten sind. Thurneysser ist die Idee, sie in einem eigenen Band im Supergroßfolio-Format zu drucken, erst während des Druckes gekommen: Er hat gesehen, was drucktechnisch möglich war. Thurneysser ist Herr des gesamten Produktionsprozesses seiner Bücher. Ökonomisch war das höchst erfolgreich, inhaltlich allerdings (bisweilen) fragwürdig. Die gesamte εὐποραδήλωσις, die im Grunde jede im engeren Sinne literarische Gestaltung vermissen lässt und sich über weite Strecken wie ein zweckloses Geplauder liest – allerdings über hunderte von Versen –, dürfte dadurch zu erklären sein, dass Thurneysser gleichsam direkt für die eigene Presse geschrieben

---

Die Druckwerke von Leonhard Thurneysser zum Thurn (Basel 1531 – Köln 1596). In: Gutenberg-Jahrbuch 87 (2012), S. 171–198.
41 Vgl. Spitzer: ... und die Spree führt Gold (s. Anm. 40), S. 18.

hat, ohne Plan für den gesamten Text, ohne Lektor und ohne Korrektor, einfach, weil er durch sein Vermögen und seine Ausstattung Herr des gesamten Herstellungsprozesses seines Buchs war.

Damit stünde die *Archidoxa* von 1575 am Anfang dessen, was am Ende von Thurneyssers steiler – und letztlich kurzer – Karriere zu einem Text wie dem *Nothgedrungen Außschreiben* (1584) führt, der als Druck auch nur dadurch zu erklären ist, dass hier jemand spricht, der gewohnt ist, alles, was er schreibt, sofort unter die eigene Druckerpresse legen zu können. Das *Nothgedrungen Außschreiben* ist ein teilweise höchst privates, im Abdruck der juristischen Texte nicht für die Öffentlichkeit bestimmtes Dokument, in dem Thurneysser mit seiner ersten und dritten Gattin, seinem trunksüchtigen und betrügerischen Bruder und der Baseler Obrigkeit abrechnet.[42] Das Buch scheint aber auch in anderer Hinsicht Ausdruck einer wie auch immer gearteten Krise zu sein, denn kurz darauf lässt Thurneysser sein gesamtes Imperium im Stich, setzt sich nach Rom ab und konvertiert zur katholischen Kirche.

Aber das *Nothgedrungen Außschreiben* ist in der Geschichte von Thurneyssers drucktechnischen Unternehmungen nur das letzte und merkwürdigste Produkt. Noch einmal sei hier auf das monumentale *Pison* verwiesen, mit dem Thurneyssers Karriere am Brandenburger Hof begann. Es war das Ungenügen oder zumindest die Unzufriedenheit mit den Druckern in Münster und Frankfurt an der Oder, die überhaupt dazu führte, dass Thurneysser im Grauen Kloster nicht nur ein chemisch-pharmazeutisches Labor, sondern auch eine Druckerei einrichtete. Zeitweise arbeiten für ihn dort an die 200 Angestellte: Drucker, Schreiber, Setzer, Formschneider, Schriftgießer und Korrektoren in der Druckerei, Pharmazeuten und Chemiker im Labor. Das Personal wirbt Thurneysser zum Teil bei anderen Verlagen wie Eichhorn ab. Aus den Abrechnungen mit den Papiermühlen geht hervor, dass Thurneysser sein Papier nicht nur aus dem nahe gelegenen Eberswalde kommen lässt, sondern aus Bautzen, Leipzig und Wittenberg, immer mit dem Anspruch auf höchste Qualität.[43] Auch die Drucktypen lässt er sich von weither kommen oder beschäftigt eigene Formenschneider.[44] Wo es sich um Sprachen mit eigenen Schriften handelt, wie im Falle des *Onomasticon*, lässt Thurneysser sich von Professoren beraten, etwa von dem Orientalisten Elias Hutter oder dem Hebraisten Valentin Schindler.

---

42 Modernisiert hg. von Will-Erich Peuckert: Der Alchymist und sein Weib. Gauner- und Ehescheidungsprozesse des Alchymisten Thurneysser. Stuttgart 1956.
43 Vgl. Spitzer: ... und die Spree führt Gold (s. Anm. 40), S. 66–68.
44 Vgl. ebd., S. 58–65.

Dieses *Onomasticon*, »Gedruckt im Grauen Kloster«, erscheint 1574.[45] Es handelt sich um den ersten Teil eines paracelsischen Wörterbuchs, dessen voller Titel lautet: ἑρμινεία. [sic!] *Das ist ein Onomasticum, interpretatio oder erklerunge [...] Vber die fremden vnd vnbekanten Wörter/ Caracter vnd Namen/ welche in den schrifften des Tewren Philosophi, vnd Medici Theoprasti Paracelsi von Hohenheim gefunden werden.* Während dieser erste Teil sich noch mit einigen wenigen Schrifttypen begnügt, ist der zweite Teil, der 1583 erscheint, ein drucktechnisches Wunderwerk, indem er nicht nur lateinische, sondern griechische, hebräische, arabische, aramäische, syrische, ja sogar glagolythische (die älteste slawische Schrift, im 9. Jahrhundert für die Mission entwickelt) Wörter in ihren jeweiligen Alphabeten druckt, was Thurneysser selbstverständlich schon auf dem Titelblatt vermerkt: »Jn welchem fast [›fast‹ wird in dieser Zeit noch verstärkend gebraucht, hier also im Sinne von ›überhaupt alle‹] jedes Wort/ mit seiner eigenen Schrifft/ nach der Völcker Etymologia oder eigenen art vnd weis zureden/ beschrieben worden ist«.

Was von diesem Anspruch zu halten ist, hat Tobias Bulang in der bisher einzigen Studie zu diesem Werk schon vorgeführt. Teilweise handelt es sich bei den Einträgen um Wissen aus zweiter Hand, schlecht kompiliert und fehlerhaft transkribiert, was schon manchen zeitgenössischen Lesern aufgefallen ist. Die humanistische Elite der Zeit war mit einem solchen Werk sicherlich nicht zu beeindrucken – zu offensichtlich war, dass der Autodidakt Thurneysser (der, wie gesagt, erst in seiner Berliner Zeit Latein gelernt hat) diese Sprachen nicht beherrschte. Das einfachere Volk dagegen warf ihm aufgrund seiner angeblichen Sprachkenntnisse Teufelsbündschaft vor, so dass sich Thurneysser in der Folge von zwei Seiten angegriffen sah.

Die Schrifttypen, die für den Druck des *Onomasticon* notwendig waren, führt Thurneysser noch einmal in einer eigenen Publikation vor. Ähnlich wie das *Astrolabium* zur *Archidoxa* gehört, auch wenn es als eigener Band gedruckt worden ist, erscheint die *Tafel etlicher Sylben* als separater Band im selben Jahr. Ihr voller Titel lautet:

> Tafel etlicher Sylben/ durch welche zwo vnd dreissig führnehmer/ gemeiner/ noch dieser zeit gebreuchlicher oder bekanter/ Vnd dann acht vnd sechstzig frembder [...] Sprache/ in-

---

45 Grundlegend zum *Onomasticon* sind die Arbeiten von Tobias Bulang, vgl. Bulang: Überbietungsstrategien (s. Anm. 9), ders.: Intrikate Expertise – Die magische Pharmakognostik des Leonhard Thurneysser zum Thurn. In: Hedwig Röckelein, Udo Friedrich (Hg.): Experten der Vormoderne zwischen Wissen und Erfahrung. Berlin 2012, S. 118–136, und ders.: Zur Diskursivierung pflanzenkundlichen Wissens bei Leonhard Thurneysser zum Thurn. In: Thorsten Burkard u. a. (Hg.): Wissensdiskursivierungen. Themen, Medien und Räume des Wissens vom 14. bis zum 18. Jahrhundert. Berlin 2013, S. 39–61.

halts der fünff Vocalium/ vnd anderer Regalischen vnd Ministerischen Accenten/ Puncten vnd Virgulen [...] nach art der fürgestalten Siebentzehen sonderlichen Schriefften/ geschrieben/ gelesen/ vnd außgesprochen werden mögen. Mit beysatz etlicher [...] fremden Alphabeten/ welche in dem andern Theil des Onomastici nicht begriffen.

Ähnlich wie das *Astrolabium* ist diese *Tafel* – schon allein von ihrem Format her: 82,8 x 56,2 cm – ein drucktechnisches Meisterwerk, »ein beachtliches Anschauungsobjekt für die Leistung seiner Druckerei«.[46] Aus den Briefen von Thurneyssers Drucker geht hervor, was für ein Aufwand es war, eine solche *Tafel* zu drucken.[47] Auch hier muss sich deshalb der Eindruck aufdrängen, dass es Thurneysser nicht nur darum ging, eine ungeheure und alles überbietende Gelehrsamkeit vorzuführen, sondern genauso auch die technischen Möglichkeiten seiner Druckerei.[48] Die *Tafel* war, genauso wie das *Astrolabium*, ein Muster und Modell, mit dem Thurneysser zeigte, wozu seine Druckerei im Stande war. Es war Teil seiner ›Marketing-Strategie‹, wie man das wohl heute nennen würde.

Aber die drucktechnischen Innovationen Thurneyssers beschränken sich nicht auf die *Archidoxa* und das *Onomasticon*. In seiner *Confirmatio concertationis* (1576) führt Thurneysser nicht nur seine neue Technik der Harnprobenanalyse vor, sondern illustriert die daraus resultierenden Heilmethoden am menschlichen Körper. Um diesen Körper darzustellen, entwickelt er wiederum eine neue Drucktechnik, die bis heute in Lehrbüchern zur Anwendung kommt, um das Körperinnere im Buch darzustellen: Thurneysser erfindet die aufklappbaren Elemente, die man anheben kann, um das Innere des menschlichen Körpers zu sehen.[49] Die Qualität der Abbildungen ist, was ihre künstlerische und anatomische Detailgenauigkeit betrifft, nicht im Entferntesten mit denen von Andreas Vesalius' vergleichbar, dessen *De humani corpore fabrica* in Basel 1543 bei Oporin gedruckt worden war. Dennoch dürfte dieses Werk das Vorbild Thurneyssers gewesen sein.[50] Seine Idee war auch hier, nicht nur eine neue medizinische Therapie zu propagieren, sondern sie auch selbst zu vermarkten. Zumindest

---

46 Vgl. Spitzer: ... und die Spree führt Gold (s. Anm. 40), S. 92.
47 Vgl. ebd.
48 Dies bereits die These von Bulang, der ich mich nur anschließen kann.
49 Darauf hingewiesen hat zuerst Moehsen: Leben Leonhard Thurneissers (s. Anm. 1), S. 69.
50 Wie die anatomischen Darstellungen Vesals auf Sektionen zurückgehen, so betont im Übrigen auch Thurneysser, dass seine Darstellungen auf Sektionen zurückgehen. Während der ausgedehnten Reisen in der ersten Hälfte seines Lebens habe er auf Schlachtfeldern solche Sektionen durchgeführt, später sei ihm die Leiche einer Hingerichteten zur medizinischen Untersuchung überlassen worden. Schon Moehsen: Leben Leonhard Thurneissers (s. Anm. 1), S. 69 hat zudem vermutet, dass Thurneysser den Vorlesungen, die Vesal 1542–46 in Basel gehalten hat, als junger Mann beigewohnt hat.

in diesem Punkt sind die Erwartungen Thurneyssers aufgegangen: Aus den Abrechnungen der Messen geht hervor, dass die *Confirmatio concertationis* ein Bestseller war.[51]

Ein Werk von allerhöchstem drucktechnischem Anspruch ist auch das Kräuterbuch, das 1578 gleichzeitig in deutscher und lateinischer Fassung erschien: *Historia sive descriptio plantarum omnium*, mit dem deutschen Titel die *Beschreibung Influentischer, Elementischer und Natürlicher Wirckungen, Aller fremden unnd Heimischen Erdgewechssen, auch jrer Subtiliteten, sampt warhafftiger und Künstlicher Conterfeitung derselbigen*. Nur der erste Band dieses auf zehn Bände angelegten Werkes ist erschienen. Auch diesem Werk hat Tobias Bulang bereits einen grundlegenden Aufsatz gewidmet, in dem er das »exorbitante Überbietungsunternehmen« dieses Kräuterbuches vorführt:

> Nicht weniger als 1600 Kräuterstücke hat Thurneysser von teils hochrenommierten Formschneidern anfertigen lassen [...], lediglich 37 davon finden sich in dem veröffentlichten Band, die anderen wurden erst 1673 im ›Herbarium‹ des Thomas Pancovius gedruckt. Der erste Band ist als Einleitung vorgesehen, welche die Prinzipien der Folgebände erläutert und 37 Doldenpflanzen (Umbelliferen) behandelt. Rechnet man den in der Vorrede des Bandes angekündigten Gesamtbestand von 1923 Pflanzen-Abbildungen entsprechend der pro Bild verwendeten Textmenge auf, ergeben sich für jeden der geplanten Folgebände 209 zu behandelnde Pflanzen, womit für jeden Band ca. 800 Seiten zu veranschlagen wären. Und dies stellt selbst im Vergleich zu den imposanten Kräuterbüchern des 16. Jahrhunderts ein exorbitantes Überbietungsunternehmen dar.[52]

Während das vermittelte Wissen wenig überraschend ist und die (von Thurneysser proklamierte) Umsetzung der paracelsischen Signaturenlehre eher bescheiden ausfällt, ist Thurneyssers Umgang mit dem Layout der Druckseite äußert innovativ. Die zweispaltig bedruckten Seiten unterbrechen den Fließtext mit kleinen Abbildungen und Illustrationen sowie mit modern anmutenden, gerahmten Einschüben. Bulang spricht von einer »außergewöhnlich innovative[n] und originelle[n] Handhabung der Druckseite, auf der sich eine Hybridisierung aller möglicher Traditionen findet«.[53]

Auch für das Kräuterbuch hat Spitzer aus dem handschriftlichen Nachlass rekonstruiert, was für einen drucktechnischen Aufwand die Herstellung bedeutet hat.[54] Thurneysser beschäftigte mehrere Formenschneider mit der Herstellung der Druckvorlagen, u. a. in Leipzig, Prag, Halle und Basel, neben seinen eigenen Angestellten in Berlin. Aber auch die Fortsetzung dieses Unternehmens

---

51 Vgl. Spitzer: ... und die Spree führt Gold (s. Anm. 40), S. 84.
52 Bulang: Diskursivierung pflanzenkundlichen Wissens (s. Anm. 45), S. 48f.
53 Ebd., S. 60f.
54 Vgl. Spitzer: ... und die Spree führt Gold (s. Anm. 40), S. 84–89.

scheiterte am Größenwahn Thurneyssers. Obwohl die Abbildungen für die weiteren Bände vorlagen, wurde nur der erste Band gedruckt. Wie aus dem Briefwechsel hervorgeht, wollte Thurneysser den Druck später in Basel fortsetzen und erkundigte sich bei Froben, dem angesehensten Basler Drucker dieser Zeit, nach dessen Bedingungen. Froben gab ihm jedoch einen Rat, der ihm zutiefst zuwider gewesen sein dürfte: Er solle eine kleinere Schrift wählen, auf die Marginalnoten verzichten und die Zahl der Illustrationen verkleinern, damit er nicht so viel Papier verbrauche, den Setzerlohn minimiere und preiswertere Bücher herstellen könne.[55]

Buchgeschichtlich höchst innovativ ist auch ein letztes, hier zu nennendes Produkt des Autors, Verlegers und Druckers Thurneysser, nämlich seine Kalender.[56] Kalender gehören zu den ältesten Erzeugnissen des Buchdrucks überhaupt und erfreuten sich größter Beliebtheit. Seinen ersten Kalender, dem brandenburgischen Kurfürsten gewidmet, druckt Thurneysser 1571 noch bei Eichhorn in Frankfurt an der Oder. Er unterscheidet sich in seiner drucktechnischen Erscheinung wenig von anderen zeitgenössischen Kalendern. In mehreren Spalten bietet er für jeden Tag des Jahres die astronomischen Angaben (Mondphase, Regenten), die Termine des Kirchenjahres, Wetterprognosen, die für diesen Tag vorgesehenen Bibelstellen (Psalmen, Altes und Neues Testament), sowie medizinische und astrologische Empfehlungen. Diese Empfehlungen betreffen bestimmte Tätigkeiten, die sich unter diesem Sternzeichen besonders empfehlen oder verbieten, wie z. B. Haare schneiden, Kinderentwöhnen, Baden sowie landwirtschaftliche Tätigkeiten wie Säen, Ernten oder Holzfällen. Diese Empfehlungen waren Grundlage der in der Frühen Neuzeit ubiquitären, sogenannten ›Tagewählerei‹, also der Empfehlung bestimmter Tage für bestimmte Tätigkeiten. In einer weiteren Spalte bietet Thurneysser zwei Verse zur »belüstigung des lesers«, die den Jahrestag eines geschichtlichen Ereignisses (insbesondere mit Bezug zur brandenburgischen Geschichte) an diesem Tag betreffen, analog zu den auch heute noch verbreiteten Kalendersprüchen.

Zu den Grundlagen der ›Tagewählerei‹ gehört, dass Thurneysser insbesondere die Tage notiert, an denen sich bestimmte medizinische Praktiken besonders

---

55 Vgl. ebd., S. 89.
56 Vgl. dazu die buchgeschichtlichen Studien von Fritz Juntke: Über Leonhard Thurneisser zum Thurn und seine deutschen Kalender 1572–1584. In: Archiv für Geschichte des Buchwesens 19 (1978), S. 1349–1400, und ders.: Über Leonhard Thurneisser zum Thurn und seine Schriften nach der Flucht aus Berlin (1584). In: Archiv für Geschichte des Buchwesens 21 (1980), S. 679–718.

empfehlen, wie z. B. Aderlass.[57] Präziser als andere Kalender der Zeit verschreibt Thurneysser darüber hinaus einzelne Medikamente präventiv für astrologische Konstellationen. So hat er ein eigenes Druckzeichen für »Artzney/ so Pillulen/ Croco/ vnd dergleichen truckner weis ingeben«, im Gegensatz zu anderen Zeichen, die für diesen Tag eine Arznei bedeuten, »so in Ladwergen oder succi gestalt zugericht« oder »in liquoris gestalt oder tränck« verabreicht werden müssen (f. B ij^r). Die Kalender verhalten sich damit analog zu der Selbstmedikation, wie sie die *Archidoxa* ermöglicht.

Dieser und die folgenden Kalender Thurneyssers waren extrem erfolgreiche Verlagsprodukte. Sie wurden teilweise in einer Auflage von bis zu 1200 Exemplaren gedruckt und waren auch dann noch schnell ausverkauft. In der Korrespondenz Thurneyssers finden sich Briefe anderer Drucker und Buchhändler aus Frankfurt am Main, Nürnberg, Wien, Prag und Ingolstadt, die um die Erlaubnis bitten, seine Kalender nachdrucken zu dürfen, selbstverständlich gegen angemessene Beteiligung.[58] Eine solche Nachfrage war in der Frühen Neuzeit nicht selbstverständlich. Im Gegenteil, die Klage über unerlaubte Nachdrucke ist allgegenwärtig, auch im Falle Thurneyssers, worauf dieselben Drucker und Verleger hinweisen, um ihrer Bitte Nachdruck zu verleihen.[59] Man bat um die Erlaubnis für Übersetzungen ins Lateinische, Ungarische und Böhmische.[60] Teilweise scheint die Nachfrage so groß gewesen zu sein, dass Thurneysser ihr mit seiner eigenen Druckerei im Grauen Kloster nicht mehr gerecht werden konnte und andere Druckereien beauftragen musste. Ein weiteres Indiz für den ökonomischen Erfolg der Kalender ist die Tatsache, dass unter Thurneyssers Namen Kalender publiziert wurden, die gar nicht von ihm sind. Das ist bekannt, weil Thurneysser 1591 deshalb eine *Admonitio Oder Warnung An alle Ehr und Warheit liebenden Menschen*, veröffentlicht »auß deren eygentlich zu erkennen, daß der falsche LugenKalender, so verschiener Herbstmeß Anno 1590 zu Franckfort und anderswo offentlich verkaufft worden [...] durch etliche Fälscher und Verleumbder, frefflich zugemessen worden«. (Rorschach 1591) Noch in den Jahren nach 1600, als Thurneysser bereits gestorben ist, erscheinen Kalender unter seinem Namen, was vielleicht das deutlichste Indiz für den Verkaufserfolg ist, den der Name Thurneysser auf einem Kalender bedeutet haben muss.

---

57 Zur pharmazeutischen Bedeutung der Kalender vgl. den Überblick bei Wolf-Dieter Müller-Jahncke: Medizin und Pharmazie in Almanachen und Kalendern der frühen Neuzeit. In: Joachim Telle (Hg.): Pharmazie und der gemeine Mann. Hausarznei und Apotheke in deutschen Schriften der frühen Neuzeit. Weinheim, New York 1988, S. 35–42.
58 Vgl. Moehsen: Leben Leonhard Thurneissers (s. Anm. 1), S. 120.
59 Vgl. Spitzer: ... und die Spree führt Gold (s. Anm. 40), S. 106 f.
60 Vgl. Moehsen: Leben Leonhard Thurneissers (s. Anm. 1), S. 120.

Besonders viel Aufsehen erregte dabei eine Neuerung, die sich wohl 1576 zum ersten Mal findet[61] und in der Folge sich als eine äußerst erfolgreiche Vermarktungsstrategie herausstellte. Bei einzelnen Tagen druckte Thurneysser rote Versalien, die besondere Ereignisse vorhersagen sollten, aber nur von ihm aufgelöst werden konnten. Allerdings löste er diese Versalien entweder nur rückblickend auf, um die Richtigkeit seiner Vorhersage zu demonstrieren, oder – wenn er sie im Vorhinein auflöste – nur brieflich gegen Zusendung von Geld und die Versicherung, dass der Empfänger seine Erklärung geheim halte. So heißt es in der Vorrede zum Kalender für das Jahr 1781, gerichtet gegen die »Neider«, er würde jedem, der ihm das Geld nach Berlin schicke, einen »Extracten oder Clavirum [sic! – gemeint sein dürfte ›clavem‹, also ›Schlüssel‹]« zustellen. Wenn er eine solche Erklärung der Versalien nicht drucke, so nur deshalb, weil sie erstens zu umfangreich und damit zu teuer wäre und zweitens er verhindern wolle, dass andere mit seiner Arbeit reich würden, indem sie diese Erklärungen nachdruckten (f. A4^v).

Offenkundig aufgrund einer stärker werdenden Kritik an seiner Person und seinen Büchern verfasst Thurneysser 1580 die

> Impletio oder verheissung. Darinn nicht allein gründlicher und außfürlicher verstandt aller Character/ verkürtzter wörter/ oder sonst verborgner reden/ sonder auch warhafftiger Bericht deren ursachen/ neben den Fundamenten seines Glaubens/ Distillirens/ Curirens/ Prognosticirens/ Frembder Sprachen Redens/ Bücherschreibens/ Kreuterkennens/ Wanderens/ Harnprobirens/ vnd anderer seiner betriben vnd hendlen/ gegeben wird.

Es handelt sich also um eine Art Universalrechtfertigung, die vorführt, womit Thurneysser bei seinen Zeitgenossen Verdacht erregte. Auch hier hat Thurneysser drucktechnisch wieder nicht gespart, indem er eigens einen Kupferstich für das Titelblatt anfertigen ließ, der ihn selbst als Kriegsmann und Gelehrten zeigt, der seine Gegner in den Staub tritt. Seine Sprachkenntnisse und Drucktypen werden vorgeführt, indem auf der ersten Seite (ohne erkennbaren inhaltlichen Bezug) der 118. Psalm in drei Alphabeten abgedruckt wird. Nachdem Thurneysser in der Folge erklärt hat, wie er so viele Sprachen beherrschen kann und wie er seine Kalender erstellt, kommt er auf die geheimnisvollen Versalien zu sprechen, die er jetzt – rückblickend – für den Kalender desselben Jahres erklärt.[62] Teilweise wer-

---

[61] Der Kalender aus dem Jahr 1576 ist derzeit digital noch nicht zugänglich, meine Kenntnis beschränkt sich auf die Kalender der Jahre 1577–1583. Zu den Kalendern Thurneyssers vgl. den Eintrag bei Klaus-Dieter Herbst: Biobibliographisches Handbuch der Kalendermacher von 1550 bis 1750, digital zugänglich unter https://www.presseforschung.uni-bremen.de/dokuwiki/doku.php?id=thurneysser_leonhardt.
[62] Auch hier greife ich ein Argument auf, das bereits Bulang: Die Welterfahrung des Autodidakten (s. Anm. 29), S. 528 ff. entwickelt hat. Ich übernehme auch seine Beispiele.

den sie mit entwaffnender Simplizität aufgelöst, etwa wenn »H.A.I.« am zweiten Januar als »Hic annus incipit. Diß Jar wirdt sich anfahen/ oder beginnen.« (f. G ij^r) erklärt wird. »M.T.R.« am 20. Januar dagegen bedeutet »Minatur tribus Regibus. Die drewet dreyen Königlichen Personen/ da der ein an dem Mari mediterraneo. Der ander etwas an den Tartern. Der dritt ein theil der Gallier regiert.« (f. G ij^v) »E.M.Q.I.« am 22. Januar bedeutet »Episcopus magnus quidam interibit. Ein grosser fürnemer Bischoff bleibt im lauff/ oder geht zu grund.« (f. G ij^v) Eine besondere Pointe ist bei den Versalien, dass sie laut *Impletio* für jeden Monat in einer anderen Sprache aufgelöst werden müssen: im Januar lateinisch, im Februar französisch, im März böhmisch, im April ungarisch, im Mai hebräisch, im Juni deutsch, im Juli griechisch, im August äthiopisch, im September polnisch, im Oktober syrisch, im November vandalisch und im Dezember arabisch. Die Auflösung der Versalien gibt Thurneysser also auch hier wieder die Möglichkeit, seine umfangreichen Sprachkenntnisse und Drucktypen vorzuführen.

Die Kalender Thurneyssers mögen bizarr anmuten, waren aber im 16. Jahrhundert nicht ganz ohne Vorbild. Die Kalender von Nostradamus mit ihren rätselhaften Versen waren von 1555–1567 erschienen und erfreuten sich einer unglaublichen Beliebtheit, die sich in zahlreichen Nachdrucken und Nachahmungen spiegelt. Schon 1555 waren zudem die *Prophetien* des Nostradamus erschienen, die – ganz ähnlich den Werken von Thurneysser – von humanistisch-antiquarischer Gelehrsamkeit inspiriert waren und mit ihrer gesuchten Dunkelheit und Unverständlichkeit die antiken Orakel nachahmten. Nostradamus und Thurneysser gemeinsam ist darüber hinaus das Desinteresse an den mathematischen Grundlagen der Astrologie. Die Horoskope von Nostradamus waren teilweise grob fehlerhaft, was in einem merkwürdigen Kontrast zur Präzision seiner Vorhersagen stand.[63]

Analog zu Nostradamus war Thurneysser mit seinen Vorhersagen äußerst erfolgreich. Moehsen, der den handschriftlich erhaltenen Briefwechsel Thurneyssers gelesen hat, berichtet, dass Thurneysser »auf hohes Verlangen« hin 1580 damit begonnen habe, die Versalien handschriftlich bereits im Voraus zu erklären:

> Wie es bekant wurde, daß er dergleichen geschriebene Auslegungen beisezte: so wurden sie sehnlich verlangt. Markgraf Joachim Friedrich zu Halle war der erste, welcher schon 1575 einen Kalender verlangt, ›in welchem er so viel möglich vermerken möcht, die Sachen und Hände, so jedes Tages in ermeldetem seinem Kalender gesetzet, als Mord, Brand, Aufruhr, Abgang hoher Personen, falsche Praktiken, und dergleich, welches Orts sich solches vornemlich zutragen würde, welches er ihm vertraulich zu erkennen geben möchte.‹ Der Markgraf war damit sehr heimlich; kaum aber hatte es die Markgräfin Katharina, seine Gemalin, erfahren: so ersuchte sie Thurneissern, ›ihr einen Almanach zu schikken,

---

[63] Vgl. die Nachweise bei Pierre Brind'Amour: Nostradamus astrophile. Les astres et l'astrologie dans la vie et l'œuvre de Nostradamus. Ottawa 1993.

fein deutlich und eigentlich beigeschrieben, wie man jegliches verstehen soll, und ihr nichts verhalten, so wie er ihn ihrem Gemal geschikt hätte.‹ Dem Administrator in Preussen, Markgrafen George Friderich hatte er dergleichen Auslegungen der Buchstaben, nur auf die Monate Januar und Februar 1583 beigeschrieben, zugeschikt; wofür er ihm dreißig Taler auszalen ließ, mit Bitte, für diesesmal damit vorlieb zu nehmen. Er ersuchte ihn auch, in den andern Monaten auf alle Tage die Begebenheiten zu spezifiziren: seine Erkäntlichkeit würde nicht fehlen. Auf der königlichen Bibliothek ist ein, mit Papier durchschossener und in Samt gebundener, Kalender von 1580, wo er dergleichen Prophezeiungen, wie es scheint, im voraus zum Dienst der Markgräfin Katharina erklärt hatte, und beischreiben lassen; und da er aus den Nativitäten der fürstlichen Personen Glük und Unglük wußte: so warnete er zuweilen darin, und schrieb ihnen und den fürstlichen jungen Herrschaften Diät, Lebensregeln und, an gewissen Tagen und Konstellazionen zu gebrauchende, Arzeneien vor.[64]

Diese Arzneien stellte Thurneysser in seinem Labor selbst her und lieferte sie den fürstlichen Kunden zusammen mit den Horoskopen. Die Kalender sind damit vielleicht der deutlichste Beleg für die Behauptung, dass wir es bei Thurneysser mit einem marktstrategisch sehr hellsichtigen Unternehmer zu tun haben. Denn auch die Kalender mit ihren Abkürzungen sind vor allem eines: eine äußerst innovative Art, das neue Medium des Buchdrucks ökonomisch geschickt einzusetzen. Letztlich, so lautet meine These, ist die *Archidoxa* mit ihren Planetentafeln Ausdruck genau derselben Idee, die auch hinter den Kalendern steht. Die *Archidoxa* soll mit dem Astrolabium dem Käufer die Möglichkeit verschaffen, sich selbst sein Horoskop zu erstellen und sich (durch gleichzeitige Konsultation der *Quinta essentia*) die entsprechende Medikation zu verschreiben. Der Kauf zweier Bücher Thurneyssers ersetzt die teure Expertise eines Astrologen und Pharmazeuten.

Insbesondere ein Werk, das (jedenfalls in seiner Beschreibung im Druck) erst nach dem Tod Thurneyssers erschien, bestätigt diese These vielleicht besonders nachdrücklich. Es handelt sich um die

> Reise und Kriegs-Apotecken, Darinnen nicht allein die Beschwerlichsten Kranckheiten an des Menschen Leibe, so ausser und innerhalb Krieges, die Menschen zubefallen pflegen, vermeldet, sondern auch die geheimen vnd fürtrefflichesten Medicamenta chimica, an Tincturen, Essentien, Oelen/ Magisterien, Elixiren, Arcanen, Extracten, vnd dergleichen/ nach jhren kräfften/ gebrauch vnd praeparationen beschrieben werden. Wie sie der Ehrnvheste vnd Hocherfahrne Herr Leonhard Thurneisser zum Thurn/ weiland Churf. Brandenb. bestalter Leibmedicus an Keiserlichen/ Königlichen/ Chur vnd Fürstlichen/ Auch andern fürnemen Personen/ viel Jahre mit grossem nutze vnd lob practiciret/ vnd gebraucht hat. (Leipzig 1602)

Das Buch enthält – einmal mehr – eine Rezeptsammlung Thurneyssers, einschließlich Dosierungsanleitungen (S. 47: »Für den Husten. Aurum potabile, Ol Succini,

---

64 Vgl. Moehsen: Leben Leonhard Thurneissers (s. Anm. 1), S. 121f.

argent potabile ana 2 tropffen in Wein«) und Preisliste (S. 71: »Oleum tartari correctum, mit dem Magisterio Radicis, für groß hauptwehe/ auff sechs mahl zugebrauchen/ kostet drey thaler«). Am Ende der Preisliste findet sich die »Nota«:

> Von diesem Taxt [gemeint ist die ›Taxatio‹, wie die Preisliste überschrieben ist] ist Herr Thurneusser so Reich worden/ weil domals diese Medicamenta gar newe vnd seltsam waren/ jtzunder werden sie viel in einem geringern kauff bekommen/ weil die kunst gemein worden ist. (S. 79)

Auch an dieser *Reise- und Kriegsapotheke* ist die eigentliche Pointe also, dass sie den Arzt und Apotheker auf einmal überflüssig macht.

7 Thurneysser als Gegenstand einer Wissensgeschichte

Abschließend möchte ich noch einmal auf die methodische Frage zurückkommen, die ich am Anfang dieses Beitrags formuliert habe. Aus der Perspektive des 19. Jahrhunderts und seines Begriffs einer experimentell verfahrenden ›Naturwissenschaft‹ war die Astrologie Thurneyssers Aberglauben, seine Kalender Betrug und Bauernfängerei, seine Alchemie Narrheit und sein Paracelsismus ein pharmaziehistorischer Irrtum. Vor dem Hintergrund eines Ideals von ›experimenteller Naturwissenschaft‹, in dem Wissen ausschließlich an eine experimentell gewonnene Erkenntnis geknüpft ist, als ›reines Wissen‹ angeblich frei von ökonomischen Interessen, sind die *Archidoxa* und die *Quinta essentia* kaum als ernst zu nehmendes Wissen zu erkennen. Thurneysser, der als Verleger seine eigenen Texte druckt und vermarktet, ist weit weg von der Idee eines Naturwissenschaftlers, der sein Wissen in unabhängigen Fachzeitschriften publiziert. Die Tatsache allein, dass beide Texte als Dichtungen verfasst sind, genügt manchem Historiographen der ›Naturwissenschaften‹ schon, sie als Ausdruck eines Naturwissens nicht mehr ernst zu nehmen. Von der fatalen Unterscheidung zwischen einer (mehr oder weniger) irgendwie ›mystischen‹, proto-wissenschaftlichen Alchemie der Vormoderne und einer ›wissenschaftlichen‹ Chemie der Moderne ganz zu schweigen.

Wer sich mit der *Archidoxa* und der *Quinta essentia* beschäftigt, braucht eine wissenschaftshistorische Perspektive, muss sich aber vom Begriff einer Wissenschaft, gedacht als experimentelle Naturwissenschaft, freimachen. Eine ähnliche Forderung wird man an die Literaturwissenschaft richten müssen. Aus der Perspektive einer Literaturwissenschaft, die ihren Gegenstand im Sinne des 18. Jahrhunderts als ›schöne Literatur‹ versteht, ist über die *Archidoxa* und die *Quinta essentia* nichts zu sagen. Schon mit der historisch unhaltbaren Kategorie der ›Lehrdichtung‹ (die, wie der Begriff der ›Literatur‹, dem 18. Jahrhundert entstammt) verbaut man sich den Zugriff auf diese Texte als den Versuch, das Wissen der Alchemie und Astrologie medial zu vermarkten.

Die konkrete Form der *Archidoxa* mit ihrem merkwürdigen dreispaltigen Druck und ihrer Chiffrenschrift genauso wie die *Quinta essentia*, die mit der »Heimlichkeit« hausieren geht, sind Ausdruck der Tatsache, dass Thurneysser seine Bücher verkaufen will. Das ist für diese Zeit nicht selbstverständlich und unterscheidet ihn massiv zum Beispiel von den Büchern, die ein Professor der Medizin dieser Zeit publiziert hat (dem es, wie heute, wahlweise um Akkumulation von Ansehenskapital oder um Argumente geht). Thurneysser partizipiert mit der *Archidoxa* am elitären Wissen der Astrologie und mit der *Quinta essentia* am geheimnisvollen, rätselhaften Charakter der Alchemie, indem er beides marktstrategisch nutzbar macht. Die gesamte, buchtechnisch konkrete Erscheinungsform beider Werke übernimmt den rätselhaften Charakter der Alchemie, ohne selbst noch eigentlich rätselhaft zu sein. Wie die *Archidoxa* mit ihren Quellennachweisen in den Marginalien eine humanistische Gelehrsamkeit vortäuscht, so will sie mit ihrer Versform am Charakter uralter Weisheitslehren partizipieren. Es hat deshalb keinen Sinn, die *Archidoxa* und *Quinta essentia* aus ihrem historischen Kontext herauszulösen und als ›Literatur‹ verstehen zu wollen.

Wie in der methodischen Vorbemerkung angekündigt, hat dieser Beitrag deshalb (hoffentlich) gezeigt, dass ein Verständnis der *Archidoxa* und der *Quinta essentia* die medienhistorische genauso wie die chemiehistorische, die lokalhistorische genauso wie die biographische Dimension in Betracht ziehen muss. Es braucht einen wissenschaftshistorisch, genauso wie ideen- und sozialgeschichtlich geschärften Blick, der die medienhistorischen Gegebenheiten (die wachsenden Möglichkeiten des Buchdrucks) genauso wie die ökonomischen Entwicklungen einbezieht, um die Texte Thurneyssers zu verstehen. Sichtbar wird aus dieser Perspektive Thurneysser als Unternehmer und Erfinder, als Autodidakt und ›self made man‹, als Drucker und Verleger. Wie soll man einen solchen Zugriff nennen? – Ich würde den Begriff der Wissensgeschichte vorschlagen,[65] durchaus im Bewusstsein, dass dieser Begriff methodisch leer bleibt. Gerade deshalb hat er allerdings den Vorteil, den Zumutungen und Verkürzungen einer sich dezidiert als solcher verstehenden Ideen- oder Sozialgeschichte, einer Literatur- oder Wissenschaftsgeschichte zu entgehen.

---

[65] Vgl. Volkhard Wels: Die Alchemie der Frühen Neuzeit als Gegenstand der Wissensgeschichte. In: Peter-André Alt u. a. (Hg.): *Magia daemoniaca, magia naturalis, zouber*. Schreibweisen von Magie und Alchemie in Mittelalter und Früher Neuzeit. Wiesbaden 2015, S. 233–265.

Klaus Ridder
Theatrale Repräsentation religiösen und sozialen Wandels

Schauspiele in Nürnberg, Bern und Wittenberg – vor und nach der Reformation

1 Problemstellung

Ein wichtiges Indiz für bedrohte Ordnungen sind hypothetische Beschreibungen des zu Erwartenden, wenn eine geltende Ordnung außer Kraft gesetzt oder eine als deviant gewertete Ordnung etabliert werden soll. Solche Entwürfe von Schadenserwartungen, im Tübinger SFB 923 ›Bedrohte Ordnungen‹ wird dafür der Begriff ›Bedrohungsszenarien‹ verwendet, sind ein wiederkehrendes Element der Kommunikation über Ordnungen im Zustand der Bedrohung. Der Aufsatz untersucht religiös akzentuierte Bedrohungsszenarien in vor- und nachreformatorischen Schauspielen; sie werden als Ausdrucksformen und Deutungen übergreifender sozial-ökonomischer und politisch-gesellschaftlicher Wandlungsprozesse verstanden.[1] Um solche Zusammenhänge aufzuschließen, reicht es nicht aus, von der Gewissheit auszugehen, das Religiöse habe in Mittelalter und Früher Neuzeit die gesamte Gesellschaft und nahezu alle kulturellen Ausdrucksformen durchdrungen. Weiterführend erscheint eine integrale Analyse des Religiösen in seinem sozio-kulturellen Kontext, um eine schärfere

---

[1] Die Argumentation greift die im Rahmen des Tübinger SFB 923 ›Bedrohte Ordnungen‹ aufgeworfenen Fragen nach der Qualifizierung von Bedrohten Ordnungen, nach ihrer Bewältigung und Reflexion sowie nach den Formen der Restituierung bzw. Neukonstituierung von Ordnung auf und diskutiert sie im Zusammenhang spätmittelalterlicher und frühneuzeitlicher Schauspieltexte. Zur Konzeption und zu den Analysekategorien des SFB vgl. Ewald Frie, Mischa Meier (Hg.): Aufruhr – Katastrophe – Konkurrenz – Zerfall. Bedrohte Ordnungen als Thema der Kulturwissenschaften. Tübingen 2014; Ewald Frie, Boris Nieswand: ›Bedrohte Ordnungen‹ als Thema der Kulturwissenschaften. Zwölf Thesen zur Begründung eines Forschungsbereichs. In: Journal of Modern European History 15,1 (2017), S. 5–15 und S. 31–35. Zur Bedrohungskommunikation vgl. Fabian Fechner, Tanja Granzow, Jacek Klimek, Roman Krawielicki, Beatrice von Lüpke, Rebekka Nöcker: We are gambling with our survival. Bedrohungskommunikation als Indikator für bedrohte Ordnungen. In: Ewald Frie, Mischa Meier (Hg.): Aufruhr – Katastrophe – Konkurrenz – Zerfall (s. o.), S. 137–142.

Klaus Ridder, Tübingen

Open Access. © 2022 Klaus Ridder, publiziert von De Gruyter. Dieses Werk ist lizenziert unter einer Creative Commons Namensnennung 4.0 International Lizenz.
https://doi.org/10.1515/9783110667004-012

Wahrnehmung der Interdependenzen und Verweiszusammenhänge zwischen Religion und Politik zu ermöglichen.

Exemplarisch werden drei Spiele hinzugezogen: das Nürnberger Fastnachtspiel *Der Herzog von Burgund* von Hans Folz (zwischen 1486 und 1494 entstanden), das Berner Fastnachtspiel *Vom Papst und seiner Priesterschaft* des Niklaus Manuel (1523 aufgeführt) sowie das in lateinischer Sprache 1538 in Wittenberg gedruckte *Pammachius*-Drama des Thomas Naogeorg. Durch diese Auswahl kommen zwei der wirkungsvollsten Bedrohungsszenarien – *Jüdische Verschwörung* und *Konfessionelle Verketzerung* – sowie die historische und mediale Situation vor und nach der Reformation in den Blick.

Inhaltlich geht es in den drei Stücken um Folgendes: Im Spiel des Hans Folz trifft der Herzog von Burgund während eines Besuchs der Stadt Nürnberg auf die Prophetin Sibilla, die ihm berichtet, einige Rabbiner behaupteten, ihr Messias sei gekommen und werde sie zur Weltherrschaft führen. Sibilla entlarvt den falschen Messias als Antichrist, als Betrüger. Daraufhin gesteht er alle geheimen Intrigen der Juden gegen die Christen. Dies führt zu deren Erniedrigung, Bestrafung und Ausweisung aus der Stadt.

Niklaus Manuels Fastnachtspiel beginnt mit der berühmten ›Totenfresser-Szene‹: Die Beerdigung eines reichen Bauern gibt Anlass, die Unsitte der Totenmessen und der Jahrzeiten (Seelenmessen), also die Ausbeutungspolitik der Gläubigen durch Klerus und Papst, offenzulegen. In nachfolgenden Szenen agiert der Papst als umjubelter Kriegsherr, der Feldzüge gegen christliche Länder vorbereitet. Sieben Bauern bringen schließlich ihren Protest gegen die papistischen Machenschaften zum Ausdruck und der Apostel Petrus legt dar, dass der Papst nicht sein Statthalter sei, sondern der Antichrist.

Auch Thomas Naogeorg arbeitet im *Pammachius*-Drama mit Antichrist-Motiven. Das Stück beginnt mit einer Szene im Himmel (Christus, Petrus und Paulus diagnostizieren die Weltlage) und spannt dann den Bogen von den Anfängen des Christentums als Staatsreligion (der Herrschaftszeit von Papst und Teufel) bis zu den Anfängen der Reformation (eine direkt auf Christus zurückgehende Maßnahme zur Rettung der Menschheit), nach der nur noch das Jüngste Gericht zu erwarten ist.[2]

---

[2] Hans Folz: »Der Herzog von Burgund« (F 88). Bearbeitet von Stefan Hannes Greil und Martin Przybilski. In: Nürnberger Fastnachtspiele des 15. Jahrhunderts von Hans Folz und aus seinem Umkreis. Edition und Kommentar. Hg. von Stefan Hannes Greil und Martin Przybilski, unter Mitarbeit von Theresia Biehl, Christoph Gerhardt und Mark Ritz. Mit einem Beitrag von Nikolaus Ruge. Berlin, Boston 2020, S. 171–201 (Text), S. 202–215 (Kommentar). Dazu zuletzt Beatrice von Lüpke: Nürnberger Fastnachtspiele und städtische Ordnung. Tübingen 2017, S. 103–110; Niklaus Manuel: Werke und Briefe. Vollständige Neuedition. Hg. von Paul Zinsli, Thomas

Die Schauspiele werden in kommunikations- und sozialgeschichtlicher Perspektive interpretiert.[3] Zu berücksichtigen ist, dass sowohl die Schauspieltradition als auch die Sozialhistorie Nürnbergs oder Berns gut untersucht sind. Was fehlt, ist der Brückenschlag zwischen religiös akzentuierter Bedrohungskommunikation und Sozialhistorie. Mit der Neucharakterisierung der Bedrohungskommunikation über das Konzept der ›Bedrohten Ordnungen‹ scheint ein Ansatzpunkt gegeben, die Wechselseitigkeit von Sozialhistorie, Kommunikations- und Theatergeschichte neu aufzuschließen.

Der Artikel sucht daher Antworten auf folgende Fragen: (1) in welcher Weise nimmt medial-kommunikativer Wandel, also die mittels der neuen Drucktechnik vergrößerte Reichweite und Verfügbarkeit von Schauspieltexten, Einfluss auf die in den Bedrohungsszenarien dargestellten sozial wirksamen Prozesse, (2) inwiefern verweisen theologisch begründete Szenarien von Bedrohung auf soziale, wirtschaftliche und politische Transformationen. Die Schlusspassage fragt (3) danach, welche Typen von bedrohter Ordnung, von Bewältigungshandeln und von restituierter Ordnung in den analysierten Schauspielen dargestellt sind.

Hengartner, unter Mitarbeit von Barbara Freiburghaus. Bern 1999, S. 125–253. Zum Fastnachtspiel: Peter Pfrunder: Pfaffen, Ketzer, Totenfresser. Fastnachtskultur der Reformationszeit – Die Berner Spiele von Niklaus Manuel. Zürich 1989, S. 189–240 (›Text und Kontext in Manuels Fastnachtspielen‹); Glenn Ehrstine: Theater, Culture, and Community in Reformation Bern, 1523–1555. Leiden, Köln 2002, S. 79–117; Heidy Greco-Kaufmann: Niklaus Manuel, der Fastnachtspieldichter. In: Susan Marti (Hg.): Söldner, Bilderstürmer, Totentänzer. Mit Niklaus Manuel durch die Zeit der Reformation. Zürich 2016, S. 71–77; Klaus Ridder: Ordres menacés et innovations littéraires: les jeux carnavalesques de Niklaus Manuel pendant la Réforme. In: Fanny Platelle, Nora Viet (Hg.): Innovation – Révolution. Discours sur la nouveauté littéraire et artistique dans les pays germaniques. Clermont-Ferrand 2018, S. 37–54; Thomas Naogeorg: Sämtliche Werke. Hg. von Hans-Gert Roloff. Bd. 1: Dramen I: Tragoedia nova Pammachius nebst der deutschen Übersetzung von Johann Tyrolff. Berlin, New York 1975 (Ausgaben deutscher Literatur des XV. bis XVIII. Jahrhunderts). Zum *Pammachius*: Hans-Gert Roloff: Heilsgeschichte, Weltgeschichte und aktuelle Polemik: Thomas Naogeorgs Tragoedia Nova Pammachius. In: Hans-Gert Roloff: Kleine Schriften zur Literatur des 16. Jahrhunderts. Festgabe zum 70. Geburtstag. Hg. und eingeleitet von Christiane Caemmerer, Walter Delabar, Jörg Jungmayr, Wolfgang Neuber. Amsterdam, New York 2003, S. 230–357.
3 Eine performanz- und theatergeschichtliche Analyse von Bedrohungsszenarien ist, auf der Grundlage der drei hier herangezogenen Schauspiele, anderenorts erschienen: Klaus Ridder: Latenz und Aktualität. Bedrohungskommunikation im mittelalterlichen Schauspiel. In: Zeitschrift für deutsches Altertum und deutsche Literatur 149 (2020), S. 479–497. Zur Bedrohungskommunikation im deutschen und französischen Schauspiel vgl. auch Carlotta Posth: Bedrohungskommunikation im Theater des 14. bis 16. Jahrhunderts. Eine semiotische Untersuchung religiöser Schauspiele des deutschen und französischen Sprachraums. Mit einer diplomatischen Transkription des MS fr. 15063 der Bibliothèque nationale de France. Phil. Diss. Tübingen 2019.

2 Bedrohungsinszenierung in medial-kommunikationsgeschichtlicher Perspektive

Die Konstitutions- und Wirkweise des Schauspiels lässt sich über den performativen Ansatz in besonderer Weise erschließen. Diese Perspektive stößt allerdings an Grenzen, wenn Zusammenhänge zwischen textuell-performativen Mustern in Darstellungsmedien (wie Schauspiel oder Predigt) und sozial-politischen Ordnungsmustern in den Blick kommen. Die Verschränkungen von medialer und sozialer Kommunikation hat vor allem Rudolf Schlögl methodisch als Form des Zugangs zur Transformation sozialer Strukturen und Institutionen konzeptualisiert.[4] Auch die theatralen Bedrohungsszenarien lassen sich als Repräsentationen von sozialen Ordnungsmustern und politischen Wandlungsprozessen lesen; daher wird im Weiteren gefragt, ob Veränderungen der medial-äußeren Kommunikation (Aufführung, Handschrift, Druck) Einfluss auf die theatral-interne Kommunikation in den Stücken und auf die dargestellten Formen des Umgangs mit religiös-sozialer Verschiedenheit nehmen.[5]

2.1 Kommunikation unter Anwesenden und über Distanzmedien

Die drei Schauspiele entstehen und werden aufgeführt in einer Gesellschaft, deren soziale, religiöse und kulturelle Ordnungsmuster stark durch den Interak-

---

[4] Schlögl vertritt einen »kommunikations- und medientheoretischen Ansatz [...], der es erlaubt, die vielfältigen und verzweigten Forschungen der Literaturwissenschaft und aller anderen historisch orientierten Textwissenschaften nicht nur als Ideengeschichte, sondern im genuinen Sinn als Beiträge zu einer Geschichte sozialer Ordnungsmuster zu lesen. Kulturwissenschaftliche Interdisziplinarität verlangt nach Methoden und Paradigmen, die den ›Strom des Geistes‹ mit der Reproduktion des Sozialen historisch vermitteln. Dann kann man darauf verzichten so zu tun, als seien Menschen stets damit beschäftigt, soziale Strukturen oder Institutionen zu reproduzieren, weil Normen, Werte oder Sanktionsdrohungen ihnen dies nahelegen.« Rudolf Schlögel: Kommunikation und Vergesellschaftung unter Anwesenden. Formen des Sozialen und ihre Transformation in der Frühen Neuzeit. In: Geschichte und Gesellschaft: Zeitschrift für historische Sozialwissenschaft 34 (2008), S. 155–224, hier S. 158; vgl. auch Rudolf Schlögl: Politik beobachten. Öffentlichkeit und Medien in der Frühen Neuzeit. In: Zeitschrift für historische Forschung 35 (2008), S. 581–616.
[5] »Insgesamt besteht natürlich die Gefahr, die strukturellen Grundlagen und materiell greifbaren, akuten Zuspitzungen einer Bedrohung in einem Untersuchungsdesign aus dem Blick zu verlieren, das Kommunikation zentral stellt. Doch hat jede Kommunikation einen Ermöglichungsraum, der kulturell und materiell beschrieben werden muss.« Ewald Frie, Mischa Meier: Bedrohte Ordnungen. Gesellschaften unter Stress im Vergleich. In: Ewald Frie, Mischa Meier (Hg.): Aufruhr – Katastrophe – Konkurrenz – Zerfall (s. Anm. 1), S. 1–28, hier S. 23.

tionstypus ›Kommunikation unter Anwesenden‹ geprägt sind. Bereits in der Manuskriptkultur ab der Mitte des 15. Jahrhunderts, in besonderer Weise dann nach der Durchsetzung der neuen Drucktechnik in der ersten Hälfte des 16. Jahrhunderts, verändern Geschriebenes und Gedrucktes diese Form der Kommunikation und die mit ihr verbundenen sozialen Strukturgefüge. Die Drucktechnik befördert einen Gebrauch der Schrift, der kontextunabhängige Formen der Produktion und Verbreitung von Wissen und Sinnmustern etabliert: »Mit Schrift und Druck wuchsen der Kommunikation neue Reichweiten in Zeit und Raum zu«.[6] Diese medialen und kommunikativen Transformationen nehmen Einfluss auf die Formen sozialer Ordnungsbildung. Sie gehen zudem einher mit Veränderungen literarischer oder theatraler Sinnbildungsprozesse.

Handschriftliche Schauspieltexte (aber etwa auch Predigten) sind im ausgehenden 15. und beginnenden 16. Jahrhundert dadurch gekennzeichnet, dass sie überwiegend in engem Zusammenhang mit Aufführungen entstehen und in einem begrenzten Kontext rezipiert werden. Sie sind in der Regel für die Träger (Redakteure, Regisseure, Schauspieler) solcher Aufführungen gedacht.[7] Lesedramen, die

---

[6] »Kommunikation über Printmedien entkoppelte Sender und Empfänger und ließ den Entstehungs- (wie auch den Empfangs-)Kontext einer Äußerung in Entfernung des Raumes und der Zeit verschwinden.« Schlögl: Politik beobachten (s. Anm. 4), S. 591.
[7] Zur Typologie der handschriftlichen Überlieferung des geistlichen Schauspiels im deutschen Sprachraum Ursula Schulze: Geistliche Spiele im Mittelalter und in der Frühen Neuzeit. Von der liturgischen Feier zum Schauspiel. Eine Einführung. Berlin 2012, S. 21–33; Cornelia Herberichs: Lektüren des Performativen. Zur Medialität geistlicher Spiele des Mittelalters. In: Ingrid Kasten, Erika Fischer-Lichte (Hg.), Transformationen des Religiösen. Performativität und Textualität im geistlichen Spiel. Berlin, New York 2007, S. 167–185; Rolf Bergmann: Aufführungstext und Lesetext. Zur Funktion der Überlieferung des mittelalterlichen geistlichen deutschen Dramas. In: Herman Braet, Johan Nowé, Gilbert Tournoy (Hg.): The Theatre in the Middle Ages. Leuven 1985, S. 314–351; Hansjürgen Linke: Versuch über deutsche Handschriften mittelalterlicher Spiele. In: Volker Honemann, Nigel F. Pamer (Hg.): Deutsche Handschriften 1100–1400. Oxforder Kolloquium 1985. Tübingen 1988, S. 527–589.
   Zu den Überlieferungstypen der französischen Tradition vgl. Cornelia Herberichs: Die »Zwieschlächtigkeit der Aufführung« und die »double diffusion« von Arnoul Grébans »Le Mystère de la Passion«. Anmerkungen zu Rainer Warnings Thesen zur Ambivalenz des Passionsspiels aus überlieferungsgeschichtlicher Perspektive. In: Jörn Bockmann, Regina Toepfer (Hg.): Ambivalenzen des Geistlichen Spiels. Revisionen von Texten und Methoden. Göttingen 2018, S. 195–219; Taku Kuroiwa, Xavier Leroux, Darwin Smith: De l'oral à l'oral: réflexions sur la transmission écrite des textes dramatiques au Moyen Âge. In: Médiévales 59 (2010), S. 17–40; Darwin Smith: Les manuscrits » de théâtre «. Introduction codicologique à des manuscrits qui n'existent pas. In: Gazette du livre médiéval 33 (1998), S. 1–10; Graham A. Runnalls: Towards a Typology of Medieval French Play Manuscripts. In: Graham A. Runnalls, Phillip E. Bennett (Hg.): The Editor and the Text. Essays in Honour of Anthony John Holden. Edinburgh

sich an ein weiteres Publikum wenden, bleiben Ausnahmefälle.[8] Gedruckte Spieltexte des 16. Jahrhunderts zielen demgegenüber auf einen größeren Adressatenkreis, ja sind tendenziell bereits für den deutschen Sprachraum verfasst. Sie liegen Aufführungen zugrunde, sind aber auch Lesetexte.[9] Übersetzungen in europäische Volkssprachen weiten den Wirkungsraum der Spiel-Drucke noch einmal deutlich aus. Für die Verantwortlichen von Schauspiel-Aufführungen, die sich auf gedruckte Texte stützten, ergibt sich damit die Notwendigkeit, die Stücke in einen sozialen und kulturellen Rahmen einzupassen, der mit dem Entstehungskontext des Werkes zunehmend häufiger nicht mehr deckungsgleich ist. Dazu bedurfte es der Aktualisierung der Spieltexte, neuer performativer Darstellungstechniken und -konventionen sowie der Interpretation durch erläuternde Paratexte. Für das 16. Jahrhundert geht man insgesamt von einer Zunahme der Widmungsvorreden, Prologe und Epiloge aus, d. h. man vermutet eine Intensivierung der rezeptionssteuernden Elemente, die nicht Teil der Dramenhandlung sind und sich direkt an den Leser oder den Zuschauer einer Aufführung wenden.[10]

In der Überlieferung der untersuchten Schauspiele lässt sich diese Tendenz zur Ausweitung der Adressatenkreise (bzw. der Reduzierung der auf den Entstehungskontext verweisenden Elemente) und zur Vergrößerung der Reichweite durch in kurzen Abständen aufeinanderfolgende Druckauflagen deutlich ausmachen. Beim *Herzog von Burgund*, der zwischen 1486 und 1494 entstanden ist, stellt sich dies zunächst jedoch noch anders dar. Man kann mit großer Wahrscheinlichkeit von einer repräsentativen Aufführung des Fastnachtspiels in Nürnberg mit Billigung des Rats ausgehen. Überliefert ist das Stück nur in einer handschriftlichen Sammlung von Nürnberger Fastnachtspielen (und anderen Texten), die der Augsburger Kaufmann Claus Spaun geschrieben und zusammengestellt hat.[11] Folz druckt einige seiner Fastnachtspiele (F 96 u. F 98 sind

---

1990, S. 96–113; Elisabeth Lalou, Darwin Smith: Pour une typologie des manuscrits de théâtre médiéval. In: Fifteenth-Century Studies 13 (1988), S. 569–579.
8 Dies gilt vermutlich nicht in gleicher Weise für Schauspiele in lateinischer Sprache.
9 Zu Dramen(-texten) unter den kommunikativen Bedingungen des Buchdrucks vgl. Julie Stone Peters: Theatre of the Book, 1480–1880: Print, Text, and Performance in Europe. Oxford 2000; Graham A. Runnalls: Les mystères français imprimés: une étude sur les rapports entre le théâtre religieux et l'imprimerie à la fin du Moyen Age français. Suivi d'un Répertoire complet des mystères français imprimés (ouvrages, édition, exemplaire), 1484–1630. Paris 1999.
10 Vgl. Werner Wolf: Prologe als Paratexte und/oder dramatische (Eingangs-)Rahmungen? ›Literarische Rahmung‹ als Alternative zum problematischen Paratext-Konzept. In: Frieder von Ammon, Herfried Vögel (Hg.): Die Pluralisierung des Paratexts in der Frühen Neuzeit. Theorie, Formen, Funktionen. Berlin 2008, S. 79–98.
11 Wolfenbüttel, Herzog-August-Bibliothek, Cod. Guelf. 18.12. Aug. 4°, fol. 109v–124r. Eine Autorsignatur fehlt dem *Herzog von Burgund*. Christoph Gerhardt sieht dies u. a. darin begründet,

erhalten) in der eigenen Druckerei, nicht jedoch den *Herzog von Burgund*. Man entscheidet sich also bewusst gegen eine druckschriftliche Verbreitung des Stücks, als die neue Technik in der Stadt zur Verfügung stand und dem Verfasser das neue Medium durchaus vertraut war.[12] Dieser Präferierung von Verbreitungsmedien, die sich auf eine lokale Situation ausrichten, entspricht die kommunikative Konstellation, die das Stück gestaltet. Obwohl dies nicht explizit wird, ist doch deutlich, dass das Handlungsgeschehen (der Herzog von Burgund besucht die Stadt zur Fastnacht) und die evozierte Bedrohungssituation (die Aufdeckung einer Verschwörung der Juden) in Nürnberg zu denken sind.

Das Fastnachtspiel Niklaus Manuels *Vom Papst und seiner Priesterschaft* wurde 1523 in Bern aufgeführt. Es gibt eine fragmentarische Handschrift des Stücks, die wohl in der Zeit »zwischen der Aufführung und dem ersten Druck«[13] entstanden ist. Das Spiel wird dann, vermutlich in der Druckerei von Christoph Froschauer in Zürich (in Bern existiert bis 1537 keine Offizin), in rascher Folge mehrfach gedruckt: im Mai 1524, im August 1524, ein weiterer Druck im Jahr 1524 sowie im Januar 1525.[14] Der Berner Chronist Valerius Anshelm schreibt, dass die Aufführungen der Spiele in Bern großes Interesse fanden und dass darüber hinaus kein anderes Buch in den Auseinandersetzungen um den evangelischen Glauben so häufig gedruckt und so weit verbreitet worden sei.[15] Die

---

dass die »Aufzeichnungen« Spauns, »im Gegensatz zu dem ursprünglichen ›Sitz im Leben‹ der Spiele selbst, privat, nicht für eine breitere Leseöffentlichkeit oder gar für eine Aufführung in der Öffentlichkeit vor einem ›Theater‹-Publikum gedacht waren«; eine Autorsignatur dürfte daher »für Spaun längst nicht eine solche Bedeutung gehabt haben, wie sie sie u. U. für die Verantwortlichkeit des Autors gegenüber dem auch die schriftlichen Aktivitäten nicht nur der Fastnacht kontrollierenden Nürnberger Rat hatte«; Christoph Gerhardt: Hans Folz, der Berner und der Wunderer. In: Martin Przybilski (Hg.): Studien zu ausgewählten Fastnachtspielen des Hans Folz. Struktur – Autorschaft – Quellen. Wiesbaden 2011, S. 37–97, hier S. 40.

12 Eine eigene Offizin betrieb Hans Folz von 1479 bis 1488; danach lässt er bei Peter Wagner und Hans Mair in Nürnberg drucken; zur Drucker- und Verlagstätigkeit des Autors vgl. Caroline Huey: Hans Folz and Print Culture in Late Medieval Germany. The creation of popular discourse. Farnham, Burlington 2012; John L. Flood: Hans Folz zwischen Handschriftenkultur und Buchdruckerkunst. In: Elizabeth Andersen, Manfred Eikelmann, Anne Simon (Hg.): Texttyp und Textproduktion in der deutschen Literatur des Mittelalters. Berlin, Boston 2005, S. 1–27; Ursula Rautenberg: Das Werk als Ware. Der Nürnberger Kleindrucker Hans Folz. In: IASL 24 (1999), S. 1–40.

13 Deutsche Spiele und Dramen des 15. und 16. Jahrhunderts. Hg. von Hellmut Thomke. Frankfurt a.M. 1996, S. 999.

14 Auflistung der Drucke in Manuel: Werke und Briefe (s. Anm. 2), S. 116–124.

15 »Es ist ouch in dem evangelischen handel kum ein büechle so dik getrukt und so wit gebracht worden, als diser spilen«. Die Berner-Chronik des Valerius Anshelm. Hg. vom Historischen Verein des Kantons Bern. Bern 1893, Bd. 4, S. 475.

Verschränkung von alten und neuen, von Medien unterschiedlicher Reichweite verschiebt sich hier deutlich in Richtung einer Präferenz des Distanzmediums Buchdruck.

Die interne Kommunikationssituation des Stücks ist geprägt durch das gespannte Gegenüber von Repräsentanten des neuen und des alten Glaubens: Neben den Funktionsträgern der alten Kirche, werden Bauern-Figuren aus dem eidgenössischen Raum einbezogen, am päpstlichen Hof ist die Begegnung zwischen Kreuzritter und Papst zu denken, im Himmel der Dialog zwischen den Aposteln Petrus und Paulus. Der Raum, in dem das Stück wirken will, nämlich die Stadt Bern, bleibt weitgehend ausgespart. In dem Maße wie der explizite Bezug auf einen städtischen Raum zurückgenommen wird, eröffnet sich die Möglichkeit zu weiteren Aufführungen in Städten und Territorien der Eidgenossenschaft, in denen das protestantische Anliegen bereits einen gewissen Rückhalt hatte.

Am *Pammachius* des Thomas Naogeorg wird deutlich, wie das Schauspiel unter den kommunikativen Bedingungen der sich rasch entwickelnden Drucktechnik und der europäischen Übersetzungskultur dazu beiträgt, »daß aus den verschiedenen städtischen Einzelgeschehen ›die‹ Reformation als überlokaler Ereignis- und Erfahrungszusammenhang werden konnte«. Dabei ist jedoch der »Anteil der [...] performativen Ereignisse der Anwesenheitskommunikation«[16] – etwa durch Schauspielaufführungen, die Fragen des Heils, der sozialen Ordnung oder der göttlichen Weltordnung tangierten – nicht zu unterschätzen. Der Erstdruck des Stücks bei Johannes Luft in Wittenberg in lateinischer Sprache datiert auf den 13. Mai 1538. Es gibt keinen Nachweis dafür, dass das Stück auch in Wittenberg aufgeführt worden ist. 1539 und 1540 erscheinen zwei weitere Auflagen des lateinischen Textes. In diesen beiden Jahren folgen auch vier deutsche Übersetzungen mit umfangreichen Begleittexten an verschiedenen Orten in Deutschland; die Übersetzung von Hans Tyrolff (1540) wurde von Naogeorg autorisiert. Bereits 1546 wird das Stück dann ins Tschechische übersetzt und vermutlich schon 1538/39 geht eine (nicht erhaltene) englische Übersetzung von John Bale voraus.[17]

---

16 Schlögl: Politik beobachten (s. Anm. 4), S. 606.
17 Zur Druck- und Übersetzungsgeschichte des Werkes vgl. Naogeorg: Pammachius (s. Anm. 2), Nachwort des Herausgebers, S. 594–619; Roloff: Heilsgeschichte (s. Anm. 2), S. 344. – Die Übersetzung des *Pammachius* ins Englische wurde eventuell von Thomas Cranmer (Reformation Archbishop of Canterbury) oder Thomas Cromwell (viceregent for religion) in Auftrag gegeben, die beide im Dienst Henrys VIII. standen. Rückschlüsse auf die Rezeption des Stückes in England lassen sich anhand der Zeugnisse einer öffentlichen Aufführung (vermutlich in lateinischer Sprache) am Christ's College, Cambridge, im Jahr 1545 ziehen. Trotz der zensierten Sprechtexte hatte das Schau-

Der *Pammachius* wendet sich an einen überregionalen, der lateinischen Sprache mächtigen, also tendenziell europäischen Adressatenkreis. Die Übersetzungen zunächst ins Deutsche, dann in weitere europäische Volkssprachen verstärken die ›raumübergreifende‹ Rezeption des Stücks. Mit Ausnahme der Angabe des Druckortes finden sich keine Elemente, die auf einen lokalen Entstehungs- oder Aufführungskontext verweisen. Die späteren Übersetzer fügen jedoch zum Teil umfangreiche Widmungen und Vorreden, Erläuterungen und Positionierungen, hinzu, in denen auch mediale und soziale Kommunikation zum Thema wird.[18] Naogeorg begreift im *Pammachius* die Reformation als eine transregionale, wenn nicht gar als eine europäische Bewegung. Die Perspektive des Handlungsgeschehens ist eine globale, die Reformation ist als ein Ereignis von heilsgeschichtlich-welthistorischer Bedeutung dargestellt. Die Veränderung der kommunikativen Bedingungen, unter denen das Stück entstanden ist, nimmt auch Einfluss auf die in ihm ausgeformten Bedrohungsszenarien: diese sind nicht mehr auf den Horizont einer identifizierbaren Stadtgesellschaft, sondern auf Anhänger der protestantischen Lehre in größeren konfessionell geprägten Räumen ausgerichtet.

2.2 Radikale Exklusion und räumliche Ausdifferenzierung von religiöser Verschiedenheit

Man kann fragen, welchen Einfluss die Veränderungen der medialen und sozialen Kommunikation auf die Formen des Umgangs mit religiös-sozialer Verschie-

---

spiel eine stark polarisierende Wirkung: Katholische Zuschauer empfanden die Aufführung als Provokation, radikale Anhänger der reformatorischen Ideen mobilisierte die Schlussszene zu Ausschreitungen gegenüber Altgläubigen; dazu Paul Whitfield White: The *Pammachius* Affair at Christ's College, Cambridge, in 1545. In: Peter Happé, Wim Hüsken (Hg.): Interludes and Early Modern Society. Studies in Gender, Power and Theatricality. Leiden 2007, S. 261–290.

Eine französische Übersetzung des *Pammachius* hat es wohl nicht gegeben; gleichwohl rezipiert man Naogeorgs Ideen im französischen Sprachraum über eine Zwischenstufe: Der 1556 in Basel erschienene *Christus Triumphans* (lat.) des John Foxe lässt deutlich den Einfluss des *Pammachius* erkennen; vgl. John Hazel Smith (Hg.): Two latin comedies by John Foxe the Martyrologist: Titus et Gesippus; Christus Triumphans. Ed. with Introduction, Translation, and Notes by John Hazel Smith. Ithaca, London 1973, Introduction S. 44. 1562 publiziert dann Jacques Bienvenu in Genf *Le Triomphe de Jesus Christ*, eine übersetzende Bearbeitung des Stücks von John Foxe; dazu Charlotte Bouteille-Meister: La traduction française du *Christus Triumphans, comœdia apocalyptica* de John Foxe (Genève, 1562): une (re)lecture biblique de l'actualité des conflits religieux. In: Véronique Ferrer, Jean-René Valette (Hg.): Écrire la Bible en français au Moyen-Age et à la Renaissance. Genf 2017, S. 703–721.

18 Vgl. Naogeorg: Pammachius (s. Anm. 2), Anhang I–V, S. 477–585.

denheit nehmen. Kommunikation unter Anwesenden ist sehr effektiv, vermag enormen Konsensdruck zu erzeugen, ist jedoch weniger pluralistisch und deshalb konfliktgefährdet. Diese Form der Kommunikation fördert nicht unbedingt, so Rudolf Schlögl, »die Fähigkeit der Gesellschaft, Verschiedenheit zu integrieren«. Die sozialen Einheiten reagieren auf Differenz häufig durch öffentliche Degradation und soziale Exklusion. Das Distanzmedium Druck-Schrift »entlastete [demgegenüber] offenbar vom Aufmerksamkeits- und Konsensdruck der Anwesenheitskommunikation«.[19]

Betrachtet man die Figurationen der Bedrohungsszenarien in den Spieltexten, die in einem Zeitraum von etwa 55 Jahren entstehen, so lässt sich erkennen, dass sich die Relation von Inklusion und Exklusion von Personen mit abweichenden religiösen Auffassungen verändert.[20] Im Nürnberger Fastnachtspiel werden den Juden gravierende Verstöße gegen das Gemeinwohl vorgeworfen, so dass man ihnen jede weitere Kommunikation und das Recht auf Verbleib im Sozialverbund verweigert. Sie werden Objekte herabsetzender und entehrender sozialer Praktiken und körperbezogener Strafgewalt. Bezieht man den von der historischen Forschung analysierten Kontext der Ausweisung der Juden von 1498/99 in der Stadt hinzu, so wird auf eine wirtschaftliche Veränderungsdynamik mit Restriktion und Ausgrenzung reagiert.

Das Fastnachtspiel Manuels will die Durchsetzung der Reformation insbesondere in der städtischen Führungsschicht befördern, zielt jedoch nicht auf Bestrafung oder Exklusion der Anhänger des alten Glaubens aus der sozialen Gemeinschaft. Die politische Konsequenz der Forderung, die Funktionsträger der alten Kirche zu entmachten, bleibt ausgespart. Die fehlende Orientierung des Handelns der religiösen Amtsträger am gemeinen Nutzen aufzuzeigen, ist ein zentrales Anliegen des Stücks. Amtsenthebung und Entmachtung sind die angemessene Reaktion auf dieses Vergehen, nicht jedoch kollektiver Ausschluss, soziale Ächtung oder gravierende Bestrafung. Man macht einen Unterschied zwischen Juden und (Mit-)Christen; in nachfolgenden Stücken intensiviert sich jedoch das Moment der Verfolgung von konfessionell Andersgläubigen.[21]

---

19 »Eine Gesellschaft, die sich auf die expandierende Nutzung der Drucktechnik einließ, mußte daher lernen, mit der Pluralität der Ansichten zu leben, und sie mußte Strategien entwickeln (vorzugsweise kommunikative), um kommunikative Anschlüsse unter solch schwierigen Bedingungen sicherzustellen.« Schlögl: Politik beobachten (s. Anm. 4), S. 585 und S. 592.
20 Zur Entwicklung der Verweisungsstrafen im städtischen Kontext vgl. Gerd Schwerhoff: Vertreibung als Strafe. Der Stadt- und Landesverweis im Ancien Régime. In: Sylvia Hahn, Andrea Komlosy, Ilse Reiter (Hg.): Ausweisung – Abschiebung – Vertreibung in Europa. 16.–20. Jahrhundert. Innsbruck, Wien, Bozen 2006, S. 48–72.
21 Dazu Klaus Ridder: La persécution comme menace dans le théâtre de la Réforme (1525–1538). In: Revue d'Histoire du Théâtre n° 286 (2020), S. 95–106.

Der *Pammachius* inszeniert den konfessionellen Konflikt als globales Ereignis: Weltweit sind nur noch 7000 Christen übrig geblieben, die den Verlockungen der Teufels- und Papstherrschaft (noch) nicht verfallen sind. In diesem Moment bricht in Wittenberg die Reformation aus und der teuflische Papst (Pammachius) aktiviert weltliche und geistliche Machthaber, um die Ketzer mit Heeresmacht zu vernichten (vv. lat. 3299–3301; dt. 4375–4378). Die Kontrastierung einer kleinen Zahl von Rechtgläubigen mit einem großen Aufgebot der Teufelsherrschaft projiziert das Gegenüber von bereits konfessionell geprägten größeren Räumen, also die Situation zur Zeit Naogeorgs, auf den Beginn der Reformation. Die Perspektive der Ausmerzung von als Häretiker identifizierten Individuen, also der Blick der alten Kirche etwa auf Personen wie Jan Hus, wird auf die konfessionelle Sozialgemeinschaft übertragen. Beide Zuspitzungen weisen darauf hin, dass eine Ausdifferenzierung konfessioneller Räume im Gange ist, dass die radikale Auslöschung der Anhänger der Reformation keine ernstzunehmende Option mehr ist, dass dem im Stück als Bedrohung inszenierten Häresie-Konzept bereits ein Denken in den Bahnen religiöser Devianz bzw. Verschiedenheit gegenübersteht.

Die vorausgehenden Überlegungen, so lässt sich festhalten, gingen der Frage nach, inwiefern die sozialen Formen des Umgangs mit religiöser Anders- oder Verschiedenheit durch den medialen Umbruch in der zweiten Hälfte des 15. und im frühen 16. Jahrhundert verändert wurden. Der These einer dynamischen Veränderung dieser Relation durch das Zusammenspiel von neuen medialen Möglichkeiten und neuen religiösen Ideen in der Reformationszeit ist jedoch die einer allmählichen Anbahnung von Veränderungsprozessen bereits im 15. Jahrhundert und deren Intensivierung durch die Reformation zur Seite zu stellen. Für Guy Borgnet beispielsweise hat die Verschränkung von religiös-politischer Thematik und antijüdisch-aggressiver Polemik in den Fastnachtspielen des Hans Folz dem polemischen Reformationstheater den Weg bereitet.[22] Die Ausformung der innerchristlichen Polemik erreicht mit der Reformation sicher ihren Höhepunkt, ebenso wie die Praxis der religiös-politischen Verfolgung auch im konfessionellen Zeitalter ein wichtiges Element sozialer Strukturbildung bleibt.

---

22 »En introduisant les thèmes religieux et la polémique antijuive dans ses jeux, il ne fait pas de doute que Folz ait cherché à faire éclater le genre, à le faire sortir des sentiers battus. Il en fait à la fois un jeu religieux et un jeu politique. Avec Folz, le Jeu de Carnaval devient une arme de propagande et se met au service d'une cause. Par là, Folz annonce les transformations du seizième siècle. Il prépare le théâtre polémique qui verra le jour au moment de la Reforme.« Guy Borgnet: Jeu de Carnaval et Antisémitisme: L'intolérance chez Hans Folz. In: Études médiévales 5 (2003), S. 1–9, hier S. 9.

3 Bedrohungskommunikation in theologie-sozialgeschichtlicher Perspektive

Wie ist nun der Bogen von den religiös akzentuierten Bedrohungsszenarien in den Schauspielen zur sozial-politischen Ordnung zu schlagen? Die auf konkrete historische Situationen zugeschnittenen Bedrohungsszenarien in den Schauspielen sind auch Ausdrucksformen und Deutungen übergreifender sozialer, ökonomischer und politischer Wandlungsprozesse der Gesellschaft. Solche Wandlungsprozesse vollziehen sich längerfristig, zeichnen sich aber in Situationen akuter bedrohter Ordnung ab, haben sich jedoch noch nicht in breiter Fläche durchgesetzt. Religiöse Bedrohungsszenarien lenken so den Blick auf latente und aktuelle Spannungsfelder sozialen und ökonomischen Wandels.

Die religiösen Szenarien erzählen von Bedrohung, von Veränderung, von Neukonstituierung; sie sind damit bedeutsam für die Erklärung geschichtlichen Wandels. Die sozialen, ökonomischen und politischen Prozesse entziehen sich der direkten Beschreibung; sie sind nur auf indirekte Weise (über Deutung, Interpretation) wahrnehmbar. Auf der Ebene der theatralen Repräsentation haben sie also Latenzstatus. Auch auf der Ebene historischer Realität sind sie in der ›normalen‹ sozialen Kommunikation sicher kaum präsent. In Situationen bedrohter oder zerbrechender Ordnung können sie jedoch Aktualitätsstatus gewinnen; sie werden beobachtbar. Die Konstruktion und Aufführung von Bedrohungsszenarien macht die Verweiszusammenhänge zwischen religiösen und sozialen sowie zwischen aktuellen und latenten Wandlungsprozessen einsehbar. Einige Bemerkungen zu den untersuchten Spielen können diese Perspektive verdeutlichen.

3.1 Kirchliches Zinswucherverbot und kapitalorientierte Wirtschaftspraktiken

Die Inszenierung des Bedrohungsszenariums *Jüdische Verschwörung*, dem man durch den definitiven Ausschluss der Juden aus der Kommune begegnet, ist nicht nur durch den Faktor der ›falschen‹ Religion motiviert. Sowohl politische als auch ökonomische Gründe sind als treibende Kräfte hinter Ausweisungen von jüdischen Gemeinden aus zahlreichen Städten im europäischen Raum des 15. Jahrhunderts erkennbar. Schon im Pogrom von 1349 ging es dem Nürnberger Rat darum, sich in Besitz des im Zentrum der Stadt gelegenen Judenviertels zu bringen. Die Beschlagnahme jüdischer Immobilien ist dann auch ein Beweggrund für die Vertreibung von 1498.²³ Dass wirtschaftliche Gründe für das Handeln der an Pogromen und Austreibungen beteiligten Christen eine wichtige Rolle gespielt haben, gilt der Forschung inzwischen als gesichert.²⁴ Formen konkreter Beraubung symbolisiert das Fastnachtspiel des Hans Folz dadurch, dass man den Juden ihre Börsen abnimmt, bevor sie aus der Stadt getrieben werden. Wenn der falsche Messias bekennt, dass die Juden den Christen seit langer Zeit große Güter entzogen ([...] *vil groß guts in abgeraubt*, v. 356) hätten, dann verweist dies insbesondere auf jüdische Geldgeschäfte, die zwar in Nürnberg im 15. Jahrhundert stark an Bedeutung verloren hatten, die jedoch traditionell als Kernbereich jüdischer Erwerbsformen gesehen wurden. Der größte Teil der Einwohner Nürnbergs, die Handwerkerschaft, wird in der Aussage des Stücks eine Antwort auf die Frage nach den Ursachen ihrer zunehmenden Verarmung in der zweiten Hälfte des 15. Jahrhunderts gesehen haben. In seiner Legitimation der Austreibung rekurriert auch der Rat ausdrücklich darauf, die Bürger vor den Folgen der jüdischen Geld- und Pfandleihe schützen zu wollen. Das Bedrohungsszenario *Jüdische Verschwörung* und ebenso die Erklärungen des Rates geben eine (unzutreffende) Antwort auf einen bedeutenden ökonomischen und sozialen Wandlungsprozess, der in den großen süddeutschen Reichsstädten im 15. Jahrhundert in vollem Gange ist: der stetige

> Aufstieg [...] eines nichtpatrizischen Großbürgertums von Finanzmaklern, Gewerbeverlegern, Montanunternehmern und Großkaufleuten, die gewichtige Teile der Nürnberger Handwerksberufe in Abhängigkeit brachten.

Der Rat hatte sich in dieser Zeit mit sozio-ökonomischen Veränderungen auseinanderzusetzen, »die einerseits ein neues Großbürgertum schufen und andererseits das zahlenmäßig bedeutende Handwerkertum, das eigentliche Stadtvolk, zu entwurzeln drohten«.²⁵ Indirekt verweist das latent-traditionelle Bedrohungsszenario *Jüdische Verschwörung* damit auf einer zweiten, aktuellen Ebene auf einen sozio-ökonomischen Strukturwandel, der erhebliche Teile der Stadtbevölkerung pauperisierte. Zwei Tendenzen einer überregionalen Entwicklung werden hier sichtbar: Auf der einen Seite evoziert die Expansion von frühkapitalistischen

---

23 Dazu Michael Toch: »umb gemeyns nutz und nottdurfft willen«. In: Zeitschrift für historische Forschung 11–1/4 (1984), S. 1–21, hier S. 5 f. sowie S. 18 (Text des Austreibungsmandats von König Maximilian I.).
24 Zu diesem Aspekt vgl. Christian Scholl: Judenfeindschaft in den deutschen Städten des Mittelalters: Die Bedeutung des Faktors Religion. In: Jörg Oberste (Hg.): Pluralität – Konkurrenz – Konflikt. Religiöse Spannungen im städtischen Raum der Vormoderne. Regensburg 2013, S. 175–188, insbesondere S. 178 f., 182 f.
25 Toch: »umb gemeyns nutz und nottdurfft willen« (s. Anm. 23), S. 8 f. (beide Zitate).

Wirtschaftsformen und kapitalorientierten Praktiken in Spätmittelalter und Früher Neuzeit Wucher-, Habgier- und antijüdische Debatten. Auf der anderen Seite entkoppelt sich wirtschaftliches Handeln von einschränkenden religiösen Normen, also vor allem vom kirchlichen Zinswucherverbot. Gewinnstreben und Effizienz gelten nicht mehr nur als individuelle Laster, sondern zunehmend als zentrale Tugenden ökonomischen Verhaltens in Wirtschaft und Handel.[26]

3.2 Altgläubige Jenseitsvorsorge und reformatorisches Gemeinwohl

In der einleitenden Totenfresser-Szene (Papst und Klerus beim Festmahl anlässlich einer Beerdigung) rückt Niklaus Manuel das System der durch die Gläubigen zu erbringenden Kirchenopfer (z. B. für Toten- und Seelenmessen) als eine Art finanzieller Ratenzahlung für im Jenseits zu erwartendes Seelenheil in den Blick.[27] Die vehemente Polemik gegen diese unerträgliche Form der Bereicherung von kirchlichen Funktionsträgern bringt auch die politischen Verhältnisse Berns vor der Reformation in die Debatte. Indem es der Herrschaftselite den Glaubenswechsel nahelegt, fordert das Fastnachtspiel Manuels tiefgreifende religiöse Umwälzungen ein, die erkennbar auch soziale und politische Veränderungen nach sich ziehen würden. Dabei ist nicht nur an den Aufstieg von neuen Familien in die städtische Führungsschicht bzw. den Abstieg von etablierten Familien zu

---

[26] Die Kirche hat zwar sehr lange am Wucherverbot festgehalten, doch ließ man Zinserträge unter bestimmten Bedingungen durchaus zu. Daher ging die Forschung lange »von einer latenten Diskrepanz zwischen Ethik und Finanzgebaren aus«. Inzwischen hat sich das Erkenntnisinteresse auf die Untersuchung einer sozial »eingebetteten, vormodernen Kredit- und Geldkultur« verlagert. So ist beispielsweise auch zeitgenössischen Theologen nicht verborgen geblieben, »dass eine Wertschöpfung der Sozialorganisation nicht zuwiderlief, sondern in einem förderlichen Verhältnis zu ihr stand. Relativ zügig wurde demzufolge unterschieden zwischen dem infamen Wucher unproduktiver Subjekte, deren alleinige Tätigkeit im professionellen Geldverleih bestand, und einer gerechtfertigten Zinsnahme [...] öffentlich anerkannter Akteure.« Julia Zunckel: Die Kontroverse um die Genueser Wechselmessen im Pontifikat Gregors XV. Wucher, Kredit und Kommerz im Zeichen der Normenkonkurrenz. In: Arne Karsten, Hillard von Thiessen (Hg.): Normenkonkurrenz in historischer Perspektive. Berlin 2015, S. 141–169, hier S. 164, 155.
[27] Übergreifend Berndt Hamm: Den Himmel kaufen. Heilskommerzielle Perspektiven des 14. bis 16. Jahrhunderts. In: Ders. (Hg.): Religiosität im späten Mittelalter. Spannungspole, Neuaufbrüche, Normierungen. Tübingen 2011, S. 301–334. Zum ›Totenkult als Kampfzone der beginnenden Reformation‹ in Bern vgl. Uwe W. Dörk: Totenkult und Geschichtsschreibung. Eine Konstellationsgeschichte zwischen Mittelalter und Moderne (Bern und Ulm). Konstanz 2014, S. 109–163 (Analyse der Kritik am ökonomisierten Totenkult in den Werken Niklaus Manuels).

denken. Die Infragestellung der für die individuelle Heilssicherung aufzuwendenden Zahlungen der Gläubigen lenkt das Augenmerk auch auf das System der Pensionen, Miet und Gaben an die Mitglieder der Berner Führungsschicht.

Bei den Pensionen handelte es sich um Zuwendungen der europäischen Potentaten an Orte der Eidgenossenschaft, um sich das Recht zu sichern, Reisläufer (Söldner) anzuwerben. Teilweise gehen die Pensionsgelder im Verborgenen auch an einzelne Repräsentanten der Berner Führungsgruppe. Zumindest diese Zuwendungen haben den Charakter von »unerlaubte[n] [Geld-]Geschenke[n] an Amtspersonen«.[28] Bereits seit dem ausgehenden 15. Jahrhundert diskutiert man diese Praxis unter dem Gesichtspunkt der guten und gerechten Herrschaft. Im Berner Reformationsmandat von 1528 wird dann die Abschaffung dieser Zahlungen verkündet, weil sie ›fremde Kriege‹, Zwietracht und Zerrüttung beförderten. Zwingli brachte den Kampf gegen die Korruption mit der konfessionellen Problematik in Zusammenhang. Er brandmarkte die Altgläubigen über die Begriffe Pensionen, Miet und Gaben (»als bestechlich, abhängig von auswärtigen Mächten und als Verräter an der Eidgenossenschaft«[29]) als Gegner von Evangelium und Gemeinwohl. Die ältere Debatte um die Pensionen wandelte sich in der Reformationszeit zu einer Diskussion über das Verhältnis von Eigennutz und Gemeinnutz. Bei der Verkündigung des Reformationsmandats stellt das

---

28 Florian Schmitz: Normenkonkurrenz oder Normenkongruenz? Dimensionen eines Konzeptes anhand eines Korruptionsfalles von 1534. In: Normenkonkurrenz in historischer Perspektive (s. Anm. 26), S. 65–79, hier S. 70; zur Diskussion über die Pensionen demnächst Maud Harivel, Florian Schmitz, Simona Slanicka (Hg.): Fremde Gelder? Pensionen in der frühneuzeitlichen Eidgenossenschaft (für 12/2021 angekündigt). Man erwartete politische und religiöse Patronage von Persönlichkeiten mit Einfluss; bei Amtsinhabern kollidierte die verbreitete soziale Praxis jedoch mit gemeinwohlorientierten Normen. Dieselben Handlungen konnten daher unterschiedlich bewertet werden; zur politischen Korruptionsforschung vgl. Niels Grüne: »Und sie wissen nicht, was es ist«. Ansätze und Blickpunkte historischer Korruptionsforschung. In: Niels Grüne, Simona Slanicka (Hg.): Korruption. Historische Annäherungen an eine Grundfigur politischer Kommunikation. Göttingen 2010, S. 11–34.

29 Valentin Groebner: Gefährliche Geschenke. Ritual, Politik und die Sprache der Korruption in der Eidgenossenschaft im späten Mittelalter und am Beginn der Neuzeit. Konstanz 2000, S. 245; zum Spannungsfeld von Gemeinnutz und Eigennutz vgl. dort S. 185f.; 236f., 263. »*Eigennutz* wurde von den Theologen der alten Kirche – dem Papst, den Bischöfen, den Mönchen – vorgeworfen, aber nicht nur ihr, sondern allen, die sich gegen einen christlichen Lebenswandel, das war jetzt gleichbedeutend mit einem Bekenntnis zur Reformation, sperrten. *Eigennutz ist gottlos*, gehört zu den ständig memorierten und repetierten Aussagen von Huldrich Zwingli, folglich dient derjenige dem *Gemeinen Nutzen*, der sich praktisch zum reformatorischen *reinen Evangelium* bekennt.« Peter Blickle: Der Gemeine Nutzen. Ein kommunaler Wert und seine politische Karriere. In: Herfried Münkler, Harald Bluhm (Hg.): Gemeinwohl und Gemeinsinn. Historische Semantiken politischer Leitbegriffe. Berlin 2001, S. 85–197, hier S. 103.

Berner Stadtregiment den Kampf gegen die Korruption als eine unverzichtbare Verpflichtung der Obrigkeit im Sinne des Gemeinwohls dar. Offenbar war man bemüht, diese Forderung auch umzusetzen, zumindest versucht man ihr 1534 juristisch Nachdruck zu verleihen. In diesem Jahr werden vier Patrizier in Bern vor diesem Hintergrund der Bestechlichkeit angeklagt. Der Berner Stadtchronist Valerius Anshelm betrachtet diesen exemplarischen Prozess als »Teil des reformatorischen Reinigungsprozesses des städtischen Gemeinwesens«[30].

So selbstverständlich politische Patronage als soziale Praxis in der Stadtgesellschaft ist und bleibt, so eröffnet erst das mit ihr verknüpfte Gegenbild der Korruption einen abwägenden Blick auf gemeinwohlorientierte Handlungsweisen und -erwartungen im Raum des Politischen. In der reformatorischen Kritik an den religiösen Praktiken einer individuellen und materiellen Heilsvorsorge ist eine kritische Perspektive auf die sozialen und politischen Praktiken des Machterwerbs und des Machterhalts in der städtischen Gemeinschaft mitzudenken. Die Denkform von der Kommune als Heilsgemeinschaft[31] harmonisiert auf der einen Seite religiöse und gemeinwohlorientierte Normen, vermag aber auch die Wahrnehmung zu schärfen für zu enge und zu selbstverständliche Verflechtungen des Sozialen, des Politischen und des Religiösen.

3.3 Religiöse Devianz und politischer Neuanfang

Das *Pammachius*-Drama des Naogeorg bringt Welt- und Heilsgeschichte als teleologisch-apokalyptisches Geschehen auf die Bühne. Die Situation religiöspolitischer Verfolgung von Andersdenkenden bildet die Leitperspektive der Darstellung:[32] In römisch-frühchristlicher, christlich-papistischer und auch in christ-

---

30 Dazu der Aufsatz von Schmitz: Normenkonkurrenz (s. Anm. 28); Zitat S. 77.
31 Zur Auseinandersetzung mit der Idee einer städtischen ›Sakralgemeinschaft‹ vgl. Thomas Kaufmann: Einleitung. In: Bernd Moeller: Reichsstadt und Reformation. Neue Ausgabe. Hg. von Thomas Kaufmann. Tübingen 2011, S. 1–38, hier S. 25; Alexander Kästner, Gerd Schwerhoff: Religiöse Devianz in alteuropäischen Stadtgesellschaften. Eine Einführung in systematischer Absicht. In: Alexander Kästner, Gerd Schwerhoff (Hg.): Göttlicher Zorn und menschliches Maß: Religiöse Abweichung in frühneuzeitlichen Stadtgemeinschaften. Konstanz, München 2013, S. 9–43, hier S. 15–17.
32 Zum Problemfeld ›Religiöse Devianz‹ in Spätmittelalter und Früher Neuzeit vgl. die Forschungsberichte von Alexander Kästner, Gerd Schwerhoff: Religiöse Devianz in alteuropäischen Stadtgesellschaften (s. Anm. 31), S. 1–38; Eric Piltz, Gerd Schwerhoff: Religiöse Devianz im konfessionellen Zeitalter – Dimensionen eines Forschungsfeldes. In: Eric Piltz, Gerd Schwerhoff (Hg.): Gottlosigkeit und Eigensinn. Religiöse Devianz im konfessionellen Zeitalter. Berlin 2015, S. 9–50.

lich-evangelischer Zeit ist diese Erfahrung als latente Bedrohung präsent. Diese dramatische Strukturierung von Geschichte im *Pammachius* erinnert an entmythologisierte Formen des Weltalterdenkens. Die Handlung setzt im ersten Akt unmittelbar nach dem Ende der Christenverfolgung und der Erhebung des Christentums zur Staatsreligion ein. In der sich anschließenden Niedergangs- und Verfallsphase unterwirft der Papst, im Verein mit dem Teufel, die weltliche Macht und übernimmt die Weltherrschaft – ein Szenario, das sich auch in den Antichristdramen seit dem *Ludus de Antichristo* des 12. Jahrhunderts findet. Jede Art von religiöser Devianz wird, nachdem das Christentum integraler Bestandteil der durch Papst und Teufel korrumpierten politischen Ordnung geworden ist, gnadenlos verfolgt und ausgerottet. Der Beginn der Reformation in Wittenberg leitet dann die Heils- und Vollendungsphase der Geschichte ein. Die Vertreter der alten Kirche agieren nun, getrieben von der Bedrohung ihrer weltlichen Macht, als politisch-religiös motivierte Verfolgungsgemeinschaft der ›Evangelischen‹.[33] Die Neuausrichtung der religiösen, sozialen und politischen Ordnung, das von der reformatorischen Bewegung verfolgte Projekt der inneren Christianisierung, der konfessionellen Abgrenzung und der politisch-kulturellen Identitätsfindung ist nicht mehr Thema des Bühnengeschehens. Endzeitgewissheit und Weltgerichtserwartung bilden den Schlussakkord des Stücks, das mit dieser Perspektivierung (fast) abrupt endet.[34]

Thomas Naogeorg spart die Zeit der Reformation aus. Dem Zuschauer ist aufgegeben, das religiös begründete Erstreben einer radikal neuen Ordnung aus seiner aktuellen Situation heraus zu bewerten. Das Publikum ist herausgefordert, das Problem der Kontinuitäten im Negativen, der beabsichtigten Korrektur von Fehlentwicklungen, aber auch den Grad der Umsetzung von religiös-politischen Zukunftsentwürfen in der Phase der Ausdifferenzierung von Konfessionsräumen zu reflektieren. Naogeorg fasst die Reformation als einen radikalen Bruch mit der bisherigen Theologie, den religiösen Praktiken sowie mit dem gesamten Kirchenwesen auf. Die polemische Darstellung der Papstkirche im *Pammachius*-Drama legt daher einen grundlegenden Umbau von kirchlichen und politischen Strukturen in

---

33 Deren Sorge um den Machterhalt setzt Naogeorg eindrucksvoll in Szene: So fragt Porphyrius beispielsweise, welche Lehren denn die Evangelischen vertreten würden: ›Die Rechtfertigung allein durch den Glauben‹, antwortet Dromo. ›Weh unseren Bäuchen!‹, ruft Pammachius daraufhin aus (Naogeorg: Pammachius (s. Anm. 2), lat. vv. 3220–3223; dt. vv. 4261–4264). Oder: Auf die Einzelbeichte und den Tadel von Gewissenslasten sei zu verzichten (Dromo). ›Weh unseren Geldbeuteln!‹, schreit Pammachius auf (Ebd., lat. 3239; dt. v. 4290).
34 *Ne iam expectetis, spectatores optimi, / Ut quintus huic addatur actus fabulae, / Suo quem Christus olim est acturus die* (Ebd., vv. 3372–3374); *Günstige Herrn euch all ich warnen wil/ Ir wolt nicht warten biß zu disem Spil / Der Fünffte handel wie sich sunst gebürt/ Werd angehaben und zum end gefürt.* (Ebd., vv. 4477–4480).

den protestantischen Territorien nahe. Die von dem Drama implizit eingeforderte Korrektur und Umsteuerung geht in drei Richtungen: eine Neuordnung des Verhältnisses von kirchlichen Instanzen und weltlicher Herrschaft durchsetzen, einer Neuauflage der Verfolgung von religiöser Devianz enge Grenzen setzen, der Neuausrichtung des religiösen und politischen Lebens an den zentralen Prinzipien der lutherischen Lehre Priorität einräumen. Von der Polemik der frühen Reformationsstücke hebt sich diese Ausrichtung insofern ab, als die in Szene gesetzten Bedrohungsszenarien soziale, politische und religiöse Erfahrungen aus der frühen Phase der Konfessionalisierung voraussetzen. In der Entstehungszeit des Dramas war bereits relativ deutlich, in welcher Weise der neue Glaube auf gesellschaftliche und politische Felder einzuwirken vermochte.

Wie war es um die Realisierung solcher Leitlinien politischen Handelns in der Entstehungszeit des Dramas bestellt? Die grundsätzliche Veränderung der politisch-religiösen Ordnungsparameter ist in den evangelischen Sozialgefügen auch ohne Papst, Kardinäle und Priesterstand in den späten 30er und 40er Jahren des 16. Jahrhunderts als Illusion erkennbar.[35] Dass der Kultur des Politischen im Prozess der konfessionellen Staatsbildung ein starker religiöser Aspekt verliehen wurde, steht außer Frage. Wenn man davon ausgeht, dass Devianz in einer normativen Ordnung »unterdrückt und verfolgt, d. h. latent gehalten werden«[36] muss, dann überrascht es nur wenig, dass die evangelische Bewegung im Prozess der Konfessionalisierung »die Grundvorstellung von einer öffentlichen, obrigkeitlich geförderten christlichen Verfolgungsgemeinschaft gegenüber religiösen Abweichlern innerhalb der *christianitas* und gegenüber Juden«[37] beibehalten hat. Naogeorg selbst sah sich mehrfach des Calvinismus verdächtigt und wurde angeklagt, Irrlehren zu verbreiten.[38]

---

35 Insgesamt war die Reformation – aus heutiger Perspektive – »ein revolutionärer Umbruch [...], der das tradierte obrigkeitliche Machtverständnis eher stabilisierte als schwächte.« Berndt Hamm: Abschied vom Epochendenken in der Reformationsforschung. Ein Plädoyer. In: Zeitschrift für historische Forschung 39 (2012), S. 373–411, hier S. 391.
36 Bernhard Giesen: Latenz und Ordnung. Eine konstruktivistische Skizze. In: Rudolf Schlögl, Bernhard Giesen, Jürgen Osterhammel (Hg.): Die Wirklichkeit der Symbole. Grundlagen der Kommunikation in historischen und gegenwärtigen Gesellschaften. Konstanz 2004, S. 73–100, hier S. 96.
37 Hamm: Abschied vom Epochendenken (s. Anm. 35), S. 389.
38 Dazu Arnold E. Berger: Die Schaubühne im Dienste der Reformation. Erster Teil. Leipzig 1935 (Nachdruck: Darmstadt 1967, S. 221–265 (Thomas Naogeorgus und sein Drama ›Pammachius‹ [1538]), hier S. 221–223. Zum ›Calvinismus-Vorwurf‹ vgl. Annemarie Hagmayer: Calvinismus als Etikett. Zuschreibungspraktiken in Leichenpredigten auf sächsische landesherrliche Beamte und Kurfürst Christian I. von Sachsen (1589–1613). In: Eric Piltz, Gerd Schwerhoff (Hg.): Gottlosigkeit und Eigensinn. Religiöse Devianz im konfessionellen Zeitalter. Berlin 2015, S. 149–186.

4 Typen bedrohter und restituierter Ordnung

Abschließend sollen knappe Antworten auf die Frage formuliert werden, welche Formen von bedrohter und von rekonstituierter Ordnung in den Schauspielen imaginiert werden. Wir versuchen ein die Gegensätze zuspitzendes Resümee, das die Durchtränkung religiös-theatraler Deutungsmuster mit ökonomisch-sozialen und politisch-machtbezogenen Gegebenheiten aufnimmt.

1. Die Bedrohung erwächst im Folzschen Fastnachtspiel aus dem vermeintlichen Machtanspruch einer Personengruppe anderen Glaubens in der eigenen kleinräumig-städtischen Gemeinschaft. Die Aufdeckung der konspirativen Absichten wird mit entehrenden Strafen und definitiver Ausschließung der gesamten Gruppe aus dem Sozialverbund geahndet. Eine durch Exklusion ihres negativen Potentials gereinigte (Stadt-)Gesellschaft, so die Perspektive des Stücks, vermag die sozialen und ökonomischen Veränderungen besser zu bewältigen. Ordnung, so könnte man folgern, soll sich stärker an Homogenitätsprinzipien, z. B. an der Vorstellung religiöser Reinheit, orientieren, um den unübersehbaren ökonomisch-sozialen Wandlungsprozessen gewachsen zu sein. Das Szenarium einer Verschwörung der Juden gegen die Christen kann man als Beispiel dafür betrachten, dass ein sozial-ökonomischer Strukturwandel im Schauspiel durch ein Intrigenszenario verarbeitet wird. Die Komplexität des ökonomischen Zusammenhangs erzeugt offenbar einen diffus mit Finanzgeschäften verknüpften Bedrohungstyp, den man im Horizont städtischer Selbstdeutung ohne weiteres mit dem latenten Bedrohungsszenarium *Jüdische Verschwörung* verbinden kann.

2. Die exzessive Orientierung von Klerus und Papst an Machterhalt und Eigenwohl bedroht die soziale und ökonomische Existenz zahlreicher Gläubiger, vernachlässigt das Gemeinwohl im eigenen Sozialraum (Stadt) und gefährdet die religiöse Identität der Christenheit insgesamt (Türkengefahr). Das Fastnachtspiel Niklaus Manuels lenkt zudem den Blick auf die Verschränkung zweier Bedrohungsszenarien, auf das Anwachsen der Bedrohung im Außenbereich durch falsche Entscheidungen im Inneren. Diese Bedrohungen können, so die Perspektive des Stücks, durch Einführung des reformatorischen Bekenntnisses in der Stadt und die Entmachtung der kirchlichen Funktionsträger als Voraussetzung für christlich authentisches und politisch kluges Handeln der Führungsschicht abgewendet werden. Die Anhänger des alten Glaubens sind politisch zu entmachten, nicht jedoch aus der sozialen Gemeinschaft radikal auszuschließen oder gar zu vernichten. Es soll eine Ordnung geschaffen werden, in der eine am Gemeinwohl orientierte Religion und Stadtpolitik sich auf ideale Weise zur ›städtischen Kommune als Heilsraum‹ verdichten. Einer im reformatorischen Sinne gereinigten politischen

Führungsgruppe ist es aufgegeben, die neue Ordnung ohne Aufruhr im Inneren und ohne spaltende Konfrontation in der Eidgenossenschaft durchzusetzen. Trotz der scharfen Ausgrenzung der ›Totenfresser‹, also des Klerus, zielt das Stück Manuels auf eine Rekonstituierung von Ordnung, die religiöse Devianz weitgehend integriert, solange sie politisch indifferent bleibt. Eine transitorische Situation erschüttert den alten Glauben, ohne gleich eine neue Orthodoxie zu etablieren.

3. Die Macht- und Häresiepolitik der alten Kirche, d. h. die auf Auslöschung zielenden Formen des Umgangs mit religiöser Devianz und Andersheit, stehen im Drama Naogeorgs im Kernbereich bedrohter Ordnung. Die politisch-militärische Entmachtung der alten Kirche und die Akzeptanz der reformatorischen Lehre als heilsrelevante Neuorientierung sind die zentralen Elemente der Bewältigung dieser Bedrohung. Nach ihrer völligen Korrumpierung ist eine grundsätzliche Neukonstituierung der religiös-politischen Ordnung der Welt notwendig. Wie diese Ordnung im Einzelnen aussehen soll, lässt das *Pammachius*-Drama offen; dass sie jedoch auf den Prinzipien reformatorischen Denkens aufruht, steht außer Zweifel. Erkennbar ist weiterhin, dass der unmittelbare Bezug auf biblische Grundlagen ebenso die Ablehnung von überkommenen kirchlichen Strukturen und Traditionen legitimiert wie die Distanzierung der damit verbundenen politischen und rechtlichen Systeme. Die neue Ordnung sieht von der Geschichte radikal ab, um sich auf Transzendentes zu berufen. Sie wird ebenso als radikaler Bruch wie als Rückkehr zum wiederentdeckten Ursprünglichen imaginiert. Nicht eine städtische Kommune ist als Geltungsraum einer solchen Ordnung gedacht, sondern größere territorial-politische protestantisch-geprägte Räume. Jede explizite Charakterisierung der reformierten Ordnung spart das Stück aus, um den Zuschauer dazu zu bringen, die angestrebte neue Ordnung durch den Vergleich mit der dargestellten teuflisch-päpstlichen Ordnung kontrastiv selbst zu durchdenken.

17. Jahrhundert

Dirk Werle
Gattungsgeschichte als Problemgeschichte

Am Beispiel des *carmen heroicum* des 17. Jahrhunderts im Allgemeinen und von Christian Ulrich Illenhöfers *Poetischer Beschreibung* über die zweite Schlacht bei Breitenfeld (1643) im Besonderen

1 Fallbeispiel: Christian Ulrich Illenhöfer

Im Jahr 1643 erschien bei einer namentlich nicht bekannten Offizin in Stockholm eine *Poetische Beschreibung Der Denckwürdigen Blutigen Schlacht/ So den 23. Octobris | 2. Novembris Anno 1642. Jm Breiten-Felde Nahe Leipzig/ Zwischen Dem Käyserl. General-Feldmarschall Graff Piccolomini/ vnd Dem Schwedischen General-Feldmarschall Herrn Linnardt Torstenson vorgangen/ In welcher die Käyserl. den Kürtzern gezogen [...]*.[1] Als Autor firmiert ein Christian Ulrich Illenhöfer, der sich als Student der Rechte ausweist. Thema des Texts ist die Schlacht bei Breitenfeld. Hiervon hat es im Dreißigjährigen Krieg zwei gegeben. Die erste Schlacht bei Breitenfeld war 1631 zwischen den Truppen Gustavs II. Adolf von Schweden und jenen der katholischen Liga unter Führung Johann T'Serclaes von Tillys ausgetragen und von den Schweden gewonnen worden. Diese Schlacht hatte eine eminente Bedeutung für den Kriegsverlauf, denn sie führte, in den Worten Herfried Münklers, »zum Zusammenbruch der kaiserlich-ligistischen Macht in Norddeutschland«.[2] Die erste Schlacht bei Breitenfeld kann aber, wie der Titel des vorliegenden Texts lehrt, hier nicht gemeint sein, sondern es muss um die zweite Schlacht bei Breitenfeld gehen, die 1642, wieder zwischen den schwedischen und den kaiserlichen Truppen, ausgetragen wurde. Gustav Adolf und Tilly waren inzwischen beide gefallen, ebenso wie der dritte große Feldherr

---

1 Christian Ulrich Illenhöfer: Poetische Beschreibung Der Denckwürdigen Blutigen Schlacht/ So den 23. Octobris | 2. Novembris Anno 1642. Jm Breiten-Felde Nahe Leipzig/ Zwischen Dem Käyserl. General-Feldmarschall Graff Piccolomini/ vnd Dem Schwedischen General-Feldmarschall Herrn Linnardt Torstenson vorgangen/ In welcher die Käyserl. den Kürtzern gezogen [...]. Stockholm 1643.
2 Herfried Münkler: Der Dreißigjährige Krieg. Europäische Katastrophe, Deutsches Trauma 1618–1648. Berlin 2017, S. 758.

Dirk Werle, Heidelberg

Open Access. © 2022 Dirk Werle, publiziert von De Gruyter. Dieses Werk ist lizenziert unter einer Creative Commons Namensnennung 4.0 International Lizenz.
https://doi.org/10.1515/9783110667004-013

der mittleren Kriegsphase, Albrecht von Wallenstein; Heerführer waren diesmal Ottavio Piccolomini auf Seiten der kaiserlichen und Linnardt Torstenson auf Seiten der schwedischen Truppen. Dass diese Schlacht am selben Ort wie jene elf Jahre zuvor, auf einer Ebene nordwestlich von Leipzig, stattfand, war einesteils den Kontingenzen der Kriegsentwicklung geschuldet, hatte andernteils sicher damit zu tun, dass Kursachsen als protestantischer Bündnispartner des Kaisers, das nur zwischen 1631 und 1635 vorübergehend auf die Seite der Schweden überlief, innerhalb dieser Entwicklung immer wieder eine exponierte Position erhielt; es hatte in der konkreten Situation aber vor allem – so wiederum Münkler – sicher auch seine Ursachen in symbolpolitischen Erwägungen sowie in kriegsstrategischem Kalkül: Der schwedische Heerführer Torstenson wollte sich vermutlich, indem er seine Truppen fast am selben Ort aufmarschieren ließ wie 1631 Gustav Adolf, in die Tradition dieses siegreichen Feldherrn und gerade auch nach seinem Tode gefeierten Heros der protestantisch-schwedischen Sache stellen, dadurch auch seine Soldaten an einen zweiten Sieg glauben machen und gegenüber der Öffentlichkeit eine Kontinuität schwedischer Überlegenheit im Krieg behaupten.[3] Außerdem war die Ebene bei Breitenfeld, die durch einen Wald in der Mitte geteilt wurde, schlachtstrategisch günstig gelegen, wie man im Detail ebenfalls bei Münkler nachlesen kann.[4] Die zweite Schlacht bei Breitenfeld wurde wieder von den Schweden gewonnen; sie ging darüber hinaus auch als eine der blutigsten Schlachten des Dreißigjährigen Krieges in die Geschichte ein, und sie besaß eine große Bedeutung für die Gestaltung der Nachkriegsordnung, indem sie kurz vor der Aufnahme der Friedensverhandlungen in Münster und Osnabrück die kriegerische Ausgangslage bedeutend zugunsten der protestantischen Seite verschob.

Da der vorliegende Text in Stockholm veröffentlicht worden ist, ist von vornherein klar, für welche Kriegspartei der Autor optiert, und es wird auch bereits im Titel deutlich durch die umgangssprachliche Formulierung, die Kaiserlichen hätten bei der Schlacht »den Kürtzern gezogen«.[5] Bemerkenswert ist in diesem Zusammenhang aber, dass ebenfalls bereits im Titel für die Schlacht zwei alternative Daten angegeben werden, der 23. Oktober und der 2. November 1642. Der Hintergrund hierfür ist, dass 1582 Papst Gregor XIII. den später so genannten gregorianischen Kalender eingeführt hatte, der daraufhin in den meisten katholischen Territorien Europas verwendet wurde. Die protestantischen Territorien des Reichs und Europas behielten aus ideologischen Gründen gro-

---

3 Vgl. ebd., S. 759.
4 Ebd., S. 759 f.
5 Allgemein fällt auf, dass der Text häufig punktuell durch umgangssprachliche Formulierungen das hohe Stilniveau, das in der Zeit für eine epische Verdichtung gefordert war, unterbietet. Ob man dem Autor hier eine Intention unterstellen darf, sei dahingestellt.

ßenteils noch lange den bis dahin maßgeblichen julianischen Kalender bei und holten die Kalenderreform erst im 18. Jahrhundert nach.[6] Indem der protestantische Autor für die Schlacht bei Breitenfeld nicht nur, wie erwartbar, das Datum des julianischen Kalenders angibt, sondern alternativ auch jenes des gregorianischen, deutet er an, dass er nicht nur protestantische Leser adressiert, sondern deutsche Leser aller Konfessionen. Bereits im Titel zeigt sich mithin eine Spannung, die, wie wir sehen werden, den gesamten Text durchzieht und über deren Deutung man sich als Interpret Gedanken machen muss: Der Autor ergreift für die protestantische Sache Partei, adressiert dabei aber alle Deutschen, und die Katholiken durchaus nicht in polemischer Absicht, sondern mit inkludierendem Gestus. Vor diesem Hintergrund wird auch die umgangssprachliche Formulierung im Titel des Texts nochmals anders verständlich: Die Wendung ›den Kürzeren ziehen‹ verweist auf die Entscheidungsmethode des Losens mit unterschiedlich langen Stöckchen. Diese Entscheidungsmethode verweist die in Frage stehende Entscheidung an das Schicksal oder den Zufall. Insofern in der Redewendung unbestimmt bleibt, ob die Niederlage der Kaiserlichen ein vorherbestimmtes Schicksal oder ein Resultat historischer Kontingenz ist, ist bereits im Titel angedeutet, dass die Haltung des Autors und des epischen Sprechers nicht ungebrochen ist: Zwar ist der Autor und epische Sprecher als Protestant auf Seiten der Schweden, aber als Deutscher nimmt er eine empathische Haltung auch gegenüber den besiegten Kaiserlichen ein.

Der Text enthält eine an General Torstenson adressierte Widmungsvorrede, in der der Autor Illenhöfer diesen als seinen »gnädigen Herrn« anspricht[7] und rekapituliert beziehungsweise für einen Sekundäradressaten überhaupt erst darlegt, wie er in schwedische Dienste geraten und dazu gekommen ist, das vorliegende Gedicht zu schreiben. Diese Ausführungen sind für den Literaturhistoriker besonders wertvoll, denn aus ihnen erfährt man einiges über den Autor, über den, soweit jedenfalls mein bisheriger Ermittlungsstand, sonst nichts in Erfahrung zu bringen ist: Laut *Verzeichnis der im deutschen Sprachraum erschienenen Drucke des 17. Jahrhunderts* existieren vom selben Verfasser keine weiteren Schriften, und über seine Person findet man weder im Killy oder im Dünnhaupt, noch in ADB oder NDB, noch in Zedler oder Jöcher einschlägige Informationen, und auch eine Recherche im *World Biographical Information System* bleibt erfolglos. Erwähnung findet der Autor in Volker Meids großer

---

6 Vgl. für den Hintergrund Achim Landwehr: Geburt der Gegenwart. Eine Geschichte der Zeit im 17. Jahrhundert. Frankfurt a.M. 2014, S. 263–270.
7 Illenhöfer: Poetische Beschreibung (s. Anm. 1), Bl. A 2ʳ.

Geschichte der *Deutschen Literatur im Zeitalter des Barock*, aber lediglich im Zuge einer sehr kursorischen Inhaltsangabe der *Poetischen Beschreibung* der Schlacht bei Breitenfeld.[8] Aus deren Vorrede erfährt man immerhin, dass der Autor aus Colberg stammt – unklar ist jedoch, ob Colberg in Thüringen oder jenes in Pommern gemeint ist –, dass er in Straßburg die Rechte studiert hat[9] und 1641 in den Wirren des Krieges zunächst in schwedische Gefangenschaft und dann in die Dienste Torstensons geraten ist.[10] Mit Blick auf seine poetische Schlachtbeschreibung beansprucht Illenhöfer in der Vorrede die Rolle eines Kriegsberichterstatters, der einerseits beschreiben wolle, was er »mit Augen selbst gesehen«, und andererseits referieren wolle, was er »von anderen [...] erforschet und aufgezeichnet« habe.[11] Illenhöfer beruft sich also auf Autopsie und auf investigative Recherche. Die so gewonnenen Nachrichten habe er, so Illenhöfer weiter, »in teutsche Verse bringen« wollen,[12] er zielt also mit seinem Text explizit den Bereich der deutschsprachigen Dichtung an. Dichtung soll, so war man noch in der frühen Neuzeit überzeugt, einerseits die Leser belehren und andererseits unterhalten, und dieses Ziel artikuliert Illenhöfer in rhetorisch ingeniöser Wendung verknüpft mit einem zweiten, der dichterischen Rühmung General Torstensons als großen Kriegshelden, wenn er diesem als Widmungsadressaten ansinnt, er möge »zu Uberlesung« seines Gedichts »nur so viel stunden anwenden/ als Ew. Exc. Zeit bedurffte die Käyserl. Armee im breiten Felde von ihren gefassten Kampffplatze wegzuschlagen«.[13] Soll erstens heißen, das Gedicht soll möglichst kurzweilig zu lesen sein, und zweitens, General Torstenson ist als Kriegsheld seinen Gegnern so überlegen, dass er nur kurze Zeit braucht, um sie zu besiegen.

---

8 Volker Meid: Die deutsche Literatur im Zeitalter des Barock. Vom Späthumanismus zur Frühaufklärung 1570–1740. München 2009, S. 524. Eine beiläufige Erwähnung des Autors und seines Textes im Kontext einer Gattungsgeschichte epischer Versdichtungen im 17. Jahrhundert findet sich bereits bei Emil Stern: Das deutsche Epos des 17. Jahrhunderts (1. Theil). In: Programm der deutschen k.k. Staats-Realschule in Budweis, veröffentlicht am Schluss des Schuljahres 1895, Budweis 1895, S. 1–26 [der zweite Teil der Abhandlung erschien im Schulprogramm derselben Schule ein Jahr später, S. 1–27], hier S. 15. Illenhöfer und sein Text werden hier als Teil einer Gruppe epischer Versdichtungen abgehandelt, »welche Zeitereignisse behandeln« (ebd., S. 14) und deren gemeinsames Merkmal nach Stern »die Scheu vor wirklicher erzählender Darstellung der Thatsachen« (S. 15) sei.
9 In den Matrikeln der Universität Straßburg findet sich sein Name jedoch nicht; vgl. Die alten Matrikeln der Universität Straßburg 1621 bis 1793. Bearbeitet von Gustav C. Knod. Dritter Band: Personen- und Ortsregister. Straßburg 1902.
10 Illenhöfer: Poetische Beschreibung (s. Anm. 1), Bl. A 2^r f.
11 Ebd., Bl. A 3^r.
12 Ebd.
13 Ebd.

Der Haupttext der *Poetischen Beschreibung* ist in paargereimten (im Druck mit Hilfe eines Zeilenzählers durchgezählten) Alexandrinern abgefasst, zu der Zeit auch ›heroische Verse‹ genannt, und beginnt mit einer Bitte des Dichters an den Gott Apoll, ihm die Kraft zu verleihen, das »Lob viel edler Krieges-Helden« und insbesondere des »andere[n] *Gustav*« Linnardt Torstenson zu singen.[14] Es wird geschildert, wie den Dichter als Resultat des Anrufs Apollos und durch dessen Hilfe der *furor poeticus* erfasst und die Inspiration durchströmt: »Jetzt fühl ich gleich in mir | Den angezündten Geist/ die fewrige Begier/ | Das Werck zu treten an. Der Kiel beginnt zu lauffen/ | Es kommen gleich die Wort aus jhme voller Hauffen | Geflossen aufs Papier.«[15] Damit der Strom nicht versiegt, ruft der Dichter gleich noch eine andere Gottheit um Beistand an, Fama, die Göttin des Ruhms und der dichterischen Kunde. Ein Gedicht in heroischen Versen, das Helden besingt und mit einem Anruf an eine Gottheit mit der Bitte um Inspiration beginnt – bei einem solchen Text wussten zeitgenössische Leser sofort, um welches dichterische Genre es sich handelte. Der Text ist erkennbar konzipiert und ausgeführt als *carmen heroicum*, als epische Versdichtung. Vor diesem Hintergrund wird auch die in der Vorrede artikulierte Intention, in dichterischer Form die historische Wahrheit künden zu wollen, nochmals anders verständlich, denn genau das galt in der Zeit ebenfalls als Charakteristikum eines *carmen heroicum*.[16] *Carmina heroica* galten in der zeitgenössischen Poetik als dichterische Königsdisziplin,[17] doch spätestens seit Johann Christoph Gottscheds einflussreichen Ausführungen in der *Critischen Dichtkunst* waren die Gelehrten vom 18. bis zum 20. Jahrhundert meistenteils der Ansicht, es habe im 17. Jahrhundert nur wenige epische Versdichtungen im deutschen Kulturraum gegeben,[18] ja,

---

14 Ebd., Bl. A 3ᵛ, V. 3 und 6. Eine ausführlichere Untersuchung wären die den Text vielgestaltig kommentierenden Marginalien wert.
15 Ebd., V. 9–13.
16 Vgl. Dirk Werle: Von hohem Wesen. Zu Wahrheitsanspruch und Gattungspoetik epischer Versdichtungen im 17. Jahrhundert (am Beispiel von Caspar von Barth und Georg Greflinger). In: Zeitschrift für Germanistik N.F. 28 (2018), S. 10–24.
17 Vgl. etwa die einschlägige Darstellung bei Martin Opitz: Buch von der Deutschen Poeterey (1624). Studienausgabe. Hg. von Herbert Jaumann. Stuttgart 2002, S. 26–30.
18 Gottsched behandelt in der *Critischen Dichtkunst* die Gattung Epos ausführlich im Kapitel »Von der Epopee oder dem Heldengedichte«, geht dabei aber vor allem auf die antiken Texte ein. Aus dem Bereich der zeitgenössischen deutschen Literaturgeschichte erwähnt er Wolf Helmhardt von Hohbergs 1663/64 in Leipzig erschienenen, monumentalen *Habspurgischen Ottobert* sowie Christian Heinrich Postels 1724 postum in Hamburg veröffentlichten *Großen Wittekind* und kommentiert: »Diese Fabeln an sich, oder die Gedichte selbst sind besser gerathen, als ihre rauhe und garstige Verse: daher sich sehr wenige überwinden können, solche verdrießliche Werke zu lesen.« Johann Christoph Gottsched: Versuch einer critischen Dichtkunst: Anderer besonderer Theil. Berlin und New York 1973 (Ausgewählte Werke. Hg. von Joachim

gelegentlich wurde gar vom »Scheitern des epischen Projekts« im 17. Jahrhundert gesprochen.[19] Gottscheds Behauptung beruht aber auf einem Irrtum (bei dem nicht ganz sicher ist, ob er dem Autor nicht vielleicht halb intendiert unterlaufen ist), und die These vom Scheitern beruht auf einer fehlgeleiteten Interpretation; im Gegenteil ist die Gattungsgeschichte in der Zeit ausgesprochen vielgestaltig. Insbesondere der Dreißigjährige Krieg und seine Protagonisten werden immer wieder Gegenstand epischer Versdichtungen in deutscher wie in lateinischer Sprache, sei es philosophisch in Martin Opitz' 1633 erschienenen *Trostgedichten in Widerwärtigkeit des Krieges* und in verschiedenen anderen *carmina heroica* desselben Autors, sei es allegorisch in Jacob Baldes 1637 veröffentlichter *Batrachomyomachia tuba Romana cantata* oder auch in Andreas Gryphius' ebenfalls 1637 erschienenem *Olivetum*, sei es chronikalisch in Georg Greflingers 1653 publizierter Reimchronik *Der Deutschen Dreißigjähriger Krieg* sowie in vielen weiteren Texten.[20] Illenhöfers *Poetische Beschreibung* der zweiten Schlacht bei Breitenfeld ist in dieser Reihe zu situieren.

Birke und Brigitte Birke, Bd. 6, 2) [als Grundlage der Edition dient die dritte Auflage von 1742], S. 279–308 (»Von der Epopee oder dem Heldengedichte«), hier S. 291.

19 Vgl. den Titel des Schlusskapitels bei Ernst Rohmer: Das epische Projekt. Poetik und Funktion des ›carmen heroicum‹ in der deutschen Literatur des 17. Jahrhunderts. Heidelberg 1998. Gerechter Weise ist hervorzuheben, dass Rohmers Ausführungen deutlich komplexer und dem Gegenstand angemessener sind, als es der zitierte Titel des Schlusskapitels seines Buchs vermuten lässt.

20 Martin Opitzen Trostgedicht In Widerwertigkeit Deß Kriegs. In vier Bücher abgetheilt/ Und vor etlichen Jahren anderwerts geschrieben. In: ders.: Geistliche Poemata 1638. Hg. von Erich Trunz. Tübingen 1966, S. 334–408; Jacob Balde und seine Batrachomyomachia. Text, Übersetzung und Kommentar von Peter Mathes. 2 Bde. Heidelberg 2020; Andreas Gryphius: Olivetum. In: Ders.: Herodes. Der Ölberg. Lateinische Epik. Hg., übersetzt und kommentiert von Ralf Georg Czapla. Berlin 1999, S. 150–257; Georg Greflinger: Der Deutschen Dreyßig-Jähriger Krieg 1657. Hg. von Peter Michael Ehrle. München 1983. Vgl. zu Opitz' *Trostgedicht* und Greflingers *Dreyßig-Jährigem Krieg* Dirk Werle: Knowledge in Motion between Fiction and Non-Fiction. Epic Poems and Didactic Poetry in the Seventeenth Century (Martin Opitz and Georg Greflinger). In: Daphnis 45 (2017), S. 563–577; zu Gryphius' *Olivetum* ders.: Andreas Gryphius' *Olivetum* und die Traditionen des *carmen heroicum* im siebzehnten Jahrhundert. In: Oliver Bach, Astrid Dröse (Hg.): Andreas Gryphius (1616–1664). Zwischen Tradition und Aufbruch. Berlin, Boston 2020, S. 311–327; zu Baldes *Batrachomyomachia* ders. und Katharina Worms: Jacob Baldes *Batrachomyomachia Homeri Tuba Romana cantata* (1637) und der Dreißigjährige Krieg. In: Scientia Poetica 22 (2018), S. 214–228, sowie die jeweils in diesen Beiträgen zitierte Forschungsliteratur. Zu Opitz' weiteren *carmina heroica* vgl. darüber hinaus Dirk Werle: Das *carmen heroicum* und der Krieg. Martin Opitz' *Ratispona in libertatem vindicata* (1633). In: Daphnis 47 (2019), S. 238–254; Marie-Thérèse Mourey: Historizität und Fiktion in Martin Opitzens Versepen. Ebd., S. 221–237; Jörg Robert: Poetische Naturwissenschaft. Martin Opitz' Lehrgedicht *Vesuvius* (1633). In: Daphnis 46 (2018), S. 188–214. Zu *carmina heroica* des 17. Jahrhunderts im Allgemei-

Der Götteranruf zu Beginn des Texts wächst sich genregemäß zu einem veritablen Proömium aus, in dem der Dichter sich selbst in spezifischer Weise charakterisiert: Er ist »von Teutschem Blut«, sein Herz ist »[m]it alter Redlichkeit« voll, er spricht stets die »Warheit«: »Weiß hab ich allzeit weiß/ vnd schwartzes schwartz genannt«, schreibt er.[21] Verstellung ist ihm fremd, er nennt sich einen Feind der Lügen[22] und nimmt sich vor, das, was er zu sagen hat, auf »alt teutsch« und »in hoch-Teutsch«, also in einem Deutsch, wie man es in den südlicheren Regionen des deutschen Kulturraums sprach, vorzutragen.[23] Hier wird eine in der Zeit geläufige Vorstellung artikuliert, wonach Redlichkeit eine altdeutsche Tugend ist, die allenfalls durch den Einfluss anderer Nationalkulturen in Gefahr gerät, und eine gepflegte deutsche Sprache als korrelierend mit einer intakten moralischen Verfassung gesehen wird.[24] Diese Position wurde in den 1640er Jahren nicht zuletzt von Autoren wie Jesaias Rompler von Löwenhalt und Johann Michael Moscherosch im Umfeld der Straßburger Tannengesellschaft vertreten,[25] und in Straßburg hatte Illenhöfer ja ausweislich der Vorrede seines Gedichts studiert.

Illenhöfer greift, um seiner epischen Schlachtbeschreibung den geeigneten Rahmen zu geben, auf Traditionen einer bestimmten Spielart des *carmen heroicum* zurück, des Bibelepos nämlich. Er baut ganz entsprechend den Konventionen der antiken Epik neben beziehungsweise über der Ebene menschlicher Akteure eine zweite Akteursebene auf, jene der Götterwelt. Da aber im Rahmen eines monotheistischen Weltbildes nicht viele Götter auf den unterschiedlichen Seiten am Kampf teilnehmen können, lässt er Gott und die himmlischen Heer-

---

nen und im Dreißigjährigen Krieg im Besonderen die Schwerpunkthefte Dirk Werle (Hg.): Erforschung von epischen Versdichtungen im langen 17. Jahrhundert (ca. 1570–1740). In: Zeitschrift für Germanistik N.F. 28 (2018), S. 7–88; Uwe Maximilian Korn u. a. (Hg.): Das carmen heroicum in der frühen Neuzeit. In: Daphnis 46 (2018), S. 1–326; Sylvia Brockstieger, Dirk Werle (Hg.): Erzählen zwischen Realität und Fiktion. Der Dreißigjährige Krieg in epischen Versdichtungen und erzählender Prosa des 17. Jahrhunderts. In: Scientia Poetica 22 (2018), S. 209–298.
21 Illenhöfer: Poetische Beschreibung (s. Anm. 1), Bl. A 4ʳ, V. 9–13.
22 Ebd., V. 15: »Der Lügen bin ich feind.«
23 Ebd., V. 20 f.
24 Vgl. in diesem Sinne auch das Spiel mit den Wörtern ›teutsch‹ und ›täuschen‹ an anderer Stelle im Text, wo der Dichter klagt: »So seyn wir mehr nicht teutsch/ indem wir also teuschen/ | Wo ist/ O Teutschland/ nun dein alte Redlichkeit/ | Dein Trew-auffrichtig-seyn?« Ebd., Bl. E 1ᵛ.
25 Vgl. Wilhelm Kühlmann, Walter E. Schäfer: Literatur im Elsaß von Fischart bis Moscherosch. Gesammelte Studien. Tübingen 2001, vor allem S. 97–159 [»Die Tannengesellschaft – eine Straßburger literarische Societät«] und S. 161–174 [»Moscherosch und die Sprachgesellschaften des 17. Jahrhunderts – Aspekte des barocken Kulturpatriotismus«].

scharen auf Seiten der Schweden in das Geschehen eingreifen, Satan und seine Höllenscharen sich hingegen als Kriegstreiber betätigen. Geboten werden ganz epos-typisch groß angelegte Reden Gottes und Satans sowie dann auf der Ebene menschlicher Akteure Torstensons, der seinen Soldaten Mut zuspricht, und kaiserlicher Soldaten, die gottlose Reden schwingen.[26] An einigen Stellen erreicht der Text darüber hinaus dramatische Dimensionen, etwa wenn ein veritabler Dialog zwischen Akteuren geboten wird.[27] Auffällig ist, dass demgegenüber die Schlacht selbst gemessen am Umfang des Texts nicht sehr ausführlich und detailliert geschildert wird.[28] Sehr viel Aufmerksamkeit wird hingegen der Beschreibung des Schlachtfelds nach der Schlacht gewidmet.

An einigen Stellen des Texts macht Illenhöfer auf ein Problem aufmerksam: Es ist nicht leicht, angesichts der Konstellation vor Breitenfeld eine klare Freund-Feind-Unterscheidung zu treffen, wenn man ein redlicher, protestantischer Deutscher in schwedischen Diensten ist. Einerseits ist klar, dass die Schweden der protestantischen und damit aus Sicht des Autors gerechten Sache dienen – einen vor den Schweden fliehenden kaiserlichen Reiter lässt Illenhöfer ausrufen, »GOtt in dem Himmel selbst« sei wohl Schwedisch geworden[29] –, andererseits ist die deutsche Seite am ehesten jene der Kaiserlichen, unter denen sich auch viele deutsche Protestanten finden. Diese Seite wird bei der Beschreibung des Schlachtfeldes nach Ende der Schlacht durch einen ausführlichen »Trawerblick« des Dichters gewürdigt,[30] der sich zu einer seitenlangen *evidentia*-Figur auswächst, einem rhetorischen Voraugenführen des Schreckens, der sich auf dem Schlachtfeld dem Betrachter darbietet. Eingeleitet wird diese häufende Beschreibung mit dem Gedanken, dass auf diesem Schlachtfeld tausende Tote beisammen liegen, die sich gegenseitig umgebracht haben, obwohl sie einander überhaupt nicht gehasst haben, und von denen die allermeisten, könnte man sie fragen, wohl nicht in der Lage sein

---

26 Illenhöfer: Poetische Beschreibung (s. Anm. 1), Bl. B 4^v f., V. 385–420 [Rede Gottes]; Bl. C 1^r–C 2^r, V. 427–481 [Rede Satans]; B. C 2^r f., V. 500–526 [Rede Torstensons].
27 Ebd., Bl. D 3^v f., V. 889–931. Ich zitiere den Beginn des Dialogs, der in der Marginalie als »Des Commendanten zu Wittenberg vnd d flüchtigen Käys: Reuter Gespräch« ausgewiesen ist: »Erbärmlich flehen sie: *Reuter*. O nehmt vns ärmsten ein/ | Daß wir vorm Schwerdte nur des Feindes sicher seyn. | *Commend:* Was Volckes seyd jhr denn? das mit so tollen Sitten | Jhr Wahlfahrten hierher zu Luthern kommt geritten? | *Reuter. O viva Ferdinand!* Herr Luther kan dißmal | Erretten/ so jhr vns einlasst/ ein hohe Zahl.« Und so weiter.
28 Ebd., Bl. C 4^v–D 2^r, V. 674–777.
29 Ebd., Bl. D 4^r, V. 924 f.
30 Ebd., Bl. E 3^r, V. 1143–1145: »O welch ein Trawerblick erfüllet mein Gesichte! | Seynd alles Christen? Ja. Seynd das der Liebe Früchte? | Ja. Wie sie heute gehn.«

würden zu sagen, aus welchem Grund sie hier sterben mussten.[31] Es folgen Beschreibungen der Leichen auf dem Schlachtfeld und ihrer Versehrungen, die aufgrund ihrer Drastik für heutige Leser einen Realitätseffekt zu markieren scheinen, die aber in Schlachtbeschreibungen der Zeit durchaus topisch auftauchen: abgerissene Körperteile, aus dem Leib tretende Innereien und Ähnliches.[32]

Auf eine Passage, in der die Schrecken des Schlachtfeldes in dieser Weise konkret beschrieben werden, folgt eine andere, in der der Dichter als Kriegsberichterstatter selbst als Figur auf dem Schlachtfeld erscheint, Interviews mit den Sterbenden führt und sie insbesondere nach ihrer Herkunft fragt.[33] Diese Passage entwickelt sich zu einem epischen Katalog, der evident macht, dass die auf dem Schlachtfeld gefallenen Kaiserlichen von allen Orten Deutschlands und darüber hinaus stammen. Hier findet eine Inversion einer Vorgabe der Gattungstradition statt: Listen Kataloge seit Homer typischer Weise die Truppen auf, die zur Schlacht aufmarschieren, katalogisiert Illenhöfer die Gefallenen nach der Schlacht, betont also statt der Staunen erregenden Kriegsmacht die Betroffenheit auslösenden Verluste. 47 Personen und ihre konkreten Herkunftsorte von Meißen über Mainz, Passau und Stettin bis Buxtehude werden benannt,[34] bis der Dichter mit einem Unsagbarkeitstopos schließt: »Unmöglich wars zuletzt/ zu mercken Stadt vnd Land/ | Daraus die Pursche sich/ so lebte

---

[31] Ebd., Bl. E 3ᵛ, V. 1151–1156: »Hier ligen ohne Zahl viel Tausend todgeschlagen/ | Die sonst zusammen nie gar keinen Haß getragen/ | Ja wohl jhr lebenlang einander nichts gethan/ | Und wenn der zwanzigste solt jetzo zeigen an/ | Warumb er diesen Tod vor dißmal leiden müssen/ | Er wird ein Ursach kaum dißfalls zu sagen wissen.«.

[32] Ebd., Bl. E 4ʳ, V. 1187 f.: »Bey jenem eine Faust vom Arme abgeschnitten/ | Gelt! Wo der künfftliglich wird auf der Trommel wüten.« Ebd., V. 1217–1219: »Der lieget ohne Kopff/ der ohn die rechte Hand/ | Dem ist die lincke gantz vom Leibe weggebrannt | Durch fewriges Geschoß.« Ebd., Bl. E 4ᵛ, V. 1223: »Dem ist der Leib zerschnitten/ | Daß auf die Erden er die Därme müssen schütten.« Vgl. zur Topik drastischer Beschreibungen in diesem Kontext Dirk Werle: Erzählen vom Dreißigjährigen Krieg. Hannover 2020.

[33] In der Randnote ausgewiesen als »Des Authoris Gespräche mit etlichen verwundet Käyserl. Auf der Wahlstatt«, Illenhöfer: Poetische Beschreibung (s. Anm. 1), Bl. F 1ʳ.

[34] Punktuell unter Nachahmung der entsprechenden Dialekte der jeweiligen Landsleute: »Der zwey vnd vierzigste war aus dem Oberland/ | Und zwar von Woiblinga/ da Schwvaba wuol bekannt.« Ebd., Bl. F 2ʳ, V. 1339 f. Vgl. auch die Nachahmung des Akzents eines bei den Kaiserlichen mitkämpfenden Franzosen: »Kein Teutsche/ sagten wir/ ist das/ das ist gewiß/ | Da sprach er böse Teutsch: *Bin ich von der Paris,* | *VVo vvohn der gut Frantzos, du liebe Teutsche Bruder.*« Ebd., Bl. F 1ᵛ, V. 1325–1327. Vgl. für ein anderes frühneuzeitliches Beispiel der Imitation von ›Franzosen-Deutsch‹ Kai Bremer u. a.: Formen der Geselligkeit und ihr historischer Wandel als Herausforderung der frühneuzeitlichen Kulturgeschichte. Das Beispiel Leipzig. In: Daphnis 49 (2021), S. 1–13.

noch/ genannt«.³⁵ Unterfüttert wird die empathische Schilderung der gefallenen und sterbenden Kaiserlichen auf dem Schlachtfeld durch eindrückliche Details, etwa jenes des Soldaten, der den Dichter und Kriegsberichterstatter bittet, seinem alten Vater, zu dem er als sein einziger Sohn nicht mehr zurückkehren wird, von seinem ehrenvollen Tod zu berichten, oder jener tödlich Verwundeten, die vor Schmerzen versuchen, sich mit ihren Fingernägeln ins Erdreich hineinzuwühlen.³⁶

Mit einem harten Bruch geht der Dichter von dieser beteiligten Schilderung des sinnlosen, massenhaften Sterbens seiner Landsleute über zum – frühneuzeitliche *carmina heroica* häufig als Strukturmerkmal bestimmenden – Rühmen des Helden, des schwedischen Feldherrn Torstenson: »Genug von dieser Schlacht Jetzt wend ich mich zu Dir | Du freyer Norden-Held«.³⁷ Es folgt die ausführliche, den Gerühmten über weite Strecken apostrophierende Epideixis Torstensons, die sich nicht zuletzt in der Einschätzung ausspricht: »Dein Ruhm ist mehr/ daß du sehr vielen hast das Leben | Erhalten/ als geraubt«³⁸ – eine bemerkenswerte Aussage nach der ausführlichen Darstellung Sterbender auf dem Schlachtfeld. Torstenson wird vom Dichter darüber hinaus als legitimer Nachfolger Gustav Adolfs präsentiert, was jenem Gelegenheit gibt, in einer gleichfalls epos-typischen umfangreichen, in diesem Fall mehrere hundert Verse umfassenden Analepse die Vorgeschichte der zweiten Schlacht von Breitenfeld von Gustav Adolfs Invasion 1631 an über die Verheerung Magdeburgs durch Tillys Truppen und die erste Schlacht von Breitenfeld im selben Jahr, den Tod Gustav Adolfs in der Schlacht von Lützen 1632 und darüber hinaus zu rekapitulieren.³⁹ Das *carmen heroicum* über die zweite Schlacht von Breitenfeld endet mit der Evokation eines Triumphzugs, in dem der Kriegsheld Torstenson auf einem goldenen Wagen auf den Tempel der Fama zufährt.⁴⁰

Mit dem bis hierher Gesagten ist die Eigenart von Illenhöfers Text bei weitem nicht erschöpfend erfasst, gleichwohl sei hier die Vorstellung und Analyse

---

35 Illenhöfer: Poetische Beschreibung (s. Anm. 1), Bl. F 2ʳ, V. 1359f.
36 Ebd., Bl. F 1ᵛ, V. 1298–1305: »[...] der zwölffte von Cüstrin/ | Und vor ein eintzig Kind des Pfarrers sich erklärte/ | Derselbe bis an vns wehmütiglich begehrte/ | Daß/ so je einer einst allda durchreisen solt/ | An seinen Vater man nur dieses bringen wolt/ | Er sey ins Käysers Dienst vmb Leib vnd Leben kommen/ | Wiewol man listig jhn vnd Schelmisch weggenommen | In offnem Kruge hett.« Ebd., Bl. F 2ᵛ, V. 1365–1367: »Man sahe/ wie von vielen | Vor Pein versuchet ward sich in die Erd zu wühlen | Durch jhrer Nägel Krafft/ eh als die Seel entfahrn [...].«
37 Ebd., Bl. F 2ᵛ, V. 1399f.
38 Ebd., Bl. F 3ᵛ, V. 1450f.
39 Ebd., Bl. G 1ʳ–I 1ʳ, V. 1551–3056 [recte: 2156].
40 Ebd., Bl. I 1ᵛ, V. 3082–3084 [recte: 2182–2184].

des Texts abgebrochen, da ja im Rahmen dieses Bandes danach zu fragen ist, was man aus diesem Fallbeispiel mit Blick auf ideen- und sozialgeschichtliche Perspektiven der deutschen Literaturwissenschaft nach dem Ende des *cultural turn* ablesen kann. Dieser Frage gehe ich umso dankbarer nach, als die Beschäftigung mit ihr methodologische Klärung über Fragen verspricht, mit denen meine Mitarbeiter*innen und ich uns seit einiger Zeit in dem von der DFG geförderten Forschungsprojekt »Epische Versdichtungen des ›langen‹ 17. Jahrhunderts (1570–1740) im deutschen Kulturraum« beschäftigen. Im Rahmen dieses Projekts erarbeiten wir ein literaturhistorisches Repertorium, in dem wir ein Korpus von etwa 120 einschlägigen Texten literaturhistorisch erschließen und vorstellen, darunter selbstverständlich auch Illenhöfers *Poetische Beschreibung der Schlacht von Breitenfeld*.

2 Methodologische Implikationen und Konsequenzen

Die Herausgeber des vorliegenden Bandes konfrontieren ihre Autor*innen und die geneigten Leser*innen mit einem theoriegeschichtlichen Narrativ, das aus zwei Teilen besteht. Teil 1: Es hat in der Literaturwissenschaft der letzten Jahre ein kulturwissenschaftliches Paradigma gegeben, und dieses Paradigma hat sich nunmehr erschöpft. Teil 2: Nun ist der Weg frei für etwas Neues, und dieses Neue ist etwas Alt-Neues: Anzuknüpfen ist an eine Ideengeschichte der Literatur einerseits, an eine Sozialgeschichte der Literatur andererseits, und gerade in der produktiven Interaktion, vielleicht sogar hervorgehend aus Debatten und Kontroversen, soll eine angemessene und zeitgemäße Form von Literaturwissenschaft und Literaturgeschichte sichtbar werden. Zu diesem Zweck haben die Herausgeber je zwei Expert*innen für die deutsche Literaturwissenschaft jedes Jahrhunderts vom 12. bis zum 21. eingeladen, von denen je einer, je einem hier die Rolle der Ideenhistorikerin, des Ideenhistorikers, dem bzw. der anderen die Rolle der Sozialhistorikerin, des Sozialhistorikers zufällt. Das so etwas grob skizzierte Narrativ besitzt eine Reihe von Unschärfen. Kann es zum Beispiel sein, dass es *die* Kulturwissenschaft als homogenen Komplex eigentlich nie gegeben hat? Kann es außerdem sein, dass gerade die zur Beschreibung der Lage in den 1990er und 2000er Jahren häufig kolportierte Frontenbildung ›Kulturwissenschaft vs. Rephilologisierung‹ mehr ein politisch-strategisches Vereinfachungsnarrativ ist, als dass es eine literaturwissenschaftliche Wirklichkeit abbildete? Und ist es plausibel, dass gerade die Verknüpfung von Sozial- und Ideengeschichte Innovationspotential in Methodenfragen besitzen sollte?

Warum sollte das so sein? Als *Sozialgeschichte der Literatur* ging das dominante literaturwissenschaftliche Theorieangebot der 1970er und 1980er Jahre in die Fachgeschichte ein; warum sollte man ausgerechnet das jetzt wieder aufgreifen? Von einer ›Ideengeschichte der Literatur‹ hingegen hat als nennenswerter Strömung bislang niemand gesprochen; ein entsprechendes Lemma im Reallexikon oder in einem vergleichbaren Wörterbuch habe ich jedenfalls nicht gefunden.

Trotz dieser Unschärfen kommt mir das Narrativ zum vorliegenden Band triftig vor. Mein Vorschlag wäre aber, es nicht im Sinne eines programmatischen Theorie- und Methodenwechsels zu interpretieren – Ideen- und Sozialgeschichte gemeinsam gegen die Kulturwissenschaft und gleichzeitig auch gegeneinander – sondern als Einladung, über einige grundlegende Fragen und Probleme der Literaturgeschichtsschreibung nachzudenken. Eines haben die hinter den Labels Kulturwissenschaft, Sozialgeschichte und Ideengeschichte sich möglicherweise versteckenden Programme in dieser Hinsicht schon einmal gemeinsam; soviel kann man sagen, ohne die drei Konzepte genauer und ausführlicher explizieren zu müssen. Alle drei stehen nicht zuletzt für Versuche, eine anspruchsvolle Form von Literaturgeschichte zu konzipieren, die über die reine Prosopographie, das Aufzählen von Namen, Daten und Fakten hinausgeht. Ein solches prosopographisches Unterfangen gilt heute in weiten Bereichen der Literaturwissenschaft als gestrig und unangemessen, aber in weiten anderen Bereichen wird es nach wie vor mit Hingabe gepflegt. Mit einem rein prosopographischen Zugriff kommt man nun beispielsweise, wenn man auf das Fallbeispiel Illenhöfer blickt, nicht sehr weit. So ist etwa über den Autor des Texts, aber auch über die Offizin, in der der Text verlegt und gedruckt wurde, und über viele weitere harte Fakten nichts herauszubekommen. Man muss hier mit anderen, differenzierteren und subtileren Mitteln vorgehen. Wenn man sich in diesem Kontext fragt, warum Illenhöfers *Poetische Beschreibung* der Schlacht von Breitenfeld bislang nicht durch eine literaturwissenschaftliche Untersuchung erschlossen ist, dann hat ein Teil der Antwort mit dem Charakter dieses Texts und seiner Überlieferung zu tun: Wir wissen nichts über den Autor, und der Text ist ein Lobgedicht auf einen schwedischen Heerführer. Die ältere Germanistik konnte mit einem solchen Text nichts anfangen, weil zwei ihrer dominanten Interessen, das Verhältnis von Texten zu ihren Autoren und die kulturelle Vorläuferrolle der deutschen Literatur für die Etablierung eines deutschen Nationalstaats, von diesem Text nicht berührt wurden. In der jüngeren Germanistik hingegen hat sich kaum noch jemand für epische Versdichtungen interessiert, weil man sich bei der Erforschung von Erzähltexten und ihrer Geschichte auf die moderne Leitgattung des Romans konzentrierte.

Illenhöfers epische Versdichtung liegt nicht in einer modernen Edition vor und ist nicht weit verbreitet, nur in den Universitäts- und Landesbibliotheken in Halle und Dresden haben sich Exemplare des Drucks erhalten. Dass es im Jahr 2022 gleichwohl leicht möglich ist, den Text als Fallbeispiel für eine Reflexion auf allgemeinere methodologische Fragestellungen heranzuziehen, hat mit einer Entwicklung zu tun, die sich unabhängig von Fragen der Kulturwissenschaft, Sozial- und Ideengeschichte abspielt: Der Text ist als Digitalisat der Universitäts- und Landesbibliothek Sachsen-Anhalt im Internet zugänglich; er ist damit Teil einer medientechnischen Entwicklung, die die Frühneuzeitforschung in den letzten Jahren eminent verändert hat. Eng verknüpft mit diesem medientechnischen Fortschritt ist die rasante Entwicklung eines Forschungsfeldes und eines damit verbundenen wissenschaftlichen Zugriffs auf Literatur, die mit dem Label *Digital Humanities* noch recht global und unscharf bezeichnet sind. Diesen Siegeszug kann man, wenn man sich Anfang der 20er Jahre des 21. Jahrhunderts mit methodologischen Fragen der Literaturgeschichte beschäftigt, eigentlich nicht außer Acht lassen; man müsste sich etwa fragen, in welchem Verhältnis ein *close reading*, wie es im ersten Teil dieses Beitrags ansatzweise vorgeführt wurde, mit Formen des *distant reading*[41] steht, stehen kann, stehen sollte, die durch technische Fortschritte im Bereich der *Digital Humanities* zunehmend ermöglicht werden. Das kann an dieser Stelle nicht weiter vertieft werden, denn es soll ja um das Verhältnis von Kultur- und Sozialgeschichte gehen.

Der *cultural turn*, der mit dem Titel des vorliegenden Bandes als überwunden dargestellt wird, hat, wenn man das überhaupt so großflächig sagen kann, für die germanistische Literaturwissenschaft Transformationen bewirkt, die dem Fach gutgetan haben. Zu nennen sind hier etwa die theoretische Fundierung einer Erweiterung des Literaturbegriffs, die Etablierung von Forschungsperspektiven auf die Materialität der Literatur und das kulturelle Gedächtnis. Wenn in manchen Bereichen der Literaturwissenschaft über einen längeren Zeitraum hinweg etwas perhorresziert wurde, das man ›Kulturwissenschaft‹ nannte, dann meinte man damit vorrangig nicht etwa die genannten Tendenzen oder gar Versuche, kulturgeschichtliche Kontexte bei der Interpretation literarischer Texte besonders stark zu berücksichtigen, sondern man meinte andere Tendenzen, die man zu beobachten glaubte und die auf eine Ersetzung der wissenschaftlichen Leitdifferenz ›wahr – falsch‹ durch die ästhetische Leitdifferenz ›interessant – uninteressant‹ abzuzielen schienen.[42]

---

41 Vgl. dazu programmatisch Franco Moretti: Distant Reading. Aus dem Englischen übersetzt von Christine Pries. Konstanz 2016 [Orig. London 2013].
42 Vgl. Dirk Werle: Jenseits von Konsens und Dissens? Das Interessante als kulturwissenschaftliche Beschreibungskategorie. In: Internationales Archiv für Sozialgeschichte der Literatur 30 (2005), S. 117–135.

Wie stark diese Tendenzen wirklich gewesen sind, müssen vielleicht in einigen Jahren Wissenschaftsforscher*innen zu rekonstruieren versuchen.[43] Jedenfalls aber glaubt, so unscharf das Label *Kulturwissenschaft* auch ist, jede und jeder, die oder der Teil der *community* ist, irgendwie und intuitiv zu wissen, was damit gemeint ist.

Und wenn man sich durch die Brille dieses Labellings einmal die durchaus überschaubare Forschungssituation zum *carmen heroicum* in der frühen Neuzeit ansieht, dann kann man eine interessante Beobachtung machen: Genuin sich als kulturwissenschaftlich verstehende Beiträge zu diesem Forschungsfeld fehlen fast ganz; eine Ausnahme bildet vielleicht ein Beitrag von 2015, der in der Tat der Befürchtung, ›die Kulturwissenschaft‹ ersetze die Leitdifferenz ›wahr – falsch‹ durch jene ›interessant – uninteressant‹, ein wenig Vorschub leistet, denn in dem Beitrag wird eine interessant klingende These tendenziell um den Preis historischer Korrektheit vorangetrieben. In dem besagten Beitrag wird für die These argumentiert, im Bereich der Gattung *carmen heroicum* habe im 17. Jahrhundert eine schrittweise Ablösung des Heldengedichts durch das Lehrgedicht stattgefunden, und damit habe sich die Art, wie im literarischen Text Wissen konstituiert werde, grundlegend verändert.[44] Diese These klingt gut, aber sie wird durch die historische Materiallage allenfalls rudimentär gestützt. Helden- und Lehrepik bestehen durch das 17. Jahrhundert hindurch und bis ins 18. hinein nebeneinander fort und gehen nicht selten vitale Interaktionen ein, wie ja auch etwa in Illenhöfers *Poetischer Beschreibung* der Schlacht von Breitenfeld, die Elemente eines Heldengedichts und einer Lehrdichtung, oder besser: eines journalistischen Berichts, in eine interessante Spannung bringt.

Keinen systematischen Ort findet die Gattung des *carmen heroicum* in dem 2013 erschienenen interdisziplinären Handbuch *Literatur und Wissen*, obwohl es sich doch, wie angedeutet, um die literarische Gattung handelt, in der die Vermittlung von Wissen durch Dichtung als genrekonstitutiv gesehen wurde. Allein in einer fünfseitigen exemplarischen Lektüre von Opitz' 1631 veröffentlichtem Lehrepos *Vesuvius* gibt Jörg Robert einen – freilich sehr hellsichtigen –

---

43 Vgl. für erste Explorationen in diesem Feld Serjoscha P. Ostermeyer: Der Kampf um die Kulturwissenschaft. Konstitution eines Lehr- und Forschungsfeldes – 1990–2010. Berlin 2016.
44 Andreas B. Kilcher: ›Litteratur‹. Formen und Funktionen der Wissenskonstitution in der Literatur der Frühen Neuzeit. In: Frank Grunert, Anette Syndikus (Hg.): Wissensspeicher der Frühen Neuzeit. Formen und Funktionen. Berlin, Boston 2015, S. 357–375. Vgl. ebd., S. 364: »Wenn dem Epos auch nach dem 17. Jahrhundert eine enzyklopädische Funktion zugesprochen werden konnte, dann galt dies [...] nicht mehr so sehr für das ›heroisch getichte‹ (Opitz), d. h. für das Heldenepos im homerischen Sinn. Dieses wurde in der Funktion mehrheitlich durch das ›carmen didacticum‹, das Lehrgedicht, abgelöst. Analog zum Heldenepos kann man geradezu von einem ›enzyklopädischen Lehrgedicht‹ sprechen.«.

Einblick in die wissenshistorische Relevanz des Genres, aber dieser Absatz bleibt als vereinzeltes Fallbeispiel, das im Rest des Handbuchs keine Resonanz findet, konzeptionell eher randständig.[45] Das kann man freilich nicht dem Verfasser zur Last legen, im Gegenteil, es ist ihm hoch anzurechnen, dass er die wichtige Thematik für das Handbuch gerettet hat; es liegt anscheinend an einer mangelnden Sensibilität der Herausgeber*innen für die Wichtigkeit des Genres *carmen heroicum* mit Blick auf das im Handbuch erschlossene Themengebiet. Und diese mangelnde Sensibilität hat wiederum vielleicht etwas mit dem Umstand zu tun, dass die Herausgeber*innen des Handbuchs *Literatur und Wissen* einer Unterströmung der kulturwissenschaftlichen Literaturwissenschaft zuzurechnen sind, der ›Poetologie des Wissens‹. Diese kulturwissenschaftliche Spielart der Wissenschafts- und Wissensgeschichte geht davon aus, dass literarische Formen gelehrtes und wissenschaftliches Wissen konstitutiv hervorbringen,[46] wogegen konservativere Konzeptionen der Wissenschafts- und Wissensgeschichte erst einmal davon ausgehen würden, dass literarische Formen etwas den Wissensgehalten grundsätzlich Nachgängiges sind und dass Literatur auf Wissenschaft reagiert, nicht aber die frühere und bessere Wissenschaft ist.[47] Mit Blick auf die Gattungsgeschichte des *carmen heroicum* muss man sagen, dass man mit einer ›Poetologie des Wissens‹ hier nicht sehr weit kommt. Die großenteils eher sperrigen Texte widersetzen sich einem derartigen Zugriff und sind für ihn damit uninteressant, sie fordern einen traditionelleren, dabei gleichwohl differenzierten wissenshistorischen Zugang.

Die Opposition ›Ideengeschichte versus Sozialgeschichte‹, in deren Spannungsfeld gemäß dem – vorliegendem Band zugrunde liegenden – Narrativ ›nach der Kulturgeschichte‹ der angemessene literaturwissenschaftliche Zugriff auf Texte und ihre Geschichte erfolgen soll, ist auf den ersten Blick eine

---

45 Vgl. Jörg Robert: Martin Opitz: *Vesuvius Poëma Germanicum* (1633). In: Roland Borgards u. a. (Hg.): Literatur und Wissen. Ein interdisziplinäres Handbuch. Stuttgart 2013, S. 301–305. Von dieser Fehlanzeige lässt auch Wilhelm Kühlmann seinen monographischen Überblick zur frühneuzeitlichen Lehrdichtung starten: Wilhelm Kühlmann: Wissen als Poesie. Ein Grundriss zu Formen und Funktionen der frühneuzeitlichen Lehrdichtung im deutschen Kulturraum des 16. und 17. Jahrhunderts. Berlin, Boston 2016, S. 1, Anm. 1.
46 Vgl. dazu handbuchartig-kodifizierend Armin Schäfer: Poetologie des Wissens. In: Roland Borgards u. a. (Hg.): Literatur und Wissen. Ein interdisziplinäres Handbuch. Stuttgart 2013, S. 36–41.
47 Vgl. Lutz Danneberg, Carlos Spoerhase: *Wissen in Literatur* als Herausforderung einer Pragmatik von Wissenszuschreibungen: sechs Problemfelder, sechs Fragen und zwölf Thesen. In: Tilmann Köppe (Hg.): Literatur und Wissen. Theoretisch-methodische Zugänge. Berlin, New York 2011, S. 29–76; Andrea Albrecht u. a.: Zum Konzept Historischer Epistemologie. In: Scientia Poetica 20 (2016), S. 137–165.

überraschende Setzung, denn erstens spricht heute aus hier nicht genauer zu erörternden Gründen kaum noch jemand von Ideengeschichte, sondern eher in einem erweiternden Sinne von *intellectual history*, und ebenso spricht kaum noch jemand von Sozialgeschichte, sondern eher in einem erweiternden Sinne von Gesellschaftsgeschichte. Und zweitens ist die Trennung von Gesellschaftsgeschichte und *intellectual history* sinnvoller Weise überhaupt nicht säuberlich vorzunehmen: Ideen sind ja stets in ihren gesellschaftlichen Kontexten eingebettet, und Gesellschaft ist nicht anders zu verstehen denn über ihre intellektuellen Hintergründe. Die Opposition Ideen- versus Sozialgeschichte scheint jedoch ebenfalls für eine grundsätzliche Frage der Textinterpretation und der Literaturgeschichtsschreibung zu stehen: Welche Kontexte sind beim historischen und interpretierenden Umgang mit Texten zu favorisieren: intertextuelle – das wäre die ideengeschichtliche Option – oder extratextuelle – das wäre die sozialgeschichtliche Option? Die Frage lässt sich allerdings so nicht beantworten. Zu ersetzen ist sie, wie ich mir einzubilden nicht abgewöhnen kann, durch eine problemgeschichtliche Perspektive und damit durch die Frage: Was könnte die Problemsituation sein, auf die der vorliegende Text oder die vorliegende Textgruppe reagiert?[48] Je nachdem kann diese Problemsituation eher gesellschaftlicher oder eher ideenhistorischer Natur sein, zumeist wird aber beides eine Rolle spielen.[49] Am Beispiel Illenhöfers: Für das Verständnis des Texts sind nicht die gesellschaftlichen Kontexte Krieg und Gefolgschaft und nicht die ideengeschichtlichen Kontexte Heldenlob und Klageritual vorrangig, auch nicht der Kontext Nationalitätsbewusstsein, von dem es gar nicht leicht ist zu sagen, ob er eher gesellschaftlicher oder eher ideengeschichtlicher Natur ist. Nein, *alle* diese Kontexte spielen eine Rolle hinsichtlich der zentralen im Text reflektierten und thematisierten, keineswegs gelösten, sondern in der Spannung gehaltenen Problemsituation, die sich durch die Frage umreißen lässt: Welche Position nehme ich als protestantischer Deutscher in einem kriegerischen Konflikt ein, in dem die Kaiserlichen am ehesten Deutschland und die deutsche Sache

---

48 Vgl. zum Konzept literaturwissenschaftlicher Problemgeschichte Dirk Werle: Modelle einer literaturwissenschaftlichen Problemgeschichte. In: Jahrbuch der Deutschen Schillergesellschaft 50 (2006), S. 478–498; ders.: Frage und Antwort, Problem und Lösung. Zweigliedrige Rekonstruktionskonzepte literaturwissenschaftlicher Ideenhistoriographie. In: Scientia Poetica 13 (2009), S. 255–303, und die durch diesen Beitrag eingeleitete Forschungsdiskussion in den Bänden 13 (2009) und 14 (2010) des Jahrbuchs *Scientia Poetica* sowie ders.: Problem und Kontext. Zur Methodologie der literaturwissenschaftlichen Problemgeschichte. In: Journal of Literary Theory 8 (2014), S. 31–54.
49 Vgl. in diesem Sinne bereits Karl Eibl: Literaturgeschichte, Ideengeschichte, Gesellschaftsgeschichte – und ›Das Warum der Entwicklung‹. In: Internationales Archiv für Sozialgeschichte der deutschen Literatur 21 (1996), S. 1–26.

repräsentieren, der schwedische Heerführer hingegen als protestantischer Heros agiert und firmiert?

Wer sich für literaturhistorische Verlaufsformen interessiert, für den literarischen Wandel, seine Dynamiken und Bedingungen, der muss sich von den literaturwissenschaftlichen Basisbeschreibungskonzepten vor allem für das Konzept der Gattung interessieren. Autor*innen und ihre Werke sind ziemlich individuelle Einheiten, an denen man keinen Wandel ablesen kann; Epochenbegriffe implizieren die Vorstellung ziemlich statischer Makroformationen, die differenziertere Einsichten über literarischen Wandel und literaturhistorische Verläufe eher behindern als befördern. Gattungen hingegen sind historisch entwickelte Formen, innerhalb derer sich literarische Produktion und Rezeption wesentlich abspielt und eine geschichtliche Dynamik entfaltet. Auch Gattungsgeschichte lässt sich jedoch angemessen nur im Miteinander von sozial- und ideengeschichtlicher Perspektive rekonstruieren. Gattungen sind einerseits, mit Wilhelm Voßkamp gesprochen, »›Bedürfnissynthesen‹ [...], in denen nicht nur bestimmte Problemlagen artikuliert, sondern auch Lösungsstrategien diskutiert und angeboten werden, die Möglichkeiten (zeitlich begrenzter) Bedürfnisbefriedigung für bestimmte Leser (Schichten, Gruppen) bieten.«[50] Sie lassen sich mithin als Reaktionen auf gesellschaftliche Bedürfnisse verstehen. Andererseits entwickeln Gattungen im Wechselspiel von Gattungstradition, Gattungsbewusstsein und individuellem Reagieren auf Gattungserwartungen, von Tradition und Traditionsverhalten, eine interne Dynamik mit einer Eigenlogik.[51] Gattungen sind so gesehen Ideen, Gattungsgeschichte ist eine Form von Ideengeschichte. Eine anspruchsvolle Gattungsgeschichte muss beide Aspekte, den sozialgeschichtlichen und den ideengeschichtlichen, berücksichtigen, und das lässt sich in den meisten Fällen auch gar nicht vermeiden. So zeigt sich etwa in der Lektüre von Illenhöfers *Poetischer Beschreibung* der Schlacht von Breitenfeld, wie der Autor die verschiedenen Möglichkeiten, die die Gattung des *carmen heroicum* bereit-

---

50 Wilhelm Voßkamp: Thomas Morus' *Utopia*: Zur Konstituierung eines gattungsgeschichtlichen Prototyps. In: Ders. (Hg.): Utopieforschung. Interdisziplinäre Studien zur neuzeitlichen Utopie. Bd. 2. Frankfurt a.M. 1985 [zuerst 1982], S. 183–196, hier S. 183.
51 Vgl. zum in diesem Zusammenhang weiterführenden Konzept des literarischen Traditionsverhaltens Wilfried Barner: Wirkungsgeschichte und Tradition. Ein Beitrag zur Methodologie der Rezeptionsforschung [1975]. In: Ders.: Pioniere, Schulen, Pluralismus. Studien zu Geschichte und Theorie der Literaturwissenschaft. Tübingen 1997, S. 253–276; ders.: Über das Negieren von Tradition. Zur Typologie literaturprogrammatischer Epochenwenden in Deutschland. In: Reinhart Herzog, Reinhart Koselleck (Hg.): Epochenschwelle und Epochenbewusstsein. München 1987, S. 3–51; ders.: Tradition als Kategorie der Literaturgeschichtsschreibung [1988]. In: Ders.: Pioniere, Schulen, Pluralismus. Studien zu Geschichte und Theorie der Literaturwissenschaft. Tübingen 1997, S. 277–296.

hält, nutzt, um literarisch auf die geschilderte Problemsituation zu reagieren und sie im epischen Format zu reflektieren: Schlachtbeschreibung, Heldenlob, Nationenkatalog, Musenanruf,[52] Artikulation eines dichterischen Wahrheitsanspruchs.

Ideenhistorische und sozialhistorische Perspektive haben noch in einer anderen Hinsicht eine Gemeinsamkeit: Sie implizieren eine Abkehr von einer in der Literaturwissenschaft immer noch verbreiteten Konzentration großer Anteile der Forschungskapazitäten auf kanonische, als ästhetisch besonders wertvoll erachtete Texte. Eine anspruchsvolle Ideengeschichte der Literatur kann nur schreiben, wer nicht nur die kanonischen Texte von Wolfram von Eschenbach, Goethe, Schiller und Thomas Mann im Blick hat, sondern vor allem auch die vielen wenig bekannten Texte dazwischen, die es erlauben, eine historische intellektuelle Dynamik, wie sie sich in Texten niederschlägt, überhaupt erst erkennbar werden zu lassen. Und wer sich für sozialgeschichtliche Dimensionen der Literatur interessiert, wird – wenn man einmal exemplarisch auf die Erzählliteratur des 17. Jahrhunderts schaut – vielleicht in einem zeitgenössischen Bestseller wie Johann Michael Moscheroschs *Wunderbarlichen und wahrhafftigen Gesichten Philanders von Sittewalt* mehr relevante Funde machen können als in einem nachträglich hochkanonisierten, aber in seiner Zeit weniger erfolgreichen Text wie Hans Jacob Christoffel von Grimmelshausens *Simplicissimus Teutsch*. Entsprechend ist ein Text wie die *Poetische Beschreibung* Illenhöfers im Kontext einer kanonorientierten Literaturgeschichte überhaupt nicht sinnvoll thematisierbar; es handelt sich vor diesem Hintergrund um einen belanglosen, irrelevanten, vernachlässigenswerten Text. Eine solche Literaturgeschichte würde die Geschichte deutschsprachiger epischer Versdichtungen vielleicht überhaupt erst mit Friedrich Gottlieb Klopstocks *Messias* anfangen lassen; die zahlreichen einschlägigen Texte, die innerhalb dieser Genretradition seit dem 16. Jahrhundert entstanden sind, würden durch den kanonorientierten Radar einfach nicht erfasst werden. Im Kontext einer ideen- und sozialhistorisch informierten Gattungsgeschichte hingegen wird deutlich, wie ein scheinbar randständiger Text wie der Illenhöfers eine beträchtliche literaturhistorische Signifikanz entfalten kann.

Die hier skizzierten Überlegungen zum notwendigen Miteinander von Kontextualisierungen intertextueller und extratextueller Natur sowie der Perspektive auf literarische Gattungen sowohl als gesellschaftliche Bedürfnissynthesen als auch als Traditionen mit Eigenlogik und schließlich zum Verhältnis

---

52 In diesem Fall modifiziert zu einem Anruf Apollos, mit dem der Text einsetzt: »APollo, schenck mir nun was reicher deinen Safft/ | Daß meine Feder sich erheb in dessen Krafft/ | Zu fliegen in das Lob viel edler Krieges-Helden; | Die güldne Leyer stimm; komm/ komm/ hilff mir vermelden | Die ritterliche Schlacht [...].« Illenhöfer: Poetische Beschreibung (s. Anm. 1), Bl. A 3^v, V. 1–5.

von Literaturgeschichte und literarischem Kanon lassen sich nochmals in einer spezifisch wissenschaftshistorischen Weise perspektivieren, die die entwickelten Sachverhalte zusammenzufassen und etwas anders zu konturieren erlaubt: Die literaturwissenschaftliche Sozialgeschichte seit den 1970er Jahren entdeckte schnell als eines ihrer liebsten Spielfelder die Barockforschung. Und das geschah nicht ohne Grund. Mit der Literatur des 17. Jahrhunderts mussten sich etwa eine Geistesgeschichte der Literatur oder eine werkimmanente Literaturbetrachtung schwertun, weil beide in den Jahrzehnten vor 1970 dominanten Strömungen sich *grosso modo* an einem goethezeitlichen Literaturideal orientierten und die Literatur des 17. Jahrhunderts vor diesem Hintergrund als weniger interessant, relevant und wertvoll einstuften.[53] Am Projekt einer Überwindung dieser Sichtweisen konnte sich eine Sozialgeschichte der Literatur bewähren, und das tat sie in Gestalt bahnbrechender, das Verständnis der Literaturgeschichte des 17. Jahrhunderts wesentlich befördernder Forschungen, in denen sie vorführte, wie man die Literatur der vorgoethezeitlichen Epochen angemessen beschreiben kann, indem man sie vor dem Hintergrund ihrer gesellschaftlichen Kontexte anschaut.[54] Allerdings hatte es die Barockforschung der 1970er Jahre dann auch schnell mit einem aus diesem Programm resultierenden, bereits länger bekannten Dilemma zu tun: Einerseits kann ich die Literatur des 17. Jahrhunderts nur angemessen verstehen, indem ich ihre gesellschaftlichen Kontexte berücksichtige, andererseits erfahre ich aus der Literatur selbst zunächst einmal wenig über gesellschaftliche Kontexte, weil sie den zeitgenössischen Konventionen entsprechend stark rhetorisch geprägt ist. Eine Lösung dieses Dilem-

---

53 Vgl. für die Geistesgeschichte etwa Friedrich Gundolf: Martin Opitz. München und Leipzig 1923; ders.: Andreas Gryphius. Heidelberg 1927; für die werkimmanente – oder in diesem Fall genauer: formgeschichtliche – Interpretation exemplarisch Paul Böckmann: Dichterische Gestaltungskräfte in Grimmelshausens Simplicissimus. In: Zeitschrift für deutsche Bildung 18 (1942), S. 226–244.
54 Als wegweisend können etwa gelten Wilfried Barner: Barockrhetorik. Untersuchungen zu ihren geschichtlichen Grundlagen. Tübingen 1970; Klaus Garber: Der locus amoenus und der locus terribilis. Bild und Funktion der Natur in der deutschen Schäfer- und Landlebendichtung des 17. Jahrhunderts. Köln, Wien 1974; Dieter Breuer: Oberdeutsche Literatur 1565–1650. Deutsche Literaturgeschichte und Territorialgeschichte in frühabsolutistischer Zeit. München 1979; Wilhelm Kühlmann: Gelehrtenrepublik und Fürstenstaat. Entwicklung und Kritik des deutschen Späthumanismus in der Literatur des Barockzeitalters. Tübingen 1982. Vgl. dazu in wissenschaftsgeschichtlicher Hinsicht Kai Bremer: Die Frühe Neuzeit – ein Trümmerfeld. Über Anfänge und Ursprünge der Neueren deutschen Literatur. In: Marcel Lepper, Dirk Werle (Hg.): Entdeckung der frühen Neuzeit. Konstruktionen einer Epoche der Literatur- und Sprachgeschichte seit 1750. Stuttgart 2011, S. 39–51.

mas hatte schon länger darin bestanden zu versuchen, innerhalb des ›rhetorischen Zeitalters‹[55] Tendenzen einer ›realistischen‹, damit zukunftsweisenden und gleichzeitig Rückschlüsse auf die historische Hintergrundsituation erlaubenden Literatur zu identifizieren. Eine andere bestand darin, die Rhetorizität der Literatur selbst in ihren gesellschaftshistorischen Dimensionen zu analysieren.

Eine Literaturgeschichtsschreibung des 17. Jahrhunderts ›nach der Kulturgeschichte‹ hat es nach wie vor mit diesem Dilemma zu tun, und das macht ihr die Arbeit nicht leichter in einer Zeit, in der es um die neugermanistische Frühneuzeitforschung fachpolitisch nicht sehr gut bestellt ist: Professuren werden abgeschafft; die Mediävistik macht der Neugermanistik zunehmend das 16. Jahrhundert streitig, das diese weitenteils kampflos preisgibt; im neugermanistischen akademischen Unterricht kommt die Literatur der frühen Neuzeit an vielen universitären Standorten nicht vor. Angesichts dieser Zustände ist es umso wichtiger zu zeigen, was für ein bedeutsames und attraktives Untersuchungsfeld die literaturwissenschaftliche Erforschung der frühen Neuzeit allgemein und des 17. Jahrhunderts im Besonderen ist. Dabei kommt es darauf an, an vorgängige Forschungstraditionen und deren zum Teil bahnbrechende Leistungen anzuknüpfen und ihre großenteils in die richtige Richtung weisenden Bemühungen, eine anspruchsvolle, ideen- wie sozialgeschichtliche Dimensionen berücksichtigende Literaturgeschichtsschreibung der frühen Neuzeit zu entwickeln, weiterzuverfolgen, dabei aber auf der Basis neuerer methodologischer Entwicklungen stetig zu verbessern, etwa in Gestalt einer Gattungsgeschichte als Problemgeschichte, wie sie in diesem Beitrag am Beispiel Christian Ulrich Illenhöfers skizziert wurde.

---

[55] So der Titel des Studienbuchs von Andreas Keller: Frühe Neuzeit. Das rhetorische Zeitalter. Berlin 2008.

Kai Bremer
Konfessionalisierung – Konfessionskultur – Konversionalisierung

Thesen zum interdisziplinären Dialog am Beispiel von Gryphius' *Leo Armenius*

Die germanistische Frühneuzeitforschung hat früh begonnen, sich mit der von Heinz Schilling initiierten und von Hans-Christoph Rublack sowie besonders Wolfgang Reinhard ausdifferenzierten Konfessionalisierungsthese zu befassen.[1] Gleichwohl hat sie nur punktuell zu verstehen versucht, welche Konsequenzen sich aus der These für die Beschäftigung mit dem eigenen Gegenstand, die Literatur, ergeben. Vor allem aber hat sie, nachdem die These sich zu einem Paradigma ausdifferenziert hat, die weitere Entwicklung des historiographischen Diskurses kaum verfolgt. Die Folgen sind gravierend und führen zu einem vielfach naiven Umgang mit konfessionellen Fragen sowie dazu, dass bis heute nicht substantiell erörtert worden ist, was Konfessionalisierung für die deutsche Literatur der Frühen Neuzeit bedeutet.

Zwar wird in der germanistischen Forschung meist die Konfession eines Autors benannt.[2] Vielfach wird die jeweilige Konfession dabei jedoch als Entität wahrgenommen, zu der sich dann die Autor-Persönlichkeit verhält.[3] Ergänzend werden

---

[1] Vgl. Heinz Schilling (Hg.): Die reformierte Konfessionalisierung in Deutschland. Gütersloh 1986; Hans-Christoph Rublack (Hg.): Die lutherische Konfessionalisierung in Deutschland. Gütersloh 1992; Wolfgang Reinhard, Heinz Schilling (Hg.): Die katholische Konfessionalisierung. Münster 1995.
[2] Vgl. Klaus Garber: Zentraleuropäischer Calvinismus und deutsche ›Barock‹-Literatur. In: Schilling (Hg.): Die reformierte Konfessionalisierung (s. Anm. 1), S. 307–348.
[3] Vgl. zu Gryphius' Luthertum bspw. Ferdinand van Ingen: Andreas Gryphius' *Catharina von Georgien*. Märtyrertheologie und Luthertum. In: Hans Feger (Hg.): Studien zur deutschen Literatur des 17. Jahrhunderts. Gedenkschrift für Gerhard Spellerberg (1937–1996). Amsterdam 1997, S. 45–70; ähnlich ist das Vorgehen bei Studien zur Greiffenberg, vgl. Ulrike Wels: *mysterium crucis – meditatio crucis*. Theologischer Kontext und formale Analyse. In: Gesa Dane (Hg.): Scharfsinn und Frömmigkeit. Zum Werk von Catharina Regina von Greiffenberg (1633–1694). Frankfurt a.M. 2013, S. 101–121.

Kai Bremer, Osnabrück

Open Access. © 2022 Kai Bremer, publiziert von De Gruyter. Dieses Werk ist lizenziert unter einer Creative Commons Namensnennung 4.0 International Lizenz.
https://doi.org/10.1515/9783110667004-014

Motive und Figuren, die dezidiert konfessionell markiert sind, thematisiert.[4] Die Interpretationen, die derart verfahren, bestätigen allesamt den Bekenntnischarakter und verhalten sich damit implizit oder explizit zum Konfessionalisierungsdiskurs der Geschichtswissenschaft. All diese Bemühungen sind aber angesichts der Komplexität der historiographischen Forschungen in den letzten knapp zwei Jahrzehnten ausgesprochen oberflächlich, weil sie a. nicht nach den konkreten sozial- und ideengeschichtlichen Voraussetzungen fragen, in die ein Autor eingebettet ist, und b. nicht erörtern, wie die Literatur selbst durch die Konfessionalisierung verändert wurde. An die Stelle konkreter, durch sozial- und ideengeschichtliche Kontextualisierungen abgesicherte Interpretationen, die sich dem individuellen konfessionellen Rahmen des jeweiligen Textes stellen, sind vermehrt insbesondere in den Forschungen zur Literatur des 17. Jahrhunderts kulturwissenschaftlich fundierte Fragestellungen getreten, die zwar theoretisch ausgesprochen profiliert sind, aber durch ihre im Kern säkularisierende Anlage dazu neigen, die religiösen bzw. konfessionellen Dimensionen der Texte zu unterschlagen.

Um die damit artikulierte Kritik am germanistischen Umgang mit der Konfessionalisierung zu profilieren, werden zunächst einige Eckpunkte skizziert, die deutlich machen sollen, warum die Frage nach der Bedeutung der Konfessionalisierung ins Zentrum der Diskussionen um den Status der Sozial- und Ideengeschichte innerhalb der Germanistik gehört, die im vorliegenden Band erörtert werden. Ziel ist es, durch die Auseinandersetzung mit der Konfessionalisierungsforschung der Geschichtswissenschaft neue Perspektiven sowohl für die Sozialgeschichtsschreibung der Literatur als auch für deren Ideengeschichte zu gewinnen. Zugleich soll dargestellt werden, welche argumentativen Schwierigkeiten sich kulturwissenschaftliche Studien einhandeln, die versuchen, frühneuzeitliche Literatur mittels Theorien zu analysieren, die im Kern das Religiöse nicht als Proprium der frühneuzeitlichen Literatur begreifen, sondern lediglich als Ausdruck eines Dritten – etwa des Politischen. Die Kritik am germanistischen Umgang mit der Konfessionalisierung wird dabei thesenhaft erfolgen. Zuvor soll knapp das Verhältnis von Konfessionalisierungsforschung und Sozialgeschichtsschreibung skizziert werden, um deren fundamentalen Zusammenhang darzulegen.

---

4 Vgl. etwa die informierenden Hinweise zur Dichtung Friedrich Spees in Volker Meid: Die deutsche Literatur im Zeitalter des Barock. Vom Späthumanismus zur Frühaufklärung. München 2009, S. 249–254.

Zwar entwickelte sich Mitte der 1950er Jahre mit den Überlegungen zum Konfessionellen Zeitalter erst von Otto Brunner,[5] anschließend von Ernst Walter Zeeden[6] ein Blick auf die Jahrzehnte seit der Reformation, der nicht mehr nur das Gegensätzliche, sondern erstmals auch das Gemeinsame der gesellschaftlichen Entwicklungen ins Zentrum der Forschungen zur deutschen und europäischen Geschichte seit der Reformation stellte – samt ihrer vorreformatorischen Ursprünge.[7] Die Debatten, die aus diesen Überlegungen resultierten, müssen hier nicht rekonstruiert werden. Ihre Auswirkungen waren substantiell. Sie führten u. a. zu einer Ausdifferenzierung des Verständnisses der vermeintlichen Grenze zwischen Spätmittelalter und Reformation,[8] wie noch die jüngsten Studien zum Status der Reformation als Schwelle zwischen den beiden Epochen zeigen.[9]

Diesen Studien ist gemeinsam, dass sie methodengeschichtlich (jedoch nicht thematisch) durch Forschungen angeregt wurden, die im Kontext von Otto Brunners und Werner Conzes Arbeitskreis für moderne Sozialgeschichte entstanden, indem sie nach den sozial- und wirtschaftshistorischen Voraussetzungen der Reformation fragten. Fundamental verankerte erstmals Bernd Moeller moderne sozialhistorische Konzepte in der Reformationsgeschichtsschreibung in seiner schmalen, 1962 publizierten Studie *Reichsstadt und Reformation*.[10]

Die eingangs erwähnten Forschungen von Schilling, Rublack und Reinhard nahmen diese Vorarbeiten auf und entwickelten die bis heute für die deutsche Frühneuzeitforschung wichtige Konfessionalisierungsthese, die davon ausgeht, dass die Herausbildung der Konfessionskirchen als wesentliches Ereignis zu betrachten und dass die daraus folgende Strukturbildung als zentrales Kennzei-

---

5 Otto Brunner: Das Konfessionelle Zeitalter 1555–1648. In: Peter Rassow (Hg.): Deutsche Geschichte im Überblick. Ein Handbuch. Stuttgart 1953, S. 284–316.
6 Ernst Walter Zeeden: Zur Periodisierung und Terminologie des Zeitalters der Reformation und Gegenreformation. In: Geschichte in Wissenschaft und Unterricht 7 (1956), S. 433–437.
7 Eine präzise Übersicht über die Forschungsgeschichte bis zum Beginn der Konfessionalisierungsforschung der 1980er Jahre bei Harm Klueting: Das Konfessionelle Zeitalter 1525–1648. Stuttgart 1989, S. 13–30.
8 Vgl. etwa Hartmut Boockmann (Hg.): Kirche und Gesellschaft im Heiligen Römischen Reich des 15. und 16. Jahrhunderts. Göttingen 1994; Klueting: Das Konfessionelle Zeitalter (s. Anm. 7) lässt das Konfessionelle Zeitalter ostentativ zwischen Thesenanschlag und *Confessio Augustana* beginnen (1525).
9 Festmachen lässt sich das beispielsweise an Publikationen, die im Kontext des Reformationsjubiläums erschienen sind. So widmet sich Heinz Schilling einleitend der Frömmigkeitsgeschichte in den Jahren, in denen Luther geboren wurde; vgl. Heinz Schilling: Martin Luther. Rebell in einer Zeit des Umbruchs. Sonderauflage München 2017, S. 23–55.
10 Bernd Moeller: Reichsstadt und Reformation (zuerst 1962). Neuausg. mit einer Einleitung Hg. von Thomas Kaufmann. Tübingen 2011.

chen der Epoche zu sehen ist. Wie sehr die Konfessionalisierungsthese die Geschichtswissenschaft geprägt hat, veranschaulicht vielleicht der Umstand, dass sich erst in diesen Jahren der Epochenbegriff *Frühe Neuzeit* durchsetzte. Der Zusammenhang zwischen der historiographischen Epochenbezeichnung und der Konfessionalisierungsforschung wird in der Germanistik kaum reflektiert. Vielmehr hat sie bis heute kein umfassendes Konzept für die Makroepoche entwickelt, auch wenn grundlegende Überlegungen und wissenschaftsgeschichtliche Problematisierungen dazu vorliegen.[11]

Eine Stärke des Konfessionalisierungsparadigmas ist der Umstand, dass es mittels sozialhistorischer Analysen die enge Verzahnung von Gesellschaft, Religion und Politik zu berücksichtigen und andererseits konfessionell differente Entwicklungen zu begründen vermag. Das zeigen beispielsweise die seit mehr als 10 Jahren prominente Indifferentismus-Forschung und mikrohistorische Studien zu lokalen konfessionellen Hybriden und konkretem mehrkonfessionellen Miteinander. Angetreten sind sie mit kritischem Gestus gegen die Konfessionalisierungsthese.[12] Freilich haben sie diese weniger widerlegt als vielmehr Ausnahmen, Spielarten und blinde Flecken vorgeführt. Neudeutsch kann vielleicht von konfessioneller Diversität gesprochen werden, die durch die jüngeren Forschungen zum Ausdruck kam. Thomas Kaufmann, der entschieden Kritik an den normierenden, auf die vermeintliche Modernität abzielenden Tendenzen der Konfessionalisierungsthese geäußert hat, hat vor diesem Hintergrund bereits Mitte der 1990er Jahre begonnen, auf die Entwicklung der unterschiedlichen ›Konfessionskulturen‹ hinzuweisen,[13] um für die Wahrnehmung ›konfessionsinterner Pluralität‹ zu werben.[14] Was als Kritik der Konfessionalisierungsthese und insbesondere der von Schilling, Rublack und Reinhard betonten strukturellen Gemeinsamkeiten begann, lehnt freilich rein begrifflich deren Konzept nicht etwa entschieden ab, sondern nimmt es auf, um diverse und differente Entwicklungen zu betonen. Es verwundert angesichts dessen nicht, dass Kauf-

---

[11] Marcel Lepper, Dirk Werle (Hg.): Entdeckung der frühen Neuzeit. Konstruktionen einer Epoche der Literatur- und Sprachgeschichte seit 1750. Stuttgart 2011.

[12] Vgl. Thomas Kaufmann: Einleitung: Transkonfessionalität, Interkonfessionalität und binnenkonfessionelle Pluralität – Neue Forschungen zur Konfessionalisierungsthese. In: Kaspar von Greyerz, Manfred Jakubowski-Tiessen, Thomas Kaufmann, Hartmut Lehmann (Hg.): Interkonfessionalität – Transkonfessionalität – binnenkonfessionelle Pluralität. Neue Forschungen zur Konfessionalisierungsthese. Gütersloh 2003, S. 9–15; Hartmut Lehmann: Grenzen der Erklärungskraft der Konfessionalisierungsthese. In: Ebd., S. 242–249.

[13] Vgl. Thomas Kaufmann: Dreißigjähriger Krieg und Westfälischer Friede. Kirchengeschichtliche Studien zur lutherischen Konfessionskultur. Tübingen 1998.

[14] Vgl. Thomas Kaufmann: Konfession und Kultur. Lutherischer Protestantismus in der zweiten Hälfte des Reformationsjahrhunderts. Tübingen 2006, S. 16–21.

manns Konzept inzwischen theoretisch weiterentwickelt wurde, indem nicht mehr nur nach dem konfessionskulturellen Eigenen, sondern auch den dahinterstehenden Codes gefragt wurde.[15]

Ebenfalls seit dieser Zeit wird die »Staatsüberschätzung«[16] des Konfessionalisierungskonzepts kritisiert und damit vor der Gefahr gewarnt, die Konfessionalisierung als eine Art Steigbügelhalterin der frühmodernen Politiktheorie zu betrachten. Diese Kritik führt vor, wie sehr in der Konfessionalisierungsforschung immer wieder ideengeschichtliche Konzepte reflektiert werden, werden mit ihr doch das Sozialdisziplinierungsparadigma von Gerhard Oestreich und Norbert Elias' Überlegungen zum *Prozeß der Zivilisation* auf- und angegriffen.

In der Germanistik ist all das zwar wiederholt rezipiert worden. Wie sehr aber gerade die Ausdifferenzierung der Konfessionalisierungsforschung und beispielsweise anschlussfähige Konzepte wie Kaufmanns Konfessionskulturen im Kern weiterhin sozial- und auch ideengeschichtlich fundiert sind, wird hingegen kaum einmal reflektiert. Das dürfte ein Grund dafür sein, dass die Frühneuzeit-Germanistik aktuell ausgesprochen disziplinär agiert und den interdisziplinären Dialog nur bedingt pflegt. Diese Kritik soll im Folgenden, wie einleitend dargelegt, thesenhaft ausgeführt werden, indem zugleich exemplarisch gezeigt wird, wie der interdisziplinäre Dialog gesucht werden kann, ohne das eigene Kerngeschäft zu vernachlässigen.

1. These: Die Forschungen der Geschichtswissenschaft wurden und werden in der Germanistik hinsichtlich ihrer Konsequenzen für die Literatur des 17. Jahrhunderts bzw. seit Opitz lediglich oberflächlich reflektiert.

Zahlreiche Germanistinnen und Germanisten standen seit Mitte der 1980er Jahre in direktem Austausch mit Reinhard, Rublack und Schilling und haben deren Konzepte begrifflich rasch übernommen. Zu denken ist etwa an Klaus Garbers Sonderweg-These, mit der er dem Calvinismus in der deutschen Barock-Literatur elementare Bedeutung zuschreiben wollte,[17] oder an Hans-Georg Kempers umfassenden Überblick über die frühneuzeitliche Lyrik.[18] Das Prob-

---

15 Birgit Emich: Konfession und Kultur, Konfession als Kultur? Vorschläge für eine kulturalistische Konfessionskultur-Forschung. In: Archiv für Reformationsgeschichte 109 (2018), S. 375–388.
16 Heinrich Richard Schmidt: Dorf und Religion. Reformierte Sittenzucht in Berner Landgemeinden der Frühen Neuzeit. Stuttgart, Jena, New York 1995, S. 374.
17 Vgl. Garber: Zentraleuropäischer Calvinismus (s. Anm. 2).
18 Hans-Georg Kemper: Deutsche Lyrik der frühen Neuzeit. Bd. 1: Epochen- und Gattungsprobleme. Reformationszeit; Bd. 2: Konfessionalismus. Tübingen 1987; vgl. dazu auch Ute Lotz-Heumann, Matthias Pohlig: Confessionalization and Literature in the Empire, 1555–1700. In: Central European History 40 (2007), S. 35–61.

lem ist bei beiden, dass sie zwar sozialhistorisch fundiert argumentieren und gesellschaftliche Kontexte berücksichtigen. ›Konfession‹ erscheint in ihren Überlegungen hingegen meist als Entität, die keine regionalen Differenzen und innerkonfessionelle Ausdifferenzierungen kennt. Konfessionelle Indifferenz wird ebenfalls gar nicht erst erwogen.

An diesem Umgang mit ›Konfession‹ hat sich wenig geändert, wie ein aktuelles Beispiel veranschaulichen mag. Albrecht Koschorke hat im 2016 erschienenen Gryphius-Handbuch im Artikel über *Leo Armenius*[19] eine These von Elida Maria Szarota aufgenommen,[20] Leo sei eine »Art Vorläufer der Lutheraner«, um dadurch die Frage aufzuwerfen, ob das barocke Trauerspiel »eine Art Tendenzdrama« sei. Indem Koschorke diese These aufgreift und anschließend zuspitzt, reproduziert er zunächst die in den 1970er Jahren vielfach gepflegte Vorstellung entschiedener konfessioneller Oppositionen, die regionale Annäherungen und Notwendigkeiten geringschätzt. So erwähnt Koschorke Gryphius' Kenntnis des lateinischen Jesuitendramas *Leo Armenus* von Joseph Simon.[21] Wie problematisch für Gryphius eine offene Auseinandersetzung mit diesem Stück gewesen wäre, hat Barbara Mahlmann-Bauer überzeugend dargelegt.[22] In Simons Stück ist Leo Tyrann, die Verschwörer um Michael Balbus begehen einen Tyrannenmord, dessen Akzeptanz durch Überlegungen von Juan de Mariana im Jesuitenorden weit verbreitet war.[23] Konkret geht Koschorke auf all dies abschließend jedoch nur indirekt ein, indem er die Struktur des Stücks und die Ambivalenz der Zeichen thematisiert – aufbauend auf seinen eigenen Überlegungen:[24]

---

19 Albrecht Koschorke: Leo Armenius. In: Nicola Kaminski, Robert Schütze (Hg.): Gryphius-Handbuch. Berlin, Boston 2016, S. 185–202.
20 Vgl. Elida Maria Szarota: Geschichte, Politik und Gesellschaft im Drama des 17. Jahrhunderts. Bern 1976, S. 127–129.
21 Vgl. Koschorke: Leo Armenius (s. Anm. 19), S. 185.
22 Vgl. Barbara Mahlmann-Bauer: *Leo Armenius* oder der Rückzug der Heilsgeschichte von der Bühne des 17. Jahrhunderts. In: Christel Meier, Heinz Meyer, Claudia Spanily (Hg.): Das Theater des Mittelalters und der frühen Neuzeit als Ort und Medium sozialer und symbolischer Kommunikation. Münster 2004, S. 423–465.
23 Markus Völkel: Die historischen Grundlagen der Lehre vom Tyrannenmord bei Juan de Mariana und ihre Implikationen. In: Christoph Kampmann, Ulrich Niggemann (Hg.): Sicherheit in der Frühen Neuzeit. Norm – Praxis – Repräsentation. Köln, Weimar, Wien 2013, 226–234, hier bes. S. 233 f.
24 Vgl. Albrecht Koschorke: Das Problem der souveränen Entscheidung im barocken Trauerspiel. In: Cornelia Vismann, Thomas Weitin (Hg.): Urteilen/Entscheiden. München 2006, S. 175–195. Daran anknüpfend: Armin Schäfer: Versuch über Souveränität und Moral im barocken Trauerspiel. In: Maximilian Bergengruen, Roland Borgards: Bann der Gewalt. Studien zur Literatur- und Wissensgeschichte. Göttingen 2009, S. 387–431, bes. S. 407–416.

Damit rückt schlechthin alles politische Tun ins Zeichen einer rückhaltlosen, sich selbst ermächtigenden, im Maß der Souveränsetzung zugleich entleerenden Dezision. Eben das führt Gryphius' Trauerspiel vor, aber nicht auf triumphalistische Weise, sondern in der Trauer über einen haltlosen Dezisionismus, der auf eine ebenso entleerte Arbitrarität des Göttlichen trifft.[25]

Koschorke interpretiert *Leo Armenius* mit Carl Schmitt und Walter Benjamin, ohne Ross und Reiter zu nennen. Dabei lässt er nicht nur offen, wer den anderen zügelt. Er macht aus dem Trauerspiel ein Stück der Uneindeutigkeit und erklärt damit die Frage von Szarota, ob *Leo Armenius* ein Tendenzdrama sei, für nicht beantwortbar.

Wenn der lutherische Autor Andreas Gryphius den Jesuiten Joseph Simon wahrscheinlich bewusst rezipiert, kann das bei der Interpretation der Rezeption nicht ignoriert werden. Da die Konfessionalisierung die meisten Lebensbereiche strukturiert hat, was auch die Kritiker der Konfessionalisierungsthese kaum bezweifeln, und wenn das Stück erkennbar die Frage nach frommer Herrschaft stellt, mag es zwar intellektuell reizvoll sein, *Leo Armenius* als Drama der politischen Theologie zu deuten. Antwort auf die Frage, warum der bekennende Lutheraner Gryphius in dem Stück derart unentscheidbar verfährt, gibt die behauptete Arbitrarität hingegen nicht. Oder – um Koschorkes Deutung der Zeichen aufzugreifen: Sind die Zeichen tatsächlich derart ›arbiträr‹ oder zumindest ›ambivalent‹ (Heinz Drügh[26]) bzw. ›doppeldeutig‹ (Peter J. Burgard)[27] und – theologisch gefragt – bekennt sich Gryphius tatsächlich nicht?

Nun ist es natürlich nicht so, dass eine Antwort auf diese Frage leicht zu finden ist. Versucht sei gleichwohl eine erste Annäherung, die die sozialhistorischen Kontexte berücksichtigt. Auszugehen ist dafür von der Beurteilung der religiösen Zeichen in *Leo Armenius* sowie von der behaupteten ostentativen Offenheit des Stückes. Gerade weil die Konfessionalisierung vielfach darauf zielte, die konfessionelle Differenz zu markieren und weil Gryphius als bekennender Lutheraner, dem konfessionelle Indifferenz nicht eigen war, bekannt ist, stellt sich die Frage, warum in seinem Trauerspiel eine konfessionelle Offenheit zu finden ist. Gryphius schrieb es, wie erwähnt, in Kenntnis von Simons eindeutigem Jesuitendrama *Leo Armenus*. Koschorke nennt diesen Einfluss, deutet hingegen nicht weiter Gryphius' biographische Situation. *Leo Armenius* entsteht

---

25 Koschorke: Leo Armenius (s. Anm. 19), S. 202.
26 Heinz J. Drügh: »Was mag wol klärer seyn?« – Zur Ambivalenz des Allegorischen in Andreas Gryphius Trauerspiel *Leo Armenius*. In: Hartmut Laufhütte (Hg.): Künste und Natur in Diskursen der Frühen Neuzeit. Wiesbaden 2000, S. 1019–1031.
27 Vgl. Peter J. Burgard: König der Doppeldeutigkeit: Gryphius' *Leo Armenius*. In: Ders. (Hg.): Barock: Neue Sichtweisen einer Epoche. Wien, Köln, Weimar 2001, S. 121–141.

auf der Reise nach Italien und Frankreich und wird auf der Rückreise 1646 in Straßburg abgeschlossen. Koschorke nennt das, wirft aber nicht die Frage auf, was Gryphius jenseits von Simons *Leo* beeinflusst haben dürfte.

Gryphius stand zu diesem Zeitpunkt wahrscheinlich bereits vor Augen, dass er im folgenden Jahr nach Glogau zurückkehren würde. Das hat er nicht nur getan, sondern dort bekanntlich lange Jahre sehr erfolgreich als Syndikus die lutherischen Glogauer Landstände vertreten und ihnen u. a. eine gewisse politische Freiheit im habsburgischen, katholischen Schlesien verteidigt. Arno Herzig hat im Gryphius-Handbuch daran erinnert, dass es maßgeblich Gryphius war, der sich in den 1650er Jahren für die Zugeständnisse der Protestanten eingesetzt hat.[28] Es wird eine Mutmaßung bleiben müssen, wie konkret die konfessionelle Situation in seiner Heimat Gryphius beeinflusst hat, als er das Trauerspiel verfasste. Aber angesichts seines weiteren Lebenswegs war es 1646 schlicht politisch klug, mit *Leo Armenius* eben kein Tendenzdrama vorzulegen, sondern eins, das im Hinblick auf die Deutung vielfach ambivalent ist (um die berechtigte Terminologie von Drügh aufzugreifen).[29] Die Sozialgeschichte liefert demnach keine abschließende Antwort auf die Frage, warum Gryphius sein Trauerspiel derart offen formuliert hat. Sie erklärt jedoch, warum es für den späteren Syndikus von Vorteil war, dass er sein Drama nicht als Tendenzdrama verfasst hat. Bevor nun ergänzend dazu ausgeführt wird, warum die Deutung von Gryphius' Trauerspiel trotz seines virtuosen Spiels mit den Zeichen konfessionell eindeutig und eben gerade kein Beispiel für konfessionellen Indifferentismus ist, muss ergänzend eine zweite These formuliert und exemplarisch veranschaulicht werden.

2. These: Im Unterschied zur Geschichtswissenschaft wird in der Frühneuzeit-Germanistik ›Konfessionalisierung‹ vielfach nicht als historiographischer Gegenentwurf, sondern als Spielart des Säkularisierungsnarrativs begriffen.

Markus Völkel hat 2013 daran erinnert, dass Juan de Mariana im Falle eines Fürstenmords das Recht nicht als bindend betrachtet hat, sondern die antizipierte Zustimmung der kommenden Generationen.[30] Der Jesuit schrieb mit dem Selbstbewusstsein seines Ordens, stets den Rat Gottes und die Vorsehung auf

---

28 Arno Herzig: Konfessionalisierung in Schlesien. In: Kaminski, Schütze (Hg.): Gryphius-Handbuch (s. Anm. 19), S. 48.
29 Vgl. Drügh: »Was mag wol klärer seyn?« (s. Anm. 26).
30 Völkel: Die historischen Grundlagen (s. Anm. 23).

der eigenen Seite zu haben. Als Geschichtsdrama[31] ruft Gryphius' *Leo Armenius* hier eben durch seine Offenheit das Problem der Legitimität in Erinnerung.[32] In dieser Hinsicht reagiert Gryphius also durchaus direkt auf den jesuitischen *Leo* – aber eben nicht in Gestalt einer antikatholischen Polemik, sondern derart, dass er ein anderes Legitimitätskonzept vertritt. Bei Simons *Leo Armenus* lautet der Untertitel schlicht »seu impietas punita«.[33] Bei Gryphius in der autorisierten Fassung von 1657 hingegen »Oder Fürsten-Mord«.[34] Schlichter kann der Wechsel vom religiösen Beurteilungsmaßstab zum juristischen nicht vor Augen geführt werden.

In Peter J. Brenners Artikel über das barocke Drama in Albert Meiers hervorragender Sozialgeschichte der deutschen Literatur wird diese politisch-juridische Dimension zur von Brenner so benannten ›religiösen Komponente‹ in Relation gesetzt. Brenner trennt von Beginn an den rechtlich-politischen vom religiösen Diskurs, um schließlich festzuhalten, dass Gryphius politische Herrschaft als Ordnungsfaktor legitimiere und diese Idee lediglich religiös verkleide.[35] Seiner Darstellung liegt also ein klassisches Säkularisierungsnarrativ nicht nur zugrunde, er setzt die Trennung von Religion und Recht geradezu voraus. Oliver Bach hat hingegen überzeugend gezeigt, dass der durch den Untertitel veränderte Akzent missverstanden wird, wenn er als schlichte, also säkulare Ersetzung betrachtet wird, die das religiöse Moment vernachlässigt:

> Es ist nicht Balbus und nicht der Mensch überhaupt, sondern allein Gott, der über Fürsten und Kaiser urteilt. Dieses Urteil sich anzumaßen, wie es sich der von Balbus bewunderte Phokas über Maurikios angemaßt hatte [...], heißt Gott Ansinnen machen, die dem Menschen nicht zustehen.[36]

---

31 Dirk Niefanger: Geschichtsdrama der Frühen Neuzeit 1495–1773. Tübingen 2005.
32 Das hat eindrucksvoll Peter Rusterholz vorgeführt: Andreas Gryphius' *Leo Armenius*: Ist christliche Politik möglich oder ein Widerspruch in sich selbst? In: Mirosława Czarnecka, Andreas Solbach, Jolanta Szafarz, Knut Kiesant (Hg.): Memoria Silesia. Leben und Tod, Kriegserlebnis und Friedenssehnsucht in der literarischen Kultur des Barock. Zum Gedenken an Marian Szyrocki (1928–1992). Wrocław 2003, S. 117–126.
33 Vgl. James A. Parente: Tyranny and Revolution on the Baroque Stage: the Dramas of Joseph Simons. In: Humanistica Lovaniensia XXXIII (1983), S. 309–324, hier S. 319.
34 Vgl. Andreas Gryphius: Leo Armenius. Trauerspiel. Hg. von Peter Rusterholz. Bibliograph. erg. Ausg. Stuttgart 1991, S. 2.
35 Peter J. Brenner: Das Drama. In: Albert Meier (Hg.): Die Literatur des 17. Jahrhunderts. München 1999, S. 539–574, hier S. 548.
36 Oliver Bach: Zwischen Heilsgeschichte und säkularer Jurisprudenz. Politische Theologie in den Trauerspielen des Andreas Gryphius. Berlin, Boston 2014, S. 389.

Gryphius' Untertitel kann gewiss als Erwiderung auf Simons begriffen werden. Das bedeutet aber nicht, dass die Religion eine vom Recht fundamental getrennte Sphäre ist, Recht ist dem Glauben vielmehr untergeordnet. Brenner wirft Gryphius vor, dieser werde dem zeitgenössischen »Problem- und Diskussionsstand«[37] des Staatsrechts kaum gerecht. Er meint damit, dass Gryphius in seinen Trauerspielen kein Naturrecht eines Hugo Grotius vertrete. Diese Kritik ist anachronistisch. Zunächst ist sie das, weil Brenner damit einen säkularen, geradezu intellektuellen Autor voraussetzt, der sich autark eine eigenständige Meinung bildet. Die Konfessionalisierungsforschung zu reflektieren, hieße an diesem Punkt, den Stand des Staatsrechtsdiskurses konkret im deutschen Luthertum wahrzunehmen – Bach hat das vorbildlich unternommen – und nicht einfach einen ideengeschichtlichen Leuchtturm des Diskurses zum Maßstab zu erklären. Es ist vielleicht kein Zufall, dass Brenner in der Regel recht allgemein bleibt und von Religion und nicht von Konfession spricht. Der sozialhistorische Anspruch von Hansers Literaturgeschichte wird hier also nicht nur nicht erfüllt. Auch ideengeschichtlich setzt die Darstellung Akzente, die die konfessionelle Situation Mitte des Jahrhunderts ausblendet und eine Position zur Beurteilungsnorm macht, die zum Zeitpunkt, da Gryphius sein Trauerspiel schrieb, sicherlich nicht der Standard lutherischer Juristen war. Brenner analysiert den Umgang mit der Religion in Gryphius' Trauerspiel, indem er ihm einen Diskurs zuordnet, der zwar konfessionell geprägt ist, der aber für die Säkularisierung der Staatlichkeit substantiell wird, nicht jedoch für Fragen christlicher Herrschaft.

Wie aber könnte alternativ eine Deutung von *Leo Armenius* aussehen, die konfessionelle Positionen kennt und auf den Gegenstand bezieht? Schon aus den Hinweisen auf Bachs Arbeit ergibt sich, dass diese Frage ohne Berücksichtigung des ideengeschichtlichen Kontextes nicht beantwortet werden kann.

3. These: Eine sozialhistorisch und ideengeschichtlich fundierte Literaturwissenschaft liefert einen Beitrag zur Erforschung der frühneuzeitlichen Konfessionskulturen.

Thomas Kaufmanns erwähnte Überlegungen zu den Konfessionskulturen zielt nicht zuletzt darauf, die Eigentümlichkeiten und Vorgängigkeiten einer Konfession und der ihr inhärenten Widersprüche und Kontroversen in den Blick zu nehmen, ohne dass dem ein Metanarrativ wie das der Säkularisierung zugrunde liegt. Sein Vorschlag ist also quellenorientiert, nicht normierend und gleichwohl theoriebildend. Das zeigt sich zumal in Studien, die sich nicht damit zufriedengeben, sein Konzept schlicht zu bestätigen und gewissermaßen ›aufzufüllen‹. Matthias Pohlig

---

[37] Brenner: Das Drama (s. Anm. 35), S. 549.

hat 2007 eine Studie zum Zusammenhang von lutherischer Geschichtsschreibung und konfessioneller Identitätsstiftung publiziert, in der Kaufmanns Konzept aufgenommen und produktiv weiterentwickelt wird. Indem sich Pohlig auf die Identitätsbildung innerhalb einer Konfession konzentriert, gelingt es ihm durch die textnahe Analyse der historiographischen Konstruktionsrhetorik, Konfessionalisierung nicht mehr nur als einen klaren, weitgehend linearen Prozess der Selbstinstitutionalisierung zu begreifen, sondern die »Diversität des lutherischen Identitätsdiskurses im Medium der Historiographie«[38] ergänzend zu berücksichtigen. Bezogen auf *Leo Armenius* muss deswegen zunächst gefragt werden, welche Momente konfessionell gedeutet werden können, um anschließend zu überlegen, ob sie einem erwartbaren Muster entsprechen oder nicht.

Um das zu tun, soll vom Sprachgebrauch in *Leo Armenius* ausgegangen werden – von Verben und Partizipien vor allem, die Veränderungen des vorhergehenden Zustands anzeigen. Gleich im ersten Monolog erklärt Leos Widersacher Michael Balbus, man habe die Stadt »Sidas vmbgekehrt/ vnd in den brandt gestecket.«[39] Damit meint Michael nichts anderes als die Zerstörung einer Stadt während eines Feldzugs. Metaphorisch beschreibt er sodann am Ende der ersten Szene des ersten Aktes sein konkretes Ziel: »Deß Fürsten grimme Macht in leichten staub zu kehren.«[40] Auch Leo spricht wiederholt von ›Verkehrung‹ und zwar ebenfalls gleich bei seinem ersten Auftritt, jedoch nicht, um damit einen erwarteten militärischen Triumph zu skizzieren, sondern um ganz im Gegenteil die Schicksalshaftigkeit der Herrschaft zu beschreiben:

> Wen nimbt er auf den Hoff? den der sein Leben wagt/
> Bald für/ bald wider jhn/ vnd jhn vom hofe jagt/
> Wenn sich das spiel verkehrt.[41]

Was sich hier ankündigt, zieht sich durch den weiteren Dramentext: Die Verschwörer sprechen von Verkehrung und meinen damit die Umkehr der bestehenden politischen Verhältnisse. Leo spricht von drohender Umkehr des Schicksals, womit die komplexe Fortuna-Tradition aufgerufen wird, die facettenreich in der frühneuzeitlichen Literatur zu greifen ist.[42]

---

38 Matthias Pohlig: Zwischen Gelehrsamkeit und konfessioneller Identitätsstiftung. Lutherische Kirchen- und Universalgeschichtsschreibung 1564–1617. Tübingen 2007, S. 509.
39 Gryphius: Leo Armenius (s. Anm. 34), S. 9 (I, 16).
40 Ebd., S. 14 (I, 132).
41 Ebd., S. 15 (I, 161–163).
42 Vgl. Wilfried Barner: Die gezähmte Fortuna. Stoizistische Modelle nach 1600. In: Walter Haug/Burghart Wachinger: Fortuna. Tübingen 1995, S. 311–343.

Diese semantische Zweiteilung führt zunächst den banalen Umstand vor, dass zwei Parteien, die Begriffe aus dem gleichen Wortfeld verwenden, nicht das Gleiche sagen. Der zweigeteilte Verkehrungs- bzw. Umkehrungsdiskurs bereitet begrifflich Leos Ende vor. Bekanntlich wird der Leib des von den Verschwörern getöteten Leo von diesen ›umgekehrt‹ – im Botenbericht aber bezeichnenderweise mit einem anderen Begriff:

> Ich hab es selbst gesehn/ wie Er das Creutze küßte:
> Auff das sein Cörper sanck/ vnd mit dem kuß verschied/
> Wie man die leich vmbriß/ wie man durch jedes glied
> Die stumpfen Dolchen zwang.[43]

Der Bote erzählt Königin Theodosia, die schon durch ihren Namen als fromme Frau markiert ist, wie ihr Mann sich mit seinem letzten Atemzug dem Kreuz zuwendet und damit zum christlichen Glauben bekennt. Leo stirbt im Sinne der lutherischen Rechtfertigungslehre unabhängig von seinen vorhergehenden Taten als frommer Christ: *sola fide*. Zwar wird in *Leo Armenius* permanent mit den Zeichen und mit der Frage ihrer Deutung gespielt und damit insbesondere die Frage aufgeworfen, wie gerechtfertigt Leos Herrschaft ist. In dem Moment, als diese beendet ist, akzentuiert das Trauerspiel die Frage nach der Rechtfertigung fundamental um, indem nun allein die religiöse Rechtfertigung thematisiert wird, ohne dass zweifelhaft bleibt, wie die Situation aus lutherischer Sicht zu bewerten ist. Eindeutiger kann zumindest im Luthertum kein symbolisches Bekenntnis sein als Leos Kuss.

Die Aufständischen nehmen das symbolische Potential dieser Sterbeszene schnell und bewusst wahr. Sie versuchen das eindrucksvolle Bild umgehend ungeschehen zu machen, indem sie erneut eine Umkehr vornehmen – nun aber nicht eine metaphorische, sondern eine physische. Sie drehen Leos Körper um und verunstalten ihn:

> Wie man die leich vmbriß/ wie man durch jedes glied
> Die stumpfen Dolche zwang.[44]

Gryphius kontrastiert die Schilderung eindeutiger Frömmigkeit im Tode mit Brutalität und fehlender Hochachtung vor dem Leichnam. In diesem Bild wird die in der Exposition eingeführte, doppelte Verwendung des Umkehr-Begriffs erneut vorgeführt: Leos Herrschaft ist durch eine Wendung des Schicksals be-

---

[43] Gryphius: Leo Armenius (s. Anm. 34), S. 95 (V. 164–167).
[44] Ebd., S. 95 (V. 166f.).

endet, die Aufständischen kehren mittels Mord die Herrschaftsverhältnisse um, wie sie es zu Beginn des Dramas angekündigt hatten.

Zudem schlägt sich der Glückswechsel in der Struktur des Trauerspiels exakt in der Mitte des Stücks zu Beginn des dritten Aufzugs nieder, wie Niefanger gezeigt hat.[45] Der Glückswechsel scheint angesichts der generellen Bedeutung der Peripetie für die tragische Dichtung vielleicht nicht weiter überraschend. Vergegenwärtigt man sich hingegen, dass die deutsche Dramatik Mitte des 17. Jahrhunderts nur allmählich durch die Aristoteles-Rezeption und den vergleichenden Blick in die Dramatik besonders der Niederlande und Frankreichs seine Form gewinnt, wird deutlich, wie wenig selbstverständlich dieser Umstand ist. Gryphius' Trauerspiel verortet den Glückswechsel nicht nur exakt in der Mitte. Es ist zugleich eines der ersten deutschen Trauerspiele überhaupt, in dem Peripetie eindeutig anzutreffen ist.[46] ›Umkehr‹ wird also nicht nur begrifflich, thematisch und szenisch in Leo Armenius realisiert, sondern auch strukturell.

Gryphius' Umkehrmetaphorik, die mit seiner Wertschätzung und Durchführung der Peripetie korrespondiert, gipfelt – wie dargestellt – im symbolischen Kuss des sterbenden Königs. Der Schlesier entwirft in seinem Trauerspiel eine Struktur, die durch die Reflexionen über die Wendungen des Schicksals und das abschließende Bekenntnis entwickelt ist. Er nutzt also ein christliches Entwicklungsmodell hin zu mehr Frömmigkeit. Zentral ist für Gryphius Stück also weniger das im Kuss gezeigte Bekenntnis, sondern der Weg zum Bekenntnis. Das ist ein Moment der frühneuzeitlichen Literatur, das sich in den Jahrzehnten vor und nach 1600 immer wieder finden lässt und weswegen der Verfasser wiederholt vorgeschlagen hat, dass die Folgen der Konfessionalisierung für die Literatur – vielleicht sogar auch für andere Künste – als Konversionalisierung begriffen werden sollte.[47]

---

45 Vgl. Niefanger: Geschichtsdrama (s. Anm. 31), S. 187.
46 Grundlegende Studien zur Geschichte der Peripetie in der deutschen Dramatik sind ausgesprochen lückenhaft und unsystematisch. So springt Wolfgang Janke (Anagnorisis und Peripetie. Studien zur Wesensverwandlung des abendländischen Dramas. Diss. Köln 1953) direkt vom Cenodoxus zu Cardenio und Celinde; vgl. ebd. S. 75–86. Die Umkehrdynamik hat letztlich schon Szondi in seiner Interpretation von Leo Armenius dargelegt; Peter Szondi: Versuch über das Tragische. In: Ders.: Schriften I. Hg. von Jean Bollack. Frankfurt a.M. 1978, S. 149–260, hier S. 234: »Wie der Leo Armenius zu den späteren Märtyrerdramen des Gryphius als Tragödie einen kühnen Gegensatz bildet, vertieft er auch das barocke Vergänglichkeitsmotiv zu seinem tragischen Grund, indem er Steigen und Fallen nicht bloß in ihrem raschen Wechsel, sondern in ihrer dialektischen Identität begreift.«.
47 Vgl. Kai Bremer: Konversionalisierung statt Konfessionalisierung? Bekehrung, Bekenntnis und das Politische in der Frühen Neuzeit. In: Herbert Jaumann (Hg.): Diskurse der Gelehrtenkultur in der Frühen Neuzeit. Ein Handbuch. Berlin, New York 2011, S. 369–408; ders.: Konver-

Hintergrund dieses terminologischen Vorschlags ist der Umstand, dass die Bekehrung nicht nur seit Augustin ein Grundbegriff der Gnadenlehre ist, sondern ebenso für praktizierte Frömmigkeit steht. Die *conversio* ist ein Prozess, der durch die *confessio* abgeschlossen wird. So wird beispielsweise der Eintritt ins Kloster als *conversio* begriffen, beendet wird die Mönchswerdung schließlich mit dem Gelübde, der *confessio*.[48] Allerdings existieren seit dem Mittelalter alternierende Begriffe und Konzepte, die eine eindeutige Begriffsbestimmung nicht erlauben. So konnte *conversio* neben dem mönchischen Dasein vor dem Gelübde ›Buße‹ meinen, für die wiederum alternativ *poenitentia* verwendet werden konnte.[49] Initiiert wird die von der *contritio*, der ›Reue‹. Zumindest in der lutherischen Theologie führte die Auflösung der Klöster allerdings zu einer begrifflichen Neuakzentuierung. So verwendet Melanchthon *conversio* und *poenitentia* weitgehend synonym. Das gilt auch für wichtige lutherische Bekenntnisschriften wie die *Confessio Augustana* oder die Konkordienformel. Schon in der *Confessio Augustana* steht bezeichnenderweise die aus der Reue resultierende Bekehrung im Zentrum, nicht das Bekenntnis:

> VOn der Busse wird geleret/ Das die jhenigen so nach der Tauffe gesundigt haben/ zu aller zeit/ so sie bekert werden/ vergebung der sünden erlangen mögen/ Vnd sol jnen die Absolutio von der Kirchen nicht gewegert werden. Vnd ist ware rechte Busse eigentlich nicht anders/ denn rew vnd leid/ oder schrecken haben vber die sund/ vnd doch darneben gleuben an das Euangelium vnd Absolution/ das die sunde gewislich vmb Christus willen vergeben

---

sion und Buße. Zur Funktion des Einsiedlers in Aegidius Albertinus' *Landstörtzer Gusman*. In: Daphnis *40* (2011), S. 697–708; ders.: Bekenntnis trotz Einfalt? Struktur- und themenanalytische Überlegungen zum Status der *conversio* in Grimmelshausens Romanen. In: Julia Weitbrecht, Werner Röcke, Ruth von Bernuth (Hg.): Zwischen Ereignis und Erzählung. Konversion als Medium der Selbstbeschreibung in Mittelalter und Früher Neuzeit. Berlin, Boston 2016, S. 153–165, ders.: *Confessio* oder *conversio*? Lyrische Buß-Konzeptionen bei Vetter und Spee – samt eines Ausblicks auf Grimmelshausen. In: Simpliciana 38 (2016), S. 281–298; ders.: Bekenntnis und Bekehrung. Überlegungen zu Text und Kontext von Luthers *Eyn newes lied*. In: Christiane Wiesenfeldt, Stefan Menzel (Hg.): Musik und Reformation – Politisierung, Medialisierung, Missionierung. Paderborn 2020, S. 175–186.

48 Vgl. Art. ›Bekehrung‹. In: Religion in Geschichte und Gegenwart. Handwörterbuch für Theologie und Religionswissenschaft. Bd. 1. 4., völlig neu bearb. Aufl. Hg. von Hans Dieter Betz. Tübingen 1998, Sp. 1228–1241; Falk Wagner: Bekehrung II. In: Theologische Realenzyklopädie. Hg. von Gerhard Krause, Gerhard Müller. Bd. 5. Berlin, New York 1980, S. 459–469.

49 Wie produktiv die Analyse von Konversion und/oder Buße in der Literatur sein kann, hat sich auch in der Greiffenberg-Forschung gezeigt; vgl. Barbara Becker-Cantarino: Frömmigkeit und Konversion. Zum Werk von Catharina Regina von Greiffenberg. In: Dane (Hg.): Scharfsinn und Frömmigkeit (s. Anm. 3), S. 13–38; Gesa Dane: Buße als Waffe. Zu Catharina Regina von Greiffenbergs *Sieges-Seule der Buße und des Glaubens/ wider den Erbfeind Christliches Namens*. In: Ebd., S. 123–144.

sind/ nicht von wegen vnser rewe vnd liebe/ sondern allein aus barmhertzigkeit/ die doch gewis ist/ vnd allen zugesagt/ vmb Christus willen. Dieser glaube tröst das hertz widerumb.[50]

Wie wichtig der Zusammenhang von Reue und Bekehrung in *Leo Armenius* ist, zeigt eben der dritte Akt des Trauerspiels, in dem Gryphius den erwähnten Schicksalswechsel facettenreich inszeniert. Nachdem Leo gemeldet wurde, dass Michael Balbus erfolgreich eingekerkert ist, schläft der König ein. Was auf der Bühne gezeigt wird, ist aber nicht der Schlaf des Gerechten, sondern ein Traum, in dem der Rachegeist Tarasius[51] und Michael als Gespenst Leo erscheinen. Sie zerstören seine Gewissheit und setzen ihm nicht zuletzt auch physisch zu:

> Der kalte schweiß bricht vor
> Der müde Leib erbebt/ das Hertz mit angst vmbfangen/
> Klopfft schmachtend zwischen furcht vnd sehnlichem verlangen.[52]

Gryphius kontrastiert diese artikulierte Unruhe mit dem ruhigen Schlaf des inhaftierten Michael Balbus. Leo nimmt diesen Unterschied wahr und beginnt ihn zu deuten: »Der Himmel hat durch träum offt grosse ding entdeckt.«[53] Leo selbst ist es also, der die Mehrdeutigkeit der Zeichen wahrnimmt, seine Unruhe deutet und zu überlegen beginnt, ob ihm durch den Traum ein himmlisches Zeichen gegeben wird. Die Zeichenambivalenz ist Ausgangspunkt für seine Erschütterung. Wie Leo mit ihr umgeht, ob sie bei ihm direkt in Reue mündet, bleibt freilich offen. Eine weitere Ursache dafür, dass das Trauerspiel auch weiterhin ambivalent bleibt, ist der schlichte Umstand, dass Leo selbst nach dem dritten Akt nicht mehr auftritt. Eben diesem Ineinander von An- und Abwesenheit ist eine eminent religiöse Qualität eigen, wie Daniel Weidner gezeigt hat:

> Genau dieses Wechselspiel von Zeigen und Verhüllen ist wesentlich für die sakramentale Repräsentation, in der das Ausgestellte immer auf etwas Abwesendes verweist, in das es sich wiederum im Vollzug verwandelt, und die daher wesentlich durch ein Changieren zwischen Präsenz und Repräsentation ist.[54]

---

50 Philipp Melanchthon/Justus Jonas: Confessio oder Bekantnus des Glaubens/ etlicher Fürsten vnd Stedte/ Vberantwort Keiserlicher Maiestat/ auff dem Reichstag/ gehalten zu Augspurg 1530. Wittenberg 1540, fol. 9r-9v.
51 Vgl. Barbara Natalie Nagel: Der Skandal des Literalen. Barocke Literalisierungen bei Gryphius, Kleist, Büchner. München 2012, S. 72–75.
52 Gryphius: Leo Armenius (s. Anm. 34), S. 61 (III, 117–119).
53 Ebd., S. 67 (III, 277).
54 Daniel Weidner: »Schau in dem Tempel an den ganz zerstückten Leib, der auf dem Kreuze lieget.« Sakramentale Repräsentation in Gryphius' *Leo Armenius*. In: Daphnis 39 (2010), S. 287–312, hier S. 310.

Dies berücksichtigend, ergibt sich vor dem Hintergrund des bisher Ausgeführten, dass Leos Tod nicht nur Bekenntnischarakter hat. Das Changieren ›zwischen Präsenz und Repräsentation‹ erfährt im Weihnachtsgesang der Priester und Jungfrauen am Ende vom vierten Akt eine weitere Bedeutungsebene, indem der Tod des Königs mit der Konversion schlechthin gleichgesetzt wird: »Der HERR hat sich in einen Knecht verkehrt.«[55]

Was Gryphius in *Leo Armenius* inszeniert,[56] ist also nicht weniger als eine Konversion, die spätestens durch den erschütternden Traum initiiert wird und im Bekenntnis zu Christus durch den Kuss im Tode mündet, aber jenseits dessen wie die Konversion des Heilands unsichtbar bleibt:[57] Nicht das, was zu sehen ist – sei es der Heiland am Kreuz, sei es der tote König auf dem Kreuz –, ist entscheidend, sondern allein der Glaube an die Vergebung der Sünden durch den Kreuzestod des Heilands. Die Umkehr des toten Leibes bestätigt diesen Umstand *ex negativo*. Die Pointe von Gryphius Trauerspiel ist, dass die Frage, wie berechtigt oder unberechtigt Leos Griff zur Krone war, entschieden relativiert wird. In letzter Konsequenz geht es in *Leo Armenius* nicht um Legitimität, sondern um die Frage, ob der Gläubige bereit ist, sich selbst reuevoll zu prüfen und sich zum Glauben zu bekennen. Die Frage, ob *Leo Armenius* ein ›Tendenzdrama‹ ist, stellt sich also nicht nur nicht. Sie ist zugleich Ausdruck eines planen Verständnisses von Konfessionalisierung, das von einer Opposition der Konfessionen ausgeht und dadurch den Blick verhindert, wie Gryphius' Trauerspiel für Reue und Glauben plädiert. Dass sein Stück das auf ausgesprochen komplexe Weise macht, zeigt, wie wenig es auf konfessionelle Positionen außerhalb des Luthertums referiert. Ausgehend von den vorgestellten Überlegungen von Kaufmann und Emich zur Konfessionskultur ist die Gryphius-Forschung damit zugleich aufgefordert, die zurecht diagnostizierten widersprüchlichen

---

55 Gryphius: Leo Armenius (s. Anm. 34), S. 89 (IV, 398).
56 Nicola Kaminski hat überzeugend gezeigt, warum Gryphius in seinen Märtyrerdramen nicht das Martyrium darstellt, sondern eine »Martyrogenese als hermeneutisches Ereignis« inszeniert; Nicola Kaminski: Martyrogenese als theatrales Ereignis. Des *Leo Armenius* theaterhermeneutischer Kommentar zu Gryphius' Märtyrerdramen. In: Daphnis 28 (1999), S. 613–630, hier S. 629. Vgl. ergänzend auch Albrecht Koschorke: Märtyrer/Tyrann. In: Kaminski, Schütze (Hg.): Gryphius-Handbuch (s. Anm. 19), S. 655–667. Indem im vorliegenden Beitrag das Konversionsmoment in *Leo Armenius* betont wird, bestätigen die vorliegenden Überlegungen Kaminski auch in der Hinsicht, dass die Konzentration der Forschung auf das Moment des Martyriums zu sehr vom Blick auf weitere religiöse Momente in seinem Trauerspiel abgelenkt hat.
57 Vgl. auch Bernhard Budde: Vom anhaltenden »vnrecht der Palläste« und vom unsicheren Trost der Religion: Andreas Gryphius' *Fürsten-Mörderisches Trawer-Spiel/ genant. Leo Armenius*. In: Germanisch-Romanische Monatsschrift N.F. 48 (1998), S. 27–45.

Beurteilungen seiner konfessionellen Position[58] kritisch zu hinterfragen und voraussichtlich auch ausdifferenzieren zu müssen, statt sie als Ausgangspunkt für weiterführende kulturwissenschaftliche Reflexionen zu nutzen.

4. These: Indem die konkrete literarische Ausgestaltung von Konversionsprozessen in der Literatur untersucht wird, wird die Germanistik nicht nur für den interdisziplinären Dialog anschlussfähiger, sie zeigt konkret, inwieweit frühneuzeitliche Literaturforschung einen substantiellen Beitrag zur Erforschung der Konfessionskulturen der Frühen Neuzeit leisten kann.

Eine germanistische Konversionalisierungsforschung formuliert nicht etwa einen sozial- und ideengeschichtlich fundierten Widerspruch gegen kulturwissenschaftliche Ansätze. Sie plädiert lediglich gegen den Primat theoretischer Erklärungsmodelle, wie eine abschließende Kontextualisierung von *Leo Armenius* veranschaulichen soll.

Die bisherigen Überlegungen beantworten nicht die Frage, warum Gryphius einen dermaßen ambivalenten historischen Stoff gewählt hat, wenn er eben kein Gegen-Drama gegen den jesuitischen *Leo* vorlegen wollte, und vor allem klären sie nicht, warum sich Gryphius überhaupt einem historischen und nicht etwa einem biblischen oder mythischen Stoff zugewandt hat. Niefangers Studie zu den Geschichtsdramen der Frühen Neuzeit hat entschieden vorgeführt, wie substantiell Gryphius' Entscheidung für die weitere Entwicklung der deutschen tragischen Dramatik war. Was er allerdings nicht erörtert hat, ist die Frage, warum sich gerade in der deutschen Literatur diese entschiedene Hinwendung zum Geschichtsdrama überhaupt ergeben hat. Sie ist nämlich im europäischen Kontext alles andere als selbstverständlich, wie ein knapper Exkurs zur Entwicklung der tragischen Dramatik seit dem Humanismus vergegenwärtigen mag.

Vor 1600 wurde die Aristotelische *Poetik* in erster Linie in Italien und Frankreich rezipiert,[59] den theoretischen Diskurs über das Drama und die Dramenproduktion bestimmte sie in Deutschland nur eingeschränkt. Ein Verständnis der griechischen Tragödie wurde zunächst aus exemplarischen Tragödientexten selbst gewonnen. Spätestens mit der Edition von *Hercules fu-*

---

[58] Robert Schütze: Barockdichtung. Gryphius als paradigmatischer Autor der Barockforschung seit dem frühen 20. Jahrhundert. In: Kaminski, Schütze (Hg.): Gryphius-Handbuch (s. Anm. 18), S. 21–33.

[59] Andreas Kablitz: Mimesis versus Repräsentation. Die Aristotelische Poetik in ihrer neuzeitlichen Rezeption. In: Ottfried Höffe (Hg.): Aristoteles. Poetik. Berlin 2009, S. 215–232; ders.: Die Unvermeidlichkeit der Natur. Das aristotelische Konzept der Mimesis im Wandel der Zeiten. In: Gertrud Koch, Martin Vöhler, Christiane Voss (Hg.): Die Mimesis und ihre Künste. München 2010, S. 189–211.

rens und *Thyestes* durch Conrad Celtis Ende des 15. Jahrhunderts stießen Senecas Tragödien auf breites Interesse.[60] Im Unterschied dazu wurden die griechischen Tragödien bis Ende des 16. Jahrhunderts nur eingeschränkt rezipiert, selbst wenn die Tragödien von Aischylos, Sophokles und Euripides in griechischen Neuausgaben und ins Lateinische übersetzt schon um 1550 vorlagen.[61]

In dem Moment, in dem sich die Kenntnis von diesen und von der aristotelischen *Poetik* durchzusetzen begann, hatte das fast überall in Europa fundamentale Auswirkungen auf die Dramenproduktion.[62] Jacob Pontanus etwa fasste in seiner *Institutio Poetica* 1594 präzise die Struktur der griechischen Tragödie zusammen und harmonisierte die aristotelische Wirkungspoetik überzeugend mit der jesuitischen Weltsicht, indem er *eleos* und *phobos* als Möglichkeiten deutete,[63] um die Zuschauer von sündigen Affekten zu reinigen. Es ist deswegen nicht weiter überraschend, dass er im Anhang der *Institutio Poetica* eine *Immolatio Isaak* publizierte.[64] In der jesuitischen Dramatik findet sich immer wieder das Ringen zwischen humanistisch fundierter Begeisterung für die Tragödie und dem Anspruch, der Bibel gerecht zu werden. Noch Ende des 16. Jahrhunderts erschienen erste Versuche, die Tragödie mittels biblischer Stoffe gewissermaßen zu christianisieren. Deutlich wird das beispielsweise in Tragödien, die sich mit der Tötung der Tochter Jeftahs aus dem Buch *Richter* auseinandersetzen.[65] Samson war ein beliebter tragischer Held; Abrahams Bereitschaft, Isaak zu opfern, galt nicht nur Pontanus als tragisch. Diese Dramatik wurde zwar primär von katholischen Schriftstellern verfasst. Doch war das nicht zwingend der Fall. Mit Théo-

---

60 Vgl. Jean Jacquot (Hg.): Les tragédies de Sénèque et le théâtre de la Renaissance. Paris 1964; Eckard Lefèvre (Hg.) : Der Einfluß Senecas. Darmstadt 1978; James A. Parente: Religious drama and the humanist tradition. Christian theater in Germany and the Netherlands 1500–1680. Leiden, New York, Kopenhagen, Köln 1987, S. 14.
61 Rudolf Hirsch: The printing tradition of Aeschylus, Euripides, Sophocles and Aristophanes. In: Gutenberg Jahrbuch 1964, S. 138–146, Parente: Religious drama (s. Anm. 60), S. 13.
62 Volkhard Wels: Der Begriff der Dichtung in der Frühen Neuzeit. Berlin, New York 2009, S. 72–82; vgl. auch ders.: Transformation of the Commentary Tradition in Daniel Heinsius' *Constitutio tragoediae*. In: Karl Enenkel, Henk Nellen (Hg.): Neo-Latin Commentaries and the Management of Knowledge in the Late Middle Ages and the Early Modern Period (1400–1700). Leuven 2013, S. 325–348; sowie Bernhard Asmuth: Anfänge der Poetik im deutschen Sprachraum: Mit einem Hinweis auf die von Celtis eröffnete Lebendigkeit des Schreibens. In: Heinrich F. Plett (Hg.): Renaissance-Poetik. Renaissance Poetics. Berlin, New York 1994, S. 94–113.
63 Vgl. Wels: Der Begriff der Dichtung (s. Anm. 62), S. 82–85.
64 Barbara Mahlmann-Bauer: Abraham, der leidende Vater. Nachwirkungen Gregors von Nyssa in Exegese und Dramatik (16. –18. Jahrhundert). In: Johann Anselm Steiger, Ulrich Heinen (Hg.): Die Opferung Isaaks (Gen 22) in den Konfessionen und Medien der frühen Neuzeit. Berlin, New York 2006, S. 309–389.
65 Kai Bremer: Bibel und Tragödie: das Beispiel Jeftah. In: Euphorion 103 (2009), S. 293–326.

dore de Bèze (*Abraham sacrifiant*, 1550)[66] und George Buchanan (*Iephtes sive votum tragoedia*, 1557)[67] legten bereits früh zwei europaweit prominente reformierte Bibeltragödien vor. Das vielleicht bekannteste *Samson*-Trauerspiel stammt aus der Feder von keinem Geringeren als John Milton (*Samson Agonistes*, 1671).[68] In den großen europäischen Literaturen finden sich fast überall Versuche, heidnisch-antike Dramenpoetik und biblische Erzählungen zu harmonisieren. Lediglich im deutschen lutherischen Sprachraum konnte sich diese Tendenz nicht durchsetzen.

Faktisch lieferte erst Gryphius eben mit *Leo Armenius* ein eigenständiges Drama, das den poetologischen Forderungen, die sich aus der Rezeption von Aristoteles' *Poetik* ergeben, gerecht zu werden versuchte.[69] Zuvor erschienen meist Übersetzungen wie etwa die der sophokleischen *Antigone* von Martin Opitz (1636). Doch auch nachdem sich diese kunstvolle Form der Dramatik in Gestalt des schlesischen Trauerspiels etabliert hatte, blieb die deutsche protestantische Dramatik eigentümlich bibelfern. Allein das Schuldrama gab seit Luthers Vorreden insbesondere zu den Büchern *Judith* und *Tobias* der Bibel umfassend Raum. Nur ordnete es poetologische Fragen und Ansprüche an die Form dem pädagogischen Anliegen meist unter.[70] Was also in der deutschen Literatur fehlt, ist der Versuch einer Synthese aus Bibel und komplexer poetologischer, antik-heidnischer bzw. klassizistischer Form. Das ist bisher von der Germanistik kaum reflektiert worden und dürfte nicht zuletzt daran liegen, dass die germanistische Frühneuzeitforschung zwar viel von Internationalität spricht und die *res publica litteraria* erforscht, faktisch aber weiterhin im Kern nationalphilologisch orientiert ist. Zudem ist die Germanistik weiterhin auf lutherische Schriftsteller aus Nord- und Mitteldeutschland konzentriert,[71] obwohl diese konfessionell im europäischen Vergleich einen Sonderstatus einnehmen.

---

66 Daniel Weidner: Glaubens-Drama und Theater. Théodore de Bèzes Bibeldrama *Abraham Sacrifiant*. In: Germanisch-Romanische Monatsschrift N. F. 58 (2008), S. 127–147.
67 Bremer: Bibel und Tragödie (s. Anm. 65), S. 299–305.
68 F. Michael Krouse: Milton's *Samson* and the Christian Tradition. Princeton 1949; Wolfgang Hagedann: Die Verschmelzung klassisch-heidnischer und alttestamentlich-christlicher Gehalte in Miltons *Samson Agonistes*. Diss. Frankfurt a.M. 1967; Joseph Wittreich: Interpreting *Samson Agonistes*. Princeton 1986.
69 Die Redeoratorien Klajs, die Wels (Der Begriff der Dichtung [s. Anm. 62], S. 108–110) berücksichtigt, erfüllen diese formalen Anforderungen nicht.
70 Vgl. ebd., S. 75–77.
71 Grundlegend dazu Dieter Breuer: Oberdeutsche Literatur 1565–1650. Deutsche Literaturgeschichte und Territorialgeschichte in frühabsolutistischer Zeit. München 1979; vgl. auch Kai Bremer: Religionsstreitigkeiten. Volkssprachliche Kontroversen zwischen altgläubigen und evangelischen Theologen im 16. Jahrhundert. Tübingen 2005, S. 9–20.

Was aber ist der Grund für diese Konzentration des lutherischen deutschen Trauerspiels auf historische Stoffe bzw. seine bemerkenswerte Bibelferne? Grundlegend klären lässt sich diese Frage im Rahmen des Vorliegenden sicherlich nicht. Um jedoch eine erste These wagen zu können, mag es helfen, sich die Beurteilung der Tragödie im deutschen Luthertum zu vergegenwärtigen. Melanchthon, von dem nicht sicher gesagt werden kann, ob bzw. wie gut er die *Poetik* von Aristoteles kannte,[72] hatte, bereits bevor er nach Wittenberg kam, eine Vorstellung von der Tragödie. In seiner 1516 veröffentlichten *Enarratio Comoediarum Terentii* stellte er fest: »tum etiam quod omnis comoedia de fictis est argumentis, tragoedia saepe ab historica fide petitur [...].«[73] Seine These, dass der Tragödie historisch Vertrautes zugrunde liege, hat sich in den folgenden Jahrzehnten als äußerst wirkungsmächtig erwiesen. Luther ist ihr grundsätzlich gefolgt: »Tragoedia vitam regiam adumbrat [...].«[74] Dass er sich gleichwohl für die Dramatisierung zumindest von apokryphen Büchern ausgesprochen hat, widerspricht dem nicht, da er eben diese als Historien verstand.[75] Jacob Micyllus, der über grundlegendere formale Kenntnisse der Tragödie als Melanchthon verfügte, hat sich Mitte des 16. Jahrhunderts diesem indirekt angeschlossen, indem er erörtert hat, ob antike Tragödien nicht gar eine Art Gedenkveranstaltung für herausragende, ›erinnernswerte Männer‹ (»uirorum memorabiles«) waren, wodurch der Aspekt des Historischen in der Tragödie unterstrichen wurde.[76] Georg Fabricius ist Melanchthon, wie üblich, sinngemäß gefolgt. Zudem hat er dargelegt, dass die Darstellung von Ereignissen aus fremden Ländern (»euentibus peregrinis«) sich besonders für die Tragödie eigneten.[77] Joachim Camerarius, wie Micyllus mit der griechischen Tragödie gut vertraut, ist in der Reihe der lutherischen Tragödien-Theoretiker des 16. Jahrhunderts einer der wenigen, der entschieden einen ahistorischen Kern des Mythos behauptet hat.[78]

Während sich also die formalen Kategorien für die Tragödie durch Rezeption der griechischen Tragödien und von Aristoteles' *Poetik* allmählich verfes-

---

[72] Vgl. Wels: Der Begriff der Dichtung (s. Anm. 62), S. 74 f.
[73] David E.R. George: Deutsche Tragödientheorien vom Mittelalter bis zu Lessing. Texte und Kommentare. München 1972, S. 49; die Übersetzung ebd., S. 50: »sodann wird weiterhin jeder Komödienstoff rein erfunden, während die Tragödie den ihren oft aus der geschichtlichen Wirklichkeit holt.«.
[74] George: Deutsche Tragödientheorien (s. Anm. 73), S. 54, dort auch die Übersetzung: »Die Tragödie vermittelt ein Bild vom Leben der Könige.«.
[75] Vgl. ebd., S. 55.
[76] Ebd., S. 67–71, das Zitat S. 68.
[77] Ebd., S. 71–75, das Zitat S. 72.
[78] Vgl. ebd., S. S. 60 f.

tigten, entwickelte sich im deutschen Luthertum parallel ein Diskurs, der seinen Ausgang im frühen 16. Jahrhundert bei Melanchthon nahm und der Tragödie mehrheitlich einen historischen Kern unterstellte. Opitz verhielt sich 1625 in der Vorrede zur *Trojanerinnen*-Übersetzung zu diesem Diskurs freilich nicht explizit. Gleichwohl kann festgehalten werden, dass er »seine Theorie auf eine Aufzählung historischer Katastrophen beschränkte, daß er die Tragödie für Geschichte und, umgekehrt, sogar die Geschichte für eine Tragödie hielt.«[79] Er spricht sich für diese Stoffwahl vor dem Hintergrund seines Anliegens aus, dass es das Trauerspiel bzw. die Tragödie in erster Linie zur »Beständigkeit« anregen solle.[80] Opitz geht es primär um die Wirkungsabsicht der Tragödie; die Frage, welche Quellen den Stoff abgeben, erörtert er hingegen exemplarisch. Ähnlich argumentiert auch Gryphius in der Vorrede zum *Leo Armenius*, wenn er sich direkt an den Leser wendet und diesem zusagt, ihm »die vergänglichkeit menschlicher sachen«[81] vorstellen zu wollen.

Es existierte also im 16. Jahrhundert ein breiter lutherisch fundierter, dramenpoetologischer Diskurs, der ein moralisches Anliegen verfolgt, das nach Überzeugung der meisten deutschen Tragödientheoretiker mittels historischer Stoffe zur Anschauung gebracht werden soll. Opitz ergänzt den Diskurs um neostoizistische Momente, behält dabei aber die Fokussierung auf historische Stoffe bei. Wie sehr die Positionen der lutherischen Humanisten dabei reflektiert wurden, ist offen. Zumindest aber entsprach das barocke Trauerspiel als Geschichtsdrama klar diesen ihm vorgängigen Diskurs, während die Dramatisierung der Bibel im barocken Trauerspiel im Unterschied zur französischen, niederländischen und auch englischen Tragik ausblieb. Gryphius' einziges Drama, dem eine biblische Handlung zugrunde liegt, ist eine Übertragung eines Bibeldramas von Vondel, das erst Gryphius' Sohn Christian 1690 posthum publiziert hat.

Die Konzentration auf das Historische in den barocken Trauerspielen unterstreichen auch die Buchfassungen der barocken Trauerspiele, die im Anhang umfangreiche Hinweise auf die historischen Quellen für die Stücke liefern oder Differenzen zwischen dem eigenen Stück und der historischen Überlieferung anzeigen. Wie sehr das Verhältnis von historischer Wahrheit und literarischer Ausgestaltung dabei reflektiert wurde, kündigt bereits die Vorrede von *Leo Armenius* an, in der Gryphius bekanntlich sein literarisches Verfahren offenlegt:

---

[79] Ebd., S. 100.
[80] Martin Opitz: An den Leser, in: ders.: L. Annaei Senecae Trojanerinnen. Deutsch übersetzet/ und mit leichter Außlegung erkleret. Wittenberg 1625, unpaginiert.
[81] Gryphius: Leo Armenius (s. Anm. 32), S. 4.

> Daß der sterbende Keyser/ bey vor Augen schwebender todes gefahr ein Creutz ergriffen ist vnlaugbar: daß es aber eben dasselbe gewesen/ an welchem vnser Erlöser sich geopffert/ saget der Geschichtsschreiber nicht/ ja vielmehr wenn man seine Wort ansiehet/ das widerspiel; gleichwohl aber/ weil damals die übrigen stücker deß grossen Söhn-Altares oder (wie die Griechen reden) die heiligen Höltzer/ zu Constantinopel verwahret worden: haben wir der Dichtkunst/ an selbige sich zu machen/ nach gegeben/ die sonsten auff diesem Schawplatz jhr wenig freyheit nehmen dürfen.[82]

Auch wenn der lutherische Tragödiendiskurs des 16. Jahrhunderts in den poetologischen Reflexionen über das Trauerspiel nicht mehr explizit rezipiert wurde, war es gleichwohl angesichts der Bedeutung konfessioneller Fragen im 17. Jahrhundert gewiss für die Akzeptanz des Trauerspiels von Vorteil, dass sich Gryphius und die weiteren deutschen Barock-Dramatiker mit der Position Melanchthons in Einklang befanden. Mit seiner Behauptung, eine Tragödie müsse einen historischen Stoff behandeln, wurde zwar die Biblisierung der Tragödie nicht zwingend ausgeschlossen, aber historische Stoffe erfuhren dadurch eine Aufwertung und Legitimierung, die ihnen sonst nicht leicht zuzusprechen gewesen wäre. Die Bibeldramatik wurde dadurch zugleich auf das Schultheater beschränkt – anders als in der jesuitischen und in der übrigen europäischen Dramatik. In dieser wurde gerade die Stilhöhe und die große Wertschätzung der Tragödie genutzt, um die Berücksichtigung biblischer Stoffe zu fordern und zu legitimieren – schließlich wurde so das an sich Höchste, das Wort Gottes, mit der ästhetisch hohen Form verbunden. Diese Position setzte sich im lutherischen Deutschland aber nicht durch, weil die Überlegungen Melanchthons in Verbund mit der auf stoizistische Gegenwartsbewältigung zielenden Wirkungsästhetik dazu führten, dass der Bibel trotz der späthumanistischen Begeisterung für das Theater der Weg auf die deutschen, lutherischen Bühnen versperrt blieb.

Das Beispiel bestätigt das produktive Moment, das Thomas Kaufmann für verschiedene Textsorten bei der Ausbildung der lutherischen Konfessionskultur bis 1600 dargestellt hat:[83] Indem die an sich europaweit reflektierten, konfessionell indifferenten poetologischen Diskurse allmählich durch die Konfessionalisierung eine Regionalisierung erfuhren, erhielten sie je eigene Ausprägungen. Im Sinne Emichs[84] kann die lutherische Konzentration auf historische Stoffe im barocken Trauerspiel zudem als lutherischer Code begriffen werden. Freilich

---

82 Ebd., S. 5.
83 Vgl. Kaufmann: Konfession und Kultur (s. Anm. 14), passim und zudem zusammengefasst in der Schlussthese 2 (ebd., S. 463).
84 Vgl. Emich: Konfession und Kultur (s. Anm. 15).

scheinen ihn schon die Zeitgenossen nicht mehr als einen solchen wahrgenommen zu haben. Aber auch das ist ein wichtiger Befund vor dem Hintergrund der Konfessionalisierungsforschung. Denn er führt vor, dass konfessionelle Differenz nicht voraussetzungslos war und historisch beschreibbaren Rezeptionsbedingungen unterworfen war.

18. JAHRHUNDERT

Gideon Stiening

»Wo für Alle Einer nur Entschlüsse faßt«

Ideengeschichtliche Anmerkungen zu Friedrich Heinrich Jacobis *Etwas das Leßing gesagt hat*

1 Zur Einführung: Lob vom »berühmten Garve«

Christian Garve, der nach seinem Rückzug aus der Öffentlichkeit Anfang der 1770er Jahre eben erst in den Olymp der europäischen Aufklärung zurückgekehrt war – immerhin spricht Lichtenberg schon im Juli 1781 davon, der »berühmte Garve« besuche gerade Göttingen[1] –, Christian Garve also, dessen Urteil wieder Gewicht hatte,[2] war von Jacobis kleiner Schrift *Etwas das Leßing gesagt hat*[3] durchaus angetan; am 13. Januar 1783 schreibt er an seinen Freund Georg Joachim Zollikofer:

> Unter meiner Deutschen Lektüre bin ich auf eine Broschüre gestoßen, die nach dem Titel Affektation vermuthen läßt; und in sich sehr viel Gutes enthält. Sie heißt: *Etwas, das Lessing gesagt* hat, als ein Commentar zur Schrift über die Reisen der Päbste. Sie ist von dem geheimen Rath Jacobi, von dem vermischte Schriften im Jahre 1781. herausgekommen sind, [...]. Die *Reisen der Päbste* sind von Müller, dem Verfasser der Schweizer-Geschichte. Seine Schreibart verräth ihn sogleich. Sie ist doch nicht die wahre, gute historische. Es sind zum Theil Räthsel. Er tritt auf zur Vertheidigung der Römischen Ansprüche. Ist es aus Ueberzeugung, oder um dem Landgrafen zu gefallen, der ein eifriger Katholik ist? Wahrheit ist demohnerachtet darin. Das Eigenthum der Geistlichkeit mag schlecht erworben seyn, aber es gründet sich auf eine so alte Präscription, als irgend eines. Davon hat Jacobi Gelegenheit genommen, von den gewaltsamen Reformationen überhaupt zu reden. Der Hauptinhalt steht nicht in der nothwendigen Verbindung mit der Veranlassung. Aber der Geist, die Gesinnung des Verfassers werden Ihnen gefallen.[4]

---

[1] Christoph Lichtenberg an Georg Heinrich Hollenberg, am 8. Juli 1781. In: Ders.: Schriften und Briefe. Hg. von Wolfgang Promies. 4 Bde. München 1967, Bd. 4, S. 416.
[2] Vgl. hierzu Udo Roth, Gideon Stiening: Zur Einführung: »Prediger des allgemeinen Menschensinnes« – Christian Garves Schriften im Kontext der Spätaufklärung. In: Christian Garve: Ausgewählte Schriften. Hg. von Udo Roth, Gideon Stiening. Berlin, Boston 2021, S. IX–XXIX.
[3] Friedrich Heinrich Jacobi: Etwas das Lessing gesagt hat. In: Ders.: Werke. Gesamtausgabe. Hg. von Klaus Hammacher, Walter Jaeschke. Hamburg, Stuttgart-Bad Cannstatt 1998 ff. (im Folgenden: JWA Band, Seitenzahl), hier Bd. 4.1, S. 297–346.
[4] Brief Garves an Zollikofer am 13. Januar 1783. In: Christian Garve: Gesammelte Werke. 17 in 19 Bden. Hg. von Kurt Wölfel. Hildesheim, Zürich, New York 1985–2000, hier Bd. XVI.1, S. 318 f.

Gideon Stiening, Münster

Open Access. © 2022 Gideon Stiening, publiziert von De Gruyter. Dieses Werk ist lizenziert unter einer Creative Commons Namensnennung 4.0 International Lizenz.
https://doi.org/10.1515/9783110667004-015

Garve, der, wie sein Briefwechsel dokumentiert, stets über die wichtigsten Neuerscheinungen auf dem Laufenden war, erfasst hiermit in wenigen Zeilen die Funktion des reißerischen Titels, den Anlass der Schrift und dessen äußerliche Stellung zum Gehalt der zwei Monate zuvor erschienenen Broschüre. Präzise bestimmt Grave diesen Gehalt mit der Formel von den »gewaltsamen Reformationen überhaupt«. Darüber hinaus bekundet er seine Zustimmung zu ›Geist‹ und ›Gesinnung‹ des Verfassers.

Tatsächlich, so wird sich in der Folge zeigen, befasst sich Jacobi in seinem Essay mit der Frage nach der Geschichte und Legitimation politischer Gewalt, dem Problem der Souveränität mithin, deren Bindung an oder Lösung von Gesetzen und den letztlich anthropologischen Voraussetzungen für die Beantwortung dieser Fragen. Erst vor dem Hintergrund dieser allgemeinen polittheoretischen Fragen, die Jacobi in weitgehend traditioneller Weise beantwortet, wird die Brisanz der Formel von den »gewaltsamen Reformationen« erkennbar, bei der es um innergesellschaftliche Reformprozesse bzw. eine »Revolution von oben« geht, die erlassen bzw. umgesetzt werden, ohne auf den gesellschaftlichen Entwicklungsstand bzw. die Mehrheitsmeinung Rücksicht zu nehmen.[5] Es geht mithin um das Verhältnis von Freiheit und Herrschaft und deren politischer Korrelation in der Realisation staatlicher Reformprozesse. Im Hintergrund dieser Schrift steht also, wie Garve zu Recht feststellte, weniger eine Auseinandersetzung mit Johannes von Müller, dessen spezifische Formen von pathetischer Geschichtsschreibung weder Grave noch Jacobi besonders schätzten; es geht auch nicht wirklich um Lessing, den Jacobi nur für Werbezwecke benutzt, sondern um die seit den 1770er Jahren erneut ausgebrochene Debatte über den Begriff und die Idee der Volkssouveränität, die Rousseau 1761 erstmals hinreichend begründet hatte,[6] was umgehend in der Theorie des Politischen rezipiert wurde,[7] und den Jacobi gegen die politische Umsetzung der Aufklärung in Österreich in Stellung bringt.

---

5 Siehe hierzu u. a. Ernst Engelberg: Über die Revolution von oben. Wirklichkeit und Begriff. In: Zeitschrift für Geschichtswissenschaft 22 (1974), S. 1183–1212.
6 Vgl. hierzu Jean-Jacques Rousseau: Du contrat social / Vom Gesellschaftsvertrag. Französisch / Deutsch. Hg. von Hans Brockard. Stuttgart 2010, S. 54/55 ff.; vgl. hierzu u. a. Wolfgang Kersting: Die Vertragsidee des *Contrat social* und die Tradition des neuzeitlichen Kontraktualismus. In: Reinhard Brandt, Karlfriedrich Herb (Hg.): Jean-Jacques Rousseau: Vom Gesellschaftsvertrag oder Prinzipien des Staatsrechts. Berlin 2000, S. 44–66, spez. S. 61 ff.
7 Vgl. hierzu u. a. Oliver Hidalgo (Hg.): Der lange Schatten des Contrat Social. Demokratie und Volkssouveränität bei Jean-Jacques Rousseau (Staat – Souveränität – Nation). Wiesbaden 2013.

2 Ideengeschichtlicher Kontext I: Epistemische Situation

Der Gedanke der Volkssouveränität wird, nachdem ihn Isaak Iselin und Christoph Martin Wieland schon in den 1760er Jahren kritisch reflektiert hatten, erneut im Jahre 1777 von Christian Konrad Wilhelm Dohm in Wielands *Teutschem Merkur* affirmativ aufgegriffen; damit stößt er eine Debatte an, die u. a. in den hier behandelten Text Jacobis mündete.[8] Denn niemand anders als Wieland selbst hatte nicht lange gezögert, um mit einer drastischen Entgegnung den Gedanken der Volkssouveränität als absurd zurückzuweisen, weil aus seiner Sicht das Volk bzw. der Pöbel wie auch Kinder politisch nicht handlungsfähig seien.[9] Er hatte vielmehr an der Idee der einzig möglichen göttlichen Legitimation politischer Herrschaft festgehalten, die er allerdings mit dem Recht des Stärkeren dergestalt verband, dass der politisch Stärkere sich auch im *status civilis* stets durchsetzen würde und *eben dadurch* die göttliche Sendung jeder aktuellen Obrigkeit bewiesen sei.[10]

Jacobi hatte auf diese Herausforderung einer jeden säkularen Vertrags- und Souveränitätstheorie mit der wuchtigen Entgegnung *Über Recht und Gewalt, oder philosophische Erwägung eines Aufsatzes von dem Herrn Hofrath Wieland, über das göttliche Recht der Obrigkeit* reagiert[11] und dabei die Ausweitung des naturzuständlichen Rechts des Stärkeren auf den *status civilis* sowie dessen theonome Legitimation als naturalistischen Fehlschluss distanziert, u. a. weil

---

8 Zu einer Zusammenstellung einiger Stationen dieser Debatte vgl. JWA 4.2, S. 512–530.
9 Vgl. hierzu Christoph Martin Wieland: Über das göttliche Recht der Obrigkeit oder: Über den Lehrsatz: »Daß die höchste Gewalt in einem Staat durch das Volk geschaffen sey.« An Herrn P. D. in C. In: Ders: Werke. Historisch-kritische Ausgabe. Hg. von Klaus Manger, Jan Philipp Reemtsma. Berlin, New York 2008 ff., hier Bd. 13.1, S. 554–568; Wieland ist mit dieser Haltung, die allerdings auf einer empiristischen Fehlinterpretation des Gedankens der Volkssouveränität bei Rousseau basiert, nicht allein, noch im ersten Drittel des 19. Jahrhunderts wird der Historiker Pölitz diese Pöbel-Kritik wiederholen. (vgl. Karl Heinrich Ludwig Pölitz: Staatswissenschaftliche Vorlesungen für die gebildeten Stände in constitutionellen Staaten. 3 Bde., Leipzig 1831–1833, Bd. 1, S. 97 ff.).
10 Die Annahme, dass das Recht des Stärkeren auch im *status civilis* nicht zu überwinden sei, wird zu diesem Zeitpunkt mehrfach vertreten, so von Michael Hißmann oder Johann Karl Wezel, vgl. hierzu Gideon Stiening: Zwischen »Idealer Republik« und ewigem Krieg. Recht, Staat und Geschlechterpolitik in Wielands *Aristipp und einige seiner Zeitgenossen*. In: Wieland-Studien 11 (2021), S. 199–226.
11 Friedrich Heinrich Jacobi: Über Recht und Gewalt oder philosophische Erwägung eines Aufsatzes von dem Herrn Hofrath Wieland, über das göttliche Recht der Obrigkeit. In: JWA 4.1, S. 257–287.

Wieland nicht bzw. nicht hinreichend zwischen dem Gesetz und dem Recht der Natur unterschieden habe.[12] Diese erste Entgegnung hatte Jacobi im Juni 1781 im *Merkur* platziert, die Diskussion über die politische Thematik ging aber unvermindert weiter, und zwar in einer Gattung, die Jacobi wie kaum ein zweiter beherrschte: Im Briefwechsel.[13] Neben Dohm, der ja die Veranlassung für Wielands Statement provoziert hatte und mit dem Jacobi einen angelegentlichen Briefverkehr pflegte, sind es Gleim, Müller, Forster und die Fürstin Gallitzin, mit denen er seine gedankliche Entwicklung zur politischen Theorie austauscht, als er im Frühjahr 1782 auf Müllers *Reise der Päbste* aufmerksam wird und dessen Legitimation unbedingter Herrschaft zum Anlass nimmt, seinen Mediencoup in Gang zu setzen.[14] Schon hier – und nicht erst 1785[15] – bedient er sich eines angeblichen Ausspruches des im November 1781 verstorbenen Lessings, die 1763 publizierte Kritik Johann Nikolaus von Hontheims (gen. Febronius) an der unbeschränkten innerkirchlichen Souveränitätsstellung des Papstes könne und müsse auch auf jeden weltlichen Fürsten angewandt werden.[16]

Man muss hier – wie schon Garve bemerkte – scharf differenzieren: Die Erwähnung der Müller'schen Schrift dient einzig und allein dazu, sich auf Lessings mündliche Kritik an absolutistischer Alleinherrschaft berufen zu können, um die Öffentlichkeit auf Jacobis eigentliches Interesse aufmerksam zu machen: die Verteidigung der Volkssouveränität und einer durch Gesetze eingeschränkten Herrschaft, die zugleich an Tugend und Religion essentiell gebunden bleibt. Dabei hat Jacobis Referenz auf die Volkssouveränität und damit seine Kritik an Wieland grundlegend aufklärungskritische Absichten, die allerdings erst durch eine genaue Analyse dessen, was er unter Volkssouveränität versteht, sowie den weiteren Kontext zu erschließen sind.

Jacobis Broschüre steht mithin in einem dichten Netz ideengeschichtlicher Kontexte, die die unmittelbare epistemische Situation zu Beginn der 1780er

---

12 JWA 4.1, S. 260; zu dieser sich in der frühen Neuzeit durchsetzenden Distinktion vgl. u. a. Lorraine Daston, Michael Stolleis (Hg.): Natural Law and Laws of Nature in Early Modern Europe. Jurisprudence, Theology, Moral and Natural Philosophy. Aldershot u. a. 2008.
13 Vgl. JWA 4.2, S. 493–503.
14 Vgl. erneut JWA 4.2, S. 512–530.
15 Siehe hierzu den Skandaltext von 1785: Friedrich Heinrich Jacobi: Über die Lehre des Spinoza in Briefen an den Herrn Moses Mendelssohn. Auf der Grundlage der Ausgabe von Klaus Hammacher u. Irmgard-Maria Piske bearbeitet von Marion Lauschke. Hamburg 2000, den Jacobi mit einem ganzen Gesprächsreferat beginnt, das er mit Lessing geführt haben will.
16 Zu von Hontheim vgl. u. a. Volker Pitzer: Justinus Febronius. Das Ringen eines katholischen Irenikers um die Einheit der Kirche im Zeitalter der Aufklärung. Göttingen 1976; zur Bedeutung dieses kirchenrechtspolitischen Kontextes vgl. den Beitrag von Friedrich Vollhardt in diesem Band.

Jahre betreffen. Das gilt aber in einer vergleichbaren Weise für einen selbst in der historisch-kritischen Ausgabe benannten, allerdings nicht weiter verfolgten[17] realgeschichtlichen Kontext, den Jacobi mit dem Stichwort ›Febronianismus‹ schon angesprochen hatte und den er auch in seiner Vorrede direkt erwähnt: Dabei handelt es sich um die europaweit wahrgenommenen Reformprozesse, die Joseph II. im Sinne eines aufgeklärten Absolutismus mit großer Energie und erheblichem Tempo seit 1780 in Gang gesetzt hatte.[18] Jacobis Briefwechsel zeigt, dass er diese Vorgänge, die Reformen auf den Feldern »Verfassung, Verwaltung, Justiz und Steuer, Wirtschaft, Kirche, Bildung und Schule« umfassten,[19] genau verfolgt hat. Bis er im September 1782 das Manuskript seiner Broschüre, deren Gattungswahl allein auf die Vorgänge in Wien referiert,[20] absendet,[21] hatte der Kaiser nicht nur die Aufhebung der Zensur, die Erteilung der Bürgerrechte an Juden sowie die Unterordnung der Kirche unter den Staat einschließlich der Säkularisation der erbländischen Klöster verordnet,[22] sondern auch die Leibeigenschaft abgeschafft und erste Schritte zu einer geordneten Pensionsregelung für Staatsbedienstete und deren Witwen unternommen.[23] Dass Joseph II. mit seiner Reformpolitik ein Tempo vorlegte, das seine Untertanen überforderte und deshalb zumindest auch als despotisch wahrgenommen wurde, war im Herbst 1782 kaum zu erkennen,[24] wohl aber, dass hier die Prinzipien der säkularen Aufklärung der politischen und gesellschaftlichen Praxis von einem Souverän verordnet wurden. Die Aussichten auf eine Verwirklichung aufklärerischer Prinzipien zog viele Anhänger dieser intellektuellen Bewegung nach Wien – so auch Mozart, der von der Aufbruchsstimmung angezogen wurde und sicher war, ihr

---

17 Vgl. JWA 4.2, S. 515.
18 Vgl. hierzu u. a. die exzellente Studie von Leslie Bodi: Tauwetter in Wien. Zur Prosa der österreichischen Aufklärung 1781–1785. Köln, Weimar, Wien ²1995.
19 Helmut Reinalter: Einleitung: Der Josephinismus als Variante des Aufgeklärten Absolutismus und seine Reformkomplexe. In: Ders. (Hg.): Josephinismus als Aufgeklärter Absolutismus. Köln, Weimar, Wien 2008, S. 9–16, hier S. 15.
20 Zur Broschürenkultur im Wien der 1780er Jahre vgl. Bodi: Tauwetter in Wien (s. Anm. 18), S. 117–178.
21 Zu dieser Datierung siehe JWA 4.2, S. 519.
22 Vgl. hierzu insbesondere Andreas Holzem: Christentum in Deutschland 1550–1850. Konfessionalisierung – Aufklärung – Pluralisierung. Paderborn 2015, Bd. 2, S. 809–849.
23 Zu diesen Verordnungen und Gesetzen vgl. die Quellensammlung von Harm Klueting (Hg.): Der Josephinismus. Ausgewählte Quellen zur Geschichte der theresianisch-josephinischen Reformen. Darmstadt 1995, S. 212–305.
24 Siehe hierzu Helmut Reinalter: Joseph II. Reformer auf dem Kaiserthron. München 2011, S. 32 ff.

mächtige weitere Impulse geben zu können.[25] Die ›weiße Revolution‹ Wiens im Geiste einer moderaten Aufklärung wurde aber nicht von allen Aufklärern uneingeschränkt begrüßt,[26] wie schon der Begriff der »gewaltsamen Reformationen« bei Garve erkennen ließ; vor allem aber Aufklärungskritiker und Gegenaufklärer wie Jacobi mussten alarmiert sein.

Jacobis kleine Schrift *Etwas das Leßing gesagt hat* ist ohne die beiden genannten Kontexte, die die epistemische Situation der frühen 1780er Jahre prägte, nicht hinreichend zu interpretieren. Beide Kontexte sind unabhängig voneinander für eine hinreichende Interpretation des Textes zu berücksichtigen und dergestalt zu korrelieren, dass sie nicht aufeinander zurückgeführt werden. In Hinblick auf den hier nicht weiter zu verfolgenden realgeschichtlichen Kontext wäre zu klären, was genau Jacobi zu welchem Zeitpunkt von den Vorgängen in Wien erfuhr – und vor allem: wie?[27] Erst vor dem Hintergrund dieser Informationen könnte erläutert werden, welchen Einfluss diese realpolitischen Ereignisse auf die Argumentationsbewegung der Schrift hatten, und an welcher Stelle genau. Zudem wäre erst auf dieser Grundlage zu klären, welche politischen Absichten Jacobi mit seinem popularphilosophischen, also in die Praxis eingreifen wollenden Text verfolgte. Sicher ist – so die hier vertretene These –, dass sich Jacobi gegen Wielands Kritik am Grundgedanken der Volkssouveränität wendet, weil er diese gegen den aufgeklärten Absolutismus Joseph II. – der nach dem Prinzip »Alles für das Volk nichts durch das Volk«[28] vorging – in Stellung bringen will, um damit die politische Aufklärung überhaupt in Misskredit zu bringen. Im Folgenden ist jedoch der Rahmen der unmittelbaren epistemischen Situation zu verlassen, um einen weiter gespannten, zugleich systematisch relevanten ideengeschichtlichen Kontext zu berücksichtigen.

---

25 Vgl. hierzu Laurenz Lütteken: Mozart. Leben und Musik im Zeitalter der Aufklärung. München 2017, S. 76 ff.
26 Siehe hierzu u. a. Bodi: Tauwetter in Wien (s. Anm. 18), S. 227 ff.
27 Dass solcherart Informationen für eine Realgeschichte des Politischen im 18. Jahrhundert zentrale Voraussetzungen abgeben, lässt sich nachlesen bei Andreas Gestrich: Politik im Alltag. Zur Funktion politischer Informationen im deutschen Absolutismus des frühen 18. Jahrhunderts. In: Aufklärung 5,2 (1990), S. 9–27.
28 Siehe hierzu Reinalter: Joseph II. (s. Anm. 24), S. 23 ff.

3 Ideengeschichtlicher Kontext II: Entwicklungslinien in der politischen Theorie der Spätaufklärung (1763–1806)

Jacobis Text steht nämlich nicht nur im engeren Kontext der epistemischen Situation um 1780, sondern auch im weiteren Zusammenhang der Entwicklungsbewegungen der politischen Theorie der Spätaufklärung.[29] Mit dem Aufrufen Machiavellis, den sich bestimmte Aufklärer – so Helvétius, Rousseau oder Alfieri – seit den 1750er Jahren positiv wieder aneignen,[30] Hobbes', Rousseaus, Fergusons, Lessings, Mösers und Hemsterhuis', die explizit und z. T. ausführlich zitiert werden, stellt sich Jacobi ausdrücklich in diesen weiteren Theorierahmen. Die besondere Bedeutung der Volkssouveränität, deren kontroverse Stellung in den vorrevolutionären Debatten der Spätaufklärung kaum hinreichend erforscht ist,[31] macht zudem deutlich, dass dieser Text vor allem im Kontext der politischen Theoriebildung der Spätaufklärung steht.[32]

Nun wies die politische Theorie der deutschsprachigen Spätaufklärung, also jener Phase, die nach dem Ende des Siebenjährigen Krieges begann und

---

[29] Insofern kann ideen- wie realgeschichtliche Kontextualisierung nicht bedeuten, nur die unmittelbaren Ereignisse der epistemischen Situation zu beachten, sondern auch – und zwar für beide Kontextbereiche – entwicklungs- und damit strukturgeschichtliche Bedingungen der Texte zu berücksichtigen. Diese Referenz musste von der Kulturgeschichte insofern notwendig abgeschafft werden (vgl. die schon hemmungslose Kritik an der Strukturgeschichte bei Martin Huber, Gerhard Huber: Neue Sozialgeschichte? Poetik, Kultur und Gesellschaft – zum Forschungsprogramm der Literaturwissenschaft. In: Dies. (Hg.): Nach der Sozialgeschichte. Konzepte für eine Literaturwissenschaft zwischen Historischer Anthropologie, Kulturgeschichte und Medientheorie. Tübingen 2000, S. 1–11), weil man gemäß der Diskontinuitätsthese Foucaults keine Entwicklungslinien nachzeichnen wollte und konnte, so dass Strukturgeschichte vor dem Hintergrund des – zumeist unreflektierten – epistemologischen Empirismus als schlechte Metaphysik denunziert wurde.
[30] Siehe hierzu u. a. Angela Oster (Hg.): Tyrannei, Tragödie, Traktat: Vittorio Alfieri und die Machiavellistik der Aufklärung. In: Judith Frömmer, Angela Oster (Hg.): Texturen der Macht: 500 Jahre »Il Principe«. Berlin 2019, S. 290–316, sowie Gideon Stiening: Politik als »ausübende Staatsklugheit«. Machiavelli und die Aufklärung. In: David Nelting, Linda Simonis (Hg.): 550 Jahre Machiavelli. Heidelberg 2021 [i.D.].
[31] Vgl. hierzu die holzschnittartigen Ausführungen bei Jan Rolin: Der Ursprung des Staates. Die naturrechtlich-rechtsphilosophische Legitimation von Staat und Staatsgewalt im Deutschland des 18. und 19. Jahrhunderts. Tübingen 2005, S. 134–136.
[32] Zu einer präzisen Skizze dieser Entwicklung vgl. Werner Schneiders: Die Philosophie des aufgeklärten Absolutismus. Zum Verhältnis von Philosophie und Politik, nicht nur im 18. Jahrhundert. In: Hans Erich Bödeker, Ulrich Herrmann (Hg.): Aufklärung als Politisierung – Politisierung der Aufklärung. Hamburg 1987, S. 32–52, spez. S. 43 ff.

sich wenigstens bis 1806 erstreckte,[33] zwar theorieimmanente Bewegungsformen auf, die sich vor allem zwischen den Polen des Pufendorf'schen und des Wolff'schen Naturrechts einerseits[34] und dem Einfluss Montesquieus[35], Rousseaus[36] sowie zunehmend auch des Locke'schen Naturrechts andererseits bewegten[37] und ab Mitte der 1780er Jahre durch die kantische Philosophie grundstürzende Veränderungen erfuhren,[38] war jedoch ebenfalls in ganz erheblichem Maße äußeren Bedingungen, und d. h. hier sozial- und politikgeschichtlichen Strukturprozessen und Ereignissen ausgesetzt. Zu diesen realgeschichtlichen Bedingungsfaktoren

---

33 Vgl. hierzu u. a. Rudolf Vierhaus: Politisches Bewußtsein in Deutschland vor 1789. In: Ders.: Deutschland im 18. Jahrhundert. Politische Verfassung. Soziales Gefüge. Geistige Bewegungen. Göttingen 1987, S. 183–201; Diethelm Klippel: Politische Theorien im Deutschland des 18. Jahrhunderts. In: Aufklärung 2,2 (1987), S. 57–88; Hans Erich Bödeker: Prozesse und Strukturen politischer Bewußtseinsbildung der deutschen Aufklärung. In: Ders., Ulrich Herrmann (Hg.): Aufklärung als Politisierung – Politisierung der Aufklärung. Hamburg 1987, S. 10–31; Wolfgang Rother: § 52 Natur- und Staatsrecht im Zeitalter der Revolution. In: Helmut Holzhey u. Vilem Mudroch (Hg.): Die Philosophie des 18. Jahrhunderts. 5: Heiliges Römisches Reich Deutscher Nation. Schweiz. Nord- und Osteuropa. Basel 2014, S. 1260–1294.

34 Siehe hierzu insbesondere Diethelm Klippel: Politische Freiheit und Freiheitsrechte im deutschen Naturrecht des 18. Jahrhunderts. Paderborn 1976; Eckart Hellmuth: Naturrechtsphilosophie und bürokratischer Werthorizont. Studien zur preußischen Geistes- und Sozialgeschichte des 18. Jahrhunderts. Göttingen 1985; Ulrike Müssig: Die europäische Verfassungsdiskussion des 18. Jahrhunderts. Tübingen 2008, S. 55–77; Wolfgang Rother: Naturrecht, Staat und Politik vor der Französischen Revolution. In: Helmut Holzhey, Vilem Mudroch (Hg.): Die Philosophie des 18. Jahrhunderts. 5: Heiliges Römisches Reich Deutscher Nation. Schweiz. Nord- und Osteuropa. Basel 2014, S. 633–713.

35 Siehe hierzu u. a. Rudolf Vierhaus: Montesquieu in Deutschland. Zur Geschichte seiner Wirkung als politischer Schriftsteller im 18. Jahrhundert. In: Ders.: Deutschland im 18. Jahrhundert. Politische Verfassung. Soziales Gefüge. Geistige Bewegungen. Göttingen 1987, S. 9–32.

36 Zur europaweiten Rezeption Rousseaus ab den 1750er Jahren vgl. u. a. Klaus Reich: Rousseau und Kant. Tübingen 1936; Robert Spaemann: Von der Polis zur Natur. Die Kontroverse um Rousseaus ersten Discours. In: DVjS 47 (1973), S. 581–597; Claus Süßenberger: Rousseau im Urteil der deutschen Publizistik bis zum Ende der Französischen Revolution. Frankfurt a.M. 1974; Iring Fetscher: Rousseaus politische Philosophie. Zur Geschichte des demokratischen Freiheitsbegriffs. Frankfurt a.M. 1975, S. 258 ff.; Béla Kapossy: Iselin contra Rousseau. Sociable Patriotism and The History of Mankind. Basel 2006; eine umfangreiche, bis 1994 reichende Forschungsbibliographie zur Rezeption in Deutschland findet sich in: Herbert Jaumann (Hg.): Rousseau in Deutschland. Beiträge zur Erforschung seiner Rezeption. Berlin, New York 1995, S. 291–311.

37 Siehe hierzu Alexander Schwan: Politische Theorie des Rationalismus und der Aufklärung. In: Hans-Joachim Lieber (Hg.): Politische Theorien von der Antike bis zur Gegenwart. Bonn 1991, S. 157–257, spez., S. 230–242.

38 Siehe hierzu u. a. Gideon Stiening: Empirische oder wahre Politik? Kants kritische Überlegungen zur Staatsklugheit. In: Dieter Hüning, Stefan Klingner (Hg.): Kants Entwurf *Zum ewigen Frieden*. Baden-Baden 2018, S. 259–276.

zählt ohne Zweifel, dass erst ab den späten 1760er Jahren die verheerenden Folgen des Siebenjährigen Krieges allmählich überwunden wurden. Auch wenn die europaweite Hungerkrise der Jahre 1770–1772 diese positive Entwicklung verlangsamte,[39] wurde der sozioökonomische Wandel im Laufe der 1770er Jahre auch für weitere Teile der mitteleuropäischen Bevölkerung spürbar.[40] Das gilt zwar weniger für die Bevölkerungszahlen, die nach den ungeheuren Verlusten unter Soldaten *und* der Bevölkerung erst allmählich wieder anstiegen;[41] es gilt vielmehr für die wirtschaftliche Konjunktur, vor allem aber für jene relative politische Stabilität, die – mit Ausnahme des bayerischen Erbfolgekrieges – durch eine bis 1792 anhaltende Phase der Abwesenheiten kriegerischer Auseinandersetzungen geprägt war.[42] Das trifft auf Preußen ebenso zu wie auf Sachsen, Hessen, das Haus Hannover oder Österreich.[43]

Diese außenpolitische Stabilitätsphase korrespondierte in vielen Ländern mit innenpolitischen Reformprozessen, die in Österreich und Preußen vor allem durch Verrechtlichungsprozesse und den Ausbau einer effizienten Verwaltung begleitet wurden. Dass schon hier Prinzipien der Aufklärung eine prägende Rolle spielten, lässt sich an den Begriffen des Aufgeklärten bzw. des Reform-Absolutismus ablesen,[44] die – wenngleich nicht unumstritten[45] – jene Prozesse eines ›Wandels durch Vernunft‹ auch auf staats- und rechtspolitischer Ebene erfassen, die die Aufklärung grundsätzlich für sich in Anspruch nahm.[46] Allein die Rationalisierung, Säkularisierung und – zumindest relative – Humanisierung des Strafrechts, die seit Mitte des Jahrhunderts nicht nur in der Theorie, sondern auch in der Rechtsprechung und Strafpraxis vollzogen wurden, macht jene Be-

---

39 Vgl. hierzu Dominik Collet: Hungern und Herrschen. Umweltgeschichtliche Verflechtungen der Ersten Teilung Polens und der europäischen Hungerkrise 1770–1772. In: Jahrbücher für Geschichte Osteuropas 62.2 (2014), S. 237–254.
40 Vgl. hierzu Vierhaus: Politisches Bewußtsein (s. Anm. 33) S. 184 ff.; Johannes Kunisch: Friedrich der Große. Der König und seine Zeit. München 2004, S. 465 ff. und die dort angegebene Literatur.
41 Vgl. hierzu Georg Schmidt: Wandel durch Vernunft. Deutsche Geschichte im 18. Jahrhundert. München 2009, S. 176 f.
42 Ebd., S. 174 f.
43 Vgl. hierzu u. a. Barbara Stollberg-Rilinger: Maria Theresia. Die Kaiserin in ihrer Zeit. München 2017, S. 519 ff.
44 Vgl. hierzu u. a. Günter Birtsch (Hg.): Reformabsolutismus im Vergleich [Aufklärung 9,1]. Hamburg 1996; Dagmar Feist: Absolutismus. Darmstadt 2008, S. 95 ff.
45 Eine anschauliche Zusammenfassung dieser Forschungsdebatten um die Leistungsfähigkeiten dieser Begriffe liefert jetzt Frank Göse: Friedrich Wilhelm I. Die vielen Gesichter des Soldatenkönigs. Darmstadt 2020, S. 470–477.
46 Siehe nochmals Schmidt: Wandel durch Vernunft (s. Anm. 41).

griffe durchaus plausibel.[47] Dabei werden die Ideen der Aufklärung von den Staatsführungen nach 1763 vor allem deshalb aufgenommen, weil sie als herrschaftsstabilisierend und wohlstandfördernd galten, mithin als das bessere Herrschaftskonzept. Friedrich II. und Joseph II. sind dafür lediglich herausragende Beispiele;[48] besonders anschaulich wird dieser unmittelbar politische Zusammenhang zwischen Theorie und Praxis in der kameralistischen Theoriebildung Johann Heinrich Gottlob von Justis.[49]

Darüber hinaus verbreitet sich ab 1776 in ganz Europa die Nachricht von einem Aufstand der amerikanischen Siedler gegen die englische Kolonialmacht,[50] was anzeigte, dass die Nachkriegszeit des Siebenjährigen Krieges, der in Übersee als *French- and Indian-War* firmierte,[51] beendet war. Zudem löste die Nachricht vom zunehmenden Erfolg dieser Revolution einen zunächst vorsichtigen, später auch nachhaltigen Optimismus hinsichtlich einer rechtstaatlichen Grundlegung des bürgerlichen Gemeinwesens auch in Europa aus.[52] Christian Wilhelm Dohms dreiteilige Abhandlung *Einige der neuesten politischen Gerüchte*, die jene oben zitierte Erwiderung Wielands veranlasst hatte, beginnt mit eben dem Hinweis:

> Das größte politische Eräugniß des siebenten Decenniums unseres Jahrhunderts (und vielleicht bei der Nachwelt des ganzen Saeculums) ist ohne Zweifel der noch immer fortdaurende Proceß zwischen Mutter und Tochter, Großbritanien und seinen Kolonien; dessen Entscheidung vielleicht für einen großen Theil der Menschheit äußerest wichtig seyn kann.[53]

---

47 Vgl. hierzu insbesondere Arnd Koch: Die Entwicklung des Strafrechts zwischen 1751 und 1813. In: Arnd Koch, Michael Kubiciel, Martin Löhnig, Michael Pawlik (Hg.): Feuerbachs Strafgesetzbuch. Die Geburt des liberalen, modernen und rationalen Strafrechts. Tübingen 2014, S. 39–67.
48 Reinalter: Joseph II (s. Anm. 24), S. 24.
49 Vgl. u. a. Horst Dreitzel: Justis Beitrag zur Politisierung der deutschen Aufklärung. In: Hans Erich Bödeker, Ulrich Herrmann (Hg.): Aufklärung als Politisierung – Politisierung der Aufklärung. Hamburg 1987, S. 158–177 sowie Axel Rüdiger: Staatslehre und Staatsbildung. Zur Staatswissenschaft an der Universität Halle im 18. Jahrhundert. Tübingen 2005, S. 224 ff.
50 Zur Bedeutung dieses Ereignisses für die politische Theorie der Aufklärung vgl. Schwan: Rationalismus (s. Anm. 37), S. 234 ff.
51 Siehe hierzu Michael Hochgeschwender: Die Amerikanische Revolution. Geburt einer Nation 1763–1815. München 2016, S. 51 ff.
52 Siehe auch Horst Dippel: Die Amerikanische Revolution. 1763–1787. Frankfurt a.M. 1985, S. 112 ff. sowie Ladislaus Ludescher: Die Amerikanische Revolution und ihre deutsche Rezeption. Studien und Quellen zum Amerikabild in der deutschsprachigen Literatur des 18. Jahrhunderts. Berlin, Boston 2020.
53 Christian Wilhelm Dohm: Einige der neuesten politischen Gerüchte. In: Der Teutsche Merkur 1777, S. 75–91, hier S. 77 f.

Eine erneut grundstürzende Änderung der politischen und kulturellen Atmosphäre bewirkte ab 1789 die nun schon zweite bürgerliche Revolution, diejenige in Frankreich nämlich.[54] Auch dieses realpolitische Ereignis hatte nachhaltige Auswirkungen auf die politische Theoriebildung in Philosophie, den Wissenschaften und den Künsten.[55] Die Frage ist nur, wie genau und in welchen Verhältnis sie zur Bedeutung jener »Ideen« stehen, die auf die politischen Prozesse einwirkten und die aus ihnen hervorgingen.

Die wirtschaftliche und politische Entspannung wird durch eine schon während des Siebenjährigen Krieges zu verzeichnende kulturelle Blüte begleitet und befördert,[56] die sich nunmehr in Friedenszeiten intensiviert, weiter ausbreitet und sich in Debatten über einen Patriotismus,[57] ein Nationaltheater und die Umsetzung aufklärerischer Theorien in die politische und gesellschaftliche Praxis kristallisiert.[58] Anfang der 1780er Jahre, während Wieland, Dohm, Jacobi, Gleim, Forster u.v. a. über die Volkssouveränität debattieren, ist die Aufklärung nicht nur in Berlin auf dem Höhepunkt ihrer öffentlichen und realpolitischen Wirksamkeit,[59] steht der Josephinismus an seinem erwartungsfrohen Beginn,[60] sondern scheinen auch die Universitäten, z. T. schwer gebeutelt durch den Krieg, eine neue Blüte zu erleben, die vor allem Göttingen ab 1770 zu einem Zentrum europäischer Aufklärungstheorien gemacht hatte.[61]

Inhaltlich beherrscht werden die philosophischen, einzelwissenschaftlichen, künstlerischen sowie die populärwissenschaftlichen Debatten der 1770er Jahre u. a. durch ein erfolgreiches Durchdringen des englischen Empirismus und französischen Sensualismus, und zwar sowohl in epistemologischer als

---

54 Paradigmatisch hier Jonathan Israel: Die Französische Revolution. Ideen machen Politik. Stuttgart 2017.
55 Vgl. hierzu Otto Dann, Diethelm Klippel (Hg.): Naturrecht – Spätaufklärung – Revolution. Hamburg 1995; Müssig: Verfassungsdiskussion (s. Anm. 34) sowie Rother (s. Anm. 33), S. 1263 ff.
56 Vgl. hierzu u. a. Bernhard Fabian, Wilhelm Schmidt-Biggemann, Rudolf Vierhaus (Hg.): Deutschlands kulturelle Entfaltung 1763–1790. Hamburg ²2016.
57 Vgl. hierzu Vierhaus: Politisches Bewußtsein (s. Anm. 33), S. 186 ff.
58 So Schmidt: Wandel durch Vernunft (s. Anm. 41), S. 179 ff.
59 Vgl. hierzu u. a. Horst Möller: Aufklärung in Preußen. Der Verleger, Publizist und Geschichtsschreiber Friedrich Nicolai. Berlin 1974.
60 Vgl. hierzu u. a. Helmut Reinalter (Hg.): Josephinismus als Aufgeklärter Absolutismus. Wien 2008.
61 Siehe hierzu u. a. Götz von Selle: Die Georg-August-Universität zu Göttingen 1737–1937. Göttingen 1937, S. 129 ff.; Ulrich Hunger: Die Georgia Augusta als hannoversche Landesuniversität. Von ihrer Gründung bis zum Ende des Königreichs. In: Ernst Böhme, Rudolf Vierhaus (Hg.): Göttingen. Geschichte einer Universitätsstadt. Göttingen 2002, Bd. 2, S. 139–213, hier S. 168 ff.

auch in moralphilosophischer Hinsicht.[62] Auch an Jacobis häufiger Referenz auf Adam Ferguson,[63] den Christian Garve für die deutschen Debatten erschlossen hatte,[64] lässt sich diese Tendenz nachzeichnen. Liest man zudem die Erzeugnisse der Göttinger Geistesaristokratie von August Ludwig Schlözer, Christoph Meiners und Johann Georg Heinrich Feder über Christian Gottlob Heyne bis Georg Christoph Lichtenberg, dann hat man bisweilen den Eindruck, der philosophische und einzelwissenschaftliche Empirismus kann vor lauter Kraft kaum laufen.[65] Feder gehört als Autor und Hochschullehrer in den 1770er Jahren zu den bekanntesten, einflussreichsten und beliebtesten Philosophen Europas.[66]

Die sich seit den 1750er Jahren erst allmählich und unter großen Widerständen gegen den Wolffianismus durchsetzende emotionalistische Ethik französischer und britischer Provenienz, die man mit Autoren wie Sulzer, Lessing, Abbt, Gellert und durchaus auch Mendelssohn verbinden muss,[67] kann zwanzig Jahre später – durch den Einfluss der Kontroversen über Rousseaus *Discours sur l'Inégalité parmi les hommes*[68] sowie d'Holbachs *Système de la Nature*[69] – deutlich verschärft werden. Es geht, wie Jakob Mauvillon an seinen

---

[62] Vgl. hierzu u. a. Gideon Stiening, Udo Thiel: Einleitung: Johann Nikolaus Tetens und die Tradition des europäischen Empirismus. In: Dies. (Hg.): Johann Nikolaus Tetens (1736–1807). Philosophie in der Tradition des Europäischen Empirismus. Berlin, Boston 2014, S. 13–24.
[63] JWA 4.2, S. 313 ff.
[64] Siehe hierzu jetzt Antonino Falduto: Schottische Aufklärung in Deutschland. Christian Garve und Adam Fergusons *Institutes of Moral Philosophy*. In: Udo Roth, Gideon Stiening (Hg.): Christian Grave (1742–1798). Philosoph und Philologe der Aufklärung. Berlin, Boston 2021, S. 33–53.
[65] Siehe hierzu u. a. Luigi Marino: Praeceptores Germaniae. Göttingen 1770–1820, Göttingen 1995; Erich Bödeker, Philippe Büttgen u. Michel Espagne (Hg.): Die Wissenschaft vom Menschen in Göttingen um 1800. Göttingen 2008 sowie Falk Wunderlich: Empirismus und Materialismus an der Göttinger Georgia Augusta – Radikalaufklärung im Hörsaal? In: Aufklärung 24 (2012), S. 65–90.
[66] Vgl. hierzu u. a. Hans-Peter Nowitzki, Udo Roth, Gideon Stiening: Zur Einführung: »Mit dem Menschen hat es die Philosophie zu thun«. J. G. H. Feder – Von einer »Physik des Herzens« zur praktischen Anthropologie. In: Hans-Peter Nowitzki, Udo Roth, Gideon Stiening (Hg.): Johann Georg Heinrich Feder: Ausgewählte Schriften. Berlin 2018, S. IX–XXXIV.
[67] Siehe hierzu u. a. Manfred Kuehn: Scottish Common Sense in Germany, 1768–1800. A Contribution to the History of Critical Philosophy. Kingston 1987.
[68] Vgl. hierzu den allerdings ergänzungsbedürftigen Band von Jaumann: Rousseau in Deutschland (s. Anm. 36) sowie Gideon Stiening: Glück statt Freiheit – Sitten statt Gesetze. Wielands Auseinandersetzung mit Rousseaus politischer Theorie. In: Wieland-Studien 9 (2016), S. 61–103.
[69] Vgl. hierzu Roland Krebs: Helvétius en Allmagne ou la tentation du matérialisme. Paris 2006.

Freund Michael Hißmann schreibt, den Radikalaufklärern unter den Empiristen dabei um eine konsequent naturalistische Ethik und daher um die Abschaffung des Christentums sowie die Entlarvung jeder theologischen oder rationalistischen Moral als Herrschaftsinstrument:

> Denn unter uns u. als Freund gesagt, bin ich überzeugt, daß man der Menschheit keinen wichtigern Dienst erzeigen kann als an der Untergrabung des Christentums zu arbeiten. Diese Religion macht die Menschen schwach, furchtsam, kleinmüthig; sie erstickt jede Hoheit des Geistes, allen Adel der Seelen.[70]

Es ist kaum vorstellbar, dass ein solcher Satz – selbst in einem Privatbrief – nach 1786, also dem Tode Friedrich II, vor allem aber nach 1788, dem Beginn des Wöllner'schen Aufklärungsverbotes, ohne Bedenken niedergeschrieben worden wäre.[71] Um 1780 schien jedoch eine junge Generation von Philosophen, Künstlern und politischen Praktikern bereit und in der Lage, kulturpolitische Änderungen dieses Ausmaßes anzustreben.[72] Jacobi hat genau das wahrgenommen, und er hat versucht, mit allen Mitteln dagegen zu agitieren.[73]

Noch ein letzter real- und ideengeschichtlicher Kontext, der die politischen Debatten der Spätaufklärung in Philosophie, Wissenschaften und Künsten prägte, sei hier abschließend erwähnt: 1778 erscheint der erste Band eines konzeptionell und sprachlich brillanten Reiseberichts, der von einem jungen deutschen Naturforscher verfasst wurde. Dieser sprachmächtige Naturwissenschaftler hatte zwischen 1772 und 1775 auf einem englischen Expeditionsschiff eine *Reise um die Welt* miterleben und gestalten dürfen. Georg Forsters philosophischer Reisebericht – aufruhend auf den Prämissen Rousseaus und der britischen Anthro-

---

70 Jakob Mauvillon an Michael Hißmann, 23. Juni 1777. In: Michael Hißmann: Briefwechsel. Hg. von Hans-Peter Nowitzki, Udo Roth, Gideon Stiening, Falk Wunderlich. Berlin, Boston 2016, S. 13.
71 Siehe hierzu Dirk Kemper: Obskurantismus als Mittel der Politik. Johann Christoph von Wöllners Politik der Gegenaufklärung am Vorabend der Französischen Revolution. In: Christoph Weiß (Hg.): Von »Obscuranten« und »Eudämonisten«. Gegenaufklärerische, konservative und antirevolutionäre Publizisten im späten 18. Jahrhundert. St. Ingbert 1997, S. 193–220.
72 Vgl. hierzu die kenntnisreichen Überlegungen zu diesem Jahrzehnt bei Karl Vorländer: Immanuel Kant. Der Mann und das Werk. Hamburg ³1998, Bd. 1, S. 213–247.
73 Vgl. hierzu jetzt Hans Friedrich Fulda: Friedrich Heinrich Jacobis Kritik an der materialistischen Aufklärung. In: Cornelia Ortlieb, Friedrich Vollhardt (Hg.): Friedrich Heinrich Jacobi (1743–1819). Romancier – Philosoph – Politiker. Berlin, Boston 2021, S. 85–104; Fuldas bemerkenswerte Analyse der Helvétius-Rezeption im *Woldemar* krankt allerdings daran, dass sie die Gleichsetzung von Aufklärung, Materialismus und Despotismus, die Jacobi in gegenaufklärerischer Absicht – wenngleich mit den Mitteln der Aufklärung – vornimmt, nicht hinreichend kritisch interpretiert.

pologie – wurde nicht nur in Göttingen ein großer Verkaufserfolg,[74] sondern hielt einflussreiche Einsichten in die historische und kulturelle Bedingtheit europäischer Zivilisation bereit, die die spätaufklärerische Anthropologie und politische Philosophie nachhaltig prägen sollte.[75]

Eine von diesen äußeren Kontexten zunächst unabhängige Betrachtung der politischen Theorie der Spätaufklärung und ihrer Entwicklung hat zu berücksichtigen, dass diese Theorie des Politischen schon seit Thomasius und Wolff in zwei grundlegend unterschiedene, zugleich stets aufeinander bezogene Teilbereiche auseinanderfiel: Dabei handelt es sich zum einen um die begründungstheoretische Variante der *Politica*, das Naturrecht,[76] und zum anderen um ihre prudentielle Form als Staatsklugheit- bzw. Regierungslehre.[77] Nur das Natural als überpositives Recht hatte normativen Charakter, während die Frage nach der normativen Fundierung der Staatsklugheit strittig war.[78] Vor dem Hintergrund dieser zentralen Distinktion versuchte man u. a. folgende grundlegenden Fragen der politischen Philosophie des 18. Jahrhunderts zu beantworten: Ver-

---

74 Vgl. u. a. Ludwig Uhlig: Georg Forster. Lebensabenteuer eines gelehrten Weltbürgers (1754–1794). Göttingen 2004, S. 85 ff.

75 Siehe hierzu die allerdings ergänzungsbedürftigen Hinweise bei Jürgen Goldstein: Georg Forster. Zwischen Freiheit und Naturgewalt. Berlin 2015, S. 93 ff.

76 Vgl. hierzu u. a. Hans Welzel: Naturrecht und materiale Gerechtigkeit. Göttingen ⁴1962; Wolfgang Röd: Geometrischer Geist und Naturrecht. Methodengeschichtliche Untersuchungen zur Staatsphilosophie im 17. und 18. Jahrhundert. München 1970; Merio Scattola: Das Naturrecht vor dem Naturrecht. Zur Geschichte des ›ius naturae‹ im 16. Jahrhundert. Tübingen 1999; Gerald Hartung: Die Naturrechtsdebatte. Geschichte der Obligatio vom 17. bis 20. Jahrhundert. Freiburg, München ²1999; Sebastian Kaufmann: Die stoisch-ciceronianische Naturrechtslehre und ihre Rezeption bis Rousseau. In: Barbara Neymeyr, Jochen Schmidt, Bernhard Zimmermann (Hg.): Stoizismus in der europäischen Philosophie, Literatur, Kunst und Politik. Eine Kulturgeschichte von der Antike bis zur Moderne. 2 Bde. Berlin, New York 2008, Bd. 1, S. 229–292; Daniel Eggers: Die Naturzustandstheorie des Thomas Hobbes. Berlin 2008; Oliver Bach, Norbert Brieskorn, Gideon Stiening (Hg.): Die Naturrechtslehre des Francisco Suárez. Berlin, Boston 2017; Luca Basso (Hg): Leibniz und das Naturrecht. Stuttgart 2019; Stefan Klingner, Dieter Hüning (Hg.): Auf dem Weg zur kritischen Rechtslehre? Naturrecht, Moralphilosophie und Eigentumstheorie in Kants »Naturrecht-Feyerabend«. Leiden, Boston 2021.

77 Zu diesem wenig erforschten Feld der Staatsklugheitslehren des 18. Jahrhunderts vgl. Merio Scattola: Von der *prudentia politica* zur Staatsklugheitslehre. Die Verwandlungen der Klugheit in der praktischen Philosophie der Frühen Neuzeit. In: Alexander Fidora, Andreas Niederberger, Merio Scattola (Hg.): Phronêsis – Prudentia – Klugheit: Das Wissen des Klugen in Mittelalter, Renaissance und Neuzeit – Il sapere del saggio nel Medioevo, nel Rinascimento e nell'età moderna. Porto 2013, S. 227–259.

78 Siehe hierzu demnächst Gideon Stiening: Politik als »ausübende Staatsklugheit«. Machiavelli und die Aufklärung. In: David Nelting, Linda Simonis (Hg.): 550 Jahre Machiavelli. Heidelberg 2021 [i.D.].

hält es sich tatsächlich so, dass der Mensch durch einen *appetitus societatis* unverbrüchlich ausgestattet ist und daher eine staatliche Vergemeinschaftung durch diese seine Natur garantiert und legitimiert ist?[79] Spätestens nach Hobbes' und Rousseaus Infragestellung dieses seit Aristoteles unhinterfragten Dogmas der politischen Theorie zugunsten der äußeren Freiheit als einzigem anthropologischem Axiom rechts- und staatslogischer Deduktionen wird um die Beantwortung dieser Frage nach einem Geselligkeitstrieb des Menschen in der europäischen Philosophie und Literatur gerungen.[80] Sind Gesetze nur als Begrenzung der menschlichen Freiheit zu begreifen (wie dies Grotius, Pufendorf oder Thomasius behaupteten) oder lassen sie sich auch als deren Verwirklichungsbedingung verstehen und als solche darstellen (wie dies Hobbes, Rousseau oder Kant meinten)?[81] Wer und was ist der Souverän? Nach Rousseaus Begründung einer Volkssouveränität wurde auch diese Frage der Herrschaftsgrundlegung intensiv debattiert;[82] vor allem: in welchem Verhältnis steht der Souverän zum Recht und den Gesetzen? In welchem Verhältnis stehen Recht und Moral zueinander?[83] Wie steht es um Fragen des Völkerrechts in Zeiten des Krieges, so zwischen 1756 und 1763?[84] Ist die Monarchie tatsächlich die angemessene Regierungsform für den neuzeitlichen Zentralstaat, wie dies von Hobbes über Wolff bis hin zu Kant die meisten Philosophen des 17. und 18. Jahrhunderts beweisen wollten? Nicht erst die Amerikanische Revolution gab im Zusammenhang mit der Regierungslehre andere Impulse.[85] Welche Rolle spielen Kunst und Literatur nicht allein im Transformationsprozess zu einer idealen Vergemeinschaftung, sondern auch innerhalb dieser?

---

79 Vgl. hierzu Gideon Stiening: Appetitus societatis seu libertas. Zu einem Dogma politischer Anthropologie zwischen Suárez, Grotius und Hobbes. In: Herbert Jaumann, Gideon Stiening (Hg.): Neue Diskurse der Gelehrtenkultur. Ein Handbuch. Berlin, Boston, 2016, S. 389–436.
80 Vgl. hierzu jetzt Christoph Meid: Der politische Roman im 18. Jahrhundert. Systementwurf und Aufklärungserzählung. Berlin, Boston 2021.
81 Georg Geismann: Kant als Vollender von Hobbes und Rousseau. In: Der Staat 21 (1982), S. 161–189.
82 Vgl. erneut Müssig: Verfassungsdiskussion (s. Anm. 34), S. 73 ff. sowie Martin Welsch: Anfangsgründe der Volkssouveränität. Immanuel Kants ›Staatsrecht‹ in der *Metaphysik der Sitten*. Frankfurt a.M. 2021, spez. S. 22 ff.
83 Vgl. hierzu Georg Geismann: Recht und Moral in der Philosophie Kants. In: Jahrbuch für Recht und Ethik 14 (2006), S. 3–124.
84 Eberhard Gunter Schulz: Vom Beitrag der Berliner Aufklärung zum philosophischen Völkerrecht (Garve, Kant). In: Hans Thieme u. a. (Hg.): Humanismus und Naturrecht in Berlin – Brandenburg – Preußen. Ein Tagungsbericht. Berlin 1978, S. 206–225.
85 Vgl. hierzu die allerdings zum 18. Jahrhundert weitgehend uninformierte Studie von Cornel Zwierlein: Politische Theorie und Herrschaft in der Frühen Neuzeit. Göttingen 2020, S. 112 ff.

Schon diese grundlegenden Fragen gehören seit dem späten 17. Jahrhundert zu einem der bevorzugten Kampfgebiete in Philosophie, Literatur und, ab der zweiten Hälfte des 18. Jahrhunderts, auch in der politischen Praxis.[86] Immerhin nämlich inszenierte sich schon Friedrich II. nicht als Souverän, sondern als Diener des Staates, obwohl er sich wie ein unumschränkter Herrscher verhielt. Gleiches gilt für Katharina II. Joseph II. nahm für sich gar in Anspruch, die Prinzipien des Naturrechts, in und nach denen er erzogen worden war, in die Praxis seines staatspolitischen Handelns umzusetzen.[87] Dabei handelten alle drei Herrscher jedoch in einer Weise, die deutlich machte, dass sie die Prinzipien aufgeklärter Staatlichkeit gleichsam despotisch umzusetzen versuchten und sich so in den Augen vieler Kritiker in einem Widerspruch bewegten. Jacobi wird im Hinblick auf die Fragen der volkssouveränen Legitimation von Herrschaft sowie der Gesetzesbindung souveränen Handelns an eben dieser Stelle seine Kritik ansetzen.

Es gibt kaum einen der bedeutenden sowie auch viele der weniger bekannten Autoren, die sich *nicht* zu einem dieser Themen kritisch wie doktrinal geäußert hätten.[88] Eine Besonderheit dieser *Politica* in all ihren Erscheinungen besteht nämlich darin, dass sie als Theorie und in deren literarischer Reflexion je schon auf eine gesellschaftliche und staatliche Praxis ausgerichtet sind, die auf eine menschliche Gemeinschaft, hier im weiteren Sinne als *Societas rationis*, kritisch abzielt.[89] Insofern ist die politische Theorie der Aufklärung neben der Ethik, die private Handlungen normieren sollte und wollte, eine der zentralen Belange der europäischen Aufklärung und deren Grundsatzprogramm eines »Wandels durch Vernunft«,[90] die nicht allein im Hinblick auf ihre realgeschichtlichen Bedingungskontexte, sondern auch im Hinblick auf ihre inner-

---

86 Siehe hierzu u. a. Reinhard Brandt (Hg.): Rechtsphilosophie der Aufklärung. Berlin, New York 1982.
87 Dass hiermit die wichtigsten Protagonisten des aufgeklärten Absolutismus genannt sind sowie die Tatsache, dass es noch weitere, heute unbekanntere *Principes* gab, die sich dem Programm der Aufklärung verschrieben hatten, kann man nachlesen bei Feist: Absolutismus (s. Anm. 44), S. 98 ff.
88 Siehe hierzu u. a. den Reader von Zwi Batscha, Jörn Garber (Hg.): Von der ständischen zur bürgerlichen Gesellschaft. Politisch-soziale Theorien im Deutschland der zweiten Hälfte des 18. Jahrhunderts. Frankfurt a.M. 1981 sowie Bernd Heidenreich, Gerhard Göhler (Hg.): Politische Theorien im 17. und 18. Jahrhundert. Staat und Politik in Deutschland. Darmstadt, Mainz 2011.
89 Siehe hierzu auch Gideon Stiening: Von Despoten und Kriegern. Literarische Reflexion auf den sensus communis politicus bei Christoph Martin Wieland und Johann Karl Wezel. In: Christoph Binkelmann, Nele Schneidereit (Hg.): Denken fürs Volk. Popularphilosophie vor und nach Kant. Würzburg 2015, S. 35–56.
90 Vgl. erneut Schmidt: Wandel durch Vernunft (s. Anm. 41).

theoretische Funktion als Telos zu berücksichtigen sind. Dies gilt selbst für die von der Realität scheinbar abgewandten Formen der Utopie, in deren Zentrum stets die gesellschaftliche bzw. staatliche Formation steht,[91] gegen die sie als eigentliches Vorbild verfasst wurde.[92]

Eine Literatur oder Essayistik, die sich mit politischen Inhalten befasst, bildet folglich im 18. Jahrhundert auch vor der Revolution ein notwendiges Korrelationsverhältnis von Ideen und Realien aus. Lessings *Nathan*, der auf reale religionspolitische Probleme reagiert und referiert und dabei in seiner poetischen Reflexion auf das Toleranzpostulat, seine Voraussetzungen und Konsequenzen auf der Höhe der europäischen Toleranzdebatte einen neuen eigenständigen Vorschlag offeriert, kann hier als prominentes Beispiel dienen.[93] Auch Hölderlin, der im *Hyperion* auf ein konkretes politisches Problem der Revolution reagiert, nämlich die Tatsache, dass sich revolutionäre Gewalt auch gegen die eigene Bevölkerung wenden konnte, womit sie sich als Ausdruck der *volonté générale* und damit insgesamt delegitimiert habe,[94] referiert zugleich auf eine in den 1790er Jahren ausgetragene Kontroverse über das Widerstandsrecht innerhalb der Fraktion der Rechtsstaatsvertreter,[95] über die man sich nicht einig werden konnte, und zwar sowohl aus rein innertheoretischen Gründen als auch vor dem Hintergrund der ganz realen *Terreur*.

Bewegt man sich also auf dem Terrain des Politischen in der Philosophie, den Wissenschaften und der Literatur des 18. Jahrhunderts, dann drängen sich Fragen und Probleme der Korrelation von Real- und Ideengeschichte geradezu auf, und zwar in einer nicht unerheblichen hermeneutischen und methodischen Komplexität. Vor dem Hintergrund dieser ideengeschichtlichen Kontext-

---

91 Siehe hierzu u. a. Monika Neugebauer-Wölk, Richard Saage (Hg.): Die Politisierung des Utopischen im 18. Jahrhundert. Vom utopischen Systementwurf zum Zeitalter der Revolution. Tübingen 1996.
92 En passent sei darauf hingewiesen, dass im Folgenden zwischen Gesellschaft und Staat unterschieden wird, obwohl deren kategoriale Trennung erst dem späten 18. Jahrhundert gelingt, und zwar weil schon Jacobi wenigstens begrifflich in eigentümlicher Weise darauf referiert, vgl. hierzu u. a. Diethelm Klippel: Kant im Kontext. Der naturrechtliche Diskurs um 1800. In: Jahrbuch des Historischen Kollegs (2001), S. 77–97.
93 Siehe hierzu Gideon Stiening: Toleranz zwischen Geist und Macht. Was Lessing von Voltaire lernte. In: Friedrich Vollhardt (Hg.): Toleranz-Diskurse in der Frühen Neuzeit. Berlin, Boston 2015, S. 331–362.
94 Vgl. hierzu Gideon Stiening: Epistolare Subjektivität. Das Erzählsystem in Friedrich Hölderlins Briefroman *Hyperion oder der Eremit in Griechenland*. Tübingen 2005, S. 369–374.
95 Siehe hierzu u. a. Dieter Henrich: Kant, Gentz, Rehberg. Über Theorie und Praxis. Frankfurt a.M. 1967 sowie Philipp Alexander Hirsch: Freiheit und Staatlichkeit. Die autonomietheoretische Begründung von Recht und Staat und das Widerstandsproblem. Berlin, Boston 2017.

skizze soll nunmehr der Text Jacobis im Rahmen und mithilfe einer ausschließlich ideengeschichtlichen Kontextualisierung analysiert und interpretiert werden.

4 Jacobi: Volkssouveränität versus Aufklärungsdespotismus

Jacobis kleiner prägnanter Text ist gleichwohl allein deshalb schwer zu verstehen, weil er sich einer essayistischen Form des Argumentierens bedient, die scheinbar willkürlich vorgeht, in Wahrheit jedoch stets dem Versuch nachgeht, die Grenzen einer jeden rationalen Systematik durch das eigene Schreiben in der Anbindung an die Assoziationsgesetze zu überwinden.[96] *Der Zweck* dieser ebenso angestrengten wie anstrengenden Essayistik besteht in Jacobis Interesse an einer kontroverstheologischen Polemiologie, deren Methodik darauf abzielt, die eigene Position anhand einer Kritik anderer, vor allem säkularer Konzepte zu entwickeln.[97] *Den Grund* dieser polemiologischen Methodik, die keineswegs willkürlich ist, sondern eine spezifische Ordnung ausbildet, um jeden Eindruck eines deduktiven oder induktiven Argumentierens zu vermeiden, wird für Jacobi wie für Hamann[98] durch die Prämisse einer theonomen Epistemologie ausgebildet, nach der alle Produkte der menschlichen Einbildungskraft und seiner Verstandesleistungen als menschliche Leistungen und damit als Sünde zu bewerten sind, während seine rein sinnlichen Vermögen frei von Sünde bleiben, weil sie rein rezeptiv sind.[99]

---

96 Vgl. hierzu u. a. Howard C. Warren: A History of the Association Psychology. London 1921 sowie Falk Wunderlich: Assoziationen der Ideen und denkende Materie. Zum Verhältnis von Assoziationstheorie und Materialismus bei Michael Hißmann, David Hartley und Joseph Priestley. In: Heiner F. Klemme, Gideon Stiening, Falk Wunderlich (Hg.): Michael Hißmann (1752–1784). Ein materialistischer Philosoph der deutschen Aufklärung. Berlin 2013, S. 63–84.
97 Vgl. hierzu die hilfreichen Hinweise bei Axel Hutter: Vernunftglaube. Kants Votum im Streit um Vernunft und Glauben. In: Walter Jaeschke, Birgit Sandkaulen (Hg.): Friedrich Heinrich Jacobi. Ein Wendepunkt der geistigen Bildung der Zeit. Hamburg 2004, S. 241–256, hier S. 252.
98 Siehe hierzu insbesondere Hans Graubner: Der junge Hamann und die Physikotheologie. In: Eric Achermann, Johann Kreuzer, Johannes von Lüpke (Hg.): Johann Georg Hamann: Natur und Freiheit. Akten des 11. Internationalen Hamann-Kolloquiums 2015. Göttingen 2020, S. 35–51.
99 Vgl. hierzu Gideon Stiening: »Der geheime Handgriff des Schöpfers«. Jacobis theonome Epistemologie. In: Cornelia Ortlieb, Friedrich Vollhardt (Hg.): Friedrich Heinrich Jacobi (1743–1819). Romancier – Philosoph – Politiker. Berlin, Boston 2021, S. 171–190.

4.1 Religion und Politik

Dass nicht nur Jacobis essayistische Methodik theonome Hintergründe hat, sondern auch die Systematik und das Demonstrationsziel dieses politischen Essays, zeigt sich daran, dass er zum einen auf eine Kritik und Widerlegung von Theorien und Praktiken säkularer Aufklärung abzielt, in diesem Falle des aufgeklärten, d. h. hier vor allem kirchenkritischen Absolutismus Josephs II.[100] Zum anderen ist es Jacobi auch in diesem Text um eine fundamentale Kritik säkularer Vergemeinschaftung und Staatlichkeit überhaupt zu tun, was allerdings erst nach einem Drittel des Haupttextes der Broschüre deutlich wird. Hier heißt es:

> Wo Tugend und Religion nicht mehr empfunden, ja wohl offenbar geläugnet werden, da bleibt kein andres Mittel die gemeine Wohlfahrt zu befördern übrig, als, die eigennützigen und partheyischen Neigungen der Glieder der Gesellschaft, das ist, ihre Leidenschaften, in ein Gleichgewicht zu bringen. Dieses kann nur mit der äussersten Gewalt erzwungen werden, und dennoch nur auf eine äusserst mangelhafte Weise. Da die Leidenschaften von Natur Gesetzlos, wandelbar, und ihre Würkungen bis ins Unendliche verschieden sind: so müssen schlechterdings die Mittel, welche – ohne edle Gesinnungen zu erwecken – die eigennützigen und persönlichen Neigungen durch sich selbst allein in Schranken halten sollen, ungemessen, und, nach den unbestimmbaren Ereignissen jedes Augenblicks, der *Willkühr* überlassen seyn. Willkühr aber giebt dem Irrthum Raum; und ungemessene Gewalt, der Unterdrückung aller Rechte: so daß eben die Gebrechen, welche diese Hülfe forderten, ihren Mißbrauch unvermeidlich machen.[101]

In einer Gesellschaft, so das zentrale Argument Jacobis, in der es keine Religion, mithin keinen Gottesglauben *mehr* gibt, d. h. die von ihren ursprünglich theonomen Vergemeinschaftungsprinzipien abgefallen ist, und deren Mitglieder *daher* auch ihr Handeln nicht mehr nach ethischen Grundsätzen ausrichten, muss der Staat zur Beförderung des *Bonum commune*, seinem entscheidenden Zweck, den »eigennützigen und partheyischen Neigungen« seiner Untertanen, d. h. dem ausschließlichen Verfolgen ihrer Partikularinteressen Raum lassen, und diese zugleich regulieren. Wenn religiöse und moralische Gesinnungen, die als nach Jacobi der Vernunft entsprungenen einzigen Zwecksetzungen des Menschen, die auf das gesellschaftliche Allgemeine abzielen, wegfallen, dann kann der Staat nur auf den

---

[100] Allein an Josephs II. Politik lässt sich anschaulich demonstrieren, warum es erforderlich ist zwischen Säkularität und Atheismus zu unterscheiden; denn Joseph war durchaus überzeugter Katholik (»Dennoch kam in den Augen Josephs Protestantismus, erst recht Deismus oder Atheismus, der Irreligiosität gleich.« Holzem: Christentum in Deutschland [s. Anm. 22], S. 823); dennoch war er – und zwar aus rein stabilitätspolitischen Gründen – davon überzeugt, einen so weit wie möglich säkularen Staat befördern zu müssen. Joseph war keineswegs aus Überzeugung tolerant, sondern aus Gründen der Staatsklugheit.
[101] JWA 4.1, S. 315 f.

›moralischen Egoismus‹ des Einzelnen setzen,[102] den er zugleich nur durch Zwang einhegen kann, d. h. durch jene Zwangsgewalt, die dem positiven Recht notwendig zukommt.

Dieses polittheologische Beweisziel, das im Übrigen lediglich eine kaum säkularisierte Variante des augustinisch-lutherischen Rechts- und Staatsverständnisses darstellt, nach dem nur dem sündigen Menschen des Recht gegeben wurde,[103] gründet auf zwei Prämissen, deren eine durch eine Anthropologie des ›ganzen Menschen‹ ausgeprägt wird, die Jacobi wie folgt ausführt: Der Mensch verfügt über zwei Vermögen: Vernunft und Leidenschaften. Die Vernunft wird dabei als Vermögen der Begriffsbildung und damit der freien Zwecksetzung verstanden, die den Menschen als innerer Antrieb »allein nach dem Guten« streben lässt, »so daß er den Gesetzen der Menschenliebe, der Gerechtigkeit, der Ehre und der Religion überall mit unerschütterlichem Muthe folgt, in so ferne er durch seine *eigene* Natur allein bestimmt wird.«[104] Ausdrücklich hält Jacobi die theonome Grundlegung *dieser Seite* der anthropologischen Grundausstattung des Menschen fest, denn solche Tugenden »sind ursprüngliche Eigenschaften seiner Natur, und von Gott unmittelbar demselben eingehaucht.«[105] Zugleich hat der Mensch Leidenschaften, die durch äußere Einflüsse hervorgerufen und befördert werden und ihn einzig zur Befolgung seiner individuellen Glückseligkeit antreiben.

Sieht man von den schöpfungstheologischen Momenten dieser Vermögenslehre ab, liegt hiermit – ein Jahr nach der Publikation der *Kritik der reinen Vernunft* – eine bemerkenswert wolffianisch gefärbte praktische Anthropologie vor: Ist der Mensch vernünftig, so handelt er erstens nur seiner eigenen Natur gemäß und wird dadurch zweitens notwendig zu einem Handeln nach ethischen und religiösen Prinzipen veranlasst. Denn es war niemand anderes als Christian Wolff, der entwickelt hatte, dass der Mensch als vernünftiger nur das Gute wollen kann und zudem notwendig von der Existenz der Gottesinstanz sowie der Unsterblichkeit der Seele überzeugt sein muss.[106]

---

102 Dass Jacobi hiermit eine Kritik an den in der deutschsprachigen Aufklärung höchst populären Konzeptionen Claude-Adrien Helvétius' beabsichtigte, kann man dem Beitrag von Friedrich Vollhardt in diesem Band entnehmen.
103 Vgl. hierzu Gideon Stiening: Politische Theologie als Lösung und Problem. Francisco Suárez' *De legibus ac Deo legislatore* als Krisenphänomen und Befriedungsangebot. In: Wilhelm Schmidt-Biggemann, Friedrich Vollhardt (Hg.): Ideengeschichte um 1600. Konstellationen zwischen Schulmetaphysik, Konfessionalisierung und hermetischer Spekulation. Stuttgart-Bad Cannstatt 2017, S. 83–111.
104 JWA 4.1, S. 309.
105 JWA 4.1, S. 312.
106 Christian Wolff: Vernünfftige Gedancken von der Menschen Thun und Lassen zu Beförderung ihrer Glückseligkeit. Frankfurt, Leipzig 1733, S. 6 (§ 5 ff.)

Die zweite Prämisse besteht in der vorausgesetzten Annahme, dass eine Gesellschaft ohne jede Religion, d. h. ohne Gottes- und Unsterblichkeitsglauben in der Anarchie versänke, weil nur diese Instanzen Normativität überhaupt garantieren könnten. Ohne Gott keine Norm – sei sie natur- oder positiv-rechtlich, sei sie ethisch oder religiös. Einer der prominentesten Verfechter dieser soziopolitischen Notwendigkeit der Religion, d. h. eines Glaubens an Gott und das ewige Leben, war Albrecht von Haller, der trotz materialistischer Tendenzen in seiner Anthropologie an der Überzeugung festhielt, dass der Naturzustand ausbreche, wenn die christliche Religion nicht für Verbindlichkeitsgarantien Sorge trage.[107] Auch Christoph Martin Wieland, dem Materialismus und Naturalismus mit Sympathie verbunden, war von der soziopolitischen Notwendigkeit eines Unsterblichkeitsglaubens überzeugt: noch in der dritten Auflage seiner *Geschichte des Agathon* von 1794 lässt er seinen Protagonisten die Schreckensvision eines ethischen Ausnahmezustands an die Wand malen.[108]

Jacobis Essay zielt auch auf diese Kritik einer säkularen *und damit* normfreien Gesellschaft ab, wobei er – wie noch Jahre später – Säkularität mit Atheismus gleichsetzt und es sich damit ebenso wie seine Interpreten schlicht zu leicht macht: Nicht nur Kant wird ab Mitte der 1780er Jahre eine säkulare Moral-, d. h. Rechts- und Ethiktheorie entwickeln[109] – und sich im Übrigen als straffer und erfolgreicher Gegner von Materialismus und Atheismus erweisen[110] –; gleiches gilt für Christian Wolff, der sich an einer theologiefreien Ethik höchst erfolgreich – wenngleich lebensgefährlich – versucht hatte;[111] überhaupt macht es die Anstrengungen der europäischen Aufklärung aus, eine praktische Philosophie zu entwickeln, die gegenüber kulturellen, geschlechtlichen aber auch

---

107 Siehe hierzu Albrecht von Haller: Vorrede zur Prüfung der Sekte die an allem zweifelt. In: Sammlung kleiner Hallerischen Schriften. 3 Theile, Bern ²1772, Bd. I, S. 22, vgl. hierzu insbesondere Thomas Kaufmann: Über Hallers Religion. Ein Versuch. In: Norbert Elsner, Nicolaas A. Rupke (Hg.): Albrecht von Haller im Göttingen der Aufklärung. Göttingen 2009, S. 309–379, spez. S. 334 ff.
108 Siehe hierzu Christoph Martin Wieland: Geschichte des Agathon. Hg. von Klaus Manger. Frankfurt a.M. 1986, S. 105 f.
109 Vgl. Geismann: Recht und Moral in der Philosophie Kants (s. Anm. 83).
110 Vgl. hierzu Udo Thiel: Kant und der Materialismus des 18. Jahrhunderts. In: Violetta L. Waibel, Margit Ruffing (Hg.): Akten des 12. Internationalen Kant-Kongresses »Natur und Freiheit« in Wien vom 21.–25. September 2015. Berlin, Boston 2018, Bd. 1, S. 595–614.
111 Siehe hierzu Dieter Hüning: Wolffs Begriff der natürlichen Verbindlichkeit als Bindeglied zwischen empirischer Psychologie und Moralphilosophie. In: Oliver-Pierre Rudolph, Jean-François Goubet (Hg.): Christian Wolffs Psychologie. Systematische und historische Untersuchungen, Tübingen 2004, S. 145–169.

weltanschaulichen (d.i. religiösen) Besonderheiten indifferent ist.[112] Dieses Anliegen gilt aber auch und im Besonderen für die Autoren des Materialismus, die keineswegs auf alle Formen von Normativität verzichteten.[113] Aber eben darin besteht ein gewichtiges Beweisziel Jacobis: Wie schon für Crusius[114] oder – wie gesehen – Joseph II. sind Deismus, Atheismus und Materialismus Auswüchse eines Religionsverlustes, die angeblich zu eben jenem Zustand der Abwesenheit aller Form von Normativität führen, die noch Carl Schmitt als Ausnahmezustand beschreiben[115] und aus ihnen – wie Jacobi – ein autoritäres Staatskonzept ableiten wird.

4.2 Freiheit und Geselligkeit

Jacobis Anthropologie beschränkt sich allerdings nicht auf jene theoretische Dimension, die oben mit der Vermögenslehre skizziert wurde, die den ganzen Menschen aus Vernunft und Leidenschaften als gegenstrebigen Motivationen konstituierte. Die praktische Seite dieser Anthropologie wird in einer Beilage entwickelt, die dem Haupttext bei Jacobi stets nachgeordnet präsentiert wird. Mit Bezug auf die aristotelische Politik heißt es dort:

> Die Natur selbst hat den Trieb zur Vereinigung mit Unseres Gleichen in uns gelegt, und der erste Stifter der Gesellschaft unter Menschen hat sich auf die Dankbarkeit des ganzen Geschlechts die heiligsten Rechte erworben.[116]

Jacobi referiert mit diesem pathetischen Hinweis auf die Theorie des *appetitus societatis*, die man schon bei Cicero und Thomas von Aquin, in ihrer spezifisch neuzeitlichen Variante aber vor allem seit Hugo Grotius finden kann und die besagt,[117] dass es in der Natur des Menschen einen Trieb gibt, der *vor* aller zu-

---

112 Siehe hierzu Kurt Bayertz: Art. Ethik/Moral. In: Heinz Thoma (Hg.): Handbuch Europäische Aufklärung. Begriffe, Konzepte, Wirkung. Stuttgart 2015, S. 181–192.
113 Vgl. hierzu Gideon Stiening: »Die Natur macht den Menschen glücklich«. Modelle materialistischer Ethik im 18. Jahrhundert. In: Lothar van Laak, Kristin Eichhorn (Hg.): Kulturen der Moral / Moral Cultures. Hamburg 2021, S. 17–38.
114 Christian August Crusius: Entwurf der notwendigen Vernunftwahrheiten, wiefern sie den zufälligen entgegengestellt werden. Leipzig ²1753, S. 885 ff.
115 Carl Schmitt: Politische Theologie. Vier Kapitel zur Lehre von der Souveränität. Berlin ⁹2009, S. 18.
116 JWA 4.1, S. 333.
117 Vgl. hierzu Gideon Stiening: Appetitus societatis seu libertas. Zu einem Dogma politischer Anthropologie zwischen Suárez, Grotius und Hobbes. In: Herbert Jaumann, Gideon Stiening (Hg.): Neue Diskurse der Gelehrtenkultur. Ein Handbuch. Berlin, Boston, 2016, S. 389–436.

meist vertragstheoretisch organisierten Vergemeinschaftung den Menschen in eine natürliche Gemeinschaft je schon versetzt, aus der sich sodann die Notwendigkeiten der wie immer präzisierten Organisation des Zusammenlebens ergibt. Entscheidend ist nun, dass diese in ihrer grotianischen und dann von Pufendorf fürs 18. Jahrhundert aufbereiteten Form ausnehmend wirksame Prämisse aller politischen Theorie schon seit dem Beginn der Aufklärung, durch Thomas Hobbes nämlich, bestritten wurde.[118] Hobbes bestreitet dabei keineswegs, dass der Mensch je schon, also empirisch in Gesellschaft lebt, er bestreitet allerdings, dass der Mensch einen natürlichen Trieb zur Vergemeinschaftung habe, vor allem aber, dass von diesem empirischen Datum aus, eine Theorie legitimer Herrschaft und damit von Staatlichkeit kohärent begründet werden könne. Dabei setzt Hobbes der politischen Anthropologie des *appetitus societatis* nicht etwa, wie vielfach angenommen, eine negative oder pessimistische Anthropologie entgegen (*homo homini lupus*), vielmehr setzt er als einzig politisch wirksame Prämisse seiner Deduktion von Recht und Staat die äußere Freiheit des Menschen voraus,[119] die nur realisiert werden könne, wenn sie dem einzelnen als Recht zukomme, was nur durch den Eintritt in den *status civilis* möglich sei; tatsächlich frei ist der Mensch nach Hobbes nur im Staat, weil nur hier seine Freiheit mit der Freiheit aller anderen nach einem allgemeinen Prinzip wirklich werden kann.[120]

Entscheidend ist nun, dass Jacobi einerseits – wie eben gesehen – die von Hobbes abgelehnte Prämisse eines *appetitus societatis* geltend macht, zugleich die von Hobbes als Gegenmodell aufgebotene äußere Freiheit ebenfalls als konstitutive Prämisse, d. h. als essentielles Moment der Natur des Menschen, setzt. Die Ableitung erfolgt nun in drei Schritten, und zwar wie folgt[121]: Jacobi hält fest, was den Menschen vom Tiere unterscheide, sei sein Vermögen, deutliche Begriffe zu erlangen, dies ist nichts anderes als das Vermögen der Vernunft, d. h. Zwecke zu erkennen und sein Handeln danach einrichten, will sagen: sich vernünftige Zwecke setzen zu können. Den Menschen unterscheidet vom Tier also nicht einfach seine Vernunft überhaupt, sondern seine praktische Vernunft. Aus dieser Quelle der Menschheit, die einzig in der Lage sei, die für den

---

[118] Hobbes über die Freiheit. Widmungsschreiben, Vorwort an die Leser und Kapitel I–III aus »De Cive« (lateinisch-deutsch). Eingeleitet und mit Scholien hg. von Georg Geismann, Karlfriedrich Herb. Würzburg 1988, S. 96.
[119] Georg Geismann: Die Grundlegung des Vernunftstaates der Freiheit durch Hobbes. In: Jahrbuch für Recht und Ethik 5 (1997), S. 229–266.
[120] Siehe hierzu Dieter Hüning: Freiheit und Herrschaft in der Rechtsphilosophie des Thomas Hobbes. Berlin 1998.
[121] JWA 4.1, S. 306 ff.

Einzelnen wie für die Gemeinschaft gefährlichen Leidenschaften zu kontrollieren, ergibt sich nun die folgende weitere Prämisse:

> In so ferne der Mensch sich in und nach sich selbst bestimmen, das ist, freye Handlungen verrichten kann; in so ferne wird derselbe durch Vernunft bewegt, und nur in so ferne zeigt er sich als Mensch. Wo keine Freyheit ist, keine Selbstbestimmung: das ist kein Verstand, keine Menschheit.[122]

Dabei lässt sich schon am Begriff der Selbstbestimmung erkennen, dass Jacobi identifiziert, was seit Hobbes, Thomasius und 1782 aktuell aus Königsberg getrennt wird: äußere und innere Freiheit. Dies lässt sich daran erkennen, dass Jacobi ›Selbstbestimmung‹ als Befähigung zu Handlungen definiert hatte, die unabhängig von den eigenen Leidenschaften vollzogen werden könnten:

> In so fern der Mensch verändert wird von Dingen die sich außer ihm befinden, und er sie dergestalt betrachtet, daß darüber die Betrachtung seiner selbst verschwindet: in so fern handelt er nach einem fremden Antriebe und nicht nach seinem eigenen; er läßet sich bestimmen und bestimmt sich nicht selbst; er thut was andere Dinge erfodern, und nicht was seine eigene Natur verlangt, und in so ferne sagen wir: daß ihn die Leidenschaft bewegt, und dass er nur ein Tier ist.[123]

Jacobi verknüpft also, was seit Hobbes nicht mehr zu verbinden war, die Prämisse des *appetitus societatis* mit der Prämisse der menschlichen Freiheit, die den Trieb zur Selbsterhaltung in einer uneingeschränkten Weise zu realisieren ermöglicht, so dass ein Trieb zur Gesellschaft tendenziell zerstört würde.[124] Man könnte auch sagen: Jacobi ›vermittelt‹, besser: verbindet die feindlichen Brüder Grotius und Hobbes; und dazu ist er auch genötigt, weil er ein Staatsmodell entwickelt, das, im eigenen Verständnis, Eigentum, Stabilität und innere Ordnung garantiert, ohne der Staatsmacht dafür eine uneingeschränkte, also für ihn ›despotische‹ Macht zuzuschreiben.

4.3 Der Staat, das Recht und die Pflichten

Eine erkennbare Eigentümlichkeit des jacobischen Konzepts von Politik besteht allerdings in seiner Bewertung der Leistungsfähigkeiten des Staates. Präferierte ein gewichtiger Teil der europäischen Spätaufklärung von Rousseau über Les-

---

122 JWA 4.1, S. 307.
123 Ebd.
124 Zu dieser objektiven Antinomie von Selbsterhaltung und Geselligkeit als gleichursprünglichen natürlichen Trieben schon bei Grotius vgl. Stiening: Appetitus societatis (s. Anm. 117), S. 394 ff.

sing bis Wieland die Formen rein ethischer Vergemeinschaftung, gerade weil der Staat sich zwangsgewaltbewährter Rechtsdurchsetzung bediente, die eine konfliktfreie Vermittlung von Selbstliebe und Geselligkeit[125] nicht allein erschwerte, sondern – angeblich – verunmöglichte, setze man also auf ein konfliktvermeidendes Konzept durch Internalisierung ethischer Normen statt eines – von Kant allererst systematisierten – konfliktregulierenden Modells,[126] so ist Jacobi zwar einerseits ebenfalls von der Widersprüchlichkeit einer durch staatlichen Zwang garantierten gesellschaftlichen Ordnung überzeugt, wie er am Ende des obigen Zitates, das sein polittheologisches Credo formulierte, präzise ausführt hatte: »so daß eben die Gebrechen, welche diese Hülfe forderten, ihren Mißbrauch unvermeidlich machen.«[127] Zugleich ist er jedoch ebenso von der Unvermeidlichkeit des Staates überzeugt:

> Dennoch fällt es in die Augen, daß Gewalt, und zwar eine überall und immer gegenwärtige Gewalt; daß ein gewisser Zwang, und daß gewisse Mittel um denselben auszuüben, unter Menschen unentbehrlich sind: denn wenn die Ungebundenheit nur Einiger, die Gattung schon so sehr verdirbt; was würde aus der Ungebundenheit von allen erst entstehen?[128]

Für Jacobi ist der Staat also die Lösung eines Problems, das er allererst selbst schafft und zugleich als eben solcher für eine friedliche Vergemeinschaftung des Menschen unentbehrlich. Dabei geht es nach Jacobi vor allem um Eigentumssicherheit, die nur der Staat durch seine Zwangsgewalt gewährleisten könne.[129]

Das hierdurch entstehende praktische Problem, wie man nämlich die Selbstwidersprüchlichkeit staatlicher Zwangsgewalt beheben könne, führt der Autor erst ziemlich gegen Ende seines Essays einer Lösung zu, indem er auf dieses zentrale politische Theorem seiner zuvor umkreisten Konzeption nochmals zu sprechen kommt; und da heißt es:

> Vollkommenheit ist nirgendwo zu hoffen, denn aus lauter mangelhaftem Stoff kann etwas mangelloses nie hervorgehen, und so würde selbst auch eine solche menschliche Gesellschaft, wie diejenige, die wir errichtet sehen möchten; eine Gesellschaft, welche einzig und allein vereinigt wäre: *Um die Sicherheit von allem Rechten durch die Erfüllung aller Pflichten zu erhalten, ohne welche diese Rechte nicht bestehen und nicht gelten können*: Auch eine solche Gesellschaft, die vollkommenste die unter Menschen sich gedenken

---

125 Vgl. hierzu Friedrich Vollhardt: Selbstliebe und Geselligkeit. Untersuchungen zum Verhältnis von naturrechtlichem Denken und moraldidaktischer Literatur im 17. und 18. Jahrhundert. Tübingen 2001.
126 Zu dieser Unterscheidung vgl. Stiening: Glück statt Freiheit (s. Anm. 68), S. 89 ff.
127 JWA 4.1, S. 316.
128 JWA 4.1, S. 306.
129 JWA 4.1, S. 324.

> läßt, und die Einzige, die mit Vernunft bestehen kann, selbst eine solche würde mit sehr großen Uebeln unaufhörlich doch zu kämpfen haben.[130]

Das ist zunächst im Hinblick auf den letzten Satz wenig spektakulär, auch Lessing durchaus nahe, weil es eine Absage an jegliche innerweltliche Utopie darstellt, denn auch die vollkommenste menschliche Gemeinschaft bleibt dem Übel, resp. dem Bösen ausgesetzt. Dass mit diesem Absatz womöglich auch jeder extramundanen Gemeinschaft der Menschen die Vollkommenheit abgesprochen wird, etwa in einer *Civitas dei*, mag man dem ›nirgendwo‹ entnehmen, das nur der uneingeschränkten Vollkommenheit, d. i. Gott, einzig zugeschrieben wird. Daher bleibt auch hier die Vorstellung des Menschen als eines »unvollkommenen Wesens« theonomen Ursprungs, weil der Referenzbegriff eines vollkommenen Wesens ausschließlich die Gottesinstanz sein kann; nach Jacobi muss nämlich jeder politische Philosoph erkennen,

> daß um Völker mit Gewalt zu hindern ihren eigenen Schaden zu befördern, oder zu ihrem Besten würklich sie zu zwingen, schlechterdings ein Gott herniederkommen müßte, ein vollkommenes Wesen, das nicht sterben könnte.[131]

Der allerdings entscheidende Satz der vorherigen Passage bezieht sich auf das Verhältnis von Rechten und Pflichten, konkreter auf die entscheidende These, dass Rechtssicherheit überhaupt nur möglich ist durch die Erfüllung *aller* dem Menschen auferlegten Pflichten, die – dem 18. Jahrhundert durch Pufendorf vorgegeben – in der Einhaltung der Pflichten gegen Gott, gegen sich selbst und gegen den Mitmenschen bestehen,[132] wobei die beiden letzteren häufig aus der ersten Pflicht abgeleitet wurden.[133] Die Selbstverständlichkeit dieses Pflichtenkatalogs für das 18. Jahrhundert ermöglicht es Jacobi, auf deren konkrete Ausführungen zu verzichten. Für den Leser des 21. Jahrhunderts ist es allerdings erforderlich, diese Pflichtentafel und deren systematischen Zusammenhang zu

---

130 JWA 4.1, S. 328.
131 JWA 4.1, S. 316.
132 Siehe hierzu die präzisen Ausführungen bei Hartung: Naturrechtsdebatte (Anm. 76), S. 69–81.
133 Vgl. hierzu u. a. Moses Mendelssohn: Jerusalem oder über religiöse Macht und Judentum. In: Ders.: Ausgewählte Werke. Studienausgabe 2 Bde. Hg. von Christoph Schulte, Andreas Kennecke, Grażyna Jurewicz. Darmstadt 2009, Bd. 2, S. 129–206, hier S. 150: »Im Grund machen in dem System der menschlichen Pflichten, die gegen Gott keine besondere Abtheilung; sondern alle Pflichten des Menschen sind Obliegenheiten gegen Gott. Einige derselben gehen uns selbst, andere unsere Nebenmenschen an. Wir sollen, aus Liebe zu Gott, uns selbst vernünftig lieben, seine Geschöpfe lieben, so wie wir aus vernünftiger Liebe zu uns selbst verbunden sind, unsere Nebenmenschen zu lieben.«.

explizieren, um die Dimension der Behauptung Jacobis ermessen zu können. Denn die entscheidende These lautet, nur wenn die Menschen als Staatsbürger all ihre *ethischen* Pflichten erfüllen, kann es so etwas wie Rechtssicherheit – nicht etwa innerweltliche Glückseligkeit – geben. Jacobi führt also erneut eng, was das 18. Jahrhundert seit Thomasius in Philosophie, Literatur, Publizistik und Kunst mal erfolgreicher, mal erfolgloser zu unterscheiden suchte: Recht und Ethik.[134] Hatte Lessing drei Jahre zuvor im *Nathan* kenntlich gemacht, dass die religionspolitischen Konflikte der Menschheit nicht durch das Recht, sondern einzig durch eine gottergebene Moral, in deren Zentrum die Konkurrenz um des Menschen moralisches Gefühl steht, zu befrieden seien,[135] so setzt Jacobi erneut auf das Recht, und zwar ein staatliches Zwangs-Recht, dessen Verbindlichkeit der moralischen Gesinnung des Bürgers als Menschen überantwortet wird. Die von Jacobi aufgerufenen Pflichten sind nämlich keine Rechtspflichten, ein Gedanke, den man bei Hobbes hätte finden können,[136] sondern moralische Pflichten gegen Gott, den Mitbürger und sich selbst. Jacobi will also keine übergesetzliche Tugendgemeinschaft, wie eine Reihe zeitgenössischer Aufklärer, so Wieland, Lessing oder – in theonomer Variante – Hamann,[137] sondern einen Freistaat, also eine auf dem Recht basierende staatliche Gemeinschaft, deren rechtliche Stabilität und Sicherheit auf der moralischen Gesinnung der Untertanen als Menschen und erst so als Bürger aufruht. Dabei ist immer wieder daran zu erinnern, dass Jacobi die Befähigung zu tugendhaftem Handeln ausschließlich von der religiösen Überzeugung der Untertanen abhängig macht. Ohne Gott keine moralische Gesinnung und insofern auch keine echte Rechtssicherheit. Eine staatliche Garantie ethischer Überzeugungen der Untertanen, wie dies Christian Wolff oder Issak Iselin für erforderlich hielten,[138] lehnt Jacobi denn auch ab, weil auch und gerade der Staat nicht erzwingen sollte, was nicht erzwungen werden kann:[139]

---

134 Vgl. hierzu Frank Grunert: Normbegründung und politische Legitimität. Zur Rechts- und Staatsphilosophie der deutschen Frühaufklärung. Tübingen 2000, S. 169 ff.
135 Vgl. hierzu Stiening: Toleranz zwischen Geist und Macht (s. Anm. 93), S. 331–362.
136 Vgl. hierzu Thomas Hobbes: Leviathan. Hg. von Richard Tuck. Cambridge 1991, S. 100 ff.
137 Vgl. hierzu Gideon Stiening: »Gegen die Zeiten und das System eines Hobbs«. Hamanns Kritik des Naturrechts im Kontext. In: Eric Achermann, Johann Kreuzer, Johannes von Lüpke (Hg.): Johann Georg Hamann: Natur und Freiheit. Akten des 11. Internationalen Hamann-Kolloquiums 2015. Göttingen 2020, S. 279–309.
138 Vgl. hierzu Gideon Stiening: »Politische Metaphysik«. Zum Verhältnis von Politik und Moral bei Isaak Iselin. In: xviii.ch Jahrbuch der Schweizer Gesellschaft für die Erforschung des 18. Jahrhunderts 5 (2014), S. 136–162.
139 So JWA 4.1, S. 311 f., S. 322 u. ö.

> Keine Staatsverfassung soll und kann auch Tugend selbst unmittelbar zum Gegenstande haben, weil die Tugend nie aus irgend einer äußerlichen Form entspringen kann.[140]

4.4 Wider den Despotismus der Aufklärung

Vor dem Hintergrund dieser polittheoretischen Grundkonzeption kann Jacobi sein eigentlich politisches Ziel angehen: Weil und insofern ethische Gesinnung und tugendhaftes Verhalten, die sich eben nicht nur um die Beförderung des Eigennutzes, sondern um das gesellschaftliche und staatliche Allgemeine bekümmern, nicht erzwungen werden können, ist politischer Despotismus nicht nur notwendiges Produkt einer glaubens- und so gesinnungslosen Gesellschaft von Egoisten, sondern auch all jenen Erscheinungen von Staatspolitik zuzuschreiben, die eine fehlende Gesinnung ›von Staats wegen‹ zu verordnen suchten – dabei ist zu berücksichtigen:

> Eine wichtige Betrachtung dürfen wir nicht übergehen. Diese nehmlich: daß der Despotismus sehr verschiedener Gestalten fähig ist, und daß in einer jeden Staatsverfassung minder oder mehr davon gefunden werden kann.[141]

Kurz zuvor hatte Jacobi deutlich gemacht, dass der Despotismus als Form der Anwendung von Gewalt auf Feldern, die keinen Zwang dulden, die wesentlichen Eigenschaften des Menschen, seine Vernunft und seine Leidenschaften, unterdrücke und so verkümmern lasse. Entscheidend ist dabei, dass *jedes* System, das politische Gewalt auf andere als eigentumssichernde Bereiche anwendet, die ursprüngliche Freiheit des Menschen schädigt. Jacobi bestimmt ›Freiheit‹ allerdings erneut als theologischen Grenzbegriff, der mehr der Metaphysik Spinozas[142] als einer tatsächlich politischen Philosophie entspringt:

> Frey, im allerhöchsten Grade, wäre der, der zu seinen Handlungen durch sich selbst allein bestimmt würde, folglich alle seine Gegenstände selbst unmittelbar hervorbrächte: welches von keinem Wesen kann gedacht werden, daß sich seiner selbst, mittels Vorstellungen nur bewußt ist, und nach Gegenständen streben muß, die es nicht in seiner Gewalt hat. Auf diese *absolute* Weise frey ist Gott, der Einzige, allein. Aber frey – nach seiner Art im allerhöchsten Grade – ist ein jeder Mensch und jeder Bürger, in so ferne er nur nicht gehindert wird seinen wahren Vortheil auf alle Weise nach Vermögen zu

---

140 Ebd., S. 320.
141 Ebd., S. 318.
142 Vgl. hierzu Baruch de Spinoza: Ethik in geometrischer Ordnung dargestellt. Neu übersetzt, hg. und mit einer Einleitung versehen von Wolfgang Bartuschat. Lateinisch – deutsch. Hamburg 1999, S. 6/7.

befördern. Sclave ist ein jeder, insofern ihn seinen wahren Vortheil zu befördern etwas nur auf irgendeine Weise hindert.[143]

Wie schon oben angedeutet, so zeigt sich auch an dieser Stelle, dass Jacobi innere und äußere Freiheit schlicht identifiziert und deshalb nur Gott mit uneingeschränkter Freiheit ausstatten kann. In dieser Argumentation liegt aber eine weitere entscheidende Voraussetzung dafür, einen Staat, der Tugenden wie »Gutherzigkeit und Liebe, Einsicht, Billigkeit, Großmuth, Tapferkeit und Treue« durch Zwang verordnen will, als »Tyrannei« zu bezeichnen; übrigens läge im Horizont der jacobischen Kritik eines aufklärerischen Staates auch, ihn als ›Sündenpfuhl‹ zu bezeichnen, stammen doch all jene aufgezählten Eigenschaften, die eine Gemeinschaft nach Jacobi allererst ermöglichen, »unmittelbar von Gott«.[144]

Erst jetzt wird ersichtlich, dass und in welcher Weise die verschiedenen Argumentationsstränge des Essays in einer Kritik an Joseph II. zusammentreffen: Weil nur größtmögliche Freiheit die Untertanen zu jenen tugendhaften Individuen machen kann, die eine Rechtssicherheit und damit die Stabilität des Staates gewährleisten, »wahre Freyheit also [...] mit der Tugend einerley« ist,[145] und weil Jacobi diese Freiheit des einzelnen Untertanen, die ihn als vernünftigen zu Gott und Tugend führen müssen, mit dem Begriff der Volkssouveränität belegt,[146] kann es kaum mehr überraschen, dass die staatlich verordnete Aufklärung in Österreich einer massiven Kritik verfällt. Weil nämlich frei gewählte Vernünftigkeit nur allmählich zu Gottesglauben und Tugendgesinnung führen können, muss jeder Versuch der staatlichen Verordnung von Freiheit und damit Tugend in Despotismus münden:

> Im Gegentheil, wo Freyheit herrscht, erfordern alle Dinge ihre Zeit; welches kein so großes Uebel ist. Und dann: ohne der unsäglichen Gefahren zu gedenken welche im Moralischen, mit jeder schnellen Würkungsart verbunden sind vornehmlich wo für Alle Einer nur Entschlüsse faßt, die Sorge *Aller* aber müßig werden muß und stumm: ohne der wichtigen Vortheile zu erwähnen, die, wo Viele sorgen, untersuchen und Entschlüsse fassen dürfen, der Langsamkeit die Wage reichlich halten, liegt in der Sache selbst *unmittelbar* ein Vorzug von der größten Wichtigkeit. Wo guten Zwecken die Gewalt nicht

---

143 JWA 4.1, S. 318.
144 Beide Zitate ebd., S. 312.
145 Ebd., 320.
146 Dass hier ein grobes Missverständnis Jacobis vorliegt, bedarf kaum der Erläuterung; souverän ist das Volk bei Rousseau keineswegs, wenn der Einzelne möglichst frei seine Vernunft walten lassen kann, sondern in der Ausbildung einer *volonté générale*, von der allein alle Macht im Staate ausgeht.

gleich zu Dienste steht, da müssen diese Zwecke zu erreichen, andre Kräfte aufgeboten, und in einem weiten Umfange bewegt werden.[147]

Staatlich verordnete Tugend, nach Jacobi Grundgedanke der europäischen Aufklärung und die politische Realität in Berlin, in St. Petersburg und vor allem in Wien, wo nämlich »für Alle Einer nur Entschlüsse fasst«, verunmöglicht sich selbst, weil unter dieser Bedingung die »Sorge aller«, d. h. die Anstrengungen der Ausbildung moralischer Gesinnung durch den Einzelnen selbst ausbleiben muss; denn: »Tugend aber kann nur in dem Menschen selber wohnen, und ihre Kraft durch keine andre Kraft vertreten werden.«[148]

4.5 Jacobis bester aller möglichen Staaten im Kontext

Für Jacobi ist also klar, dass ein stabiler Staat zum einen Gesetze benötigt, die auch mithilfe staatlicher Zwangsgewalt vollständig durchgesetzt werden müssen, und zwar vor allem zur Eigentumssicherung. Darüber hinaus bedarf ein solcher Staat Untertanen mit moralischer Gesinnung, d. h. mit Tugendüberzeugungen, die die Gemeinschaft befördern. Diese Gesinnung, die vor allem religiöse Überzeugungen impliziert bzw. voraussetzt, kann jedoch vom Staat nicht ebenfalls durch Gesetze und Verordnungen garantiert werden, weil innere Überzeugungen nicht erpresst werden können. Der stabile Staat ist also darauf angewiesen, dass sich seine Untertanen in diesen Hinsichten in größtmöglicher Freiheit befinden, denn diese als Bedingung und Erscheinung praktischer Vernunft wird den Einzelnen *notwendig* auf das Dasein einer Gottesinstanz und die Wirksamkeit ethischer Normen, die ihm »unmittelbar von Gott eingehaucht wurden«, verweisen. In einem solchen Staat, der durch die umfassende Einhaltung der untertänigen Pflichten Rechtssicherheit garantieren kann, können aber auch den Leidenschaften der Bürger, ihrem Bedürfnis nach Glückseligkeit, größtmögliche Realisationschancen eingeräumt werden:

> Demnach hätten in dem Staat, der nach den Grundsätzen dieser Schrift errichtet wäre, selbst die Leidenschaften jedes einzelnen Gliedes ein weit freyeres Spiel als in andern Staaten; denn hier würde nichts verhindert mit *Gewalt*, als nur, was das Eigenthum verletzte, und alle Kräfte wären einzig und allein gesetzloser Gewalt und willkührlichem Regiment entgegen gerichtet. Vernunft und Weisheit aber hätten hier das allerfreyeste Spiel; nicht wegen Abwesenheit der Hindernisse bloß, sondern, weil sie, wie bereits gezeigt

---

[147] JWA 4.1, S. 324; Herv. von mir.
[148] JWA 4.1, S. 320.

worden, sich auf alle Weise zu entwickeln durch die wichtigsten Gegenstände unaufhörlich aufgefordert würden.[149]

Unmittelbar anschließend erfolgt der schon zitierte Hinweis auf die Notwendigkeit der Einhaltung aller Pflichten für die Sicherheit des Rechts. Jacobi verbindet also einen ›Staat des Rechts‹, der allerdings ausschließlich der Eigentumssicherung dient, mit einer ›Gemeinschaft der Tugend‹, die neben der Ausbildung gemeinschaftssichernder Gesinnung auch die Rechtssicherheit garantiert, weil es zur Tugend nach Jacobi gehört, das Recht nicht zu brechen; und es ist dieser Staat, gerade weil er den Rechtszwang auf Eigentumsfragen reduziert, der auch die Glückseligkeit der einzelnen Untertanen maximal befördert. Erneut sei betont, dass dieser Staat vollständig von der Gewissheit seiner Untertanen über die Existenz einer Gottesinstanz abhängig ist, die nicht allein die ursprüngliche Gemeinschaft der Menschen schafft,[150] sondern ihnen auch ihre Tugenden ›unmittelbar‹ eingibt.

Jacobis Staatstheorie ist gegründet auf einem eigentümlichen, Rousseaufernen Verständnis von Volkssouveränität, das auf die entscheidende Bedingung dieses *status civilis*, auf den Gottesglauben seiner Untertanen, abzielt. Sie unterscheidet sich daher in signifikanter Weise von zeitgenössischen Politik-Modellen, die hier abschließend an einem Beispiel zur Veranschaulichung des jacobischen Proprium skizziert seien:

So entfaltet Wieland am Ende seiner *Geschichte des Agathon* die Utopie einer Republik von Tarent, zu der es heißt, ihre Bewohner hätten die bestehende Rechtsordnung so weit internalisiert, »daß sie mehr durch die Macht der Sitten als durch das Ansehen der Gesetze regiert zu werden schienen.«[151] Diese ›Rechtsordnung‹ entbehrt mithin einer sie wesenhaft auszeichnenden Zwangsgewalt, weil die Untertanen je schon wollen, was sie im Hinblick auf das staatliche Gemeinwohl sollen. Eine solche nach Wieland ideale normative Ordnung eines Gemeinwesens ist in Tarent allerdings nur möglich, weil diese Republik von einem ›sanften Despoten‹ regiert wird, der nicht nur als Gesetzgeber, sondern auch als Regent und als Richter fungiert – mithin der Gewaltenteilung jede Geltung entzieht, – und zwar nach moralischen Maximen, die er selber vorbildlich einhält:

---

149 JWA 4.1, S. 328.
150 JWA 4.1, S. 312.
151 Christoph Martin Wieland: Geschichte des Agathon. Zitiert nach: Wielands Werke. Historisch-kritische Ausgabe. Hg. von Klaus Manger, Jan Philipp Reemtsma. Berlin, New York 2008 ff., Bd. 8.1, S. 422.

> Es läßt sich also ganz sicher von dem Leben eines solchen Mannes auf die Güte seiner Denkens-Art schliessen. Archytas verband alle häuslichen und bürgerlichen Tugenden, mit dieser schönsten und göttlichsten unter allen, welche sich auf keine andre Beziehung gründet, als das allgemeine Band, womit die Natur alle Wesen verknüpft. Er hatte das seltene Glük, daß die untadeliche Unschuld seines öffentlichen und Privat-Lebens, die Bescheidenheit, wodurch er den Glanz so vieler Verdienste zu mildern wußte, und die Mässigung, womit er sich seines Ansehens bediente, endlich so gar den Neid entwafnete, und ihm die Herzen seiner Mitbürger so gänzlich gewanne, daß er (ungeachtet er sich seines hohen Alters wegen von den Geschäften zurükgezogen hatte) bis an sein Ende als die Seele des Staats und der Vater des Vaterlands angesehen wurde, und in dieser Qualität eine Autorität beybehielt, welcher nur die äusserlichen Zeichen der königlichen Würde fehlten. Niemals hat ein Despot unumschränkter über die Leiber seiner Sclaven geherrschet, als dieser ehrwürdige Greis über die Herzen eines freyen Volkes; niemals ist der beste Vater von seinen Kindern zärtlicher geliebt worden.[152]

Wieland zeichnet hier mit wenigen Pinselstrichen das Bild eines aufgeklärten, popularphilosophischen Despoten, dessen moralische Integrität es ermöglicht, den politischen Gemeinsinn seiner Untertanen zu emotionalisieren. Es sind die Herzen seiner Untertanen, das Gefühl der Liebe zu und Achtung vor ihm, die die politische Stabilität und den ökonomischen Wohlstand des Gemeinwesens garantieren. Es ist dieses Modell einer ›moralischen Tyrannei‹, von der Wieland meinte, dass sie die Einwände Rousseaus gegen jegliche Vergemeinschaftung je schon überwunden habe, weil sie der Natur des Menschen gleichsam ›angegossen‹ sei. Es ist genau dieses Modell, dass Jacobi als aufklärerische Tyrannei zurückwies.

Von diesem für Wieland essentiellen Modell der Ersetzung des Rechts durch die normative Ordnung der Moral, die den äußeren Zwang durch den Staat ins Innere als Gewissen verlegt, unterscheidet sich Jacobi folglich signifikant, weil er

1. am Recht festhält, weil nur dieses und die für es erforderliche staatliche Zwangsgewalt Eigentum garantieren kann, das Jacobi als Naturrecht ansieht, welches allein durch den Staat und seine Gesetze gesichert werden kann;
2. weil er die Ethik nicht ausschließlich als sozialen Kitt begreift, sondern die Unbedingtheit ihrer Geltung zum Instrument der Rechtssicherheit macht;[153]

---

[152] Ebd., S. 428.
[153] Jacobi offeriert hier ein Modell, das in den vor einigen Jahren ausgetragenen Debatten um einen Verfassungspatriotismus fröhliche Umstände feierte; vgl. hierzu u. a. Jan-Werner Müller: Verfassungspatriotismus. Frankfurt a.M. 2010, allerdings nimmt man selbst für Kant an, er fundiere seine Auffassung von Rechtsstaat in einer rechtspolitischen Gesinnung der politischen Akteure, vgl. hierzu u. a. Wolfgang Röd: Die Rolle transzendentaler Prinzipien in Moral und Politik. In: Reinhard Meckel, Roland Wittmann (Hg.): »Zum ewigen Frieden«. Grundlagen,

3. wichtiger ist, dass Jacobi damit das in Frage stehende Despotismusproblem bei gleichzeitiger Geltung des Rechts behoben sah; was natürlich nicht zutrifft, weil auch er den politischen Despoten ins Innere des menschlichen Gemüts, ins »Herz der Gemeinde« verlegt,[154] womit er ersichtlich wie Herder[155] die protestantische Gemeinde zum Ideal menschlicher Vergemeinschaftung erhebt.

5 Fazit

Versucht man kurz zusammenzufassen und das Vorgehen zu reflektieren, so ergibt sich das folgende Bild: Jacobis für die Spätaufklärung durchaus ungewöhnliche kleine Schrift, die eine politische Grundlagentheorie auszuführen sucht, wurde – gegen ihren essayistischen Strich – in ihrer systematischen Kontur durch Bezüge zur politischen Philosophie der gesamten Aufklärung, vor allem aber der Spätaufklärung zu rekonstruiert versucht, um *erstens* ihre ideengeschichtliche Individualität und *zweitens* ihre systematische Valenz zu prüfen; letzteres ist natürlich für einen literarischen Text unbedeutend, an diesem diskursiven Text sind jedoch sowohl ideengeschichtliche als auch philosophiegeschichtliche Verfahren und Ergebnisse auszutragen.

Für eine bestimmte Detailanalyse wurde der Text sodann in die engere zeitgenössische Debatte über ein ideales Gemeinwesen loziert, um auch in diesem Zusammenhang das Spezifische der Position Jacobis herauszuarbeiten. Dass man hierfür auf Literatur zurückgreifen kann, liegt an der der Spätaufklärung eigentümlichen Vermittlung von politischer Theorie und politischer Praxis und der zentralen Stellung der Literatur in diesem Verhältnis.[156] Diese Kontextualisierung müsste noch weiter getrieben werden, weil der Text in einem engen Netz von privaten und öffentlichen Debatten, so mit Dohm, Forster, Gleim oder Müller, entstand und sich dort auch positionieren wollte. Zudem wären über den Briefwechsel die Verbindungen zur realgeschichtlichen Kontextualisierung

---

Aktualität und Aussichten einer Idee von Immanuel Kant. Frankfurt a.M. 1996, S. 125–141; zur Kritik hieran Stiening: Empirische oder wahre Politik? (s. Anm. 38).
154 JWA 4.1, S. 313.
155 Vgl. hierzu Gideon Stiening: »Der Naturstand des Menschen *ist* der Stand der Gesellschaft«. Herders Naturrechts- und Staatsverständnis. In: Dieter Hüning, Gideon Stiening, Violetta Stolz (Hg.): Herder und die Klassische Deutsche Philosophie. Festschrift Marion Heinz zum 65. Geburtstag. Stuttgart-Bad Cannstatt 2016, S. 115–135.
156 Vgl. hierzu u. a. Matthias Löwe: Idealstaat und Anthropologie. Problemgeschichte der literarischen Utopie im späten 18. Jahrhundert. Berlin, Boston 2012.

herzustellen, die mit einer möglichst kleinteiligen Rekonstruktion der Wahrnehmungen des ›Wiener Tauwetters‹ zu erfolgen hätte.[157]

Nur anzudeuten war daher in diesem primär ideengeschichtlichen Zugriff, warum die energische Debatte über die Volkssouveränität in den frühen 1780er Jahren geführt wurde, die einerseits durch die grundstürzenden Revolutionstumulte dominiert werden, die aus Königsberg erschallten. Andererseits kamen für die meisten Zeitgenossen, die sich ein Jahr nach Publikation der *Kritik der reinen Vernunft* noch die Zähne an ihr ausbissen, die süßeren Töne grundlegender Veränderungen aus Wien. Und so ist Jacobis Text nur durch eine methodisch abgefederte Kombination aus Ideen- und Realgeschichte vollständig – und das heißt: überhaupt – zu verstehen.

---

[157] Vgl. hierzu erneut die Studie von Bodi: Tauwetter in Wien (s. Anm. 18).

Friedrich Vollhardt
Friedrich Heinrich Jacobis *Etwas das Leßing gesagt hat* (1782)

Aspekte einer sozialhistorisch-ideengeschichtlichen Interpretation (nebst einer Vorbemerkung zur Theoriegeschichte)

Am Beginn steht die Erinnerung an eine Kooperation im Feld der Sozialgeschichte, die einige Jahrzehnte zurückliegt. In der Mitte der 1980er Jahre wurde an der Universität Hamburg die ›Arbeitsstelle für Sozialgeschichte der Literatur‹ eingerichtet.[1] Die Initiative ging von Jörg Schönert und Jan-Dirk Müller aus, also jeweils einem Vertreter der älteren und der neueren Abteilung im Fach Germanistik. Damit sollte nicht nur – im Sprachgebrauch der Zeit – ein Paradigma stabilisiert, sondern auch die eingerissene Trennung zwischen den Fachteilen aufgehoben werden.

1 Theorielage(n). Eine Vorbemerkung

Die beiden Gründer gehörten zur Avantgarde der neuen Forschungsrichtung. Jörg Schönert leitete die Münchener DFG-Forschergruppe *Sozialgeschichte der deutschen Literatur 1770–1990* und fungierte als Herausgeber einer Programmschrift, die 1988 unter dem Titel *Zur theoretischen Grundlegung einer Sozialgeschichte der Literatur* erschienen ist.[2] In der Einleitung zu diesem Band wird als »Zentralproblem« der neuen Forschungsrichtung die Verbindung von Literatur- und Gesellschaftsgeschichte genannt, das heißt die Untersuchung der »Abhängigkeiten und

---

[1] Jörg Schönert: Germanistische Literaturwissenschaft an der Universität Hamburg von 1970 bis 2010. In: Myriam Richter, Mirko Nottscheid (Hg.): 100 Jahre Germanistik in Hamburg. Traditionen und Perspektiven. Berlin, Hamburg 2011, S. 405–420, bes. S. 414.
[2] Renate von Heydebrand, Dieter Pfau, Jörg Schönert (Hg.): Zur theoretischen Grundlegung einer Sozialgeschichte der Literatur. Ein struktural-funktionaler Entwurf. Tübingen 1988. – In der Reihe *Studien und Texte zur Sozialgeschichte der Literatur* (Niemeyer) Band 21.

Friedrich Vollhardt, München

∂ Open Access. © 2022 Friedrich Vollhardt, publiziert von De Gruyter. Dieses Werk ist lizenziert unter einer Creative Commons Namensnennung 4.0 International Lizenz.
https://doi.org/10.1515/9783110667004-016

Wechselwirkungen«[3], die zwischen der literarischen Kommunikation und anderen Formen der Verständigung bestehen. Ein Mitarbeiter der Gruppe hat dieses Problem als eines der Zurechnung von sozialer Praxis auf literarisch symbolisiertes Wissen beschrieben, was zu immer komplexeren Modellbildungen[4] führte, die zur Kritik herausforderten, da die Unterscheidung der semiotischen von der sozialen Referenzebene nicht vordergründig als eine »quasi-antonymische Rede von ›Symbol- vs. Sozialsystem‹«[5] der Literatur zu verstehen ist. Die seither anhaltende Diskussion zeigt, dass sich jeder literaturtheoretische Entwurf diesem Vermittlungsproblem zu stellen hat. Gegenwärtig wird es als eines der Text / Kontext-Relationen diskutiert. Dazu gleich mehr.

Der Untertitel der zitierten Programmschrift – *Ein struktural-funktionaler Entwurf* – deutete bereits an, dass man sich in Zukunft den Offerten der Systemtheorie Niklas Luhmanns nicht verschließen würde. Den Funktionsbegriff hat auch Jan-Dirk Müller in seiner Habilitationsschrift zur Hofgesellschaft im Spätmittelalter eingeführt, die 1982 unter dem Titel *Gedechtnus* erschienen ist. Hier heißt es in der Einleitung, dass es »in Zukunft wesentlich darauf ankommen [wird], die von der Sozialgeschichte erarbeiteten Erkenntnisse für eine funktionsgeschichtlich orientierte Literaturwissenschaft fruchtbar zu machen«, da sich auch die Einzelforschung »an übergreifenden Prozessen«[6] orientieren müsse.

Die Euphorie des Aufbruchs hat nicht lange angehalten. Im Jahr 2000 ist die Festschrift für Wolfgang Frühwald unter dem Titel *Nach der Sozialgeschichte* erschienen, in der Claus-Michael Ort eine Zwischenbilanz gezogen hat (»Stagnation«), die hier etwas ausführlicher zitiert sei, auch wegen der technisch wirkenden Diktion, die noch etwas von dem seit den 1970er Jahren gepflegten Anspruch auf Szientifizierung der Literaturwissenschaft vermittelt, dem zu diesem Zeitpunkt allerdings längst Konkurrenz durch die *nova scientia* des Poststrukturalismus erwachsen war, die jedem Theoriemonismus eine prinzipielle Erkenntnisskepsis entgegensetzte, etwa in dem arkanen Spiel von

---

[3] Heydebrand, Pfau, Schönert: Zur theoretischen Grundlegung (s. Anm. 2), S. 8.
[4] Vgl. Claus-Michael Ort: Vom *Text* zum *Wissen*. Die literarische Konstruktion sozio-kulturellen Wissens als Gegenstand einer nicht-reduktiven Sozialgeschichte der Literatur. In: Lutz Danneberg, Friedrich Vollhardt (Hg.): Vom Umgang mit Literatur und Literaturgeschichte. Positionen nach der ›Theoriedebatte‹. Stuttgart 1992, S. 409–441 (mit einer schematischen Übersicht: S. 424).
[5] Katja Mellmann: Kontext ›Gesellschaft‹. Literarische Kommunikation – Semantik – Strukturgeschichte. In: JLT 8 (2014), S. 87–117, hier S. 102.
[6] Jan-Dirk Müller: Gedechtnus. Literatur und Hofgesellschaft um Maximilian I. München 1982, S. 16.

Zeichenspuren (»différance«)[7] oder der Belletristik postmoderner ›Lektüren‹.[8] Ort schreibt, dass die Sozialgeschichte

> erstens die Organisations- und Institutionalisierungsmodi von Literatur derart modellieren [müsse] (Literatur als Sozialsystem), dass sich ihre Umweltbeziehungen hinreichend komplex rekonstruieren lassen (Literatur im Sozialsystem), zweitens die semiotische Komponente von Literatur mit den Semantiken anderer Sozialsysteme in Beziehung setzen und drittens beide Dimensionen ihrerseits korrelieren können – ohne die drei Bezugsebenen kurzschlüssig aufeinander zu projizieren. […] Daß die synchronische Modellbildung für eine ›Sozialgeschichte‹ der Literatur bisher allerdings auch da kaum über die Objektbereichskonstitution der ›Münchener Forschergruppe‹ hinausgelangt ist, wo diese kritisiert oder an sie implizit angeknüpft wird, scheint für die […] Stagnation der Literaturgeschichtsschreibung zumindest mitverantwortlich zu sein.[9]

Mit anderen Worten: das in seiner Ausarbeitung und in seinem Anspruch keineswegs überholte Paradigma hat auch deshalb keine Fortschreibung erfahren, weil die Verlage C. H. Beck (München) und J. B. Metzler (Stuttgart) ihre in Konkurrenz zu Hanser und Rowohlt angekündigten Projekte einer umfassenden Sozialgeschichte der deutschen Literatur in den 1990er Jahren aufgegeben haben, wodurch ein großangelegter Testlauf des Verfahrens ausblieb.

In diese Lücke konnte eine von David Wellbery konzipierte *New History of German Literature* springen, die 2004 erschienen ist und in ganz neuer Weise

---

7 Dieser Umbruch lässt sich mit Hans-Robert Jauß auf die frühen 1980er Jahre datieren: »[I]m Fortschreiten einer immer nur sich selbst negierenden Sinnproduktion bleiben die Texte gleichsam unter sich, abgelöst von den materiellen Bedingungen ihrer Genese und Geltung, unabgenützt durch profanen Gebrauch und ungestört von Subjekten, die sie auslegen, zitieren, kritisieren oder vergessen – Goethes *Gesang der Geister über den Wassern* durchaus vergleichbar!« (Hans-Robert Jauß: Ästhetische Erfahrung und literarische Hermeneutik. 2. Aufl. Frankfurt a.M. 1984, S. 68.) In der Philosophie wurden nicht nur die Wirkungen des Poststrukturalismus diskutiert, sondern auch dessen Strategien untersucht, wobei eine genaue Kenntnis der historischen Traditionen vorauszusetzen war: »Das verzerrte Bild, das ein Blick in Derridas Panoptikum der geschichtlichen Repräsentanten einer repräsentativistischen Metaphysik vermittelt, dürfte letztlich ebenso wie der von seinem ganzen Bedeutungsreichtum abgeschnittene Logos-Begriff stark von einer Allergie gegen das Verstehen überhaupt geprägt sein – einer Allergie, die schon im Diskurs und im Verstehenwollen selbst den imaginären Feind am Werke spürt.« (Hubertus Busche: Logozentrismus und Différance – Versuch über Jacques Derrida. In: Zeitschrift für philosophische Forschung 41 [1987], S. 245–261, hier S. 260.)
8 Der Begriff sollte ein Gegenkonzept zur ›Interpretation‹ einführen, mit dem ein abgeschwächter Anspruch auf Verbindlichkeit erhoben wurde; vgl. Simone Winko: Lektüre oder Interpretation? In: Mitteilungen des Deutschen Germanistenverbandes 49 (2002), S. 128–141.
9 Claus-Michael Ort: ›Sozialgeschichte‹ als Herausforderung der Literaturwissenschaft. Zur Aktualität eines Projekts. In: Martin Huber, Gerhard Lauer (Hg.): Nach der Sozialgeschichte. Konzepte für eine Literaturwissenschaft zwischen Historischer Anthropologie, Kulturgeschichte und Medientheorie. Tübingen 2000, S. 112–128, hier S. 118.

um die Gunst des Publikums zu werben verstand, indem sie eine Begegnung mit dem jeweils besonderen Literaturereignis zu geben versprach, durch die das »Kontinuum der Zeit« aufgesprengt werde: »Der Leser wird jedes Mal, wenn er dieses Werk erkundet, neue Konfigurationen auffinden. Die geschichtliche Ordnung, die dieses Buch präsentiert, ist in Wirklichkeit nur eine bestimmte Anordnung, eine veränderliche Gruppierung [!], die sich mit jeder Lektüre neu ordnet«[10] – auf eine Analyse historischer Verläufe, wie sie für eine Sozialgeschichte der Literatur vorgeschlagen worden sind, kann verzichtet werden, ebenso auf die zu deren Überprüfbarkeit angelegten Bestimmungen und Frageraster. Die Entwicklungen in der Folgezeit sind bekannt, hier nur wenige Daten zur Erinnerung.

Zeitgleich mit der deutschen Übersetzung der Harvard-Literaturgeschichte sind im Jahr 2007 Jörg Schönerts *Perspektiven zur Sozialgeschichte der Literatur*[11] sowie Jan-Dirk Müllers acht Kapitel zur höfischen Epik unter dem Titel *Höfische Kompromisse* erschienen. Müller hat in seinen Studien eine methodische Orientierung beibehalten, wie sie bereits in der Hamburger Arbeitsstelle diskutiert wurde, allerdings mit einem veränderten Design und reduzierten Erwartungen im Blick auf die mit der eben genannten Koppelung von Sozial- und Symbolsystem der Literatur verbundenen Kausalrelation, die dem künstlerischen Gegenstand nicht gerecht werden kann. Dazu wird ausgeführt, dass die einzelnen Kapitel ausgewählte Aspekte der Anthropologie betreffen:

> Es ist eine **literarische** Anthropologie, das heißt es sind keine direkten Schlüsse auf das Verständnis von Welt und Selbst möglich [...]. Im Gegenteil ist anzunehmen, daß die riskanten Inszenierungen der mittelalterlichen Epik sich sehr weit von dem, was gewöhnlich gedacht und imaginiert wurde, entfernten.[12]

Die angesprochenen Vorgaben des Imaginären haben zu einer intensiven Diskussion geführt, in der die systematische Begründung des erweiterten Theoriemodells erörtert wurde.[13]

---

10 David E. Wellbery: Einleitung. In: Ders., Hans Ulrich Gumbrecht, Anton Kaes, Joseph Leo Koerner, Dorothea E. von Mücke (Hg.): Eine Neue Geschichte der deutschen Literatur. Berlin 2007, S. 15–24, hier S. 15 u. 24.
11 Jörg Schönert: Perspektiven zur Sozialgeschichte der Literatur. Beiträge zu Theorie und Praxis. Tübingen 2007; da z. T. ältere Untersuchungen zum Wiederabdruck kamen, hat der Verfasser den Band im Vorwort selbstironisch als »Aktenablage für die Sozialgeschichte der Literatur« (S. 1) bezeichnet.
12 Jan-Dirk Müller: Höfische Kompromisse. Acht Kapitel zur höfischen Epik. Tübingen 2007, S. 479.
13 Beiträge zu dieser Debatte finden sich in einem Sammelband, der Jan-Dirk Müller zum 65. Geburtstag gewidmet wurde: Ursula Peters, Rainer Warning (Hg.): Fiktion und Fiktionalität in den Literaturen des Mittelalters. München 2009.

Obwohl die Etikettierung als Sozialgeschichte fehlt, ging es nach wie vor um gesellschaftliche Kommunikation unter den Bedingungen der eben angesprochenen Grundrelation in ihrem historischen Wandel, der, anders als in der *New History of German Literature*, nach Deutung verlangt. Vielleicht spielte ›Sozialgeschichte‹ als Terminus in der Altgermanistik und der Frühneuzeitforschung keine vergleichbare Rolle wie in der Neugermanistik, »sondern wich den heute dominanten Selbstbeschreibungen als ›Kulturwissenschaft‹ (Mediävistik) und ›Wissensgeschichte‹ (FNZ-Forschung).«[14] Interessant ist, dass sich etwa zeitgleich auch in der Neugermanistik Änderungen in der Selbstbeschreibung des Faches vollzogen. Die Spielarten des ›New Historicism‹ wurden zunehmend weniger beachtet, während neue Leitkategorien Einzug in das Theoriegespräch hielten. Gemeint sind die Forderungen nach einer ›Rephilologisierung‹ der Disziplin[15] und die damit verbundene Wiederentdeckung des literaturwissenschaftlichen Handwerks unter dem etwas sperrigen Titel einer ›Praxeologie‹, vor allem aber die theoretische Erörterung des ›Text / Kontext-Problems‹, das auf basale Konzepte des Faches ausgerichtet ist.

Das geschah zweifellos in Reaktion auf den sogenannten *cultural turn*, also die zur selben Zeit aufkommende ›neue‹ Kulturwissenschaft.[16] Verstärkt wurde diese Wende durch eine ›Poetologie des Wissens‹, die den Versuch unternahm, »die Literaturwissenschaft zum Sachwalter all unseren Umgangs mit der Welt zu erklären.«[17] Die weitgehende Entgrenzung der Wissensräume musste den

---

14 Mellmann: Kontext (s. Anm. 5), S. 94 Fn. 8; weiterführend Maximilian Benz: Heteronomien und Eigensinn. Die Werke Rudolf von Ems im Spanungsfeld von Politik, Religion und Kunst. In: Bernd Bastert, Andreas Bihrer, Timo Reuvekamp-Felber (Hg.): Mäzenaten im Mittelalter aus europäischer Perspektive. Von historischen Akteuren zu literarischen Textkonzepten. Göttingen 2017, S. 105–124, bes. S. 111 ff.
15 Vgl. Claudia Stockinger: New Historicim und Rephilologisierung. Die Herausforderung kulturwissenschaftlicher Textanalyse. In: Walter Erhart (Hg.): Grenzen der Germanistik. Rephilologisierung oder Erweiterung? Stuttgart, Weimar 2004, S. 236–251.
16 Die eng mit dem Namen Friedrich Kittlers verbunden ist. Auf die Frage, wann diese »Institutionalisierung greift und der Dissident plötzlich in der Mitte sitzt«, hat Bernhard Siegert in einem Interview geantwortet: »Das war definitiv mit dem Umzug nach Berlin, als er [sc. Kittler] einen Lehrstuhl für Theorie und Ästhetik der Medien bekam [1993]. Ab dem Moment fing das Ganze an, schon sehr stark in Richtung Kulturwissenschaft zu driften.« (Bernhard Siegert: *Freiburg leuchtet*. Ein Gespräch mit Frank Hertweck. In: Neue Rundschau 127/3 [2016], S. 122–138, hier S. 129.) Angespielt wird auf das Freiburger Habilitationsverfahren des ›Dissidenten‹, das rasch zur »akademischen Legende« geworden ist, deren Entstehung Klaus Birnstiel nachgegangen ist (Klaus Birnstiel: Wie am Meeresufer ein Gesicht im Sand. Eine kurze Geschichte des Poststrukturalismus. Paderborn 2016, S. 382 ff.).
17 Andreas Kablitz: Kunst des Möglichen. Theorie der Literatur. Freiburg i.Br. 2013, S. 14, Fn. 7.

Eindruck erwecken, dass die Auswahl von Kontexten nicht unerheblich von den Neigungen und Kenntnissen des einzelnen Forschers bestimmt sein könnten, wobei zudem die Übergänge zwischen Text und Kontext undeutlich wurden. Zugespitzt formuliert: »Die Ausweitung der Verknüpfungsalternativen hat zu einer Auflösung der Verknüpfungsregeln geführt.«[18] Dabei wurde weit ausgegriffen, selbst in die Bereiche der Computertechnologie und Mathematik, was die Vertreter dieser Fächer jedoch weniger als Angebot zum Gespräch denn als befremdlichen Versuch einer Usurpation wahrnahmen, weshalb die Beachtung wissenschaftlicher Grundsätze eingefordert wurde.[19] Das ist nicht ohne Wirkung geblieben. Der Ruf der Kulturwissenschaft ist schnell verhallt, selbst im Feuilleton wurde bemerkt, dass die »ehrgeizige Literaturtheorie« schon kurz nach ihrem Auftreten im Begriff sei, sich zu verabschieden.[20]

Das hat zu konstruktiver Kritik Anlass gegeben, gesucht wurde nach kontrollierbaren Verfahren zur Erfassung des historisch-literarischen Geschehens, kurz: »Chronologie, Textinterpretation und Kontextbildung sind die Grundmuster für die Historiographie der Literatur.«[21] Unter den Ansätzen mit einem hermeneutischen Hintergrund ist hier nach wie vor die Sozialgeschichte als ein attraktives Theorieangebot empfohlen worden – heuristisch, nicht paradigmatisch.[22] Diese Diskussion hat sich fortgesetzt und intensiviert, die Zugangsbedingungen zum Verstehen literarischer Werke wurden

---

18 Jan-Dirk Müller: Gibt es einen Fortschritt in den Literaturwissenschaften? In: Hartmut Kugler (Hg.): www.germanistik.de. Vorträge des Erlanger Germanistentags. Band 1. Bielefeld 2002, S. 79–103, hier S. 100.
19 Vgl. Stefan Hildebrandt, Walter Purkert: Charlataneria Eruditorum. Notwendige Anmerkungen zum Mißbrauch der Mathematik in der Kulturwissenschaft. In: Scientia Poetica 10 (2006), S. 381–392.
20 »Friedrich Kittler zum Beispiel begeistert sich inzwischen für die Mythen und Philosophien des klassischen Griechenland und kondensiert, was er dort sieht, kaum noch in medientheoretischen oder gar mathematischen Formeln.« (Hans Ulrich Gumbrecht: Die neue Wörtlichkeit. Leise verabschiedet sich die ehrgeizige Literaturtheorie. In: Frankfurter Allgemeine Zeitung, 16. Februar 2005, S. N 3.) Auch wenn diese Diagnose etwas zu früh gestellt wurde – die von Kittler 2006 und 2009 veröffentlichten Bände führen noch den Titel *Musik und Mathematik* –, lautet das vergleichbare Resümee Bernhard Siegerts: »Vielleicht ist *Musik und Mathematik* wirklich ein großer Irrtum, das kann man zumindest vermuten.« (Siegert: *Freiburg leuchtet* [s. Anm. 16], S. 138).
21 Wiebke Freytag und Jörg Schönert: Literaturgeschichte. In: Hans-Jürgen Goertz (Hg.): Geschichte. Ein Grundkurs. Reinbek 1998, S. 423–441, hier S. 437.
22 Neben dem Komplex ›Literatur und Wissen‹ und der ›Problemgeschichte‹; vgl. Martina King und Jesko Reiling: Das Text-Kontext-Problem in der literaturwissenschaftlichen Praxis: Zugänge und Perspektiven. In: JLT 8 (2014), S. 2–30.

nun im Blick auf die vorausliegenden Akte der Kontextbildung und -hierarchisierung genauer reflektiert:

> Das einfachste und immer noch gängigste Kontextmodell ist sicher das der konzentrischen Kreise. In deren Zentrum steht der literarische Einzeltext bzw. bestimmte seiner Passagen oder Elemente. [...] Weitere Kreise wären dann etwa: Vorstufen und Entstehungsvarianten; Selbstdeutungen des Autors; andere Werke des Autors aus der gleichen Werkphase; das gesamte verfügbare Wissen über den Autor; das gesamte literarische Schrifttum der Zeit – wobei man wiederum abstufen könnte von unmittelbar zeitgenössischen und dem Autor nachweislich bekannten Texten zur gesamten Literatur der Epoche und deren Literatursystem mit seinen Regularitäten und schließlich zu allen in der Zeit überhaupt verfügbaren (zum kulturellen Wissen gehörigen) literarischen Texten. [...] Ein noch peripherer Kreis würde das Wissen und die heuristischen, sozialen und kulturellen Praktiken der Zeit umfassen, zusammen mit dem ihnen zugrundeliegenden Denksystem [...].[23]

Das ist leicht nachvollziehbar, in jedem einzelnen Fall aber eine Herausforderung für den Interpreten, was die Wahl und die Abstufung des Materials betrifft. Wir müssen uns darüber im Klaren sein, dass dazu Erfahrung, also praktisches Wissen erforderlich ist. Ob sich gegenwärtig so etwas wie ein *practical turn* abzeichnet? Geht es zurück zu den bewährten Praxisformen und Verfahrensroutinen der Literaturwissenschaft? Also zur philologischen Könnerschaft, die eine Voraussetzung für die Herstellung und Validierung von Textauslegungen bildet, die Geltung beanspruchen können? Mit Verwunderung lässt sich die gewachsene Zahl von Beiträgen registrieren, die sich diesem Handwerk widmen, Stichwort ›Praxeologie‹. Nur: wenn diesen Formen des Textumgangs so viel Lob erteilt wird, scheint das einen erhöhten Bedarf an Selbstverständigung, wenn nicht einen spürbaren Mangel an *knowing how* anzuzeigen, ohne das literaturwissenschaftliches Interpretieren nun einmal nicht auskommt.[24]

Andererseits stellt sich die Frage, wie es um die Entwicklung der Disziplin bestellt ist und wie sich diese zu der gleichzeitig geforderten Innovation verhält, das heißt zur Neuordnung und -perspektivierung auch des bereits Bekannten. Die auf Problemlösungen zielende philologische Arbeit – Erschließung von Handschriften, Textherstellung und Edition, Kommentar etc. – hat oft keinen sonderlichen Prestigewert, obwohl Fortschritt hier am ehesten greifbar wird. Originelle, weit ausgreifende Interpretationen werden noch immer andernorts

---

[23] Manfred Engel: Kontexte und Kontextrelevanzen in der Literaturwissenschaft. In: Kultur-Poetik 18 (2018), S. 71–89, hier S. 73.
[24] Eingehender Klaus W. Hempfer: Überlegungen zur möglichen Rationalität(sform) literaturwissenschaftlicher Interpretation. In: Gyburg Radke-Uhlmann (Hg.): Phronesis – die Tugend der Geisteswissenschaft. Beiträge zur rationalen Methode in den Geisteswissenschaften. Heidelberg 2012, S. 263–278, bes. S. 268 f.

gesucht. Auch wenn historisch-hermeneutische Verfahren nahe bei dem philologischen Handwerk zu suchen sein dürften, schließt das jedoch keineswegs aus, dass diese neue Denkräume eröffnen, allerdings auf anderen Wegen als in der einfachen Verbindung von Literatur- und Gesellschaftsgeschichte. Wie aus der angestrebten Zuordnung eine systematische Festlegung von Kontexten folgt, soll in einer kleinen Fallstudie zu einem essayistischen Text gezeigt werden, der von einem Romancier und Philosophen des 18. Jahrhunderts stammt. Trotz des vergleichsweise geringen zeitlichen Abstands bereitet dieser dem Verständnis zunächst große Schwierigkeiten.

2 F. H. Jacobis *Etwas das Leßing gesagt hat*. Zu den sozialhistorisch-ideengeschichtlichen Kontexten einer enigmatischen Schrift und deren Verknüpfung

Freiheit! Ein schönes Wort wers recht verstünde.
Goethe, Egmont IV 4

Was soll der im Februar 1781 verstorbene Gotthold Ephraim Lessing gesagt haben? Diese Frage gibt ein kleiner Traktat auf, den Friedrich Heinrich Jacobi ein Jahr später veröffentlicht hat.

Im Folgenden soll der Versuch unternommen werden, das Ineinandergreifen von gesellschaftlich bestimmtem Handeln und ideengeschichtlichen Konstellationen anhand dieser kurzen Gelegenheitsschrift zu untersuchen. Dazu ist die Bereitstellung einiger Daten zu den historischen Voraussetzungen, der Entstehung und – wie sich zeigen wird – der vom Autor gewünschten und gelenkten Rezeption des Textes notwendig.

2.1 Anlass, Abfassung, Aufnahme: Das *Deutsche Museum* als Forum der Diskussion (1782/83)

Der Essay ist Mitte November 1782 im Verlag von Georg Jakob Decker in Berlin ohne Angabe des Verfassers veröffentlicht worden. Offenbar enthielten die ersten Exemplare des Druckes einen Fehler, um dessen Korrektur die Leserschaft in einem auf den »12ten Nov.« datierten, ebenfalls anonymen Leserbrief gebeten wird, der im Dezemberheft des *Deutschen Museums* erschienen ist. Jacobi nutzt die Gelegenheit und wirbt um Verständnis für ein Buch, das aufgrund seiner nonkonformen Ansichten Missfallen erregen konnte: »[S]o müssen Sie doch den Mut ehren und lieben, mit dem der edle Verfasser die Rechtmässigkeit von dem Erfolg glänzender Handlungen zu trennen wagt, und, indem die halbe Welt blindlings klatscht, den Weisen einen Fingerzeig gibt.«[25] Die Neugier war damit geweckt, denn wer möchte nicht zu den Wenigen gehören, die sich trotz »glänzender Handlungen« über die falsche Meinung des Publikums zu erheben wissen. Doch um welche Verdienste handelte es sich, an denen die Öffentlichkeit so großen Anteil nimmt? Das zeigt erst der Text selbst, wo sich gleich zu Beginn für die informierten Zeitgenossen, nicht aber den heutigen Leser das im Titel aufgegebene Rätsel löst:

> Dieses hört ich Leßing sagen: Es wäre unverschämte Schmeicheley gegen die Fürsten, was Febronius und was die Anhänger des Febronius behaupteten; denn alle ihre Gründe gegen die Rechte des Papstes, wären entweder keine Gründe, oder sie gölten doppelt und dreyfach die Fürsten selbst. Begreifen, könne dies ein jeder; und daß es noch keiner öffentlich gesagt hätte mit aller Bündigkeit und Schärfe, die ein solcher Gegenstand gelitten und verdient, unter so vielen die den dringendsten Beruf dazu gehabt: dieses wäre seltsam genug und ein äußerst schlimmes Zeichen.
>
> Einer hat es endlich doch gesagt, und laut genug, um von jedermann gehört zu werden, nur nicht mit so dürren Worten; daher wohl mancher diesen großen Sinn aus seiner Schrift (ich meyne die *Reisen der Päpste*) nicht herausgezogen haben möchte; wie es denn scheint, daß wir Deutsche überhaupt zu sehr vertieft sind in unsern Tiefsinn, um leicht und geschwinde aufzumerken.[26]

Das Urteil über den deutschen Nationalcharakter wird im folgenden Absatz noch einmal wiederholt, worauf in den Anmerkungen Thomas Hobbes zitiert wird.[27] Mit dem Autor des *Leviathan* wird in die eigentliche Argumentation eingeführt, die sich staatstheoretischen und rechtsphilosophischen Problemen widmet. Der im Exordium genannte Name Febronius, der auf eine aktuelle Debatte Bezug nimmt und das Anliegen des Buches rechtfertigt, wird danach nicht mehr genannt. Der erwartungsvoll gespannte Leser sieht sich nach diesem furiosen Auftakt getäuscht, da keine weiteren Ausführungen zu der von

---

25 Deutsches Museum. Zweiter Band. Julius bis Dezember. Leipzig: Weygand 1782, S. 568.
26 [Anon.:] Etwas das Leßing gesagt hat. Ein Commentar zu den Reisen der Päpste nebst Betrachtungen von einem Dritten. Berlin 1782, S. 11f. – Im Folgenden wird nach dem Original zitiert, ergänzt um die Stellenangabe in der historisch-kritischen Werkausgabe; vgl. Friedrich Heinrich Jacobi: Werke. Band 4,1: Kleine Schriften I 1771–1783. Hg. von Catia Goretzki und Walter Jaeschke. Hamburg 2006, hier S. 304 sowie Band 4,2: Anhang. Hamburg 2009 (Sigle: JW und Bandzahl).
27 Jacobi: Werke, Bd. 4,1 (s. Anm. 26), S. 95–98; JW 4,1, S. 331f.

Lessing angesprochenen Affäre folgen. Stattdessen wird eine ausführliche, mit vielen Zitaten aus mehreren Sprachen durchzogene Abhandlung zu Fragen der despotischen und vertraglichen Herrschaft sowie der antiken und neuzeitlichen Staatslehre geboten. Damit setzt Jacobi einen Streit fort, den er mit Wieland begonnen hatte und der zum Bruch zwischen den beiden Autoren führte, die zuvor eng miteinander verbunden waren.[28]

Handelt es sich um eine Nachlässigkeit im Aufbau der Abhandlung oder um eine bewusst vorgenommene Fragmentierung? Im Briefwechsel und in den von Jacobi lancierten Beiträgen finden sich Andeutungen, die in beide Richtungen weisen. Die Entstehung von Jacobis Essay hat sich bis ins Detail, also – ungewöhnlich für eine Gelegenheitsschrift – geradezu verdächtig genau dokumentieren lassen. Dafür hat der Autor selbst gesorgt. In zahlreichen Briefen hat er sich über den Anlass der Schrift geäußert und besorgt über die Zensur gezeigt, der er mit einem Wechsel der Druckorte auszuweichen versucht; er hat um Anmerkungen gebeten und auf angebliche Kritiken reagiert, die er im Anschluss dann mit eigenen Entgegnungen als Meta-Reflexion publiziert.

Zu seinen wichtigsten Gesprächspartnern gehörte in dieser Zeit Christian Konrad Wilhelm Dohm, der Herausgeber des *Deutschen Museums*, der in der politischen Debatte mit Wieland die Position Jacobis vertreten hatte. Im Februar 1782 richtete Dohm einen Brief an Jacobi, in dem er noch einmal ausführlich die Frage nach den Rechten der Obrigkeit erörtert.[29] Wenige Wochen später erscheint anonym die Schrift des Schweizer Historikers Johannes Müller über die *Reisen der Päpste*, die Jacobi mit Zustimmung liest, was er dem Autor in einem Schreiben vom 14. Mai 1782 zusammen mit einem »einliegenden Blatte« mitteilt, auf dem er wörtlich – mit nur einem Zusatz – den Anfang des Textes notiert, mit dem er später sein Buch eröffnen sollte.[30] Müller hat darauf mit der

---

28 Die Kritik an Wielands Begriff der Souveränität (»Sophismus«) hat Jacobi in einer Schrift zusammengefasst, die ein Jahr zuvor im *Deutschen Museum* erschienen ist (Sechstes Stük. Junius 1781, S. 522–554): *Ueber Recht und Gewalt, oder philosophische Erwägung eines Aufsatzes von dem Herrn Hofrath Wieland, über das göttliche Recht der Obrigkeit im deutschen Merkur, November 1777*. In der anschließenden Korrespondenz wird bereits die von Jacobi geplante Lessing-Schrift erwähnt (JW 4.2, S. 496 f.) Zum Bruch der Freundschaft vgl. Karl Homann: F. H. Jacobis Philosophie der Freiheit. Freiburg, München 1973, S. 27.
29 Vgl. JW 4.2, S. 515.
30 Ebd., S. 516: »Bey Gelegenheit der Schrift / *Reisen der Päbste*. S. 41 bis ans Ende / Febronius und seine Anhänger, sagte Leßing, schmeichelten den Fürsten auf die unverschämteste Weise; denn alle ihre Gründe gegen die Rechte des Papstes, wären entweder keine Gründe, oder sie gölten doppelt und dreyfach die Fürsten selbst. Um dieses nicht zu faßen, müßte einer dümmer seyn als dumm; und daß es noch keiner gesagt hätte, mit aller Bündigkeit und Schärfe, unter so Vielen die es zu sagen den Beruf gehabt, dieses wäre unbegreiflich und ein

Frage geantwortet, wo diese »vortreffliche Stelle aus Lessing, um die ich ihn höher ehre, als um die ganze Dramaturgie«, zu finden sei, worauf Jacobi die enttäuschende Auskunft gibt: »Die Stelle von Leßing steht nicht in seinen Schriften; ich hörte sie aus seinem Munde«[31] – eine zweifelhafte Überlieferung. Jacobi hat die nicht beglaubigte Anekdote dann in den publizierten Text übernommen und an den Beginn gesetzt, um die Stimme des Toten werbewirksam zum Einsatz zu bringen. Das könnte darauf schließen lassen, dass ein zunächst nur für den privaten Austausch bestimmtes Thesenpapier Eingang in eine politische Streitschrift gefunden hat, mit der es sich nur lose verbinden ließ, wodurch der Abbruch in der Gedankenführung zu erklären wäre.

Doch dem widersprechen die unmittelbar folgenden Diskussionsbeiträge, die im *Deutschen Museum* erschienen sind. Der erste Beitrag enthält kritische Anfragen an die eigene Schrift, die Jacobi schon während der Drucklegung des *Etwas* gesammelt und zusammengefügt hat, sicher im Blick auf die Wirkung in der von ihm intendierten Debatte. Die *Gedanken Verschiedener bey Gelegenheit einer merkwürdigen Schrift* – die Wahl des Titels hat Jacobi dem Herausgeber überlassen – erschienen im Januar 1783. Hier heißt es zu der nach dem Lessing-Auftakt entstandenen Leerstelle im Text:

> Auch geht unser Verfasser über alles dies sehr schnel hinweg, und man zweifelt, ob er seine erste Idee nicht festhalten konte oder nicht festhalten wollte? Die Schrift kündigt sich an, als solte nur von Pabst und Fürst die Rede sein; und im Grunde wird darin nur von Fürst und Volk gehandelt.[32]

Wie sich der Korrespondenz entnehmen lässt, geht diese naheliegende Kritik ebenso wie die folgende Textpassage, in der auf Lessings »Paradoxa« hingewiesen wird, auf eine Äußerung Moses Mendelssohns zurück. Für die Leser der fingierten Streitschrift blieb die Autorschaft im Dunkeln, erst Jahre später hat Jacobi die Mitwirkung Mendelssohns an den *Gedanken Verschiedener* erwähnt.[33] Das gilt auch für den auf Französisch verfassten Brief von Franz Friedrich Maria von Fürstenberg, den Jacobi ebenfalls in den *Museums*-Beitrag

---

äußerst schlimmes Zeichen. / Und ein noch viel schlimmeres Zeichen, daß man in unsern Tagen die Zunge eines Todten rühren muß, damit laut werde was in diesen Worten liegt.«.
31 Ebd., S. 517 (Hervorhebung nicht berücksichtigt).
32 JW 4.1, S. 353.
33 In einer kommentierungsbedürftigen Weise, da er beim Wiederabdruck seiner Streitschrift in der Werkausgabe von 1815 durch »eine auffällige Verkehrung des grammatischen Tempus« Mendelssohn als Adressaten bezeichnet, »gegen den schon damals die *Erinnerungen* gerichtet waren«; vgl. Cornelia Ortlieb: *Gedanken Verschiedener. Jacobi, Mendelssohn und die fatale Liebe zur Philosophie*. In: Philipp Theisohn, Georg Braungart (Hg.): Philosemitismus. Rhetorik, Poetik, Diskursgeschichte. Paderborn 2017, S. 127–147, hier S. 140.

aufgenommen hat. Dazu schreibt er bereits am 29. Oktober 1782 in frappierend offener Weise an die Fürstin von Gallitzin: »Ich wollte Fürstenberg erlaubte mir diesen Brief mit den nöthigen retranchemens drucken zu laßen. Ich fügte eine Antwort von mir hinzu, u gäbe dem Ding ein Ansehen, als wenn die Bekanntmachung mir zum Poßen geschähe.«[34] Kein Zweifel: Jacobi hat die im *Deutschen Museum* geführte Auseinandersetzung um sein *Etwas das Leßing gesagt hat* von langer Hand vorbereitet, selbst inszeniert und mit einer im folgenden Monat gedruckten Erwiderung[35] zum vorläufigen Abschluss gebracht, indem er »die eigene Position im Scheingefecht gegen die eigenen Einwände«[36] verteidigt.

Damit werden zugleich die Umrisse des gesellschaftlichen Raums erkennbar, in dem sich die literarische Kommunikation vollzogen hat. Das Netz der vertraulichen Mitteilungen, Benachrichtigungen, Absprachen und Strategien, in dem sich nicht nur das sprachliche, sondern auch das soziale Handeln manifestiert, hätte noch dichter geknüpft werden können. Die Interessen der einzelnen Autoren und deren Situation im Meinungsstreit haben sich bisher jedoch nur andeuten lassen, weshalb noch einmal zum Ausgangspunkt der Betrachtungen zurückzukehren ist. Zur Erinnerung: in der ersten Anzeige seiner Streitschrift wird von Jacobi der »Erfolg glänzender Handlungen« (s. o. S. 409) erwähnt, die unverdienten Beifall erhalten haben, weshalb sich die »Weisen« genötigt sehen, das Publikum über die wahren Verhältnisse aufzuklären. Was ist gemeint?

Als Jacobi im Mai 1782 im Gespräch mit Dohm und Müller seine Publikationsoffensive plante, dürfte noch das April-Heft des *Deutschen Museums* im Salon oder auf dem Schreibtisch gelegen haben, in dem eine hymnische Dichtung auf einen Streiter für die Freiheit zu lesen war, der den Verfolgungen nicht standhalten konnte:

An Hontheim.

Es sei denn! Widerrufe, guter Greis!
Der Widerruf ist leicht: dem Widerruf
Vertrauen zu gewinnen, das ist schwer.
Die Wahrheit, die Febronius gelehrt,
wird Hontheim nicht zu Lügen machen! Wird
und kann es nie nicht! Jeder Edle liebt
den Mann, der unabläßig forscht, und dann

---

34 JW 4.2, S. 532.
35 Die Responsio trägt den Titel: *Erinnerungen gegen die in den Januar des Museums eingerückten Gedanken über eine merkwürdige Schrift* (Deutsches Museum. Zweites Stück. Februar 1783, S. 97–105).
36 Cornelia Ortlieb: Friedrich Heinrich Jacobi und die Philosophie als Schreibart. München 2010, S. 288.

mit deutschem Munde freie Wahrheit spricht!
Drum liebt auch jeder Edle, Hontheim dich;
Verzeiht dir gern, daß du im grauen Haar
Nicht Jüngling bist; und liebt und ehrt dich doch!
[...]
Ein Glück nur ist, daß Wahrheit Wahrheit bleibt,
und weder Großsultan, noch Perserschach,
noch Pabst, noch Freigeist Dinge wandeln kan,
daß sie zu sein aufhörten, was sie sind,
und was sie nicht sind, würden! – Endlich komt
denn doch der rechte Mann, und sieht so scharf,
und spricht so wahr und laut, das alles Schrein
von Pabst und Kardinal und Erzbischof
und Bischof und Prälaten nichts mehr hilft,
und unterdrückter Völkergeist mit Mut
die langgetragnen Fesseln von sich wirft!
[...][37]

Hier dürfte Jacobi die entscheidende Anregung für seine Strategie und das gesuchte *attentum parare* gefunden haben. Die Debatte um den ›Febronianismus‹ hatte auch im protestantischen Deutschland einen Höhepunkt erreicht, wie den zitierten Versen zu entnehmen ist (es folgen noch zwei weitere Strophen, die allein schon durch ihren adulatorischen Ton zur Kritik herausfordern mussten). Dabei handelte es sich nicht um eine akademische Streitigkeit in der Gelehrtenrepublik, sondern um kirchenrechtliche Konflikte, die politische Krisen hervorriefen und zu diplomatischen Verhandlungen nötigten, in die geistliche und weltliche Regenten involviert waren.

Der Trierer Weihbischof Johann Nikolaus von Hontheim (1701–1790) hatte unter dem Pseudonym Justinus Febronius in einer Schrift *De statu ecclesiae et legitima potestate Romani Pontificis liber singularis, ad reuniendos dissidentes in religione Christianos compositu* (1763) das Verhältnis von Papst und Konzil erörtert, den alten Disput zugunsten der Bischöfe entschieden und die päpstliche Jurisdiktionsgewalt in Frage gestellt. Der Text wurde vielfach übersetzt, in ganz Europa diskutiert und aufgrund der zahlreichen Gegenschriften vom Autor mit Erläuterungen sowie Ergänzungen versehen, wodurch das Werk bis 1774 auf mehrere Bände anwuchs. Die Reaktion aus Rom ließ nicht auf sich warten. Unter dem starken Druck der Kurie sah sich der Bischof 1778/79 zu einem Widerruf gezwungen, den er 1781 noch einmal in einer »überaus merkwürdige[n] Schrift« kommentiert hat, wie die *Göttingischen gelehrten Anzeigen* urteilten, mit dem Zusatz, dass »in vielen Jahren an den katholischen Höfen kein Schritt

---

37 [Anon.:] An Hontheim. In: Deutsches Museum. April 1782, S. 299 f.

des römischen Stuhls weniger Beyfall gefunden, als diese Retractationssache.«[38] Das Aufsehen war – wie das Gedicht zeigt – immens, auch in den protestantischen Territorien, wo man Hontheims Zugeständnisse an die weltlichen Potentaten und seine Nähe zum Josephinismus mit Sympathie wahrnahm. Das *Deutsche Museum* machte dabei keine Ausnahme. Im Juli-Heft des Jahres 1782 erschienen gleich drei Texte zu Ehren von Joseph II., darunter ein Gedicht des Ex-Jesuiten Lorenz Leopold Haschka (1749–1827), in dem erneut auf den Skandal angespielt und der Kaiser als Befreier »vom römischen Joche«[39] gefeiert wurde.

In Hontheims *De statu ecclesiae* findet sich ein ähnlich abschätziges Urteil über den Römischen Hof und die monarchische Kirchenverfassung vor dem Tridentinum, verbunden mit einer verständnisvollen Betrachtung der Motive Luthers, mit denen sich zugleich die Ursachen der Reformation erklären ließen. In der als Einleitung gedachten Zuschrift an die Bischöfe der katholischen Kirche heißt es unmissverständlich:

> Lutherus ad defendendum novas suas sententias plurimùm debacchatus est adversum praxes & aulæ Romanæ, Excitârunt hi clamores attentionem Principum Germaniæ [...]. Quibus viis & causis olim integra regna & multæ Provinciæ legitimo Primatui subtracta sunt, iisdem nunc præcluditur illorum cum Catholicis sub eodem primario Capite reunio.[40]

Das war als Warnung und zugleich als Appell an die regierenden Fürsten gedacht, die päpstlichen Ansprüche zu begrenzen und den reichskirchlichen Episkopalismus zu stärken, auch im Blick auf eine Wiedervereinigung mit den Protestanten. Um den Streit mit Rom zu entscheiden, verwendete Hontheim auch die Arbeiten protestantischer Historiker, so von Marquard Freher, Hermann von der Hardt, Hermann Conring und Gottfried Wilhelm Leibniz, aus dem

---

38 Zugabe zu den Göttingischen gelehrten Anzeigen. 16tes Stück. Den 21. April 1781, S. 241–249, hier S. 241 und 243. Autor der unter der Überschrift »Frankfurt am Mayn« erschienenen Anzeige war der evangelische Theologe Christian Wilhelm Franz Walch (1726–1784), der die Schriften Hontheims regelmäßig rezensierte. Über den Kommentar heißt es, dass man nach dem von der Kurie diktierten Widerruf nun »versichert seyn [kan], seine eigenen Gedanken unverfälscht zu lesen.« (S. 243) – Das Urteil der Zeitgenossen ist durch die neuere Forschung bestätigt worden: »Der bedeutendste Inquisitionsprozeß des 18. Jahrhunderts Deutschland betreffend war zweifellos der gegen Hontheim«, wobei es sich um »ein Schlüsselereignis der Reichs- und Kirchengeschichte« handelte. (Martin Papenheim: Die katholische kirchliche Zensur im Reich im 18. Jahrhundert. In: Wilhelm Haefs, York-Gothart Mix [Hg.]: Zensur im Jahrhundert der Aufklärung. Geschichte – Theorie – Praxis. Göttingen 2007, S. 79–98, hier S. 83.)
39 [Lorenz Leopold] Haschka: An Joseph den Zweiten. In: Deutsches Museum. Julius 1782, S. 77–79.
40 [Johann Nicolaus von Hontheim:] Justini Febronii *De statu ecclesiae et legitima potestate Romani Pontificis* [...]. Bullioni [i. e. Francofurti] 1763, Bl. d 3$^{r/v}$.

säkularen Naturrecht rezipierte er Samuel Pufendorf und Christian Thomasius.[41] Es ging ihm um die Erneuerung eines frühen Zustandes der Kirche. Die ersten acht Jahrhunderte – die ›Ecclesia primitiva‹[42] – waren für den jansenistischen Denker normativ, die spätere Entwicklung ein Abstieg. Mit seiner Geschichtsauffassung zeigte sich Hontheim nicht weit entfernt von den kulturkritischen Verfallsmodellen, wie sie in der Mitte des 18. Jahrhunderts diskutiert wurden.

Der Febronianismus stand für die Reform der katholischen Kirche, den Konziliarismus[43], die Union der Konfessionen[44] und eine souveräne Position gegenüber dem römischen Absolutismus, mithin für Aufklärung. Das sind die »glänzende[n] Handlungen«, von denen Jacobi spricht, denen man jedoch nicht, wie die angefügte Mahnung lautet, »blindlings« (s. o. S. 409) Beifall spenden soll. Dass Joseph II. mit seiner Kirchenpolitik dezidiert nationale Interessen verfolgte, hat Hontheim wohl unterschätzt, als er dem Habsburger in dem von ihm angestoßenen Prozess eine Rolle zuschrieb, »die derjenigen des französischen Königs entsprach.«[45] Jacobi sah in dem österreichischen Kaiser dagegen »keinen Beförderer der Menschheit«, sondern einen »dreisten Despoten«[46], wie er Johann Heinrich Campe in einem Brief vom 1. November 1782 schrieb. Hier war eine illusionslose, von der Ankündigung obrigkeitlicher Reformen unbeeindruckte Aufklärung notwendig. Mit seinem Traktat liefert Jacobi einen polemischen Beitrag zu diesem Zeitge-

---

41 Weitere Hinweise in der Einleitung von Ulrich L. Lehner zu der Neuausgabe des Hontheimschen Widerrufs: Johann Nikolaus von Hontheim: Justini Febronii commentarius in suam retractionem, 1781. Nordhausen 2008, S. XVIIf.
42 Vgl. Heribert Raab: Der reichskirchliche Episkopalismus von der Mitte des 17. bis zum Ende des 18. Jahrhunderts. In: Handbuch der Kirchengeschichte. Band V: Die Kirche im Zeitalter des Absolutismus und der Aufklärung. Hg. von Hubert Jedin. Freiburg, Basel 1985, S. 477–507, bes. S. 492. – Die Reformgedanken der katholischen Kirchenrechtler waren von großer kultureller Bedeutung, sie beeinflussten auch künstlerische Konzepte wie das Bildprogramm in der Würzburger Residenz; vgl. Peter Stephan: »Im Glanz der Majestät des Reiches« – Tiepolo und die Würzburger Residenz. Die Reichsidee der Schönborn und die politische Ikonologie des Barock. Textband. Weißenhorn 2002, zu Hontheim ebd. S. 62ff.
43 Auf die lange Vorgeschichte der konziliaren Bewegungen, auf die im Zusammenhang mit dem Febronius meist nur pauschal hingewiesen wird, vgl. Jürgen Miethke: Marsilius, Ockham und der Konziliarismus. In: Susanne Lepsius, Reiner Schulze, Bernd Kannowski (Hg.): Recht – Geschichte – Geschichtsschreibung. Rechts- und Verfassungsgeschichte im deutsch-italienischen Diskurs. Berlin 2014, S. 169–192.
44 Vgl. Harm Klueting: Wiedervereinigung der getrennten Konfessionen oder episkopalistische Nationalkirche? Nikolaus von Hontheim (1701–1790), der *Febronius* und die Rückkehr der Protestanten zur katholischen Kirche. In: Ders. (Hg.): Irenik und Antikonfessionalismus im 17. und 18. Jahrhundert. Hildesheim, Zürich 2003, S. 259–277.
45 Lehner: Einleitung (s. Anm. 41), S. LVII.
46 JW 4.2, S. 522.

spräch, wobei er auch Kritik an der Journalpolitik seines Freundes Dohm übt. Das wird auf den ersten Blick kaum erkennbar, da die angeführten Belegstellen aus den Werken von Aristoteles, Machiavelli, Hobbes, Spinoza, Montesquieu und Voltaire im Vordergrund stehen, ohne sich unmittelbar mit dem *Etwas* zu berühren, von dem die Argumentation ihren Ausgang nimmt. Die Zitationen führen in einen zeitenthobenen, die Zensur täuschenden Raum, sie bilden nur das gelehrte Beiwerk für den eigentlichen Gehalt der Schrift, wie Jacobi der Fürstin Gallitzin in einem Brief zu verstehen gibt: »Das hat mir Gott gerathen, daß ich das Ding mit so viel ansehnlichen Citationen versah.«[47] Das Grundlegende, auf das Jacobi abzielt, wird erst erkennbar, wenn man in dem thematischen Feld von Aufklärung und Despotie einen gesellschaftspolitischen Entwurf genauer betrachtet, dessen Autor – im Unterschied zu den bekannten und akzeptierten Klassikern – verschwiegen und erst hinter dem primären Kontext des Streits um den Konziliarismus erkennbar wird.

Um zusammenzufassen: die hier vorgenommene Rekonstruktion liefert kein sozialhistorisches Trivialwissen über Interaktionen, Vorlieben oder Animositäten einzelner Autorencliquen, sondern gewährt Einblicke in die Schaltzentralen eines heute vergessenen historischen Geschehens, das den intellektuellen Austausch in den 1770er und 80er Jahren maßgeblich bestimmt hat. Hier findet sich der hermeneutische Schlüssel zum Verständnis der zunächst rätselhaft erscheinenden Streitschrift. Eine rein ideengeschichtliche Interpretation wird dagegen keine konsistente Erklärung der Abhandlung liefern können, da jeder Versuch, die im Text angesprochenen staatstheoretischen Diskurse von der Antike bis zur Neuzeit nach ihrem sachlichen Gehalt, das heißt durch eine systematische Betrachtung unter Einbeziehung der jeweiligen Prätexte zu erläutern, nur zu einer Inflation der Datenmengen führen würde. Es fehlt der Filter einer funktionalen Analyse, durch die sich das für die Interpretation entscheidende Differenzmoment bestimmen lässt. Damit soll nicht bestritten werden, dass Jacobi mit den angeführten Autoritäten Voraussetzungen des politischen Denkens in den Blick bringt, die über Jahrhunderte konstant geblieben sind, so dass auch Vorstellungen von Universalität und Permanenz in seiner Argumentation eine Rolle spielen. Auf solche Theoreme und Begriffe – man denke nur an den griechischen Ursprung des Wortes ›Despotie‹ – lässt sich nicht verzichten, wenn deren historische Vergegenwärtigung über Ziele des Handelns in der Gegenwart orientieren soll. Damit wird jedoch weder der Umriss eines Systems erkennbar noch das gesuchte Desiderat der Streitschrift. Worin besteht dieses?

---

47 Ebd., S. 527.

2.2 Leitbegriffe der Interpretation: Aufklärung und Despotismus

Jacobi erwartet Kennerschaft. Für die eingeweihten Leser, die er anzusprechen versucht, ist ein Abschnitt der Einleitung gedacht, in welchem er eine Position markiert, die er früher bereits den Erzähler eines Briefromans hat einnehmen lassen:

> Der große Hauffe unserer denkenden Köpfe möchte [...] das wesentliche Wahre und das wesentliche Gute ausgebreitet sehen – *mit Gewalt*, und *mit Gewalt* jeden Irrthum unterdrückt; sehen und helfen eine Aufklärung betreiben – *anderswo als im Verstande*, weil es *dieser* ihm zu lange macht; die Lichter auslöschen, voll kindischer Ungeduld, *damit es Tag werde*. O der Hoffnungsvollen Finsterniß, in der wir nach dem Ziel unserer Wünsche, nach dem höchsten Wohl auf Erden eilig voran tappen; voran, auf dem Wege der Gewaltthätigkeit und der Unterjochung.[48]

Es handelt sich um die einzige Stelle im gesamten Text, an welcher der Leser eine Anspielung auf Lessing entdecken kann, und zwar auf dessen fünftes Freimaurer-Gespräch, wo Falk ganz ähnlich ausführt, dass man »den Aufgang der Sonne« in Ruhe erwarten und keinesfalls die brennenden »Lichter auslöschen« solle, nur um andere »wiederaufstecken« zu müssen: »[D]as ist des Freimäurers Sache nicht.«[49] Um welche Lichter es sich handelt, wird noch genauer zu zeigen sein (s. u. Abschnitt 3).

Doch zunächst ist zu fragen, wer jene Denker sind, die Aufklärung mit Gewalt betreiben, womit sie sich auf den Weg der »Unterjochung«, das heißt der Despotie begeben. Er habe seinen Aufsatz gegen »die Quacksalber der menschlichen Glückseligkeit«[50] gerichtet, schreibt Jacobi am 4. Oktober 1782 an Johannes von Müller, und Johann Heinrich Campe lässt er wissen, dass er die moralische »Trägheit der Menschen« keineswegs unterschätze, gleichwohl sei er der Meinung, dass »sie daraus gelockt aber nicht gepeitscht werden dürfen.«[51] Jede heroische Tugend ist ihm zuwider. Im Text wird das wie folgt ausgeführt:

> Wo Tugend und Religion nicht mehr empfunden, ja wohl offenbar geläugnet werden, da bleibt kein andres Mittel die gemeine Wohlfahrt zu befördern übrig, als, die eigennützigen und partheyischen Neigungen der Glieder der Gesellschaft, das ist, ihre Lei-

---

48 Etwas das Leßing gesagt hat (s. Anm. 26), S. 16; JW 4.1, S. 305.
49 Gotthold Ephraim Lessing: Werke und Briefe. Band 10: Werke 1778–1781. Hg. von Arno Schilson, Axel Schmitt. Frankfurt a.M. 2001, S. 56.
50 JW 4.2, S. 519.
51 Ebd., S. 523.

> denschaften, in ein Gleichgewicht zu bringen. Dieses kann nur mit der äussersten Gewalt erzwungen werden, und dennoch nur auf eine äusserst mangelhafte Weise. Da die Leidenschaften von Natur Gesetzlos, wandelbar, und ihre Würkungen bis ins Unendliche verschieden sind: so müssen schlechterdings die Mittel [...] der *Willkühr* überlassen seyn. Willkühr aber giebt dem Irrthum Raum; und ungemessene Gewalt, der Unterdrückung aller Rechte: so daß eben die Gebrechen, welche diese Hülfe forderten, ihren Mißbrauch unvermeidlich machen.[52]

Einen solchen Staatseudämonismus vertraten in den Augen Jacobis die Philosophen der radikalen Aufklärung, allen voran der französische Materialist Claude Adrien Helvétius (1715–1771). Dessen Name fällt im Text nicht, wohl aber in der Fortsetzung seines Romans *Woldemar*, die 1779 zunächst im *Deutschen Museum* und zwei Jahre danach – also in zeitlicher Nähe zu dem *Etwas* – in einer Sammlung seiner Schriften unter dem Titel *Der Kunstgarten. Ein philosophisches Gespräch* erschienen ist:

> Und nun, fuhr Woldemar fort, stand ein Mann auf, der es frey heraus sagte: Wir schätzten nur die Wollust; wir hätten nur unsere Sinne, gerade fünf an der Zahl, und kein Herz und keinen Geist; nur Begierden, und kein unmittelbares Gefallen am Menschen, keine Liebe: die Tugend die sich selbst lohne, sey ein Hirngespinnst. Wer Ohren hatte zu hören, der hörte. Ganz Europa fiel der neuen Lehre bey. Man wußte ihren Urheber nicht genug zu rühmen und nicht genug ihm zu danken.[53]

Erst in der Fassung von 1781 gibt eine Fußnote Auskunft darüber, wer dieser Mann ist: »Helvetius.«[54] In der Tat sei es eine große Leistung gewesen, fährt Jacobi fort, »den Geist seiner Zeit so zu faßen wie er [sc. Helvétius] gethan«, nämlich »aus den einzig würklich vorhandenen Materialien ein neues System von Tugend und Glückseligkeit aufzuführen, das so schön und bündig war, als es aus dergleichen Materialien nur immer werden konnte.«[55] Gemeint ist die Anthropologie. Kaum zu überhören ist die Ironie, mit der Jacobi auf die Erkenntnisse der neuen Wissenschaft anspielt, die sich auf physiologische Reiz- und Reaktionsmechanismen der menschlichen Natur reduzieren lassen (»dergleichen Materialien«). Dabei konnte er sich an das mit Wieland über dessen *Geschichte des Agathon* geführte Gespräch erinnern, in dem am Beispiel der Figur des Hippias die

---

52 Etwas das Leßing gesagt hat (s. Anm. 26), S. 47–49; JW 4.1, S. 315f.
53 Friedrich Heinrich Jacobi: Werke. Band 7,1: Romane II Woldemar. Hg. von Carmen Götz, Walter Jaeschke. Hamburg 2007, S. 170 (Hervorhebungen nicht berücksichtigt).
54 Jacobi: Werke, Bd. 7,1 (s. Anm. 53).
55 Ebd.

empiristischen Positionen der französischen Aufklärung und damit »das allgemeine System unserer Zeiten«[56] in ähnlicher Weise diskutiert worden war.

In den Debatten der Jahre 1781/82 geht Jacobi einen Schritt weiter, indem er die Auseinandersetzung mit den Intentionen und Bedingungen des politischen Handelns verknüpft. Sobald nämlich die neue Doktrin für sich in Anspruch nimmt, dem Gemeinwohl zu dienen, kann dieser Grundsatz »zu einem archimedischen Punkt von Willkürherrschaft« werden, wenn man ihn mit einer angeblich wissenschaftlichen Erkenntnis in Verbindung bringt: »Erst recht wird er es, wenn eine Erziehungswissenschaft [...] von Staatsgewalten in die Regie genommen wird.«[57] Im Vertrauen auf den erhöhten Standort konnte selbst der Febronianismus ungewollt die despotische Macht des weltlichen Souveräns stärken, in der Jacobi die eigentliche Bedrohung erkennt. Hier war für Aufklärung zu sorgen, wenn sich sogar unsere »denkenden Köpfe« (s. o.) von Helvétius einnehmen ließen, obwohl dieser in seinem posthum erschienenen Werk *De l'Homme, de ses facultés et de son éducation* (1772) ganz offen ein Bündnis zwischen der radikalen Aufklärung und den mächtigsten Herrschern im und aus dem Reichsverband propagierte:

> Der südliche Himmel verdüstert sich immer mehr durch den Dunst des Aberglaubens und eines asiatischen Despotismus; der Himmel des Nordens heitert sich aber jeden Tag mehr auf. Fürsten wie Katharina II. [Friederike von Anhalt-Zerbst] und Friedrich machen sich der Menschheit teuer; sie verspüren den Wert der Wahrheit; sie ermutigen dazu, sie auszusprechen; sie schätzen auch die Anstrengungen, die zu ihrer Entdeckung unternommen werden. Solchen Souveränen widme ich dies Werk; durch sie muß das Universum aufgeklärt werden. [...] Vom Norden gehen heute die Strahlen aus, die bis nach Österreich vordringen; alles bereitet sich dort zu einem großen Umschwung vor.[58]

Die helvetianischen Argumente für einen rigorosen Erziehungsstaat, der sittliche Einstellungen auch durch Zwang hervorbringen will, lagen auf derselben Ebene wie die revolutionäre Phrase von der Tugend, die durch Gewalt herrschen müsse. In den späteren Auflagen des *Woldemar*, die nach der Jakobinerherrschaft 1794 und 1796 erschienen sind, hat Jacobi diesen Zusammen-

---

56 Ausführlicher und mit Nachweisen Friedrich Vollhardt: Die Peripherie des Zirkels. Der junge Jacobi im Gespräch mit Wieland, Hemsterhuis und Herder. In: Ders., Cornelia Ortlieb (Hg.): Friedrich Heinrich Jacobi (1743–1819). Romancier – Philosoph – Politiker. Berlin, Boston 2021, S. 45–62, hier S. 46.
57 Hans Friedrich Fulda: Friedrich Heinrich Jacobis Kritik an der materialistischen Aufklärung. Eine Fallstudie zur Aufklärungsforschung. In: Ebd., S. 85–104, hier S. 95.
58 Claude Adrien Helvétius: Vom Menschen, seinen geistigen Fähigkeiten und seiner Erziehung. Hg. und übers. von Günther Mensching. Frankfurt a.M. 1972, S. 34. Das Zitat im Original bei Fulda: Jacobis Kritik an der materialistischen Aufklärung (s. Anm. 57), S. 89.

hang erahnen lassen. Dem Despotismus hat er dabei schon weit früher entgegengehalten, dass dieser den Menschen »um seine besten Eigenschaften« bringe:

> Keine Staatsverfassung soll und kann auch *Tugend selbst* unmittelbar zum Gegenstande haben, weil die Tugend nie aus einer äußerlichen Form entspringen kann. [...] Gute politische Gesetze sind Würkungen der Tugend und der Weisheit; nicht ihre erste Ursache. [...] Wahre Freyheit also wäre mit der Tugend einerley.[59]

Der Mensch soll fähig werden, sich ohne Furcht vor Zwang selbst zu regieren. Das ist Jacobis entscheidende These. Sie war im Schwange, also nicht originell. Als Ideengeber kommt Spinoza in Frage, der in seinem *Theologisch-politischen Traktat* ausgeführt hatte, dass es nicht der Endzweck des Staates sei, Macht auszuüben, sondern Freiheit zu verwirklichen (»Finis reipublicae revera libertas est«, Kap. XX). Diese Herleitung hat Jacobi nicht direkt ausgeschlossen, aber mit einer von Spinoza selbst formulierten Einschränkung versehen, die er dem *Tractatus politicus* entnommen hat, wobei er in einer Fußnote vorsorglich darauf hinweist, dass es sich bei diesem Text nicht um den bekannten *Tractatus theologico-politicus* handele, womit er eine genaue Kenntnis des Œuvres beweist.[60] Jacobi wusste, dass Spinoza in diesem nicht vollendeten Werk seinen Leitgedanken von der Freiheit als Ziel des Staates aufgrund eigener Erfahrung korrigiert hat. Das geschah im Blick auf innenpolitische Unruhen in den Niederlanden, die zur Absetzung des regierenden Patriziergeschlechts der De Wittes führten, wodurch die republikanische ›Ware Vrijheid‹ (wahre Freiheit) durch einen Obrigkeitsstaat ersetzt wurde.

Jacobi paraphrasiert eine Stelle aus dem *Tractatus politicus* zur Affektivität des Menschen, die verdeutlicht, dass aus dieser keine normative Theorie der Vergesellschaftung abzuleiten ist, da es »die größte Thorheit sey, von einem andern zu erwarten, was niemand von sich selbst erlangen kann, nehmlich, daß er seine eignen Leidenschaften unterdrücke um die Leidenschaften andrer zu befriedigen [...].«[61] In der Konsequenz des von Spinoza der Realität angepassten Systems hat Jacobi dann ausgeführt, warum ein Staat nicht gegen sein eigenes Interesse das Individuum zur Aufgabe seiner Autonomie nötigen kann: »Denn

---

59 Etwas das Leßing gesagt hat (s. Anm. 26), S. 55, 60 und 62f.; JW 4.1, S. 318 und 320.
60 »Tractatus politici (nicht des Theologico-politici) Cap. VI. § 3.« (Ebd., S. 71 Fn); JW 4.1, S. 323.
61 Ebd., S. 70; JW 4.1, S. 323. Vgl. Spinoza: Opera III. Hg. von Carl Gebhardt. Heidelberg 1972 [Nachdruck der Akademieausgabe von 1925], S. 292 [298]: »Et sanè stultia est ab alio id exigere, quod nemo a se ipso impetrare potest, nempe, ut alteri potiùs, quam sibi vigilet, ut avarus non sit, neque invidus, neque ambitiosus, &c., præsertim is, qui omnium affectuum incitamenta maxima quotidie habet.«.

es ist unmöglich, daß ein Mensch seinem Charakter entsage; daß er seine Meynungen, seine Denkungsart verändere; [...]: Kurz, daß er nicht sey was er ist [...].«[62] Jeder von einer Despotie unternommene Versuch, eine solche Unterwerfung zu erzwingen, kann – hier ist sich Jacobi mit Spinoza einig – »nur die Zerstörung des Staates zur Folge haben.«[63]

Für den Umgang mit der Triebnatur des Menschen, diesem »mangelhafte[n] Stoff«, war damit noch keine Lösung gefunden. Ein Therapievorschlag ließ sich wiederum nur aus den realen Gegebenheiten ableiten: »[H]ier würde nichts verhindert mit Gewalt, als nur, was das Eigenthum verletzte, und alle Kräfte wären einzig und allein gesetzloser Gewalt und willkührlichem Regiment entgegen gerichtet.« Diese Kräfte sollen sich frei entfalten, um eine Bildung des Individuums zu ermöglichen, die durch eine verordnete Erziehung nur gehemmt würde. Aus den Gesetzen der Wirklichkeit ließ sich für Jacobi der Archetyp eines liberalen Gemeinwesens entwerfen:

> [E]ine Gesellschaft, welche einzig und allein vereinigt wäre: Um die Sicherheit von allen Rechten durch die Erfüllung aller Pflichten zu erhalten, ohne welche die Rechte nicht bestehen und nicht gelten können [...].[64]

Seinen keineswegs antiaufklärerischen, wohl aber antinaturalistischen Entwurf wollte Jacobi weiter ausarbeiten und unter dem Titel *Ueber die Grenzen des Zwanges* veröffentlichen. Der Titel erinnert kaum zufällig an eine Abhandlung Wilhelm von Humboldts, die unter der Überschrift *Ideen zu einem Versuch, die Gränzen der Wirksamkeit des Staates zu bestimmen* 1792 in einzelnen Kapiteln in Schillers ›Neuer Thalia‹ und in der ›Berlinischen Monatsschrift‹ erschienen ist.[65] Auch dieser Essay diskutiert die Reichweite der gesetzgeberischen Befugnisse des Staates, wobei sich der Einfluss der jüngeren Naturrechtslehre und die Vorstellung eines liberalen Rechtsstaates bemerkbar machen. Hier wäre auf ein Kompendium des mit Goethe befreundeten Juristen Ludwig Julius Friedrich Höpfner (1743–1797) über das *Naturrecht des einzelnen Menschen, der Gesellschaften und der Völker* hinzuweisen, die in dem Jahrzehnt zwischen 1780 und

---

62 Etwas das Leßing gesagt hat (s. Anm. 26), S. 113; JW 4.1, S. 338.
63 Wolfgang Bartuschat: Spinozas Philosophie. Über den Zusammenhang von Metaphysik und Ethik. Hamburg 2017, S. 265.
64 Etwas das Leßing gesagt hat (s. Anm. 26), S. 86 f.; JW 4.1, S. 328 (Hervorhebungen nicht berücksichtigt).
65 Die Publikation – zunächst noch unter einem anderen Titel – ging zurück auf den Austausch und Briefwechsel mit Friedrich von Gentz über die »neue französische Konstitution«; vgl. Dietrich Spitta: Die Staatsidee Wilhelm von Humboldts. Berlin 2004, S. 41 f.

1790 in fünf Auflagen erschienen ist.⁶⁶ Eine Erweiterung der Kontexte würde jedoch nur wenig zum Verständnis der hier behandelten Schrift beitragen. Was Jacobi mit Vorgängern (etwa Justus Möser) und Nachfolgern (wie Wilhelm v. Humboldt) aus unterschiedlichen intellektuellen Milieus teilt, ist die Gegnerschaft zu einem obrigkeitsstaatlichen Absolutismus und dessen bürokratischen Zentralismus, in dem man das »Wesen der Despotie« erkennt, dass sie nämlich »alles nach wenig Regeln zwingen will.«⁶⁷

3 Das (*Et-*)*Was* im Titel der Schrift. Ein Ausblick mit Lessing

In einem frühen Stadium seiner Arbeit an dem *Etwas* hat sich Jacobi in einem Brief an Amalia Fürstin von Gallitzin über die Verzögerung der Publikation seines Essays durch Albert Hinrich Reimarus beklagt, der über die im Text enthaltene Kritik des Despotismus besorgt sei, ohne deren eigentliche Botschaft verstanden zu haben:

> [D]ie Hamburger [sc. Elise und Hinrich Reimarus] haben nicht das Herz gehabt, u, wie es scheint, auch nur halbe Lust meinen Aufsatz zu drucken. Die Narren freuen sich über die Vertilgung des Aberglaubens mehr, als sie sich vor der täglich anwachsenden Macht unumschränkter Alleinherrscher fürchten. An die Schrecken des Unglaubens – *an die Verläugnung u Vertilgung aller unsichtbaren Kräfte*, kommt ihnen der Gedanke nicht einmal. – Das ist aber eigentlich die Dringendste Gefahr, die ich in meinem Briefe an Müller hauptsächlich [!] meinte. Doch sollte das Wortlein *Was* den pluralem involviren.⁶⁸

Hinter der politischen Dimension des zur Publikation gedachten Briefes, für die sich die Zensur interessierte, hat Jacobi eine zweite, ihm noch wichtigere Warnung in den Text integriert, um einer falsch verstandenen Aufklärung in den

---

66 »Il faut certainement repartir de cet ouvrage [...] pour prendre la mesure de la portée des *Idées* de Humboldt en 1792.« (Denis Thouard: Liberté, individualité, diversité: Humboldt, de la politique aux langues. In: d'Olivier Agard und Françoise Lartillot [Hg.]: Le libéralisme de Wilhelm von Humboldt. Autour de l'Essai sur les limites de l'action de l'État. Paris 2015, S. 19–33, hier S. 23.) – Zu Höpfner und Mendelssohn, der Wesentliches zur Verständigung über die genannten Grundfragen beigetragen hat, vgl. Friedrich Vollhardt: Von Thomasius bis Höpfner. Aspekte der naturrechtlichen Vertragslehre im 18. Jahrhundert. In: Manfred Schneider (Hg.): Die Ordnung des Versprechens. Naturrecht – Institution – Sprechakt. München 2005, S. 127–136.
67 Karl Mannheim: Konservatismus. Ein Beitrag zur Soziologie des Wissens [1925]. Hg. von David Kettler, Volker Meja, Nico Stehr. Frankfurt a.M. 1984, S. 163.
68 JW 4.2, S. 518 (Brief vom 7. Juni 1782).

Weg zu treten: Die Gefährdung der Religion durch einen sich latent ausbreitenden Unglauben. Um das zu verdeutlichen, spaltet er das substantivisch gebrauchte ›Etwas‹ des Titels auf, ersetzt – was möglich ist[69] – durch ein *Was*, das nun allein auf sein eigentliches Anliegen verweist: die Religion. Was der Sohn des radikalen Bibelkritikers Hermann Samuel Reimarus nicht verstehen kann, ist der von Jacobi mit Lessing geteilte Vorbehalt gegenüber dem Rationalismus einer deistischen Aufklärung, die bereit war, die »Lichter auszulöschen« (s. o. S. 417), mit unabsehbaren Folgen für die Gesetzgebung, das Gemeinwesen und die individuelle Freiheit. In den Augen Lessings ging der törichte Versuch (»Narren«), den Aberglauben zu vertreiben, mit der Beseitigung einer älteren Tradition einher, bei der sich die Reformpartei in einer überlegenen und unangreifbaren Position zu wissen glaubte, ohne die Vorläufigkeit des eigenen Standpunktes als einer Tradition unter anderen zu reflektieren. Die Vernunft konnte in diesem Verdrängungswettbewerb nicht das ausschlaggebende Kriterium bilden, da sie selbst einer stetigen Wandlung unterworfen war. Lessing zielte auf eine Wechselwirkung zwischen den Traditionen, um das Ergebnis von einem Standpunkt aus zu beobachten, der einen Zweifel in beiden Richtungen zuließ.[70] Lessings Freunde haben seine Strategie erkannt, »vielen Leuten Zweifel« zu erregen, um »dadurch die Untersuchung rege« zu machen, wie Friedrich Nicolai in einem Brief bemerkte.[71]

Lessings Ablehnung der so progressiv erscheinenden Papstkritik Nikolaus von Hontheims wird den auf die Ratio setzenden Theologen beider Konfessionen daher unverständlich gewesen sein. Zu diesen dürfte der Göttinger Theologe Christian Wilhelm Franz Walch gehört haben, der, wie bemerkt (s. o. S. 414), in einer Serie von Beiträgen über die febronianischen Streitigkeiten informiert und die historischen Kenntnisse des Kirchenrechtlers gewürdigt hat, mit einer deutlichen Sympathie für dessen Unionsbestrebungen. In seinen letzten, nur skizzenhaft überlieferten Schriften hat Lessing noch eine Kontroverse mit dem Göttinger Kirchenhistoriker begonnen, die er theologisch ernster genommen hat als seinen von Polemik getragenen Streit mit dem Hamburger Hauptpastor Johan Melchior Goeze. Die Auseinandersetzung hätte sich möglicherweise auch auf die Frage einer Vereinigung der christlichen Konfessionen ausgedehnt, wäre Lessing nicht im Februar 1781 gestorben.

---

69 DWb 3 (1862), Sp. 1187.
70 Über den Begriff des Relativismus wäre hier eigens nachzudenken; mit Bezug auch auf das 18. Jahrhundert Paul Feyerabend: Erkenntnis für freie Menschen. Veränderte Ausgabe. Frankfurt a.M. 1980, S. 39.
71 Gotthold Ephraim Lessing: Werke und Briefe. Band 11/2: Briefe von und an Lessing 1770–1776. Hg. von Helmuth Kiesel. Frankfurt a.M. 1988, S. 173 (Brief vom 8. März 1771).

Die Erweiterung des Kontextes endet hier – doch ein Satyrspiel in der Gelehrtenwelt bleibt noch zu erwähnen. Denn kein Geringerer als Adolf Harnack hat 1912 in seinen *Beiträgen zur Einleitung in das Neue Testament* noch einmal auf den Streit zwischen Goeze, Lessing und Walch hingewiesen, um die »seit 130 Jahren liegen gebliebene[e]« Frage nach dem Verhältnis von Glaubensregel und Heiliger Schrift zu entscheiden. Walch habe hier »das Richtige« gesehen, leider aber nur eine »ungenügende Darstellung«[72] des Problems gegeben. Diesem freundlichen Urteil folgt eine lange Anmerkung über die Persönlichkeit des Göttinger Theologen, die aufgrund neuerer Forschungen weniger freundlich ausfällt. In den ein Jahr zuvor erschienenen *Fuldaer Geschichtsblättern* war zu lesen, dass Walch und der evangelische Theologe Johann Rudolph Anton Piderit (1720–1791)[73] in den Jahren um 1780 Gespräche mit Fuldaer Benediktinern über eine Wiedervereinigung der Konfessionen aufgenommen hatten, die zweifellos auf die von Hontheim ausgehenden Bestrebungen zurückzuführen waren.[74] Beide Kirchenmänner erhofften sich von dieser Union einen stärkeren Widerstand gegen das Vordringen einer rationalistischen Bibelkritik, wie sie der Wolfenbütteler ›Fragmentist‹ öffentlich gemacht hatte. Harnack ist entsetzt. Dass Walch nicht auf die Kraft des biblischen Wortes vertraute, sondern sich »nach katholischer Hilfe umgesehen hat, das hat man bisher m. W. nicht gewußt. Welch eine Lage des Protestantismus!« Der Schuldige ist sofort ausgemacht: Lessing. In dem von Harnack geführten Briefwechsel mit Heinrich Weinel und Paul Wernle taucht der Name häufiger auf, bei dem Baseler Theologen mit deutlicher Zustimmung für die im Kulturprotestantismus verankerte Kritik an Lessing, der in seinen späten Schriften »mit katholischen Positionen« gespielt habe, um »seine wirkliche Position dem Christentum gegenüber zu verschleiern [...].«[75] Im Streit mit Goeze habe Lessing eine »kryptokatholische Tendenz« verfolgt und mit seinem »beständigen Versteckspielen ästhetisch eine gewisse Anziehungskraft«[76] erzeugt, moralisch aber versagt. Camouflage betrie-

---

72 Adolf Harnack: Beiträge zur Einleitung in das Neue Testament V: Über den privaten Gebrauch der Heiligen Schriften in der alten Kirche. Leipzig 1912, S. 18.
73 Piderit hat Lessing in Wolfenbüttel besucht; der Inhalt ihrer Gespräche ist leider nicht überliefert. – Zu Piderits »Reunionsarbeitskreis« Karl-Hermann Wegner: Aufklärung und Ökumene in Hessen. Ein Projekt zur Vereinigung von Katholizismus und Protestantismus unter dem katholischen Landgrafen Friedrich II. von Hessen-Kassel. In: Jürgen Overhoff, Andreas Oberdorf (Hg.): Katholische Aufklärung in Europa und Nordamerika. Göttingen 2019, S. 268–279.
74 Gregor Richter: Ein ›Fuldaer Plan‹ zur Wiedervereinigung der christlichen Konfessionen in Deutschland. In: Fuldaer Geschichtsblätter 10 (1911), S. 1–32, 57–64 und 184–192.
75 Brief vom 27. Juni 1912 an Adolf Harnack. Ich danke Claus-Dieter Osthövener für diesen Hinweis und den Einblick in die noch unveröffentlichten Korrespondenzen.
76 Paul Wernle: Lessing und das Christentum. Tübingen 1912, S. 41 und 45.

ben jedoch, woran Harnack erinnert, vor allem die febronianisch gestimmten Protestanten: dass Walch sich »im geheimen« an Unionsgesprächen beteiligt hat, sei – so das abschließende Urteil – »nicht erfreulich.«[77]

Man sieht: Lessings Gespür für die Komplexität historischer Wandlungen war hoch. Seine Antworten wurden gehört und diskutiert, obwohl sie oft (und lange) unverstanden blieben; sie bilden daher noch immer eine Herausforderung für sozialhistorisch-ideengeschichtliche Forschungen.

---

[77] Harnack: Beiträge (s. Anm. 72), S. 20 Forts. Fn. 2.

19. JAHRHUNDERT

Matthias Löwe
Moderne als Décadence

Konfigurationen einer Idee beim jungen Hugo von Hofmannsthal (insbesondere in *Elektra*)

Im Titel dieses Bandes wird ein Zustand »nach der Kulturgeschichte« beschworen. Abhängig davon, in welchem akademischen Milieu man (oft mehr oder minder zufällig) sozialisiert wurde, wird man diesen Titel als wirklichkeitsferne Anmaßung oder als frommen Wunsch empfinden oder man versteht einfach die ganze Aufregung nicht und wendet sich schulterzuckend ab. Eines ist der Titel »nach der Kulturgeschichte« meines Erachtens aber nicht: eine Tatsachenbeschreibung vom Zustand der Literaturwissenschaften. Kulturwissenschaftlich ausgerichtete Literaturforschung ist institutionell fest verankert, durch entsprechend denominierte Lehrstühle, Zeitschriften, Drittmittelprojekte und ganze Institute. Sie ist institutionell vielleicht sogar fester verankert, als andere Paradigmen es jemals waren.

Wenn im Folgenden daher das Modell eines ideengeschichtlichen Zugriffs auf literarische Texte konturiert wird, dann verbindet sich damit kein ›postistischer‹ Ersetzungsanspruch, keine Aufhebungsphantasie in Bezug auf kulturwissenschaftliche Literaturwissenschaft, sondern lediglich die Überzeugung, dass auch eine ideengeschichtliche Kontextualisierung literarischer Texte kaum ersetzbare Erklärungspotentiale besitzt. Dies gilt insbesondere für die Literatur einer als Makroepoche verstandenen ästhetischen Moderne, die seit dem späten 18. Jahrhundert unter dem Schlagwort ›Autonomie‹ für Kunst einen eigenständigen Modus der Wirklichkeitsbeobachtung reklamiert. Zu den Grundzügen dieser modernen Literatur gehört die Überzeugung vom Selbstzweck, vom »monarchische[n] Zug«[1] des Kunstwerks, das nur nach seinen eigenen Gesetzen beurteilt sein will. Um ihre Autonomie nicht zu gefährden, übersetzen moderne Kunstwerke daher in der Regel nicht einfach Theoriegebäude, Diskursformationen oder Wissensbestände in ästhetische Strukturen. Außerliterarische Theorien, Diskurse oder Wissensbestände haben für moderne Dichter vielfach primär Anregungscharakter, sind als Kontexte von Literatur eher in verkürzter, ausschnitthafter oder verdichte-

---

[1] Peter Szondi: Über philologische Erkenntnis. In: Peter Szondi: Hölderlin-Studien. Mit einem Traktat über philologische Erkenntnis. Frankfurt a.M. ²1970, S. 9–34, S. 22.

Matthias Löwe, Jena

ter Form relevant, zum Beispiel als »[s]edimentierte Grundannahmen, Denkmotive, theoretische Gesten [...] und Modewörter«[2]. Genau diese Phänomene aber umschreibt und erforscht die anglo-amerikanische Tradition der *intellectual history* unter dem Stichwort ›Idee‹.

Verfahren der *intellectual history* in die Literaturwissenschaft zu importieren, also ›sedimentierte Grundannahmen‹, ›Denkmotive‹, ›theoretische Gesten‹ oder ›Modewörter‹ als Kontexte von Literatur in den Blick zu nehmen, erfordert jedoch einen spezifischen theoretischen Zuschnitt – erfordert es, Ideengeschichte *als* Textanalyse zu betreiben, also die ästhetische Verfasstheit von Literatur ernst zu nehmen, sie nicht auf einen bloßen Ideenträger zu reduzieren. Ideenkontexte, das hat Dirk Werle gezeigt, manifestieren sich in literarischen Texten eben zumeist nicht in Form leicht identifizierbarer Begriffe oder Modewörter, sondern als ›semantische Einheiten‹, etwa in Form von Topoi, Motiven oder Metaphern.[3] Eine ideengeschichtlich orientierte Literaturforschung, die beispielsweise aus literarischen Motiven Ideenbezüge ableiten will, müsste daher einen stark rekonstruktiven bzw. explikativen Zug besitzen, müsste Ideeninhalte metasprachlich beschreiben, um ermessen zu können, wo diese Inhalte in anderer Form ebenfalls auftauchen. Eine wesentliche Vorarbeit von ideengeschichtlich orientierter Literaturforschung besteht also darin, historische Wörter und Begriffe, die man als Ideen versteht, so zu erläutern, dass sie sich zugleich als metasprachliche Beschreibungskategorien eignen, als heuristische Schlüsselbegriffe, die zwar quellensprachlichen Charakter besitzen, aber zugleich ein ›Upgrade‹ in den Status von Analyseterminologie erhalten. Wenn dies plausibel gelingt, dann lassen sich auch Bezüge herstellen zwischen begrifflich verfassten Ideen *und* Motiven, Metaphern oder Figuren von literarischen Texten, in denen diese Ideen begrifflich gar nicht auftauchen.

Demonstrieren möchte ich dieses Vorgehen an einer besonders schillernden Idee des späten 19. Jahrhunderts, am Konzept der Décadence, das in philosophischen, weltanschaulichen, poetologischen u. a. Texten um 1900 als Begriff und Modewort Verwendung findet, sich in der Literatur des *Fin de siècle* aber zugleich jenseits der Begriffsebene, in Gestalt spezifischer Décadence-Motive oder als Décadence-Stil materialisiert. Ich möchte an diesem Beispiel zeigen, inwiefern sich gerade eine explikative Ideengeschichte, die historische Semantiken metasprachlich rekonstruiert, als besonders leistungsfähiges Verfahren

---

[2] Andreas Mahler, Martin Mulsow: Einleitung: Die Vielfalt der Ideengeschichte. In: Andreas Mahler, Martin Mulsow (Hg.): Texte zur Theorie der Ideengeschichte. Stuttgart 2014, S. 9–50, hier S. 17.
[3] Dirk Werle: Ruhm und Moderne. Eine Ideengeschichte (1750–1930). Frankfurt a.M. 2014, S. 21.

erweisen kann, um Zusammenhänge zwischen divergenten Phänomenbereichen wie Begriff, Motiv und Stil herzustellen. Konkreter Untersuchungsgegenstand ist das Frühwerk Hugo von Hofmannsthals, für das die historische Idee der Décadence als ein zentraler Kontext gelten kann. Nach der Rekonstruktion des historischen Décadence-Konzepts widme ich mich abschließend Hofmannsthals Antikendrama *Elektra* und zwar – das mag überraschen – als einem Beispiel für literarische Décadence. Die Erkenntnispotentiale des hier vorgestellten ideenhistorischen Zugriffs lassen sich, so meine Hoffnung, an diesem Text besonders effektvoll unter Beweis stellen, denn gerade für Hofmannsthals berühmten Einakter *Elektra* wurde die Décadence-Idee als zentraler Kontext bislang kaum wahrgenommen.

1 Décadence als Differenzierungssemantik

Die Ideengeschichte des Décadence-Konzepts ist weitgehend bekannt.[4] Dennoch soll sie im Folgenden noch einmal neu perspektiviert werden und zwar hinsichtlich der Frage, wie mit Décadence-Semantik gesellschaftliche Modernisierung beobachtet wird. Der hier vorgestellte ideengeschichtliche Zugriff auf die Décadence-Semantik des späten 19. Jahrhunderts wird also so präsentiert, dass er sinnvoll mit einer sozialgeschichtlichen Kontextualisierung ergänzt oder vermittelt werden kann.

Décadence ist eine Idee »französischer Provenienz«[5], die der aufklärerischen Geschichtsphilosophie entstammt und den Niedergangsprozess des späten Römischen Reichs umschreibt, besonders prominent im Titel von Montesquieus *Considérations sur les causes de la grandeur des Romains et de leur décadence* (1734). Noch in der ersten Hälfte des 19. Jahrhunderts wird von dem französischen Literaturhistoriker Désiré Nisard in dessen *Études de moeurs et de critique sur les poètes latins de la décadence* auf diese geschichtsphilosophische Verfallsidee zurückgegriffen.[6] Nisard verwendet die Décadence-Idee jedoch nicht nur zur Charakterisierung spätrömischer Kultur, sondern bezieht sie in kritischer Absicht auch auf ästhetische Aspekte der zeitgenössischen Literatur, unternimmt eine »Parallelisie-

---

[4] Vgl. zuletzt die luzide Darstellung bei Jens Ole Schneider: Aporetische Moderne. Monistische Anthropologie und poetische Skepsis (1890–1910). Frankfurt a.M. 2020, S. 197–218.
[5] Dieter Borchmeyer: Décadence. In: Dieter Borchmeyer, Viktor Žmegač (Hg.): Moderne Literatur in Grundbegriffen. Tübingen ²1994, S. 69–76, hier S. 69.
[6] Vgl. ebd., S. 70.

rung der spätlateinischen Dichtung mit der romantischen Poesie seiner Zeit«[7]. Gegen diese Herabwürdigung zeitgenössischer Literatur wiederum richtet sich Mitte des 19. Jahrhunderts Charles Baudelaires begriffspolitische Umdeutung der Décadence-Idee: In den *Notes nouvelles sur Edgar Poe* (1857) vollzieht Baudelaire eine wirkmächtige Rehabilitation des Décadence-Begriffs. Baudelaire gilt daher als »Vater der Décadence«[8], als ein Künstlertypus, der Verfalls- und Auflösungsmotive, Krankes und Hässliches ästhetisch aufwertet. In besonders drastischer Form geschieht dies in seinem Gedicht *Une charogne* (*Ein Aas*) aus den *Fleurs du mal*.[9] Diese Vorliebe für Phänomene des Verfalls kann fraglos als provokative Gegenreaktion auf bestimmte Modernisierungserfahrungen und ein damit im öffentlichen Bewusstsein verbundenes Fortschrittsnarrativ verstanden werden.[10]

In der zweiten Hälfte des 19. Jahrhunderts wurde die Décadence-Idee von verschiedenen Intellektuellen aufgriffen, wobei neben Baudelaires positiver Aufwertung des Verfallskonzepts auch die negativen Untertöne weiterhin erhalten blieben, denn das dekadente »Bekenntnis zur Lust am Untergang«[11], die »Liebe zum Verfall«[12] enthält fraglos ein starkes Irritationsmoment. Wolfdietrich Rasch hat daher betont, dass der Décadence-Begriff im 19. Jahrhundert »oft weder eindeutig positiv noch eindeutig negativ, sondern ambivalent verstanden wird«[13]. Es sind vor allem zwei europäische Intellektuelle, deren ambivalente Auseinandersetzung mit Décadence wesentlich zur inhaltlichen Schärfung und Verbreitung dieses Konzepts beigetragen haben: Paul Bourget und Friedrich Nietzsche. Bourgets *Essais de psychologie contemporaine* (1883) unternehmen eine kritische Analyse zeitgenössischer französischer Schriftsteller und im Essay über Baudelaire entwickelt Bourget eine einflussreiche »Theorie der Dekadenz«[14]. Dabei werden in einer berühmten Passage enge Bezüge zwischen einer ästhetischen Aufwertung der Verfallsthematik, dem zeitgenössi-

---

7 Ebd.
8 Dieter Kafitz: Décadence in Deutschland. Studien zu einem versunkenen Diskurs der 90er Jahre des 19. Jahrhunderts. Heidelberg 2004, S. 15.
9 Vgl. Wolfdietrich Rasch: Die literarische Décadence um 1900. München 1986, S. 27.
10 Vgl. Erwin Koppen: Dekadenter Wagnerismus. Studien zur europäischen Literatur des Fin de siècle. Berlin, New York 1973, S. 66.
11 Rasch: Die literarische Décadence um 1900 (s. Anm. 9), S. 26.
12 Ebd.
13 Ebd.
14 Die bislang einzige, allerdings mitunter sehr freie deutsche Übersetzung von Bourgets *Essais* erschien kurz nach der Jahrhundertwende (Paul Bourget: Psychologische Abhandlungen über zeitgenössische Schriftsteller. Aus dem Französischen übersetzt von A. Köhler. Minden 1903). Die zwei berühmtesten Passagen der *Essais*, jene über Décadence und jene über den Dilettantismus (s. Anm. 28), wurden von Rudolf Brandmeyer für das Hofmannsthal-Jahrbuch neu übersetzt

schen Degenerations-Diskurs[15] und Erfahrungen gesellschaftlicher Modernisierung hergestellt:

> Mit dem Wort ›Dekadenz‹ bezeichnet man gemeinhin den Zustand einer Gesellschaft, die eine zu große Anzahl von Individuen hervorbringt, die für die Aufgaben des Lebens in Gemeinschaft ungeeignet sind. Eine Gesellschaft ist mit einem Organismus zu vergleichen. [...] Das Individuum ist die soziale Zelle. Damit der gesamte Organismus mit Energie funktioniert, ist es notwendig, dass die Organismen, die seine Bestandteile bilden, mit Energie funktionieren, aber mit einer untergeordneten [...]. Wenn die Energie der Zellen unabhängig wird, so hören ebenso die den ganzen Organismus bildenden Organismen auf, ihre Energie der gesamten Energie unterzuordnen, und die Anarchie, die sich dann einstellt, bedeutet den Verfall des Ganzen [la décadence de l'ensemble]. Der soziale Organismus entgeht diesem Gesetz nicht und beginnt dekadent zu werden [il entre en décadence], sobald sich das Leben des Einzelnen unter dem Einfluss des erworbenen Wohlstands und der Vererbung übermäßig entwickelt hat.[16]

In Bourgets Décadence-Begriff verbinden sich soziale und medizinische Bedeutungsaspekte. Dabei wird ein Bezugsproblem erkennbar, auf das sich die Reflexion über Szenarien des Auseinanderbrechens beziehen lässt: Mit Décadence werden hier auch Phänomene beschrieben, die man soziale Differenzierung nennen könnte, die Pluralisierung der Meinungen, das Abhandenkommen zentraler Sinnmonopole, aus denen sich die überindividuelle Einheit der Gesellschaft ableiten lässt. Gesellschaftliche Teilbereiche und Wertsphären differenzieren sich aus wie autonome Zellen und konkurrieren miteinander um die Deutung der Wirklichkeit. Modernisierung wird mit dem Décadence-Begriff aber nicht in der nüchternen Form von Niklas Luhmanns Differenzierungsterminologie beschrieben, sondern dramatisierend, als biologische ›Degeneration‹ eines ursprünglich gesunden Organismus. Das medizinische Schlagwort der ›Degeneration‹ – im deutschsprachigen Diskurs spricht man oft von ›Entartung‹ – meint den »biologisch-geistigen Verfall des Individuums und seiner Nachkommen«[17] und geht zurück auf den französischen Arzt Bénédict Augustin Morel. In seiner Schrift *Traité des dégénérescences physiques, intellectuelles et morales de l'espèce humaine* (1857) beschreibt Morel ein Modell des biologisch-psychischen Verfalls von Familien über mehrere Generationen hinweg: Im Sinne der zeitgenössischen Vererbungslehre nach Lamarck werden erworbene Pathologien wie Reizbarkeit oder

---

und werden hier nach dieser Neuübersetzung zitiert: Paul Bourget: Théorie de la décadence. Hg. und übersetzt von Rudolf Brandmeyer. In: Hofmannsthal-Jahrbuch 23 (2015), S. 253–263.
15 Vgl. dazu die instruktiven Hinweise bei Philip Ajouri: Literatur um 1900. Naturalismus – Fin de Siècle – Expressionismus. Berlin 2009, S. 177–190.
16 Bourget: Théorie de la décadence (s. Anm. 14), S. 257.
17 Ajouri: Literatur um 1900 (s. Anm. 15), S. 179.

Nervosität an die nachfolgende Generation weitervererbt und dabei weiter verschlimmert. Diese lamarckistische Theorie der ›Degeneration‹ bildet den Hintergrund für Bourgets Engführung von Moderneerfahrung und körperlichem Verfall, von Soziologie und Medizin.[18] Der zeitgenössischen Degenerations- und Vererbungslehre zufolge konnten »Kultur und Biologie schnell ineinander übergehen«[19]. Mit dem Stichwort ›Vererbung‹ spielt Bourget explizit darauf an: Bestimmte Moderneerfahrungen – das Hervortreten des modernen Individualismus, eine gesteigerte Subjektivität und Reizbarkeit – werden als erworbene Eigenschaften direkt an die folgende Generation weitergegeben und dabei weiter ins Pathologische gesteigert. Bourgets Décadence-Konzept artikuliert die Erfahrung sozialer Modernisierung also in Form einer Geschichtsphilosophie zunehmenden Kränkerwerdens. Schließlich stellt er auch Analogien zum Literatursystem her:

> Genau dieses Gesetz beherrscht die Entwicklung und die Dekadenz dieses anderen Organismus – der Sprache. Ein Stil der Dekadenz ist dort gegeben, wo die Einheit des Buches sich auflöst, um der Unabhängigkeit der Seite Platz zu machen, wo die Seite sich auflöst, um der Unabhängigkeit des Satzes Platz zu machen, und der Satz, um der Unabhängigkeit des Wortes Platz zu machen. In der gegenwärtigen Literatur gibt es im Überfluss Beispiele, die diese fruchtbare Wahrheit vor Augen führen.[20]

Die Rede von einem ›Stil der Dekadenz‹ meint hier eine Autonomisierung des sprachlichen Materials. Die Leistung von Bourget besteht in der Verknüpfung von Décadence als ästhetischem Begriff und als Konzept kulturkritischer Moderne-Deutung. Bourget kann nicht nur als zentraler Theoretiker der Décadence gelten, sondern besitzt auch als »Vermittler des Décadence-Begriffs nach Deutschland«[21] große literaturgeschichtliche Bedeutung. Es war vor allem Nietzsche, in dessen Werk das ›Echo‹ von Bourgets Décadence-Theorie widerhallte. Nietzsche gilt daher als »Diskursivitätsbegründer der Décadence im deutschsprachigen Raum«[22]. Berühmtheit hat jene Décadence-Definition erlangt, die er in der letzten von ihm selbst veröffentlichten Schrift, *Der Fall Wagner* (1888), entwickelt:

> Womit kennzeichnet sich jede litterarische décadence? Damit, dass das Leben nicht mehr im Ganzen wohnt. Das Wort wird souverain und springt aus dem Satz hinaus, der Satz greift über und verdunkelt den Sinn der Seite, die Seite gewinnt Leben auf Unkosten des

---

18 Zum Zusammenhang von Degenerations- und Décadence-Diskurs vgl. ebd., S. 179–182.
19 Ebd., S. 181.
20 Bourget: Théorie de la décadence (s. Anm. 14), S. 257.
21 Kafitz: Décadence in Deutschland (s. Anm. 8), S. 47.
22 Ebd., S. 66.

Ganzen – das Ganze ist kein Ganzes mehr. Aber das ist das Gleichniss für jeden Stil der décadence: jedes Mal Anarchie der Atome, [...] ›Freiheit des Individuums‹, moralisch geredet, – zu einer politischen Theorie erweitert ›gleiche Rechte für Alle‹. Das Leben [...] in die kleinsten Gebilde zurückgedrängt, der Rest arm an Leben. [...] Das Ganze lebt überhaupt nicht mehr: es ist zusammengesetzt, gerechnet, künstlich, ein Artefakt.[23]

Die Anleihen, die Nietzsche bei Bourget nimmt, sind offensichtlich: Er adaptiert nicht nur dessen Überlegungen zum ›Stil der Décadence‹ als Emanzipation der Ausdrucksseite von Kunstwerken, sondern erweitert den Décadence-Begriff ähnlich wie Bourget. Dekadent sind neben einem Stil, der auf der Autonomisierung des künstlerischen Materials basiert, auch zentrale Entwicklungen sozialer Modernisierung wie die allmähliche Durchsetzung des Rechtes auf Gleichheit vor dem Gesetz. Nietzsche gilt die aus der Aufklärung und Französischen Revolution stammende Gleichheitsidee als Indiz für einen pathologischen Grundzug der Moderne, für ihre Dekadenz, wie er auch an anderer Stelle ausführt:[24] »Der Kampf um gleiche Rechte ist sogar ein Symptom von Krankheit: jeder Arzt weiss das.«[25] Auch bei Nietzsche umschreibt der Décadence-Begriff demnach Aspekte sozialer Ausdifferenzierung – das ›Leben‹ wohnt nicht mehr im ›Ganzen‹ –, die jedoch mit negativer Wertung versehen, als Verlust körperlicher Vitalität, als ›verarmtes‹ Leben gedeutet werden. Décadence wird bei Bourget und Nietzsche, so kann man resümieren, zur geschichtsphilosophisch-biologisch-ästhetischen Diskursschnittstelle.

Die Jahrhundertwende-Forschung hat aus der Décadence-Idee, wie sie etwa bei Bourget und Nietzsche begrifflich artikuliert wird, ein Arsenal zusammenhängender Décadence-Motive abgeleitet, mittels derer diese Idee Eingang in die Literatur des *Fin de siècle* findet:[26] Ein Motiv literarischer Décadence ist etwa

---

23 Friedrich Nietzsche: Der Fall Wagner. Ein Musikanten-Problem. In: Friedrich Nietzsche: Sämtliche Werke. Kritische Studienausgabe in 15 Bänden. Hg. von Giorgio Colli, Mazzino Montinari. München 1999, Bd. 6, S. 9–53, hier S. 27.
24 Vgl. Andreas Urs Sommer: Kommentar zu Nietzsches *Der Fall Wagner, Götzen-Dämmerung* (= Historischer und kritischer Kommentar zu Friedrich Nietzsches Werken, Bd. 6.1). Berlin, Boston 2012, S. 110.
25 Friedrich Nietzsche: Ecce homo. Wie man wird, was man ist. In: Nietzsche: Sämtliche Werke (s. Anm. 23), Bd. 6, S. 255–374, hier S. 306.
26 Genau genommen lassen sich in der Germanistik zwei gegensätzliche Auffassungen zum Phänomen ›Décadence‹ unterscheiden: In den Arbeiten von Wolfdietrich Rasch oder Dieter Borchmeyer etwa wird Décadence primär als Inhaltsphänomen von Literatur verstanden, das sich anhand spezifischer Décadence-Motive manifestiert: vgl. Rasch: Die literarische Décadence um 1900 (s. Anm. 9), S. 38–133; Borchmeyer: Décadence (s. Anm. 5). – Dagegen hat Gotthart Wunberg ein Verständnis von Décadence als Formverfahren zu etablieren versucht, das sich an der Rede von einem ›Stil der Décadence‹ orientiert: »Die Bezeichnung ›Déca-

die Thematisierung psychophysischen Krankseins. »[Ü]berfeine Nerven« (SW[27] XXXII, 99), von denen Hofmannsthal spricht, sind ein Symptom dekadenter Psychologie. Als deren Ursache gilt bei Bourget der moderne Meinungspluralismus. Moderne Menschen zeichnen sich für ihn durch ›Dilettantismus‹ aus. Gemeint ist damit eine »Geisteshaltung, [...] die uns den verschiedenen Gestalten des Lebens von Fall zu Fall geneigt macht und uns dahin führt, sich ihnen zuzuwenden, ohne sich allerdings einer ganz hinzugeben.«[28] Diese Haltung wird von Bourget sozialgeschichtlich erklärt, als

> notwendige Hervorbringung unserer gegenwärtigen Gesellschaft. [...] Besteht nicht eine Gesetzmäßigkeit unserer Zeit darin, dass sich allseits die Ideen mischen und dass sich in

---

dence‹ ist ein Mißverständnis und falsch, wenn sie materialiter gemeint auf Inhalte tendiert. [...] Décadence, kann man sagen, ist für die Literatur die Summe aller objektiven Unmöglichkeiten konsistenter, inhaltslogischer Darstellung.« (Gotthart Wunberg: Historismus, Lexemautonomie und Fin de siècle. Zum Décadence-Begriff in der Literatur der Jahrhundertwende. In: Ders.: Jahrhundertwende. Studien zur Literatur der Moderne. Zum 70. Geburtstag des Autors hg. von Stephan Dietrich. Tübingen 2001, S. 55–84, hier S. 77). Gemeint ist damit eine Literatur, die ihre Artifizialität und Fragmentarizität ausstellt, das Partikulare akzentuiert oder mit intendierter Unverständlichkeit operiert, um sich dem Entwurf eines Gesamtsinns zu entziehen. Wunbergs Schüler Moritz Baßler hat dieses Verständnis von Décadence als Verfahren aufgegriffen und damit jenen Strang moderner Literatur beschrieben, der mit den Mitteln der Fragmentierung, des Anti-Realismus und der Unverständlichkeit eine »asemantische Textur« zu erzeugen versucht, die sich der Wirklichkeitsdarstellung verweigert und eine Autonomisierung des künstlerischen Materials proklamiert (Moritz Baßler: Deutsche Erzählprosa 1850–1950: Eine Geschichte literarischer Verfahren. Berlin 2015, S. 173). Gegen ein moralisch leicht angreifbares Verständnis von Décadence über inhaltliche Komponenten aus dem Themenfeld von Krankheit und Verfall dient die Fokussierung auf Formverfahren bei Wunberg und Baßler einer Aufwertung der Décadence als sprachartistischem Konzept. – Jedoch zeigen schon die Décadence-Definitionen von Bourget und Nietzsche, dass die geschichtsphilosophisch-biologische Deutung von Moderne als Verfall und die ästhetischen Verfahren der Décadence semantisch eng miteinander verbunden sind: Autonomisierung des Sprachmaterials, ästhetische Fragmentierung und Kohärenzverweigerung implizieren häufig auch eine Deutung von Moderne als Auseinanderbrechen eines ursprünglichen (Sinn-)Ganzen. Der schillernden Mehrdeutigkeit historischer Décadence-Semantik kann man meines Erachtens daher nur Rechnung tragen, wenn man sie als geschichtsphilosophisch-biologisch-ästhetische Diskursschnittstelle, d. h. sowohl als Inhalts- wie als Formphänomen auffasst und als eine Weltanschauung im Zeichen des Verfalls.

[27] Hugo von Hofmannsthal: Sämtliche Werke. Kritische Ausgabe. Veranstaltet vom Freien Deutschen Hochstift. Hg. von Anne Bohnenkamp [seit 2004]. Frankfurt a.M. 1975 ff. – Zitate aus dieser Ausgabe werden künftig im Fließtext mit der Sigle SW sowie unter Angabe der Bandnummer (mit römischen Ziffern) und der Seitenzahl belegt.
[28] Paul Bourget: Du dilettantisme. Hg. und übersetzt von Rudolf Brandmeyer. In: Hofmannsthal-Jahrbuch 24 (2016), S. 133–151, hier S. 137.

allen Köpfen der Widerstreit der von den verschiedenen Rassen entworfenen Vorstellungen des Universums abspielt?[29]

›Dilettantismus‹ ist also die Fähigkeit, sich anderen Standpunkten ›von Fall zu Fall‹ anzupassen, in Rollen zu handeln, ohne einen Standpunkt zu verabsolutieren. Erwähnt wird allerdings auch, welchen Preis der moderne ›Dilettant‹ dafür bezahlen muss, nämlich eine »Schwächung des moralischen Bewusstseins«[30], also ethischen Relativismus.

Zur Décadence-Idee gehört zudem skeptische Selbstbeobachtung, die Aufspaltung des Ichs in Beobachtungssubjekt und -objekt. Bourget hat dafür den Begriff des ›Dédoublement‹[31] geprägt und Hofmannsthal spricht von der »unheimliche[n] Gabe der Selbstverdoppelung« (SW XXXII, 99) bei modernen Intellektuellen. Diese Skepsis ist im Décadence-Diskurs ein ambivalentes Phänomen: Sie schafft ironisches Rollenbewusstsein, bedroht jedoch die Einheit des Ichs und geht mit der Gefahr einher, alle festen Normen zu zergliedern. Hier liegt auch die Schnittstelle zwischen dem Décadence-Diskurs und dem Deutungssystem des Historismus: Der Décadent erscheint als Intellektueller mit gesteigertem historischen Bewusstsein, mit einem analytischen, historisierenden und darum relativierenden Blick auf die Wirklichkeit, der alles in seinem Gewordensein und seiner Veränderbarkeit sieht und zergliedert, der kein endgültig feststehendes Vokabular mehr besitzt.[32] Um 1900 wird die analytische, skeptische und historistische Wahrnehmung des Décadents daher häufig mit der mythologischen Gestalt der Medusa in Zusammenhang gebracht, deren Blick alles Geschaute versteinert und abtötet.[33] Der analytische Blick des Décadents ähnelt dem abtötenden Blick der Medusa, weil er Wahrheiten skeptisch hinterfragt und sich primär auf das Gemacht- und Gewordensein sowie die Vergänglichkeit aller Werte fokussiert. Es ist der ›entzaubernde‹ Blick einer postmetaphysischen Hal-

---

29 Bourget: Du dilettantisme (s. Anm. 28), S. 143.
30 Ebd., S. 151.
31 Vgl. Alexander Michael Fischer: Dédoublement. Wahrnehmungsstruktur und ironisches Erzählverfahren der Décadence (Huysmans, Wilde, Hofmannsthal, H. Mann). Würzburg 2010.
32 Zum Historismus des 19. Jahrhunderts und zur Historismuskritik vgl. Herbert Schnädelbach: Philosophie in Deutschland 1831–1933. Frankfurt a.M. 1983, S. 51–87; zum Verhältnis von Historismus und literarischer Moderne vgl. Moritz Baßler, Christoph Brecht, Dirk Niefanger, Gotthart Wunberg: Historismus und literarische Moderne. Mit einem Beitrag von Friedrich Dethlefs. Tübingen 1996.
33 Vgl. etwa die Analyse des Medusa-Motivs im Werk Hofmannsthals bei Ethel Matala de Mazza: Dichtung als Schau-Spiel. Zur Poetologie des jungen Hugo von Hofmannsthal. Frankfurt a.M. u. a. 1995, S. 125–133; zum Medusa-Motiv im europäischen Ästhetizismus insgesamt vgl. die ältere Studie von Ralph-Rainer Wuthenow: Muse, Maske, Meduse. Europäischer Ästhetizismus. Frankfurt a.M. 1978.

tung, die der Décadent an den Tag legt und die im Décadence-Diskurs mit einer Bildlichkeit versteinernden ›Abtötens‹ von ›lebendigem‹ Sinn umschrieben wird. In motivischer Hinsicht begegnet man in Texten der literarischen Décadence daher auch einer Hochschätzung der Künstlichkeit und es besteht zudem ein enger »Zusammenhang von totaler Naturfeindschaft und Ablehnung der Fortpflanzung«[34]. Dies kann entweder mit Schopenhauer entlehnten Askese-Idealen bzw. einer ›Verneinung‹ naturhafter Lebenstriebe einhergehen oder mit der Darstellung spezifischer »Formen dekadenter Erotik«[35]: Flüchtige, selbstzweckhafte erotische Bindungen und häufiger Partnerwechsel – wie in Arthur Schnitzlers *Reigen* –, Inzest oder das Begehren einer unerreichbaren *Femme fatale*. Gemeinsamer Fluchtpunkt all dieser Formen dekadenter Erotik ist »die Entwertung der auf Dauer angelegten biologischen Funktion der Liebe im Zeugen und Gebären.«[36]

Eine weitere Konsequenz dieses dekadenten Wahrheitsagnostizismus ist das Motiv des »gelähmten Willen[s]« (SW XXXII, 99), der Unfähigkeit zum Tätigsein: »Ich kann nichts wollen«[37], klagt der junge Hanno in Thomas Manns *Buddenbrooks*. Der analytische Blick auf die Nichtigkeit der Realität erzeugt beim Décadent ›hamletischen‹ Ekel vor dem Tätigsein, denn er durchschaut alle Handlungsziele als trügerische Illusion. Es ist Nietzsche, der diesen Zusammenhang präzise beschrieben hat: Bei Décadents wie Hamlet entsteht aus »zu viel Reflexion«[38] eine »asketische, willenverneinende Stimmung«[39]. Sie »haben einmal einen wahren Blick in das Wesen der Dinge gethan, sie haben erkannt, und es ekelt sie zu handeln; [...] Die Erkenntniss tödtet das Handeln, zum Handeln gehört das Umschleiertsein durch die Illusion«[40]. Hamlet galt um 1900 daher als Ikone dekadenter Lebenshaltung.

Die Semantik der Décadence geht auch mit einem ausgeprägten Exklusivitätshabitus einher, mit dem Wissen um die unüberbrückbare Differenz zwischen dem Décadent und der vermeintlich naiven, gesunden Mehrheitsgesellschaft. Hofmannsthal etwa behauptet, dass zur Décadence nur »zwei- bis dreitausend Menschen« (SW XXXII, 100) zählen, die »in den großen europäischen Städten verstreut« (SW XXXII, 100) leben. Die dekadente Absage an Ganzheitsideen ermö-

---

34 Rasch: Die literarische Décadence um 1900 (s. Anm. 9), S. 52.
35 Ebd., S. 67–74.
36 Ebd., S. 68.
37 Thomas Mann: Große kommentierte Frankfurter Ausgabe. Werke – Briefe – Tagebücher. Bd. 1.1: Buddenbrooks. Verfall einer Familie. Hg. von Eckhard Heftrich. Frankfurt am Main 2002, S. 819.
38 Friedrich Nietzsche: Die Geburt der Tragödie. In: Nietzsche: Sämtliche Werke (s. Anm. 23), Bd. 1, S. 9–156, hier S. 57.
39 Nietzsche: Die Geburt der Tragödie (s. Anm. 38), S. 56.
40 Ebd., S. 56 f.

glicht aber zugleich eine »außerordentliche Steigerung der Sensibilität, d[ie] Empfänglichkeit für seltene künstlerische Werte und Nuancen, für Reize und Feinheiten«[41]. Diese erhöhte Sensibilität ist wiederum zentrale Quelle für den ›Stil der Décadence‹, der das künstlerische Material gegenüber Vorstellungen eines ideellen ›Werkganzen‹ aufwertet.

Die Forschung hat all diese literarischen Motive, die sich am Ende des 19. Jahrhunderts um das Décadence-Konzept anlagern, minutiös rekonstruiert, dabei aber zumeist die Frage vernachlässigt, wie all diese Teilaspekte zusammenhängen. Ich meine, dass das Grundmotiv von Décadence als Weltanschauungsidee und ästhetischer Formation in einer *Anzeige von Ganzheitsverlust* besteht. Als Fluchtpunkt all der genannten Motive erweist sich die Auseinandersetzung mit einem spätzeitlichen Zustand, bei dem das ›Leben‹ nicht mehr im ›Ganzen‹ wohnt, und dies bezieht sich offenkundig auch auf soziale Modernisierungsprozesse, wie an den Décadence-Definitionen von Bourget und Nietzsche deutlich wird. Annette Simonis hat passend dazu gezeigt, dass die Décadence-Idee auch als »Ausdruck und Reflexionsphänomen von funktionaler Ausdifferenzierung«[42] zu verstehen ist. Bei Simonis leitet sich diese These aus der Beobachtung ab, dass das décadence-typische Interesse an auseinanderbrechender Ganzheit und pluraler Identität um 1900 gerade von Akteuren der neu entstehenden Kulturwissenschaften und der frühen Soziologie wie Georg Simmel, Max Weber und Ernst Cassirer aufgegriffen und produktiv weiterentwickelt wurde, auch weil sie zum Teil mit Vertretern einer Décadence-Ästhetik wie Stefan George in Kontakt standen.[43] Auch Caroline Pross hat darauf verwiesen, dass im Diskurs der Décadence die

> wenig später als ›klassisch‹ kanonisierte[n] Modernebefunde wie Kontingenz und Werden, Differenzierung und Fragmentarisierung oder die Selbstbezüglichkeit symbolischer Ordnungen und Formen ein erstes Mal *diskursiviert* und so überhaupt erst in den Bereich des Denkbaren und Sagbaren gerückt werden.[44]

Diese Thesen von Simonis und Pross sind äußerst bedenkenswert, aber auch ergänzungsbedürftig: Ausdifferenzierungsprozesse, so meine ich, werden durch das Décadence-Konzept zwar reflektiert, aber mit wertender Färbung. Die dekadente Akzentuierung des Partikulären gegenüber dem Ganzen enthält zwar durchaus Komponenten, die als Beschreibung von Differenzierungserfahrungen

---

41 Rasch: Die literarische Décadence um 1900 (s. Anm. 9), S. 62.
42 Annette Simonis: Literarischer Ästhetizismus. Theorie der arabesken und hermetischen Kommunikation der Moderne. Tübingen 2000, S. 1.
43 Vgl. Simonis: Literarischer Ästhetizismus (s. Anm. 42), S. 379–471.
44 Caroline Pross: Dekadenz. Studien zu einer großen Erzählung der frühen Moderne. Göttingen 2013, S. 11.

zu verstehen sind. Dieser Beschreibungsaspekt ist im Décadence-Konzept aber durch einen Wertungsindex überformt, weil Ausdifferenzierung im Modus der Décadence als Verfall und Auseinanderbrechen wahrgenommen wird und weil die moderne Gesellschaft sowie das moderne Individuum damit an der normativen Idee eines ursprünglichen ›Ganzen‹ gemessen werden. Eine positive oder negative Einstellung zur Décadence macht sich um 1900 nicht daran fest, ob die moderne Gesellschaft tatsächlich als auseinanderbrechendes Ganzes angemessen beschrieben sei – das bleibt weitgehend unzweifelhaft –, sondern lediglich an der Frage, wie man sich gegenüber diesem Vorgang des Auseinanderbrechens verhält: ablehnend oder bejahend. Décadence ist daher nur als ›dichter Begriff‹[45] zu verstehen, in dem beschreibende und wertende Aspekte unauflösbar verschmelzen.

2 »Wir schauen unserem Leben zu«: Hofmannsthals Décadence

Wie kommt man von der Décadence-Idee zur Literaturgeschichte, zu Hofmannsthal? Indem man fragt, wie dieser Autor Décadence als wertende Perspektivierung des Sozialen literarisiert: Wird jener spätzeitliche Zustand der Moderne, bei dem das ›Leben‹ nicht mehr im ›Ganzen‹ wohnt, affirmiert oder wird auf eine Überwindung der Décadence gehofft? Folgt man meinem Vorschlag und versteht Décadence als Differenzierungssemantik, dann heißt dies, dass die zeittypische Sehnsucht nach einer Überwindung der Décadence auch auf eine Aufhebung von Ausdifferenzierung zielt. Jahrhundertwendliche Décadence-Kritik reagiert demnach nicht nur auf ästhetizistische Kunst, sondern implizit oder explizit auch auf den modernen Meinungspluralismus, auf die Ausdifferenzierung konkurrierender Wertsphären, die durch eine ›Überwindung der Décadence‹, mittels einer »Aufhebungssemantik«[46] rückgängig gemacht werden soll. Eine besonders pro-

---

45 Im Anschluss an Bernard Williams bezeichnet man mit dem Terminus ›dichter Begriff‹ (›thick concept‹) in der Philosophie das unauflösbare Verwoben-Sein von deskriptiven und normativen Aspekten in einem Ausdruck, der sich deshalb weder als reine Beschreibung noch als reine Wertung auffassen lässt, sondern nur als »union of fact and value« (Bernard Williams: Ethics and the Limits of Philosophy. Cambridge, Massachusetts 1985, S. 129). Das trifft genau auf das historische Décadence-Konzept zu, das einerseits Modernisierungsprozesse der Ausdifferenzierung beschreibt, diese aber andererseits mit Wertungsindizes wie denen des Verfalls, der Krankheit oder des Auseinanderbrechens versieht.
46 Gerhard Plumpe: Epochen moderner Literatur. Ein systemtheoretischer Entwurf. Opladen 1995, S. 63.

minente ›Aufhebungssemantik‹, die im gesamten frühen 20. Jahrhundert kursiert, ist die Semantik des gesunden, allverbindenden ›Lebens‹, in das man aus der krankmachenden Décadence der Moderne zurückkehrt. Die enormen Prestigegewinne, die das Konzept des allverbindenden ›Lebens‹ bei Intellektuellen um 1900 erzielt, machen deutlich, dass damit vor allem eine »Suche nach Ganzheit«[47] gestillt, das Leiden an einer als dekadent wahrgenommenen, ›auseinanderbrechenden‹ Moderne beseitigt werden soll.[48]

Der Begriff des ›Lebens‹ hat um 1900 verschiedene Ursprünge: Bei Nietzsche, Bergson, Dilthey oder Simmel sind damit je andere Dinge gemeint.[49] Zwei Aspekte scheinen aber für alle diese Konzepte zentral: Erstens hat ›Leben‹ um 1900 die diskursive Funktion, »für das Ganze stehen zu können«[50]. ›Leben‹ stellt eine ›Aufhebungssemantik‹ zur Verfügung, mithilfe derer sich Ausdifferenzierungs- und Pluralisierungserfahrungen als ›dekadenter‹ Verlust einer ›eigentlichen‹ Ganzheit stigmatisieren und zugleich als reversibel imaginieren lassen. Ein zweites zentrales Charakteristikum des Lebenspathos liegt in seiner »vehementen Diesseitigkeit«[51]. Das Lebenspathos ist entschieden immanenzphilosophisch: »Vom Leben pathetisch sprechen, das bedeutet, in ihm selbst seinen einzigen Sinn sehen, keine Sinngebung des Daseins anzunehmen, die von irgendeiner Instanz außerhalb des Lebens selbst ausgehen könnte.«[52]

---

47 Zur ›Suche nach Ganzheit‹ bei Intellektuellen des Fin de siècle vgl. Anne Harrington: Die Suche nach Ganzheit. Die Geschichte biologisch-psychologischer Ganzheitslehren: Vom Kaiserreich bis zur New-Age-Bewegung. Aus dem Englischen übersetzt von Susanne Klockmann. Reinbek 2002, insb. S. 63–73.
48 Angela Sendlinger hat besonders präzise umrissen, inwiefern sich das Konzept der Décadence *ex negativo* auf den Begriff des ›Lebens‹ bezieht: »[S]o sehr die […] dekadente Lebenshaltung bejaht und als ästhetisch reizvoll betrachtet wird, so sehr besteht gleichzeitig ein Leiden unter dieser Existenzform, ein Drang nach Überwindung der Décadence und eine positive Orientierung an verlorenen Werten. Diese Werte verdichten sich im Begriff des Lebens, der damit gerade auch für die Décadence zum Zentralbegriff wird. Das Streben aus der Position der Schwäche und Isolation heraus, der Wunsch nach Entgrenzung der Individualität, nach Lebenssteigerung und schließlich nach einer Einheit mit dem Leben wird daher kennzeichnend für die Décadence« (Angela Sendlinger: Lebenspathos und Décadence um 1900. Studien zur Dialektik der Décadence und der Lebensphilosophie am Beispiel Eduard von Keyserlings und Georg Simmels. Frankfurt a.M. 1994, S. 4 f.).
49 Vgl. Schnädelbach: Philosophie in Deutschland 1831–1933 (s. Anm. 32), S. 172–196.
50 Ajouri: Literatur um 1900 (s. Anm. 15), S. 76.
51 Wolfdietrich Rasch: Aspekte der deutschen Literatur um 1900 [1967 zuerst erschienen]. In: Deutsche Literatur der Jahrhundertwende. Hg. von Viktor Žmegač. Königstein im Taunus 1981, S. 18–48, hier S. 29.
52 Rasch: Aspekte der deutschen Literatur (s. Anm. 51), S. 29.

Mit diesen Funktionen wird der Lebensbegriff auch beim jungen Hofmannsthal gebraucht. ›Leben‹ avanciert bei ihm zum »Metaphysik-Ersatz«[53], zum »säkular gewordene[n] Absolutum«[54], zur »Sinnstiftungsvokabel, mit der man [...] die normative Funktion der ›alten‹ dualistischen Kategorien ›Gott‹, ›Geist‹ oder ›Ratio‹ ersetzt.«[55] Dort, wo Hofmannsthal sich philosophisch äußert, ist er in erster Linie als Lebensphilosoph zu verstehen, das haben Monika Fick und Wolfgang Riedel gezeigt.[56] Unter ›Leben‹ versteht er keine transzendente Instanz, sondern eine monistische Idee, die auf Überwindung des Dualismus zwischen Transzendenz und Immanenz zielt. ›Gott‹, so zeigt eine Notiz aus dem Jahr 1895, bezeichnet bei ihm nichts Jenseitiges, sondern »die Welt« (SW XXXVIII, 325) selbst.[57] Ein besonders drastisches monistisches Bekenntnis, das bei Fick und Riedel nicht erwähnt wird, findet sich in einem Aufsatz Hofmannsthals über den Roman *Der begrabene Gott* (1905) von Hermann Stehr:

> Wer umgrenzt einen Menschen? Denn eines Menschen Wesen und eines Menschen Leib, wo ist die Grenze? Eines Menschen Leib und der Natur Weben und Leben, wo ist die Grenze? Eines Menschen Reden, Denken, Fühlen, und der anderen Menschen Reden, Denken, Fühlen, wo ist die Grenze? Ein Mensch und ein Gott, wo ist die Grenze? Alle Grenzen verwischt.[58]
> (SW XXXIII, 69)

Hofmannsthals Vorstellung von einem immanenten Monismus des ›Lebens‹ bezieht sich also auf die Idee einer ›All-Einheit‹ auf mehreren Ebenen, auf eine Einheit von Transzendenz und Immanenz, von Bewusstsein und Körper, Den-

---

53 Monika Fick: Sinnenwelt und Weltseele. Der psychophysische Monismus in der Literatur der Jahrhundertwende. Tübingen 1993, S. 8.
54 Wolfgang Braungart: Ästhetische Religiosität oder religiöse Ästhetik? Einführende Überlegungen zu Hofmannsthal, Rilke und George und zu Rudolf Ottos Ästhetik des Heiligen. In: Ästhetische und religiöse Erfahrungen der Jahrhundertwenden. Bd. 2: um 1900. Hg. von Wolfgang Braungart, Gotthard Fuchs, Manfred Koch. Paderborn u. a. 1998, S. 15–29, hier S. 17.
55 Jens Ole Schneider: ›Leben‹ als säkulare Ersatzreligion? Monistischer Weltdeutungsanspruch und perspektivisches Sprechen in Hugo von Hofmannsthals *Briefen des Zurückgekehrten*. In: Religion und Literatur im 20. und 21. Jahrhundert. Motive, Sprechweise, Medien. Hg. von Tim Lörke, Robert Walter-Jochum. Göttingen 2015, S. 255–275, hier S. 256.
56 Vgl. Fick: Sinnenwelt und Weltseele (s. Anm. 53), S. 335–353; Wolfgang Riedel: Homo Natura. Literarische Anthropologie um 1900. Studienausgabe. Würzburg 2011 (zuerst 1996), S. 36–46.
57 Zitiert nach Fick: Sinnenwelt und Weltseele (s. Anm. 53), S. 349.
58 Zu den monistischen Tendenzen bei Hermann Stehr, von denen sich Hofmannsthals euphorische Rezension offenbar anstecken ließ, vgl. Horst Thomé: Autonomes Ich und ›Inneres Ausland‹. Studien über Realismus, Tiefenpsychologie und Psychiatrie in deutschen Erzähltexten (1848–1914). Tübingen 1993, S. 256–273.

ken und Handeln, von Ich und Welt, von Vergangenheit und Gegenwart. Benjamin Specht hat daher gezeigt, dass »Hofmannsthals ›Leben‹ [...] nicht dasselbe wie Nietzsches ›Willen‹« meint, sondern »[s]eine Vorstellung liegt weit näher an dem Konzept von Wilhelm Dilthey, dessen Werk Hofmannsthal nachweislich während seines Philologie-Studiums rezipiert hat«.[59] ›Leben‹ bezeichnet bei Dilthey »die vorgängige Totalität der physischen und psychischen Bezüge des Menschen«[60], dieser Begriff fungiert bei ihm als »Ausdruck eines rein immanenten Zusammenspiels der Phänomene«[61], das im Modus des ›Erlebens‹ schöpferisch-rezeptiv erfahren wird. Das Konzept des ›Erlebnisses‹ wiederum

> stellt Dilthey dezidiert den überkommenen Dualismen der Erkenntnistheorie und Ästhetik – Subjekt und Objekt, Welt und Bewusstsein, Wahrnehmen und Empfinden, Form und Inhalt, etc. – entgegen und behauptet eine elementare Einheit von innerer und äußerer Erfahrung.[62]

Trotz Hofmannsthals unleugbarer Nähe zu solchen monistisch-lebensphilosophischen Ideologemen lässt sich dieser Autor dennoch nicht als Repräsentant einer literarischen Lebensreform verstehen. Der Begriff des ›Lebens‹ fungiert bei Hofmannsthal zwar als Vokabel, die durchaus die Funktion der Religion als oberstes Sinnmonopol ersetzen soll. Dennoch ist eines der zentralen Themen von Hofmannsthals Frühwerk nicht die Erfahrung des immanenten Lebens oder das Aufgehoben-Sein im ›Leben‹, sondern – im Gegenteil – gerade das Ausgeschlossen-Sein des Individuums aus der All-Einheit des ›Lebens‹. Dies zeigt sich vor allem in Hofmannsthals erstem Essay über Gabriele D'Annunzio, wo die Distanz zum ›Leben‹ als Signum von Moderne verstanden wird: »Heute scheinen zwei Dinge modern zu sein: die Analyse des Lebens und die Flucht aus dem Leben« (SW XXXII, 100). Es geht Hofmannsthal dabei vor allem um den inneren Zusammenhang dieser beiden Operationen: Die (skeptische) Analyse des ›Lebens‹ durch moderne Décadence-Intellektuelle führt zum Verlust der Lebensunmittelbarkeit, zum Verlust eines Glaubens an das ›Leben‹ als metaphysischem Totalitätsideologem, sprich: zur ›Flucht aus dem Leben‹. Hofmannsthals erster Essay über D'Annunzio gilt heute nicht zu Unrecht als einer seiner besten, denn dem Autor gelingt es darin auf einprägsame Weise, die postmetaphysische Verluststimmung der Jahrhundertwende in suggestiver Prosa einzufangen:

---

59 Benjamin Specht: ›Wurzel allen Denkens und Redens‹. Die Metapher in Wissenschaft, Weltanschauung, Poetik und Lyrik um 1900. Heidelberg 2017, S. 271.
60 Specht: Wurzel allen Denkens (s. Anm. 59), S. 236.
61 Ebd., S. 272.
62 Ebd., S. 235.

> Wir schauen unserem Leben zu; wir leeren den Pokal vorzeitig und bleiben doch unendlich durstig: denn [...] der Becher, den uns das Leben hinhält, hat einen Sprung, und während uns der volle Trunk vielleicht berauscht hätte, muß ewig fehlen, was während des Trinkens unten rieselnd verloren geht; so empfinden wir im Besitz den Verlust, im Erleben das stete Versäumen. Wir haben gleichsam keine Wurzeln im Leben und streichen, hellsichtige und doch tagblinde Schatten, zwischen den Kindern des Lebens umher.
> (SW XXXII, 99 f.)

Mit Topoi wie Lebensflucht oder Lebensferne und mit Bildern wie dem außenstehenden Zuschauer des Lebens, der gekappten Verwurzelung im Leben oder dem undichten Lebens-Becher nimmt Hofmannsthal hier auf die Décadence-Idee Bezug. Unverkennbar stellt sich Hofmannsthal mit seinem Essay über D'Annunzio in jene Deutungstradition, die Décadence als Distanz zur metaphysischen All-Einheit des ›Lebens‹ und zugleich als wertende Beschreibung moderner Ausdifferenzierungsprozesse versteht.[63] In einer Notiz aus dem Jahr 1892 bringt er seinen Décadence-Begriff, wahrscheinlich unter dem Eindruck seiner Bourget-Lektüre, besonders präzise auf den Punkt: »Decadenz: das Auseinanderfallen des Ganzen; die Theile glühen und leuchten, die Leidenschaften geniessen sich. Die Anomalien setzen sich durch« (SW XXXVIII, 153). Der Gegensatz zwischen der All-Einheit des ›Lebens‹ und der Lebensferne der Décadence, zwischen »Weltflucht und Lebensglaube«[64], kann daher als vibrierende Grundspannung verstanden werden, aus der die Themen und Motive von Hofmannsthals Frühwerk im Wesentlichen hervorgehen. Mit dem Konzept der Décadence verbinden sich bei ihm vor allem Erfahrungen der Distanz, Künstlichkeit und Substanzlosigkeit.

Plastisch zeigt sich dies in dem Vortrag *Der Dichter und diese Zeit*, den Hofmannsthal im Winter 1906 in verschiedenen deutschen Städten hält. Hier werden zentrale Moderne-Erfahrungen artikuliert:[65] Gegenwärtig lebe man in einer Epoche, so Hofmannsthal, deren Wesen »Vieldeutigkeit und Unbestimmtheit« (SW XXXIII, 132) sei. Die Moderne »kann nur auf Gleitendem ausruhen und ist sich bewußt, daß es Gleitendes ist, wo andere Generationen an das Feste glaubten. Ein leiser chronischer Schwindel vibriert [daher] in ihr« (SW XXXIII, 132). Moderne wird hier als vieldeutige Pluralität der Meinung beschrieben, der die ›Festigkeit‹ fehlt, weil alle Vokabulare und Wahrheitskonzepte zunehmend als

---

[63] Zum Décadence-Verständnis in Hofmannsthals Frühwerk vgl. Corinna Jäger-Trees: Aspekte der Dekadenz in Hofmannsthals Dramen und Erzählungen des Frühwerkes. Bern, Stuttgart 1988, S. 1–21.
[64] Vgl. Christiane Barz: Weltflucht und Lebensglaube. Aspekte der Dekadenz in der skandinavischen und deutschen Literatur der Moderne um 1900. Leipzig, Berlin 2003.
[65] Vgl. dazu auch Katharina Meiser: Fliehendes Begreifen. Hugo von Hofmannsthals Auseinandersetzung mit der Moderne. Heidelberg 2014, S. 141–162.

veränderbar wahrgenommen werden. In einem Brief an Marie Herzfeld spricht Hofmannsthal 1893 explizit vom »Mangel eines Centrums, einer Weltanschauung, die trägt und formt«[66]. Mit dem Konzept der Décadence, dem ›Auseinanderfallen des Ganzen‹, verbinden sich also bei Hofmannsthal keineswegs nur wahrnehmungspsychologische oder stilistisch-ästhetische Aspekte, sondern auch Aussagen zu gesellschaftlicher Modernisierung, zum Prozess sozialer Ausdifferenzierung, der als Verlust eines ›Centrums‹ erlebt wird. Besonders deutlich zeigt sich dies in einem späteren Text Hofmannsthals, in seinem Aufsatz *Grillparzers politisches Vermächtnis* (1915). Hier wird explizit über soziokulturelle Entwicklungen gesprochen, die man als Ausdifferenzierung autonomer gesellschaftlicher Teilbereiche wie Wirtschaft und Politik beschreiben könnte. Hofmannsthal versucht diese Entwicklung bezeichnenderweise mithilfe einer ästhetischen Kategorie zu fassen, mit der aus dem Décadence-Diskurs stammenden Formel *l'art pour l'art*, die er metaphorisch auf außerästhetische Phänomene überträgt:

> Man spricht nicht selten von einer gewissen Kunstgesinnung, wofür L'art pour l'art das Schlagwort ist und die man mit lebhaftem Unmut ablehnt, ohne sich immer ganz klar zu sein, was darunter zu verstehen ist; aber man darf nicht vergessen, daß eine ähnliche Gesinnung auf allen Lebensgebieten sich beobachten ließe, überall gleich unerfreulich: der Witz um des Witzes willen, das Geschäft um des Geschäftes willen, das Faktiöse um des Faktiösen willen, die Deklamation um der Deklamation willen. Es gibt ein gewisses L'art pour l'art der Politik, das viele Übel verschuldet hat [...]. (SW XXXIV, 156)

Modernisierung wird hier mithilfe von Décadence-Semantik gedeutet, als Autonomisierung gesellschaftlicher Teilbereiche zu Wertsphären mit je eigenem *l'art pour l'art*. Hofmannsthal nimmt diesen Prozess eher unter negativen Vorzeichen wahr, als etwas ›Unerfreuliches‹. Auch im Vortrag *Der Dichter und diese Zeit* wird die ›Vieldeutigkeit und Unbestimmtheit‹ der Moderne als Zustand erlebt, der ›Schwindel‹ verursacht und mit erheblichen Risiken verknüpft ist. Verbunden ist Modernisierung in diesem Vortrag vor allem mit der Gefahr radikaler Exklusion: In einer funktional differenzierten Gesellschaft, die zwischen Individuum und sozialer Rolle unterscheidet, verliert Identität ihren Selbstverständlichkeitsstatus, kann nicht wie in vormodernen Gesellschaften durch die Zugehörigkeit zu einem Stand oder einer Familie bestimmt werden. Stattdessen wird das »Aussinnen der individuellen Identität«[67] zu einer Aufgabe, die jeder privat für sich selbst lösen muss. Damit einher geht das Risiko eines

---

[66] Hugo von Hofmannsthal: Briefe an Marie Herzfeld. Hg. von Horst Weber. Heidelberg 1967, S. 36.
[67] Horst Thomé: Das Ich und seine Tat. Überlegungen zum Verhältnis von Psychologie, Ästhetik und Gesellschaft im Drama der Jahrhundertwende. In: Karl Richter, Jörg Schönert, Mi-

völligen Scheiterns der selbstverantworteten Identitätssuche. Genau darüber wird in Hofmannsthals Vortrag gesprochen: Hier ist es der Typus des Dichters, an dem sich diese Gefahr besonders radikal zeigt: »So ist der Dichter da, wo er nicht da zu sein scheint, und ist immer an einer anderen Stelle als er vermeint wird. Seltsam wohnt er im Haus der Zeit, unter der Stiege, wo alle an ihm vorüber müssen und keiner ihn achtet« (SW XXXIII, 136 f.). Der Dichter sei »ohne Amt in diesem Haus, ohne Dienst, ohne Recht, ohne Pflicht, als nur zu lungern und zu liegen« (SW XXXIII, 137). Der Dichter ist der paradigmatische Décadent, an dem sich die Herausforderung moderner Identitätsfindung besonders drastisch zeigt.

Was Hofmannsthals Werk also besonders auszeichnet, ist die Tatsache, dass er zwar an Moderne-Deutungen des Décadence-Diskurses partizipiert und Ausdifferenzierungsprozesse sowie die Herausforderung moderner Identitätsfindung eher negativ wahrnimmt. Aber dennoch suchen seine Texte nicht den schnellen Ausweg aus dieser Problemlage, sie bringen keine neuen Ganzheits-Ideologeme wie das ›Leben‹ zu unmittelbarer Anschauung: Im Frühwerk wird gerade nicht gezeigt, wie eine ›Überwindung der Décadence‹, wie eine ins ›Leben‹ integrierte Existenzform aussehen könnte. ›Leben‹ dient vielmehr als immer wieder neu aufgerufener Grenzbegriff für eine monistische All-Einheit und Differenzlosigkeit, die sich jeder Repräsentation entzieht. Gerade Hofmannsthals Frühwerk ist daher durch eine charakteristische Spannung geprägt: Die immanente All-Einheit des ›Lebens‹ fungiert zwar als zentraler Sehnsuchtstopos, zugleich vermitteln seine Texte ihren Lesern aber auch ein deutliches Bewusstsein von der Unmöglichkeit, das sich immer wieder entziehende ›Leben‹ zu positivieren. Diesen prägenden Grundtenor seines Frühwerks zeigt plastisch das nachgelassene Gedicht *Als sich das Gewitter zertheilte* (um 1890). Hier ist von der Erwartung eines reinigenden Gewitters die Rede, das jedoch vorbeizieht, ohne sich zu entladen:

> Sollt ein Gewitter kommen
> Wir haben s wohl gefühlt
> Das hätt uns den Zweifel genommen
> Das Misstrau'n weggespült.
>
> Die Wolken sind verschwommen
> Die Luft bleibt schwül und trüb
> Der Sturm ist nicht gekommen
> Und Zweifel, Misstraun blieb.
> (SW II, 32)

---

chael Titzmann (Hg.): Die Literatur und die Wissenschaften 1770–1930. Walter Müller-Seidel zum 75. Geburtstag. Stuttgart 1997, S. 323–353, hier S. 325.

Artikuliert wird hier die Sehnsucht nach einem ›gewitterhaften‹ Durchbruch zum ›Leben‹, nach einer Überwindung der skeptischen Décadence, die aber nicht stattfindet, weil das ›Leben‹ zugleich als etwas Unerkennbares gilt, zu dem man nicht durchbrechen kann, das sich dem Zugriff des Ichs entzieht. 1893 schreibt Hofmannsthal an Marie Herzfeld:

> Ich bin alles Feinen, Sübtilen, Zerfaserten, Impressionistischen, Psychologischen recht müde und warte, daß mir die naiven Freuden des Lebens wie Tannenzapfen derb und duftend von den Bäumen herunterfallen. Leider Gottes ist der Baum des Lebens ungeheuer headstrong und läßt sich nicht schütteln.[68]

Es ist diese Spannung zwischen der Sehnsucht nach einer Überwindung der Décadence und dem gleichzeitigen Bewusstsein von deren Unüberwindbarkeit, dem sich wohl der besondere ästhetische Reiz von Hofmannsthals Frühwerk verdankt.

3 »Wer denkt bei Elektra an Hamlet!« – Hofmannsthals *Elektra* und die Décadence

1903 gelang Hofmannsthal mit dem Einakter *Elektra* (1903) der Durchbruch als Theaterautor. Der Schluss dieses Dramas gilt in der Forschung mitunter als Beleg dafür, dass Hofmannsthal die Décadence seines Frühwerks zu Beginn des 20. Jahrhunderts überwinde (vgl. Abschnitt 4). Demgegenüber soll im Folgenden gezeigt werden, inwiefern die Décadence-Idee auch für dieses Drama als ein zentraler Kontext verstanden werden kann, der sich in der Gestaltung von Handlung und Figuren manifestiert.

Textvorlage von Hofmannsthals Antikendrama ist die Sophokleische Tragödie *Elektra*. Bei Sophokles ist der Mythos als figurales Deutungssystem weitgehend intakt: Die Figuren äußern keinen Zweifel an ihrer Einbettung in eine Wirklichkeit, die von Gottheiten garantiert wird. Statt Skepsis gegenüber dem mythischen Denken steht eher die Frage nach der adäquaten Handhabe des Mythos im Zentrum von Sophokles' Tragödie. Dargestellt wird, dass fanatische Figureninteressen jene Ordnung gefährden können, die sich dem mythischen Denken verdankt.[69] Aber selbst in den Auswüchsen des figuralen Fanatismus

---

[68] Hofmannsthal: Briefe an Marie Herzfeld (s. Anm. 66), S. 37.
[69] Vgl. Markus Janka: »Muttermord und gute Laune« oder Die unheile Welt der Vergeltungsspirale. In: Sophokles: Elektra (Griechisch/Deutsch). Übersetzt und hg. von Kurt Steinmann (mit einem Nachwort von Markus Janka). Stuttgart 2013, S. 167–196, hier S. 193.

zeigt sich, so der Altphilologe Markus Janka, »dass alle *dramatis personae*, ob Schurken oder Helden, intersubjektiv die Gültigkeit der durch Zeus symbolisierten gerechten Ordnung bestätigen.«[70] Von einer solchen grundsätzlichen Intaktheit und Gültigkeit des mythischen Denkens kann in Hofmannsthals freier Bearbeitung der sophokleischen *Elektra* keine Rede mehr sein. Stattdessen sind die Götter hier nur als vage Ahnung der Figuren präsent. Werner Frick hat daher von einer »›Enttheologisierung‹ des Geschehens«[71] bei Hofmannsthal gesprochen. In keinem einzigen Blankvers dieses Dramas wird eine Gottheit der griechischen Mythologie namentlich benannt. So artikuliert etwa Orest nur einmal die vage Ahnung einer göttlichen Sendung, aber ohne seinen Auftraggeber benennen zu können: »Ich weiß nicht, wie die Götter sind. Ich weiß nur: / sie haben diese Tat mir auferlegt, / und sie verwerfen mich, wofern ich schaudre« (SW VII, 103). Symptomatisch für diesen Geltungsverlust, den das Deutungssystem des Mythos in Hofmannsthals Textwelt erleidet, ist auch das verloren gegangene religionspraktische Wissen Klytämnestras, wie Juliane Vogel gezeigt hat: Hofmannsthals Klytämnestra kennt »die heilungsversprechenden Formen des richtigen Opferns nicht mehr.«[72] Weil ihr »das nötige Wissen abhanden gekommen«[73] ist, weil sie nicht mehr die Routine des mythischen Denkens besitzt, reagiert sie mit unbeholfener Panik. Auch an Klytämnestras defizitärem religionspraktischen Wissen manifestiert sich also ein fundamentaler Geltungsverlust mythischen Denkens in Hofmannsthals Drama.[74] Ein nur noch vage ahnendes Verhältnis zu den mythischen Göttern findet sich schließlich auch bei Elektra selbst, etwa wenn sie gegenüber ihrem Bruder gesteht: »Ich hab' die Götter nie gesehn, allein / ich weiß, sie werden da sein, dir zu helfen« (SW VII, 102). Gegen Ende schließlich postuliert sie rigoros: »Es sind keine / Götter im Himmel!« (SW VII, 106). Im Unterschied zur sophokleischen Vorlage transponiert Hofmannsthal das dargestellte Geschehen – zumindest in dieser Hinsicht – also in eine scheinbar ›götterferne‹, skeptische Spätzeit, in der das Weltbild des Mythos bereits abhandenkommt. Dafür spricht auch die zeitliche Handlungs-

---

[70] Janka: Muttermord (s. Anm. 69), S. 195.
[71] Werner Frick: ›Die mythische Methode‹. Komparatistische Studien zur Transformation der griechischen Tragödie im Drama der klassischen Moderne. Tübingen 1998, S. 125.
[72] Juliane Vogel: Priesterin künstlicher Kulte. Ekstasen und Lektüren in Hofmannsthals *Elektra*. In: Hugo von Hofmannsthal. Neue Wege der Forschung. Hg. von Elsbeth Dangel-Pelloquin. Darmstadt 2007, S. 100–119, hier S. 111.
[73] Vogel: Priesterin künstlicher Kulte (s. Anm. 72), S. 112.
[74] »Statt Sophokleischer Opferökonomie, als deren Meisterin die antike Klytämnestra auftrat, artikuliert sich [bei Hofmannsthals Klytämnestra] ein irreversibel entdifferenziertes Opferwesen, das keine Unterscheidungen, keine Adressierungen und keine symbolischen Formen mehr kennt« (ebd., S. 112).

gestaltung: Während Sophokles' Tragödie in den frühen Morgenstunden, bei Sonnenaufgang, beginnt, setzt die Dramenhandlung bei Hofmannsthal erst am späten Nachmittag ein, so dass die Figuren im Dämmerlicht und in zunehmender Dunkelheit agieren.[75] Passend dazu, so meine These, wird auch die Figurenkonzeption Elektras mithilfe typischer Décadence-Motive gestaltet:

Elektra firmiert als Fanatikerin des Erinnerns, vertritt also einen ›dekadenten‹ Historismus. Sie ist nicht bereit, Klytämnestras Mord an Agamemnon zu vergessen, sondern erinnert unermüdlich daran. Sie kann ihre Gegenwart nicht als reine Präsenz, sondern nur in ihrem Gewordensein wahrnehmen: »Vergessen? Was! bin ich ein Tier? vergessen? / Das Vieh schläft ein, von halbgefreßner Beute / die Lefze noch behängt, das Vieh vergißt sich / [...] ich bin kein Vieh, ich kann nicht / vergessen!« (SW VII, 71 f.) Zuletzt hat Antonia Eder darauf hingewiesen, dass an der Figurenkonzeption Elektras starke Bezüge zu Nietzsches Historismuskritik erkennbar werden, dass Elektra jene Haltung eines »historischen Menschen«[76] vertritt, die bei Nietzsche kritisiert wird.[77] Für eine Beschäftigung mit Nietzsche während der Arbeit an der *Elektra* gibt es zwar keine Zeugnisse, aber Positionen nietzscheanischer Historismuskritik finden sich bereits in Hofmannsthals Frühwerk.[78] Tatsächlich lässt sich die Figuren-Konzeption der Elektra mit vielen Motiven von Nietzsches historismuskritischer Programmschrift *Vom Nutzen und Nachteil der Historie für das Leben* erklären: Schon bei Nietzsche wird die Fähigkeit zu vergessen und »unhistorisch«[79] zu leben, als anthropologisches Kriterium verstanden, durch das sich das Tier vom Menschen unterscheidet. In Abgrenzung vom glücklichen Dasein der ›unhistorisch‹ lebenden Tiere beschreibt Nietzsche das negative Zerrbild eines Men-

---

75 Vgl. auch ebd., S. 103 f.
76 Friedrich Nietzsche: Vom Nutzen und Nachteil der Historie für das Leben. In: Nietzsche: Sämtliche Werke (s. Anm. 23), Bd. 1, S. 243–334, hier S. 255.
77 Antonia Eder: Der Pakt mit dem Mythos. Hugo von Hofmannsthals ›zerstörendes Zitieren‹ von Nietzsche, Bachofen, Freud. Freiburg i.Br., Berlin, Wien 2013, S. 134–150.
78 Zur Nietzsche-Rezeption des frühen Hofmannsthal vgl. H. Jürgen Meyer-Wendt: Der frühe Hofmannsthal und die Gedankenwelt Nietzsches. Heidelberg 1973; Hans Steffen: Schopenhauer, Nietzsche und die Dichtung Hofmannsthals. In: Hans Steffen (Hg.): Nietzsche. Werk und Wirkungen. Göttingen 1974, S. 65–90; zu Hofmannsthal und dem Historismus vgl. die umfängliche Studie von Jacques Le Rider: Hugo von Hofmannsthal. Historismus und Moderne in der Literatur der Jahrhundertwende (Aus dem Französischen übersetzt von Leopold Federmair). Wien, Köln, Weimar 1997; zur Wirkung, die Nietzsches Thesen über die ›Lügen‹ der historistischen Moderne bei Hofmannsthal entfalten, vgl. Mathias Mayer: Die Rhetorik der Lüge. Beobachtungen zu Nietzsche und Hofmannsthal. In: Christine Lubkoll (Hg.): Das Imaginäre des Fin de siècle. Ein Symposion für Gerhard Neumann. Freiburg i.Br. 2002, S. 43–63.
79 Nietzsche: Vom Nutzen und Nachteil (s. Anm. 76), S. 249.

schen, »der durch und durch nur historisch empfinden wollte«[80]. Ein solcher Mensch »wäre dem ähnlich, der sich des Schlafens zu enthalten gezwungen würde, oder dem Thiere, das nur vom Wiederkäuen und immer wiederholten Wiederkäuen leben sollte.«[81]

Vor diesem Hintergrund erweckt die Figuren-Konzeption von Hofmannsthals Elektra den Eindruck, als wäre sie am ›Reißbrett‹ nietzscheanischer Historismuskritik entstanden. Elektra entspricht in einigen Punkten dem nietzscheanischen Negativ-Konstrukt eines Menschen mit übersteigertem ›historischen Sinn‹, Elektra ist die Repräsentantin einer historistischen Moderne: Wenn eine der Dienerinnen schon am Anfang des Dramas davon berichtet, dass Elektra jeden Tag zur selben Stunde »um den Vater heult« (SW VII, 63), also die Erinnerung an die Vergangenheit täglich erneuert, dann lässt dies an Nietzsches historismuskritische Rede vom modernen Menschen als einem Tier denken, das sich vom ›wiederholten Wiederkäuen‹ ernährt und dabei seine ›Lebendigkeit‹ einbüßt. Überdies leidet Elektra unter massiver Schlaflosigkeit, ganz so wie es Nietzsche einem Menschen mit ausschließlich ›historischem Sinn‹ attestiert. Während der Wiederbegegnung mit seiner Schwester macht diese auf Orest einen stark übernächtigten Eindruck, so dass er bestürzt ausruft: »Elektra! / Was haben sie gemacht mit deinen Nächten? / Furchtbar sind deine Augen« (SW VII, 100). Kurz darauf nennt Elektra die Ursache ihrer Schlaflosigkeit, nämlich ihre exzessiv betriebene Erinnerung an den toten Vater Agamemnon, ihr unentwegtes ›Wiederkäuen‹ der Vergangenheit: »Eifersüchtig sind / die Toten: und er schickte mir den Haß, / den hohläugigen Haß als Bräutigam. / Da mußte ich den Gräßlichen, der atmet / wie eine Viper, über mich in mein / schlafloses Bette lassen« (SW VII, 102). Es ist Elektras ›historischer Sinn‹, der sie nicht schlafen lässt. Zudem führt ihr bohrender, ›medusenhafter‹ Blick, der die Umwelt als zerrissen, substanzlos und nur in ihrem Gewordensein wahrnimmt, zur sozialen Isolation der Protagonistin: »[N]iemand ist hier im Haus, der ihren Blick / aushält!« (SW VII, 65), so informiert eine der Dienerinnen schon in der Eingangsszene.

Als Décadence-Figur wird die Protagonistin nicht nur durch ihren historistischen Erinnerungsfanatismus, sondern auch durch eine Reihe weiterer Attribuierungen kenntlich gemacht. Zu nennen ist vor allem die »Wortgewaltigkeit Elektras«[82], die im Dialog mit Klytämnestra zum Tragen kommt: Während Klytämnestra ihrer Tochter mit »sprachlosem Grauen« (SW VII, 85) gegenübersteht, registriert sie zugleich mit Erschrecken und Bewunderung Elektras rhetorische

---

[80] Ebd., S. 250.
[81] Ebd.
[82] Mathias Mayer: Hofmannsthals Elektra: Der Dichter und die Meduse. In: Zeitschrift für deutsche Philologie 110 (1991), Heft 2, S. 230–247, hier S. 243.

Begabung: »Wie du die Worte / hineinbringst« (SW VII, 82). Ihre nie schweigende Wortgewaltigkeit wird Elektra am Ende des Dramas jedoch zum Verhängnis, als sie Orest mit rhetorischem Eifer zum Vollzug des Muttermordes drängt, dabei aber mit ihrem Redeschwall fast den Plan vereitelt und die Aufmerksamkeit des Palast-Personals erregt, so dass Orests Begleiter sie mehrfach auffordern muss, endlich stillzuschweigen (SW VII, 105). Elektras unentwegtes Reden über die Tat verhindert diese also beinahe. Die Pointe dieser Szene bringt einen Grundkonflikt in Hofmannsthals Werk zum Ausdruck, den er 1921 in einem Brief an Anton Wildgans präzise benennt: »Es ist das Problem das mich oft gequält u. beängstigt hat [...] [,] wie kann der Sprechende noch handeln – da ja ein Sprechen schon Erkenntnis, also Aufhebung des Handelns ist.«[83] Durch ihre sprachliche Versiertheit charakterisiert Elektra sich als zerrissene Décadence-Figur, die zwar geschliffen reden, aber nicht handeln kann, denn rhetorische Begabung gilt bei Hofmannsthal als Indiz für Künstlichkeit und fehlende innere Ganzheit.[84] Tatsächlich zeichnet sie sich durch auffällige Handlungsblockaden aus. Obwohl sich ihre ganze Existenz auf die Tötung ihrer Mutter fixiert, ist sie am Akt der Blutrache unbeteiligt, den Orest allein vollzieht. Als der Augenblick kommt, vergisst sie sogar, ihrem Bruder jenes Beil auszuhändigen, das sie für die ersehnte Blutrache aufbewahrt hatte. Das Übermaß an Erinnerung macht Elektra unfähig zu jener Handlung, dem Muttermord, von dem sie sich zugleich Erlösung von der Erinnerungslast erhofft. Hofmannsthal hat in später entstandenen Aufzeichnungen signifikanterweise mehrfach dazu Stellung genommen und gerade die »Schwierigkeit der Tat für Elektra« (SW XXXVII, 127) zum zentralen Darstellungsgegenstand seines Dramas erklärt. Er habe »[d]as Verhältnis der Elektra zur Tat [...] mit Ironie behandelt« (SW XXXVII, 138), die sich etwa im »Vergessen des Beiles« (SW XXXIV, 311) zeige. In der Figurenkonzeption Elektras manifestiert sich mithin, was um 1900 zumeist *Velleität* genannt wird: ein Wille, der nicht zur Tat wird.

Hinzu kommt noch Elektras ausgeprägte Leib- und Sexualitätsfeindlichkeit. Gegenüber Orest bemerkt sie einmal: »[I]ch [...] lebe / und lebe nicht, hab' lan-

---

[83] Hugo von Hofmannsthal/Anton Wildgans: Briefwechsel. Neuausgabe. Hg. von Norbert Altenhofer. Heidelberg 1971, S. 31.
[84] Plastisch zeigen dies Hofmannsthals sprachkritische Bemerkungen in dem frühen Essay *Eine Monographie* (1895), dem sogenannten ›Mitterwurzer-Essay‹: »Alle anständigen Menschen haben von vornherein einen Widerwillen gegen einen, der gewandt redet. Das ›gut ausgedrückte‹ erregt spontan den Verdacht, nicht empfunden zu sein. [...] Wenn die Menschen schwach geworden sind und die Worte sehr stark, so siegt der gespenstische Zusammenhang der Worte über die naive Redekraft der Menschen. Sie reden dann fortwährend wie in ›Rollen‹, in Scheingefühlen, scheinhaften Meinungen, scheinhaften Gesinnungen. Sie bringen es geradezu dahin, bei ihren eigenen Erlebnissen fortwährend abwesend zu sein« (SW XXXII, 158 f.).

ges Haar und fühle / doch nichts von dem, was Weiber, heißt es, fühlen« (SW VII, 97). Eine der Dienerinnen berichtet am Dramenbeginn zudem von ätzenden Kommentaren, mit denen die leib- und lustfeindliche Elektra sich darüber mokiert, dass andere Frauen ein Sexualleben und gesunden Appetit haben: »›Eßt Fettes und eßt Süßes / und kriecht zu Bett mit euren Männern‹, schrie sie« (SW VII, 64). Auch für die Sehnsucht ihrer Schwester Chrysothemis nach einem »Weiberschicksal« (SW VII, 71), also nach Mutterschaft und einer »konventionellen Frauenrolle«[85], hat Elektra nur Verachtung übrig: »Pfui« (SW VII, 71), schleudert sie Chrysothemis entgegen. Im Sinne der Décadence als Lebenshaltung praktiziert Elektra also asketische ›Willensverneinung‹ und dämonisiert Körperlichkeit und Sexualität. Dem entspricht auch ihr abgemagerter und wenig vitaler körperlicher Zustand. Gegenüber Chrysothemis spricht sie von ihren »traurigen verdorrten Armen« (SW VII, 93). Trotz Elektras wiederholter Abscheu gegenüber sexuellen Handlungen, legt sie in der Begegnung mit ihrer Schwester Chrysothemis auch ein homoerotisches Verhalten an den Tag, will ihrer Schwester sogar wie eine »Sklavin« (SW VII, 94) dienen:

> Du bist voller Kraft, / die Sehnen hast du wie ein Füllen, schlank / sind deine Füße, leicht umschling' ich sie / mit meinen Armen wie mit einem Strick. / Ich spüre durch die Kühle deiner Haut / das warme Blut hindurch, mit meiner Wange / spür' ich den Flaum auf deinen jungen Armen: / Du bist wie eine Frucht am Tag der Reife. (SW VII, 93)

Schließlich wird Elektra körperlich zudringlich, umfasst Chrysothemis »an ihren Knieen« (SW VII, 94), preist ihren »reinen starken Mund« (SW VII, 94) sowie ihren »schlanken Leib« (SW VII, 94), an dem sie »emporschau[t]« (SW VII, 94), und küsst ihrer Schwester die »Füße« (SW VII, 95). Im semantischen System von Hofmannsthals Werk kann diese inzestuöse und homoerotische Handlung als Signal für Elektras dekadente ›Lebensferne‹ verstanden werden. In seinem Essay *Der neue Roman von d'Annunzio* (1896) hat Hofmannsthal die dekadente Haltung der ›Willensschwäche‹ und ›Lebensferne‹ immerhin mit dem homosexuellen Verhältnis zwischen zwei Frauen verglichen: »Nur wer etwas will, erkennt das Leben. Von dem Willenlosen und Unthätigen kann es gar nicht erkannt werden, sowenig als eine Frau von einer Frau« (SW XXXII, 164). Unter Anspielung auf die biblische Bedeutung des Verbs ›erkennen‹ als Bezeichnung für den Akt sexueller Penetration fungiert hier das lesbische Verhältnis zwischen zwei Frauen als Bild für die ›lebensferne‹ und ›willensschwache‹ Haltung der Décadence. Wenn Elektra ihrer Schwester also homoerotische Avancen macht, dann muss auch dies im Kontext von Hofmannsthals Œuvre als Décadence-Signal verstanden werden.

---

85 Frick: ›Die mythische Methode‹ (s. Anm. 71), S. 131.

Elektras erinnerungsfanatischer ›Historismus‹, ihre Sprachbegabung, ihr bohrender ›medusenhafter‹ Blick und ihre homoerotischen Neigungen weisen sie im Kontext der zeitgenössischen Décadence-Semantik und im Kontext der spezifischen Décadence-Semantik von Hofmannsthals Œuvre mithin als Figur aus, die durch ›Lebensferne‹ charakterisiert ist. Auch die in der kulturwissenschaftlich orientierten Forschung vielfach diskutierten psychoanalytischen Kontexte des Dramas lassen sich in eine solche ideengeschichtliche Deutung integrieren:[86] Nachweislich dienten Hofmannsthal die *Studien über Hysterie* (1895) von Josef Breuer und Sigmund Freud als Anregung bei der Dramenkonzeption, vor allem die darin geschilderte Krankengeschichte der Patientin ›Anna O.‹ (d.i. Bertha Pappenheim), bei der nach dem Tod ihres Vaters eine schwere psychische Traumatisierung auftrat, die von Breuer und Freud als ›Hysterie‹ gedeutet wird.[87] Dass die Gestaltung der Elektra-Figur von diesem zeitgenössischen medizinischen Wissen inspiriert wurde, spricht indes nicht gegen eine Deutung des Dramas im Kontext der Décadence-Idee. Im Gegenteil: Gerade die Thematisierung psychischen Krankseins, das Nervenleiden moderner Individuen, ist ein typisches Motiv literarischer Décadence.

Hofmannsthal, darauf sei abschließend hingewiesen, hat sogar selbst auf Elektras Décadence aufmerksam gemacht, denn mehrfach vergleicht er seine Protagonistin mit der Ikone der Décadence um 1900, mit Hamlet: Im Jahr 1912 etwa hebt er in einem Brief an Richard Strauss die »Ähnlichkeit zwischen Elektra und Hamlet«[88] hervor: »da sind alle Grundmotive identisch, und doch, wer denkt bei Elektra an Hamlet!«[89] Parallelen bestehen beispielsweise in ähnlichen Handlungselementen wie dem Geist des Vaters, der der Hauptfigur sowohl von Shakespeares als auch Hofmannsthals Drama erscheint. Daneben ist

---

[86] Vgl. vor allem Michael Worbs: Nervenkunst. Literatur und Psychoanalyse im Wien der Jahrhundertwende. Frankfurt a.M. 1983, S. 269–295; Maximilian Bergengruen: Mystik der Nerven. Hugo von Hofmannsthals literarische Epistemologie des ›Nicht-mehr-Ich‹. Freiburg i.Br., Berlin, Wien 2010, S. 35–82; Eder: Der Pakt mit dem Mythos (s. Anm. 77), S. 104–119. Stark relativiert wird die Bedeutung der Studien Freuds und Breuers für Hofmannsthals *Elektra* dagegen von Dorothée Treiber: Hugo von Hofmannsthals *Elektra*. Eine quellenbasierte Neuinterpretation. Frankfurt a.M. 2015, S. 48–138.
[87] Zentrale Bezüge zwischen Elektras Verhalten und der Krankengeschichte von ›Anna O.‹ werden im *Elektra*-Kommentar von Mathias Mayer detailliert nachgewiesen (vgl. u. a. SW VII, 476–478, 480).
[88] Richard Strauss/Hugo von Hofmannsthal: Briefwechsel. Gesamtausgabe. Im Auftrag von Franz und Alice Strauss hg. von Willi Schuh. Zürich [4]1970, S. 189.
[89] Hofmannsthal/Strauss: Briefwechsel (s. Anm. 88).

es aber insbesondere der alles durchschauende Blick und der daraus hervorgehende ›Ekel‹ zu handeln, den Elektra mit dem ›Décadent‹ Hamlet teilt.[90]

4 ›Priesterin ohne Tempel‹: Zur Deutung des Schlusses

Der Schluss der *Elektra* wird in der Forschung mitunter als Ausdruck einer paradigmatischen Überwindung jener Décadence-Stimmung verstanden, die sich in Hofmannsthals Frühwerk manifestiert. Vor allem Elektras stummer triumphierender Tanz nach vollzogener Blutrache ist als »Feier des Lebens in seiner furchtbaren Herrlichkeit«[91] gedeutet worden.[92] Zu diesem Eindruck trägt vor allem der Nebentext bei, wo davon gesprochen wird, dass Elektra sich bei ihrem Tanz »wie eine Mänade« (SW VII, 110) verhält, also wie eine verzückte Begleiterin des Gottes Dionysos. Elektras Verhalten am Schluss wird damit in die Nähe des von Nietzsche beschriebenen dionysischen Zustands gerückt, in dem eine »rauschvolle Wirklichkeit«[93] erfahrbar wird, die »des Einzelnen nicht achtet, sondern sogar das Individuum zu vernichten und durch eine mystische Einheitsempfindung zu erlösen sucht.«[94] Vor allem der Tanz ist bei Nietzsche eine Ausdrucksform, die diese dionysische Aufhebung des *principium individuationis* bewirken könne, also einen Selbstbezug mittels einer Semantik der Ich-Entgrenzung: »Singend und tanzend äussert sich der Mensch als Mitglied einer höheren Gemeinsamkeit: er hat das Gehen und das Sprechen verlernt und ist auf dem Wege, tanzend in die Lüfte emporzufliegen.«[95] Der Tanz fungiert daher um 1900 – gerade wegen Nietzsches dionysischer Aufladung dieser non-verbalen, rein-körperlichen Ausdrucksform – als »repräsentative Kulturäußerung der

---

[90] Zu weiteren Bezügen zwischen Hamlet und Elektra vgl. Maria Euchner: Of Words, Bloody Deeds, and Bestial Oblivion: Hamlet and Elektra. In: Hofmannsthal-Jahrbuch 23 (2015), S. 265–289.
[91] Walter Warnach: Hugo von Hofmannsthal. Sein Weg von Mythos und Magie zur Wirklichkeit der Geschichte. In: Wort und Wahrheit. Monatsschrift für Religion und Kultur 9 (1954), S. 360–377, hier S. 363.
[92] Zur Tradition lebensphilosophischer *Elektra*-Deutungen vgl. Christian Horn: Remythisierung und Entmythisierung. Deutschsprachige Antikendramen der klassischen Moderne. Karlsruhe 2008, S. 180–182.
[93] Nietzsche: Die Geburt der Tragödie (s. Anm. 38), S. 30.
[94] Ebd.
[95] Ebd.

Epoche«⁹⁶, mit der sich bei Intellektuellen wie Hofmannsthal die Sehnsucht nach einer »unmittelbare[n] Vitalität«⁹⁷ verbindet.⁹⁸

Das konkrete Schlussgeschehen der *Elektra* bestätigt eine Deutung dieses Dramas als Décadence-Überwindung allerdings kaum. Vielmehr exponiert das Dramenfinale das Misslingen von Elektras diesbezüglicher Hoffnung. Nach dem Mord an Aegisth spielen sich im mykenischen Königspalast euphorische Jubelszenen ab und Orest wird von seinen Anhängern umringt. Elektra, die nicht mit hineingeht, sondern »auf der Schwelle kauer[t]« (SW VII, 109), glaubt jedoch, dass die Euphorie eigentlich ihr gilt, dass man auf sie warte, damit sie als priesterliche Zeremonienmeisterin die Aufführung eines kollektiven Jubel-Tanzes anleite: »[A]lle warten sie / auf mich: ich weiß doch, daß sie alle warten, / weil ich den Reigen führen muß« (SW VII, 110). Das Reigen-Motiv fungiert bei Hofmannsthal häufig als Bild für die ersehnte Integration des Individuums in den Kreislauf und den metaphysischen Zusammenhang des ›Lebens‹.⁹⁹ In der *Elektra* wird der finale Reigen allerdings als pathogene Autosuggestion dargestellt. Elektras einsamen Tanz als »Tanz der Erfüllung«¹⁰⁰ zu verstehen, wie dies gelegentlich in der Forschung getan wurde, gelingt daher eigentlich nur unter Ausblendung markanter Textsignale, die sich gegen eine solche Deutung sperren: So zeigt Hofmannsthals Drama am Schluss lediglich eine Protagonistin, die einen Einpersonen-Tanz aufführt und dabei zu Autismus und Halluzinationen¹⁰¹ neigt: Sie nimmt Klänge und Musik wahr, die »aus [ihr] heraus« (SW VII, 109) kommen, die aber die anderen Figuren offenbar nicht hören. Der Dramenschluss stellt Elektra als solipsistisch isoliertes Ich dar, das sich selbst für den Anführer eines lebensphilosophisch konnotierten, kollektiven Jubel-Reigens hält: »Alle müssen / herbei! hier schließt euch an! Ich trag' die Last / des Glückes, und ich tanze vor euch her« (SW VII, 110). Im Nebentext wird Elektras Tanz signifikanterweise als ein Akt »angespanntesten Triumphes« (SW VII, 110)

---

96 Peter Sprengel: Geschichte der deutschsprachigen Literatur 1900–1918: Von der Jahrhundertwende bis zum Ende des Ersten Weltkriegs. München 2004, S. 50.
97 Sprengel: Geschichte der deutschsprachigen Literatur (s. Anm. 96).
98 Zur Semantik des Tanzes um 1900 vgl. ebd., S. 50–55 sowie Gabriele Brandstetter: Art. ›Tanz‹. In: Sabine Haupt, Stefan Bodo Würffel (Hg.): Handbuch Fin de Siècle. Stuttgart 2008, S. 583–600.
99 Zum Reigen-Motiv bei Hofmannsthal vgl. Günther Erken: Hofmannsthals dramatischer Stil. Untersuchungen zur Symbolik und Dramaturgie. Tübingen 1967, S. 36–47; Gregor Streim: Das ›Leben‹ in der Kunst. Untersuchungen zur Ästhetik des frühen Hofmannsthal. Würzburg 1996, S. 174–185 (hier bezogen auf das Drama *Der Tor und der Tod*).
100 Reinhold Schlötterer: Elektras Tanz in der Tragödie Hugo von Hofmannsthals. In: Hofmannsthal-Blätter 33 (1986), S. 47–58, hier S. 52.
101 Vgl. auch Frick: ›Die mythische Methode‹ (s. Anm. 71), S. 137.

charakterisiert. Bei dieser Formulierung handelt es sich, ebenso wie bei der Formulierung ›Last des Glückes‹, um Beispiele der für Hofmannsthal typischen »Oxymora«[102]. Die Spannungen in Elektras Figurenkonzeption bestehen offenkundig bis zum Schluss und werden nicht gelöst.

In der *Elektra* bleibt Hofmannsthal also dem Décadence-Diskurs seines Frühwerks verhaftet: der erkenntnistheoretischen Skepsis und dem Bewusstsein für unaufhebbare Differenzen. Sein Drama zeigt keine ›Überwindung der Décadence‹, keine Reintegration des Ichs in eine Metaphysik des ›Lebens‹. Stattdessen werden auf verschiedenen Ebenen die unauflösbaren Widersprüche der Protagonistin dargestellt. Dies unterstreicht Hofmannsthal, wenn er Elektra 1916 in seinen Notizbüchern als Priesterin »ohne Tempel[,] ohne Ritus« (SW XXXIV, 314) bezeichnet, also als eine Priesterin ohne Gemeinde.

Mit Elektras unerfüllter Sehnsucht nach der All-Einheit des ›Lebens‹ bringt das Drama eine Gefährdung auf die Bühne, vor die sich Hofmannsthal wohl gerade als moderner Künstler gestellt sieht: Die Legitimitätskrise von Kunst, die um 1900 mit anderen Deutungssystemen wie der Wissenschaft konkurriert, erzeugt bei vielen Intellektuellen das Bedürfnis, der Kunst etwa durch Remythisierung ein absolutes Deutungsmonopol zu verschaffen.[103] Nüchtern betrachtet, ist die begrenzte Reichweite der Kunst in der Moderne jedoch unhintergehbar: Kunst ist ein Deutungssystem neben anderen. Prophetische Dichter-Priester, die hingegen auf eine universale ›Verlebendigung‹ im Namen der Kunst hoffen, ähneln daher der mänadischen Elektra, die glaubt einen kollektiven Triumph-Reigen anzuführen, dabei tatsächlich aber nur um sich selbst kreist.[104]

---

102 Ebd., S. 138.
103 Vgl. Horst Thomé: Modernität und Bewußtseinswandel in der Zeit des Naturalismus und des Fin de siècle. In: York-Gothart Mix (Hg.): Naturalismus – Fin de siècle – Expressionismus 1890–1918. München, Wien 2000 (Hansers Sozialgeschichte der deutschen Literatur vom 16. Jahrhundert bis zur Gegenwart 7), S. 15–27, hier S. 18–20; Ajouri: Literatur um 1900 (s. Anm. 15), S. 55–68.
104 Überzeugend hat auch Mathias Mayer darauf hingewiesen, dass sich die Figur der Elektra als »eine dem dichterischen Dasein analoge Gestalt« beschreiben lässt, als »Reflexionsort eines bestimmten dichterischen Selbstverständnisses« (Mayer: Der Dichter und die Meduse [s. Anm. 82], S. 240). – Mayer zeigt damit, dass Hofmannsthal die Sophokleische Elektra-Figur nutzt, um Konflikte eines Künstlers mit dekadentem Lebensgefühl zu reflektieren, also Konflikte eines Intellektuellen, der sich selbst in Distanz zum ›Leben‹ positioniert, sich aber zugleich nach dem ›Leben‹ sehnt.

Jens Ole Schneider
Bürgerlichkeit

Zur Ästhetisierung eines modernen Sozialdeutungsmusters in Gustav Freytags *Soll und Haben*

Eine der erfolgreichsten Praktiken kulturtheoretischer Ansätze ist die Umdeutung vermeintlicher historischer Fakten zu bloßen kulturellen Erfindungen. Besonders für Literaturwissenschaftlerinnen und Literaturwissenschaftler ist diese Umdeutung attraktiv, ermöglicht sie ihnen doch, ihre Kernkompetenz der Fiktionsanalyse auf bislang fachfremde Gebiete auszuweiten und das Spektrum möglicher Gegenstände damit in ungeahnter Weise zu vergrößern. Mit der Kompetenzausweitung geht ein Relevanzversprechen einher, denn wer über vieles reden kann, dessen Begriffe können ja so falsch und unbedeutend nicht sein. Vielleicht ist dieses Relevanzversprechen einer der Gründe dafür, dass die kulturtheoretisch orientierte Literaturwissenschaft nicht nur in den intellektuellen Diskursen avanciert, sondern sich auch einer robusten institutionellen Verankerung erfreut.[1]

Solch ein Blick auf die kulturwissenschaftlichen Konjunkturen kann zudem nicht die Einsicht in die Überzeugungskraft ihrer Argumente trüben: Tatsächlich kann es ja sein, dass ein lange für wahr gehaltenes Tatsachenwissen nur eine Konstruktion oder eine ›große Erzählung‹ ist. Sei es zu Fragen des Geschlechts, der Nation, der Psychiatrie oder der Medizin, immer wieder gelingt es kulturtheoretischen Ansätzen, für die Konstruiertheit der Fakten zu sensibilisieren und schließlich auch deren narrative und fiktionale Einbettung freizulegen.[2] Der an sich erfrischende Anti-Essentialismus kann allerdings in

---
1 Vgl. hierzu die Diagnosen in dem Beitrag von Matthias Löwe in diesem Band.
2 Repräsentativ für die Erforschung einer ästhetischen und poetischen Gemachtheit von Wissensbeständen ist nach wie vor der von Joseph Vogl herausgegebene Sammelband zu den *Poetologien des Wissens um 1800*, in dessen Vorwort programmatisch von der »Herstellung von Wissensobjekten und Aussagen« die Rede ist, die »unmittelbar mit der Frage nach deren Inszenierung und Darstellbarkeit verknüpft« ist. Joseph Vogl: Einleitung. In: Ders. (Hg.): Poetologien des Wissens um 1800. 2. Aufl. München 2010, S. 7–16, hier S. 7. Die Interferenz von literarischer Fiktion und wissenschaftlichem oder kulturellem Wissen ist einer der Hauptgegenstände kulturwissenschaftlicher Forschung. Die Ergebnisse solcher Forschungsfragen zeigen sich besonders komprimiert in: Roland Borgards, Harald Neumeyer, Nicolas Pethes, Yvonne Wübben (Hg.): Literatur und Wissen. Ein interdisziplinäres Handbuch. Stuttgart 2013.

Jens Ole Schneider, Jena

∂ Open Access. © 2022 Jens Ole Schneider, publiziert von De Gruyter. Dieses Werk ist lizenziert unter einer Creative Commons Namensnennung 4.0 International Lizenz.
https://doi.org/10.1515/9783110667004-018

einen Panfiktionalismus umschlagen, der die gesamte Wirklichkeit zur Fiktion erklärt und nicht mehr zwischen Graden der Wahrscheinlichkeit, der Wahrnehmbarkeit und Erlebbarkeit unterscheidet.[3] Zur besonderen kulturtheoretischen Herausforderung werden deshalb solche Phänomene, deren harte Faktizität sich zwar anzweifeln lässt, die man aber doch nicht so ohne Weiteres zur bloßen Fiktion zu erklären sich getraut.

Mit Blick auf das 19. Jahrhundert ist ein solches herausforderndes Phänomen die Bürgerlichkeit. Von einem Aufstieg des Bürgertums[4] ist in Bezug auf dieses Jahrhundert die Rede, von einem bürgerlichen Zeitalter[5] oder einem Jahrhundert der Bürgerlichkeit.[6] In der Literaturwissenschaft wird die Rede vom bürgerlichen Zeitalter verschränkt mit einer Bezeichnung der in diesem Jahrhundert dominanten Literaturströmung als Bürgerlicher Realismus.[7] Was aber *ist* Bürgerlichkeit? Ist sie tatsächlich eine sozialgeschichtliche Tatsache oder eine bloße Erfindung? Dieser Frage will sich der folgende Beitrag widmen. Im Unterschied zu einem rein kulturgeschichtlichen Ansatz soll dabei die These vertreten werden, dass die Bürgerlichkeit zwar keine feste soziale oder rechtliche Entität ist, aber auch keine bloße Fiktion. Sie ist vielmehr eine Mischung aus Sozialphänomen und kulturellem Deutungsmuster und lässt sich deshalb weder rein sozialgeschichtlich noch rein kulturtheoretisch fassen. Sofern die Bürgerlichkeit ein kulturelles Deutungsmuster ist, reagiert sie zudem auf einen *sozialen* Prozess: den der gesellschaftlichen Modernisierung. In diesem Sinne lässt sich die Bürgerlichkeit als ein milieuspezifisches *modernes Sozialdeutungsmuster* beschreiben. Die Literatur des 19. Jahrhunderts arbeitet mit diesem Muster, aber nicht, indem sie es *erfindet*, sondern indem sie es in ihrer Zeit als diffusen Stoff *vorfindet*, wenngleich sie diesen Stoff in spezifischer Weise aufgreift und poetisch überformt. Im ersten Abschnitt dieses Beitrages wird zunächst diskutiert, wie sich das Sozialdeutungsmuster der Bürgerlichkeit in Beziehung zu einem soziologischen Begriff der Moderne setzen lässt. Die darauffolgenden Abschnitte

---

3 Eine differenzierte Auseinandersetzung mit Argumenten und Problemen des Panfiktionalismus findet sich bei Eva Maria Konrad: Panfiktionalismus. In: Tobias Klauk, Tilmann Köppe (Hg.): Fiktionalität. Ein interdisziplinäres Handbuch. Berlin, Boston 2014, S. 235–254.
4 Vgl. Rudolf Vierhaus: Der Aufstieg des Bürgertums vom späten 18. Jahrhundert bis 1848/49. In: Jürgen Kocka (Hg.): Bürger und Bürgerlichkeit im 19. Jahrhundert. Göttingen 1987, S. 64–78.
5 Vgl. Guy Palmade: Das bürgerliche Zeitalter. Frankfurt a.M. 1975.
6 Vgl. Jürgen Kocka (Hg.): Bürger und Bürgerlichkeit im 19. Jahrhundert. Göttingen 1987.
7 Sabina Becker: Bürgerlicher Realismus. Literatur und Kultur im bürgerlichen Zeitalter. 1848–1900. Tübingen, Basel 2003. Zur Problematisierung dieses Begriffs und zu seiner Ersetzung durch den Begriff des poetischen Realismus vgl. Claudia Stockinger: Das 19. Jahrhundert. Zeitalter des Realismus. Berlin 2010, S. 19.

überlegen, wie Gustav Freytags Roman *Soll und Haben* (1855) das Bürgerlichkeitskonzept gleichermaßen weltanschaulich und ästhetisch funktionalisiert.

1 Bürgerlichkeit und Moderne

Der Begriff des Bürgers – darin sind sich die meisten Soziologen und Historiker einig – kann nur dort als vollständig soziale Kategorie fungieren, wo er auf mittelalterliche Ständegesellschaften angewandt wird. Dort bezeichnet er einen real existierenden Stand, der sich rechtlich vom Stand des Adels und des Klerus unterscheidet und Kaufleute, Ärzte sowie selbstständige Handwerker einschließt. Dieser rechtlich definierte Stand schwindet mit dem Aufkommen der gesellschaftlichen Moderne. Die mittelalterlichen Kaufleute, Ärzte und Handwerker transformieren sich in moderne Berufsmilieus, die neben neuen Berufsgruppen, wie denen der Fabrikanten, der Verleger, der Rechtsanwälte oder – später – der Ingenieure existieren. In der Geschichtsschreibung ist es üblich geworden, all diese alten und neuen Berufe unter den Begriff eines modernen Bürgertums zu fassen – im Sinne einer »neuen bürgerlichen Elite«[8] oder einer als »Mittelschicht«[9] der Gesellschaft fungierenden »einheitliche[n] soziale[n] Formation«.[10] Die Bürgerlichkeit bildet dieser Auffassung zu Folge auch in der modernen Gesellschaft eine soziale und von den Zeitgenossen erlebbare Struktur. Worin der »gemeinsame[] Nenner«[11] des sozialen Phänomens Bürgerlichkeit besteht, ist dabei aber schwer zu fassen. Denn im Unterschied zum alten Bürgerstand zeichnen sich die modernen Bürger durch keine »besondere Rechtsstellung und auch nicht durch eine spezifische Form politischer Repräsentation aus«, die sie »von anderen gesellschaftlichen Kategorien«[12] wie etwa den Bauern oder den Arbeitern unterscheiden würde. Auch in ökonomischer Hinsicht lassen sich zwischen den bürgerlichen Berufsgruppen »sehr unterschiedliche Marktpositionen, Einkommensarten und Vermögensverhältnisse«[13] feststellen. Rechtlich, politisch und ökonomisch hat ein Verleger zu einem Finanzkaufmann keine

---

8 Vierhaus: Der Aufstieg des Bürgertums (s. Anm. 4), S. 72.
9 Hans Mommsen: Die Auflösung des Bürgertums seit dem späten 19. Jahrhundert. In: Jürgen Kocka (Hg.): Bürger und Bürgerlichkeit im 19. Jahrhundert. Göttingen 1987, S. 288.
10 Mommsen: Die Auflösung (s. Anm. 9).
11 Jürgen Kocka: Bürgertum und Bürgerlichkeit als Probleme der deutschen Geschichte vom späten 18. zum frühen 20. Jahrhundert. In: Bürger und Bürgerlichkeit im 19. Jahrhundert (s. Anm. 6), S. 42.
12 Ebd.
13 Ebd.

zwangsläufig größere Nähe als zu einem Fachangestellten. Die Bürgerlichkeit ist zwar eine soziale Formation im Sinne eines modernen mittelständischen Berufsmilieus, diese soziale Formation ist nach ihren Grenzen hin aber extrem offen und wandelbar. Aufgrund dieser schwierigen sozioökonomischen Grenzziehung verlagern sich Historikerinnen und Historiker seit den 1980er Jahren auf die »Definition des Bürgertums [...] durch gemeinsame [...] Deutungsmuster und Wertungen, Mentalität und ›Kultur‹ [...]«.[14] Wenn aber die Bürgerlichkeit neben einer sozialen Formation auch ein Bündel von kulturellen »Deutungsmuster[n]« darstellt, dann muss es eine Grunderfahrung geben, worauf dieses Deutungsangebot reagiert.[15] Dieses Phänomen soll hier in der gesellschaftlichen Moderne gesehen werden, aus der die moderne Bürgerlichkeit hervorgeht, die sie gleichzeitig aber auch zu deuten und zu bewältigen sucht.

Was die gesellschaftliche Moderne ausmacht, wann sie beginnt und von welchen Prinzipien sie dominiert wird, ist äußerst umstritten. Auch steht in globaler Perspektive die Frage im Raum, ob es *die* eine Moderne überhaupt gibt oder ob man nicht von unterschiedlichen Modernitäten, sog. *multiple modernitie's* sprechen müsste.[16] Glaubt man indes der systemtheoretischen Modernisierungsdarstellung Niklas Luhmanns,[17] dann hat zumindest in den europäischen Ländern seit dem 18. Jahrhundert ein Prozess stattgefunden, bei dem sich die im Mittelalter herausgebildete Ständegesellschaft nach und nach in eine moderne Gesellschaft umgewandelt hat, die nicht mehr nach Ständen, sondern nach nebeneinander

---

14 Ebd., S. 43.
15 Mit der Vorstellung, dass Ideen oder Deutungsmuster auf Problemerfahrungen reagieren, bezieht sich dieser Beitrag auf das heuristische Modell der Problemgeschichte, das vor einiger Zeit von Dirk Werle neu für die Literaturwissenschaft konzeptualisiert wurde. Dirk Werle: Frage und Antwort, Problem und Lösung. Zweigliedrige Rekonstruktionskonzepte literaturwissenschaftlicher Ideenhistoriographie. In: Scientia Poetica 13 (2009), S. 255–303. Sowie Dirk Werle: Problem und Kontext. Zur Methodologie der literaturwissenschaftlichen Problemgeschichte. In: Journal of Literary Theory 8 (2014), S. 31–54.
16 Das Konzept der *multiple modernitie's* geht auf den israelischen Soziologen Shmuel Eisenstadt zurück. Vgl. dazu v. a. Shmuel Eisenstadt: Die Vielfalt der Moderne. Weilerswist 2000.
17 Die systemtheoretische Modernisierungstheorie stößt innerhalb der Soziologie auch auf Kritik, sie ist m. E. aber trotz aller diskussionswürdigen Schwachstellen das am meisten geeignete Modell, um die Grundvoraussetzungen und dominierenden Entwicklungsdynamiken der Moderne in den Blick zu bekommen. Einen Überblick über die hauptsächlichen Kritikpunkte, aber auch über die Möglichkeiten ihrer Entschärfung oder Integration in ein systemtheoretisches Modernisierungsmodell ist zu finden bei Armin Nassehi: Die Theorie funktionaler Differenzierung im Horizont ihrer Kritik. In: Zeitschrift für Soziologie 33 (2004), S. 98–118. Sowie Detlef Pollack: Modernisierungstheorie – revised. Entwurf einer Theorie moderner Gesellschaften. In: Zeitschrift für Soziologie 45 (2016), S. 219–240.

existierenden Systemen wie Recht, Wirtschaft, Religion, Familie etc. strukturiert ist.[18] Gehörte der Einzelne im Ständestaat qua Geburtsrecht einem einzigen Stand an, so hat in der modernen Gesellschaft prinzipiell Jeder und Jede Zugang zu allen Systemen und partizipiert in der Regel an mehreren dieser Systeme gleichzeitig. Das bedeutet aber, dass die Identität des Einzelnen nicht mehr durch einen Stand und eben auch nicht durch ein einzelnes modernes System vorgegeben und garantiert wird. Das Individuum sieht sich in der modernen Gesellschaft einer Vielzahl unterschiedlicher systemimmanenter Rationalitäten ausgesetzt, zu denen es sich anstelle restloser Identifikation nur im Rahmen eines Erfüllens divergierender Rollenerwartungen verhalten kann. Moderne Individualität ist keine Inklusions-, sondern eine Exklusionsidentität. Sie konstituiert sich im diffusen Raum zwischen den Systemen, in dem es kaum noch verbindliche Semantiken gibt, die bei der Herausbildung einer stabilen Identität helfen könnten.[19]

Gerade weil Luhmanns Modernisierungstheorie nicht nur Gesellschaftsstrukturen beschreibt, sondern auch Semantiken, also kulturelle Selbstbeschreibungen, die mit dem Modernisierungsprozess einhergehen, ist sie äußerst anschlussfähig für die Untersuchung literatur- und kulturhistorischer Problemzusammenhänge. Luhmanns Unterscheidung zwischen Struktur und Semantik sei hier auch gegenüber einer rein kulturtheoretischen Perspektive abgesetzt, die ganz auf die Kategorie der Struktur verzichtet und nurmehr von einer »Semantik der Modernität«[20] spricht, die Moderne an sich – und insbesondere die soziale Differenzierung – also gar nicht als empirischen Prozess, sondern als eine ›große Erzählung‹ beschreibt.[21] Gegenüber einer solchen Perspektive sei hier mit dem Münsteraner Soziologen Detlev Pollack daran festgehalten, dass die vermeintlichen »soziologische[n] Meistererzählungen« »unter dem Eindruck

---

18 Zum Prozess der funktionalen Ausdifferenzierung in der Moderne vgl. v. a. Niklas Luhmann: Gesellschaftliche Struktur und semantische Tradition. In: Ders.: Gesellschaftsstruktur und Semantik. Studien zur Wissenssoziologie der modernen Gesellschaft. 4 Bände. Frankfurt a.M. 1980–1995., Bd. 1, S. 9–71.
19 Zur Herausbildung einer modernen Exklusionsindividualität vgl. v. a. Niklas Luhmann: Individuum, Individualität, Individualismus. In: Ders.: Gesellschaftsstruktur und Semantik. Studien zur Wissenssoziologie der modernen Gesellschaft. 4 Bände. Frankfurt a.M. 1980–1995, Bd. 3., S. 149–258.
20 Thorsten Bonacker, Andreas Reckwitz: Das Problem der Moderne. Modernisierungstheorien und Kulturtheorien. In: Dies. (Hg.): Kulturen der Moderne. Soziologische Perspektiven der Gegenwart. Frankfurt a.M. 2007, S. 7–18, hier S. 7.
21 Vgl. dazu auch Jean-François Loytard: »Die Moderne redigieren«. In: Wolfgang Welsch (Hg.): Wege aus der Moderne. Schlüsseltexte der Postmoderne-Diskussion. Weinheim 1988, S. 204–214.

tiefgreifender soziohistorischer Veränderungen«[22] entstanden sind und für diese lediglich ein Erklärungsmodell liefern. Modernisierungstheorien mögen nicht nur zur Beschreibung, sondern auch zur »Selbstvergewisserung der Moderne«[23] beitragen, ihre Modelle beziehen sich aber auf Prozesse, die sich historisch ereignet haben und die von Intellektuellen schon seit dem 18. Jahrhundert auch als solche wahrgenommen werden.[24] Diese Wahrnehmung erfolgt meist mit besonderer Konzentration auf die Gefahren der Moderne, auf die Legitimitätsprobleme, die mit ihr entstehen, auf den Verlust von Tradition und Bindung. Wenn Schiller in seinen *Briefen über die ästhetische Erziehung des Menschen* (1795) die gegenwärtige Gesellschaft als »Zusammmenstückelung unendlich vieler, aber lebloser, Teile« charakterisiert, aus denen erst implizit »ein mechanisches Leben im Ganzen sich bildet«,[25] so kann dies als kulturkritisch gefärbte Beschreibung einer differenzierten Sozialstruktur verstanden werden. Schiller artikuliert denn auch die typischen modernskeptischen Phobien, wenn er sich besorgt zeigt, dass die »losgebundene Gesellschaft« »rohe gesetzlose Triebe« freisetzt,[26] den »Egoism« des Einzelnen, der »ohne ein geselliges Herz« seine Interessen verfolgt.[27] In der differenzierten Gesellschaft droht, so Schillers Diagnose, die Wahrnehmung des Ganzen abhanden zu kommen, sieht sich der Mensch nur mehr an »ein einzelnes kleines Bruchstück [...] gefesselt«[28] und läuft Gefahr, schließlich »selbst« zum »Bruchstück«[29] zu werden, seine personale Integrität zu verlieren.

Welche Vorstellungen und Werte sind vor dem Hintergrund solcher historischen Problemdiagnosen mit dem Attribut ›bürgerlich‹ verbunden? Inwieweit

---

22 Pollack: Modernisierungstheorie – revised (s. Anm. 17), S. 220. Diese Veränderungen leugnen hieße, ganz auf so etwas wie Institutionen- und Rechtsgeschichte zu verzichten oder quellentheoretisch gesprochen den Unterschied zwischen wirklichkeitsschaffenden Texten – wie etwa Gesetzestexten – und wirklichkeitsinterpretierenden Texten – wie etwa philosophischen oder literarischen Texten – vollständig einzuebnen. Für Literatur- und Kulturhistoriker hieße das zudem, in vielerlei Hinsicht auf die Unterscheidung zwischen Zeichen und Bezeichnetem bzw. zwischen ›Bild‹ und ›Referent‹ zu verzichten.
23 Ebd.
24 Neben Schillers *Briefen über die ästhetische Erziehung des Menschen* (1795), wo eine äußerst klare Beschreibung der modernen Gesellschaft und ihrer Gefahren erfolgt, wäre hier auch die sog. ›Scheltrede‹ über die Deutschen in Hölderlins Roman *Hyperion* (1797/99) zu nennen.
25 Friedrich Schiller: Über die ästhetische Erziehung des Menschen. In einer Reihe von Briefen. In: Ders.: Werke und Briefe in zwölf Bänden. Hg. von Otto Dann, Axel Gellhaus u. a. Bd. 8: Theoretische Schriften. Hg. von Rolf-Peter Janz. Frankfurt a.M. 1992, S. 556–676, hier S 572.
26 Schiller: Über die ästhetische Erziehung (s. Anm. 25), S. 568.
27 Ebd., S. 569.
28 Ebd.
29 Ebd., S. 573.

kann die Bürgerlichkeitssemantik als Reaktion auf den Modernisierungsprozess und die damit assoziierten Gefahren beschrieben werden? Aufschluss kann ein Blick in Hegels *Grundlinien der Philosophie des Rechts* (1821) geben, wo dieser das Wort ›bürgerlich‹ nicht mehr in einem ständespezifischen Sinne verwendet, sondern als Attribut der bürgerlichen Gesellschaft. Die bürgerliche Gesellschaft ist für Hegel die Sphäre zwischen dem privaten Raum der Familie und dem öffentlichen Raum der staatlichen Institutionen. Das Bürgerliche an der bürgerlichen Gesellschaft ist dabei, dass man in sie als subjektives Individuum eintritt und doch einem ökonomischen und sittlichen Ganzen verpflichtet ist:

> Die Individuen sind als Bürger [...] *Privatpersonen*, welche ihr eigenes Interesse zu ihrem Zwecke haben. Da dieser durch das Allgemeine vermittelt ist, [...] so kann er von ihnen nur erreicht werden, insofern sie selbst ihr Wissen, Wollen und Tun auf allgemeine Weise bestimmen und sich zu einem *Gliede* der Kette dieses *Zusammenhangs* machen.[30]

Die Individuen gehen in der bürgerlichen Gesellschaft zwar ihren privaten Interessen nach, diese unterscheiden sich als bürgerliche aber von rein egoistischen Interessen durch ihre Eingebundenheit in ein »Allgemeine[s]«, auf das sie bezogen sind und von dem sie auch selbst bedingt sind. In dem Ausgleich zwischen individuellem und allgemeinem Interesse sieht Hegel das »Vermittelnde«[31] und »Versöhnende«[32] der bürgerlichen Gesellschaft.

Das Prinzip, das diese Vermittlung aus Perspektive des Einzelnen herbeiführt, ist das Prinzip der Bildung. Die »*Bildung*« ist nach Hegel eine Form der »höheren Befreiung«,[33] sie befreit nicht nur von äußeren Zwängen, sondern auch von der inneren »Unmittelbarkeit der Begierde«,[34] sie ist die Entfaltung der eigenen »freie[n] Subjektivität« hin zu einer allgemeinen »Sittlichkeit«.[35] Bildung wird dabei aber nicht als bloß geistiger Vorgang verstanden, sondern auch als etwas, das sich im Bereich des Ökonomischen, namentlich in der Tätigkeit der Arbeit entfaltet. In diesem Sinne spricht Hegel von einer »*praktische[n] Bildung* durch die Arbeit«.[36] In der Arbeit liegt ein Bildungsmoment, weil das Individuum in ihr die Freiheit aber auch »*Beschränkung seines Tuns*« erfährt,

---

30 Georg Wilhelm Friedrich Hegel: Grundlinien der Philosophie des Rechts oder Naturrecht und Staatswissenschaft im Grundrisse. Mit Hegels eigenhändigen Notizen und den mündlichen Zusätzen. In: Ders.: Werke. Auf Grundlage der Werke von 1832–1845 neu edierte Ausgabe. Frankfurt a.M. 1996. Herv. im Original. Bd. 7, S. 343.
31 Ebd., S. 346.
32 Ebd.
33 Ebd., S. 344.
34 Ebd., S. 345.
35 Ebd.
36 Ebd., S. 352.

die nicht nur der »Natur« des bearbeiteten »Materials« geschuldet ist, sondern auch der »Willkür anderer«.[37] Die Arbeit ist eine praktische Form der Vermittlung von Individual- und allgemeinem Interesse. Das durch Arbeit und geistige Reflexion sich bildende bürgerliche Individuum wird von Hegel, und hier setzt er eine Tradition des 18. Jahrhunderts fort,[38] als »Mensch« schlechthin verstanden: »[D]er Bürger [...] ist [...] das Konkretum *der Vorstellung*, das man *Mensch* nennt [...].«[39] Die bürgerliche Gesellschaft sorgt für eine Vermittlung zwischen Privatheit und Staatlichkeit, sie versöhnt die Individuen mit dem Staat und sorgt dafür, dass dieser nicht eine bloße »Träumerei des abstrakten Gedankens«[40] und somit »ein *Ideal*«[41] bleibt.

Die zitierten Textstellen lassen die Annahme plausibel erscheinen, dass Hegel mit dem Begriff der bürgerlichen Gesellschaft ein Modernebewältigungsmuster bereitstellt. Die bürgerliche Gesellschaft kompensiert nach Hegels Modell die Legitimitätslücken des modernen Staates, sie füllt das, was er nur abstrakt voraussetzt, nämlich die Gleichzeitigkeit von Selbstverantwortung und Gemeinsinn, mit konkreter Immanenz. Zudem werden mit dem Attribut ›bürgerlich‹ die heterogenen Bestrebungen der Moderne inkludiert, wird das kontingente Einzelinteresse in ein sinnvolles Ganzes einbezogen.

Wie verhält sich nun aber Bürgertum bzw. Bürgerlichkeit und bürgerliche Gesellschaft zueinander? Sind in der bürgerlichen Gesellschaft alle Bürger und wird der Begriff des Bürgertums als eine sozialspezifische Bezeichnung damit obsolet? Aufschlussreich ist hier ein Blick in Wilhelm Heinrich Riehls populärwissenschaftlichen Bestseller *Die bürgerliche Gesellschaft* von 1851. Dort heißt es:

> Das Bürgerthum ist unstreitig in unsern Tagen im Besitze der überwiegenden materiellen und moralischen Macht. [...] [Es][...] [drückt] den Universalismus des modernen gesellschaftlichen Lebens am entschiedensten aus. Viele nehmen Bürgerthum und moderne Gesellschaft für gleichbedeutend. Sie betrachten den Bürgerstand als die Regel, die anderen Stände nur noch als Ausnahmen, als Trümmer der alten Gesellschaft, die noch so beiläufig an der modernen hängen geblieben sind. Wir selber folgen einem [...] [solchen] Sprachgebrauch, [...] indem wir von einer »bürgerlichen Gesellschaft« reden [...].[42]

---

37 Ebd.
38 Zur Gleichsetzung von Bürgerlichkeit und Menschlichkeit im 18. Jahrhundert und zum moralischen Anspruch, der mit dieser Gleichsetzung verbunden ist, vgl. insbesondere Reinhart Koselleck: Kritik und Krise. Eine Studie zur Pathogenese der bürgerlichen Welt. Frankfurt a.M. 1989.
39 Hegel: Grundlinien der Philosophie des Rechts (s. Anm. 30), S. 348 (Herv. im Original).
40 Ebd., S. 342.
41 Ebd. (Herv. im Original).
42 Wilhelm Heinrich Riehl: Die bürgerliche Gesellschaft. Stuttgart, Tübingen 1851, S. 187f.

Folgt man dieser Definition von Riehl, dann impliziert die Rede von der bürgerlichen Gesellschaft keine Nivellierung des sozialspezifischen Bürgerbegriffs; vielmehr wird das »Bürgerthum« zum zentralen Akteur der modernen Gesellschaft erklärt, der nicht nur über die entscheidenden »materiellen« Ressourcen verfügt, sondern auch im Besitz der »moralischen Macht« ist, also die normative Deutungshoheit für sich reklamieren kann.[43] Bezeichnenderweise spricht Riehl vom »Bürgerthum« auch als einem »Bürgerstand«, der »die andern Stände« zunehmend verdrängt und nurmehr als gesellschaftliche »Ausnahmen« erscheinen lässt. Das moderne Bürgertum steht in der Tradition des mittelalterlichen Bürgerstands, wenngleich es, wie Riehl wenig später anmerkt, über »keine feste, durchgreifende Standessitte«[44] mehr verfügt, prinzipiell auch für neuere Berufe geöffnet ist und somit auch als »»Mittelstand««[45] bezeichnet werden kann. Gleichzeitig verwendet Riehl auch den Begriff des Mittelstands nicht nur, um etwa mittlere Einkommensniveaus zu bezeichnen, sondern um auszudrücken, dass »das Bürgerthum den Mittelpunkt, den eigentlichen Herzpunkt der modernen Gesellschaft bilde«.[46] Mit dem Begriff der bürgerlichen Gesellschaft ist die Vorstellung verbunden, dass der mittelalterliche Bürgerstand einen Aufstieg erlebt habe und in Form eines um neue Berufe erweiterten Bürgertums die moderne Gesellschaft präge. Der Wertekanon der modernen Gesellschaft ist deshalb der des Bürgertums. Welche Werte das sind, macht Riehl deutlich, wenn er die eigene »Kraft [...] Reichthum zu erwerben« als »bürgerliche[s] Erbe« bezeichnet und gegen den »aristokratischen Stolz auf historischen Ruhm und ererbtes Gut« setzt.[47] Bürgerlich ist der Glaube an ein Subjekt, das handlungsfähig ist, ohne auf ein materielles und symbolisches Erbe angewiesen zu sein. Halt gewinnt dieses Subjekt dadurch, dass es nicht nur nach freier Entfaltung drängt, sondern auch Gemeinsinn und Tradition kennt, die »bewegenden Mächte« »n e b e n d e n e n

---

[43] Jürgen Kocka spricht sogar von einer »realgeschichtliche[n] Verwandtschaft zwischen bürgerlicher Gesellschaft und Bürgertum«, die sich nicht zuletzt daran »demonstrieren« lasse, dass gesellschaftliche Gruppen »aus der bürgerlichen Gesellschaft im Vollsinn des Wortes ausgegrenzt« bleiben – etwa, indem ihnen bestimmte Rechte und damit verbundene Freiheitsmöglichkeiten nicht zugestanden werden. Kocka: Das europäische Muster und der deutsche Fall. In: Ders. (Hg.): Bürgertum im 19. Jahrhundert. Bd. 1: Einheit und Vielfalt Europas. Göttingen 1995, S. 9–76, hier S. 25.
[44] Riehl: Die bürgerliche Gesellschaft (s. Anm. 42), S. 189.
[45] Ebd.
[46] Ebd., S. 189f.
[47] Ebd., S. 210.

des Beharrens« stehen.⁴⁸ Auch bei Riehl wird der integrative Impetus des Bürgerlichkeitskonzeptes deutlich. Das Bürgertum in seiner neueren und erweiterten Form ist ein Produkt der modernen Gesellschaft, es ist aber auch ein normatives Muster zur Deutung und Bewältigung der Moderne,⁴⁹ die Konstruktion eines gesellschaftlichen »Herzpunkt[es]«,⁵⁰ der den divergierenden sozialen Energien erst eine Richtung und einen Sinn verleiht. Das moderne, nicht mehr ständisch organisierte Bürgertum ist in Riehls Konzeption offen angelegt, kennzeichnet sich durch »die verschiedensten Berufsarten«.⁵¹ Dennoch erfolgt mit der Emphatisierung des Bürgertums als besondere Trägerschicht der bürgerlichen Gesellschaft und ihren Werten eine exklusive Füllung der Bürgerlichkeitssemantik, die immer auch impliziert, dass bestimmte Gruppen und Milieus nicht bürgerlich sind und zumindest nicht vorrangig die Werte einer bürgerlichen Gesellschaft repräsentieren (deutlich sind bei Riehl etwa die Polemiken gegen die Bauern und Adeligen). Bürgerlichkeit ist somit eine Versöhnungs- und Kompensationssemantik für ein gleichermaßen weitgefasstes wie auch eingeschränktes städtisches und berufliches Milieu, sie ist, so könnte man sagen, eine sowohl inklusive als auch exklusive Form der Modernebewältigung.

Wenn die Literatur des 19. Jahrhunderts das Bürgertum oder die Bürgerlichkeit zur Darstellung bringt, dann bezieht sie sich nicht auf die moderne Gesellschaft an sich, sondern auf eine semantische Größe, die bereits den Versuch einer Bewältigung der Moderne darstellt. Welche Funktion die Bürgerlichkeitssemantik in literarischen Texten hat, welche Problembewältigungsimpulse mit ihr konnotiert sind und welche Aporien wiederum mit ihr einhergehen, dies sei im Folgenden anhand von Gustav Freytags Roman *Soll und Haben* von 1855 diskutiert.

---

48 Ebd. In diesem Sinne meint Theodor Fontane etwa, wenn er von der »bürgerlichen Tugend« spricht, die in Gustav Freytags Soll und Haben zum Ausdruck komme, dezidiert milieubezogene Eigenschaften wie den »kaufmännische[n] Fleiß«. Die Kaufleute sind die Bürger und sie stehen, so Fontane, einerseits für den liberalen Wert der »Freiheit«, andererseits aber auch für Werte der Bindung wie »Glaube, Sitte, Vaterlandsliebe [...] und Loyalität«. Theodor Fontane: Rez. Gustav Freytag Soll und Haben. In: Max Bucher u. a. (Hg.): Realismus und Gründerzeit. Mit einer Einführung in den Problemkreis und einer Quellenbibliographie. Bd. 4: Manifeste und Dokumente. Stuttgart 1975, S. 328–336, hier S. 334.
49 Auch Lothar Gall betont den normativ-ideellen Charakter der Bürgerlichkeit im 19. Jahrhundert und konstatiert, dass schon zeitgenössische Intellektuelle wie Theodor Mommsen im 19. Jahrhundert mit der Frage konfrontiert sind, ob sich dieses ideelle Muster mit der Wirklichkeit decke, ob »das Bürgerideal« nicht »an der sozialen und politischen Realität der modernen Welt vorbeigehe«. Lothar Gall: Bürgertum in Deutschland. Berlin 1989, S. 18. Gall bezieht sich hier v. a. auf Theodor Mommsen und dessen recht pessimistische Formulierungen in seinem Testament.
50 Riehl: Die bürgerliche Gesellschaft (s. Anm. 42), S. 190.
51 Ebd., S. 197.

2 *Soll und Haben*. Zur Darstellung von Modernität

Freytags Roman erzählt die Geschichte des Bürgers Anton Wohlfart, der von einer kleinbürgerlichen Familie in den bürgerlichen Familienbetrieb des Kaufmannes T.O. Schröter eintritt und am Ende des Romans schließlich dessen Teilhaber wird. Bevor es zu diesem Ende kommt, durchlebt der Held des Romans einige Abenteuer und Grenzsituationen. So kommt er über seinen Kollegen und Freund Fritz von Fink in eine adelige Tanzgesellschaft hinein und lernt dort über dessen Tochter den adeligen Großgrundbesitzer Freiherr von Rothsattel kennen. Dieser Freiherr hat sich auf Spekulationen mit einem wiederum jüdischen Geschäftsmann eingelassen und wird durch diese schließlich ruiniert. Angetrieben durch eine heimliche Faszination für das adelige Milieu verschreibt sich Anton zeitweise ganz der geschäftlichen Unterstützung des Freiherrn von Rothsattel und wird schließlich der Verwalter von dessen neu erstandenem Gut in Polen. Dort beteiligt sich Anton in einer führenden Rolle an der militärischen Verteidigung gegen polnische Aufständische. Letztlich aber enttäuscht von der Undankbarkeit der Familie von Rothsattel kehrt er wieder nach Breslau zurück, wo er zum Teilhaber der Firma von T.O. Schröter wird und durch die Verbindung mit dessen Schwester Sabine in seine Familie einheiratet.

Stellt man sich nun zunächst die Frage, inwiefern Freytags Roman von der Moderne handelt, so lässt sich sagen, dass diese vor allem als Konflikt zwischen den Anforderungen einer ethischen, familiären oder religiösen Moral und den Anforderungen des modernen Marktes dargestellt wird. Der moderne Markt erscheint als Dynamik der permanenten Bewegung und Entgrenzung. Sinnbild dieser Bewegung ist das Geld und dessen als Rollen und Strömen veranschaulichtes Weiter-gereicht-werden von Hand zu Hand: »[N]eue Käufer und Verkäufer kamen, die Menschen sprachen und Federn knisterten, das Geld rollte unaufhörlich«,[52] so wird die Atmosphäre in dem Warengeschäft des T.O. Schröter geschildert. Und am Ende des Romans heißt es: »Das Geld [...] wird wieder rollen aus einer Hand in die andere, es wird dienen den Guten und Bösen und wird dahinfließen in den mächtigen Strom der Capitalien, dessen Bewegung [...] den Einzelnen stark oder elend [macht], je nach seinem Thun.«[53]

---

52 Gustav Freytag: Soll und Haben. Roman in sechs Büchern. Erster Band. In: Ders.: Gesammelte Werke. Leipzig 1887, Bd. 4, S. 63. Zitate aus dem Ersten Band künftig im Fließtext, abgekürzt mit der Sigle SuH, Bd. 1.
53 Gustav Freytag: Soll und Haben. Roman in sechs Büchern. Zweiter Band. In: Ders.: Gesammelte Werke. Leipzig 1887, Bd. 5, S. 383. Zitate aus dem Zweiten Band künftig im Fließtext, abgekürzt mit der Sigle SuH, Bd. 2.

Der Geldfluss wird als Vorgang dargestellt, der keinen festen moralischen Wert kennt und damit sowohl den ›Guten‹ als auch den ›Bösen‹ dient. Auch der Zustand individueller Stärke und Schwäche ist angesichts des unaufhörlichen Geldflusses nur von relativer Natur. Neben der Metapher des Geldflusses ist im Roman auch die Metapher des Netzes oder des Gewebes strukturprägend. Metaphorisiert der Geldfluss die Relativität und zeitliche Beschränktheit aller Werte, so verbildlicht das Netz die Integration des Einzelnen in einen globalen Welthandel, in dem es kein autonomes Außen mehr gibt, von dem aus sich der Prozess werten und beurteilen ließe. »Wir leben mitten unter einem bunten Gewebe von zahllosen Fäden, die sich von einem Menschen zu dem andern, über Land und Meer, aus einem Welttheil in den andern spinnen«, so der Protagonist Anton Wohlfart. »Sie [die Fäden, J.O.S.] hängen sich an jeden Einzelnen und verbinden ihn mit der ganzen Welt.« (SuH, Bd. 1, S. 274). Durch die Verbindung des Einzelnen mit der ganzen Welt werden die Konsequenzen individuellen Handelns unabsehbar, kann ein moralisch intendiertes Handeln unmoralische Folgen haben. Diese Verstrickung des Subjekts wird in Freytags Roman mehrfach konkretisiert. So hegt der jüdische Geschäftsmann Hirsch Ehrenthal den moralisch nachvollziehbaren Wunsch, seinem Sohn ein sicheres Erbe zu hinterlassen, begibt sich bei der Anhäufung eines Vermögens aber in unmoralische Geschäftszusammenhänge hinein, die schließlich den adeligen Freiherrn von Rothsattel in den Ruin stürzen. Insbesondere durch die Entwicklung des Freiherrn von Rothsattel macht der Roman deutlich, dass auch der vormals durch den festen Grundbesitz autonom gewesene Adel sich jetzt an dem weitverzweigten modernen Marktgeschehen beteiligen muss. Sah der Adelige bisher mit »abschließendem Stolz [...] in das geschäftige Treiben der großen Städte«, so steht er jetzt »selbst mitten zwischen den Rädern des modernen Schaffens« (SuH, Bd. 1, S. 463).

3 Bürgerliche und nicht-bürgerliche Moderne

Auch die Bürger in Freytags Roman kennzeichnen sich zunächst durch ihre Teilhabe am modernen Marktgeschehen. Das beschriebene bürgerliche Geschäft, in das der junge Anton Wohlfart eintritt, handelt nicht mit Waren, die aus einer autarken Eigenproduktion stammen, sondern verkauft bloß die Erzeugnisse einer globalen Produktion: Die Warenhalle des Geschäftes ist mit »Bastmatten« gefüllt, die »eine Hindufrau geflochten« hat, mit »Kiste[n]«, die von einem »Chinesen [...] bemalt worden« sind, und mit »Säcken und Tonnen«, die die »grünliche Frucht des Kaffeebaumes fast aus allen Theilen der Erde« enthalten (SuH, Bd. 2, S. 68f.). Als der junge Kaufmann Anton Wohlfart zum ersten Mal den Speicher im Warenhaus seines Prinzipals anschaut, wird die globale Herkunft der Waren mit besonders plastischen Bildern beschrieben:

> Der schwimmende Palast der ostindischen Compagnie, die fliegende amerikanische Brigg, die altertümliche Arche der Niederländer hatten die Erde umkreist, starkrippige Walfischfänger hatten ihre Nasen an den Eisbergen des Süd- und Nordpols gerieben, schwarze Dampfschiffe, bunte chinesische Dschunken, leichte malaiische Kähne mit einem Bambus als Mast, alle hatten ihre Flügel gerührt und mit Sturm und Wellen gekämpft, um dies Gewölbe zu füllen. (SuH, Bd. 1, S. 68)

Die Bilder des Meeres und der Schifffahrt veranschaulichen das Entgrenzende, Abenteuerliche und geradezu Gefährliche des Welthandels.

Umso bezeichnender ist es, dass der junge Kaufmann Anton Wohlfart während seines Speicherbesuchs mit Bildern der Festigkeit und Autonomie dargestellt ist: »Anton«, so heißt es, »stand [...] stundenlang [...] in der alten Halle, [...] er hörte die Wogen des Meeres in gleichmäßigem Tact an die Küste schlagen, auf welcher er so sicher stand« (SuH, Bd. 2, 69). Inmitten einer von Entgrenzungen und Unsicherheiten geprägten Moderne verfügt der bürgerliche Kaufmann immer noch über ein Mindestmaß an Stabilität. Halt gewinnt er aus einer Lebens- und Arbeitsform, die noch durch relativ starke Inklusion und Homogenität geprägt ist. Sinnbild für diese Inklusion ist das Haus des Kaufmannes T.O. Schröter, das nach dem Modell des ›ganzen Hauses‹ dargestellt wird:

> Das Haus [...] umfaßte mit seinen Mauern eine große Welt voll Menschen und Interessen. [...] [D]as ganze Parterre gehörte der Handlung und enthielt außer den Comtoirzimmern fast nichts als Waarenräume. Darüber lagen im Vorderhaus die Säle und Zimmer, in denen der Kaufherr selbst wohnte. [...] Streng hielt der Kaufmann auf den alten Brauch seiner Handlung. Alle Herrn des Comtoirs, welche nicht verheiratet waren, wohnten in seinem Hause, gehörten seinem Haushalt an und aßen alle Mittage Punkt ein Uhr an dem Tische des Prinzipals. (SuH, Bd. 1, S 63 f.)

Die »Mauern« des Hauses integrieren sinnbildlich heterogene Bestrebungen und Interessen, auch die Kluft zwischen Beruflichem und Privatem, Arbeiten und Wohnen wird durch die Doppelfunktion des Hauses als Arbeits- und Wohnstätte ausgeglichen. Die relative Sicherheit des Protagonisten Anton Wohlfart wird dezidiert mit seiner Bindung an das Haus in Zusammenhang gebracht. »Er ist am meisten von allen Herren zu Haus« (SuH, Bd. 1, S. 178), so heißt es über ihn, und später fügt der Erzähler hinzu: »[W]enn er im Comtoir arbeitete und mit seinen Collegen scherzte, immer fühlte er, wie fest sein Leben in den Mauern des großen Hauses Wurzeln geschlagen hatte.« (SuH, Bd. 1, S. 496)

Der Verwurzelung Antons in der Sphäre des ganzen Hauses steht die hauslose Lebensform seines Kontrahenten, dem jüdischen Geschäftslehrling Veitel Itzig, gegenüber:

> Wenn nach den Behauptungen der Polizei jeder Mensch irgendwo zu Hause sein muß und nach der Ansicht aller verständigen Frauen vorzugsweise da zu Hause ist, wo sein Bett steht, so war Veitel merkwürdig wenig zu Hause. So oft er aus dem Geschäft des Herrn Ehrenthal entschlüpfen konnte, trieb er sich auf den Straßen umher [...]. (SuH, Bd. 1, S. 116)

Im Gegensatz zur behaglichen Sesshaftigkeit des Bürgers trägt Veitel Itzig von Beginn an Züge eines nervösen Flaneurs, der sich auf den Straßen umhertreibt und dort permanent auf der Suche nach neuen Eindrücken, Ideen und Geschäftsmöglichkeiten ist. Mit der Nervosität geht ein asketischer Zug und ein Verzicht auf feste Identität einher. Veitel Itzig verfügt über ein breites habituelles Rollenreservoir und einen ebenso rationalen Scharfblick, der es ihm ermöglicht, ökonomische Zusammenhänge zu durchschauen und das eigene Handeln bewusst zu kalkulieren:

> Er [...] hatte für seine Kunden eine bezaubernde Fülle von verbindlichen Redensarten [...]. [Er] hatte [...] die Tugend, nie zu ermüden, er war den ganzen Tag auf den Beinen, lief um wenige Groschen zehnmal denselben Weg [...]. Es war merkwürdig, wie wenig er brauchte, er aß am Abend ein Stück Brot, welches er zu Mittag aus Ehrenthals Küche in seine Tasche praktiziert hatte; ein Glas Dünnbier gönnte er sich im ersten Jahre nur einmal [...]. [S]einem Scharfblick entging keine Person, kein Pferd, kein Getreidewagen; jedes Gesicht, daß er einmal gesehen, erkannte er wieder, jeden Tag wußte er den Courszettel der Börse auswendig, als ob er selbst vereideter Sensal gewesen wäre.
> (SuH, Bd. 1, S. 116–118)

Können solche Beschreibungen noch als neutrale und in manchen Zügen sogar faszinierte Charakterisierung eines aufstrebenden jungen Geschäftsmannes verstanden werden, so kippen die Darstellungen der Figur Veitel Itzigs im weiteren Romanverlauf immer stärker ins Abwertende. Veitels nervöser Lebensstil wird zunehmend mit dem Stigma der moralischen Haltlosigkeit aufgeladen, er lässt sich auf immer kriminellere Geschäfte ein und begeht gegen Ende des Romans sogar einen Mord, um diese zu vertuschen. Die deutlichen und viel besprochenen antisemitischen Züge des Romans[54] können dabei – ebenso wie der Bürgerlichkeitstopos – als dargestellte mentale Umgangsweisen mit der Moderne beschrieben werden.

---

54 Vgl. dazu etwa Mark H. Gerber: Antisemitismus, literarischer Antisemitismus und die Konstellation der bösen Juden in Gustav Freytags »Soll und Haben«. In: Florian Krobb (Hg.): 150 Jahre Soll und Haben. Würzburg 2005, S. 285–300; Dieter Brockmeier: Über den Antisemitismus in Gustav Freytags Roman ›Soll und Haben‹. In: Renate Heuer (Hg.): Antisemitismus – Zionismus – Antizionismus. Frankfurt a.M. 1997, S. 54–65; Vgl. in der neueren Forschung auch Jan Süselbeck: Die Totalität der Mitte. Gustav Freytags Figur Anton Wohlfart und Wilhelm Raabes Protagonist Hans Unwirrsch als ›Helden‹ des antisemitischen ›Bildungsromans‹ im 19. Jahrhundert. In: Nikolas Immer, Marwyck van Mareen (Hg.): Ästhetischer Heroismus. Konzeptionelle und figurative Paradigmen des Helden. Bielefeld 2013, S. 293–321. Vgl. dazu auch die weiteren Ausführungen unten.

Während die bürgerlichen Kaufleute für eine sozial inkludierte und moralisch kontrollierte Moderne stehen, repräsentieren die jüdischen Geschäftsleute eine sozial wie moralisch entfesselte Moderne.

Das Abhandenkommen moralisch-sozialer Inklusion zeigt sich auch in der Darstellung der Familie Ehrenthal. Stehen Familie und Haus des bürgerlichen Kaufmanns T.O. Schröter für eine Integration der beruflichen und privat-familiären Sphäre und für einen Ausgleich moralischer und ökonomischer Interessen, so sind Haus und Familie Hirsch Ehrenthals durch Risse und Widersprüche geprägt. Insbesondere das Verhältnis Hirsch Ehrenthals zu seinem Sohn, dem Intellektuellen Bernhard Ehrenthal, wird als Spannungsverhältnis zwischen ökonomischen Zielen und moralischen Ansprüchen dargestellt. Der geliebte Sohn wird für den älteren Ehrenthal zu einer Gewissensinstanz, die ihn davon abzuhalten versucht, den ökonomisch geschwächten Adeligen Freiherr von Rothsattel in den Ruin zu stürzen. Der ältere Ehrenthal gerät in einen typisch modernen Konflikt zwischen der privaten Liebe zu seinem Sohn und seinen gleichzeitig bestehenden ökonomischen Interessen, die mit den moralischen Ansprüchen des Sohnes nicht vereinbar sind. Dieser Konflikt erhält eine umso stärkere Pointe, insofern Ehrenthal sein Vermögen anhäufen will, um dem ökonomisch unambitionierten Sohn ein sicheres Erbe hinterlassen zu können. Die Nicht-Integrierbarkeit von moralischen und ökonomischen Ansprüchen wird in Kontrastbildern von Nacht und Tag ausgedrückt. »Die Geschäfte sind für den Tag; wenn ich abends zu dir komme, sollst du dich nicht ängstigen um meine Arbeiten« (SuH, Bd. 1, S. 516), so der ältere Ehrenthal zu seinem Sohn. Als sich der Konflikt gegen Ende des dritten Buches zuspitzt, wird die Spannung zwischen den Moralansprüchen Bernhards und den ökonomischen Interessen Hirsch Ehrenthals auch als räumlicher Widerspruch erzählt. Während die Gespräche mit Bernhard in seinem kleinen länglichen Zimmer oben in der Wohnung geführt werden, führt Hirsch Ehrenthal die ökonomischen Diskussionen mit dem Adeligen Freiherrn von Rothsattel überwiegend unten in den Kontorräumen. Zwar ist auch das Haus Ehrenthals nach dem Muster des ›ganzen Hauses‹ gestaltet, indem es sowohl die Geschäfts- als auch die Wohnräume umfasst; der Widerspruch zwischen den unterschiedlichen Abteilungen des Hauses wird aber wesentlich stärker betont. Essen die Kollegen bei dem Kaufmann Schröter zusammen in dessen Stube zu Mittag, ist Leben und Arbeiten, Familie und Beruf bei Ehrenthal scharf getrennt.

Neben dem jüdischen Milieu repräsentiert auch das adelige Milieu negative Auswüchse der Moderne. Der Adel fungiert besonders dort als Repräsentant einer haltlosen Moderne, wo sein Leben und seine Arbeit nicht mehr an den Grundbesitz und an die Bewirtschaftung des Bodens gebunden ist. Neben dem Freiherrn von Rothsattel, der sich durch ein Spekulationsgeschäft von seiner landadeligen Existenz entfremdet, ist der Adelige Fritz von Fink Repräsentant eines im wahrsten Sinne des Wortes *bodenlosen Adels*. Fink, dessen Onkel in Amerika in fragwürdige Spekulationsgeschäfte verwickelt ist, arbeitet als Angestellter im bürgerlichen Handelshaus T.O. Schröters. Von Schröter wird er indes als Fremder behandelt, dessen Habitus nicht mit der bürgerlichen Lebensform vereinbar ist:

> Ungeordnet [...] hat er bis jetzt seine Tage verbracht, der Zwang unseres Hauses empört ihn innerlich. Noch ist wahrscheinlich, daß ein schlechter Aristokrat aus ihm wird, der seine Lebenskraft im raffinirtem Genuß vergeudet, oder auch ein wucherischer Geldmann, wie sein Verwandter in Amerika, der zum letzten aufregenden Spielzeug das Geld erwählt und mit frevelhaftem Witz die Schwächen Anderer benutzt, um aus den Trümmern ihres Glücks seine Paläste zu bauen. (SuH, Bd. 1, S. 148)

Unangepasstheit, Genussraffinesse aber auch entgrenzte Spekulationsfreude sind die Attribute, die Fink zugeschrieben werden, und man sieht, dass er mit diesen Eigenschaften in eine strukturelle Nähe zum ähnlich charakterisierten jüdischen Milieu gerät. Der nicht mehr an den Grundbesitz gebundene Adel scheint zu einem konsequenteren Repräsentanten der Moderne zu werden als die noch auf eine Restinklusion pochenden Bürger. Dies wird auch darin deutlich, dass der adelige Fink den Liberalismus amerikanischer Prägung stärker bejaht als sein bürgerliches Umfeld. Während die Bürgertochter Sabine dem Liberalismus amerikanischer Spielform ein »egoistisches Princip« (SuH, Bd. 1, S. 308) nachsagt und den Amerikanern insgesamt ein Mangel an Gemüt sowie einen achtlosen Umgang mit den Dingen und Gegenständen des Alltags und der Wohnung, äußert sich ihr Gesprächspartner Fritz von Fink wie folgt:

> Dies ewige Gefühl, mit dem hier Alles überzogen wird [...], macht zuletzt schwach und kleinlich. [...] Da lobe ich mir das, was Sie die Gemüthlosigkeit des Amerikaners nennen. Er arbeitet wie zwei Deutsche, aber er wird sich nie in seine Hütte, seine Fenz, in seine Zugthiere verlieben. Was er besitzt, das hat ihm gerade nur den Werth, der sich in Dollarn ausdrücken läßt. Sehr gemein, werden Sie mit Abscheu sagen. Ich lobe mir diese Gemeinheit, die jeden Augenblick daran denkt, wie viel und wie wenig ein Ding werth ist. Denn diese Gemeinheit hat einen mächtigen freien Staat geschaffen. (SuH, Bd. 1, S. 307f.)

Die Entindividualisierung und Relativierung aller Werte bzw. die Reduktion einer Sache auf ihren Geldwert wird von Fink im Namen des freien Staates bejaht, während die Bürgerin Sabine den Wertrelativismus im Namen des Gemüts kritisiert. Mit der Entgegensetzung von bürgerlichem Gemüt und adeliger Gemütslosigkeit greift der Roman den Topos der Empfindsamkeit auf, in deren Namen sich die Bürger bereits im 18. Jahrhundert gegenüber dem Adel in Stellung bringen. Im Verhalten der Adeligen wirken dagegen frühneuzeitlich-aristokratische Klugheitslehren und Anleitungen zur schauspielerischen Selbstinszenierung fort. Fritz von Fink hat laut T.O. Schröter »[d]ie Gabe, schön zu sprechen und sich in leichtem Scherz über seine Umgebung zu erheben« (SuH, Bd. 1, S. 149). »Herr von Fink liebt es«, so auch Sabine Schröter, »mit Allem zu spielen, was anderen Menschen heilig ist« (SuH, Bd. 1, S. 146). Während die Bürger das authentische Gefühl für sich in Anspruch nehmen, löst sich für die Adeligen das Leben im Schauspiel auf. Als sich der Bürger Anton Wohlfart in einer moralisch empörten Rede von der adeligen Tanzgesellschaft lossagt, wird dies von den zurückbleibenden Adeligen mit den Worten »Das war ja eine wahre Theaterscene« (SuH, Bd. 1, S. 229) kommentiert. Mit der Deutung des gesellschaftlichen Handelns als eingeübtes Rollenspiel korrespondiert bei den Adeligen – und insbesondere bei der Figur Fritz von Fink – ein Gestus der Entlarvung und der nüchternen analytisch-psychologischen Weltbeschreibung. Dieser Gestus führt mehrfach zu Konflikten zwischen von Fink und seinem bürgerlichen Freund Anton Wohlfart. Explizit kritisiert Wohlfart von Fink einmal mit den Worten »›[D]u bist mir zu schlau‹« (SuH, Bd. 1, S. 206). Und als von Fink die Neigung seines Freundes Wohlfart zu der Adelstochter Lenore von Rothsattel ganz auf deren gutes Aussehen (und nicht etwa auf ihren Charakter) zurückführt, empfindet dies Wohlfart als »Roheit«, die »nur aus einem ganz entmenschten Gemüth kommen« konnte (SuH, Bd. 1, S. 189). Man sieht hier, wie die bürgerliche Selbstbeschreibung mit einem Anspruch auf Humanität einhergeht, das Bürgerliche erscheint als das Menschliche schlechthin, das Adelige dagegen als Entfremdung vom eigentlichen Menschsein. Kennt man solche Semantisierungen des Bürgerlichen schon aus Diskursen der Spätaufklärung, so wird das Bürgerliche in Freytags Roman auch national semantisiert. Dies wird deutlich, als Wohlfart und Schröter während des Krim-Krieges durch Polen fahren, um einen bereits bezahlten Güterwaggon nach Hause zu bringen. Mit den Worten »Sie haben keinen Bürgerstand« (SuH, Bd. 1, S. 383) werten Anton Wohlfart und T.O. Schröter das polnische Volk gegenüber dem deutschen Volk ab. »Was man dort Städte nennt«, so T.O. Schröter,

> »ist nur ein Schattenbild von den unsern, und ihre Bürger haben blutwenig von dem, was bei uns das arbeitsame Bürgerthum zum ersten Stande des Staates macht.«
> »Zum ersten?« frug Anton.
> »Ja, lieber Wohlfart; [...] erst seit die Städte groß wuchsen [...], ist das Geheimniß offenbar geworden, daß die freie Arbeit allein das Leben der Völker groß und sicher und dauerhaft macht.« (SuH, Bd. 1, S. 383)

Die Bürgerlichkeit wird hier mit den Semantiken der Arbeit und des völkischen Wohlstands verschränkt. Wie kürzlich eine Studie von Matthias Agethen gezeigt hat, importiert Freytags Roman Ideen der zeitgenössischen Nationalökonomie, die das Ökonomische mit Implikationen der nationalen Wohlfahrt und Identitätsfindung auflädt und das Bürgertum zum Trägersubjekt der nationalen Ökonomie erklärt.[55] Wenn das Bürgertum zudem an den Raum des Städtischen gebunden wird, dann ist das auch eine gegen den Adel gerichtete Aufwertung des Bürgertums zur Trägerschicht der industriellen Moderne. Das Bürgertum ist Protagonist einer Moderne, die aber nicht im Zeichen der völligen Ausdifferenzierung steht, sondern der familiären, menschlichen und nationalen Fürsorge. Die Hauptfigur Anton Wohlfart erscheint schon qua ihres sprechenden Namens als zentraler Repräsentant dieser fürsorglichen Modernebewältigung.

4 Ideologie der Mitte und erzählte Exzentrik

Die Integration und Kompensation moderner Ausdifferenzierung im Zeichen der Fürsorge, der geregelten Arbeit und der häuslichen Sesshaftigkeit erzeugt jene »Totalität der Mitte«[56] die Hans Mayer Freytags Roman attestiert hat. Die Bürgerlichkeit entspricht im 19. Jahrhundert und in Freytags Roman einer solchen Totalität, weil sie die »Mitte an sich« schon »als moralischen Wert«[57] postuliert. Die Integration divergierender moderner Kräfte im Sinne einer »Vermeidung aller extremen Haltungen«[58] bietet nicht nur Sicherheit und Halt, sie ist darüber hinaus auch ein sittlich-ethischer Akt. In der moralischen Aufwertung der Mitte sieht Jan Süselbeck deshalb auch den »spezifischen Heroismus«[59] jenes von Freytags *Soll und Haben* repräsentierten realistischen Romankonzepts, ein Heroismus, »der sich gerade auf die Vermeidung aller möglichen Eigenschaften gründete, die man Heldenfiguren bis zum 18. Jahrhundert traditionell zugewiesen hatte«.[60] Die Heldenhaftigkeit der Figuren besteht nicht mehr in ihrer Außergewöhnlichkeit, sondern in ihrer Gewöhnlichkeit. Dieser Heroismus »avancierte im 19. Jahrhundert zum literarischen Erfolgsmodell«, bildet allerdings auch den Ausgangspunkt für

---

55 Vgl. Matthias Agethen: Vergemeinschaftung, Modernisierung, Verausgabung. Nationalökonomie und Erzählliteratur in der zweiten Hälfte des 19. Jahrhunderts. Göttingen 2018, S. 69–100. »Freytags Roman«, so Agethen, »eignet sich« dabei etwa auch die »universalisierend-integrierende Argumentationsfigur der Gleichsetzung von Wirtschaft und Kultur [...] an. [...] Alle ökonomischen Handlungen der Romanfiguren stehen in dieser Logik zugleich auch für Akte kultureller Tätigkeit bzw. Untätigkeit«. (Ebd., 71). So ist die Reise von Wohlfart und Schröter nach Polen etwa gleichermaßen ökonomisch wie auch kulturmissionarisch konnotiert. (ebd.)
56 Hans Mayer: »Gustav Freytags bürgerliches Heldenleben«. In: Gustav Freytag: Soll und Haben. Roman in sechs Büchern. München/Wien 1977, S. 837–844, hier S. 838.
57 Ebd.
58 Ebd.
59 Süselbeck: Die Totalität der Mitte (s. Anm. 54), S. 295.
60 Ebd.

die Stigmatisierung des vermeintlich Abnormen und damit für jene »antisemitischen und kolonialen Ordnungen«,[61] die der »Roman *Soll und Haben*«[62] entwirft. Im Anschluss daran sieht Dirk Oschmann in Freytags Roman eine Umkehrung des goethezeitlichen Entwicklungsromankonzepts. »[W]ährend Anton Reiser und Wilhelm Meister von der Arbeit weglaufen hin zur Kunst«, so Oschmann, »läuft Anton Wohlfart hin zur Arbeit und kommt umgekehrt mit der Kunst kaum in Berührung [...]. Das scheint jedoch insofern nicht problematisch, als der Roman selbst eine ›poetische Welt‹ der Arbeit zu veranschaulichen sucht [...].«[63]

Diese dem Roman nachgesagte Poetisierung der Arbeit deckt sich mit der Romanpoetik, die Gustav Freytag und Julian Schmidt in der Zeitschrift *Die Grenzboten* entwerfen. »Wer uns schildern will«, so heißt es dort,

> muß uns aufsuchen in unserer Stube, unserem Comptoir, unserem Feld [...]. Der Deutsche ist am größten und schönsten, wenn er arbeitet. Die deutschen Romanschriftsteller sollen sich deshalb um die Arbeit der Deutschen kümmern. So lange sie das nicht thun, werden sie keine guten Romane schreiben.[64]

In seinem Roman greift Freytag diese Poetik auf, indem er dem Buch ein ganz ähnlich lautendes Motto von Julian Schmidt voranstellt: »Der Roman soll das deutsche Volk da suchen, wo es in seiner Tüchtigkeit zu finden ist, nämlich bei seiner Arbeit.« (SuH, Bd. 1, S. 1) Zudem wird dem Protagonisten Anton Wohlfart in dem zentralen Poesiegespräch mit seinem jüdischen Freund Bernhard Ehrenthal die Poetisierung der Arbeit und des Gewerbes in den Mund gelegt. Während Bernhard das Geschäftsleben als »prosaisch« beschreibt, entgegnet Anton, dass ihm nichts einfalle, »was so interessant ist, als das Geschäft. [...] [D]er Kaufmann bei uns«, so fährt er fort, »erlebt ebenso viel Großes, Empfindungen und Thaten, als irgend ein Reiter unter Arabern oder Indern« (SuH, Bd. 1, S. 274 f.).

Anhand der Hauptfigur hat Ludwig Stockinger indes gezeigt, dass der Text nicht in der Poetisierung des bürgerlichen Arbeitslebens aufgeht. Entgegen der poetologischen Programmatik der *Grenzboten* spielt »[m]ehr als die Hälfte des Romans« in abenteuerlichen Situationen »des Krieges«, in denen man »den Bürger bei seiner geregelten Arbeit gerade nicht zeigen kann«.[65] Hier »geschc

---

61 Ebd.
62 Ebd.
63 Dirk Oschmann: Der Streit um die Arbeit. Gustav Freytags »Soll und Haben«. In: Dirk Oschmann, Hans-Werner Hahn (Hg.): Gustav Freytag (1816–1895). Literat – Publizist – Historiker. Köln, Weimar, Wien 2016, S. 127–149, hier S. 142.
64 Gustav Freytag: Neue deutsche Romane. In: Die Grenzboten 12 (1853), I. Semester, I. Band, S. 77–80.
65 Ludwig Stockinger: Realpolitik, Realismus und das Ende des bürgerlichen Wahrheitsanspruchs. Überlegungen zur Funktion des programmatischen Realismus am Beispiel von Gustav

hen« aber, so Stockinger, »die entscheidenden Dinge für Antons menschliche Entwicklung.«[66] In den Abenteuern Wohlfarts zeigt sich eine goethezeittypische Ich-Suche, mit der sich der Protagonist von der bloß formalen Bürgerlichkeit seines Prinzipals T.O. Schröter absetzt. Der zeitweilige Ausbruch Wohlfarts aus dem Handelshaus Schröters kann als Ausdruck einer Binnenauseinandersetzung innerhalb der Bürgerlichkeit verstanden werden. Während T.O. Schröters Bürgerlichkeit aus der Abwehr alles Abgründigen und Problematischen heraus entsteht – weshalb dieser stellenweise als kalt und empathielos geschildert wird –, versucht Wohlfart das Gebot des souveränen bürgerlichen Ichs mit konkreter Immanenz zu füllen. Diese Füllung erfolgt dadurch, dass er sein Ich aufs Spiel setzt und dessen Grenzen austestet. Entsprechend begründet Wohlfart seinen zeitweiligen Aufenthalt in der Welt des Adels gegenüber Schröter wie folgt:

> Ihnen aber darf ich [...] antworten, daß die Reinheit des Mannes, welcher sich ängstlich vor der Versuchung zurückzieht, nichts werth ist, und wenn ich etwas aus einem Jahre voll Kränkungen und bitterer Gefühle gerettet habe, so ist es gerade der Stolz, daß ich selbst geprüft worden bin und daß ich nicht mehr wie ein Knabe aus Instinkt und Gewohnheit handle, sondern als ein Mann, nach Grundsätzen. Ich habe in diesem Jahre zu mir ein Vertrauen gewonnen, das ich früher nicht hatte; (SuH, Bd. 2, S. 315)

Was die Versuchung angeht, durch die Antons Ich auf die Probe gestellt wird, so arbeitet der Roman mit einer Verschränkung unterschiedlicher semantischer Ebenen. Zunächst ist es eine Faszination für den Adel, für dessen Glanz und Noblesse, die Anton von der bürgerlichen Sphäre in die problematische Welt des Grafen von Rothsattel treibt. Seine erste Berührung mit dem Adel erfolgt im Garten des Freiherrn, wo er vor Beginn seiner Lehrzeit in der Firma die Adelstochter Lenore von Rothsattel kennenlernt. Zentral bei dieser Begegnung ist eine Szene, in der Lenore Anton mit einem Ruderboot über den Schlosssee fährt und dabei von einer Schar von Schwänen begleitet wird. Dieses »Zauberbild« (SuH, Bd. 1, S. 20) begleitet Anton als Leitmotiv während der gesamten Romanhandlung. Es kann als Anspielung auf das mittelalterliche Sagenmotiv der Schwanenjungfrau[67] verstanden werden, das später auch in Tschaikowskis *Schwanensee* und Richard Wagners *Walküren* aufgegriffen wird und gleichermaßen für die Unschuld wie die eroti-

---

Freytags ›Soll und Haben‹. In: Detlev Müller (Hg.): Bürgerlicher Realismus. Grundlagen und Interpretationen. Königstein im Taunus 1981, S. 174–202, hier S. 195.
66 Ebd.
67 Vgl. dazu Karl Böldl: Schwanenjungfrauen. In: Heinrich Beck, Dieter Geuenich u. a. (Hg.): Reallexikon der Germanischen Altertumskunde. Begr. von Johannes Hoops. Zweite, völlig neu bearbeitete und stark erweiterte Auflage. Bd. 27. Berlin, New York 2004, S. 419–420.

sche Versuchung steht.[68] Wenn Anton der Familie Rothsattel bis ins östliche Schlesien folgt, dann ist das nicht nur eine autonome moralische Entscheidung, sondern auch eine Handlung, die der erotischen Anziehungskraft Lenorens auf Anton geschuldet ist. Die erotische wird mit einer topographischen Grenzerfahrung verschränkt. Im östlichen Schlesien, wo Anton das neue Gut des Freiherrn von Rothsattel verwaltet, scheint durch die ungeklärten Gebietsansprüche zwischen Deutschen und Polen »alle gesetzliche Ordnung aufgelöst« (SuH, Bd. 2, S. 155). Die identitätsgefährdende Anziehungskraft Lenorens wird mit der Gesetzesgefährdung durch die polnischen Ansprüche verschränkt und Antons Identitätsproblematik zeigt sich darin, dass er Lenore zwar zu den polnischen Tanzbällen folgt, gleichzeitig aber den Kampf gegen die polnischen Aufständischen anführt. Die breit geschilderten kriegerischen Auseinandersetzungen sind deutlich als Auflösung und versuchte Rekonstitution von Identität markiert:

> »In einer wilden Stunde habe ich erkannt [...] [,] wie sehr mein Herz an dem Lande hängt, dessen Bürger ich bin. Seit der Zeit weiß ich, weshalb ich in der Landschaft stehe. Um uns herum ist für den Augenblick alle gesetzliche Ordnung aufgelöst, ich trage Waffen zur Verteidigung meines Lebens, und wie ich hundert andere mitten in einem fremden Stamm.« (SuH, Bd. 2, S. 155)

Die Auflösung der gesetzlichen Ordnung und die Ausnahmesituation des Krieges sind die Voraussetzung dafür, dass das bürgerlich-nationale Identitätsmuster mit neuer Immanenz gefüllt werden kann. Erst in der Gefährdung der bürgerlichen Identität, so die Logik des Romans, können deren Inhalte erfahren werden. Ebenso muss die bürgerlich-nationalökonomische Wohlfahrtsidee mit realen Erfahrungen gefüllt werden. Indem Anton in der ökonomischen Unterstützung der Familie Rothsattel die Gefahr der völligen Selbstaufgabe bemerkt, entwickelt er ein Gefühl für das rechte Maß zwischen sozialem Handeln und legitimem Eigeninteresse. Die erotische Grenzerfahrung schließlich ist ein konstitutiver Bestandteil der geschlechtsspezifischen Identitätsfindung. Die Gefahr des völligen Autonomieverlusts, die Anton durch seine obsessiven Gefühle gegenüber Lenore von Rothsattel droht, erreicht während des Aufenthaltes in der polnischen Grenzregion ihren Höhepunkt. Diese existenzielle Bedrohung der Ich-Autonomie trägt aber auch zu deren Stabilisierung bei und wenn Anton gegenüber seinem Prinzipal formuliert, »daß ich selbst geprüft worden bin und daß ich nicht mehr wie ein Knabe aus Instinkt und Gewohnheit handle, sondern als ein Mann, nach Grund-

---

68 Gekoppelt ist dieses Motiv natürlich an das Motiv des Schwanes oder der Schwäne, das seit der Antike für Unschuld, aber auch Reife, Erotik und Tod steht. Vgl. dazu: Gertrud Maria Rösch: Schwan. In: Günter Butzer, Joachim Jacob (Hg.): Metzler Lexikon literarischer Symbole. Stuttgart, Weimar 2012, S. 385–386.

sätzen« (SuH, Bd. 2, S. 358) – so ist das auch als Resümee einer geschlechtsspezifischen, in Antons Fall also *männlichen* Identitätsfindung zu verstehen.

Ludwig Stockinger hat in seiner Interpretation des Romans auf dessen entscheidende konzeptuelle Schwäche hingewiesen. Diese Schwäche besteht darin, dass hier ein Held auftritt, der, herausgefordert durch Abenteuer und Grenzerfahrungen, die humane Reifung einer goethezeitlichen Romanfigur durchläuft, am Ende aber doch in recht profanen bürgerlichen Verhältnissen landet. Der »Romanschluß« »führt«, so Stockinger, »zu unüberwindlichen Spannungen zwischen der erreichten Humanität und der Dürftigkeit des äußeren Lebensziels.«[69] Anton Wohlfart kritisiert zwar die bloße formale Bürgerlichkeit seines Prinzipals T.O. Schröter, die Binnenauseinandersetzung zwischen bürgerlich-profaner Realität und bürgerlichem Ich-Ideal führt aber zu keiner Diskrepanz der Lebensformen. Indem Anton am Ende Teilhaber der Firma wird, endet er vielmehr in der gleichen Lebensform wie sein Prinzipal. Dass Anton zudem nach Jahren der Schwärmerei für die abenteuerliche Lenore von Rothsattel die doch recht hausbackene Schwester seines Prinzipals, Sabine Schröter, heiratet, ist eine weitere Diskrepanz, für die der Roman keine Vermittlungsform findet. Die Versöhnung von bürgerlichem Ich-Ideal und profaner bürgerlicher Lebensform durchsetzen frühere Entwicklungsromane wie Goethes *Wilhelm Meister* mit »ironische[n] Brechungen der Darstellung« und kommunizieren damit, dass das »Telos« des Romans nicht in dem versöhnlichen Schluss der Erzählung, sondern »jenseits des Romanendes liegt«.[70] Solche Formen fehlen in Freytags Roman, sodass der Wechsel des Helden vom bürgerlichen Ich-Idealisten zum selbstgenügsamen Hausmann Züge eines unwahrscheinlichen biographischen Bruchs trägt.

Indes greift der Roman zu einem genuin realistischen Darstellungsverfahren, um diesen Bruch etwas zu entschärfen: dem der poetisch offengelegten Verklärung. Das Geschäft, in das Anton nach seinen vielfältigen Erfahrungen wieder eintreten wird, beschreibt der Erzähler schon zu Beginn des Romans wie folgt:

> Das Geschäft war ein Waarengeschäft, wie sie jetzt immer seltener werden, jetzt, wo Eisenbahnen und Telegraphen See und Inland verbinden, wo jeder Kaufmann aus den Seestädten durch seine Agenten die Waaren tief im Lande verkaufen läßt, fast bevor sie im Hafen angelangt sind [...]. Und, doch hatte dies alte weit bekannte Binnengeschäft ein stolzes, ja fürstliches Ansehen, und, was mehr werth ist, es war ganz gemacht, bei seinen Teilhabern feste Gesinnung und ein sicheres Selbstgefühl zu schaffen. Denn damals war die See weit entfernt, die Conjuncturen waren seltener und größer, so mußte auch der Blick des Kaufmanns weiter, seine Speculation selbständiger sein. (SuH, Bd. 1, S. 58)

---

[69] Stockinger: Realpolitik (s. Anm. 65), S. 196.
[70] Ebd.

Der realistische Verklärungsakt zeigt sich hier insofern, als der Erzähler die moderne Welt dort beschreibt, wo sie noch sinnhaft und zusammenhängend war. In der Gegenwart des Erzählers, in der es einen durch »Eisenbahnen und Telegraphen« beschleunigten Welthandel gibt, wäre eine kaufmännische Existenz wie die beschriebene schon nicht mehr möglich. Nur in der schon etwas zurück liegenden Zeit mit ihren »seltener[en]« »Conjuncturen« konnte noch ein bürgerliches Warengeschäft bestehen, das seinen Angehörigen eine »feste Gesinnung und ein sicheres Selbstgefühl« verleiht. Diese vom Erzählerstandpunkt her gesehen schon anachronistische Ganzheitlichkeit der Firma ist es, die eine Rückkehr und Integration des weitgereisten und weitgebildeten Wohlfart ermöglicht. Der von Stockinger diagnostizierte unwahrscheinliche Bruch bleibt bestehen, er wird durch Textpassagen wie die oben zitierte aber abgemildert.

Die zitierte Passage gibt auch Aufschluss über die Erzählweise, die mit dem Topos der Bürgerlichkeit verbunden ist. Ist die Bürgerlichkeit durch integrative Ganzheitlichkeit geprägt, so entspricht auch das Erzählen selbst einer Idee des Ganzen und Vollständigen. Indem Erzähler und Erzähltes deutlich voneinander getrennt sind, das »[J]etzt« der Erzählzeit klar abgegrenzt ist vom »[D]amals« der erzählten Zeit, kann der Erzähler ein sicheres Überblickswissen aufbauen und kann die Handlungen und Möglichkeiten der Figuren als Ergebnis sozioökonomischer Verhältnisse beschreiben. Der Erzähler weiß hier also mehr als die Figuren, sein erweiterter Horizont macht das Figurenhandeln als Teil eines gesicherten Werteuniversums lesbar.

Zeigt sich die Wissens- und Wertsouveränität des Erzählers über weite Strecken auch in seiner – meist negativen – Darstellung der adeligen und jüdischen Figuren, so fällt gegen Ende des Romans die Annäherung von erzählerischer und erzählter Wahrnehmung auf. Als der Jude Veitel Itzig seinen Anwalt umbringt, wird seine Stimmung danach wie folgt beschrieben:

> War er sicher? [...] Er schloß [seine Wohnung] auf; als er das letzte Mal auf geschlossen hatte, war in der zweiten Stube ein wüster Lärm gewesen. Er blieb stehen und horchte, ob derselbe Lärm nicht wieder zu hören sei. Er wollte ihn durchaus hören. Vor wenigen Augenblicken war er gewesen. O, was hätte er darum gegeben, wenn die letzten Augenblicke nicht gewesen wären! Wieder fühlte er den dumpfen Schmerz, aber stärker, immer stärker. Er trat in die Zimmer, die Lampe brannte noch, die Scherben der Rumflasche lagen noch um das Sopha, das Quecksilber des Spiegels glänzte auf dem Boden wie silberne Taler. Veitel setzte sich erschöpft auf einen Stuhl und sah starr auf die glänzenden Trümmer seines Spiegels. (SuH, Bd. 2, S. 348.)

Der Erzähler berichtet nicht aus souveräner Entfernung, sondern ist eng an das aktuelle Bewusstsein der Figur gebunden. Diese Bindung wird durch jene Darstellungstechnik der erlebten Rede erzeugt, die besonders in Texten des frühen 20. Jahrhunderts vermehrt zum Einsatz kommen wird. Wenn der Text Veitel zudem auf die »Trümmer seines Spiegels« und damit auf sein eigenes fragmentiertes Spiegelbild blicken lässt, dann ist das eine Form der nicht realistisch-metonymisch, sondern bildlich-metaphorisch kommunizierten Ich-Dissoziation, wie sie ebenfalls in Texten des frühen 20. Jahrhunderts Konjunktur haben wird.[71] Die später als genuin modern klassifizierten Darstellungsverfahren kommen hier also bezeichnenderweise im Rahmen der Darstellung einer Welt jenseits der Bürgerlichkeit zum Einsatz.[72] Eine solche Bindung des Entbürgerlichungstopos an perspektivierende Darstellungsformen findet sich später auch beim jungen Thomas Mann. In dessen Debütroman *Buddenbrooks* geht das Nachlassen der integrativen Bürgerlichkeitssemantik ebenfalls mit einer Zunahme von Techniken wie dem inneren Monolog und der erlebten Rede einher.[73] Wenn Veitel Itzig schließlich gegen Ende des Romans in den Wahnsinn rutscht, dann ist damit schon die Überlagerung von Moderne, Krankheit und perspektivierter Darstellung gegeben, wie sie für Texte der Décadence typisch sein werden.[74] Diese Décadence hat im frühen 20. Jahrhundert auch eine sozialtypologische Komponente: In Texten des jungen Thomas Mann und des jungen Hofmannsthal sind es oft Juden und Adelige, die mit den Eigenschaften der Décadence versehen werden.[75]

---

[71] Ein Bild bzw. ein Motiv für die problematisch werdende Einheit des Ichs ist in Texten um 1900 etwa die Maske. Vgl. dazu Ansgar Michael Hüls: Maske und Identität. Das Maskenmotiv in Literatur, Philosophie und Kunst um 1900. Würzburg 2013. Zur poetisch-strukturell kommunizierten Ich-Dissoziation bei Hofmannsthal vgl. immer noch Gotthart Wunberg: Der frühe Hofmannsthal: Schizophrenie als dichterische Struktur. Stuttgart, Berlin u. a. 1965.
[72] Vgl. dazu auch Matthias Agethen, der konzediert, dass die »Relativierung der erzählerischen Autorität durch Perspektivenvielfalt vor allem gekoppelt« ist an die Darstellung von »Außenseitern der Romanhandlung«. Insbesondere in Bezug auf Veitel Itzig kommt es zu »der Verwendung von neuartigen Erzähltechniken.« »Veitels modernes [...] antinationalökonomisches Bewusstsein wird [...] in einer modernisierten Form narrativer Darstellung dargestellt.« Agethen: Vergemeinschaftung, Modernisierung, Verausgabung (s. Anm. 55), S. 95.
[73] Vgl. dazu etwa Christian Grawe: Struktur und Erzählform. In: Ken Moulden, Gero von Wilpert (Hg.): Buddenbrooks-Handbuch. Stuttgart 1988, S. 69–107.
[74] Zur Verschränkung dieser drei Aspekte in Texten der Décadence vgl. etwa Caroline Pross: Dekadenz. Studien zu einer großen Erzählung der frühen Moderne. Göttingen 2013, sowie Dieter Kafitz: Décadence in Deutschland. Studien zu einem versunkenen Diskurs der 90er Jahre des 19. Jahrhunderts. Heidelberg 2004.
[75] Die Überlagerung von Adel und Décadence zeigt sich um 1900 besonders stark in den Erzählungen Eduard von Keyserlings. Vgl. dazu Jens Ole Schneider: Spätadelige Skepsis. Zu Keyserlings Erzählung *Am Südhang*. In: Christoph Jürgensen, Michael Scheffel (Hg.): Eduard von Keyserling und die Klassische Moderne. Stuttgart, Weimar 2020, S. 147–166. Die Verschränkung von Décadence und Judentum zeigt sich besonders in Thomas Manns umstrittener Novelle *Wälsungenblut* (1906). Vgl. dazu etwa: Hans Rudolf Vaget: »Von hoffnungslos anderer Art.« Thomas Manns *Wälsungenblut* im Lichte unserer Erfahrung. In: Manfred Dierks, Ruprecht Wimmer (Hg.): Thomas Mann und das Judentum. Frankfurt a.M. 2004, S. 35–57.

Bürgerlichkeit, so sollte gezeigt werden, ist keinesfalls eine durchweg soziale Kategorie. Sie ist vielmehr eine Konstellation aus sozialer Formation und kulturellem Deutungsmuster und stellt als eine solche Konstellation in Texten des 19. Jahrhunderts die wohl wichtigste modernekompensatorische Ganzheitssemantik dar. Daneben wirkt der Bürgerlichkeitstopos auch ästhetisch strukturbildend, er geht in Freytags Roman, wie gezeigt, mit einer auktorialen und verklärenden Erzählweise einher.

Die Bürgerlichkeitssemantik wirkt weit in das 20. Jahrhundert hinein, denn wenn in Texten um 1900 oder danach die Fragmentierung des Ichs oder der Wirklichkeit ästhetisch inszeniert wird, dann wird dort nicht – wie oft angenommen – ein Kampf zwischen Moderne und Vormoderne ausgetragen, sondern zwischen zwei Umgangsweisen mit der Moderne: einer im Kern bürgerlichen Umgangsweise, die etwa auf das autonome und ganzheitliche Ich setzt, und einer im Kern antibürgerlichen Umgangsweise, die die Möglichkeit eines solchen Ich-Entwurfs gerade verneint. Auch die Ganzheit, die in den Décadenceszenarien um 1900 zerfällt, ist in den allermeisten Fällen nicht die Ganzheit einer gänzlich vormodernen Welt, sondern die Ganzheit des von Bürgerlichkeitssemantiken dominierten 19. Jahrhunderts. Entsprechend ist die Décadencesemantik in den Dramen Oscar Wildes mit einer antibürgerlichen Polemik verbunden und auch in Thomas Manns Roman *Buddenbrooks* (1901) wird bekanntlich die Décadencesemantik mit einer Entbürgerlichungssemantik verschränkt.[76] In der Literatur des 19. und 20. Jahrhunderts spielen sich meist also nicht Konflikte zwischen Moderne und Vormoderne bzw. Antimoderne ab, sondern Binnenkonflikte innerhalb eines komplizierten semantischen Spektrums der Moderne: ein Spektrum, das nur durch einen gleichzeitigen Blick auf kulturelle wie soziale Formationen halbwegs ergründet werden kann.

---

76 Vgl. dazu etwa Immanuel Nover: Bürgerlichkeit. In: Nicole Mattern, Stefan Neuhaus (Hg.): Buddenbrooks-Handbuch. Stuttgart 2018, S. 145–148.

20. Jahrhundert

Joachim Jacob
Text und Kontext

Bertolt Brechts *Buckower Elegien* als Provokation einer Ideen- und Sozialgeschichte der Literatur

1 Kontextbildung, ein Problem?

Die kulturwissenschaftlichen Akzentuierungen der Literaturwissenschaft in den zurückliegenden Jahrzehnten haben zweifellos und nicht zu ihrem Schaden zu einer beträchtlichen Erweiterung literaturwissenschaftlicher Forschungsfragen und -perspektiven geführt. Sie haben allerdings auch ein methodisches Problem noch deutlicher hervortreten lassen, vor das sich bereits die ältere ideen- oder sozialgeschichtliche Orientierung der Literaturwissenschaft gestellt sah (und weiterhin sieht). Das Problem nämlich, wie literarische Texte plausibel auf Kontexte zu beziehen sind, seien sie etwa ideengeschichtlicher oder sozialgeschichtlicher, verbaltextueller oder nicht-verbaltextueller Art. Dass die Wahrheit bei diesem Problem im Auge des Betrachters liege, legt Katja Mellmanns Resümee ihres Beitrags für das Themenheft *Context* des *Journal of Literary Theory* (2014) nahe: »Das sogenannte Text/Kontext-Problem ist eigentlich gar keins; es ist vielmehr eine Fragestellung.«[1] Mellmanns zuvor entfalteter Vorschlag, das vermeintliche ›Problem‹ zu lösen, indem man es als eine empirisch analysierbare ›Fragestellung‹ versteht, verlagert jedoch das Problem bzw. jetzt die Frage nur. Kontexte sind demnach »empirisch, über die spezifischen Bezugsformulierungen in den Quellen« gegeben und »das sogenannte Hierarchisierungs- oder Relevanzproblem, d. h. die Frage, welche ›Kontexte‹ für einen Text überhaupt relevant und welche vielleicht relevanter als andere sind«, soll nicht diskutiert, sondern als Gegenstand von »weiteren Anschlusskommunikationen« im Rahmen einer »Rezeptionsanalyse [...] neben der Werkanalyse« beobachtet werden.[2] Abgesehen davon, dass auch so das methodische Problem erhalten bleibt, in welcher Weise und Gewichtung Werk- und Rezeptionsanalyse ›nebeneinander‹

---

1 Katja Mellmann: Kontext ›Gesellschaft‹. Literarische Kommunikation – Semantik – Strukturgeschichte. In: Journal of Literary Theory 8 (Special Issue: Context. Hg. von Martina King, Jesko Reiling) (2014), S. 87–117, hier S. 111.
2 Mellmann: Kontext ›Gesellschaft‹ (s. Anm. 1), S. 108.

Joachim Jacob, Gießen

∂ Open Access. © 2022 Joachim Jacob, publiziert von De Gruyter. Dieses Werk ist lizenziert unter einer Creative Commons Namensnennung 4.0 International Lizenz.
https://doi.org/10.1515/9783110667004-019

treten können, bliebe einer solchen, die Deutung vorliegender Texte nur beobachtenden Literaturwissenschaft die kritische Stellungnahme verwehrt, *ob* und *welche* »Bezugsformulierungen in den Quellen« gegeben sind und welche »Kontextevokationen« angesichts »prinzipiell allerlei [möglicher; J.J.] ›Kontexte‹« der Validierung »in weiteren Anschlusskommunikationen« übergeben werden sollten.[3]

So interessant gewiss eine solche, sich selbst noch einmal historisierende Betrachtung von empirischen ›Anschlusskommunikationen‹ sein könnte (die dann natürlich auch die Wissenschaftlichkeit einer Beschäftigung mit einem Text nur als Phänomen der Selbst- oder Zuschreibung behandeln würde), soll im Folgenden gleichwohl an einem konkreten literarischen Beispiel, Brechts *Buckower Elegien*, die Frage nach »spezifischen Bezugsformulierungen« in Quellen und an sie herangetragenen »Kontextevokationen« diskutiert und d. h. erwogen werden, ob nicht doch einige dieser plausibler für das Verstehen des Textes heranzuziehen sind als andere (5.–8.). Hierfür erübrigt sich eine methodische Vorüberlegung (2.–4.) weiterhin nicht.

2 Erfrischende, evidente, gute und plausible Kontexte

Die für die Praxis der Interpretation entscheidende Frage, wie sich Kontexte zu Texten *plausibel bestimmen* bzw. um *unplausible reduzieren* lassen, ist, soweit ich sehe, bislang erstaunlich wenig erörtert worden. In Umberto Ecos Diskussion von »Ökonomiekriterien«[4] für die Interpretation in *Die Grenzen der Interpretation* (1990) spielen ›Kontexte‹ eine untergeordnete Rolle. Das Heranziehen von außertextuellen Kontexten wird empfohlen, um zu bestimmen, *wovon* in einem Text überhaupt die Rede ist (ob von Besen oder von Handgranaten).[5] Der innertextuelle Kontext dagegen (der Kotext wie man auch sagen könnte) spielt eine Rolle, um die unplausible Deutung etwa eines Wortes (als Anspielung auf den Stalinisten Berija oder auf den alttestamentlichen Joseph) abzuwehren.[6] Im spezifischen Fall der Deutung von Metaphern ist dagegen nach Eco – analog der »sehr weiten« Bezüge, die eine »gelungene« Metapher stiftet – von einem »sehr weiten Kontext« Gebrauch zu machen,[7] in dessen »Licht« der begabte Interpret

---

3 Ebd.
4 Umberto Eco: Die Grenzen der Interpretation. München 1992 (orig. 1990), S. 139–168.
5 Vgl. ebd., S. 142.
6 Vgl. ebd., S. 145–147.
7 Ebd., S. 210, im Hintergrund steht die Metaphern-Konzeption Max Blacks, siehe ebd., S. 212.

ein Spiel von Schlußfolgerungen in Gang zu setzen [weiß; J.J.], vermittelst dessen auch die »geschlossenste« Metapher eine neue Frische erlangt und eine Kette metaphorischer Schlußfolgerungen hervorbringt.[8]

Neben der Aufgabe der Bedeutungsklärung muss sich der Bezug auf ›Kontexte‹ in Ecos Interpretationslehre demnach vor allem durch die Textkohärenz des Ausgangstextes legitimieren. Extra- und intratextuelle Kontexte dienen eher der Einhegung von Interpretationshypothesen als deren Ausweitung, außer wenn eine solche, wie im Fall der Metapher, durch ein spezifisch sprachliches Gestaltungmittel des Textes selbst als die ›Auffrischung‹ konventioneller Bedeutungsgebung verlangt wird.

In Angelika Corbineau-Hoffmanns literaturwissenschaftlicher Propädeutik *Kontextualität. Einführung in eine literaturwissenschaftliche Basiskategorie* (2013) erscheint dagegen die »Reduktion von Kontexten« vor allem als Merkmal einer nicht-literarischen Kommunikation pragmatisch gebundenen, eindeutigen Sprechens.[9] Im Umkehrschluss zeigt sich der literarische Text als ein maximal kontextreicher Text.[10] In der Bestimmung dessen, was ein für die Interpretation *relevanter* Kontext ist, setzt dagegen auch Corbineau-Hoffmann auf die Selbstevidenz des literarischen Textes. »Kontextmarkierungen« (*contextualization cues*) – die Begrifflichkeit ist bezeichnenderweise der pragmatischen Soziolinguistik, also einer vor allem mit nicht-literarischer Kommunikation befassten Disziplin, entlehnt –, im literarischen Text sollen »›sagen‹ [...], an welcher Stelle sich ein Kontext dem Text anschließen soll, und signalisieren [...], um welche Art von Kontext es sich dabei handeln müsste.«[11] Auch der literarische Text enthielte demnach die Pragmatik seiner Deutung letztlich in sich.

Evidenzbasiert operiert mit Hinblick auf den Kontext schließlich auch Moritz Baßlers als »literaturwissenschaftliche Text-Kontext-Theorie« ausgewiesene methodologische Studie *Die kulturpoetische Funktion und das Archiv* (2005). In diesem ersten umfassenden Versuch, die Anregungen des New Historicism in die deutsche literaturwissenschaftliche Praxis zu vermitteln, steht zunächst die Aufforderung im Mittelpunkt, das unendliche textuelle ›Archiv‹ der Kultur als möglichen und damit unendlichen Kontext eines literarischen Textes zu nutzen. Gleichwohl beharrt Baßler ausdrücklich – »auf diese Prämisse wird man

---

8 Ebd.
9 Angelika Corbineau-Hoffmann: Kontextualität. Einführung in eine literaturwissenschaftliche Basiskategorie. Berlin 2017, S. 253–263: »Reduktion von Kontexten«.
10 Vgl. Corbineau-Hoffmann: Kontextualität (s. Anm. 9), S. 231–246.
11 Ebd., S. 283.

schwerlich verzichten wollen« – auf dem »gute[n] Kontext«, der auch »immer ein wahrer sein« müsse.[12] ›Wahr‹ ist ein Kontext dann, wenn er ›interessant‹ ist und das individuelle Interesse des Forschenden mit dem Versprechen verbindet, »Zugang zu umfassenderen kulturellen Mustern« zu stiften,[13] »auf knapper Auswahl und erhellenden Konstellationen beruht«[14] und schließlich eben darin Evidenz und Erkenntnis erzeugt.[15] Damit ist immerhin als Erwartung an eine überzeugende Kontextbildung formuliert, was ansonsten in der vermeintlichen Evidenz des Textes verborgen bleibt. Den ›guten Kontext‹ zu finden (und den schlechten zu verwerfen), ist demnach eine ›Kunst‹, die man – wie seit der antiken Rhetorik üblich – durch das Schulen an guten Vorbildern einübt.[16]

Letzteres kann schließlich zur praxeologischen Perspektive überleiten, in der Ralf Klausnitzer im eingangs genannten Themenheft *Context* des *Journal of Literary Theory* das Problem der Selektion von Kontexten in historischer und systematischer Perspektive rekonstruiert.[17] »Angesichts der per se unlimitierten Möglichkeiten zur Herstellung von Text-Kontext-Relationen« plädiert Klausnitzer für Selektionsregeln, »die den *konkreten* Text in seinen generischen Manifestation [sic] und in seinen Entstehungsbedingungen als konditionierende Größe für die Bildung von Kontexten auszeichnen«,[18] um zu »produktive[n] und plausible[n] Verknüpfungen von Texten und Kontext(element)en« zu gelangen. Auf den Aspekt der ›Konditionierung‹ von Texten durch ihre »Entstehungsbedingungen« soll im folgenden Abschnitt noch eigens eingegangen werden (siehe 3.), als Selektionsregel für eine angemessene Kontextbildung setzt Klausnitzer in der philologischen Tradition seit dem Ende des 18. Jahrhunderts »die einem Text zuschreibbaren Bedeutungen auf jene Sinnhorizonte, die seinen historischen Adressaten prinzipiell mitteilbar und verständlich gewesen waren.«[19] In der Anwendung setzt eine solche Vorgabe beträchtliche, von Klausnitzer durchaus gesehene, Ansprüche an die Rekonstruktion (und Rekonstruierbarkeit) der historischen Wissens- und Erfahrungsmöglichkeiten von Autoren und Lesern voraus. Metho-

---

12 Moritz Baßler: Die kulturpoetische Funktion und das Archiv. Eine literaturwissenschaftliche Text-Kontext-Theorie. Tübingen 2005, S. 338.
13 Ebd., S. 338, Zitat Stephen Greenblatt.
14 Ebd., S. 346.
15 Ebd., S. 339.
16 Baßler würdigt als solche Albrecht Schöne, Michael Titzmann, Rembert Hüser und Klaus Theweleit. Siehe ebd.: »Methodenpraktische Lösungen«, S. 344–353.
17 Ralf Klausnitzer: Observationen und Relationen. Text – Wissen – Kontext in literaturtheoretischer und praxeologischer Perspektive. In: Journal of Literary Theory (s. Anm. 1), S. 55–86.
18 Ebd., S. 60 f., Hervorhebung hier und im Folgenden, wenn nicht anders angegeben, im Original.
19 Ebd., S. 63.

disch ergeben sich nach Klausnitzer unter der allgemeinen Maßgabe ›naheliegender‹ und ›möglichst zwangloser‹ Kontextdifferenzierungen folgende »Faustregeln« für eine plausible Kontextbildung:

> Text-Kontext-Verknüpfungen sind dann plausibel und überzeugend, wenn sie: (a) nach dem Ökonomieprinzip verfahren, d. h. für Erklärungen von Referenzbeziehungen die nächstliegende Quelle heranziehen; (b) adäquat sind, d. h. Bedeutungszuweisungen unter Berücksichtigung der Wissens- und Wertehorizonte in der Entstehungszeit des Textes vornehmen und also ungerechtfertigte Anachronismen vermeiden; (c) systematisch sind, d. h. Text- und Kontextelemente zu einem System wechselseitiger Verweise zusammenführen; (d) vollständig sind, d. h. Textstellen umfassend erklären.[20]

Die Einlösung dieses m. E. plausiblen Kriterienkatalogs, »um die Verknüpfung von Text-Kontext-Relationen nicht unkontrolliert und willkürlich ausfallen zu lassen«,[21] setzt allerdings eine Vorverständigung über die in gewisser Weise zirkuläre Regel (a) voraus: Dass eine ›naheliegende‹ Verknüpfung überzeugender ist als eine fernerliegende und dementsprechend für die Klärung einer Referenzbeziehung die nächstliegende der fernerliegenden Quelle vorzuziehen ist. Der kurze Durchgang durch gegenwärtige Text-Kontext-Theorien zeigte bereits, dass ein solcher Konsens jedenfalls nicht auf theoretischem Wege zu erwarten ist.

Plausible Kontexte zu entwickeln und unplausible abzuweisen, bleibt, so lässt sich der Stand der literaturtheoretischen und praxeologischen Diskussion zusammenfassen, eine Aufgabe der interpretierenden Praxis, die sich, so scheint es, der systematischen Bewältigung entzieht.

Für die Aufgabe der Kontextbildung in der Interpretation literarischer Texte in ideen- oder sozialgeschichtlicher Hinsicht ist jedoch noch ein mit Regel (b) verbundener Gesichtspunkt von besonderem Interesse, der sich auf die von Ralf Klausnitzer angesprochene ›Konditionierung‹ von Texten durch die Bedingungen ihrer Entstehung richtet. Er leitet von der Aufgabe, Kontexte an Texte in der Interpretation plausibel anzulagern, zu der für eine sozial- wie ideengeschichtlich orientierten Textinterpretation höchst relevanten Frage über, inwiefern Texte in ihrer Entstehung an Kontexte *gebunden* sind, die ihre angemessene Interpretation einzuholen hätte.

---

20 Ebd., S. 67.
21 Ebd.

3 ›Löcher in der Wand‹. Der literarische Text als Reaktion auf Kontexte

Als Grundlage einer angemessenen Kontextbildung ist, wie im vorangegangenen Abschnitt zitiert, vorausgesetzt worden, dass die »Entstehungsbedingungen« eines literarischen Textes »als konditionierende Größe« seiner historischen Kontextualisierung anzusetzen sind.[22] Wie streng auch immer der Begriff der Konditionierung zwischen den Extremen eines mechanischen Reiz-Reaktionsschemas auf der einen und der vage angesonnenen ›Wirkung‹ extratextueller Faktoren auf den literarischen Text auf der anderen Seite gefasst sein soll, verdeckt er den Umstand, dass jeder individuellen Äußerung, und jeder im literarischen Feld zumal, nicht abgesprochen werden kann, dass sie den Kontext ihrer Entstehung auch transzendieren kann, ja möglicherweise immer schon durchbricht. Theodor W. Adornos vielzitierte Formel vom »Doppelcharakter der Kunst als autonom und fait social«[23] etwa hat dies Ende der 1960er Jahre gegen einseitige Ableitungen sowohl sozial- als auch ideengeschichtlicher Provenienz unterstrichen. Dialektisch weniger anspruchsvoll soll dieser Gedanke im Folgenden in der Form festgehalten werden, dass literarische Texte (oder ihre Autoren, diese Diskussion sei hier ausgespart[24]) nicht nur historische, kulturelle oder ideengeschichtliche Kontexte *vorfinden*, die zu ihrer Interpretation heranzuziehen sind, sondern ihrerseits auf die ihnen vorausliegenden ›Kontexte‹ bzw. auf die ›Umgebung‹ oder die ›Situation‹, in der sie entstanden sind, *reagieren*.

Quentin Skinner diskutiert in seinem ebenfalls Ende der 1960er Jahre publizierten Aufsatz *Bedeutung und Verstehen in der Ideengeschichte* (1969) diese Annahme, »unsere Ideen« seien »›eine *Reaktion* auf die sehr unmittelbaren Umstände‹«,[25] aus ideengeschichtlicher Perspektive und zunächst auf nicht-li-

---

22 Siehe Klausnitzer: Observationen (s. Anm. 17).
23 Theodor W. Adorno: Ästhetische Theorie. Hg. von Gretel Adorno, Rolf Tiedemann. Frankfurt a.M. 1970, S. 16. Wiederaufgenommen jetzt bei Gerhard Schweppenhäuser: Ästhetische und soziale Autonomie nach Adorno. In: Martin Endres, Axel Pichler, Claus Zittel (Hg.): Eros und Erkenntnis. 50 Jahre *Ästhetische Theorie*. Berlin 2019. S. 157–166.
24 Ebenso gehe ich nicht auf die eigene methodische Frage ein, inwiefern der biographische Hintergrund ein notwendiger, ein freigestellter oder ein falscher Kontext einer angemessenen Textinterpretation ist.
25 Quentin Skinner: Bedeutung und Verstehen in der Ideengeschichte. In: Martin Mulsow, Andreas Mahler (Hg.): Texte zur Theorie der Ideengeschichte. Stuttgart 2014, S. 143–173, hier S. 150. Orig. Quentin Skinner: Meaning and Understanding in the History of Ideas. In: History and Theory 8 (1969), S. 3–53.

terarische Quellen bezogen[26] kritisch, insofern er aus diesem Ansatz die Konsequenz oder besser die Lizenz ableitet, vermeintlich nur noch die Umstände bzw. Kontexte untersuchen zu müssen, auf die Ideen oder Texte reagierten, und nicht mehr diese selbst. Vor allem aber wendet sich Skinner dagegen, dass Texte oder Ideen vor dem Hintergrund dieser Annahme als Reaktion auf Umstände bzw. ihre Kontexte abgeleitet, *erklärt* werden könnten. Stattdessen argumentiert Skinner dafür, die ›Fakten‹ des historischen Kontexts nicht als determinierenden Faktor (»the determinant of what is said«[27]), sondern als grundlegenden Rahmen (»an ultimate framework«[28]) zu verstehen, innerhalb dessen die spezifische Intention des Sprechenden historisch situiert war.[29] Wenn Skinner schließlich als »aufregendste Möglichkeit [...] die eines Dialogs zwischen der philosophischen Argumentation und den historischen Fakten« entwirft,[30] deutet die Metapher des ›Dialogs‹, das Modell von Rede und Gegenrede, bereits an, worum es im Folgenden gehen soll: darum, die Freiheit einer literarischen Reaktion auf Fakten und Umstände in Betracht zu ziehen.

Auch diese Idee ist 1969 bereits präsent: Wolfgang Iser formuliert sie in seiner Konstanzer Antrittsvorlesung *Die Appellstruktur der Texte*:

> Es gehört zu den schier unaustilgbaren Naivitäten der Literaturbetrachtung zu meinen, Texte bildeten Wirklichkeit ab. Die Wirklichkeit der Texte ist immer erst eine von ihnen konstituierte und damit Reaktion auf Wirklichkeit.[31]

Literarische Texte konstituieren, *fingieren* demnach eine eigene Wirklichkeit, eine Textwelt, die auf die ihnen vorausliegende empirische Wirklichkeit reagiert und damit auch auf die sozialhistorischen und ideengeschichtlichen Sachverhalte oder Kontextbedingungen ihrer Entstehungszeit. Für die Interpretation wie für die Kontextualisierung bedeutet dies, dem literarischen Text in

---

26 Die »literarische [...] Ideengeschichte« wird S. 151 erwähnt.
27 Skinner: Meaning and Understanding (s. Anm. 25), S. 49.
28 Ebd.
29 Die Festlegung des Sprechenden auf die Kommunikation konventioneller Bedeutungen (vgl. ebd. »It needs rather to be treated as an ultimate framework for helping to decide what conventionally recognizable meanings, in a society of that kind, it might in principle have been possible for someone to have intended to communicate.«) bliebe zu diskutieren.
30 Ebd., S. 166.
31 Wolfgang Iser: Die Appellstruktur der Texte. Zitiert nach: Rainer Warning (Hg.): Rezeptionsästhetik. München 1975 (orig. 1969), S. 228–252, hier S. 232.

seiner Form und seinem Inhalt eine Eigenlogik in der Verarbeitung ideeller und historischer Gehalte zuzugestehen.[32]

Diese *Distanzierungsfähigkeit* des Textes bzw. seines Autors von seinem Kontext – von Adorno mit dem Begriff der ›Autonomie‹ bezeichnet – beschäftigt auch Adornos frühen Freund Siegfried Kracauer. In seinem nicht mehr abgeschlossenen Buch *History. The Last Things Before The Last* (posthum publiziert 1969) wendet sich Kracauer, den Historiker in den Blick nehmend (es ließe sich ebenso der literarische Autor oder der Philosoph an seine Stelle setzen), gegen die »dem Schein nach selbstverständliche«, aber als »das Ergebnis eines Fehlschlusses« tatsächlich »unhaltbar[e]« »Annahme«, »daß wir uns den Historiker als Kind seiner Zeit vorstellen.«[33] ›Unhaltbar‹ ist diese Annahme Kracauer zufolge, da sie von einem »Zeitraum« als einer festen Einheit ausgeht, der aber vielmehr als »ein prekäres Konglomerat von Tendenzen, Bestrebungen und Tätigkeiten« vorzustellen sei, als eine »diffuse, fließende und wesentlich unfaßbare« Größe.[34] Vor allem aber ist die Annahme unhaltbar, weil gegen die »bindende Kraft« von Milieus und Strömungen »die Freiheit des Geistes« steht, »neue Situationen, neue Bezugssysteme in Gang zu setzen«,[35] oder mit einer Metapher gesagt:

> Es gibt immer Löcher in der Wand, durch die wir entweichen können und das Unwahrscheinliche sich einschleichen kann.[36]

Der Einwand Kracauers wiegt umso schwerer, als gerade Kracauer kein Apologet genialen Schaffens oder eines in-sich-ruhenden, gegen äußere Einflüsse abgedichteten Kunstwerks ist, sondern in seinen eigenen Arbeiten immer ideen- oder sozialgeschichtliche Kontextualisierungen vornimmt (wie etwa in seiner Jacques Offenbach-Biographie *Jacques Offenbach und das Paris seiner Zeit*, 1937, oder zuvor im *Traktat über den Detektivroman*, 1922/25).

Die Freiheit, auf die Kontexte des eigenen Schreibens zu reagieren, lässt sich auch mit dem Begriff des *Versuchs* bezeichnen. Bertolt Brecht, dessen *Buckower Elegien* mit Beispielen aus ihrer Interpretationsgeschichte im Folgenden

---

32 Vgl. hierzu noch einmal Skinner: Bedeutung und Verstehen (s. Anm. 25), S. 153: »Wenn es stimmt, dass die Beziehung zwischen Kontext und einer Aussage – oder einer Handlung – und der Aussage selbst die Form einer Beziehung zwischen vorhergehenden kausalen Bedingungen und deren Ergebnissen annimmt, dann ist das unabhängige Leben von Ideen in der Geschichte eindeutig in Gefahr.«.
33 Siegfried Kracauer: Geschichte. Vor den letzten Dingen. Schriften. Bd. 4. Frankfurt a.M. 1971 (orig. 1969), S. 69. Vgl. ebd., S. 71: »Kurz, die ganze hier untersuchte Behauptung steht und fällt mit dem Glauben, daß Leute im Grunde ihrem Zeitraum ›angehören‹. Das muß nicht sein.«.
34 Ebd., S. 70.
35 Ebd. S. 70 f.
36 Ebd., S. 20.

Fallbeispiel für die Kontextbildung sein sollen, hat ihn sich für die Charakterisierung seiner eigenen künstlerischen Praxis zu Eigen gemacht.[37] So auch als programmatischer Reihentitel der *Versuche*,[38] unter dem Brecht ab 1930 eine Vielzahl seiner Texte und 1954 auch die *Buckower Elegien* herausgibt.

4 Bertolt Brechts *Buckower Elegien* als Provokation einer Ideen- und Sozialgeschichte der Literatur

Der gewählte Zugang, die Frage nach einer zeitgemäßen ideen- oder sozialgeschichtlichen Interpretation literarischer Texte als Frage nach ihrer plausiblen Kontextualisierbarkeit zu formulieren, sieht sich nach einem kursorischen Durchgang durch die einschlägige jüngere literaturtheoretische Forschung, wie sich gezeigt hatte, weitgehend an die interpretierende Praxis verwiesen.[39] Wenn gilt, so Klausnitzer, dass »der Verbindung von Texten und Kontexten keine intrinsischen Grenzen gesetzt sind: Ein Text oder ein Textelement lässt sich prinzipiell mit allem verbinden, was einem Leser oder einem Interpreten einfallen mag«,[40] und die Relevanz von »Kontextevokationen«, so Mellmann, sich allein darin zeigen kann, dass sie »in weiteren Anschlusskommunikationen bestätigt, d. h. herausgegriffen, bejaht, wiederholt werden; die es also zum Status ›gepflegter‹, institutionalisierter Semantiken bringen«,[41] dann soll eben dies nun am Beispiel von Bertolt Brechts *Buckower Elegien* im Folgenden unternommen werden. Im Stadium einer bereits weit und reich entfalteten For-

---

[37] Vgl. hier nur Bertolt Brecht: Das lyrische Gesamtwerk (1943). In: Ders.: Über Lyrik. Hg. von Elisabeth Hauptmann, Rosemarie Hill. Frankfurt a.M. ²1968, S. 115: »So ungeordnet die Eindrücke, so willkürlich die Eingriffe in diesen Jahren auch sind – was ich an Gedichten auch schreibe, behält doch immer den Versuchscharakter, und die Versuche ordnen sich in einer gewissen Beziehung zueinander an [...].«.
[38] Siehe dazu Joachim Lucchesi: Versuche. In: Jan Knopf (Hg.): Brecht-Handbuch. Bd. 4: Schriften, Journale, Briefe. Stuttgart 2003, S. 406–416.
[39] Ein auch systematisch durchreflektiertes Beispiel für die Kontextualisierung hat Lutz Danneberg, ebenfalls an einem Text Brechts, gegeben. Siehe Lutz Danneberg: Interpretation. Kontextbildung und Kontextverwendung. Demonstriert an Brechts Keuner-Geschichte *Die Frage, ob es einen Gott gibt*. In: SPIEL. Siegener Periodicum zur internationalen empirischen Literaturwissenschaft 9 (1990), S. 89–130.
[40] Klausnitzer: Observationen und Relationen (s. Anm. 17), S. 60.
[41] Mellmann: Kontext ›Gesellschaft‹ (s. Anm. 1), S. 108.

schungs- bzw. Interpretationsgeschichte, wie es bei den *Buckower Elegien* der Fall ist – Gedichte Hölderlins oder Celans, das Werk Kafkas, Kleists wären analoge Beispiele –, muss die Aufgabe über Katja Mellmanns Empfehlung hinaus: zu kommunizieren, »welche ›Kontexte‹ für einen Text überhaupt relevant und welche vielleicht relevanter als andere sind«,[42] auch darin liegen, zu diskutieren, welche Kontexte für einen Text weniger oder gar nicht relevant sind.[43]

Brechts *Buckower Elegien* sind für eine solche Fallstudie aus mehreren Gründen prädestiniert. Sie haben seit ihrem Erscheinen eine reiche Interpretationsgeschichte angeregt, ihr Entstehungskontext und insbesondere das historische Umfeld ihrer Entstehung ist weitmöglichst aufgearbeitet und schließlich und vor allem bieten die sehr heterogenen Gedichte, die Brecht in diesem Zyklus zusammenstellt, tatsächlich schon der oberflächlichen Betrachtung eine Vielzahl von Kontextualisierungsmöglichkeiten. Diesen gegenüber steht jedoch die Brecht-typische Lakonie der Gedichte, die ihrem Deutungsreichtum und der Kontextbildung gewisse Grenzen aufzeigen – oder mindestens zu bedenken geben. In diesem Sinne stellen sie auch eine Provokation einer ideen- oder sozialgeschichtlichen Deutungspraxis dar, wie ich im Folgenden zu zeigen versuche. Nach einer kurzen Einführung (5.) und einer ersten Analyse der Kontextualisierung der *Buckower Elegien* in vorliegenden literaturgeschichtlichen Darstellungen (6.) beschäftige ich mich darum exemplarisch mit der Interpretationsgeschichte zweier Gedichte, *Der Rauch* (7.) und das in der Regel als Motto des Zyklus' gedeutete *Ginge da ein Wind …* (8.), deren lakonischer Stil das Problem plausibler Kontextbildung in der Interpretation besonders anschaulich zeigt.

---

42 Ebd.
43 Widerspruch oder Kritik an unplausibler Kontextbildung ist, soweit ich sehe, in der interpretierenden Praxis der literaturwissenschaftlichen Forschung wenig verbreitet. Die Gründe hierfür dürften vielfältig sein. Ein wesentlicher liegt sicherlich – neben der trivialen Tatsache, dass kritische Auseinandersetzung mit anderen Deutungen Arbeit macht – in der alten Auffassung, dass sich die Literarizität bzw. Ästhetizität eines literarischen Texts im *Reichtum* seiner Bedeutungen zeigt, oder mit Roman Jakobson: Linguistik und Poetik. In: Ders.: Poetik. Ausgewählte Aufsätze 1921–1971. Hg. von Elmar Holenstein, Tarcisius Schelbert. Frankfurt a.M. ²1989, S. 83–121, hier S. 100f.: »Mehrdeutigkeit ist eine unabdingbare, unveräußerliche Folge jeder in sich selbst zentrierten Mitteilung, kurz eine Grundeigenschaft der Dichtung.« Vgl. hierzu die Überblicksdarstellung bei Jan Urbich: Literarische Ästhetik. Köln, Weimar, Wien 2011, S. 205f.

5 *Buckower Elegien*: Lakonie und Kontext

Bertolt Brecht verfasst seine *Buckower Elegien* zum großen Teil im Juli und August 1953.[44] Der historische Entstehungskontext, jedenfalls der ersten unter diesem Titel gefassten Gedichte, lässt sich klar bestimmen. Die Elegien entstehen, so Jan Knopf, »als Reaktion auf die Ereignisse des 17. Juni [1953]«,[45] auf die Demonstrationen Ostberliner Arbeiter unter anderem gegen die Normerhöhungen der Staatsregierung in der Produktion. Eine Auswahl von sechs Gedichten erscheint – nach einem Vorabdruck noch ohne Zyklustitel in der Literaturzeitschrift *Sinn und Form* der Ostberliner Akademie der Künste noch 1953-[46] in Heft 13 der *Versuche* 1954 zeitgleich im Aufbau Verlag in Berlin und im Suhrkamp Verlag in Frankfurt am Main.[47] Der genaue Umfang des gesamten Zyklus' der *Buckower Elegien* sowie die von Brecht endgültig vorgesehene Reihenfolge der Gedichte innerhalb des Zyklus' ist bis heute umstritten, sie kann für das Weitere außer Betracht bleiben.

Unter den rund zwanzig Gedichten der *Buckower Elegien* finden sich mit *Der Radwechsel*, *Die Lösung* oder *Der Blumengarten* einige der bekanntesten des Autors. Die Gedichte thematisieren Natur, Politik und Gesellschaft, antike und zeithistorische Ereignisse und Personen, Träume, Lektüren, mythologisches Personal und auch Poetik. Eine integrale Deutung des Zyklus' sieht sich schon angesichts dieser thematischen und motivischen Breite vor erhebliche Schwierigkeiten gestellt. Eine Einheit in dieser Heterogenität zeigt sich am ehesten, wie Helmut Koopmann herausgestellt hat, in der Haltung der »Distanz« des Sprechenden zu seinen Gegenständen, »eine ausgesprochene oder unausgesprochene Distanz, zu dem, was dargestellt wird«,[48] mit der zugleich auch ein historisches Formmerkmal der Elegie in ihrer ›klassischen‹ deutschsprachigen Ausprägung wiederkehrt.[49] Zugleich sprechen die Gedichte aber immer wieder

---

44 Siehe zur Entstehungs- und Druckgeschichte der *Elegien* den Kommentar in Bertolt Brecht: Werke. Große kommentierte Berliner und Frankfurter Ausgabe. Bd. 12: Gedichte 2. Sammlungen 1938–1956. Bearbeitet von Jan Knopf. Berlin, Weimar, Frankfurt a.M. 1988, S. 444–447.
45 Bertolt Brecht: Buckower Elegien. Mit Kommentaren von Jan Knopf. Frankfurt a.M. 1986, S. 121.
46 Bertolt Brecht: Gedichte. In: Sinn und Form 5,6 (1953), S. 119–121.
47 Bertolt Brecht: Buckower Elegien. In: Ders.: Versuche 13. Berlin 1954, Frankfurt a.M. 1954, S. 109–116 (Teil des 23. Versuchs).
48 Helmut Koopmann: Brechts *Buckower Elegien* – ein Alterswerk des Exils [1998]. In: Ders.: Bösartigkeiten und Einsprüche. Studien zum Werk Bertolt Brechts. Würzburg 2017, S. 197–220, hier S. 199.
49 Vgl. Jörg Schuster: Poetologie der Distanz. Die klassische deutsche Elegie 1750–1800. Freiburg i.Br. 2002. In diesem Sinne ist Koopmanns Urteil zu relativieren, dass die *Buckower Ele-*

auch von dem, was der Freiheit und Souveränität der Distanz entgegensteht: von Träumen, Zwängen und Affekten.

Eine der Herausforderungen des Zyklus' liegt in der ihm eigenen und schon mehrfach in der Forschung festgestellten und zur Distanz passenden Sprechhaltung der *Lakonie*.[50] Rhetorisch ist der Lakonismus durch Kürze, Einfachheit der Wortwahl und Schmucklosigkeit des Ausdrucks bestimmt, d. h. durch Verzicht auf Tropen und Figuren, der demnach auch den Deutungsspielraum der *Buckower Elegien* begrenzen müsste. Faktisch allerdings lässt die Interpretationsgeschichte der *Buckower Elegien* von solcher, sich auf Wörtlichkeit verpflichtenden Selbstbegrenzung wenig sehen. Sie hat im Gegenteil in nicht mehr fassbarer, geschweige denn gedanklich zu durchdringender, Weise auf Vieldeutigkeit abzielende Lesarten und Kontextevokationen hervorgebracht. Den bisherigen Höhepunkt dürfte dabei, zumindest was den Umfang angeht, Dieter Hennings fast tausendseitige Monographie *Das Leben in Beschlag. Kapitalismus, Sowjetkommunismus und Nationalsozialismus in Brechts »Buckower Elegien«* darstellen.[51]

6 Die *Buckower Elegien* im literaturgeschichtlichen Kontext

So leicht sich über die Begrenzung von Kontextualisierung räsonieren lässt, eine literaturgeschichtliche, auf die Darlegung größerer Zusammenhänge ausgerichtete Darstellung kommt ohne sie nicht aus. Die beiden großen deutschen Literaturgeschichten *Hansers Sozialgeschichte der Literatur vom 16. Jahrhundert bis zur Gegenwart* und die *Geschichte der deutschen Literatur von den Anfängen bis zur Gegenwart* kommen auf Brechts *Buckower Elegien* im Detail zu sprechen, mit deutlich unterschiedlichen Kontextbildungen.

---

gien »auf keinen Fall Elegien im Sinne der deutschen Klassik sind«, Koopmann: Brechts *Buckower Elegien* (s. Anm. 48), S. 198.
50 Zur Lakonie im lyrischen Spätwerk Brechts siehe Simon Karcher: Sachlichkeit und elegischer Ton. Die späte Lyrik von Gottfried Benn und Bertolt Brecht. Ein Vergleich. Würzburg 2006, bes. S. 190 ff.; Laura Cheie: Harte Lyrik. Zur Psychologie und Rhetorik lakonischer Dichtung in Texten von Günter Eich, Erich Fried und Reiner Kunze. Innsbruck 2010, zu Brecht S. 44–66. Grundlegend zu Einfachheit und ›Naivität‹ in der Lyrik und der eigenen Lyrikreflexion Brechts Günter Häntzschel: Einfach kompliziert. Zu Bertolt Brechts Lyrik. In: Hundert Jahre Brecht – Brechts Jahrhundert? Hg. von Hans-Jörg Knobloch und Helmut Koopmann. Tübingen 1998, S. 65–82, zu den *Buckower Elegien* S. 75–82.
51 Dieter Henning: Das Leben in Beschlag. Kapitalismus, Sowjetkommunismus und Nationalsozialismus in Brechts *Buckower Elegien*. Würzburg 2013.

In seinem Kapitel über die »Frühe Nachkriegslyrik« in Band 12 *Geschichte der deutschen Literatur* (1994) vermittelt Alexander von Bormann die sprachliche Faktur der *Buckower Elegien* und den biographischen Erfahrungskontext ihres Verfassers, indem er sie unter die Überschrift »Lakonik des Exils« stellt.[52] Nach der »Erfahrung vom Versagen der Sprache, der Strophen, Rhythmen und Bilder« realisierten Brechts *Elegien* mit ihrem

> lakonischen Gestus [...] eine spät gefundene Form, die den Bildern der sinnlichen Erkenntnis mißtraut, auf Wörtlichkeit setzt und jedenfalls noch von den (lyrischen) Erfahrungen des Exils zehrt.[53]

Aus der historischen Erfahrung des Exils zieht Brecht demnach in den *Buckower Elegien* eine ästhetik- und sprachkritische Konsequenz. »Wörtlichkeit«, das heißt der literale Wortsinn, wäre dementsprechend dann auch in der Interpretation dieser Gedichte metaphorisch oder allegorisch bedeutsamen »Bildern« vorzuziehen. Damit ist selbstverständlich kein grundsätzlicher Einwand gegen Kontextualisierungen formuliert, aber zumindest ein Anhaltspunkt für Zurückhaltung gegeben.

Weiter geht demgegenüber in einem späteren Kapitel desselben Bandes Anne Hartmann, die Brechts *Buckower Elegien* als »den Versuch der Selbstvergewisserung« des »seit 1951 zunehmend ins Abseits gedrängt[en]« Autors charakterisiert, dem » in der Abgeschiedenheit des ländlichen Ortes (die Assoziation ›bukolisch‹ drängt sich auf) [...] das Eingreifen verwehrt« sei.[54] Ließe sich schon fragen, warum die ›Selbstvergewisserung‹ der Möglichkeit, ›eingreifende‹ Lyrik zu verfassen, entgegenstehen sollte (zumindest in Brechts Sinn eingreifender, d. h. die Wirklichkeit als veränderbar darstellender Kunst), gilt dies mehr noch für die ›sich aufdrängende‹ »Assoziation« des hier offensichtlich im Sinne des zurückgezogen Beschaulichen gemeinten Bukolischen. Scheint hier einerseits Klausnitzers oben zitierte Selektionsregel für die Kontextbildung, einen »*konkreten* Text in seine[r] generischen Manifestation« ernst zu nehmen,[55] befolgt, zeigt sich andererseits in diesem Fall auch die Schwierigkeit einer generischen Argumentation. Denn wie schon die Selbstzuweisung der Gedichte als ›Elegien‹ keine sichere Deutungszuweisung erlaubt, gilt dies erst

---

52 Alexander von Bormann: Frühe Nachkriegslyrik (1945–1950). In: Wilfried Barner (Hg.): Geschichte der deutschen Literatur von 1945 bis zur Gegenwart. München ²2006 (Geschichte der deutschen Literatur von den Anfängen bis zur Gegenwart 12), S. 76–89, hier S. 80.
53 Bormann: Frühe Nachkriegslyrik (s. Anm. 52).
54 Anne Hartmann: Traditionalismus und Forderungen des Tages. DDR-Lyrik. In: Geschichte der deutschen Literatur von 1945 bis zur Gegenwart (s. Anm. 52), S. 307–320, hier S. 315.
55 Klausnitzer: Observationen (s. Anm. 17).

recht für den hier aufgerufenen gattungsgeschichtlichen Kontext der ›Bukolik‹. Denn ist Hirtendichtung oder einfach nur der Ort des Schreibens, Buckow, gemeint? Brecht selbst spielt in seinem Brief an Peter Suhrkamp bei Übersendung einiger ausgewählter Stücke mit diesem Doppelsinn, wenn er diese seinem Frankfurter Verleger als »Buckowliche Elegien« ankündigt.[56] Eine eskapistische Lesart des Zyklus' ist mit dem Titel, ohne Rückgriff auf die Gedichte selbst, jedenfalls nicht zu begründen.[57]

Bernhard Greiner zieht demgegenüber 1983 in *Hansers Sozialgeschichte der Literatur* den für die *Buckower Elegien* sozialgeschichtlich relevanten Kontext enger. Nach Greiner sind die *Elegien* nicht aus der Erfahrung des Exils, sondern »aus der Erfahrung des niedergeschlagenen Aufstandes der Arbeiter des 17. Juni geschrieben«.[58] Der Wechsel im Bezugssystem führt zu konträren Schlussfolgerungen für die Interpretation. Kein Rückzug ins Beschauliche, sondern – enger an Brechts Idee nützlicher Literatur – Vorwegnahme eines künftigen politischen Diskurses. Das bekanntlich auf Kurt Bartels Aufforderung an die streikenden Berliner Arbeiter, sich die Achtung ihrer Regierenden zurückzuerobern, ironisch reagierende Gedicht *Die Lösung* und seine letzten Verse: »Wäre es da / Nicht doch einfacher, die Regierung / Löste das Volk auf und / Wählte ein anderes?«,[59] deutet Greiner als Verfahren, dem lesenden Volk »Redemuster« an die Hand zu geben, die »alle gönnerhafte Belehrung durch die Herrschenden« zurückweisen und »zukünftig herzustellende Redesituationen« antizipieren.[60]

Eine dritte, Greiners auf die zeitgeschichtliche Situation konzentrierte Kontextualisierung der *Buckower Elegien* verwandte, aber den Kontext noch einmal anders einstellende, zeigt sich schließlich in Wolfgang Emmerichs Darstellung der DDR-Literatur der 1950er Jahre in Metzlers einbändiger *Deutscher Literaturgeschichte. Von den Anfängen bis zur Gegenwart*. Emmerich zufolge verkörpern die *Buckower Elegien* gerade eine Abkehr von der Lyrik des Exils und der Nachkriegszeit und entwickeln eine »neue[] Schreibart«, die statt Nützlichkeit die Schönheit für sich entdeckt, diese aber weder für eine ›reine Naturdichtung‹ noch für ›traditionelle Klagegedichte‹ einsetzt, sondern vom »subjektiven

---

56 Zitiert nach dem Kommentar der Berliner und Frankfurter Ausgabe (s. Anm. 44), S. 445.
57 Genauer verfolgt die Bezüge zur Bukolik Marion Lausberg: Brechts Lyrik und die Antike. In: Helmut Koopmann (Hg.): Brechts Lyrik. Neue Deutungen. Würzburg 1999, S. 163–198, hier S. 185 f.
58 Bernhard Greiner: Im Zeichen des Aufbruchs. Die Literatur der fünfziger Jahre. In: Hans-Jürgen Schmitt (Hg.): Die Literatur der DDR. München 1983 (Hansers Sozialgeschichte der deutschen Literatur vom 16. Jahrhundert bis zur Gegenwart 11), S. 337–384, hier S. 370.
59 Ebd., S. 374.
60 Ebd.

Standort« des Autors und von »seinen Bedürfnissen her [...] die erreichten wie auch noch nicht erreichten Veränderungen in seinem Land« reflektiert.[61]

Es liegt in der Sache einer literaturgeschichtlichen Überblicksdarstellung, dass sie Kontexte tatsächlich weitgehend nur evozieren und nicht im Detail begründen kann. Sich einer solchen Aufgabe zu stellen, ist ihr orientierender Verdienst. Dabei zeigen die vorgestellten, weitgehend konträren Deutungen der *Buckower Elegien* in den Literaturgeschichten sehr anschaulich, in welchem Maße die Plausibilität von Interpretationen eine Entscheidung über die Plausibilität und die argumentative Reichweite der Kontexte impliziert, die sie heranziehen. In einer genaueren Auseinandersetzung wäre vor diesem Hintergrund und gerade auch angesichts des Widerspruchs an Kontextangeboten also genauer zu prüfen, mit welchen textbezogenen Argumenten etwa von Exiliertheit, Nützlichkeit oder Schönheit der sprachlichen Artikulation wie des thematischen Gehalts der *Buckower Elegien* gesprochen werden kann oder nicht.

7 *Der Rauch* – »Rauchzeichen«?

> Der Rauch
> Das kleine Haus unter Bäumen am See
> Vom Dach steigt Rauch
> Fehlte er
> Wie trostlos dann wären
> Haus, Bäume und See.[62]

Das Gedicht *Der Rauch* gehört zu jener ersten Gruppe von sechs Gedichten, die Brecht im Heft 13 der *Versuche* veröffentlicht hat. Für die konstatierte Lakonie der *Buckower Elegien* ist es ein sehr gutes Beispiel. Aber gerade die Schlichtheit seiner Redeweise hat die Phantasie seiner Interpreten besonders befeuert. So ist weitgehend Konsens der Forschung, dass das »kleine Haus« des ersten Verses nicht einfach ein Haus sein kann, wie der von ihm aufsteigende »Rauch« nicht einfach Rauch, sondern ein Rauchzeichen ist.[63]

---

61 Wolfgang Emmerich: Die Literatur der DDR. In: Wolfgang Beutin u. a.: Deutsche Literaturgeschichte. Von den Anfängen bis zur Gegenwart. Verbesserte und erweiterte Auflage. Stuttgart, Weimar [6]2001, S. 511–579, hier S. 533.
62 Brecht: Buckower Elegien (s. Anm. 45), S. 19.
63 Henning: Leben in Beschlag (s. Anm. 51), S. 209.

So stellt Helmut Koopmann in seiner umfassenden, oben schon zitierten, Würdigung der *Buckower Elegien* von 1998, die auch einen kritischen Abriss ihrer bisherigen Interpretationsgeschichte enthält, fest, dass

> sich das Gedicht weniger auf eine reale Situation [bezieht; J.J.] als vielmehr auf den Vierzeiler *Heimkehr des Odysseus* von 1936: »Dies ist das Dach / Die erste Sorge weicht, / Denn aus dem Haus steigt Rauch, es ist bewohnt. / Sie dachten auf dem Schiffe schon: vielleicht / Ist unverändert hier nur mehr der Mond.«[64]

Was aus einem solchen Rückbezug des Gedichts auf die *Heimkehr des Odysseus* für das Verständnis des Buckower Gedichts zu gewinnen wäre (außer, dass es in anderer Weise mit dem Motiv des Rauchs umgeht), bleibt dabei ungesagt. Hans Vilmar Geppert geht – nach einer den ›einfachen‹ Gestus des Gedichts zunächst wahrenden und dabei äußerst genauen Deutung, die den »Irrealis der Reflexion« als Kraft der Negation im dritten Vers des Gedichts herausstellt und als Beleg für die »aktive, arbeitende Seh- und Denkweise und Lebensform« des Subjekts herausstellt –[65] noch einen Schritt auf der von Koopmann gewiesenen Bahn weiter, wenn er nicht nur die *Heimkehr des Odysseus* zu einer »sehr sprechende[n] Vorstufe« zu *Der Rauch* erklärt, sondern aus Koopmanns leitender These, die *Buckower Elegien* im Ganzen als Exildichtung zu deuten, *Der Rauch* als »eines der Gedichte« identifiziert, »die am klarsten in der Tat die *Buckower Elegien* als ein ›Werk des immer noch fort dauernden Exils‹ ausweisen.«[66] Marion Lausberg hatte in der Zwischenzeit gewissermaßen das Bindeglied dieser Assoziationskette mit dem philologischen Nachweis der Referenz für das Motiv des Rauchs in Brechts *Heimkehr des Odysseus* auf Homers *Odyssee* (IX, 166; X, 149) gegeben,[67] doch ist dieser Befund eben nicht einfach qua Analogie auf *Der Rauch* übertragbar, wie es schon Lausberg[68] und dann auch Geppert nahelegen.

Koopmann stellt für Haus und Rauch allerdings noch einen weiteren, nach eigenem (ich schließe nicht aus, humorvoll-ironischem) Urteil dem ersten sogar überlegenen Kontext auf: »Inzwischen wissen wir sogar noch mehr: mit dem kleinen Haus ist jenes Haus gemeint, das Brecht für Käthe Rülicke besorgt

---

64 Koopmann: Brechts *Buckower Elegien* (s. Anm. 48), S. 198 f.
65 Hans Vilmar Geppert: »Sieh den Balken dort«. Zur Sinnlichkeit der Chiffren in Bert Brechts Lyrik. In: Ders.: Bert Brechts Lyrik. Außenansichten. Tübingen 2011, S. 29–48, hier S. 46. Vgl. schon Koopmann: Brechts *Buckower Elegien* (s. Anm. 48), S. 198: »Kein Zweifel, daß dieses Gedicht auch eine Zäsur enthält. Aber diese ist nicht formaler Art, sondern ist zu lokalisieren zwischen Beobachtung [...] und angehängter Reflexion.«.
66 Geppert: »Sieh den Balken dort« (s. Anm. 65), S. 44 f.
67 Lausberg: Brechts Lyrik (s. Anm. 57), S. 186 f.
68 Ebd., S. 186.

hatte«.⁶⁹ Gemeint ist Käthe Reichel, auf deren Haus sich auch nach Jan Knopfs Kommentar für die Große Berliner und Frankfurter Ausgabe 1988 das Gedicht »ursprünglich« »bezieht«.⁷⁰ Werner Hecht benennt, hermeneutisch im Vergleich hierzu zunächst noch zurückhaltender, »eine befreundete[] Schauspielerin« nur als »[k]onkrete[n] Anlaß für diese Elegie«, um dann aber zu folgern: »Der Rauch deutet auf ihre Anwesenheit und auf die berechtigte Aussicht, die Buckower Langeweile auf angenehme Weise zu unterbrechen.«⁷¹

Neben Exil und Biographie behauptet sich auch in der jüngeren Deutungsgeschichte von *Der Rauch* der Hinweis auf den politisch-historischen Kontext. Ray Ockenden würdigt 2002 zwar Helmut Koopmanns »spirited and stimulating attempt to ›liberate‹ the Buckow Elegies from their presumed political context«, plädiert seinerseits jedoch dafür – auch wenn er für »old-fashioned« gehalten werden könnte – mit Hinweis auf Brechts bekannte *Arbeitsjournal*-Notiz vom 23. August 1953: »Buckow. ›Turandot‹. Daneben die ›Buckower Elegien‹. Der 17. Juni hat die ganze Existenz verfremdet«, zum »political context« der Ereignisse des 17. Junis zurückzukehren.⁷² Der Aspekt des ›Verfremdetseins‹ und das Motiv des ›Bauens‹, das sich durch Brechts in der DDR entstandenes Werk ziehe, machten es möglich, »to take the house here as symbolic of the new socialist state«.⁷³ Schon 1975 hatte Jürgen Link den Symbolcharakter des ›Element Haus‹ an dieser Stelle als ›Gebäude, soziales Ding‹ für das »Produktionssystem / [die] Gesellschaft« entwickelt.⁷⁴ Als kleines »Häuschen« ›konnotiere‹ es

> die scheinbare Autonomie (a la ›my home is my castle‹) der kleinbürgerlichen Existenzform, die vom Hauptpfeiler des gesellschaftlichen Reproduktionssystems, der Arbeiterschaft, jedoch nur scheinbar unabhängig ist, in Wirklichkeit wie an einer Nabelschnur an ihr hängt.⁷⁵

Ich nehme Andreas Klements um ein faires Urteil gegenüber der Forschungsleistung Links bemühten Hinweis ernst, dass

---

69 Koopmann: Brechts *Buckower Elegien* (s. Anm. 48), S. 199.
70 Brecht: Berliner und Frankfurter Ausgabe (s. Anm. 44), Bd. 12, S. 448.
71 Werner Hecht: »Am See, tief zwischen Tann und Silberpappel«. Bertolt Brecht in Buckow. In: Konturen. Magazin für Sprache, Literatur und Landschaft 1,3 (1992), S. 5–13, hier S. 13.
72 Ray Ockenden: Empedocles in Buckow. A Sketch-Map of Misreading in Brecht's Poetry. In: Tom Kuhn, Karen Leeder (Hg.): Empedocles' Shoe. Essays on Brecht's Poetry. London 2001, S. 178–205, hier S. 198. Brechts Journal-Eintrag von mir zitiert nach: Bertolt Brecht: Journal [Berlin] [12.1.53–18.7.55]. In: ders.: Berliner und Frankfurter Ausgabe (s. Anm. 44), Bd. 27: Journale 2. Bearb. von Werner Hecht. Berlin, Weimar, Frankfurt a.M. 1995, S. 343–350, hier S. 346.
73 Ockenden: Empedocles in Buckow (s. Anm. 72), S. 198.
74 Jürgen Link: Die Struktur des literarischen Symbols. Theoretische Beiträge am Beispiel der späten Lyrik Brechts. München 1975, S. 47.
75 Link: Die Struktur (s. Anm. 74), S. 49.

inzwischen kaum ein Forschungsbeitrag der naheliegenden Versuchung widerstehen kann, die Darstellung Links ironisch-genüsslich zu kommentieren, so soll doch darauf verwiesen werden, dass seine Hauptthese, »es handle sich bei den *Buckower Elegien* um politische Lyrik, in einer Phase der Ratlosigkeit wichtige Impulse für die Forschung zum lyrischen Spätwerk lieferte.«[76]

Doch es bleibt die Frage, *ob* es sich bei *Der Rauch* um politische Lyrik handelt. Schon Klement selbst jedenfalls optiert anders und erkennt über die Beobachtung hinaus, dass das Gedicht gegenüber dem traditionellen Topos des *locus amoenus* und bürgerlicher Naturlyrik den Menschen ins Zentrum einer gestalteten Natur rückt, als »Ergebnis« der »lyrischen Lakonie« des Gedichts die Vermittlung von Emotionalität und Rationalität; dazu stellt Klement frei, den ›biographischen Hintergrund‹ miteinzubeziehen, mit dem Käthe Reichel als Bewohnerin des Hauses identifiziert werden könne, um schließlich noch auf die »Assoziationskette von Rauch, Feuer und Menschen, die es entfachen«, hinzuweisen, mit welcher »der Prometheus-Mythos, die erste Autonomieerklärung des Menschen von den Göttern, mitzitiert« sei.[77]

Ob Bertolt Brecht auch über eine der hier referierten Deutungen von *Der Rauch* »sicherlich nur gelacht« hätte,[78] wage ich nicht zu entscheiden. Einer kritischen Musterung, welche der angeführten Kontexte für ein Verständnis des Gedichts selbst methodisch begründet Relevanz beanspruchen kann, hält gleichwohl nach meiner Auffassung keiner stand. Bemerkenswert scheint mir dagegen vielmehr – etwa im Unterschied zu einem Gedicht wie der *Heimkehr des Odysseus* – die Abwesenheit solcher Bezüge im Titel wie in den fünf Versen des Gedichts. An ihre Stelle tritt ein einfaches, aber darum nicht weniger bedeutsames Thema, das in der Interpretationsgeschichte zu *Der Rauch* natürlich längst erkannt, aber offenkundig in seiner Einfachheit nicht leicht zu ertragen war: Erst ein bewohntes Haus ist ein (diesen Betrachter zumindest) tröstendes Haus. Die Verse geben ihm eine interessante sprachliche Form, wie Harald Weinrich schon 1982 gezeigt hat, in dem »der entfalteten Syntax der beiden ers-

---

[76] Andreas Klement: Brechts neues Leben in der DDR. Die späte Lyrik. Marburg 2012, S. 11.
[77] Klement: Brechts neues Leben (s. Anm. 76), S. 174 f.
[78] So Koopmann: Brechts *Buckower Elegien* (s. Anm. 48), S. 206, Fußnote 7, über Marion Fuhrmanns in »den Bereich germanistischer Spekulation« gehörende Auffassung, dass *Der Rauch* »das Produzieren als Grundprinzip menschlicher Existenz thematisiert« (zitiert aus Marion Fuhrmann: Hollywood und Buckow. Politisch-ästhetische Strukturen in den Elegien Brechts. Köln 1985, S. 137).

ten Gedichtzeilen« »die Kargheit des Summativschemas im letzten Vers« gegenübergestellt wird, mit dem »dieselben Gegenstände« ›öde‹ werden.[79]

Damit ist nicht auf eine Abwehr von Kontextualisierung überhaupt gezielt. Ideengeschichtlich ließe sich etwa das in den vorliegenden Interpretationen schon verschiedentlich angesprochene Motiv des ›belebten‹ Dings (des durch den Rauch als bewohnt indizierten Hauses) weiter entfalten. *Der Rauch* wäre dann sowohl gegen eine vom Menschen abstrahierende Naturdichtung, wie Klement anmerkt,[80] als auch von einer um das Menschliche unbekümmerten Ding-Emphase gesetzt. Das Gedicht ließe sich damit auch als eine Kritik jenes »Endes des Anthropozentrismus« lesen, das Gregor Streim 2008 als einen Grundzug in der »Anthropologie und Geschichtskritik in der deutschen Literatur zwischen 1930 und 1950« rekonstruiert hat.[81] Wenn die Kontextualisierung dieses Gedichts nicht durch eine assoziative Füllung seiner Unbestimmtheitsstellen erfolgt, sondern unter ihrer Wahrung, dann kann auch auffallen, dass – gleichsam als Kontrapunkt zu dem Landschaft und Ding ›humanisierenden‹ Standpunkt des Gedichts – ein ›Ich‹ (also die menschliche Subjektposition) in ihm sprachlich gerade nicht markiert ist, sondern sich allein in die sprechende Stimme zurückgezogen hat.

Für eine sozialgeschichtliche Kontextualisierung bietet *Der Rauch* dagegen wie es scheint keine Anhaltspunkte – und genau dies wäre der interessanteste Befund von allen: Dass Bertolt Brecht gerade in der realen politisch wie sozial höchst dramatischen Situation des Sommers 1953 genau auch ein solches, die Umstände ignorierendes Gedicht (neben anderen, politisch durchaus auf die Umstände reagierenden Elegien) verfasst und in den Zyklus aufnimmt – von der oben (3.) angesprochenen Freiheit, sich Zwängen zu entziehen, Gebrauch macht.

Dass man als Interpret trotz größtem Kenntnisreichtum eine solche Spannung zwischen literarischem Text und Kontext aushalten kann, zeigt der Brecht-Herausgeber und Biograph Werner Mittenzwei, der in seiner zweibändigen Brechtbiographie von 1986 zunächst eine minutiöse dreißigseitige »Rekonstruk-

---

[79] Harald Weinrich: Bertolt Brecht in Buckow oder: Das Kleinere ist das Größere. In: Gedichte und Interpretationen. Bd. 6: Gegenwart. Hg. von Walter Hinck. Stuttgart 1982, S. 30–39, hier S. 38. Neuauflage als eigene Publikation unter dem Titel: Bertolt Brecht. Vier Buckower Elegien. Reclam Interpretationen. Stuttgart 2009. Leider ist auch Weinrich dies nicht genug, sondern einer Interpretation Walter Jens folgend kommt mit dem häuslichen Rauch noch eine »besorgende Hand« ins Spiel, die »die friedliche Ordnung der Menschheitskultur aufrecht erhält«. Ebd., S. 38.
[80] Klement: Brechts neues Leben (s. Anm. 76), S. 175.
[81] Gregor Streim: Das Ende des Anthropozentrismus. Anthropologie und Geschichtskritik in der deutschen Literatur zwischen 1930 und 1950. Berlin, New York 2008. Siehe auch Matthias Löwe, Gregor Streim (Hg.): ›Humanismus‹ in der Krise. Debatten und Diskurse zwischen Weimarer Republik und geteiltem Deutschland. Berlin, Boston 2017.

tion des Tagesablaufs und der Denkvorstellungen Brechts vom 16. zum 17. Juni« vorlegt.[82] Doch diese historische Rekonstruktion der Entstehungsbedingungen der *Buckower Elegien* und anderer in dieser Zeit entstandenen Texte Brechts setzt Mittenzwei nicht als determinierende bzw. konditionierende Größe der Deutung, sondern bezieht sie in einem eigenen, anschließenden Kapitel »Nachdenken – Sommer in Buckow« – schon die äußere Trennung in der Darstellung ist bemerkenswert – deutlich behutsamer, aber gelegentlich auch präziser mit ein, als dies in der eben vorgestellten Forschung der Fall ist.[83] So liest Mittenzwei etwa den Bezug auf die ›Elegie‹ in der Gattungstradition wehmütiger Klage »als gezielte Entgegnung auf den von Presse und Literaturkritik immer wieder beschworenen Optimismus«, demgegenüber Brecht »an einem Titel [lag], der einen Widerspruch deutlich machte, der ein Korrektiv bedeutete.«[84] Zu den Gedichten selbst heißt es, sie seien unter dem Eindruck geschrieben, von der Widersprüchlichkeit der Wirklichkeit ›überrascht‹ worden zu sein:

> Man muß sie als Montagen von Eindrücken verstehen, die vielfältige Zusammenhänge erschließen und nicht auf einen Vorgang reduziert werden können. Deshalb ist es ebenso verfänglich wie irreführend, diese lyrischen Bewußtseinsmontagen ganz konkret entschlüsseln und auf einen bestimmten politischen Vorgang beziehen zu wollen. In Hinsicht auf den 17. Juni ist das nur bei ganz wenigen Gedichten möglich.[85]

Mittenzweis weitere Ausführungen zu einem dieser »wenigen Gedicht[e]«, *Die Lösung*, zeigen, wie sich mit einer genauen Bestimmung des politischen wie auch eines literarischen Kontexts (hier in Gestalt der Brecht vorliegenden lyrischen Prosa Kurt Bartels aus dem *Neuen Deutschland* vom 20. Juni 1953) das Gedicht als eine kritische Reaktion des Autors auf diese Kontexte erschließt.[86]

---

[82] Werner Mittenzwei: Das Leben des Bertolt Brecht oder der Umgang mit den Welträtseln. 2 Bde. Frankfurt a.M. ²1989 (orig. Berlin, Weimar 1986), Bd. 2, S. 482–510.
[83] Mittenzwei: Das Leben (s. Anm. 82), S. 529–540.
[84] Ebd., S. 530, eine Interpretation, deren eigener Kontext, die DDR Mitte der 1980er Jahre, wiederum bemerkenswert ist. 1987 wird Mittenzwei mit dem Friedrich-Engels-Preis der Akademie der Wissenschaften der DDR ausgezeichnet.
[85] Ebd., S. 531.
[86] Ebd., S. 533–535. Vgl. Klaus Finke: Die Krise des SED-Sozialismus und der Juni-Aufstand 1953. In: Klaus Finke in Verbindung mit Helmut Freiwald, Gebhard Moldenhauer (Hg.): Erinnerung an einen Aufstand. Der 17. Juni 1953 in der DDR. Oldenburg 2003, S. 13–47, hier S. 28f. Finke zieht zudem den politischen Kontext noch einmal weiter, wenn er auf »Brechts öffentliche[n] Kotau vor der SED wenige Monate später« hinweist, »als er [Brecht; J.J.] – wegen ›ihrer historischen Errungenschaften‹ – seine Verbundenheit mit der Partei erklärte: ›... und ich fühlte mich ihr verbunden, als sie ... von faschistischem und kriegstreiberischem Gesindel angegriffen wurde. Im Kampf gegen Krieg und Faschismus stand und stehe ich an ihrer Seite.‹«

8 *Ginge da ein Wind ...* – Kontext mit Horaz

Abschließend sei eine die ›reagierende‹ Form der Literatur in Rechnung stellende Kontextualisierung noch an einem Beispiel erörtert, das sowohl eine Reaktion auf die literarische Tradition beinhaltet als auch das Problem allegorischer Rede exponiert, das sich im Vorhergehenden schon implizit als eine besondere Herausforderung der plausiblen Kontexteröffnung wie -begrenzung und seiner Interpretation gezeigt hat.[87] Im Unterschied zu *Der Rauch*, der eine übertragene Lesart nicht nahelegt, ist dies bei dem auch als Motto der Sammlung geltenden Gedichts *Ginge da ein Wind ...*, das Brecht im Laufe des Jahrs 1954 verfasst, der Fall.

> [Motto]
> Ginge da ein Wind
> Könnte ich ein Segel stellen.
> Wäre da kein Segel
> Machte ich eines aus Stecken und Plane.[88]

Mittenzwei hält sich auch in der Interpretation dieses Gedichts an seine Wörtlichkeit. Mit Hinweis auf den in ihm vollzogenen, beispiellosen, »abrupten Motivwechsel in Brechts Dichtung«, den die ihm zugrundeliegende Feststellung bedeute, »[d]aß da kein Wind ist«, deutet es Mittenzwei als Ausdruck des ›schmerzlichen‹ Erkennens Brechts, »was seinen Entwürfen einer neuen Gesellschaft an Voraussetzungen alles fehlte.«[89]

Ebd., S. 28. Brechts ›Kotau‹ – wie immer man ihn bewerten mag, hierzu auch Mittenzwei: Das Leben (s. Anm. 82), S. 532 – illustriert noch einmal sehr gut die Unzuverlässigkeit biographisch ermittelbarer Einstellungen und Milieus für unvermittelte interpretatorische Rückschlüsse, vor denen Kracauers oben zitierte Metapher der ›Löcher in der Wand‹ warnt.

[87] S. hierzu allgemein und insbesondere in Hinsicht auf die ›implikative Allegorie‹, deren Bedeutung nach dem Kriterium der Relevanz plausibel rekonstruiert werden muss, Gerhard Kurz: Anstöße zur Allegorese. In: Ders.: Metapher, Allegorie, Symbol. Göttingen [6]2009, S. 64–69, bes. S. 68. Hierzu auch Umberto Eco: Überzogene Textinterpretation. In: Ders.: Zwischen Autor und Text. Interpretation und Überinterpretation. Mit Einwürfen von Richard Rorty, Jonathan Culler, Christine Brooke-Rose und Stefan Collini, München 1994, S. 52–74. Dass die Allegorie (bzw. die Allegorese) auch als Mittel einer ›einfachen‹ Darstellungsweise die deutende Kontextualisierung auf einen einzigen Kontext fokussieren kann, zeigt Günter Häntzschel am Beispiel von Brechts Exillyrik, Häntzschel: Einfach kompliziert (s. Anm. 50), S. 70–73.

[88] Brecht: Buckower Elegien (s. Anm. 45), S. 7. In einer der überlieferten Zusammenstellungen der *Buckower Elegien* stellt Brecht dem Zyklus die Verse als Motto voran, siehe Berliner und Frankfurter Ausgabe (s. Anm. 44), S. 445.

[89] »Immer ging Brecht [sonst] davon aus, daß er den Wind im Rücken habe, der ihn zu neuen Küsten führt.« Mittenzwei: Bertolt Brecht (s. Anm. 82), S. 540.

Im selben Jahr wie Mittenzwei 1986 kommentiert Jan Knopf, ebenfalls ein besonders ausgewiesener Brecht-Spezialist, das Gedicht in einer Einzeledition der *Buckower Elegien* für die *edition suhrkamp* einführend so:

> Das Motto zu den Buckower Elegien setzt, seinem einleitenden und vorausweisenden Charakter gemäß, für die gesamte Sammlung das prägnante Zeichen. Es übernimmt ein altes, ein antikes Bild, das nämlich des »Segelsetzens«, und wendet es politisch. Politische Lyrik ist annonciert.[90]

Doch »annonciert« ist politische Lyrik in diesem Gedicht gerade nicht. Vielmehr kündigt ein *Ich* (in den Versen 2 und 4 bringt es sich zur Sprache) ein bestimmtes eigenes Verhalten an – unter der vorangestellten Bedingung, dass »da ein Wind« »[g]inge«. Zu einem politischen Gedicht wird das Gedicht erst, wenn es zu einem politischen Kontext in Beziehung gesetzt wird. Nach Mittenzwei wird diese Beziehung durch den Gestus der Negation gestiftet, nach Knopfs im Weiteren entwickelter Analyse durch den Rückgriff auf eine allegorische, antike literarische Tradition, die Brecht durch eine wieder aufgenommene ausgedehnte Horaz-Lektüre in Buckow 1953 gegenwärtig ist.[91] Auch der Kontext der *Buckower Elegien* macht mit dem Gedicht *Beim Lesen des Horaz* den Rückbezug plausibel.

Zu fragen ist damit, wie sich *Ginge da ein Wind …* zu den Prätexten Horaz' verhält, wie Brecht das klassische Angebot nutzt.[92] Knopf schränkt ohne weitere Begründung die in Frage kommende Auswahl auf Horaz' Preisgedicht auf Augustus ein (*carm.* 4, 15),[93] in dessen ersten Zeilen Phöbus Apollo den Dichter dazu bringt, statt heroischer Kriegslyrik das Lob Augustus zu singen. In der Übersetzung Karl Wilhelm Ramlers, in der Brecht Horaz' *Oden* besaß:

> An den Augustus,
> von der glücklichen Regierung desselben
>
> Apoll rief warnend, als ich von Schlachten sang
> Und von bezwungnen Städten, ich sollte nicht
>   Mit meines kleinen Fahrzeugs Segel
>   Auf das Tyrrhenische Meer mich wagen.[94]

---

90 Jan Knopf: Das Motto. In: Brecht: Buckower Elegien (s. Anm. 45), S. 35–38, hier S. 35.
91 Ebd., S. 35 f. Vgl. Mittenzwei zu Brechts Wahl des Hauses in Buckow: »Alles in allem erfüllten Räumlichkeiten und Umgebung das höchste Kriterium, das Brecht an eine Behausung stellte: man mußte darin ›Horaz lesen‹ können.« Mittenzwei: Bertolt Brecht (s. Anm. 82), S. 524.
92 Aber auch unabhängig von der persönlichen Kenntnis Brechts ließen sich natürlich Horaz und Brechts Gebrauch der Metapher mit Gewinn gegenüberstellen.
93 Knopf: Motto (s. Anm. 90), S. 35; ebenso Knopfs Hinweis im Zeilenkommentar der Berliner und Frankfurter Ausgabe (s. Anm. 44), S. 448.
94 Horazens Oden. Übers. und mit Anmerkungen erläutert von Karl Wilhelm Ramler. Bd. 2. Berlin 1800, S. 103. Eine Übersicht über Horaz-Ausgaben in Brechts Besitz gibt Volker Riedel:

Knopf macht demgegenüber auf die Differenz aufmerksam, dass Brechts Dichtung die »Stürme des Krieges« nicht gescheut habe: »Ihre Gefährdung liegt vielmehr im Abflauen der ›musischen Winde‹, darin, daß die Geschichte nicht weitergeht.«[95] Während Mittenzwei die ›Windstille‹, von der das Gedicht spricht, als gesellschaftlich-politische Ernüchterung Brechts deutet, geht Knopf zunächst weit darüber hinaus, insofern er sie als eine Infragestellung der Dichtung selbst liest, die in einer im Gedicht vollzogenen »historisch-gesellschaftlichen Umdeutung«[96] des antiken Topos ihre Inspiration mittlerweile aus der »realen (gesellschaftlichen) Entwicklung« beziehe und, wo sie ausbleibt, »paralysiert« sei.[97] Die »Umdeutung« geht in diesem Fall jedoch nicht auf das Gedicht, sondern auf seinen Interpreten zurück, der aus einer weiteren Schlussfolgerung (»Keiner vermag vorwärts zu kommen, wenn nicht die allgemeinen, im Prinzip für alle geltenden Voraussetzungen gegeben sind. Sind sie jedoch gegeben, genügen bereits einfache Mittel, um Segel setzen zu können.«[98]) die sehr weitreichende, auf die gesamten *Buckower Elegien* bezogene These ableitet, dass diese »nicht subjektive Gestimmtheiten« darstellen, sondern »sie suchen nach der allgemeinen Lage«.[99]

Ein Teil der auch hier ausufernden interpretatorischen Energie ist sicherlich der Absicht geschuldet, aus den als Motto verstandenen vier Versen eine Programmatik zu entwickeln, die den ganzen Zyklus tragen soll. Eine zu *Ginge da ein Wind ...* zurückkehrende Interpretation könnte dagegen dem von Knopf angedeuteten »Hintergrund des antiken Bildes«[100] noch mehr Beachtung schenken. In Horaz' *Oden* ist die poetologische Bedeutung von ›Schiff‹, ›Segel‹, ›Segelsetzen‹ und ›Wind‹ deutlich markiert. Aber Horaz setzt die Metapher nicht allgemein und unspezifisch für »Dichtung schreiben« ein,[101] sondern das ›Segelsetzen‹ ist in den *Oden* auch mit Gefahr (*carm.* 4,15) oder mit dichterischer Selbstkorrektur (*carm.* 1,34) bis hin zur Mäßigung verbunden (*carm.* 2,10), wenn die Verhältnisse es verlangen:

Zwischen Ideologie und Kunst. Bertolt Brecht, Heiner Müller und Fragen der modernen Horaz-Forschung. In: Helmut Krasser, Ernst A. Schmidt (Hg.): Zeitgenosse Horaz. Der Dichter und seine Leser seit zwei Jahrtausenden. Tübingen 1996, S. 392–423, hier S. 398.
95 Knopf: Motto (s. Anm. 90), S. 36.
96 Ebd., S. 37.
97 Ebd., S. 36.
98 Ebd., S. 37.
99 Ebd.
100 Ebd., S. 36.
101 So Knopf auch im Kommentar der Berliner und Frankfurter Ausgabe (s. Anm. 44), S. 448.

> Zeige bey trübseliger Zeit dich tapfer
> Und von unerschüttertem Muth; doch lern' auch,
> Schwellt ein allzu günstiger Wind dein Segel,
> Klüglich es einziehn.[102]

Horaz' Prätexte thematisieren in der Metapher demnach nicht nur das Schreiben, sondern auch die Position des Autors, die Bedingungen des Schreibens und den pragmatischen Umgang mit ihnen, die eine um den Kontext der Horaz'schen *Oden* bemühte Deutung von *Ginge da ein Wind* ... als Bezugsmöglichkeiten setzen könnte. Aber auch hier gilt, dass der Autor auf die ihm vorausliegende Tradition reagiert. In motivischer Hinsicht fällt hierbei in *Ginge da ein Wind* ... vor allem die ›Windstille‹ auf, deren Besonderheit nicht nur durch die von Mittenzwei bemerkte Singularität im Werk Brechts hervorsticht, sondern auch dadurch, dass Horaz sie im Zusammenhang der zur Allegorie ausgebauten Metapher nicht kennt. Das literarische Reagieren auf Kontexte, das zeigt auch dieses Beispiel, schließt deutbare Variation und Innovation ein.

Die Frage nach der Möglichkeit, Kontexte der Interpretation plausibel zu erweisen wie zu begrenzen, bedeutet demnach nicht, das sollte deutlich werden, die Vieldeutigkeit des literarischen Texts einzuschränken oder die prinzipielle Unendlichkeit möglicher, hier: ideen- oder sozialgeschichtlicher, Kontextualisierungen in Abrede zu stellen. Doch das eine wie das andere entbindet nicht davon, ihre Plausibilität zu diskutieren.

---

102 Horaz: Oden (s. Anm. 94), Bd. 1, S. 96. Vgl. zu diesem Motiv auch Horaz *epist*. 2,2, in der Übersetzung der *Briefe* von Christoph Martin Wieland, auch sie im Besitz von Brecht: »Ist nur der Schmutz der Armut fern von mir, / in einem großen oder kleinen Schiffe / zu fahren gilt mir gleich, genug ich fahre; /und flieg' ich nicht mit aufgeblähten Segeln / und vollem Winde, nun so muß ich auch /nicht stets mit widerwärt'gen Winden kämpfen [...]«. Christoph Martin Wieland: Übersetzung des Horaz. Hg. von Manfred Fuhrmann. Frankfurt am Main 1986, S. 459. Vgl. Riedel: Zwischen Ideologie und Kunst (s. Anm. 94), S. 398.

Helmuth Kiesel
Die Politisierung der Literatur zur Zeit der Weimarer Republik als Problem der literaturgeschichtlichen Darstellung und Wertung

1 Vorbemerkung

In seinem vorzüglich orientierenden Eingangsreferat hat Timo Felber zwei wichtige Aspekte für eine gesellschaftsbezogene Literaturgeschichtsschreibung benannt: erstens die Relation *Text / Kontext* oder *Werk / Gesellschaft* und, damit verschränkt, zweitens die Relation *Autonomie / Funktion* oder *Literaturbezug / Gesellschaftsbezug*. Im Folgenden soll an einigen Beispielen aus der Zeit der Weimarer Republik beobachtet werden, wie sich diese Relationen unter dem damals vordringlichen Postulat der Politisierung der Literatur gestalteten und welche Probleme sich daraus für die literaturgeschichtliche Darstellung und Wertung ergeben. Das sei zunächst mit einigen thesenhaft knappen Sätzen umrissen:

(1) Die Politisierung führt in vielen Fällen zu einem *Kurzschluss* zwischen Text oder Werk und Kontext oder Gesellschaft. Die Autoren greifen aktuelle gesellschaftliche Probleme auf und wollen mit ihren Texten direkt auf den gesellschaftlichen Umgang mit diesen Problemen einwirken. Literatur wird zum Organon der Politik, was erhebliche Folgen für die Themenwahl und die Gestaltung hat.

(2) Dies bedeutet einerseits eine Erleichterung für die literaturgeschichtliche Darstellung, weil der gesellschaftliche Bezug zumeist leicht erkennbar ist, auch wenn es neben den expliziten oft auch noch andere, weniger manifeste Bezüge geben mag, die erst bei genauerer Durchleuchtung sichtbar werden.

(3) Es bedeutet andererseits eine Erschwernis für die Wertung, weil die Politisierung dazu tendiert, den Kunstcharakter und ästhetischen Wert des Werks zugunsten der politischen Funktion zu modifizieren, und weil die Beurteilung des Werks und speziell seiner politischen Züge immer auch durch den Standort des Beurteilenden bedingt sein wird.

(4) Erschwerend kommt hinzu, dass die starke Politisierung der Literatur der Weimarer Republik unter zwei darstellungs- und wertungsrelevanten, aber bis heute sehr unterschiedlich beurteilten Bedingungen stattfand. Die eine ist

Helmuth Kiesel, Heidelberg

in den permanent krisenhaften und am Ende katastrophalen ökonomischen und sozialen Verhältnissen zu sehen, die andere im Aufkommen zweier revolutionärer und zugleich totalitärer Ideologien, des Bolschewismus/Kommunismus und des Faschismus/Nationalsozialismus, die, wie am Ende dieses Artikels noch weiter ausgeführt wird, bis heute in unterschiedlicher Weise auf literaturgeschichtliche Darstellungen und Wertungen einwirken.

2 Politisierung als Grundzug der Literatur der Weimarer Republik

Die starke und programmatische Politisierung der Literatur[1] begann, genau genommen, nicht erst mit der deutschen Revolution vom Spätherbst und Winter 1918/19, aus der die Republik hervorging, sondern setzte schon in den Jahren um 1910 ein. Einige Daten, die dies anzeigen, sind das Erscheinen von Heinrich Manns Essay *Geist und Tat* im Jahr 1911; die Gründung der Zeitschrift *Die Aktion* durch Franz Pfemfert im selben Jahr; die Publikation von Ludwig Rubiners Essay *Der Dichter greift in die Politik* im folgenden Jahr 1912; die Gründung der Zeitschrift *Die Revolution* durch Erich Mühsam und andere im Jahr 1913; die Gründung des *Ziel-Bundes* 1914 und des *Ziel-Jahrbuches* 1916 durch Kurt Hiller unter dem Motto »Politisierung des Geistes« zwecks »Vergeistigung der Politik«. Ein Text, in dem die Tendenz zur Politisierung der Dichtung auf besonders eindrucksvolle Weise zum Ausdruck kommt, ist Johannes R. Bechers freirhythmisches Gedicht *Eingang* (so im Gedichtband *An Europa*, 1916) oder *Vorbereitung* (so in *Menschheitsdämmerung*, 1919/20): ein dithyrambisches Bekenntnis zum politischen Avantgardismus der Dichtung, der allerdings weder ein konkretes Ziel noch ein Programm hat, sondern nur in der großsprecherischen Bekundung des Willens zur umstürzlerischen Agitation besteht:

> Der Dichter meidet strahlende Akkorde.
> Er stößt durch Tuben, peitscht die Trommel schrill.
> Er reißt das Volk auf mit gehackten Sätzen. [...]
> Menschheit! Freiheit! Liebe!

---

[1] Die folgende Skizze ist eine Zusammenfassung der einschlägigen Kapitel meiner *Geschichte der deutschsprachigen Literatur 1918 bis 1933*, München 2017, bes. S. 163–203 und S. 840–995. Auf Nachweise für die genannten Titel wird verzichtet, weil sie bekannt und bibliographisch leicht erfassbar sind, ebenso auf die raumfüllende Auflistung von Forschungsliteratur.

Der neue, der Heilige Staat
Sei gepredigt, dem Blut der Völker, Blut von ihrem Blut, eingeimpft.
Restlos sei er gestaltet.
Paradies setzt ein.
– Laßt uns die Schlagwetter-Atmosphäre verbreiten! –
Lernt! Vorbereitet! Übt euch!

Ausbruch und Verlauf des Ersten Weltkriegs gaben der Tendenz zur Politisierung, die sich in Bechers Gedicht artikuliert, starken Anlass und dauerhafte Motivation. »Der Krieg«, so Thomas Anz und Joseph Vogl im Nachwort zu ihrer Anthologie *Die Dichter und der Krieg*, »bot den Dichtern die Möglichkeit, die ungeliebte Passivität im politischen Geschehen aufzugeben und die Rolle des politisch bedeutsamen Tätigen zu übernehmen«.[2] Dabei kam es zu einem bemerkenswerten Einstellungswandel, der von der impulsiven und fast vor-politisch zu nennenden patriotischen oder nationalistischen Affirmation des vermeintlichen Verteidigungskrieges zur kritischen Auseinandersetzung mit dem Krieg führte. Diese war vor allem humanitär motiviert, erhielt aber spätestens 1916, als vorübergehend nach diplomatischen Auswegen aus dem festgefahrenen Krieg gesucht wurde, und erst recht 1917, als die russische Februar-Revolution die Zarenherrschaft beendete, eine dezidiert politische Qualität, insofern nun die Möglichkeit eines politischen Systemwandels am Horizont zu erkennen war und das politische Bewusstsein der Autoren schärfte. Das ist nicht nur an der Kriegslyrik gut ablesbar, sondern ebenso gut auch an der Essayistik und an dramatischen und epischen Werken. Alfred Döblin möge als erstes Beispiel dienen, Thomas Mann – später – als ein weiteres:

Mustert man Döblins essayistisches Werk, so stellt man fest, dass es vor 1914 wohl eine beachtliche Anzahl von Artikeln zu künstlerischen und medizinischen Fragen gibt, aber – abgesehen von der 1896 entstandenen und nicht publizierten, zwischen Erzählung und Essay oszillierenden Prosaskizze *Modern. Ein Bild aus der Gegenwart* – keine politischen Einlassungen. Der erste, dezidiert politische Essay stammt vom Herbst 1914, trägt den Titel *Reims* und ist eine Apologie der Beschießung der Kathedrale von Reims im September 1914, die damals große Empörung hervorrief.[3] Danach konzentrierte sich Döblin in der Zeit, die ihm sein ärztlicher Dienst an der Westfront ließ, auf die Arbeit an zwei Romanprojekten (*Ölmotor*-Projekt und *Wallenstein*) und äußerte sich politisch erst wieder nach der russischen Februar-Revolution mit dem Essay *Es ist*

---
2 Die Dichter und der Krieg: deutsche Lyrik 1914–1918. Hg. von Thomas Anz und Joseph Vogl. Stuttgart 2014, S. 88.
3 In: Alfred Döblin: Schriften zur Politik und Gesellschaft. Hg. von Heinz Graber. Olten 1972, S. 17–25.

Zeit!, der im August 1917 in der *Neuen Rundschau* erschien.[4] Er verbindet Hoffnung auf Frieden und auf eine große, geistgeleitete Umwälzung mit einem Lob auf die im Krieg angeblich entstandene deutsche »Volksgemeinschaft«, die sich nun auch in der kommenden Zeit der Umwälzung bewähren müsse. Danach kam es erneut zu einer – nur einmal, im Januar 1918, unterbrochenen – Pause, die durch die Revolution beendet wurde. Ab dem Frühjahr 1919 reflektierte Döblin die Gründungskämpfe der Republik mit einer nicht abreißenden Folge von politischen Artikeln, die in verschiedenen Organen erschienen, teilweise unter dem tendenzanzeigenden *nom de guerre* »Linke Poot«.[5] Auch in späteren Jahren zeigte sich Döblin in seinen essayistischen Schriften und dichterischen Werken, nicht zuletzt in seinem Roman *Berlin Alexanderplatz* (1929), als ein politisch und sozial sowohl reflektierter als auch ambitionierter Autor, und dies in so hohem Maße, dass er im Juli 1930 von dem Studenten Gustav René Hocke in einem »offenen«, im Berliner *Tage-Buch* publizierten Brief gebeten wurde, der jungen Generation »Einsicht« in die Bedingungen und Aufgaben ihrer Existenz zu verschaffen.[6] Daraus ergab sich eine politisch-philosophische Artikelserie, die 1931 unter dem Titel *Wissen und Verändern!* bei S. Fischer als Buch erschien und noch im selben Jahr fünf Auflagen erreichte.

Begünstigt wurde die an Döblin (und anderen[7]) zu beobachtende Politisierung der Literatur durch zwei Umstände. Der eine ist im Wegfall der Zensur zu sehen, die ja durch die Revolution außer Kraft gesetzt und mit dem Artikel 118 der »Weimarer« *Verfassung des Deutschen Reichs* formell abgeschafft wurde; einzelne staatsanwaltschaftliche Verbote und polizeiliche Beschlagnahmungen oder auch Inhaftierungen änderten daran nichts.[8] Begünstigend wirkten zum anderen die Gründung von – meist kurzlebigen – Zeitschriften mit politischer Ausrichtung und die Öffnung älterer Zeitschriften für politische Artikel. Für letzteres ist die seit 1905 bestehende Zeitschrift *Die Schaubühne* ein Beispiel. Sie war zunächst eine reine Theaterzeitschrift, erschien ab September 1914 aber mit einem politischen Leitartikel, erhielt 1917 den Untertitel »Wochenschrift für Politik, Kunst, Wirtschaft« und wurde 1918 bei gleichbleibendem Untertitel in *Die Weltbühne* umbenannt.

---

4 Ebd., S. 25–33.
5 Die Artikel finden sich in dem oben genannten Band *Schriften zur Politik und Gesellschaft* und in Alfred Döblin: Der deutsche Maskenball von Linke Poot. Hg. von Heinz Graber. Olten, Freiburg i.Br. 1972, S. 7–124, einige auch in Alfred Döblin: Kleine Schriften I (1902–1921). Hg. von Anthony W. Riley. Olten, Freiburg i.Br. 1985, S. 233 ff.
6 Alfred Döblin: Wissen und Verändern! Hg. von Heinz Graber. Olten, Freiburg i.Br. 1972, S. 129.
7 Thomas Mann z. B.: siehe dazu unten.
8 Weitere Hinweise in meiner *Geschichte der deutschsprachigen Literatur 1918 bis 1933*, S. 200 ff.

Die weitere Entwicklung – und das heißt: Verstetigung und Forcierung der postrevolutionären Politisierung der Literatur – wurde durch weitere programmatische Vorgaben und Leistungen namhafter Autoren gefördert:
(1) Der Literaturbegriff wurde politisch akzentuiert, was in der zweiten Hälfte der zwanziger Jahre explizit gemacht wurde, so vor allem durch Friedrich Wolfs Essay *Kunst ist Waffe! Eine Feststellung* (1927),[9] durch Alfred Döblins Akademie-Ansprache mit dem Titel *Kunst ist nicht frei, sondern wirksam: ars militans* (1929),[10] durch Erwin Piscators Rechenschafts- und Programmschrift *Das Politische Theater* (1929) und durch Bertolt Brechts Konzept eines neuen Theaters unter dem Motto »Der Schrei nach einem neuen Theater ist der Schrei nach einer neuen Gesellschaftsordnung« (*Über eine neue Dramatik*, 1928).[11]
(2) Wie die Literatur sollte auch die Literaturkritik »Waffe« sein und parteilich gebraucht werden. Walter Benjamin dekretierte 1928 in seiner *Einbahnstraße* unter der Überschrift »Die Technik des Kritikers in dreizehn Thesen«:

> I. Der Kritiker ist Stratege im Literaturkampf. / II. Wer nicht Partei ergreifen kann, der hat zu schweigen. / [...] V. Immer muß ›Sachlichkeit‹ dem Parteigeist geopfert werden, wenn die Sache es wert ist, um welche der Kampf geht. / [...] XI. Kunstbegeisterung ist dem Kritiker fremd. Das Kunstwerk ist in seiner Hand die blanke Waffe im Kampfe der Geister.[12]

(3) Politisierung der Literatur in diesem Sinne implizierte eine entschiedene Hinwendung zu aktuellen politischen und sozialen Vorgängen und Verhältnissen, die Korrektur oder Beseitigung verlangten, wie beispielsweise die gesetzliche Kriminalisierung und inhumane Verfolgung des Schwangerschaftsabbruchs, die Friedrich Wolf mit seinem aufsehenerregenden und zu Protestaktionen führenden Drama *Cyankali (§ 218)* (1929) angriff. Verbunden mit dieser Aktualisierung war nicht nur das starke Anschwellen der »Zeit«-, »Journalisten«- oder »Gebrauchsliteratur«,[13] sondern auch deren

---

9 Friedrich Wolf: Gesammelte Werke. Hg. von Else Wolf, Walther Pollatschek. Band 5: Aufsätze 1919–1944. Berlin, Weimar 1967, S. 76–96.
10 Alfred Döblin: Schriften zu Ästhetik, Poetik und Literatur. Hg. von Erich Kleinschmidt. Olten, Freiburg i.Br. 1989, S. 245–251.
11 Bertolt Brecht: Werke: große kommentierte Berliner und Frankfurter Ausgabe. Hg. von Werner Hecht, Jan Knopf, Werner Mittenzwei, Klaus-Detlef Müller. Band 21: Schriften 1. Berlin, Weimar, Frankfurt a.M. 1992, S. 234–239, Zitat S. 238.
12 Walter Benjamin: Gesammelte Schriften. Unter Mitwirkung von Theodor W. Adorno, Gershom Scholem. Hg. von Rolf Tiedemann, Hermann Schweppenhäuser. Band V/1, hg. von Tilman Rexroth. Frankfurt a.M. 1972, S. 108 f.
13 Ebd., S. 194 ff.

Aufwertung und Anerkennung im literarischen Diskurs. Alfred Kerr schrieb über Peter Martin Lampels Drama *Pennäler* (1929), das eine Schülerrevolte als Gegenstand hat und Reformen anmahnt: »Es ist kein gutes Stück: doch gut ist, daß man solche Stücke bringt. [...] Kurz: wieder ein Nützlichkeitswerk; sehenswert.«[14] Brecht notierte noch 1938/39, dass Wolfs *Cyankali* einen erstaunlichen praktischen Erfolg gehabt habe, und dies nicht trotz, sondern wohl wegen seiner antiquierten aristotelischen Bauart.[15]

(4) Gefördert wurde die Politisierung der Literatur nicht zuletzt auch durch Autorenbündnisse, die sich die politische Ausrichtung oder gar Instrumentalisierung der Dichtung zur Aufgabe machten.[16] Dies wurde von einigen ephemeren Gruppen der revolutionär gestimmten Anfangsjahre versucht, dann von der *Gruppe 1925*, einem parteipolitisch gemischten »kameradschaftlichen Zusammenschluß«, der 1925 initiiert wurde, um in aktuellen Fragen die Stimme des »Geistes« zur Geltung zu bringen, aber zu keiner kontinuierlichen Arbeit fand und 1927 aus Mangel an Zusammenhalt und Effizienz wieder einging. Erfolgreicher waren kommunistische Initiativen und vor allem der 1928 gegründete *Bund Proletarisch-Revolutionärer Schriftsteller* (BPRS), der eine beachtliche programmatische, publizistische und verlegerische Tätigkeit entfaltete und mit seiner Zeitschrift *Die Linkskurve* und seiner Buchreihe *Der Rote 1 Mark Roman* der kommunistisch ausgerichteten Literatur Gesicht und Gewicht gab. Ihm wurde Ende 1928 der nationalsozialistische *Kampfbund für deutsche Kultur* (KfdK) entgegengestellt, der literarisch allerdings nicht im Entferntesten so erfolgreich wie der BPRS war. Daneben gab es eine Vielzahl von kleinen und informellen Gruppen etwa um Bertolt Brecht und Walter Benjamin, um die Brüder Ernst und Friedrich Georg Jünger, um den früheren Revolutionär und Nationalbolschewisten Ernst Niekisch oder um den *Volkstum*-Herausgeber Wilhelm Stapel. Von früh an waren diese Zusammenschlüsse mit der Tendenz zur Frontbildung verbunden, das heißt: zur schroffen Ausformulierung der eigenen Standpunkte und zur polemischen Wendung gegen andere Positionen. Viele Zeitschriften, Bücher und Artikel führten das Wort »Front« im Titel, und 1929 stellte der Publizist Hermann Ullmann in einem Berlin-Buch fest, Deutschland sei gegenwärtig »voll von Fronten«, an denen unablässig

---

14 Alfred Kerr: Mit Schleuder und Harfe: Theaterkritiken aus drei Jahrzehnten. Hg. von Hugo Fetting. München 1985, S. 479.
15 Brecht: Werke (s. Anm. 1) Band 21/1: Schriften 2. Berlin, Weimar, Frankfurt a.M. 1993, S. 394 (Unmittelbare Wirkung aristotelischer Dramatik).
16 Weitere Hinweise in meiner *Geschichte der deutschsprachigen Literatur 1918 bis 1933*, S. 840 ff.

gekämpft werde.[17] Überall war diese Frontbildung zu spüren, wie Johannes R. Becher 1926 in seinem Bürger- und Weltkriegsroman *Levisite* zu verstehen gab:

> Front gegen Front.
> Es riß durch –
> Und es riß durch bis in die Sprachverbindung hinab, bis hinab auf die gleiche Erlebnismöglichkeit.
> Front gegen Front heißt: Sprache gegen Sprache, Gefühlsausdruck gegen Gefühlsausdruck, heißt Denkart gegen Denkart, heißt Anschauungsform gegen Anschauungsform, heißt Weltbild gegen Weltbild.[18]

3 Bilanz 1929 und Ausblick

Eine Bilanz dieser Entwicklung zog der Schriftsteller Hermann Kesser mit einem Artikel, der im Mai 1929 unter dem Titel *Die deutsche Literatur zeigt ihr Gesicht* in der *Weltbühne* erschien.[19] Als »Resultat des Krieges«, so Kesser einleitend, sei »anzusprechen, daß sich die bewußten und verantwortlichen unter den deutschen Schriftstellern der sozialen und politischen Wirklichkeit bemächtig[t]en, von der das deutsche Schrifttum durch einen Graben getrennt gewesen« sei.[20] Trotz restaurativer Tendenzen um die Mitte der zwanziger Jahre habe sich diese Linie durchgesetzt und das Gesicht der deutschen Literatur grundlegend verändert. Der letzte Abschnitt von Kessers Artikel lautet:

> Heute werden die Forderungen des Expressionismus und der aktivistischen Literatur unter Beweis gestellt. Der Stoff ist klar. Krieg, Revolution, Inflation, Kapitalismus, Sozialismus und Kommunismus, das alles zieht als durchgearbeitete und durchgedachte Materie in das Schrifttum ein, das sich durch sanfte amtliche Anerkennungsgebärden nicht mehr von seinem Weg abbringen läßt. Die man Expressionisten nannte, haben Grundsätze verkündet, Ideen und Richtungslinien wurden festgelegt. Ihre Nachfolger gestalten, was als Bild und Gleichnis, als Feststellungsklage und Urteil zu gestalten ist. Nicht mehr durch explodierende Worte, sondern durch unabweisbare Tatsachen. Ohne Makler und Händler vollzieht sich der Einbruch des Lebens in das Schrifttum. Eine Produktion schlägt durch, schlägt sich durch, fällt auf den Alltag. Erobert sich Lebensrecht auf der

---

17 Hermann Ullmann: Flucht aus Berlin? Jena 1932, S. 11.
18 Johannes R. Becher: (CHCl = CH)$_3$As (Levisite) oder Der einzig gerechte Krieg. Berlin, Weimar 1969, S. 297.
19 Hermann Kesser: Die deutsche Literatur zeigt ihr Gesicht. In: Die Weltbühne 25 (1929) I, S. 789–793 (21. Mai 1929).
20 Kesser: Die deutsche Literatur (s. Anm. 19), S. 791.

Bühne, in der Presse, im Buch. Spannt sich über Betriebsliteratur und Gebrauchsschriftstellerei weg. Geht zur deutlichsten Sprache zurück, macht die lange mißbrauchte Sprache wieder ehrlich, verbessert das kriegsbeschädigte Gefühl für die Echtheit der Worte. Schlägt mit der Brutalität, ohne die es in grundsätzlichen Dingen zuweilen nicht abgeht, die Brücke zwischen dem Schrifttum und der Wirklichkeit und sorgt sich nicht um artistische Gleichgewichte. Leistet die weitere Arbeit, die verrichtet werden muß, damit endgültig deutschen Volksgenossen verdeutlicht wird, daß es eine lebendige Literatur ohne Mitbestimmungsrecht, ohne Mitspracherecht an der Form der Gesellschaft nicht gibt. Wirkt unter Verzicht auf Tiefdenkerei auf Gehirn und Vernunft. Und wird Recht behalten, weil sie den Mut hat, ihr Gesicht zu zeigen.[21]

Was Kesser angeblich beschreibt, eher aber betreibt, ist eine Reduzierung der deutschen Literatur auf die politisch und sozial ausgerichtete, realistische und operative Literatur. Themen wie *Liebe*, *Tod*, *Natur*, *Religion* und *Kunst* fehlen. Fragen der poetischen Faktur (»artistische Gleichgewichte«) gelten als bedeutungslos. Eine nicht-alltägliche Intellektualität oder Geistigkeit wird als unnötige »Tiefdenkerei« denunziert. Für Rainer Maria Rilke, Gottfried Benn und Oskar Loerke gab es in Kessers Bild der deutschen Literatur wohl keinen Platz. Die Autoren, die er als wegweisend anführt, heißen Erwin Piscator, Peter Martin Lampel und Ernst Glaeser.

Kessers Befund einer durchgreifenden Politisierung der deutschen Literatur war nicht ganz falsch, aber blind für widerstrebende Tendenzen und Leistungen. Es gab Autoren, die dem Politisierungspostulat ausdrücklich widersprachen oder sich ihm weitgehend entzogen; genannt seien Hermann Graf Keyserling, Rainer Maria Rilke, Gottfried Benn, Hugo Ball und Kurt Schwitters.[22] Zudem setzte um 1929 bei jungen Autoren, die in Martin Raschke einen Sprecher und in seiner Zeitschrift *Die Kolonne* (1929–32) ein Forum fanden, eine Gegenbewegung ein. Der Reduzierung des »modernen Dichtens« auf sozialkritische Reportage und politische Agitation wurde auf dem Titelblatt des ersten Heftes der *Kolonne* ausdrücklich widersprochen; an Stelle von Politik und Großstadt wurden Natur und ländliches Dasein bevorzugte Themen. Ab 1929 ist – neben dem Weiterbestehen der gesellschaftlich orientierten, aber nicht agitatorischen Literatur, die den Hauptteil der Produktion ausmachte – eine gewisse Polarisierung zu beobachten: Während ein gewisser Teil der Autorenschaft zum Rückzug – man kann auch sagen: zur Befreiung – aus der Politik und engen gesellschaftlichen Bezügen tendierte, steigerten andere Gruppen die Bindung an die extremen, auf einen Umsturz hinarbeitenden politischen Parteien, also die Kommunisten und die Nationalsozialisten, und gingen dazu über, Mobilisierungsliteratur für den handfesten politischen Kampf um

---

21 Ebd., S. 793.
22 Vgl. dazu meine *Geschichte der deutschsprachigen Literatur 1918 bis 1933*, S. 176 ff.

die Vorherrschaft in Betrieben oder Wohnquartieren und für den angestrebten Bürgerkrieg zu produzieren. Vielbeachtete Beispiele sind auf der einen Seite Willi Bredels Romane *Maschinenfabrik N. & K.* (1930) und *Rosenhofstraße* (1931) sowie Walter Schönstedts Roman *Kämpfende Jugend* (1931), auf der anderen Seite Karl Aloys Schenzingers Roman *Hitlerjunge Quex* (1932) und Hanns Heinz Ewers' Roman *Horst Wessel* (1932).[23]

Nach 1933 änderten sich die Bedingungen für die literarische Produktion auf einschneidende und vor allem die Politisierung der Literatur tangierende Weise: In Deutschland und dem Exilland Sowjetunion hatten die Autoren die Wahl zwischen regimekonformer politischer Produktion und politischer Abstinenz, sofern sie nicht zu politischen Bekenntnissen genötigt wurden oder über die Kunst des verdeckten Schreibens verfügten und den Mut dazu aufbrachten.[24] Autoren, die in einem der freiheitlichen Exilländer Zuflucht fanden, hatten den Vorteil, sich in ihren Schriften politisch mehr oder minder frei äußern zu können oder sich poetisch in politikfernen Seinsbereichen zu bewegen. Letzteres galt freilich als illegitim, insofern »ein Gespräch über Bäume«, wie Brecht in seinem Gedicht *An die Nachgeborenen* (1939) sagte, in diesen Zeiten »fast ein Verbrechen« war, weil es »ein Schweigen über so viele Untaten« einschloss. Die politisch-kämpferische Ausrichtung des Schreibens wurde nun erst recht zur Pflicht, zu deren Erfüllung Autoren, die ihr nicht nachzukommen schienen, von ihren Kollegen ermahnt wurden; in Hermann Hesses Briefen aus den Jahren nach 1933 spielt die Abwehr des Politisierungspostulats und die Verteidigung der dichterischen Freiheit eine große Rolle.[25] Verbunden mit diesem nach 1933 erneuerten und verschärften Postulat war im Übrigen ein Wertungssignal, das bis heute nachwirkt. Literatur aus jener Zeit, die sich nicht in erkennbarer oder wenigstens erschließbarer Weise mit deren »Untaten« auseinandersetzt, wird in der Regel nicht mehr wahrgenommen oder muss sich den Vorwurf des Eskapismus gefallen lassen.

---

23 Weitere Hinweise ebd., S. 911 ff. und 959 ff.
24 Vgl. hierzu Heidrun Ehrke-Rotermund, Erwin Rotermund: Zwischenreiche und Gegenwelten: Texte und Vorstudien zur ›Verdeckten Schreibweise‹ im ›Dritten Reich‹. München 1999.
25 Vgl. Hermann Hesse: »In den Niederungen des Aktuellen«: Die Briefe 1933–1939. Hg. von Volker Michels. Berlin 2018, bes. S. 37 ff., 141, 164, 268, 368 f., 382, 397 ff., 409 f., 419, 450, 453, 514 ff. und 633.

4 Probleme der Darstellung, Kontextualisierung und Wertung: vier Beispiele

Im Folgenden seien die Wertungsprobleme, die aus der Politisierung der Literatur resultieren und mir bei der Arbeit an meiner *Geschichte der deutschsprachigen Literatur 1918 bis 1933* begegneten, an einer locker aneinandergereihten Folge von Beispielen aufgewiesen und erörtert. Dafür werden zunächst zwei Werke ins Auge gefasst, bei denen man von einer beiläufigen Politisierung sprechen kann (Kurt Tucholskys *Schloß Gripsholm* (1931) und Thomas Manns *Zauberberg* (1924)), danach ein Werk der intentionalen Politisierung (Hans Grimms *Volk ohne Raum* (1926)) und schließlich ein Werk mit möglicherweise starker, aber verdeckter Politikhaltigkeit (René Schickeles *Witwe Bosca* (1932/33)). Deren Erörterung seien drei Beobachtungen vorangestellt:

(1) Die Probleme der Wertung, die mit diesen Texten verbunden sind, sind zugleich auch Beschreibungsprobleme, insofern in die Darstellung gesellschafts- und literaturgeschichtlicher Sachverhalte und in die Beschreibung von Texten, verstanden als inhaltliches Referat und formale Charakterisierung, allein schon durch die Auswahl der berücksichtigten Momente und durch das verwendete Vokabular Wertungen einfließen. Das kann zwar explizit gemacht werden, etwa durch die Benennung des Darstellungsziels und der Auswahlkriterien oder durch die ausdrückliche Reflexion des Vokabulars und die Offenlegung der zugrundeliegenden Forschungsliteratur; aber eine scharfe Trennung von Darstellung und Wertung ist letztlich nicht möglich.

(2) Wertungsprobleme ergeben sich nicht nur aus den in den Texten dargestellten Verhältnissen und Handlungen, die unsere politische oder moralische Reflexion herausfordern, und aus der literarischen Faktur der Texte, die unser ästhetisches Empfinden auf eine überraschende oder verunsichernde Weise ansprechen, sondern auch aus den real- und literaturgeschichtlichen Kontexten, die auf die Wahrnehmung der betrachteten Texte einwirken, so zum Beispiel die durchgängige soziale Not zur Zeit der Weimarer Republik oder der prinzipiell verbrecherische Charakter des NS-Regimes. Von solchen Kontexten ganz abzusehen und ein Werk für sich allein wahrnehmen und gelten lassen zu wollen, ist bei einer literaturgeschichtlich ausgerichteten Betrachtungsweise *per definitionem* nicht möglich: Literaturgeschichte, und zumal eine gesellschaftsgeschichtlich fundierte, verlangt die Berücksichtigung diachroner Kontexte, die in gedruckten Büchern gegenwärtig sind, und synchroner Kontexte verschiedener Art; sie ist wesentlich »Beziehungssinn«, wie es Uwe Japp 1980 in einem glanzvollen und leider vergessenen

Buch dargelegt hat.[26] Die Kontexte, die dafür zu berücksichtigen sind, lagern sich – so ist mit einem von Manfred Engel jüngst beschriebenen und erörterten Modell zu sagen[27] – gleichsam in »konzentrischen Kreisen« und gestaffelten Zonen der sachlichen und zeitlichen Nähe oder Entfernung um ein Werk. Sie sind aber, wie Engel zu Recht betont, »nicht einfach vorliegende Objekte«, sondern müssen aufgesucht und ausgewählt und als einschlägig erwiesen werden, »entstehen also erst durch komplexe Interpretationsakte«.[28] Dabei gibt es selbstverständlich real- und literaturgeschichtliche Umstände, die sich dem Blick allein schon durch das Erscheinungsjahr des betreffenden Werks, dann aber auch durch Sujet, Figuren, Tendenz, Gestaltungsweise oder Stil aufdrängen und bevorzugte Berücksichtigung verlangen; aber immer sind interpretatorisch und wertungsmäßig relevante Entscheidungen nötig, sowohl hinsichtlich der Auswahl der Kontexte als auch hinsichtlich der Nutzung in erhellender, profilierender, limitierender oder eben wertender Absicht.[29]

(3) An allen diesen Beispielen zeigt sich die Bedeutung der NS-Herrschaft und ihrer Verbrechen für die Wertung auch schon der Literatur der Weimarer Republik. Schon die Wahrnehmung eines Textes ändert sich, wenn man sich ins Bewusstsein ruft, dass er im Vorfeld der NS-Diktatur mit ihren schändlichen Vergehen geschrieben wurde. Dabei geht es nicht etwa nur um die Frage und den möglichen Vorwurf der »Wegbereitung«, sondern auch um die Frage der historisch-politischen Sensibilität, also um die Frage, wie viel ein Autor von der unheilvollen Atmosphäre, die ihn umgab, wahrnahm und seinem Werk mitgeben wollte; politische Arglosigkeit spricht gegen literarhistorische Dignität, bewusste Indolenz erst recht. Besonders heikel werden Darstellung und Wertung bei all den Werken, gegenüber denen der Vorwurf erhoben wurde, sie hätten dem Nationalsozialismus Vorschub geleistet, ein Vorwurf, der beispielsweise auf Erwin Guido Kolbenheyers *Paracelsus*-Trilogie (1917–26) lastet und durch Kolbenheyers spätere Hinwendung zum Nationalsozialismus legitimiert zu sein scheint. Man liest ein solches Werk von vornherein mit anderen Augen, und sowohl die Darstellung als auch die Wertung wird durch diesen Vorwurf tingiert, selbst dann, wenn man ihn für ungerechtfertigt hielte. Zwar kann man versuchen, eine doppelte Optik walten zu lassen, das heißt, die Werke zu-

---

26 Vgl. Uwe Japp: Beziehungssinn: ein Konzept der Literaturgeschichte. Frankfurt a.M. 1980.
27 Manfred Engel: Kontext und Kontextrelevanzen in der Literaturwissenschaft. In: KulturPoetik 18 (2018), S. 71–89.
28 Engel: Kontext (s. Anm. 27), S. 74.
29 Eine systematische Darstellung der »Kontextfunktionen« ebd., S. 76 ff.

nächst einmal im Kontext ihrer Entstehungs- und Erscheinungszeit zu sehen und erst in einem zweiten Schritt die weitere geschichtliche Entwicklung und die weitere Positionierung der Autoren zu berücksichtigen; aber natürlich ist es nicht möglich, vom Wissen um das Spätere gänzlich abzusehen. Der Schatten des ›Dritten Reichs‹ liegt in unaufhebbarer Weise auf ihnen.

4.1 Fragwürdige politische Aufladung: Kurt Tucholskys *Schloß Gripsholm*

Der Erzählung *Schloß Gripsholm* ist ein fiktiver kleiner Briefwechsel zwischen Autor und Verleger vorangestellt, in welchem die Entstehung dieser heiteren »Sommergeschichte« (so der Untertitel) auf den Wunsch des Verlegers Ernst Rowohlt zurückgeführt wird, nach einer Reihe umstrittener »politischer Bücher« – man denke an Tucholskys »Bilderbuch« *Deutschland, Deutschland über alles* (1929), an Arnolt Bronnens *O.S.* (1929) und an Ernst von Salomons *Die Geächteten* (1930) – »wieder einmal die ›schöne Literatur‹ zu pflegen«. Mit dem Antwortschreiben willigt der Autor in diesen Wunsch ein. Aber wenn Tucholsky, als er im Spätsommer 1930 den Plan für *Schloß Gripsholm* fasste, tatsächlich vorgehabt haben sollte, eine reine, politisch so unbeschwerte Sommergeschichte wie *Rheinsberg* (1912) mit einem idyllischen Handlungsort in Schweden zu schreiben, so hielt er diesen Plan nicht durch: Das Hauptsujet besteht zwar in einer Urlaubsgeschichte in Mariefred am Mälarsee gegenüber Schloss Gripsholm und näherhin in einer »Sommergeschichte« mit Liebesglück zu dreien, nämlich einem Mann und zwei anspruchslos hingabebereiten Frauen; aber dieses Hauptsujet bekommt nach etwa einem Drittel des Gesamttextes ein Nebensujet in der Befreiung eines neunjährigen Mädchens aus einem Kinderheim unter der Leitung einer deutschen, und das heißt selbstverständlich: inhumanen, kinderfeindlichen, kommandier- und strafsüchtigen Erzieherin, einer Mischung aus den militaristischen Typen, die das *Deutschland*-Buch bevölkern, und den Klein-Despoten, die Tucholsky 1929 in seinem Aufsatz *Die Anstalt* beschrieb.[30] Aber gleich, ob dieses zweite Sujet nun von Anfang an geplant war oder während der Arbeit hinzutrat – in jedem Fall wurde Tucholsky von dem Politisierungszwang, der die Zeit der Weimarer Republik beherrschte, erfasst und dazu veranlasst, in die Urlaubsgeschichte, die

---

[30] Kurt Tucholsky: Gesamtausgabe: Texte und Briefe. Hg. von Antje Bonitz, Dirk Grathoff, Michael Hepp, Gerhard Kraiker. Band 11: Texte 1929. Hg. von Ute Maack, Viktor Otto. Reinbek 2005, S. 459–470.

im Liebesglück zu dreien ihren ›Schmelzpunkt‹ findet, eine Anstalts-Qualgeschichte einzubauen, die auf den Nationalcharakter der Deutschen ein nicht eben gutes Licht wirft: Immer noch und sogar im Ausland wollen sie an ihrem herrschsüchtigen und sadistischen Wesen die Menschheit genesen lassen. Eine weitere, aber nicht so wichtige historisch-politische Aufladung erfuhr die »Sommergeschichte« durch den Besuch des »alten Kriegskameraden« Karlchen, mit dem Kriegserinnerungen und beiläufig auch Klagen über den versteckt aggressiven Charakter des deutschen »Kleinbürgers«[31] Einzug in die Erzählung halten.

Wenn man diese Geschichte nicht einfach, wie es meist geschah und geschieht,[32] als »leckeres Ferien- und Sommerbuch« (Max Herrmann-Neiße) oder dergleichen goutieren will, kommt man für die literaturgeschichtliche Darstellung und Wertung auf Fragen, die nicht leicht zu beantworten sind: Soll man diese Geschichte als »Zwitter« bezeichnen und als »zwiespältig« beschreiben? In welchem Maße profitiert die einfache (um nicht zu sagen: dürftige) Feriengeschichte von der historisch-politischen Aufladung durch den Besuch des Kriegskameraden und die Anstaltsgeschichte? Und in welchem Maße profitiert umgekehrt diese ebenfalls simple und zudem wenig glaubwürdige Anstaltsgeschichte von der Verquickung mit der Ferien- und Liebesgeschichte? Welche sozialpsychologische Repräsentanz kommt der Figur der Anstaltsleiterin zu? Ist in ihr eine Denunziation oder eine Enthüllung des deutschen Nationalcharakters zu sehen? Warum wird nur die Anstaltsleiterin in den Blick gerückt und nicht auch die reiche, in der Schweiz lebende Mutter, die das Mädchen an diesen Schreckensort abgeschoben hat? Welche historische Berechtigung und Notwendigkeit kommt der Anstaltsgeschichte zu? Ist sie als faktisch gedeckter und nötiger Hinweis auf notorische Missstände in diesem Bereich zu verstehen? Wie viel verdankt sie möglicherweise der 1928/29 durch Peter Martin Lampels Dramen *Revolte im Erziehungshaus* und *Pennäler* ausgelösten und lange anhaltenden Debatte über Heimerziehung und Schulterror? Ist die Kombination von Liebesgeschichte und humanitärer Rettungsgeschichte psychologisch und pragmatisch als geglückt und überzeugend zu bewerten, oder laufen die beiden Stränge etwas gezwungen nebeneinander her und behindern sich wechselseitig, insofern weder das ins Politische hineinragende und damals brisante Thema der deutschen Mentalität noch das damals moralisch herausfordernde Thema der erotischen Libertinage richtig entfaltet wird? Das soll hier gar nicht entschieden werden. Es reicht festzustellen, dass die eigentlich nicht notwen-

---

31 Tucholsky: Gesamtausgabe (s. Anm. 30) Band 14: Texte 1931. Hg. von Sabina Becker. Reinbek 1998, S. 204.
32 Vgl. Beckers Überblick über die Rezeption: ebd., S. 582f.

dige, aber zeitgemäße und dem Politisierungszwang gehorchende Aufladung der Feriengeschichte mit Kriegserinnerungen und Deutschtumskritik zu einem Wertungsproblem führt, bei dem historisch-politische und ästhetische Fragen einander durchdringen und schwerlich befriedigend zu lösen sind, weil neben historischem Wissen und ästhetischer Kompetenz zweifellos der historisch-politische Standort und Blick des Wertenden eine Rolle spielt: Wer Tucholskys Deutschlandkritik, wie sie in seinen zahllosen Artikeln entfaltet wurde und in seinem »Bilderbuch« *Deutschland, Deutschland über alles* prägnanten Ausdruck fand, für zutreffend hält, wird *Schloß Gripsholm* vermutlich wesentlich anders beurteilen als jemand, der Tucholskys Deutschlandkritik insgesamt für überzogen hält.[33] Aber wer möchte dies nach all dem, was nach 1933 geschah, sagen? Gibt ihm die Geschichte nicht recht? War Hitlers Herrschaft nicht das Produkt eben der mentalen Dispositionen und politischen Neigungen der Deutschen, die Tucholsky so oft anprangerte? Dem ist schwer zu widersprechen. Man kann nur relativierend hinzufügen, dass – nach dem Urteil von Zeitgenossen und Historikern – die internationalen politischen und ökonomischen Umstände, die problematische Friedensordnung von Versailles und die sozial folgenschwere Weltwirtschaftskrise, für den Aufstieg Hitlers und die Ermöglichung seiner Herrschaft von erheblicher Bedeutung waren. Das führt von Tucholskys Erzählung weg, spielt aber für die Einschätzung ihrer politischen Implikationen eine wichtige, vielleicht sogar entscheidende Rolle.

4.2 Anachronistische Politisierung in »bösen« Kontexten: Thomas Manns *Zauberberg* (Naphta)

Wie an *Schloß Gripsholm* ist auch an Thomas Manns Roman *Der Zauberberg* der Zwang zur Politisierung zu beobachten, und hier führt er auf politisch gefährliches und bis heute vermintes Gelände. Bekanntlich begann Mann mit der Arbeit an diesem Werk[34] im Juli 1913, also in Zeiten jener »machtgeschützten Innerlichkeit«,[35]

---

33 Vgl. zu diesem Problemkomplex Riccardo Bavaj: Von links gegen Weimar: Linkes antiparlamentarisches Denken in der Weimarer Republik. Bonn 2000, bes. S. 415–438.
34 Für den *Zauberberg* wird im Folgenden auf den Textband und den Kommentarband der *Großen kommentierten Frankfurter Ausgabe* verwiesen: Thomas Mann: Große kommentierte Frankfurter Ausgabe: Werke – Briefe – Tagebücher. Hg. von Heinrich Detering u. a. Band 5.1: Der Zauberberg. Hg von Michael Neumann, und Band 5.2.: Kommentar, von Michael Neumann. Frankfurt a.M. 2002. Zur Entstehungsgeschichte Mann: Der Zauberberg (s. Anm. 34), S. 9 ff.
35 Thomas Mann: Essays. Band 4: Achtung, Europa! 1933–1938. Hg. von Hermann Kurzke, Stephan Stachorski. Frankfurt a.M. 1995, S. 65.

in denen Politik für Thomas Mann kein Thema war. Weder in seinem erzählerischen Werk noch in seiner Essayistik spielt sie eine nennenswerte Rolle. Das änderte sich, wie an Manns Schriften abzulesen ist und wie er selbst 1944 bekannte, »mit dem Kriegsausbruch von 1914«, der ihn »gewaltsam« mit politischen Fragen in Berührung brachte, für die er »vorher gar kein Organ entwickelt hatte«.[36] Der Krieg, den Mann, vom Militärdienst aus Altersgründen verschont, ab dem Herbst 1914 mit einer Reihe mobilisierender Essays begleitete, war der erste Anlass und Gegenstand seiner politischen Essayistik, zu der auch die sukzessive entstandenen und publizierten Teile der *Betrachtungen eines Unpolitischen* gehören.[37] Die sich abzeichnende Niederlage führte zu einem vorübergehenden Bruch. Im Spätsommer 1918, als die *Betrachtungen* im Druck waren, schrieb Mann die Erzählung *Herr und Hund*, in der es nur wenige und kaum wahrnehmbare Hinweise auf den Krieg gibt,[38] und danach machte er sich an die kleine Hexameter-»Idylle« *Gesang vom Kindchen* über die ersten Lebensmonate und die Taufe der im April 1918 geborenen Tochter Elisabeth. Beide sollten sie, wie sich aus Manns Tagebuchaufzeichnungen ersehen lässt, der »Erholung nach den Mühen des Kriegsbuches« dienen. In diesem Zusammenhang tauchte dann auch der Gedanke auf, die im Sommer 1915 mit dem »Hippe«-Kapitel abgebrochene Arbeit an der Sanatoriumsgeschichte wiederaufzunehmen, was im April 1919 auch geschah. Sie als politikferne Tannhäuser- und Venusberggeschichte, als welche sie geplant war, fortzuführen, war allerdings nicht möglich. Die heftigen politischen Auseinandersetzungen der gewalterfüllten Gründungsphase der Republik, an denen sich Mann mit Stellungnahmen, Essays und Reden beteiligte, verlangten Berücksichtigung in einem Werk, das ein »Zeitroman« im Sinne auch eines Epochenromans werden sollte. Zwar blieb es bei den unpolitischen Grundfragen des Romans (Was ist die Zeit?,[39] »Was ist der Mensch«?;[40] »Was ist der Körper«?;[41] »Was war das Leben?«;[42] Was geschieht nach dem Tode?[43]), und die Antworten auf sie werden von politikfer-

---

36 Thomas Mann: Essays. Band 5: Deutschland und die Deutschen 1938–1945. Hg. von Hermann Kurzke, Stephan Stachorski. Frankfurt a.M. 1994, S. 253.
37 Was dieser »Kriegsdienst mit der Feder« für das Schaffen und die Autorschaft Thomas Manns und anderer Autoren jener Zeit (Hauptmann, Hofmannsthal, Rilke, Döblin, Benn, Musil u. a.) bedeutete, zeigt ausführlich Alexander Honold: Einsatz der Dichtung: Literatur im Zeichen des Ersten Weltkriegs. Berlin 2015.
38 Vgl. Honold: Einsatz der Dichtung (s. Anm. 37), S. 383 ff.
39 Mann: Der Zauberberg (s. Anm. 34), S. 157 ff.
40 Ebd., S. 245.
41 Ebd., S. 403.
42 Ebd., S. 416 f.
43 Ebd., S. 660 f.

nen Figuren gegeben (Hofrat Doktor Behrens und Mynheer Peeperkorn).[44] Aber mit dem Humanisten und Republikaner Lodovico Settembrini bekam der Roman einen *homo politicus*, der zunächst die Gespräche dominieren durfte, dann aber in dem düsteren Leo Naphta einen mindestens ebenbürtigen Kontrahenten erhielt. Spätestens mit dem Auftreten Naphtas (nach der ersten Hälfte des Textes und, entstehungsgeschichtlich gesehen, im Sommer 1922,[45] als Walther Rathenau ermordet wurde und Thomas Mann vollends zum Republikaner wurde) wird der *Zauberberg* zu einem aktuellen politischen Roman; denn mit Naphta erscheint eine Figur, die weniger in die Vorkriegszeit passt, in welcher die Romanhandlung spielt, als vielmehr in die frühen zwanziger Jahre, in denen unter dem Eindruck der bolschewistischen Revolution einerseits und der Krisenerscheinungen in der westlichen Welt andererseits chiliastische und totalitäre Ideen um sich griffen. Naphta ist eine ausgesprochen anachronistische Figur, motiviert durch die Absicht, aus dem Vorkriegs- und Sanatoriumsroman, der sich um Grundfragen der menschlichen Existenz gedreht hätte, einen Roman zu machen, der den politischen Problemen und Debatten der Jahre um 1922 gerecht wurde.

In Naphta vereinigen sich vielerlei zunächst disparat wirkende Momente: Seinem jüdischen Vater, einem Schächter, verdankt er neben seinem »geistigen Wühlertum«[46] die mit Mitleidslosigkeit und Grausamkeit gepaarte »Idee des Heiligen und Geistigen«.[47] Von der Berührung mit der Sozialdemokratie hat er sein politisches Interesse und seine revolutionäre Neigung,[48] vom darauf folgenden Anschluss an den Jesuitenorden seine Orientierung an der scholastischen Philosophie und seine Begeisterung für die Idee des Gottesstaats unter päpstlicher Leitung.[49] Dieser wäre das Gegenteil der aufgeklärten, liberalistischen und kapitalistischen westlichen Gesellschaft: statt desaströser »Massengütererzeugung« Produktion »nach dem Bedürfnis«;[50] statt Demokratie und humanistischer Bürgerlichkeit, statt Liberalismus und Individualismus, statt Freiheit und Menschenrecht will er »den absoluten Befehl« und »die eiserne

---

44 Bezeichnenderweise stehen die Gespräche über diese Fragen im Zentrum der großen Untersuchung, die Andreas Kablitz 2017 unter dem Titel *Der Zauberberg: die Zergliederung der Welt* vorgelegt hat, während die »nicht enden wollenden Diskussionen zwischen Naphta und Settembrini, die einen beträchtlichen Teil des Romans ausfüllen und die zu keinem Ergebnis zu kommen scheinen« (ebd., S. 22) nur im Kapitel über die Juli-Krise (S. 74 ff.) eine größere Rolle.
45 Vgl. Neumann: Kommentar (s. Anm. 34), S. 40 f.
46 Mann: Der Zauberberg (s. Anm. 34), S. 666.
47 Ebd., S. 664.
48 Ebd., S. 666.
49 Ebd., S. 666 f. (Jesuiten) und 608 f. (Gottesstaat).
50 Ebd., S. 608.

Bindung« sowie »Disziplin, Opfer, Verleugnung des Ich, Vergewaltigung der Persönlichkeit«, »Gehorsam«, »Askese« und »Terror«.[51] Im Kommunismus und in der Diktatur des Proletariats sieht er die Idee des Gottesstaats wirksam, ja bereits den Übergang zum Gottesstaat.[52] Für Settembrini ist Naphta ein Vertreter der »schwärzesten Reaktion«,[53] doch nennt der Erzähler ihn zu Recht auch einen »Revolutionär«.[54] Die Forschung, die die Genese dieser ausgesprochen »synkretistischen Figur«[55] rekonstruiert hat,[56] rückt sie in die Nähe jener intellektuell-politischen Strömung, die in eben diesen Jahren in Erscheinung trat und üblicherweise unter dem wohl von Thomas Mann selbst inaugurierten Begriff der »Konservativen Revolution« behandelt wird.[57] Naphta ist damit auch der Repräsentant einer Strömung oder Haltung, die von nicht wenigen Historikern zu den Wegbereitern der NS-Herrschaft gerechnet wird. Zudem ist er auch ein Vertreter jener Verbindung von religiösen und politischen Vorstellungen, die in den chiliastisch angehauchten Erlösungsideologien des Kommunismus und des Nationalsozialismus zu sehen ist und diesen, wie Eric Voegelin 1938 verdeutlichte, den Charakter von »politischen Religionen« gab.[58]

4.2.1 Kontextualisierung 1: »jüdischer Bolschewismus«

Für eine gesellschaftsgeschichtliche Einschätzung der Naphta-Figur gibt es zumindest zwei Aspekte, die eine gewisse Brisanz bekommen, wenn man sie in ihren ideologischen Kontexten sieht:

Der eine Aspekt besteht in der Verbindung von Judentum und politischem Erlösungsstreben, das, indem es auf die Diktatur des Proletariats setzt und die Anwendung blutiger Gewalt geradezu verlangt,[59] einen kommunistischen oder bolschewistischen Zug erhält und an die russische Revolution denken lässt,

---

51 Ebd., S. 603 und 607.
52 Ebd., S. 608.
53 Ebd., S. 611.
54 Ebd., S. 669.
55 Hermann Kurzke: Thomas Mann: Epoche – Werk – Wirkung. München 1985, S. 203.
56 Vgl. außer ebd., S. 201 ff., auch Neumann: Kommentar (s. Anm. 33), S. 40 ff. und 268 ff., sowie den *Zauberberg*-Artikel von Hans Wysling, in: Helmut Koopmann (Hg.): Thomas-Mann-Handbuch. Frankfurt a.M. 2005, S. 397–422, hierzu S. 399 ff. und 408 ff.
57 Vgl. Kurzke: Thomas Mann (s. Anm. 55), S. 203. unter Verweis auch auf die Selbstbezeichnung Naphtas als »Revolutionär der Erhaltung« (S. 556).
58 Vgl. Eric Voegelin: Die politischen Religionen. Hg. von Peter J. Opitz. München, Paderborn 2007.
59 Vgl. Mann: Der Zauberberg (s. Anm. 34), S. 609.

die, romanintern gesehen, freilich noch keine Rolle spielen darf, weil das Geschehen ja 1914 endet. Dieses Arrangement korrespondiert mit der unmittelbar nach der russischen Revolution aufgekommenen und in ganz Europa verbreiteten These vom »jüdischen Bolschewismus«, die auf den überproportional großen Anteil von Juden in der Führung der revolutionären Bewegungen in Russland und anderen von der Revolution erfassten Ländern referiert.[60] Hitler, mit dem sie regelmäßig in Verbindung gebracht wird, hat sie nicht erfunden; aber er hat sie schon in der frühen Phase seiner propagandistischen Tätigkeit aufgegriffen und allmählich zu einer wichtigen (und lange nachhallenden) Parole des Kampfes gegen das Judentum und den Bolschewismus gemacht. In der historisch-politischen Debatte ist die These umstritten und wird oft als »Mär«, »Mythos« oder schlicht »Lüge« bezeichnet. Doch gibt es in der seriösen historischen Literatur auch einige im Kern plausibilisierende Hinweise, so etwa in Ian Kershaws *Höllensturz: Europa 1914–1949*, wo im Kapitel über den Stalinismus beiläufig erwähnt wird, dass »Juden sich in ganz Europa überproportional vom Sozialismus angezogen fühlten, den sie als Weg zur Befreiung von Diskriminierung und Verfolgung sahen«,[61] oder im vierten Band der von Michael A. Meyer und Michael Brenner im Auftrag des Leo Baeck Instituts herausgegebenen *Deutsch-jüdischen Geschichte in der Neuzeit*, wo auf die Affinität von jüdischem Messianismus und sozialistischen Revolutionsideen hingewiesen wird,[62] neuerdings vertieft in Michael Brenners Buch über Juden und Antisemiten in München zwischen 1918 und 1923.[63]

Zu Recht macht auch Hans Wysling im Thomas-Mann-Handbuch darauf aufmerksam, dass Mann zur Zeit der Münchener Revolution den Typus des jüdischen Revolutionärs – verkörpert nicht nur durch Eugen Leviné (Wysling),[64] sondern auch durch Kurt Eisner, Gustav Landauer, Ernst Toller und Erich Mühsam – vor Augen hatte und mit einem deutlichen Ressentiment, das im Übrigen auch dem Bolschewismus galt, betrachtete.[65] Am 2. Mai 1919, als Reichswehrt-

---

[60] Die Literatur dazu ist so umfangreich, dass es weder nötig noch sinnvoll ist, auf den einen oder anderen der einschlägigen Titel zu verweisen. Das Internet bietet unter dem Stichwort »jüdischer Bolschewismus« eine große Fülle von Artikeln mit unabsehbar vielen Hinweisen.
[61] Ian Kershaw: Höllensturz: Europa 1914–1949. München 2016, S. 370.
[62] Deutsch-jüdische Geschichte in der Neuzeit, Band IV: Aufbruch und Zerstörung 1918–1945. Hg. von Michael A. Meyer unter Mitwirkung von Michael Brenner. München 1997, S. 28 ff.
[63] Michael Brenner: Der lange Schatten der Revolution: Juden und Antisemiten in Hitlers München 1918–1923. Berlin 2019, bes. S. 21 ff.
[64] Wysling: Zauberberg (s. Anm. 56), S. 410.
[65] Zudem hatte Mann auch den in Berlin agierenden Karl Radek vor Augen, ebenso Rosa Luxemburg: vgl. Thomas Mann: Tagebücher 1918–1921. Hg. von Peter de Mendelssohn. Frankfurt a.M. 1979, S. 124,127.

ruppen und bayerische Schützenverbände die Räterepublik blutig niederschlugen, schrieb er in sein Tagebuch:

> Wir sprachen auch von dem Typus des russischen Juden, des Führers der Weltbewegung, dieser sprengstoffhaften Mischung aus jüdischem Intellektual-Radikalismus und slawischer Christus-Schwärmerei. Eine Welt, die noch Selbsterhaltungsinstinkt besitzt, muß mit aller aufbietbaren Energie und standrechtlichen Kürze gegen diesen Menschenschlag vorgehen.[66]

Vor diesem Hintergrund und angesichts der Tatsache, dass die These vom »jüdischen Bolschewismus« in den Jahren, in denen Mann die Naphta-Figur konzipierte und in den Roman einführte, politisch virulent war und antisemitisch ausgespielt wurde,[67] wirkt Naphtas Zuordnung zum Judentum und die Erklärung seiner Blutrünstigkeit aus dem Schächter-Beruf seines Vaters durchaus problematisch. Man könnte sagen, der *Zauberberg* sei an der Verbreitung des Klischees vom »jüdischen Bolschewismus« nicht unschuldig. Wäre Naphta eine Figur in einem Roman eines als ›völkisch‹ indizierten Autors, beispielsweise in Gustav Frenssens *Otto Babendiek* (1926), wäre diese Anlass für heftige Kritik. Dass dies im Falle des *Zauberbergs* anders ist, hat seine guten Gründe; Mann ist eben, anders als Frenssen, später nicht als Antisemit in Erscheinung getreten.[68] Das stillschweigende Ausblenden des diskreditierenden Kontexts und das ebenfalls stillschweigende Absehen von entsprechender Kritik ist aber symptomatisch und bemerkenswert im Hinblick auf die literaturgeschichtliche Urteilsbildung in diesem Bereich.

4.2.2 Kontextualisierung 2: Ernst Jüngers *Arbeiter*

Der zweite evaluativ interessante Aspekt besteht in der Ausstrahlung und romaninternen Wertung der Naphta-Figur. Das Kapitel, in welchem Naphta seine

---

66 Mann: Tagebücher (s. Anm. 65), S. 223. Starke Worte, die man leicht an ganz anderer Stelle vermuten könnte!.
67 Vgl. Brenner: Der lange Schatten der Revolution (s. Anm. 67), S. 210 und 328 ff., verzeichnet entsprechende Artikel in den *Süddeutschen Monatsheften* schon für Dezember 1918. Auch Thomas Mann wird in diesem Zusammenhang erwähnt, und zwar auf eine Weise, die ihn als Vertreter einer »Gegenposition« zum Antisemitismus/Antibolschewismus erscheinen lässt (Brenner: Der lange Schatten [s. Anm. 67], S. 238, 256 f.).
68 Für Frenssen sei auf seinen 1940 publizierten *Lebensbericht* verwiesen, der lange Passagen über die angebliche »jüdische Fremdherrschaft« auf dem Gebiet der Literatur um 1930 enthält: Gustav Frenssen: Lebensbericht. Berlin 1940, S. 242 ff.; vgl. dazu Helmuth Kiesel: Moderne und Antimoderne: Gustav Frenssen im Kontext. In: Heinrich Detering, Kai Sina (Hg.): Kein Nobelpreis für Gustav Frenssen: eine Fallstudie zu Moderne und Antimoderne. Heide 2018, S. 21–42.

politischen Vorstellungen entfalten darf, steht unter der Überschrift »Vom Gottesstaat und von übler Erlösung«,[69] und am Ende dieses langen enthüllenden Kapitels bekräftigt der Republikaner und Humanist Settembrini dieses Urteil des Textes oder auktorialen Erzählers, indem er gegenüber Hans Castorp und Joachim Ziemßen feststellt, dass das, was Naphta anstrebe und propagiere, nicht »die Erlösung vom [sozialen und kulturellen] Übel« bedeute, sondern »üble Erlösung« sei.[70] Das explizite romaninterne Urteil über den »wollüstigen« Revolutionsapologeten wirkt also eindeutig, wird aber, wie mir scheint, durch die Darstellung Naphtas konterkariert: Gegenüber dem fadenscheinig gekleideten und ärmlich behausten »Schwätzerchen« Settembrini erscheint Naphta, gut gekleidet und in einem luxuriös ausgestatteten Appartement mit eindrucksvoller sakraler Anmutung wohnend, als ein zwar düsterer, aber faszinierender Herr, den der Erzähler nicht umsonst einmal einen »Aristokrat[en]«[71] nennt. Sein Porträt ist umfassender und zugleich kompakter als das seines Kontrahenten Settembrini, seine geradezu abenteuerliche, aber wiederum faszinierende jüdisch-sozialrevolutionär-jesuitisch geprägte Sozialisation wird ebenfalls ausführlicher und kompakter dargestellt als Settembrinis Lebensgeschichte, die nur sukzessive und bruchstückhaft vergegenwärtigt wird. Kurz: Wenn es Mann darum ging, zwei um 1922 konkurrierende politische Positionen und Bestrebungen vergleichend vor Augen zu führen, so hat er dem totalitär und terroristisch denkenden »Revolutionär« Naphta entschieden mehr Würde und Ausstrahlungskraft verliehen als dem liberal und humanistisch eingestellten Settembrini. Und wenn dies geschah, um der seinerzeit wachsenden Faszinationskraft sich revolutionär gebender und zugleich totalitär gewillter politischer Bewegungen abbildend Rechnung zu tragen, stellt sich die Frage, ob diese durch eine Figur wie Naphta nicht gesteigert wurde, zumal Settembrinis Zögling Castorp am Ende des Romans und bei Beginn des Kriegs sich ja nicht etwa den pazifistisch und demokratisch eingestellten deutschen Emigranten in Bern oder Zürich zugesellt, sondern dahin eilt, wo ihn Befehl, Bindung, Disziplin, Opfer, Verleugnung des Ichs und Vergewaltigung der Persönlichkeit erwarten.[72] Und schließlich stellt sich die Frage, wie viel historische Berechtigung oder Notwendigkeit Mann selbst solchen Bewegungen zugestand. Es wäre verkehrt, diese Frage mit Verweisen auf einige antibolschewistische Wendungen in den Tagebüchern der Revolutionszeit, das republikanische Bekenntnis von 1922 und

---

69 Mann: Der Zauberberg (s. Anm. 34), S. 584.
70 Ebd., S. 621.
71 Ebd., S. 669.
72 Ausführlich dazu Kablitz: Der Zauberberg (s. Anm. 44), S. 74 ff.

die mehrfach hervorgekehrte Bürgerlichkeit abzuweisen. In den Tagebüchern finden sich auch Eintragungen, in denen Mann sein Verhältnis zum Bolschewismus als »zwiespältig« bezeichnet,[73] Kapitalismus und Liberalismus für obsolet erklärt[74] und »etwas Neues in politicis« verlangt,[75] und im Frühjahr 1932 legte er aus Anlass des Goethe-Jahres in einer Akademie-Rede über das Thema *Goethe als Repräsentant des bürgerlichen Zeitalters* ein erstaunliches Bekenntnis ab, indem er gegen Ende der Rede sagte:

> [...] Im technisch-rationalen Utopismus geht das Bürgerliche in Weltgemeinschaftlichkeit, es geht, wenn man das Wort allgemein genug und undogmatisch verstehen will, ins Kommunistische über. Sie ist nüchtern diese Begeisterung. Aber was heute nottut, ist die große Ernüchterung der Welt, die an verdampften und das Leben hindernden Seelentümern zugrunde geht. [...] Der Bürger ist verloren und geht des Anschlusses an die neu heraufkommende Welt verlustig, wenn er es nicht über sich bringt, sich von den mörderischen Gemütlichkeiten und lebenswidrigen Ideologien zu trennen, die ihn noch beherrschen, und sich tapfer zur Zukunft zu bekennen. Es nützt nichts, die Vernunft zu verhöhnen und einen verstockten Gemüts- und Tiefenkult zu treiben, dessen heutige Gottgeschlagenheit und Lebensverlassenheit sich darin erweist, daß er als eine Art verzweifelter und haßerfüllter Totschlagesentimentalität sich darstellt. Die neue, die soziale Welt, die organisierte Einheits- und Planwelt, in der die Menschheit von untermenschlichen, unnotwendigen, das Ehrgefühl der Vernunft verletzenden Leiden befreit sein wird, diese Welt wird kommen, und sie wird das Werk jener großen Nüchternheit sein, zu der heute schon alle in Betracht kommenden, alle einem verrotteten und kleinbürgerlichdumpfen Seelentum abholden Geister sich bekennen. Sie wird kommen, denn eine äußere und rationale Ordnung, die der erreichten Stufe des Menschengeistes gemäß ist, muß geschaffen sein oder sich schlimmstenfalls durch gewaltsame Umwälzung hergestellt haben, damit das Seelenhafte erst wieder Lebensrecht und ein menschlich gutes Gewissen gewinnen könne. [...] Das Recht auf die Macht ist abhängig von dem historischen Auftrag, als dessen Träger man sich fühlt und fühlen darf. Verleugnet man ihn oder ist man ihm nicht gewachsen, so wird man verschwinden und abtreten, abdanken müssen zugunsten eines Menschentypus, der frei ist von den Voraussetzungen, Bindungen und überständigen Gemütsfesseln, die, wie man zuweilen fürchten muß, das europäische Bürgertum untauglich machen, Staat und Wirtschaft in eine neue Welt hinüberzuführen. Kein Zweifel, der Kredit, den die Geschichte der bürgerlichen Republik heute noch gewährt, dieser nachgerade kurzfristige Kredit, beruht auf dem noch aufrechterhaltenen Glauben, daß die Demokratie was ihre zur Macht drängenden Feinde zu können vorgeben, auch kann, nämlich eben diese Führung ins Neue und Zukünftige zu übernehmen.[76]

---

73 Mann: Tagebücher 1918–1921 (s. Anm. 65), S. 216 (und 264).
74 Ebd., S. 188, 199, 211.
75 Ebd., S. 166.
76 Thomas Mann: Essays. Band 3: Ein Appell an die Vernunft 1926–1933. Hg von Hermann Kurzke, Stephan Stachorski. Frankfurt a.M. 1994, S. 307–342, hier S. 340f.

Der letzte Satz bezeugt, dass Mann an Bürgerlichkeit und Demokratie festhalten wollte. Aber die vorausgehenden Ausführungen sind nahe bei dem, was er seine Naphta-Figur 1924 propagieren ließ und was Ernst Jünger im selben Jahr 1932 mit seinem radikal antibürgerlichen und rücksichtslos technik- und sozialutopischen Mobilisierungsbuch *Der Arbeiter* herbeireden wollte. Der Weg in eine Welt, so ist dort zu lesen, die mittels technischer Aufrüstung und international geregelter »Erzeugung und Verteilung der Güter« ein menschenwürdiges Leben erlauben werde, führe »über den Arbeitsgang einer Kette von Kriegen und Bürgerkriegen«,[77] für den ein Kollektiv einordnungs- und aufopferungsbereiter, an Befehl und Gehorsam gewohnter Menschen notwendig sei.[78] Indem Manns Goethe- und Bürgerlichkeitsrede derartige Vorstellungen als politische Möglichkeit aufruft und ihr zugleich eine gewisse Notwendigkeit zuschreibt, wird der Schluss der Rede ideologie- und literaturgeschichtlich in dreierlei Hinsicht bedeutungsvoll. Erstens gibt er der Naptha-Figur ein neues Gewicht: In ihr offenbarte sich schon 1924 die Faszinationskraft gewaltbereiter Sozial- und Kulturutopien, gegen die auch die bürgerliche Intelligenz nicht ganz gefeit war und die in der Zeit der Weltwirtschaftskrise eine neue Virulenz entfaltete. Zweitens relativiert dieser Redeschluss die oft als exzeptionell eingestufte und kritisierte Antibürgerlichkeit und Inhumanität von Jüngers *Arbeiter*. Die Verwandlung der bürgerlichen in eine kollektivistische Gesellschaft ist auch für den dezidiert bürgerlich denkenden Thomas Mann eine unabweisbare Forderung der Zeit, die, wenn dies nicht auf demokratischem Weg geschieht, legitimerweise mit revolutionärer Gewalt geschehen wird. Drittens relativiert dieser Redeschluss die negative Bedeutung, die Jüngers *Arbeiter* für Thomas Mann gehabt haben soll: Immer wieder ist ja zu lesen, dass Jüngers *Arbeiter* die Vorlage für Figuren und Gedanken der *Konservativen Revolution* in Thomas Manns Essays und in seinem *Doktor Faustus* gewesen sei.[79] Mann hat aber den *Arbeiter* allenfalls über eine Besprechung in der *Neuen Rundschau* vom Januar 1933 zur Kenntnis genommen[80] und

---

77 Ernst Jünger: Sämtliche Werke. Band 8: Essays II: Der Arbeiter. Stuttgart 1981, S. 83.
78 Jünger: Sämtliche Werke (s. Anm. 77), S. 108 und 154 ff. – Zur weiteren Charakterisierung des *Arbeiters* und zu seiner Rezeption vgl. meinen Aufsatz: Ernst Jüngers ›Arbeiter‹ – Eine Programmschrift der »heroischen Moderne«. In: Jünger-Debatte 2 (2019), S. 123–138.
79 Jürgen Manthey: Ein Don Quichote der Brutalität: Ernst Jüngers ›Der Arbeiter‹. In: Text + Kritik 105/106: Ernst Jünger. München 1990, sowie Karlheinz Hasselbach: »Das Geheimnis der Identität«. Ernst Jüngers ›Der Arbeiter‹ im Licht von Thomas Manns ›Doktor Faustus‹. In: Deutsche Vierteljahrsschrift für Literaturwissenschaft und Geistesgeschichte 69 (1995), S. 146–171.
80 Vgl. Lothar Blum: »ein geistiger Wegbereiter und eiskalter Wollüstling der Barbarei«: Thomas Mann über Ernst Jünger – eine Studie zu Manns politisch-literarischer Urteilsbildung. In: Wirkendes Wort 46 (1996), S. 424–445, hier S. 436 f. und 444; Helmuth Kiesel: »Wegbereiter

war, wie die Naphta-Figur und das Ende der Goethe-Rede zeigen, überhaupt nicht auf den *Arbeiter* angewiesen, um zu entsprechenden Konzepten und Figuren zu kommen. Sie lagen im Rahmen seiner vorausgehenden geschichtlichen Erfahrungen und seiner eigenen politischen Vorstellungs*möglichkeiten* – womit nicht schon gesagt ist, dass Mann sie präferierte. In späteren Essays mahnte er zwar auch mehrfach eine »soziale Reform« der Demokratie an[81] und sprach von »sozialen Forderungen der [gegebenen] Weltstunde«,[82] die zu einer Überführung des »Demokratische[n] ins Sozialistische« nötigten,[83] doch hieß sein Ziel nie etwa »Diktatur des Proletariats« oder »Sozialer Autoritarismus«, sondern immer »soziale Demokratie«[84] oder gelegentlich auch »ökonomische Demokratie«.[85]

Zusammenfassend ist festzuhalten: Die Politisierung der Literatur oder des literarischen Schaffens durch den Ersten Weltkrieg war nicht rückgängig zu machen. Thomas Manns Rückzug in die Idyllik von *Herr und Hund* und *Kindchen* blieb Episode. Der politikferne Vorkriegsroman *Der Zauberberg* wurde spätestens um 1922 mit der Einführung Napthas zu einem Roman, der neben existentiellen Grundfragen aktuelle und brisante politische Grundfragen thematisierte. Mit Naphta schuf er dafür eine eindrucksvolle Figur, die einige Affinitäten mit prekären Kontexten hat und bei genauer Betrachtung durchaus Anlass für eine politisch-historische Kritik wäre, wie sie in anderen Fällen zweifellos geübt würde. Thomas Mann ist davor durch seine insgesamt demokratische und antifaschistische Einstellung geschützt. Für das Gesamtbild der Literatur der Weimarer Republik und für die Einschätzung anderer Autoren oder Texte wäre es jedoch wichtig, auch diese problematischen Momente des *Zauberbergs* (und der *Goethe*-Rede von 1932) stärker zur Kenntnis zu nehmen, als dies bisher der Fall war.

---

und eiskalter Genüssling des Barbarismus«? Thomas Manns »second hand«-Urteile über Ernst Jünger. In: Jünger-Debatte 4 (2021), S. 97–111.
81 Thomas Mann: Essays. Band 4: Achtung, Europa! 1933–1938. Hg. von Hermann Kurzke, Stephan Stachorski. Frankfurt a.M. 1994, S. 241.
82 Thomas Mann: Essays. Band 5: Deutschland und die Deutschen 1938–1945. Hg. von Hermann Kurzke, Stephan Stachorski. Frankfurt a.M. 1994, S. 14.
83 Ebd., S. 60.
84 Ebd., S. 66, 73, 106 und bes. 233 ff.
85 Ebd., S. 274.

4.3 Unterschiedliche Wertungen: Hans Grimms *Volk ohne Raum*

Ein anderes Problem der literaturgeschichtlichen Wertung soll an Hans Grimms Roman *Volk ohne Raum* exemplifiziert werden. Es besteht im politisch bedingten Auseinandertreten der zeitgenössischen Urteile über politisch intendierte Werke.

Dem 1926 erschienenen *Volk ohne Raum* wurde nach 1945 Verantwortung für die nationalsozialistische Raumforderung und Expansionspolitik zugeschrieben.[86] Diese Verantwortung ist nicht von der Hand zu weisen. Zwar findet sich die Raumforderung schon im ersten Programm der NSDAP vom Februar 1920 und in Hitlers Reden aus den Jahren bis zu seiner Inhaftierung nach dem Putschversuch vom November 1923, ebenso in seinem Buch *Mein Kampf* von 1925; sie geht also Grimms Roman voraus, doch hat Grimm sie mit dem Titel seines Romans in eine prägnante Formel gefasst und hat ihr mit der Lebensgeschichte seines Helden und mit statistischen Ausführungen eine scheinbare[87] Plausibilität und zugleich eine starke Melodramatik gegeben. *Volk ohne Raum* ist ein Buch der Klage: Es zeigt das Leiden deutscher Emigranten in einer feindseligen Welt. Es ist ein Buch des Lobes, das neben der außerordentlichen Tüchtigkeit der Deutschen und der überragenden Qualität deutscher Produkte (bezeugt durch das damals von den Briten als Schutzmarke eingeführte ›Made in Germany‹) die Aufrichtigkeit und Seelenhaftigkeit der Deutschen rühmt. Es ist ein Buch der Forderung, das für die Deutschen den ihnen gemäßen Raum in der Welt verlangt, ohne jedoch zu sagen, wo er zu finden sei. Es ist ein Buch der Verheißung, das den Führer in eine bessere Zukunft bereits auf dem Weg sieht und viele Leser wohl an den »Trommler« Hitler denken ließ. Und es ist ein Buch der Dichtung als volksbildender Kraft: Deutsche Dichtung wird aufgerufen, um neben der Not die Würde des deutschen Volkes zu verkünden. ›Deutscher Stil‹

---

86 Vgl. dazu Annette Gümbel: »Volk ohne Raum«: der Schriftsteller Hans Grimm zwischen nationalkonservativem Denken und völkischer Ideologie. Darmstadt, Marburg 2003, sowie Heike Wolter: »Volk ohne Raum«: Lebensraumvorstellungen im geopolitischen, literarischen und politischen Diskurs der Weimarer Republik. Münster, Hamburg, London 2003.

87 Statistisch gesehen war Deutschland sehr viel dichter besiedelt als andere europäische Länder wie zum Beispiel Frankreich (134 gegenüber 72 Einwohnern pro km²), doch lässt sich der Lebensstandard nicht auf die Einwohnerdichte zurückführen; der soziologisch bewanderte Erik Reger, Verfasser der großen Gesellschaftsromane *Union der festen Hand* (1931) und *Das wachsame Hähnchen* (1932), bemerkte deswegen in letzterem, die Deutschen seien nicht ein »Volk ohne Raum«, sondern ein »Volk ohne Verstand«: vgl. Erik Reger: Das wachsame Hähnchen. Polemischer Roman. Berlin 1933 [eigentlich 1932, da vordatiert], S. 496 und 517.

wird vorgeführt, indem vormodernes Vokabular verwendet und an vielen Stellen ein gravitätischer Predigerton angeschlagen wird.

Die Urteile über dieses Buch traten auf eine bemerkenswerte Weise auseinander. Neben zahlreichen rein positiven Besprechungen gab es (zumindest) eine Besprechung, die die politische Tendenz negativ bewertete, die poetische Faktur aber positiv. Sie stammt von Max Herrmann-Neiße, erschien im Oktober 1926 in der *Frankfurter Zeitung* unter der paradox wirkenden Überschrift *Gekonnte Barbarei* und beginnt mit dem Satz: »Die umfangreiche Erzählung *Volk ohne Raum* von Hans Grimm, die sich selbst eine *politische* nennt, ist formal reif, gekonnt, aber äußerst unangenehm, gefährlich in ihrer tendenziösen Verarbeitung der Geschehnisse.«[88] Das wird weiter ausgeführt: Grimm sei von der »Bauern-« und »Kolonistenauffassung« geprägt, pflege »Rassenüberheblichkeit« und vertrete mit seinem Buch »eine große Gruppe *reaktionär* verbissener Auslandsdeutscher«.[89] Dann aber kommt es zu einer Wendung ins Positive, die zunächst den sowohl vom Autor als auch vom Helden verkörperten Charakter würdigt: Der »Vorzug« des Buches bestehe darin,

> daß es nicht nur geschrieben, sondern auch erlebt ist; es steht dahinter oder besser davor und haftet mit dem Einsatz der eigenen Tat dafür jener herbe, verbissene, arbeits- und ordnungswütige Schlag deutschen Mittelstandes, dessen Wesenszüge Kargheit, puritanische Selbstherrlichkeit und anspruchsvolle Anspruchslosigkeit sind.[90]

Dem folgt schließlich eine nicht unkritische, aber doch sehr positive Würdigung der literarischen Leistung:

> Schreiben, gestalten kann Grimm. Er hat die ursprüngliche Begabung für einen herzhaft schildernden, kernigen, behäbigen Erzählerstil. Einfach, handlich, gediegen baut er seine Welt hin, weniger erfreulich sind die allgemeinen Expektorationen, diese pastorenhaften Apostrophen, weitschweifigen genealogischen und kulturgeschichtlichen Reminiszenzen. [...] Es wäre dringend zu wünschen, daß Dichter freierer, humanerer Gesinnung und weiteren Blicks ebenso kraftvolle Romane schrieben, in denen die Gegenwartsprobleme vom völkerversöhnenden, freiheitlichen, antinationalistischen Standpunkt aus behandelt werden.[91]

Zwei Jahre später, als *Volk ohne Raum* zum Bestseller geworden war, fühlte sich Kurt Tucholsky zum Einschreiten veranlasst und wandte sich mit einem

---

88 Max Herrmann-Neiße: Gekonnte Barbarei [zuerst am 31. Oktober 1926 in der Frankfurter Zeitung]. In: Max Herrmann-Neiße: Gesammelte Werke / Die neue Entscheidung: Aufsätze und Kritiken. Hg. von Klaus Völker. Frankfurt a.M. 1988, S. 669–671, Zitat S. 669.
89 Ebd., S. 670.
90 Ebd., S. 670f.
91 Ebd., S. 671.

gewichtigen Artikel, der Anfang September 1928 unter dem Titel *Grimms Märchen* in der *Weltbühne* erschien, gegen die Kolonialideologie, die er hinter *Volk ohne Raum* wie hinter Grimms früheren Erzählungen sah. *Volk ohne Raum* wird nur kurz behandelt, aber gänzlich verworfen, und zwar nicht nur in politischer, sondern auch in literarischer Hinsicht: Es ist für Tucholsky ein »mäßiger Roman« von »dilettantischer Innigkeit«, »protestantischer Provinziallyrik«[92] und miserablem Stil. Die Sätze, die ihm gewidmet sind, seien zitiert:

> Zunächst ist merkwürdig, zu sehn, wie schlecht diese Teutschen schreiben. Ich will gar nicht von dem wahrhaft Morgensternschen Satz reden: »Der Vogel, der im Volksmunde Pfefferfresser und in Wirklichkeit nach seinem Rufe tok, tok, tok Tokan heißt« – dieses ›in Wirklichkeit‹ hätte der alte Mauthner erleben sollen. Es sind auch nicht jene Schachtelsätze, die man nur mit allen zehn Fingern lesen kann, auf jeweils einen Nebensatz einen Finger haltend, um den Faden nicht zu verlieren; nicht allein solche Flüchtigkeiten wie: »aber die Begegnungen sind nicht fertig«, was besagen will, daß der Autor sie noch nicht alle aufgezählt hat; [...]. Nein, das allein ist es nicht. Es ist jener seltsame und ekle Stil, den man etwa mit ›Grammatik in Latschen‹ umschreiben könnte, ein Stil, der den Leser gewissermaßen in die Seiten pufft: du weißt schon, wie ichs meine, ich brauche mich nicht so exakt auszudrücken. Traulich duftet es nach süßem Tabak; wann sich Papa zum letzten Mal die Füße gewaschen hat, steht noch sehr dahin, die Frauen haben viel Gemüt und wenig Bidet, und im Garten blühen Himbeeren, Kirschbäume und die deutsche Seele. So ein Stil ist das.[93]

Zwei Fragen stellen sich. Zunächst: Wie ist die Diskrepanz zwischen diesen beiden Urteilen über Grimms Stil zu erklären? Sollte sie nur auf unterschiedliche stilistische Vorlieben und Sensibilitäten zurückzuführen sein, oder erlaubte die politische Ablehnung bei Tucholsky anders als bei Herrmann-Neiße von vornherein keine positive Wahrnehmung und Würdigung des Stils von *Volk ohne Raum*? Anzunehmen ist Letzteres. Tucholsky nahm sich diesen Roman vor, als er eine für Tucholsky unliebsame Breitenwirkung entfaltete, und fühlte sich sogleich an »Stil und Poesie« von »Pastor Frenssen« erinnert,[94] einen Hauptvertreter der konservativen oder ›völkischen‹ Dichtung. Kurz: Tucholsky war vermutlich, obwohl er Grimm als einen »im tiefsten Kern anständige[n]«, »saubere[n], aufrechte[n] Mann« einschätzte,[95] aus Abneigung sowohl gegen die Kolonialschwärmerei als auch gegen den »teutschen« Stil des Konservativismus weder willens noch ästhetisch tolerant genug, um den Stil von *Volk ohne Raum*

---

92 Kurt Tucholsky: Grimms Märchen [zuerst am 4. September 1928 in der *Weltbühne*]. In: Gesamtausgabe (s. Anm. 30), Band 10: Texte 1928. Hg. von Ute Maack. Reinbek 2001, S. 358–368, Zitat S. 358.
93 Ebd., S. 360.
94 Ebd., S. 358.
95 Ebd., S. 358 und 360.

als respektable literarische Ausdrucksweise gelten zu lassen, geschweige denn als Leistung anzuerkennen, wie dies bei Herrmann-Neiße der Fall war. Die politische Ausrichtung präformierte das ästhetische Urteil.

Die zweite Frage ist, wie man als Verfasser einer literaturgeschichtlichen Abhandlung mit der Diskrepanz zwischen den Urteilen Herrmann-Neißes und Tucholskys umgeht. Man wird sie beide referieren und versuchen, die Unterschiedlichkeit zu verstehen und zu erklären. Man wird aber auch das Gefühl haben, dass der Leser der Abhandlung ein eigenes Urteil erwartet. Hierfür kann man auf die eigene Leseerfahrung zurückgreifen. Sie spricht in diesem und meinem Fall für Herrmann-Neiße. Wer *Volk ohne Raum* als geschichtlich interessierter Leser in die Hand nimmt und es nicht mit dem ›Vorurteil‹ liest, dass es sich nur um ein national(sozial)istisches Machwerk handeln könne, dem kann es passieren, dass er in diese manchmal etwas umständlich geschriebene, aber doch auch lebendig wirkende, abwechslungsreiche und bewegende Geschichte hineingezogen wird und die stilistischen Schnitzer, die Tucholsky ihr ankreidet, übersieht. Wenn er dann, durch Tucholsky aufmerksam und misstrauisch gemacht, den Text ein zweites Mal unter stilistischen Gesichtspunkten mustert, wird er noch anderes entdecken, was man, wenn man will, monieren kann. Aber machen vereinzelte Ungeschicklichkeiten *Volk ohne Raum* zu einem stilistisch insgesamt stümperhaften Roman? Und rechtfertigt, was Tucholsky an Beispielen und Argumenten anführt, seine mit primitiven sozialen und zudem misogynen Anspielungen arbeitende Verächtlichmachung von Grimms Stil? Ich glaube nicht. Dennoch kann man Tucholskys Urteil nicht übergehen oder einfach als verfehlt und belanglos abtun. Es muss aus zwei Gründen Erwähnung finden: zum einen, weil es so gut wie das Urteil von Herrmann-Neiße vor Augen führt, wie Zeitgenossen auf Grimms Erzählweise reagieren konnten, und zum andern, weil es als Urteil eines Schriftstellers und Kritikers von Rang und Ausstrahlung auf die Wahrnehmung von *Volk ohne Raum* dauerhaft einwirkte, nach 1945 mit zunehmender Kraft. Die Beurteilung eines Werks wie *Volk ohne Raum* kann im Rahmen einer Literaturgeschichte also nur in der kritisch reflektierten Zusammenführung, aber nicht Harmonisierung von zeitgenössischen Wertungen und eigenen Leseerfahrungen bestehen.

4.4 Folgen verborgener Politik: René Schickeles *Die Witwe Bosca*

An diesem letzten Beispiel soll beobachtet werden, was mit Werken geschah und geschieht, die sich den Politisierungserwartungen entzogen oder diesen wenigstens nicht sichtbar entsprachen. Das ist der Fall bei René Schickeles Roman *Die Witwe Bosca* von 1933.

René Schickele, der den badischen Nationalsozialisten wegen seiner pazifistischen, liberalen und frankophilen Einstellung – er war gebürtiger Elsässer und hatte eine französische Mutter – ein Dorn im Auge war, übersiedelte im Herbst 1932, als die Angriffe auf ihn zunahmen, von Badenweiler nach Sanary-sur-Mer. Dort schrieb er im Frühjahr 1933 den Roman *Die Witwe Bosca*. Worum es Schickele mit diesem Werk zu tun war, ist aus dem Tagebuch, das er in diesen Monaten führte,[96] und aus einigen Briefen, aber auch aus einigen diskreten Hinweisen im Roman selbst zu ersehen: Er wollte (1.) den Weggang von Deutschland verschmerzen. Er wollte sich (2.) seine neue Heimat im Küstenstreifen und Bergland zwischen Sanary und Fréjus erschreiben. Und er wollte (3.) eine Gesellschaft zeigen, die, noch unter den moralischen Folgen des vergangenen Kriegs leidend, bereits wieder Vorkehrungen für einen nächsten Krieg traf und auf eine Katastrophe zusteuerte. Bald nach Erscheinen des Romans (im Dezember 1933 bei S. Fischer in Berlin) schrieb Schickele am 17. Februar 1934 an Harry Graf Kessler:

> Mit der *Witwe Bosca* hoffte ich mehr zu tun, als nur ein ›ablenkendes‹ Buch zu schreiben. Die todestrunkene Bosheit und Rachsucht einer götzendienerischen, entgotteten Zeit in einer auf der Straße aufgelesenen Gestalt darzustellen – darauf kam es mir an. Ausdrücklich wollte ich jede aktuelle Beziehung vermeiden und das Übel an der Wurzel zeigen. Denn für das, was heute geschieht, bildet die Politik nur den Vorwand – bestenfalls liefert sie das die innerste Triebfeder auslösende Ereignis. Ich sehe in allem die *Katastrophe des Menschen, der sein Gewissen verlor*. Er hat die alten metaphysischen Bindungen abgelegt, ohne neue zu finden, und rast wie ein zur Unzeit befreiter Sklave.[97]

Der Inhalt des Romans muss hier nicht ausführlich wiedergegeben werden. Folgendes dürfte reichen: Jene Juliette Bosca hat ihren Mann im Ersten Weltkrieg verloren und sich danach in Ranas (Anagramm aus Sanary) niedergelassen. Dort zeigt sie sich auch noch lange Jahre nach dem Krieg – die Handlung ist über Altersangaben auf das Jahr 1932 zu datieren – als unentwegt trauernde Witwe, schwarz gekleidet und verschleiert, mit weiß gepudertem Gesicht, aus dem die rot geschminkten Lippen und zwei ebenfalls rot bemalte Wangen hervorleuchten. Ihre vermeintliche Trauer ist aber nichts anderes als die Camouflage einer durch den Krieg aus der Bahn geworfenen Frau oder *femme fatale*, deren Sexualgier und Herrschsucht mehrere Personen zum Opfer fallen, bevor sie von einem neuen Gatten nach einem heftigen Streit, bei dem sie nach dem Revolver greift, in Notwehr erwürgt wird. Erzählt wird dies mit einem ungewöhnlichen »Brio« und in einem »epischen Strom« (so Thomas Mann 1939 im

---

[96] René Schickele: Die blauen Hefte. Edition und Kommentar. Hg. von Annemarie Post-Martens. Frankfurt a.M., Basel 2002.
[97] René Schickele: Werke in drei Bänden. Hg. von Hermann Kesten. Band 3: Dramen [...] Briefe. Köln 1959, S. 1192.

Vorwort der französischen Ausgabe[98]), der »aus lauter Strudeln und Wirbeln besteht« und mit einer Vielzahl von disparaten und teilweise auch bizarren Motiven, grotesken Zuspitzungen und burlesken Episoden aufwartet, ebenso mit ausführlichen Landschaftsschilderungen. Mehrfach werden beiläufig Geschwader von »Bombenflugzeugen« und Marinemanöver mit schwerem Geschützdonner erwähnt, und gegen Ende bemerkt ein hellsichtiger Arzt einmal: »Wir trinken unsern Tee auf einem Pulverfaß.«[99]

Den zeitgenössischen Experten blieb der zeitanalytische Gehalt des Romans, den Schickele in seinem Brief an den Grafen Kessler als hauptsächlichen, wenn auch nur untergründigen Sinn des Werks nannte und der die politische Großwetterlage umfasst, verborgen. Oskar Loerke, der Lektor des Verlags S. Fischer, der den Roman im Herbst 1933 vorgelegt bekam, schrieb damals an Schickele, er sehe nicht, warum man sich jetzt mit solchen »Kuriositäten« befassen solle. Offensichtlich sah er sich durch nichts in dem Roman veranlasst, ihn als Pathographie der Zeit zu verstehen und einzelne Episoden – wie etwa das okkasionelle Zusammentreten der Bevölkerung des Hafenstädtchens, in dem die Handlung spielt, zu einer lockeren Zivilgesellschaft – als Gegenentwurf zur nationalsozialistisch organisierten ›Volksgemeinschaft‹ zu sehen. Der Rezensent der repräsentativen Zeitschrift *Die Literatur*, der Literaturkritiker und Essayist Werner Schickert, rühmte den Roman »als bedeutendes, ins Zeitlose gesteigertes Kunstwerk«, das aber, weil durch und durch französisch empfunden, den Deutschen in diesem »Schicksalsaugenblick« nichts sagen könne. Diese beiden Reaktionen sind hochgradig symptomatisch und zeigen, dass sich das Interesse von Büchermachern und Vermittlern, wie auch an vielen anderen Fällen zu beobachten ist, in den Jahren um 1933 auf die gesellschaftliche und näherhin politische Funktion von Literatur konzentrierte. Unter diesen Umständen wurde die intentionale Vermeidung der direkten politischen Rede, zu der sich Schickele in seinem Schreiben an den Grafen Kessler ausdrücklich bekannte, für *Die Witwe Bosca* zum Rezeptionshindernis. Das Werk wurde nicht empfohlen, sondern als verfehlt und belanglos abgetan. Sofern es überhaupt ins Bewusstsein eines breiteren Publikums gelangte, verschwand es bald wieder daraus und geriet in Vergessenheit. Daran änderten auch einige Neuausgaben in der Nachkriegszeit und der Abdruck in der Werkausgabe von 1959 nichts. Man kann nicht sagen, dass *Die Witwe Bosca* ein Publikumserfolg geworden oder die Aufmerksamkeit der Literaturwissenschaft auf sich gezogen

---

98 Thomas Mann: Zur französischen Ausgabe von René Schickeles ›Witwe Bosca‹. In: Thomas Mann: Werke: das essayistische Werk. Hg. von Hans Bürgin. Band 2: Schriften und Reden zur Literatur, Kunst und Philosophie. Frankfurt a.M. 1968, S. 322–326.
99 René Schickele: Die Witwe Bosca. Hamburg 1951, S. 255.

hätte. Es gab keine Rezeption, die fortzusetzen und zu erweitern gewesen wäre; es gab, von Thomas Manns Vorwort zur französischen Ausgabe abgesehen, keine Empfehlungen oder andere Rezeptionsdokumente, die den Roman für die Literaturwissenschaft und Literaturgeschichtsschreibung allgemein interessant und als Reflexion der ›Wende‹ von 1933 wichtig gemacht hätten.

Immerhin gab es zwei – allerdings sehr ungleiche – Rettungsversuche: einen Artikel von Peter Härtling, der *Die Witwe Bosca* am 6. März 1980 in der *Frankfurter Allgemeinen Zeitung* im Rahmen der Serie *Romane von gestern – heute gelesen* rühmend besprach und dabei auch auf die zeitanalytischen Absichten Schickeles hinwies, ohne sie indessen im Roman zu verifizieren,[100] und die 2002 publizierte Dissertation von Annemarie Post-Martens unter dem Titel *PAN-Logismus: René Schickeles Poetik im Jahr der »Wende« 1933*. Die These dieser bemerkenswerten Untersuchung, die durch die literaturtheoretischen Vorstellungen von Gilles Deleuze und Félix Guattari inspiriert ist, lautet, kurz gesagt, dass es sich bei dem Roman *Die Witwe Bosca* um ein Werk völlig neuer »Mach-Art« handelt, »die sich für Schickele aus der Zeit selber ergab«[101] und eine »Poetik [...] für ein›Jahrhundert der Angst‹ und Orientierungslosigkeit zur Einübung in Strategien der Panikbewältigung« darstellt:[102] Es handelt sich um eine Art von »Rhizom«, »das quasi wie ein Hypertext funktioniert« und deswegen auch eine neue »Lesart« verlangt, nämlich nicht »gradlinig von vorn nach hinten« zu lesen ist, sondern in einem schleifenförmigen Vor- und Rückwärts-Gehen, zudem wie eine »Partitur«, was wohl heißen soll: auf mehreren Ebenen gleichzeitig.[103] Dafür werden, obwohl Schickele sich am Ende seiner Ursprungsnotiz vom 27. März 1933 eine Vermeidung von Allegorik und Symbolik auferlegte, alle Möglichkeiten der Texterweiterung oder Textüberhöhung genutzt, indem nun eben doch alles, was in Frage kommt, allegorisch oder symbolisch verstanden und gedeutet wird: Namen, Gesten, Orte und Geschehnisse. So wird im Namen »Bosca«[104] auch der französische Schimpfname für die Deutschen, »Boche«, gesehen, zugleich aber auch das Wort »bosquet«, das

---

100 Peter Härtling: Ein böses, ungestümes Lied. In: Romane von gestern – heute gelesen. Band 2: 1918–1933. Hg. von Marcel Reich-Ranicki. Frankfurt a.M. 1989, S. 366–372. – Härtling zitiert den oben angeführten Brief Schickeles an den Grafen Kessler, fährt dann aber fort: »Wer von solchen Bezügen, Verstrickungen nicht weiß, liest den Roman anders: Er bleibt auf *seine* Zeit konzentriert, auf die der Juliettte Bosca und ihres Liebhabers Burguburu« (S. 369). Mit »Zeit« ist aber die Liebes-, Verführungs- und Eifersuchtshandlung gemeint, die dann rekapituliert wird.
101 Vgl. Annemarie Post-Martens: PAN-Logismus: René Schickeles Poetik im Jahr der »Wende« 1933. Frankfurt a.M., Basel 2002, S. 14.
102 Ebd., S. 13.
103 Ebd., S. 9 ff., 69 ff. und 198 ff.
104 Vgl. ebd., S. 120 ff.

»Wäldchen« oder speziell »Lustwäldchen« bedeutet und mithin als Verweis auf den »verwunschenen Wald«[105] zu deuten ist, in dem sich Glück und Unglück der Tochter der Witwe Bosca und ihres Jugendfreundes vollenden sollten. Die Witwe Bosca, die nicht umsonst durch die Farbentrias Schwarz-Weiß-Rot gekennzeichnet ist, steht also für Deutschland, und der »bosquet« (der im Roman allerdings nie mit diesem französischen Wort benannt wird) erweist sich am Ende als ein ›Boche‹-Wald, der für »das Nazi-Deutschland« steht.[106] Kurz: Die Kluft zwischen privatem Geschehen und politischen Verhältnissen um 1932/33, zwischen provencalischem Alltag und nationalsozialistischen Bestrebungen scheint überbrückbar zu sein; der Roman lädt den Leser – so eine weitere These – dazu ein, diese Entdeckungs- und Deutungsarbeit selber zu leisten und auf diesem Weg »das ›Verfahren‹ des Nationalsozialismus aufzudecken – ein Verfahren, das den Nazis ermöglichte, ein ganzes Volk hinter sich zu bringen«.[107] Freilich hätten »die Zeitumstände« diesen »Neuansatz unterdrückt, der sich gerade der Unterdrückung und Folterung des Menschen durch unterdrückende festgefahrene Denkmuster entgegenzustellen hoffte.«[108]

Die Konkretisierung dieser verschleierten Aufdeckungsarbeit bleibt dann allerdings etwas allgemein, weil die Analogien zwischen der Geschichte der Witwe Bosca und dem Charakter der beteiligten Personen und der Ideologie und Herrschaftspraxis der Nationalsozialisten dann doch gering sind. Und ebenso fehlt eine stichhaltige Begründung dafür, dass Schickeles literarischer »Neuansatz« weder von zeitgenössischen Experten noch von der Literaturwissenschaft der Nachkriegszeit erkannt werden konnte. Doch darf diese Frage hier offenbleiben. Im Hinblick auf die Problemstellung dieser Tagung und dieses Beitrags ist es wichtig, zu sehen, wie sich die Politikfixierung der Jahre um 1933 auf die Rezeption eines an der Oberfläche eher politikfernen Werks auswirkte: Es erschien, kurz gesagt, als belanglos, und dieses Urteil wirkte fort und wurde erst siebzig Jahre nach dem Erscheinen und den ersten negativen Reaktionen wieder in Frage gestellt. Aber selbst daran zeigt sich noch die Politikfixierung: Hätten Schickeles Tagebuchnotizen und seine brieflichen Äußerungen nicht den Anlass zur mühseligen Aufdeckung (sofern es sich nicht um Unterstellungen handelt) der politischen Bezüge und Anspielungen gegeben, wäre *Die Witwe Bosca* weiterhin unbeachtet geblieben.

Im Übrigen bleibt zu fragen, wie triftig die von Post-Martens vorgeführte Politikaufdeckung oder -unterstellung ist und welche Bedeutung der immense

---

105 Schickele: *Die Witwe Bosca* (s. Anm. 99), S. 312 ff.
106 Post-Martens: PAN-Logismus (s. Anm. 101), S. 132.
107 Ebd., S. 233 f.
108 Ebd., S. 197.

analytisch-interpretatorische Aufwand im Hinblick auf die Qualität der *Witwe Bosca* als zeitanalytisches Werk hat. Er offenbart ja auch eine gewaltige Diskrepanz zwischen dem brieflich von Schickele gegenüber dem Grafen Kessler bekundeten analytischen Anspruch und dem erreichten Demonstrationseffekt. Für ein Kunstwerk, das Wirkung sucht, ist das allemal ein Manko. Post-Martens versucht, dieses auszuräumen, indem sie zum einen auf Schickeles Absicht des »hermetischen«[109] Schreibens verweist (was das Manko aber nicht verringert), zum andern den Roman unter Verweis auf die Theorien von Deleuze, Guattari und anderen als einen ganz neuartigen ausgibt. Dies ist noch weniger überzeugend als die politisch konkretisierende Deutung vieler Einzelmomente, weil alle Arten der textuellen Korrespondenzen, die dann vor Augen geführt werden, weder neu sind noch der neuesten Literaturtheorien bedürfen, um erkannt zu werden. Ließe sich alles, was Post-Martens über die angebliche Neuartigkeit von *Der Witwe Bosca* sagt, nicht mit ebenso viel oder gar noch mehr Recht über den *Zauberberg* oder über *Berlin Alexanderplatz* sagen? So hat man am Ende dieser zweifellos verdienstreichen Arbeit den Eindruck, dass mit Hilfe geeignet scheinender literaturtheoretischer Ansätze versucht wird, ein offenkundiges Manko zu überspielen und Schickeles Roman gemäß dem fortwirkenden Politisierungspostulat als ein politisches Werk zu erweisen und aufzuwerten. Allgemeiner gesagt: Was einer einfachen Hermeneutik, die ihrer Leseerfahrung und ihrer geschulten Verstehens- und Deutungsfähigkeit traut, verborgen zu bleiben scheint, wird mit Hilfe vermeintlich verstehenserweiternder theoretischer Ansätze als eine Bedeutungs- und Qualitätskomponente eines Werks präsentiert, die ohne diesen immensen analytischen Aufwand angeblich nicht wahrnehmbar ist. Vielleicht ist das aber nur eine literaturtheoretisch inspirierte Fiktion und mithin – und schärfer gesagt – eine literaturhistorische Irreführung.

5 Ideologisches

Abschließend sei ein Problem angesprochen, das den Umgang mit Literatur aus der Zeit der Weimarer Republik in besonderer Weise betrifft und belastet: die Verwendung des Ideologiebegriffs und die ideologische Differenz von Nationalsozialismus und Kommunismus.

Gesellschaftlich wirksame oder gar dominante Leitvorstellungen wurden in früheren Zeiten und später mit Blick auf frühere Zeiten vorzugsweise als ›Ideen‹

---

[109] Ebd., S. 10 (mit Verweis auf Schickeles Gebrauch dieses Wortes im oben zitierten Brief an den Grafen Kessler).

oder ›Ideale‹ bezeichnet, so in Wendungen wie »Ideal der Vernünftigkeit« (in der Aufklärungszeit) oder »Idee des Vaterlandes« (etwa bei Hölderlin). Sie galten in der Regel als ehrenwert und waren Gegenstand der Ideen- oder Geistesgeschichte, die in den 1920er Jahren eine Blütezeit hatte.[110] Seit Beginn des 19. Jahrhunderts und insbesondere seit Marx und Engels wird hierfür zunehmend auch der Begriff der ›Ideologie‹ verwendet, der im Sinne von Karl Mannheims grundlegendem Buch *Ideologie und Utopie* (1929) zwar als zunächst wertneutrale Bezeichnung für alle (und selbstverständlich standortgebundenen) gesellschaftlichen Vorstellungen von Welt und Leben oder – kurz – ›Weltanschauungen‹ gebraucht werden kann, zumeist aber in dem von Marx und Engels inaugurierten Sinn als pejorative Bezeichnung für ein klassengebunden »falsches« oder trügerisches Bewusstsein oder betrügerisches Verschleierungsmanöver verwendet wird.[111] Die Zeit der Weimarer Republik war nun zutiefst geprägt durch die beispiellos scharfe Konfrontation zweier Gesellschaftskonzepte oder eben Ideologien, des Kommunismus oder Bolschewismus und des Faschismus in Form des Nationalsozialismus, für die Deutschland zum gemeinsamen »Kampfplatz« wurde.[112] Neben gravierenden Unterschieden in Begründung und Zielsetzung hatten diese Ideologien – wie schon Zeitgenossen, darunter Bertolt Brecht,[113] bemerkt haben und die Totalitarismusforschung[114] inzwischen verdeutlicht hat – einige Gemeinsamkeiten,[115] die auch in literaturgeschichtlicher Hinsicht von Bedeutung sind: Beide versprachen sie, die Welt oder zumindest den ihnen zufallenden Machtbereich auf revolutionäre Weise im Sinne eines ge-

---

110 Vgl. Klaus Weimar: Geistesgeschichte. In: Klaus Weimar u. a. (Hg.): Reallexikon der deutschen Literaturwissenschaft. Band 1. Berlin, New York 1997, S. 678–681.
111 Vgl. Detlev Schöttker: Ideologie und Ideologiekritik. In: Klaus Weimar u. a. (Hg.): Reallexikon der deutschen Literaturwissenschaft. Band 2. Berlin, New York 2000, S. 118–122.
112 Vgl. dazu Bogdan Musial: Kampfplatz Deutschland: Stalins Kriegspläne gegen den Westen. Berlin 2008. – Die ersten Kapitel des Buches gelten der sowjetischen West- und Deutschlandpolitik vor dem Beginn von Stalins Herrschaft, betreffen also die ganze Zeit der Weimarer Republik. In den Überlegungen der Bolschewisten zur Ausweitung der in Russland begonnenen »Weltrevolution« spielte Deutschland als »Herz Europas« eine »Schlüsselrolle«.
113 Vgl. Brecht: Werke (s. Anm. 11), Band 27: Journale 2. Berlin, Weimar, Frankfurt a.M. 1995, S. 20 (Eintragung vom 27.10.41) und 158 (Eintragung vom 19.7.43).
114 Aus der Fülle der Literatur, die es zu dieser umstrittenen, aber nicht abwegigen Betrachtungsweise gibt, sei auf zwei bilanzierende Titel verwiesen: Eckhard Jesse (Hg.): Totalitarismus im 20. Jahrhundert: eine Bilanz der internationalen Forschung. Baden-Baden 1996; Wolfgang Wippermann: Totalitarismustheorien: die Entwicklung der Diskussion von den Anfängen bis heute. Darmstadt 1997.
115 Vgl. zu diesem vieldiskutierten Thema zuletzt die besonders prägnanten Ausführungen von Kershaw: Höllensturz (s. Anm. 60), S. 367 ff, sowie Gerd Koenen: Utopie der Säuberung: Was war der Kommunismus? Frankfurt am Main, S. 271–300: »Zweierlei Singularität: Nationalsozialismus

sellschaftlichen Ideals – Herrschaft der Arbeiterklasse beziehungsweise Herrschaft der arischen Rasse – umzubauen. Beide strebten nach einem totalitären Staat und erhoben einen totalen Anspruch auf die Menschen, die dafür einer unablässigen Indoktrination oder Propaganda und Mobilisierung ausgesetzt wurden. Und beide nahmen dafür auf planvolle Weise die Kultur und zumal die Literatur in Dienst. Diese machte sich in dem Maße, in dem sie sich bereitwillig als *ancilla ideologiae* zur Verfügung stellte oder widerwillig missbrauchen ließ, mitschuldig an den ungeheuren Verbrechen, die im Namen dieser beiden Ideologien begangen wurden, und verfiel noch während der Herrschaft von Bolschewismus und Nationalsozialismus, spätestens aber nach deren Ende der Kritik und Verurteilung. Allerdings gibt es hier eine Differenz, die im Hinblick auf die literaturgeschichtliche Darstellung und Wertung entsprechender Werke von Bedeutung ist und deswegen mit einem kleinen Exkurs bedacht sei:

Während nämlich der rassistisch-partikularistische Nationalsozialismus total diskreditiert ist, findet der Sowjetkommunismus trotz seiner längst bekannten Verbrechen gegen die Menschlichkeit aufgrund seiner universalistischen Gleichheits- und Wohlstandsversprechungen bis heute bei vielen Historikern die Anerkennung eines im Ansatz positiven Unternehmens.[116] Das spiegelt sich in der literaturgeschichtlichen Reflexion jener Zeit: Während auf den vom Nationalsozialismus kontaminierten Werken und Autoren ein Schatten liegt, der in vielen Fällen einer *damnatio memoriae et abolitio nominis* gleichkommt, erfreuen sich die literarischen *fellow travelers* oder »Mitläufer« beziehungsweise »Weggenossen« des Kommunismus, wie Trotzki sie in seinem Traktat *Literatur und Revolution* schon 1922 nannte,[117] bleibender literaturgeschichtlicher Aufmerksamkeit und Anerkennung.

Man braucht, um dies zu sehen, nur die Online-Version der *Bibliographie der deutschen Sprach- und Literaturwissenschaft* zu öffnen und die Namen einiger Autoren aufzurufen, die als »Weggenossen« der einen oder der anderen Ideologie gelten, und die Zahl der bibliographischen Einträge (für Aufsätze,

---

und Stalinismus im Vergleich«; Frank-Lothar Kroll, Barbara Zehnpfennig (Hg.): Ideologie und Verbrechen: Kommunismus und Nationalsozialismus im Vergleich. München 2014.

116 Das zeigt sich schon bei Thomas Mann, der 1939 in seinem Essay *Das Problem der Freiheit* den Nationalsozialismus, weil ihm »jede Beziehung [...] zur Menschheitsidee und zur Idee der Vervollkommnung der menschlichen Gesellschaft« fehlte, während dergleichen »bei der proletarischen russischen Revolution« »wenigstens anfänglich« gegeben gewesen sei: Thomas Mann: Essays, Band 5 (s. Anm. 75), S. 69.

117 Vgl. Leo Trotzki: Literatur und Revolution. Aus dem Russischen von Frida Rubiner. Wien 1924, S. 40: »Die literarischen Mitläufer der Revolution« / Leo Trotzki: Literatur und Revolution. Aus dem Russischen von Eugen Schäfer und Hans von Riesen. Essen 1994, S. 67: »Die literarischen Weggenossen der Revolution«.

monographische Abhandlungen und Editionen) zu vergleichen. Ausgewählt wurden hierfür je drei Autoren aus beiden ›Lagern‹, die für einen Vergleich in Frage zu kommen scheinen. Einige stichwortartige Hinweise, deren zweckdienliche Plakativität man in Kauf nehmen möge, sollen dies verdeutlichen. Auf die Zitation der zugrundeliegenden biographischen Literatur wird verzichtet.
– Die ausgewählten Autoren sind:

Hanns Johst (1890–1978): vielbeachteter expressionistischer und zeitkritischer Dramatiker, Ende der zwanziger Jahre Mitglied des nationalsozialistischen *Kampfbundes für Deutsche Kultur*, 1932 Mitglied der NSDAP, Verfasser des von Nationalsozialisten bejubelten Dramas *Schlageter* (1933), nach 1933 hohe literaturpolitische Funktionen und enge Verbindung zum SS-Führer Heinrich Himmler, 1949 zunächst als »Mitläufer«, dann als »Hauptschuldiger« eingestuft.

Johannes R. Becher (1891–1958): expressionistischer Lyriker und Dramatiker, 1919 Mitglied der KPD und Verfasser von kommunistischer Kampf- und Propagandadichtung wie *Levisite* (1926) und *Der große Plan* (1931), 1928 Mitbegründer und Leiter des *Bundes Proletarisch-Revolutionärer Schriftsteller* (BPRS), 1933–45 Exil in Moskau, danach Rückkehr mit der »Gruppe Ulbricht« und hohe kulturpolitische Ämter in der DDR.

Erwin Guido Kolbenheyer (1878–1972): zu Beginn der zwanziger Jahre vielbeachteter Romancier, insbesondere aufgrund der *Paracelsus*-Trilogie (1917–26), 1926 Mitglied der neu gegründeten nationalen ›Dichterakademie‹ und dort bald Wortführer der ›völkischen‹ Fraktion, karrieresüchtige Annäherung an NS-Funktionäre, nach 1933 mit Ehrungen und Preisen überhäuft, 1948 als »Belasteter«, 1950 als »Mitläufer« eingestuft.

Lion Feuchtwanger (1884–1958), vielgelesener Romancier und Dramatiker aus jüdischer Familie mit »linksbürgerlicher« Einstellung, erfolgreich mit historischen und zeitkritischen Romanen wie *Jud Süß* (1925) und *Erfolg* (1930), ab 1933 Exil zunächst in Frankreich, dann in den USA, Anfang Dezember 1936 bis Anfang Februar 1937 Reise in die Sowjetunion mit langem Aufenthalt in Moskau und Gespräch mit Stalin.

Ina Seidel (1885–1979), in den zwanziger und dreißiger Jahren vielgelesene Lyrikerin und Erzählerin bürgerlicher Provenienz und christlicher Einstellung, berühmt durch ihren Roman *Das Wunschkind* (1931), nach 1933 einige Sympathiebekundungen für Hitler und das ›Dritte Reich‹, aber auch Distanzsignale.

Anna Seghers (1900–1983), Erzählerin aus einer jüdischen Familie, 1928 Eintritt in die KPD und 1929 in den BPRS, Verfasserin von kommunistischen Revolutionserzählungen wie *Aufstand der Fischer von St. Barbara* (1928) und *Die Gefährten* (1932), 1933 Exil zunächst in Frankreich, dann in Mexiko, Weltruhm durch den KZ- und Volksfrontroman *Das siebte Kreuz* (1942), 1947 Rückkehr nach Berlin (Ost), 1952–78 Präsidentin des DDR-*Schriftstellerverbandes* und Trägerin hoher Auszeichnungen.

Wenn man nun die Verzeichnisse der *Bibliographie der deutschen Sprach- und Literaturwissenschaft* aufruft, so ergeben sich für den Zeitraum von etwa 1980 bis 2008, der online zugänglich ist, folgende Zahlen: für Hanns Johst 32; für Johannes R. Becher hingegen 232; für Erwin Guido Kolbenheyer 15, für Lion Feuchtwanger 361; für Ina Seidel 23, für Anna Seghers 812. Eine ähnliche Diskrepanz zeigt sich im forschungs- und editionspraktischen Umgang mit solchen Autoren. In einem 2015 publizierten Aufsatz einer verdienten und schätzenswerten Literaturhistorikerin über die Entnazifizierungsakte von Kolbenheyer heißt es einleitend: »Wozu dieses Konvolut nach 65 Jahren noch einmal öffnen? Wer liest heute noch Kolbenheyer (außer den eifrigen Mitgliedern der Kolbenheyer-Gesellschaft e.V.)?«[118] Kolbenheyers Werk wird – vermutlich ohne Einblicknahme – verworfen, obwohl es literaturgeschichtlich gute Gründe gibt, die *Paracelsus*-Trilogie,[119] und nicht nur sie, zur Kenntnis zu nehmen; die Beschäftigung mit Lebensdokumenten geschieht im Rahmen einer Aufarbeitung des Umgangs mit dem Nationalsozialismus nach 1945 und scheint allein dadurch gerechtfertigt zu sein. Anders bei Feuchtwanger: Nicht nur, dass seine Romane in hohen Auflagen verkauft werden, permanent Gegenstand wissenschaftlicher Untersuchungen sind und – zu Recht – mit anerkennenden Wertungen bedacht werden. Es gibt mehrere biographische Darstellungen jüngeren Datums.[120] Seine blinde Bewunderung für das brutale Sowjetsystem und den Massenmörder Stalin wird als zeitbedingter Irrtum erklärt und tut seiner literaturgeschichtlichen Beachtung und Wertschätzung keinen Abbruch. Die euphemistische Darstellung seiner Reise nach Moskau und seines Gesprächs mit Stalin wurde ediert und nach allen Regeln der Kunst analysiert und erörtert,[121] ebenso sein

---

118 Vgl. Hiltrud Häntzschel: »Erspart Kolbenheyer das Schicksal Tassos«: Einblicke in eine Spruchkammerakte. Mit einer Stellungnahme von Erich Kästner. In: Günter Häntzschel, Sven Hanuschek, Ulrike Leuschner (Hg.): Die große Schuld. München 2015, S. 125–147, Zitat S. 125.
119 Vgl. dazu Angelika Straubenmüller: Erwin Guido Kolbenheyers Paracelsus-Trilogie und der »Antimoderne Transfragmentarismus«. Würzburg 2016.
120 Wilhelm von Sternburg: Lion Feuchtwanger: ein deutsches Schriftstellerleben. Berlin 1999 und 2014 (überarbeitete Auflage des Originals von 1983); Andreas Heusler: Lion Feuchtwanger. Münchner – Emigrant – Weltbürger. Salzburg 2014; Andreas Rumler: Exil als geistige Lebensform. Brecht + Feuchtwanger. Ein Arbeitsbündnis. Berlin 2016.
121 Vgl. neben vielen Aufsätzen Karl Kröhnke: Lion Feuchtwanger – Der Ästhet in der Sowjetunion: ein Buch nicht nur für seine Freunde. Stuttgart 1991, sowie Anne Hartmann: »ich kam, ich sah, ich werde schreiben«. Lion Feuchtwanger in Moskau 1937: eine Dokumentation. Göttingen 2017.

Tagebuch, das neben seiner Blindheit auch seine frivole Rücksichtslosigkeit offenbart.¹²²

Zu erklären ist diese frappierende Disparität durch ein Bündel von unterschiedlichen – nämlich politisch-biographischen, institutionellen und ideellen – Umständen, die wiederum knapp benannt seien. *Politisch-biographisch:* Johst, Kolbenheyer und Seidel sind durch ihre Nähe zum Nationalsozialismus diskreditiert; Kolbenheyer und Seidel gelten als Mitläufer, Johst sogar als Mittäter. Becher, Feuchtwanger und Seghers waren Opfer des von Johst, Kolbenheyer und Seidel unterstützten Terror-Regimes. Die literaturwissenschaftliche Beschäftigung mit diesen ist fast ehrenrührig und bedarf der ausdrücklichen Begründung, während die Beschäftigung mit jenen immer noch mit Rettung und Wiedergutmachung konnotiert ist. *Institutionell:* Johst, Kolbenheyer und Seidel wurden spätestens in den 1960er Jahren aus dem Register der lesenswerten und behandlungswürdigen Autoren gestrichen, während Becher, Feuchtwanger und Seghers seitens der DDR-Germanistik und dann der aufblühenden Exil-Forschung dauerhafte Beachtung und Wertschätzung fanden. Das zeigt sich auch in der Präsenz auf dem Buchmarkt, die wiederum auf Forschung und Lehre zurückwirkt. Ina Seidels *Wunschkind* wurde zuletzt 1987 aufgelegt. Wer heute ein Seminar zum Beispiel über Literatur von Frauen in der Weimarer Republik halten will, muss auf die rund 180 Exemplare zurückgreifen, die bei ZVAB angeboten werden, eine Zahl, die für eine große frühere Verbreitung spricht; Anna Seghers' *Aufstand* ist hingegen im Buchhandel jederzeit als preis-

---

122 Vgl. Lion Feuchtwanger: Ein möglichst intensives Leben: die Tagebücher. Hg. von Nele Holdack, Marje Schuetze-Coburn und Michaela Ullmann unter Mitarbeit von Anne Hartmann und Klaus-Peter Möller. Mit einem Vorwort von Klaus Modick. Berlin 2018. – Zum Thema Rücksichtslosigkeit: Am 23. und 24. Januar 1937 beobachtete Feuchtwanger den Schauprozess gegen den KP-Funktionär Karl Radek, der während der deutschen Revolution 1918/19 eine gewisse Rolle spielte und in den 1920er Jahren für die Sowjetführung als Deutschlandexperte tätig war. Die Verhängung der Todesstrafe war nicht nur möglich, sondern wahrscheinlich. Am 25. Januar hielt Feuchtwanger im Tagebuch fest: »In der Frühe mit Eva [= Eva Herrmann, eine seiner Geliebten] gevögelt. Nicht zum Prozeß gegangen. Meine Äußerungen zum Prozeß erscheinen groß in der Sowjetpresse. [...]« (ebd., S. 409). Die Vokabeln »gevögelt« und »gehurt« sind wohl die am meisten gebrauchten Verben in diesem Tagebuch; sie tauchen – laut editorischer Notiz – rund 750- bzw. 650-mal auf (ebd., S. 638). Nach der Verurteilung und überraschenden Begnadigung Radeks am 29. Januar dann der merkwürdige Eintrag: »Die Begnadigung Radeks macht alles zweifelhaft und zur Farce« (ebd., S. 409). Offensichtlich hätte Radek zum Tode verurteilt und erschossen werden sollen, damit Feuchtwangers öffentliche Affirmation des Prozesses gerechtfertigt worden wäre. Stattdessen wurde er zu zehn Jahren Arbeitslager »begnadigt«, wo er, wie ein kundiger Prozessbeobachter sogleich prophezeite, vermutlich zwei Jahre später umgebracht wurde: vgl. Wladislaw Hedeler: Chronik der Moskauer Schauprozesse 1936, 1937 und 1938: Planung, Inszenierung und Wirkung. Berlin 2003, S. 127 und 650.

wertes Taschenbuch zu haben. *Ideell:* Diese Differenz resultiert aber keineswegs nur aus den genannten politisch-biographischen und institutionellen Umständen, sondern auch aus ideellen oder ideologischen (im Mannheim'schen Sinn): Obwohl im *Wunschkind* das Leben einer hochgradig emanzipierten Frau zur Zeit der französischen Revolution und der deutschen Befreiungskriege geschildert wird, konnte dieser Roman aufgrund des feudalen Milieus, der politischen Implikationen und der antiquiert wirkenden Schreibweise nicht zu einem ›Referenzwerk‹ der Frauenbewegung und der feministischen Literaturwissenschaft werden.[123] Ob es bei diesen Disparitäten bleiben muss und ob ihnen literarische oder literaturgeschichtliche Angemessenheit oder Billigkeit zukommt, ist eine Frage, die hier nur gestellt werden kann.

6 Zusammenfassung

Um 1910 wurde in verstärktem Maß eine Hinwendung der Literatur zur gesellschaftlichen Wirklichkeit und zu aktuellen politischen Problemen gefordert; der »Aktivismus« mit seinen programmatischen Artikeln, Zeitschriften und Vereinigungen ist Ausdruck dieses Verlangens. Der Beginn des Ersten Weltkriegs 1914 führte dann, wie am Beispiel von Alfred Döblin und Thomas Mann zu sehen ist, zu einer signifikanten Politisierung des Bewusstseins und des literarischen Schaffens, die, wie am Beispiel Döblins zu erkennen ist, durch die russische Revolution 1917 und erst recht durch die deutsche Revolution 1918/19 erneuert und verschärft wurde. Die sichtbare Einbeziehung sozialer und politischer Umstände wurde zur unabweisbaren Forderung und Aufgabe. Eine Rückkehr in die »machtgeschützte Innerlichkeit« (Thomas Mann) der Vorkriegszeit war nicht möglich; Thomas Manns Versuche, sich in die heile Privatwelt von *Herr und Hund* und *Kindchen* zu retten, blieb Episode. Am Beispiel von Thomas Manns *Zauberberg* (1924) und Kurt Tucholskys *Schloß Gripsholm* (1932) ist zu beobachten, wie aktuelle politische Probleme oder Befindlichkeiten in einen

---

123 Vgl. dazu Irmgard Hölscher: Geschichtskonstruktion und Weiblichkeitsbilder in Ina Seidels Roman ›Das Wunschkind‹ und Regina Dackweiler: Zur Rezeptionsgeschichte von Ina Seidels ›Das Wunschkind‹, beide in: Barbara Determann, Ulrike Hammer, Doron Kiesel (Hg.): Verdeckte Überlieferungen: Weiblichkeitsbilder zwischen Weimarer Republik, Nationalsozialismus und Fünfziger Jahren. Frankfurt a.M. 1991, S. 41 bzw. 83–104. – Eine Neubewertung zeigt sich bei Nina Nowara-Matusik: »Da die Tränen der Frauen stark genug sein werden …«: zum Bild der Frau im Erzählwerk Ina Seidels. Katowice 2016, bes. S. 225 ff.

zunächst politikfernen Vorkriegsroman beziehungsweise in eine im Ansatz unpolitische Urlaubsgeschichte nach dem Muster von *Rheinsberg* (1912) eindringen. Beide Werke sind Beispiele für Veränderungen in den eingangs genannten Relationen *Text / Kontext* oder *Werk / Gesellschaft* und *Autonomie / Funktion* oder *Literaturbezug / Gesellschaftsbezug*. In der Relation *Text / Kontext* ist eine Verdichtung der sozialen und politischen Bezüge zu beobachten, in der Relation *Autonomie / Funktion* eine Aufwertung der funktionalen Aspekte. Literatur wurde mehr als je zuvor Spiegel politischer Umstände und Ausdruck politischen Problembewusstseins oder gar Lösungswillens, was sich in prononcierter Form an Hans Grimms deutschem ›Schicksalsroman‹ *Volk ohne Raum* (1926) zeigt. Sie forderte damit neben oder sogar vor dem ästhetischen das politische Urteil heraus, wobei das ästhetische und das politische Urteil zusammenfallen oder auseinandertreten konnten, und dies – im Fall von *Volk ohne Raum* – nicht nur zwischen zwei Kritikern prinzipiell gleicher politischer Couleur (Max Herrmann-Neiße und Kurt Tucholsky), sondern auch innerhalb eines einzigen Wertungsprozesses (bei Herrmann-Neiße). Eine literaturgeschichtliche Darstellung muss dem durch eine Wiedergabe der divergierenden Urteile und eine Erörterung der Wertungsproblematik Genüge tun.

Mit der aktualisierenden politischen Aufladung der Werke gerieten diese notwendigerweise in Berührung mit Sachverhalten und Ideologien, also mit Kontexten, deren Beurteilung bis heute umstritten ist und über deren Bedeutung für die literarästhetische Wertung und literaturhistorische Einschätzung eines Werks nicht leicht zu befinden ist. Die Figur des jüdisch-jesuitisch-bolschewistischen Erlösungsfanatikers Leo Naphta in Thomas Manns *Zauberberg* verliert ihre literarische Unschuld, wenn man sie im Kontext der damals gängigen und von Hitler politisch instrumentalisierten These vom jüdischen Charakter des Bolschewismus sieht. Und sie bleibt nicht nur Exempel einer zeitgenössischen politischen Tendenz, die der Autor nur hätte kritisch darstellen wollen. Vielmehr erscheint Naptha, wenn man Thomas Manns *Goethe*-Rede von 1932 als weiteren Kontext hinzuzieht, als Repräsentant von politischen Einschätzungen und Konzepten, die dem Verfasser nicht ganz fremd waren und die keineswegs anderen, von Thomas Mann nur kritisch zitierten Zeitgenossen – Ernst Jünger zum Beispiel – zugeschoben werden müssen. Die Einbeziehung von Kontexten lässt ein Werk oder eine seiner Komponenten unter Umständen in einem Licht erscheinen, das einer weniger kontextbezogenen Einschätzung widerspricht. Im Fall des *Zauberberg*-Romans und speziell der zeitgeschichtlich hochinteressanten Figur des Leo Naphta ist die Kontextualisierung, zu der diese Figur geradezu einlädt und zwingt, nicht weit genug getrieben worden. Das wäre anders, wenn Leo Naphta in einem Roman eines ›völkischen‹ aufgetaucht wäre.

Damit ist der Umstand berührt, dass es in der Rezeption, Erforschung und Beurteilung der Werke von ›linken‹ und ›rechten‹ Autoren (mit oder ohne Partei-Ausweisen) gravierende Unterschiede gibt. NS-affine Autoren wie Hanns Johst, Erwin Guido Kolbenheyer und Ina Seidel werden ausweislich in der Bibliographie der deutschen Sprach- und Literaturwissenschaft sehr viel weniger behandelt und in der Regel sehr viel kritischer gemustert und beurteilt als kommunistisch eingestellte Autoren wie Johannes R. Becher, Lion Feuchtwanger und Anna Seghers. Den einen werden die Verbrechen der Nationalsozialisten angelastet, den anderen die positiven Ziele des Kommunismus zugutegehalten. Sichtweisen, die sich aus dem unterschiedlichen historisch-politischen Umgang mit dem Nationalsozialismus und dem Kommunismus auch in seiner stalinistischen Form, aus dem Kampf gegen die Totalitarismustheorie und aus der massiven Förderung einer parteilichen Literaturwissenschaft in der DDR ergeben haben, beanspruchen bis heute Geltung und wirken sich auf die Wahrnehmung und Beurteilung vieler Werke der 1920er- und zumal der 1930er-Jahre aus. Das mag seine guten und bis heute vertretbaren Gründe haben und sei hier weder kritisiert noch beklagt, sondern nur als ein forschungs- und wertungsrelevanter Umstand benannt.

7 Schlussbemerkung

Der vorliegende Artikel verdankt sich zum einen der Einladung zu der Tagung, die in diesem Band dokumentiert ist, zum anderen der vorausgehenden Erarbeitung einer *Geschichte der deutschsprachigen Literatur 1918 bis 1933*, die 2017 im Münchener Beck-Verlag als Band X der von Helmut de Boor und Richard Newald begründeten *Geschichte der deutschen Literatur von den Anfängen bis zur Gegenwart* erschienen ist. Vor dem Hintergrund der Referate und Diskussionen der Tagung möchte ich einige einfache Feststellungen treffen. Für mich war, als ich im Jahr 2004 begann, aufgrund meiner literaturwissenschaftlichen Sozialisation völlig fraglos, dass eine Literaturgeschichte eine gesellschaftsgeschichtliche Fundierung haben müsse, also – von literarischen Werken ausgehend – soziale und politische Prozesse und Diskurse in die Darstellung mit einbeziehen und in Wertungen mit bedenken müsse. Darin sah ich mich durch zahlreiche Äußerungen von Autoren jener Zeit bestätigt, so zum Beispiel durch Thomas Mann, der in seiner Ansprache zur Gründung der »Sektion für Dichtkunst der Preußischen Akademie der Künste« am 26. Oktober 1926 die »Sozialität« seines »Dichtertums« betonte.[124] Über die Konzeption war ich mir weniger klar, weil das durch de Boor und Newald begründete Muster einer gattungs- und epochenorientierten Literaturgeschichte immer wieder in Frage gestellt worden war. Es gab damals theoretische Konzeptionen von höchster Differenziertheit und Brillanz,[125] deren praktische Umsetzung über Präliminarien und Fallbeispiele allerdings nie hinauskam. Zudem erschien 2004 *Eine Neue Geschichte der deutschen Literatur*, die, um dem »Eigensinn der Literatur« und der »Einzigartigkeit« der Werke gerecht zu werden,[126] die systematische Darstellungsweise preisgab und als Präsentationsform die simpel chronikalische und gänzlich unvermittelte Aneinanderreihung von Titeln und Erörterungen wählte. Das schien eine Alternative zu sein, die sich indessen bei näherem Hinsehen als scheinhaft und defizitär erwies. Scheinhaft ist diese Alternative, weil die Artikel, sobald sie über die bloße Registratur des Titels und die reine Beschreibung (soweit dies überhaupt möglich ist) von Inhalt und Form hinausgehen, zu eben der Integration in Reihen und Zusammenhänge übergehen, die vermieden werden sollte. So stehen die Werke plötzlich wieder im »Schnittpunkt mannigfacher Bezugssysteme«, wie mit Erwin Panofsky in salvierender Absicht gesagt wird, oder zeigen sich »Wechselwirkungen« und »Konfigurationen historischer Tatsachen«, die man dann mit Walter Benjamin in ebenfalls salvierender Absicht »Konstellationen« nennt.[127] Nichts anderes hat Literaturgeschichtsschreibung, sofern sie nicht ganz einseitig auf einen Aspekt fixiert war, seit eh und je ansichtig zu machen versucht; noch einmal sei auf Uwe Japps profunde Bestimmung von Literaturgeschichte als »Beziehungssinn« (1980) verwiesen. Defizitär ist die chronikalische Alternative zunächst einmal, weil sie die Auswahl nicht explizit begründet. Mit der Frage, warum für das Jahr 1924 Arthur Schnitzlers Novelle *Fräulein Else* als signifikanter Text gewählt, Thomas Manns Roman *Der Zauberberg* aber nicht einmal erwähnt wurde, bleibt man als Leser allein und ratlos stehen. Defizitär ist die chronikalische Alternative ferner, weil sie weder thematische Korpora – etwa »Literatur der Arbeitswelt« – bildet, noch entsprechende Beziehungen zwischen den ausgewählten

---

124 Thomas Mann: Rede zur Gründung der Sektion für Dichtkunst der Preußischen Akademie der Künste. In: Essays, Band 3 (s. Anm. 57), S. 40–44, Zitat S. 42.
125 Statt einzelner Titel nenne ich die zusammenfassende und bereits historisierende Reflexion von Jörg Schönert: Vielerlei Leben der Literaturgeschichte? In: Matthias Buschmeier, Walter Erhart, Kai Kauffmann (Hg.): Literaturgeschichte: Theorien – Modelle – Praktiken. Berlin 2014, S. 31–48, hierzu bes. S. 32–35.
126 Vgl. David E. Wellbery, Judith Ryan, Hans Ulrich Gumbrecht, Anton Kaes, Joseph Leo Koerner, Dorothea E. von Mücke (Hg.): Eine Neue Geschichte der deutschen Literatur. Berlin 2007, S. 15.
127 Vgl. ebd., S. 21f.

Texten herstellt; die Möglichkeit, sich über einzelne thematische Gebiete oder Textreihen im begründeten und einigermaßen geschlossenen Zusammenhang zu informieren, gibt es nicht. Für die Konzeption meiner Literaturgeschichte 1918–1933 zu spät kam der 2014 publizierte Aufsatzband *Literaturgeschichte: Theorien – Modelle – Praktiken*,[128] doch hätte er mich, auch wenn er schon früher erschienen wäre, nicht zu einer grundsätzlichen Änderung meines Konzepts veranlasst; die dort entworfenen Alternativen – »Literaturgeschichte semantischer Einheiten«, »Literaturgeschichte der Intensität« – mögen sehr interessant sein, würden aber immer nur zu Literaturgeschichten mit einem sehr beschränkten Fokus oder Erfassungsbereich führen. Wenig hilfreich war der Versuch, Methoden des Dekonstruktivismus und Perspektiven verschiedener *turns* analytisch und dispositionell zu nutzen; die einen delegitimieren, indem sie die Möglichkeit bündiger Interpretationen verneinen, auch die historiographische Verortung von Texten, die anderen führen zu vereinseitigender Auswahl unter spezifischen Gesichtspunkten. Alles in allem sah und sehe ich zu einer gesellschaftsgeschichtlich fundierten Literaturgeschichte, zu welcher geistes- und kulturgeschichtliche Aspekte *per se* gehören, keine Alternative.[129] Die Methoden der Auswahl, Darstellung, Kontextualisierung und Verortung der Texte müssen selbstverständlich im Licht der laufenden Hermeneutik-Debatten reflektiert werden. Aber neu zu erfinden sind sie nicht.

---

128 Vgl. Literaturgeschichte: Theorien – Modelle – Praktiken (s. Anm. 125).
129 Gestützt fühle ich mich darin durch die *turn*-kritischen Ausführungen von Wolfgang Riedel aus dem Jahr 2004: vgl. Wolfgang Riedel: Literarische Anthropologie: eine Unterscheidung. In: Wolfgang Braungart, Klaus Ridder, Friedmar Apel (Hg.): Wahrnehmen und Handeln: Perspektiven einer Literaturanthropologie. Bielefeld 2004, S. 337–366, bes. S. 346–348.

21. Jahrhundert

Oliver Bach
Sozial- oder Ideengeschichte?
Thomas Lehrs *42*

1 Einleitung: Ihrer siebzig

»Zwei Kinder, fünfzehn Frauen, dreiundfünfzig Männer« haben den »Coup de temps« überstanden, den ein Störfall im Genfer CERN verursacht hat.[1] 70 Menschen sind als einzige nicht vom weltweiten Zeitstillstand betroffen, wodurch sie gleichzeitig mit der enormen Herausforderung konfrontiert sind, in diesem Zustand eine neue Ordnung und Sinngebung zu finden bzw. zu stiften. In einer textimmanenten Lektüre bliebe diese Anzahl der sogenannten ›Chronifizierten‹[2] beliebig und willkürlich, denn für die Handlungslogik ist weder die Summe 70 noch die Ordnungszahl 70. relevant. Sucht man allerdings nach analogen Fällen oder Narrativen einer solchen Ordnungs- und Sinnkrise einer Gruppe von Menschen in einem außergewöhnlichen Zustand, so stößt man auf das ebenfalls 70 Seelen zählende Haus Jakobs zu demjenigen Zeitpunkt, als es von Joseph nach Ägypten geholt wurde (Gen 46,26–27), um dort einerseits die Dürreperiode in Kanaan zu überstehen, andererseits später einer Prüfung durch den verstockten Pharao gegenüberzustehen. Der symbolischen Bedeutung der 70 widmet Thomas Manns *Joseph und seine Brüder* (1933–1943) ein eigenes Kapitel mit dem Titel *Ihrer siebzig*, in dem nicht nur die Relevanz zahlenmäßiger Akkuratesse zurückgewiesen wird, sondern auch Bezüge zu anderen Stellen der Genesis hergestellt werden, und zwar insbesondere zur Völkertafel in Gen 10, gemäß derer die aus den nachsintflutlichen Stammvätern Sem, Ham und Jafet hervorgegangenen Völker – je nach Übersetzung – 70 bzw. 72 zählen:[3] »Siebzig war die Zahl der auf Gottes Tafel gezeichneten Völker der Welt, und daß sie *folglich* die Zahl der aus den Lenden des Erzvaters hervorgegangenen Nachkommen war, unterlag keiner

---

[1] Thomas Lehr: 42. Roman. München ³2017, S. 33.
[2] Ebd., S. 31.
[3] Markus Witte: Völkertafel. In: Das wissenschaftliche Bibellexikon im Netz (2011; https://www.bibelwissenschaft.de/stichwort/34251/ [04.08.2020]); ders.: Noach und seine Söhne. Die Welt der Völker nach Genesis 10. In: Bibel und Kirche 73 (2018), H. 4, S. 208–210.

Oliver Bach, München

taghellen Nachprüfung.«[4] Thomas Mann setzt die der Luther-Übersetzung entnommene Zahl 70 in Gen 46,27[5] in einen *konsekutiven* Zusammenhang mit der 70 in Gen 10; das Haus Israel repräsentiert mithin ebenso eine Neuordnung wie die nachsintflutliche Völkertafel. Lehrs 70 reiht sich in dieses Narrativ ein.

Die aus einer solchen intertextuellen Parallelisierung folgende Interpretation der 70 Chronifizierten als eines Kreises Auserwählter, die in einen Zustand übertreten, der zugleich Rettung und Herausforderung ist, vermag aufzuzeigen, welch große Bedeutung nicht nur dem physikalischen Gedankenexperiment des Autors Thomas Lehr zukommt, sondern auch dem individual- und sozialethischen Experiment. Zwar liegt auch ein Vergleich der Chronifizierten mit Robinson Crusoe, als zeitlich Gestrandete mithin, nahe; der Topos der Auserwähltheit steigert allerdings noch die Erwartungen an ein Handeln und Verhalten der Chronifizierten, das nicht nur dem Überleben und den daraus folgenden technisch-instrumentellen Imperativen zu dienen hat, sondern auch einer fundamentalen Revision moralischen Verhaltens unterworfen werden soll.

Da Lehrs 42 gleichwohl das theologische Substrat fehlt, führt die semantische Füllung der Zahl 70 durch diese theologische Intertextualität nur bedingt weit, nämlich bis zu der Feststellung der identischen Merkmale der Auserwähltheit und der Gleichzeitigkeit von Rettung und Herausforderung. Sie gibt jedoch keinen Aufschluss über den genauen Charakter der Herausforderung, vor die sich der Ich-Erzähler und Wissenschaftsjournalist Adrian Haffner gestellt sieht. Die weltumspannende Chronostase gibt anders als das Exil in Ägypten Gelegenheit, anthropologische und allgemeinethische Beobachtungen zu machen und entsprechende Annahmen zu revidieren, die den Status der Auserwähltheit selbst nicht berühren. Die Auserwähltheit der 70 Chronifizierten betrifft nur ihre privilegierte Perspektive als Beobachter einer Welt im Querschnitt des Jahres 2000; sie betrifft allerdings nicht wie im Falle des Volkes Israel ihren privilegierten Status in einer Heilsordnung und darf solchen auch nicht betreffen,

---

[4] Thomas Mann: Joseph und seine Brüder. Der vierte Roman: Joseph, der Ernährer. Frankfurt a.M. 2003, S. 447; Hervorhebung O. B.

[5] Martin Luther: Die gantze Heilige Schrifft Deudsch (Wittemberg 1545). Letzte zu Luthers Lebzeiten erschienene Ausgabe. Hg. von Hans Volz. Darmstadt 1972, Gen 46,26–27: »Alle seelen die mit Jacob in Egypten kamen / die aus seinen Lenden komen waren (ausgenomen die weiber seiner Kinder) sind alle zusamen sechs vnd sechzig seelen. Vnd die kinder Joseph die in Egypten geboren sind / waren zwo Seelen / Also das alle seelen des hauses Jacob / die in Egypten kamen / waren siebenzig.« Zu Manns keineswegs nur informativer Verwendung der Lutherübersetzung siehe Michael Kohlhäufl: »Ich bin's«. Die Bibelübersetzungen Luthers, Martin Bubers und Franz Rosenzweigs und ihre Funktion in Thomas Manns Roman *Joseph und seine Brüder*. In: Bettina Knauer (Hg.): Das Buch und die Bücher. Beiträge zum Verhältnis von Bibel, Religion und Literatur. Würzburg 1997, S. 135–164.

wenn die genannten Beobachtungen und Revisionen tatsächlich allgemeinmenschlich und allgemein-ethisch sein wollen. Die Quellen jener anthropologischen und ethischen *Annahmen* sind nicht theologisch, sondern entstammen im Wesentlichen der Aufklärungsphilosophie, während die anthropologischen und ethischen *Beobachtungen* vor allem der politischen und Gesellschaftsgeschichte des 20. Jahrhunderts entnommen sind. Wie anhand eines Kapitels gezeigt werden soll, werden diese Beobachtungen sozialer Empirie und jene Annahmen über die menschliche Natur und Ethik aufeinander bezogen. Die Interpretation dieses Bezugs ist folglich auf die Synthese sozial- und ideenhistorischer Methoden angewiesen. Thomas Lehrs *42* soll im Rahmen des vorliegenden Sammelbandes nicht nur als Beispiel einer Romandichtung dienen, für deren angemessene Interpretation Kontextualisierungen notwendig sind, sondern auch als Beispiel einer Literatur, deren Interpretation eine Konkurrenz zwischen Sozial- und Ideengeschichte weder verlangt noch erlaubt.

2 Textsignale und Relevanzhierarchie

Bereits Ende der 1970er Jahre registrierten Lutz Danneberg und Hans-Harald Müller die »Endphase«, wenn nicht sogar den Niedergang, der seit den 1960er Jahren betriebenen weltanschaulichen und insofern textexternen Ausrichtung der Literaturwissenschaft.[6] Der Literaturwissenschaft kann es nicht um sozial- und ideengeschichtliche Bemühungen als Welterklärungsversuche gehen, denen sich die Philologie als literarische Erklärung unterzuordnen habe. Die Interpretation eines literarischen Textes unterscheidet sich von seinem Gebrauch, seiner Anwendung und Adaption.[7] Es muss in der Tat um sozial- und ideengeschichtliche Kontextualisierungen als Literaturerklärungsversuche gehen, und zwar als bisweilen notwendige Kontextualisierungen, notwendig nämlich für die literarische Interpretation. Anhand von Thomas Lehrs 2005 erschienenen Roman *42* soll im Folgenden gezeigt werden, inwiefern Sozial- und Ideengeschichte für die literarische Interpretation notwendig werden können, welches Erläuterungspotenzial Sozial- und Ideenhistorie dabei *jeweils* haben

---

6 Lutz Danneberg, Hans-Harald Müller: Verwissenschaftlichung der Literaturwissenschaft. Ansprüche, Strategien, Resultate. In: Zeitschrift für allgemeine Wissenschaftstheorie 10 (1979), H. 1, S. 162–191, hier S. 162f.
7 Umberto Eco: Die Grenzen der Interpretation. Übers. von Günter Memmert. München, Wien 1992, S. 47; Karl Eibl: Kritisch-rationale Literaturwissenschaft. Grundlagen zur erklärenden Literaturgeschichte. München 1976, S. 69.

können, inwiefern ihre literarischen Erläuterungsleistungen also unterschieden werden können, und inwiefern sie gleichwohl allererst *zusammen* das literarische Verstehen gewährleisten.

In Thomas Lehrs *42* berichtet der Ich-Erzähler Adrian Haffner von seinen Erlebnissen in und mit einem grotesk paradoxalen Zustand: Als Teil einer Besuchergruppe am CERN in Genf übersteht Haffner scheinbar den plötzlichen Stillstand aller Zeit: Die Welt hat aufgehört sich zu drehen, Flüsse fließen nicht mehr, Flugzeuge stehen genauso in der Luft wie Vögel und die Sonne, alle Zeit steht still am 14. August des Jahres 2000 um genau 12:47 Uhr und 42 Sekunden. Nur Adrian und 69 andere Menschen, Besucher und Wissenschaftler des CERN, sind vom Zeitstillstand nicht betroffen. Sie bilden jeweils eine sogenannte Chronosphäre aus, die gerade einen Radius von Armlänge hat; sie sind die ›Chronifizierten‹, die miteinander nur dann kommunizieren können, wenn sich ihre Chronosphären berühren (Schallwellen bewegen sich schließlich auch nicht fort in der ›Chronostase‹). In diesem Zustand leben die Chronifizierten über fünf Jahre hinweg – mal allein, mal in mehr oder minder festen Gemeinschaften –, sie wandern zu Fuß durch Europa, sie beobachten die stehengebliebenen Menschen, die sogenannten ›Photographierten‹ oder ›Fuzzis‹; sie leben bei ihnen, essen deren Essen und vergehen sich auch an ihnen. Nach fünf Jahren tickt die Zeit für drei Sekunden weiter; nicht viel, aber immerhin Anlass zur Hoffnung, aus dem Zustand der Chronostase ausbrechen zu können. Bei einem finalen Experiment versuchen die Chronifizierten, den Stillstand zu überwinden; das Ergebnis ist eigentlich nur noch schlimmer: Adrian Haffner findet sich nun allein unter lauter Fuzzis wieder, kann sich damit aber ebenso gut bescheiden wie mit der schlussendlichen Erkenntnis, dass er den CERN-Unfall gar nicht überlebt hatte und somit nicht die Zeit, sondern er selbst stehen geblieben ist.[8]

Die Probleme bei der Interpretation des Romans erwachsen nicht nur aus der Komplexität theoretisch-physikalischer Zusammenhänge; sie entstehen auch dadurch, dass kaum formale Textsignale existieren, die auf die hervorstechende Relevanz bestimmter Inhalte hinweisen: Wichtige Textstellen sind weder durch ihren Ort (wie z. B. die Peripetie im klassischen Drama) noch durch eine Konzentration in der Präsentation der Geschichte noch durch quantitative Dominanz- oder qualitative Kontrastrelationen identifizierbar.[9] Das unerhörte Ereignis – um den Kernbegriff der Novellistik zu verwenden[10] – des CERN-Unfalls

---

[8] Lehr: 42 (s. Anm. 1), S. 368.
[9] Manfred Pfister: Das Drama. Theorie u. Analyse. Erg. u. erw. Aufl. München 1988, S. 226 f., 274.
[10] Horst Thomé, Winfried Wehle: Novelle. In: Harald Fricke u. a. (Hg.): Reallexikon der deutschen Literaturwissenschaft. Bd. 2. Berlin, New York 2000, S. 725–731.

wird in einer Analepse geschildert,[11] ist zu Romanbeginn bereits erfolgt und bestimmt somit die Perspektive des gesamten Romans; es gibt keine Handlung, keine Beobachtung, die nicht vom Thema der Chronostase bestimmt wäre, weshalb diese als differenzbildendes Merkmal der Textteile und -strukturen untauglich ist. Der Stimmton des Ich-Erzählers Haffner ist stets gleich: Zurückliegende Ereignisse wie der Unfalltod seiner Eltern oder sein Betrug an der früheren Freundin Julia, während diese in einer Abtreibungsklinik liegt, werden mit derselben Beiläufigkeit vermittelt wie seine Entdeckung, dass seine Frau Karin ihn betrügt.[12] Adrian Haffner selbst ist weder als Held noch als Anti-Held gezeichnet; das Potenzial einer Identifikation, die Relevanzhierarchien generieren kann wie die von Hans Robert Jauß bestimmten Formen admirativer, sympathetischer und kathartischer Identifikation,[13] ist folglich auch gering.

Die Relevanz bestimmter Textstellen erschließt sich mithin vermehrt aus ihren Kontexten. Diese erschöpfen sich nicht in den Verwendungen und Anverwandlungen quantenphysikalischer Theoriebestände, sondern erstrecken sich auch auf sozialtheoretische und -anthropologische Modellbildungen der Aufklärungsepoche und auf zeitgeschichtliche politische Krisen sowie Kulturdebatten der 1990er Jahre.

3 »Verblichene Herren«: Ideengeschichte und »massive Realität«

Wenige Tage vor dem Versuch, die Zeit wieder zum Laufen zu bringen, verbringt Adrian zusammen mit drei anderen Chronifizierten den Abend auf einem Weingut am Genfersee. Dieser Abend wird nicht nur durch ein lukullisches Mahl mit erlesenen Weinen gestaltet, sondern auch durch ein Gespräch über Ideen und Wirksamkeit der europäischen Aufklärung. Schon durch die geographische Lage ihres Aufenthaltsortes nämlich fühlen sich die vier an bestimmte Protagonisten der Aufklärung erinnert:

> Madame de Staël, Voltaire, Rousseau, Diderot, sie alle hätten in unserer unmittelbaren Umgebung gewohnt und gewirkt, sich untereinander gekannt (leicht angetrunkene Recherche in einem zerfledderten Konversationslexikon [...]), sich wie wir an einem Tisch

---

11 Lehr: 42 (s. Anm. 1), S. 28–37.
12 Vgl. Lehr: 42 (s. Anm. 1), S. 243 f., 246 f.
13 Hans Robert Jauß: Ästhetische Erfahrung und literarische Hermeneutik. Bd. 1: Versuche im Feld der ästhetischen Erfahrung. Frankfurt a.M. 1977, S. 212.

versammeln können. Bewegliche Vorausdenker, lebendige, bürgerliche, individualistische Intellektuelle in einer erstarrten Welt am Vorabend der Revolution – das passe doch sehr auf uns, befindet Boris und hebt sein Glas. Was wollten sie doch gleich, die verblichenen Herren? Wir lesen im Konversationslexikon reihum. Der Donner des 20. Jahrhunderts erstickt die frühen Pfeifenmelodien der Aufklärer. Dabei ging es ihnen doch um das, was man uns als endlich geschaffen nicht müde wurde anzupreisen, die politischen und sozialen Voraussetzungen für individuelle Freiheit, unabhängiges Denken, mündige Entscheidungen souveräner Staatsbürger. In der FOLIE ist uns das alles zur Besichtigung freigegeben. Der Staat, die Gesellschaft, die Institutionen. Mit schon verrutschten Gala-Monturen sitzen wir im gnadenlosen Prüflicht der Sekunde Null, tafelnd um elf Uhr nachts, korrumpierte Vollzugsbeamte der Großen Revision, und erklären uns für nicht zuständig, zumindest was meinen Teil betrifft.[14]

In der sogenannten FOLIE, d. h. in dem Querschnitt durch die Weltenläufte, den dieser Zeitstillstand ausbildet, kann man bestimmte Aspekte möglicher Wirkungen der Aufklärung beobachten, nämlich jene »politischen und sozialen Voraussetzungen« von Freiheit, d. h. deren *äußere* Ermöglichungsbedingungen. Besonders die Institutionen als eine Gattung solcher äußerer Ermöglichungsbedingungen von Freiheit lassen sich in Genf besonders gut beobachten: Nach New York City sind die meisten internationalen Organisationen in Genf ansässig, und der Ständige Vertreter der Bundesrepublik Deutschland bei dem Büro und den Organisationen der Vereinten Nationen in Genf 1982–86, Hans Arnold, weist mit merklichem Stolz darauf hin, dass bereits der französische Außenminister Charles-Maurice de Talleyrand-Périgord Genf als sechsten Kontinent bezeichnete.[15]

Die *Idee* der Freiheit, wie sie die Aufklärer – von den genannten insbesondere Jean-Jacques Rousseau im *Contrat Social* – konzipierten, ist zwar begriffslogisch bestimmt, d. h. als nichts anderes als die Freiheit von gewaltsamen Zwang durch andere; rechtmäßig kann daher nur derjenige Zwang sein, der die Freiheit ausschließlich auf diese Bedingungen ihrer Möglichkeit einschränkt.[16] Entscheidend für das wiedergegebene Zitat aus Lehrs Roman ist nun das Folgende: Schon aus dieser *Idee* der Freiheit geht gleichwohl hervor, dass dieselbe realisiert werden muss durch die Herstellung von – wie es bei Lehr heißt – »politischen und

---

14 Lehr: 42 (s. Anm. 1), S. 267 f.
15 Hans Arnold: Genf: UN-Platz, Drehscheibe des Multilateralismus, sechster Kontinent. In: Vereinte Nationen. German Review on the United Nations 36 (1988), H. 5, S. 146–152, hier S. 150.
16 Julius Ebbinghaus: Die Idee des Rechts. In: Julius Ebbinghaus. Gesammelte Schriften. Bd. 2: Praktische Philosophie 1955–1972. Hg. von Hariolf Oberer, Georg Geismann. Bonn 1988, S. 141–198, hier S. 164 f.; Georg Geismann: Kant als Vollender von Hobbes und Rousseau. In: Der Staat 21 (1982), S. 161–189, hier S. 174 f.

sozialen Voraussetzungen« von Freiheit: »Der Staat, die Gesellschaft, die Institutionen«. So sehr man also auch hier zwischen Sozial- und Ideengeschichte unterscheiden kann und muss, so sehr gibt es nichtsdestoweniger etwas wie eine sozialgeschichtliche Überprüfbarkeit der Realisierung der Ideen der Aufklärung. Bereits in diesem schlicht werk*immanenten* Zusammenhang können und müssen Sozial- und Ideengeschichte kooperieren. Den Chronifizierten geht es darum, was ein DFG-Schwerpunktprogramm titelgebend »Ideen als gesellschaftliche Gestaltungskraft« nannte.[17]

Jener »Donner des 20. Jahrhunderts«, d. h. die beiden Weltkriege, die Shoa, die Atombombenabwürfe auf Hiroshima und Nagasaki, gelten einem bestimmten Zweig der Aufklärungskritik weniger als Nachweis einer nachhaltigen *Erfolglosigkeit* der Aufklärung, sondern als Frucht einer technischen Rationalität, die der aufklärerischen Vernunft zu eigen sei und somit die eben ›donnernden‹ Vernichtungsmaschinerien des 20. Jahrhunderts hervorgebracht habe, wogegen die Moral auf der Strecke blieb. Dieser »Donner des 20. Jahrhunderts« sei mithin nur die konsequente Folge der von Theodor W. Adorno und Max Horkheimer behaupteten Einheit von formeller und instrumenteller Vernunft:

> Trotz seiner Fremdheit zur Mathematik hat Bacon die Gesinnung der Wissenschaft, die auf ihn folgte, gut getroffen. Die glückliche Ehe zwischen dem menschlichen Verstand und der Natur der Dinge, die er im Sinne hat, ist patriarchal: der Verstand, der den Aberglauben besiegt, soll über die entzauberte Natur gebieten. Das Wissen, das Macht ist, kennt keine Schranken, weder in der Versklavung der Kreatur noch in der Willfährigkeit gegen die Herren der Welt. [...] Technik ist das Wesen dieses Wissens. Es zielt nicht auf Begriff und Bilder, nicht auf das Glück der Einsicht, sondern auf Methode, Ausnutzung der Arbeit anderer, Kapital. [...] Was die Menschen von der Natur lernen wollen, ist, sie anzuwenden, um sie und die Menschen vollends zu beherrschen. Nichts anderes gilt.[18]

Inwiefern diese Reduktion des Vernunftbegriffs der Aufklärung auf die technisch-praktische Vernunft unangemessen ist, weil bestimmte Aufklärer durchaus einen Vernunftbegriff entwickelten, der zwischen einer bloß technisch-praktischen und

---

17 Lutz Raphael: »Ideen als gesellschaftliche Gestaltungskraft im Europa der Neuzeit«. Bemerkungen zur Bilanz eines DFG-Schwerpunktprogramms. In: Lutz Raphael, Heinz-Elmar Tenorth (Hg.): Ideen als gesellschaftliche Gestaltungskraft im Europa der Neuzeit. Beiträge für eine erneuerte Geistesgeschichte. München 2006, S. 11–27, besonders S. 12: »Explizit forderte das Schwerpunktprogramm die Projekte auf, ›eine Verbindung her(zu)stellen zwischen der Analyse der Konstitution und Konzeption von Ideen einerseits und ihrer Wirkungsmächtigkeit in gesellschaftlichen Prozessen andererseits‹.«
18 Max Horkheimer, Theodor W. Adorno: Dialektik der Aufklärung. In: Max Horkheimer: Gesammelte Schriften. Bd. 5. Hg. von Alfred Schmidt, Gunzelin Schmid Noerr. Frankfurt a.M. 1987, S. 11–290, hier S. 26.

tatsächlich moralisch-praktischen Vernunft zu unterscheiden und somit den menschenrechtsverachtenden Zweckrationalismus der modernen Diktaturen durchaus zu verurteilen erlaubt,[19] ist hier nicht der Ort zu diskutieren.[20] Allerdings reißt der lehrsche Ich-Erzähler die These von der Dialektik der Aufklärung nur an, ohne dazu Stellung zu beziehen: Die Formulierung, der »Donner des 20. Jahrhunderts *erstickt* die frühen Pfeifenmelodien der Aufklärer«, lässt keinen Schluss darauf zu, ob die Aufklärung durch die Ignorierung ihrer Ideen oder durch die Widersprüchlichkeit dieser Ideen selbst erstickt wäre.

Stattdessen gibt der zeitliche Stillstand Gelegenheit zur *eigenhändigen* Prüfung der Realisierung der Idee der Freiheit, sie gibt Gelegenheit zur »Großen Revision«: Die sogenannte FOLIE ist nur genauso der synchrone Querschnitt durch alle menschlichen und gemeinschaftlichen Vorgänge, wie sie Querschnitt durch alle physikalischen Prozesse ist.

Tatsächlich bekennt sich auch der Autor Thomas Lehr selbst zu einem verstärkten Interesse an realen gesellschaftlichen Verhältnissen gegenüber sozialen Idealen. So sagt er in einem Interview mit der Literaturwissenschaftlerin Anne-Kathrin Reulecke 2007: »Zunächst einmal bin ich selbst mehr an der tatsächlichen Gesellschaft interessiert als an ihren Gegenentwürfen. Ich bin überwältigt von der unglaublichen, massiven Realität, in der wir leben«.[21] Noch mehr lässt Lehr seine chronifizierten Romanfiguren überwältigt sein: Sie sind im Stillstand der Zeit konfrontiert mit massierter Realität. Mögen Adrian Haffner und seine Leidensgenossen also selbst keinen Gegenentwurf, keine Gesellschaftsutopie ausbilden, so generiert ihr Erkenntnisinteresse an der FOLIE und der in ihr massierten Realität doch gerade aus deren Vergleich mit der *Idee* der Aufklärung von Freiheit: Überprüft – *revidiert* eben – wird die Realisierung von Ideen, nicht die Realität als solche. Sind also nur die Herren oder auch ihre Ideen verblichen?

---

19 Nur beispielshalber sei darauf hingewiesen, dass Kant in der *Kritik der Urteilskraft* (1790) es als »einen großen Mißbrauch« verurteilt, dass man »das Praktische nach Naturbegriffen mit dem Praktischen nach dem Freiheitsbegriffe für einerlei nahm«; richtet sich der Wille nämlich bloß daran aus, was ihm technisch möglich ist und ist folglich sein Prinzip »ein Naturbegriff, so sind die Prinzipien *technisch-praktisch*; ist er aber ein Freiheitsbegriff, so sind diese *moralisch-praktisch*« (Immanuel Kant: Kritik der Urteilskraft. In: ders.: Kritik der Urteilskraft. Hg. von Heiner Klemme. Hamburg 2009, S. 3–429, hier S. 9 [AA V, 171 f.]).
20 Birgit Sandkaulen: Begriff der Aufklärung. In: Max Horkheimer, Theodor W. Adorno: Dialektik der Aufklärung. Hg. von Gunnar Hindrichs. Berlin, Boston 2017, S. 5–22, hier S. 7–9.
21 Anne-Kathrin Reulecke: »Die Seifenblasen der Kunst müssen begehbar sein«. Ein Gespräch mit Thomas Lehr über physikalisch-literarische Experimente und den Roman *42*. In: Anne-Kathrin Reulecke (Hg.): Von null bis unendlich. Literarische Inszenierungen naturwissenschaftlichen Wissens. Köln, Weimar, Wien 2008, S. 17–36, hier S. 28.

Das Ergebnis dieser Revision fällt sichtlich negativ aus. Mit seiner Behauptung nämlich, sich »nicht zuständig« für diese »Große Revision« zu fühlen, geriert sich Adrian als zwar unzuverlässiger, als solcher aber leicht durchschaubarer Erzähler. Denn die Besichtigung der FOLIE erfolgt durch seine gesamten Aufzeichnungen hindurch, und zwar auch in Passagen, die zeitlich *vor* jener Weingut-Szene stattfinden.

4 Naked Lunch: Literaturgeschichte und Intertextualität

Die prominenteste Institution, die bei dieser Revision in den Blick kommt, ist ohne Zweifel die UNO: Sie wird zum Ziel der Kritik und auch des Spotts mancher Chronifizierter. So wird

> auf dem Rasenstück vor der Säulenfront des Palais des Nations ein feinsinniges Naked Lunch mit siebzehn Diplomatinnen und Diplomaten arrangiert (nicht vergessen ihre satyrischen Posen, die Weinflaschen und Trauben, die Kristallgläser und reich gefüllten Picknickkörbe).[22]

Die genaue Gestalt dieses Arrangements ist ausgespart; der Hinweis auf die »satyrischen Posen« der UNO-Diplomaten vergrößert diese Aussparung eher als sie zu verkleinern: Das Satyrspiel ist eine ›scherzende Tragödie‹ (τραγῳδία παίζουσα);[23] auf dem Genfer Rasenstück wird eine ernste Materie in scherzhafte Form gebracht; die Diplomatinnen und Diplomaten müssen offenbar wie Satyrn eine ihnen fremde oder sogar unnatürliche Funktion übernehmen, die das komische Potenzial generiert.[24] Die Unterbestimmtheit von Adrian Haffners Schilderung wird folglich durch Verfremdungseffekte noch verstärkt und eine halbwegs verbindliche Interpretation weiter erschwert. Ein Angebot, diese Leerstelle zu füllen, macht Thomas Lehr mit der intertextuellen Referenz auf William Burroughs' berüchtigtes Buch *Naked Lunch* (1959). Lehrs Referenz auf den Roman, der sowohl unter dem Einfluss von Opiaten verfasst wurde als auch den Konsum von Junk und das Verhalten sowie die Visionen unter dessen Einfluss thematisiert, kann in vierfacher Hinsicht gelesen werden.

---

22 Lehr: 42 (s. Anm. 1), S. 101.
23 Rebecca Lämmle: Das Satyrspiel. In: Bernhard Zimmermann (Hg.): Handbuch der griechischen Literatur der Antike. Bd. 1: Literatur der archaischen und klassischen Zeit. München 2011, S. 611–663, hier S. 611.
24 Vgl. Lämmle: Das Satyrspiel, S. 612 f.

Erstens ist festzuhalten, dass es sich bei dem Terminus ›Naked Lunch‹ nicht um einen Begriff der Gegenstands-, sondern der Beobachtungsebene handelt, der nicht von Burroughs selbst, sondern von seinem Freund Jack Kerouac gebildet wurde, wie der Autor in einer 1960 verfassten »Deposition« berichtet:

> Den Titel hat Jack Kerouac vorgeschlagen. Erst nach meiner kürzlich erfolgten Genesung habe ich verstanden, was der Titel bedeutet. Der Titel bedeutet genau das, was die Worte sagen: ein NACKTER Lunch – ein gefrorener Augenblick, in dem ein jeder sieht, was auf den Zinken jeder Gabel steckt.[25]

In der Tat bietet die gesamte Welt für die Chronifizierten einen solchen »gefrorenen Augenblick« (»frozen moment«), denn schon kurz nach dem CERN-Unfall beschreibt Haffner den Stillstand u. a. mit dem Attribut ›gefroren‹.[26] Diese Lesart liefert kein differenzbildendes Merkmal zur Interpretation der Rasenszene. Die UN-Diplomatinnen und Diplomaten sind nur genauso gefroren und ›auf dem Zinken der Gabel‹ beobachtbar, und zwar ohne eigenhändiges Zutun oder gar Manipulation ihrer Posen.

Zweitens kann Lehrs *Naked Lunch*-Referenz sich auf den Zustand ekstatischen Exzesses beziehen, wie er in Burroughs Roman mehrfach geschildert wird:

> Vom Dach des R. Z. [Rekonditionierungs-Zentrums; O. B.] bietet sich uns ein Schauspiel, wie man es sich grausiger nicht vorstellen kann. Die Irreversiblen drängen sich in den Cafés mit langen Speichelfäden am Kinn und knurrenden Mägen um die Tische, während andere beim Anblick einer Frau ejakulieren. […] Bürger in einem frühen Stadium von Bangutot umklammern krampfhaft ihre Erektionen und bitten Touristen um Hilfe. […] Tänzer im Knabenalter machen Striptease mit Gedärmen, Frauen stecken sich abgeschnittene Genitalien in die Möse […] Ein Koprophag ruft nach einem Teller, scheißt darauf und isst die Scheiße und schreit auf: »Mmmmm, das nenn ich nahrhaft.« […] Geneigter Leser, die Abscheulichkeit dieses Spektakels spottet jeder Beschreibung. […] Wer kann auf einen sterbenden Gegner scheißen, und der frisst die Scheiße mit Freudengeheul? Und wer einen Schwächling aufknüpfen und dann mit offenem Maul nach

---

25 William Burroughs: Protokoll. Aussage über eine Krankheit. In: Ders.: Naked Lunch. Die ursprüngliche Fassung. Hg. von James Grauerholz, Barry Miles, übers. von Michael Kellner. Hamburg ⁴2019, S. 291–300, hier S. 291; William Burroughs: Deposition. Testimony concerning a Sickness. In: Ders.: Naked Lunch. The Restored Text. Hg. von James Grauerholz, Barry Miles. London 2009, S. 199–205, hier S. 199: »The title was suggested by Jack Karouac. I did not understand what the title meant until my recent recovery. The title means exactly what the words say: NAKED Lunch – a frozen moment when everyone sees what is on the end of every fork.«.

26 Lehr: 42 (s. Anm. 1), S. 33: »*Gefroren* trifft die relative Starre der beiden Fahrer der CERN-Busse, die sich den Hosenboden kratzend und das Genick massierend gegenüber stehen.« Hervorhebung im Text.

dessen Sperma schnappen wie ein tollwütiger Hund? Geneigter Leser, wie gern würde ich dir all dies ersparen, aber meine Feder ist so unbelehrbar. [...] die Handelskammer bemüht sich vergeblich, das drohende Chaos abzuwenden.²⁷

Insofern derlei Schilderungen Burroughs' von Einverleibung, Entleibung, Ausscheidung, Penetration und Töten trotz aller vordergründigen Dynamik nie eine Handlung bietet oder einem allgemeinen Handlungsstrang folgt, haben auch sie einen vermehrt statischen Charakter und stehen somit gleichfalls im Zeichen des ›Naked Lunch‹. Lehrs Referenz auf Burroughs, in diesem Sinne verstanden, ist ein Angebot an den Leser, die an sich selbst schilderungsfreie Diplomatenszene mit *Naked Lunch*-Reminiszenzen wie der zitierten zu füllen: Die Diplomatinnen und Diplomaten werden von den Chronifizierten in allerlei obszönen und grausamen Positionen arrangiert. Utensilien wie die Weinflaschen müssen keineswegs in der für ein Picknick üblichen Form drapiert sein. Für den Amerikanisten Frederick Whiting zeichnet sich *Naked Lunch* wesentlich dadurch aus, bislang Unsagbares ausgesprochen zu haben, indem es sowohl auf uneigentliche Darstellungen als auch auf Aposiopesen verzichtet.²⁸ Der Clou von Lehrs Rasenszene besteht mithin darin, durch die *Naked Lunch*-Referenz selbst nicht explizit werden zu müssen.

Drittens schrieb Burroughs in Paris erstveröffentlichter Roman nicht nur Literatur-, sondern auch Rechtsgeschichte, insofern sich um seine US-Veröffentlichung wegen der darin dargestellten Gewalt- und Sexdarstellungen in den Staaten eine Zensurdebatte entspann: Nachdem das Buch u. a. in Boston und Massachusetts zunächst als obszön verboten war, erging 1966 vom Supreme Court des Bundeslandes ein Urteil, welches Burroughs' Werk vom Vorwurf

---

27 William Burroughs: Naked Lunch. In: Ders.: Naked Lunch. Die ursprüngliche Fassung. Hg. von James Grauerholz, Barry Miles, übers. von Michael Kellner. Hamburg ⁴2019, S. 9–287, hier S. 52–62; William Burroughs: Naked Lunch. In: Ders.: Naked Lunch. The Restored Text. Hg. von James Grauerholz, Barry Miles. London 2009, S. 1–196, hier S. 32–38: »From the roof of the R.C. [Reconditioning Center; O. B.] we survey a scene of unparalleled horror. INDs [Irreversible Neural Damage; O. B.] stand around in front of the café tables, long streamers of saliva hanging off their chins, stomachs noisily churning, others ejaculate at the sight of women. [...] Citizens with incipient Bang-utot clutch their penises and call on the tourists for help. [...] Dancing boys striptease with intestines, women stick severed genitals in their cunts [...] A coprophage calls for a plate, shits on it and eats the sit, exclaiming: ›Mmmm, that's my rich substance.‹ [...] Gentle reader, the ugliness of that spectacle buggers description. [...] Who can shit on a fallen adversary who, dying, eats the shit and screams with joy? Who can hang a weak passive and catch his sperm in mouth like a vicious dog? Gentle reader, I fain would spare you this, but my pen hath its will [...] the Chamber of Commerce striving in vain to stem the debacle.«.
28 Frederick Whiting: Monstrosity on Trial. The Case of ›Naked Lunch‹. In: Twentieth Century Literature 52 (2006), H. 2, S. 145–174, hier S. 146.

gesetzeswidriger Obszönität freisprach und damit – so z. B. Whiting – der Meinungsfreiheit in den USA allererst zu voller Geltung verhalf.[29] Lehrs Referenz auf *Naked Lunch* hat mithin sowohl literatur- als auch sozialgeschichtlichen Charakter und ebenso muss der Umgang mit dieser literatur- *und* sozialgeschichtlich sein, um die nur vage Diplomatenszene angemessen interpretieren zu können. Dies gilt umso mehr, als die zeitgenössischen Rezensionen von *Naked Lunch*, wie Megan Wilson zeigt, kaum von Burroughs' Person und ihrer gesellschaftlichen Rolle in der Beat-Bewegung abstrahieren und daraus mehr moralische denn ästhetische Urteile über das Buch gewinnen: *Naked Lunch* wurde entweder als Obszönitäten und Pornographie affirmierendes und reproduzierendes Werk kritisiert oder als selbstkritisches Buch gelobt, das Obszönität und Pornographie lediglich als darstellerisches Vehikel seiner gesellschaftlichen Kritik verwendet.[30] Die negativen Stimmen überwogen, und selbst wo ein Rezensent wie John Wain in *The New Republic* Burroughs eine kritische Absicht zugestand, konstatierte er deren Misslingen: Der Vergleich mit dem Werk des Marquis de Sade zeige nämlich schnell, dass dieser seine kritische Intention mit den pornographischen Darstellungsmitteln allemal durch »Witz und Ironie« zu verbinden verstehe,[31] wohingegen Burroughs nicht über einen »anhaltenden Schrei des Hasses und Ekels« hinauskomme.[32] Dieselbe Frage also, ob Burroughs' Buch selbst oder nur die darin gezeigten gesellschaftlichen Zustände unmoralisch seien, überträgt Lehr auf die Diplomatenszene in *42*: Ist die hohe Diplomatie selbst oder der Umgang der Chronifizierten mit ihr unmoralisch?

---

29 Whiting: Monstrosity (s. Anm. 28), S. 146 f., besonders S. 147: »It was the culmination of a sequence of skirmishes as old as the republic about the place of literary production with respect to First Amendment protections.« Siehe auch Meagan Wilson: Your Reputation Precedes You. A Reception Study of Naked Lunch. In: Journal of Modern Literature 35 (2012), H. 2, S. 98–125, hier S. 111 f.
30 Wilson: Your Reputation (s. Anm. 29), S. 112–116.
31 Vgl. John Wain: The Great Burroughs Affair. In: The New Republic, 1. Dezember 1962, S. 21–23, hier S. 22 f.: »The only writer of any talent of whom Burroughs occasionally manages to remind one is the Marquis de Sade; but if one turns to the pages of Sade after *Naked Lunch* the resemblance soon fades, since Sade, however degenerate he can be at times, has always some saving wit and irony.«.
32 Vgl. Wain: The Great (s. Anm. 31), S. 21: »*Naked Lunch* is of very small significance. It consists of a prolonged scream of hatred and disgust, an effort to keep the reader's nose down in the mud for 250 pages.«.

5 Sozialgeschichte und Institutionenkritik

Nachdem der Zweite Weltkrieg die Zuversicht in den Rechtspositivismus und die Eigendynamik einander in ihren Machtansprüchen einschränkender Nationalstaaten ebenso schwinden ließ wie die Zuversicht in das materiale Naturrecht und in die Auffassung des Naturzustands als eines friedlichen Zustands, war die UNO zwischen 1942 und 1945 in der Überzeugung gegründet worden, dass internationale Politik nur dann auf allgemeinverbindliche Regeln verpflichtet werden kann, wenn diese vertraglich – nämlich in der Charta der Vereinten Nationen – festgeschrieben und in supranationalen Institutionen gesichert werden.[33] Weil es sich bei der UN-Charta jedoch nicht um eine Verfassung, mithin bei der UNO nicht um eine Weltregierung handelt, sondern es sich bei der Charta um einen Vertrag, bei der UNO um eine Institution mit vermehrt beratschlagendem Charakter und verschrifteten Absichtserklärungen handelt,[34] bedarf es bei der Realisierung, Überwachung und Geltendmachung der Charta einer gediegenen politischen Klugheit, eines diplomatischen Geschicks auf dem Boden menschenrechtlicher Maximen. Den in der Weingut-Szene aufgerufenen Aufklärern ging es um die Lösung des Naturzustandproblems, also um Friedenssicherung, ebenso wie den Vereinten Nationen, die ihrerseits nicht nur aus dem zeitgeschichtlichen Anlass des Zweiten Weltkrieges entstanden, sondern sich dabei auch auf Ideen der Aufklärung beriefen.[35] Es ist also kein Wunder, dass die »Große Revision« gerade auf die UNO blickt. Die »Große Revision« blickt auf die globale Politik im Jahre 2000 wie auf einen mit der Gabel aufgespießten Augenblick und in diesem ›Naked Lunch‹ kommt sie zu einem vernichtenden Urteil: Die internationale Politik in Genf taugt zu nicht viel mehr als zur heimlichen Perpetuierung von Gewalt unter dem Schein der Diplomatie. Die Chronifizierten wollen mit ihrem Arrangement der ›eingefrorenen‹ Diplomatinnen und Diplomaten diesen Schein beseitigen.

Von handgreiflicher Parodie zur gewaltsamen Lynchjustiz schlägt das Handeln der Chronifizierten im Falle eines »serbischen Emissionärs« um: Ihm wird

---

33 Matthias Lutz-Bachmann: Das Recht der Autorität – die Autorität des Rechts: Rechtsphilosophische Überlegungen im Anschluss an Francisco Suárez. In: Oliver Bach, Norbert Brieskorn, Gideon Stiening (Hg.): »Auctoritas omnium legum« Francisco Suárez' ›De Legibus‹ zwischen Theologie, Philosophie und Rechtsgelehrtheit. Stuttgart-Bad Cannstatt 2013, S. 135–152, hier S. 146–148.
34 Michael W. Doyle: The UN Charter: A Global Constitution? In: Charter of the United Nations. Together with Scholarly Commentaries and Essential Historical Documents. Hg. von Ian Shapiro, Joseph Lampert. New Haven 2014, S. 67–90, hier S. 67–71.
35 Sunil Amrith, Glenda Sluga: New Histories of the United Nations. In: Journal of World History 19 (2008), H. 3, S. 251–274, hier S. 254.

im Palais des Nations der UNO ein Zierdegen durch die Brust gerammt; vor ihm ausgebreitet liegt ein Dossier, das seine Mitschuld am Völkermord in Bosnien beweist. Dass ausgerechnet ein Kriegsverbrecher im August 2000 bei den Vereinten Nationen über die Mitgliedschaft Serbien-Montenegros als Rechtsnachfolger Jugoslawiens mitverhandelt, scheint manchen der Chronifizierten vollends unerträglich zu sein. In der Tat mussten sich die Vereinten Nationen bereits und besonders im Zusammenhang mit dem Bosnienkrieg mitunter vom berühmten Balkankorrespondenten und Investigativjournalisten Ed Vulliamy den Vorwurf des »Verbrechens des Appeasements« gefallen lassen:

> ›Appeasement‹ ist ein pejorativer und historisch tendenziöser Begriff, aber er erscheint ein ausreichend gutes Wort zu sein, um drei Jahre diplomatischer Tauschhändel zwischen den Anführern des demokratischen Westens und Radovan Karadžić – jetzt einem Flüchtigen, der wegen Völkermords gesucht wird – unter den Kristalllüstern Londons, Genfs und New Yorks zu beschreiben; oder um drei Jahre der kameradschaftlichen soldatischen Lamm- und Spanferkeldinner zu beschreiben, die aufeinander folgende UN-Generäle mit ihrem Gegenüber General Ratko Mladić – jetzt ebenfalls ein gesuchter Flüchtiger – geteilt haben, dessen Todesschwadronen das Massaker von Srebrenica verübt haben, und zwar auf seinen persönlichen Befehl hin und in seiner Anwesenheit. Nach so viel Händeschütteln und Verhandeln, wo doch diese beiden Männer öffentlich an ihren widerlichen Pogromen beteiligt waren, ist es kurios zu sehen, wie das internationale Establishment nach deren Gefangennahme schreit – jetzt, wo es zu spät und ihre Arbeit getan ist.[36]

Bei Vulliamys Kritik an der hohen Diplomatie der 1990er Jahre nicht nur als solcher, sondern auch in ihrer dem Gegenstand entrückten Gestalt möchte man wieder an Lehrs Rasenszene denken – lediglich vor dem Rearrangement durch die Chronifizierten. Eine Kritik der Zeitgenossen an der UN-Diplomatie, die sich zu einer offenen Verachtung steigert, wie sie viele Chronifizierte Lehrs offensichtlich empfinden, ist nicht ohne Beispiel – Vulliamy ist eines. Pikant an diesem Kontext ist für den informierten Leser des Romans schließlich die Tatsache, dass zum einen *gerade* die Frage nach der Rolle Serbiens unter Radovan Karadžić beim

---

36 Ed Vulliamy: The Crime of Appeasement. In: International Affairs 74 (1998), H. 1, S. 73–91, hier S. 75: »›Appeasement‹ is a pejorative and historically tendentious term but it seems a good enough word to describe three years of diplomat-to-diplomat barter between the leaders of the democratic West and Radovan Karadzic – now a fugitive wanted for genocide – beneath the chandeliers of London, Geneva and New York; or the matey soldier-to-soldier dinners of lamb and suckling pig shared by successive United Nations generals with their opposite number, General Ratko Mladic – likewise now fugitive and wanted – whose death squads perpetrated the Srebrenica massacre, on his personal orders and in his presence. After so much handshaking and negotiation while these two men were very publicly engaged in their foul pogrom, it is curious to see the international establishment baying for their capture, now that it is too late and their work is done.« Übersetzung O. B.

Völkermord an den Bosniaken – zumal in Srebrenica 1995 – für die UNO-Mitgliedschaft als ausschlaggebend galt, dass aber zum anderen diese Frage im Sommer 2000 bereits als hinreichend beantwortet angesehen wurde: Mit einer Resolution vom 31. Oktober 2000 sollte Serbien-Montenegro am 1. November 2000 in die UNO aufgenommen werden,[37] und zwar ohne dass Karadžić bereits gefasst gewesen wäre – dies sollte erst 2008 gelingen,[38] also sowohl nach der Romanhandlung als auch nach dem Erscheinen des Romans selbst. Die Integrität selbst jener serbischen Politiker, die diese Aufnahme verhandelten, so insinuiert der Roman, war dabei keineswegs gewährleistet.

Literaturkritik und Literaturwissenschaft haben sich selbstverständlich Gedanken über die titelgebende Zahl 42 gemacht. *Zum einen* haben sie den *intra*textuellen Hinweis der Figur Hayami berücksichtigt, dass der japanische Name der Zahl 42, »shi ni«, auch »Tod« bedeutet,[39] was dem Roman – so auch Lehr selbst – eine transitorische bis eschatologische Dimension verleiht.[40] *Zum anderen* stellten sie die *inter*textuelle Verbindung zu Douglas Adams' *Hitchhiker's Guide to the Galaxy* (1979) her, in dem der Supercomputer *Deep Thought* nach 7,5 Millionen Jahren Rechenzeit diese Zahl als Antwort auf die Frage »nach dem Leben, dem Universum und dem ganzen Rest« ausgibt, als Antwort auf die Frage nach allem, – eine Antwort mithin, mit der die Menschen bei Adams denkbar wenig anfangen können, weil die Frage inzwischen unbekannt ist.[41] Dementsprechend wird die *42* auch in Lehrs Roman als Chiffre einer Ratlosigkeit *sub specie creationis* gesehen, die Anlass gibt zu Interpretationen des Romans als »literarischer Vernunftkritik«.[42] Der soeben skizzierte Kontext der ›chronifizierten‹ Aktionen an UNO-Diplomaten hat indessen auch seine Beziehungen zur 42, aber nicht nur zu dieser, sondern auch zur 45, die wegen des dreisekündigen RUCKS mindestens genauso wichtig ist wie die Titelziffer, jedoch in den bisherigen symbolischen Interpretationsversuchen nie berücksichtigt wurde: Nicht nur nämlich er-

---

37 Chester Brown: Access to International Justice in the Legality of Use of Force Cases. In: The Cambridge Law Journal 64 (2005), H. 2, S. 267–271, hier S. 268f.
38 Marko Milanović: The Arrest and Impending Trial of Radovan Karadžić. In: The International and Comparative Law Quarterly 58 (2009), H. 1, S. 212–219, hier S. 212f.
39 Lehr: 42 (s. Anm. 1), S. 36.
40 Reulecke: »Die Seifenblasen der Kunst müssen begehbar sein« (s. Anm. 21), S. 29; Judith Leiß: Inszenierungen des Widerstreits. Die Heterotopie als postmodernistisches Subgenre der Utopie. Bielefeld 2010, S. 268f.; Gundela Hachmann: »Sieh auf deine Hand, bis sie zerfällt«. Entropie und Individualzeit in Thomas Lehrs 42. In: Gegenwartsliteratur. A German Studies Yearbook 10 (2011), S. 234–253, besonders S. 236–241.
41 Douglas Adams: The Hitchhiker's Guide to the Galaxy. London 2005, S. 182–187.
42 Leonhard Herrmann: Literarische Vernunftkritik im Roman der Gegenwart. Stuttgart 2017, S. 167–178.

streckte sich die Gründung der UNO von der Deklaration vereinter Nationen 1942[43] bis zum Inkrafttreten der UN-Charta 1945; sondern auch sind es in dieser UN-Charta die Artikel 42 bis 45, welche die Voraussetzungen, den Zweck und die Mittel legitimer *Gewalt* gegen Menschenrechtsbrecher definieren.[44] *42* und *45* sind in diesem Sinne Chiffren einer zwar geschichtsträchtigen, aber erstaunlich wirkungslosen institutionellen Entwicklung, deren *Status quo* im Zeitstillstand eingehend untersucht werden kann und so vor dem Anspruch der Freiheitsidee der Aufklärung denkbar mager ausfällt.

Begreift man Sozialgeschichte auch – nicht nur – als Geschichte der in einer Gesellschaft wirksamen Institutionen,[45] so darf die soeben eröffnete Perspektive auf Lehrs Roman *42* als sozialgeschichtlich insofern gelten, als sie den Roman und das in ihm vollzogene Experiment als Institutionenkritik interpretiert, und zwar als Kritik an einer Institution internationalen Formats, die eine entscheidende Schwäche hat, nämlich ihre mangelnde Wirksamkeit. Die sozialgeschichtliche Perspektive hat in diesem Falle ihren Mehrwert darin, die von den Chronifizierten vorgenommenen Handlungen an der UNO in Genf nicht als Taten der Willkür oder der Langeweile auslegen zu müssen. Der gesamtgesellschaftliche Problemdruck, der sich bei Lehr in der Figur eines Kriegsverbrechers in einer Menschenrechtsorganisation bündelt, erschließt sich erst durch die angemessene Berücksichtigung von Ort, Zeit und Funktion dieses serbischen Emissärs bei der UNO.

Gleichwohl ist nicht in einen unvermittelten Primat der Sozialgeschichte zu verfallen, denn der eigentliche Gegenstand ist eben Literatur, der Roman Tho-

---

43 Declaration by United Nations. In: The American Journal of International Law 36 (1942), H. 3, S. 191 f.
44 Charter of the United Nations. In: Charter of the United Nations. Together with Scholarly Commentaries and Essential Historical Documents. Hg. von Ian Shapiro, Joseph Lampert. New Haven 2014, S. 14–45, hier S. 26 f.
45 Hartmut Rosa: Ideengeschichte und Gesellschaftstheorie: Der Beitrag der ›Cambridge School‹ zur Metatheorie. In: Politische Vierteljahresschrift 35 (1994), H. 2, S. 197–223, hier S. 205 und 216; Martin Huber, Gerhard Lauer: Neue Sozialgeschichte? Poetik, Kultur und Gesellschaft – zum Forschungsprogramm der Literaturwissenschaft. In: Martin Huber, Gerhard Lauer (Hg.): Nach der Sozialgeschichte. Konzepte für eine Literaturwissenschaft zwischen Historischer Anthropologie, Kulturgeschichte und Medientheorie. Tübingen 2000, S. 1–12, hier S. 2; Luise Schorn-Schütte: Neue Geistesgeschichte. In: Joachim Eibach, Günther Lottes (Hg.): Kompass der Geschichtswissenschaft. Ein Handbuch. Göttingen ²2006, S. 270–280, hier S. 271 und 277 f.; Wolfgang Ruppert: Anmerkungen zum Verhältnis von Sozial- und Kulturgeschichte. In: Hans-Edwin Friedrich, Fotis Jannidis, Marianne Willems (Hg.): Bürgerlichkeit im 18. Jahrhundert. Tübingen 2006, S. 3–13, hier S. 5 und 10–12; Gerhard Sauder: »Sozialgeschichte der Literatur«. Ein gescheitertes Experiment? In: KulturPoetik 10 (2010), H. 2, S. 250–263, hier S. 254 f. und 258–262.

mas Lehrs und die darin vollzogenen Handlungen. Die Sozialgeschichte liefert dem Interpreten nur einen Kontext für das Handeln der Chronifizierten gegenüber den Diplomaten und dem serbischen Emissär. Hinreichend motiviert erscheint dieses Handeln durch diesen Kontext noch nicht: So ist etwa keiner der siebzig Chronifizierten Bosniake oder Kosovare. Diese Figurenhandlung bliebe also schwach motiviert auch *unter* Berücksichtigung des sozialgeschichtlichen Kontextes. Als hinreichend motiviert erscheint diese Figurenhandlung erst unter Berücksichtigung dieser Figuren als Vertreter bestimmter *Ideen*, der Ideen von Freiheit und Menschenrechten, die es zu *realisieren* gilt und die es um ihrer Allgemeinheit willen für *jeden* zu realisieren gilt – und nicht etwa nur für die durch serbische Kriegsverbrechen unmittelbar betroffenen Personen.

6 Sozialgeschichte als Sozialtheoriegeschichte

So sehr die Kritik der Chronifizierten (nicht deren Mittel) an einem rechts- und moralvergessenen Prudentialismus sachlich zutreffend ist, so wenig figurieren diese *selbst* als utopische Tugendbolde, die Lehr in deutlichen Kontrast zu den Fuzzis stellte. Im Gegenteil illustriert Lehr gerade an ihnen zwei wichtige moral*theoretische* und moral*anthropologische* Fragen.

Die allgemein moraltheoretische Frage lässt sich wie folgt erläutern: Die Chronifizierten handeln wie gesagt keineswegs tugendhaft, und zwar weder einander gegenüber noch gegenüber den stillstehenden Menschen, den Fuzzis. Vor allem der Ich-Erzähler Adrian Haffner selbst vergewaltigt wiederholt im Stillstand eingefrorene und darum schutzlose Frauen: Da wird in einem Restaurant der gefrorenen Oberkellnerin hinter dem Antipasti-Buffet der Rock nach oben gezogen und »rückwärts in sie eingeparkt«.[46] Auf diese Praxis, den stillstehenden Mitmenschen zur fleischernen Gummipuppe zu degradieren, reflektiert Adrian wie folgt:

> Eine Weile ist man noch empfindlich, sucht in schattigen Hotelzimmern oder schleppt gar in dunkle Zonen und Räume oder wenigstens parkende Autos ab. Fleißig und scheu wie die Biber oder Katholiken rumpelt man hinter Hecken und Zäunen, bis man weitest gehend an die Tragfähigkeit des Stillstandes glaubt.[47]

Das schlechte Gewissen der Chronifizierten bezüglich der eigenen Unrechtstaten reicht nur so lange, wie sie an mögliche Folgen dieser Taten, das Ende des

---

46 Lehr: 42 (s. Anm. 1), S. 198.
47 Ebd., S. 197.

Zeitstillstandes, glauben. Was Thomas Lehr mithilfe des Gedankenexperiments des Zeitstillstandes in moralisch-praktischer Hinsicht verhandelt, ist die Leistungsfähigkeit einer konsequentialistischen Ethik: In der Tat müssten aus Sicht einer Ethik, die den moralischen Wert von Handlungen – sei es ganz, sei es teilweise – an ihren Folgen bemisst,[48] all jene Handlungen, die dank der Chronostase folgen*los* sind, jenseits von Gut und Böse stehen. Diesem konsequentialistischen Standpunkt scheint der Roman durch das in ihm entwickelte Gedankenexperiment des Zeitstillstands deutlich zu widersprechen. Die Moralität von Handlungen ist sowohl von deren Raumzeitlichkeit als auch von ihrer Wirksamkeit unabhängig. Dass die Fuzzis durch ihr Eingefrorensein ebenso wenig leiden können wie Haffner als eigentlich Toter gar nicht handeln kann, ist für die Moralität des Romans unerheblich, weil sie sich vermehrt auf Dispositionen richtet. Diese nicht zuletzt von Augustinus inspirierte Moraltheorie macht Schuld zu einer Frage der Einstellung zum Handeln, weniger des Handelns selbst.[49]

Lehrs Romanfiguren verhandeln auch moralanthropologische Fragen: In den Figurenreden der Chronifizierten nämlich wird der zeitliche Stillstand wiederholt als anthropologischer Lackmus-Test dafür ventiliert, ob die Chronifizierten sich in ihm als von Natur aus gute oder böse Wesen erweisen:

> Bei Rousseau, bei Voltaire, bei Diderot gab es doch das Bild von den Wilden, die eigentlich die Guten gewesen seien, die Unverfälschten und Unverbildeten, nicht in den Ketten der alten Gesellschaftsverträge Liegenden, Freie und froh Gemutete wie wir, die ihre Vorgesetzten und Untergebenen, die Gläubiger, Vermieter, Zahnärzte und Rechtsanwälte losgeworden sind, um nackt unter ihnen dahinzugehen, unverletzlich und nicht mehr zu kolonialisieren. Der zerbrochene Goliath der Zivilisation liegt zu unseren Füßen, und wir können ihn bemalen, schänden oder auffressen, ganz wie es uns beliebt.[50]

Dadurch, dass der Stillstand auch die staatliche Exekutive und Judikative erfasst, finden die Chronifizierten sich in einen juridischen Naturzustand geworfen, in dem eben keine richtende Instanz wirksam ist. Damit schreibt sich Lehr *zum einen* in die große, keineswegs homogene Tradition von *status naturalis*-Theorien ein, mit denen Hugo Grotius, Thomas Hobbes und Samuel Pufendorf das Naturrecht der Aufklärung einläuteten, also genau jene ideengeschichtliche

---

48 Jörg Schroth: Deontologie und die moralische Relevanz der Handlungskonsequenzen. In: Zeitschrift für philosophische Forschung 63 (2009), H. 1, S. 55–75, hier S. 56–58.
49 Aurelius Augustinus: Enarrationes in psalmos 51–100. Hg. von Hildegund Müller. Wien 2004, enarratio in psalmum 57, S. 258–315; Matthias Laarmann: Schuld. 2. ›Neues Testament‹ und Patristik. In: Joachim Ritter, Karlfried Gründer (Hg.): Historisches Wörterbuch der Philosophie. Bd. 8. Basel 1992, Sp. 1448–1450.
50 Lehr: 42 (s. Anm. 1), S. 270.

Linie, die in den schon genannten Ideen der Freiheit und des Menschenrechts gipfelte (aber sozialgeschichtlich nicht ebendort endete). Auch die ideenhistorische Linie wurde noch einmal ›aufgefrischt‹, nämlich in den frühen 1990er Jahren, also gerade in derselben Zeit, in der Thomas Lehr an *42* zu schreiben begann:[51] Politische Philosophen um Joachim Detjen unternahmen – durchaus auch vom Optimismus der Nachwendezeit getragen – den Versuch einer Rehabilitation des klassischen Naturrechts und setzten dabei erneut auf das Konzept des Menschen als eines, wenn nicht edlen Wilden, so doch politischen Wesens; ein Versuch, der vom Rechtsphilosophen Georg Geismann energisch, weil apriorisch, als »untauglich« zurückgewiesen wurde.[52] Thomas Lehrs *42* weist diesen Versuch nun anthropologisch, also aposteriorisch, aber darum nicht weniger energisch zurück. In ihren Ventilationen über ihre eigene natürliche moralische Ausstattung bezeichnen die Chronifizierten sich mal in zynischer Ironie eben als »edle Wilde«, mal auch ganz unironisch als »unedle Wilde«:

> Du bist der unedle Wilde, den DELPHI auserkoren hat, um mit den Glasperlen der Welt zu spielen. Du bist frei, so fürchterlich frei, dass sich mit einem Mal die vergessene Philosophie bewahrheitet, nach der deine Angst nichts weiter sein sollte als das Erschrecken vor den eigenen Möglichkeiten.[53]

Die eben keineswegs vergessene Philosophie ist diejenige von Martin Heideggers *Sein und Zeit* (1927), der zufolge Angst genau darin besteht, »im Dasein das Sein zum eigensten Seinkönnen, das heißt Freisein für die Freiheit des Sich-selbst-wählens und -ergreifens« zu »offenbaren«.[54] Adrian Haffner interpretiert diese Philosophie als Gegenentwurf zu Jean-Jacques Rousseau, dessen naturständlicher edler Wilder seine Freiheit zwanglos zugunsten seiner Mitmenschen einschränkt und dies darum nicht als Freiheitsverlust empfindet.[55] Der Roman

---

51 Reulecke: »Die Seifenblasen der Kunst « (s. Anm. 21), S. 19 und 23 f.
52 Georg Geismann: Politische Philosophie – hinter Kant zurück? Zur Kritik der ›klassischen‹ Politischen Philosophie. In: Jahrbuch für Politik 2 (1992), H. 2, S. 319–336; Joachim Detjen: Kantischer Vernunftstaat der Freiheit oder klassische Ordnung zum Gemeinwohl? Zur Kontroverse mit Georg Geismann um die Grundlagen der politischen Philosophie. In: Jahrbuch für Politik 4 (1994), H. 1, S. 157–188; Georg Geismann: Naturrecht nach Kant. Zweite und letzte Replik zu einem untauglichen Versuch, die ›klassische‹ Naturrechtslehre – besonders in ihrer christlich-mittelalterlichen Version – wiederzubeleben. In: Jahrbuch für Politik 5,1 (1995), S. 141–177.
53 Lehr: 42 (s. Anm. 1), S. 200.
54 Martin Heidegger: Sein und Zeit. Tübingen ^{19}2006, S. 187 f. (§ 40); Barbara Merker: Die Sorge als Sein des Daseins (§§ 39–44). In: Martin Heidegger: Sein und Zeit. Hg. von Thomas Rentsch. 3., überarb. Aufl. Berlin, Boston 2015, S. 109–123, hier S. 112.
55 Jean-Jacques Rousseau: Diskurs über die Ungleichheit/Discours sur l'inégalité. Hg. von Heinrich Meier. Paderborn ^{6}2008, S. 140–145.

enttäuscht mit seiner vermehrt pessimistischen Anthropologie nicht nur die Zuversicht des namentlich aufgerufenen Jean-Jacques Rousseau und seines *Discours sur l'inégalité parmis les hommes* (1755); er enttäuscht auch die ähnlich gelagerte Zuversicht Samuel Pufendorfs, der 1672 in seinem Traktat *De jure naturae et gentium* zahlreiche Reiseberichte von Hans Staden über Bartolomé de Las Casas bis zu Garcilaso de la Vega zitiert, um die Existenz edler Wilder ethnographisch zu belegen.[56] Vor diesem ideengeschichtlichen Hintergrund des *bon sauvage* erscheint Adrians Erzählung selbst als Reisebeschreibung durch den Zeitstillstand; der Wilde, den der Leser dabei zu sehen bekommt, ist jedoch der Reiseberichterstatter selbst: Adrian Haffner ist kein edler Wilder. Er verhält sich, wie schon erläutert, zunehmend moralisch indifferent. In diesem Falle tritt Sozialgeschichte der Literatur als kritische Sozialtheoriegeschichte auf, mithin als Geschichte sozialer Ideen bzw. Ideen von Gesellschaft und des Menschen als eines (a)sozialen Wesens. Ohne dass Sozial- und Ideengeschichte je ganz in einer solchen sozialen Ideengeschichte aufgingen, berühren sie sich in dieser doch besonders eng.

7 »Schweizer Gefühl«: Sozialgeschichte als Mentalitätsgeschichte

Lehr schreibt sich damit *zum einen* ideengeschichtlich in die *status naturalis*-Tradition ein. Dabei bleibt es jedoch nicht: Auch seiner Verhandlung des Topos vom edlen Wilden verleiht Lehr *zum anderen* eine sozialhistorische Dimension, und zwar mit Blick auf die Funktion der Schweiz als Soziotop der Romanhandlung. Die unmittelbaren gesellschaftlichen Folgen der Schwächen der Vereinten Nationen kommen gar nicht in den Blick: Die fatalen Folgen etwa der zurückhaltenden UN-Politik 1995 in Srebrenica, welche die Stadt zunächst zur Schutzzone deklarierte und sodann vollkommen schutzlos gegen die serbische Invasion und den folgenden Genozid an 8000 Bosniaken ließ,[57] werden im Roman gar nicht dargestellt – auf keiner der vielen zur Verfügung stehenden die-

---

[56] Oliver Bach: Neue Welt und Rechtsphilosophie. Frühneuzeitliche Interkulturalität und Intermedialität am Beispiel der ›Commentarios Reales de los Incas‹ des Garcilaso de la Vega und ihrer Rezeption bei Samuel von Pufendorf. In: Ibero-amerikanisches Jahrbuch für Germanistik 8 (2014), S. 7–37, besonders S. 13–29.
[57] Andreas von Arnauld, Sinthiou Buszewski: Modes of Legal Accountability. The Srebrenica Example. In: Die Friedens-Warte. Journal of International Peace and Organisation 88 (2013), H. 3/4, S. 15–44, hier S. 20–22.

getischen Ebenen. Man befindet sich in der Schweiz; und was die Chronifizierten mit jenem ›Naked Lunch‹ offensichtlich auch anprangern, ist eine lebensweltliche Teilnahmslosigkeit internationaler Politik in der schweizerischen Komfortzone. Doch damit ist diese Kritik in Lehrs Roman *42* immer noch nicht an ihr Ende gelangt. Denn jene in der FOLIE so exakt zu beobachtende Teilnahmslosigkeit der Realpolitik kann offensichtlich gerade in diesem spezifischen Umfeld besonders gut gedeihen. Denn die Schweiz ist bei genauerem Hinsehen keineswegs nur deshalb Haupthandlungsort der Romanhandlung, weil sich eben in Genf das CERN befindet, und die Chronifizierten kehren von längeren Ausflügen zu Fuß nach München, Berlin und Florenz nicht nur deshalb in die Schweiz zurück, um eben im CERN auch die Lösung für ihr Zeitstillstandproblem zu finden; sondern der Ich-Erzähler Adrian Haffner streut immer wieder deutliche Spitzen gegen die Schweiz in seinen Bericht ein: Die Schweiz wird in Lehrs Roman immer wieder als Ort dargestellt, in dem die Zeit *im übertragenen Sinne* angehalten zu sein scheint. Diese systematisch entscheidende Darstellung erfolgt in so scheinbar beiläufigen und scheinbar bloß ästhetischen Betrachtungen wie die der Zürcher Spiegelgasse:

> Die Spiegelgasse im Licht unserer Geisterstunde. Bereits vor der Stunde Null, der Minute Null, der Sekunde Null habe ich sie gemocht, weil ich beim Gehen über das gewölbte Kopfsteinpflaster vergaß, in welchem Jahrhundert ich mich befand.[58]

Über Zürich selbst notiert Adrian in einer eigentlich sinnlosen Postkarte an seine eingefrorene Frau Karin:

> Ich schrieb, dass ich mich an einem eigentümlich perfekten Ort befände, von dem aus nichts nach außen zu dringen scheine. Etwas zu Gelungenes, zu Friedliches umhülle die Stadt und den See, eine Art großräumig aufgesetzter Schneekugel.[59]

Schließlich trifft es auch und vor allem die Stadt Genf selbst, von der Adrian als dem »blasierte[n], enge[n], bigotte[n] kleine[n] Genf mit seiner xenophoben Internationalität und seinem mondänen Provinzlertum« spricht.[60]

Dass in der Schweiz zunächst *im übertragenen Sinn* die Zeit stillzustehen scheint, wird auf den *tatsächlichen* Stillstand der Zeit übertragen. Von Adrians letztem Aufenthalt in Zürich, bevor das finale Experiment durchgeführt werden soll, heißt es schließlich:

> Ich hatte eine Vorahnung. Hier, genau an dieser Stelle, zwei Tage bevor ich nach Genf fuhr. Es war der Sog eines möglichen Verschwindens, eines langsamen, spurlosen Her-

---

58 Lehr: 42 (s. Anm. 1), S. 15.
59 Ebd., S. 19.
60 Ebd., S. 287.

> ausgeschältwerdens aus dem Kristall des Sommertages. Nicht unbedingt ein Überdrüssigsein, aber doch eine Sattheit, ein Schweizer Gefühl, wenn man so will, dass alles weitergehen oder auch enden könne, dass ich vorhanden sein könne oder auch nicht, ohne diesem Bild etwas zu nehmen.[61]

Zunächst geht es in diesem Zitat nur um Adrians Befinden mit Blick auf das Problem des Zeitstillstands im Besonderen und seine Zweifel an einer Lösung dieses Problems – Zweifel, denen Adrian insofern gelassen gegenübersteht, als ihm Fortsetzung bzw. Beendigung des Stillstandes inzwischen gleichgültig geworden sind. Diese Gleichgültigkeit erklärt er sich mit dem Gefühl einer ›Sattheit‹; um die Metapher zu analysieren: Sein Hunger nach einer Lösung des Zeitstillstandproblems ist gestillt, auch wenn das Problem selbst nicht gelöst ist. Tatsächlich macht es sich gerade Adrian selbst in der Chronostase behaglich: Er vergewaltigt wiederholt eingefrorene Frauen und empfindet das als moralisch problemlos, weil seine Handlungen an den Fuzzis durch den Stillstand folgenlos sind und somit vor dem Hintergrund einer konsequentialistischen Ethik als moralisch indifferent erscheinen.[62] Eben dieses Gefühl der Indifferenz wird als »Schweizer Gefühl« bezeichnet: das subjektive Empfinden eines *gestillten* Problemlösungsinteresses ohne objektive *Lösung* des Problems an ihm selbst. Diese Schweizkritik wiederholt sich im Roman und stellt die Schweiz als ein Soziotop vor allem moralischer Gleichgültigkeit dar, die mit dem ästhetischen, atmosphärischen Eindruck der Schweiz auf Adrian verbunden wird, ohnehin den Stillstand kultiviert zu haben. Dieser Vorwurf an die Schweiz ist zwar per se nicht sozialgeschichtlicher Natur, er hat vielmehr einen mentalitätsgeschichtlichen Charakter; er kann aber seinerseits sozialgeschichtlich rekonstruiert werden.

Mit dieser Kritik an der Schweiz schließt Thomas Lehr an eine um die Jahrtausendwende stattgehabte Kontroverse über einen moralischen Indifferentismus der Schweizer an, ein Vorwurf, der prominent von dem Schweizer Schriftsteller Adolf Muschg artikuliert wurde. Er veröffentlichte am 7. Februar 1997 in der Wochenzeitung *Die Zeit* einen Kommentar, der mit *Die Teilnahms-Ferne* überschrieben ist und sich an dem Satz des Politikers Jean-Pascal Delamuraz entzündete, Auschwitz liege nicht in der Schweiz. Dem entgegnete Muschg mit dem Argument, dass es nun einmal Weltereignisse gebe, denen gegenüber man sich nicht indifferent verhalten *könne*:

---

[61] Ebd., S. 12.
[62] Ebd., S. 197.

> Es gibt in der Zeit, aus der wir Geschichte machen immer wieder Orte, die eine *moralische Topographie* aufbauen. An ihr werden die Völker gemessen werden – es hilft ihnen nichts, sich auf *geographische Entfernungen* zu berufen.[63]

Muschg sieht auch eine direkte Parallele zwischen der Schweiz und den Wohnarealen der deutschen Lagermitarbeiter in Auschwitz:

> [E]s brauchte keinen bösen Blick mehr dazu, im einst realen Auschwitz etwas von der Fassade der heute nicht mehr ganz realen Schweiz wahrzunehmen: den Geranienschmuck vor den Fenstern, die peinliche Sauberkeit, wo es darauf ankam (auf unserer Seite des Todes).[64]

Auf den ersten Blick ein atmosphärisch-ästhetisches Urteil, ist dieser Satz Adolf Muschgs doch ein moralisches Verdikt gegen die Sauberkeit der Schweiz als das Tragen einer weißen Weste, die tatsächlich nicht weiß ist.

Die von Adolf Muschg energisch geführte Kritik am moralischen Indifferentismus seines Heimatlandes gipfelte im April desselben Jahres in der Publikation des Essaybandes *Wenn Auschwitz in der Schweiz liegt*, dessen Titelessay auf zwölf Seiten die Argumentation des *Zeit*-Artikels detailliert wiederholt.[65] Nur kurze Zeit später, im Mai 1997, veröffentlichte der Under Secretary of Commerce for International Trade Stuart Eizenstat einen Bericht über die Gewinne der Schweiz an Enteignungen jüdischer Bürger des Reichs sowie der eroberten Gebiete durch die Nationalsozialisten, der die Vorwürfe Muschgs mindestens in ihrer finanzökonomischen Dimension rundheraus bestätigte.[66] Frank Schirrmacher verbindet Muschgs Kritik und den sogenannten *Eizenstat Report* am 13. Mai 1997 in der *Frankfurter Allgemeinen Zeitung* und begrüßt Muschgs »Appell an die Schweiz, sich ihrer Geschichte und den Deformationen ihres Selbstverständnisses zu stellen«.[67] Er würdigt indessen nicht nur den Beobachter und Kritiker Muschg, sondern macht Muschg selbst zum Gegenstand seiner eigenen Beobachtungen und beschreibt ihn in der Folge als Symptom der gesellschaftlichen Zustände, die Muschg beklagt:

---

63 Adolf Muschg: Die Teilnahms-Ferne. In: Die Zeit, 7.2.1997, S. 50. Hervorhebungen O. B.
64 Ebd.
65 Adolf Muschg: Wenn Auschwitz in der Schweiz liegt. Fünf Reden eines Schweizers an seine und keine Nation. Frankfurt a.M. 1997, S. 7–24.
66 Gisela Blau: Switzerland. In: The American Jewish Year Book 98 (1998), S. 294–307, hier S. 295–301.
67 Frank Schirrmacher: Die Farbe des Goldes. In: Frankfurter Allgemeine Zeitung, Nr. 109, 13.05.1997, S. 39.

> [H]ier spricht der Schweizer Intellektuelle und damit jener vielleicht noch viel zuwenig durchdachte Typus, der unter allen seinen europäischen Kollegen fast als einziger nicht mit der Geschichte des Jahrhunderts in Berührung kam.[68]

Während Muschgs Initiative im Ausland also begrüßt wurde, stieß sie in der Schweiz selbst eine zum Teil heftig geführte Debatte an: Der damalige Präsident der Schweizer Volkspartei Christoph Blocher bezeichnete Muschg als »Volksfeind«.[69] Diese Debatte hallte weit über das Jahr 1997 nach: Am 16. Januar 2006 zog die Schweizer Literaturjournalistin und -kritikerin Pia Reinacher in der *Frankfurter Allgemeinen Zeitung* Bilanz zum Deutschen Buchpreis 2005 – zu dem Buchpreis übrigens, auf dessen Shortlist es auch Thomas Lehrs *42* geschafft hatte –, und diese Bilanz fiel für die Schweizer Literatur äußerst negativ aus: »Kein Schriftsteller aus dem südlichen Nachbarland hatte auch nur den Sprung unter die zwanzig nominierten Bücher der Longlist geschafft. Ein trostloses Signal,«[70] stellt Reinacher keineswegs beleidigt fest. Denn für die Nichtnominierung weiß Reinacher in ihren Augen zureichende Gründe anzugeben: »Es mangelt vor allem auch am Stoff, der die jungen Schriftsteller existenziell umtreiben würde.«[71] Dieser Mangel an Schreibstoff, der eine in der Relevanzhierarchie der Gegenstände nur dann würdige Literatur hervorzubringen vermöchte, wenn sie »existenziell« ist,[72] also lebensnah nicht nur mit Blick auf die Realitäten des Lebens, sondern auch auf ihre Bedingungen, hat für Pia Reinacher seinen Grund wiederum in einer sowohl politisch als auch gesellschaftlich wirksamen Teilnahmslosigkeit, wie sie auch Adolf Muschg angeprangert hatte:

> Die Trägheit der politischen Prozesse, die Ereignislosigkeit des saturierten Alltags, die Absenz einer Debattenkultur und das Fehlen einer bedeutenden Gruppe streitbarer Intellektueller von Format scheinen auch die Literatur zu infizieren. Dispute werden hierzulande, wo jeder jeden kennt, entweder sofort unterdrückt oder vertraulich in Hinterzimmern durch eine föderalistische Lösung entschärft.[73]

Mag man Reinachers Anwendung von Adolf Muschgs Schweizkritik auf die Literatur als Indiz für ihren Nachhall von 1997 bis 2006 ansehen, so scheint dieser Hall weder zur literarischen Kritik an Thomas Lehrs *42* noch zu den literaturwissenschaftlichen Interpretationen des Romans durchgedrungen zu sein. Nicht nur, aber nicht zuletzt, die schweizerische Literaturkritik, die *42* sehr lobt,

---

68 Schirrmacher: Die Farbe des Goldes (s. Anm. 67), S. 39.
69 Rico Bandle: Muschgs erneute Abrechnung mit Blocher. In: Tages-Anzeiger, 30.08.2010.
70 Pia Reinacher: Freudlos im Hinterzimmer. Die Schweizer Literatur in der Krise. In: Frankfurter Allgemeine Zeitung, Nr. 11, 16.01.2006, S. 31.
71 Ebd.
72 Ebd.
73 Ebd.

liest über dieses Moment des Romans beharrlich hinweg; so stellt sich für Corina Caduff als die aufregendste Frage des Buches: »Warum nehmen die Chronifizierten nicht wenigstens das Velo?«[74] Die moralisch-praktische Dimension des Romans zu übersehen, ist jedoch keineswegs ein Proprium schweizerischer Lehr-Lektüre und keineswegs ein Proprium literaturkritischer Lektüre des Romans. Auch die Literaturkritik nicht-schweizerischer Provenienz und auch die Literaturwissenschaft fokussieren bislang ausschließlich die theoretisch-physikalischen Probleme der ›Chronostase‹ und vernachlässigen dabei die moralisch-praktischen Missstände, die dadurch ans Licht kommen. Dabei sind es *allererst letztere*, die die eigentliche Pointe des Romans ausmachen: Jene Indifferenz des eigenen Handelns, die sich für die Chronifizierten erst mit dem CERN-Unfall einstellt, ist in der Schweiz ohnehin kultiviert. Mit anderen Worten: Der Kontrast von Chronostase und Echtzeit wäre wohl in New York, London, Paris wirklich bemerkenswert und belastend geworden, in Soziotopen mithin, in denen die Indifferenz nicht ohnehin schon kultiviert gewesen ist, wo eine rege Kontrovers- und Debattenkultur tatsächlich einen großen Unterschied zu der chronostatisch induzierten Indifferenz dargestellt hätte. In der Schweiz hingegen lässt sich die Katastrophe einmal mehr bestens aushalten.

Lehrs Protagonist Haffner ebenso wie Adolf Muschg und die anderen genannten beklagen die Wirksamkeit einer Schweizer Mentalität, die für die Schweizer Gesellschaft und die internationale Gemeinschaft von Nachteil ist. Dies setzt im Wesentlichen voraus, dass Mentalitäten Wirklichkeitsstatus beanspruchen können; eine Position, mit der Emile Durkheim im frühen 20. Jahrhundert zu einem der Mitbegründer der Mentalitätsgeschichte gemeinsam mit Georg Simmel und Max Weber wurde.[75] Zwar spricht *erstens* Weber nicht von Mentalität schlechthin, sondern differenziert mitunter zwischen Ideen als mittelbar und Interessen als unmittelbar wirksamen Handlungsfaktoren; in der Folge konstatiert er lediglich, »›Weltbilder‹, welche durch ›Ideen‹ geschaffen wurden, haben *sehr oft* als Weichensteller die Bahnen bestimmt, in denen die Dynamik der Interessen das Handeln fortbewegte«,[76] und schreibt somit Mentalitäten nicht immer, sondern nur »sehr oft« gesellschaftliche Wirklichkeit zu. Zwar macht *zweitens* Simmel Gesellschaft nicht rundheraus zum Produkt

---

74 *Literaturclub*, Schweizer Fernsehen, 20.12.2005, 00:26:07–00:26:10 (https://www.srf.ch/play/tv/literaturclub/video/literaturclub-im-dezember-2005?id=830c3b99-21c7-4342-9be0-93a5e9a1f54a [zuletzt abgerufen am 16.08.2020]).
75 Otto Gerhard Oexle: Mentalitätsgeschichte. In: Harald Fricke u. a. (Hg.): Reallexikon der deutschen Literaturwissenschaft. Bd. 2. Berlin, New York 2000, S. 566–569, hier S. 567.
76 Max Weber: Die Wirtschaftsethik der Weltreligionen. In: Ders.: Gesammelte Aufsätze zur Religionssoziologie I. Tübingen ^{9}1988, S. 237–573, hier S. 252; Hervorhebung O. B.

»unseres Vorstellens«, sondern diagnostiziert vielmehr, »dass etwas, das durchaus nicht in unser Vorstellen aufzulösen ist, dennoch zum Inhalt, also zum Produkt dieses Vorstellens wird«, und bestimmt eben dies als »Problem der Vergesellschaftung«.[77] Gleichwohl tendierten daran anschließende Fragestellungen dazu, »Deutungsmuster von Geschichte im Zeichen des Gegensatzes von ›Ideal‹ und ›Wirklichkeit‹ [...] zu unterlaufen und als untauglich beiseitezuschieben«.[78] Ob es überzeugend ist, dass die literaturwissenschaftliche Analyse vom Unterschied und Gegensatz zwischen sozialen Mentalitäten und sozialer Handlungs- und Verhaltenswirklichkeit abstrahiert, indem letztere immer Ausdruck oder Effekt ersterer seien und folglich Sozialhistorie je schon Mentalitätsgeschichte sei, ist hier nicht der Ort zu diskutieren. Es ist im vorliegenden Fall sogar unerheblich, insofern diese Unterscheidung auf der Ebene des Romantextes und seiner Kontexte vorausgesetzt wird. Die Schweizkritik Adrian Haffners, Adolf Muschgs und der anderen genannten ließe sich gar nicht beschreiben, wenn sie nicht den Unterschied von intramentalem Selbstverhältnis einer Gesellschaft einerseits und extramentalen Realitäten andererseits voraussetzten. Weder Haffner noch Muschg, Schirrmacher und Reinacher bestreiten zwar, dass das ›Schweizer Gefühl‹ eine gesellschaftliche Gestaltungskraft besitze – nichts anderes als die Wirkungen einer ebensolchen Gestaltungskraft von Mentalitäten beklagen sie, wenn sie die anachronistische Ästhetik der Spiegelgasse und die »peinliche Sauberkeit« bemerken. Dass solche Wirkungen von Mentalitäten in der gesellschaftlichen Wirklichkeit gleichwohl von den Wirkungen anderer Ursachen und deren Gestaltungskraft unterscheidbar bleiben, zeigt sich an den Attributen, mit denen sie ihre Beobachtungen einordnen: Adrian beschreibt die Spiegelgasse gerade deshalb als aus der Zeit gefallen, Adolf Muschg die Sauberkeit gerade deshalb als peinlich, weil sie dieselben für unangemessen befinden, und zwar nicht nur gegenüber ihren moralisch-normativen Erwartungen, sondern auch gegenüber einer europa- und weltpolitischen Wirklichkeit, vor deren Hintergrund die Spiegelgasse allererst anachronistisch, die Sauberkeit allererst peinlich werden.

So wenig man Mentalitäten – ebenso wie Ideen – ihre gesellschaftliche Gestaltungskraft absprechen kann, so wenig haben sie ein Monopol auf dieselbe. Weder können sie diese Kraft immer voll entfalten noch bleiben ihre Wirkungen, wenn sie diese entfalten, unbegleitet von anderen sozialen Phänomenen, von denen sie sich unterscheiden und zu denen sie in Widerspruch geraten kön-

---

[77] Georg Simmel: Soziologie. Untersuchungen über die Formen der Vergesellschaftung. Leipzig 1908, S. 30.
[78] Oexle: Mentalitätsgeschichte (s. Anm. 75), S. 567.

nen. Mentalitäts- als Sozialgeschichte funktioniert als Hilfsmittel der Interpretation von *42* folglich nur, solange erstere nicht als Hegemon letzterer auftritt. Wenn Sozialgeschichte immer Mentalitätsgeschichte wäre, hätte das nicht nur ungewünschte Immunisierungseffekte (denn was wären noch die differenzbildenden Merkmale von Mentalitäten und ihrer Wirkungen, wenn alles Gesellschaftliche Ausdruck bzw. Wirkung von Mentalitäten wäre?), sondern auch und vor allem wären beide für einen Text wie *42* nicht operationalisierbar. Denn dieser Text baut auf ihren Unterschied, und selbst wo Mentalitäten und soziale Wirklichkeit sich in *42* eng berühren und überschneiden, generiert der dann erwachsende Diskussionsbedarf und Handlungsdruck der Figuren doch gerade aus diesem Unterschied bzw. aus dem Bewusstsein der Figuren für denselben.

8 Schluss

Wo es in diesem Sinne um die gesellschaftliche Realisierung von Ideen geht, *müssen* sozial- und ideengeschichtliche Perspektiven zusammengeführt werden; und sie müssen für eine literaturgeschichtliche Interpretation gerade dann zusammengeführt werden, wenn sich die äußeren Bedingungen einer Romanhandlung erst aus dem sozialgeschichtlichen, ihre innere Motivation erst aus dem ideengeschichtlichen Kontext hinreichend erschließen. Handlungsschritte in Literatur mögen sich tatsächlich als kontingent erweisen; dies können sie aber doch erst nach der eingehenden Prüfung möglicher sozial- und ideengeschichtlicher Kontexte.[79] Die schlichte Behauptung von Kontingenz ist zu wohlfeil, ihr Beweis aber wohl mindestens so aufwendig wie ihre Widerlegung und der Nachweis von Ursache-Wirkungs-Relationen bzw. von Handlungsgründen und -motiven. So oder so bedarf es eines eben aufwendigen Prüfverfahrens möglicher sozial- und ideenhistorischer Kontexte. Diesen Aufwand darf die literaturwissenschaftliche Interpretation eines Textes nicht scheuen; Jan-Dirk Müller hat eindringlich und zu Recht davor gewarnt, sich lediglich an »Versatzstücken der Sozialgeschichte« zu bedienen, statt selbst Sozialgeschichte der Literatur zu betreiben und so bloß »Spekulationsruinen« zu hinterlassen.[80] Diese Warnung

---

79 Siehe die entsprechenden Erläuterungen Joachim Jacobs zu Werner Mittenzweis Interpretation von Bertolt Brechts *Der Rauch* im vorliegenden Band.
80 Jan-Dirk Müller: Aporien und Perspektiven einer Sozialgeschichte mittelalterlicher Literatur. Zu einigen neueren Forschungsansätzen. In: Wilhelm Vosskamp, Eberhard Lämmert (Hg.): Historische und aktuelle Konzepte der Literaturgeschichtsschreibung. Zwei Königskinder? Zum Verhältnis von Literatur und Literaturwissenschaft. Tübingen 1986, S. 56–66, hier S. 56f.

kann und muss auf die Ideengeschichte der Literatur ausgedehnt werden, wenn die Literaturgeschichte einstürzende Neubauten vermeiden will. Es bedarf beider Perspektiven, weil eine literarische Handlung ohne sozialgeschichtlichen Kontext gegenstandslos, ohne ideengeschichtlichen Kontext ziellos wäre.

Ich möchte mit zwei weiterführenden Fragen schließen: *Erstens*: Wie sehr ist eine Sozialgeschichte durch eine Institutionengeschichte abzudecken? Während der institutionengeschichtliche Kontext der UNO greifbar, d. h. durch Quellen und äußere Handlungspraxis gut objektivierbar ist, handelt es sich bei dem publizistikgeschichtlichen Kontext der Schweizkritik der 1990er und 2000er Jahre um zwar breitenwirksame, aber doch nur subjektive Meinungen Adolf Muschgs, Pia Reinachers und anderer. An dieser Stelle müsste die Interpretation den Ansätzen einer Mentalitätsgeschichte, die quantitative empirische Erhebungen breiter Mentalitätsbildung vornimmt, statt nur prominente Stimmen anzuhören,[81] entweder folgen oder mit guten Argumenten begegnen. Zwar will sich Lehrs sozialgeschichtlicher Bezug ganz offensichtlich nicht auf Institutionengeschichte beschränken; ganz offensichtlich verweist er auf die um Adolf Muschg sich formierende Schweizdebatte. Gleichwohl ist die *unmittelbare* Rezeption Muschgs, Schirrmachers etc. durch Thomas Lehr keineswegs ganz offensichtlich. So wenig die Beschränkung der Sozial- auf Institutionengeschichte also interpretations*theoretisch* überzeugen mag, so sehr leuchtet interpretations*praktisch* gleichwohl ein, dass objektive Evidenz sozialhistorischer Quellen *jenseits* der Institutionengeschichte schwerer zu haben ist.

Die zweite Frage richtet sich auf eine mögliche Binnendifferenzierung der Ideengeschichte, wie sie im vorliegenden Beitrag zu wenig berücksichtigt wurde: Wie stark muss bei der ideengeschichtlichen Kontextualisierung von Literatur die von Kurt Flasch vorgeschlagene Binnendifferenzierung zwischen rationaler Ideengeschichte und empirischer Ideengeschichte berücksichtigt werden?[82] Vor dem Hintergrund einer *rationalen* Ideengeschichte nämlich, welche die Tauglichkeit von Ideen an ihrer Widerspruchsfreiheit und Verallgemeinerbarkeit bemisst und diese im Falle der Idee der Freiheit mit Immanuel Kant gegeben sieht, *muss* Lehrs neuerliche Verhandlung empirischer Freiheitsvorstellungen wie der des edlen Wilden als merkwürdiger Anachronismus und – böse ausgedrückt – nicht auf der Höhe der Zeit erscheinen. Erst vor dem Hinter-

---

81 Siehe überblickend Schorn-Schütte: Neue Geistesgeschichte (s. Anm. 45), besonders S. 273 f.
82 Kurt Flasch: Ideen. Zur Theorie der Philosophiehistorie. In: Ders.: Philosophie hat Geschichte. Frankfurt a.M. 2005, Bd. 2, S. 15–72, besonders prägnant S. 21 f. und S. 40–46.

grund einer *empirischen* Ideengeschichte, die Konzeptionen von Ideen auch dorthin verfolgt, wo sie hinter schon einmal erreichte Rationalitätsstandards zurückfallen wie im Falle der detjenschen Rehabilitierung des klassischen Naturrechts der 1990er Jahre, erst vor diesem Hintergrund erscheint Lehrs 42 als bemerkenswerter Beitrag zu einer zeitgenössisch nun mal stattgefundenen Debatte.

Personenregister

Lebende Wissenschaftlerinnen und Wissenschaftler wurden nicht aufgenommen.

Abaelard 130f., 157
Adam von St. Victor 184, 191
Adams, Douglas 567
Adorno, Theodor W. 490, 492, 559
Agethen, Matthias 473
Aischylos 358
Anshelm, Valerius 305, 314
Aristoteles 256, 381, 416
Augustinus 570
Augustus 99, 104, 506

Bacon, Francis 559
Balde, Jacob 326
Ball, Hugo 516
Bartel, Kurt 498, 504
Baudelaire, Charles 432
Becher, Johannes R. 510f., 515, 543–545, 548
Benjamin, Walter 347, 513f., 549
Benn, Gottfried 516
Bèze, Théodore de 359
Bonifatius VIII. 112
Bormann, Alexander von 497
Bourget, Paul 432–439
Brecht, Bertolt 492–508, 513f., 517, 541
Bredel, Willi 517
Breuer, Josef 453
Bronnen, Arnolt 520
Bruder Wernher 119, 124
Brunner, Otto 343
Buchanan, George 359
Buchberger, Michael 82
Burroughs, William 561–564

Camerarius, Joachim 360
Campe, Johann Heinrich 415, 417
Cassiodor 74
Cassirer, Ernst 439
Celan, Paul 494
Celtis, Conrad 358

Cicero 137, 388
Conring, Hermann 414
Conze, Werner 343

Delamuraz, Jean-Pascal 574
Derrida, Jacques 39f., 44–47, 56, 62
Descartes, René 53, 54, 126
Diderot, Denis 557, 570
Dilthey, Wilhelm 24–29, 35, 36, 441, 443
Dionysius Areopagita 187
Döblin, Alfred 511–513, 546
Dohm, Christian Konrad Wilhelm 369, 376f., 399, 410, 412, 416
Dorn, Gerhard 279
Durkheim, Emile 577

Eco, Umberto 486f.
(Meister) Eckhart 162–166, 168, 185, 189, 190–192, 194, 197f., 203
Eisner, Kurt 526
Eizenstat, Stuart 575
Elias, Norbert 345
Engels, Friedrich 541
Euripides 358
Ewers, Hanns Heinz 517

Fabricius, Georg 360
Feder, Johann Georg Heinrich 378
Ferdinand II. von Österreich 281
Ferguson, Adam 373, 378
Feuchtwanger, Lion 543–545, 548
Folz, Hans 244, 300, 304, 309, 311
Forster, Georg 370, 377, 399
Foucault, Michel 31, 49, 51–56, 86, 227f.
Freher, Marquard 414
Frenssen, Gustav 527, 534
Freud, Sigmund 31, 87, 453
Freytag, Gustav 459, 466–468, 473–475, 478, 481

Anmerkung: Erstellt von Ruben Herrmann und Pia Werner.

Friedrich (Graf von Ziegenhain) 99–102
Friedrich II. 122, 376, 379, 382
Friedrich III. 241
Fromm, Hans 135
Fürstenberg, Franz Friedrich Maria von 411f.

Gadamer, Hans-Georg 27, 28
Galen 256
Gallitzin, Fürstin (Amalia) von 370, 412, 416, 422
Garve, Christian 367f., 370, 372, 378
Geertz, Clifford 31
George, Stefan 439
Gleim, Johann Wilhelm Ludwig 370, 377, 399
Goethe, Johann Wolfgang 388, 421, 478, 480, 529
Goeze, Johan Melchior 423f.
Gottsched, Johann Christoph 325f.
Greflinger, Georg 326
Grimm, Hans 532–534
Grimmelshausen, Hans Jacob Christoffel von 338
Grotius, Hugo 350, 381, 388, 390, 570
Gryphius, Andreas 326, 346–353, 355–357, 359, 361f.
Gustav Adolf II. von Schweden 321f., 330

Haller, Albrecht von 387
Hardt, Hermann von der 414
Harnack, Adolf 424f.
Haschka, Lorenz Leopold von 414
Hegel, Georg Wilhelm Friedrich 463f.
Heidegger, Martin 571
Heinrich Raspe III. 99f.
Hélvetius, Claude-Adrien 373, 418f.
Hemsterhuis, Franz 373
Hermann I. (Thüringen) 97–103
Herrmann-Neiße, Max 521, 533–535, 547
Herzfeld, Marie 445, 447
Herzig, Arno 348
Heyne, Christian Gottlob 378
Hiller, Kurt 510
Hippokrates 256
Hißmann, Michael 379
Hitler, Adolf 522, 526, 532, 543, 547
Hobbes, Thomas 373, 381, 389f., 393, 409, 416, 570

Hoeffel, Johann Theophil 282
Hofmannsthal, Hugo von 429–456, 480
Hölderlin, Friedrich 383, 494, 541
Holbach, Paul Henri Thiry d' 378
Homer 91, 256, 329, 500
Honorius Augustodunensis 77f.
Hontheim, Johann Nikolaus von (=Justinus Febronius) 370, 412–415, 423f.
Höpfner, Ludwig Julius Friedrich 421
Horaz 505–508
Horkheimer, Max 559
Humboldt, Wilhelm von 421f.
Hus, Jan 309
Hutter, Elias 288

Illenhöfer, Christian Ulrich 321–340
Innozenz III. 112
Innozenz IV. 122
Iselin, Isaak 369, 393

Jacobi, Friedrich Heinrich 367–401, 408–423
Jakobson, Roman 32–34, 61
Johann von Salisbury 130f.
Johannes von Olmütz 81
Johst, Hanns 543–545, 548
Joseph II. 371f., 376, 382, 388, 395, 414f.
Jünger, Ernst 514, 527, 530, 547
Jünger, Friedrich Georg 514

Kafka, Franz 494
Kant, Immanuel 38, 54, 55, 59, 61, 381, 387, 391, 580
Karl II. von Lothringen 209
Katharina II. 382, 419
Kerouac, Jack 562
Kerr, Alfred 514
Kesser, Hermann 515f.
Kessler, Harry Graf 536f., 540
Kleist, Heinrich von 494
Klopstock, Friedrich Gottlieb 338
Kolbenheyer, Erwin Guido 519, 543–545, 548
Kracauer, Siegfried 492
Kuhn, Hugo 135

Lampel, Peter Martin 514, 516, 521
Landauer, Gustav 526

Las Casas, Bartolomé de 572
Lehr, Thomas 554–580
Leibniz, Gottfried Wilhelm 414
Lessing, Gotthold Ephraim 370–425
Lichenheim, Gertrud 170
Lichtenberg, Georg Christoph 367, 378
Locke, John 374
Loerke, Oskar 516
Löwenhalt, Jesaias Rompler von 372
Ludwig II. (Thüringen) 99–103
Ludwig III. (Thüringen) 98–105
Ludwig mit dem Barte 97
Luhmann, Niklas 460, 461
Luther, Martin 316, 359f., 414, 554

Machiavelli, Niccolò 223, 373, 416
Magritte, René 125
Maier, Johann 82
Man, Paul de 32–34
Mann, Thomas 338, 480, 511, 522–531, 536, 546–548, 554
Manuel, Niklaus 300, 305f., 312, 317, 318
Margarethe von Kleve 98, 100
Mariana, Juan de 346, 348
Marner, Der 113f., 117, 119, 122, 124
Marx, Karl 541
Mauvillon, Jakob 378
Mechthild von Magdeburg 166
Melanchthon, Philipp 354, 360–362
Mendelssohn, Moses 378, 411
Micyllus, Jacob 360
Mittenzwei, Werner 503–508
Montaigne 126, 137
Montesquieu, Charles de 416, 431
Morel, Bénédict Augustin 433
Moscherosch, Johann Michael 327, 338
Möser, Justus 373, 422
Mühsam, Erich 510, 526
Müller, Johannes (von) 367–368, 417
Muschg, Adolf 574–578, 580

Naogeorg, Thomas 300, 306f., 309, 315f., 318
Niekisch, Ernst 514
Nietzsche, Friedrich 432, 434f., 438f., 441, 443, 449f., 454

Nikolaus von Kues 137
Nisard, Désiré 431
Nostradamus (Michel de Nostredame) 295

Oestreich, Gerhard 345
Opitz, Martin 326, 334f., 359, 361
Otto von Bamberg 81

Paracelsus (=Theophrastus Bombast von Hohenheim) 253, 273, 277, 279, 284
Pfemfert, Franz 510
Philipp von Nassau-Saarbrücken 208
Piccolomini, Ottavio 321f.
Piderit, Johann Rudolph Anton 424
Piscator, Erwin 513, 516
Platon 36, 256
Pontanus, Jacob 358
Pufendorf, Samuel 381, 389, 392, 415, 527, 570

Rathenau, Walther 524
Reimarus, Albert Hinrich 422
Reimarus, Hermann Samuel 423
Reinmar von Zweter 117–119, 122, 124
Riehl, Wilhelm Heinrich 464–466
Rilke, Rainer Maria 516
Rousseau, Jean-Jacques 368, 373, 378f., 381, 390, 398, 557f., 570–572
Rubiner, Ludwig 510
Rublack, Hans-Christoph 341, 343–345
Ruckdeschel, Ludwig 82
Ruh, Kurt 184f., 189, 191, 197f.

Sade, Donatien Alphonse François Marquis de 564
Saussure, Ferdinand de 40, 41, 44–46
Schenzinger, Karl Aloys 517
Schickele, René 518, 535–540
Schiller, Friedrich 338, 421, 462
Schindler, Valentin 288
Schlözer, August Ludwig 378
Schmidt, Julian 475
Schmidt-Wiegand, Ruth 155
Schmitt, Carl 347, 388
Schnitzler, Arthur 438, 549
Schönstedt, Walter 517

Schopenhauer, Arthur 55, 438
Schwitters, Kurt 516
Searle, John R. 93
Seghers, Anna 543–545, 548
Seidel, Ina 543–545, 548
Seneca, Lucius Annaeus 358
Seuse, Heinrich 165f.
Sextus Empiricus 150
Shakespeare, William 453
Simmel, Georg 439, 441, 577
Simon, Joseph 346–350
Skinner, Quentin 222, 490, 491
Sophokles 358, 447, 449
Spaun, Claus 304
Spinoza, Baruch de 416, 420f.
Stackmann, Karl 109, 112
Staël, Madame de 557
Stapel, Wilhelm 514
Stellatus, Marcellus Palingenius 252
Strauss, Richard 453
Sulzer, Johann Georg 378
Szarota, Elida Maria 346f.

Talleyrand-Périgord, Charles-Maurice de 558
Tauler, Johannes 165
Tervooren, Helmut 109, 110
Thomasin von Zerklære 123
Thomasius, Christian 380f., 390, 393, 415
Thurneysser, Leonhard 249–298
Tilly, Johann T'Serclaes von 321, 330
Toller, Ernst 526

Torstenson, Linnardt 321–325, 328, 330
Trotzki, Leo 542
Tschaikowski, Pjotr Iljitsch 476
Tucholsky, Kurt 518, 520, 522, 533–535, 546f.
Tyrolff, Hans 306

Ullmann, Hermann 514

Vega, Garcilaso de la 572
Vesalius, Andreas 290
Voegelin, Eric 525
Voltaire 416, 557, 570

Wagner, Richard 476
Walch, Christian Wilhelm Franz 423–425
Wallenstein, Albrecht von 322
Walther von der Vogelweide 110, 113, 123
Weber, Max 439, 577
Weinel, Heinrich 424
Wernle, Paul 424
Wieland, Christoph Martin 369, 370, 372, 376f., 387, 391, 393, 397f., 410, 418
Wildgans, Anton 451
Wittgenstein, Ludwig 39–43, 47
Wolf, Friedrich 513, 514
Wolff, Christian 380, 381, 386, 387, 393

Zeeden, Ernst Walter 343

Werkregister

Heilige Schrift
– *Gen* 10, 46,26f. 553f.
– *Dtn* 32,14 75
– *Ri* 358
– *Tob* 359
– *Jdt* 359
– *Ps* 17,16 74 41,8 195 47 73f.
– *Dan* 4,1 260
– *Mt* 7,6 257 11,11 165 16,18f. 115
– *Mk* 4,30–32 194
– *Lk* 11,27f. 164
– *Joh* 1,1 195, 201
– *Röm* 13 260
– *1 Thess* 5 260
– *Jak* 1,5–8 131

Handschriften
– Basel, Universitätsbibliothek, Cod. B IX 24 185
– Heidelberg, Universitätsbibliothek, Cpg 848 113f., 117
– München, Bayerische Staatsbibliothek, Cgm 17 (*Windberger Psalter*) 72, 75
  Cgm 714 237
  Clm 9512 72
  Clm 9513 71f.
  Clm 22202 72
  Clm 22203 72

Aristoteles
– *Poetik* 61, 357–360

Baudelaire, Charles
– *Fleurs du mal* 342
– *Notes nouvelles sur Edgar Poe* 432
Becher, Johannes R.
– *Eingang* 510
– *Der große Plan* 543
– *Levisite* 515
Benjamin, Walter
– *Einbahnstraße* 513

Bèze, Théodore de
– *Abraham sacrifiant* 358f.
Bourget, Paul
– *Essais de psychologie contemporaine* 432
Brecht, Bertolt
– *An die Nachgeborenen* 517
– *Buckower Elegien* 485f., 492–507
– *Der Rauch* 494, 499–503, 505
– *Über eine neue Dramatik* 513
Bredel, Willi
– *Maschinenfabrik N. & K.* 517
– *Rosenhofstraße* 517
Bronnen, Arnold
– *O.S.* 520
Buchanan, George
– *Iephtes sive votum tragoedia* 359
Burroughs, William S.
– *Naked Lunch* 561–564, 573

Confessio Augustana 354f.
Croll, Oswald
– *Basilica chymica* 278

Descartes, René
– *Méditations métaphysiques* 53
Döblin, Alfred
– *Berlin Alexanderplatz* 512, 540
– *Kunst ist nicht frei, sondern wirksam: ars militans* 513
Dorn, Gerhard
– *Clavis totius Philosophiae Chymisticae* 279

(Meister) Eckhart
– *Predigt 49* 164f.
Eco, Umberto
– *Die Grenzen der Interpretation* 486f.
Elisabeth von Nassau-Saarbrücken
– *Huge Scheppel* 207–223
Ewers, Hanns Heinz
– *Horst Wessel* 517

Anmerkung: Erstellt von Ruben Herrmann und Pia Werner.

Open Access. © 2022 Maximilian Benz, Gideon Stiening, publiziert von De Gruyter. Dieses Werk ist lizenziert unter einer Creative Commons Namensnennung 4.0 International Lizenz.
https://doi.org/10.1515/9783110667004-023

Feuchtwanger, Lion
- *Erfolg* 543
- *Jud Süß* 543
Folz, Hans
- *Der Herzog von Burgund* 300, 304f.
Foucault, Michel
- *Les Mots et les Choses* 51–56
Freytag, Gustav
- *Soll und Haben* 457, 459, 466–481

Gadamer, Hans-Georg
- *Wahrheit und Methode* 27f.
Gottfried von Straßburg
- *Tristan* 132–157
Gottsched, Johann Christoph
- *Critische Dichtkunst* 325
Granum sinapis 184–203
Gregor der Große
- *Moralia in Iob* 71f., 83
Grimm, Hans
- *Volk ohne Raum* 518, 532–535, 547
Grimmelshausen, Hans Jacob Christoffel von
- *Simplicissimus Teutsch* 338
Gryphius, Andreas
- *Leo Armenius* 347–361

Harnack, Adolf
- *Beiträge zur Einleitung in das Neue Testament* 424f.
Hartmann von Aue
- *Gregorius* 131
- *Erec* 147
Hartwig von Erfurt
- *Postille* 166f., 171
Hegel, Georg Wilhelm Friedrich
- *Grundlinien der Philosophie des Rechts* 463
Heinrich von Veldeke
- *Eneasroman* 95–100, 103, 105
Hélvetius, Claude-Adrien
- *De l'Homme, de ses facultés et de son éducation* 419
Hermann von Fritzlar
- *Heiligenleben* 161–176
Herrmann-Neiße, Max
- *Gekonnte Barbarei* 533

Daz himelrîche 70–85
Hofmannsthal, Hugo von
- *Als sich das Gewitter zertheilte* 446
- *Der Dichter und diese Zeit* 444f.
- *Elektra* 431, 447–456
- *Grillparzers politisches Vermächtnis* 445
Hölderlin, Friedrich
- *Hyperion* 383
Homer
- *Odyssee* 500
Hontheim, Johann Nikolaus von
- *De statu ecclesiae* 413f.
Horaz
- *Oden* 507f.

Illenhöfer, Christian Ulrich
- *Poetische Beschreibung der denkwürdigen blutigen Schlacht* 321–332, 338
Iser, Wolfgang
- *Die Appellstruktur der Texte* 491
Isidor
- *Etymologien* 77

Jacobi, Friedrich Heinrich
- *Etwas das Lessing gesagt hat* 367–425
- *Gedanken Verschiedener bey Gelegenheit einer merkwürdigen Schrift* 411
- *Der Kunstgarten* 418
- *Über Recht und Gewalt* 369
- *Woldemar* 418–420
Jacques de Longuyon
- *Voeux de Paon* 214
Johst, Hanns
- *Schlageter* 543
Jünger, Ernst
- *Der Arbeiter* 530f.

Kant, Immanuel
- *Kritik der reinen Vernunft* 59, 386, 400
Kesser, Hermann
- *Die deutsche Literatur zeigt ihr Gesicht* 515f.
Klopstock, Friedrich Gottlieb
- *Messias* 338
Kolbenheyer, Erwin Guido
- *Paracelsus* 519, 543f.

Konrad von Würzburg
- *Trojanerkrieg* 147f.
Kracauer, Siegfried
- *History. The Last Things Before The Last* 492

Lampel, Peter Martin
- *Pennäler* 514, 521
- *Revolte im Erziehungshaus* 521
Lehr, Thomas
- *42* 554–581
Lessing, Gotthold Ephraim
- *Ernst und Falk* 417
- *Nathan der Weise* 383, 393
Lucidarius 78
Ludus de Antichristo 315

Mann, Heinrich
- *Geist und Tat* 510
Mann, Thomas
- *Betrachtungen eines Unpolitischen* 523
- *Buddenbrooks* 480
- *Gesang vom Kindchen* 523, 531, 546
- *Goethe als Repräsentant des bürgerlichen Zeitalters* 529, 547
- *Herr und Hund* 523, 531, 546
- *Joseph und seine Brüder* 553
- *Der Zauberberg* 522–528, 531, 540, 546f., 549
Mannheim, Karl
- *Ideologie und Utopie* 541
Manuel, Niklaus
- *Vom Papst und seiner Priesterschaft* 300, 305
Melanchthon, Philipp
- *Enarratio Comoediarum Terentii* 360
Milton, John
- *Samson Agonistes* 359
Moeller, Bernd
- *Reichsstadt und Reformation* 343
Montesquieu
- *Considérations sur les causes de la grandeur des Romains et de leur décadence* 431

Morel, Bénédict Augustin
- *Traité des dégénerescences physiques* 433
Moscherosch, Johann Michael
- *Wunderbarliche und wahrhafftige Gesichte Philanders von Sittewalt* 338
[Müller, Johannes]
- *Reisen der Päpste* 409f.
Musil, Robert
- *Reisen vom Hundertsten ins Tausendste* 111

Naogeorg, Thomas
- *Pammachius* 300, 306–309, 314f., 318
Nisard, Désiré
- *Études de moeurs et de critique sur les poètes latins de la décadence* 431
Nostradamus
- *Prophetien* 295
Notker der Deutsche
- *Psalter* 74

Paradisus anime intelligentis 167
Paracelsus (=Theophrastus Bombast von Hohenheim)
- *De rerum natura* 273
Piscator, Erwin
- *Das Politische Theater* 513
Pontanus, Jacob
- *Institutio Poetica* 358

Reinhardsbrunner Historien 97
Riehl, Wilhelm Heinrich
- *Die bürgerliche Gesellschaft* 464–466
Rosenplüt, Hans
- *Des Entkrist Vasnacht* 241
- *Der jüngling, der ain weip nemen wil* 236
- *Lobspruch auf Nürnberg* 231–234, 244
- *Des Turken vastnachtspil* 239
- *Der vastnacht und der vasten recht* 233
- *Der wittwen und der tochter vasnacht* 235, 237
Rubiner, Ludwig
- *Der Dichter greift in die Politik* 510

Salomon, Ernst von
– *Die Geächteten* 520
Schenzinger, Karl Aloys
– *Hitlerjunge Quex* 517
Schickele, René
– *Witwe Bosca* 518, 535–540
Schiller, Friedrich
– *Über die ästhetische Erziehung des Menschen* 462
Schnitzler, Arthur
– *Fräulein Else* 549
Schönstedt, Walter
– *Kämpfende Jugend* 517
Seghers, Anna
– *Aufstand der Fischer von St. Barbara* 543, 545
– *Die Gefährten* 543
– *Das siebte Kreuz* 543
Seidel, Ina
– *Das Wunschkind* 543, 545f.
Simon, Joseph
– *Leo Armenus* 346–349
Skinner, Quentin
– *Bedeutung und Verstehen in der Ideengeschichte* 490f.
Sophokles
– *Elektra* 447f.
Spinoza, Baruch de
– *Tractatus theologico-politicus* 420f.

Thurneysser, Leonhard
– *Admonitio* 293
– *Archidoxa* 249–298
– *Astrolabium* 268, 269, 287, 289, 290, 296
– *De transmutatione veneris in solem* 276
– *Historia sive descriptio plantarum omnium* 291
– *Magna Alchymia* 277, 280f.
– *Nothgedrungen Außschreiben* 288
– *Onomasticon* 288–290
– *Pison* 281, 283, 287, 288
– *Praeoccupatio* 283f.
– *Quinta Essentia* 249–298
– *Tafel etlicher Sylben* 289f.
Tucholsky, Kurt
– *Die Anstalt* 520
– *Deutschland, Deutschland über alles* 520, 522
– *Grimms Märchen* 534
– *Rheinsberg* 520, 547
– *Schloß Gripsholm* 518, 520, 522, 546

Vesalius, Andreas
– *De humani corpore fabrica* 290

Wieland, Christoph Martin
– *Geschichte des Agathon* 387, 397, 418
Wolf, Friedrich
– *Cyankali (§ 218)* 513f.
– *Kunst ist Waffe! Eine Feststellung* 513
Wolfram von Eschenbach
– *Parzival* 132, 144, 146, 152

www.ingramcontent.com/pod-product-compliance
Lightning Source LLC
Chambersburg PA
CBHW070254240426
43661CB00057B/2553